ରଜନୀକାନ୍ତ ଗଳ୍ପମାନସ:
ବୀକ୍ଷା ଓ ବିମର୍ଶ

ରଜନୀକାନ୍ତ ଗଳ୍ପମାନସ:
ବୀକ୍ଷା ଓ ବିମର୍ଶ

ଡ. ଶାନ୍ତନୁ କୁମାର ନାୟକ

ବ୍ଲାକ୍ ଈଗଲ୍ ବୁକ୍ସ
ଭୁବନେଶ୍ୱର, ଓଡ଼ିଶା

BLACK EAGLE BOOKS
Dublin, USA

BLACK EAGLE BOOKS

USA address:
7464 Wisdom Lane
Dublin, OH 43016

India address:
E/312, Trident Galaxy, Kalinga Nagar,
Bhubaneswar-751003, Odisha, India

E-mail: info@blackeaglebooks.org
Website: www.blackeaglebooks.org

First International Edition Published by
BLACK EAGLE BOOKS, 2022

RAJANIKANT GALPAMANAS: BIKSHYA O BIMARSHA
by Dr Shantanu Kumar Nayak

Copyright © Dr Shantanu Kumar Nayak

All rights reserved. No part of this publication may be reproduced, stored in a retrieval system, or transmitted, in any form or by any means, electronic, mechanical, photocopying, recording or otherwise without the prior permission of the publisher.

Cover & Interior Design: Ezy's Publication

ISBN- 978-1-64560-280-4 (Paperback)

Printed in the United States of America

:ଉତ୍ସର୍ଗ:

ପରମ ପୂଜନୀୟ ବାପା ଶ୍ରୀଯୁକ୍ତ ମହେଶ୍ୱର ନାୟକ ଏବଂ ପରମ ପୂଜନୀୟା ବୋଉ ଶ୍ରୀମତୀ ରେବତୀ ନାୟକଙ୍କ ସ୍ନେହବୋଳା ହାତରେ...

ସ୍ନେହର

ଶାନ୍ତନୁ

ମୁଖବନ୍ଧ

ଓଡ଼ିଆ କଥାସାହିତ୍ୟ ଧାରାରେ ଉତ୍ତର-ଅଶୀ ସମୟଖଣ୍ଡ ଏକ ମୋଡ଼ ପରିବର୍ତ୍ତନର ପର୍ଯ୍ୟାୟ। ସଂଶିତ କାଳରୁ ଓଡ଼ିଆ ଗଳ୍ପଧାରାକୁ ନିରୀକ୍ଷଣ କଲେ ଜଣାଯାଏ ଯେ, ଏଥିରେ ବହୁ ତରୁଣ ପିଢ଼ିର ଗଳ୍ପକାରଙ୍କ ସହ ପ୍ରତିଷ୍ଠିତ ଗାଳ୍ପିକଙ୍କ ସମାଗମ ହୋଇଛି। ଅନ୍ୟ ଅର୍ଥରେ କହିବାକୁ ଗଲେ ଏହି କାଳଖଣ୍ଡ ଉଭୟ ଆଧୁନିକତା ଓ ଉତ୍ତର ଆଧୁନିକତାର ସମନ୍ୱୟରେ ଗଢ଼ି ଉଠିଥିବା ଏକ ଅଭିନବ ଗଳ୍ପଧାରାର ମନନଶୀଳତା ସହ ବୌଦ୍ଧିକତାର ବୈଚିତ୍ର୍ୟପୂର୍ଣ୍ଣ ଅଭିବ୍ୟକ୍ତି। ଏହି ପର୍ଯ୍ୟାୟରେ ରଚିତ ଗଳ୍ପ ଗୁଡ଼ିକର ପ୍ରମୁଖ ବିଶେଷତ୍ୱ, ସାମ୍ପ୍ରତିକ ସମୟର ଗାଳ୍ପିକମାନେ ପୂର୍ବାପେକ୍ଷା ଅଧିକ ନିର୍ଭିକ, ସ୍ପଷ୍ଟବାଦୀ ଓ ସ୍ୱାଧୀନଚେତା। ଗତାନୁଗତିକତାର ଶଗଡ଼ଗୁଳାରେ ଚାଲି ଗଳ୍ପ ରଚନା କରିବା ଏମାନଙ୍କର ଲକ୍ଷ୍ୟ ନୁହେଁ; ବରଂ ବକ୍ତବ୍ୟରେ ପ୍ରାଞ୍ଜଳତା, ଅଭିବ୍ୟକ୍ତିରେ କଳାତ୍ମକତା ତଥା ସ୍ୱକୀୟ ସ୍ୱତନ୍ତ୍ର ପ୍ରକରଣ ଶୈଳୀ ଏହି ପର୍ଯ୍ୟାୟର ଗାଳ୍ପିକ ମାନଙ୍କର ମୁଖ୍ୟ ଆଦର୍ଶ। ଏହି କାଳଖଣ୍ଡରେ ତେଣୁ ଗାଳ୍ପିକ ହୋଇଛି ଅଧିକ ଅନ୍ତର୍ମୁଖୀ ଓ ପରିବେଶ ସଚେତନ। ସାମ୍ପ୍ରତିକ ମଣିଷ ସମାଜର ବହୁବିଧ ସମସ୍ୟା ଓ ସଙ୍କଟ ସହ ମାନବର ଅବଚେତନ ମନ ବିଶ୍ଳେଷଣ ତଥା ଅଦମ୍ୟ ଯୌନ ପ୍ରବୃତ୍ତିକୁ ନିଖୁଣ ଭାବେ ଦର୍ଶାଇବା ପାଇଁ ଆଜିର ଗାଳ୍ପିକମାନେ ଖୁବ ଯତ୍ନଶୀଳ ମନେହୁଅନ୍ତି। ଏତଦ୍‌ଭିନ୍ନ ଗ୍ରାମୀଣ ମଣିଷ ତଥା ଦୁଃଖ ଦୁର୍ବିପାକରେ ବଞ୍ଚିଥିବା ମଣିଷର ଚିତ୍ର ଦେବାରେ ଉକ୍ତ ସମୟର ଗାଳ୍ପିକ ଉନ୍ମୁଖ ହୋଇଛି। ସୁତରାଂ ଏହି ସମୟରେ ରଚିତ ଗଳ୍ପ ଗୁଡ଼ିକର ଭାବଭୂମିର କେନ୍ଦ୍ରରେ ରହିଛି କେବଳ ମଣିଷ ଓ ତା'ର ଜୀବନ। ଅର୍ଥ, କ୍ଷମତା, ପ୍ରତିପତ୍ତିର ମିଥ୍ୟା ଅହମିକା ମଧ୍ୟରେ ଆତ୍ମଗୋପନ କରିଥିବା ସ୍ୱାର୍ଥପର ସାମ୍ପ୍ରତିକ ମଣିଷର ପ୍ରକୃତ ସ୍ୱରୂପକୁ ଆଜିର ଗାଳ୍ପିକ ଯେଉଁଭଳି

ଉନ୍ମୋଚିତ କରିଛି ତାହା ଅତୀତରେ କେବେ ହୋଇ ନଥିଲା । ମଣିଷର ହିପୋକ୍ରେସି, ଇଗୋ ଏବଂ ସୁପର ଇଗୋକୁ ଗଳ୍ପର କାନଭାସରେ ତୋଳିଧରିବା କ୍ଷେତ୍ରରେ ଆଜିର ଲେଖକ ଖୁବ ସିଦ୍ଧହସ୍ତ । ଏମାନଙ୍କ ଦୃଷ୍ଟିରେ ଗଳ୍ପ ଉତୁରି ଆସେ ନାହିଁ; ବରଂ ଗଳ୍ପକୁ ଚିନ୍ତାକରି ଗଢ଼ିବାକୁ ପଡ଼େ । ଛୋଟଛୋଟ ଆବୁଡ଼ା ଖାବୁଡ଼ା ଚିନ୍ତାଧାରା ଓ ଅନୁଭୂତି ମାନଙ୍କୁ ସଜ୍ଜିତ କରାଯାଏ । ଭାସମାନ ସମାଜର ଛାତିରୁ ଗଳ୍ପାଣୁମାନଙ୍କୁ ସାଉଁଟି କଥାକାରିଗରୀର କାଉଁରୀ ସ୍ପର୍ଶରେ ଶିଳ୍ପୀଟି ଆଙ୍କିଥାଏ ଗଳ୍ପର କାନଭାସ । କଥାକାର ରଜନୀକାନ୍ତ ମହାନ୍ତି ହେଉଛନ୍ତି ସାମ୍ପ୍ରତିକ ସମୟର ସେହିଭଳି ଜଣେ ନିଖୁଣ ସ୍ରଷ୍ଟା । ଯାହାଙ୍କ ଲେଖନୀରେ ଅଛି ଗଳ୍ପ ଗଢ଼ଣର ଅଭିନବ କୌଶଳ ଏବଂ ବକ୍ତବ୍ୟରେ ଅଛି ଗଭୀର ଜୀବନ ଦର୍ଶନ । ଜୀବନ ଓ ଜଗତପ୍ରତି ଗଭୀର ଅନ୍ତର୍ଦୃଷ୍ଟି ତଥା ଏକ ସମ୍ବେଦନଶୀଳ ମାନବାତ୍ମାର ଶାଶ୍ୱତ ଅନୁଭବ ତାଙ୍କ ସୃଷ୍ଟିଶୀଳ କଥା-କାରିଗରୀର ପ୍ରମୁଖ ଆଦର୍ଶ ।

ସୃଷ୍ଟିଶୀଳ ରଜନୀକାନ୍ତ ସର୍ଜନପ୍ରତିଭା ଇତିମଧ୍ୟରେ ସହୃଦ ପାଠକମାନଙ୍କ ପାଇଁ ପରସି ସାରିଛି ଦଶଟି ଗଳ୍ପ ପୁସ୍ତକ, ପାଞ୍ଚଟି ଉପନ୍ୟାସ, କବିତା ପୁସ୍ତକ ସଙ୍ଗେ ସମାଲୋଚନାତ୍ମକ ପ୍ରବନ୍ଧ ସମୂହ । ଓଡ଼ିଆ କଥାସାହିତ୍ୟ ଜଗତକୁ ରଜନୀକାନ୍ତଙ୍କ ଆଗମନ କାଳରୁ ଶୁଣାଗଲାଣି ପରିବର୍ତ୍ତନର ସ୍ୱର । ଭାରତୀୟ ରାଜନୀତି, ସମାଜ, ସଂସ୍କୃତି ତଥା ଆଧ୍ୟାତ୍ମିକ ଚେତନାର ଯେଉଁ ବୈପ୍ଳବିକ ପରିବର୍ତ୍ତନ ପରିଲକ୍ଷିତ ହୋଇଥିଲା ତାହା ଗଣଜୀବନକୁ ପ୍ରଭାବିତ କରିବା ସହ ଗାଳ୍ପିକମାନେ ସେହି ପରିବର୍ତ୍ତନକୁ ସସମ୍ମାନେ ମଧ୍ୟ ସ୍ୱାଗତ ଜଣାଇଲେ । ଲୋକରୁଚି ଓ ଯୁଗରୁଚିକୁ ଦୃଷ୍ଟି ସମ୍ମୁଖରେ ରଖି ଗାଳ୍ପିକ ଶ୍ରୀ ମହାନ୍ତି ସୃଷ୍ଟିକଲେ ଗୋଟିଏ ପରେ ଗୋଟିଏ ଗଳ୍ପ । ଜାତି, ଧର୍ମ, ସମାଜ, ସଂସ୍କୃତି, ପରମ୍ପରା ଓ ପରିବେଶର ପୁନର୍ମୂଲ୍ୟାୟନ କରିବା ଶ୍ରୀ ମହାନ୍ତିଙ୍କ ଗଳ୍ପଗୁଡ଼ିକର ପ୍ରମୁଖ ବିଶେଷତ୍ୱ । ଶ୍ରୀ ମହାନ୍ତି ତାଙ୍କ ଗଳ୍ପ ଗୁଡ଼ିକରେ ବର୍ଷବର୍ଷ ଧରି ଅବହେଳିତ ଓ ନିଷ୍ପେଷିତ ହୋଇ ରହିଆସିଥିବା ସାଧାରଣ ଦଳିତମାନଙ୍କର ଆଶା, ସ୍ୱପ୍ନ, ଅଧିକାର ଓ ସ୍ୱାଧୀନତା ପାଇଁ ସ୍ୱର ଉତ୍ତୋଳନ କରିଛନ୍ତି । କେବଳ ସେତିକି ନୁହେଁ ତାଙ୍କ ଗଳ୍ପରେ ରହିଛି ସବୁ ବର୍ଗର ମଣିଷମାନଙ୍କ ପାଇଁ ଗଭୀର ସମ୍ବେଦନା । ଅନୀତି, ଅନାଦର୍ଶ ଓ ଅଧର୍ମର ତାଡ଼ନାରେ ଭୁସୁଡ଼ି ପଡୁଥିବା ମାନବତାର ପବିତ୍ର ମନ୍ଦିରକୁ ପୁନଃ ପ୍ରତିଷ୍ଠିତ କରିବା ପାଇଁ ତାଙ୍କ ଲେଖନୀ ସର୍ବଦା ଚେଷ୍ଟିତ । ରଜନୀକାନ୍ତଙ୍କ ଗଳ୍ପରେ ରହିଛି ଦୁର୍ନୀତି, ଭ୍ରଷ୍ଟାଚାର ବିରୋଧରେ ବୈପ୍ଳବିକ ସ୍ୱର । ଏପରିକି ଅନେକ ଗଳ୍ପରେ ସ୍ୱୟଂ ଗାଳ୍ପିକ ଜଣେ ସମାଜ ସଂସ୍କାରକ ଭାବେ ନିଜକୁ ଉପସ୍ଥାପିତ କରିଛନ୍ତି । ତାଙ୍କ ଗଳ୍ପଗୁଡ଼ିକ ପାଠକଲେ ମନେହୁଏ

ସତେଯେଭଳି ଗଳ୍ପର ଚରିତ୍ରଗୁଡ଼ିକ ଆମ ସମ୍ମୁଖରେ ପରସ୍ପର ଆଳାପ କରୁଛନ୍ତି । ଶ୍ରୀ ମହାନ୍ତିଙ୍କ ଗଳ୍ପର ଘଟଣା ପ୍ରବାହ ଓ ପରିବେଶ ଚୟନ ବେଶ୍ ଉଚ୍ଚକୋଟୀର । ପରିବେଶ ଅନୁଯାୟୀ ଚତିତ୍ର, ଭାଷା, ଘଟଣା, କଥା ଆଦିରେ ଆମେ ନିଜକୁ ତା'ମଧ୍ୟରେ ଆବିଷ୍କାର କରୁ । ଆଞ୍ଚଳିକ ଭାଷା, ବୌଦ୍ଧିକ ଭାଷା ମଧ୍ୟରେ ସ୍ୱଚ୍ଛ ଶବ୍ଦ, ଛୋଟଛୋଟ ବାକ୍ୟ, ଛୋଟଛୋଟ ଅନୁଚ୍ଛେଦ ଓ ଭାବାନୁସାରୀ ଭାଷା ଗଳ୍ପଗୁଡ଼ିକୁ ସ୍ୱୟଂସମ୍ପୂର୍ଣ୍ଣ କରିଛି ।

ଜଣେ ଦରଦୀ ଉଚ୍ଚାଙ୍ଗ ସ୍ରଷ୍ଟା ଭାବରେ ରଜନୀକାନ୍ତ ମହାନ୍ତିଙ୍କ ଗଳ୍ପ ସମୂହକୁ ଗବେଷଣା ଦୃଷ୍ଟିକୋଣରୁ ଆଲୋଚନା କରିବାକୁ ଚେଷ୍ଟା କରିଛନ୍ତି ଅଧ୍ୟାପକ ଶାନ୍ତନୁ କୁମାର ନାୟକ । ଏହା ଖୁସିର ବିଷୟ । କଥାକାର ଶ୍ରୀ ମହାନ୍ତିଙ୍କ ସାହିତ୍ୟକୁ ଅନେକ ଗବେଷକ ଆଲୋଚନାର ପରିସରକୁ ଆଣିଥିଲେ ମଧ୍ୟ ତାଙ୍କ ସର୍ଜନ କଳାକୁ ବୃହତ୍ତମ ପ୍ରେକ୍ଷାପଟରେ ଆଲୋଚନା କରିନଥିଲେ । ଶାନ୍ତନୁ, ରଜନୀକାନ୍ତ ମହାନ୍ତିଙ୍କ ଜୀବନୀ, ସର୍ଜନଶୀଳ ସାହିତ୍ୟ, ଗଳ୍ପର ଭାବପକ୍ଷ, ରୂପପକ୍ଷ, ତତ୍‌କାଳୀନ ଗଳ୍ପସାହିତ୍ୟ, ପ୍ରମୁଖ ଗାଳ୍ପିକଙ୍କ ସଙ୍ଗେ ରଜନୀକାନ୍ତ ମହାନ୍ତିଙ୍କ ଗଳ୍ପର ସ୍ୱାତନ୍ତ୍ର୍ୟ ଆଦିକୁ ସ୍ଥାନଦେଇ ଏକ ପୂର୍ଣ୍ଣାଙ୍ଗ ପୁସ୍ତକ ପ୍ରକାଶ କରୁଛନ୍ତି । ଏଥିପାଇଁ ଶାନ୍ତନୁଙ୍କ ଉଦ୍ୟମକୁ ମୁଁ ସାଧୁବାଦ ଜଣାଉଛି । ନିଶ୍ଚୟ ପାଠକ ଓ ଗବେଷକମାନେ ଉକ୍ତ ପୁସ୍ତକ ଅଧ୍ୟୟନ କରି ସମକାଳୀନ ଗଳ୍ପ ସାହିତ୍ୟର ପୃଷ୍ଠଭୂମି ସଙ୍ଗେ ଗାଳ୍ପିକ ରଜନୀକାନ୍ତ ମହାନ୍ତିଙ୍କ କୃତିତ୍ୱ ସଂପର୍କରେ ଅବଗତ ହେବେ । ବ୍ଲାକ୍ ଇଗଲ୍ ପ୍ରକାଶନର ତତ୍ତ୍ୱାବଧାରକ ଶ୍ରୀଯୁକ୍ତ ସତ୍ୟ ପଟ୍ଟନାୟକ ଉକ୍ତ ପୁସ୍ତକର ପ୍ରକାଶନ ଦାୟିତ୍ୱ ନେଇଥିବାରୁ ତାଙ୍କୁ ସାଧୁବାଦ । ପରିଶେଷରେ ପୁସ୍ତକ ପାଠକାଦୃତ ହେବାସଙ୍ଗେ ପ୍ରସାର ହେଉ, ଏହା ମୋର କାମନା ।

ଡ. ପ୍ରଦୋଷ କୁମାର ସ୍ୱାଇଁ
ଓଡ଼ିଆ ଭାଷା ଓ ସାହିତ୍ୟ ବିଭାଗ
ଓଡ଼ିଶା କେନ୍ଦ୍ରୀୟ ବିଶ୍ୱବିଦ୍ୟାଳୟ, କୋରାପୁଟ

ଗ୍ରନ୍ଥପ୍ରବେଶ

ଉତ୍ତରଅଶୀ ଓଡ଼ିଆ ଗଳ୍ପ ସାହିତ୍ୟରେ ଗାଳ୍ପିକ ରଜନୀକାନ୍ତ ମହାନ୍ତି ଏକ ସ୍ପର୍ଦ୍ଧିତ ଉଚ୍ଚାରଣ। ବାଲ୍ୟକାଳରୁ ସାହିତ୍ୟ ଓ ସମାଜ ପ୍ରତି ରଖିଥିବା ଅନୁରାଗ ତାଙ୍କୁ ପରବର୍ତ୍ତୀ ସମୟରେ ଜଣେ ସଫଳ ସ୍ରଷ୍ଟା ଭାବରେ ବେଶ୍ ପରିଚୟ ପ୍ରଦାନ କରାଇବା ସଙ୍ଗେସଙ୍ଗେ ଜଣେ ସାର୍ଥକ ସମାଜସେବକର ଆସନରେ ମଧ୍ୟ ଅଳଙ୍କୃତ କରାଇଛି। ଶ୍ରୀ ମହାନ୍ତି ଏକାଧାରରେ ଜଣେ ସଫଳ ଗାଳ୍ପିକ, ଔପନ୍ୟାସିକ, ପ୍ରାବନ୍ଧିକ, କବି, ସାଙ୍ଗଠନିକ ତଥା ପ୍ରବୀଣ ସମ୍ପାଦକ ଭାବରେ ପରିଚିତ। ଏହି ସମାଜ ଅନୁରାଗୀ ମଣିଷଙ୍କ ଗଳ୍ପରେ ଆମ ସଚରାଚର ଜଗତର ମାଟି, ପାଣି, ପବନର କଥା ଜୀବନ୍ତ, ନିରାମୟ ଓ ଈଶ୍ୱରୀୟ ମନେହୁଏ। ଯାହା ପାଠକର ବ୍ୟକ୍ତିସତ୍ତାକୁ ଆନ୍ଦୋଳିତ କରେ ଏବଂ ନୂତନତାର ବାର୍ତ୍ତା ମଧ୍ୟ ରଖେ। ଶ୍ରୀ ମହାନ୍ତିଙ୍କ ସାହିତ୍ୟରେ ଗାଁର ତଲ୍ଲୀନତାରୁ ସହରର ଘନତ୍ୱ ପର୍ଯ୍ୟନ୍ତ ଚରିତ୍ରମାନେ ଆତଯାତ। ତାଙ୍କ ସାହିତ୍ୟ ମଧ୍ୟରେ ଗଭୀର ଅନ୍ତର୍ଦୃଷ୍ଟି, ଦାର୍ଶନିକ ଅନୁଚିନ୍ତା, ଭାବଗର୍ଭକ ଶବ୍ଦବିନ୍ୟାସ, ତୀର୍ଯ୍ୟକ୍ ଶାଣିତ ବ୍ୟଞ୍ଜନା ତଥା ସମାଜାନୁବନ୍ଧ ସାହିତ୍ୟିକ ଅଭିବ୍ୟକ୍ତି; କଥାଶିଳ୍ପୀ ରଜନୀକାନ୍ତ ମହାନ୍ତିଙ୍କ ସ୍ରଷ୍ଟା ମାନସର ଏକଏକ ଅଲୌକିକ ଦିଗନ୍ତ।

"ରଜନୀକାନ୍ତ ଗଳ୍ପମାନସ: ବୀକ୍ଷା ଓ ବିମର୍ଶ" ଶୀର୍ଷକ ପୁସ୍ତକଟି ରଜନୀକାନ୍ତ ମହାନ୍ତିଙ୍କ ସାରସ୍ୱତ କୀର୍ତ୍ତିର ଆକଳନ ଦୃଷ୍ଟିରୁ ଏକ ଗବେଷଣାତ୍ମକ ପୁସ୍ତକ। ଉକ୍ତ ପୁସ୍ତକଟିକୁ ଚାରୋଟି ଅଧ୍ୟାୟରେ ବିଭକ୍ତ କରାଯାଇଅଛି। ପ୍ରଥମ ଅଧ୍ୟାୟ "କଥାକାର ରଜନୀକାନ୍ତ ମହାନ୍ତିଙ୍କ ଜୀବନୀ ଓ ସାହିତ୍ୟ" ଶୀର୍ଷକରେ କଥାକାର ଶ୍ରୀ ମହାନ୍ତିଙ୍କ ବାଲ୍ୟ ଜୀବନ, ଶିକ୍ଷା, ସାଂସାରିକ ଜୀବନ, କର୍ମମୟ ଜୀବନ, ସାହିତ୍ୟିକ ଜୀବନ, ସାହିତ୍ୟ ସୃଷ୍ଟି ଓ ସାହିତ୍ୟ ସୃଷ୍ଟି ପଛରେ ଥିବା ପ୍ରେରଣା ଓ ଉତ୍ସାହର ବିବିଧ ଦିଗ ସଂପର୍କରେ ଆଲୋଚନା କରାଯାଇଅଛି। ଦ୍ୱିତୀୟ ଅଧ୍ୟାୟ "ଗାଳ୍ପିକ ରଜନୀକାନ୍ତ

ମହାନ୍ତିଙ୍କ ଗଳ୍ପର ଭାବଗତ ବୈଚିତ୍ର୍ୟ"ରେ ଶ୍ରୀ ମହାନ୍ତିଙ୍କ ଗଳ୍ପ ସମଗ୍ରକୁ ଅନୁଶୀଳନ କରି ତାଙ୍କ ଗଳ୍ପ ସମୂହରେ ଦେଖାଯାଉଥିବା ଭାବବସ୍ତୁ ଯଥା- ପ୍ରେମ ପ୍ରସଙ୍ଗ, ବିବାହୋତ୍ତର ସଂପର୍କ, ବିଡ଼ମ୍ବିତ ରାଜନୀତିକ ମୂଲ୍ୟବୋଧ, ଦୁର୍ନୀତି ଓ ଭ୍ରଷ୍ଟାଚାର, ଅତିକଳ୍ପନା, ଅନ୍ତଃମନର ସ୍ୱରୂପ ଉନ୍ମୋଚନ, ଅସ୍ତିତ୍ୱ ଅନ୍ୱେଷଣ, ସାମାଜିକ ବାସ୍ତବତା, ଆଦିବାସୀ ଜୀବନଚର୍ଯ୍ୟା ଆଦି ରଜନୀକାନ୍ତ ଗଳ୍ପମାନସର ତାତ୍ତ୍ୱିକ ଓ ଯୁଗୋପଯୋଗୀ ଦିଗଗୁଡ଼ିକୁ ପୁଙ୍ଖାନୁପୁଙ୍ଖ ବିଶ୍ଳେଷଣ କରାଯାଇଛି। ସେହିପରି ତୃତୀୟ ଅଧ୍ୟାୟ "ଗାଳ୍ପିକ ରଜନୀକାନ୍ତ ମହାନ୍ତିଙ୍କ ଗଳ୍ପରେ ରୂପଗତ ବୈଚିତ୍ର୍ୟ"ରେ ଶ୍ରୀ ମହାନ୍ତିଙ୍କ ଗଳ୍ପରେ ଶିଳ୍ପ ଓ ଶୈଳୀକୁ ଆଲୋଚନାର ଅନ୍ତର୍ଭୁକ୍ତ କରାଯାଇଛି। ଶୈଳୀ ଆଲୋଚନାବେଳେ ଭାଷାତାତ୍ତ୍ୱିକ ଶୈଳୀ ଓ ସାହିତ୍ୟିକ ଶୈଳୀକୁ ବୈଜ୍ଞାନିକ ଦୃଷ୍ଟିକୋଣରୁ ସୂକ୍ଷ୍ମାତିସୂକ୍ଷ୍ମ ଆଲୋଚନା କରାଯାଇଅଛି। ସେହିପରି ଚତୁର୍ଥ ଅଧ୍ୟାୟ "୧୯୮୦ ମସିହା ପରବର୍ତ୍ତୀ ଓଡ଼ିଆ ଗଳ୍ପ ଧାରାରେ ଗାଳ୍ପିକ ରଜନୀକାନ୍ତ ମହାନ୍ତିଙ୍କ ସ୍ଥାନ" ଶୀର୍ଷକରେ ୧୯୮୦ ମସିହା ପରବର୍ତ୍ତୀ ଓଡ଼ିଆ କ୍ଷୁଦ୍ରଗଳ୍ପର ଧାରା ପରିବର୍ତ୍ତନର ସୂଚନା ପ୍ରଦାନପୂର୍ବକ ଗାଳ୍ପିକ ମହାନ୍ତିଙ୍କ - ସାମସମୟିକ ଗାଳ୍ପିକଙ୍କ ପରିପ୍ରେକ୍ଷୀରେ ଉଭୟ ଭାବ ଓ ଶୈଳୀ ଦୃଷ୍ଟିରୁ ଗାଳ୍ପିକ ରଜନୀକାନ୍ତ ମହାନ୍ତିଙ୍କ ସ୍ୱାତନ୍ତ୍ର୍ୟକୁ ଉପସ୍ଥାପନ କରାଯାଇଅଛି। ଏତଦ୍‌ବ୍ୟତୀତ ପୁସ୍ତକର ପରିଶିଷ୍ଟରେ ଗାଳ୍ପିକ ରଜନୀକାନ୍ତ ମହାନ୍ତିଙ୍କ ସହ ମୋର ସୌଜନ୍ୟମୂଳକ ଏକ ସାକ୍ଷାତକାରକୁ ସ୍ଥାନ ଦିଆହୋଇଅଛି।

ମୁଁ ସ୍ନାତକୋତ୍ତର ଶ୍ରେଣୀରେ ପଢ଼ିଲାବେଳେ ଗାଳ୍ପିକ ରଜନୀକାନ୍ତ ମହାନ୍ତିଙ୍କର କେତୋଟି ଗଳ୍ପ ପଢ଼ିଥିଲି; ତାହା ମୋ ମନରେ ଉତ୍ସୁକତା ଓ ଉନ୍ମାଦନା ଆଣିଥିଲା। ପରବର୍ତ୍ତୀ ସମୟରେ ଗାଳ୍ପିକଙ୍କ ଗଳ୍ପ ସର୍ଜନାର ଆତ୍ମିକ ଓ ଆଙ୍ଗିକ ବୈଚିତ୍ର୍ୟ ମୋ ଭିତରେ ଗବେଷଣାତ୍ମକ ଦୃଷ୍ଟିକୁ ଉତ୍‌ପ୍ରେରିତ କରିଛି, ତାହାର ଫଳାଗମ ହେଉଛି ଉକ୍ତ ପୁସ୍ତକ। ମୋର ଗୁରୁ ଡକ୍ଟର ପ୍ରଦୋଷ କୁମାର ସ୍ୱାଇଁଙ୍କ ସୁପରାମର୍ଶ ଲୋଡ଼ି ମୁଁ କଥାକାର ରଜନୀକାନ୍ତ ମହାନ୍ତିଙ୍କ ସମଗ୍ର ଗଳ୍ପ ଜଗତକୁ ନେଇ ଗବେଷଣା ଦୃଷ୍ଟିକୋଣରୁ ଯଥାସାଧ୍ୟ ଆଲୋଚନା କରିବାକୁ ଚେଷ୍ଟା କରିଛି। ଏ ଅବସରରେ ଡ. ପ୍ରଦୋଷ କୁମାର ସ୍ୱାଇଁଙ୍କୁ କୃତଜ୍ଞତା ଜ୍ଞାପନ କରୁଛି। ଓଡ଼ିଶା କେନ୍ଦ୍ରୀୟ ବିଶ୍ୱବିଦ୍ୟାଳୟରେ ମୋର ଅନ୍ୟ ଗୁରୁ ଡ. ଆଲୋକ ବରାଳ, ଡ. ଗଣେଶ ପ୍ରସାଦ ସାହୁ, ଡ. ରୁଦ୍ରାଣୀ ମହାନ୍ତି, ଉପେନ୍ଦ୍ରନାଥ ମହାବିଦ୍ୟାଳୟ, ସୋରର ଅବସରପ୍ରାପ୍ତ ଓଡ଼ିଆ ପ୍ରାଧ୍ୟାପକ ଡ. ଶରତ ଚନ୍ଦ୍ର ମହାନ୍ତି, ଡ. ବନଜବାସିନୀ ବାରିକ, ଅଧ୍ୟାପକ ବିଶ୍ୱନାଥ ସାହୁ ଏମାନଙ୍କ ସୁପରାମର୍ଶ ଓ ପ୍ରେରଣା ମୋ ପାଇଁ ପାଥେୟ ହୋଇଛି।

ଏ ପୁସ୍ତକଟିକୁ ଯଥାଶିଘ୍ର ପ୍ରକାଶ କରିବାର ପ୍ରେରଣା ସଙ୍ଗେ ତ୍ରୁଟିମୁକ୍ତ କରିବାରେ

ଆନ୍ତରିକ ସହଯୋଗ ପାଇଁ ମୋର ଧର୍ମପତ୍ନୀ ଅଧ୍ୟାପିକା ଶାଶ୍ୱତୀ ମେହେରଙ୍କୁ ଧନ୍ୟବାଦ ଜଣାଉଛି। ତାଙ୍କର ଆନ୍ତରିକ ପ୍ରେରଣା ମୋତେ ଆଗକୁ ମାଡ଼ିଯିବାରେ ନିଶ୍ଚୟ ସାହାଯ୍ୟ କରିଛି। ଯାହାଙ୍କ ଆଶୀର୍ବାଦ ଓ ଶୁଭେଚ୍ଛା ମୋ ଜୀବନର ପ୍ରତିଟି ମୁହୂର୍ତ୍ତକୁ ଉଜ୍ଜୀବିତ କରିଛି ସେହି ବାପା ମହେଶ୍ୱର ନାୟକ, ବୋଉ ରେବତୀ ନାୟକ, ବଡ଼ଭାଇ ସୌଭାଗ୍ୟ କୁମାର ନାୟକ, ଭାଉଜ ଇତିଶ୍ରୀ ବେହୁରିଆ ତଥା ମୋର ହିତୈଷୀମାନଙ୍କୁ ଏ ଅବସରରେ କୃତଜ୍ଞତା ଜଣାଉଛି।

ଅବଶେଷରେ ମୁଁ ବ୍ଲାକ୍ ଇଗଲ୍‌ର ତତ୍ତ୍ୱାବଧାରକ ସାହିତ୍ୟିକ ଓ ସଂଗଠକ ଶ୍ରୀଯୁକ୍ତ ସତ୍ୟ ପଟ୍ଟନାୟକଙ୍କୁ ଧନ୍ୟବାଦ ଜଣାଉଛି। ଉକ୍ତ ପୁସ୍ତକଟିକୁ ବିନା ଦ୍ୱିଧାରେ ଧରାବତରଣ କରାଇ ପାଠକମାନଙ୍କ ପାଖରେ ସେ ପହଞ୍ଚାଇ ପାରିଛନ୍ତି।

ଡ. ଶାନ୍ତନୁ କୁମାର ନାୟକ
ମକର ସଂକ୍ରାନ୍ତି-୨୦୨୨

ସୂଚିପତ୍ର

ମୁଖବନ୍ଧ ୦୭

ଗ୍ରନ୍ଥପ୍ରବେଶ ୧୧

ପ୍ରଥମ ଅଧ୍ୟାୟ:

କଥାକାର ରଜନୀକାନ୍ତ ମହାନ୍ତିଙ୍କ ଜୀବନୀ ଓ ସାହିତ୍ୟ ୧୭

ଦ୍ୱିତୀୟ ଅଧ୍ୟାୟ:

ଗାଳ୍ପିକ ରଜନୀକାନ୍ତ ମହାନ୍ତିଙ୍କ ଗଳ୍ପର ଭାବଗତ ବୈଚିତ୍ର୍ୟ ୬୪

କ. ପ୍ରେମ ପ୍ରସଙ୍ଗ ୬୫

ଖ. ବିବାହୋତ୍ତର ସମ୍ପର୍କ ୭୯

ଗ. ବିଡ଼ମ୍ବିତ ରାଜନୀତିକ ମୂଲ୍ୟବୋଧ ୯୪

ଘ. ଦୁର୍ନୀତି ଓ ଭ୍ରଷ୍ଟାଚାର ୧୦୭

ଙ. ଅତିକଳ୍ପନା ୧୨୧

ଚ. ସାମ୍ୟବାଦ ୧୨୬

ଛ. ଅନ୍ତର୍ମନର ସ୍ୱରୂପ ଉନ୍ମୋଚନ ୧୪୧

ଜ. ଅସ୍ତିତ୍ୱ ଅନ୍ୱେଷଣ ୧୬୦

ଝ. ସାମାଜିକ ସଂପୃକ୍ତି ୧୭୫

ଞ. ଆଦିବାସୀ ଜୀବନ ଚର୍ଯ୍ୟା ୧୮୨

ତୃତୀୟ ଅଧ୍ୟାୟ:

ଗାଳ୍ପିକ ରଜନୀକାନ୍ତ ମହାନ୍ତିଙ୍କ ଗଳ୍ପରେ ରୂପଗତ ବୈଚିତ୍ର୍ୟ ୧୯୭

୧. ଶିଳ୍ପ (କଥାବସ୍ତୁ, ପରିବେଶ, ଚରିତ୍ର)

୨. ଶୈଳୀ

୨.୧. ଭାଷାତାତ୍ତ୍ୱିକ ଶୈଳୀ ଅଧ୍ୟୟନ:

ଧ୍ୱନି, ଶବ୍ଦ, ବାକ୍ୟ, ଭାଷାଗତ ବିବିଧତା

୨.୨. ସାହିତ୍ୟିକ ଶୈଳୀ ଅଧ୍ୟୟନ:

ବର୍ଣ୍ଣନାତ୍ମକ ଶୈଳୀ, ଲୋକବିଦ୍ୟା,

ପ୍ରାଚୀନ କାହାଣୀର ଛାୟା, ରୂପକ, ପ୍ରତୀକ

ଚତୁର୍ଥ ଅଧ୍ୟାୟ:

୧୯୮୦ ମସିହା ପରବର୍ତ୍ତୀ ଓଡ଼ିଆ ଗଳ୍ପଧାରାରେ

ଗାଳ୍ପିକ ରଜନୀକାନ୍ତ ମହାନ୍ତିଙ୍କ ସ୍ଥାନ ୨୮୫

ଉପସଂହାର ୩୧୮

ଅନୁଷଙ୍ଗ ସୂଚୀ ୩୨୩

ପରିଶିଷ୍ଟ ୩୪୨

ପ୍ରଥମ ଅଧ୍ୟାୟ:

କଥାକାର ରଜନୀକାନ୍ତ ମହାନ୍ତିଙ୍କ ଜୀବନୀ ଓ ସାହିତ୍ୟ

ଜୀବନ: ବାଲ୍ୟଜୀବନ

ଧନ, ମାନ, ମୀନ ଓ ସାହିତ୍ୟର ସହର ବାଲେଶ୍ୱର ଜିଲ୍ଲା । ବାଲେଶ୍ୱର ଜିଲ୍ଲାର ଦୁଇ ଭୁଜ ସଦୃଶ ନୀଳଗିରି ଓ ସୋର ଅଞ୍ଚଳ । ନୀଳଗିରି ପର୍ବତ, ଅରଣ୍ୟର ସବୁଜିମାରେ ଭରପୂର ଥିଲାବେଳେ ସୋର ଅଞ୍ଚଳର ଅଣ୍ଟାବିଛା ସଦୃଶ କାଂଶବାଂଶ ନଦୀ, ପାଦଦେଶରେ ଦୀର୍ଘ ନୀଳ ଜଳରାଶି, ନିଘଞ୍ଚ ଆମ୍ବତୋଟା, ଗୋଛା ଗୋଛା ତାଳ, ବର ତଥା ନାନା କିସମର ବଣରେ ପରିଶୋଭିତ ଏଇ ମାଟି ସୋର । ଯେଉଁଠି ସୂର୍ଯ୍ୟ ଉଇଁଲେ ହିନ୍ଦୁଶାସ୍ତ୍ରର ବେଦମନ୍ତ୍ର ଉଚ୍ଚାରିତ ହୁଏ, ପୁଣି ସେଇଠି ପହରିକିଆ ମୁସଲିମ୍ ଭାଇମାନଙ୍କର ଉଚ୍ଚାରିତ ହୁଏ ନମାଜ (କୋରାନ ମନ୍ତ୍ର) । ବିବିଧ ଧର୍ମ ମଧ୍ୟରେ ଏକତା, ମଣିଷମାନଙ୍କର ସୌହାର୍ଦ୍ଦ୍ୟ, ସ୍ୱାଚ୍ଛନ୍ଦ୍ୟ ମଧ୍ୟରେ ଭାଇଚାରା ସୃଷ୍ଟି କରେ ସୋର ସହର । ଏଇଠି ମଧ୍ୟ ଜନ୍ମ ନେଇଛନ୍ତି କବିବର ରାଧାନାଥ ରାୟ, ସ୍ୱାଧୀନତା ସଂଗ୍ରାମୀ ଗାନ୍ଧିବାଦୀ ନୀଳାମ୍ବର ଦାସ ଓ ଓଡ଼ିଶା ବିଧାନସଭାର ବାଚସ୍ପତି ତଥା ସାହିତ୍ୟିକ ନନ୍ଦକିଶୋର ଦାସ ଭଳି ଅନେକ ମହାନ ଦିବଂଗତ ପୁରୁଷ । ଏଇ ସୋର ମୁନିସିପାଲିଟି ଅନ୍ତର୍ଗତ କାଂଶବାଂଶ ନଈ ଘେରା ଏକ ଗ୍ରାମ କ୍ଷୀରକୋଣୀ । କ୍ଷୀରକୋଣୀ ଗ୍ରାମର ଶେଷ ସାହିରେ ୧୯୫୨ ଜୁଲାଇ ୦୯ ତାରିଖରେ ଜନ୍ମଗ୍ରହଣ କରନ୍ତି କଥାକାର ରଜନୀକାନ୍ତ ମହାନ୍ତି । ପିତା ଶିକ୍ଷକ ବିଶ୍ୱନାଥ ମହାନ୍ତିଙ୍କ କର୍ତ୍ତବ୍ୟନିଷ୍ଠା, ଚରିତ୍ରବତ୍ତା ଓ ଶିକ୍ଷାଦାନ ପ୍ରତି ପ୍ରଗାଢ଼ ଅନୁରକ୍ତି ତଥା ମାତା ସ୍ୱର୍ଣ୍ଣଲତା ଦେବୀଙ୍କର ସଂସ୍କାରୀ ମନୋଭାବ, ସେବାପରାୟଣତା, ସହନଶୀଳତା, ଆଧାତ୍ମିକ ଭାବନା ଓ ସାହିତ୍ୟପ୍ରୀତି ବାଳକ ରଜନୀକାନ୍ତଙ୍କୁ ଜଣେ ସମ୍ବେଦନଶୀଳ ମଣିଷ ଭାବରେ ଛିଡ଼ା କରାଇଛି ।

ସାଆନ୍ତବଂଶ ବା ଉଚ୍ଚକୁଳରେ ବାଳକ ରଜନୀକାନ୍ତ ଜନ୍ମ ନେଇଥିଲେ ମଧ୍ୟ ତାଙ୍କୁ

ତାଙ୍କର ପୂର୍ବପୁରୁଷର ପ୍ରତିପତ୍ତି ବଶ କରିପାରିନଥିଲା । ବିଳାସ ଓ ଆଡ଼ମ୍ବରପୂର୍ଣ୍ଣ ତଥା ସୌଖିନ ଜୀବନଯାପନର ମାର୍ଗରୁ ସେ ପ୍ରଥମରୁ ହିଁ ବିରତ ଥିଲେ । ଦୀନଦୁଃଖିଙ୍କୁ ଦେଖିଲେ କିଶୋର ରଜନୀକାନ୍ତଙ୍କ ଆତୁର ପ୍ରାଣ କାନ୍ଦିଉଠେ । ଭିକ୍ଷାବୃତ୍ତି କରି ଜୀବନ ଅତିବାହିତ କରୁଥିବା ମଣିଷମାନଙ୍କୁ ଦାନ କଲାବେଳେ ଦାନର ପରିମାଣଠାରୁ ଅଧିକ ଭିକ୍ଷା ଦାନ କରିବା, ନିଜର ଖାଦ୍ୟରୁ ଗାଁର ଗରିବ ପିଲାଙ୍କୁ ଭାଗକରି ବାଣ୍ଟିବା ଏବଂ ମହାନ୍ତି ସାହିକୁ ଘେରି ରହିଥିବା ଦୀନ ଦରିଦ୍ର ହରିଜନଙ୍କର ଯେକୌଣସି ଆବଶ୍ୟକତା ପୂରଣ ନିମନ୍ତେ ନିଜର ପାରିଲା ପଣରେ, ବାଳକ ରଜନୀକାନ୍ତ ନିଜ ଘରୁ ବସ୍ତୁ ଚୋରାଇ ନେଇ ମଧ୍ୟ ସେମାନଙ୍କୁ ଦାନ କରୁଥିଲେ । ଏହା ମହାନ୍ତି ବଂଶ ପାଇଁ ଆଶ୍ଚର୍ଯ୍ୟର ବିଷୟ ହୋଇ ରହିଯାଇଥିଲା ।

ମହାନ୍ତି ବଂଶ ପାଇଁ ଏକଦା ଜଣେ ସନ୍ନ୍ୟାସୀଙ୍କର ବକ୍ତବ୍ୟ ଦୁଃଖର ଛାୟା ଖେଳାଇ ଦେଇଥିଲା । ଗାନ୍ଧିକ ଶ୍ରୀ ମହାନ୍ତି କହନ୍ତି, "ମୋ ଜନ୍ମ ପରେ ଆମ ଘରକୁ ଆସିଥିବା ଜଣେ ସାଧୁଙ୍କୁ ମୋତେ ଦେଖାଇ ଭବିଷ୍ୟତ କଥା ପଚାରିଲେ ମୋ ଜେଜେ । ସାଧୁ ଜଣକ ମୋତେ ଦେଖିସାରି ମନ୍ତବ୍ୟ ଦେଇଥିଲେ- 'ଏ ପିଲାର ଭାଗ୍ୟରେ ପଚସ୍ତରୀ ଶତକଡ଼ା ସନ୍ନ୍ୟାସ ଯୋଗ ଓ ପଚିଶି ଶତକଡ଼ା ସଂସାର ଯୋଗ ରହିଛି । ଯଦିବା ସେ ସଂସାରୀ ହୋଇ ରହେ ସେ ପଦ୍ମପତ୍ରରେ ବା ସାରୁପତ୍ରରେ ଜଳଭଳି ରହିବ । ମହତ କାର୍ଯ୍ୟରେ ନାଁ କରିବ । ଏଥିପାଇଁ ବାପାମା'ଙ୍କ ମନରେ ସବୁବେଳେ ଗୋଟିଏ ଆଶଙ୍କା ରହିଥାଏ, କାଳେ ବଡ଼ ପୁଅ ଘରଛାଡ଼ି ସନ୍ନ୍ୟାସୀ ହୋଇଯିବକି ?"[୧] ସାଧୁଙ୍କର ଏପରି ବକ୍ତବ୍ୟ ଯେ କୌଣସି ମାତାପିତାଙ୍କୁ ଆଚମ୍ବିତ କରିବା ସ୍ୱାଭାବିକ । କାରଣ ଶ୍ରୀ ମହାନ୍ତିଙ୍କ ବଂଶର ବଂଶାନୁକ୍ରମିକ ଏକ ପୁତ୍ର ପ୍ରଥା ଚଳିଆସିଥିଲା । ଯଦି ବାଳକ ରଜନୀକାନ୍ତ ସନ୍ନ୍ୟାସୀ ହୋଇଯାଆନ୍ତି, ତା'ହେଲେ ବଂଶ ରକ୍ଷା କିପରି ହୋଇପାରିବ ? ଶ୍ରୀ ମହାନ୍ତି ବି ବାପାମା'ଙ୍କର ପ୍ରଥମ ସନ୍ତାନ ଥିଲେ । ବାଳକ ରଜନୀକାନ୍ତଙ୍କ ପାଖରେ ପ୍ରସ୍ଫୁଟିତ ହେଉଥିବା ଗୁଣାବଳୀ ଯେପରି ଦାନ କରିବା, ରାତିଦିନ ଧରି ପୁରାଣ ବା ଧର୍ମ ସମ୍ବନ୍ଧୀୟ ପୁସ୍ତକ ପଢ଼ିବା, ଘଣ୍ଟାଘଣ୍ଟା ଈଶ୍ୱର ଆରାଧନା କରିବା ଆଦି ମହାନ୍ତି ପରିବାରରେ ଏକ ସାଧୁସୁଲଭ ଜୀବନର ଆସ୍ଥା ଜନ୍ମାଇ ଦେଇଥିଲା ।

ବାଳକ ରଜନୀକାନ୍ତ ଦିନରେ ବିଦ୍ୟାଳୟ ଶିକ୍ଷାପରେ ବଳକା ସମୟ କଟାନ୍ତି ଗାଁର ଶେଷ ମୁଣ୍ଡରେ ଥିବା ନଈ ପଠାର ମୂଷା ସାଆନ୍ତ ବରଗଛ ମୂଳରେ । ଗାନ୍ଧିକ ରଜନୀକାନ୍ତ ମହାନ୍ତିଙ୍କ ଜେଜେ ବାପା ଭୁବନାନନ୍ଦ ମହାନ୍ତିଙ୍କ ଡାକନାମ 'ମୂଷା' । ଭୁବନାନନ୍ଦ ମହାନ୍ତି ଜମିଦାର ବଂଶୀୟ ଥିବାରୁ ତାଙ୍କୁ 'ମୂଷା ସାଆନ୍ତ' ବୋଲି ଗାଁ ଲୋକେ ଡାକନ୍ତି । ସେ ନଈ ପଠାରେ ବରଗଛ ଲଗାଇ ତା' ମୂଳରେ ପକ୍କା ଚତିରି ବା ଚାନ୍ଦିନୀ କରିଥିବାରୁ ସେଇ ଗଛକୁ 'ମୂଷା ସାଆନ୍ତ ବରଗଛ' କହନ୍ତି ଗାଁ ଲୋକେ । ବାଳକ ରଜନୀକାନ୍ତ ସେଇ ଗଛ ମୂଳରେ ବହିନେଇ ପାଠପଢ଼ିବା, ଗଛ ଉପରେ ଚଢ଼ି ଡାଳରେ ବସିବା, ଗଛ ଉପରୁ

ଦିଗନ୍ତବିସ୍ତାରୀ ସବୁଜ ଗହଳ କ୍ଷେତକୁ ନିରୀକ୍ଷଣ କରିବା, ନଈର କୁଳୁକୁଳୁ ନାଦରେ ବହିଯାଉଥିବା ଜଳଧାରାକୁ ଅନୁଧ୍ୟାନ କରିବା ଆଦି ଏକ ପ୍ରକାର ଅନୁସନ୍ଧିତ୍ସା ଅଭ୍ୟାସରେ ପରିଣତ ହୋଇଥିଲା ଗାଳ୍ପିକ ରଜନୀକାନ୍ତ ମହାନ୍ତିଙ୍କ ପାଇଁ । ଏହାଦ୍ୱାରା ଗାଳ୍ପିକ ଶ୍ରୀ ମହାନ୍ତି ମଧ୍ୟ ସନ୍ନ୍ୟାସୀ ନାମରେ ସ୍କୁଲ୍‌ରେ ବେଶ୍ ପରିଚିତ ହୋଇ ଯାଇଥିଲେ । ଗାଳ୍ପିକ ଏ ସଂପର୍କରେ କହନ୍ତି, "ସତ୍ୟାନନ୍ଦ ହାଇସ୍କୁଲ୍‌ର ଦେବସାର (ଦେବେନ୍ଦ୍ର ମହାନ୍ତି) ବାପାଙ୍କର ବନ୍ଧୁ ଥିଲେ । ତାଙ୍କୁ ବାପା ଏ ବିଷୟରେ (ସନ୍ନ୍ୟାସୀ ସଂପର୍କରେ) କହିଲେ । ଅଷ୍ଟମ ଶ୍ରେଣୀ କ୍ଲାସ୍ ଆରମ୍ଭର ପ୍ରଥମ ଦିନ ଦେବସାର ପ୍ରଥମ ପିରିୟଡ଼ରେ କ୍ଲାସ୍ ରୁମ୍ ଆସିଲେ କ୍ଲାସ୍ ଟିଚର ଭାବରେ । ଉପସ୍ଥାନ ନେଇ ସାରିଲାପରେ ମୁଁ ବସିଥିବା ବେଞ୍ଚ ଆଡ଼କୁ ଲକ୍ଷ୍ୟ କରି କହିଲେ, 'ସନ୍ନ୍ୟାସୀ ! ଏଠିକି ଆସ' ଆମେ ସବୁ ପରସ୍ପରକୁ ଅନେଇଲୁ । ଏଠି ସନ୍ନ୍ୟାସୀ ନାମଧାରୀ ଛାତ୍ର କିଏ ଆସିଲା ? ଉଚ୍ଚତାରେ ମୁଁ ସାନ ଥିବାରୁ ଆଗ ବେଞ୍ଚରେ ବସୁଥିଲି । ମୁଁ ପଛକୁ ଅନାଇଲି । କାଳେ କିଏ ସନ୍ନ୍ୟାସୀ ନାମଧାରୀ ନୂଆ ଛାତ୍ର ଆସି ଯୋଗ ଦେଇଥିବେ । କିନ୍ତୁ ଦେବସାର୍ ମୋ ଆଡ଼କୁ ଆଙ୍ଗୁଳି ଦେଖାଇ କହିଲେ 'ତୁମକୁ ଡାକୁଛି ଆସ' । ମୁଁ ଦୋଦୋପାଞ୍ଚ ହୋଇ ତାଙ୍କ ପାଖକୁ ଗଲି । ସେ ପଚାରିଲେ 'ଏତେ ବଡ଼ ଛୁଟିଟେ ମିଳିଲା, କ'ଣ କଲ ?' ସବୁ ପୁରାଣ ପଢ଼ି ଦେଲି, ମୁଁ କହିଲି ।"[୨] ଏଇଠାରୁ ଶ୍ରୀ ମହାନ୍ତି ସାଙ୍ଗଙ୍କ ମେଳରେ ସନ୍ନ୍ୟାସୀ ନାମରେ ବେଶ୍ ପରିଚିତ ହୋଇଯାଇଥିଲେ ।

ଉଲ୍ଲେଖ ପ୍ରସଙ୍ଗ ଅନୁଯାୟୀ, ମୂଷା ସାଆନ୍ତ ବରଗଛମୂଳେ ବସିବା, ସେ ଗଛ ଡାଳରେ ଚଢ଼ି ସଂସାରକୁ ନିରୀକ୍ଷଣ କରିବା ଆଦିକୁ ଲକ୍ଷ୍ୟ କଲେ ଗାଳ୍ପିକଙ୍କର ବାଲ୍ୟକାଳରୁ ବୃକ୍ଷପ୍ରତି ପ୍ରବଳ ଅନୁରାଗ ଥିବାର ଜଣାପଡ଼େ । କଥାକାର ନିଜେ କହନ୍ତି, "ପ୍ରକୃତି ସହ ମଣିଷର ସଂପୃକ୍ତି ସମଗ୍ର ଜୀବନସାରା ହିଁ ଥାଏ । ଆଉ ସେହି ପ୍ରକୃତିକୁ ମୁଁ ଆବାଲ୍ୟରୁ ଉପଲବ୍ଧି କରିଛି । ମୁଁ ଅନୁଭବ କରେ, ଗଛଲତା, ପଶୁପକ୍ଷୀମାନେ ସିନା କଥା କହିପାରୁ ନାହାନ୍ତି, କିନ୍ତୁ ସେମାନେ ଚେତନା ସ୍ତରରେ ମଣିଷର ଚେତନାର ଖୁବ୍ ପାଖେ ପାଖେ ଥାଆନ୍ତି । କେବଳ ତାଙ୍କୁ ଉପଲବ୍ଧି କରିପାରିଲେ ହେଲା । ସେମାନଙ୍କ ହସ, କାନ୍ଦ ମୁଁ ଅନୁଭବ କରିଛି । ଏମିତି ତ ମୁଁ ଗଛ ଡାଳରେ ବସି କେତୋଟି ଗଳ୍ପ ଓ ଗୋଟିଏ ଉପନ୍ୟାସ ଲେଖିଚି ।"[୩] ଗାଳ୍ପିକଙ୍କର ଏହି ବକ୍ତବ୍ୟକୁ ଅନୁସନ୍ଧାନ କଲେ ଶ୍ରୀ ମହାନ୍ତିଙ୍କର 'ବୃକ୍ଷରୂପୀ', 'ବୁଦ୍ଧ' ଭଳି ଗଳ୍ପରେ ବୃକ୍ଷଚେତନାକୁ ମର୍ମେମର୍ମେ ଉପଲବ୍ଧି କରିହୁଏ ।

ବାଲ୍ୟକାଳରୁ ଶ୍ରୀ ମହାନ୍ତି ରାମାୟଣ, ମହାଭାରତ, ଗୀତା, ଭାଗବତ, ନୃସିଂହପୁରାଣ, ଅମରଜୁମର, ଶୂନ୍ୟସଂହିତା ଭଳି ପୁରାଣ ଗ୍ରନ୍ଥ ପଢ଼ି ସାରିଥିବା କଥା ନିଜେ ଗାଳ୍ପିକ ସମ୍ମତି ପ୍ରଦାନ କରନ୍ତି । ଏହା ବ୍ୟତୀତ ଶ୍ରୀମହାନ୍ତିଙ୍କର 'କୁହାନଳ' ଗଳ୍ପଟିକୁ ପଢ଼ିଲେ ଗାଳ୍ପିକଙ୍କ ବାଲ୍ୟ ଜୀବନର କିଞ୍ଚିତ ଝଲକ ଉପଲବ୍ଧି କରିହୁଏ । ବାର ତେର ବର୍ଷବେଳକୁ ହିନ୍ଦୁଧର୍ମର ଅନେକ ଗ୍ରନ୍ଥ ପଢ଼ି ଶ୍ରୀ ମହାନ୍ତିଙ୍କର ମାନସିକତାରେ 'ଏପିକ୍ ଆଇଡିଆ' ଛାପ ହୋଇ

ରହିଛି ବୋଲି ଗାନ୍ଧିକ ନିଜେ କହନ୍ତି । ଧର୍ମଜ୍ଞାନ, ହିନ୍ଦୁ ଧର୍ମଗ୍ରନ୍ଥ ବ୍ୟତୀତ ଅନ୍ୟ ଧର୍ମର ଗ୍ରନ୍ଥ ଅଧ୍ୟୟନ, ଅନୁସନ୍ଧିତ୍ସା, ତଦ୍‌ସଙ୍ଗେ ବ୍ରହ୍ମ ଉପଲବ୍ଧି ନିମନ୍ତେ ଆଗ୍ରହ ଅଦ୍ୟାବଧି କଥାକାର ରଜନୀକାନ୍ତ ମହାନ୍ତିଙ୍କର ରହିଛି । ଏହାର ପ୍ରମାଣ ଶ୍ରୀ ମହାନ୍ତିଙ୍କ ଲିଖିତ 'ଆକ୍ରାନ୍ତାବାଦ'ରୁ ମିଳେ । ତେଣୁ ଗାନ୍ଧିକଙ୍କ ବାଲ୍ୟଜୀବନ ଆଧ୍ୟାତ୍ମିକ ଦିଗଦେଇ ଗତି କରିଛି ନିଶ୍ଚୟ ।

ଛାତ୍ରଜୀବନ:

ମାଆ ସ୍ୱର୍ଣ୍ଣଲତା ମହାନ୍ତି କବି ଓ ଶିଳ୍ପୀ ତଥା ଜଣେ ସ୍ନେହମୟୀ ମହିଳା ଏବଂ ବାପା ବିଶ୍ୱନାଥ ମହାନ୍ତି ଜଣେ ଛାତ୍ରବତ୍ସଳ, ଆଦର୍ଶ ଶିକ୍ଷକ । ଉଭୟ ବାପାମାଆଙ୍କର ଜୀବନଚର୍ଯ୍ୟା, ଆଦର୍ଶ ଓ ମୂଲ୍ୟବୋଧ ହିଁ ଗାନ୍ଧିକ ରଜନୀକାନ୍ତ ମହାନ୍ତିଙ୍କୁ ଜଣେ ଦରଦୀ ମଣିଷ ଭାବରେ ଗଢ଼ି ତୋଳିଛି । ସମସ୍ତ ପିତାମାତାଙ୍କ ଭଳି ଗାନ୍ଧିକ ଶ୍ରୀ ମହାନ୍ତିଙ୍କ ପିତାମାତା ପୁତ୍ରକୁ ଶିକ୍ଷିତ କରିବାରେ ଅଧିକ ଶ୍ରମ ନିୟୋଗ କରିଛନ୍ତି । ବାଳକ ରଜନୀକାନ୍ତ; ପିତା ବିଶ୍ୱନାଥ ମହାନ୍ତି ଶିକ୍ଷକତା କରୁଥିବା କେଦାରପୁର ପ୍ରାଇମେରୀ ସ୍କୁଲ୍‌ରେ ୩ୟ ଶ୍ରେଣୀ ପର୍ଯ୍ୟନ୍ତ ପଢ଼ି ପରୀକ୍ଷା ଦେଇ ଉତ୍ତୀର୍ଣ୍ଣ ହେଲା ପରେ ସୋର ସତ୍ୟାନନ୍ଦ ହାଇସ୍କୁଲ୍‌ରେ ୪ର୍ଥ ଶ୍ରେଣୀରେ ନାମ ଲେଖାଇଥିଲେ ଏବଂ ସେହି ସତ୍ୟାନନ୍ଦ ହାଇସ୍କୁଲ୍‌ରେ ପାଠପଢ଼ି ୧୯୬୭ ମସିହାରେ ମେଟ୍ରିକ୍ ପାସ୍ କରିଥିଲେ । ଏହାପରେ ଉପେନ୍ଦ୍ରନାଥ ମହାବିଦ୍ୟାଳୟ ସୋରରେ ଗୋଟେ ବର୍ଷ P.U ପଢ଼ିଥିଲେ । କିନ୍ତୁ ତରୁଣ ରଜନୀକାନ୍ତଙ୍କୁ ପାଠ ପଢ଼ି ଉଚ୍ଚ ଶିକ୍ଷିତ ହେବା, ଉଚ୍ଚପଦସ୍ଥ ଚାକିରି କରି ଟଙ୍କା ରୋଜଗାର କରିବା ଭଳି ଆଶା, ଉଦ୍‌ବେଗ ବାନ୍ଧି ରଖିପାରିନଥିଲା । ଉପେନ୍ଦ୍ରନାଥ ମହାବିଦ୍ୟାଳୟରେ P.U ପଢ଼ିବା ପରେ କିଛି ବର୍ଷ ପାଇଁ ଶ୍ରୀ ମହାନ୍ତିଙ୍କ ଶିକ୍ଷାରେ ଡୋରି ପଡ଼ିଯାଇଥିଲା । ଏ ସଂପର୍କରେ ଶ୍ରୀ ମହାନ୍ତି କହନ୍ତି, "ଏଭଳି ଶିକ୍ଷାର ଗୁଣାତ୍ମକ ଅସାରତା ମୋତେ ଶିକ୍ଷାଠୁ ଦୂରେଇ ଦେଲା ଏବଂ କୌଣସି ଏକ ସେବା କାର୍ଯ୍ୟ ପାଇଁ ମୋର ସବୁବେଳେ ଏକ ଉପଲବ୍ଧି ରହି ଆସିଥିଲା । ସେଇ ପରିପ୍ରେକ୍ଷୀରେ, ସେଇ ଦୃଷ୍ଟିଭଙ୍ଗୀର ତରାଜୁରେ ପାଠ ପଢ଼ିବା ଓ ଚାକିରି କରିବା ପ୍ରସଙ୍ଗମାନ ଖୁବ୍ ଗୌଣ ଦିଶୁଥିଲା, ଗୁରୁତ୍ୱହୀନ ମନେ ହେଉଥିଲା । ମୁଁ ସବୁବେଳେ କିଛି ଗୋଟେ ଖୋଜୁଥିଲି । (ଏ ପ୍ରସଙ୍ଗରେ ଅନେକ ଅନୁଭୂତି ଜଡ଼ିତ ରହିଛି । ଯଥା- ଏଗାର ବର୍ଷ ବୟସରେ ଅଷ୍ଟାଦଶ ପୁରାଣ ପଢ଼ି ଶେଷ କରିବା, ଗାଁ ଶେଷ ମୁଣ୍ଡରେ କାଂଶବାଂଶ ନଈ ଧାର କଡ଼ରେ ଥିବା ମୂଷା ସାଆନ୍ତ ବରଗଛ ମୂଳରେ ବସି ଧ୍ୟାନସ୍ଥ ହେବା ପ୍ରଭୃତି) ଅଦୃଶ୍ୟ ବ୍ୟକ୍ତିର ଇଙ୍ଗିତରେ ସୁଯୋଗଟିଏ ଅନୁପ୍ରେରିତ ହୋଇ ଆସିଲା । ବିକଳାଙ୍ଗ କୁଷ୍ଠ ରୋଗୀଙ୍କ ସେବା ପାଇଁ ଆଜୀବନ ନିୟୋଜିତ ହୋଇ ରହିଲି ।"(୪)

ଓଡ଼ିଶାର ଗଞ୍ଜାମ ଜିଲ୍ଲାର ହିଞ୍ଜିଳିକାଟୁଠାରେ କୁଷ୍ଠ ରୋଗୀଙ୍କ ସେବା ନିମନ୍ତେ ଗାନ୍ଧିକ ରଜନୀକାନ୍ତ ମହାନ୍ତି ନିଜକୁ ନିୟୋଜିତ କରିବା ସମୟରେ ବନ୍ଧୁମାନଙ୍କ ପ୍ରେରଣା ପାଇ ୧୯୭୫ ମସିହାରେ ବ୍ରହ୍ମପୁର ୟୁନିଭରସିଟି ଅଧୀନରେ ଦ୍ୱାଦଶ ଶ୍ରେଣୀ ପରୀକ୍ଷା ଦେଇ

ଉତ୍ତୀର୍ଣ୍ଣ ହୋଇଥିଲେ । ପରବର୍ତ୍ତୀ ସମୟରେ ଗାଳ୍ପିକ ଶ୍ରୀ ମହାନ୍ତି ନିଜ ସ୍ତ୍ରୀ ଶକୁନ୍ତଳା ଦେବୀଙ୍କୁ ଖୁସି କରିବାକୁ ଯାଇ ଉତ୍କଳ ବିଶ୍ୱବିଦ୍ୟାଳୟ ଅଧୀନରେ ୧୯୯୨ ମସିହାରେ ସ୍ନାତକ ପାସ୍ କରିଥିଲେ । ଏହା ପରେ ପରେ ୨୦୦୯ ମସିହାରେ ଇଂରାଜୀରେ ସ୍ନାତକୋତ୍ତର ପାସ୍ କରିଥିଲେ ଉତ୍କଳ ବିଶ୍ୱବିଦ୍ୟାଳୟ ଅଧିନରେ । ବିଦ୍ୟା ଅଧ୍ୟୟନରେ ଏପରି ଦୀର୍ଘ ବ୍ୟବଧାନ ଅନ୍ୟମାନଙ୍କୁ ଆଚମ୍ଭିତ କରିପାରେ କିନ୍ତୁ ଏ ସଂପର୍କରେ ଶ୍ରୀ ମହାନ୍ତି କହନ୍ତି, "ଯେ ପାଠ ପଢ଼ିବା ଦ୍ୱାରା ମୋର କୌଣସି ଜାଗତିକ ବା ଆର୍ଥିକ ଆହରଣ ହୋଇନାହିଁ । ପଢ଼ିବାଟା ଉଦ୍ଦେଶ୍ୟସଂଗତ ନଥିଲା । ମୋ ପରିବାର ଓ ବନ୍ଧୁମାନଙ୍କୁ ଖୁସି ଓ ଆନନ୍ଦ ଦେଇଛି। ମୋତେ ଦେଇଛି ସାହିତ୍ୟର ବହୁ ଚରିତ୍ରର ଉପଲବ୍ଧିମାନ ।"[୪]

ଗାଳ୍ପିକ ରଜନୀକାନ୍ତ ମହାନ୍ତି ସତ୍ୟାନନ୍ଦ ହାଇସ୍କୁଲ୍, ସୋରରେ ପଢ଼ିଲାବେଳେ ସମସ୍ତ ଶିକ୍ଷକଙ୍କର ପ୍ରିୟଛାତ୍ର ଥିଲେ । ଲାଜକୁଳା ସ୍ୱଭାବର, ଚିନ୍ତନ ଓ ଅନ୍ତର୍ଭେଦୀ ପ୍ରକୃତିର ଛାତ୍ର ଥିଲେ ଶ୍ରୀ ମହାନ୍ତି । ମହେନ୍ଦ୍ର ସାରଙ୍କ ଇଂରାଜୀ ଉଚ୍ଚାରଣ, ରଘୁନାଥ ମହାନ୍ତି ସାର୍‌ଙ୍କର ସମାଜସେବା ମନୋଭାବ, ନାରାୟଣ ମହାପାତ୍ର ସାର୍‌ଙ୍କର ଜ୍ଞାନ ଓ ଦେବେନ୍ଦ୍ର ସାର୍‌ଙ୍କର ସମୟାନୁବର୍ତ୍ତିତା ଗାଳ୍ପିକଙ୍କୁ ବହୁ ଭାବରେ ପ୍ରଭାବିତ କରିଥିଲା। ଏପରିକି ଉପେନ୍ଦ୍ରନାଥ ମହାବିଦ୍ୟାଳୟ ସୋରରେ ପଢ଼ିଲାବେଳେ ମହୀରଞ୍ଜନ ସାର୍, ଧରଣୀଧର ସାର୍, ଗୌରାଙ୍ଗ ସାର୍, ଅଜିତ ସାର୍‌ଙ୍କ ଜ୍ଞାନ ଓ ଚରିତ୍ରର ପ୍ରଭାବକୁ ସ୍ୱୀକାର କରିଛନ୍ତି ନିଜ ଜୀବନରେ ଶ୍ରୀ ମହାନ୍ତି ।

ପାରିବାରିକ ଜୀବନ:

ଗାଳ୍ପିକ ରଜନୀକାନ୍ତ ମହାନ୍ତିଙ୍କ ପାରିବାରିକ ଜୀବନ ବେଶ୍ ପରିପୂର୍ଣ୍ଣ। ସ୍ତ୍ରୀ ଶକୁନ୍ତଳା ଦେବୀ ଏବଂ ତିନି ସନ୍ତାନ ମଧ୍ୟରେ ଝିଅ ବଡ଼, ଦୁଇ ପୁଅ । ଝିଅ ହୋମିଓପାଥିକ ଡାକ୍ତର, ସେ ଏବେ ବିବାହ କରି ପୁନେରେ ଅଛନ୍ତି । ବଡ଼ ପୁଅ ଇଞ୍ଜିନିୟର (B.Tech) ବେଙ୍ଗାଲୁର୍‌ରେ କାର୍ଯ୍ୟରତ ଏବଂ ସାନପୁଅ ଏମ୍.ବି.ଏ ପଢ଼ି ଫାଇନାନ୍‌ସ୍ ଏକ୍‌ଜିକ୍ୟୁଟିଭ୍ ଭାବେ କାର୍ଯ୍ୟ କରନ୍ତି । ଗାଳ୍ପିକଙ୍କ ସନ୍ତାନମାନେ ନିଜ ନିଜ କ୍ଷେତ୍ରରେ ପ୍ରତିଷ୍ଠିତ ।

ଘରର ସମସ୍ତ ଦାୟିତ୍ୱ ଗାଳ୍ପିକଙ୍କ ଧର୍ମପତ୍ନୀ ଶକୁନ୍ତଳା ଦେବୀ ତୁଲାନ୍ତି । ପାରିବାରିକ ଜୀବନର ଜଞ୍ଜାଳବୋଧ ଗାଳ୍ପିକ ରଜନୀକାନ୍ତ ମହାନ୍ତି ସେତେ ମାତ୍ରାରେ ଆପଣାଇ ନାହାନ୍ତି । ଗାଳ୍ପିକଙ୍କ ଜୀବନର ସମସ୍ତ କର୍ମକୁ ନିର୍ଦ୍ୱନ୍ଦ୍ୱରେ ଶକୁନ୍ତଳା ଦେବୀ ଆପଣେଇ ନେଇଛନ୍ତି । ଏପରିକି ଶକୁନ୍ତଳାଦେବୀଙ୍କର ପରିବାରର ସନ୍ତାନମାନଙ୍କ ଦାୟିତ୍ୱ ସଙ୍ଗେ ଗାଳ୍ପିକଙ୍କ ସାହିତ୍ୟ ପ୍ରତିଭାକୁ ଉଜ୍ଜ୍ୱଳ କରାଇବାରେ ଅତୁଳନୀୟ ଅବଦାନ ରହିଛି । ଗାଳ୍ପିକ ନିଜ ଧର୍ମପତ୍ନୀଙ୍କ ସଂପର୍କରେ ମତ ରଖନ୍ତି– "ସେ ସଂସାର ସଂଭାଳି ନ ଥିଲେ ମୋ ଭଳି ଅର୍ଦ୍ଧେକ ସଂସାରୀ ଅର୍ଦ୍ଧେକ ଫକୀର ପକ୍ଷେ ସାହିତ୍ୟ ସୃଜନ ସଂଭବ ହୋଇନଥାନ୍ତା । ମୋର ଅର୍ଦ୍ଧେକ ଗଳ୍ପର ସେ ପ୍ରଥମ ପାଠକ । ଅନେକ ଗଳ୍ପ ବି ତାଙ୍କର ବଖାଣିଥିବା କାହାଣୀର ସ୍କେଚ। 'ଅକାଳ', 'ଆବିଷ୍କାର', 'ସମୁଦ୍ର' ଗଳ୍ପଗୁଡ଼ିକ ତାଙ୍କ ବର୍ଣ୍ଣିତ ଘଟଣା । ମୋର ପୂର୍ଣ୍ଣାଙ୍ଗ ପ୍ରକାଶିତ ଗଳ୍ପ,

'ଶତ୍ରୁରା' ମୋ ବିବାହ ପରେ ହିଁ ଲେଖାଯାଇଛି । କେବେ କେବେ ଅନ୍ୟ କୌଣସି କର୍ମରେ ମଜ୍ଜି ରହିଥିଲେ, ସେ ମନେ ପକାଇ ଦିଅନ୍ତି- 'ଖାତା କଲମ ଡାକିଲାଣି, ଆସ ! ବେଳେବେଳେ ଲେଖାପଢ଼ା କାର୍ଯ୍ୟ କରୁ କରୁ ରାତି ୧.୩୦, ୨ଟା ହୋଇଗଲେ ସେ ଖାତା ବହିକୁ ନେଇଯାଇ ଶୋଇପଡ଼ିବାକୁ କହନ୍ତି । ସେ ଦୃଷ୍ଟିରୁ ସେ ଦାୟିତ୍ୱବାନ୍ ।"(୬) ଏକ ନାରୀକୈନ୍ଦ୍ରୀକ ଓଡ଼ିଆ ପରିବାର ଭାବରେ ଗାଳ୍ପିକ ରଜନୀକାନ୍ତ ମହାନ୍ତିଙ୍କ ସାଂସାରିକ ଜୀବନ ସ୍ୱଚ୍ଛଳ ଓ ପରିପୂର୍ଣ୍ଣ ।

କର୍ମମୟ ଜୀବନ

ଗାଳ୍ପିକ ରଜନୀକାନ୍ତ ମହାନ୍ତି ବାଲ୍ୟକାଳରୁ ସେବାପରାୟଣ ମନୋଭାବ ନେଇ ଜୀବନ ଅତିବାହିତ କରୁଥିଲେ । ଏହି ସେବା ମନୋଭାବ ଜୀବନର ବ୍ରତ ହୋଇଗଲା । ବାଲ୍ୟକାଳରେ ଦୀନ ଦୁଃଖୀଙ୍କୁ ସେବା କରିବା, ଗଡ଼ିଆରେ ଦଳ ଛାଣିବା, ଗାଁ ରାସ୍ତା ସାଙ୍ଗମାନଙ୍କ ସଙ୍ଗେ ମିଶି ମରାମତି କରିବା, ବିଦ୍ୟାଳୟ ତରଫରୁ ବନ୍ୟାପ୍ରପୀଡ଼ିତ ଦୂରଦୂର ଅଞ୍ଚଳକୁ ଯାଇ ଲୋକମାନଙ୍କୁ ସାହାଯ୍ୟ ସହଯୋଗ କରିବା ଆଦି ଅନେକ ସାମାଜିକ କାର୍ଯ୍ୟରୁ ଶ୍ରୀ ମହାନ୍ତି ନିଜକୁ ସାରାଜୀବନ ସମାଜସେବାରେ ଉତ୍ସର୍ଗ କରିଦେଇଥିଲେ ।

ପରବର୍ତ୍ତୀ ସମୟରେ କଥାକାର ଶ୍ରୀ ମହାନ୍ତିଙ୍କର ଜୀବନ ଜୀବିକା ମଧ୍ୟ ହୋଇଗଲା ସମାଜ ସେବା । ପାଠପଢ଼ିବା, ନାଁ କମାଇଁବା, ଧନରୋଜଗାର କରିବା, ସୌଖିନ ଜୀବନଯାପନ କରିବା ଭଳି ଆଡ଼ମ୍ବରପୂର୍ଣ୍ଣତାରୁ ବିରତ ହୋଇ ସମାଜସେବା ମାର୍ଗରେ ପାଦଥାପିଥିଲେ ବାଳକ ରଜନୀକାନ୍ତ । ତରୁଣ ବୟସରେ ଝିଆରୀ ଜ୍ୱାଇଁ ଅମ୍ବୁଜକୁମାର ଦାସଙ୍କ ପରାମର୍ଶ କ୍ରମେ ଗଞ୍ଜାମର ଆସ୍କାରେ 'ଡେନିସ୍ ସେଭ୍ ଦି ଚିଲଡ୍ରେନ୍ ଅର୍ଗାନାଇଜେସନ୍ ଲେପ୍ରୋସି କଣ୍ଟ୍ରୋଲ୍' ପ୍ରୋଜେକ୍ଟରେ ନିଜକୁ ନିୟୋଜିତ କରିଥିଲେ ।

ବିରାଟକାୟ ଆମ୍ବତୋଟା ମଧ୍ୟରେ ଗଢ଼ିଉଠିଥିବା କୁଷ୍ଠରୋଗୀମାନଙ୍କ ପାଇଁ ସେବା କେନ୍ଦ୍ରଟିରେ ପାଦଥାପି ଶ୍ରୀ ମହାନ୍ତି ନିଜ ଜୀବନର ମାର୍ଗକୁ ଖୁବ୍ ଆପଣାର ସହକାରେ ବାଛି ନେଇଥିଲେ । ଏଇଠୁ ଆରମ୍ଭ ହୋଇଥିଲା ଶ୍ରୀ ମହାନ୍ତିଙ୍କ କର୍ମମୟ ଜୀବନ । ଶ୍ରୀ ମହାନ୍ତି କହନ୍ତି, "ଏହା ଏକ W.H.O ସହ ମିଳିତ ଆନ୍ତର୍ଜାତୀୟ ସେବା ସଂଗଠନ । ଏହାର ମୁଖ୍ୟ ଥିଲେ ଜଣେ W.H.O Leprologist ବା ବିଶ୍ୱ ସ୍ୱାସ୍ଥ୍ୟ ସଂଗଠନର ଜଣେ କୁଷ୍ଠରୋଗ ବିଶାରଦ । ସ୍ୱତଃପ୍ରବୃତ୍ତ ଭାବରେ ମୁଁ ଏଇ କୁଷ୍ଠରୋଗୀ ସେବା ସଂସ୍ଥାରେ ଯୋଗଦେଇ ଏହାକୁ ଈଶ୍ୱରଙ୍କର ଆଶୀର୍ବାଦ ମଣିଥିଲି । ୧୯୬୯ ମସିହାରେ ମୁଁ ଯୋଗ ଦେଲି । ଏହି ସମୟକୁ କୁଷ୍ଠରୋଗୀର ଛାଇ ଛୁଇଁବାକୁ ଲୋକେ ଭୟ ଓ ଘୃଣା କରୁଥିଲେ । ମୁଁ ସେ ସବୁକୁ ଖାତିର ନକରି ବିକଳାଙ୍ଗ କୁଷ୍ଠରୋଗୀଙ୍କୁ ବାହୁରେ ଉଠାଇ ନେଉଥିଲି । ଏହା ସେତେବେଳେ ଚାକିରି ହିଁ ନଥିଲା, ଥିଲା ମୋର ସେବା । ଯେଉଁମାନେ ସେବା ମନୋଭାବର ନୁହଁନ୍ତି ସେମାନଙ୍କୁ ସଂସ୍ଥା ଗ୍ରହଣ କରୁନଥିଲା ।"(୭)

ବିଂଶ ଶତାବ୍ଦୀର ସପ୍ତମ ଦଶନ୍ଧି ବେଳକୁ କୁଷ୍ଠରୋଗୀର ଛାଇ ମଧ୍ୟ ଲୋକେ ଛୁଉଁ ନଥିଲେ ଏହା ସତ୍ୟ । ସେହି ସମୟରେ 'ଡେନିସ୍ ସେଭ୍ ଦି ଚିଲଡ୍ରେନ୍ ଅର୍ଗାନାଇଜେସନ' କୁଷ୍ଠ ରୋଗୀଙ୍କ ସେବା ଶୁଶ୍ରୂଷା ନିମନ୍ତେ ହାତ ବଢ଼ାଇ ଦେଇଥିଲା । ଏହି ଅନୁଷ୍ଠାନରେ କାର୍ଯ୍ୟରତ ସମସ୍ତ କର୍ମଚାରୀ ବିକଳାଙ୍ଗ କୁଷ୍ଠରୋଗୀମାନଙ୍କୁ କାନ୍ଧରେ ବସାଇ ନେବା ଆଣିବା କରିବା, ସେମାନଙ୍କର ଘା' ସଫା କରି ବ୍ୟାଣ୍ଡେଜ କରିବା, ସେମାନଙ୍କୁ ବ୍ୟାୟାମ କରାଇବା, ସୁବକ୍ତବ୍ୟ ମାଧ୍ୟମରେ ସେମାନଙ୍କ ମାନସିକ ପରିବର୍ତ୍ତନ କରିବା, ତାଙ୍କୁ ସାନ୍ତ୍ୱନା ଦେବା କାର୍ଯ୍ୟ କରିବା ସହ ସେମାନେ କିପରି ନିରୋଗ ରହିବେ ସେ କଥା ମଧ୍ୟ ଚିନ୍ତା କରନ୍ତି । ଶ୍ରୀ ମହାନ୍ତି କହନ୍ତି, "Leprosia" ବୋଲି ଶବ୍ଦଟେ ଅଛି । ରୋଗୀ ଯେତେବେଳେ ଶୁଣେ ତାଙ୍କୁ କୁଷ୍ଠ ହୋଇଛି, ସେ ମାନସିକସ୍ତରରେ ଭାଙ୍ଗିପଡ଼େ । କାରଣ ଏହା ଗୋଟିଏ ରୋଗ ନୁହେଁ ବ୍ୟାଧି । ଅର୍ଥାତ୍ ସମାଜ ଗୋଟିଏ ରୋଗ ସୃଷ୍ଟି କରିଥାଏ । ରୋଗ ଜୀବାଣୁ ଗୋଟିଏ 'ରୋଗୀ' କରିଥାନ୍ତି । ରୋଗୀ ଗୋଟିଏ ରୋଗ ସୃଷ୍ଟି କରେ । ଏହି ତିନିଟି ଯଦି ମିଶିଗଲା ତେବେ ଆର୍ଥିକ, ସାମାଜିକ, ଧାର୍ମିକ, ଜାଗତିକ ଆଦି ସବୁଥିରୁ ରୋଗୀଟି ବଞ୍ଚିତ ହୋଇଥାଏ । ତେଣୁ ସେମାନଙ୍କୁ ସାନ୍ତ୍ୱନା ଦେବା ଆମର ପ୍ରଥମ କର୍ତ୍ତବ୍ୟ ଥିଲା । ମୁଁ ତିରିଶି ହଜାରରୁ ଊର୍ଦ୍ଧ୍ୱ କୁଷ୍ଠରୋଗୀ ଦେଖିଥିବି । ଦଶହଜାରରୁ ଊର୍ଦ୍ଧ୍ୱ କୁଷ୍ଠରୋଗୀଙ୍କୁ ଚିକିତ୍ସା କରିଥିବି, ଆନ୍ଧ୍ରପ୍ରଦେଶ, ମାଡ୍ରାସ, କୋଲକାତା, ଓଡ଼ିଶାରେ ।"(୮)

କୁଷ୍ଠସେବକ ଭାବରେ ଶ୍ରୀ ମହାନ୍ତି ଯୋଗ ଦେଇଥିଲେ ବି ତାଙ୍କର କାର୍ଯ୍ୟ ଥିଲା ବିଦେଶୀ ଓ ବିଦେଶିନୀଙ୍କର ଇଂରାଜୀ ବକ୍ତୃତା ଓ ଭାଷଣକୁ ଓଡ଼ିଆରେ ଅନୁବାଦ କରି କହିବା । ସ୍କୁଲ୍, କଲେଜ ଆଦି ଅନୁଷ୍ଠାନମାନଙ୍କରେ ସଭାସମିତି କରାଇ ଲୋକଙ୍କୁ ସଚେତନ କରାଇବା । ପରାମର୍ଶ ସମୟର ସେବକ ଭାବରେ ନିଯୁକ୍ତି ହୋଇ ବିକଳାଙ୍ଗ ରୋଗୀମାନଙ୍କର ସେବା କରୁଥିଲେ ଶ୍ରୀ ମହାନ୍ତି ।

ପରବର୍ତ୍ତୀ ସମୟରେ (୧୯୭୨) ଡେନିସ୍ ସେଣ୍ଟର ଚାଲିଯିବା ପରେ ଉତ୍ପନ୍ନ ପରିସ୍ଥିତିକୁ ସମ୍ଭାଳିବା ପାଇଁ 'କୁଷ୍ଠ ସେବକ ସଂଘ' ଗଠନ କରାଗଲା ଏବଂ ଏହି ଅନୁଷ୍ଠାନର ଦାୟିତ୍ୱ କଥାକାର ରଜନୀକାନ୍ତ ମହାନ୍ତିଙ୍କୁ ମୁଣ୍ଡାଇବାକୁ ପଡ଼ିଥିଲା । ଉକ୍ତ ଘରୋଇ ଅନୁଷ୍ଠାନଟିକୁ ସରକାରୀ ପାହ୍ୟା ନିମନ୍ତେ ବାରମ୍ବାର ଅନସନ କରିବା, ସରକାର ସଙ୍ଗେ ମୁହାଁ ମୁହିଁ ହେବା, ପରିଣାମ ସ୍ୱରୂପ କୁଷ୍ଠରୋଗୀମାନଙ୍କ ସେବା ଶୁଶ୍ରୂଷା ନିମିତ୍ତ ଘରୋଇ ଅନୁଷ୍ଠାନଟି ସରକାରୀ ଅନୁଷ୍ଠାନ ଭାବରେ ମାନ୍ୟତା ପାଇଲା । କ୍ରମାନ୍ୱୟରେ ଶ୍ରୀ ମହାନ୍ତି ୧୯୬୯-୭୧ ମସିହା ମଧ୍ୟରେ ଡେନିସ୍ ସେଭ ଦି ଚିଲଡ୍ରେନ୍ ଅର୍ଗାନାଇଜେସନ ଲେପ୍ରୋସି କଣ୍ଟ୍ରୋଲ୍ ପ୍ରୋଜେକ୍ଟ ଆସ୍କା (ବ୍ରହ୍ମପୁର), ପୋଗିରୀ (ଆନ୍ଧ୍ରପ୍ରଦେଶ), ପରେ ପରେ ୧୯୭୨ରୁ ୧୯୭୬ ହିଞ୍ଜିଳିକାଟୁ, ୧୯୭୬-୧୯୭୭ରେ ସୁକିନ୍ଦା, ଯାଜପୁର, ୧୯୭୭ରୁ ୧୯୮୩ ଯାଜପୁର ଟାଉନ, ୧୯୮୩ରୁ ୧୯୮୭ ଭଦ୍ରକ ଓ ବାଲେଶ୍ୱର, ୧୯୮୭ରୁ ୧୯୯୫ ଯାଜପୁର,

୧୯୯୫ରୁ ୨୦୦୮ ପର୍ଯ୍ୟନ୍ତ ଭଦ୍ରକ ଓ କଟକରେ କାର୍ଯ୍ୟକରି ୨୦୦୮ରେ କର୍ମମୟ ଜୀବନରୁ ଅବସର ନେଇଛନ୍ତି ।

ଏହି ଦୀର୍ଘଦିନର କର୍ମମୟ ଜୀବନରେ ଜଣେ ସମାଜସେବକ ଭାବରେ କଥାକାର ରଜନୀକାନ୍ତ ମହାନ୍ତି ନିଜକୁ ଉତ୍ସର୍ଗ କରିଦେଇଥିଲେ ମଧ୍ୟ ନିଜର ତ୍ୟାଗ, ନିଷ୍ଠା ଓ ସଚ୍ଚୋଟତା ପାଇଁ ସମାଜ ତାଙ୍କୁ କିଛି ଦେଇନାହିଁ, ଦେଇଛି କେବଳ ବହଳ ଅପବାଦ । ଓଡ଼ିଆ ରାଜ୍ୟରେ କୁଷ୍ଠ ଓ ବିକଳାଙ୍ଗଙ୍କ ପାଇଁ ଚିକିତ୍ସା ସେବା ପ୍ରଦାନ ନିମନ୍ତେ 'ରାଜ୍ୟ ସ୍ତରୀୟ ରିସୋର୍ସପରସନ୍ ମଣ୍ଡଳୀ' ଗଠନ କରାଯାଇଥିଲା । ସେଥିରେ ଗାଳ୍ପିକ ଜଣେ ସଦସ୍ୟ ଥିଲେ । ଡେନିସ୍ ସେଣ୍ଟରରେ କାର୍ଯ୍ୟ କରୁଥିବା ସମୟରେ ଶ୍ରୀ ମହାନ୍ତି ପ୍ରଥମ ବା ଶ୍ରେଷ୍ଠ ସେବକର ଆସନ ଅଧିକାର କରିସାରିଥିଲେ ଏବଂ ରାଜ୍ୟ ସରକାରଙ୍କ ସର୍ଭେରେ ମଧ୍ୟ ଗାଳ୍ପିକ ପ୍ରଥମ ସ୍ଥାନ ପାଇ ସାରିଥିଲେ । ବିକଳାଙ୍ଗ ରୋଗୀଙ୍କର ସହାୟକ ପୁସ୍ତିକାକୁ ମଧ୍ୟ ଗାଳ୍ପିକ ନିଜେ Draft କରିଥିଲେ । DANLEP ସଂସ୍ଥା ରାଜ୍ୟର କୁଷ୍ଠ ଚିକିତ୍ସାର ଦାୟିତ୍ୱ ବହନ କରିବା ପରେ ଗାଳ୍ପିକ ରଜନୀକାନ୍ତ ମହାନ୍ତିଙ୍କୁ ଡେନମାର୍କ ଯିବା ନିମନ୍ତେ ମନୋନୀତ କରାଯାଇଥିଲା, କିନ୍ତୁ ଦୁର୍ଭାଗ୍ୟବଶତଃ କୁଟନୀତିର ବଳୟ ଭିତରେ ଉକ୍ତ ପ୍ରସ୍ତାବଟି ଉଭାନ ହୋଇ ଯାଇଥିଲା । ୨୦୦୪ ମସିହାରେ ଓଡ଼ିଶା ସରକାର ଗାଳ୍ପିକ ଶ୍ରୀ ମହାନ୍ତିଙ୍କୁ 'ଶ୍ରେଷ୍ଠ ସେବକ' ଭାବରେ ପୁରସ୍କାର ଦେବା ପାଇଁ ମନୋନୀତ କରିଥିଲେ ମଧ ଗାଳ୍ପିକ 'ଝିପିଝିପି ଅନ୍ଧାର' ଗଳ୍ପ ପୁସ୍ତକ ପାଇଁ ସେହିବର୍ଷ ସାହିତ୍ୟ ଏକାଡେମୀ ଦ୍ୱାରା ପୁରସ୍କୃତ ହୋଇଥିବାରୁ 'ଶ୍ରେଷ୍ଠ ସେବକ' ପୁରସ୍କାରକୁ ବାତିଲ କରିଦିଆଯାଇଥିଲା । ଏଇଠାରେ ପ୍ରଶ୍ନ ଉଠେ ଜଣେ ସାହିତ୍ୟ ପୁସ୍ତକ ପାଇଁ ପୁରସ୍କୃତ ହେଲେ ମଧ୍ୟ ଶ୍ରେଷ୍ଠ ସେବକର ପୁରସ୍କାର କାହିଁକି ଦିଆଯାଇ ପାରିବ ନାହିଁ ? ଉଭୟ ପୁରସ୍କାର ଦୁଇଟି ମହତ୍ ଗୁଣର ପରିଚୟ ଦିଏ । ଏଥିପାଇଁ ଗାଳ୍ପିକ କହନ୍ତି, "କହିବାକୁ ଗଲେ (ଆତ୍ମ ପ୍ରଶଂସା ନିନ୍ଦନୀୟ ବୋଲି ଜାଣି ସୁଦ୍ଧା ଲେଖୁଛି । କାରଣ ଏକଥା ଆଉ କେହି କେବେବି ଲେଖିବେ ନାହିଁ) ମୋର ଚାକିରି ଅନ୍ୟମାନଙ୍କ ଭଳି ଏକ ରୋଜଗାରକାରୀର ସ୍ୱଭାବନୀୟ ଚାକିରି ଭଳି ନଥିଲା । କୁଷ୍ଠରୋଗୀଙ୍କ ସେବା ମୋର ଉତ୍ସର୍ଗୀକୃତ ଥିଲା । ଏହା ସ୍ୱାସ୍ଥ୍ୟ ବିଭାଗର ମାଟି, ପାଣି, ପବନ କହିବ ।"[୯]

ସେ ଯାହାବି ହେଉ ସେବାପରାୟଣ ମନୋବୃତ୍ତି ଯାହା ପାଖରେ ଥିବ ସେ ନିଜର ବ୍ରତ ଭାବରେ ସେହି କର୍ମକୁ ସମାପନ କରିବ । ବିଦ୍ୱେଷ, ଈର୍ଷା, ପରଶ୍ରୀକାତରତା, ଏପରିକି କୁଟନୀତିକୁ ତିଳାର୍ଦ୍ଧେ ଖାତିର ନକରି ସେ ତା'ର କାର୍ଯ୍ୟ କରିଚାଲିବ । ଏ ଦୃଷ୍ଟିରୁ ଗାଳ୍ପିକ ରଜନୀକାନ୍ତ ମହାନ୍ତି ଉର୍ଦ୍ଧ୍ୱରେ । ସେ ରୋଗୀଙ୍କୁ ସେବା କରିବା ଗର୍ବ ଓ ଗୌରବ ବୋଲି ମନେ କରନ୍ତି । ଏପରିକି ସରକାରୀ ଚାକିରିକୁ ବେଖାତିର କରିଛନ୍ତି, ସେଥିପାଇଁ କହନ୍ତି, "ଯାହାର ଜନ୍ମ ଯେଉଁଥିପାଇଁ (ଏହା ବିଜ୍ଞାନ ସମ୍ମତ) ସେ, ସେ ଆଡ଼କୁ ହିଁ ଢଳିବ । ଏବେ ମୁଁ ଭାବୁଛି, ମୁଁ ଯଦି କୁଷ୍ଠରୋଗୀଙ୍କ ସେବା କରି ନଥାଆନ୍ତି, ବ୍ରତ ବୋଲି ଗ୍ରହଣ କରି

ନଥାଆନ୍ତି, ମୋ ଜୀବନର ଏକ ବଡ଼ ଅବସୋସ ରହିଯାଇ ଥାଆନ୍ତା । ସମାଜର, ସଂସାରର ସବୁଠୁ ବେଶୀ ପୀଡ଼ିତ, ଅସହାୟ ଦୁଃଖି ମଣିଷର ମୁଁ ସେବା କରିଛି, ସହାୟ ହୋଇଛି, ଯାଠୁଁ ବଳି ସନ୍ତୋଷ ଆଉ କ'ଣ ହୋଇପାରିଥାନ୍ତା । ହଁ ବ୍ୟାଙ୍କ୍ ଚାକିରି, ଶିକ୍ଷକ ଚାକିରି ଆସିଛି, ତା' ସହ ପ୍ରଶ୍ନଟେ ବି ଆସିଛି । କିଛି ଅଧିକ ପଇସା ପାଇଁ ସେ ସେବା ବ୍ରତକୁ ତୁମେ ଛାଡ଼ିଦେବ ? ସେତେବେଳେ ମୁଁ ଦୃଢ଼ ହୋଇଛି । ଏକ ଉତ୍ସାହିତ ପ୍ରେରଣା ମୋତେ ଉତ୍ତର ଦେଇଛି- "ଯେଉଁ କାର୍ଯ୍ୟ ତୁମେ କରିଚାଲିଛ, ତାହା ହିଁ ତୁମର ଧର୍ମ, ସେଇଥି ପାଇଁ ହିଁ ତୁମେ ଅନୁପ୍ରେରିତ । ନା, ଯେ ସବୁ ମୋର ଐନ୍ଦ୍ରିଜାଲିକ ଉପସ୍ଥାପନ ନୁହେଁ । ଏହା ସତ୍ୟ ।"(୧୦)

ଶ୍ରୀଯୁକ୍ତ ରଜନୀକାନ୍ତ ମହାନ୍ତି ନିହାତି ଜଣେ ସମ୍ବେଦନଶୀଳ ମଣିଷ। ଯିଏ ନିଜ ଜୀବନର ମାର୍ଗକୁ ସମାଜ ସେବାରେ ନିୟୋଜିତ କରିଦେଇଛନ୍ତି ସେ ଭଳି ମଣିଷଙ୍କୁ ଅଧିକ କ'ଣ ବା କୁହାଯାଇପାରେ । ସମ୍ପ୍ରତି ସମାଜରେ ଭଲ କାର୍ଯ୍ୟ କରିଲେ ଯେତିକି ପ୍ରଶଂସକ ତଥା ପ୍ରୋତ୍ସାହନ ଦେବା ଲାଗି ବାହାରିବେ ତଦୁର୍ଦ୍ଧ ଶତ୍ରୁ ଓ ନିନ୍ଦୁକ ବାହରିବେ, ତେଣୁ ମାନବ ସମାଜ ରଜନୀକାନ୍ତ ମହାନ୍ତିଙ୍କ ଭଳି ଜଣେ ଦରଦୀ ମଣିଷକୁ ଦେଖୁ, ପରଖୁ ଏବଂ ସମାଜମଙ୍ଗଳ କାର୍ଯ୍ୟ ପାଇଁ ପ୍ରଶ୍ରୟ ଦେଉ, ତା' ହେଲେ ଶ୍ରୀ ମହାନ୍ତିଙ୍କ ନିଷ୍ଠାଯୁକ୍ତ ସମାଜସେବା ସାର୍ଥକ ହେବ ।

ସାହିତ୍ୟ:

ବିଂଶ ଶତାବ୍ଦୀର ସପ୍ତମ ଦଶକ ଓ ଅଷ୍ଟମ ଦଶକ ବେଳରୁ ଅଦ୍ୟାବଧି ସାହିତ୍ୟ ସର୍ଜନରେ ଲେଖନୀ ଚାଳନା କରିଆସୁଥିବା ଲେଖକ ରଜନୀକାନ୍ତ ମହାନ୍ତିଙ୍କ ପ୍ରତିଭା ଅନନ୍ୟ । ଗଳ୍ପ, ଉପନ୍ୟାସ, କବିତା, ପ୍ରବନ୍ଧ, ସମାଲୋଚନାତ୍ମକ ପ୍ରବନ୍ଧ ଆଦି ଅନେକ ଚମତ୍କାର ସାହିତ୍ୟ ପରସିଦେଇ ଓଡ଼ିଆ ସାହିତ୍ୟର ବାଣୀଭଣ୍ଡାରକୁ ବଳିଷ୍ଠ କରିଛନ୍ତି । ଶ୍ରୀ ମହାନ୍ତିଙ୍କ ବାଲ୍ୟଜୀବନରେ ଆଧ୍ୟାତ୍ମିକତାର ଜାଗରଣ, କର୍ମମୟ ଜୀବନର ସେବାପରାୟଣତା, ପାରିବାରିକ ଜୀବନର ଆଦର୍ଶବୋଧ ତାଙ୍କ ସାହିତ୍ୟ ଜୀବନକୁ କରିଛି ଋଦ୍ଧିମନ୍ତ । କର୍ମମୟ ଜୀବନରେ କୁଷ୍ଠରୋଗୀଙ୍କୁ ସାନ୍ତ୍ୱନା ଦେବା ସେମାନଙ୍କୁ ଚିକିତ୍ସା କରିବା ସହ କଥାକାର ଶ୍ରୀ ମହାନ୍ତିଙ୍କର ସାହିତ୍ୟିକ ଜୀବନ ଗତି କରୁଥିଲା କହିଲେ ଅତ୍ୟୁକ୍ତି ହେବନାହିଁ । ଶ୍ରୀ ମହାନ୍ତିଙ୍କ କାର୍ଯ୍ୟରତ ପରିବେଶ ତାଙ୍କ ସାହିତ୍ୟ ସର୍ଜନ ପ୍ରତିଭାକୁ ସକ୍ରିୟ କରିଛି । ସେ ସ୍ଥାନରେ ରହି 'ଗଞ୍ଜାମ କଳା ପରିଷଦ' ସଙ୍ଗେ ସଂଶ୍ଳିଷ୍ଟ ହୋଇ ସାହିତ୍ୟ ଓ ବିଶିଷ୍ଟ ସାହିତ୍ୟିକଙ୍କ ସଙ୍ଗେ ଜୀବନ ଅତିବାହିତ କରିଛନ୍ତି । ଏହା ପରେ ମଧ୍ୟ 'କବି ବସନ୍ତ ମୁଦୁଲି ସ୍ମୃତି ସଂସଦ, ଭଦ୍ରକ', 'ଅଖିଳ ଚକ୍ର ଓଡ଼ିଶା, ଯାଜପୁର', 'ସ୍ୱର ଓ ସ୍ୱାକ୍ଷର, ଯାଜପୁର', 'ଗାଁ ମଜଲିସ୍ ସାହିତ୍ୟ ସଂସଦ, ସୋର', ବାଲେଶ୍ୱର, ହିଞ୍ଜିଳିକାଟୁ ଯୁବ ସାହିତ୍ୟ ପରିଷଦ, ଗଂଜାମ' ଭଳି ବହୁ ସାହିତ୍ୟ ଅନୁଷ୍ଠାନରେ ସଂପୃକ୍ତ ରହିଛନ୍ତି ଏବଂ ଶ୍ରୀ ମହାନ୍ତିଙ୍କୁ 'ଝିପିଝିପି ଅନ୍ଧାର' ଗଳ୍ପ

ପୁସ୍ତକ ପାଇଁ ୨୦୦୪ ମସିହାରେ ଓଡ଼ିଶା ସାହିତ୍ୟ ଏକାଡେମୀ ପୁରସ୍କୃତ କରିବା ସହ ଓଡ଼ିଶାର ତିରିଶିରୁ ଊର୍ଦ୍ଧ୍ୱ ସାହିତ୍ୟ ଅନୁଷ୍ଠାନ ସମ୍ମାନ ଓ ସମ୍ବର୍ଦ୍ଧନା କରି ତାଙ୍କର ଉଜ୍ଜ୍ୱଳମୟ ଜୀବନର କାମନା କରିଛନ୍ତି । କଥାକାର ରଜନୀକାନ୍ତ ମହାନ୍ତିଙ୍କ ସର୍ଜିତ ସାହିତ୍ୟର ତାଲିକା ସଙ୍ଗେ ନିମ୍ନରେ ତାହାର ବିଶ୍ଳେଷଣ କରାଗଲା।

ଗଳ୍ପ ପୁସ୍ତକ:

ଷଠୀଘର(୧୯୭୮):

'ଷଠୀଘର' ଗଳ୍ପ ପୁସ୍ତକଟି ଏକ ଯୌଥ ଗଳ୍ପ ସଂକଳନ । କଥାକାର ରଜନୀକାନ୍ତ ମହାନ୍ତିଙ୍କ ତିନିଟି ଗଳ୍ପ ଏବଂ ଗାଳ୍ପିକ ସ୍ୱର୍ଗତଃ ଗୌର କିଶୋର ସାମନ୍ତରାୟଙ୍କ ତିନିଟି ଗଳ୍ପ ମିଶି ଛଅଟି ଗଳ୍ପକୁ ନେଇ 'ଷଠୀଘର' ଗଳ୍ପ ପୁସ୍ତକ । ଉଭୟ ଲେଖକଙ୍କର ପ୍ରଥମ ଗଳ୍ପସାହିତ୍ୟ ପ୍ରସବ ନେଇଥିବାରୁ ପୁସ୍ତକର ନାମ 'ଷଠୀଘର' ଦେଇଛନ୍ତି ଏବଂ ନିଜ ହାତରୁ ଅର୍ଥ ଖର୍ଚ୍ଚ କରି ଶ୍ରଦ୍ଧାଞ୍ଜଳି ପ୍ରେସ୍ ଯାଜପୁରରୁ ପ୍ରକାଶନ କରିଛନ୍ତି । ଉକ୍ତ ପୁସ୍ତକରେ ସ୍ଥାନିତ ଶ୍ରୀ ମହାନ୍ତିଙ୍କ ତିନିଟି ଗଳ୍ପ ପରବର୍ତ୍ତୀ ଗଳ୍ପ ସଂକଳନରେ ସ୍ଥାନ ପାଇଛି। ତେଣୁ ଗଳ୍ପଗୁଡ଼ିକ ମଧ୍ୟ ପରବର୍ତ୍ତୀ ଗଳ୍ପ ସଂକଳନରେ ସ୍ଥାନିତ ଗଳ୍ପ ଆଲୋଚନା ବେଳେ ବିଶ୍ଳେଷଣ କରାଯାଇଛି ।

ଶତାଂଡ଼ି ପୁରୁଷ (୧୯୮୧):

କଥାକାର ରଜନୀକାନ୍ତ ମହାନ୍ତିଙ୍କର ପ୍ରଥମ ଐକିକ କ୍ଷୁଦ୍ରଗଳ୍ପ ସଂକଳନ 'ଶତାଂଡ଼ି ପୁରୁଷ' । ବାରଟି ଗଳ୍ପର ସମାବେଶକୁ ନେଇ 'ଶତାଣ୍ଡି ପୁରୁଷ'ର କଳେବର ପୂର୍ଣ୍ଣ । ଏହାରି ମଧ୍ୟରେ ଶ୍ରୀଯୁକ୍ତ ମହାନ୍ତିଙ୍କ ଗାଳ୍ପିକ ପ୍ରତିଭାର ସୁରଭିକୁ ପରିପ୍ରକାଶ କଲାଭଳି ଗଳ୍ପ 'ଶତୁରା' ଶୀର୍ଷକ ଗଳ୍ପଟି ସ୍ଥାନିତ । ଉକ୍ତ ଗଳ୍ପଟି ୧୯୫୦ ମସିହାରୁ କଲିକତା ଜୟ ପବ୍ଲିକେନ୍‌ସ, ଯଦୁମଣି ପରିଡ଼ା, ଶ୍ରୀକାନ୍ତ ପଣ୍ଡା, ହୃଦୟାନନ୍ଦ ମଲ୍ଲିକଙ୍କ ସଂପାଦନାରେ ପ୍ରକାଶ ପାଇଆସୁଥିବା ସାହିତ୍ୟ ପତ୍ରିକା 'ଆସନ୍ତାକାଲି'ର ୧୯୭୭ ମସିହା ଅକ୍ଟୋବର ସଂଖ୍ୟାରେ ପ୍ରକାଶ ପାଇଥିଲା । ଉକ୍ତଗଳ୍ପଟି ପ୍ରଥମେ ପ୍ରତିଷ୍ଠିତ ସାହିତ୍ୟ ପତ୍ରିକାରେ ପ୍ରକାଶିତ ହେବା ସହ ଗଳ୍ପଟିର ଭାବବସ୍ତୁ ଓ ଶୈଳୀଟି ପାଠକର ହୃଦୟକୁ ଅଧିକ ମାତ୍ରାରେ ଦ୍ରବୀଭୂତ କରୁଥିବାରୁ କଥାକାର ଶ୍ରୀ ମହାନ୍ତି ଉକ୍ତ ଗଳ୍ପକୁ ତାଙ୍କର ପ୍ରଥମ ଗଳ୍ପ ବୋଲି ଦାବି କରନ୍ତି ।

'ଶତାଂଡ଼ି ପୁରୁଷ' ଗଳ୍ପ ପୁସ୍ତକରେ ସ୍ଥାନିତ ବାରଟି ଗଳ୍ପ କ୍ରମାନ୍ୱୟରେ ହେଲା (୧) ନିଶୀଥ ସଙ୍ଗମ, (୨) ଶତୁରା, (୩) ମାଛ, (୪) ପିମ୍ପୁଡ଼ି, (୫) ଶତାଂଡ଼ି ପୁରୁଷ, (୬) ଶଙ୍ଖନାଦ, (୭) ଚନ୍ଦ୍ରଭାଗା, (୮) ମୋକଦ୍ଦମା, (୯) ଫକୀରମୋହନୀୟ, (୧୦) ଅନ୍ଧାରକୁ ପାଦେ, (୧୧) ହଡ଼ିକାଠ, (୧୨) କୁହାନଳ । ଉକ୍ତ ପୁସ୍ତକର ନାମକରଣ ସଂପର୍କରେ ମତାମତ ଦେବାକୁ ଯାଇ ଶ୍ରୀ ସୁନୀଲ କୁମାର ପୃଷ୍ଟି କୁହନ୍ତି, "୧୯୭୭ (ଅକ୍ଟୋବର) ଶେଷଭାଗରୁ ନିଜକୁ 'ଆସନ୍ତାକାଲି' ପତ୍ରିକାରେ ଭେଟିବାକୁ ଆରମ୍ଭ କରି 'ଶତାଂଡ଼ି ପୁରୁଷ' ନାମକ ଗଳ୍ପ (ଯେଉଁ ଗଳ୍ପ ନାମରେ ସଂକଳନଟି ପ୍ରକାଶିତ) ଆସନ୍ତାକାଲିରେ ପତ୍ରସ୍ଥ ହେଇଥିଲେ

ହେଁ, ତା'ର ପ୍ରକାଶ କାଳ, ତାଲିକାରେ ନିର୍ଦ୍ଦେଶିତ ନୁହେଁ ।(?) ଆସନ୍ତାକାଲି ତାଙ୍କୁ (ଗାଳ୍ପିକଙ୍କୁ) ଆଲୁଅରେ ଠିଆ କରେଇ ଥିବା ଦୃଷ୍ଟିରୁ, ସେଥିରେ ପ୍ରକାଶିତ ଗଳ୍ପ ଶତାଂଢ଼ି ପୁରୁଷ ନାମରେ ସଂକଳନଟିକୁ ନାମାଂକିତ କରାଯାଇଛି ବୋଲି କେହି ଭୁଲ ବୁଝିବାର ଯଥେଷ୍ଟ ସ୍ୱଭାବିକତା ରହିଥିଲେ ବି କୌଣସି ସୂକ୍ଷ୍ମତମ ଦୃଷ୍ଟିକୋଣରୁ ତାକୁ ସ୍ୱୀକାର ନକରିବାର କାରଣ 'ଶତାଂଢ଼ି ପୁରୁଷ' ଗଳ୍ପର ବଳିଷ୍ଠତା ଯାହାକି ଗାଳ୍ପିକଙ୍କର ଏକ ବିଶେଷ ଆକ୍ରାନ୍ତ ଚେତନାର ପରିପୃକ୍ତ ପରିଶ୍ଳେଷ ।"[୧୧]

ଜୀବନବାଦୀ କଥାକାର ଶ୍ରୀଯୁକ୍ତ ମହାନ୍ତି ମଣିଷ ଓ ମଣିଷ ପଣିଆକୁ ଆପଣା ଗଳ୍ପରେ ଖୋଜିଛନ୍ତି, ଗଳ୍ପ ମଧ୍ୟରେ ନୂଆ କରି କିଛି କହିବାର ଆକାଂକ୍ଷା ପାଠକକୁ ଚକିତ କରେ । ଆଲୋଚ୍ୟ ଗଳ୍ପରେ ସମାଜରେ ଘଟୁଥିବା ପ୍ରାତ୍ୟହିକ ଜୀବନର ଛବି ବେଶ୍ ସ୍ପଷ୍ଟ ଭାବେ ପ୍ରତିଫଳିତ ହୋଇଛି । ସାମ୍ୟବାଦୀ ଚିନ୍ତାଧାରା, ଅସ୍ତିତ୍ୱବାଦ, ଫ୍ରଏଡ଼ୀୟ ଚେତନା, ଯୁଦ୍ଧ ବିଭୀଷିକାସ୍ୱର, ଯୌନ ଚେତନା, ବିଶ୍ୱାସଘାତକତା, ମାତୃସ୍ନେହ, ଅପରିପକ୍ୱ ଗ୍ରାମୀଣ ରାଜନୀତି, ଗାଣତାନ୍ତ୍ରିକ ରାଷ୍ଟ୍ରର ଭ୍ରଷ୍ଟାଚାର, ବିଖଣ୍ଡିତ ପରିବାର, ବିବାହୋତ୍ତର ସଂପର୍କ ତଥା ଦୁଃଖ ଦାରିଦ୍ର୍ୟ, ଦୈନ୍ୟ ମଧ୍ୟରେ ପାଠକର ଆପଣା ପଣିଆକୁ ଖୋଜିବାର ମୋହ ନିଜ କୌଶଳରେ ସଂଯୋଗ କରିଛନ୍ତି ଶ୍ରୀଯୁକ୍ତ ମହାନ୍ତି । ଗ୍ରାମୀଣ ପରିବେଶ ମଧ୍ୟରେ ପାରିବାରିକ ଦୁଃଖ ଯନ୍ତ୍ରଣାର ଅନ୍ତରଙ୍ଗ ପ୍ରତିଫଳନ ମାଛ, ଶତାଂଢ଼ି ପୁରୁଷ, ମୋକଦ୍ଦମା, ଅନ୍ଧାରକୁ ପାଦେ ଗଳ୍ପରେ ପରିପ୍ରକାଶ ହେଲାବେଳେ ଶିକ୍ଷିତ ଅର୍ଦ୍ଧଶିକ୍ଷିତ ଚରିତ୍ରମାନଙ୍କ ମଧ୍ୟରେ ଗ୍ରାମୀଣ ଓ ସହରୀ ଉଭୟ ପରିବେଶକୁ ଫେଣ୍ଟାଫେଣ୍ଟି କରି ଦୈହିକ ଓ ମାନସିକ ଯନ୍ତ୍ରଣାରେ ଜର୍ଜରିତ ହୁଅନ୍ତି ନିଶୀଥସଂଗମ, ପିମ୍ପୁଡ଼ି, ଶଙ୍ଖନାଦ, ଚନ୍ଦ୍ରଭାଗା, ଫକୀର ମୋହନୀୟ, ହଡ଼ିକାଠ, କୁହାନଳ ଆଦି ଗଳ୍ପର ଚରିତ୍ରମାନେ । କଥାକାର ଗଳ୍ପ ସର୍ଜନା କଲାବେଳେ ସର୍ଜନଶୀଳ ହୃଦୟଟି ଅତି ସାନ୍ଦ୍ର ହୋଇ କେତେକ ସ୍ଥାନରେ ବୌଦ୍ଧିକତା ସହ ସାଧାରଣ ଚରିତ୍ର ପାଖରେ ଅସାଧାରଣ ଚିନ୍ତାଧାରାକୁ ପ୍ରକାଶ କରିଦିଅନ୍ତି, ଯାହାକି ଚରିତ୍ରର ସ୍ଥିତିକୁ ବିକଳାଙ୍ଗ କରେ । କିନ୍ତୁ ଗଳ୍ପଗୁଡ଼ିକ ବହୁ ପରିମାଣରେ ହୃଦୟସ୍ପର୍ଶୀ ।

ଉକ୍ତ ଗଳ୍ପପୁସ୍ତକରେ ପ୍ରାୟତଃ ସମସ୍ତ ଚରିତ୍ର ନିମ୍ନମଧ୍ୟବିତ୍ତ ପରିବାରର ପ୍ରତିନିଧିତ୍ୱ କରନ୍ତି । ସେମାନେ ସାଧାରଣ ଦିନ ମଜୁରିଆ, ସର୍ବହରା ଏତଦ୍‌ବ୍ୟତୀତ କେତେକ ଚରିତ୍ର ମଧ୍ୟବିତ୍ତ କିରାଣୀ ବୁଦ୍ଧିଜୀବୀ ତଥା ଉଚ୍ଚଶିକ୍ଷିତ ଲେଖକ ଶ୍ରେଣୀୟ ଅଟନ୍ତି । ସମସ୍ତ ଚରିତ୍ର ପାରିବାରିକ ଦୋଳନ ମଧ୍ୟରେ ନିଜକୁ ରଖି ମାନସିକ ଯନ୍ତ୍ରଣାରେ ଜର୍ଜରିତ ହୁଅନ୍ତି । ସମାଧାନର ମାର୍ଗ ଖୋଜି ଖୋଜି କେତେକ ସାମ୍ୟବାଦୀ ଚିନ୍ତା ଧାରାରେ ଆକ୍ରାନ୍ତ ହେଲାବେଳେ କେତେକ ପ୍ରେମ ଓ ମୈତ୍ରୀର ବାଣୀ ଖୋଜନ୍ତି । କିନ୍ତୁ ଶାବ୍ଦିକ ବ୍ୟଞ୍ଜନା ଓ ପ୍ରତିଦ୍ୱନ୍ଦ୍ୱିତା ଭଳି ଗୋଟିଏ ଗୋଟିଏ ବିନ୍ଦୁକୁ ଗଳ୍ପ ମଧ୍ୟରେ ପରିପ୍ରକାଶ କରି ନିଜର ସାଉଁଟା ଅନୁଭୂତିରୁ ସାମ୍ପ୍ରତିକ ସମାଜରେ ପାଠକକୁ ସଚେତନ କରାନ୍ତି ଗାଳ୍ପିକ ।

ଗଳ୍ପ ମଧ୍ୟରେ ବାଲେଶ୍ୱରୀ ବାସ୍ନା, ମଉଳା ପ୍ରାଣର ବୃକ୍ଷ ମୂଳରେ ମୁନ୍ଦିଏ ମୁନ୍ଦିଏ ଜଳ ଦେଇ ଚରିତ୍ରମାନଙ୍କ ମଧ୍ୟରେ ଯୁକ୍ତି ସମ୍ପନ୍ନ କଥୋପକଥନ, ଆତ୍ମକଥନ ଶୈଳୀରେ ବୌଦ୍ଧିକତାର ଯୁକ୍ତି ତଥା ଉପଲବ୍ଧି ସାହିତ୍ୟିକ ପ୍ରାଣସତ୍ତାକୁ ଗଳ୍ପ ମଧ୍ୟରେ ପରିପ୍ରକାଶ କରି ପାଠକ ହୃଦୟରେ ରସ ଆସ୍ୱାଦନର ମାର୍ଗକୁ ଉନ୍ମୁକ୍ତ କରିଦେଇଛନ୍ତି କଥାକାର ଶ୍ରୀ ମହାନ୍ତି ।

ମାଟିଆ ପୁଅ (୧୯୮୯):

ପ୍ରତ୍ୟେକ ମନୁଷ୍ୟ ଜନ୍ମରୁ ମୃତ୍ୟୁ ପର୍ଯ୍ୟନ୍ତ ଆଲୋକିତ ହୋଇ ଲୀନ ହେବା ପର୍ଯ୍ୟନ୍ତ, ଆନନ୍ଦ ନିରାନ୍ଦନ, ଦୁଃଖ- ସୁଖ, ପାପ- ପୁଣ୍ୟ, ଆସ୍ତିକ - ନାସ୍ତିକ, ସ୍ୱାଧୀନତା ଓ କର୍ତ୍ତବ୍ୟ ମଧ୍ୟରେ ଏ ପୃଥିବୀ ବକ୍ଷରେ ଆତଯାତ ହୁଅନ୍ତି । ମା' ଗର୍ଭରୁ ପ୍ରସବ ନେଲାବେଳେ କୁଆଁ କୁଆଁ କାନ୍ଦରେ ଚୌଦିଗକୁ ପ୍ରକମ୍ପିତ କଲାବେଳେ ଆତ୍ମୀୟସ୍ୱଜନଙ୍କର ନବଜାତ ଶିଶୁ ପାଇଁ ନାହିଁ ନଥିବା କେତେ ଆଶାର ସ୍ୱପ୍ନ ଦେଖେ । ଖୁସିର ଝରକା ଖୋଲିଯାଏ । ପୁଣି ସମୟର ଅବସାନରେ ବୟସ ସିଢ଼ିର ଗୋଟିଏ ଗୋଟିଏ ଫଳି ଚଢ଼ି ଏ ଧରାରୁ ବିଦାୟ ନିଏ । ମିଶିଯାଏ ସେଇ ମାଟିର ବକ୍ଷରେ । ଆସେ ଶୂନ୍ୟ ହସ୍ତରେ, ଗଲାବେଳେ ଯାଏ ଶୂନ୍ୟ ହସ୍ତରେ । କେବଳ ବୟସ ଶିଢ଼ିର ପ୍ରଥମ ଫଳିରୁ ଶେଷଫଳି ମଧ୍ୟର ବ୍ୟବଧାନରେ କରିଥାଏ ଅନେକ ଅଭିନୟ । ଏହି ଅଭିନୟ ମଧ୍ୟରେ ନିଜର ଗୁଣକୁ ବଂଶ, ଦେଶ ଓ ଜଗତର ଚେତନାଗତ ଐତିହାସିକ ପୃଷ୍ଠାରେ ଲିପିବଦ୍ଧ କରିଦେଇଥାଏ । ତାହା ଭଲଗୁଣ ହେଉ ବା ମନ୍ଦଗୁଣ ହେଉ, ମଣିଷର ସୁପ୍ରବୃତ୍ତିକୁ ଏ ଜଗତ ସାରାଜୀବନ ମନେରଖେ, କିନ୍ତୁ ପଶୁତୁଲ୍ୟ ଗୁଣକୁ ମନେରଖେ ଏକ ବିକଳାଙ୍ଗ ଅମାନବୀୟ ଗୁଣ କରି । ସେ ଯାହାବି ହେଉ, ମଣିଷ ଜନ୍ମରୁ ମୃତ୍ୟୁ ପର୍ଯ୍ୟନ୍ତ ଏହି ମାଟିରେ ବୁଲେ, ଖେଳେ, କୁଦେ ଏଣୁ ମାଟି ସହ ଆତ୍ମୀୟତା ବହୁତ ସାନ୍ଦ୍ର । ସେହି ମାଟିକୁ ଭଲପାଉଥିବା କଥାକାର ହେଉଛନ୍ତି ରଜନୀକାନ୍ତ ମହାନ୍ତି ।

'ମାଟିଆ ପୁଅ' ଗଳ୍ପ ପୁସ୍ତକଟି ଗାଳ୍ପିକ ରଜନୀକାନ୍ତ ମହାନ୍ତିଙ୍କ ତୃତୀୟ ଗଳ୍ପ ସଂକଳନ । ଉକ୍ତ ପୁସ୍ତକଟି ଚଉଦଗୋଟି ଗଳ୍ପକୁ ନେଇ ପୂର୍ଣ୍ଣ କଳେବର ପ୍ରାପ୍ତ; ଯଥା- (୧) ନାରାଚ ଉବାଚ, (୨) ଅଛୁଆଁ ଝିଅ, (୩) ପୁଷ୍ପୁନାହରା, (୪) ଗାଈଆଳ, (୫) ଭୂତ, (୬) ରାହାଜଗାଳୀ, (୭) ଶୂନ୍ୟଥାଳ, (୮) ବିଶା ଶହେ କାହାଣ ଅନ୍ଧାର, (୯) ବୃକ୍ଷରୂପୀ, (୧୦) ଓହଳ, (୧୧) ବୁନ୍ଧ, (୧୨) ପାଉଁଶ ହିଡ଼, (୧୩) ସୁନା ଶିଆଳ, (୧୪) ଗେଣ୍ଡୁଆ । ପ୍ରତ୍ୟେକ ଗଳ୍ପର ପରିବେଶ ଗାଁ, ଗାଉଁଲି ପରିବେଶ ମଧ୍ୟରୁ ଚରିତ୍ରର ଆବେଗକୁ ହୃଦୟଙ୍ଗମ କରି ସେହି ଗାଉଁଲି ଚରିତ୍ରର ଭାଷାକୁ ନିର୍ଦ୍ୱନ୍ଦ୍ୱରେ ପରିପ୍ରକାଶ କରନ୍ତି କଥାକାର ଶ୍ରୀ ମହାନ୍ତି । ସାଧାରଣ ନିମ୍ନମଧ୍ୟବିତ୍ତ ପରିବାରର ମନୁଷ୍ୟର ଚିନ୍ତା ଚେତନା, ଆବେଗ, ଉତ୍କଣ୍ଠା ଆଦି ପାଠକକୁ ପରଶି ଦେଇଛନ୍ତି । "ଏହି ସଂକଳନର ଚଉଦଗୋଟିଯାକ ଗଳ୍ପ ଗାଁ ଜୀବନର ଯନ୍ତ୍ରଣା, ଶୋଷଣ, ନୈରାଶ୍ୟ, ଉତ୍ତରଣ ଓ ବିଦ୍ରୋହର ତୀବ୍ର ନାନ୍ଦନିକ ସଚେତନତା

ସୃଷ୍ଟି କରେ । ଏ ସଂକଳନରେ 'ମାଟିଆ ପୁଅ' ଶୀର୍ଷକ ଥାଇ କୌଣସି ଗପ ନାହିଁ ସତ କିନ୍ତୁ ପ୍ରତିଟି ଗପରେ ମାଟି ବାଲୁ ବାଲୁ ନିଛକ ମଣିଷର ବାସ୍ତବ ଶୈଳୀକ ଚିତ୍ର ଦେଖିବାକୁ ମିଳିବ । ଆବେଗ ପ୍ରବଣତାରେ ମଧ୍ୟ ଗପଗୁଡ଼ିକ ବେଶ୍ ମର୍ମସ୍ପର୍ଶୀ ଓ ଚିନ୍ତା ଦ୍ୟୋତକ ।"(୧୨)

ଭାଷା, ଭାବ, ଚରିତ୍ର, ଶୈଳୀ ଆଦି ଦୃଷ୍ଟିରୁ ଉକ୍ତ ପୁସ୍ତକଟି ଶ୍ରେଷ୍ଠ ସ୍ଥାନ ଦାବିକରେ । ମାଟିର ମହମହ ବାସ୍ନାକୁ ପ୍ରତ୍ୟେକ ଚରିତ୍ର ପରଖିଛନ୍ତି । ସେଇ ମାଟିରେ ଗଢ଼ି, ଧୂଳିଧୂସରିତ ଜୀବନର ଅତଳ ସମୁଦ୍ର ମଧରେ ପଶି ଅଣନିଶ୍ୱାସୀ ହୋଇ ଆଚକା ମାଚକା ହେବା ବ୍ୟତୀତ ଅନ୍ୟମାର୍ଗକୁ ଆପଣେଇ ପାରି ନାହାନ୍ତି । ଜୀବନ ବଞ୍ଚିବାର ଅପରିସୀମ ମନୋବଳ ନାୟକ ପାଖରେ ଥିଲେ ମଧ ଆତ୍ମୀୟଙ୍କର ଅନୈତିକ ବିଚାରବୋଧ ସୁସ୍ଥ ମାନସିକତାକୁ ବିକଳାଙ୍ଗ କରୁଛି ପ୍ରାୟତଃ ପ୍ରତ୍ୟେକ ଗଳ୍ପରେ । ଆଲୋଚ୍ୟ ପୁସ୍ତକର ଫ୍ରଏଡ଼ୀୟ ଚେତନା, ଅସ୍ତିତ୍ୱବାଦ, ସାମ୍ୟବାଦ, ଅତିକଳ୍ପନା, ରାଜନୀତିକ ଚେତନା, ସେକ୍ସ, ସାଂସାରିକ ମୋହ, ବିବାହୋତ୍ତର ସମ୍ପର୍କ, ହତାଶାବୋଧ, ବିଡ଼ମ୍ୱିତ ମୂଲ୍ୟବୋଧ ତଥା ଲୋକ ଉପାଦାନ ଭଳି ଗୋଟିଏ ଗୋଟିଏ ସୂକ୍ଷ୍ମ ଭାବବସ୍ତୁ ଓ ଶୈଳୀ ପ୍ରାୟତଃ ପ୍ରତ୍ୟେକ ଗଳ୍ପକୁ କରୁଛି ରସାଣିତ । କଥାକାର ରଜନୀକାନ୍ତ ମହାନ୍ତି ଶୋଷିତ, ପୀଡ଼ିତ ମଣିଷର ପକ୍ଷ ସମର୍ଥନ କରିଛନ୍ତି । ନିଜେ ଅନ୍ତରଙ୍ଗ ଭାବରେ ଜଡ଼ି ଯାଆନ୍ତି ସେଇ ଚରିତ୍ରମାନଙ୍କ ସାଙ୍ଗରେ । ସେଥିପାଇଁ ସମାଲୋଚକ ଚିନ୍ତାମଣି ସାହୁ କୁହନ୍ତି, "ସକାଳର ଆଦ୍ୟ ଶଙ୍ଖ ଫୁଙ୍କୁଥିବା ଶିଳ୍ପୀ ପାଖେ ପାଖେ ମୋହିତ ଆଉ କେତେ ବା କେତେ ଶିଳ୍ପୀ ଜୁଟିଯାଇ ନିଜ ନିଜର ଶଙ୍ଖରେ ଓଠ ଥାପି ଦିଅନ୍ତି । ଏଇ ପ୍ରବର୍ତ୍ତକମାନଙ୍କ ଶଙ୍ଖ ଧ୍ୱନିରୁ ଝରିଆସେ 'ମାଟିର ମଣିଷ'ଠାରୁ 'ମାଟି ମଟାଳ' ଦେଇ 'ମାଟିଆପୁଅ' । ଫକୀର ମୋହନଙ୍କଠାରୁ ଭଗବତୀ ଚରଣ, ଗୋପୀନାଥ, ସୁରେନ୍ଦ୍ର, ମନୋଜ, ଶାନ୍ତନୁ, କିଶୋରୀ, ବୀଣାପାଣି, ପଦ୍ମଜଙ୍କ ରାସ୍ତା ଦେଇ ରଜନୀକାନ୍ତଙ୍କ ଯାଏ ଏମିତି ଶଙ୍ଖନାଦ ବିଭୋରିତ ହୋଇଛି ଓଡ଼ିଆ କଥା ସାହିତ୍ୟରେ ।"(୧୩)

ଉତ୍ତର ସତୁରୀ ବା ଉତ୍ତର ଅଶୀ କାଳର ପରିବର୍ତ୍ତନକୁ ଲକ୍ଷ୍ୟ କଲେ ନିଃସଙ୍ଗତା, ଅସହାୟତା, ହତାଶରୁ ମୁକ୍ତ ବା ନଗର ସଭ୍ୟତାରୁ ଲେଉଟାଣି ଅଭିଯାନର ପଥିକ ଭାବେ ଶ୍ରୀ ମହାନ୍ତିଙ୍କ ଠାରେ ବଳିଷ୍ଠ ବ୍ୟାକୁଳତାର ଚିହ୍ନକୁ ଲକ୍ଷ୍ୟକରି ଡକ୍ଟର ବେଣୁଧର ପାଢ଼ୀ 'ମାଟିଆ ପୁଅ' ଗଳ୍ପ ପୁସ୍ତକ ସଂପର୍କରେ କୁହନ୍ତି, "ମାଟିଆ ପୁଅ ସେହି ସ୍ୱତନ୍ତ୍ର୍ୟତାର ହିଁ ସ୍ୱାକ୍ଷର, ସେହି ନିଆରା ଆବେଗର ସନ୍ତକ ରଜନୀକାନ୍ତଙ୍କ ଦ୍ୱିତୀୟ ଗଳ୍ପ ସଂକଳନ, ଯାହାର ପ୍ରଚ୍ଛଦପଟରେ ଚିତ୍ରିତ ହୋଇଛି- ଝଡ଼ ବତାସକୁ ଭ୍ରୂକ୍ଷେପ ନକରି ସମଗ୍ର ପ୍ରାକୃତିକ ପ୍ରତିକୂଳତାର ମୁକାବିଲା କରି ମାଟି ଉପରେ ଚେର ଭିଡୁଥିବା ଚାରୋଟି ମହାଦ୍ରୁମର ଅଟଳ ପ୍ରତିଜ୍ଞାରେ ଖାଡ଼ା ହେଇଥିବାର ମାଟିଆ ପୁଅ ମାଟି ଉପରେ ଗୋଡ଼ ଦମ୍ଭ କରି ଠିଆ ହେବାର ପ୍ରତୀକ ସଂକେତ ।"(୧୪) ସେ ଯାହାବି ହେଉ କଥାକାର ରଜନୀକାନ୍ତଙ୍କ ହୃଦରାଜ୍ୟରେ ସଂସ୍କୃତିର

ପ୍ରାଣ ସ୍ପନ୍ଦନ ଅନୁରଣିତ ହୋଇଛି । ପରମ୍ପରା ଛାତତଳେ ବିପ୍ଳବର ଡିଣ୍ଡିମ ବଜାଇ ମୁକ୍ତିର ମାର୍ଗ ଉନ୍ମୋଚନ କରିଦେଇଛନ୍ତି ଉକ୍ତ ପୁସ୍ତକରେ ।

ଆ ସାକ୍ଷୀ ଦେ (୧୯୯୯):

ଭାରତ ମାତାର ବୟସ ଯେତେ ବୃଦ୍ଧି ପାଉଛି ସ୍ୱାଧୀନତା ପ୍ରାପ୍ତିର ସୀମା ସେତେ ପରିପକ୍ୱ ହେଉଛି । ଗଣତନ୍ତ୍ର ରାଷ୍ଟ୍ରରେ ସମ୍ବିଧାନ ଦୋଷୀ ସାବ୍ୟସ୍ତ କରୁଛି ସୁଦୃଢ଼ ସାକ୍ଷୀପ୍ରମାଣକୁ ନେଇ । ନ୍ୟାୟାଧୀଶଙ୍କ ଆଖିରେ ଆବୃତ ସିନା କଳାଫିତା କିନ୍ତୁ ତାଙ୍କୁ ଯିଏ ଚଳାଉଛି ସେ ଅନ୍ଧାରି ମୁଲକର ଦୁରାଚାରରେ ବୁଡ଼ି ରହିଛି । ସେଥିପାଇଁ ତଉଲୁଥିବା ନିକିତିଟି ସବୁବେଳେ ଭାରାକ୍ରାନ୍ତ ଅଟେ ସାଧାରଣ ଦିନ ମଜୁରିଆ, ଖଟିଖିଆଙ୍କ ଦୋଷକୁ ନେଇ । ଶହ ଶହ ରାଜନେତା, ଅଫିସର, ବାଣିଜ୍ୟ ବେପାରୀ ଭ୍ରଷ୍ଟାଚାରରେ ଲିପ୍ତ ରହି ମୁକୁଳି ଯାଆନ୍ତି କିନ୍ତୁ ଆଇନ ଆଗରେ ଧରାପଡ଼ନ୍ତି ଯିଏ ସଚ୍ଚା ପରିଶ୍ରମ କରି ମଧ୍ୟ ପରିବାର ପାଇଁ ତଥା ନିଜ ପାଇଁ ମୁଠେ ଦାନା ଗଳା ତଳକୁ ଡିଆଁଇ ପାରନ୍ତି ନାହିଁ । ସେତେବେଳେ ସେ ନେହୁରା ହୁଅନ୍ତି ଆ ସାକ୍ଷୀ ଦେ, ସେତକ ନ ପାଇଲେ ନିଜକୁ ସାବ୍ୟସ୍ତ କରେ, କହେ "ମୁଁ ନିଜେ ହିଁ ତା'ର ପ୍ରମାଣ, ମୋ ଠୁଁ ବଡ଼ ପ୍ରମାଣ ଆପଣଙ୍କର ଆଉ କ'ଣ ଥାଇପାରେ ?"[୧୫] ଏ ସମ୍ବିଧାନର ବ୍ୟକ୍ତିତ୍ୱ ନିଜର ପ୍ରମାଣକୁ ଖାରଚ କରିଦିଏ ସେତେବେଳେ ଆତ୍ମତୃପ୍ତି ପାଇଁ ଉତ୍ୟକ୍ତ ଓ ଉତ୍ତେଜିତ ଢଙ୍ଗରେ କହେ, "ମନ୍ତ୍ରୀ ହାକିମ ସବୁ କ'ଣ କିଛି ଜାଣିନ ?"[୧୬] ସେ କଳୁଷିତ ବ୍ୟକ୍ତିକୁ ଇତିହାସ କ୍ଷମା କରିବାରେ ରାଜି ନ ହେଲେ ବି ସେମାନେ ମୁକ୍ତ ବିହଙ୍ଗ । ଭାରତର ସ୍ୱାଧୀନତାକୁ ଉପଲବ୍ଧି କରନ୍ତି ସେମାନେ ବିବିଧ ଫଳଗଛରୁ ଫଳଗଛକୁ ଡେଇଁ ଦାମୀ ତଥା ସାରଯୁକ୍ତ ଫଳ ଆସ୍ୱାଦନ କରିବାର ତୃପ୍ତିରେ । କିନ୍ତୁ ସାଧାରଣ ଗରିବ ମଣିଷ ପାଇଁ ସ୍ୱାଧୀନତା ଶବ୍ଦଟି ତା'ର ସ୍ୱପ୍ନର ଊର୍ଦ୍ଧ୍ୱରେ । ଏହିପରି ଭାବକୁ ନେଇ ଗାଳ୍ପିକ ରଜନୀକାନ୍ତ ମହାନ୍ତିଙ୍କ ଗଳ୍ପପୁସ୍ତକ 'ଆ ସାକ୍ଷୀ ଦେ' । 'ଆ ସାକ୍ଷୀ ଦେ', ଶୀର୍ଷକରେ କୌଣସି ଗଳ୍ପ ସ୍ଥାନିତ ନାହିଁ ଉକ୍ତ ପୁସ୍ତକରେ, କିନ୍ତୁ ପ୍ରତ୍ୟେକ ଗଳ୍ପରେ ଧନୀବ୍ୟକ୍ତିତ୍ୱ ପାଖରେ ଗରିବ ମଣିଷଟି ଯେ ହାର ମାନୁଛି ଏବଂ ନିଜକୁ ପ୍ରମାଣିତ କରିବା ପାଇଁ ସାମର୍ଥ୍ୟ ସ୍ୱରୂପ ସାକ୍ଷୀ ପାଇପାରୁ ନାହିଁ। ଏହି ଅଭାବବୋଧଟି ପୁସ୍ତକରେ ସ୍ଥାନିତ ତେରଟି ଗଳ୍ପ ଉପଲବ୍ଧ- (୧) ସ୍ୱପ୍ନମେଧ, (୨) ସମୁଦ୍ର, (୩) ଆଁ, (୪) ସାକ୍ଷୀ ସାରଳା, ସାକ୍ଷୀ ଫକୀରମୋହନ / ସପ୍ତଦୀପ ଛୁଇଁ ତ୍ରିବାର ଏ ସତ୍ୟ ମୋର / ମୁଁ କ୍ଷେପିବି ଶବ୍ଦଭେଦୀ ସୂର୍ଯ୍ୟାସ୍ତ ପୂର୍ବରୁ / ମୁକ୍ତି ଯଦି ନ ମିଳେ ଏଥର, (୫) ସୂର୍ଯ୍ୟରଙ୍ଗ, (୬) ଅନୁଭବ କାହିଁକି ଦାଢ଼ୀ ବଢ଼େଇଚି, (୭) ବାଟୋଇ, (୮) ବିପ୍ଳବ, (୯) ବହ୍ନିପୁରୁଷ, (୧୦) ନିଦ୍ରାମ୍ବର, (୧୧) ଅମୃତ, (୧୨) ସୂର୍ଯ୍ୟସ୍ନାନ, (୧୩) ସେଇ ଅଂଧାରୀ କୋଣକୁ ଚାଲିଯା – ଆଦି ଗୋଟିଏ ଗୋଟିଏ ସ୍ୱୟଂସମ୍ପୂର୍ଣ୍ଣ ଗଳ୍ପ । 'ସ୍ୱପ୍ନମେଧ' ଗଳ୍ପର ପାଳକାପୁତ୍ର କାର୍ତ୍ତବୀର୍ଯ୍ୟର ପାଳନ କର୍ତ୍ତା ବିଧବା ମା' ପ୍ରତି ମାତୃତ୍ୱ

ସ୍ନେହ ଓ ଯନ୍ତ୍ରଣାଦଗ୍ଧ ମନୁଷ୍ୟର ପ୍ରତୀକ ଶୃଙ୍ଖଳା ପତ୍ରକୁ ଦଗ୍ଧିଭୂତ କରିବା ମଧ୍ୟରେ ମଣିଷର ହତାଶାବୋଧକୁ ନେଇ ଗଳ୍ପଟି ରସାଣିତ । 'ସମୁଦ୍ର' ଗଳ୍ପ ଅତିକଳ୍ପନାରେ ଦୁଇଟି ପିଢ଼ି ପ୍ରତୀକାତ୍ମକ ଢଙ୍ଗରେ ଗଳ୍ପ ନାୟକ ଓ ଶ୍ୱାତୀ ମଧ୍ୟରେ ପ୍ରେମ ବର୍ତ୍ତମାନକୁ ଦେଖାଇଲା ବେଳେ, ସରଜୁ ଓ ଗୌରୀ ମଧ୍ୟରେ ଗଢ଼ି ଉଠିଥିବା ପ୍ରେମ, ଗୌରୀପ୍ରତି ବୃଦ୍ଧ ସାହୁକାରର କାମାଶକ୍ତ ଭାବ ତଥା ଉଭୟଙ୍କ ବିବାହକୁ ଗ୍ରହଣ କରୁନଥିବା ସରଜୁର ମା' ଏବଂ ସାମାଜିକ ଦ୍ୱାହିକୁ ସାମ୍ନା କରିନପାରି ଧୈର୍ଯ୍ୟହରା ହୋଇ ପୂର୍ଣ୍ଣମୀ ତିଥିରେ ସମୁଦ୍ର ମଧ୍ୟରେ ଉଭୟ ସରଜୁ ଓ ଗୌରୀ ଲୀନ ହେବା ଇତ୍ୟାଦି ଗଳ୍ପକୁ ଏକ ଭିନ୍ନ ପ୍ରେକ୍ଷାପଟରେ ଗତି କରାଏ । ଅପରପକ୍ଷେ ପୁଅ ସରଜୁ ପାଇଁ ମା' ଅପେକ୍ଷାରତା । 'ଆଁ' ଗଳ୍ପରେ ଉପମନ୍ତ୍ରୀ ଶକ୍ତିମୟଙ୍କ ପାଟି ଖୋଲି 'ଆଁ' ହୋଇ ରହିଥିବା ଘଟଣା ପ୍ରତୀକିତ କରେ ସଂସାରକୁ କଳୁଷିତ କରି ଗ୍ରାସିଯିବାର ଅଭିପ୍ରାୟକୁ । 'ସାକ୍ଷୀ ସାରଳା, ସାକ୍ଷୀ ଫକୀର ମୋହନ / ସପ୍ତଦୀପ ଛୁଇଁ ତ୍ରିବାର ଏ ସତ୍ୟ ମୋର / ମୁଁ କ୍ଷେପିବି ଶବ୍ଦଭେଦୀ ସୂର୍ଯ୍ୟାସ୍ତ ପୂର୍ବରୁ / ମୁକ୍ତି ଯଦି ନ ମିଳେ ଏଥର' ଗଳ୍ପରେ ଗଳ୍ପ ନାୟକ ଛାୟାକାନ୍ତର ବିଗତ ଦିନର କିଛି ତିକ୍ତ ଅନୁଭୂତି ଏବଂ ବର୍ଜିତ ଆବେଗକୁ ନେଇ ମାନସପଟରେ ବନ୍ଧୁ ଅମ୍ବିକା ପ୍ରସାଦକୁ କହିବା ଢଙ୍ଗରେ ଗଳ୍ପଟି ଉପସ୍ଥାପିତ । ଛାୟାକାନ୍ତ ସହିତ ଭବିଷ୍ୟତକୁ ଲକ୍ଷ୍ୟ କରି ସଚେତନ ଭାବରେ ପ୍ରେମ କରୁଥିବା ସ୍ୱପ୍ନଦତ୍ତାର ପ୍ରେମକୁ ଦେଖାଯାଇଛି । ଯେଉଁଠି ନାରୀ ପ୍ରେମ କଲେ ମଧ୍ୟ ନିଜର ଭବିଷ୍ୟତ ସାଂସାରିକ ଜୀବନକୁ ନେଇ ସଚେତନ । ସେହିପରି 'ଅନୁଭବ କାହିଁକି ଦାଢ଼ୀ ବଢ଼େଇଛି' ଗଳ୍ପରେ ତରୁଣ ଜୀବନର ପ୍ରେମ, ହତାଶା ତଥା ପ୍ରେମିକକୁ ନେଇ ଭବିଷ୍ୟତରେ ହଇରାଣ ହେବାର ଭୟ ଗଳ୍ପକୁ ଗତଶୀଳି କରାଏ । ଅନୁଭବ ବେକାରୀ ଯୁବକ ଥିବାରୁ ଅସମାପିକା ପ୍ରେମ କଲେ ମଧ୍ୟ ଅନୁଭବ ନିଜ ପରିବାର ଚଳାଇବାର ଅପାରଗତା ଯୋଗୁଁ ପ୍ରେମରୁ ବିରତ ହୁଏ । 'ବାଟୋଇ' ଗଳ୍ପରେ ଅନାଥ ମାରିଣ୍ଡାର ପୁଅ ସଉରା ନାରଣ ଦଲାଲ ସଙ୍ଗେ ଦାଦନ ଖଟିବାକୁ ଯାଏ, ଆଉ ଫେରେନା, ବାପା ଅନାଥ ମାରିଣ୍ଡାର ଦୁଃଖକୁ ଜାଣି ବାଟୋଇ ରାଜନେତା ବୃଦ୍ଧ ଭୈରବନନ୍ଦନ ସଉରାକୁ ଫେରାଇ ଆଣିବା ଆଦି ରାଜନୀତି, ଦୁର୍ନୀତି ତଥା ହତାଶବୋଧ ମଧ୍ୟରେ ଗଳ୍ପ ଗତି କରେ । 'ବିପ୍ଳବ' ଗଳ୍ପରେ ମାର୍କ୍ସବାଦ ଚିନ୍ତାଧାରାରେ ଉଚ୍ଚନୀଚ ବା ଶୋଷକ ଓ ଶୋଷିତ ମଧ୍ୟରେ ତାରତମ୍ୟକୁ ଅବସାନ କରିବାର ଶତଚେଷ୍ଟା ରହିଛି । ଯେଉଁଠି ବାଉଳି ଭଳି ଜଣେ ଗରିବ ଘରର ଡରୁଆ ପିଲା ମହାଜନ ରାମବାବୁ କଥାରେ ପ୍ରତିବାଦ କରୁଛି । 'ବହ୍ନି ପୁରୁଷ' ଗଳ୍ପରେ ଗର୍ଗର ଆହୁତି ପ୍ରତି ପ୍ରେମ, ତଥା ବିବାହ କରିବାର ପ୍ରତିଶ୍ରୁତି ଦେଇଛି ବୋଲି ଗୁଜବଟିରେ ବଡ଼ଘରର ଝିଅ ଆହୁତି ସାଧାରଣ ଖଟିଖିଆ ଘରର ପୁଅ ଗର୍ଗ ମଧ୍ୟରେ ନିଜ ବଂଶର ତାରତମ୍ୟକୁ ଦେଖେ କିନ୍ତୁ ପଛରେ ସେହି ଗର୍ଗର ପ୍ରେମରେ ଲୀନ ହୁଏ । 'ନିଦ୍ରାମ୍ବର' ଗଳ୍ପରେ ଅନିଚ୍ଛାସତ୍ତ୍ୱେ ନୟନା ପ୍ରତି

ଅଫିସରର ଯୌନ ସଂପର୍କ ଏବଂ ଶତଦ୍ରୁର ବିଳାସପୂର୍ଣ୍ଣ ନିଦ୍ରାକୁ ଗାଳ୍ପିକ ସମାଜରେ ଘଟୁଥିବା ଭ୍ରଷ୍ଟାଚାର ବିରୁଦ୍ଧରେ ସ୍ୱର ଉତ୍ତୋଳନ ପାଇଁ ସଜାଗ ହେଉନଥିବା ବ୍ୟକ୍ତିତ୍ୱ ସହିତ ତୁଳନା କରି ଜାଗ୍ରତ ରହିବାର ବାର୍ତ୍ତା ଦିଅନ୍ତି । 'ଅମୃତ' ଗଳ୍ପରେ ସର୍ବଗୁଣ ଓ ସଂସ୍କୃତି ସଂପନ୍ନ ମଣିଷର ପରିବେଶ ଓ ପରିସ୍ଥିତି ଯୋଗୁଁ କେମିତି ପରିବର୍ତ୍ତନ ହୁଏ ତାହା ଦେଖାଇଦିଆ ହୋଇଛି । ଯେପରି ଜ୍ଞାନୀ, ସଂସ୍କୃତିକୁ ମାନିଚଳୁଥିବା ତରୁଣୀ ସୁଯୋଗ୍ୟା ଦାସ ଶିକ୍ଷପତି ସୁବୋଧ ଦାସକୁ ବିବାହ କରିବା ପରେ ଶିକ୍ଷାରୁ ବିରତ ହୋଇ କୃତ୍ରିମ ପ୍ରସାଧନକୁ ଗ୍ରହଣ କରି ବିଉଟିକନ୍‌ଟେଷ୍ଟରେ ଯୋଗ ଦେବା ସହିତ ବୟସ ବୃଦ୍ଧି ହେଲେ ମଧ୍ୟ ନିଜ ଝିଅ ବୟସର ଇଂଞ୍ଜିନିୟର ଅବିନାସ ସହିତ ହୋଟେଲ ଯିବା, ପାର୍କ ବୁଲିବା ଆଦି ବିଡମ୍ବିତ ମୂଲ୍ୟବୋଧକୁ ନେଇ ଗଳ୍ପଟି ଗତି କରେ ଏବଂ 'ସୂର୍ଯ୍ୟସ୍ନାନ' ଗଳ୍ପରେ ଗାଉଁଲି ଯୁବକ ବ୍ୟାସଦେବ ସହିତ ଇଣ୍ଡଷ୍ଟ୍ରିଆଲିଷ୍ଟ ମହାଦେବଙ୍କ ଝିଅ ଲୈଲା ସହିତ ପ୍ରେମ, ଝିଅର ପିତା ମହାଦେବଙ୍କ ଅନିଚ୍ଛା ସତ୍ତ୍ୱେ ଲୈଲାକୁ ପାଇବା ପାଇଁ ସମ୍ବିଧାନ ଆଗରେ ବ୍ୟାସଦେବର ଧାରଣା ଆଦି ଗଳ୍ପକୁ ହୃଦୟ ଗ୍ରାହୀ କରେ ।

ମୋଟଉପରେ ଗଳ୍ପପୁସ୍ତକରେ ସମସ୍ତ ଗଳ୍ପକୁ ଲକ୍ଷ୍ୟ କଲେ ପ୍ରାୟତଃ ସମସ୍ତଗଳ୍ପରେ ସହରୀକରଣର ପ୍ରତିକୂଳତା ରହିଛି । କେବଳ 'ବିପ୍ଳବ', 'ସମୁଦ୍ର' ଗଳ୍ପରେ ଗାଁ ପରିବେଶକୁ ନେଇ କଥାବସ୍ତୁ ଗତି କରିଥିଲା ବେଳେ ଅନ୍ୟ ଗଳ୍ପ ଗାଁରୁ ଆସି ସହରରେ ରହୁଥିବା ଚରିତ୍ର ଏବଂ ସେପରି ଚରିତ୍ରକୁ ଫେଣ୍ଟାଫେଣ୍ଟି କରି ଉଭୟ ମଧ୍ୟରେ ସମନ୍ୱୟତା ରକ୍ଷା କରି ଗଳ୍ପର କଥାବସ୍ତୁକୁ ଆଗେଇ ନିଆଯାଇଛି । ଯେଉଁଠି ସହରୀ ମଣିଷର ଜୟ ହେଲାବେଳେ ଗାଉଁଲି ମଣିଷଟି ପ୍ରତିବାଦ କରିବାର ସାହସ ପାଏନାହିଁ । ଶେଷରେ ହତାଶାବୋଧକୁ ଆପଣେଇ ନିଏ । ଗଳ୍ପ ମଧ୍ୟରେ ରୂପ କଳ୍ପ, ପ୍ରତୀକ, ଭାଷା, ଭାବ, ଚରିତ୍ର, ଉପସ୍ଥାପନା ଶୈଳୀ ଆଦି ସ୍ୱାତନ୍ତ୍ର୍ୟ ଦାବି କରେ । ପାତ୍ରୋପଯୋଗୀ ସଂଳାପ, ଘଟଣା ଉପଯୋଗୀ ପରିବେଶ ବର୍ଣ୍ଣନା, ଗାଁଉଲି ମଣିଷର ନୂତନ ସହରୀଜୀବନ ଏବଂ ସେହି ସହରୀ ଜୀବନ ମଧ୍ୟରେ ନିଜେ ଠକି ହେବା ଆଦି ସମସ୍ତ ଘଟଣା ଗଳ୍ପକୁ ଊର୍ଦ୍ଧ୍ୱମୁଖୀ କରାଏ ।

ଝିପିଝିପି ଅନ୍ଧାର (୨୦୦୨)

ଆଲୁଅ, ଅନ୍ଧାର ଓ ଦିନ ରାତି ମଧ୍ୟରେ ଯୋଗସୂତ୍ର ସ୍ଥାପନ କରେ ପ୍ରଭାତୀ ଓ ଗୋଧୂଳି ଲଗ୍ନ । ଗୋଟିଏ ସମୟରେ ଚନ୍ଦ୍ରମାର ଲାଜ ଲାଜ ମୁଖମଣ୍ଡଳରେ କାଦମ୍ବିନୀର ଓଢ଼ଣା ଟେକି ଚାହିଁଲାବେଳେ ପଙ୍କପୂର୍ଣ୍ଣ ସରୋବରରୁ କଇଁ କଳିକା ମୁକ୍ତ ହୋଇ ସୁମନରେ ବିକଶିତ ହୁଏ । ଅନ୍ୟ ପଟେ ଦିନବନ୍ଧୁର ଆଗମନ ଅପେକ୍ଷାରେ ଥାଏ ଅମ୍ବୁଜ । କିଛି କିଛି ଆଲୁଅ ଓ କିଛି କିଛି ଅନ୍ଧାରର ସମ୍ମୋହନରେ ସୃଷ୍ଟି ହୁଏ ଦୁଃଖ ଓ ସୁଖ ମିଶା ଏକ ନିଆରା ପରିବେଶ । ରାତ୍ରିରେ ବିକଶିତ କଇଁ ଆନନ୍ଦରେ ବିଭୋର ହୋଇ ନିଜର ସ୍ଥାନ ନିରୂପଣ କଲାବେଳେ, ପଦ୍ମ ଅପେକ୍ଷାରତା ତା'ର ଯୌବନର ସୌନ୍ଦର୍ଯ୍ୟସୌଧକୁ ନେଇ ପ୍ରକୃତିକୁ

ମହିମାମଣ୍ଡିତ କରିବାପାଇଁ । ତେଣୁ କଇଁର ସୁଖରୁ ଦୁଃଖକୁ ଜୀବନର ରଥ ଗଡ଼ିଲାବେଳେ, ପଦ୍ମର ଦୁଃଖରୁ ସୁଖକୁ ରଥ ଗଡ଼ି ଚାଲେ । ତେଣୁ କେତେବେଳେ ସୁଖ ଓ କେତେବେଳେ ଦୁଃଖ । ଉଭୟର ମିଶାମିଶିରେ ରୂପ ନିଏ ଝିପିଝିପି ଅନ୍ଧାର । ତେଣୁ ଜୀବନକୁ ନେଇ ଆନନ୍ଦ ଓ ନିରାନନ୍ଦ, ଆଶା ଓ ପ୍ରତ୍ୟାଶା, ଆଦର୍ଶ ଓ ଅନାଦର୍ଶ ମଧ୍ୟରେ ଗାଳ୍ପିକ ରଜନୀକାନ୍ତ ମହାନ୍ତିଙ୍କ ଗଳ୍ପ ପୁସ୍ତକ 'ଝିପିଝିପି ଅନ୍ଧାର'ର ଚରିତ୍ରମାନେ ଚଳପ୍ରଚଳ ।

ଆଲୋଚ୍ୟ ପୁସ୍ତକରେ 'ଝିପିଝିପି ଅନ୍ଧାର' ଶୀର୍ଷକରେ କୌଣସି ଗଳ୍ପ ନାହିଁ । ଏହା ସତ୍ୟ, କିନ୍ତୁ ଉକ୍ତ ପୁସ୍ତକରେ ସ୍ଥାନିତ ଏଗାରଟି ଗଳ୍ପର ସମାଗ୍ରିକ ଆବେଦନକୁ ନେଇ ଗଳ୍ପ ପୁସ୍ତକର ନାମକରଣ କରାଯାଇଛି 'ଝିପିଝିପି ଅନ୍ଧାର'। ସମସ୍ତ ଗଳ୍ପରେ ଚରିତ୍ରମାନଙ୍କର ଆଶା, ଆକାଂକ୍ଷା, ଜିଜୀବିଷା ଆଦି କିପରି ଝିପିଝିପି ହତାଶାର ଅନ୍ଧାରରେ ଭିଜୁଛି ତାହାର ନିଛକ ଛବି ମାନସ ପଟ୍ଟରେ ଦୃଶ୍ୟମାନ ହୁଏ । ଜୀବନର ଆଲୁଅ ଓ ଅନ୍ଧାରକୁ ଯଦି ଆମେ ତୁଳନା କରିବା, ତାହେଲେ ଅନ୍ଧାର ହେଉଛି ଜୀବନର ଏକ କାଳ, ବିପଦ କିନ୍ତୁ ଆଲୁଅ ହେଉଛି ଏକ ମାର୍ଗ, ଯେଉଁଠି ଆଦର୍ଶର ବାର୍ତ୍ତା ସ୍ଥାନିତ । ଗଳ୍ପର ସମସ୍ତ ଚରିତ୍ର ଅନ୍ଧାରରୁ ମୁକୁଳି ଆଲୁଅର ସନ୍ଧାନରେ ଅଗ୍ରସର ହେଲେ ମଧ୍ୟ ସେ ଝିପିଝିପି ଅନ୍ଧାର ମାର୍ଗରେ ରହିଯାଇଛନ୍ତି । ପୂର୍ଣ୍ଣମାତ୍ରାରେ ଆଲୁଅକୁ ସ୍ପର୍ଶ କରିପାରିନାହାନ୍ତି । ଉକ୍ତ ପୁସ୍ତକରେ ସ୍ଥାନିତ ଗଳ୍ପଗୁଡ଼ିକ ହେଲା - (୧) ଅକାଳ, (୨) ଲଗ୍ନାଧିପତି, (୩) ବାଟୋଇ, (୪) ଗୁଧାଡିବେଳ, (୫) ଗଣନାୟକ, (୬) ନ'ଅଙ୍କ, (୭) ଶିଶୁ, (୮) କାଳଫାଶ, (୯) ମା, (୧୦) ଆବିଷ୍କାର, (୧୧) କାନି । ଏଥିରେ ସ୍ଥାନିତ 'ବାଟୋଇ' ଗଳ୍ପ ପୂର୍ବାଲୋଚିତ 'ଆ ସାକ୍ଷୀ ଦେ' ଗଳ୍ପ ପୁସ୍ତକରେ ସ୍ଥାନିତ । ଏହା ବ୍ୟତୀତ 'ଅକାଳ' ଗଳ୍ପରେ ରହିଛି ପରିବାର ଚଳାଇ ନ ପାରିବାର ଅପାରଗତା । ସ୍ୱଉପାର୍ଜିତ ସ୍ୱଳ୍ପ ଧନ ମଧ୍ୟରେ ପରିବାର ଚଳାଇବାର ବିଷାଦପୂର୍ଣ୍ଣ ସ୍ମୃତିକୁ ନେଇ ଦନେଇ ପାଇଁ ଭଗବାନ ବା ଈଶ୍ୱରଙ୍କର ଅସ୍ତିତ୍ୱ ମୂଲ୍ୟହୀନ ହୋଇଛି। 'ଲଗ୍ନାଧିପତି' ଗଳ୍ପରେ ତ୍ରସ୍ତ ଶଙ୍କାକୁଳ ଅସ୍ଥିରତା ମଧ୍ୟରେ ଜୀବନ ବିତାଏ ପୁରଞ୍ଜନ । ବୟସାଧିକ୍ୟ ଯୋଗୁଁ ଚାକିରି ନପାଇବାର ଚିନ୍ତା ଏବଂ ମାନବୀୟ ଗୁଣାବଳୀ ଯୋଗୁଁ ପ୍ରେମିକା ଅଜନ୍ତା ଅନ୍ୟକୁ ବିବାହ କରିଥିଲେ ମଧ୍ୟ ପ୍ରସବଜନିତ ଯନ୍ତ୍ରଣାରୁ ମୁକ୍ତି ପାଇଁ ଅପରେସନ ବେଳେ ରକ୍ତ ଦାନ କରେ ପୁରଞ୍ଜନ । ତାହା ପ୍ରେମିକା ପାଇଁ ନୁହେଁ, ଜଣେ ବନ୍ଧୁ ପତ୍ନୀ ପାଇଁ । ନବାଗତ ଶିଶୁ ପାଇଁ । ଅଜନ୍ତାକୁ ନେଇ ଅତୀତରେ ରହିଥିବା ଅନେକ ଅଭିମାନ ବିକୃତ ମାନସିକତାରେ ଗଢ଼ି ହୋଇଥିଲେ ମଧ୍ୟ ପରିବେଶ ଓ ପରିସ୍ଥିତିରେ ସବୁ ଉଭେଇ ଯାଏ । 'ଗଣନାୟକ' ଗଳ୍ପରେ ମଣିଷର ଶୂନ୍ୟ ଆତ୍ମବିଶ୍ୱାସ, ଫମ୍ପା ସାହସ ଓ ନିଷ୍ଫଳ ଆତ୍ମଶକ୍ତି ଯୋଗୁଁ ନିଜର ଦାମ୍ଭିକପଣକୁ ଛାଡ଼ି ଗ୍ରାମବାସୀ ଜଣେ ଧନୀବ୍ୟକ୍ତି ମୁଖିଆ ଗୌରବାବୁଙ୍କ ବ୍ୟାଭିଚାରକୁ ମାନି ନିଅନ୍ତି, କିନ୍ତୁ ଗ୍ରହଣ କରିପାରେନା ପଦନା ବୁଢ଼ା । ସେଥିପାଇଁ ତା'କୁ ଗାଁରୁ ତଥା ପୁଅ ବୋହୁଙ୍କ ପାଖରୁ ବାଛନ୍ଦ ହେବାକୁ ପଡ଼େ । ସେ

ଅସ୍ତିତ୍ୱବାଦୀ ଚରିତ୍ର ସାଜେ । ମଶାଣିରେ ପଡ଼ିଥିବା ମାଲଆଟିକାରୁ ଖାଦ୍ୟ ଖାଇ ବର୍ଷ ବର୍ଷର ପରମ୍ପରାକୁ ଭଙ୍ଗ କରେ । ଗଳ୍ପର ପରିଣତିରେ ଲୋକ ବିଶ୍ୱାସ ସୂତ୍ରରେ ଅବସାନ ହୁଏ ଏକଚ୍ଛତ୍ରବାଦୀ ଟାଉଟରି ଶାସନ । 'ନ'ଅଙ୍କ' ଗଳ୍ପରେ ଦୁର୍ଭିକ୍ଷ ପ୍ରପୀଡ଼ିତ ସମାଜର ଚିତ୍ର ଏବଂ ଗାଁର ଟାଉଟରୀ ରାଜନୀତି ବିଦ୍ୟାଳୟର ପରିଚାଳନା କମିଟିର ସଭାପତି ଅଜୟ ପାଇଁ ବିଦ୍ୟାଳୟର ବେତନ ନପାଇ ଆଦର୍ଶ ଜନିତ ଶିକ୍ଷକତା କରୁଥିବା ବାସୁଦେବ ସରକାରୀ ପାହ୍ୟାରୁ ମୁକ୍ତ ହୁଏ । କୂଟନୀତି ସୂତ୍ରରେ ସେହି ଚାକିରି ପାଏ ଅନ୍ୟ ଜଣେ ଯୁବକ । ଏପଟେ ଶିକ୍ଷିତ କୃଷକ ହୋଇ ଜମି ଚଷିଲା ବେଳକୁ ଦୁର୍ଭିକ୍ଷ ଜନିତ ମରୁଡ଼ି ଯୋଗୁଁ ଶକ୍ତିସାମର୍ଥ୍ୟ ହରାଇବସେ ବାସୁଦେବ ।

'ଶିଶୁ' ଗଳ୍ପରେ ଗଳ୍ପନାୟକ ଦୁରାଚାରୀ କର୍ମରୁ ବିରତ ହୋଇ ସୁମାନବୀୟ ଗୁଣାବଳୀକୁ ନେଇ ମାଟିର ମଣିଷଙ୍କ ପ୍ରତି ସଦୟ ହେବା, ସେମାନଙ୍କ ପାଇଁ ନିଜକୁ ଉତ୍ସର୍ଗ କରିବା ଇତ୍ୟାଦିକୁ ନେଇ ଗଳ୍ପ ଗତିଶୀଳ । ଯେଉଁଠି ଆଦର୍ଶବୋଧର ହେଉଛି ଜୟଜୟ କାର । 'ଗୁଧାଡ଼ି ବେଳ' ଗଳ୍ପରେ ଦୁଃଖପୂର୍ଣ୍ଣ ବା ଯନ୍ତ୍ରଣାଦାୟକ ସୈନିକ ଜୀବନର ଅଭିଜ୍ଞତାକୁ ନେଇ ପୁରଞ୍ଜନ ଚିନ୍ତିତ । ସେହିଭଳି 'କାଳଫାଶ' ଗଳ୍ପରେ କଟିମର ସ୍ତ୍ରୀ ସୁରୁଜୀ ସ୍ୱାମୀ ସୁହାଗରୁ ବଞ୍ଚିତ ତଥା ଏଥିନିମନ୍ତେ ବର୍ଜିତ ଆବେଗକୁ ନେଇ ଗଳ୍ପ ଗତି କରେ । ପରମ୍ପରାକୁ ଜାବୁଡ଼ି ମଦୁଆ ସ୍ୱାମୀ କଟିମକୁ ନେଇ ବଞ୍ଚେ ସୁରୁଜୀ । କିନ୍ତୁ ସେଇ ସ୍ୱାମୀ ପାଇଁ ସୁରୁଜୀର ଯୌବନକୁ ଉପଭୋଗ କରେ ନଇନ୍ଦ ବିଶ୍ୱାଳ । 'ମା' ଗଳ୍ପଟି ନାରୀର ମାତୃତ୍ୱ ପ୍ରାପ୍ତିର ଆଶା ଜନିତ ଦୁଃଖକୁ ନେଇ ଗତି କରିଛି । ଅପୂର୍ବା ସୁଧିରର ବିବାହ ଅନେକ ବର୍ଷ ବିତିଗଲେ ମଧ ଅପୂର୍ବା କୋଳରେ ଖେଳିନାହିଁ ସନ୍ତାନଟେ । ଅନ୍ୟର ସନ୍ତାନକୁ ଦେଖି ନିଜ ମାତୃତ୍ୱ ଜାଗ୍ରତ ହେବା ଏବଂ ମାତୃତ୍ୱ ପାଇଁ ସ୍ୱାମୀ ବ୍ୟତୀତ ଅନ୍ୟ ପୁରୁଷର ସାନ୍ନିଧ୍ୟ ଖୋଜିବା ଗଳ୍ପକୁ ବାତ୍ସଲ୍ୟ ରସରେ ରସାଣିତ କରେ । 'ଆବିଷ୍କାର' ଗଳ୍ପରେ ମାଟିର ମୋହକୁ ନେଇ ଗାର୍ଗୀ ସହରୀ ଜୀବନରୁ ଗାଁ ପରିବେଶକୁ ମନେ ପକାଏ । ଗାଁର ସଂସ୍କୃତି, ପରମ୍ପରା ପ୍ରକୃତି ମଧ୍ୟରେ ସହରୀ ସଭ୍ୟତାର ବିଖଣ୍ଡିତ ଜୀବନକୁ ତଉଲି ଗାଁ ଜୀବନକୁ ଆଦର୍ଶ ସ୍ଥାନୀୟ ଭାବେ ଗ୍ରହଣ କରେ । ଅନୁରୂପ ଭାବେ 'କାନି' ଗଳ୍ପରେ ଗାଁ ଏବଂ ସହରୀ ଜୀବନର ପାର୍ଥକ୍ୟ, ମାଟି ପ୍ରତି ମୋହ ଇତ୍ୟାଦି ଦେଖାଯାଏ । ଭରତ ବାବୁ ମାଡ୍ରାସରେ ସ୍ତ୍ରୀ ପିଲାଙ୍କୁ ନେଇ ରହିଲା ବେଳେ ବୃଦ୍ଧ ମା, ବାପା ଗାଁରୁ ସହରକୁ ଯିବା ପାଇଁ ହୁଅନ୍ତି ଅମଙ୍ଗ । ତାଙ୍କର ସେବା ଶୁଶ୍ରୂଷା ପାଇଁ ରୁପା ନିୟୋଜିତ ହୋଇ ଥିଲେ ମଧ୍ୟ ସେ ଉକ୍ତ କାମରୁ ବିରତ ହେବାକୁ ଚାହେଁ ବୋଲି କୁହେ ଭରତ ବାବୁଙ୍କୁ । କାରଣ ସେ ତା'ର ଭବିଷ୍ୟତକୁ ନେଇ ସନ୍ଦିହାନ ହୁଏ । ବୃଦ୍ଧ ବୁଢ଼ାବୁଢ଼ୀ କେତେ ଦିନରେ ସଂସାରରୁ ବିଦାୟ ନେଲେ ରୁପା ହେବ ବେକାରୀ । ନିଜର ଭବିଷ୍ୟତ ଭିଜିବ ଝିପିଝିପି ଅନ୍ଧାରରେ ।

ପୁସ୍ତକରେ ସ୍ଥାନିତ ଏଗାରଟି ଗଳ୍ପ ହୃଦୟସ୍ପର୍ଶୀ, ଯେଉଁଥିରେ ରହିଛି, ଆଦର୍ଶ ପ୍ରେମ,

ପ୍ରତାରଣା, ଜୀବନ ବଞ୍ଚିବାର ଦୁର୍ବାର ଆକାଂକ୍ଷା, ସେଥିପାଇଁ ହିଁ, "ଆସନ୍ତା କାଲି ହିଁ ତୁମ ଜୀବନର ସକାଳ ବୋଲି ଭାଗ୍ୟଫଳ ଉଠିପାରେ ।"[୧୭] କିନ୍ତୁ ଏହି ଭାଗ୍ୟଫଳ ଯେ କେବେ ଲୋକବିଶ୍ୱାସ ସୂତ୍ରରୁ ସତ୍ୟରେ ପରିଣତ ହେବ, ଆଉ ଝିପିଝିପି ଅନ୍ଧାରରୁ ଚରିତ୍ରମାନେ ମୁକ୍ତ ହେବେ କିଏ କହିପାରେ ! ତେଣୁ ଉକ୍ତ ପୁସ୍ତକରେ ସମସ୍ତ ଚରିତ୍ର ଆଶାବାଦୀ । କିନ୍ତୁ ସେଇ ଆଶାକୁ ନେଇ ଆଲୁଅ ମାର୍ଗକୁ ଗତି କରି ପାରି ନାହାନ୍ତି । ଏହା ବ୍ୟତୀତ କଥାକାର ଶ୍ରୀ ରଜନୀକାନ୍ତ ମହାନ୍ତି ତାଙ୍କର ସ୍ୱକୀୟ ଗଳ୍ପ ଗଢ଼ଣ ପ୍ରକ୍ରିୟାରେ ଉଦ୍‌ବୁଦ୍ଧ । ଚରିତ୍ର ଉପଯୋଗୀ ଭାଷା, କାନ୍ତି ଯୁକ୍ତ ଶବ୍ଦ, ଉପସ୍ଥାପନାରେ ରୂପକଳ୍ପ, ପ୍ରତୀକ ଆଦିରେ ଉତ୍କଣ୍ଠା ପାଠକକୁ ବାନ୍ଧିରଖେ । ଉକ୍ତ ପୁସ୍ତକ ପାଇଁ ଓଡ଼ିଶା ସାହିତ୍ୟ ଏକାଡେମୀ ଦ୍ୱରା ୨୦୦୪ ମସିହାରେ ଗାଳ୍ପିକ ମହାନ୍ତି ପୁରସ୍କୃତ ହୋଇଛନ୍ତି ।

ବହୁବଜାର (୨୦୦୪):

ଉକ୍ତ ପୁସ୍ତକଟି ଭଦ୍ରକ ଜିଲ୍ଲାସ୍ଥିତ ଜେନିଥ୍ ପବ୍ଲିକେଶନ ସଂସ୍ଥା ଦ୍ୱାରା ପ୍ରକାଶ ପାଏ ୨୦୦୪ ମସିହାରେ । ଗାଳ୍ପିକ ରଜନୀକାନ୍ତ ମହାନ୍ତିଙ୍କ ପ୍ରତିଭାର ଉନ୍ମେଷ ପର୍ଯ୍ୟାୟରେ ରଚିତ ଗଳ୍ପଗୁଡ଼ିକର ବିଷୟ ପରିକଳ୍ପନା ଓ ଭାବଭୂମି ଖୁବ୍ ବୌଦ୍ଧିକ, ମନନଧର୍ମୀ ତଥା ପ୍ରଭାବଶାଳୀ ହୋଇଥିବାବେଳେ ପ୍ରତିଭାର ବିକାଶ ପର୍ଯ୍ୟାୟରେ ରଚିତ ଆଲୋଚ୍ୟ ସଂକଳନର ଗଳ୍ପଗୁଡ଼ିକ ପାଠକମାନଙ୍କୁ ଧରିରଖିବାରେ ଏତେଟା ସମର୍ଥ ଭଳି ମନେହୁଏ ନାହିଁ । ଅଧିକାଂଶ ଗଳ୍ପର ପରିଣତି ପାଠକ ଉପରେ ନ୍ୟସ୍ତ କରିଦେଇଥିଲେ ମଧ୍ୟ ଗାଳ୍ପିକ ସର୍ବଦା କିଛିଟା ସୂଚନା ଦେବା ଦରକାର । କିନ୍ତୁ ଉକ୍ତ ପୁସ୍ତକରେ ପ୍ରାୟତଃ ଗଳ୍ପରେ ସେଭଳି ସୂଚନା କେତେକାଂଶରେ ନାହିଁ । ଅନେକ ଗଳ୍ପରେ ଚରିତ୍ରମାନଙ୍କର ଫେଣ୍ଟାଫେଣ୍ଟି ଉପସ୍ଥାପନା ପାଠକକୁ ଦ୍ୱନ୍ଦ୍ୱରେ ପକାଇବ ।

ଯାହାବି ହେଉ ଉପଯୁକ୍ତ ତଥ୍ୟକୁ ନେଇ ଗାଳ୍ପିକ ମହାନ୍ତିଙ୍କ କଳ୍ପିତ ଦୃଷ୍ଟିକୋଣକୁ ଲକ୍ଷ୍ୟ କରି ସେଗୁଡ଼ିକୁ ଆମେ କହିପାରିବା ଯେ ନୂତନତାର ଆଭିମୁଖ୍ୟକୁ ନେଇ ନୂଆ କାରିଗରୀ କଳା । କାରଣ ଯିଏ ଶଗଡ଼ ଗୋଳାରେ ଚାଲିବା ସହ ରାଜପଥରେ ଚାଲିବା ଶିଖିଛି ତା' ପାଇଁ ସୃଷ୍ଟିର କଳେବର ପୂର୍ଣ୍ଣ କରିବା ସାଧାରଣ କଥା । ଆଲୋଚ୍ୟ ପୁସ୍ତକରେ ସ୍ଥାନିତ ଗଳ୍ପଗୁଡ଼ିକ ହେଲା (୧) କଷିକଉ, (୨) ବଂଶାବଳୀ, (୩) ସ୍ୱପ୍ନ ରଙ୍ଗା, (୪) ଓ, (୫) ସାମ୍ନା, (୬) ମୃତ୍ୟୁଞ୍ଜୟ, (୭) ରକ୍ଷି, (୮) ପାରାଲିସିସ୍, (୯) ଝିଅ, (୧୦) ୨୮୧ ନମ୍ବର ମୋକଦ୍ଦମା, (୧୧) ବୁଢ଼ାଲୋକ, (୧୨) ଜନ୍ମ, (୧୩) ମିତ, (୧୪) ଛିନ୍ନମୂଳ, (୧୫) ଚନ୍ଦରା ଢୋଲିଆ, (୧୬) ବହୁ ବଜାର, (୧୭) ବଟୁ ଓ ଜୁହାରିଆ, (୧୮) ଠିକଣା, (୧୯) ନାଉରୀ, (୨୯) ସଞ୍ଜ ଆଡ଼ିର କଥା । ଗାଳ୍ପିକ ଶ୍ରୀ ମହାନ୍ତି ତାଙ୍କର ଗଳ୍ପ ପୁସ୍ତକର ନାମକରଣ ଗଳ୍ପ ପୁସ୍ତକରେ ନିହିତ ସମସ୍ତ ଗଳ୍ପର ଚାରିତ୍ରିକ ଆଭିମୁଖ୍ୟକୁ ନେଇ କରିଥାନ୍ତି । ଏହି ମୌଳିକତା ମଧ୍ୟ ଆଲୋଚ୍ୟ ପୁସ୍ତକରେ

ଦେଖାଦେଇଛି । କିନ୍ତୁ ଏଥିର ବ୍ୟତିକ୍ରମ ଯେ 'ବହୁ ବଜାର' ନାମରେ ଗୋଟିଏ ଗଳ୍ପ ମଧ୍ୟ ଉକ୍ତ ପୁସ୍ତକରେ ନିହିତ । 'ବହୁ ବଜାର' ନାମଧାରୀ ଗଳ୍ପଟିଏ ନିହିତ ଥିଲେ ମଧ୍ୟ ପୁସ୍ତକଟିରେ ସ୍ଥାନିତ ଅନେକ ଗଳ୍ପର ପରିବେଶ ହେଉଛି ପ୍ରତ୍ୟହ ବ୍ୟାପକ କ୍ରୟବିକ୍ରୟର ନିର୍ଦ୍ଦିଷ୍ଟ ସ୍ଥାନ ବା ବଜାର ଏବଂ ସେହି ବଜାରର ନାମ ମଧ୍ୟ 'ବହୁ ବଜାର'। ଯେପରି 'ଚନ୍ଦରା ଢୋଲିଆ' ଗଳ୍ପରେ, "ପ୍ରତିଦିନ ବହୁ ବଜାରରେ ତା' ନାଁରେ କିଛିନା କିଛି ଘଟଣାର ଆଲୋଚନା । ସତେ ଯେମିତି ବହୁ ବଜାରରେ ସେ ଗୋଟେ ଅଙ୍ଗ ।"(୧୮) 'ବଟୁ ଓ ଜୁହାରିଆ' ଗଳ୍ପରେ, "ଏହି ଯେ, ଜୁହାରିଆ ବହୁ ବଜାରର ଜନ୍ମିତ କୁକୁର ନୁହେଁ ।"(୧୯) ଏତଦ୍ ବ୍ୟତୀତ 'ବହୁ ବଜାର' ଗଳ୍ପ ତ ସ୍ୱଭାବିକ ବହୁ ବଜାର ନାମଧାରୀ ସ୍ଥାନକୁ ନେଇ ପରିକଳ୍ପିତ, ଅତଏବ ଉକ୍ତ ପୁସ୍ତକର ନାମକରଣ ମଧ୍ୟ ସାମଗ୍ରୀକ ଆବେଦନକୁ ନେଇ ହୋଇଛି 'ବହୁ ବଜାର' ।

ଆଲୋଚ୍ୟ ପୁସ୍ତକରେ ସ୍ଥାନିତ ସମସ୍ତ ଗଳ୍ପକୁ ସ୍ୱଳ୍ପରେ ପର୍ଯ୍ୟବେକ୍ଷଣ କଲେ, 'କଷିକଉ' ଗଳ୍ପରେ ଅଗ୍ରଗାମୀର ଦାମ୍ଭିକତା ଓ ଜୀବନ ଯୁଝିବାର ସଂକଳ୍ପକୁ ନେଇ କଷିକଉ ଗଛ ଚଢ଼ି ଚାଲିଛି କେତେ ଘାତ ପ୍ରତିଘାତ ମଧ୍ୟରେ । ଚତୁପାର୍ଶ୍ୱରେ ଜୀବନ ନେବା ପାଇଁ ଶତ୍ରୁମାନଙ୍କର ପଇଁତରାକୁ ତିଳାର୍ଦ୍ଧେ ଖାତିର ନକରି ରୋମାଞ୍ଚକତା, ଆକର୍ଷଣ, ଆତ୍ମବିଶ୍ୱାସ ଓ ସାହାସକୁ ନେଇ ସେ ଅଗ୍ରଗାମୀ । 'ବଂଶାବଳୀ' ଗଳ୍ପରେ ସମୟ ଓ ସଭ୍ୟତାର କାଳକ୍ରମିକ ପରିବର୍ତ୍ତନ ଘଟିଛି । ଗୋଟିଏ ସମୟରେ ଦଣ୍ଡବିଧାନ ପାଇଁ ଜମି ଦେଲା ବେଳେ ପରବର୍ତ୍ତୀ ସମୟରେ ଜମିଦାରୀ ମିଳୁଛି । 'ସ୍ୱପ୍ନରଙ୍ଗା' ଗଳ୍ପରେ ବାସ୍ତବ ଦୁନିଆରେ ମଣିଷର ଅର୍ନିଭୋଗ, ଜାଗତିକତା ଓ ବ୍ୟକ୍ତି ମଣିଷର ବ୍ୟକ୍ତିତ୍ୱ ମଧ୍ୟରେ ସାମୁହିକ ଚେତନାର ଉତ୍ତରଣ ଦେଖାଯାଏ । ଗଳ୍ପନାୟକ ବାସ୍ତବ ଦୁନିଆକୁ ପରଖୁଥିବାର ସ୍ୱପ୍ନ ଦେଖେ । ସେହିପରି 'ଓ' ଗଳ୍ପର ମାନବ ମୂଲ୍ୟର ବିଘଟନ ତଥା ହତାଶାର ଜ୍ୱାଳା ହିଁ ଚରିତ୍ର ଓ ପ୍ରକୃତି ମଧ୍ୟରେ ଯୋଗସୂତ୍ର ସ୍ଥାପନ କରୁଛି । ଝଡ଼ତୋଫାନର ପ୍ରଳୟ ବେଳେ ଘରେ ସ୍ୱାମୀ ନଥିବା ସତ୍ତ୍ୱେ କାଞ୍ଚନ ଛୋଟ ସନ୍ତାନ ଏବଂ ସତୁରୀ ବର୍ଷର ବୃଦ୍ଧା ଶାଶୁକୁ ଏକା ନେଇ ଘରୁ ବାହାରି ଯିବାର ଜିଜ୍ଞାସା ଥିଲେ ମଧ୍ୟ ଯାଇପାରେନା । ଶେଷରେ ଶାଶୁର କଥାରେ ବଂଶରକ୍ଷାର ଦ୍ୱାହିକୁ ନେଇ ଗୋଟିଏ ଶିକାରେ ବୃଦ୍ଧାଶାଶୁକୁ ବସାଇ ଦେଇ ସନ୍ତାନକୁ ନେଇ ପଳାଏ କିନ୍ତୁ ଶାଶୁ ବିଲୋମା'ର ମୃତ୍ୟୁ ହୁଏ ନାହିଁ । ସେ ଜୀବନର ଅପୂର୍ଣ୍ଣ ଆଶାକୁ ନେଇ ବଞ୍ଚିଯାଏ । 'ସାମନା' ଗଳ୍ପରେ ବାଲୁତ ଝିଙ୍କର ମାନସିକ ଦ୍ୱନ୍ଦ୍ୱାବସ୍ଥା ଦେଖାଯାଏ । ଚାନ୍ଦକୁ ନେଇ ମଦ୍ୟପାନ ଯୁକ୍ତ ନିଶାଗ୍ରସ୍ତ ସମାଜ ଯୌନଲାଳସା ତଥା ମଦ୍ୟପାନକୁ ନେଇ ବାଲୁତର ଉତ୍କଣ୍ଠା ଗଳ୍ପକୁ ଭିନ୍ନ ପ୍ରେକ୍ଷାପଟ୍ଟରେ ତଉଲେ। ସେହି ପରି 'ମୃତ୍ୟୁଞ୍ଜୟ' ଗଳ୍ପରେ ବାଳକ ଓ ବାର୍ଦ୍ଧକ୍ୟ ଉଭୟଙ୍କ ସ୍ଥାନ ସମାନ ସମାନ ଚିନ୍ତାର ଦୁଃଖାବେଗକୁ ନେଇ ଗଳ୍ପ ଗତିକରେ । ଅଂଶୁର ପରୀକ୍ଷା ଫଳ ଜନିତ ବାପା ମା'ଙ୍କର ଆଶାଭଙ୍ଗର ଦୁଃଖ ଏବଂ ଜଣେ ବୃଦ୍ଧ ବ୍ୟକ୍ତିର ପାରିବାରିକ ଜଞ୍ଜାଳରୁ ମୁକ୍ତି

ନିମନ୍ତେ କରୁଣତା ପାଇଁ, ଉଭୟ ଅଂଶୁ ଓ ବୃଦ୍ଧଜଣକ ଟ୍ରେନ୍ ଲାଇନରେ ଜୀବନ ହରାଇବାର ଲକ୍ଷ୍ୟରେ ମଧ୍ୟ ବିଫଳ ହୋଇଛନ୍ତି। ଗାଳ୍ପିକ ସମାଜରେ ବାଳକ ଓ ବୃଦ୍ଧଙ୍କୁ ଏକ ଆସନରେ ବସାଇଛନ୍ତି । ସେହିପରି 'ଋଷି' ଗଳ୍ପରେ ସାଂସାରିକ ମୋହମାୟାରୁ ମୁକ୍ତି ଅର୍ଥାତ୍ ଈଶ୍ୱର ପ୍ରାପ୍ତି ନିମନ୍ତେ ଶ୍ରେଷ୍ଠ ମାର୍ଗ ସନ୍ନ୍ୟାସୀ ହେବା ଦର୍ଶାଯାଇଛି । ଦିଲ୍ଲୀପ ସାଂସାରିକ ମାୟାମୋହରୁ ବିରତ ହୋଇ ସନ୍ନ୍ୟାସୀ ହୋଇଯାଏ ।

'ପାରାଲିସିସ୍' ଗଳ୍ପଟି ଶିକ୍ଷା ତଥା ଚାକିରି ଯୋଗୁଁ ଯୌଥ ପରିବାରର ବିଖଣ୍ଡିତ ରୂପ ତଥା ମା'ର ଅନ୍ୟ ସନ୍ତାନଙ୍କ ଅପେକ୍ଷା ନିଜ ବିକଳାଙ୍ଗ ସନ୍ତାନ ପ୍ରତି ଅପେକ୍ଷାକୃତ ଅଧିକ ଦୁର୍ବଳତା ଦେଖାଯାଇପାରେ । ମା' ପାରାଲିସିସ୍ ବେମାରରେ ପଡିଲାବେଳେ ସମସ୍ତଙ୍କର ମା' ପ୍ରତି ସହାନୁଭୂତି ଅଛି କିନ୍ତୁ ନିଜ ନିଜର ଚାକିରି, ପିଲାପିଲିଙ୍କ ପାଠ ପଢ଼ାପଢ଼ି ଯୋଗୁଁ ମା'ର ହେପାଜତ ପାଇଁ କେହି ମା' ପାଖରେ ରହିପାରୁନାହାଁନ୍ତି । ଶିକ୍ଷା, ଚାକିରି ଇତ୍ୟାଦିର ସମ୍ମୋହନରେ ଯୌଥ ପରିବାରର ଭଙ୍ଗୁରତା ତଥା ସମଦୁଃଖରେ ଉଭୟ ଉଭୟ ପକ୍ଷକୁ ସହାନୁଭୂତି ଇତ୍ୟାଦି ଗଳ୍ପକୁ ରସାଣିତ କରେ । 'ଝିଅ' ଗଳ୍ପଟି ଭ୍ରୁଣହତ୍ୟା ପ୍ରସଙ୍ଗକୁ ନେଇ ଗତିକରେ । '୨୮୧ ନମ୍ବର ମୋକଦ୍ଦମା' ଗଳ୍ପ ଟାଉଟରୀ ମାମଲତଖୋର ଏବଂ ପରିବାରରେ ଭାଇ ଭାଇ ମଧ୍ୟରେ ଉତ୍ତମ ବୁଝାମଣା ଯେ ବାହାର ଶତ୍ରୁଠାରୁ ରକ୍ଷା କରେ ତାହାର ପ୍ରତ୍ୟକ୍ଷ ଉଦାହରଣ ଆଲୋଚ୍ୟ ଗଳ୍ପରେ ଦେଖାଯାଏ । ସେହିପରି 'ବୁଢ଼ାଲୋକ' ଗଳ୍ପରେ ସ୍ଥିତିବାଦୀ ଚିନ୍ତାଧାରା ମଧ୍ୟରେ ଗାନ୍ଧୀବାଦର ଉତ୍ତରଣ ଦେଖାଯାଏ । ମହାତ୍ମାଗାନ୍ଧୀ ବୃଦ୍ଧ ହୋଇ ମଧ୍ୟ ତାଙ୍କର ଆହ୍ୱାନକୁ ଅନୁସରଣ କରି ଦେଶ ସ୍ୱାଧୀନ ହେଲା । କିନ୍ତୁ ବର୍ତ୍ତମାନ ସମୟରେ ଅନେକ ବୃଦ୍ଧ ଯୌନ ଲାଳସାରେ ଲିପ୍ତ ରହୁଛନ୍ତି ତ ପୁଣି ପାରିବାରିକ କନ୍ଦଳ ଯୋଗୁଁ ସୁରାପାନ କରି ରାସ୍ତାରେ ବୁଲୁଛନ୍ତି, ଏହାର ନିଛକ ଚିତ୍ର ଆଲୋଚ୍ୟ ଗଳ୍ପରେ ଦେଖାଯାଏ । 'ଜନ୍ମ' ଗଳ୍ପରେ ପ୍ରକୃତିର ବରଦାନ ତଥା ପ୍ରକୃତିରୁ ଜନ୍ମିତ ଜୀବନ ତା' ବଂଶ ଧ୍ୱଂସକାରୀଠାରୁ ପ୍ରତିଶୋଧ ନେଇପାରେ । ଯେପରି ଟୁଲୁ ସବୁ ସଂବାଲୁଆଙ୍କୁ ମାରୁଥିଲା ବେଳେ ସେଥିରୁ ଗୋଟିଏ ସଂବାଲୁଆ ବଞ୍ଚି ପ୍ରଜାପତି ହୋଇଛି ଏବଂ ଟୁଲୁ ତାକୁ ଧରିଲାବେଳେ କଣ୍ଟାପୂର୍ଣ୍ଣ ସ୍ଥାନରେ ପଡ଼ିଯାଇଛି । 'ମିତ' ଗଳ୍ପଟି ଏକ ଜୀବନୀ ମୂଳକ ଗଳ୍ପ । ଗାଳ୍ପିକ କନ୍ହେଇଲାଲଙ୍କ ଶବ୍ଦ ପାଣ୍ଡିତ୍ୟକୁ ନେଇ ଗତି କରେ । 'ଚନ୍ଦରା ଢୋଲିଆ' ଗଳ୍ପରେ ସଭ୍ୟତାର ପ୍ରତୀକ ଢୋଲକୁ ନେଇ ଗଳ୍ପ ଆଗାଏ । ଯେପରି ଢୋଲଟିର ଭିତର ଫମ୍ପା ଠିକ୍ ସେହିପରି ବାହାରେ ସୁସ୍ଥ ଓ ସକ୍ଷମ ଦେଖାଯାଉଥିବା ସଭ୍ୟତା ଓ ସମାଜ ଅଭ୍ୟନ୍ତରରେ ରୁଗ୍ଣ ଓ ଫମ୍ପା, ତାହାକୁ ସୂଚାଇ ଦେଇଛନ୍ତି ଗାଳ୍ପିକ ଶ୍ରୀ ମହାନ୍ତି । 'ବହୁ ବଜାର' ଗଳ୍ପରେ ସହରୀସଭ୍ୟତାର ସ୍ପର୍ଶରେ ଗାଁରେ ଦେଖାଯାଉଥିବା ଦୁରାଚାର, ସ୍ୱାର୍ଥପରତା ତଥା ଯୌନ ଆକାଂକ୍ଷା ଜନିତ ପରିବେଶକୁ ଦେଖାଇ ଦିଆହୋଇଛି । ସେହିପରି ମଣିଷର ଆବଶ୍ୟକତା ତା'ଆନ୍ତରିକତାକୁ ଡେଇଁପାରେ ନାହିଁ ଏହି ପ୍ରସଙ୍ଗ 'ବଟୁ ଓ ଜୁହାରିଆ' ଗଳ୍ପରେ ଦେଖାଯାଏ ।

ଜୁହାରିଆ ପାଇଁ ବଟୁ ଦୋକାନର ବେପାର କମିବା ଯୋଗୁଁ ସେ କୁକୁର ଜୁହାରିଆ ପଳାଇ ଯାଉ ବୋଲି ଚାହିଁଛି କିନ୍ତୁ ଯେତେବେଳେ କୁକୁରଟି ପଳାଇଛି ସେତେବେଳେ ତା'ର ଆନ୍ତରିକତା ଖୋଜିଛି ସେହି ଜୁହାରିଆକୁ । 'ଠିକଣା' ଗଳ୍ପରେ ପାରିବାରିକ ସ୍ନେହ ଶୁଶ୍ରୂଷାରୁ ବଞ୍ଚିତ ହେଇଥିବା ବୃଦ୍ଧ ଯେଉଁଠି ସ୍ନେହ, ଆଦର, ସହାନୁଭୂତି ପାଏ ତାହାକୁ ସେ ନିଜର ଠିକଣା କରିନିଏ । ଯେମିତି କୁଷ୍ଠରୋଗୀ ପ୍ରବୀର ଦାସ ସୁସ୍ଥ ହୋଇ ଗଲାପରେ ମଧ୍ୟ ଡାକ୍ତର ରେବା ଦାସର ଆଦର ସ୍ନେହ ଶୁଶ୍ରୂଷା ପାଇଁ ଶୁଖିଯାଇଥିବା ଘା'କୁ ବ୍ଲେଡ୍‌ରେ କାଟି ଆଉଥରେ ଫେରିଆସେ । ସେହିପରି ଅମାନବୀୟ ବ୍ୟକ୍ତି ଯେ ପ୍ରେମରେ ପଡ଼ି ମାନବୀୟ ଗୁଣାବଳୀକୁ ଆପଣାଏ ତାହା 'ନାଉରୀ' ଗଳ୍ପରେ ଦେଖାଯାଏ । ନାରୀମାନଙ୍କ ପ୍ରତି କାମବାସନା ଥିବା ନାଉରୀ ଭାଗବତ ଏକତରଫା କାବେରୀର ପ୍ରେମରେ ପଡ଼େ । ତତ୍‌ପରେ କାବେରୀକୁ ନାରୀମାଂସ ଲୋଭୀ କଣ୍ଟ୍ରାକ୍ଟର ଶିବ ନାୟକ ପାଖକୁ ଲୋଭାର୍ତ୍ତ ମାମୁ ଦଧି ବେହେରା ଚାକିରି ନିମନ୍ତେ ପଠାଇଲା ବେଳେ ପ୍ରତିବାଦ କରେ ନାଉରୀ ଭାଗବତ । 'ସଂଜ ଆଡ଼ିର କଥା' ଗଳ୍ପଟି ଆଲୋଚିତ ପୁସ୍ତକର ଶେଷ ଗଳ୍ପ । ଉକ୍ତ ଗଳ୍ପରେ ବୌଦ୍ଧିକତାର ଲୋପ ଓ କଳା ପାଇଁ ଚିତ୍ରର ଆବଶ୍ୟକତାକୁ ଦେଖିପାରିବା, ଯେଉଁଠି ନିଜ ନିଜ କଳା ପାଇଁ ଲେଖକ, ଦାର୍ଶନିକ, ମନସ୍ତତ୍ତ୍ୱବିତ୍ ଓ ଚିତ୍ରକର ଆଦିଙ୍କ ମାନବୀୟ ଗୁଣାବଳୀ ଲୋପ ହେଉଛି । ବାଳକ ଭର୍ତ୍ତ ତା'ର ସାଙ୍ଗ ଯଦୁ ମରିଗଲାପରେ ତା' ସଙ୍ଗେ ଖେଳୁଛି, ଏହି ଦୃଶ୍ୟକୁ ଦେଖି ଚାଲିଛନ୍ତି ବିଶିଷ୍ଟ କଳାକାରୀଗରମାନେ । ତାହାକୁ ରୂପଦେବେ ନିଜର କଳାରେ । କେହି ସେ ବାଳୁତ ପିଲା ଭର୍ତ୍ତକୁ ଉଠାଇ ଆଣୁ ନାହାନ୍ତି । ଏଠାରେ ନିଜର ଅସ୍ତିତ୍ୱର ଗାରିମାକୁ ନେଇ ମଣିଷ ଖୁବ୍ ସଚେତନ ।

ଉକ୍ତ ଗଳ୍ପ ସଂକଳନଟିକୁ ସାମଗ୍ରିକ ଭାବେ ଦେଖିଲେ ଚରିତ୍ର ଭାଷା, ଶୈଳୀ ଆଦି ନେଇ ଊର୍ଦ୍ଧ୍ୱମୁଖୀ । ପ୍ରତ୍ୟେକ ଗଳ୍ପରେ ଭାବବସ୍ତୁ ଓ ବିଷୟବସ୍ତୁ ସ୍ୱାତନ୍ତ୍ର୍ୟ ଦାବି କରେ । ଗଳ୍ପ ମଧ୍ୟରେ ବିଭିନ୍ନ ଦୃଶ୍ୟ ନୂତନ ସ୍ୱାଦ ନେଇ ପାଠକକୁ ପରଶିବା ପାଇଁ ଗାଳ୍ପିକ ସର୍ବଦା ତତ୍‌ପର । ତେଣୁ ତାଙ୍କର ପ୍ରତ୍ୟେକ ଗଳ୍ପ ପୁସ୍ତକ ନୂଆ ନୂଆ ଚିନ୍ତା ଚେତନାକୁ ନେଇ ଅଗ୍ରସର ।

ରକ୍ତରାଣ (୨୦୦୭):

ଉକ୍ତ ଗଳ୍ପ ପୁସ୍ତକଟି ପୂର୍ଣ୍ଣତଃ ଏକବିଂଶ ଶତାବ୍ଦୀର ପ୍ରଥମ ଦଶକରେ ବିଭିନ୍ନ ପତ୍ରିକାରେ ପ୍ରକାଶ ପାଇଥିବା ଗଳ୍ପକୁ ନେଇ ମହିମା ମଣ୍ଡିତ । କହିବାର ତାତ୍ପର୍ଯ୍ୟ ହେଉଛି ଯେ, "ବିଗତ ଦଶନ୍ଧିଠାରୁ ମଣିଷ ଜୀବନଯାପନ ପ୍ରଣାଳୀରେ ଏକ ବିସ୍ଫୋରଣୀୟ ପରିବର୍ତ୍ତନ ଘଟିସାରିଛି । ଇନ୍‌ଫରମେସନ୍ ଟେକ୍ନୋଲୋଜି, କମ୍ପ୍ୟୁଟର ଭାଷା, ଇଲେକ୍‌ଟ୍ରୋନିକ୍‌ସ ଗଣମାଧ୍ୟମରେ ମନୋରଞ୍ଜନ, ଅର୍ଥନୀତିର ଉଦାରୀ କରଣ, ବିଶ୍ୱ ବଜାରୀକରଣ, ସ୍ୱାଭାବିକ ପ୍ରକୃତିକୁ ଏକ ବାଣିଜ୍ୟିକ ପ୍ରକୃତିରେ ପରିଣତ କରିବା ପ୍ରକ୍ରିୟାରେ ତଟସ୍ଥ ଓ ଆକ୍ରାନ୍ତ ମାନବିକ ଅବବୋଧ ଓ ସାଂସ୍କୃତିକ ଭାବଧାରା ।"[୨୦] –

ଏ ସବୁର ହୋଇଛି ଦ୍ରୁତ୍‌ପରିବର୍ତ୍ତନ । ମଣିଷ ଜୀବନ ସ୍ୱତଃସ୍ଫୂର୍ତ୍ତ ଭାବେ ବିଜ୍ଞାନ କୈନ୍ଦ୍ରୀକ କିନ୍ତୁ ଏହାରି ମଧ୍ୟରେ ବିଜ୍ଞାନର ନୂଆ ନୂଆ ଉଦ୍ଭାବନ ଦ୍ୱାରା ମଣିଷର ରସାଳ ଅନୁଭୂତି ପରିସ୍ଥିତିର ତାଡ଼ନାରେ ଜଟିଳ ହୋଇ ଉଠିଛି । ତେଣୁ ସାହିତ୍ୟର ମୁଖ୍ୟ ଲକ୍ଷ୍ୟ ହୋଇଛି ମୂଳସଂସ୍କୃତିକୁ ପ୍ରତ୍ୟାବର୍ତ୍ତନ। "ମାଟିମନସ୍କ ହେବା, ନିଜ ସଂସ୍କୃତି ଐତିହ୍ୟ ଓ ପରମ୍ପରାର ପରିଚୟ ଓ ସୁରକ୍ଷା ପାଇଁ ଲେଖକ ଜାଗ୍ରତ ରହିବା ସ୍ୱାଭାବିକ । ଭାରତୀୟ ସାହିତ୍ୟ, ପ୍ରକାରାନ୍ତରେ ପ୍ରତ୍ୟେକ ଆଞ୍ଚଳିକ ଭାଷା ସାହିତ୍ୟ ଏଇ ଅନୁଭବରେ ପୁଷ୍କଳ ।"(୨୧) ତେଣୁ ଏଥିରୁ ଓଡ଼ିଆ ଭାଷା ସାହିତ୍ୟ କିପରି ବାଦ ପଡ଼ିବ । ସେହି ପରମ୍ପରା ଓ ବିଶ୍ୱାସବୋଧରେ ରହିଛି ରକ୍ତଗତ ଶପଥ । ରକ୍ତର ରକ୍ତକୁ କ୍ରମାନ୍ୱୟରେ ପିଢ଼ି ପରେ ପିଢ଼ିର ଯେଉଁ ପରିବର୍ତ୍ତନ ଘଟୁଛି ତାହା ନୂତନ ଯାନ୍ତ୍ରିକ ସଭ୍ୟତାକୁ ବରଣ କରିନେଉଛି, କିନ୍ତୁ ରକ୍ତଗତ ଭାବେ ମାନସିକତାରେ ରହିଛି ସେହି ପରମ୍ପରାଗତ ବିଶ୍ୱାସବୋଧ । ସେହି ବିଶ୍ୱାସ ଆଜି ନୁହେଁ ଅତୀତରୁ ଆସି ବର୍ତ୍ତମାନ ଦେଇ ଏହା ଭବିଷ୍ୟତକୁ ଯେ ପଥ ପରିଷ୍କାର କରିବ ତାହା ଗାଳ୍ପିକ ରକ୍ତରାଣ ଗଳ୍ପରେ ସୂଚାଇ ଦେଇଛନ୍ତି । ଯାହାକୁ ଆମେ କହିପାରିବା, "ରକ୍ତଗତ ଭାବରେ ରାଣ ଦେଇ ମଣିଷର ମାନସିକତାରେ ଗତି କରିବ ।"

ଆଲୋଚ୍ୟ ପୁସ୍ତକରେ ସ୍ଥାନିତ ରକ୍ତରାଣ ଗଳ୍ପର ଶୀର୍ଷକକୁ ନେଇ ଗାଳ୍ପିକ ଉକ୍ତ ପୁସ୍ତକର ନାମକରଣ କରିଛନ୍ତି । 'ରକ୍ତରାଣ' ପୁସ୍ତକରେ ସ୍ଥାନିତ ତେରଟି ଗଳ୍ପ ହେଲା (୧) ରକ୍ତରାଣ, (୨) ମହାସ୍ନାନ, (୩) ପଘା, (୪) ଶେଷଭୋଜି, (୫) ଆଦିମାତା, (୬) ଅନ୍ଧ, (୭) ହାର୍ଟ ପ୍ରବ୍ଲେମ୍, (୮) ଶିବ ସାବତ, (୯) ଅଣ୍ଡର ଓ୍ୱାର୍ଲଡ୍, (୧୦) ଗୀତ ଗୋବିନ୍ଦ, (୧୧) ଭଦ୍ରା ନଦୀର ଭଉଁରୀ, (୧୨) ଆକାଶରୁ ତାରାଟେ ଖସିପଡ଼ିବାର ଏକ ଦୁର୍ଦ୍ଧାନ୍ତ କାହାଣୀ, (୧୩) ଶେଷଦୃଶ୍ୟ: ଆଦି ପ୍ରଶ୍ନ । 'ରକ୍ତରାଣ' ଗଳ୍ପରେ ରହିଛି ସଭ୍ୟତାର ପୂର୍ଣ୍ଣ ଅଗ୍ରଗତିରେ ବିଶ୍ୱାସବୋଧ ତଥା ସଂସ୍କୃତିର ଶପଥିକୃତ ପ୍ରତିଭା । ଇଞ୍ଜିନିୟରିଂ ପଢୁଥିବା ତରୁଣୀ ଅଂଶୁପା ଯେ ଆଜନ୍ମ ପେଟବିନ୍ଧା କଷ୍ଟ ଭୋଗୁଥିବା ତରୁଣ ଛାୟାନିଧିର ପୂର୍ବ ଜନ୍ମର ମା' ତାହା ବିଶ୍ୱାସ କରୁନଥିଲେ ମଧ୍ୟ ନିଜ ବିବାହ ବେଳେ ବେଦୀରେ ବ୍ରାହ୍ମଣର ପୂର୍ବଜନ୍ମଗତ ସଂପର୍କରୁ ମୁକ୍ତିଜନିତ ମନ୍ତ୍ର ଶ୍ରବଣରେ କୁଆଁରୀ ଅଂଶୁପା ପାଖରେ ନିଜ ବୟସରୁ ଉର୍ଦ୍ଧ୍ୱ ବୟସ୍କ ଛାୟାନିଧିର ପେଟବିନ୍ଧା ଯନ୍ତ୍ରଣାରୁ ମୁକ୍ତି ନିମନ୍ତେ ମାତୃସେବା କରିବା ପାଇଁ ଆସିଥିବା ଛାୟାନିଧି ପାଇଁ ମାତୃତ୍ୱ ଜାଗି ଉଠିଛି । 'ମହାସ୍ନାନ' ଗଳ୍ପରେ ସାମ୍ୟବାଦୀ ଫଗୁଆର ସ୍ୱଚ୍ଛନ୍ଦ ଆତ୍ମାନୁଭୂତିର ଉତ୍ତରଣ ଦେଖାଯାଏ। ସୁଭଦ୍ରା ଗରିବ ଗୁରୁବାଙ୍କୁ ପୁରୁଣାଲୁଗା ଦାନ କରିବାର ଆତ୍ମତୃପ୍ତି ନୁହେଁ ବରଂ ତା'ର ସହାନୁଭୂତି, କିନ୍ତୁ ସେହି ସହାନୁଭୂତି ଯେ ମଣିଷର ପରିଚୟକୁ ଦ୍ୱନ୍ଦ୍ୱରେ ପକାଏ, ଏହା ତା' ଦ୍ୱାରା ଅନୁଭବ୍ୟ । 'ପଘା' ଗଳ୍ପଟି ଗୋହତ୍ୟା ପାପରୁ ମୁକ୍ତି ନିମନ୍ତେ ବେକରେ ପଘା ପକାଇ ବାରଦ୍ୱାର ଭିକ୍ଷାଗ୍ରହଣ କରିବାର ଲୋକବିଶ୍ୱାସରେ ଗଳ୍ପଟି ଗତି କଲାବେଳେ ସେହି ତରୁଣ ବାଳକ ଗିରିଧାରୀ ଅନ୍ତର୍ମନରେ ଘୂରିବୁଲିଛି ଏକଦା ପରିବାର

ଚଳାଇବା ପାଇଁ ଦାଦନ ଖଟି ଯାଇଥିବାର ଦୁଃଖ, ମାଲିକର ଅତ୍ୟାଚାର । ଗିରିଧାରୀ ଗ୍ରହଣ କରିନିଏ ତା' ବେକରେ ପଡ଼ିଥିବା ପଘାଟା ସାଂସାରିକ ମୋହମାୟାର ପଘା । ତେଣୁ ଶୌଚ ହେଲାବେଳେ ପଘାକୁ ତା' ବେକରୁ ଫିଟାଇଲେ ସେ ପଘା ଉଠୁନାହିଁ । ସାଂସାରିକ ପଘା ତା' ଗଳାକୁ ଆବଦ୍ଧ କରିଛି ।

ମାନବୀୟ ଉତ୍ତରଣ ଧର୍ମୀ ସୁଦୃଢ଼ ଗଳ୍ପ ଭାବରେ ଉକ୍ତ ପୁସ୍ତକରେ 'ଶେଷ ଭୋଜି' ଗଳ୍ପକୁ ଗ୍ରହଣ କରିପାରିବା । ମାନବୀୟ ମୂଲ୍ୟବୋଧର ଉଚ୍ଛ୍ୱାସକୁ ନେଇ ସୁରଦାଦା ଅନିମନ୍ତ୍ରିତ ଭୋଜିକୁ ଅନିଚ୍ଛାସତ୍ତ୍ୱେ ରଘୁନାଥର ବାଧ୍ୟତା ଯୋଗୁଁ ଯିବା ପରେ ଅପମାନିତ ହୋଇଛି ଓ ତା'ର ଉତ୍ତରଜୀବନରେ ଏହାର ପ୍ରତିକ୍ରିୟା ଦେଖାଦେଇଛି । ଗାଁରେ ଭୋଜି ହେଲେ ପିଲାପିଲିଙ୍କୁ ନେଇ ଯିବା ତାଙ୍କର ଆତ୍ମୀୟତା । କିନ୍ତୁ ଅନିମନ୍ତ୍ରିତ ଭୋଜିରେ ଯୋଗ ଦେବା, ସେହି ଆତ୍ମୀୟତାରୁ ତାଙ୍କୁ ବଞ୍ଚିତ କରିଛି । ସେହିପରି 'ଆଦିମାତା' ଗଳ୍ପରେ ରହିଛି ବିକୃତ ସ୍ନେହ, ପ୍ରେମ, କରୁଣାର ମୂଲ୍ୟାଙ୍କନ । ଝୁମ୍ପା ପିଲା ଜନ୍ମ କରିଥିଲେ ମଧ୍ୟ ସେ ପିଲା ପାଇଁ କର୍ମମୟ ଜୀବନରୁ ସମୟ ଦେଇ ନପାରିବାରୁ ଶିଶୁ ପାଇଁ ଏକ ରୋବଟ ଝୁମ୍ପା ଅଣା ହୋଇଛି । କିନ୍ତୁ ଗଳ୍ପର ଅନ୍ତିମରେ ଦେଖାଯାଉଛି ବାପା ମୟୂର, ମା' ଝୁମ୍ପା ଉଭୟ କ୍ରନ୍ଦନରତ ପିଲା ପାଇଁ କୌଣସି ଆବେଗ ନ ଆସିଲା ବେଳେ ରୋବଟ ଝୁମ୍ପାର ସୁଇଜ ଅଫ୍ ସତ୍ତ୍ୱେ ସେ ଚଳପ୍ରଚଳ ହୋଇ ପିଲାପାଖକୁ ପଳାଇ ଆସୁଛି ବାତ୍ସଲ୍ୟର ଆବେଗରେ । ଏଠାରେ ବିଜ୍ଞାନର ସମାନ୍ତରରେ ଆବେଗମୟ ଉଚ୍ଛ୍ୱାସର ପରିପ୍ରକାଶ ଘଟିଛି । 'ଅନ୍ଧ' ଗଳ୍ପରେ ସାମ୍ପ୍ରତିକ ଅବକ୍ଷୟୀ ସମାଜର ବିଷର୍ଣ୍ଣତା ଦେଖାଯାଏ । ସେହି ବିଷର୍ଣ୍ଣତାକୁ ନେଇ ଜଣେ ସମ୍ବେଦନଶୀଳ ଅନ୍ଧ ଚରିତ୍ରର ପରିକଳ୍ପନା ମାତ୍ର । ଅନ୍ଧ ହେଲେ ମଧ୍ୟ ଅନ୍ୟକୁ ସେ ସାହାଯ୍ୟ କରିଛି, ସେହି ସାହାଯ୍ୟ ହିଁ ସେ ଅନ୍ଧ ପାଇଁ କାଳ ହେଇଛି ଓ ଶେଷରେ ମୃତ୍ୟୁ ମୁଖରେ ପଡୁଛି । 'ହାର୍ଟ ପ୍ରବ୍ଲେମ୍' ଗଳ୍ପରେ ସ୍ୱାର୍ଥାନ୍ୱେଷୀ ବ୍ୟକ୍ତିତ୍ୱର ଏକ ସ୍ୱତନ୍ତ୍ର ଦିଗ ଚିତ୍ରିତ । ବାପା ଶ୍ରୀପଦ ଏକଦା ବିଳମ୍ବ ରାତ୍ରି ପର୍ଯ୍ୟନ୍ତ ଗୃହରେ ନ ପହଁଚିବାରୁ ମା' ଉତ୍ତରା ବ୍ୟସ୍ତ ହେଉଥିଲା ବେଳେ ପୁଅ ଏଥି ନିମନ୍ତେ କୌଣସି ଚିନ୍ତା ନକରି ଟିଭିରେ ଖେଳ ଦେଖିବାର ବ୍ୟସ୍ତ ରହିଛି । ପିଢ଼ିଗତ ବିବର୍ତ୍ତନ ହୃଦୟହୀନତାର ଏକ କରୁଣ ଚିତ୍ର ଉତ୍ତୋଳନ କରୁଛି । 'ଅନ୍ଧ' ଗଳ୍ପ ଭଳି 'ଶିବ ସାବତ' ଗଳ୍ପରେ ମଧ୍ୟ ଅବକ୍ଷୟୀ ସମାଜର ବିଷାଦବୋଧରେ ଶିବସାବତ ଚରିତ୍ର ପେଶି ହୋଇଛି । ଜଣେ ସମ୍ବେଦନଶୀଳ ମଣିଷ ହୋଇଥିଲେ ମଧ୍ୟ ସମାଜ ଆଗରେ ହୋଇଛି ଦୋଷୀ । ଶେଷରେ ପଶୁତୁଲ୍ୟ ଜ୍ୱାଇଁର ଝିଅ ପ୍ରତି ଅପବ୍ୟବହାରକୁ ସହି ନପାରି ସମାଧାନ କରିବାକୁ ଯାଇ ପଶିଛନ୍ତି ଜେଲରେ । 'ଅଣ୍ଡରୱାର୍ଲଡ଼' ଗଳ୍ପଟିରେ ସ୍ୱପ୍ନଭଙ୍ଗ ଓ କାରୁଣ୍ୟର ନିଛକ ଚିତ୍ର ଦେଖାଯାଏ । ତରୁଣ ବବୁଲ ଏକତରଫା ରିଜାକୁ ପ୍ରେମ କରି ସେଥିରୁ ବିମୁକ୍ତ ହେବା, ଏଥିନିମନ୍ତେ କୌଣସି ବସ୍ତୁ ନଷ୍ଟ କରିବା କିମ୍ବା ମଣିଷକୁ ହଇରାଣ ହରକତ କରିବା ଇତ୍ୟାଦି ତା'ର ବାସ୍ତବ ଜୀବନରେ ସଂଯୋଗ ହୋଇଯାଇଛି । ସେହିପରି ମଣିଷର

ବିରକ୍ତିବୋଧ, ଚିନ୍ତା ଓ ଉଦାସୀନତା ଯେ ମଣିଷକୁ କବଳିତ କରେ ତାହା 'ଗୀତ ଗୋବିନ୍ଦ' ଗଳ୍ପରେ ଜୟଦେବ ଓ ପଦ୍ମା ଉଭୟଙ୍କ ପାରିବାରିକ ଜୀବନରେ ଭରିରହିଛି । 'ଭଦ୍ରାନଦୀର ଭଉଁରୀ' ଗଳ୍ପରେ ପ୍ରେମରୁ ବିରତ ହୋଇ ନୂଆ ସଂସାର ଗଢ଼ିବସିଲେ ମଧ୍ୟ ସେଇ ପ୍ରେମର ଆକାଂକ୍ଷା ପ୍ରେମିକ କିମ୍ବା ପ୍ରେମିକାକୁ ସର୍ବଦା ଦୁଃଖ ଦିଏ ତାହା ଚିତ୍ରଣ କରିଛନ୍ତି ଗାଳ୍ପିକ ଶ୍ରୀ ମହାନ୍ତି ଆଲୋଚ୍ୟ ଗଳ୍ପରେ । ଭଦ୍ରା ଜଣେ ଭଲ ସ୍ୱାମୀ, ବ୍ୟାଙ୍କ୍ ବାଲାନ୍ସ ଇତ୍ୟାଦି ଇଚ୍ଛାମୁତାବକ ସବୁପାଇଥିଲେ ମଧ୍ୟ ନିଜ ପ୍ରେମିକ ଦେବ ପାଇଁ ରହିଛି ତାହାର ମାନସିକ ଦୁର୍ବଳତା। ଏହାକୁ ସ୍ୱପ୍ନ ମାଧ୍ୟମରେ ଗାଳ୍ପିକ ପ୍ରକାଶ କରନ୍ତି ଗଳ୍ପରେ ଚରିତ୍ର ହୋଇ । 'ଆକାଶରୁ ତାରାଟେ ଖସିପଡ଼ିବାର ଏକ ଦୁର୍ଦ୍ଦାନ୍ତ କାହାଣୀ'ରେ ମଣିଷର ମାନବୀୟ ସମ୍ବେଦନଶୀଳତାର କଥା ରହିଛି । ଯେପରି ବୃଦ୍ଧ ଅତ୍ରି ବସ୍ତି ଯାଇ ପିଲାମାନଙ୍କୁ ପରଖିବା, ସେମାନଙ୍କୁ ନିଜର ଦୟା ଭାବ ଦେଖାଇବା ଆଦି ଗଳ୍ପନାୟକକୁ ଏକ ଆଦର୍ଶ ସ୍ଥାନୀୟ ଚରିତ୍ରରେ ପରିଣତ କରେ । 'ଶେଷ ଦୃଶ୍ୟ: ଆଦି ପ୍ରଶ୍ନ' ଗଳ୍ପରେ ନାରୀମନସ୍ତତ୍ତ୍ୱ ମାଧ୍ୟମରେ ନାରୀବାଦର ନିପୁଣ ଉଚ୍ଛ୍ୱାସ ନିହିତ । ମଇନାକୁ ତା'ର ଆଶା ଓ ଆକାଂକ୍ଷାରୁ ବିରତ କରିଥିବାରୁ ପୁରୁଷ ସମାଜକୁ ସେ ଘୃଣା କରିଛି । ପ୍ରତିବାଦ କରିଛି । ନିଜର ଅଧିକାର ସାବ୍ୟସ୍ତ କରିଛି । ସେଇ ବିପ୍ଳବ ଦ୍ୱାରା ତା'ର ଆଶା ପୂର୍ଣ୍ଣ ନହେଲେ ମଧ୍ୟ ପରପିଢ଼ିକୁ ତାହା ଉଦ୍‌ବୋଧିତ କରାଇଦେବାର ଲକ୍ଷ୍ୟ ରହିଛି ।

'ରକ୍ତରାଣ' ଗଳ୍ପ ପୁସ୍ତକଟି ପାଠକ ପାଇଁ ନିଶ୍ଚିତ ମନଛୁଆଁ, କାରଣ ବିଜ୍ଞାନର ଦ୍ରୁତ ପରିବର୍ତ୍ତନ ପାଖରେ ଯେ ମଣିଷର ବିଶ୍ୱାସବୋଧ ଜମାଟ ବାନ୍ଧିଛି । ବିଜ୍ଞାନର ପ୍ରାମାଣିକ ରୂପ ମଣିଷକୁ ଅନ୍ଧବିଶ୍ୱାସରୁ ଦୂରେଇ ପାରିନାହିଁ । ଏହା ସର୍ବଦା ମଣିଷ ପାଖରେ ରହିବ । ତାହା ଗାଳ୍ପିକ ଉକ୍ତ ଗଳ୍ପ ପୁସ୍ତକରେ ଚରିତ୍ରମାନଙ୍କ ମାଧ୍ୟମରେ ପ୍ରମାଣ କରିଦେଇଛନ୍ତି । ପୁସ୍ତକରେ ସନ୍ନିହିତ ସମସ୍ତ ଗଳ୍ପରେ ଚରିତ୍ରମାନେ ସହରୀ ନୁହେଁ, ଗାଉଁଲୀ ପରିବେଶକୁ ନେଇ ସାଧାରଣ ଚରିତ୍ରମାନଙ୍କୁ ଗତି କରାଇ ନେଇଛନ୍ତି । ଏତକ କୁହାଯାଇପାରେ ଚରିତ୍ରର ପ୍ରକୃତି ନିର୍ବିଶେଷରେ ସମସ୍ତ ଚରିତ୍ର ସଚେତନ ଏବଂ ସବୁ ଚରିତ୍ର ପାଖରେ ଉଦାରତା, ସହନଶୀଳତା, ମାନବିକତା ଭରି ରହିଛି । ଗାଳ୍ପିକ ରଜନୀକାନ୍ତ ମହାନ୍ତିଙ୍କର ସମସ୍ତ ଗଳ୍ପ ଭଳି ଏହି ଗଳ୍ପ ପୁସ୍ତକରେ ଉପସ୍ଥାପନା ଶୈଳୀ, ଭାଷା, ପ୍ରତୀକ, ଚିତ୍ରକଳ୍ପ ଆଦିର ସୁସନ୍ନିବେଶ ଘଟିଛି ।

ଉଷାକାଳ (୨୦୦୮):

"ଯନ୍ତ୍ର ଯୁଗର ଅବକ୍ଷୟ ଜନିତ ଦୁଃଖର ନେତି ନେତି ଭାବନାରେ ସମସାମୟିକ ଗଳ୍ପ ସାହିତ୍ୟ ଯେତେବେଳେ ନୈରାଶ୍ୟର ନାଚାରରେ କ୍ଷତବିକ୍ଷତ, ସେତେବେଳେ ରଜନୀକାନ୍ତଙ୍କ ଉଷାକାଳ ସାଜିଛି ଆଶ୍ୱାସନାର ଆଶ୍ରୟସ୍ଥଳ । ପଥ ଥିଲେ ଗତି ଥାଏ । ପୁଣି ଗତିଥିଲେ ପଥ ବି ଥାଏ– ଏମିତି ଏକ ଦର୍ଶନ ନେଇ ସଦାସର୍ବଦା କ୍ରିୟାଶୀଳ ତାଙ୍କ ପରିପକ୍ୱ ସ୍ରଷ୍ଟାମାନସ

ପରିକ୍ରମା କରିଛି ପ୍ରତ୍ୟହ ପୃଥୁଳକାୟ ପୃଥିବୀ। ଉଷାକାଳ ସେହି ପ୍ରତ୍ୟୟପୂର୍ଣ୍ଣ ପରିକ୍ରମାର ଅମୃତମୟ ଫଳ। 'ଉଷାକାଳ ଏକ ବୈପ୍ଳବିକ ଚିନ୍ତା ଓ ଚେତନାର ମନ୍ତ୍ରସିଦ୍ଧ ଉଚ୍ଚାରଣ, ଯେଉଁ ମହାର୍ଘ ମନ୍ତ୍ରର ମୁଗ୍ଧ ଉଚ୍ଚାରଣରେ ପ୍ରତିଧ୍ୱନିତ ହୁଏ ଏକ ସମ୍ଭାବିତ ସକାଳର ସୁଲଳିତ ସ୍ୱର । ସେ ସ୍ୱରରେ ନା ଥାଏ କ୍ଳାନ୍ତ ଗୋଧୂଳିର ନୈରାଶ୍ୟ, ନା ଅତିକ୍ରାନ୍ତ ରାତ୍ରିର ନିଃସଂଗତା । ଥାଏ ଖାଲି ଉଦୟ ଉତ୍ସବର ବିଚିତ୍ର ବର୍ଣ୍ଣବିଭା । ଆଶା ଆଉ ଆଶ୍ୱାସନାର ସେହି ଉଷାକାଳୀନ ବର୍ଣ୍ଣବିଭାରେ ସ୍ରଷ୍ଟାମାନସ ପଢ଼େ ବିପ୍ଳବର ବର୍ଣ୍ଣମାଳା ପୁଣି ସଜ ସକାଳର ଶୀତଳ ସ୍ପର୍ଶରେ ଶିହରିତ ହୋଇ ଗାଇଯାଏ ପ୍ରଗତିର ପ୍ରଭାତଫେରି ।"(୨୨)

'ଉଷାକାଳ' ପୁସ୍ତକଟି ରଜନୀକାନ୍ତ ମହାନ୍ତିଙ୍କ ଦ୍ୱାରା ରଚିତ ଏକ ସଫଳ ଗଳ୍ପ ସଂକଳନ । ଶ୍ରୁତି ସମୀକ୍ଷା ପ୍ରକାଶନୀ ଦ୍ୱାରା ପ୍ରକାଶିତ ୯୬ ପୃଷ୍ଠା ବିଶିଷ୍ଟ ଏହି ସଂକଳନଟିରେ ରହିଛି ସମୁଦାୟ ୧୦ଟି ଗଳ୍ପ । ଉକ୍ତ ଗଳ୍ପଗୁଡ଼ିକ ହେଲା-(୧) ବନ୍ଦେ ମାତରଂ, (୨) ଚିଠି ଚିରୁଥିବା ଝିଅ, (୩) ଭୟ, (୪) କୁହୁଡ଼ି, (୫) ପ୍ରକ୍ସି, (୬) ମୁଦ୍ରା, (୭) ଗେହ୍ଲାଝିଅ, (୮) କେତେ ପହର କେତେ ସିନ୍ଦୁରା, (୯) ବଜାର ବନ୍ଦ, (୧୦) ରୁଦ୍ରାଭିଷେକ । ଆଲୋଚ୍ୟ ଗଳ୍ପ ପୁସ୍ତକର, 'ନାମ କରଣ ସଂପର୍କରେ ଲେଖକ କେଉଁଠି କିଛି ସୂଚନା ଦେଇନାହାନ୍ତି । ଏହି ଶୀର୍ଷକରେ ମଧ୍ୟ କୌଣସି ଗଳ୍ପ ସଂଳକନରେ ସ୍ଥାନିତ ହୋଇନାହିଁ ।

ଖୁବ୍ ସମ୍ଭବତଃ ସାମଗ୍ରିକ ଭାବେ ଗଳ୍ପଗୁଡ଼ିକର ଆବେଦନକୁ ଆଖିରେ ରଖି ଏପରି ନାମକରଣ କରାଯାଇଛି । ଗଳ୍ପଗୁଡ଼ିକ ସଂପର୍କରେ ଚର୍ଚ୍ଚା କଲାବେଳେ ଏହି ପ୍ରସଙ୍ଗଟି ପ୍ରତି ଧ୍ୟାନ ଦିଆଯାଇପାରେ । ସଙ୍କଳନରେ ଥିବା ଅଷ୍ଟମ ଗଳ୍ପଟିର ଶୀର୍ଷକ ହେଲା 'କେତେ ପହର କେତେ ସିନ୍ଦୁରା' । ଉପକୂଳବର୍ତ୍ତୀ ଗୋଟେ ଗାଁରେ ଥିବା କେଉଟ ସାହିର ସ୍ୱପ୍ନ ଓ ସ୍ୱପ୍ନଭଂଗର କାହାଣୀ ହେଉଛି ଏହି ଗଳ୍ପ । ସମଗ୍ର ସଂକଳନଟିକୁ ପ୍ରତିନିଧିତ୍ୱ କରୁଥିବା ପରି ଏକ ଶକ୍ତିଶାଳୀ ଗଳ୍ପ ନିମ୍ନବର୍ଗର ଓ ଅନୁସୂଚିତ ଜାତିର ଅସ୍ତିତ୍ୱ ଏବଂ ଆତ୍ମମର୍ଯ୍ୟାଦାର ଉଷାକାଳ ହୋଇଛି ଯେପରି । ସକଳ ଅହଂ, କୃତ୍ରିମ ଅବସାଦର ପହର ପହର ଶେଷ ହୋଇ ଯେପରି ଗୋଟେ ନୂତନ ସୂର୍ଯ୍ୟୋଦୟ ହୋଇଛି । ଜୀବନ ଯୁଝୁଥିବା ଜଣେ ସ୍ତ୍ରୀ କିପରି ନିଜ ଭିତରେ ଦୃଢ଼ ଏବଂ ନିଜର ନିଷ୍ଠା ଓ କର୍ତ୍ତବ୍ୟପରାୟଣତା ପ୍ରତି ଇମାନ୍‌ଦାର ତାହା ରୂପାୟିତ ହୋଇଛି ଗପଟି ମାଧ୍ୟମରେ । ଗୋଟେ ଆଶାର ସିନ୍ଦୁରା, ବିଶ୍ୱାସର ଆଲୋକ ବିଚ୍ଛୁରିତ ହୋଇଛି ଗପଟିରେ ।

ଏହାକୁ ଯଦି ଉଷାକାଳର ଏକ ଝଲକ ବୋଲି ଧରିନିଆଯାଏ, ତେବେ ସଂକଳନରେ ସ୍ଥାନିତ ପ୍ରାୟ ଅଧିକାଂଶ ଗଳ୍ପରେ ଏହି ଝଲକ ହିଁ ବିଦ୍ୟମାନ । ଏକ ଅସରନ୍ତି ଅନ୍ଧକାରର ସମାପ୍ତି ଘଟାଇ ଏକ ଆଶାର ଉଷାକାଳ ପାଇଁ ଅନବଦ୍ୟ ଆବେଦନ ।

ଖାଲି ଏହି ଗପଟିର ଶୀର୍ଷକ ନୁହେଁ, ବରଂ 'ବନ୍ଦେମାତରଂ' ଗଳ୍ପର ବ୍ରାମ୍, 'କୁହୁଡ଼ି' ଗଳ୍ପର ଦେବଶ୍ରୀ ଓ ପ୍ରୟାଗ, 'ପ୍ରକ୍ସି' ଗଳ୍ପର ଯୁବକ ଓ ଗ୍ରାମବାସୀ, 'ମୁଦ୍ରା' ଗଳ୍ପରେ କୁକୁର

ଟାଇଗର, 'ରୁଦ୍ରାଭିଷେକ'ରେ ମନୁ ଇତ୍ୟାଦି ସମସ୍ତେ ଜୀବନର ଶତ ପରାଜୟ, ଦୁଃଖ, ହତାଶା, ସଂଘର୍ଷ ଓ ଅସହାୟତା ଭିତରୁ ଆଗେଇ ଆସିଛନ୍ତି ଆଉ ଗୋଟେ ସୂର୍ଯ୍ୟୋଦୟ ଆଡ଼କୁ। କେହି ହାରିଯାଇ ନାହାନ୍ତି। ଅତୀତର ଶୋଚନା ଓ ଦୁଃଖ ସେମାନଙ୍କୁ ଅଧିକରୁ ଅଧିକ ଶକ୍ତିଶାଳୀ କରିଛି ଏକ ନୂଆ ଜୀବନ ରାହା ଖୋଜିବା ପାଇଁ, ଆଣି ଦେଇଛି ଚରମ ଆହ୍ୱାନ । ସବୁଠି ଅତୀତର ଦୁଃଖକୁ ଭୁଲି ଯାଇ ନୂଆ ସକାଳଟିର ପ୍ରତୀକ୍ଷା ଓ ପ୍ରତିଜ୍ଞା ବିଦ୍ୟମାନ । ରଜନୀକାନ୍ତଙ୍କ ଗଳ୍ପଧାରାର ଏହା ହିଁ ହେଉଛି ମାନବୀୟ ଆବେଦନ । ଅତୀତକୁ ଝୁରି ହେବା ନୁହେଁ, ପଚମାନ ଅନ୍ଧାର ଭିତରେ ସଢ଼ି ହେବା ନୁହେଁ ବା ଜୀବନ ଯୁଦ୍ଧରୁ ପଳାୟନ ନୁହେଁ, ବରଂ ଏକ ଗଭୀର ଆତ୍ମପ୍ରତ୍ୟୟକୁ ସାଙ୍ଗରେ ବୋହି ନେଇ ଆଗକୁ ମାଡ଼ିଯିବା, ଗୋଟିଏ ସୁନ୍ଦର ଉଷାକାଳକୁ ଏବଂ ଝଲମଲ ଜୀବନ ଭିତରକୁ ।"(୨୩) ଏହା ହେଉଛି ନିଖୁଣ ସତ୍ୟ ଯେ ସଂଘର୍ଷ କରିବାର ଅପରିସୀମ ଇଚ୍ଛାଶକ୍ତି ଏତଦ୍‌ନିମନ୍ତେ ସହନଶୀଳତା, ମାନବିକତା ତଥା ସମ୍ବେଦନଶୀଳତା ଚରିତ୍ର ପାଖରେ ଭରିରହିଛି । ସାମୁହିକ ମଙ୍ଗଳ ନିମନ୍ତେ ଉଷାକାଳର ଆଗମନରେ ଉଙ୍କିମାରେ ସ୍ନେହ, ପ୍ରେମ, ମମତାର ନିରାପଦ ମୁକ୍ତ ଜୀବନ ।

ଆଲୋଚ୍ୟ ପୁସ୍ତକରେ ପ୍ରଥମ ଗଳ୍ପ 'ବନ୍ଦେ ମାତରଂ' । ଏଥିରେ ବକ୍ତବ୍ୟ ମୂଲ୍ୟବୋଧର ପ୍ରାଣଛ୍ୱାସରେ ଦୟାର ଉତ୍ତରଣ ତଥା କ୍ଷମାର ପ୍ରଭାବ ଯେ ବିଶ୍ୱରେ ଭାଇଚାରା ଆଣିପାରେ, ନିଜ ପିତାଙ୍କ ମୃତ୍ୟୁ ନିମନ୍ତେ ଭାରତୀୟମାନେ ଶତ୍ରୁ ସାଜି ପାରନ୍ତି ବ୍ରାମଙ୍କ ପାଇଁ କିନ୍ତୁ ସେ ଇତିହାସକୁ ଲୁପ୍ତକରି ଜଣେ ଫରେନର ହୋଇ ମଧ୍ୟ ଭାରତୀୟଙ୍କ ପାଇଁ ଉନ୍ନତିର ପନ୍ଥା ବାହାର କରିଛନ୍ତି । ଦ୍ୱିତୀୟ ଗଳ୍ପ 'ଚିଠି ଚିରୁଥିବା ଝିଅ'ରେ ରହିଛି ପ୍ରେମ, ପ୍ରେମକୁ ନେଇ ନାୟିକାର ନାୟକ ପ୍ରତି ଜିଜ୍ଞାସାବୋଧ । ଏଠି ପ୍ରେମ ଦ୍ୱନ୍ଦ୍ୱ ଓ ଆକର୍ଷଣ । ପ୍ରେରକର ଠିକଣା ବିହୀନ ଚିଠି ଆସେ ଘରର ବଡ଼ଝିଅ ବର୍ଣ୍ଣାପାଖକୁ । ବଡ଼ ଭଉଣୀ ବର୍ଣ୍ଣା ଓ ସାନ ଭଉଣୀ ଅବର୍ଣ୍ଣା ଉଭୟଙ୍କର ଚିଠି ନିମନ୍ତେ ଅନ୍ତର୍ଦ୍ୱନ୍ଦ୍ୱ ସୃଷ୍ଟି ହେଲେ ମଧ୍ୟ ସାନଭଉଣୀ ଅବର୍ଣ୍ଣାର ଚିଠି ପ୍ରେରକ ପ୍ରତି ରହେ ଅହେତୁକ ପ୍ରତ୍ୟାଶା । 'ଭୟ' ଗଳ୍ପରେ ଆଦର୍ଶବାଦୀ ମଣିଷର ଦୁଶ୍ଚିନ୍ତାମୟ ବିକୃତ ଜଞ୍ଜାଳ ମୋହନ ସାରଙ୍କୁ କାବୁ କରିପକାଏ । ଗଳ୍ପର ବକ୍ତବ୍ୟ ବ୍ୟକ୍ତ କରେ ଯେ ସମାଜରେ ଘଟୁଥିବା ଦୁର୍ଘଟଣାକୁ ଦେଖି ନିଜେ ଭୟଭୀତ ନ ହୋଇ ସଚେତନ ହେବା ହେଉଛି ସାହସିକତା କିନ୍ତୁ ସେହି ଦୁର୍ଘଟଣାକୁ ନେଇ ନିଜକୁ ତଉଲିଲେ ମଣିଷ ଦ୍ୱନ୍ଦ୍ୱରେ ପଡ଼େ । ଯେପରି ମୋହନ ସାର୍ କର୍ମମୟ ସ୍ଥାନକୁ ଗଲାବେଳେ ଡାକ୍ତରଖାନାର ବିଭିନ୍ନ ରୋଗୀଙ୍କୁ ଦେଖି ନିଜ ତଥା ନିଜ ପରିବାରର ବ୍ୟକ୍ତିମାନଙ୍କୁ ସେହି ରୋଗର ରୋଗୀଟେ ମନେକରି ନିଜ ମାନସିକତାକୁ ଭାରାକ୍ରାନ୍ତ କରନ୍ତି । ସେହିପରି ସାନ୍ନିଧର ଅସମାପ୍ତି ହେଉଛି 'କୁହୁଡ଼ି' ଗଳ୍ପର ଆବେଦନ । ଚରିତ୍ର ମଧ୍ୟରେ ବ୍ୟକ୍ତିତ୍ୱକୁ କେହି ଧରିପାରନ୍ତି ନାହିଁ । ପ୍ରୟାଗ ଡାକ୍ତର ଦେବଶ୍ରୀକୁ ଏକତରଫା ପ୍ରେମ କରେ । ଦେବଶ୍ରୀ ବିବାହିତ ହୋଇଥିବାରୁ

ପ୍ରୟାଗର ଚରିତ୍ର ପ୍ରତି ତା'ର ଘୃଣାଭାବ ଆସେ, କିନ୍ତୁ ଗଳ୍ପର ପରିଣତିରେ ପ୍ରୟାଗ ଭିତରେ ଥିବା ସମ୍ବେଦନଶୀଳ ହୃଦୟକୁ ଲକ୍ଷ୍ୟ କରି ଦେବଶ୍ରୀ ପ୍ରୀତ ହୁଏ । 'ପ୍ରକ୍ସି' ଗଳ୍ପରେ ରହିଛି ମାଙ୍ଗଳିକ ଗୋଷ୍ଠୀ ଜୀବନ । ଅନୁଷ୍ଠାନ ହେଉଛି ସାର୍ବଜନୀନ, ତାହା ବ୍ୟକ୍ତିଗତ ନୁହେଁ । ଏହା ସଂସ୍କୃତିର ବିକାଶ ପାଇଁ ଆଲୋଚନାର ଶିବିର । ଆଲୋଚ୍ୟ ଗଳ୍ପରେ ଗାଁର ଡ୍ରାମା ରିହାର୍‌ସାଲକୁ ନେଇ କ୍ରମାନ୍ୱୟରେ ବିଭିନ୍ନ ଅନୁଷ୍ଠାନର ବ୍ୟକ୍ତିତ୍ୱମାନଙ୍କର ରାଜନୀତିକ ଶିକାର ଓ ମତାନ୍ତର ଆଦି ଗଳ୍ପରେ ମାଙ୍ଗଳିକ ଗୋଷ୍ଠୀ ଜୀବନକୁ ସ୍ପର୍ଶ କରେ ।

ଆଲୋଚ୍ୟ ପୁସ୍ତକରେ ଗଳ୍ପର ଗାମ୍ଭୀର୍ଯ୍ୟ ଯେଉଁଭଳି, ଆବେଦନ ସେପରି ତୀକ୍ଷ୍ଣ। ଜୀବନ ଜିଇଁବାର ଆସ୍ପର୍ଦ୍ଧା ମାନବ ଚରିତ୍ରମାନଙ୍କୁ ସର୍ବଦା ଉଚ୍ଚାକାଂକ୍ଷୀ କରି ଗଢ଼ି ତୋଳେ । 'ମୁଦ୍ରା' ଗଳ୍ପରେ, "ନିରାପଦ ବନ୍ଧନ ଅପେକ୍ଷା ଗୋଟେ ସଂଘର୍ଷମୟ ମୁକ୍ତ ଜୀବନ ଶ୍ରେୟସ୍କର"[୨୪] -ଉକ୍ତ ବକ୍ତବ୍ୟ ସମସ୍ତ ପ୍ରାଣୀ ଜଗତ ପାଇଁ ଶ୍ରେୟକଳ୍ପ । ଯେପରି କୁକୁର ଟାଇଗର ମୁନିବ ବିଶ୍ୱେଶ୍ୱର ହାତରୁ ଖସିଯାଇ ସଂଘର୍ଷମୟ ପ୍ରତିକୂଳ ପରିସ୍ଥିତି ସହ ସମ୍ମୁଖୀନ ହୁଏ ଏବଂ ଉପଯୁକ୍ତ ମୁକ୍ତିର ମାର୍ଗକୁ ଆପଣେଇ ନିଏ । 'ଗେହ୍ଲାଝିଅ' "ଗଳ୍ପରେ ସ୍ନେହ ମମତା ଓ ଭଲପାଇବା କ୍ଷେତ୍ରରେ ଜଣେ ଅନ୍ୟକୁ ଅତିକ୍ରମ କରିବାର ପ୍ରୟାସ ନାରୀମାନଙ୍କ କ୍ଷେତ୍ରରେ ଏକ ସ୍ୱାଭାବିକ ମାନସିକ ପ୍ରକ୍ରିୟା । ଏ ପ୍ରକ୍ରିୟାର ପ୍ରକରଣରେ ବାଧା ଦେଇପାରେନା ବୟସର ତାରତମ୍ୟ ।"[୨୫] ଯେଉଁଠି ବାଇସ ବର୍ଷର ତରୁଣୀ ରାନୀ ଜଣେ ସାତବର୍ଷର ଝିଅ କେକା ସହ ସ୍ନେହ, ପ୍ରେମ, ଭଲପାଇବା ପାଇଁ ପ୍ରତିଦ୍ୱନ୍ଦ୍ୱିତା କରେ । ଜ୍ଞାନ ଭଳି ହୃଦୟକୁ ବାଣ୍ଟିଲେ ସରେ ନାହିଁ, ଉକ୍ତ କର୍ମଦ୍ୱାରା ବିଶାଳ ହୁଏ ହୃଦୟ । କିନ୍ତୁ ମଣିଷ ସ୍ୱଭାବତଃ ସ୍ନେହକାଙ୍ଗାଳ, ଏହା ବିଶେଷକରି ନାରୀକ୍ଷେତ୍ରରେ ଦେଖାଯାଏ । ତେଣୁ ସେ ନାରୀ କିପରି ସ୍ନେହ ମମତା ରୂପୀ ଅଧିକାରକୁ ହାତଛଡ଼ା କରିବ, ସେଥିନିମନ୍ତେ ସେ ପ୍ରତିଦ୍ୱନ୍ଦ୍ୱୀ ସାଜିବା ସ୍ୱାଭାବିକ । 'କେତେ ପହର କେତେ ସିନ୍ଦୁରା' ଗଳ୍ପର ବକ୍ତବ୍ୟ ସଂପର୍କରେ ସମାଲୋଚକ ସତ୍ୟପ୍ରିୟ ମହାଳିକ କୁହନ୍ତି, "ନିଜର ସଂଘର୍ଷ ଓ ଅସ୍ତିତ୍ୱର ଅଭିମାନ ନିଜେ ଜାରି ରଖିବା ଦରକାର । କୌଣସି ବୃତ୍ତି ଛୋଟ କି ବଡ଼ ନୁହେଁ ।"[୨୬] ଏହା ସତ୍ୟ, କାରଣ ମନୁଷ୍ୟ ଯେତେ ଉଚ୍ଚ ଆସନରେ ବସିଲେ ମଧ୍ୟ ନିଜର କୌଳିକ ବୃତ୍ତି ଏବଂ ଯେଉଁ ବୃତ୍ତିକୁ ମଣିଷ ଆପଣେଇ ନିଜର ଲକ୍ଷ୍ୟ ସାଧନ କରେ ସେ ବୃତ୍ତିକୁ ହୁଏତ ସମୟ ଓ ପରିସ୍ଥିତିର ତାଡ଼ନାରେ ଛାଡ଼ିଦେଇପାରେ, କିନ୍ତୁ ନିଜର ଅନ୍ତର୍ନିହିତ ଚେତନାରୁ ତ ଖସି ଯାଇପାରିବ ନାହିଁ । ସେଥିନିମନ୍ତେ ନିଜର ବୃତ୍ତିକୁ ତଥା ନିଜ ସଂସ୍କୃତିକୁ ଜାବୁଡ଼ି ଧରିବା ମଣିଷର କର୍ତ୍ତବ୍ୟ। ଆଲୋଚ୍ୟ ଗଳ୍ପରେ ଗୋଟିଏ ଉପକୂଳବର୍ତ୍ତୀ ଅଞ୍ଚଳରେ ଜନଜାତି ବସ୍ତି ମଧ୍ୟରୁ ବିଧବା ମା' ଯୁଇ ଗାଁ ଗାଁ ମାଛ ପାଛିଆ ମୁଣ୍ଡାଇ ମାଛ ବିକି ପୁଅ ଅରୁଣକୁ ପାଠପଢ଼ାଇ ମଣିଷ କରେ । ପୁଅ ଅରୁଣ ନିଜର ସମ୍ମାନାର୍ଥେ ମାକୁ ତା'ର କର୍ମରୁ ନିବୃତ୍ତ କରିବା ପାଇଁ ଚାହିଁ ମଧ୍ୟ ନିବୃତ୍ତ କରିପାରେନା । ମା'ଯୁଇ ନିଜ ବୃତ୍ତିକୁ ଛାଡ଼େନାହିଁ । ସେ

ପାରିଲାପଣରେ ନିଜର ଅସ୍ତିତ୍ୱକୁ ଆପଣାର କରିରଖେ । 'ବଜାର ବନ୍ଦ' ଗଳ୍ପଟି ବଜାରବାଦୀ ସଂସ୍କୃତିର ଏକ ଝଲକ । ଯେଉଁଠି ପୁଅର ପାଠପଢ଼ା ନିମନ୍ତେ ବିନାୟକଙ୍କର ଆପଣା ସ୍ମୃତିର ପଲଙ୍କ ବିକ୍ରି ହୁଏ ନିଜ ବନ୍ଧୁ ନିଶାକରକୁ । ପଲଙ୍କକୁ ନେଇ ଗଳ୍ପଟି ଗତିକରେ । ଯେଉଁଠି ରହେ ମାନବୀୟ ଉଚ୍ଚାରଣ ଓ ବଜାରବାଦୀ ସଂସ୍କୃତିର ଚିହ୍ନ । ଆଲୋଚ୍ୟ ପୁସ୍ତକର ଶେଷ ଗଳ୍ପ 'ରୁଦ୍ରାଭିଷେକ' । ଉକ୍ତ ଗଳ୍ପରେ ପଦାବଳୀର କବି ମହାନ୍ ଦାର୍ଶନିକ ଶ୍ରୀଧର ସ୍ୱାମୀଙ୍କ ପଂକ୍ତି, 'ମୁକଂ କରୋତି ବାଚାଳଂ ପଙ୍ଗୁ ଲଂଘୟତେ ଗିରିଂ'ର ସାର୍ଥକ ମର୍ମକୁ ନେଇ ଗଳ୍ପଟି ସ୍ୱୟଂସମ୍ପୂର୍ଣ୍ଣ । ଅକ୍ଷମ ହେଲେ ମଧ୍ୟ ମଣିଷର ଇଚ୍ଛାଶକ୍ତି ଥିଲେ ସେ ନିଶ୍ଚୟ ନିଜର ଲକ୍ଷ୍ୟରେ ପହଂଚିପାରିବ । ଉଚ୍ଚତମ ସୋପାନରେ ପହଁଚିବା ପାଇଁ ପ୍ରତିଦ୍ୱନ୍ଦ୍ୱୀର ଆହ୍ୱାନ ମଧ୍ୟ ସଫଳତାର ପାହାଚ ଚଢ଼ାଇ ପାରେ । ଯେପରି ଉକ୍ତ ଗଳ୍ପରେ ମାନବର ସମତଳ ପାଦ ଥିବା ସତ୍ତ୍ୱେ ସେ ପର୍ବତାରୋହଣ କରିପାରିଛି । ପ୍ରତିଦ୍ୱନ୍ଦ୍ୱୀ ବେଣୀ ପାଇଁ ଆହୁରି ଉଚ୍ଚକୁ ଉଠିପାରିବାର ସାହାସ ଜାଗିଉଠିଛି । ମଣିଷର ଧୈର୍ଯ୍ୟ, ସାହସ, ଆଶା ଆକାଂକ୍ଷା ଓ କର୍ତ୍ତବ୍ୟ ମଣିଷକୁ ଶିଖରରେ ନେଇ ବସାଇପାରେ ତା'ର ସାର୍ଥକ ଦୃଷ୍ଟାନ୍ତ ଉକ୍ତ ଗଳ୍ପରେ ଭରପୁର ।

ଆଲୋଚ୍ୟ ପୁସ୍ତକଟିର ସମସ୍ତ ଗଳ୍ପ ଆକର୍ଷଣୀୟ । ସାମାନ୍ୟ ତଥା ଅତିସାଧାରଣ ବକ୍ତବ୍ୟକୁ ନେଇ ଶ୍ରୀ ମହାନ୍ତି ଗଢ଼ିପାରନ୍ତି ବିରାଟ ଅଟ୍ଟାଳିକା। ବର୍ଣ୍ଣନାର ଆଧିକ୍ୟ ଯୋଗୁଁ ତାଙ୍କର ଗଳ୍ପଗୁଡ଼ିକର ଆୟତନ ଦୀର୍ଘ କାୟ । ଗଳ୍ପ ମଧ୍ୟରେ ବର୍ଣ୍ଣନାର ଛଟା ଲୋକମୁଖୀ ଭାଷା, ଭାବ, ଶୈଳୀ ଆଦି ଦୃଷ୍ଟିରୁ ମହନୀୟତାର ସ୍ଥାନ ପାଠକ ଦେଇ ପାରନ୍ତି ଶ୍ରୀ ମହାନ୍ତିଙ୍କୁ ।

ଅଠର ନିର୍ବାସନ ରୋଡ଼ (୨୦୧୦):

କୌଣସି ସୃଷ୍ଟି ସେତେବେଳେ ଗରିଷ୍ଠ ହୁଏ ଯେତେବେଳେ ତାହା ପରିପକ୍ୱ ଅନୁଭୂତିରେ ସଂଜାତ ହୋଇଥାଏ । ଏହି ଲେଖକୀୟ ଆଭା ପାଠକକୁ ବିମୋହିତ କରେ । କଳ୍ପନା ମାଧ୍ୟମରେ ଅନୁଭୂତିକୁ ନେଇ ନିଜର ଲେଖକୀୟ ଆଭିଜାତ୍ୟ ଜାହିର କରେ ପାଠକ ପାଖରେ । ସେହି ଆବେଗର ପରିପକ୍ୱ ଲେଖକୀୟତା ହେଉଛି ଗାଳ୍ପିକ ରଜନୀକାନ୍ତ ମହାନ୍ତିଙ୍କ ଗଳ୍ପ ପୁସ୍ତକ 'ଅଠର ନିର୍ବାସନ ରୋଡ଼' । ସାହିତ୍ୟର କାଳ ବିଭାଜନ ବେଳେ ମୁଣ୍ଡ ଟେକି ଉଠିଥିବା ଉତ୍ତର-ଆଧୁନିକତାର ଦୀପ୍ତି ପ୍ରତ୍ୟେକ ସୃଷ୍ଟି କାୟାରେ ନିହିତ । ତେଣୁ ଉକ୍ତ ପୁସ୍ତକ ନିମନ୍ତେ ସମାଲୋଚକ ଅଧ୍ୟାପକ ପ୍ରଫୁଲ୍ଲ କୁମାର ସାହୁ ମତ ଦିଅନ୍ତି, "ଏବେ ଏବେ ପ୍ରବାହ ପ୍ରକାଶନୀ ଦ୍ୱାରା ପ୍ରକାଶିତ ଉକ୍ତ ସଂକଳନ 'ଅଠନ ନିର୍ବାସନ ରୋଡ଼' କେବଳ ତାଙ୍କ ପରିପକ୍ୱ ସ୍ରଷ୍ଟା ମାନସର ଉତ୍ତରଣ ନୁହେଁ, ଅଧିକନ୍ତୁ ଉତ୍ତର ଆଧୁନିକ ଚେତନାର ଏକ କଳାତ୍ମକ ପରିଭାଷା ।"(୨୭)

ଆଲୋଚ୍ୟ ପୁସ୍ତକରେ ସ୍ଥାନିତ ଦଶଟି ଗଳ୍ପରେ ରହିଛି ନୂତନତାର ପାଠକୀୟ ଆବେଗ । ଯେଉଁଥିରେ ଉତ୍ତର ଆଧୁନିକତାର କଳାତ୍ମକ ଦିଗଟି ପରଖି ହୋଇଯାଏ । ପୁସ୍ତକରେ ସ୍ଥାନିତ ଗଳ୍ପର ଶୀର୍ଷକଗୁଡ଼ିକ ହେଲା (୧) ଅଠର ନିର୍ବାସନ ରୋଡ଼, (୨) ଜନପଥ, (୩) ପାଦ,

(୪) ବତୀଖୁଣ୍ଟ, (୫) ଫଳକ, (୬) ରେଡ୍‌ଲାଇଟ୍ ଏରିଆ, (୭) ଶଂଖଚିଲ ତୁ କାହିଁ ଗଲୁ, (୮) ନୈଋତ କୋଣରେ କନ୍ୟା କୁମାରୀ, (୯) କାଣ୍ଟିବଗ, (୧୦) ଗହନ ବନ । ଉକ୍ତ ପୁସ୍ତକରେ ସ୍ଥାନିତ ପ୍ରଥମ ଗଳ୍ପ 'ଅଠର ନିର୍ବାସନ ରୋଡ଼'କୁ ନେଇ ପୁସ୍ତକର ନାମକରଣ କରାଯାଇଛି । ଆଲୋଚ୍ୟ ପୁସ୍ତକ ସଂପର୍କରେ ଗାଳ୍ପିକ ରଜନୀକାନ୍ତ ମହାନ୍ତି କୁହନ୍ତି "ସୃଜନଶୀଳ ଗପ ପାଇଁ କଥା ପୁରୁଷର ଯନ୍ତ୍ରଣା ମର୍ମଭେଦୀ, ଏ ଅନୁଭବକୁ ବାଣ୍ଟିହୁଏ ନାହିଁ, ଏହା ଲେଖକର ନିଜସ୍ୱ ! ଏକାନ୍ତ ଆତ୍ମୀୟ ! ମୋଠି ନିର୍ବାସିତ । ଏଇ ନିର୍ବାସନର ସ୍ପନ୍ଦିତ ମହକ: ଅଠର ନିର୍ବାସନ ରୋଡ଼ ! ଏକବିଂଶ ଶତାବ୍ଦୀର ଚେତନା ଧାରାରେ ଓଡ଼ିଆ କଥା ସାହିତ୍ୟକୁ ପାଦେ ଆଗକୁ କଢ଼ାଇନବାର ସାମର୍ଥ୍ୟ ଏଇ ସଂକଳନ ବହନ କରେ ବୋଲି ମୋର ବିଶ୍ୱାସ ।"[୨୮] ଏହା ସତ, ଉକ୍ତପୁସ୍ତକର ସ୍ଥାନିତ ଗଳ୍ପଗୁଡ଼ିକୁ ପାଠ କଲାପରେ ପାଠକ କଥାପୁରୁଷର ମର୍ମଭେଦୀ ଯନ୍ତ୍ରଣାକୁ ହୃଦୟଙ୍ଗମ କରିପାରିବ ।

କଳା ହେଉଛି ଏକ ନିଶା । କଳାର ଚକ୍ରବ୍ୟୁହ ମାୟାମଧ୍ୟରେ ପଡ଼ିଗଲେ ମଣିଷ ଅଫିମଭୁକ ହୋଇଯାଏ । ତେଣୁ ସେ ମାୟାରୁ ମୁକ୍ତ ହେବା ଅସମ୍ଭବ । 'ଅଠର ନିର୍ବାସନ ରୋଡ଼' ଗଳ୍ପରେ ଯେପରି ଚରିତ୍ର ନିଶିଥ । ବାସ ଘର ସାମ୍ନାରେ ଆର୍ଟକଲେଜ ହେବାଦିନୁ ତା'ର ହାବଭାବର ହୁଏ ପରିବର୍ତ୍ତନ । ଏପରିକି ତା'ର ଅହଂ ଭାବ ମଧ୍ୟ ନରମିଯାଏ । କେବଳ ନିଶୀଥ ନୁହେଁ କଳା ପ୍ରେମ ମଧ୍ୟ ତାଙ୍କର ସ୍ତ୍ରୀ ସବୁଜିମାକୁ ଆକର୍ଷଣ କରେ । ତେଣୁ ସ୍ୱାମୀ ସ୍ତ୍ରୀ ଉଭୟ ସର୍ବଦା ଅନୁଧ୍ୟାନ କରିଚାଲନ୍ତି ସେହି କଳା ପ୍ରତିଭାକୁ । 'ଜନପଥ' ଗଳ୍ପରେ ଗାଣତାନ୍ତ୍ରିକ ରାଷ୍ଟ୍ରର ନିଯୁକ୍ତି ସଂକୋଚନତା, ଦୁରାଚାରୀ ରାଜନୀତି ଏବଂ ଜୀବିକା ତଥା ରାଜନୀତିକୁ ନେଇ ଭ୍ରଷ୍ଟାଚାରଗ୍ରସ୍ତ ସାଙ୍ଗଠନିକ ବ୍ୟବସ୍ଥାର କାର୍ଯ୍ୟକଳାପ ଦେଖାଯାଏ । ବାଇଧର ଗାଁରୁ ଭୁବନେଶ୍ୱର ଆସି ଦୁଇହଜାର ଟଙ୍କା ବେତନରେ ମାନବ ନିୟୋଜନ ସଂଗଠନ ସଂସ୍ଥାରେ କାର୍ଯ୍ୟକରେ । ଉକ୍ତ ସଂସ୍ଥା କୌଣସି ସାମୁହିକ ମଙ୍ଗଳ ପାଇଁ ନୁହେଁ। ଯେଉଁ ଦଳ ଅର୍ଥ ପ୍ରଦାନ କଲା ସେ ଦଳର ଜୟଜୟକାର କଲେ; ଯାହା ଫଳରେ ସରକାର ହୁଏ ଦୁର୍ବଳ, ସାଧାରଣ ଜନତା ଭୋଗନ୍ତି ଏହାର ଫଳ । ରୂପର ସୌନ୍ଦର୍ଯ୍ୟପଣ ଓ ବଡ଼ଲୋକୀର ଅହଂକାରକୁ ନେଇ 'ପାଦ' ଗଳ୍ପ ରଚିତ। ଚୌଧୁରୀ ବଂଶ ବଡ଼ବୋହୂ ରାଗିଣୀ ନିଜ ରୂପ ସୌନ୍ଦର୍ଯ୍ୟ ପାଖରେ ସାନ ଯାଆ ପୂର୍ଣ୍ଣିମା ରୂପର ପ୍ରଶଂସାକୁ ଗ୍ରହଣ କରିପାରେ ନା, ତେଣୁ ଉଭୟଙ୍କ ପାଖରେ ବଡ଼ଲୋକୀର ଅହଙ୍କାରକୁ ନେଇ ଚାଲେ ଅନ୍ତର୍ଦ୍ୱନ୍ଦ୍ୱ । 'ବତୀଖୁଣ୍ଟ' ଗଳ୍ପରେ ବ୍ୟକ୍ତିତ୍ୱର ଆବେଗ, ଉତ୍କଣ୍ଠା, ଉତ୍ସାହ ଅନ୍ୟ ଜଣକର ଆହ୍ୱାନ ମଣିଷକୁ ଉଚ୍ଚସ୍ଥାନରେ ବସାଇପାରେ ଯେପରି। ଚଣାବିକାଳୀ ବାବ ବୈଜ୍ଞାନିକ ବାବୁଲାଲର ଆସନ ଅଧିକାର କରେ ।

ଆଲୋଚ୍ୟ ପୁସ୍ତକର ପଞ୍ଚମ ଗଳ୍ପ 'ଫଳକ' ପୂର୍ଣ୍ଣତଃ ରାଜନୀତିକ ଗଳ୍ପ । ଯେଉଁଠି ରାଜନୀତି ପାଇଁ ଆଦର୍ଶ ଓ ଅନାଦର୍ଶ ମଧ୍ୟରେ ଛକାପଞ୍ଝାଖେଳ ଚାଲେ । ଜଣେ ସମାଜସେବୀ ଦେବଦୂତକୁ ରାଜନୀତି ଆସନରେ ଛିଡ଼ା କରାଯାଏ । ସେହି ଆସନରେ ଦେବଦୂତ ଜିତିଲା

ପରେ ତାଙ୍କର ସମାଜସେବା ଅର୍ଥାତ୍ ଆଦର୍ଶ କାର୍ଯ୍ୟ ଯୋଗୁଁ ସେ ବହୁ ବର୍ଷର ରାଜନୀତି ଅଭିଜ୍ଞ ସାରଥୀଙ୍କ ଦ୍ୱାରା ଜଣେ ଭୋଗବାଦୀ ତଥା ଲାଞ୍ଚଖୋର ନେତା ଭାବରେ ପ୍ରଚାରିତ ହୁଅନ୍ତି । 'ରେଡ଼ଲାଇଟ୍ ଏରିଆ' ଗଳ୍ପରେ ଘୃଣିତ ଯୌନକର୍ମ ଏବଂ ଯୌନକର୍ମରୁ ପ୍ରତ୍ୟାବର୍ତ୍ତନ ନିମନ୍ତେ ନାରୀ ମାନସିକତାର ଜାଗତିକ ଉତ୍ତରଣକୁ ଗାଳ୍ପିକ ଶ୍ରୀ ମହାନ୍ତି ବୌଦ୍ଧିକତାର ସହ ତର୍ଜମା କରିଛନ୍ତି। ବତିଶ ବର୍ଷର ନାରୀ ସଳିତା ଅନେକ ଦିନରୁ ଯୌନବୃତ୍ତି କରିଥିଲେ ମଧ୍ୟ ନିଜର କର୍ମକୁ ଧିକ୍କାରିଛି । ଅନ୍ୟ ସମସ୍ତ କର୍ମକୁ ନେଇ ନିଜ କର୍ମ ମଧ୍ୟରେ ତର୍ଜମା କରି ଅନ୍ତର୍ଦ୍ୱନ୍ଦ୍ୱରେ ମାନସିକ ଭାରାକ୍ରାନ୍ତ ହୋଇଛି ସଳିତା ।

ପରମ୍ପରା ପ୍ରତି ମୋହ, ସଂସ୍କୃତିକୁ ପରମ୍ପରାକ୍ରମେ ବଜାୟ ରଖିବାର ପ୍ରତିଶ୍ରୁତି 'ଶଂଖଚିଲ ତୁ କାହିଁ ଗଲୁ' ଗଳ୍ପରେ ଦେଖାଯାଏ । ଶଂଖଚିଲ ଯେପରି ଦୁଃଷ୍ପ୍ରାପ୍ୟ ଠିକ୍ ସେମିତି ଆଜି ସଂସ୍କୃତି ଓ ପରମ୍ପରା ମଧ୍ୟ ଲୋପ ପାଇଯାଇଛି । ଏହି ସଂସ୍କୃତିକୁ ବଞ୍ଚାଇ ରଖିବାର ପ୍ରତିଶ୍ରୁତି ଗାଳ୍ପିକ ଅମୃତ ଚରିତ୍ର ଦ୍ୱାରା ଦେଖାଇ ଦେଇଛନ୍ତି । ଆଇ.ଆଇ.ଟିରେ ଇଂଜିନିୟରିଂ ପଢୁଥିବା ଅମୃତ ରଜପର୍ବ ପାଳନ ନିମନ୍ତେ ଗାଁକୁ ଆସେ । ଗାଁରେ ଦେଖେ ରଜପର୍ବର ପୂର୍ବଠାଣି ଲୁପ୍ତ, ତାକୁ ଉଜ୍ଜୀବିତ କରିବା ପାଇଁ ସେ ଲାଗିପଡ଼େ । 'ନୈଋତ କୋଣରେ କନ୍ୟାକୁମାରୀ' ଗଳ୍ପରେ ରୂପ ଯୌବନକୁ କେହି ଆଙ୍ଗୁଳି ଉଠାଇଲେ ମଣିଷ ସହ୍ୟ କରିପାରେନା ବୋଲି ସୂଚାଇ ଦିଆଯାଇଛି । ଏହା ସ୍ୱଭାବତଃ ନାରୀ ପାଖରେ ବେଶୀ ମାତ୍ରାରେ ଦେଖାଯାଏ । ଯେପରି କନ୍ୟାକୁମାରୀ ନିଜର ପୃଥୁଳକାୟ ଶରୀରକୁ ନେଇ ଚିନ୍ତିତ । ମା' ଶେଫାଳୀର ସୌନ୍ଦର୍ଯ୍ୟ ପାଖରେ ଝିଅ କନ୍ୟାକୁମାରୀ ରୂପହୀନ, ତେଣୁ ସେ ମା'ସଙ୍ଗେ ମାର୍କେଟିଙ୍ଗ କରିବାକୁ ଯାଏ ନାହିଁ । ମଣିଷ ସର୍ବଦା ସୌନ୍ଦର୍ଯ୍ୟକୁ ଆପଣାର କରିବାକୁ ବସେ, ଯେମିତି କନ୍ୟାକୁମାରୀର ପୁରୁଷବନ୍ଧୁ ଦିଗନ୍ତ ସର୍ବଦା କନ୍ୟାକୁମାରୀର ମା' ଶେଫାଳୀପ୍ରତି ଆକର୍ଷିତ । 'କାଣ୍ଢିବଗ' ଗଳ୍ପରେ ବଂଶଗତ ପାପରୁ ମୁକ୍ତି ପାଇବାର ଉପଚାର ଖୋଜୁଥିବା ବ୍ୟକ୍ତିତ୍ୱକୁ ଜଳାଞ୍ଜଳି ଦିଏ ତ୍ରାଣକର୍ତ୍ତା । ଯାହା ଅବମାନମୁଖୀ ଅବସ୍ଥାର ଇତିହାସକୁ ପୁଣି ଏକ ନୂତନ ରୂପରେ ଗଢ଼ିତୋଳେ । କାଣ୍ଢିବଗ ପୂର୍ବ ଘୃଣିତ ସ୍ୱାର୍ଥବାଦୀ ବଂଶର ଇତିହାସରୁ ମୁକ୍ତ ହେବାକୁ ଚାହିଁଲାବେଳେ ଠୁସି କଙ୍କଡ଼ା ଜୀବନ ରକ୍ଷା ନିମନ୍ତେ ଭୟ ଓ ଭୁଲ୍ ବୁଝାମଣାରୁ କାଣ୍ଢିର ଗଳାକୁ ନିଜ ଗୋଡ଼ରେ ଚାପଦେବା ଦ୍ୱାରା ନିଜ ନିଜର ପୂର୍ବ କିମ୍ବଦନ୍ତୀକୁ ଧୋଇଦେଇ ପାରିନାହାନ୍ତି । କାଣ୍ଢିବଗର ନୂଆ କିମ୍ବଦନ୍ତୀ ସୃଷ୍ଟିକରିବାର ଇଚ୍ଛା ଭଙ୍ଗହୋଇଛି । 'ଗହନବନ'ରେ ବିଳାଶପୂର୍ଣ୍ଣ ଜୀବନର ଅହମିକା ଓ ନିଯୁକ୍ତି ସଂକୋଚନ ସଂଜାତ କର୍ମହୀନତାକୁ ନେଇ ଗଳ୍ପ ଗତିକରେ। ସାଧାରଣ କର୍ମଚାରୀ ବିପ୍ରଦାସ ଓ ପାଟଳ ମଧ୍ୟରେ ପୂର୍ବବଂଶ ଜମିଦାରୀର ଅହମିକାରୁ ଝଗଡ଼ା ଏବଂ ଏଥି ନିମନ୍ତେ କମ୍ପାନୀର ସ୍ୱଳ୍ପ କର୍ମଚାରୀ ରଖିବାର ମସୁଧାରେ ଧରାପଡ଼ନ୍ତି ବିପ୍ରଦାସ ଓ ପାଟଳ। ଯେଉଁଠି ଜୀବନ ବଞ୍ଚାଇବାର କର୍ମ ନିଯୁକ୍ତି ପାଇଁ ସଂଘର୍ଷ କରିବାକୁ ପଡୁଛି ସାଧାରଣ ମଣିଷକୁ।

ଆଲୋଚ୍ୟ 'ଅଠର ନିର୍ବାସନ ରୋଡ଼' ଗଳ୍ପ ପୁସ୍ତକରେ ଦଶଟି ଗଳ୍ପ ଆଦର୍ଶ ସ୍ଥାନୀୟ । ପୂର୍ବାଲୋଚିତ ଗଳ୍ପ ପୁସ୍ତକ ଭଳି ଗାଳ୍ପିକ ରଜନୀକାନ୍ତ ମହାନ୍ତିଙ୍କ ଉପସ୍ଥାପନ ଶୈଳୀ ପାଠକ ଉପଯୋଗୀ ଭାଷା, ପ୍ରତୀକ, ରପୂକଳ୍ପ, ନାମକରଣ, ବିଷୟବସ୍ତୁର ପରିକଳ୍ପନା ଆଦି ମଧ୍ୟରେ ଭରି ରହିଛି ପ୍ରଚୁର ପ୍ରାଣଶକ୍ତି ଓ ସୀମାହୀନତାର ପ୍ରାଚୁର୍ଯ୍ୟ ।

ହସ୍ତାକ୍ଷର (୨୦୧୭):

ଜୀବନଯନ୍ତ୍ରଣାର ଉଲ୍ଲେଖନୀୟ ବାସ୍ତବିକ ଇସ୍ତାହାର ଗାଳ୍ପିକ ରଜନୀକାନ୍ତ ମହାନ୍ତିଙ୍କ ଗଳ୍ପ ପୁସ୍ତକ 'ହସ୍ତାକ୍ଷର' । ଏଥିରେ ମଣିଷର ଅନ୍ତର୍ନିହିତ ଯନ୍ତ୍ରଣାଠାରୁ ବାହ୍ୟ ହତାଶାବୋଧକୁ ଦେଖିହୁଏ । ଏଥିରେ ସନ୍ନିହିତ ଅଠରଟି ଗଳ୍ପର ଶୀର୍ଷକ ହେଲା (୧) ଅଇଁଠାରାଣୀର ଦେଶ, (୨) ନକ୍‌ସା, (୩) ସର୍କସ, ୯୪) ଅଭିନୟ, (୫) ଜଗତପେଢ଼ି, (୬) ଜବେଇ, (୭) ମାର୍କେଟ, (୮) କାୟାକଳ୍ପ, (୯) ଥରଥର କଢ଼, (୧୦) ପିଂଜରା, (୧୧) ତଥାସ୍ତୁ, (୧୨) ଦପ୍‌ଦପ୍ ଫଣା, (୧୩) ରେରେକାର, (୧୪) ବିବାହ, (୧୫) ମଧ୍ୟପଦଲୋପୀ, (୧୬) ମଫସଲି, (୧୭) ଘର, (୧୮) ଗଂଗାତୀର । ଜୀବନବାଦୀ କଥାକାର ଶ୍ରୀ ମହାନ୍ତି ମଣିଷ ଓ ମଣିଷପଣିଆକୁ ଆପଣା ଗଳ୍ପରେ ଖୋଜିଛନ୍ତି, ଗଳ୍ପ ମଧ୍ୟରେ ନୂଆ କରି କିଛି କହିବାର ଆକାଂକ୍ଷା ପାଠକକୁ ଚକିତ କରେ । ଗାଳ୍ପିକ ଗଳ୍ପ ସଂକଳନକୁ ଯେପରି ନାମିତ କରିଛନ୍ତି ଠିକ୍ ସେହିପରି ଗଳ୍ପ ମଧ୍ୟରେ ଚରିତ୍ରମାନଙ୍କର ସ୍ଥିତି ଓ ଜୀବନ ହସ୍ତାକ୍ଷରର ଚିତ୍ର ପରିପ୍ରକାଶ କରିଛନ୍ତି ।

'ଅଇଁଠା ରାଣୀର ଦେଶ' ଗଳ୍ପରେ ସର୍ବହରାର ଦୁଃଖଦ ଜୀବନ ଓ ଧନୀବ୍ୟକ୍ତିର ବିଳାସପୂର୍ଣ୍ଣ ଜୀବନ ମଧ୍ୟରେ ତଫାତ୍ ସଙ୍ଗେ ଧନୀବ୍ୟକ୍ତିର ଖାଦ୍ୟ ନଷ୍ଟ ଗଳ୍ପକୁ ଭିନ୍ନ ରୂପ ଦିଏ । ଗୋଟିଏ ସଂସ୍କୃତିର ଅଧୋପତନର କଥା କହେ 'ନକ୍‌ସା' ଗଳ୍ପ । 'ସର୍କସ' ଗଳ୍ପରେ ଅୟସ ଜୀବନ ବିତାଉଥିବା ମଣିଷ ପାଖରେ ଶ୍ରମଜୀବୀର ମୂଲ୍ୟ ତୁଚ୍ଛ– ଏହି ଚିତ୍ର ପ୍ରକାଶିତ । ସେହିପରି ଜୀବନ ବିତାଇବାର ଅଭିନବ ପ୍ରୟାସ ହେଉଛି ଅଭିନୟ, ଯାହା 'ଅଭିନୟ' ଗଳ୍ପ ମାଧ୍ୟମରେ ଗାଳ୍ପିକ ସୂଚାଇଦେଇଛନ୍ତି । ସନ୍ତାନର ମୃତ୍ୟୁ ପରେ ପିତାମାତାଙ୍କର ଦୁଃଖଦ ଯନ୍ତ୍ରଣାକୁ ଉପଲବ୍ଧି କରିହୁଏ 'ଜଗତପେଢ଼ି' ଗଳ୍ପରେ । 'ଜବେଇ' ଗଳ୍ପରେ କର୍ମ ନିମନ୍ତେ ସାହସିକତା ଆବଶ୍ୟକ । ସବୁର ମୂଳରେ ଧୈର୍ଯ୍ୟ ହିଁ ମୁଖ୍ୟ । ବେପାରବାଣିଜ୍ୟରେ ବନ୍ଧୁ, ଆତ୍ମୀୟତାର ମାନେ ରହେ ନାହିଁ – ଏହି ବାର୍ତ୍ତା ଦିଅନ୍ତି ଶ୍ରୀ ମହାନ୍ତି । ସେହିପରି 'ମାର୍କେଟ' ଗଳ୍ପରେ ମାଟିର ମୋହ ଓ ମାଟି ପ୍ରତି ମଣିଷର ଆକର୍ଷଣର ଶୁଭଧ୍ୱନି ପରିପ୍ରକାଶିତ । 'କାୟାକଳ୍ପ' ଗଳ୍ପରେ ଫାଣ୍ଟାସି ମଧ୍ୟରେ ପରିବେଶ ସୁରକ୍ଷାର କଥା ହୋଇଚି ସ୍ଥାନିତ । ଗଳ୍ପରେ କୁହୁକବାସ୍ତବତା ସୂତ୍ରରେ ଗାଁ ଲୋକଙ୍କର ଚନ୍ଦା ପାହାଡ଼ ସଂଗେ କଥୋପକଥନ ଗଳ୍ପକୁ ଖୁବ୍ ଆକର୍ଷଣୀୟ କରେ । 'ଥରଥର କଢ଼' ଗଳ୍ପରେ ଜଣେ ପ୍ରେମିକର ଅତୀତ ସ୍ମୃତିଚାରଣ ଗଳ୍ପକୁ ରସସିକ୍ତ କରେ । ଅମାନବୀୟ ପ୍ରେମ ଓ ଉତ୍କଟ ଯୌନ କାମନା ପ୍ରକାଶ

ପାଏ 'ପିଂଜରା' ଗଳ୍ପରେ । ଯେଉଁଠି ଗଳ୍ପ ନାୟକ ନିଜ ପ୍ରେମିକାର ଶରୀରକୁ ଉପଭୋଗ କରିବା ନିମନ୍ତେ ନିଜ ବନ୍ଧୁମାନଙ୍କୁ ଅର୍ପଣ କରୁଛି । 'ତଥାସ୍ତୁ' ଗଳ୍ପରେ ଗଳ୍ପ ନାୟକ ନିଜ ଶିଳ୍ପୀ ପ୍ରତିଭାକୁ ହରାଉଛି ଜଣେ ତରୁଣୀର ପ୍ରତିମୂର୍ତ୍ତି ନିର୍ମାଣରେ । ଆଲୋଚ୍ୟ ଗଳ୍ପରେ ଗଳ୍ପ ନାୟକର ମନସ୍ତାତ୍ତ୍ୱିକ ବିଶ୍ଳେଷଣ ବୌଦ୍ଧିକସ୍ତରୀୟ । 'ଦପଦପ ଫଣା' ଗଳ୍ପରେ ବିଧବା ନାରୀର ଅସହାୟତା ଓ ଅନାଦର୍ଶ ପରିବେଶ ମଧ୍ୟରେ ଯୁଝି ବଞ୍ଚି ଶିଖିବାର ଚିତ୍ର ପରିପ୍ରକାଶ ହୁଏ । ସେହିପରି 'ରେରେକାର' ଗଳ୍ପରେ ଅନ୍ଧବିଶ୍ୱାସ ସୂତ୍ରରେ ନରବଳୀ ଦେବା ତଥା ଅସ୍ପୃଶ୍ୟତାର କଥା ରହିଛି । 'ବିବାହ' ଗଳ୍ପରେ ଏକାଧିକ ବିବାହ ପରେ ପୁନର୍ବାର ବିବାହ କରିବାର ବିକୃତ ଉତ୍ସୁକତା ତଥା ଉତ୍ତରପିଢ଼ିର ଅନାଦର୍ଶର କଥା ନିହିତ । 'ମଧ୍ୟପଦଲୋପୀ' ଗଳ୍ପରେ ଆଶାୟୀ ମଣିଷକୁ ବୈଜ୍ଞାନିକ କଳାକୌଶଳ ଅନେକ ସମୟରେ ପଙ୍ଗୁ କରିଦେବା ଏବଂ ଆଧୁନିକ ନାରୀର କାର୍ଯ୍ୟଦକ୍ଷତା ହ୍ରାସ ଆଦି ଘଟଣା ଗଳ୍ପର ପରିବେଶକୁ ସୁଦୃଢ଼ କରେ । 'ମଫସଲି' ଗଳ୍ପରେ ମାଟି ପ୍ରତିମୋହ ଏବଂ ସଂସ୍କୃତି ମଣିଷକୁ ପରିବର୍ତ୍ତନ କରେନି, ମଣିଷ ନିଜର ସଡକ୍ ପଣିଆ ଯୋଗୁଁ ସଂସ୍କୃତିକୁ ପରିବର୍ତ୍ତନ କରେ ତାହାର ବାର୍ତ୍ତା ରଖନ୍ତି କଥାକାର । 'ଘର' ଗଳ୍ପରେ ପଶୁପକ୍ଷୀମାନଙ୍କ ପ୍ରତି ମଣିଷର ସମ୍ବେଦନଶୀଳ ମନୋଭାବ ଯୋଗୁଁ ସହରାଭିମୁଖୀ ନ ହେବା ଏବଂ ମଣିଷ ନିଜର ପ୍ରତିଷ୍ଠାକୁ ଜାହିର କରିବା ନିମନ୍ତେ ସହରାଭିମୁଖୀ ହେବାର ବାର୍ତ୍ତା ରହେ ଏବଂ ଆତ୍ମବିଶ୍ୱାସର କଥା କହେ 'ଗଂଗାତୀର' ଗଳ୍ପ ।

ଆଲୋଚିତ ଗଳ୍ପଗୁଡ଼ିକରେ ଚରିତ୍ରମାନଙ୍କ ପାଖରେ ରହିଛି ଅନ୍ତର୍ନିହିତ ଆବେଗ । ଗଳ୍ପ ମଧ୍ୟରେ ପ୍ରେମ, ଶଠତା, ପାରମ୍ପରିକ ନୈତିକତାର ଅନୁସରଣ, ଆଦର୍ଶକୁ ବଞ୍ଚାଇ ରଖିବାର ଅଭିପ୍ସା, ବ୍ୟକ୍ତି ସ୍ୱାଧୀନତା, ଆତ୍ମସଚେତନତା ଆଦି ଗୋଟିଏ ଗୋଟିଏ ଆଦର୍ଶ ଭାବରେ ଦଣ୍ଡାୟମାନ । ତେଣୁ ମାନବ ଜୀବନରେ ବଞ୍ଚିବା ପାଇଁ ସାହସ ଓ ନିଜକୁ ନେଇ ଗଢ଼ିପାରୁଥିବା ସଂପୂର୍ଣ୍ଣ ଜୀବନବୋଧ ପ୍ରତିଫଳିତ ହୋଇଛି ଶ୍ରୀ ମହାନ୍ତିଙ୍କ 'ହସ୍ତାକ୍ଷର' ଗଳ୍ପ ପୁସ୍ତକରେ ।

'ନବଲିପି' ଶାରଦୀୟ ବିଶେଷାଙ୍କ ୨୦୧୮ରେ ପ୍ରକାଶ ପାଏ ଗାଳ୍ପିକ ରଜନୀକାନ୍ତ ମହାନ୍ତିଙ୍କ ଅନ୍ୟ ଏକ ଗଳ୍ପ 'ଅନାଥ' ଶୀର୍ଷକରେ । 'ଅନାଥ' ଗଳ୍ପରେ ପରମେଶ୍ୱର ଚରିତ୍ରର ସେବାମନୋଭାବ ତଥା ସେହି ଚରିତ୍ର ଦ୍ୱାରା ଜଣେ ମାନବବାଦୀ ମଣିଷର କଥା ପରିପ୍ରକାଶ ହୁଏ । ଦିନରେ ଗୋଟିଏ ଅନୁଷ୍ଠାନରେ କାର୍ଯ୍ୟ କଲେ ମଧ୍ୟ ସନ୍ଧ୍ୟାରେ ବିନା ଅର୍ଥରେ ଡାକ୍ତରଖାନାରେ ସମସ୍ତଙ୍କୁ ସାହାଯ୍ୟ କରୁଥିବା ପରମାର ମନୋବିଶ୍ଳେଷଣ ଖୁବ୍ ଚମତ୍କାର ।

'ପ୍ରତିବେଶୀ' ପତ୍ରିକାର ଅକ୍ଟୋବର-ଡିସେମ୍ବର ୨୦୧୮ ସଂଖ୍ୟାରେ ପ୍ରକାଶ ପାଏ ଗାଳ୍ପିକ ଶ୍ରୀ ମହାନ୍ତିଙ୍କର ଏକ ଗଳ୍ପ 'ଟିକିଟିକି ତାରା' । ନୂଆ ରୂପ ସଙ୍ଗେ ନୂଆ ଭାବକୁ ନେଇ ଗଳ୍ପଟି ସ୍ୱୟଂସମ୍ପୂର୍ଣ୍ଣ । ଶ୍ରୀ ମହାନ୍ତି ସାଧାରଣ ବକ୍ତବ୍ୟରେ ନିଜ ସୃଜନର ବୃହତ ଅଟ୍ଟାଳିକା ଗଢ଼ିଲା ଭଳି 'ଟିକିଟିକି ତାରା' ଗଳ୍ପର ପରିପ୍ରକାଶ । ମଣିଷର ଅନେକ ଅଭ୍ୟାସ ଯଥା ମାଟି ଖାଇବା, ପାଉଁଶ ଖାଇବା, ଆଙ୍ଗୁଠି ଚୁଚୁମିବା, ରୁଟିର ପାଖଛିଣ୍ଡାଇ ପକାଇ

ଦେବା ଆଦି ଅନେକ ଅପକର୍ମକୁ ଗଳ୍ପ ମାଧ୍ୟମରେ ଉଲ୍ଲେଖକରି ପାଠକକୁ ଆତ୍ମସଚେତନ କରାଇଛନ୍ତି ଏବଂ ନିଜର ସୃଜନ କାରିଗରୀର ପରିଚୟ ଦେଇଛନ୍ତି କଥାକାର ଶ୍ରୀ ମହାନ୍ତି ।

ଉପନ୍ୟାସ ପୁସ୍ତକ:

(୧) ଅବତାର (୧୯୭୫):

ଉକ୍ତ ପୁସ୍ତକ ସଂପର୍କରେ ପ୍ରଥମତଃ କୁହାଯାଇପାରେ ଏହା ଏକ ଉପନ୍ୟାସିକା (Novela) । ମାତ୍ର ବତିଶ୍‌ପୃଷ୍ଠା ମଧ୍ୟରେ ଏହାର କଳେବର । ଏହାକୁ ମଧ୍ୟ ପତ୍ରୋପନ୍ୟାସ (Epistolary Novel) କୁହାଯାଇପାରେ । କାରଣ ଉକ୍ତ ଉପନ୍ୟାସିକାଟି ସଂପୂର୍ଣ୍ଣ ପତ୍ର ବା ଚିଠି ଲେଖିବାର ଶୈଳୀକୁ ଅନୁସରଣ କରେ । ଉପନ୍ୟାସିକାର ନାୟିକା ସିକ୍ତା, ନାୟକ ପରେଶ ରାୟ ମୃତ୍ୟୁ ପରେ ତା'ର ଜୀବନ ବଞ୍ଚିବା ଶୈଳୀ ତଥା ନିଜ ସହିତ ପରେଶର ସଂପର୍କକୁ ନେଇ ପତ୍ର ଲେଖେ, ଏହି ପତ୍ର ମଧ୍ୟରେ କଥାକାର ରଜନୀକାନ୍ତ ମହାନ୍ତି ଅନ୍ୟ ଗୋଟିଏ ପତ୍ରର ସଂଯୋଗ କରନ୍ତି । ଯେତେବେଳେ ନାୟକ ପରେଶ ରାୟ ଆତ୍ମହତ୍ୟା କରେ ସେତେବେଳେ ଶିକ୍ତା ପାଇଁ ଲେଖିଥିବା ଚିଠି ସିକ୍ତା ନିଜେ ଉପସ୍ଥାପନା କରେ ନିଜ ଭାବାଭିବ୍ୟକ୍ତି ମଧ୍ୟରେ । ତେଣୁ ପତ୍ର ମାଧ୍ୟମରେ ଭାବର ସଂରଚନା ଦୃଷ୍ଟିରୁ ଏହାକୁ ପତ୍ରୋପନ୍ୟାସିକା କୁହାଯିବ ।

ଉକ୍ତ ଉପନ୍ୟାସିକାରେ ନାୟକ ପରେଶ ରାୟ ଅସ୍ତିତ୍ୱବାଦୀ ଚରିତ୍ର । ସେ ସମ୍ମାନ ପାଇଁ କେବେ ଆଗ୍ରହ ପ୍ରକାଶ କରେନି କି ଅସମ୍ମାନ ଘେନି କେବେ ନିରୁତ୍ସାହିତ ହୋଇପଡ଼େ ନାହିଁ । ସେ ମଧ୍ୟ ପରିବେଶ ପରିସ୍ଥିତିକୁ ଖାତିର କରେନାହିଁ । ନିଜର ଅସ୍ତିତ୍ୱ ପ୍ରତି ସେ ସର୍ବଦା ସ୍ୱାଧୀନ । ସମାଜ ଆଖିରେ ସେ ମଦ୍ୟପ, ଜୁଆଡ଼ି, କାମୁକ, ଧପାବାଜ । କିନ୍ତୁ "ମାନସ ସମ୍ଭୂତ ଅଦ୍ଭୁତ ଦର୍ଶନ- ତା' ଜୀବନରେ ମହାସତ୍ୟର ଆବିଷ୍କାରର ସନ୍ଧାନ ଏବଂ ମାନସିକ କ୍ରିୟା ପ୍ରକ୍ରିୟାର ପର୍ଯ୍ୟବେକ୍ଷଣ"[୨୯]କରିଛି । ସେ ପରମ୍ପରାର ଶିକୁଳିକୁ ଛିଡ଼ାଇବାର ପ୍ରତିଶ୍ରୁତି ନେଇ ଆଗେଇଛି । ନାରୀର ଅଧିକାର ପ୍ରତି ଦେଇଛି ସମ୍ମାନ । ବେଶ୍ୟା ସୀମନ୍ତିନୀର ବାସଘରେ ସମ୍ରାଟ ହୋଇ ଅସାମାଜିକ ଲମ୍ପଟ ଦୁଷ୍ଚରିତ୍ର ଆଖ୍ୟା ସମାଜ ପାଖରୁ ବହନ କରିଥିଲେ ମଧ୍ୟ, ସମାଜରେ ଘୃଣା ଏବଂ ଭର୍ତ୍ସନାର ପାତ୍ର ହୋଇଥିଲେ ମଧ୍ୟ ଜୀବନ ବଞ୍ଚିବାର ମହାସତ୍ୟାନୁସନ୍ଧାନ କରିଛି । ସେଥିପାଇଁ ହୋଇଯାଇଛି ସେ ଅବତାରୀ ପୁରୁଷ ।

କାମୁକ ପୁରୁଷ ପରେଶ ରାୟ ଅସାମାଜିକ ବ୍ୟକ୍ତିତ୍ୱ ହୋଇଥିଲେ ମଧ୍ୟ ତା'ର ଆତ୍ମୀୟତା ରହିଛି ଶିକ୍ତାପ୍ରତି । ସଭ୍ୟତାର ଅବସାନ ମଧ୍ୟରେ ଈଶ୍ୱର ବାରମ୍ବାର ରୂପ ବଦଳାଇ ଧରାପୃଷ୍ଠରେ ବିଚରଣ କଲାଭଳି ପରେଶର ବ୍ୟକ୍ତିସତ୍ତାରେ ପରିବର୍ତ୍ତନ ହେଲେ ମଧ୍ୟ ଶିକ୍ତା ନିଜର ପରିବ୍ୟାପ୍ତ ହୃଦୟରୂପୀ ଭୂଖଣ୍ଡରେ ସ୍ଥାନ ଦେଇଥିବା ବ୍ୟକ୍ତିଟିକୁ ସେ ଆତ୍ମସ୍ଥ କରିଛି, ପରେଶ ବେପରୁଆ ଭାବେ ବଞ୍ଚିବାକୁ ଯାଇ ଅଭାବର ସମ୍ମୁଖୀନ

ହୋଇଛି । ଗାନ୍ଧୀ, ଯୀଶୁ, ସକ୍ରେଟିସଙ୍କର ଥିଲେ ଶତ୍ରୁ । କାରଣ ସେମାନଙ୍କର ପ୍ରତିଦ୍ୱନ୍ଦ୍ୱୀ ଥିଲେ କିନ୍ତୁ ପରେଶର ପ୍ରତିଦ୍ୱନ୍ଦ୍ୱୀ ଅଭାବ। ପରମ୍ପରାକୁ ଜାବୁଡ଼ି ଧରିଥିବା ମଣିଷ କେମିତି ଅଣପରମ୍ପରାବାଦୀ ମଣିଷର ଶତ୍ରୁ ହେବେ । ଯଦିବା ଶତ୍ରୁ ହୁଅନ୍ତି ତା'ହେଲେ ସେହି ଶତ୍ରୁ ଅଣପରମ୍ପରାବାଦୀ ମଣିଷ ହୋଇଯିବେ, ସେଥିପାଇଁ ପରେଶ ନିଜକୁ ନିଜେ ଆତ୍ମହତ୍ୟା କରିଛି ।

ନାୟକ ପରେଶ ଆତ୍ମହତ୍ୟା କରିବାର କାରଣକୁ କଥାକାର ଶ୍ରୀ ମହାନ୍ତି ପାଠକକୁ ବୁଝାଇବାକୁ ଯାଇ ପରେଶ ମାଧ୍ୟମରେ କହିଛନ୍ତି, "ଗାନ୍ଧୀ, ଯୀଶୁ, ସକ୍ରେଟିସ୍ ଯଦି ହତ୍ୟାର କବଳିତ ହୋଇ ନଥାନ୍ତେ ତାହେଲେ ସେମାନଙ୍କୁ ମଧ୍ୟ ଆତ୍ମହତ୍ୟା କରିବାକୁ ପଡ଼ିଥାନ୍ତା । ଯାହା ଆଜି ମୋତେ କରିବାକୁ ପଡୁଛି । ମଣିଷ ପ୍ରକୃତିର ଏକ ଅଂଶ, ପ୍ରକୃତି ସର୍ବସ୍ୱ ନୁହେଁ । ସେହି ପ୍ରକୃତିର ରହସ୍ୟ ଯେତେବେଳେ ମଣିଷ ଉଦ୍‌ଘାଟନ କରେ, ଅନୁଭବ କରେ ସେତେବେଳେ ସଂସାରର ସମସ୍ତ ବନ୍ଧନୀ ଧୀରେ ଧୀରେ ଛିନ୍ନ ହୁଏ ଏବଂ ପ୍ରକୃତି ସହିତ ମିଶିବା ପାଇଁ ମଣିଷ ଦୁନିଆ ଛାଡ଼ିବାକୁ ପାଗଳ ହୁଏ । ପ୍ରକୃତିର ରହସ୍ୟ ନିଜ ସାମ୍ନାରେ ଏକ ଉତ୍ତର ରୂପେ ଯେତେବେଳେ ପ୍ରତିଭାତ ହୁଏ ସେତେବେଳେ ସମସ୍ତ ବସ୍ତୁ, ପଦାର୍ଥ ମୂଲ୍ୟହୀନ ହୁଏ ଏବଂ ମଣିଷ ଏ ଦୁନିଆର ଅଧିକ କିଛି ଅନୁଭୂତି ଗ୍ରହଣ କରି ମନରେ ସଂରକ୍ଷଣ କରିବାକୁ ଅବାଞ୍ଛନୀୟ ମଣେ ଏବଂ ହେ ! ପୃଥିବୀ... ବିଦାୟକୁ ସ୍ୱାଗତ କରେ ।"[୩୦] ଏଥିପାଇଁ ଭୁକ୍ତଭୋଗୀ ନାୟକ ପରେଶ ନିଜର କବିପଣ, ପ୍ରେମ ବ୍ୟକ୍ତିସତ୍ତାକୁ ଜଳାଞ୍ଜଳି ଦେଇ ଆତ୍ମହତ୍ୟା କରେ ।

ଆଲୋଚ୍ୟ ଉପନ୍ୟାସରେ ଦୁଃଖପୂର୍ଣ୍ଣ ଅଭିଜ୍ଞତାର ସ୍ମୃତିକୁ ନେଇ ପତ୍ରଲେଖି ବସିଲେ ମଧ୍ୟ ପରେଶଙ୍କ ପରି କବିତ୍ୱସୁଲଭ ଧୀର ପରୀକ୍ଷାମନସ୍କ ଏବଂ ଦାର୍ଶନିକ ବ୍ୟକ୍ତିତ୍ୱକୁ ବର୍ଣ୍ଣନା କରିବା ପାଇଁ ଶିକ୍ତା ପାଇନାହିଁ ଶବ୍ଦ । ଅତୀତର ସ୍ମୃତିକୁ ବଖାଣି ବସିଛି ଉପନ୍ୟାସରେ । କଥାକାର ଶ୍ରୀ ମହାନ୍ତି ପରେଶ ଚରିତ୍ରକୁ ଉପସ୍ଥାପନ କଲାବେଳେ ଚରିତ୍ରର ବ୍ୟକ୍ତିତ୍ୱକୁ କରିଛନ୍ତି ଉର୍ଦ୍ଧ୍ୱମୁଖୀ । ସମସ୍ତ ଅଣପାରମ୍ପରିକ କାର୍ଯ୍ୟରେ ତାକୁ ବିବାକ୍ ବାଦ୍‌ଶାହା କରିଲା ଭଳି ମାନବୀୟ ଗୁଣାବଳୀର ମୁଖ୍ୟ କାରପଟଦାର କରିଛନ୍ତି । ଯେଉଁଠି ନାରୀର ଅଧିକାର ପ୍ରେମର ମହନୀୟତା ଭଳି ଅନେକ କାର୍ଯ୍ୟରେ ରହିଛି ମୁଖ୍ୟ ଭୂମିକା । ଉପନ୍ୟାସିକାଟି ପ୍ରଥମରୁ ଶୃଙ୍ଗାର ମଧ୍ୟରେ ଗତିକରି ପରିଣତିରେ କରୁଣ ରସରେ ବ୍ୟାପ୍ଲୁତ ହୋଇଛି ।

ଅବତାର ଉପନ୍ୟାସଟି ପାଠ କଲାପରେ ଉପଲବ୍ଧି ହୁଏ ବାରିଷ୍ଟର ଗୋବିନ୍ଦ ଦାସଙ୍କ 'ଅମାବାସ୍ୟର ଚନ୍ଦ୍ର' ଉପନ୍ୟାସର ରମେଶ କାଉଲ ଚରିତ୍ରର ସମଗୋତ୍ରୀୟ ହେଉଛି ଆଲୋଚ୍ୟ ଉପନ୍ୟାସର ପରେଶ ଚରିତ୍ର ।

(୨) ଜାଙ୍ଗଲିକ (୨୦୦୦):

କଥାକାର ରଜନୀକାନ୍ତ ମହାନ୍ତିଙ୍କ 'ଜାଙ୍ଗଲିକ' ଉପନ୍ୟାସଟିକୁ ଶୈଳୀ ଦୃଷ୍ଟିରୁ ନୋଭେଲା

କୁହାଯାଇପାରେ । ବୟାଳିଶ ପୃଷ୍ଠା ସମ୍ବଳିତ ନୋଭେଲାରେ ନାୟକ ସପୁ ଜୀବନ ପୃଷ୍ଠାକୁ ଓଲଟାଇଛି ମାର୍କସ ପାର୍କରେ ବସି । ଜଣେ ଜାରଜ ସନ୍ତାନ ଭାବରେ ସମାଜରେ ବଞ୍ଚିବାର ଦୁଃଖଦ ଯନ୍ତ୍ରଣାର ପୃଷ୍ଠାକୁ ଅନ୍ତଃମନରେ ଓଲଟାଇ ଚାଲିଛି ନୋଭେଲାର ପରିଣତି ପର୍ଯ୍ୟନ୍ତ ।

ଉକ୍ତ ନୋଭେଲାର ପ୍ରଥମ ସୃଷ୍ଟି ସଂପର୍କରେ ଶ୍ରୀ ମହାନ୍ତି କୁହନ୍ତି, "ଏଇ ଉପନ୍ୟାସର ରଚନାକାଳ ୧୯୬୮ ମସିହା"[୩୧] ସମ୍ବାଦର ସାପ୍ତାହିକ ସାହିତ୍ୟ ପୃଷ୍ଠାରେ "୧୯୮୬ ମସିହା ଫେବୃୟାରୀ ଓ ମାର୍ଚ୍ଚ ମାସରେ ଏଇ ଉପନ୍ୟାସଟି ଧାରାବାହିକ ପ୍ରକାଶିତ ହେଲା । ସୃଷ୍ଟିର ଅଠର ବର୍ଷ ପରେ । ଅଜସ୍ର ପାଠକୀୟ ଶ୍ରଦ୍ଧା ଓ ସାହିତ୍ୟିକ ଆଲୋଡ଼ନ ସୃଷ୍ଟି କରିଥିଲା ଉପନ୍ୟାସଟି । ସତୀର୍ଥ ସାହିତ୍ୟିକ, ଲେଖକ ଓ ସମାଲୋଚକମାନେ ଅଭିନନ୍ଦନ ଜଣାଇଥିଲେ ଉପନ୍ୟାସର ଗତିଶୀଳତା ଓ ଭାବ ପ୍ରବାହକୁ ।"[୩୨]

ଆଲୋଚିତ ଉପନ୍ୟାସଟିରେ ମାର୍କସ ପାର୍କରେ ବସି ସପୁ କରିଛି ଅତୀତର ସ୍ମୃତିଚାରଣ ଅର୍ଥାତ୍ ଗୋଟିଏ ବେଶ୍ୟାପଡ଼ାର କଳୁଷିତ ସଂସ୍କୃତି, ପରମ୍ପରା, ପରମ୍ପରାରୁ ଓହରିଗଲେ ଦଣ୍ଡବିଧାନର ବ୍ୟବସ୍ଥା, ଏହାରି ମଧ୍ୟରେ ମାନବିକତାର ଉତ୍ତରଣ, ପ୍ରେମ, ପ୍ରତାରଣା ସବୁର ଏକ ମିଶ୍ରଣ ନୋଭେଲାକୁ ଊର୍ଦ୍ଧ୍ୱମୁଖୀ କରେ । ଉକ୍ତ ନୋଭେଲା ସଂପର୍କରେ କଥାକାର ମତ ରଖନ୍ତି, "ଏହାର କଥାବସ୍ତୁ ଓ ଭାବ ଚେତନାର ଉତ୍ସ ବାସ୍ତବ ଭୂମିରେ ହିଁ ନିହିତ । ମାନବିକ ଆବେଗଖଣ୍ଡର ଦହନ ଓ ଜ୍ୱାଳା ହିଁ ଏହି ଉପନ୍ୟାସର ଚରିତ୍ର । ଶହ ଶହ ବର୍ଷ ଧରି ଆମର ସାମାଜିକ, ସାଂସ୍କୃତିକ ଓ ଆବେଗ ପ୍ରବଣ ଅସ୍ତିତ୍ୱକୁ ପ୍ରଶ୍ନ ଚିହ୍ନରେ ଜର୍ଜରିତ କରିଥିବା ପ୍ରତିଟି ମଣିଷର ହୃଦୟ, ବିବେକ, ଆତ୍ମାକୁ ନିରନ୍ତର ବିଦ୍ଧ କରିଚାଲିଥିବା ନାରୀର ଶାରୀରିକ ଅସ୍ତିତ୍ୱକୁ ତା'ର ଅସହାୟତାର ସୁଯୋଗରେ ଏକ ତଥାକଥିତ ପ୍ରଥା-ପ୍ରବାହରେ ବିପଣନର ସ୍ଥିତି ପ୍ରଦାନ କରିଥିବା, ସମଗ୍ର ନାରୀ ଜଗତର ଏହି ସଂତପ୍ତ ଅସହାୟ ଗୋଷ୍ଠୀକୁ ଧାରଣ କରି ଆଦୌ ବିଚଳିତ ହେଉନଥିବା ଆମ ସଭ୍ୟତାର ବିଚିତ୍ର ବର୍ଣ୍ଣବୋଧ ଏଇ ଉପନ୍ୟାସର ଗର୍ଭଗୃହ ।"[୩୩]

ଆଲୋଚିତ ନୋଭେଲାଟିର ନାୟକ ବେଶ୍ୟାପଡ଼ାର ରାଣୀର ପୁତ୍ର । ବେଶ୍ୟାପଡ଼ାରେ ନାରୀ ଆଧିକ୍ୟ ଯୋଗୁଁ ପୁରୁଷ ସନ୍ତାନର ସ୍ଥାନ ନ୍ୟୁନ୍ ହେଲେ ମଧ୍ୟ ରାଣୀ ସନ୍ତାନକୁ କାହାକୁ ଦାନ ନଦେଇ ରଖେ ନିଜ ପାଖରେ । କିନ୍ତୁ ରାଣୀର ପୁତ୍ର ସପୁର ମାନସିକ ସ୍ତର ଉନ୍ମୁକ୍ତ ହେଲାପରେ ସେ ଗ୍ରହଣ କରିପାରିନାହିଁ ନିଜ ମା'ର କାର୍ଯ୍ୟକୁ । ଏପରିକି ତା'ର ସାନଭଉଣୀ ସୁରୀର ପ୍ରଥମ ଅଙ୍ଗସଜ୍ଜାର ବାରଙ୍ଗନା ବୃତ୍ତିରୁ ନିବୃତ୍ତ କରିବା ପାଇଁ ଶତଚେଷ୍ଟା କରି ହୋଇଛି ସଫଳ । କିନ୍ତୁ ସପୁର ମା' ରାଣୀ ପାଇଁ ଗରାଖର ଖବର ଆସିବା, ନିଜେ ଜଣେ ଜାରଜ ସନ୍ତାନ ଭାବେ ନିଜକୁ କ୍ଷମା ନକରିବା, ସପୁ ବିବାହ କରିଥିବା ନାରୀ କାଞ୍ଚନର ଲୁଗା ବେପାରୀ ନାରାୟଣ ସଙ୍ଗେ ବିବାହ କରିବା, ଅଫିସରେ ନିଜ ସ୍ତ୍ରୀ କାଞ୍ଚନକୁ ବେଶ୍ୟାବୃତ୍ତିରେ ଭାଗିଦାର ଭାବେ ସମ୍ବୋଧନ କରିବା, ବିନୟ ସଂଗେ ଝଗଡ଼ା ହେବାଯୋଗୁଁ ଚାକିରି ଯିବା

ଆଦି ଗୋଟିଏ ଗୋଟିଏ ଘଟଣା ପାଠକକୁ ଆହ୍ଲାଦିତ କରିବା ସଂଗେ ସଂଗେ ଏହାରି ମଧ୍ୟରେ ବିକୃତ ସଂସ୍କୃତିରୁ ମୁକ୍ତ ହେବାର ଆଶା ବିକଶିତ ହୋଇଛି । ବିନୟ ପାଖରେ ସମ୍ବେଦନଶୀଳ ଗୁଣ ଭରି ରହିଥିଲେ ମଧ୍ୟ ପରିବେଶ ପରିସ୍ଥିତି ତା'ର ମାନସିକତାକୁ କରେ ପଙ୍ଗୁ । ଉକ୍ତ ନୋଭେଲାରେ କଥାକାର ବିକୃତ ସଂସ୍କୃତିର କର୍ଣ୍ଣଧାର ଭାବେ ଧନତାନ୍ତ୍ରିକ ସମାଜର ବ୍ୟକ୍ତିତ୍ୱକୁ ଦୋଷାରୋପ କରିଛନ୍ତି । କଳୁଷିତ କାର୍ଯ୍ୟକୁ ପ୍ରୋତ୍ସାହନ ଦେଉଛନ୍ତି ମହାନ ଗୋଷ୍ଠୀ ବ୍ୟକ୍ତିମାନେ । ସେଥିପାଇଁ କଥାକାର ରଜନୀକାନ୍ତ ମହାନ୍ତି କହିଛନ୍ତି, "ଏହି ଜୈବିକ ସଂସ୍କୃତିର ଅଙ୍ଗେ ଅଙ୍ଗେ ପୁଞ୍ଜିବାଦୀ ଭ୍ରଷ୍ଟ ସଂସ୍କୃତିର ଉପଲକ୍ଷ୍ୟ ବେଶ୍ୟା ସଂସ୍କୃତିର ବାହନର ଗତିଶୀଳତାକୁ ଏହି ସାମନ୍ତବାଦୀ ବିଳାସ ଯୋଗାଉଛି ପ୍ରୋତ୍ସାହନ ।"[୩୪] ଉକ୍ତ ଉପନ୍ୟାସରେ କଥାକାର ସାମନ୍ତବାଦର କଥା ଉପସ୍ଥାପନା କଲାଭଳି ପ୍ରେମ, ପ୍ରତାରଣା, ଶଠତା, ଯୌନ ଚେତନା, ଦେହଭୋଗ ଆକାଂକ୍ଷା, ଭ୍ରଷ୍ଟାଚାର ଆଦିକୁ ଦେଖାଇଥିଲେ ମଧ ଚରିତ୍ରମାନଙ୍କ ମଧ୍ୟରେ ଘଟାଇଛନ୍ତି ମାନବିକତାର ଉତ୍ତରଣ । ଯେପରି ସପୁର ସାନଭଉଣୀ ସୁରିର ଅଙ୍ଗସାଧନାରେ ଶୁଭଦେବା ନିମନ୍ତେ ବେଶ୍ୟା ସମାଜ ସ୍ଥିର କରିଥିବା ସହରର ବିଶିଷ୍ଟ ହୀରା ବ୍ୟବସାୟୀ ପ୍ରଖ୍ୟାତ ଗାର୍ଲଂହଟର ଦୟାଲରାମ ସୁରିର ଯୌବନ ଉପଭୋଗ କରିବାକୁ ଆସି କିଛି ଉପହାର ସ୍ୱରୂପ ସୁରିକୁ ପ୍ରଦାନ କରିବା ନିମନ୍ତେ ଯାଇ ସୁରିର ଭିକ୍ଷାଥାଳରେ ପିତାର ଆସନ ନେଇ ବସିଛି ଦୟାଲରାମ । ସେହିପରି ସପୁ ଚୋରି କରିବା, ଅନ୍ଧାରରେ ଛୁରାମାରିବା, ପିକ୍ ପକେଟିଂ କରିବା, ଜୁଆ ଖେଳିବା, ବ୍ଲେକ୍ ମାର୍କେଟିଂ କରିବା ଆଦିରେ ଲିପ୍ତ ଥିଲେ ମଧ୍ୟ ସପୁ ଜଣେ ମାନବୀୟ ସମ୍ବେଦନଶୀଳ ମଣିଷ ଭାବେ ଗତି କରିଛି କଥାବସ୍ତୁରେ ।

ଉକ୍ତ ଉପନ୍ୟାସ ସଂପର୍କରେ ସମାଲୋଚକ ଶରତ ଚନ୍ଦ୍ର ମହାନ୍ତି କହିଛନ୍ତି, "ମାର୍କସ୍, ସାର୍ତ୍ରେ, ଡାରଉଇନ୍, ସକ୍ରେଟିସ୍, ରାଧାକ୍ରିଷ୍ଣନ ଶଙ୍କର ଓ ଫ୍ରୟଡ- ଅର୍ଥାତ୍ ପ୍ରାଚ୍ୟ ଓ ପାଶ୍ଚାତ୍ୟର ସମସ୍ତ ତତ୍ତ୍ୱଜ୍ଞ ଦାର୍ଶନିକ ସେଇ ସତ୍ୟର ସ୍ୱୀକୃତିରେ ଆମକୁ ବାନ୍ଧି ଯାଇଛନ୍ତି- ଛନ୍ଦି ଦେଇଛନ୍ତି । ଜାଙ୍ଗଲିକ ପ୍ରବୃତ୍ତିରେ କେହି ଊର୍ଦ୍ଧ୍ୱରେ ନୁହଁନ୍ତି କି କେହି ସେହି ଆଦିମ ପ୍ରବୃତ୍ତିକୁ ଅସ୍ୱୀକାର କରିପାରେ ନାହିଁ । ତେବେ ସେଠି ସେ ପରିବର୍ତ୍ତନର ଗୋଟାଏ ବିରାଟ ମାୟା ସୃଷ୍ଟି କରିବାରେ ସମର୍ଥ ହୁଅନ୍ତି । ପ୍ରେରଣାର ଆଲୋକ ବୁଣି ନବ ଜୀବନ - ସମ୍ପର୍କରେ ଅନ୍ଧାରି ଇଲାକାକୁ ସେ ଜ୍ୟୋତିର୍ମୟ କରି ବସନ୍ତି । ଉପରକୁ ସଭ୍ୟ ଶିକ୍ଷିତ ଭଦ୍ର ମାର୍ଜିତ ଦିଶୁଥିବା ସବୁ ମଣିଷ ଭିତରେ ଭିତରେ କେତେ ଅସଭ୍ୟ, ବର୍ବର, ସ୍ୱାର୍ଥୀ ଓ ଆଦିମ ପ୍ରବୃତ୍ତିର ଅଧୀନ- ଅର୍ଥାତ୍ ଜଙ୍ଗଲି ସମଗ୍ର ବିଶ୍ୱରେ ସର୍ବ ଶ୍ରେଷ୍ଠ ଚେତନଶୀଳ ପ୍ରାଣୀ ଭାବରେ ରାଜ କରିଆସୁଥିବା ଏହି ମଣିଷ କେତେ ମାତ୍ରାରେ ଆଦିମ କ୍ଷୁଧାରେ ଆତୁର- ଅଧୀର ଅସ୍ଥିର ତା'ର ନିଛକ ପରିପ୍ରକାଶ ହେଉଛି ରଜନୀକାନ୍ତଙ୍କ ଜାଙ୍ଗଲିକ ଉପନ୍ୟାସ ।"[୩୫] ଘଟଣାବହୁଳ ଜୀବନଧର୍ମୀ ଉପନ୍ୟାସଟିର ବକ୍ତବ୍ୟ ପ୍ରାଣସ୍ପର୍ଶୀ । ଉପନ୍ୟାସର ବର୍ଣ୍ଣନା, ଭାଷା, କଥାବସ୍ତୁ ସରଳ ସାଧାରଣ ପାଠକ ଉପଯୋଗୀ, ଏଥିରେ ଦ୍ୱିମତ ନାହିଁ ।

(୩) ମେଘବର୍ଣ୍ଣା (୨୦୦୪):

'ମେଘବର୍ଣ୍ଣା' ଉପନ୍ୟାସଟି ୧୯୯୯ ମସିହାରେ 'ଆମେମାନେ' ପତ୍ରିକାରେ ପ୍ରକାଶ ପାଇ ପରବର୍ତ୍ତୀ ସମୟରେ ଅର୍ଥାତ୍ ୨୦୦୪ ମସିହାରେ ପୁସ୍ତକାକାରରେ ପ୍ରକାଶିତ ହୁଏ । ଉପନ୍ୟାସର ପରିବେଶ ଆନ୍ଧ୍ରପ୍ରଦେଶର ଶ୍ରୀକାକୁଲମ ଜିଲ୍ଲା ସ୍ଥିତ ପୋଗିରୀଠାରେ ପ୍ରତିଷ୍ଠିତ କୁଷ୍ଠରୋଗୀ ନିରାକରଣ ତାଲିମ କେନ୍ଦ୍ର ଡେନିସ୍ ସେଣ୍ଟର । ତତ୍‌କାଳୀନ ଭାରତରେ କୁଷ୍ଠରୋଗ ନିରାକରଣ ନିମନ୍ତେ ବିଦେଶୀମାନଙ୍କର ସ୍ୱେଚ୍ଛାସେବୀ ଅନୁଷ୍ଠାନ ମଧ୍ୟରୁ ଏହା ଗୋଟିଏ ଅନୁଷ୍ଠାନ । ଏହି ଅନୁଷ୍ଠାନ ମଧ୍ୟରେ ତାଲିମ ନିମନ୍ତେ ଫିଜିଓଥେରାପି ପାଠ୍ୟକ୍ରମର ଛାତ୍ର ଭାବରେ ତିନିଜଣ ଓଡ଼ିଆ ଓ ଦୁଇଜଣ ତେଲୁଗୁ ମୋଟ ପାଞ୍ଚଜଣ, ସେମାନେ ହେଲେ ଦେବୁ ମହାରଣା, ବିଦ୍ୟା ରାଓ, କିଶୋର ନାୟକ, କାନନ ଦାସ, ଭୁବନ ନାଇଡୁ ଏବଂ ଉକ୍ତ ତାଲିମ କେନ୍ଦ୍ରରେ ସଂଶ୍ଳିଷ୍ଟ ଲେପ୍ରୋଲୋଜିଷ୍ଟ ଡ. କଫ୍, ଡଃ. ଜନ, ପ୍ରୋଜେକ୍ଟ ଅଫିସର କ୍ରିଷ୍ଣା ରାଓ, ଷ୍ଟାଟିକାଲ୍ ଅଫିସର ଅମୃତ ଲିଙ୍ଗମ, କଣ୍ଟ୍ରୋଲ୍ ଅଫିସର ମଣିବାବୁ, ତରୁଣୀ ଏଲିନ୍, ଡାକ୍ତର ଆଣ୍ଡ୍ରୁସ ଭେଙ୍କଟେଶ, ଡ. ସୁରେଶ୍, ମେଟ୍ରନ୍ ରୋପେଇଆ- ସୂର୍ଯ୍ୟନାରାୟଣ କୁଷ୍ଠ ରୋଗରେ ପୀଡ଼ିତା କରବୀ ଆଦି ଚରିତ୍ରକୁ ନେଇ ଉପନ୍ୟାସଟି ସ୍ୱୟଂ ସଂପୂର୍ଣ୍ଣ ।

ଉକ୍ତ ଉପନ୍ୟାସ ମଧ୍ୟରେ ଭାରତୀୟ ସଂସ୍କୃତି ପରମ୍ପରାର ମହାନତା ପାଇଁ ବିଦେଶୀ ତରୁଣୀର ଆବେଗ ପ୍ରବଣତା, ଭାରତୀୟଙ୍କ ପ୍ରତି ପ୍ରେମ, ଆନ୍ତରିକତା, ସାହାଯ୍ୟପୂର୍ଣ୍ଣଭାବ ଜାଗି ଉଠିବା ଏକ ଗୌରବର କଥା । କଥାକାର ଶ୍ରୀ ମହାନ୍ତି ନିଜର କର୍ମମୟ ଜୀବନ ମଧ୍ୟରେ ଘଟିଥିବା ନିରାଟ ସତ୍ୟକୁ ଉକ୍ତ ଉପନ୍ୟାସରେ ଉପସ୍ଥାପନା କରିଛନ୍ତି । ଯେଉଁଠି ଉତ୍କଳ ଓ ଭାରତର ନିବିଡ଼ ସଂସ୍କୃତି ସୁଦୂର ଡେନମାର୍କର କୋପେନ୍ ହେଗେନ ସହରରୁ ଭାରତର କୁଷ୍ଠରୋଗୀ ସେବା କରିବା ନିମନ୍ତେ ଆସିଥିବା ତରୁଣୀ ଏଲିନ୍‌ର ହୃଦୟକୁ ବାନ୍ଧିରଖିଛି । "ଏଲିନ୍‌ର ଭାରତୀୟ ସଂସ୍କୃତିର ମହାନତା ଜାଣିବାର ପ୍ରୟାସରୁ ଆଲୋଚ୍ୟ ଉପନ୍ୟାସର ପରିକଳ୍ପନା । ଭାରତୀୟ ସଂସ୍କୃତି ଆଧ୍ୟାତ୍ମିକତାର ଦୃଢ଼ ଭିତ୍ତି ଉପରେ ଦଣ୍ଡାୟମାନ ହୋଇଥିବାବେଳେ ନାନା ଅହେତୁକ ବିଶ୍ୱାସ ଜୀବନ ସଂପର୍କକୁ ଅଧିକ ଦୃଢ଼ କରି ଆସିଥିବାର ଅବବୋଧ ଏଲିନ୍‌ର ହିଁ ଜନ୍ମିଛି । ଯଥା- ତୁଳସୀ ଗଛକୁ ପୂଜା କରିବା, ଶଙ୍ଖ ଧ୍ୱନିରେ ମାଙ୍ଗଲ୍ୟ କର୍ମାନୁଷ୍ଠାନ ଆରମ୍ଭ କରିବା, ବିଶ୍ୱାସ ଓ ସମର୍ପଣର ପ୍ରତୀକ ରୂପେ ନାଲି ସିନ୍ଦୁର ବିନ୍ଦୁକୁ ସମଗ୍ର ଭାରତୀୟ ନାରୀ ସମାଜ ମାନିନେବା, ପରିବାରର କେହି ମୃତ୍ୟୁବରଣ କଲେ ତା' ପାଇଁ ଶୁଦ୍ଧିକ୍ରିୟା ଓ ଶ୍ରାଦ୍ଧତର୍ପଣ କରାଯିବା, ସର୍ବୋପରି ଭାରତୀୟ ବିବାହ ପରମ୍ପରାରେ ଗୋଟେ ଅଦେଖା ଅଚିହ୍ନା ଝିଅକୁ ଜୀବନସାଥୀ ରୂପେ ଗ୍ରହଣ କରିନେବାର ମହାନ୍ ପରମ୍ପରାଦି ଏଲିନ୍‌କୁ ଆଶ୍ଚର୍ଯ୍ୟ ଚକିତ କରାଇଛି । ପାଶ୍ଚାତ୍ୟର ଯୁକ୍ତି ନିର୍ଭର ବୈଜ୍ଞାନିକତା ହାର ମାନିଛି ଅହେତୁକ ବିଶ୍ୱାସନିଷ୍ଠ ମହାନ୍ ଭାରତୀୟ ଜୀବନ ବିଶ୍ୱାସ ଆଗରେ । ଭାରତ ମାଟି ଏଲିନ୍‌କୁ ବୁଝାଇ ଦେଇଛି- ପ୍ରେମର ଭୂମି ହେଉଛି 'ଆବେଗ' ଆଉ ତା'ର ଅନୁଭବ ହେଉଛି

'ନିରବତା' । ପ୍ରେମରେ ସନ୍ଦେହ କି ଅବିଶ୍ୱାସ ଅସହ୍ୟ- ଅଶୋଭନୀୟ । କରବୀ, କାନନ ଦାସ ଓ ଏଲିନ୍- ପ୍ରେମର ଏଇ ପରୀକ୍ଷା ଓ ପ୍ରଯୁକ୍ତି ଭୂମିକାରେ ତ୍ରିକୋଣୀୟ ସ୍ଥିତିରେ ଅବସ୍ଥିତ ଓ ଚର୍ଚ୍ଚିତ । ଅପନିନ୍ଦା ଓ ଅପବାଦରେ ପ୍ରେମ ହୋଇଉଠେ ଅଧିକ ମଜବୁତ୍ । ତେବେ ସୁଦୂର ଡେନମାର୍କରୁ ଆକାଶର ମେଘ କୋଳରେ ଭିଡ଼ି ଭିଡ଼ି କାନନର ମନ ଉପବନରେ ଲକ୍ଷ ଫଗୁଣର ସ୍ୱର୍ଣ୍ଣ ପରାଗ ବୁଣି ଯେଉଁ ଏଲିନ୍ ନିରବ ପ୍ରେମରେ ଭିଜିବାକୁ ପସନ୍ଦ କରି ବସିଥିଲା, ପ୍ରତି ପଦକ୍ଷେପରେ ଭାରତୀୟ ଚଳଣି ଓ ସଂସ୍କୃତିକୁ ସଲାମ୍ ମାରି ନିଃଶଙ୍କୋଚରେ ହୃଦୟକୁ ତା'ମାଟି ସହ ଅପୂର୍ବ ମମତ୍ୱମୟତାରେ ଯୋଡ଼ି ବସୁଥିଲା ଶେଷକୁ ସେ ମେଘବର୍ଣ୍ଣା ନାୟିକା ପାଲଟି ସନ୍ଦେହ ଓ ଅବିଶ୍ୱାସର ଜ୍ୱାଳାମୟ ସଂଘାତ ଭୋଗି ଫେରିଗଲା ନିଜ ମାଟିକୁ । ଡ. କଫ୍ ନୀତି ନିୟମ ଓ ଶୃଙ୍ଖଳା ନାମରେ ଉପେକ୍ଷା କରିବସିଥିଲେ ହୃଦୟର ଆବେଗ ଓ ଅନ୍ତରର ଉଦ୍‌ବେଳନକୁ। ସିଧା ସିଧା କହି ଦେଇଥିଲେ, "ଏଲିନ୍ ଯେଉଁଦିନ ରିଜାଇନ୍ କରି ଡେନମାର୍କ ଫେରିଯିବ, ସେଇଦିନ ସେ ତାଲିମପ୍ରାପ୍ତ ପାଞ୍ଚଛାତ୍ରଙ୍କର ସାଟିଫିକେଟ୍‌ରେ ଦସ୍ତଖତ ମାରିବେ ।" ଗୋଟେ ନୂତନତ୍ୱର ଅୟମାରମ୍ଭ ପୂର୍ବରୁ ଗୋଟେ ଧୂମାଚ୍ଛନ୍ନ ବଳୟ ସେଦିନ ପୋଗିରୀ ଆକାଶକୁ ଛାଇ ଯାଇଥିଲା ଖାଲି ନୁହେଁ, ପ୍ରତିଟି ହୃଦୟ ଭିତରେ ଅସହଣୀୟ ଜ୍ୱାଳାର ଯନ୍ତ୍ରଣାକ୍ତ ବିଭା ବିଚ୍ଛୁରିତ କରିଥିଲା ଏଲିନ୍‌କୁ ମେଘବର୍ଣ୍ଣ ନାୟିକାର ରୂପ ରଙ୍ଗଦେଇ ।"[୩୬]

ଉପନ୍ୟାସର ପୃଷ୍ଠଭୂମିରେ ଏଲିନ୍ ଓ କାନନ ଦାସ ମଧ୍ୟରେ ଆତ୍ମୀୟତା, ଆନ୍ତରିକତା, ମୃଦୁ ପ୍ରେମ କେବଳ ଦୁଇଟି ଆତ୍ମାରେ ସୀମିତ ନଥିଲା, ଥିଲା ଜାତି ଜାତି ମଧ୍ୟରେ, ଭାଷା ଭାଷା ମଧ୍ୟରେ, ଧର୍ମ ଧର୍ମ ମଧ୍ୟରେ ତଥା ଦେଶ ଦେଶ ମଧ୍ୟରେ । ଉକ୍ତ ଉପନ୍ୟାସଟିକୁ ପଢ଼ିଲେ ପାଠକ ଉପଲବ୍ଧି କରିପାରିବ ଭାରତଦେଶରେ ସଂସ୍କୃତି ଓ ପରମ୍ପରାର ଉତ୍କର୍ଷକୁ । ଯେଉଁଠି ସଂସ୍କୃତି ମଣିଷକୁ ଗୋଟିଏ ଶୃଙ୍ଖଳାର ପରିବେଷ୍ଟନୀ ମଧ୍ୟରେ ସୁନ୍ଦର ଆକର୍ଷଣୀୟ ସମ୍ବେଦନଶୀଳ, ଉଦାରମୟ ମଣିଷ ପରି ଗଢୁଛି ତାହା ପୁଣି ଅଣପାରମ୍ପରିକ ବୈଦେଶୀକ ସ୍ରୋତକୁ ଖୋଲା ହୃଦୟରେ ବିଶ୍ୱାସର ସହ ଆପଣେଇ ନେଇପାରୁଛି। ଉପନ୍ୟାସରେ ଭାରତୀୟ ସଂସ୍କୃତିର ସମ୍ମୋହନ ସମଗ୍ର ବିଶ୍ୱ ଓ ଭବିଷ୍ୟତ ପାଇଁ ଏକ ପ୍ରେରଣା ହୋଇ ରହିବ ଏହା ପାଠକର ବିଶ୍ୱାସ ।

(୪) ପୁଷ୍ୟା ନକ୍ଷତ୍ରର ଇତିବୃତ୍ତ (୨୦୦୬):

"ଏହି ଉପନ୍ୟାସର କିୟଦଂଶ ସାହିତ୍ୟ ସଂଗଠକ ହରେକୃଷ୍ଣ ପଣ୍ଡାଙ୍କ ସଂପାଦିତ 'ସତ୍ୟଯୁଗ' ଏବଂ ପରେ ପରେ କିଛି ଅଂଶ ସାହିତ୍ୟିକ ନିରଂଜନ ନାୟକଙ୍କ ସଂପାଦିତ 'ଶାଳନ୍ଦୀ' ଓ ସଂପୂର୍ଣ୍ଣ ସୃଷ୍ଟିଟି କବି ଶ୍ରୀଦେବ ତାଙ୍କର 'ସହସ୍ରାବ୍ଦୀ ଚନ୍ଦ୍ରଭାଗା' ପତ୍ରିକାରେ ପ୍ରକାଶ କରିବା ସଂଗେ ସଂଗେ ପୁସ୍ତକାକାରରେ ପ୍ରକାଶ କରିବାର ଦାୟିତ୍ୱ ସ୍ୱେଚ୍ଛାକୃତ ଭାବେ ବହନ କରି"[୩୭] ୨୦୦୬ ମସିହାରେ ପ୍ରକାଶ କରନ୍ତି ।

'ପୁଷ୍ୟା ନକ୍ଷତ୍ରର ଇତିବୃତ୍ତ' ଉପନ୍ୟାସଟି ବୌଦ୍ଧିକ ଉପନ୍ୟାସ । ଉପନ୍ୟାସ ରଚନାଟି ନିଶ୍ଚୟ ସମୟ ସାପେକ୍ଷ । ସେଥିପାଇଁ ଔପନ୍ୟାସିକ ରଜନୀକାନ୍ତ ମହାନ୍ତି ଉକ୍ତ ଉପନ୍ୟାସର ଲିଖନ ସମୟ ସଂପର୍କରେ ବକ୍ତବ୍ୟ ରଖନ୍ତି "ଭୂଇଁ ଓ ଚତୁପାର୍ଶ୍ୱ ପରିବେଶରେ ଅନୁଭୂତିର ଚିତ୍ର ଓ ସଂପ୍ରେରଣା ମହଜୁଦ୍ ଥିବାରୁ ଏହି ଉପନ୍ୟାସଟିର ବହୁ ଅଂଶ ଗୋଟେ ଗଛ ଉପରେ ବସି ଲିଖିତ । ବୃକ୍ଷ ଉପରେ କଳ୍ପନା ଶକ୍ତି ସହ ବିଚରଣ କ୍ଷମତା ସୁଲଭ । ଠିକ୍ ଯେପରି ପକ୍ଷୀମାନେ ଭୂଇଁ ଅପେକ୍ଷା ଆକାଶରେ ବା ଗଛ ଡାଳ ଓ ଛାତ ଉପରେ ବସି ବେଶୀ ଗୀତ ବୋଲିଥାନ୍ତି । କିନ୍ତୁ ଆଚମ୍ବିତ କଥା ଯେ ଛଅ ବର୍ଷର ସୃଜନକାଳ ଭିତରେ ଉପନ୍ୟାସଟି ମାତ୍ର ଚଉରାଳିଶ ପୃଷ୍ଠା ମଧ୍ୟରେ ସ୍ଥିର । ତିନି ଲାଇନ୍ ବା ଚାରି ଲାଇନ୍ ଲେଖି ସାରିଲା ପରେ ବିଚରଣ କ୍ଷମତା ଉଭାନ । ସୃଷ୍ଟି ନିରବ ।"[୩୮] ଏଥିରେ ସତ୍ୟତା ଅଛି କାରଣ ଉକ୍ତ ଉପନ୍ୟାସଟିର ପ୍ରତ୍ୟେକ ଶବ୍ଦ, ପ୍ରତ୍ୟେକ ବାକ୍ୟ ଜ୍ଞାନୋଦ୍ଦୀପକ, ପ୍ରଜ୍ଞାର ବାହକ, ଦାର୍ଶନିକ ଚିନ୍ତାଧାରାରେ ପରିପ୍ରକାଶିତ । ତେଣୁ ସମାଲୋଚକ ଡ. ଶରତଚନ୍ଦ୍ର ମହାନ୍ତି ଉକ୍ତ ଉପନ୍ୟାସ ସମ୍ପର୍କରେ କହନ୍ତି, "ଏଥିରେ ହୃଦୟର ଆବେଗ ଅପେକ୍ଷା ମନ ମଗଜ ଓ ବୁଦ୍ଧିକୁ ବେଶି ବେଶି ଉସ୍‌କେଇବାର ପ୍ରଯତ୍ନ କରାଯାଇ ସତୀର୍ଥ ଓ ସୌମ୍ୟା ପରି ପୁରୁଷ ଓ ନାରୀ ଚରିତ୍ର ମାଧ୍ୟମରେ ରହସ୍ୟମୟ ଜନ୍ମ ଓ ଜୀବନ କୁଣ୍ଡଳୀକୁ ଭେଦ କରିବାର ପ୍ରୟାସ କରାଯାଇଛି । ଭାରତୀୟ ବୈଦିକ ଜ୍ୟୋତିର୍ବିଦ୍ୟା ଅନୁଯାୟୀ ଅଶ୍ୱିନୀ, କୃତ୍ତିକା, ମୃଗଶିରା, ଅଶ୍ଳେଷା, ଅନୁରାଧା, ଆର୍ଦ୍ରା, ପୁନର୍ବସୁ, ବିଶାଖା ଇତ୍ୟାଦି ୨୭ ନକ୍ଷତ୍ରଙ୍କ ମଧ୍ୟରୁ ପୁଷ୍ୟା ନକ୍ଷତ୍ର ଏକ ପ୍ରତିଷ୍ଠିତ ବିଶ୍ୱାସ ଏବଂ ଶକ୍ତି ସମ୍ପଦ, ଧନମାନ, ଯଶ, ଦ୍ୟୋତକ ଦେବ ନକ୍ଷତ୍ର ଅଟେ । ସେହି ନକ୍ଷତ୍ର ଜାତ ବ୍ୟକ୍ତିମାନେ ଖୁବ୍ ପ୍ରଭାବଶାଳୀ । ପୁଷ୍ୟା ନକ୍ଷତ୍ର ହେଉଛି ସମସ୍ତ ସତ୍ୟର ମୂଳାଧାର । ସୃଷ୍ଟି ଓ ସ୍ରଷ୍ଟା ମଧ୍ୟରେ ଏହି ନକ୍ଷତ୍ର ଏକ ଅଫୁରନ୍ତ ଆଶୀର୍ବାଦ ପରି କାର୍ଯ୍ୟ କରେ । ଦାନୀ, ମାନୀ, ଲୋକପ୍ରିୟ ଓ ଧୈର୍ଯ୍ୟବାନ୍ କରାଇବାରେ ଏହି ନକ୍ଷତ୍ରର ଭୂମିକା ସର୍ବାଧିକ ବୋଲି ବିଶ୍ୱାସ ରହିଛି । ତେବେ, ସତ୍ୟର ସ୍ୱରୂପ ଅନୁଦ୍‌ଘାଟିତ ହୋଇ ବେଳେବେଳେ ମଣିଷ ପୀଡ଼ା ପାଏ । ଚୋର ପୁଲିସ୍‌ର ଖେଳରେ ମଣିଷ ଜୀବନ ସତେ ଅତିଷ୍ଠ ଅଶାନ୍ତ ହୋଇଉଠେ ମାତ୍ର ସତ୍ୟ ନିଜ ସ୍ୱଭାବରେ ଅଟଳ ଅଚଳ ଓ କଲ୍ୟାଣମୟ ହୋଇ ପୁଷ୍ୟା ନକ୍ଷତ୍ର ପରି ଶକ୍ତିଶାଳୀ ଓ ପ୍ରଜ୍ଞା ବାଣ୍ଟୁଥାଏ । ଆଲୋଚ୍ୟ ଉପନ୍ୟାସରେ ଏହିଭଳି ବକ୍ତବ୍ୟ ରଖିବାକୁ ଯାଇ ରଜନୀ ବାବୁ ଉପନ୍ୟାସଟିର ନାମ ପ୍ରତୀକିତ ଢଙ୍ଗରେ କରି ବସିଛନ୍ତି 'ପୁଷ୍ୟା ନକ୍ଷତ୍ରର ଇତିବୃତ୍ତ' ।"[୩୯]

ଆଲୋଚ୍ୟ ଉପନ୍ୟାସରେ ମଣିଷର ମାନସିକତାର ପରିବର୍ତ୍ତନ, ସଂପର୍କରେ ବ୍ୟବଚ୍ଛେଦଗତ ଦୁର୍ବଳତା, ବାପା ମା, ମାତୃତ୍ୱ, ଧର୍ମ ଆଦିରୁ ମୁକୁଳି ସ୍ୱାଧୀନ ଭାବରେ ବଞ୍ଚିବାର ଅଭିଳାଷ, ସାର୍ବଭୌମତ୍ୱର ଅଭିପ୍ସା, ଏହାରି ମଧ୍ୟରେ ଏକାକୀତ୍ୱ, ଭୟ, ଆତଙ୍କ ତଥା ଆବେଗହୀନତା ଆଦି ଉଭୟ ନାୟକ ଓ ନାୟିକାକୁ କରିଛି ନିଃସଙ୍ଗ । ମୁକ୍ତ ଭାବରେ

ବିଚରଣ କରିବାର ମାନସିକତା କର୍ତ୍ତବ୍ୟ, ମୋହ, ମାୟା ପାଖରେ ବନ୍ଧାପଡ଼ିଛି । କେବଳ ପରିବେଶ ପରିସ୍ଥିତିକୁ ନେଇ ଅସ୍ତିତ୍ୱବାଦୀ ଚରିତ୍ରଟେ ପାଲଟିଯିବାର ମାନସିକତାକୁ ପରିବର୍ତ୍ତନ କରିବାର ଉଦାରତା କାହାରି ପାଖରେ ନାହିଁ । ଏଥିପାଇଁ ଶ୍ରୀ ମହାନ୍ତି ବକ୍ତବ୍ୟ ରଖନ୍ତି, "ମୋର ଚିନ୍ତା ଓ ବିଚରଣ ସ୍ତରରେ ଜୀବନର ଅଧିକାରବୋଧ ଅପେକ୍ଷା ମୁକ୍ତିବୋଧ ପ୍ରଚୁର ସ୍ୱୀକୃତି ଲାଭ କଲା । ମଣିଷର ଅଧିକାରବୋଧର ଶେଷ ହେଉ, ଏହାହିଁ ମୁକ୍ତିବୋଧର ମୂଳ ସଂବେଦନା । ସଂପ୍ରତି ବିଶ୍ୱଚେତନା, ବିଶ୍ୱମାନବୀୟବୋଧକୁ ବିଶ୍ଳେଷଣ କରାଯାଉଛି ଇନ୍ଦ୍ରିୟୋତ୍ତର ଉପଲବ୍ଧି ଓ ମାନବିକ ସ୍ତରରେ । କିନ୍ତୁ ଅଧିକାରବୋଧରୁ ବିମୁକ୍ତ ନ ହେଲେ ମଣିଷର ବିଶ୍ୱମାନବୀୟ ଚେତନାର ପରିଚୟ ଓ ଚରିତ୍ର ସଂଚାରଣର ମୂର୍ତ୍ତ ଅବସ୍ଥିତି ସଂଭବ ନୁହେଁ । ଭାରତୀୟ ଋଷି, ଦୃଷ୍ଟି ଓ ଯୋଗ ପରମ୍ପରାର ଏହା ଆଦିକଥା । ଆଦିବାସୀ ଜୀବନଚର୍ଯ୍ୟାରେ ଯାଯାବରୀ ମହକ ଏହି ମୁକ୍ତିବାଦୀ ଅସ୍ତିତ୍ୱକୁ ବହନ କରେ ।

ଏଇ ମାନସିକ ସ୍ୱୀକୃତିର ଆରମ୍ଭ ପୁଷ୍ୟା ନକ୍ଷତ୍ରର ଇତିବୃତ୍ତ ସାଂପ୍ରତିକ ସାହିତ୍ୟର କୌଣସି ସଂଜ୍ଞା ଏହା ବହନ କରେ ନାହିଁ, ଚରିତ୍ର, କାଳ, ପରିବେଶର ପରିଧି ଭିତରେ ଏହା ସୀମାବଦ୍ଧ ନୁହେଁ । ପ୍ରସ୍ତୁତ ଜିଜ୍ଞାସା, ଉଦ୍‌ବେଗ ଓ ଆବେଗର ମହତ୍ତ୍ୱ ଏଥିରେ ଖୋଜିଲେ ସୁଲଭ ହେବନାହିଁ । ଜାଗତିକ ସଂଭାବନାର ପ୍ରଲୁବ୍ଧ ଆହରଣ ଜୀବନର ବାସ୍ତବ ଛବି, ପ୍ରତିରୂପ, କ୍ରିୟା ପ୍ରତିକ୍ରିୟାର ଭାବାତ୍ମକ ପ୍ରତିନିଧିତ୍ୱ କି ଏହାର ମହତ୍ତ୍ୱ ପ୍ରତିପାଦନ କରିବ ନାହିଁ । କୌଣସି ଚରିତ୍ରର ମନସ୍ତାତ୍ତ୍ୱିକ ଉଦ୍‌ଘାଟନ କି ପରିବେଶର ସଂଯୋଜନ ନାହିଁ । କୌଣସି ନିର୍ଦ୍ଦିଷ୍ଟ ଘଟଣାର ଅଗ୍ରଗତି ନାହିଁ । ଯୋଗ ସୂତ୍ରଟି ଚେତନାର ସ୍ତରରେ ।"[୪୦] କେବଳ ବୌଦ୍ଧିକତାର ଉଚ୍ଚାରଣ । ପ୍ରତିବାକ୍ୟରେ ଚେତନାର ଆବେଗ, ସଂପୂର୍ଣ୍ଣ ଉପନ୍ୟାସକୁ ପାଠ କଲେ ଆତ୍ମାର ଆସେ ପରିବର୍ତ୍ତନ, କାବ୍ୟିକତାର ଉତ୍ତରଣ ମଧ୍ୟରେ ବୌଦ୍ଧିକତାର ସଂଯୋଗ ଉପନ୍ୟାସକୁ ସ୍ୱତନ୍ତ୍ର କରି ରଖେ ।

(୫)ଶିଶୁନ୍ ଏକ୍‌କା ଗରହାଜିର ଅଛି (୨୦୨୧):

'ଶିଶୁନ୍ ଏକ୍‌କା ଗରହାଜିର ଅଛି' ଉପନ୍ୟାସଟି ଜନଜାତି ଜୀବନକୈନ୍ଦ୍ରୀକ। ଉପନ୍ୟାସରେ ଆଦିବାସୀ ଜୀବନର ନାନାବିଧ ସମସ୍ୟାକୁ ନେଇ ଉପନ୍ୟାସିକ ପର୍ଯ୍ୟାଲୋଚନା କରିଛନ୍ତି। ସେମାନଙ୍କର ନିରକ୍ଷରତା, ଆଶା ଆଶ୍ୱାସନା, ପ୍ରେମ, ବିଦ୍ରୋହ ସଙ୍ଗେ ବିସ୍ଥାପନ ସମସ୍ୟାକୁ ଶ୍ରୀ ମହାନ୍ତି ଖୁବ ଅନ୍ତରଙ୍ଗଭାବେ ପରିପ୍ରକାଶ କରିଛନ୍ତି।

ଗାଁ ଓ ସହର, ଜନଜାତି ଓ ସଭ୍ୟସମାଜ ମଧ୍ୟରେ ଏକ ସଂଯୋଗ ସେତୁ ଶିଶୁନ୍। ସେ ସହରକୁ ଆପଣାର କରିଥିଲେ ମଧ୍ୟ ନିଜ ଗାଁର ଭିଟାମାଟିକୁ ଭୁଲିପାରିନାହିଁ। ସେ ଶିକ୍ଷିତ ହୋଇଛି ସତ କିନ୍ତୁ ଆପଣାର ସଭ୍ୟତାକୁ ବେଖାତିର କରିନାହିଁ। ଉପନ୍ୟାସର ପ୍ରତିନିଧିସ୍ଥାନିୟ ଚରିତ୍ର ଶିଶୁନ୍‌ର ମା' ଅନିଭା। ଅନିଭା ପ୍ରତିମୁହୂର୍ତ୍ତରେ ଜୀବନକୁ ନେଇ ଯୁଝିଛି। ଜୀବନ ଯନ୍ତ୍ରଣାକୁ ମର୍ମେମର୍ମେ ଅନୁଭବ କରିଛି, ତଥାପି ସେ ସଂଘର୍ଷର ଅନ୍ତ ନାହିଁ। ସ୍ୱାମୀ ସାରୁଲ୍,

ସାଇବାଣୀର ପ୍ରେମଜାଲରେ ଛନ୍ଦିଯାଇ ତାକୁ ଓ ନିଜର ଶିଶୁ ସନ୍ତାନ ଶିଶୁନ୍‌କୁ ଛାଡ଼ିଦେଇଯିବାର ଦୁଃଖ, ଜୟକିଶୋର ମାଷ୍ଟରଙ୍କ ପରାମର୍ଶ କ୍ରମେ ସରକାରଙ୍କ ଅନୁଦାନରୁ ପୁଅ ଶିଶୁନ୍‌କୁ ପାଠ ପଢ଼ିବା ନିମନ୍ତେ ଭୁବନେଶ୍ୱରକୁ ଛାଡ଼ିବା ଯୋଗୁଁ ପରିଜନଙ୍କର ଦୋଷାରୋପ ଏବଂ ଅନୁଶୋଚନା, ତଥା ନିଜ ଜାତି, ସଭ୍ୟତା, ଭିଟାମାଟି ପାଇଁ ବଣପାଟଣାର ନେତ୍ରୀ ସାଜି ବଣପାଟଣା ଛାତିରେ ବସୁଥିବା କାରଖାନାକୁ ବିରୋଧ କରିଛି । ଏହା ପଶ୍ଚାତରେ ସେ ହାର ମାନିଛି ଓ ଦେଖିଛି ସଭ୍ୟାତାର ମୁର୍ଦ୍ଦାର । ଭିଟାମାଟିର ସ୍ୱପ୍ନ ଡହଡହ ହେଇ ଜଳି ଉଠିଛି । ସେ ସଂଗ୍ରାମ କରିଛି । ତା'ର ସ୍ୱପ୍ନକୁ ମରିବାକୁ ସେ ଦେଇନାହିଁ । ନିଜଭିତରେ ସେ ବେଶ୍ ଉଜାଗର, ବେଶ୍ ଜଳନ୍ତା ହୋଇ ରହିଛି ଅଥଚ ସଭ୍ୟସମାଜର କାଇଦାକଟକଣା ଯୋଗୁଁ ସେଇ ଭିଟାମାଟି ଏକ ବିରାଟ କାରଖାନାକୁ ଧରି ଛାତିଫୁଲାଇ ଛିଡ଼ାହୋଇଛି । ଅନିଭାର ସଂଘର୍ଷର ଛାୟା ତଳେ ଗୋଟେ ସଭ୍ୟତା ଯେମିତି ହାରିଯାଇଛି ।

ଉପନ୍ୟାସର କଥାବସ୍ତୁ, ଭାବବସ୍ତୁ, ଶୈଳ୍ପିକ ଆବେଦନ ବେଶ୍ କଳାତ୍ମକ ଓ ଭାବଗମ୍ଭୀର ।

କବିତା ପୁସ୍ତକ:

ମୋତେ ଛୁଁ (୨୦୧୪):

କବି ରଜନୀକାନ୍ତ ମହାନ୍ତିଙ୍କ କବିତାପୁସ୍ତକ 'ମୋତେ ଛୁଁ' ଏକ ନିଆରା ପୁସ୍ତକ । ଉକ୍ତ ପୁସ୍ତକ ଛବିଶଟି କବିତାକୁ ନେଇ ପରିପୃଷ୍ଟ । ଯଥା- (୧) ମୋତେ ଛୁଁ, (୨) ସଂଜ ସକାଳ, (୩) ଜହ୍ନରାତି: ଛନ୍ଦ୍ମରାତି, (୪) ବାହାଘର, (୫) ପକ୍ଷୀ, (୬) ପଡ଼ୋଶୀ, (୭) ରୋଗୀ, (୮) କେହିଜଣେ ଆପଣାର, (୯) ଟାଇମ୍‌ବମ୍, (୧୦) ଅତିଥି: କନ୍‌ହେଇଲାଲ୍ ଦାସ, (୧୧) ସର୍ପ, (୧୨) ଚାରିଟି କବିତା, (୧୩) ଅଜନ୍ତା, (୧୪) ଶବସଂହାର, (୧୫) ଗୁରୁଦେବ, (୧୬) ଦୁଇଟି କବିତା, (୧୭) କେତେ ନଈ କେତେ ନାଆ, (୧୮) ଭୟ, (୧୯) ପ୍ରସଙ୍ଗ, (୨୦) ଅଣାକ୍ଷର, (୨୧) ଅବର୍ଣ୍ଣ, (୨୨) ସନାତନ, (୨୩) ବର୍ଣ୍ଣ, (୨୪) ରାଧାନାଥ ରାୟ, (୨୫) ପ୍ରେମ, (୨୬) ଇତିହାସ ଭଳି ଶୀର୍ଷକରେ କବିତାଗୁଡ଼ିକ ହୃଦୟସ୍ପର୍ଶୀ ।

ଶ୍ରୀ ମହାନ୍ତିଙ୍କ କବିତାରେ ପ୍ରଣୟର ସ୍ନିଗ୍ଧ ରାଗିଣୀ ଯେପରି ଝଙ୍କୃତ ଠିକ୍ ସେହିପରି ମଣିଷର ଆଶାବାଦ, ନୈରାଶ୍ୟ, ହତାଶାବୋଧ ଖୁବ୍ ଆତ୍ମିକ । କବି କବିତାରେ ଯୌବନର ସବୁଜିମାକୁ ଚିତ୍ରିତ କଲାବେଳେ ସଂପ୍ରତି ମଣିଷର ଅନ୍ତଃସତ୍ତାରେ ଥିବା ଗ୍ଲାନି ଅବସୋସକୁ ମଧ୍ୟ ଆଙ୍କିଛନ୍ତି । କବି ଭୂମିରୁ ଭୂମା ମଧ୍ୟରେ ଆଶାବାଦରୁ ନୈରାଶ୍ୟ ଦିଗକୁ ଗତି କରିଛନ୍ତି । ପୁଣି 'ପକ୍ଷୀ' କବିତାରେ ଆଧ୍ୟାତ୍ମିକତାର ଜାଗରଣ ଘଟିଛି । 'ପଡ଼ୋଶୀ' କବିତାରେ ମଣିଷ ଅହଂକାର ସର୍ବସ୍ୱ ହେଲେ ମଧ୍ୟ ତା' ଅନ୍ତଃସତ୍ତା ତଳେ ସଂଗୁପ୍ତ ଆତ୍ମୀୟତାକୁ ସିଧାସଳଖ ପାଠକଙ୍କୁ ପରଶି ଦେଇଛନ୍ତି । 'ରୋଗୀ' କବିତାରେ ମାନବିକତାର ଜାଗ୍ରତ

ପ୍ରହରୀ ହେବାର ମଣିଷକୁ ବାର୍ତ୍ତା ଦେବାକୁଯାଇ କବି ଲେଖନ୍ତି, "ଦୁଃଖ ରୋଗୀଣା ହେଲେ / ବିଶ୍ୱର ପଥର । ମାନବତା ରୋଗୀଣା ହେଲେ ବଂଧୁକ ଉଜ୍ଜ୍ୱଳ ।"(୪୧) ଏହି ମାନବିକତାର ଦୁର୍ବଳତାରେ ପାରିବାରିକ କନ୍ଦଳ ମଧ୍ୟ ସୃଷ୍ଟି ହୁଏ । ମଣିଷର ଦୃଢ଼ ସତ୍ତାଟି ଯେତେବେଳେ ଦୁର୍ବଳ ହୋଇପଡ଼େ ସେତେବେଳେ ଅମାନୁସିକତା ଜାଗ୍ରତ ହୁଏ । ନିବିଡ଼ ତଥା ଆତ୍ମୀୟ ସଂପର୍କରେ ମଧ୍ୟ ପରିଣତ ହୁଏ । ଭାଇ ଭାଇ ମଧରେ ଶତ୍ରୁତା, ଯାଆ ଯାଆ ମଧରେ ଶତ୍ରୁତା, ଏପରି ହାଣକଟାର ଦୁନିଆ ମଧ୍ୟରେ ରକ୍ତ ସ୍ରୋତ ମଧ୍ୟ ୯ରେ । ସେଥିପାଇଁ 'ସଂଜ ସକାଳେ' କବିତାରେ କବି ଲେଖନ୍ତି: "ଫୁଲର ଉଆସକୁ ଜଗେ କାଳିଆ ଭଅଁର / ଭାଇଛୁରୀ / ଭାଇ ଟଂଟି/ ଯାଆକୁ ଯାଆ / ରାତି ଅଧରେ କଜିଆ ଖା ।"(୪୨)

କବି ଗାଁ ମାଟି ଘରର ବାଉଁଶରେ ତିଆରି ଭାଡ଼ିଠାରୁ ସହରର ବିଳାସପୂର୍ଣ୍ଣ କୋଠା ପର୍ଯ୍ୟନ୍ତ ପ୍ରାକୃତିକ ନାନ୍ଦନିକତା କବିତାରେ ଭରିଦେଇଛନ୍ତି । ସେହିପରି ହୋଟେଲରେ ପୋଛା ମାରୁଥିବା ବାଳକ ସନାତନ ପାଖରୁ ଅବର୍ଣ୍ଣ ତମଶ୍ରୀ ପର୍ଯ୍ୟନ୍ତ ଗତିର ଦୃଷ୍ଟାନ୍ତ ମଧ୍ୟ କବିତା ପୁସ୍ତକରେ ଊଣା ନାହିଁ । ସର୍ବୋପରି ଗାଳ୍ପିକ ରଜନୀକାନ୍ତ ଜଣେ କବି ଭାବରେ ତାଙ୍କ ଲେଖନୀରେ ଦୃଢ଼ ସାମାଜିକ ଆବେଦନ ହିଁ ପରିପ୍ରକାଶ କରିଛନ୍ତି ।

ପ୍ରବନ୍ଧ ପୁସ୍ତକ:

ସହସ୍ରଧାରା: ଓଡ଼ିଆ ସାହିତ୍ୟ ଚର୍ଚ୍ଚା (୨୦୧୭):

କଥାକାର ରଜନୀକାନ୍ତ ମହାନ୍ତି କେବଳ କଥା ସାହିତ୍ୟ ନୁହେଁ କବିତା ତଥା ପ୍ରବନ୍ଧରେ ମଧ୍ୟ ଲେଖନୀ ଚାଳନା କରି ଅଜସ୍ର ପ୍ରଶଂସାର ଭାଜନ ହୋଇପାରିଛନ୍ତି । ତାଙ୍କର 'ସହସ୍ରଧାରା: ଓଡ଼ିଆ ସାହିତ୍ୟ ଚର୍ଚ୍ଚା' ପୁସ୍ତକଟି ବାଲେଶ୍ୱରର ସୁବର୍ଣ୍ଣଶ୍ରୀ ପ୍ରକାଶନୀ ଦ୍ୱାରା ୨୦୧୭ ମସିହାରେ ପ୍ରକାଶ ପାଇଛି । ଏହି ପୁସ୍ତକ ଶ୍ରୀ ମହାନ୍ତି ବିଂଶ ଶତାବ୍ଦୀର ସପ୍ତଦଶକ ବେଳରୁ ଲେଖିଆସୁଥିବା ଆଲୋଚନା ସମୂହର ସଂକଳନ । ଲୋକସାହିତ୍ୟ, କ୍ଷୁଦ୍ରଗଳ୍ପ, ଉପନ୍ୟାସ, ପ୍ରବନ୍ଧ, କବିତା ଆଦିକୁ ନେଇ ଆଲୋଚନା ବା ସମୀକ୍ଷାଗୁଡ଼ିକ ଖୁବ୍ ସୂକ୍ଷ୍ମାତିସୂକ୍ଷ୍ମ ଦୃଷ୍ଟିକୋଣରୁ ଶ୍ରୀ ମହାନ୍ତି ବିଶ୍ଳେଷଣ ଓ ଅନୁଶୀଳନ କରିଛନ୍ତି ।

ବାଇଶିଟି ଆଲେଖ୍ୟରେ ମହିମା ମଣ୍ଡିତ 'ସହସ୍ରଧାରା: ଓଡ଼ିଆ ସାହିତ୍ୟ ଚର୍ଚ୍ଚା' ପୁସ୍ତକ । ସାମ୍ପ୍ରତିକ ଓଡ଼ିଆ କ୍ଷୁଦ୍ରଗଳ୍ପର ପ୍ରସାରିତ ବଳୟ ମଧରେ କ୍ଷୁଦ୍ରଗଳ୍ପର ସ୍ୱରୂପାୟନର ତର୍ଜମା କରିଛନ୍ତି ତ ପୁଣି ଓଡ଼ିଆ କବିତାର ସ୍ରୋତକକ୍ଷରେ ଆଙ୍କିଛନ୍ତି ସାମ୍ପ୍ରତିକ କବିତାର ଚିତ୍ର । ସମାଲୋଚକ ରଜନୀକାନ୍ତ ମହାନ୍ତିଙ୍କ ଆଲୋଚନାତ୍ମକ ପ୍ରବନ୍ଧଗୁଡ଼ିକରେ ଦାର୍ଶନିକତତ୍ତ୍ୱ ସଙ୍ଗେ ସାମାଜିକ ଆବେଦନର ଗଭୀର ବିଶ୍ଳେଷଣ ଅତି ଚମତ୍କାର । ସମାଲୋଚକଙ୍କର ଅନୁଶିଳନ କାରିଗରୀପଣ ଆଲୋଚିତ ପ୍ରବନ୍ଧଗୁଡ଼ିକ ପାଠ କଲେ ଅନୁଭବ କରିହେବ । ଉକ୍ତ ପୁସ୍ତକରେ ନିତ୍ୟାନନ୍ଦ ମହାପାତ୍ରଙ୍କ 'ନାହଂ ତିଷ୍ଠାମି ବୈକୁଣ୍ଠେ', ଗାଳ୍ପିକ ମନୋଜ ଦାସ, କଥାକାର ପ୍ରହ୍ଲାଦ ମହାନ୍ତିଙ୍କ ସମଗ୍ର ଗଳ୍ପକୁ ନେଇ ସଂକଳିତ ପୁସ୍ତକ 'କୁବେର ଦେଶରେ ଭିକାରୀ',

ରଜନୀକାନ୍ତ ମହାନ୍ତିଙ୍କ ଉପନ୍ୟାସ 'ପୁଷ୍ୟାନକ୍ଷତ୍ରର ଇତିବୃତ୍ତ' ପୁସ୍ତକର ପ୍ରାକ୍‌ଭାଷ, କବି ସୀତାକାନ୍ତ ମହାପାତ୍ରଙ୍କର ପ୍ରବନ୍ଧ ପୁସ୍ତକ 'ସମୟର ଆରପାରି ଓ ଅନ୍ୟାନ୍ୟ ପ୍ରବନ୍ଧ', ବ୍ରଜମୋହନଙ୍କ ପ୍ରବନ୍ଧ ପୁସ୍ତକ 'ଦଳ ସତ୍ୟ ଜଗତ୍ ମିଥ୍ୟା', ଗାଳ୍ପିକ କହ୍ନେଇ ଲାଲ୍‌ଙ୍କ ସୃଷ୍ଟି ସମଗ୍ର, କଥା ସମ୍ରାଟ ବିଭୂତି ପଟ୍ଟନାୟକ ସେହିପରି କବିତାରେ କବି ସୀତାକାନ୍ତ ମହାପାତ୍ର, କମଳାକାନ୍ତ ଲେଙ୍କା, ବଜ୍ରନାଥ ରଥ, ଚିନ୍ତାମଣି ବେହେରା, ସରୋଜ ରଂଜନ ମହାନ୍ତି, ରଘୁନାଥ ଦାସ, ବସନ୍ତ ମୁଦୁଲି ଆଦିଙ୍କ ସୃଷ୍ଟି ବଳୟକୁ ଶ୍ରୀ ମହାନ୍ତି ତନ୍ନତନ୍ନ ପଢ଼ି ପରୀକ୍ଷା ନିରୀକ୍ଷା କରି ଗବେଷଣା ଦୃଷ୍ଟିଭଂଗୀ ନେଇ ଉପଯୁକ୍ତ ପ୍ରବଂଧମାନ ପାଠକକୁ ପରଶି ଦେଇଛନ୍ତି । ପ୍ରବନ୍ଧଗୁଡ଼ିକ ଅତି ଭାବ ଗର୍ଭକ ଓ ଭାଷା ଉପସ୍ଥାପନ ଶୈଳୀ ଆଦି ଦୃଷ୍ଟିରୁ ଖୁବ୍ ସରଳ ଓ ସାବଲୀଳ ମଧ୍ୟ ।

ଆକ୍ରାନ୍ତବାଦ:

'ଆକ୍ରାନ୍ତବାଦ' ହେଉଛି ପାରସ୍ପରିକ ଦାର୍ଶନିକ ବିଚରଣ । ଏହା ୧୯୭୩ ମସିହାରେ ପ୍ରଥମେ ଚନ୍ଦ୍ରମଣି ଆଚାର୍ଯ୍ୟଙ୍କ ଦ୍ୱାରା ସଂପାଦିତ ପତ୍ରିକା 'ପ୍ରତିଭା' ହିଞ୍ଜିଳିକାଟୁ, ଗଞ୍ଜାମରୁ ପ୍ରକାଶ ପାଇଥିଲା । ପରେ ପରେ ପ୍ରଗତିବାଦୀ ପତ୍ରିକାରେ ଧାରାବାହିକ ଭାବେ ପ୍ରକାଶ ପାଉଥିଲା। ଶ୍ରୀମହାନ୍ତିଙ୍କ ପରିକଳ୍ପନା ଅନୁଯାୟୀ "ଆକ୍ରାନ୍ତବାଦଟି ହେଉଛି ଏକ ଦାର୍ଶନିକ ବିଚରଣ । ୧୯୭୩ ମସିହାରେ ମୁଁ ତାକୁ ଲେଖିବାକୁ ଆରମ୍ଭ କରିଥିଲି । ଏ ଯାଏ ତାକୁ ମୁଁ ଶେଷ କରିପାରି ନାହିଁ । ସ୍ୱାସ୍ଥ୍ୟଗତ କାରଣରୁ ଏଥିର ଉଦ୍ୟମ ନାହିଁ । ମୁଁ କିଛି କିଛି ଦର୍ଶନକୁ ପଢ଼ିଲି । ଅନୁଭବ କଲି । ମୋତେ କୌଣସି ସନ୍ତୁଷ୍ଟି ଆସିଲା ନାହିଁ । ସେଇ ଅସନ୍ତୋଷର କାରଣ ଓ ନିଦାନ ଖୋଜୁ ଖୋଜୁ ମୁଁ ଆକ୍ରାନ୍ତବାଦ ପାଖରେ ପହଂଚିଗଲି । ତାହାବି ଅପହଂଚର ପର୍ଯ୍ୟାୟ । 'ମଣିଷର ମୁହୂର୍ତ୍ତଟିକୁ ସେ ତା'ର ବୋଲି ଭାବେ, କିନ୍ତୁ ପ୍ରକୃତରେ ତାହା ଅନ୍ୟମାନଙ୍କର ସଂପୃକ୍ତି । ଆକ୍ରାନ୍ତବାଦର ଏହା ଏକ ଉପଲବ୍ଧି । ଅନ୍ୟ ଅନେକ ଉପଲବ୍ଧି ସହ ।"[୪୩]

କଥାକାର ରଜନୀକାନ୍ତ ମହାନ୍ତିଙ୍କ ଆକ୍ରାନ୍ତବାଦ ସାମ୍ପ୍ରତିକ ସାହିତ୍ୟ, ସମାଜ, ସଂସ୍କୃତିର ମୂଳସ୍ରୋତକୁ ଗମନ କରିବାର ଅଭିନବ ଅଭିପ୍ରାୟ । ଏଥିରେ ମଣିଷର ମୂଳ ଅସ୍ତିତ୍ୱର ଅନ୍ୱେଷଣ କରାଯାଇଛି । ଯେଉଁଠି ମଣିଷ ମଣିଷ ମଧ୍ୟରେ ପାରସ୍ପରିକ ସଂପୃକ୍ତିର ଦାର୍ଶନିକ ବିଚରଣ ହୋଇଛି । ମୁଁ କେବଳ ମୁଁ ନୁହେଁ, ମୁଁ ସବୁ 'ମୁଁ'ର ସମାହାର । ଏକ ନୁହେଁ ଅନେକର ଗଠନଗତ ପରିପ୍ରକାଶ । ଅବଶେଷରେ ଏତକ କୁହାଯାଇପାରେ ଆକ୍ରାନ୍ତବାଦ ସମସ୍ତ ଚେତନା ଓ ଦର୍ଶନର ମିଶ୍ରିତ ତାତ୍ତ୍ୱିକ ଦିଗର ଉନ୍ମୋଚନ ।

କଥାକାର ରଜନୀକାନ୍ତ ମହାନ୍ତିଙ୍କ ଜୀବନ ଓ ସର୍ଜନକୁ ଅନୁଧ୍ୟାନ କଲେ ଜଣାଯାଏ ଯେ, କଥାକାର ତାଙ୍କ ଜୀବନର ଅନ୍ତରଙ୍ଗ ଅନୁଭବ, ଉପଲବ୍ଧିମାନ ସୃଷ୍ଟିରେ ଖୁବ୍ ଆନ୍ତ୍ରିକତାର ସହିତ ଭରିଦେଇଛନ୍ତି । ଗାଁରୁ ସହର ମଧ୍ୟରେ ନିଜେ ଦେଖିଥିବା, ହୃଦୟଙ୍ଗମ କରିଥିବା

ଚରିତ୍ରମାନଙ୍କୁ ସାହିତ୍ୟରେ ସ୍ଥାନ ଦେଇଛନ୍ତି ଓ ଘଟଣାମାନଙ୍କୁ ନିଜର କାରିଗରୀ କଳାରେ ଚିନ୍ତାଦ୍ୟୋତକ ତଥା ଉତ୍କଣ୍ଠାପୂର୍ଣ୍ଣ କରି ଗଢ଼ି ତୋଳିଛନ୍ତି, ତାଙ୍କ ସୃଷ୍ଟି ସମୂହରେ କଥାକାର ଜଣେ ସମ୍ବେଦନଶୀଳ ମଣିଷର ହୃଦୟର ଘଟଣା, ଚରିତ୍ର, କଥାବସ୍ତୁ ସବୁକୁ ମନୋରମ କରି ଗଢ଼ିଛନ୍ତି । ଦୀର୍ଘ ଜୀବନ ଯାତ୍ରାରେ କେଉଁଠି ନିଜର ଆତ୍ମାଭିମାନକୁ ପରିପ୍ରକାଶ କରି ନାହାନ୍ତି ବରଂ ଜଣେ ଦରଦୀ ମଣିଷର ଆସନରେ ବସି କୁଷ୍ଠରୋଗୀଙ୍କୁ ସେବାକରି ନିଜ ମାନବୀୟ ଗୁଣାବଳୀକୁ ହିଁ ଉତ୍ତରିତ କରିପାରିଛନ୍ତି । ଶ୍ରୀ ମହାନ୍ତିଙ୍କ ସୃଷ୍ଟିସମୂହ ନିଶ୍ଚୟ ତାଙ୍କୁ ଓଡ଼ିଆ ସାହିତ୍ୟକାଶରେ ଜଣେ ଉଜ୍ଜ୍ୱଳ ତାରକା କରିରଖିବ ।

ପ୍ରାନ୍ତଟୀକା:

୧. କଥାକାର ରଜନୀକାନ୍ତ ମହାନ୍ତିଙ୍କ ସହ ସାକ୍ଷାତକାର, ପରିଶିଷ୍ଟ, ପ୍ରଶ୍ନ ସଂଖ୍ୟା -୦୩।

୨. ତତ୍ରୈବ, ପ୍ରଶ୍ନ ସଂଖ୍ୟା -୦୩।

୩. ରାୟ, ଅରବିନ୍ଦ, "ଆମ ସାମ୍ନାରେ ଏଥର" (ସଂ) ମହାନ୍ତି, ଶରତ ଚନ୍ଦ୍ର, 'ସାହିତ୍ୟିକ ରଜନୀକାନ୍ତ ମହାନ୍ତିଙ୍କ ସହ ସାମ୍ନାସାମ୍ନି', ପ୍ରକାଶନା- ଗାଁ ମଜଲିସ୍ ସାହିତ୍ୟ ସଂସଦ, ସୋର, ବାଲେଶ୍ୱର, ପ୍ରଥମ ପ୍ରକାଶ, ୨୦୧୪, ପୃଷ୍ଠା-୧୭ ।

୪. ସାକ୍ଷାତକାର, ପରିଶିଷ୍ଟ, ପ୍ରଶ୍ନ ସଂଖ୍ୟା -୦୩।

୫. ତତ୍ରୈବ, ପ୍ରଶ୍ନ ସଂଖ୍ୟା-୦୩।

୬. ତତ୍ରୈବ, ପ୍ରଶ୍ନ ସଂଖ୍ୟା-୦୭।

୭. ତତ୍ରୈବ, ପ୍ରଶ୍ନ ସଂଖ୍ୟା-୦୫।

୮. ତତ୍ରୈବ, ପ୍ରଶ୍ନ ସଂଖ୍ୟା-୦୯।

୯. ତତ୍ରୈବ, ପ୍ରଶ୍ନ ସଂଖ୍ୟା-୦୬।

୧୦. ତତ୍ରୈବ, ପ୍ରଶ୍ନ ସଂଖ୍ୟା-୦୮।

୧୧. ପୃଷ୍ଟି, ସୁନିଲ୍ କୁମାର, "ଶତାଂଢ଼ି ପୁରୁଷର ପୁରୁଷାକାର", (ସଂ) ମହାନ୍ତି, ଜଗଦୀଶ, 'ସଂବର୍ତ୍ତକ', ୩ୟ ସଂଖ୍ୟା, ଏପ୍ରିଲ୍,- ମେ, ୧୯୮୩, ପୃଷ୍ଠା-୬୭।

୧୨. ପଣ୍ଡା, ହରେକୃଷ୍ଣ, "ମାଟିଆ ପୁଅ" (ସଂ) ନାୟକ, ଭଗବାନ, (ପତ୍ର) 'ବିଶେଷ ଖବର', ୯/୦୫/୧୯୯୦, ଭଦ୍ରକ, ପୃଷ୍ଠା-୧୪।

୧୩. ସାହୁ, ଚିନ୍ତାମଣି, "ଶଙ୍ଖୁଆ", (ସଂ) ମହତାବ, ଭର୍ତୃହରି, (ପତ୍ର) 'ପ୍ରଜାତନ୍ତ୍ର' ୨୮/୦୯/୧୯୯୭, ରବିବାର, କଟକ, ପୃଷ୍ଠା- ଲଘୁ ଆଲୋଚନା।

୧୪. ପାଢ଼ୀ, ବେଣୁଧର, "ମାଟିକୁ ଫେରି ଆସିବାର ପ୍ରତିଶ୍ରୁତି: ରଜନୀକାନ୍ତଙ୍କ ଗଳ୍ପ ମାନସ", (ସଂ) ଯାଯାବର, 'ଆମେମାନେ', ନବବର୍ଷ ସମ୍ଭାର, ଜାନୁଆରୀ, ୧୯୯୯, ସୋର, ବାଲେଶ୍ୱର, ପୃଷ୍ଠା-୦୧।

୧୫. ମହାନ୍ତି, ରଜନୀକାନ୍ତ, ଆ ସାକ୍ଷୀ ଦେ, (ସୂର୍ଯ୍ୟସ୍ନାନ), ଆର୍ଯ୍ୟ ପ୍ରକାଶନ, କଟକ - ୧୨, ପ୍ରଥମ ପ୍ରକାଶ, ୧୯୯୯, ପୃଷ୍ଠା- ୧୨୭।
୧୬. ତତ୍ରୈବ (ସେଇ ଅନ୍ଧାରୀ କୋଣକୁ ଚାଲିଯା), ପୃଷ୍ଠା-୧୩୨।
୧୭. ମହାନ୍ତି, ରଜନୀକାନ୍ତ, ଝିପିଝିପି ଅନ୍ଧାର, (ଗୁଧାଡ଼ି ବେଳ), ପ୍ରକାଶକ- ଅକ୍ଷର, କଟକ- ୧୩, ପ୍ରଥମ ସଂସ୍କରଣ, ବସନ୍ତ ପଞ୍ଚମୀ, ୨୦୦୨, ପୃଷ୍ଠା-୩୪।
୧୮. ମହାନ୍ତି, ରଜନୀକାନ୍ତ, ବହୁବଜାର, (ଚନ୍ଦରା ଢୋଲିଆ), ଜେନିଥ୍ ପବ୍ଲିକେଶନ୍ସ, ଭଦ୍ରକ, ପ୍ରଥମ ପ୍ରକାଶ, ଜୁଲାଇ, ୨୦୦୪, ପୃଷ୍ଠା-୧୧୫।
୧୯. ତତ୍ରୈବ (ବଟୁ ଓ ଜୁହାରିଆ), ପୃଷ୍ଠା-୧୨୪।
୨୦. ମହାନ୍ତି, ରଜନୀକାନ୍ତ, ରକ୍ତରାଣ, ଆକାଂକ୍ଷା ପ୍ରକାଶନ, ଭଦ୍ରକ, ୨୪, ପ୍ରଥମ ପ୍ରକାଶ, ଜୁନ୍, ୨୦୦୩, ପୃଷ୍ଠା-ଦି ପଦ।
୨୧. ତତ୍ରୈବ, ପୃଷ୍ଠା- ଦିପଦି।
୨୨. ସାହୁ, ପ୍ରଫୁଲ୍ଲ କୁମାର, "ଉଷାକାଳ (ରଜନୀକାନ୍ତଙ୍କ ଅନନ୍ୟ ଚେତନାର ଅମୃତମୟ ଫଳ)"(ସଂ) ଶତପଥୀ ନିତ୍ୟାନନ୍ଦ, 'ଇସ୍ତାହାର', ଜାନୁୟାରୀ - ଏପ୍ରିଲ୍, ୨୦୧୦, ଭୁବନେଶ୍ୱର, ପୃଷ୍ଠା-୧୯୧-୧୯୨।
୨୩. ମହାଲିକ, ସତ୍ୟପ୍ରିୟ, "ଉଷାକାଳରେ ରଜନୀକାନ୍ତ" (ସଂ) ମହତାବ, ଭର୍ତ୍ତୃହରି, 'ଝଙ୍କାର', ୬୦ତମ ବର୍ଷ ୧୨ମ ସଂଖ୍ୟା, କଟକ, ପୃଷ୍ଠା-୧୪୪୨- ୧୪୪୩।
୨୪. ତତ୍ରୈବ, ପୃଷ୍ଠା-୧୪୪୪।
୨୫. ସାହୁ, ପ୍ରଫୁଲ୍ଲ କୁମାର, "ଉଷାକାଳ (ରଜନୀକାନ୍ତଙ୍କ ଅନନ୍ୟ ଚେତନାର ଅମୃତଫଳ)", ପୃଷ୍ଠା- ୧୯୫।
୨୬. ମହାଲିକ, ସତ୍ୟପ୍ରିୟ, ଉଷାକାଳରେ ରଜନୀକାନ୍ତ, ପୃଷ୍ଠା-୧୪୪୪।
୨୭. ସାହୁ, ପ୍ରଫୁଲ୍ଲ କୁମାର, "ବିବର୍ତ୍ତିତ ଗଳ୍ପବୋଧ ଓ ଟିପଚିହ୍ନ: ରଜନୀକାନ୍ତଙ୍କ ଅଠର ନିର୍ବାସନ ରୋଡ଼" (ସଂ), ଶୁକ୍ଳ, ହରିହର, 'ସୃଜନୀ' ୨୦୧୩ ପୂଜା ସଂଖ୍ୟା, କଲିକତା।
୨୮. ମହାନ୍ତି, ରଜନୀକାନ୍ତ, ଅଠର ନିର୍ବାସନ ରୋଡ଼, ପ୍ରକାଶକ, ପ୍ରବାହ: ଯାଜପୁର, ପ୍ରଥମ ପ୍ରକାଶ, ୨୦୧୦, ପୃଷ୍ଠା- ଅଗ୍ରଲେଖ ।
୨୯. ମହାନ୍ତି, ରଜନୀକାନ୍ତ, ଅବତାର, ବୈଶାଖୀ ପବ୍ଲିକେଶନ୍ସ, ବ୍ରହ୍ମପୁର-୧, ପ୍ରଥମ ପ୍ରକାଶ, ଜୁନ୍ ୧୯୭୫, ପୃଷ୍ଠା-୧୯।
୩୦. ତତ୍ରୈବ, ପୃଷ୍ଠା-୨୬-୨୭।
୩୧. ମହାନ୍ତି, ରଜନୀକାନ୍ତ, ଜାଙ୍ଗଲିକ, ପ୍ରକାଶକ- ଅକ୍ଷୟ କୁମାର, ପ୍ରକାଶ କାଳ, ୨୦୦୦, ପୃଷ୍ଠା- ମୁଖବନ୍ଧ।

୩୨. ତତ୍ରୈବ, ପୃଷ୍ଠା- ମୁଖବନ୍ଧ।

୩୩. ତତ୍ରୈବ, ପୃଷ୍ଠା- ମୁଖବନ୍ଧ।

୩୪. ତତ୍ରୈବ, ପୃଷ୍ଠା- ୧୬।

୩୫. ମହାନ୍ତି, ଶରତ ଚନ୍ଦ୍ର "ଜୀବନ ଜାହ୍ନବୀରେ ସତ୍ୟଶୁଦ୍ଧ ସ୍ନାନ: ରଜନୀକାନ୍ତଙ୍କ ଚର୍ଚ୍ଚିତ ଚାରି ଉପନ୍ୟାସର ସମ୍ୟକ୍ ବିଶ୍ଳେଷଣ" (ସଂ) ମହାପାତ୍ର, ଚନ୍ଦ୍ର ମୋହନ, 'ଶଙ୍ଖବେଳା', ଗାଁ ମଜଲିସ୍ ସାହିତ୍ୟ ସଂସଦର ବାର୍ଷିକ ମୁଖପତ୍ର ୨୦୧୫, ସୋର, ବାଲେଶ୍ୱର, ପୃଷ୍ଠା-୨୩।

୩୬. ତତ୍ରୈବ, ପୃଷ୍ଠା ୨୩-୨୪।

୩୭. ମହାନ୍ତି, ରଜନୀକାନ୍ତ, ପୁଷ୍ୟା ନକ୍ଷତ୍ରର ଇତିବୃତ୍ତି, ଚନ୍ଦ୍ରଭାଗା ପ୍ରକାଶନୀ, ବାଲେଶ୍ୱର-୩, ପ୍ରଥମ ସଂସ୍କରଣ, ୨୦୦୬, ପୃଷ୍ଠା- ମୁଖବନ୍ଧ।

୩୮. ତତ୍ରୈବ, ପୃଷ୍ଠା- ମୁଖବନ୍ଧ।

୩୯. ମହାନ୍ତି, ଶରତ ଚନ୍ଦ୍ର, ଜୀବନ ଜାହ୍ନବୀରେ ସତ୍ୟଶୁଦ୍ଧ ସ୍ନାନ: ରଜନୀକାନ୍ତଙ୍କ ଚର୍ଚ୍ଚିତ ଚାରି ଉପନ୍ୟାସର ସମ୍ୟକ୍ ବିଶ୍ଳେଷଣ, ପୃଷ୍ଠା-୨୪।

୪୦. ମହାନ୍ତି, ରଜନୀକାନ୍ତ, ପୁଷ୍ୟା ନକ୍ଷତ୍ରର ଇତିବୃତ୍ତ, ପୃଷ୍ଠା- ମୁଖବନ୍ଧ।

୪୧. ମହାନ୍ତି, ରଜନୀକାନ୍ତ, ମୋତେ ଛୁଁ (ରୋଗୀ), ପ୍ରକାଶକ- ବାଟୋଇ, ଭଦ୍ରକ-୮୧, ପ୍ରକାଶ କାଳ-୨୦୧୪, ପୃଷ୍ଠା- ୨୮।

୪୨. ତତ୍ରୈବ, (ସଂଜସକାଳେ ଦୁଇ) ପୃଷ୍ଠା-୧୭।

୪୩. ସାକ୍ଷାତକାର, ପରିଶିଷ୍ଟ, ପ୍ରଶ୍ନ ସଂଖ୍ୟା- ୨୫।

ଦ୍ୱିତୀୟ ଅଧ୍ୟାୟ

ଗାଳ୍ପିକ ରଜନୀକାନ୍ତ ମହାନ୍ତିଙ୍କ ଗଳ୍ପର ଭାବଗତ ବୈଚିତ୍ର୍ୟ

ସାହିତ୍ୟ ହେଉଛି ଏକ ଜୀବନଧର୍ମୀ କଳା । ଏଥିରେ ମାନବ ଜୀବନର ଦୁଃଖ, ସୁଖ, ହର୍ଷ, ବିଷାଦ, ଅଶ୍ରୁ, ଆନନ୍ଦ ଓ ଜୀବନାନୁଭୂତି ନିଚ୍ଛକ ପ୍ରତିଫଳିତ ହୋଇଥାଏ । କେତେବେଳେ କାବ୍ୟ ରୂପରେ ତ ଆଉ କେତେବେଳେ ନାଟକ ରୂପରେ, ଅଥବା କେତେବେଳେ ଉପନ୍ୟାସର ପ୍ରଶସ୍ତ ଛାତିରେ ତ ଆଉ କେତେବେଳେ କ୍ଷୁଦ୍ର ଗଳ୍ପର ସୀମିତ ପରିଧିରେ । ଆଧୁନିକ ସାହିତ୍ୟ ପରିପ୍ରେକ୍ଷୀରେ କ୍ଷୁଦ୍ରଗଳ୍ପ ହେଉଛି ଏକ ଲୋକପ୍ରିୟ ଜୀବନଧର୍ମୀ କଳା । ଏକ ସୀମିତ ପରିସର ଭିତରେ ବୃହତ୍ତର ଜୀବନର ପ୍ରେକ୍ଷାକୁ ଗଦ୍ୟ ମାଧ୍ୟମରେ ଅନୁଶୀଳନ କରାଯାଇ ପାରୁଥିବାରୁ, କ୍ଷୁଦ୍ରଗଳ୍ପର ରହିଛି ସ୍ୱତନ୍ତ୍ର ଏକ ମର୍ଯ୍ୟାଦା । ତେଣୁ ସାମ୍ପ୍ରତିକ ସମୟରେ ସାହିତ୍ୟର ଅନ୍ୟାନ୍ୟ ବିଭାଗ ଅପେକ୍ଷା କ୍ଷୁଦ୍ରଗଳ୍ପର ଆଦୃତି ଆପେକ୍ଷାକୃତ ଅଧିକ । ତେବେ ଏହି ବଳିଷ୍ଠ ସାହିତ୍ୟିକ ବିଭବ ଓଡ଼ିଆ ସାହିତ୍ୟରେ ଊନବିଂଶ ଶତାବ୍ଦୀର ଶେଷ ଭାଗ ଆଡ଼କୁ ଜନ୍ମ ଲଭି ଦୀର୍ଘ ଏକଶତ ବର୍ଷରୁ ଊର୍ଦ୍ଧ୍ୱକାଳ ଧରି ଓଡ଼ିଆ ଜନସମାଜକୁ ଆକର୍ଷିତ ଓ ଆନ୍ଦୋଳିତ କରିସାରିଛି । କ୍ଷୁଦ୍ରଗଳ୍ପରେ ଭାବପକ୍ଷ ଓ ଶିଳ୍ପପକ୍ଷ ଉଭୟର ଗୁରୁତ୍ୱ ରହିଛି । ଭାବପକ୍ଷର ଭାବବସ୍ତୁ ବା ଥିମ୍ ଏକ ମହତ୍ତ୍ୱପୂର୍ଣ୍ଣ ଏକକ । ଯାହାକି ଗଳ୍ପର ବୀଜ ସଦୃଶ । ଭାବବସ୍ତୁ ହିଁ ଗଳ୍ପର ମୌଳିକ ପ୍ରାଣ ଭାବେ ବିଦ୍ୟମାନ ଥାଏ ଗଳ୍ପ ଭିତରେ । ସପ୍ରସଙ୍ଗ ଆଲୋଚ୍ୟ କଥାକାରଙ୍କର ଗଳ୍ପର ଭାବବସ୍ତୁ ବିଶ୍ଳେଷଣ ବେଳେ ମଧ୍ୟ ଏହାର ଗୁରୁତ୍ୱକୁ ଅବଶ୍ୟ ଅନୁଭବ କରାଯାଇପାରେ । ନିମ୍ନରେ ତେଣୁ କଥାକାର ରଜନୀକାନ୍ତ ମହାନ୍ତିଙ୍କର ଗଳ୍ପରେ ସ୍ୱାଭାବିକ ଭାବେ ଆସିଥିବା ଭାବବସ୍ତୁଗୁଡ଼ିକୁ ଆଲୋଚନା କରାଯାଇପାରେ ।

(କ) ପ୍ରେମ ପ୍ରସଙ୍ଗ:

ପ୍ରେମ: ସତ୍ୟ, ଶାଶ୍ୱତ, ଚିରସ୍ରୋତସ୍ୱିନୀ ଫଲ୍‌ଗୁ । ଏହା ଜନ୍ମ, ଜୀବନ ଓ ମରଣ ଭିତର ଦେଇ ବିରାମହୀନ ସ୍ରୋତରେ ଗତିକରି ଚାଲେ । ଯେଉଁଠି କିଛି ପାଇବାର ଆଶା ନଥାଏ, ତୃପ୍ତି କେବଳ ସମର୍ପଣରେ । ପ୍ରେମ ହେଉଛି ଏକ ମୁହୂର୍ତ୍ତ ସର୍ବସ୍ୱ। ପ୍ରାପ୍ତ ସକାଳର ସ୍ନିଗ୍ଧ କୁହୁଡ଼ି । ସୂର୍ଯ୍ୟର ରଙ୍ଗୀନ୍ ଉଷ୍ମ ବାସ୍ତବତାର କୋମଳ କିରଣ ତେଜରେ ଲୀନ ହୋଇଗଲେ ମଧ୍ୟ ଥାଏ ତାହାର ଆକର୍ଷଣ। ଯେଉଁଥିରେ ନିହିତ ଉଦ୍ଦିପନା, ଆବେଗ, ଉତ୍କଣ୍ଠା ଓ ଆକର୍ଷଣ । "ପ୍ରେମ ଅନିର୍ବାଣ । ଏହାର ଶିଖା ଭାସ୍ୱର । ଜଳନ୍ତା ଦୀପ ପରି ଏଥିରୁ ହୋଇଥାଏ ଆଲୋକର ବିକିରଣ ।"(୧)

ପ୍ରେମ ଅଣାୟତ ଏକ ଶକ୍ତି । ଏହାକୁ ଆୟତ କରିବାର ପ୍ରଚେଷ୍ଟା ସର୍ବଦା ଧ୍ୱଂସମୁଖୀ କରେ । ଆୟତ କରିବାର ଚେଷ୍ଟାରେ ବିଫଳ ହୋଇ ମାନବ କେବଳ ଦାସ ସାଜେ । ଏହାକୁ ବୁଝିବାର ଅଭିଷ୍ଟ ସାଧନାର୍ଥ ଯତ୍ନରେ ଆମେ ହଜିଯାଉ କେଉଁ ଏକ କଳ୍ପିତ ଦ୍ୱନ୍ଦ୍ୱାତ୍ମକ ଜଗତ ମଧ୍ୟରେ । ଯେଉଁଥିରେ ଥାଏ ଆନନ୍ଦ ତ ପୁଣି ବେଳେବେଳେ ନିରାନନ୍ଦ । "ପ୍ରେମ ଦୂରକୁ ନିକଟ କରେ- ଦୁର୍ଲଂଘ୍ୟକୁ ଲଂଘନ କରିବାର ଶକ୍ତି ଆଣିଦିଏ ।"(୨) "ପ୍ରେମରେ ପାପପୁଣ୍ୟ କିଛି ନାହିଁ । ପ୍ରେମ ହିଁ ଜୀବନ: ପ୍ରେମ-ହୀନ ଜୀବନ ମରଣର ନାମାନ୍ତର ମାତ୍ର ! ପ୍ରେମର ପବିତ୍ର ସ୍ପର୍ଶରେ ପାପ ମଧ୍ୟ ପୁଣ୍ୟରେ ପରିଣତ ହୋଇଯାଇପାରେ ।"(୩) ତେଣୁ ପ୍ରେମ ହେଉଛି ଜୀବନର ସର୍ବସ୍ୱ । ଯାହା ବିନା ଏ ପୃଥିବୀ ରଙ୍ଗହୀନ ଓ ରସହୀନ । ଯଦି ଜଗତରେ ପ୍ରେମର ଅବସାନ ନାହିଁ, ମୃତ୍ୟୁ ନାହିଁ, ଲୁପ୍ତ ହେବାର ଆଶଙ୍କା ନାହିଁ, ତାହେଲେ ମାନବ ଦ୍ୱାରା ସୃଷ୍ଟି ହେଉଥିବା ସାହିତ୍ୟରେ ପ୍ରେମ ଭଳି ଉପାଦାନ ରହିବ ହିଁ ରହିବ । ଏହି ପ୍ରେମ ଚେତନା ଯୁଗେ ଯୁଗେ ସାହିତ୍ୟ ଭିତରେ ତା'ର ଗୁରୁତ୍ୱକୁ ଜାହିର କରି ଆସିଛି । ପ୍ରାଚ୍ୟ ହେଉ ବା ପାଶ୍ଚାତ୍ୟ ସବୁ ସାହିତ୍ୟରେ ତାହାର ବିମଳ ରୂପ ପ୍ରତିଫଳିତ । ସାମାଜିକ ଆବେଦନ ଦୃଷ୍ଟିରୁ ପ୍ରଣୟର ସ୍ୱରୂପ ଭିନ୍ନ ହୋଇପାରେ କିନ୍ତୁ ସ୍ୱକୀୟ ସ୍ୱାତନ୍ତ୍ର୍ୟରୁ ପ୍ରେମ ଚେତନା କେବେ ଦୂରେଇ ଯାଇନାହିଁ କି କେବେ ଦୂରେଇ ଯିବାର ସମ୍ଭାବନା ମଧ୍ୟ ନାହିଁ । ପ୍ରେମ ନାମକ ଉପାଦାନ ସାହିତ୍ୟ ସର୍ଜନାର ଆଦ୍ୟ କାଳରୁ ସାହିତ୍ୟିକମାନଙ୍କୁ ଆକର୍ଷିକ କରି ଆସିଛି । ସାହିତ୍ୟର ବିବିଧ ବିଭାଗ ଭଳି କଥା ସାହିତ୍ୟରେ ମଧ୍ୟ 'ପ୍ରେମ' ପ୍ରସଙ୍ଗ ପ୍ରାୟତଃ କଥାକାରଙ୍କୁ ଆକର୍ଷିତ କରିଛି ଭିନ୍ନ ଭିନ୍ନ ପ୍ରେକ୍ଷାରେ ।

ଗାଳ୍ପିକ ଶ୍ରୀ ମହାନ୍ତିଙ୍କ ସୃଷ୍ଟି ସର୍ଜନାରେ ପ୍ରେମକୁ ନେଇ ରହିଛି ଅନେକ ସଫଳ ଗଳ୍ପ । 'ସମୁଦ୍ର', 'ସାକ୍ଷୀ ସାରଳା, ସାକ୍ଷୀ ଫକୀର ମୋହନ / ସପ୍ତଦୀପ ଛୁଇଁ ତ୍ରିବାର ଏ ସତ୍ୟମୋର / ମୁଁ କ୍ଷେପିବି ଶବ୍ଦଭେଦୀ ସୂର୍ଯ୍ୟାସ୍ତ ପୂର୍ବରୁ / ମୁକ୍ତି ଯଦି ନମିଳେ ଏଥର', 'ଅନୁଭବ କାହିଁକି ଦାଢ଼ି ବଢ଼େଇଚି', 'ବହ୍ନିପୁରୁଷ', 'ସୂର୍ଯ୍ୟସ୍ନାନ', 'ଲଗ୍ନାଧିପତି', 'ସ୍ୱପ୍ନରଙ୍କା', 'ଅଣ୍ଡରଓ୍ୱାର୍ଲଡ଼', 'ଭଦ୍ରାନଦୀର ଭଉଁରୀ', 'ଚିଠି ଚିରୁଥିବା ଝିଅ', 'ଅଛୁଆଁ ଝିଅ' ଆଦି ଗଳ୍ପ

ସଂପୂର୍ଣ୍ଣ ପ୍ରଣୟ ଭାବାଶ୍ରିତ ହୋଇଥିବା ବେଳେ 'ପିମ୍ପୁଡ଼ି', 'ଚନ୍ଦ୍ରଭାଗା', 'କୁହାନଳ', 'ଗୁଧାଡ଼ିବେଳ', 'ରଷି', 'କୁହୁଡ଼ି', 'କେତେ ପ୍ରହର କେତେ ସିନ୍ଦୁରା', 'ଜନପଥ' ଆଦି ଗଳ୍ପରେ ପ୍ରେମ ଏକ ଆନୁସଙ୍ଗିକ ବିଭବ ଭାବେ ପରିକଳ୍ପିତ । ପ୍ରେମକୁ ଆଧାର କରି ଗଳ୍ପଗୁଡ଼ିକ ପରିଣତିରେ ପହଞ୍ଚେ ନାହିଁ । କିନ୍ତୁ ଉକ୍ତ ଗଳ୍ପଗୁଡ଼ିକର ନାୟକ ନିଶ୍ଚୟ ଜଣେ ରସିକ ପୁରୁଷ । ପ୍ରେମିକା ପ୍ରତି ପ୍ରେମିକର ଆବେଗକୁ ହୃଦୟଙ୍ଗମ କରି ହୁଏ ଆଲୋଚିତ ପ୍ରତି ଗଳ୍ପର ସ୍ପନ୍ଦନରେ ।

କଥାକାର ରଜନୀକାନ୍ତ ମହାନ୍ତିଙ୍କ ଗଳ୍ପରେ ପ୍ରେମ ପ୍ରସଙ୍ଗକୁ ଲକ୍ଷ୍ୟ କଲେ ଦେଖାଯାଏ ଗଳ୍ପରେ ପ୍ରେମିକ, ପ୍ରେମିକା ଉଭୟ ଉଭୟଙ୍କ ପ୍ରତି ଅନୁପ୍ରେରିତ ନୁହେଁ । କେଉଁଠି ପ୍ରେମିକା, ପ୍ରେମିକ ସଙ୍ଗେ ଭବିଷ୍ୟତକୁ ଲକ୍ଷ୍ୟ କରି ଜୀବନ ବିତାଇ ନପାରିବାର ଆଶଙ୍କାକୁ ନେଇ ପ୍ରେମରୁ ପ୍ରତ୍ୟାବର୍ତ୍ତନ କରୁଛି ତ ପୁଣି କେତେବେଳେ ପ୍ରେମିକ ପ୍ରେମିକାକୁ ପ୍ରତାରିତ କରୁଛି । କଥାକାରଙ୍କ ପ୍ରଣୟଧର୍ମୀ ଗଳ୍ପଗୁଡ଼ିକରେ ସାଧାରଣତଃ ନାୟକର ପ୍ରାଧାନ୍ୟ ନାୟିକା ଅପେକ୍ଷା ଅଧିକ ଗୁରୁତ୍ୱପୂର୍ଣ୍ଣ । ସତେ ଯେପରି ପ୍ରେୟସୀ ଜଣକ ତା' ପ୍ରେମର ସଫଳତା ଓ ବିଫଳତା ପାଇଁ ସଂପୂର୍ଣ୍ଣ ନିର୍ଭରଶୀଳ ସେହି ପ୍ରେମିକ ପୁରୁଷ ଉପରେ ।

ଗାଳ୍ପିକ ଶ୍ରୀ ମହାନ୍ତି ପ୍ରେମର ବିମଳ ରୂପ ଆଙ୍କିଛନ୍ତି ସତ କିନ୍ତୁ ବେଳେବେଳେ ତାହା ପକ୍ଷପାତି ଓ ପୁରୁଷକୈନ୍ଦ୍ରିକ । କଳ୍ପନାର ଆତ୍ମକଥନ ଶୈଳୀରେ ଓ ତୃତୀୟ ପୁରୁଷୀୟ ଶୈଳୀରେ ପ୍ରଣୟକୁ ବର୍ଣ୍ଣନା କରିଛନ୍ତି ଗଳ୍ପ ପରିଧିରେ କଥାକାର । ପ୍ରଥମ ପୁରୁଷୀୟ ଶୈଳୀ ବା ଆତ୍ମକଥନ ଭଙ୍ଗୀରେ ଉପସ୍ଥାପିତ ଗଳ୍ପଗୁଡ଼ିକ ତୁଳନାରେ ତୃତୀୟ ପୁରୁଷ ଶୈଳୀରେ ରଚିତ ଗଳ୍ପଗୁଡ଼ିକ ହୃଦୟଗ୍ରାହୀ ଓ ସମୃଦ୍ଧ । ଏହା କୁହାଯାଇନପାରେ ଯେ ତୃତୀୟ ପୁରୁଷୀୟ ଶୈଳୀରେ ଉପସ୍ଥାପିତ ପ୍ରେମ ଗଳ୍ପଗୁଡ଼ିକ ରସଶୂନ୍ୟ । ଗଳ୍ପଗୁଡ଼ିକର କଥାବସ୍ତୁ ଅନୁଯାୟୀ ତା'ର ସ୍ୱକୀୟ ସ୍ୱତନ୍ତ୍ରତାରେ ଉକ୍ତ ବର୍ଗର ଗଳ୍ପଗୁଡ଼ିକ ମହିମାମଣ୍ଡିତ ।

କଥାକାର ଶ୍ରୀ ମହାନ୍ତିଙ୍କ ଗଳ୍ପ ପ୍ରେମ ଅପୂର୍ଣ୍ଣତାର କଥା ହିଁ କହିଛି । ଯେଉଁଠି ପ୍ରେମିକ ପ୍ରେମିକା ପାଇଁ ଅନୁପ୍ରେରିତ ହେଲାବେଳେ ପ୍ରେମିକା ଭବିଷ୍ୟତକୁ ନେଇ ସଚେତନ । କେତେବେଳେ ପ୍ରେମିକା ପ୍ରେମର ଦ୍ୱାହିରେ ନିଜର ଯୌବନକୁ ପ୍ରେମିକ ପାଖରେ ସମର୍ପିତ କରିଦେଲେ ମଧ୍ୟ ଅହେତୁକ ସାମାଜିକ ତାଡ଼ନାର ଭୟରୁ ସେ ମୁକ୍ତ ହୋଇପାରି ନାହିଁ। ତେଣୁ ଗଳ୍ପର ନାୟକ ନାୟିକାଙ୍କର ଚିରାଚରିତ ପ୍ରେମର ଆବେଗ, ମିଳନ, ବିଚ୍ଛେଦ ଓ ଶୃଙ୍ଗାରର ବର୍ଣ୍ଣନା ଅପେକ୍ଷା ସାମ୍ପ୍ରତିକ ବସ୍ତୁବାଦୀ ସମାଜର ପ୍ରେକ୍ଷାପଟ୍ଟ ଉପରେ ଆଶ୍ରିତ ଗଳ୍ପଗୁଡ଼ିକର ପ୍ରଣୟ ଭାବ ଅଧିକ ବସ୍ତୁଧର୍ମୀ ଓ ସମୟୋପଯୋଗୀ । ପ୍ରେମ ପାରମ୍ପରିକ ମିଳନ ଓ ବିଚ୍ଛେଦର ଅପେକ୍ଷା ରଖେ ନାହିଁ ତାଙ୍କରି ଗଳ୍ପରେ । ସେଥିପାଇଁ ଶ୍ରୀ ମହାନ୍ତିଙ୍କ ଗଳ୍ପରେ ଅନ୍ୟ ଗାଳ୍ପିକଙ୍କ ଗଳ୍ପ ତୁଳନାରେ ପ୍ରେମର ପରିଧି ଓ ପରିଣତି ବେଶ୍ ଭିନ୍ନ । ଗଳ୍ପ ମଧ୍ୟରେ ପ୍ରେମ ପାଇଁ ତ୍ୟାଗ ନାହିଁ ଅଛି ବସ୍ତୁବାଦୀ ଭୋଗ । କେତେବେଳେ ଗଳ୍ପପୁରୁଷ

ନାୟିକାର ପ୍ରେମ ପାଇଁ ସ୍ୱପ୍ନର ବିରହ ଯନ୍ତ୍ରଣାରେ ଜର୍ଜରିତ ଆଉ କେତେବେଳେ ସଚେତନତାର ସେହି ଯନ୍ତ୍ରଣାକୁ ଆମନ୍ତ୍ରଣ କରି ଏକ ଅଦ୍ଭୁତ ପ୍ରକାର ଆନନ୍ଦରେ ଆତ୍ମବିଭୋର ହୋଇଉଠେ । ଗାଳ୍ପିକଙ୍କର ଅଧିକାଂଶ ପ୍ରଣୟ ଚେତନାଧର୍ମୀ ଗଳ୍ପଗୁଡ଼ିକ ଭୋଗବାଦୀ ଦୃଷ୍ଟିକୋଣ ଦ୍ୱାରା ନିପୀଡ଼ିତ ତାହା ନୁହେଁ, ଅନେକ ଗଳ୍ପରେ ଭୋଗ ଅପେକ୍ଷା ତ୍ୟାଗର ଶାଶ୍ୱତ ରୂପକୁ ପରିପ୍ରକାଶ କରାଯାଇଛି । ଏପରିକି କେତୋଟି ଗଳ୍ପରେ ଆମ ସମାଜ ବ୍ୟବସ୍ଥାର ଶ୍ରେଣୀ ପାର୍ଥକ୍ୟକୁ ଭୂକ୍ଷେପ ନକରି ପ୍ରେମ ମାଧ୍ୟମରେ ଶ୍ରେଣୀ ସମନ୍ୱୟ ଉପରେ ଗୁରୁତ୍ୱ ଦିଆଯାଇଛି । ଏପରିକି ସାଧାରଣ ମୂଲିଆ ପରିବାରରେ ଜନ୍ମିତ ତାଙ୍କ ଗଳ୍ପ ନାୟକ ଉଚ୍ଚକୁଳ ଓ ସମ୍ଭ୍ରାନ୍ତ ପରିବାରର କନ୍ୟା ସହ ପ୍ରଣୟ ବନ୍ଧନରେ ଆବଦ୍ଧ ହୋଇଛନ୍ତି । ଶ୍ରୀ ମହାନ୍ତିଙ୍କ ପ୍ରଣୟ ଗଳ୍ପ ଗୁଡ଼ିକର ପରିଣତି ମିଳନାତ୍ମକ ନୁହେଁ ବିଚ୍ଛେଦଧର୍ମୀ ଏହା ସତ୍ୟ, ଏହି ବିଚ୍ଛେଦ ଯେ କେବଳ ପ୍ରେମିକ ପ୍ରେମିକାଙ୍କ ସଚେତନ ଦୃଷ୍ଟିଭଙ୍ଗୀକୁ ନେଇ ହୋଇଛି ତାହା ନୁହେଁ, ଏହା ମଧ୍ୟ ସାମାଜିକ ପ୍ରଥାକୁ ଆପଣେଇ ନେଇ ପରିବାରର ଗୁରୁଜନଙ୍କ ଦ୍ୱାହିରେ ତରୁଣ ତରୁଣୀଙ୍କ ମଧ୍ୟରେ ବିଚ୍ଛେଦ ଘଟିଛି ।

ପ୍ରେମ ସର୍ବଦା ମିଳନର ସ୍ୱାଗତ କରେ । ଯଦି ମିଳନ ନହୁଏ ତାହେଲେ ପ୍ରେମ ବିଖଣ୍ଡିତ ହୁଏ । ପ୍ରେମିକ ପ୍ରେମିକା ଉଭୟଙ୍କୁ ଗ୍ରାସ କରି ପକାଏ ହତାଶ । ସମୟସ୍ରୋତରେ ସଭ୍ୟତାର ପରିବର୍ତ୍ତନ ସଙ୍ଗେ ମଣିଷ ମାନବିକତାର ହୁଏ ପରିବର୍ତ୍ତନ । ମଣିଷ ଅଧିକ ସଚେତନ ହୁଏ । ଏଥି ନିମନ୍ତେ ବସ୍ତୁବାଦୀ ସମାଜରେ ପ୍ରେମର ସଂଜ୍ଞା ପ୍ରଦାନ କରିବା ବା ନିଜକୁ ଅନ୍ୟ ପାଇଁ ସମର୍ପି ଦେବାରେ ବିଶ୍ୱାସ ରଖେନାହିଁ । ବିଶ୍ୱାସ ରଖେ ନିଜର ଅସ୍ତିତ୍ୱକୁ ନେଇ ସମାଜରେ ତିଷ୍ଠି ପାରିବାର ଦାମ୍ଭିକତା । ସାମ୍ପ୍ରତିକ ସମୟରେ ଗଣମାଧ୍ୟମର ବହୁଳ ପ୍ରଚାର ଯୋଗୁଁ ଶିକ୍ଷିତ-ଅଶିକ୍ଷିତ ନିର୍ବିଶେଷରେ ସମସ୍ତେ ନିଜ ଜୀବନକୁ ନେଇ ଆଜିର ସମାଜସହ ପାଦ ମିଶାଇ ଉପସ୍ଥାପନା କରିପାରିବା ନିମନ୍ତେ ସଚେତନ । ତେଣୁ ପ୍ରେମିକା ନିଜର ପ୍ରେମିକକୁ ନେଇ ଦେଖିଥିବା ସ୍ୱପ୍ନ ଭବିଷ୍ୟତରେ ଭାଙ୍ଗି ନପଡୁ । ଆପାତତଃ ଗୋଟିଏ ଛୋଟ ପରିବାର ଚଳାଇବା ପାଇଁ ପ୍ରେମିକ ପାଖରେ ସେ ଦକ୍ଷତା ରହିବା ଆବଶ୍ୟକ । ଉକ୍ତ ଲକ୍ଷ୍ୟ ଆଜି ଶିକ୍ଷିତ ପ୍ରେମିକ ପ୍ରେମିକା ପାଖରେ ଭରପୁର । ତେଣୁ 'ଅନୁଭବ କାହିଁକି ଦାଢ଼ୀ ବଢ଼େଇଛି' ଗଳ୍ପରେ ତରୁଣୀ ପ୍ରେମିକା ଅସମାପିକା, ପ୍ରେମିକ ଅନୁଭବକୁ ନେଇ ଯେଉଁ ସୌରଭ ଢାଳିଥିଲା ତାହା କାଳକ୍ରମେ ଉଭେଇ ଯାଇଛି । ଅନୁଭବର ଅପାରଗତାକୁ ନେଇ ଅସମାପିକା ନିଜକୁ ନିଜେ ପ୍ରଶ୍ନ କରେ: "କଲେଜ ରାଜନୀତିରେ ଫେଲ୍ କରିଥିବା, ବି.ଏ.ରେ ମାର୍ଜିନରେ ପାସ୍ କରିଥିବା, କ୍ୟାରିଅର ଉପରେ ଗୋଟେ ନାଲିଛକି ମାରିଥିବା ଅନୁଭବକୁ ନେଇ ଯେଉଁ ସ୍ୱପ୍ନ ଦେଖାଯିବ, ତା'ର ଲମ୍ବ କେତେ ?"(୪) ଉକ୍ତ ପ୍ରଶ୍ନ ପାଖରେ ଅସମାପିକା ଛନ୍ଦି ହୋଇଛି । ପ୍ରେମର ଜୟ ହେଲେ ଭବିଷ୍ୟତ ଅନ୍ଧାର । ତେଣୁ ପ୍ରଶ୍ନର ଉତ୍ତର ତା' ପାଇଁ ଜଟିଳରୁ ଜଟିଳତର ହୋଇଛି । ପ୍ରତିଟି ଅକ୍ଷମ ପ୍ରେମିକ ଭଳି ଫିକା ପଡ଼ିଯାଇଛି

ତା'ର ପ୍ରେମ । ଅସମାପିକା ତା'ର ମନର ମଣିଷ ତରୁଣ ଅନୁଭବକୁ ମାନସପଟ୍ଟରୁ ପୋଛି ନପାରିଲେ ବି ନିଜ ହୃଦୟାବେଗ ଓ ଆତ୍ମାର ଆତ୍ମୀୟତାକୁ ପଛରେ ପକାଇ ଷ୍ଟାଟସ୍, ରେଙ୍କ୍, ଜାତି ଆଦିକୁ ସ୍ୱୀକାର ପୂର୍ବକ ସମ୍ମିଳିତ କରି ନେଇଛି । କିନ୍ତୁ ବିପରୀତ ଦିଗରେ ତରୁଣ ଅନୁଭବର ପ୍ରେମିକା ଅସମାପିକାପ୍ରତି ହୃଦୟାବେଗକୁ ଲକ୍ଷ୍ୟ କଲେ ଆଶ୍ଚର୍ଯ୍ୟ ଓ ଆନନ୍ଦର ମିଳିତ ଆଭା ଫୁଟି ଉଠେ । ଅନୁଭବ ପ୍ରେମରେ ଆବିଳତା ନାହିଁ ଅଛି ଆତ୍ମୀୟତା । କେଦାର ଗୌରୀ, ହୀରାରାଂଝା, ଲୈଲାମଜନୁଙ୍କ ପ୍ରେମର ସ୍ତରକୁ ଅତିକ୍ରମ କରିବା ପାଇଁ ବେଶୀଦୂର ନୁହେଁ, ମନେହୁଏ ଅନୁଭବର ପ୍ରେମ ।

ତରୁଣୀ ଅସମାପିକାର ପ୍ରେମ ହୋଇଯାଇଛି ବସ୍ତୁବାଦୀ । ବସ୍ତୁର ଲାଳସାରେ ପ୍ରେମ ଦୋଦୁଲ୍ୟମାନ । ଭବିଷ୍ୟତକୁ ନେଇ ଜୀବନ ବିତାଇବାର ଲକ୍ଷ୍ୟ, ଜାତି, ଆର୍ଥନୀତିକ ସ୍ଥିତି, ବୟସ ଆଦି ପାରମ୍ପରିକ ବୋଝକୁ ବୋହି ପାରିନାହିଁ ଅସମାପିକା । ତେଣୁ ତା ପ୍ରେମ ହୋଇପାରିନାହିଁ ପ୍ରଗାଢ଼, ଏକନିଷ୍ଠ, ଐକାନ୍ତିକ । ତେଣୁ ଉଭୟଙ୍କ ପ୍ରେମରେ ସାନ୍ନିଧ ଅପୂର୍ଣ୍ଣ ରହିଯାଇଛି । କଥାକାରଙ୍କ ଗଳ୍ପରେ ଭବିଷ୍ୟତକୁ ନେଇ କେବଳ ନାରୀ ସଚେତନ ନୁହେଁ; ତରୁଣ ପୁରୁଷ ମଧ୍ୟ ପାରିବାରିକ ଅସହାୟତା ଓ ଉଦାସୀନତାକୁ ନେଇ ଦାରିଦ୍ର୍ୟରୁ ମୁକ୍ତି ଓ ସୌଖିନ ଜୀବନ ବିତାଇବା ପାଇଁ ହୁଏ ସଚେତନ । ଏଣୁ ତରୁଣ, ତରୁଣୀ ମଧ୍ୟରେ ଅତିଶୟ ପ୍ରଣୟ ଥିଲେ ମଧ୍ୟ ପ୍ରେମିକ ପ୍ରେମରୁ ହୁଏ ନିବୃତ୍ତ । ତେଣୁ 'କେତେ ପ୍ରହର କେତେ ସିନ୍ଦୁରା' ଗଳ୍ପରେ ବିଧବା ମା' ଯୂଇ ଗାଁ ଗାଁ ବୁଲି କୁଳ ବେଉସାକୁ ନେଇ ମାଛ ବିକି ସେ ଟଙ୍କା, ପରିବାର ଓ ପୁଅ ଅରୁଣର ପାଠପଢ଼ାରେ ଖର୍ଚ୍ଚ କରିଛି । ମା'ର ଦୁଃଖ ପରିଶ୍ରମକୁ କେଉଁ ପୁଅ କ'ଣ ସହ୍ୟ କରିପାରିବ ? ତେଣୁ ପୁଅ ଅରୁଣ ମା' ଯୂଇର କର୍ମକୁ ନେଇ ସଚେତନ ହୁଏ । ପ୍ରେରଣା ପାଏ । ନିଜର ମୋହକୁ ନିନ୍ଦା କରି ନିଜକୁ ସୁଦୃଢ଼ କରିନିଏ । ଏଥିପାଇଁ ପ୍ରେମିକା ତରୁଣୀ ସୁଜାତାକୁ ମନେ ପକାଇ ଅରୁଣ ଭାବିନିଏ, "ସୁଜାତା ସହ ପାର୍କରେ ଘଣ୍ଟା ଘଣ୍ଟା କଟେଇବନି । ରାତିରେ ସୁଜାତା ଓ ସେ ଦୁହେଁ ସମୁଦ୍ର କୂଳରେ: ଏ ସ୍ୱପ୍ନ ଦେଖିବନି । ପଢ଼ିବ । ଖାସ୍ ପଢ଼ିବ । କିଛି ବନିବ । ଏମିତି ଏକ ଶପଥ ନେଇ ନିଏ ।"[୫] ତରୁଣ ପୁରୁଷ ଏପରି ଚିନ୍ତାଧାରାକୁ ଆପଣେଇ ନିଏ କାରଣ ଅଧୁନା ମଣିଷ ପ୍ରଥମେ ନିଜର ସ୍ଥିତିକୁ ଦେଖେ । ଆମ ଶରୀରରେ, ଆତ୍ମାରେ ଗୋଟିଏ ବିଶ୍ୱାସ ଜନ୍ମେ (We develop some kind of faith within) ସେତେବେଳେ, ଯେତେବେଳେ ଆମେ ହୃଦୟଙ୍ଗମ କରୁ ଆମର ଭବିଷ୍ୟତ, ଆମର ଜୀବନ ଶୈଳୀ ବଞ୍ଚାଇ ରଖିବା ପାଇଁ ଆମେ ସକ୍ଷମ । ଆମେ ପାରଙ୍ଗମ । ସେହି ସମୟରୁ କାହାରିକୁ ବି ବିଶ୍ୱାସ ଦେଇହୁଏ ଯେ ମୋର କର୍ତ୍ତବ୍ୟ, ମୋର କର୍ମ ଗ୍ରହଣଯୋଗ୍ୟ । ମୋର ବିଶ୍ୱାସ ଫମ୍ପା ନୁହେଁ । ଏଥି ନିମନ୍ତେ ସାମ୍ପ୍ରତିକ ସମୟରେ ପ୍ରେମିକ ପ୍ରେମିକା ଉଭୟ ଜୀବନ ଅତିବାହିତ କରିବାକୁ ନେଇ ଖୁବ୍ ସଚେତନ । ଗାଳ୍ପିକ ରଜନୀକାନ୍ତ

ମହାନ୍ତି ତରୁଣ ତରୁଣୀଙ୍କ ପ୍ରେମକୁ ହୃଦୟଙ୍ଗମ କରିଛନ୍ତି । ସେ କେବଳ ପ୍ରେମ ପ୍ରସଙ୍ଗରେ ବସ୍ତୁଲାଳସା ଦେଖାଇ ନାହାନ୍ତି । ପ୍ରେମର ଆନ୍ତରିକତା, ଅନ୍ତରଙ୍ଗତା, ଅନୁରାଗକୁ ମଧ୍ୟ ଦେଖାଇଛନ୍ତି ଗଳ୍ପ ମଧ୍ୟମରେ ।

କଥାକାର ରଜନୀକାନ୍ତ ମହାନ୍ତିଙ୍କ ଗଳ୍ପରେ ଦୁଇ ପ୍ରକାରର ପ୍ରଣୟ ପ୍ରସଙ୍ଗକୁ ଦେଖାଯାଇପାରେ । ପ୍ରଥମତଃ 'ପ୍ରାଗମା' (Pragma), ଆବେଗ ବିହୀନ ଯୁକ୍ତି ସଙ୍ଗତ ପ୍ରେମ (Emotionless Logical love), ଦ୍ୱିତୀୟତଃ 'ଏଗେପ୍' (Agape) ନିଃସ୍ୱାର୍ଥପର ଓ ସର୍ତ୍ତବିହୀନ ପ୍ରେମ (Selfless and unconditional love) । ମଣିଷ ସର୍ବଦା ବାସ୍ତବତାର ଅନୁଗାମୀ। ତେଣୁ ବାସ୍ତବ ଦୃଷ୍ଟିକୋଣ ଜନିତ ପ୍ରେମ (Pragmatic)କୁ ତରୁଣ ତରୁଣୀ ଗ୍ରହଣ କରିବା ସ୍ୱାଭାବିକ । ଉକ୍ତ ପ୍ରେମରେ ଜିଜ୍ଞାସା, ଲାଳସା, ସଂଯୋଗ ଥାଇପାରେ କିନ୍ତୁ ଏହା ପୂର୍ଣ୍ଣ ହେଲେ 'ଏଗେପ୍' ପ୍ରେମଠାରୁ ଦୀର୍ଘଜୀବୀ । କାରଣ ଏଥିରେ ତର୍କ ଥାଏ। ଭଲମନ୍ଦକୁ ବିଚାର କରି ପ୍ରେମ ଗତି କରିଥାଏ । ଯେଉଁଥିରେ ତରୁଣ ତରୁଣୀ ବା ପ୍ରେମିକ ପ୍ରେମିକା ମଧ୍ୟରେ ଇଚ୍ଛାଶକ୍ତି ଓ ବୌଦ୍ଧିକତାର ତର୍ଜମା ହୁଏ । ପରିଣତି ଯାହା ହୁଏ ତାହା ଉଭୟ ପ୍ରେମିକ ପ୍ରେମିକା, ପରିବାର ପାଇଁ ମଙ୍ଗଳମୟ ହୋଇଥାଏ । ଏହା ସଂପର୍କରେ ଗ୍ରୀକ୍ ଦର୍ଶନଶାସ୍ତ୍ରବିଦ୍ ରାନିଆ ନାଏମ୍ (Rania Naim) କହନ୍ତି – "Pragma was the highest form of love; the commitment that comes from understanding, compromise and tolerance. It is pragmatic this is way it is referred to as "Standing in Love" rather then "Falling in Love" because it grows over time and requires profound understanding between lovers who have been together for many years. "[୬] ତେଣୁ ପ୍ରତିଶ୍ରୁତିବଦ୍ଧ, ଉପଯୁକ୍ତ ବୁଝାମଣା, ସହିଷ୍ଣୁତା ସେହି ବ୍ୟକ୍ତି ପାଖରେ ଆସେ ଯିଏ ଶିକ୍ଷିତ । ସେ ବିଚାରପୂର୍ଣ୍ଣ ଭାବରେ ସମସ୍ତ କର୍ମକୁ ସୁଚାରୁ ରୂପେ ତୁଲାଇଥାଏ । ତେଣୁ କଥାକାର ଶ୍ରୀମହାନ୍ତିଙ୍କ ଗଳ୍ପରେ ନାୟକ ନାୟିକା ଉଭୟ ଶିକ୍ଷିତ । ସେହିଭଳି ଚରିତ୍ରମାନଙ୍କ ପାଖରେ ପ୍ରାଗମାଟିକ୍ ପ୍ରେମ ଆସିବା ସ୍ୱାଭାବିକ । ପ୍ରାଗାମାଟିକ୍ ପ୍ରେମ ସମାଜ ପାଇଁ ସ୍ୱାର୍ଥବାଦୀ ପ୍ରେମ ହୋଇପାରେ କିନ୍ତୁ ଉକ୍ତ ପ୍ରଣୟ କାଳକ୍ରମେ ସମୟ ସ୍ରୋତରେ ନିଃସ୍ୱାର୍ଥପର ପ୍ରଣୟରେ ପରିଣତ ହୋଇଯାଏ ।

ଗାଳ୍ପିକ ଶ୍ରୀ ମହାନ୍ତିଙ୍କ ଗଳ୍ପରେ ପ୍ରେମ ପ୍ରସଙ୍ଗ ଗତି କଲାବେଳେ ବାସ୍ତବ ଦୃଷ୍ଟିକୁ ନେଇ ପ୍ରେମିକ ଯେତେବେଳେ ସଚେତନ ହୁଏ, ପ୍ରେମ ସ୍ୱତଃସ୍ଫୂର୍ତ୍ତ ଭାବରେ ଭାଙ୍ଗିଯାଏ । କାରଣ ପ୍ରେମିକା ପାଇଁ ଆବଶ୍ୟକ ମୁତାବକ ସାମଗ୍ରୀ ପ୍ରେମିକ ପାଖରେ ମହଜୁଦ ନଥାଏ । ପ୍ରେମିକା ପାଖରେ ଉକ୍ତ ସାମଗ୍ରୀର ଲାଳସା ତରୁଣ ପୁରୁଷ ହୃଦୟଙ୍ଗମ କରିପାରେ, ସେଥିପାଇଁ 'ସାକ୍ଷୀ ସାରଳା, ସାକ୍ଷୀ ଫକୀର ମୋହନ / ସପ୍ତଦୀପ ଛୁଇଁ ତ୍ରିବାର ଏ ସତ୍ୟ ମୋର / ମୁଁ କ୍ଷେପିବି ଶବ୍ଦଭେଦୀ ସୂର୍ଯ୍ୟାସ୍ତ ପୂର୍ବରୁ / ମୁକ୍ତି ଯଦି ନ ମିଳେ ଏଥର' ଗଳ୍ପରେ ପ୍ରେମିକ

ପୁରୁଷ ଛାୟାକାନ୍ତ ନିଜ ପ୍ରେମିକା ସ୍ୱପ୍ନଦତ୍ତାର ଭାବନାକୁ ନେଇ ବ୍ୟକ୍ତ କରେ; "ସ୍ୱପ୍ନଦତ୍ତା ଯେମିତି ମୋତେ ଗୋଟେ ଓଟ ଭଳି ଦେଖିବାକୁ ଚାହୁଁଛି ଅବା ବିଚାରୁଛି । ଓଟର କୁଜ ହେଉଛି ଓଟର ନିରାପତ୍ତା, ବ୍ୟାଙ୍କ୍ ବାଲାନ୍ସ । କ୍ଷୁଧା, ଶୋଷ ମେଣ୍ଟରେ ମହଜୁଦ ଖାଦ୍ୟ ! ସ୍ୱପ୍ନଦତ୍ତା ମୋ ପାଖରୁ ସେଇ ନିରାପତ୍ତା ଖୋଜୁଛି, ଖୋଜିଛି ସାମାଜିକ ଓ ଆର୍ଥିକ ସ୍ୱାଚ୍ଛନ୍ଦ୍ୟ ।"[୭] ଏଥି ନିମନ୍ତେ ଛାୟାକାନ୍ତକୁ ସ୍ୱପ୍ନଦତ୍ତା କହିଛି : "ତମର ସବୁ ଅଛି କିନ୍ତୁ କମ୍ପିଟିଟିଭ୍ ଏକ୍‌ଜାମ୍, ଉଚ୍ଚ ଚାକିରି, ଏତକ ତୁମେ ହାସଲ କଲେ କେମିତି ହୁଅନ୍ତା ।"[୮] କିନ୍ତୁ ଛାୟାକାନ୍ତ ସ୍ୱପ୍ନଦତ୍ତାର ବାସ୍ତବ କର୍ମକୁ ଜାଣି ସଚେତନ ଭାବରେ ପ୍ରତ୍ୟାଖ୍ୟାନ କରିଛି ନିଜର ପ୍ରେମକୁ । ଯେଉଁଠି ପ୍ରେମ ପରିଣତିରେ ପହଞ୍ଚି ପାରିନାହିଁ କିନ୍ତୁ ଅତୀତର ଆବେଗକୁ ନେଇ ଉଭୟ ଛାୟାକାନ୍ତ ଓ ସ୍ୱପ୍ନଦତ୍ତା ଚିନ୍ତିତ ।

ଉଭୟ ଯେହେତୁ ତରୁଣ ତରୁଣୀ, ପ୍ରେମିକ ପ୍ରେମିକା ତେଣୁ ତାଙ୍କର ବିରହରେ ବିଷାଦ ଆସିବ ହିଁ ଆସିବ । ନିଜର ନିଃସଙ୍ଗତା, ଅସହାୟତା ଓ ଉଦାସୀନତାକୁ ନେଇ ସେମାନଙ୍କର ସ୍ମୃତି ଓ ସ୍ୱପ୍ନ ଗଳ୍ପକୁ ଆକର୍ଷଣୀୟ କରିବ । ସେମାନେ ଜୀବନ ବିତାଇବାର ସ୍ୱାର୍ଥପର ମାର୍ଗ ଖୋଜି ପାରନ୍ତି କିନ୍ତୁ ଉଭୟଙ୍କ ପାଖରେ ବିରହର ଯନ୍ତ୍ରଣା ଉଭୟଙ୍କୁ ଆବଦ୍ଧ କରିବ । ସେଥିପାଇଁ ଆଲୋଚ୍ୟ ଗଳ୍ପରେ ବିରହୀ ସାଜେ ସ୍ୱପ୍ନଦତ୍ତା । କହିପକାଏ : "ବାହା ହେବି ନିଶ୍ଚୟ, କିନ୍ତୁ ଯାହାକୁ ବାହାହେବି, ସେ ହିଁ ଛାୟାକାନ୍ତ । ସେ ଯଦି ମଦ୍ୟପ, ସେ ମୋ ଛାୟାକାନ୍ତ । ସେ ଯଦି ଲମ୍ପଟ, ସେ ବି ଛାୟାକାନ୍ତ । ସେ ଯଦି ଜୁଆଡ଼ି, ସେ ବି ସେଇ ଛାୟାକାନ୍ତ ।"[୯] ଏଠାରେ ଓଟ ପ୍ରତୀକିତ କରେ ସାମାଜିକ ଓ ଆର୍ଥିକ ସ୍ୱାଚ୍ଛନ୍ଦ୍ୟ । ଲାଳସା ଯୋଗୁଁ ପ୍ରେମରେ ହୁଏ ବିଚ୍ଛେଦ କିନ୍ତୁ ସେହି ପ୍ରେମିକା ସ୍ୱପ୍ନଦତ୍ତା ମନର ମଣିଷକୁ ଭୁଲି ପାରେ ନାହିଁ । ସେ ଯାହାକୁ ବିବାହ ହେବ, ଯାହା ହାତ ଧରି ସାରା ଜୀବନ ଚାଲିବ ସେ ପୁରୁଷକୁ ନିଜର ପ୍ରେମିକ ଛାୟାକାନ୍ତ ଭାବରେ ଗ୍ରହଣ କରି ନେବ । କୌଣସି ନାରୀ ହେଉ ବା ପୁରୁଷ ସେ ତା'ର ମନର ମଣିଷକୁ କେବେ ଭୁଲି ପାରେନା । ସେଥିପାଇଁ 'ଲଗ୍ନାଧିପତି' ଗଳ୍ପରେ ତରୁଣ ପୁରଞ୍ଜନ ତ୍ରସ୍ତ ଶଙ୍କାକୁଳ ଅସ୍ଥିରତା ମଧ୍ୟରେ ବିଫଳ ପ୍ରେମିକ ସାଜି ଜୀବନ ବିତାଇଲେ ମଧ୍ୟ ନିଜର ବନ୍ଧୁ ଅନୁପମକୁ ବିବାହ କରିଥିବା ନିଜ ପ୍ରେମିକା ଅଜନ୍ତାର ପ୍ରସବ ବେଳେ ସଂପୂର୍ଣ୍ଣ ସାହଯ୍ୟ କରେ । ଅଜନ୍ତାର ପ୍ରସବ ଜନିତ ଅସ୍ତ୍ରୋପଚାର ବେଳେ ନିଜେ ପୁରଞ୍ଜନ ରକ୍ତଦାନ କରେ ଅତୀତର ପ୍ରେମିକା ଓ ବର୍ତ୍ତମାନର ବନ୍ଧୁପତ୍ନୀ ଅଜନ୍ତାକୁ । କାରଣ ପ୍ରେମରେ ସର୍ବଦା ମିଳନରେ ଆତ୍ମୀୟତା ଥାଏ ଆଉ ବିଚ୍ଛେଦରେ ମୃତ୍ୟୁ, ତାହା ନୁହେଁ । ପ୍ରେମ ସର୍ବଦା ଜୀବିତ । ତାହାର ମୃତ୍ୟୁ ଅସମ୍ଭବ । ଯିଏ ପ୍ରେମ କରେ ସେମାନଙ୍କର କୌଣସି ତ୍ରୁଟି ଯୋଗୁଁ ହେଉ ବା କୌଣସି ବାଧାବିଘ୍ନ ଯୋଗୁଁ ପ୍ରଣୟ ମିଳନ ନହୋଇ ବିଚ୍ଛେଦ ହେଉ କିମ୍ବା ପ୍ରେମିକ ପ୍ରେମିକା ଉଭୟ ନିଜର ଭବିଷ୍ୟତକୁ ଲକ୍ଷ୍ୟ କରି ପ୍ରେମ କ୍ଷେତ୍ରରେ ବିଚ୍ଛେଦ ହେଲେ ମଧ୍ୟ ସେହି

ଆତ୍ମୀୟତା, ଯାଚନା ମଧ୍ୟରୁ କେବେ ପ୍ରେମିକ ପ୍ରେମିକା ଓହରି ପାରନ୍ତି ନାହିଁ । ନିଜର ମାନବୀୟ ଗୁଣାବଳୀକୁ ନେଇ ଉଭୟ ସମାଜ ଆଗରେ ପ୍ରକାଶିତ ହୁଅନ୍ତି ।

ବିଶ୍ୱ ଆଜି ଗୋଟିଏ ଗ୍ରାମରେ ପରିଣତ ହୋଇଛି । ବୈଷୟିକ ଶିକ୍ଷା ତଥା କମ୍ପ୍ୟୁଟରୀକରଣ ଓ ଉନ୍ନତ ଆଧୁନିକ ଇଣ୍ଟରନେଟ୍ ଯୁଗର ମଣିଷ ନିଜର ଅସ୍ତିତ୍ୱକୁ ନେଇ ହୋଇଛି ସଜାଗ । କାରଣ ପ୍ରତି ମୁହୂର୍ତ୍ତରେ ସେ ବିଶ୍ୱର କୋଣେ ଅନୁକୋଣେ ସମସ୍ତ ସମସ୍ୟାକୁ ଦେଖୁଛି । ତେଣୁ ନିଜକୁ ସେହିଭଳି ସମସ୍ୟାଠାରୁ ଦୂରେଇ ରଖିବା ପାଇଁ ସାଜୁଛି ଜାଗ୍ରତ ପ୍ରହରୀ । କେହି ମଣିଷ ଚାହେଁନା କାଳନାଗକୁ ଅଣ୍ଟିରେ ପୂରେଇ ଜୀବନ ବିତାଇବା ପାଇଁ । ପ୍ରେମ ପ୍ରସଙ୍ଗରେ ଶିକ୍ଷିତ ତରୁଣ ତରୁଣୀ ବିଶ୍ୱରେ ପ୍ରେମକୁ ନେଇ ଭବିଷ୍ୟତରେ ଦେଖା ଦେଉଥିବା ଭୟଙ୍କର ଦୁର୍ଘଟଣା ଯୋଗୁଁ ଉଭୟ ସଚେତନ ହୋଇଯାଉଛନ୍ତି । ସେଥିପାଇଁ ଉଭୟଙ୍କ ମଧ୍ୟରେ ଆବେଗବିହୀନ ଯୁକ୍ତିସଂଗତ ପ୍ରେମ (Pragmatic Love) ଗଢ଼ି ଉଠୁଛି । ଯେପରି ଗାଳ୍ପିକ ଶ୍ରୀ ମହାନ୍ତି 'ଗୁଧାଡ଼ି ବେଳ' ଗଳ୍ପରେ କହୁଛନ୍ତି ପୁରନ୍ଦର ସୈନିକ ହୋଇ ଦେଶ ପାଇଁ ଲଢ଼ିବାକୁ ଚାଲିଯିବାର, "ଖବର ଶୁଣି ତା'ର ପ୍ରେମିକା ସଲିଳା ଆଉ ଜଣଙ୍କୁ ବାହା ହୋଇପଡ଼ିଲା । ଆକାଶରେ ମେଘର ଘନଘଟା ଆସର ଦେଖି କିଏ ବା ଆଶଙ୍କା ନକରିବ ଯେ ବର୍ଷା ହେବ ବୋଲି ।"(୧୦) ତରୁଣୀ ପ୍ରେମିକା ସଲିଳା ଉକ୍ତ ପରିସ୍ଥିତିକୁ ନେଇ ସତର୍କ । ପୁରନ୍ଦରର କର୍ମକୁ ନେଇ ସଲିଳା ନିଶ୍ଚୟ ଦ୍ୱନ୍ଦ୍ୱରେ ପଡ଼ିଥିବ । ହୁଏତ ଯୁଦ୍ଧରେ ଅନେକ ସୈନିକଙ୍କ ପରି ବିରୋଧୀ ଦେଶର ଶତ୍ରୁ ସୈନିକଙ୍କ ଦ୍ୱାରା ମୃତ୍ୟୁ ଲଭିପାରେ ପୁରନ୍ଦର । ଯଦି ପୁରନ୍ଦରର ମୃତ୍ୟୁ ହୁଏ ତାହେଲେ ସମସ୍ତ ବିଧବା ନାରୀଙ୍କ ଭାଗ୍ୟ ପରି ସଲିଳା ସମାଜରେ ଜୀବନ ବିତାଇବ । ଜୀବନକୁ ଦୁଃଖଦ ନକରି ଅନ୍ୟକୁ ବିବାହ କରି ସୁଖମୟ କରିବାକୁ କିଏ କାହିଁକି ନ ଚାହିଁବ ? ତେଣୁ ପୁରନ୍ଦରର ଜୀବନସାଥୀ ନହୋଇ ସଲିଳା ବିବାହ କରେ ଅନ୍ୟ ପୁରୁଷକୁ । ତେଣୁ ଆଲୋଚିତ ପ୍ରେମ ପ୍ରସଙ୍ଗକୁ ଆବେଗ ବିହୀନ ଯୁକ୍ତିସଙ୍ଗତ ପ୍ରେମ କୁହାଯାଇପାରେ, ଯେଉଁଠି ପ୍ରେମିକା ସଲିଳା ଦ୍ୱନ୍ଦ୍ୱାତ୍ମକ ଜୀବନ ବଞ୍ଚିବା ଶୈଳୀରୁ ସତର୍କ ଭାବରେ ମୁକ୍ତ ।

ଗାଳ୍ପିକ ରଜନୀକାନ୍ତ ମହାନ୍ତିଙ୍କ ଗଳ୍ପରେ ଏବେ ପର୍ଯ୍ୟନ୍ତ ପ୍ରଣୟ ପ୍ରସଙ୍ଗକୁ ଅନୁଧ୍ୟାନ କଲେ ଅନୁଭବ ହୁଏ ଉଭୟ ପ୍ରେମିକ ପ୍ରେମିକାଙ୍କ ମଧ୍ୟରେ ରହିଛି ଅନେକ ତାରତମ୍ୟ । ଯେପରି ପୁରୁଷର ପ୍ରେମ ନିଃସ୍ୱାର୍ଥପର, ସର୍ତ୍ତବିହୀନ ହେଲାବେଳେ ନାରୀର ପ୍ରେମ ସ୍ୱାର୍ଥଯୁକ୍ତ, ଯୁକ୍ତିସଂଗତ ପ୍ରେମ । କିନ୍ତୁ ଉକ୍ତ ପ୍ରସଙ୍ଗ ଗଳ୍ପରେ ସମସ୍ତ ପ୍ରେମ ପ୍ରସଙ୍ଗ ଉପସ୍ଥାପନାରେ ନିହିତ ନୁହେଁ, ଗଳ୍ପରେ ପ୍ରେମିକ ପ୍ରେମିକାଙ୍କ ମଧ୍ୟରେ ତ୍ୟାଗ ପ୍ରସଙ୍ଗ ପରବର୍ତ୍ତୀ ଆଲୋଚନା ପ୍ରସଙ୍ଗରେ ଦେଖାଇ ଦିଆ ହୋଇଛି । କିନ୍ତୁ ଆଲୋଚିତ ପ୍ରସଙ୍ଗରେ ଦେଖାଯାଇପାରେ ଯେ, ପ୍ରେମିକାର ବିଚ୍ଛେଦକୁ ନେଇ ପ୍ରେମିକ ଆସକ୍ତି ଜଡ଼ିତ ଓ ଆଶଙ୍କାଗ୍ରସ୍ତ । ଅସହାୟ ଓ ନିଃସଙ୍ଗ ଜୀବନକୁ ନେଇ 'ସ୍ୱପ୍ନରଙ୍କା' ଗଳ୍ପରେ ଗଳ୍ପନାୟକ କହେ, "ମୁଁ ସ୍ୱପ୍ନ ଦେଖେ, ନଈ କୂଳରେ

ଖରାଦିନ ସଂଜରେ ମୋ ପ୍ରେମିକା ସଂଜୁର କୋଳରେ ମୁଣ୍ଡ ରଖି ମୁଁ ଜହ୍ନକୁ ପିଇ ଯାଉଛି ଅଥଚ ସେ ଏବେ ତିନୋଟି ସନ୍ତାନର ମାଆ ହେଇ ନିଜ ସଂସାର ସହ ଯୁଝୁଛି ।"[୧୧] ପ୍ରେମରେ ହୋଇଛି ବିଛେଦ କିନ୍ତୁ ପ୍ରେମିକ ଗଳ୍ପ ପୁରୁଷ ପ୍ରେମିକାର ବୈବାହିକ ଜୀବନକୁ ନେଇ ଆଶଙ୍କାଗ୍ରସ୍ତ ହୋଇ ନିଜର ଅବଚେତନ ମନରେ ସ୍ୱପ୍ନ ଦେଖି ନିଜର ମା'କୁ କହେ,"ବୋଉ ! ମୁଁ ଆଜି ସ୍ୱପ୍ନ ଦେଖିଲି ସଂଜୁର ସ୍ୱାମୀ ସଂଜୁକୁ ଲୁହା ରଡ୍‌ରେ ମାରି ତା' ମୁଣ୍ଡ ଛତୁ କରିଦେଲା । ସେତେବେଳକୁ ସେ ଚିତ୍କାର କରୁଥିଲା, ହାରାମଜାଦୀ, ଯାହାକୁ ଭଲ ପାଇଥିଲୁ ତାକୁ ବାହା ନହେଇ ମୋତେ ପତି ସୁହାଗ ଦେଖେଇ ହେଉଛୁ ?"[୧୨] ପ୍ରଣୟ କ୍ଷେତ୍ରରେ ପ୍ରତାରଣା, ପ୍ରବଞ୍ଚନା, ଘୃଣା କି ତାଚ୍ଛଲ୍ୟ କେବେ ଆସେ ନାହିଁ । ପ୍ରେମିକା ଅନ୍ୟ ପୁରୁଷକୁ ବିବାହ କରିଲେ ମଧ୍ୟ ପ୍ରେମିକର ଅବଚେତନ ମନ ସେହି ଆତ୍ମୀୟତାକୁ ଖୋଜେ । ଖୋଜିବା ମଧ୍ୟରେ ଥାଏ ସମ୍ବେଦନଶୀଳ ଆବେଗ ପ୍ରବଣତା । ଯାହା ଫଳରେ 'ସ୍ୱପ୍ନରଙ୍କା' ଗଳ୍ପର ଗଳ୍ପନାୟକ ଭଳି ପ୍ରେମିକାକୁ ନେଇ ତରୁଣ ପ୍ରେମିକ ଦୁଃସ୍ୱପ୍ନ ଦେଖେ । ସେହିଭଳି 'ଭଦ୍ରା ନଦୀର ଭଉଁରୀ' ଗଳ୍ପରେ ଭଦ୍ରାର ସ୍ୱାମୀ ଆଦିତ୍ୟ ଏବଂ ପାଖରେ ସନ୍ତାନ ଥିଲେ ମଧ୍ୟ ତା'ର ପ୍ରେମିକ ଦେବକୁ ସ୍ୱପ୍ନ ଦେଖେ । "ଭଲପାଇବା ଆଉ ବାହାଘର ଦିଟା ଅଲଗା ଅଲଗା କଥା । ପ୍ରଥମଟି ପୃଥିବୀରେ କ୍ୱଚିତ ମିଳୁଛି ଏବଂ ଦ୍ୱିତୀୟଟି ଜୀବନରେ ବହୁବାର ଘଟୁଛି । ସେଇଟା ମନ୍ତ୍ର ପଢ଼ିହେଉ, କୋର୍ଟରେ ହେଉ ।"[୧୩] କିନ୍ତୁ ପ୍ରେମିକ ପ୍ରେମିକା ଉଭୟ ପ୍ରେମକୁ କେବେ ଭୁଲି ପାରିବେ ନାହିଁ । ଏଥିପାଇଁ ଗାଳ୍ପିକ ଶ୍ରୀ ମହାନ୍ତି କୁହନ୍ତି : "ଯେଉଁ ପରିବେଶ ପରିସ୍ଥିତିରେ ପ୍ରେମ ଯାହା ମାଗେ, ଯାହା ଆହ୍ୱାନ କରେ, ତାକୁ ପୂରଣ କରାନଗଲେ, ପ୍ରେମ ନିଜେ କାଙ୍ଗାଳ ହୋଇଯାଏ । ପ୍ରେମିକ, ପ୍ରେମିକା, ଅବସାଦ ଓ ନୈରାଶ୍ୟର ଜ୍ୱାଳାରେ ସନ୍ତୁଳି ଯାଆନ୍ତି ।"[୧୪] ଯେପରି ଆଲୋଚ୍ୟ ଗଳ୍ପରେ ଭଦ୍ରା ଚରିତ୍ର । ପ୍ରେମିକ ଦେବଠାରୁ ଦୂରେଇ ଯାଇ ଆଦିତ୍ୟ ସଙ୍ଗେ ଘର ସଂସାର କରିଥିଲେ ମଧ୍ୟ ଆଶା ମୁତାବକ ଦେବ ପାଖରେ ସ୍ୱାଧୀନତା ଓ ନିର୍ଭୀକତା ପାଇବା ପାଇଁ ଯେଉଁ ସ୍ୱପ୍ନ ଦେଖିଥିଲା ତାହା ନିଜ ସ୍ୱାମୀଠାରୁ ପାଇପାରିନାହିଁ ଭଦ୍ରା । ଏଥିପାଇଁ ମନର ମଣିଷ ଦେବକୁ ସ୍ୱପ୍ନ ଦେଖୁଛି ସେ । କଥାକାର ରଜନୀକାନ୍ତ ମହାନ୍ତି ପ୍ରେମକୁ ଏକ ଦେବଦାରୁ ଗଛ ସହ ତୁଳନା କରି ପ୍ରତୀକାତ୍ମକ ଢଙ୍ଗରେ ଉପସ୍ଥାପନା କରିଛନ୍ତି । ଯେଉଁଠି ଭଦ୍ରାର ପ୍ରେମ ଭାଙ୍ଗିଗଲା ଭଳି ଦେବଦାରୁ ଗଛର ଡାଳ ଭାଙ୍ଗି ଯାଉଛି ଏବଂ ଗଛଟି ଦେବର ପ୍ରତୀକ ଭାବେ କହିଦେଉଛି 'ସବୁ ଭୁଲିଗଲ' । ପ୍ରେମ ଓ ସ୍ୱାଧୀନତା ଉଭୟ ଯୋଗୁଁ ଭଦ୍ରା ନୈରାଶ୍ୟ ଜ୍ୱାଳାରେ ସନ୍ତୁଳିତ ।

"ଭଲ ପାଇବାରେ ସମ୍ଭବତଃ ଏକ ଅଦୃଶ୍ୟ ଶକ୍ତି ଅଛି, ଯାହା କୁବେରଙ୍କୁ ମଧ୍ୟ କନ୍ଦର୍ପ କରିଦିଏ । ଦୁର୍ବଳକୁ ଆଲେକଜାଣ୍ଡାର ।"[୧୫] କିନ୍ତୁ ଏହି ଆଲେକଜାଣ୍ଡାର ବି ବେଳେବେଳେ ପାରିବାରିକ ଦ୍ୱାହିରେ ମୁଣ୍ଡ ନୁଆଇଁଥାଏ । ଯେମିତି 'ସୂର୍ଯ୍ୟସ୍ନାନ' ଓ 'ସମୁଦ୍ର' ଗଳ୍ପରେ ନାୟକ ନାୟିକା । 'ସୂର୍ଯ୍ୟସ୍ନାନ' ଗଳ୍ପରେ ତରୁଣ ବ୍ୟାସଦେବ ସହରୀଜୀବନ ବିତାଇବା

ସହ କିଛି ଅର୍ଥ ରୋଜଗାରର ପନ୍ଥା ଖୋଜି ଭୁବନେଶ୍ୱର ସହରରେ ପହଞ୍ଚେ । ମିଳିଯାଏ ମଧ୍ୟ ଇଣ୍ଡଷ୍ଟ୍ରିଆଲିଷ୍ଟ ମହାଦେବଙ୍କ ସାନ ଝିଅ ଛନ୍ଦାକୁ ପାଠ ପଢାଇବା ପାଇଁ କାମଟିଏ। ସହରରେ ରହି ଇଣ୍ଡଷ୍ଟ୍ରିଆଲିଷ୍ଟ ମହାଦେବଙ୍କ କମ୍ପାନୀରେ ଚାକିରି କରିବାର ଅନେକ ସ୍ୱପ୍ନ ବସାବାନ୍ଧେ ବ୍ୟାସଦେବ ମନରେ । ଏଥି ନିମନ୍ତେ ନିଜକୁ ନିଜେ ଜଣେ ସଚ୍ଚା ପୁରୁଷ ତଥା ସଂସ୍କୃତି ସଂପନ୍ନ ଓ ସଂଯମୀ ଭାବରେ ଆତ୍ମୀୟ ହୋଇଯାଏ ମହାଦେବଙ୍କ ପରିବାରରେ । କିନ୍ତୁ ସମୟ ସ୍ରୋତରେ ମହାଦେବଙ୍କ ବଡ଼ଝିଅ ଲୈଳାର ହୃଦୟକୁ ଚୋରୀ କରିନିଏ। "ନାରୀର ହୃଦୟ ଗୁଆ, ଗୁଣ୍ଡି, ଚୂନ ନୁହେଁ ଯେ, ଅନ୍ୟ କୌଣସି ପୁରୁଷର ହୃଦୟରୂପୀ ପାନରେ ତାକୁ ଦେଇଦେବ । ନାରୀ ଏକ କସ୍ତୁରୀ ମୃଗ । ଯେଉଁ ଶିକାରୀ ଅଭିଜ୍ଞ ଓ ସାହସୀ ସେଇ କେବଳ ମୃଗ ଧରି ତା' ହୃଦୟରୂପୀ କସ୍ତୁରୀ ନେଇପାରିବ ।"[୧୬] ସେହି ସାହସୀ ଆଲେକଜାଣ୍ଡାର ତରୁଣ ବ୍ୟାସଦେବକୁ ଲୈଳା ହୃଦୟରେ ବସାଇଲା ବେଳେ ତାହାକୁ ବ୍ୟାସଦେବ ଗ୍ରହଣ କରି ନେଇଛି । କିନ୍ତୁ ସାହସିକତାରସହ ପ୍ରେମକୁ ନେଇ ଲୈଳାକୁ ଜୀବନସାଥୀ କରି ପାରିନାହିଁ । ମହାଦେବ ବଂଶର ସାମାଜିକ ସ୍ଥିତି, ପ୍ରତିଷ୍ଠା ଓ ପ୍ରଭାବକୁ ନିଜ ପରିସ୍ଥିତି ସହ ସାମ୍ନା କଲାବେଳେ ବାରମ୍ବାର ଝୁଣ୍ଟିଛି ବ୍ୟାସଦେବ । କିନ୍ତୁ ସାହସ ବାନ୍ଧେ, ବ୍ୟାସଦେବର ଆର୍ଥନୀତିକ ସ୍ଥିତି, ପ୍ରତିଷ୍ଠାକୁ ଲକ୍ଷ୍ୟ କରି ଇଣ୍ଡଷ୍ଟ୍ରିଆଲିଷ୍ଟ ମହାଦେବ ସେମାନଙ୍କ ପ୍ରେମକୁ ଗ୍ରହଣ ନ କରିଲେ ମଧ୍ୟ ସେ ଲୈଳାକୁ ନିଜର କରିନେବ କଳେବଳେ କୌଶଳେ । ତା'ର ଅନ୍ତଃପୁରୁଷ ସତ୍ତାଟି ଜାଗ୍ରତ ହୋଇଯାଏ । "ତୋ ପ୍ରେମିକା ଆଜି ବନ୍ଦିନୀ, ଅଥଚ ତୁ କେବଳ ତା'ର ଦୁଃଖ, କାରୁଣ୍ୟକୁ ଦେଖିବାର ଅନୁଭବ କରିବାରେ ହିଁ ସୀମିତ ରହିଯାଇଛୁ ? ତାକୁ ଉଦ୍ଧାର କରିବାର ସାହାସ ପ୍ରଦର୍ଶନ କରି ପାରୁନୁ ?"[୧୭] କିନ୍ତୁ ସେ ଆଗେଇ ପାରିନାହିଁ: ପରିଣତିରେ ପ୍ରେମର ଜୟ ପାଇଁ ସମ୍ବିଧାନ ଆଗରେ ସାଧାରଣ ମଣିଷ ଭଳି ଅଧିକାର ମାଗିଛି । କିନ୍ତୁ ପ୍ରେମିକାର ବୀରପଣ ଭାଂଗି ଯାଇଛି ।

ଅନୁରୂପ ଭାବରେ 'ସମୁଦ୍ର' ଗଳ୍ପରେ ତରୁଣ ସରଜୁ ଓ ଗୌରୀର ପ୍ରେମ ପାରିବାରିକ ଦ୍ୱାହିରେ ସାଲିସ କରିବାକୁ ବାଧ୍ୟା ହୋଇଛି । ଉଭୟ ସରଜୁ ଓ ଗୌରୀର ପ୍ରେମକୁ ସରଜୁର ମାଁ ଗ୍ରହଣ କରିପାରେ ନାହିଁ । ଛୁଆଁଅଛୁଆଁ ଭେଦଭାବ, ଜାତିର ତାରତମ୍ୟକୁ ନେଇ ଉଭୟଙ୍କ ପରିବାର ମଧ୍ୟରେ ଦେଖା ଦେଉଥିବା ମତାନ୍ଧତାକୁ ଗ୍ରହଣ କରି ନାହାନ୍ତି ପ୍ରେମୀଯୁଗଳ । ଅନ୍ତସତ୍ତ୍ୱା ପ୍ରେମିକା ଗୌରୀକୁ ନେଇ ସରଜୁ ସହରକୁ ପଳାଇବାର କଥାକୁ ଶୁଣି ସରଜୁର ମା' ଅତିଷ୍ଟ ହୁଏ । ପ୍ରେମିକ ପ୍ରେମିକା ଉଭୟ ପଳାୟନବାଦୀ ସାଜିବା ଯୋଗୁଁ ରକ୍ଷଣଶୀଳ ମା'ର (ସରଜୁର ମା') ପ୍ରତିକ୍ରିୟାକୁ ଗାଳ୍ପିକ ଖୁବ୍ ଚମତ୍କାର ଭାବରେ ଦେଖାଇଛନ୍ତି । ଯଥା, "ସରଜୁ ମା'ର ଆକାଶ ସେତେବେଳେ ଫାଟି ଯାଇଥିଲା । କାନ ଭାଁ ଭାଁ ହୋଇଯାଇଥିଲା । ଏ ରାକ୍ଷସୀ, ପୁଅକୁ ରାଜ୍ୟ ଛଡ଼ା କରିବ । ମାତୃଛଡ଼ା କରିବ । ହାଇରେ, ମୋ ପୁଅକୁ ଏ ସବାଖାଇ ସତ୍ୟାନାସ କଲା । ପୁଅକୁ ଗଉରୀ କବଳରୁ ରକ୍ଷା କରିବ ବୋଲି ଫନ୍ଦି ଫାନ୍ଦି

ସରଜୁ ମା' ସେଇ ରାତାରାତି ଗୁପ୍ତରେ ଏ ଖବର ଜଣେଇ ଦେଲା ଦିଜ ମିଶ୍ରକୁ ।"[୧୮] ବିବାହିତ ଦିଜ ମିଶ୍ର ବହୁଦିନରୁ ଆଖେଇଥିବା ଗୌରୀକୁ ତା' ପେଟରେ ବଢୁଥିବା ସନ୍ତାନ ଯେ ତା' ନିଜର କହି ମିଥ୍ୟା ବାର୍ତ୍ତା ଦେଇ ତାକୁ ବିବାହ କରିବାକୁ ବାଧ୍ୟକରେ । ଜଣେ ମା' ହିସାବରେ ଗୌରୀର ମା' ଉକ୍ତ ପ୍ରସ୍ତାବରେ ରାଜି ହେବା ସ୍ୱାଭାବିକ, କାରଣ ବୁଡ଼ି ଯାଉଥିବା ନୌକାକୁ ଉଦ୍ଧାର ପାଇଁ ଯେତେବେଳେ ଜଣେ ମଙ୍ଗ ଧରୁଛି ଏଥିରେ ଅମଙ୍ଗ ହେବାର କାରଣ କିଛି ନାହିଁ । କିନ୍ତୁ ଜଣେ ତରୁଣୀ ପ୍ରେମିକା କ'ଣ ତାହା କେବେ ଗ୍ରହଣ କରିପାରିବ । ସେଥିପାଇଁ ଗୌରୀ ଭୟଙ୍କର ଷଡ଼ଯନ୍ତ୍ରରୁ ମୁକ୍ତି ନିମନ୍ତେ ସମୁଦ୍ର ବକ୍ଷରେ ଆତ୍ମାହୁତି ଦିଏ । ପ୍ରେମିକ ସରଜୁ ମଧ୍ୟ ପ୍ରେମିକାର ମୃତ୍ୟୁକୁ ସହ୍ୟ କରି ନପାରି ସେହି ସମୁଦ୍ରରେ ଗୌରୀ ପଛେ ପଛେ ନିଜର ଶରୀରକୁ ଜଳାହୁତି ଦେଇଦିଏ । ପ୍ରେମରେ ଆଶା, ଆକାଂକ୍ଷା ଆଦି ସବୁଥିରେ ସମୁଦ୍ର ଜୁଆର ମାଡ଼ିଯାଏ । ଏଠାରେ ପାରମ୍ପରିକତା ସହିତ ଆଧୁନିକତାର ହେଉଛି ସଂଘର୍ଷ । ରକ୍ଷଣଶୀଳତା ପାଖରେ ଆଧୁନିକତା ହାର ମାନୁଛି । ରକ୍ଷଣଶୀଳମାନଙ୍କ ପାଇଁ ଶ୍ରୀ ମହାନ୍ତିଙ୍କ ଗଳ୍ପ ପ୍ରେମରେ ପରାଜୟତାର କଥା କହୁଛି । ଗଳ୍ପରେ ପ୍ରେମର ମହାନ ରୂପ ଦେଖାଯାଏ । ଉଭୟ ପ୍ରେମିକ ପ୍ରେମିକା ବିଷାଦବାଦୀ । ପରିଣତି କେବଳ ବିଛେଦ ।

"ଭଲ ପାଇବା ତ ଭଲ ପାଇବା, ପ୍ରେମ ତ ପ୍ରେମ, ପ୍ରେମର ଆରମ୍ଭ ହିଁ ପ୍ରେମ, ଶେଷ ବି ପ୍ରେମ ।"[୧୯] କାରଣ ଉପଯୁକ୍ତ ଆଲୋଚନାକୁ ଲକ୍ଷ୍ୟ କଲେ ଜଣାଯାଏ ପାରିବାରିକ ଦ୍ୱନ୍ଦ୍ୱ ଯୋଗୁଁ ପ୍ରେମିକ ପ୍ରେମିକାଙ୍କର ବିଚ୍ଛେଦ ଘଟୁଛି । ପ୍ରେମିକ ପ୍ରେମିକା ଉଭୟ ନିଜର ହୃଦୟାବେଗ ପାଖରେ ଗୁରୁଜନ ଲଘୁଜନଙ୍କ ସଂସ୍ପର୍ଶରେ ଆସି ନରମି ଯାଉଛନ୍ତି । ସେମାନେ ପ୍ରଣୟ ପାଇଁ କୌଣସି ପଦକ୍ଷେପ ନେଇ ପାରୁନାହାନ୍ତି । ସାମାଜିକ ତାଡ଼ନାରେ ଗଳ୍ପ ପୁରୁଷମାନେ ହିପୋକ୍ରେସିରେ ପଡ଼ି ଆତ୍ମ ସମର୍ପଣ କରୁଛନ୍ତି । ଗାଳ୍ପିକ ରଜନୀକାନ୍ତ ମହାନ୍ତି ଆଲୋଚିତ ପ୍ରେମ ପ୍ରସଙ୍ଗରେ ମଧ୍ୟ ଆହୁରି ପାଦେ ଆଗକୁ ପାଦ ବଢ଼ାଇଛନ୍ତି । ପ୍ରେମିକ ପ୍ରେମିକାଙ୍କୁ ମଧ୍ୟ ପାରିବାରିକ ସ୍ୱୀକୃତି ନ ମିଳିବାରୁ ଉଭୟଙ୍କୁ ଗୃହରୁ ଫେରାର କରାଇଛନ୍ତି । କିନ୍ତୁ ତା'ର ପରିଣାମ ପ୍ରେମକୁ କଳଙ୍କିତ କରିଛି । ଯେପରି 'ଚନ୍ଦ୍ରଭାଗା' ଗଳ୍ପରେ ସୁକାନ୍ତ କଲେଜରେ ପଢ଼ିଲାବେଳେ ସାଗରିକା ପାଇଁ ବନ୍ଧପାଗଳ ହୋଇଯାଏ । ପରେ ପରେ ପ୍ରୀତି କାଙ୍ଗାଳ ସୁକାନ୍ତକୁ ସାଗରିକା ପ୍ରେମ କରେ । ପାରିବାରିକ ଦ୍ୱନ୍ଦ୍ୱ ଯୋଗୁଁ ସୁକାନ୍ତ ସାଗରିକାକୁ ବୋହୂ କରି ନେଇ ନ ପାରିବା ଫଳରେ ଉଭୟ ସାଗରିକା ସୁକାନ୍ତ ସନ୍ତର୍ପଣରେ ଘରୁ ଫେରାର ହୋଇ ଯାଆନ୍ତି । କିନ୍ତୁ ମାସକ ପରେ ପୁଣି ଉଭୟ ପ୍ରତ୍ୟାବର୍ତ୍ତନ କଲାପରେ କଳଙ୍କର ଖଞ୍ଜଣୀ ସାଗରିକାର ଚାରିପଟେ ବାଜିଉଠେ । ନାୟକ ଏଠାରେ ହିପୋକ୍ରେଟିକ୍ ସାଜେ । ସୁକାନ୍ତ ସାମାଜିକ ସ୍ୱୀକୃତିରେ ଶଙ୍ଖା ସିନ୍ଦୁର ଦେଇ ସ୍ତ୍ରୀ କରି ପାଖରେ ରଖେନାହିଁ ସାଗରିକାକୁ । ଶେଷରେ ସାଗରିକା ଆଜୀବନ ଅଭିଆଡ଼ି ହୋଇ ରହିଯାଏ । ସେହିପରି 'ଅଛୁଆଁ ଝିଅ' ଗଳ୍ପରେ ମଧ୍ୟ ସ୍ୱାର୍ଥାନ୍ୱେଷୀ ତଥା ପ୍ରଣୟର କଳଙ୍କିତ ରୂପ ଦେଖାଯାଏ ।

ସହରୀ ସଭ୍ୟତାର ସ୍ପର୍ଶରେ ମଧ୍ୟବିତ୍ତ ପରିବାରର ଝିଅ ଶ୍ରାବଣୀ ଧନୀଘରର ପୁଅ ସୁକାନ୍ତକୁ ପ୍ରେମ କରେ ଏବଂ ଉଭୟ ହୋଟେଲ୍‌ରେ ରହି ଉତ୍ତାଳ ଯୌବନକୁ ଉଭୟ ଉପଭୋଗ କରନ୍ତି । କିନ୍ତୁ ପର ମୁହୂର୍ତ୍ତରେ ସୁକାନ୍ତ ଶ୍ରାବଣୀକୁ ବିବାହ କରେନା । ସୁକାନ୍ତର ବାପା ଯୌତୁକ ଲାଳସାରେ ଏ ସମାଜରେ ପ୍ରେମିକ ପ୍ରେମିକାଙ୍କୁ ଦୋଷାରୋପ କରନ୍ତି । ସେ କହିପକାନ୍ତି, "ପୁଅ ଝିଅ ଆଉ କେହି ପବିତ୍ର ରହୁନାହାଁନ୍ତି, ସବୁ ବାସି, ଭଲ ପାଇବାଟା ବି ସାମୟିକ ।"(୨୦) ପୁଣି ପୁଅ ଝିଅ ଉଭୟ ହୋଟେଲ୍‌ରେ ଗୋଟିଏ ରୁମ୍‌ରେ ରହି ରାତି ବିତାଇବାର ପ୍ରସଙ୍ଗରେ ନିଜ ପୁଅକୁ ନିର୍ଦ୍ଦୋଷ ସାବ୍ୟସ୍ତ କରିବା ପାଇଁ କହନ୍ତି ସୁକାନ୍ତର ବାପା, "ଏ ଦୁଇଜଣଙ୍କ ସଂପର୍କରେ ଅଳ୍ପ ବହୁତ ମୁଁ ଯାହା ଶୁଣିଛି । ଦେଖିନି, ଏଗୁଡ଼ା ସାଧାରଣ କଥା, ଏ ଯୁଗଟା ସେୟା, ବାହାଘର ପୂର୍ବରୁ ପୁଅ ଝିଅମାନେ କେତେନା କେତେଙ୍କ ସହ ସଂପର୍କ ରଖୁଛନ୍ତି, ରାସ୍ତାରେ ଗଲାବେଳେ ଉପରେ ଆସି ପଡୁଥିବା ଧୂଳିକୁ ଝାଡ଼ିହେଲା ଭଳି ପୁଣି ଝାଡ଼ିଝୁଡ଼ି ହେଇ ଯାଉଛନ୍ତି ।"(୨୧) ସଂପ୍ରତି ସମାଜ ପାଇଁ ଉକ୍ତ ଉଦ୍ଧୃତିଟି ସତ୍ୟ । ଏହା ଯୌନାକାଂକ୍ଷୀ ବ୍ୟକ୍ତିତ୍ୱଙ୍କ ପାଇଁ ପ୍ରଯୁଜ୍ୟ । କିନ୍ତୁ ତରୁଣୀ ଶ୍ରାବଣୀ ଭଳି ଜଣେ ହୃଦୟବାନ୍ ପ୍ରେମିକା ପାଇଁ ପ୍ରଯୁଜ୍ୟ ନୁହେଁ । ତରୁଣୀ ପ୍ରଣୟର ଆବେଗରେ ସୁକାନ୍ତ ସଙ୍ଗେ ରଖେ ଯୌନ ସଂପର୍କ । ପରେ ଶ୍ରାବଣୀ ମଧ୍ୟ ଅଛୁଆଁ ହୋଇ ରହିଯାଏ । କିନ୍ତୁ ପଶ୍ଚାତାପ ଓ ନୈରାଶ୍ୟ ଜ୍ୱାଳାରେ ସର୍ବଦା ଜର୍ଜରିତ ହୁଏ ।

କଥାକାର ରଜନୀକାନ୍ତ ମହାନ୍ତିଙ୍କ ଗଳ୍ପରେ ତରୁଣ ତରୁଣୀ ବା ପ୍ରେମିକ ପ୍ରେମିକା ଉଭୟ ଆଶାବାଦୀ । ପ୍ରେମ, ପ୍ରେମକୁ ନେଇ ସ୍ୱପ୍ନ ତଥା ପାରିବାରିକ ଦୁଶ୍ଚିନ୍ତା ପ୍ରେମିକକୁ କରେ ନିଃସଙ୍ଗ । ସେ ପ୍ରେମିକ ହୋଇଥିବାରୁ ତାଙ୍କ ପାଖରେ ଉପୁଜିଛି ସମ୍ବେଦନଶୀଳତା, ଆସକ୍ତି ଓ ବେଳେବେଳେ ଆଶଙ୍କା । ଏହି ଆଶଙ୍କା ତରୁଣ ନାୟକକୁ ଦେଇଛି ଘଟଣା, ଚରିତ୍ର, ସମୟ, ପରିବେଶ ପ୍ରତି ଏକ ଅନୁସନ୍ଧାନୀ ଦୃଷ୍ଟି । ପରିବାର ତଥା ପ୍ରେମକୁ ନେଇ ନାୟକ ପାଖରେ ଉପୁଜୁଥିବା ଅନୁସନ୍ଧିତ୍ସାର ପରିଣତି ନାୟକକୁ କରେ ନିଃସଙ୍ଗ, ଅସହାୟ ଓ ଉଦାସୀନ ।

'ପିମ୍ପୁଡ଼ି' ଗଳ୍ପରେ ଗଳ୍ପନାୟକ ଶ୍ୱେତାଙ୍କ ମାନସିକ ସ୍ତରରେ ଉଦାସୀନ । ସ୍ୱଳ୍ପ ଅର୍ଥ ରୋଜଗାର ମଧ୍ୟରେ କୁଟୁମ୍ବର ଦାୟିତ୍ୱ ତାକୁ ଆବେଗହୀନ ଓ ନିରାଶ କରିଦିଏ । ସମସ୍ତ ମଣିଷ ନିଜର କର୍ତ୍ତବ୍ୟ ପାଖରେ ହାର୍ ମାନିଲେ ନିଜର ସ୍ଥିତିକୁ ନେଇ ଚିନ୍ତିତ ହେବା ସ୍ୱାଭାବିକ । ସେମିତି ଶ୍ୱେତାଙ୍କ ବାପର ସ୍ୱଳ୍ପ ରୋଜଗାର, ମା'ର ରୁଗ୍‌ଣ ଶରୀର ତଥା ବଡ଼ ଭଉଣୀ ସଞ୍ଜୁର ବିବାହ କରି ନପାରିବାରୁ ବୟସାଧିକ୍ୟ ଯୋଗୁଁ ଆଧ୍ୟାତ୍ମିକ ଗୁଣକୁ ଆପଣେଇ ନେବା ଆଦି ଯୋଗୁଁ, ଶ୍ୱେତାଙ୍କ ସନ୍ତୁଳିତ ହୁଏ, "ନିଜେ ଅପ୍ରକାଶିତ ରହିବାର ଯନ୍ତ୍ରଣାରେ । ଏମିତିକା ନିର୍ଜନ ଅନ୍ଧାର କୋଠରୀରେ ସୁଦୀପାକୁ ଏକାନ୍ତରେ ପାଇ ବି ଚୁମାଟିଏ ଦେଇପାରେନା । ତା'ର ସାହସ ହୁଏନା । କାଳେ ସୁଦୀପା ସେଥପାଇଁ ପ୍ରସ୍ତୁତ ନଥିବ ।

ସବୁ ଅଚାନକ ଘଟଣାଗୁଡ଼ିକୁ ଶ୍ୱେତାଙ୍କ ଏକ ଆକ୍ରମଣ ବୋଲି ଗ୍ରହଣ କରିନିଏ । ସେଥିପାଇଁ ସେ ଖୁବ୍ ଅବ୍ୟକ୍ତ, ଖୁବ୍ ଅପ୍ରକାଶିତ ।"[୨୨] ପ୍ରେମରୁ ମଧ୍ୟ ବିରତ ହୁଏ । ସେହିଭଳି 'ଚନ୍ଦ୍ରଭାଗା' ଗଳ୍ପରେ ମଧ୍ୟ ସୌମିତ୍ର ଚରିତ୍ର ନିଜର ଆର୍ଥନୀତିକ ସ୍ଥିତିକୁ ନେଇ ସେ ମାନସିକ ସ୍ତରରେ ଭାରାକ୍ରାନ୍ତ ରହେ । ଜଟିଳ ମାୟାବିନୀ ଜୀବନ ଓ ସାମାଜିକ ପରିସ୍ଥିତି ଯୋଗୁଁ ପ୍ରେମିକା ପ୍ରେମକୁ ଗ୍ରହଣ କରିପାରେନା । "ମଣିଷର ଚତୁପାର୍ଶ୍ୱ ଆଜି ଜଟିଳମୟ । ମସ୍ତିଷ୍କ ଜ୍ୱାଳାପୂର୍ଣ୍ଣ, ଏକମାତ୍ର ସେଇ ଅନ୍ତରଙ୍ଗ ସଂପର୍କ ସେତୁର ଅଭାବରୁ । ସେଇ ମୁହୂର୍ତ୍ତରେ ସୌମିତ୍ରର ଇଚ୍ଛା ହେଲା ବିଦିତାକୁ କୁଣ୍ଢାଇ ନିଅନ୍ତା ଏବଂ କହି ଦିଅନ୍ତା- ମୁଁ ତୁମକୁ ପସନ୍ଦ କରେ । ଖୁବ୍ । କିନ୍ତୁ କହି ପାରିଲାନି ବିଦିତାକୁ ବଲବଲ କରି ଚାହିଁଲା ।"[୨୩] କାରଣ ନିଜର ସାମାଜିକ ଓ ଆର୍ଥନୀତିକ ସ୍ଥିତିକୁ ନେଇ ଯଦି ମଣିଷ ସ୍ୱଚ୍ଛଳ ନୁହେଁ ତାହେଲେ ମଣିଷ ନିଜକୁ ପ୍ରକାଶ କରିପାରେ ନାହିଁ । ତେଣୁ ଆଲୋଚ୍ୟ ପରିସ୍ଥିତିରେ ମଧ୍ୟ ପ୍ରେମିକପୁରୁଷ ଆବଦ୍ଧ । ସେଥିପାଇଁ ସୌମିତ୍ର ଆତ୍ମଗ୍ଲାନିରେ ସ୍ୱଗତ କରି କହେ, "ହଁ ବିଦିତା, ତୁମ କାଚର ରୁଣୁଝୁଣୁ ଶବ୍ଦ ମୋତେ ଉବୁଟୁବୁ କରେନି କାହିଁକି, କରେ । ବର୍ଷଣମୁଖର ସଞ୍ଜର ଉଷ୍ମତା ପରି ତମ ଓଠର ଭାଷା ମୋତେ ପାଗଳ କରେନି କାହିଁକି, କରେ । କିନ୍ତୁ ମୋ ଚିରା ସାର୍ଟରେ ମୁଁ ଏବେ ତାଳି ପକାଇଛି । ତମେ କ'ଣ ଜାଣନା, ଚିରା ସାର୍ଟ ପିନ୍ଧିବାରେ ଯେମିତି ଅହଂକାର, ତାଳିପକା ସାର୍ଟ ପିନ୍ଧିବାରେ ସେତିକି ଦୈନ୍ୟତା ।"[୨୪] ତେଣୁ ସୌମିତ୍ର ନିଜର ଅନୁରକ୍ତି, ଆସକ୍ତି ଥିଲେ ମଧ୍ୟ ପ୍ରେମରେ ସେ ସଫଳ ହୋଇପାରେନା । ପ୍ରେମିକାକୁ ଜୀବନ ସାଥୀ କରିପାରେନା । ନିଜକୁ ଓ ନିଜ ପରିସ୍ଥିତିକୁ ନେଇ ଉଦାସୀନ ହୋଇଯାଏ । ନିଃସଙ୍ଗ ଜୀବନ ମଧ୍ୟରେ ବେଳେ ବେଳେ ପ୍ରେମିକ ନିଜକୁ ଉପସ୍ଥାପନ କରିପାରିବାର ଅଭିବ୍ୟକ୍ତି 'ଅଣ୍ଡର ୱାର୍ଲଡ଼' ଗଳ୍ପର ନାୟକ ବବୁଲ୍ ପାଖରେ ଘଟେ । ବବୁଲ୍‌ର ସ୍ୱପ୍ନ ଭଙ୍ଗ ଓ କାରୁଣ୍ୟ ହୃଦୟବିଦାରକ। ତରୁଣ ବବୁଲ୍ ଭିଜାକୁ ପ୍ରେମ କରି ସେଥିରୁ ବିମୁକ୍ତ ହୁଏ । କିନ୍ତୁ ନିଜର ପ୍ରେମ, ଚିନ୍ତା, କଷ୍ଟ, ଶଙ୍କାକୁ ବବୁଲ୍ ଏକାକାର କରି ଦେଇଛି ନିଜ ଭିତରେ ।

ସାଂସାରିକ ମୋହ, ମାୟା ମଧ୍ୟରେ ମଣିଷ ପ୍ରବୃତ୍ତ ହେବାପରେ ଜଞ୍ଜାଳଗ୍ରସ୍ତ ହୋଇଯାଏ । ନିଜର ଅସ୍ତିତ୍ୱକୁ ନେଇ ସଂସାରରେ ବସବାସ କରୁଥିବା ସମସ୍ତ ମଣିଷକୁ ପରଖେ । ପରଖିଥିବା ପରିଣତିର ନିର୍ଦ୍ଧାରିତ ସିଦ୍ଧାନ୍ତ ବା ସମ୍ଭାବନା ଅଟେ କେବଳ ଅନୁତପ୍ତ ନିଃସଙ୍ଗ ଜୀବନ । ଉକ୍ତ ବିକୃତ ଜୀବନରୁ ମୋକ୍ଷ ଚାହେଁ ଆତ୍ମା । ତେଣୁ ମଣିଷ ମୋହମାୟାରୁ ମୁକ୍ତି ଚାହେଁ । ସଂସାରକୁ ମନେ କରେ ପ୍ରକୃତି ପୁରୁଷର ଅଂଶ ମାତ୍ର । ଈଶ୍ୱର ପ୍ରାପ୍ତିର ମାଧ୍ୟମ ହେଉଛି ସନ୍ନ୍ୟାସ । ତେଣୁ ମଣିଷ ସମସ୍ତ ମୋହ ମାୟାକୁ ଛିନ୍ନ କରି ଚାଲିଯାଏ । ପ୍ରେମିକ ତରୁଣ ମଧ୍ୟ ତା'ର ଆତ୍ମୀୟ ତରୁଣୀକୁ ଭୁଲିଯାଏ; ଯେପରି ଗାଳ୍ପିକ ଶ୍ରୀ ମହାନ୍ତି 'ଋଷି' ଗଳ୍ପରେ ଗଳ୍ପନାୟକକୁ ଗତି କରାଇଛନ୍ତି । ଦିଲ୍ଲୀପ ଚାକିରି, ବାପା, ମା', ବନ୍ଧୁବର୍ଗଙ୍କୁ ଛାଡ଼ିଗଲା ବେଳେ ପ୍ରେମିକାକୁ ମଧ୍ୟ ଭୁଲି ଯାଇପାରେ । ତରୁଣୀ ତାପସୀ ପାଇଁ ଦିଲ୍ଲୀପର

ରହିଥିବା ଆକାଂକ୍ଷା, ଉଦ୍‌ବେଗକୁ ପଛରେ ପକାଇ ଈଶ୍ୱରପ୍ରାପ୍ତି ନିମନ୍ତେ ନିଜର ବିବେକ ଓ ଆତ୍ମାକୁ ଓହରାଇ ଆଣେ । ପରିଶେଷରେ ଦିଲ୍ଲୀପ ଆଧ୍ୟାତ୍ମିକ ପରିବେଶକୁ ଗ୍ରହଣ କରି ଋଷିରେ ପରିଣତ ହୋଇଯାଏ । ଆଶା, ଆକାଂକ୍ଷା, ଉଦ୍‌ବେଗ ସବୁରୁ ମୁକ୍ତ ହୋଇଯାଏ ତରୁଣ ଦିଲ୍ଲୀପ । ଆଲୋଚ୍ୟ ଗଳ୍ପରେ ପ୍ରେମ ମିଳନ ନୁହେଁ ବିଚ୍ଛେଦର ପୃଷ୍ଠପୋଷକ । ଏଠାରେ ମାୟା ରୂପୀ ମୋହ ହେଉଛି କଳଙ୍କଯୁକ୍ତ, କାରଣ ପ୍ରକୃତ ପ୍ରେମର ତୃପ୍ତିରେ ମୋକ୍ଷପ୍ରାପ୍ତ ହେବା ସମ୍ଭବ ।

ବିଂଶ ଶତାବ୍ଦୀର ମଧ୍ୟ ଭାଗରୁ ଅଦ୍ୟାବଧି ସମୟର ସମାଜକୁ ଦୃଷ୍ଟି ଦେଲେ ପ୍ରେମ, ପ୍ରଣୟ ବା ପ୍ରୀତିର ମୂଲ୍ୟବୋଧ ଅସ୍ୱାଭାବିକ ରୂପ ପ୍ରାପ୍ତ ହୋଇଛି । ନିଜର ଅସ୍ତିତ୍ୱକୁ ନେଇ ପ୍ରେମିକ ପ୍ରେମିକା ସ୍ୱାର୍ଥବାଦୀ ହୋଇ ଯାଉଛନ୍ତି। ଏଥିନିମନ୍ତେ ପ୍ରେମ ପ୍ରସଙ୍ଗକୁ ଦେଖିଲେ ମୁଖ୍ୟତଃ ଦୁଇ ପ୍ରକାର ପ୍ରେମ ସ୍ୱତଃସ୍ଫୂର୍ତ୍ତ ମାନସପଟରେ ବିଚରଣ କରେ । ପ୍ରଥମତଃ ଆବେଗବିହୀନ ଯୁକ୍ତିସଂଗତ ପ୍ରେମ, ଦ୍ୱିତୀୟତଃ ନିଃସ୍ୱାର୍ଥପର ସର୍ତ୍ତ ବିହୀନପ୍ରେମ । ତେଣୁ ପ୍ରଣୟ ତାହାକୁ ହିଁ କୁହାଯିବ ଯାହା ସଙ୍ଗେ ନିଜକୁ ମିଶାଇ ଦେଇହେବ । "ପ୍ରେମର ଏକ ସ୍ୱତଃ ମହକ ଅଛି, ଗତି ଅଛି, ଅଛି ବି ପରିବେଶକୁ ଉତ୍ତାଳ କରିବାର ମୋହନୀରାଗ । ବିଛେଇ ହୋଇ ପଡ଼ିବା ହିଁ ତା'ର ଧର୍ମ ।"(୧୪) ଅନ୍ୟ ପାଇଁ ବିଖଣ୍ଡିତ ହୋଇ ବିଚ୍ଛୁରିତ ହେବାରେ ଥାଏ ପ୍ରେମ । ସର୍ବଦା ଅନ୍ୟକୁ ସ୍ଥାୟୀ ଭାବରେ ରଖି ନିଜକୁ ସମର୍ପି ଦେବାରେ ଥାଏ ପ୍ରେମ । କିନ୍ତୁ ଯେବେ ଆମର ଇଚ୍ଛାଶକ୍ତି କମିଯାଏ ତେବେ ନିଜର ସମର୍ପିବା ଗୁଣକୁ ନେଇ ଅନ୍ୟର ସ୍ଥିତିକୁ ଲକ୍ଷ୍ୟ କରିବା ବା ନିଜ ପାଇଁ ନିଜର କର୍ମ ଭଳି ଅନ୍ୟର କର୍ମକୁ ନେଇ ଆଶାୟୀ ହେବା ଦ୍ୱାରା ପ୍ରେମ ମଉଳିଯାଏ । କାରଣ ଜଣକର ଆଶା ଅନ୍ୱେଷା ପାଖରେ ଅନ୍ୟ ଜଣକର ବା ସାମ୍ନା ମଣିଷର କିଛିବି ଦାୟ ରହେନା। ସାମ୍ନା ମଣିଷର କର୍ତ୍ତବ୍ୟର ଇଚ୍ଛାଶକ୍ତି ଯାହା ସେ ସେଇଆ ହିଁ କରିବ । ସେହି ମୁହୂର୍ତ୍ତରେ ଆଶାୟୀ ମଣିଷର ଇଚ୍ଛାଶକ୍ତି ଓ ବୌଦ୍ଧିକତାର ଇତି ହୁଏ ଏବଂ ଆସକ୍ତି, ଆଦର ସୋହାଗର ରାଗ ଧୀରେ ଧୀରେ ଲୁପ୍ତ ହୁଏ । ସେତେବେଳେ ବୁଝିଯିବା ଦରକାର ଯେ ଜୀବନ ବିତାଇବାର ଦୁଇଟି ମାଧ୍ୟମ ରହିଥାଏ । (୧) ମଣିଷ ଅନ୍ୟ ପାଇଁ କିଛି କରିପାରିବ, (୨) ମଣିଷ ଜ୍ଞାତ ଯେ ଅନ୍ୟ ପାଇଁ କିଛି କରିପାରିବ ନାହିଁ । ଦ୍ୱିତୀୟ ମାଧ୍ୟମ ଉକ୍ତ ମୁହୂର୍ତ୍ତ ପାଇଁ ପ୍ରଯୁଜ୍ୟ ହୁଏ। ଯେତେବେଳେ ନିଜକୁ ନିଜେ ମଣିଷ ଜାଣିପାରେ ଯେ ଉକ୍ତ ପରିସ୍ଥିତି ସଙ୍ଗେ ସମ୍ମୁଖୀନ ହୋଇପାରିବ ନାହିଁ, ସେତେବେଳେ ନିଜକୁ ସମର୍ପି ଦେବା ଦରକାର । ସେହି ମୁହୂର୍ତ୍ତରୁ ଜନ୍ମ ନେବ ଏକ ନିଦା ବିଶ୍ୱାସ । ବିଶ୍ୱାସଟା ବ୍ୟକ୍ତିତ୍ୱ ପାଇଁ ନିଦା ହୋଇପାରେ କିନ୍ତୁ ସମାଜ ପାଇଁ ଅନ୍ଧବିଶ୍ୱାସ । କାରଣ ସେ ବିଶ୍ୱାସରେ ଫଳ ପ୍ରାପ୍ତିର ଆଶା ଥାଏ । କିନ୍ତୁ ମଣିଷ ନିଜର କର୍ମ ଓ ଫଳ ପ୍ରାପ୍ତିର ମାର୍ଗରୁ ବହିଷ୍କୃତ ହେବା ପାଇଁ ମୌଳିକ ବା ତାତ୍ତ୍ୱିକ ପଥ କିଛି ନଥାଏ । ଯେବେ ପର୍ଯ୍ୟନ୍ତ ମଣିଷ ବସ୍ତୁ ଜଗତ ସଂଗେ ଆତ୍ମୀୟତା ରଖିବ, ସେତବେଳଯାଏଁ ସମସ୍ୟା ରହିବ । ଗୋଟିଏ କଥା

କୁହାଯାଇପାରେ ଯେ ମନୁଷ୍ୟ ହୃଦୟଙ୍ଗମ କରେ ପ୍ରେମ ହେଉଛି ସଂଯୋଗ । ଉକ୍ତ ଭାବନା ହିଁ ଜୀବନର ବଡ଼ ବଡ଼ ସମସ୍ୟା ସୃଷ୍ଟି କରେ । ତେଣୁ ଆତ୍ମାରେ ବସା ବାନ୍ଧିଥିବା ସଂଯୋଗରୁ ମୁକ୍ତି ପାଇଁ ମଣିଷ ସଂସାର ଛାଡ଼ି ମୁନିଋଷି ହେବାର ମାର୍ଗ ଖୋଜେ । ଯେମିତି 'ଋଷି' ଗଳ୍ପରେ ଦିଲ୍ଲୀପ ଚରିତ୍ର । ପ୍ରକୃତରେ ସଂଯୋଗରୁ ଦୂର ହେବାର ସୂତ୍ର ଋଷି ଜୀବନ ବା ସନ୍ନ୍ୟାସ ନୁହେଁ । ସଂଯୋଗର ଅସଲି ମନ୍ତ୍ର ହେଲା ସଂସାରରେ ପ୍ରତ୍ୟେକ ସମସ୍ୟା ସଂଗେ ପାଦ ମିଳାଇ ଚାଲି ସେଇ ସମସ୍ୟା ସଂଗେ ଯୁଝିବାର ଅଛି, ଜନ୍ମରୁ ମୃତ୍ୟୁ ପର୍ଯ୍ୟନ୍ତ । ଯୁଦ୍ଧକୁ ଡରି ପଛଘୁଞ୍ଚା ଦେବା ବୀରର କର୍ମ ନୁହେଁ । ହାରିବା ଜିତିବାକୁ ଖାତିର ନକରି ସମାଜ, ସଂସ୍କୃତି ତଥା ପ୍ରକୃତି ସଂଗେ ତାଳ ଦେଇ ବଞ୍ଚିବା ହେଉଛି ଜୀବନ । ଉକ୍ତ ଜୀବନରେ ଲାଳସା ନଥାଏ । କିଛି ପାଇବାର ଉତ୍କଣ୍ଠା ନଥାଏ । ଥାଏ କେବଳ ବିଶ୍ୱାସ, ପ୍ରେମ ।

ନିଜର ପ୍ରେମ, ସୁଖ, ସୋହାଗ ବା କିଛି ବସ୍ତୁକୁ ମଣିଷ ଦାନ କରିଦେଇ ଆଶା ମୁତାବକ କିଛି ନ ପାଇଲେ ଭାବେ ସେ ନିଜର ଅସ୍ତିତ୍ୱ ହରାଇ ବସୁଛି । ତେବେ ଏହା ମଧ୍ୟରେ ପ୍ରେମ ନଥାଏ; ଯେପରି ଶ୍ରୀ ମହାନ୍ତିଙ୍କ 'ଜନପଥ' ଗଳ୍ପର ଗଳ୍ପନାୟକ ବାଇଧର କହେ, "ପ୍ରେମଚିଠି, ବାରମଜା ଖିଆ, ଛକରେ ସାଇକେଲ୍ ଧରି ଘଣ୍ଟାଘଣ୍ଟା ଗପରେ ଗଲା । ତା' ପାଇଁ ନୂଆ ଜୋତା, ଫେନ୍‌ସି ଶଙ୍ଖା ଓ ଗୁପ୍‌ଚୁପ୍ ଖିଆରେ ପଇସା ସବୁ ଗଲା । ପୁଣି ବାପର ଦିନ ମଜୁରୀ ପଇସା । ଝାଳ ବୁହା ଧନ । ଆଃ । ପ୍ରେମିକ ! ତୋତେ କେବେ ବି ବର ନ ମିଳୁ । ତୁ ସାରା ଜୀବନ ଚରିବୁଲି ଖା ! ମୋ ଜୀବନଟା ବରବାଦ ହୋଇଗଲା ।"(୨୬)

ଏଠାରେ ଉଭୟ ପ୍ରେମିକ ପ୍ରେମିକାଙ୍କ ମଧ୍ୟରେ ଆତ୍ମୀୟ ପ୍ରଣୟ ନାହିଁ । ଅଛି ସ୍ୱାର୍ଥ ଘେନାପ୍ରୀତି । ଉଭୟ ଉଭୟଙ୍କ ପାଖରୁ ପାଇବାର ଲାଳସାରେ ପ୍ରେମ ବିଚ୍ଛେଦର କଥା କହୁଛି । ଏହା ଏକ ପ୍ରକାର ସଂଯୋଗ । ଯେଉଁଠି ସଂଯୋଗ ଥାଏ ତା' ସହ ମହଜୁଦ ଥାଏ ଲାଳସା, ଜିଜ୍ଞାସା, ଲୋଲୁପତା । ଯେତେବେଳେ ଉକ୍ତ ଲୋଭଗୁଡ଼ିକ ପୂର୍ଣ୍ଣ ନହୁଏ, ସେତେବେଳେ ସୃଷ୍ଟି ହୁଏ ଗଣ୍ଡଗୋଳ, ମାଡ଼ପିଟ, ନହେଲେ ଅର୍ଥହୀନ ଯୁକ୍ତି । ତେଣୁ ପ୍ରେମରେ ମିଳନ ବାଧ୍ୟତାମୂଳକ ନୁହେଁ । ମଣିଷ ସଂଗେ ପ୍ରକୃତି ଯାହା କରେ ତାହା ହେଉଛି ପ୍ରେମ ଏବଂ ପୃଥିବୀ, ପ୍ରକୃତି ସଂଗେ ମଣିଷ ଯାହା କରେ ତାହା ପ୍ରେମ ନୁହେଁ କେବଳ ଲାଳସା, ଜିଜ୍ଞାସା, ମତଲବ । କାରଣ ପ୍ରକୃତି ମଣିଷ ଠାରୁ କିଛି ଆଶା କରେନାହିଁ, କେବଳ ପ୍ରଦାନରେ ତା'ର ତୃପ୍ତି, କିନ୍ତୁ ମଣିଷ ଆଶାବାଦୀ । ନିଜର ରୂପ ବଦଳାଏ । ପ୍ରକୃତିର ଅବଦାନ ସ୍ଥିର ଯେପରି ଜଳର ଧର୍ମ ମଣିଷ ପାଇଁ ଶୋଷ ମେଣ୍ଟାଇବା, ସେ ଶୋଷ ମେଣ୍ଟାଏ । ଭଲ ମଣିଷ ହେଉ ନତୁବା ମନ୍ଦ ମଣିଷ ହେଉ । କିନ୍ତୁ ମଣିଷ ପାଖରେ ଅଧୁନା ସେହି ସହନଶୀଳତା ଗୁଣ କାଣିଚାଏ ନଥାଏ । ତେଣୁ ମଣିଷ ନିଜକୁ ନେଇ ସ୍ୱାର୍ଥପର ଆଚରଣ

ଦେଖାଏ । ସେହି ଆଚରଣ ପ୍ରେମକୁ ଏକ ଭିନ୍ନ ପ୍ରେକ୍ଷାପଟରେ ଦେଖେ, ଯାହା ଫଳରେ ନିଜର କ୍ଷତି କରିବା ସହ କ୍ଷତି କରେ ଜନସମୂହର ।"[୨୭]

କଥାକାର ରଜନୀକାନ୍ତ ମହାନ୍ତିଙ୍କ ଗଳ୍ପରେ ପ୍ରେମ ପ୍ରସଙ୍ଗକୁ ଲକ୍ଷ୍ୟ କଲେ ସମସ୍ତ ଗଳ୍ପରେ ମିଳନର ସମ୍ଭାବନା ସୃଷ୍ଟି ହୋଇଛି କିନ୍ତୁ ପରିଣତି ବିଚ୍ଛେଦମୂଳକ । ଯେଉଁଠି ତରୁଣ ନାୟକ ନାୟିକାଙ୍କ ପାଖରେ ଆଶଙ୍କା, ନିଃସଙ୍ଗତା ଓ ସ୍ୱାର୍ଥଯୁକ୍ତ ପ୍ରେମ ଦେଖାଯାଏ । 'ଅନୁଭବ କାହିଁକି ଦାଢ଼ି ବଢ଼େଇଚି', 'ସାକ୍ଷୀ ସାରଳା, ସାକ୍ଷୀ ଫକୀର ମୋହନ / ସପ୍ତଦୀପ ଛୁଇଁ ତ୍ରିବାର ଏ ସତ୍ୟ ମୋର / ମୁଁ କ୍ଷେପିବି ଶବ୍ଦଭେଦୀ ସୂର୍ଯ୍ୟାସ୍ତ ପୂର୍ବରୁ / ମୁକ୍ତି ଯଦି ନମିଳେ ଏଥର', 'ବହ୍ନିପୁରୁଷ', 'ଲଗ୍ନାଧିପତି', 'ଗୁଧାଡ଼ିବେଳ' ଆଦି ଗଳ୍ପରେ ପ୍ରେମିକା ପ୍ରେମିକଠାରୁ ଦୂରେଇ ଯାଏ, ସେଇଠି ଆବେଗହୀନ ଯୁକ୍ତିସଂଗତ ପ୍ରେମ ଦେଖାଯାଉଛି । ଏହା କେବଳ ନାରୀ କ୍ଷେତ୍ରରେ ନୁହେଁ, ପୁରୁଷ ଯେ ଅତୀତ, ବର୍ତ୍ତମାନ ତୁଳନାରେ ଭବିଷ୍ୟତର ଜୀବନକୁ ସରସ, ସୁନ୍ଦର କରିବା ପାଇଁ ପ୍ରେମରୁ ବିରତ ହେବାର ପ୍ରତିଶ୍ରୁତିବଦ୍ଧ ତାହା 'କେତେ ପ୍ରହର କେତେ ସିନ୍ଦୁରା' ଗଳ୍ପରେ ନାୟକ ପାଖରେ ଦେଖାଯାଇଛି । ଏତଦ୍‌ବ୍ୟତୀତ ପାଶ୍ଚାତ୍ୟଶୈଳୀରେ ପ୍ରେମ କରି ଉଭୟ ତରୁଣ ତରୁଣୀ ହୋଟେଲ୍‌ରେ ରାତ୍ରିଯାପନ କରିବା ଏବଂ ପର ମୁହୂର୍ତ୍ତରେ ବିବାହ ନକରିପାରିବାର ଦୃଷ୍ଟାନ୍ତ ଗାଳ୍ପିକ ଶ୍ରୀ ମହାନ୍ତି 'ଚନ୍ଦ୍ରଭାଗା' ଓ 'ଅଛୁଆଁ ଝିଅ' ଗଳ୍ପରେ ଦେଖାଇଛନ୍ତି । ପ୍ରେମ କ୍ଷେତ୍ରରେ ବିଫଳତାର କାରଣ ପରିବାର ହୋଇପାରେ ତା'ର ବାର୍ତ୍ତା ମଧ୍ୟ 'ଚନ୍ଦ୍ରଭାଗା', 'ସମୁଦ୍ର', 'ପିମ୍ପୁଡ଼ି', 'ଅଛୁଆଁ ଝିଅ' ଆଦି ଗଳ୍ପରେ ଦେଖାଯାଏ । କଥାକାର 'ଅଣ୍ଡରଓ୍ୱାର୍ଲଡ଼' ଭଳି ଗଳ୍ପରେ ଏକ ତରଫା ପ୍ରେମକୁ ମଧ୍ୟ ଦେଖାଇଛନ୍ତି । ଏତଦ୍‌ବ୍ୟତୀତ ମୋହମାୟା ତଥା ପ୍ରେମରୁ ମୁକ୍ତି ପାଇଁ ତରୁଣ ପୁରୁଷ ଗୃହତ୍ୟାଗୀ ସନ୍ନ୍ୟାସୀ ହେବାର ନଜିର ମଧ୍ୟ 'ଋଷି' ଗଳ୍ପରେ ଅଛି । କଥାକାର ରଜନୀକାନ୍ତ ମହାନ୍ତି ସାମ୍ପ୍ରତିକ ସମୟର ତରୁଣ ତରୁଣୀମାନଙ୍କ ପ୍ରେମରୁ ଭଲମନ୍ଦ ବିଚାର କରି ସମାଜକୁ ସଚେତନ କରିବା ପାଇଁ ଅଧୁନା ପ୍ରେମର ସ୍ୱରୂପକୁ ଗଳ୍ପର ଚରିତ୍ର ମାଧମରେ ଉପଯୁକ୍ତ ଭାବେ ଦେଖାଇ ଦେଇଛନ୍ତି । ଉକ୍ତ ପ୍ରେମ ଆଲୋଚନା ପ୍ରସଙ୍ଗରେ ପରିଣତିରେ ଏତକ କୁହାଯାଇପାରେ ଯେ ଗାଳ୍ପିକ ଶ୍ରୀ ମହାନ୍ତି ଜଣେ ସମ୍ବେଦନଶୀଳ ମଣିଷ ହୋଇଥିବାରୁ ସାମ୍ପ୍ରତିକ ସମୟର ପ୍ରଣୟକୁ ଗ୍ରହଣ କରି ପାରିନାହାନ୍ତି। ସେଥିପାଇଁ କହି ପକାଇଛନ୍ତି, "ପ୍ରେମର ଅପମାନ ଭାରତୀୟ ସଂସ୍କୃତିର ଅପମାନ ।"[୨୮] ତେଣୁ ପ୍ରେମ ସର୍ବଦା ଦୃଢ଼ ହେବା ଦରକାର, ମହାନ୍ ହେବା ଆବଶ୍ୟକ ।

(ଖ) ବିବାହୋତ୍ତର ସଂପର୍କ:

ପ୍ରତ୍ୟେକ ଜୀବନ ଅଧିକାଂଶତଃ Libido ବା ଯୌନଚେତନାକୈନ୍ଦ୍ରିକ । ପଶୁ ହେଉ, ପକ୍ଷୀ ହେଉ କିମ୍ବା ଶ୍ରେଷ୍ଠ ପ୍ରାଣୀ ମଣିଷ ଜାତି ହେଉ ସମସ୍ତଙ୍କ ପାଖରେ ରହିଛି ଯୌନଗତ ପିପାସା । ମଣିଷ ପାଖରେ ବୁଦ୍ଧି, ବିବେକ, ଜ୍ଞାନ ଥିବାରୁ ସେ ସୃଷ୍ଟି କରିଛି

ଧର୍ମ, ପରମ୍ପରା ଏବଂ ସଂସ୍କୃତି ଭଳି ଗୋଟିଏ ଗୋଟିଏ ପାଚେରୀ। ଯାହା ପାଇଁ ମଣିଷ ଗୋଟିଏ ଶୃଙ୍ଖଳା ମଧ୍ୟରେ ରହୁଛି ଆବଦ୍ଧ । ସଂସ୍କୃତିର ଦ୍ୱାହି ମଣିଷକୁ ନୀତିନିଷ୍ଠ କରୁଛି । ବେଳେବେଳେ ମଣିଷର କିଛି ପିପାସା ପୂର୍ଣ୍ଣ ନହେବା ଯୋଗୁଁ ତା'ର ମାନସିକତାରେ ହିଂସ୍ରତା ସବାର ହୋଇ କିଛି ଅନୈତିକ ଘଟଣା ଘଟାଉଛି । ପୁରାଣ ଶାସ୍ତ୍ରରେ ଲିପିବଦ୍ଧ ଥିବା ନୀତି, ମଣିଷକୁ ଶ୍ରେଷ୍ଠମାର୍ଗ ନିଶ୍ଚୟ ଦେଖାଏ କିନ୍ତୁ ବସ୍ତୁବାଦୀ ସମାଜରେ ନୀତି ନିୟମ ଧର୍ମ ଶାସ୍ତ୍ରକୁ ମଣିଷ ହେୟଜ୍ଞାନ ମଣୁଛି । ସଂପ୍ରତି ମନୁଷ୍ୟ ଚେତନାର ବ୍ୟାପକତା ବୃଦ୍ଧି ପାଉଛି । ସମଗ୍ର ପୃଥିବୀ ସତେ ଯେମିତି ଏକାକାର ହୋଇଛି । ଯୋଗାଯୋଗ, ଗମନାଗମନ ଆଜିର ସଂସ୍କୃତି ସଂପ୍ରସାରିତ ହୋଇଛି । ଗୋଟିଏ ଭୌଗୋଳିକ ପରିସୀମା ମଧ୍ୟରେ କୌଣସି ଜାତିର ସଂସ୍କୃତି ସୀମିତ ରହୁନାହିଁ । ସମସ୍ତ ସଂସ୍କୃତି ଆଜି ମିଶ୍ର ସଂସ୍କୃତିରେ ପରିଣତ ହୋଇଛି । ଏପରି ସମାଜକୁ ଦେଖିଲେ ଅନୁମାନ କରିହୁଏ, ଯଦି ମଣିଷ ପରମ୍ପରାକୁ ପୁନଶ୍ଚ ସ୍ୱୀକାର ନକରେ, ନୀତି ନିୟମକୁ ଖାତିର ନକରେ ତାହେଲେ ତା' ପାଖରେ ସଂଯମତା ଲୋପ ପାଇବ, ହିଂସୁକତା, ବ୍ୟଭିଚାର ଓ ଅରାଜକତା ମୁଣ୍ଡ ଟେକିବ । ଏହାର ପୂର୍ବାନୁମାନ ଅନାୟାସସାଧ୍ୟ। କୁହାଯାଇ ନପାରେ ଯେ ମଣିଷ ପୁରାଣ ଶାସ୍ତ୍ରକୁ ଅକ୍ଷରେ ଅକ୍ଷରେ ପାଳନ କରୁ, କିନ୍ତୁ କିଛି ସମାଜ ସଂସ୍କାରୀ ନୀତି ନିୟମକୁ ଯଦି ଆଧାର କରେ ତାହେଲେ ମଣିଷ ସମାଜରେ ଶୃଙ୍ଖଳାର ଶଙ୍ଖଧ୍ୱନି ନିଶ୍ଚୟ ବାଦିତ ହେବ। ପରକୀୟା ପ୍ରୀତି ଓ ବିବାହୋତ୍ତର ସଂପର୍କ ହେଉଛି ଏହି ବିଶୃଙ୍ଖଳ ଯୌନଚେତନାଗତ ଅନ୍ୟତମ ମହାକାଳ ଫଳ। ଯାହା ପାଇଁ ପାରିବାରିକ ଶାନ୍ତି ଶୃଙ୍ଖଳା ବିପର୍ଯ୍ୟସ୍ତ ହୁଏ।

ସଂପ୍ରତି ସାହିତ୍ୟ କ୍ଷେତ୍ରରେ ବିବାହୋତ୍ତର ସଂପର୍କ (ExtraMarital Affair) ଏକ ଭାବବସ୍ତୁ ଭାବରେ ଅନେକତ୍ର ଆଲୋଚନାର ବିଷୟ । ଉକ୍ତ ପ୍ରସଙ୍ଗରେ କିଛି ତାତ୍ତ୍ୱିକ ଦିଗକୁ କରାଯାଇପାରେ ବିଶ୍ଳେଷଣ । ହିନ୍ଦୁ ଶାସ୍ତ୍ର ଅନୁସାରେ ସ୍ତ୍ରୀ ସ୍ୱାମୀର ଅର୍ଦ୍ଧାଙ୍ଗିନୀ । ଦୁଇ ଶରୀର ହେଲେ ଆତ୍ମା ଏକ । ଉଭୟ ଉଭୟଙ୍କ ମଧ୍ୟରେ ଆବଦ୍ଧ । ଭାରତୀୟ ସଂସ୍କୃତି ଅନୁଯାୟୀ ସ୍ତ୍ରୀ ସ୍ୱାମୀକୁ ଈଶ୍ୱର ରୂପେ ଗ୍ରହଣ କରୁଥିଲା ବେଳେ ସ୍ୱାମୀ ସ୍ତ୍ରୀକୁ ଆତ୍ମା ରୂପେ କରେ ଗ୍ରହଣ । ତେଣୁ ସାଂସାରିକ ଜୀବନ ହୁଏ ସୁଖମୟ, କିନ୍ତୁ ଯେତେବେଳେ ଅବଦମିତ ଯୌନବିକୃତିକୁ ନେଇ ସ୍ୱାମୀ ଏକାଧିକ ନାରୀ ସହ କିମ୍ବା ସ୍ତ୍ରୀ ଅନ୍ୟ ପୁରୁଷ ସହ ଶାରିରୀକ ସଂପର୍କ ରଖେ ତା' ହେଲେ ସାଂସାରିକ ଜୀବନ ହୋଇଉଠେ ଦୁର୍ବିସହ । ଭରଷା, ବିଶ୍ୱାସ ଓ ଆଶ୍ରୟ ଆଧାରିତ ସାଂସାରିକ ଜୀବନର ଭିତ୍ତି ଦୋହଲିଯିବା ସ୍ୱଭାବିକ । ଆହୁରି ସ୍ୱାର୍ଥବାଦୀ ହୁଏ ମଣିଷ । ଅଧୁନା ବିବାହୋତ୍ତର ସଂପର୍କ ପାଶ୍ଚାତ୍ୟ ଦେଶମାନଙ୍କରେ ଆଇନ ସମ୍ମତ। ଏହା ମଧ୍ୟ ସାରା ବିଶ୍ୱକୁ କରିଛି ପ୍ରଭାବିତ । ବିଗତ କେତେଦିନ ମଧ୍ୟରେ ଭାରତ ସମ୍ବିଧାନ ମଧ୍ୟ ଧାରା-୪୯୬କୁ କରିଛି ଉଚ୍ଛେଦ । କାରଣ ମଣିଷ ଯୌନଗତ ଦୃଷ୍ଟିରୁ ମଧ

ସ୍ୱାଧୀନ ହେବାକୁ ଚାହେଁ । ବିବାହ ମଣିଷକୁ ଆଉ ଦୈହିକ ସଂପର୍କଗତ ଶୃଙ୍ଖଳାରେ ଆବଦ୍ଧ ରଖିପାରି ନାହିଁ। ସେ ସ୍ୱାଧୀନ ଭାବରେ ତଥାକଥିତ ବ୍ୟକ୍ତିଗତ ଆନନ୍ଦ ଓ ପିପାସାକୁ ଚରିତାର୍ଥ କରିବା ପାଇଁ ଏକାଧିକ ଯୌନ ସଂପର୍କ ରଖିପାରେ । ଯେଉଁଥିରେ ପୁରୁଷ ନାରୀ ଉଭୟଙ୍କର ରହିବ ସମ୍ମତି ।

ଅଧୁନା ବିବାହୋତ୍ତର ସଂପର୍କର ପ୍ରାଦୁର୍ଭାବ ବୃଦ୍ଧି ପାଉଛି । ମଣିଷ ଯୁକ୍ତିନିଷ୍ଠ ଭାବରେ ସବୁ ପରମ୍ପରାକୁ ଅବିଶ୍ୱାସ କରୁଛି । କାରଣ ମଣିଷ ଆଜି ବୈଜ୍ଞାନିକ ଯୁଗରେ ବସବାସ କରୁଛି ଏବଂ ବିଜ୍ଞାନ ଯୁକ୍ତିନିଷ୍ଠତା, ପ୍ରାମାଣିକତା ଉପରେ ନିର୍ଭରଶୀଳ । ଏ ଜୀବନ ତଥା ଜୀବନ ସଙ୍ଗେ ସଂଯୁକ୍ତ ସବୁ ସଂପର୍କକୁ ମଧ୍ୟ ଯୁକ୍ତିନିଷ୍ଠତା ଏବଂ ପ୍ରାମାଣିକତାର ନିକିତିରେ ତଉଲୁଛି ମଣିଷ। ଯଦ୍ୱାରା ସେ ଅନେକ ନୈତିକ କାର୍ଯ୍ୟଠାରୁ ଦୂରେଇ ଯାଉଛି । ପୂର୍ବରୁ ଏଭଳି ଅସଙ୍ଗତ କାର୍ଯ୍ୟ ନଥିଲା ବୋଲି କୁହାଯାଇନପାରେ, କିଛି ନୈତିକତା, ଅନୈତିକତା, ପାପପୁଣ୍ୟ, ଧର୍ମ ଅଧର୍ମ ଓ କର୍ମଫଳ ଭଳି ଶବ୍ଦପୁଞ୍ଜଗୁଡ଼ିକ ମଣିଷକୁ ଅନୁବନ୍ଧିତ କରୁଥିଲା । ଏ ଶବ୍ଦଗୁଡ଼ିକ ଆଜିକାଲି ସତେ ଯେମିତି ତୁଚ୍ଛ ଓ ମୂଲ୍ୟହୀନ । ସର୍ବୋପରି ନିଜ ସ୍ୱାଧୀନତାକୁ ଅକ୍ଷୁର୍ଣ୍ଣ ରଖିବାକୁ ଚାହୁଁଥିବା ମଣିଷ ପାଖରେ ଅଙ୍କୁଶ ଲଗାଇବାରେ କେହି ପ୍ରତିପକ୍ଷ ନାହାଁନ୍ତି । ଯୁକ୍ତିନିଷ୍ଠ ଭାବରେ ପୁରୁଷ ଯଦି ଏକାଧିକ ନାରୀ ସହିତ ସଂପର୍କ ସ୍ଥାପନ କରିପାରିବ, ବିବାହ କରିପାରିବ; ନାରୀ ବି ଏଥିରୁ କାହିଁକି ବାଦ୍ ପଡ଼ିବ ? ନାରୀବାଦୀମାନେ ପୁରୁଷତାନ୍ତ୍ରିକ ସମାଜ ବିରୋଧରେ ପ୍ରତିବାଦ କରିବାର ଏ ଗୋଟିଏ ଅବଲମ୍ବନ ନିଶ୍ଚୟ ।

ସଂପ୍ରତି ଅତ୍ୟଧିକ ଯୁକ୍ତିନିଷ୍ଠ ଓ ବ୍ୟବହାରିକ ମନୋଭାବ, ନୈତିକ ଶିକ୍ଷାର ଅଭାବ ତଥା ସାମୂହିକ ବିବିଧତା ଯୋଗୁଁ ଅନେକ ଅଣପାରମ୍ପରିକ କାର୍ଯ୍ୟକଳାପ ଦେଖାଦେଉଛି। ତନ୍ମଧ୍ୟରୁ ବିବାହୋତ୍ତର ବା ପରକୀୟା ପ୍ରୀତିକୁ ଆଲୋଚନା ପ୍ରସଙ୍ଗକୁ ଅଣାଯାଇପାରେ । ସାହିତ୍ୟ କ୍ଷେତ୍ରରେ ମଧ ଏହି ବିଷୟ ବହୁଳ ଭାବରେ ଦୃଷ୍ଟିଆକର୍ଷଣ କରେ। ଆଲୋଚ୍ୟ ପ୍ରସଙ୍ଗ ସୃଷ୍ଟିକାରୀ କେତୋଟି ପ୍ରମୁଖ କାରଣଗୁଡ଼ିକୁ ନିମ୍ନରେ ଦର୍ଶାଯାଇପାରେ । ଯଥା-

୧. ବିବାହ ପୂର୍ବ ପ୍ରେମ ସଂପର୍କ (In love with someone before marriage)
୨. ବିବାହ ପର ପ୍ରେମ ସଂପର୍କ (Falling in love with someone else)
୩. ପ୍ରତିଶୋଧ ମନସ୍କତା (To seek revenge)
୪. ବିଭିନ୍ନତା ମଧ୍ୟରେ ଜୀବନର ସ୍ୱାଦ ଆସ୍ୱାଦନ (Variety is the spice of life)
୫. ଆବେଗିକ ସୌହାର୍ଦ୍ଦ୍ୟ ଓ ଘନିଷ୍ଠତା (Desire for emotional support and intimacy)
୬. କାମନା (Lust)
୭. ଅର୍ଥ ଓ ନିରାପତ୍ତା (Money and Safety)[୨୯]

୧. ବିବାହ ପୂର୍ବ ପ୍ରେମ ସଂପର୍କ (In love with someone before marriage)

କଥାରେ ଅଛି ପ୍ରଥମ ପ୍ରେମକୁ କେହି ଭୁଲି ପାରନ୍ତି ନାହିଁ । ଯେଉଁଠି ଆତ୍ମାର ସହିତ ଆତ୍ମାର ମିଳନ ହୁଏ । ହୃଦୟ ସହିତ ହୃଦୟର ମିଳନ ହୁଏ । ସେଠି ଭୁଲିବା ଶବ୍ଦଟି ଅର୍ଥହୀନ । କିନ୍ତୁ ପ୍ରେମିକ ପ୍ରେମିକା ପରିବେଶ ପରିସ୍ଥିତିକୁ ନେଇ ଭୋଗନ୍ତି ବିଚ୍ଛେଦ ଯନ୍ତ୍ରଣା । ଏହି ଯନ୍ତ୍ରଣା ଘଟାଇବାର ମୁଖ୍ୟ ଭୂମିକା ବହନ କରନ୍ତି ଅଭିଭାବକମାନେ । ତରୁଣ ହେଉ ବା ତରୁଣୀ ଉଭୟଙ୍କ କ୍ଷେତ୍ରରେ ପରିବାର ଚାପରୁ ବାଧ୍ୟବାଧକତାରେ ପ୍ରେମରେ ବିଚ୍ଛେଦ ସୃଷ୍ଟି ହୋଇଥାଏ । ବିବାହ କରନ୍ତି ଅଭିଭାବକଙ୍କ ସମ୍ମତାନୁଯାୟୀ ଅନ୍ୟଜଣକୁ, କିନ୍ତୁ ଭୁଲି ପାରନ୍ତି ନାହିଁ ନିଜର ଅତୀତକୁ । ବସ୍ତୁତଃ ଉକ୍ତ ପ୍ରସଙ୍ଗ ନାରୀ କ୍ଷେତ୍ରରେ ଅଧିକ ମାତ୍ରାରେ ଘଟିଥାଏ, ପୁରୁଷ କ୍ଷେତ୍ରରେ କ୍ବଚିତ୍ । ପୁରୁଷ କ୍ଷେତ୍ରରେ ଅଭିଭାବକଙ୍କ ପରମ୍ପରା ଓ ତାଡ଼ନାକୁ ବେଖାତିର କରାଯାଇପାରେ, ନତୁବା ଯଦି ସେ ପ୍ରେମରୁ ବିରତ ହୁଏ, ପ୍ରେମପ୍ରତି ତା'ର ହତାଦର ବଢ଼ିଯାଏ । କିନ୍ତୁ ନାରୀଟି ପାରେନା । ମୁରବିୟାନା ପାଖରେ ନିଜର ବ୍ୟକ୍ତିତ୍ୱକୁ ଦୂରେଇ ଦେଇ ଘରୁ ଗୋଡ଼ କାଢ଼ି ପାରେନା । ନିଜର ଇଚ୍ଛାକୁ ଜଳାଞ୍ଜଳି ଦେଇ ବାଧ୍ୟ ହୁଏ ଅନ୍ୟ ପୁରୁଷ ସଂଗେ ଜୀବନ ବିତାଇବାକୁ । ଅଥଚ ସେ ଅତୀତର ପ୍ରେମକୁ ବିସ୍ମରଣ କରିପାରେନା । ବୈବାହିକ ଜୀବନରେ ଯଦି ଅତୀତର ଘଟଣା ଆଉ ଥରେ ଅଙ୍କୁରୋଦ୍‌ଗମ୍ ହୁଏ, ପ୍ରେମ, ସ୍ନେହ, ଆଦରର ଉପାଦାନ ନେଇ ସ୍ୱାଭାବିକ ନାରୀଟି ଟଳିପଡ଼ିବ, ଆତ୍ମୀୟ ପୁରୁଷର ବକ୍ଷ ଉପରେ । ପୁରୁଷ କ୍ଷେତ୍ରରେ ମଧ୍ୟ ବିବାହ ପୂର୍ବ ପ୍ରେମ ସଂପର୍କକୁ ନେଇ ବୈବାହିକ ଜୀବନରେ ଅତୀତର ପ୍ରେମିକା ସଂପର୍କ ରଖିବାର ନଜିର ମଧ୍ୟ ଅଧୁନା କିଛି କମ୍ ନାହିଁ । ତେଣୁ ବିବାହ ପୂର୍ବ ପ୍ରେମ ସଂପର୍କ ଯୋଗୁଁ ମଧ୍ୟ ପୁରୁଷ, ନାରୀ କ୍ଷେତ୍ରରେ ପରକୀୟା ପ୍ରୀତି ଦେଖାଯାଏ ।

ଗାଳ୍ପିକ ରଜନୀକାନ୍ତ ମହାନ୍ତିଙ୍କ ଗଳ୍ପ ପରିଧିରେ ବିବାହ ପୂର୍ବ ପ୍ରେମ ସଂପର୍କକୁ ନେଇ ବିବାହୋତ୍ତର ସଂପର୍କ ଦେଖାଯାଏ ନାହିଁ । ଯଦିବା "ଭଦ୍ରା ନଦୀରେ ଭଉଁରୀ" ଗଳ୍ପରେ ଉକ୍ତ ପ୍ରସଙ୍ଗ ଉତ୍ଥାପନ ହୋଇଛି, ତାହା ନାରୀର ମାନସିକ ସ୍ତରରେ ସୀମିତଥିବାର ଦେଖାଯାଏ । ତେଣୁ ବିବାହ ପୂର୍ବ ପ୍ରେମ ସଂପର୍କକୁ ଏଥିରେ କିଛି ମାତ୍ରାରେ କରିହୁଏ ହୃଦୟଙ୍ଗମ । ହୋଇପାରେ ଆଲୋଚ୍ୟ ଗଳ୍ପର ବିବାହିତା ନାରୀ ଭଦ୍ରାକୁ ପୂର୍ବ ପ୍ରେମିକ ଦେବର ଆଶ୍ୱାସନା ମିଳିପାରିନି । କିନ୍ତୁ ଗଳ୍ପ ମଧ୍ୟରେ ପ୍ରେମିକ ଦେବକୁ ନେଇ ଭଦ୍ରାର ଆବେଗ ପୂର୍ଣ୍ଣମାତ୍ରାରେ ପ୍ରକାଶିତ ହୁଏ । ସ୍ୱାମୀ ଆଦିତ୍ୟ ଓ ପୁଅ ପ୍ରକାଶକୁ ନେଇ ସଂସାର ଗଢ଼ିଥିଲେ ମଧ୍ୟ ଭଦ୍ରା ପ୍ରେମକୁ ନେଇ ନିଜର ସ୍ୱାଧୀନତା ଓ ନିର୍ଭୀକତାକୁ ହରାଇ ବସେ । ନିଜ ଅବଦମିତ କାମନା ଯୋଗୁଁ ସ୍ୱପ୍ନ ଦେଖେ । ଗାଳ୍ପିକ ଶ୍ରୀ ମହାନ୍ତି, ପ୍ରେମିକ ଦେବକୁ ଦେବଦାରୁ ଗଛ ସଂଗେ ପ୍ରତୀକାତ୍ମକ ଢଙ୍ଗର ଉପସ୍ଥାପନା କରି ବିବାହିତା ନାରୀ ଭଦ୍ରାର ମାନସିକତାକୁ ବ୍ୟାଖ୍ୟା କରନ୍ତି । କିନ୍ତୁ ଗଳ୍ପରେ ଭଦ୍ରାକୁ ଦେବ ପାଖକୁ ପୁନଶ୍ଚ ପଠାଇ

ନାହାନ୍ତି, କି ଦେବକୁ ମଧ୍ୟ ଭଦ୍ରା ସଂଗେ ବାସ୍ତବରେ ମିଳିତ କରି ନାହାନ୍ତି । ତେଣୁ ବିବାହ ପୂର୍ବ ପ୍ରେମଜନିତ ମଣିଷର ଦୋଦୁଲ୍ୟମାନ ମାନସିକତାକୁ ଦେଖାଯାଇପାରେ ଆଲୋଚ୍ୟ ଗଳ୍ପରେ ।

୨. ବିବାହ ପର ପ୍ରେମ ସଂପର୍କ (Falling in love with someone else)

ମଣିଷ ମାତ୍ରକେ ସ୍ନେହ କାଙ୍ଗାଳ । ଯଦି ପରିବାର ସଂପର୍କରେ ଆପଣା ମଣିଷ ପାଖରୁ ଆଶା ମୁତାବକ ଜଣେ ବ୍ୟକ୍ତି ନିଜର ସ୍ୱାଧୀନତା ନପାଏ, ନିର୍ଭୀକ ହୋଇନପାରେ, ତାହେଲେ ସେ ମାନସିକ ସ୍ତରରେ ହୁଏ ଅତି ବିବ୍ରତ । ସ୍ୱାଚ୍ଛନ୍ଦ୍ୟ, ପ୍ରେମ, ପ୍ରୀତି, ସ୍ନେହ ସବୁର ଅଭାବକୁ ନେଇ ବିଷାଦରେ ବଞ୍ଚେ ମଣିଷ । ଏହି ଅଭାବର ପୂରଣ ନିମନ୍ତେ ଅନ୍ୟର ସ୍ୱଳ୍ପ ଆଶ୍ୱାସନା ଯଦି ମିଳେ ସ୍ୱାଭାବିକ ସ୍ନେହ କାଙ୍ଗାଳ ମଣିଷ ଢଳି ପଡ଼ିବ ସେହି ଦିଗକୁ। ସେତେବେଳେ ପରମ୍ପରା, ସଂସ୍କୃତିକୁ ପାଦରେ ଆଡ଼େଇ ଦେଇ ଗୋଟିଏ ସୁଦୃଢ଼ ମାନସିକତାକୁ ନେଇ ପର ମଣିଷ ସଂଗେ ପ୍ରେମରେ ଆବଦ୍ଧ ହେବ । ଅନୁକମ୍ପା ଲୋଡ଼ିବ । ଏ ଦୃଷ୍ଟିରୁ ଗାଳ୍ପିକ ରଜନୀକାନ୍ତ ମହାନ୍ତିଙ୍କ 'ସୁନା ଶିଆଳ' ଓ 'ଅମୃତ' ଗଳ୍ପକୁ ବିଶ୍ଳେଷଣ କରାଯାଇପାରେ ।

'ସୁନା ଶିଆଳ' ଗଳ୍ପରେ ନିକ୍ଷେପିତ, ଉପେକ୍ଷିତ ମଣିଷ ଜୀବନରେ ଘଟୁଛି ଅନେକ ବିଡ଼ମ୍ବନା । ଗଳ୍ପନାୟକ କାଙ୍ଗାଳି ଏବଂ ତା'ର ସ୍ତ୍ରୀ ପାର୍ବତୀ ନିଜ ପରିବାର ଚଳାଇବା ନିମିତ୍ତ ଉଭୟ କଲିକତାରେ ଚଟକଲରେ କାମ କରନ୍ତି। ଏହି ଚଟକଲର ସୁପରଭାଇଜର କିଷାନ ସଙ୍ଗେ ପାର୍ବତୀର ଗଢ଼ି ଉଠେ ପ୍ରେମ ସଂପର୍କ । ସୁପରଭାଇଜରର ପ୍ରେମରେ ହୁଏ ବନ୍ଧା ପାର୍ବତୀ । କିଷାନର ଉପସ୍ଥିତି ନିଶ୍ଚିତ ଗୋଟିଏ ସୁଦୃଢ଼ ସଂପର୍କ ପାଇଁ ଯୋଗାଇଥିବ ଖୋରାକ ପାର୍ବତୀକୁ । ଗାଳ୍ପିକ ଶ୍ରୀ ମହାନ୍ତି କିଷାନ ଓ ପାର୍ବତୀର ସଂପର୍କକୁ ପୂର୍ଣ୍ଣ ମାତ୍ରାରେ ଗଳ୍ପରେ ବିଶ୍ଳେଷଣ ନକରିଲେ ମଧ୍ୟ କାଙ୍ଗାଳି ବୁଢ଼ାର ମାନବିକତାକୁ ଦେଖାଇଲା ବେଳେ କହନ୍ତି, "କାଙ୍ଗାଳି କଲିକତା ଚଟକଲରେ ଶ୍ରମିକ ଥିଲା । ପାର୍ବତୀ ତା'ର ସ୍ତ୍ରୀ ଥିଲା । ରବି ଛୋଟ ପୁଅ ଥିଲା । ବର୍ଷକ ବାଦେ କାଙ୍ଗାଳି ଅନୁଭବ କଲା ସୁପରଭାଇଜର କିଷାନ୍ ତାକୁ ସବୁବେଳେ ରାତି ସିଫ୍ଟ୍ ଡ୍ୟୁଟି ବାଣ୍ଟୁଛି । ତା'ର କିଛିଦିନ ପରେ ଗୋଟିଏ ଉପରଓଳି ସେ ଆବିଷ୍କାର କଲା ରବି ତା' ପାଖରେ ଶୋଇଛି। ପାର୍ବତୀ ଫେରାର । ବହୁତ ଖୋଜିଲା ପାର୍ବତୀକୁ । କିନ୍ତୁ କାହାକୁ ମୁହଁ ଖୋଲି କହି ପାରିଲାନି । କି ଥାନାରେ ଏତଲା ଦେଇପାରିଲା ନାହିଁ । କାରଖାନାରୁ ଖବର ପାଇଲା ପାର୍ବତୀ ଏବେ କିଷାନ ଘରେ । ରବିକୁ କାଖରେ ଜାକି ଲୁହ ନିଗାଡ଼ିଥିଲା କାଙ୍ଗାଳି । କିନ୍ତୁ ପାର୍ବତୀ ଉପରେ ଆଦୌ ରାଗି ନଥିଲା । ଯେଉଁଠିକି ତା' ଆତ୍ମା ଡାକିଥିଲା, ସେଠି ଆପଣାର ହେଲା କ୍ଷତି କ'ଣ ? ସେଠି ସତୀ ମାଇକିନାର କାଠଗଡ଼ା ଅଯଥା କାହିଁକି ପ୍ରତିବନ୍ଧକ ହେବ ?"[୩୦]

ପାର୍ବତୀ ଏବଂ କିଷାନ ଉଭୟ ପ୍ରେମ ସଂପର୍କରେ ଆବଦ୍ଧ ହୋଇ ପାର୍ବତୀ ନିଜର ସ୍ୱାମୀ, ପୁଅକୁ ଛାଡ଼ି ଚାଲିଯାଇଛି, କିଷାନ ସଙ୍ଗେ । ଏହା ଭାରତୀୟ ଆଇନ ବିରୋଧୀ

ହେଲେବି କାଙ୍ଗାଳି ବୁଢ଼ା ଏହାକୁ ଗ୍ରହଣ କରୁଛି । ତା' ଅର୍ଥ ନୁହେଁ ସେ ଖୁସି, ସ୍ତୀର ଏଭଳି କର୍ମ ପାଇଁ । ନିଶ୍ଚୟ ତା' ଜୀବନରେ ବିଷାଦ ହୋଇଛି ସହଚର । ଗାଳ୍ପିକ ପାର୍ବତୀକୁ ଅନ୍ୟ ପୁରୁଷ ସଙ୍ଗେ ପଠାଇ ଦେଇ ତା' ସ୍ୱାମୀ ଦ୍ୱାରା ଉକ୍ତ କର୍ମକୁ ସମର୍ଥନ ଦିଆଇଛନ୍ତି। ହୋଇପାରେ ଗାଳ୍ପିକ ଉକ୍ତ ସଂପର୍କର ଯଥାର୍ଥତା ପ୍ରତିପାଦନ ନିମିତ୍ତ ଚେଷ୍ଟିତ "(Adulting is no more a shame) ।"[୩୧]

ଆଲୋଚ୍ୟ ଗଳ୍ପରେ ବିବାହୋତ୍ତର ସଂପର୍କକୁ ଗାଳ୍ପିକ ସପକ୍ଷବାଦୀ ହେଲେ ମଧ୍ୟ ପୁଣି ଦେଖାଉଛନ୍ତି ତା'ର ଅପକାର । କିଛି ବର୍ଷ ପରେ ପାର୍ବତୀ ଫେରୁଛି ହଠାତ୍ ତା'ର ସ୍ୱାମୀ କାଙ୍ଗାଳି ପାଖକୁ । କାଙ୍ଗାଳି ନିଦ୍ୱର୍ନ୍ଦ୍ୱରେ ଆପଣେଇ ନେଇଛି ନିଜ ସ୍ତୀ ପାର୍ବତୀକୁ । ଏଇଠି ପାଠକେ ନିଶ୍ଚୟ ଅନୁଭବ୍ୟ ହେବେ ବିବାହୋତ୍ତର ପ୍ରେମ ସଂପର୍କର କଳଙ୍କିତ ଅଧ୍ୟାୟକୁ । ମଣିଷ ଆଜି ସ୍ୱାର୍ଥବାଦୀ । ସ୍ୱାର୍ଥର ଫାସ ମଧ୍ୟରେ ନିରୀହ ସାଧାରଣ ପାର୍ବତୀ ଭଳି ମଣିଷମାନେ ଫସି ଯାଉଛନ୍ତି । କିଷାନ ଭଳି ଶିକାରୀ ଶିକାର କରି ନିଜର ବ୍ୟକ୍ତିଗତ ସ୍ୱାର୍ଥ କରୁଛନ୍ତି ହାସଲ ।

'ଅମୃତ' ଗଳ୍ପରେ ମଧ୍ୟ ବିବାହୋତ୍ତର କାଳରେ ନାରୀ ବ୍ୟକ୍ତିତ୍ୱର ପରିବର୍ତ୍ତନ ଦେଖାଯାଇପାରେ । ଜଣେ ସରଳ, ସୁନ୍ଦରୀ, ତରୁଣୀ ସୁଯୋଗ୍ୟା ଦାସର ଜୀବନ ଶୈଳୀ ଗୋଟିଏ ଅନାଦର୍ଶ ପରିବେଶ ମଧ୍ୟରେ ଗତି କରିବା ଯୋଗୁଁ ତା' ବ୍ୟକ୍ତିତ୍ୱର ଘଟୁଛି ପରିବର୍ତ୍ତନ । ପ୍ରତ୍ୟେକ ମଣିଷର ଜୀବନ ଶୈଳୀ ତା' ପରିସ୍ଥିତିକୁ ଗତିଶୀଳ କରାଇଥାଏ । ଗୋଟିଏ ପରିବେଶ ମଧ୍ୟରେ ବସବାସ କରୁଥିବା ପ୍ରାଣୀଙ୍କର ଚିନ୍ତା ଚେତନା ଯେତେ ପରିମାଣରେ ମାର୍ଜିତ ସେ ପରିବେଶକୁ ପ୍ରବେଶ କରୁଥିବା ଅନ୍ୟ ପ୍ରାଣୀ ଉପରେ ତା'ର ପ୍ରଭାବ ସ୍ୱତଃସ୍ଫୂର୍ତ୍ତ ଭାବେ ପଡ଼େ ଏବଂ ତା'ର ଚିନ୍ତା, ଚେତନା ମଧ ମାର୍ଜିତ ହୋଇଯାଏ । ମଣିଷ ସହଜେ ସଚେତନ ପ୍ରାଣୀ । ପ୍ରତ୍ୟେକ ପରିବେଶକୁ ସହଜରେ ଆପଣେଇବାରେ ତା'ର ନଥାଏ ଦ୍ୱିଧା । ନିର୍ମଳ ହୃଦୟ । ଆତ୍ମୀୟସ୍ୱଜନଙ୍କ ଗହଳିରେ ମଣିଷ ରହିଲେ ବ୍ୟକ୍ତିତ୍ୱ ନିର୍ମଳ ହେବ, ଯଦି ଅତ୍ୟାଧୁନିକ ପରିବେଶ ମଧ୍ୟରେ ରହେ ତାହେଲେ ଅତ୍ୟାଧୁନିକ ନିଶ୍ଚୟ ହେବ । ଯେପରି ଶ୍ରୀ ମହାନ୍ତିଙ୍କ 'ଅମୃତ' ଗଳ୍ପରେ ବିଜ୍ଞାନରେ ସ୍ନାନକୋତ୍ତର କରିଥିବା ତରୁଣୀ ସୁଯୋଗ୍ୟା ସର୍ବଗୁଣସଂପନ୍ନା ଆଦର୍ଶବାଦୀ ଚରିତ୍ର। କୃତ୍ରିମ ପ୍ରସାଧନ ବ୍ୟବହାର ନକରି ସୌନ୍ଦର୍ଯ୍ୟ ତା'ର ଯେପରି ଆକର୍ଷଣୀୟ, ବିଜ୍ଞାନ କ୍ଷେତ୍ରରେ ମଧ ତା'ର ଜ୍ଞାନ ଅସୀମ। କିନ୍ତୁ ପିତାଙ୍କର ପ୍ରସ୍ତାବ କ୍ରମେ ଇଣ୍ଡଷ୍ଟ୍ରିଆଲିଷ୍ଟ ସୁବୋଧ ଦାଶଙ୍କୁ ବିବାହ କରିବା ପରେ ଆଧୁନିକ ଜୀବନ ଶୈଳୀର ସୂର୍ଯ୍ୟ ଉଦୟ ହୋଇଛି ତା' ଜୀବନରେ। ନୀତି, ଆଦର୍ଶ ତଥା ନିଜର ଜ୍ଞାନ, ଅନୁସନ୍ଧିତ୍ସା ସବୁ ସୃଜନଶୀଳ ସୂକ୍ଷ୍ମଗୁଣଗୁଡ଼ିକ ଯତ୍ନ ତଥା ଆବେଗର ଅଭାବରୁ ଶୁଷ୍କ ହୋଇଯାଇଛି । ସେ ଗ୍ରହଣ କରି ନେଇଛି ଧନୀ ଆଭିଜାତ୍ୟପୂର୍ଣ୍ଣ ବିକୃତ ସଂସ୍କୃତିକୁ। ମିସେସ୍ ଦାଶ ପଶିଯାଇଛି ଫେସନ୍‌ସୋ'ର ବ୍ୟୁହ ମଧ୍ୟରେ । ଏହାରି ମଧରେ ବିଭିନ୍ନତାକୁ ନେଇ ଜୀବନର ସ୍ୱାଦ ଆସ୍ୱାଦନ କରିବା ଲକ୍ଷ୍ୟରେ ତରୁଣୀ

ସୁଯୋଗ୍ୟା ଦାଶରୁ ମିସେସ୍ ଦାଶରେ ପରିଣତ ହୋଇ ମଧ୍ୟ ନିଜ ଝିଅ ବୟସର ବା ପୁତ୍ରବତ୍ ନିଜ କମ୍ପାନୀର ଇଞ୍ଜିନିୟର ଯୁବକ ଅବିନାଶକୁ ଲାଇଫ୍ ପାର୍ଟନର୍ ଭାବେ ଆତ୍ମସ୍ଥ କରି ନେଉଛି ଚରିତ୍ରଟି । ମିସେସ୍ ଦାଶ ଆତ୍ମୀୟପିପାସା ନେଇ ଯୁବକ ଅବିନାଶକୁ ସର୍ବଦା ଖୋଜିଛନ୍ତି। ଏଠି ମିସେସ୍ ଦାଶଙ୍କ ବିବାହୋତ୍ତର ପ୍ରେମ ସଂପର୍କ ମାନସିକ ସ୍ତରରେ ଏକ ତରଫା ପରିଦୃଷ୍ଟ ହୁଏ । ଉକ୍ତ ଗଳ୍ପରେ ମିସେସ୍ ଦାଶର ପ୍ରେମ ସଂପର୍କକୁ ନାରୀବାଦୀ ଦୃଷ୍ଟିକୋଣରୁ ଦେଖାଯାଇପାରେ । ମିସେସ୍ ଦାଶ ନିଜର ସୌଖିନ ଜୀବନକୁ ନେଇ ସ୍ୱାଧୀନ ଭାବରେ ବଞ୍ଚିବା ଉଦ୍ଦେଶ୍ୟରେ ତାଙ୍କର ମାନସିକ ପରିବର୍ତ୍ତନ ଘଟିଛି । କିନ୍ତୁ ଗଳ୍ପର ପରିଣତିରେ ମିସେସ୍ ଦାଶ ଚରିତ୍ର ବିରକ୍ତି, ଅବସୋସ ତଥା ପରାଜୟତା ଘେନି ପୁଣି ପ୍ରତ୍ୟାବର୍ତ୍ତନ କରିଛି ପାରମ୍ପରିକ କର୍ମଭୂମିକୁ ।

୩. ପ୍ରତିଶୋଧ ମନସ୍କତା (To seek revenge)

ମଣିଷ ଆତ୍ମୀୟଙ୍କ ପାଖରୁ ସର୍ବଦା ରଖେ ପ୍ରେପସା । ସେ ପ୍ରେପସାକୁ ନେଇ ଜନ୍ମେ ଆନ୍ତରିକତା । ଯଦିଚ ଆଶା ମୁତାବକ ଆତ୍ମୀୟ ପାଖରୁ କିଛି ନପାଏ ତାହେଲେ ବିଷାଦ ସହ ଜୀବନ ବିତାଏ କିନ୍ତୁ ଆତ୍ମୀୟ ପୁରୁଷ କିମ୍ବା ଆତ୍ମୀୟ ନାରୀ ଯଦି ପ୍ରତିପକ୍ଷର ଅନିଚ୍ଛା ସତ୍ତ୍ୱେ କିଛି ଅନୈତିକ ଘଟଣା ଘଟାଏ ତା'ହେଲେ ପ୍ରତିପକ୍ଷ ବ୍ୟକ୍ତିତ୍ୱ ପାଖରେ ଜନ୍ମ ନିଏ ପ୍ରତିଶୋଧ ମନସ୍କତା । ସ୍ୱାମୀ ସ୍ତ୍ରୀ ପକ୍ଷରେ ମଧ୍ୟ ଏମିତି ଘଟଣା ଅଧୁନା କିଛି କମ୍ ନୁହେଁ । ସ୍ୱାମୀ କିମ୍ବା ସ୍ତ୍ରୀ କେହିବି ଯଦି ଜଣକର ଅନିଚ୍ଛା ସତ୍ତ୍ୱେ କିଛି ଅନୈତିକ କାର୍ଯ୍ୟ କରେ, ଯଥା- ସ୍ୱାମୀ ଅନ୍ୟ ନାରୀ ପ୍ରତି କିମ୍ବା ସ୍ତ୍ରୀ ଅନ୍ୟ ପୁରୁଷ ପ୍ରତି ଯୌନ ସଂପର୍କ ରଖେ ତାହେଲେ ବିପରୀତ ନାରୀ କିମ୍ବା ପୁରୁଷ ପ୍ରତିଶୋଧ ପରାୟଣ ହୋଇ ସେହିଭଳି ଅନୈତିକ କାର୍ଯ୍ୟ କରିବସେ । କଥାକାର ରଜନୀକାନ୍ତ ମହାନ୍ତିଙ୍କ ଗଳ୍ପରେ ଏପରି ସଂପର୍କ ଦେଖାଯାଏ ନାହିଁ ।

୪.ବିଭିନ୍ନତା ମଧ୍ୟରେ ଜୀବନର ସ୍ୱାଦ ଆସ୍ୱାଦନ (Variety is the spice of life)

ଅଧୁନା ମଣିଷ ସୌଖିନ ଜୀବନ କଟାଇବାକୁ ଚାହେଁ । ବସ୍ତୁ, ଅର୍ଥ, ସଂପତ୍ତି ଆଦିର ପ୍ରାଚୁର୍ଯ୍ୟ ପରେ ମଣିଷକୁ ବିଳାସୀ ହେବାରେ ବାଧକ କିଛି ନଥାଏ । ନିଜର ଇଚ୍ଛା ମୁତାବକ ସଉକଯୁକ୍ତ ବା ରୁଚିସମ୍ପନ୍ନ ଗୁଣାବଳୀକୁ ସହଜ ସରଳ ଭାବରେ ଆମଦାନୀ କରିପାରେ । ବସ୍ତୁ, ଅର୍ଥ, ସଂପତ୍ତିର ପ୍ରାଚୁର୍ଯ୍ୟ ମଧ୍ୟରେ ରହିଲେ ମଧ୍ୟ ମଣିଷ ପାଖରେ ସୌକୁମାର୍ଯ୍ୟ ଗୁଣକୁ ନେଇ ଜନ୍ମ ନିଏ ଯୌନ କାମନା । ପ୍ରାଚୁର୍ଯ୍ୟ ମଧ୍ୟରେ କାମନାକୁ ନେଇ ପୁରୁଷ ଏକାଧିକ ନାରୀ କିମ୍ବା ନାରୀ ଏକାଧିକ ପୁରୁଷକୁ ନେଇ ବିଭିନ୍ନତା ମଧ୍ୟରେ ଜୀବନର ସ୍ୱାଦ ଆସ୍ୱାଦନ କରିବାରେ ଲାଗିପଡ଼ନ୍ତି । ବିଭିନ୍ନତା ମଧ୍ୟରେ ଜୀବନର ସ୍ୱାଦ ଆସ୍ୱାଦନ କେବଳ ଧନୀ ଶ୍ରେଣୀୟ ବ୍ୟକ୍ତି ପାଖରେ ଯେ ଦେଖାଯାଏ, ତାହା କହିହେବ ନାହିଁ । କାରଣ ଯୌନ କାମନା ପ୍ରତ୍ୟେକ ମଣିଷ ପାଖରେ ନିହିତ ଥାଏ। ଯାହା ପାଖରେ ଏହି Libido ବା କାମନାଶକ୍ତି ଅବଦମିତ ହୁଏ, ତା'ପାଖରେ ଦେଖାଯାଏ ଉକ୍ତ ବିକୃତ ଗୁଣାବଳୀ ।

ଗାଳ୍ପିକ ଶ୍ରୀ ମହାନ୍ତିଙ୍କ 'ହଡ଼ିକାଠ' ଗଳ୍ପରେ ଗଳ୍ପ ନାୟକର ସ୍ତ୍ରୀ ରେଣୁ ଓ ହରିଶର ସଂପର୍କ, 'ପାଉଁଶ ହିଡ଼' ଗଳ୍ପରେ ସତର ବର୍ଷର ଝିଅ ଉମାର ବାପା ବିଦ୍ୟାଧର, 'ଶିବ ସାବତ' ଗଳ୍ପରେ ଶିବ ସାବତଙ୍କ ଜ୍ୱାଇଁ ଚିନୁ ଆଦି ଚରିତ୍ର ପାଖରେ ଉକ୍ତ ପ୍ରସଙ୍ଗର ପ୍ରଭାବ ହୃଦୟଙ୍ଗମ କରିହୁଏ ।

'ଶିବ ସାବତ' ଗଳ୍ପରେ ଶିବ ସାବତର ଝିଅ ବିନ୍ଦୁର ସ୍ୱାମୀ ଚିନୁ ବିଭିନ୍ନତା ମଧ୍ୟରେ ଜୀବନର ଯୌନ ସ୍ୱାଦକୁ କରୁଛି ଉପଭୋଗ । ଚିନୁ ଆବଶ୍ୟକତାର ଉର୍ଦ୍ଧ୍ୱ ସୌରଭଯୁକ୍ତ ଜୀବନ ବିତାଇଲା ବେଳେ ଯୌନ କାମନାର ପ୍ରାଚୁର୍ଯ୍ୟ ମଧ୍ୟରେ ବୁଡ଼ିଯାଇଛି । ଯେଉଁଥିପାଇଁ ନିଜ ସ୍ତ୍ରୀକୁ ମଧ୍ୟ ତଡ଼ି ଦେଇଛି । ଉକ୍ତ ପ୍ରସଙ୍ଗରେ କଥାକାର ଶ୍ରୀ ମହାନ୍ତି ଚରିତ୍ର ମୁଖରେ କହୁଛନ୍ତି, "ଚିନୁ ଆମ ଜ୍ୱାଇଁ, ଭଲ ପିଲା ଜୁଟିଲାନି । ଧନୀ ଘରର ଗୋଟେ ପୁଅ ହେଲେ ଯାହା ହେବା କଥା, ଆମର ସନ୍ଦେହ ହେଉଥିଲା । ସେୟା ହିଁ ଜୁଟିଲା । ଏପରିକି ସାନଝିଅ ମନିକୁ ବି ସେ ବାହା ହେବ ବୋଲି କହିଲା । ପାଖ ଗାଁ । କେତେବେଳେ କୋଉ କଥା । ମନି ଭଉଣୀ ଘରକୁ କେବେବି ଯାଇ ପାରିନି । ନିଜ ଲାଜ, ନିଜ ସମ୍ମାନକୁ ଜଗି ଆମେ ଆଜ୍ଞା ଏ ଚାକିରି ଜାଗାକୁ ଚାଲି ଆସିଲୁ । ତିନିଦିନ ତଳେ ବିନ୍ଦୁ ସଞ୍ଜରେ ଆସି ଏଠାରେ ପହଞ୍ଚିଲା । ଚାରି ମାସର ପୁଅକୁ ଧରି । ମୋ ଝିଅ ଯେଉଁ ଅବସ୍ଥାରେ ଆସି ପହଞ୍ଚିଲା, ଦେଖି ମୋ ଛାତି ଫାଟି ଯାଉଥାଏ । ସେ ଚଣ୍ଡାଳ ମା' ପୁଅଙ୍କୁ ବିଦା କରିଦେଲା । କହିଲା ଯା, ଲକ୍ଷେ ଟଙ୍କା ଆଣିବୁ । ବାହା ବେଳେ କିଛି ଦେଇନାହାନ୍ତି ଶ୍ୱଶୁର ଘର । ସେ ଟଙ୍କାରେ ମୁଁ ବ୍ୟବସାୟ କରିବି । ଏଇଟା ଗୋଟେ ବାହାନା ଆଜ୍ଞା । ଅସଲ କଥା ଅନ୍ୟଟି ! କ'ଣ କହିବି ! ବିନ୍ଦୁ ଘରେ ଥିବ, ବାହାରୁ ଗୋଟେ ଗୋଟେ ଝିଅ ନେଇ ପହଞ୍ଚିଯିବ ।"(୩୨) ଉକ୍ତ ବକ୍ତବ୍ୟରୁ ଗଳ୍ପର କଥା ପରିଧିର ଦ୍ୱନ୍ଦ୍ୱ ଓ ଉତ୍କଣ୍ଠାରୁ ଚିନୁର ଜୀବନରେ ଯୌନ କାମନାର ଆସ୍ୱାଦନ ଦୃଷ୍ଟିରୁ ବିଭିନ୍ନତା ଦେଖାଯାଇପାରେ । ବିବାହ କରିଥିଲେ ମଧ୍ୟ ନିଜ ସ୍ତ୍ରୀ ବିନ୍ଦୁର ଭଉଣୀକୁ ବିବାହ କରିବାକୁ ଇଚ୍ଛୁକ ତଥା ବାହାରୁ ଗୃହକୁ ଏକାଧିକ ନାରୀ ନେଇ ପ୍ରବେଶ- ଏହା ଆମ ସମାଜ ପାଇଁ ବିଡ଼ମ୍ବିତ ମୂଲ୍ୟବୋଧ ହୋଇଥିଲେ ମଧ୍ୟ ଚିନୁ ଭଳି ଚରିତ୍ର ପାଇଁ ସୌଖିନ ଜୀବନରେ ଯୌନ ସ୍ୱାଦ ଆସ୍ୱାଦନର ଏକ ମାଧ୍ୟମ । କିନ୍ତୁ ଏଭଳି ଅନୈତିକ ସଂପର୍କକୁ ନେଇ ଗଳ୍ପର ପରିଣତିରେ ସ୍ୱାମୀ ସ୍ତ୍ରୀ ମଧ୍ୟରେ ବିଚ୍ଛେଦ, ଝିଅର ନ୍ୟାର୍ଯ୍ୟ ଦାବୀ ଯୋଗୁଁ ବିନ୍ଦୁର ବାପା ଭାଇ, ଜ୍ୱାଇଁ ଚିନୁ ପାଖରୁ ମାଡ଼ ଖାଇ ମିଛ କେସ୍‌ରେ ଜେଲ୍‌ଦଣ୍ଡ ଭୋଗିବା ପ୍ରସଙ୍ଗ ଆଦି ବିବାହୋତ୍ତର ସଂପର୍କର କଳୁଷିତ ବାତାବରଣ ମଣିଷକୁ ନିଶ୍ଚୟ ଅସନ୍ତୁଳିତ କରିବ ।

ସେହିପରି 'ପାଉଁଶ ହିଡ଼' ଗଳ୍ପରେ ବିଦ୍ୟାଧର ପରକୀୟା ପ୍ରୀତି ଯୋଗୁଁ ନିଜ ଶତ୍ରୁଙ୍କ ହାତରୁ ମୃତ୍ୟୁବରଣ କରୁଛି । ନିଜର ଯୌନ କାମନାକୁ ନେଇ ଏକାଧିକ ପରକୀୟା ପ୍ରୀତି ଜନିତ ସଂପର୍କ ଗଢ଼ିଉଠିଛି ବିଦ୍ୟାଧରର । ଏପରିକି ଗାଳ୍ପିକ ଶ୍ରୀ ମହାନ୍ତି ବିଦ୍ୟାଧରର

ସତର ବର୍ଷର ଝିଅ ଉମା ଦ୍ୱାରା ବିଦ୍ୟାଧରର କାର୍ଯ୍ୟକୁ ବଖାଣିଛନ୍ତି, ଯାହାଦ୍ୱାରା ବିଦ୍ୟାଧରର କାମୁକ ମନୋଭାବ ଦେଖାଯାଇପାରେ । ଯଥା, "ଦରମା ପଇସାରେ ବାପା ପ୍ରତିମାସ ଯାଆନ୍ତି ବାରିପଦା, କଟକ, ଚାରିପାଞ୍ଚ ଦିନ ଲେଖାଏଁ ରହି ଆସନ୍ତି । କଟକରୁ, ବାରିପଦାରୁ ଗୋଲ୍ ଗୋଲ୍ ଅକ୍ଷରରେ ଅତର ଭିଜା ଚିଠି ସବୁ ଆସେ । ସେ ଚିଠି କାହାର, କିଏ ଦେଇଛି । ଏଭଳି ପ୍ରଶ୍ନ ମା' କେବେ ପଚାରେ ନାହିଁ । ପିଲାମାନଙ୍କୁ ବାପାର ଚିଠି ଧରିବାକୁ ତ ମନା ।"[୩୩] ଏତଦ୍‌ପଶ୍ଚାତ୍, ଗାଁର ମହିନର ସ୍ତ୍ରୀ କାମିନୀ ସଙ୍ଗେ ପୀରତି ରଖିବା ସହ ନିଜ ଝିଅ ଉମାର ସାଙ୍ଗ ଆଶା ସଂଗେ ମଧ୍ୟ ବିଦ୍ୟାଧର ଅନୈତିକ ସଂପର୍କ ରଖିବା ପାଇଁ ଇଚ୍ଛା ପ୍ରକାଶ କରେ । ମଣିଷର ଏପରି କର୍ମ ଆସେ ଯୌନ ବିକୃତିରୁ । ଯେଉଁଠି ଭରପୁର ଥାଏ ଯୌନ କାମନା । ଏଥିପାଇଁ ପରିବାରରେ ଶାନ୍ତି ନଥାଏ, ଥାଏ କେବଳ ବିଷାଦ, ଅଜସ୍ର ଦୁଃଖ। ଏହି ଏକାଧିକ ଅନୈତିକ ସଂପର୍କ ଦ୍ୱାରା ଜୀବନର ସୁଖ ଆସ୍ୱାଦନ ଯେ ବିଦ୍ୟାଧର ପାଇଁ କାଳ ହେବ ସେ କେବେ ଜାଣିନଥିଲା । ଶେଷରେ ଏଥିପାଇଁ ମଧ ତାକୁ ହତ୍ୟା କରାଯାଇଛି। ଆଲୋଚ୍ୟ ଗଳ୍ପରେ କଥାକାର ରଜନୀକାନ୍ତ ମହାନ୍ତି ବିବାହୋତ୍ତର ସଂପର୍କରେ ଘଟୁଥିବା ଦୁର୍ଘଟଣାକୁ ବେଶ୍ ରମଣୀୟ ଢଙ୍ଗରେ ଉପସ୍ଥାପନା କରିଛନ୍ତି। ଯେଉଁଠି ସନ୍ତାନ, ସ୍ତ୍ରୀ ସମସ୍ତେ ବିଦ୍ୟାଧରର ଅନୈତିକ କର୍ମକୁ ନେଇ ବିଷାଦର ଜୀବନ ବିତାଇଲା ବେଳେ ସେହି କର୍ମ ଯୋଗୁଁ ଶତ୍ରୁମାନଙ୍କ ଦ୍ୱାରା ଘଟୁଛି ବିଦ୍ୟାଧରର ମୃତ୍ୟୁ । ସେହିପରି 'କେତେ ପହର କେତେ ସିନ୍ଦୁରା' ଗଳ୍ପରେ ଜୁଇ କେଉଟୁଣୀର ସ୍ୱାମୀ ଗଉରାର ସମସ୍ତରୀୟ ବିକୃତି ପ୍ରସଙ୍ଗ ଦେଖାଯାଇପାରେ । କଥାକାର ଆଲୋଚ୍ୟ ଗଳ୍ପରେ ଗାଁ ସ୍ତ୍ରୀଲୋକମାନଙ୍କ ମୁହଁରୁ ଉଧାର କରାଉଛନ୍ତି, "ଧନ ଯେତେ ବଢୁଛି ଗଉରାର ଛଟକ ସେତେ ମାଡୁଛି । ସଂଜରେ ଗୁଡ଼ିଆ ସାହିରେ ଯୋଉ ତାସ୍ ମାଡ଼, ଗଞ୍ଜେଇ ଟଣା ହଉଚି, କାହିଁକି ଜାଣ, ମଲ୍ଲି ଗୁଡ଼ିଆଣୀ ଝର୍କାପଟେ ଆଖି ମେଳାଉଛି ।"[୩୪] ଉକ୍ତ ବକ୍ତବ୍ୟକୁ ନେଇ ଆଲୋଚ୍ୟ ଗଳ୍ପରେ ଗୌରାର ସ୍ତ୍ରୀ ଜୁଇର ମାନସିକତା ମଧ୍ୟ ବିଷାଦ ଯନ୍ତ୍ରଣାରେ ଜର୍ଜରିତ ନିଜ ସ୍ୱାମୀର ପରକୀୟା ପ୍ରୀତିକୁ ନେଇ ।

'ପାଉଁଶ ହିଡ଼', 'ଶିବ ସାବତ', 'କେତେ ପ୍ରହର କେତେ ସିନ୍ଦୁରା' ଗଳ୍ପଭଳି 'ହଡ଼ିକାଠ' ଗଳ୍ପରେ କଥାକାର ଏକାଧିକ ପରକୀୟା ପ୍ରୀତିକୁ ନେଇ ଜୀବନକୁ ରଙ୍ଗୀନ ହିସାବରେ ବିଚାର କରିବାର ବିକୃତ ଦିଗକୁ ବେଶ୍ ନିଆରା ଢଙ୍ଗରେ ଉପସ୍ଥାପନା କରନ୍ତି। ନବ ବିବାହିତ ପୁରୁଷ ହରିଶ ଭଳି ଚରିତ୍ର ବିବାହିତା ନାରୀ ସଂଗେ ସଂପର୍କ ରଖି ନିଜ ସ୍ତ୍ରୀ ସଂଗେ ଅନ୍ୟ ପୁରୁଷର ସଂପର୍କ ରଖିବା ପାଇଁ ଦେଉଛି ପ୍ରୋତ୍ସାହନ । ଗଳ୍ପନାୟକ ଯୌତୁକ ସମ୍ପତ୍ତି ପାଇଁ ନ୍ୟାୟଗତ ଭାବେ ନ୍ୟାର୍ଯ୍ୟ ଦାବି କଲାବେଳେ ଅଚାନକ ତା' ଜୀବନ ଶୈଳୀ ଭିତରକୁ ପ୍ରବେଶ କରୁଛି ରାଜନୀତିରେ ନୂଆ ନୂଆ ପାଦ ଥାପି ଥିବା ଯୁବକ ହରିଶ୍ । ଗଳ୍ପ ନାୟକକୁ ପୈତୃକ ସଂପତ୍ତିର ହକ୍ ମିଳିବାରେ ସାହାଯ୍ୟ

କଲାବେଳେ ଗଳ୍ପ ନାୟକର ସ୍ତ୍ରୀ ରେଣୁ ସଂଗେ ଗଢ଼ି ଉଠୁଛି ହରିଶ୍‌ର ଯୌନ ସଂପର୍କ। ଗଳ୍ପର ଉତ୍କଣ୍ଠା ଜାଗ୍ରତ କରାଇ କଥାକାର ଶ୍ରୀ ମହାନ୍ତି ଚରିତ୍ର ମୁଖରେ କହନ୍ତି, "ରାତି ଗୋଟାକ ବେଳେ ପୁରୀରୁ ଘରକୁ ପଳାଇ ଆସିଲି । କବାଟ ଫାଙ୍କ ବାଟେ ଘରକୁ ଚାହିଁଲି । ଲଣ୍ଠନଟି ମିଞ୍ଜିମିଞ୍ଜି ଜଳୁଥାଏ । ସେଇ ସୀମିତ ଆଲୋକ ଶିଖା ମଧ୍ୟରେ ନିରିଖେଇ ଦେଖିଲି ମୋ ସ୍ତ୍ରୀ ରେଣୁ ଓ ହରିଶ୍ ସଂପୂର୍ଣ୍ଣ ଉଲଗ୍ନ ହୋଇ ଗୋଟେ ବିଛଣାରେ ଶୋଇଛନ୍ତି । ହରିଶ୍ ରେଣୁକୁ ଟୁପୁଟୁପୁ କହୁଥିବାର ବି କାନ ଡେରି ଶୁଣିଲି, ସଂଗାତର ଏ ଜମି ସବୁ ସେ ଶଳା ଗୁଡ଼ାଙ୍କୁ ନେବା କରାଇ ଦେବିନି । ବୁଝିଲ ରେଣୁ । ତମେ ମୋତେ ହତାଦର କରିବନି ତ । ସେ ଶାଳୀ ରାଣ୍ଡି ମାଇକିନା ଶାଶୁ ଶ୍ୱଶୁରଙ୍କ ସେବା କରୁଥାଉ ।"(୩୫) ହରିଶ୍‌ର ତା' ସ୍ତ୍ରୀ ପ୍ରତି ରହିଛି ପ୍ରଚ୍ଛନ୍ନ ଅନାଦର ଓ ଘୃଣା। ହରିଶ୍, ରେଣୁ ଉଭୟ ସହବାସ ନିମନ୍ତେ ପ୍ରସ୍ତୁତ ହେଲାବେଳେ ଗଳ୍ପ ନାୟକର ପ୍ରତିକ୍ରିୟା ପ୍ରଦର୍ଶନରେ ଉଭୟ କବାଟ ଖୋଲନ୍ତି । ଗଳ୍ପନାୟକର ଉତ୍ତେଜିତ ରାଗକୁ ପ୍ରଶମିତ କରିବାକୁ ଯାଇ ହରିଶ ଗଳ୍ପନାୟକର ହାତକୁ ଧରି କହି ପକାଉଛି, "ସଂଗାତେ ସବୁ ଦୋଷ ମୋର । ତେବେ ସଂଗାତ ସଂଗାତ ଭିତରେ ଏତେ ବାଛବିଚାର ନଥାଏ । ଫରକ ନଥାଏ । ଆସ ଯିବା, ସଙ୍ଗାତୁଣୀ ପାଖକୁ ଯିବା । ସବୁ ଶୁଝିଯିବ ।"(୩୬)

ଏହା ଅଧୁନା ବାସ୍ତବ ପ୍ରସଙ୍ଗ । ହରିଶ୍‌ର କଦର୍ଯ୍ୟ ଆହ୍ୱାନ ଗଳ୍ପନାୟକକୁ ଉତ୍‌କ୍ଷିପ୍ତ ଓ ଆଶ୍ଚର୍ଯ୍ୟ କଲାଭଳି ପାଠକର ହୃଦୟକୁ ନିଶ୍ଚୟ ଆନ୍ଦୋଳିତ କରିବ । ହରିଶ୍ ନିଜ ସ୍ତ୍ରୀକୁ ପରପୁରୁଷକୁ ଅର୍ପଣ କରିବାକୁ ପଛାଉ ନାହିଁ । କ୍ରମବର୍ଦ୍ଧିଷ୍ଣୁ ମାନବ ସଭ୍ୟତାର ଉତ୍ତରଣ ଆଜି ବିଡ଼ମ୍ବିତ ମୂଲ୍ୟବୋଧରେ ହୋଇଛି ରୂପାନ୍ତରଣ। କିନ୍ତୁ ଆଲୋଚ୍ୟ ଗଳ୍ପରେ ସ୍ତ୍ରୀର ଏପରି କର୍ମ ପାଇଁ ସ୍ତ୍ରୀକୁ ଦୋଷୀ କରୁନାହିଁ ଗଳ୍ପ ନାୟକ। ନିଜକୁ ନିଜେ ଅନୁତପ୍ତ ନିଜ ସ୍ତ୍ରୀ ରେଣୁକୁ ଦୈହିକ ତୃପ୍ତି ଯୋଗାଇବାରେ ନିଜର ଅକ୍ଷମତାକୁ ନେଇ । କିନ୍ତୁ ହରିଶ୍‌ର ଯୌନ ଆକାଂକ୍ଷାର ପ୍ରସମନ ନିମିତ୍ତ ତା'ର ଶାରୀରିକ କ୍ଷୁଧାକୁ ଜୀବନର ସ୍ୱାଦ ଆସ୍ୱାଦନର ମାର୍ଗ ଭାବରେ ଗ୍ରହଣ କରିନେବା ପ୍ରସଙ୍ଗ ମାନବିକ ମୂଲ୍ୟବୋଧର ଧ୍ୱଂସାବଶେଷକୁ ହିଁ ଚିହ୍ନଟ କରାଉଛି।

ଆଲୋଚିତ ପ୍ରସଙ୍ଗକୁ ଦେଖିଲେ ଗାଳ୍ପିକ ଶ୍ରୀ ମହାନ୍ତି କୌଣସି ସ୍ଥାନରେ ବିବାହୋତ୍ତର ସଂପର୍କରେ ସମାଜର ହିତସାଧନ ହେଉଥିବା କଥା ଦେଖାଇନାହାନ୍ତି । ବିବାହୋତ୍ତର ସଂପର୍କ ପାଶ୍ଚାତ୍ୟରେ ଦେଖା ହେଲେ ମଧ୍ୟ ଆମ ସଂସ୍କୃତିରେ ଏହା ନୈତିକତା ଦୃଷ୍ଟିରୁ ଗ୍ରହଣ ଯୋଗ୍ୟ ନୁହେଁ । 'ଶିବ ସାବତ' ଗଳ୍ପରେ ସ୍ୱାମୀ ସ୍ତ୍ରୀ ମଧ୍ୟରେ ବିଚ୍ଛେଦ ହେଲାବେଳେ 'ପାଉଁଶ ହିଡ଼' ଗଳ୍ପରେ ଉକ୍ତ ଯୌନ ସଂପର୍କ ଯୋଗୁଁ ବିଦ୍ୟାଧରର ହତ୍ୟା ହୋଇଛି । ପରିବାରର ସମସ୍ତ ସଦସ୍ୟ ବିଷାଦରେ ଜୀବନ ବିତାଉଛନ୍ତି । ତେଣୁ ନିଶ୍ଚୟ ରୂପେ ବିବାହୋତ୍ତର ସଂପର୍କ ଆମ ସମାଜର ଏକ କଳଙ୍କିତ ଦିଗ ।

୫. ଆବେଗିକ ସୌହାର୍ଦ୍ଦ୍ୟ ଓ ଘନିଷ୍ଠତା (Desire for emotional support and intimacy)

ଆବେଗ ପ୍ରବଣତା ଓ ଅନ୍ତରଙ୍ଗତା ବା ଘନିଷ୍ଠତା ଯୋଗୁଁ ମଧ୍ୟ ବିବାହୋତ୍ତର ସଂପର୍କ ହୋଇଉଠିଥାଏ ବଳିଷ୍ଠ । ପ୍ରତ୍ୟେକ ମଣିଷ ପାଖରେ ଥାଏ ଭାବପ୍ରବଣତା । ନିଜର ଭାବାବେଗକୁ ଯଦି ଅନ୍ୟ କେହି ସୌହାର୍ଦ୍ଦ୍ୟର ମୁନ୍ଦେ ମୁନ୍ଦେ ଜଳ ସିଞ୍ଚନ କରେ ତାହେଲେ ସେହି ଭାବାବେଗ ତୀବ୍ର ବେଗରେ ବୃଦ୍ଧି ପାଏ ଏବଂ ହୁଏ ସତେଜ ଆଉ ସବଳ । ଆବେଗ ପ୍ରବଣ ମଣିଷ ଏବଂ ସୌହାର୍ଦ୍ଦ୍ୟପୂର୍ଣ୍ଣ ମଣିଷ ଉଭୟଙ୍କ ମଧ୍ୟରେ ଗଢ଼ି ଉଠେ ଆତ୍ମୀୟତା, ଘନିଷ୍ଠତାର ସଂପର୍କ । ପୁରୁଷ ଓ ନାରୀ ମଧ୍ୟରେ ଅନ୍ତରଙ୍ଗ ଗୁଣରୁ ଜାଗ୍ରତ ହୁଏ ଯୌନ କାମନା, ବାସନା । ଯଦି ବିବାହୋତ୍ତର ସଂପର୍କରେ ପୁରୁଷକୁ ନାରୀ କିମ୍ବା ନାରୀକୁ ପୁରୁଷ ଆବେଗିକ ସୌହାର୍ଦ୍ଦ୍ୟ ଓ ଘନିଷ୍ଠତାର ଶିକୁଳିରେ ଅନୁବନ୍ଧିତ କରେ ତାହେଲେ ସ୍ୱାଭାବିକ, ସ୍ୱତଃସ୍ଫୂର୍ତ୍ତ ଭାବେ ଉଭୟ ଦୈହିକ ସଂପର୍କରେ ଆବଦ୍ଧ ହେବେ ।

କଥାକାର ରଜନୀକାନ୍ତ ମହାନ୍ତିଙ୍କ 'ଶତ୍ରୁରା' ଗଳ୍ପରେ ଏକ ଆବେଗିକ ସୌହାର୍ଦ୍ଦ୍ୟ ଓ ଘନିଷ୍ଠତା ଦେଇ ଶତ୍ରୁରାର ବଡ଼ଭାଇ ସନ୍ତିଆ ଓ ଶତ୍ରୁରାର ଦ୍ୱିତୀୟ ସ୍ତ୍ରୀ ତୁଳସୀ ମଧ୍ୟରେ ଗଢ଼ିଉଠେ ବିବାହୋତ୍ତର ସଂପର୍କ, ଯାହାକି ଗଳ୍ପରେ ଦ୍ୱନ୍ଦ୍ୱ ସୃଷ୍ଟି କରେ । ଶତ୍ରୁରାର ଏକତରଫା ଭାବପ୍ରବଣତା ମଧ୍ୟରେ ସୃଷ୍ଟି ହେଉଛି ସମ୍ପତ୍ତିକୁ ନେଇ ଭାତୃ ବିବାଦ ଏବଂ ଏହି ବିବାଦ ଘୃଣ୍ୟ ରୂପ ନେଉଛି ଯୌନ ପ୍ରବଣତାକୁ ଆୟୁଧ କରି । ଏହାର ଶିକାର ହେଉଛନ୍ତି ଶତ୍ରୁରା ଭଳି ନିରୀହ, ସାଧାରଣ ଗାଉଁଲି ମଣିଷ । ଏଠି ନିଶ୍ଚୟ ତୁଳସୀକୁ ସନ୍ତିଆର ଆବେଗିକ ସୌହାର୍ଦ୍ଦ୍ୟ ଓ ଘନିଷ୍ଠତା ଯୌନ ସଂପର୍କ ପାଇଁ ଖୋରାକ ଯୋଗାଇଛି । ସ୍ୱାମୀ ଶତ୍ରୁରାକୁ ନେଇ ତୁଳସୀର ଦୈହିକ ଅସନ୍ତୁଷ୍ଟତାର ସୁଯୋଗ ନେଉଛି ବଡ଼ଭାଇ ବିଶ୍ୱାସଘାତକ ସନ୍ତିଆ । ଆଲୋଚ୍ୟ ଗଳ୍ପରେ ଗାଳ୍ପିକ ଉପସ୍ଥାପନ କରନ୍ତି ଏପରି - "ସନ୍ତିଆ ସ୍ତ୍ରୀ ଯାଇଛି ବାପ ଘରକୁ, ଦିନ ଦ୍ୱିପ୍ରହର, ସେ ଦିନ ଶତ୍ରୁରା ଏକ ଓରଡିଆ କରିବ ବୋଲି ବିଲକୁ ଗଲା । କିନ୍ତୁ ପାଖ ହାଣି ହାଣି ହାଲିଆ ହୋଇଯିବାରୁ ଏକ ଓରଡିଆ ନକରି ଶୀଘ୍ର ଘରକୁ ପଳାଇ ଆସିଲା । ଗୁହାଳ ପିଣ୍ଡାରେ ଗଇଁତି ରଖିଦେଇ ମଝି ଦରଜା ଡେଇଁ ନିଜ ଘରକୁ ଯିବାବେଳେ ହଠାତ୍ ଦେଖିଲା ବଡ଼ଭାଇ ଘରର କବାଟ ଭିତର ପଟ ବନ୍ଦ । ଆଶ୍ଚର୍ଯ୍ୟ ହେଲା ସେ । ଦୁଆର ପାଖରେ ଛିଡ଼ା ହେଲା । ଯାହା ଶୁଣିଲା, ସେଥିରେ ତା'ର ଅନ୍ତସ୍ଥଳ ଥରି ଉଠିଲା । ସମଗ୍ର ପୃଥିବୀ ଗୋଟେ ଗୋଲାକାର ପେଣ୍ଡୁ ଭଳି ବୁଲିବାକୁ ଲାଗିଲା । ଆକାଶ, ସମୁଦ୍ର, ପୃଥିବୀ ସବୁ ମିଶି ଶୂନ୍ୟକାର ହୋଇ ଉଠିଲା । ଘର ଭିତରୁ ଶୁଭୁଛି ତା' ବଡ଼ ଭାଇ ସନ୍ତିଆ ଓ ତା' ସ୍ତ୍ରୀ ତୁଳସୀର ଫିସ୍ ଫିସ୍ କଥା ଓ ବେଳେବେଳେ ଚିପାଚିପା ହସ । କବାଟକୁ କାନେଇ ଶୁଣିଲା ସେ । ସନ୍ତିଆ କହୁଛି ତୁ କିଛି ଚିନ୍ତା କରନି । ଜମି, ବାଡ଼ି, ଘର ଦ୍ୱାରା ସବୁ ମୋର । ସେ ଶଳା ଆଲୁଆକୁ ଦିନେ ଅସଲ ରୂପ ଦେଖାଇ ଦେବି ଯେ କୁଆଡ଼େ ଗାଁ ଛାଡ଼ି

ପଳେଇବ । ଆଲୁଆଟା ଜାଣିବ କ'ଣ ? ଯଦି ବା ଜାଣିବ ଜାଣୁ । ଜାଣି ବି ଚୁପ୍ ରହିବ । ନହେଲେ ମାଡ଼, ନହେଲେ... ।"(୩୭) ଏଠି ସନିଆର ଆଶ୍ୱାସନା ତୁଳସୀକୁ ଯୌନ ସଂପର୍କରେ ଘନିଷ୍ଠ କରୁଛି କିନ୍ତୁ ଏହି ବିକୃତ ମୂଲ୍ୟବୋଧ ପରିବାରକୁ ନାରଖାର କରୁଛି । ଶତ୍ରୁରା ଘରଛାଡ଼ି ପଳାଉଛି । ଶତ୍ରୁରାର ଭାଉଜ ଓ ତୁଳସୀ ଦୁଇ ସଉତୁଣୀଙ୍କ ମଧ୍ୟରେ ଅହରହ ଅପଟ ଘଟୁଛି । ଏଠି ଆତ୍ମୀୟମାନଙ୍କ ସହ ଆନ୍ତରିକତା ରହୁନାହିଁ । ସ୍ନେହ ପ୍ରୀତିର ସଂପର୍କ ମୂଲ୍ୟହୀନ ହୋଇଯାଉଛି ।

୬. କାମନା (Lust)

ପରକୀୟା ପ୍ରୀତି ପ୍ରସଙ୍ଗ ଉତ୍‌ଥାପନ ହେଲେ ଲକ୍ଷ୍ୟ କରାଯାଇପାରେ ତାହା କାମନାର କାନଭାସ ଉପରେ ଠିଆ ହୋଇଥାଏ । ବିବାହ ପୂର୍ବ ପ୍ରେମ ସଂପର୍କ ହେଉ ବା ବିବାହ ପର ପ୍ରେମ ସଂପର୍କ, ବିଭିନ୍ନତା ମଧ୍ୟରେ ଜୀବନର ସ୍ୱାଦ ଆସ୍ୱାଦନ ହେଉ ନତୁବା ଆବେଗିକ ସୌହାର୍ଦ୍ଦ୍ୟ ଓ ଘନିଷ୍ଠତା ହେଉ ସବୁ କାରଣ ମଧ୍ୟରେ ପରକୀୟା ପ୍ରୀତିଗଢ଼ିଉଠେ କାମନାକୁ ନେଇ । ଏଠି ଆତ୍ମ ପ୍ରଦର୍ଶନ ଭିତ୍ତିହୀନ ଏବଂ ସଂସ୍କୃତି ମୂଲ୍ୟହୀନ । ଏହା ବ୍ୟକ୍ତିଗତ ସୁରୁଚି ସମ୍ପନ୍ନ ହୋଇପାରେ କିନ୍ତୁ ସାମୂହିକ ନୁହେଁ । ଯୌନ କାମନା ଭଲମନ୍ଦ, ପାପପୁଣ୍ୟ, ଧର୍ମ ଅଧର୍ମ ଆଦିର ବାଛ ବିଚାର ରଖେନା । କେବଳ ଆତ୍ମଶାନ୍ତି ନିମନ୍ତେ ଗୋଟିଏ ଆବେଗ ମଧ୍ୟରେ ତାହା ଉତୁରି ପଡ଼େ । ଉକ୍ତ ପ୍ରସଙ୍ଗ ଗାଳ୍ପିକ ରଜନୀକାନ୍ତ ମହାନ୍ତିଙ୍କ 'ହଡ଼ିକାଠ' ଗଳ୍ପରେ ଗଳ୍ପନାୟକର ସ୍ତ୍ରୀ ରେଣୁ, 'ଶତ୍ରୁରା' ଗଳ୍ପର ଗଳ୍ପନାୟକ ଶତ୍ରୁରାର ସ୍ତ୍ରୀ, ଗେଣ୍ଡୁଆର ତୃତୀୟ ସ୍ତ୍ରୀ ପଚି ଆଦି ଚରିତ୍ରଙ୍କ ପାଖରେ ରହିଛି ଯୌନ କାମନା ।

କଥାକାର ଶ୍ରୀ ମହାନ୍ତିଙ୍କ ଗଳ୍ପରେ ଏହି Libido ପ୍ରସଙ୍ଗ ଉତ୍‌ଥାପନ ହୁଏ ପ୍ରଥମତଃ ନାରୀ ଚରିତ୍ର ପାଖରେ । 'ହଡ଼ିକାଠ' ଗଳ୍ପରେ ଗଳ୍ପନାୟକ ଦ୍ୱାରା ଗାଳ୍ପିକ ସ୍ୱାମୀର ସ୍ତ୍ରୀ ପାଖରେ ଶାରୀରିକ ସୁଖ ପ୍ରଦାନ ବା ସହବାସର ଅକ୍ଷମତାକୁ ନେଇ କହିଛନ୍ତି, "କଲେଜ ପିଲାଙ୍କ ଦାଡୁଆ ଆଖି ଗୁଡ଼ିକ ମୋ ସ୍ତ୍ରୀକୁ ହାଣି ପକାଇବାଟା ସନ୍ଦିହାନ । ଅବଶ୍ୟ ଅସତୀ ବୋଲି ମୁଁ ପ୍ରମାଣ ପାଇନାହିଁ । ତେବେ, କାହିଁକି କେମିତି ସନ୍ଦେହ ବରାବର ଥାଏ । ମୋ ସ୍ତ୍ରୀର ଆଖିରେ ବେଳେବେଳେ ଏମିତି ନିଆଁ ମୁଁ ଦେଖିଚି ଯାହାକୁ ମୁଁ କେବେ ଲିଭାଇ ପାରିଛି ବୋଲି ମୋର ମନେହୁଏନା । ଅନେକ ସମୟରେ ରାତିରେ ସେ ମୋ ଉପରେ ବିରକ୍ତ ହୁଏ । ମୁଁ କିଛି ପ୍ରତିବାଦ କରେନା । ଚଦର ଘୋଡ଼ି ଆଖି ବୁଜି ଦିଏ ।"(୩୮) କିନ୍ତୁ ଗଳ୍ପନାୟକର ଯୌନତୃପ୍ତି ପ୍ରଦାନ କରିବାର ଅକ୍ଷମତା ଯୋଗୁଁ ନିଜ ସ୍ତ୍ରୀ ରେଣୁ ଗାଁର ହରିଶ୍ ସଂଗେ ଗୋଟିଏ ବିଛଣାରେ ସଂପୂର୍ଣ୍ଣ ଉଲଗ୍ନ ହୋଇ ସହବାସରେ ଲିପ୍ତ ହେଉଛି । ରେଣୁ ଭଳି ଚରିତ୍ରର ଯୌନ କାମନା ସ୍ୱତଃସ୍ଫୂର୍ତ୍ତ ଭାବରେ ଟାଣି ନେଉଛି ଗୋଟିଏ ବିଡ଼ମ୍ବିତ ମୂଲ୍ୟବୋଧ ଦିଗକୁ । ସେହିପରି 'ଶତ୍ରୁରା' ଗଳ୍ପରେ ଶତ୍ରୁରାର ନିରୀହ ସରଳପଣ, ତାକୁ ଆଲୁଆ ହୁଣ୍ଡା କରି ସଜାଉଛି । ଶତ୍ରୁରାର ଭାତୃ ବିଶ୍ୱାସ ଯୋଗୁଁ ପ୍ରଥମ ସ୍ତ୍ରୀ ଘରଛାଡ଼ି ଗଲାପରେ

ଦ୍ୱିତୀୟ ସ୍ତ୍ରୀ ତୁଳସୀ ଶତୁରାର ବଡ଼ଭାଇ ସନ୍ତିଆ ସଂଗେ ରଖୁଛି ଯୌନ ସଂପର୍କ । ଆଲୋଚ୍ୟ ଗଳ୍ପରେ ଗାଳ୍ପିକ ଶତୁରାର ସହବାସରେ ଅକ୍ଷମତା କଥା ଉତ୍ଥାପନ କରିନଥିଲେ ମଧ୍ୟ ଶତୁରାର ନିରୀହ, ସରଳ ବିଶ୍ୱାସୀ ଗୁଣ ନିପଟ ଆଲୁଅ ସଜାଇବା ମଧ୍ୟରେ ସଂଗୁପ୍ତ ଅବସ୍ଥାରେ ରହୁଛି ତାହାର ଯୌନ ତୃପ୍ତି ଦେବାର ଅପାରଗତା ।

'ହଡ଼ିକାଠ' ଗଳ୍ପରେ ରେଣୁ ଏବଂ 'ଶତୁରା' ଗଳ୍ପରେ ତୁଳସୀ ପାଖରେ ସ୍ୱାମୀର ସହବାସରେ ଅକ୍ଷମତା ଯୋଗୁଁ କାମନାର ତୃପ୍ତି ନିମନ୍ତେ ଅନ୍ୟ ପୁରୁଷ ସଂଗେ ଦୈହିକ ସଂପର୍କ ରଖିଲା ଭଳି 'ଗେଣ୍ଡୁଆ' ଗଳ୍ପରେ ସ୍ୱାମୀ ଗେଣ୍ଡୁଆର ଯୌନ ତୃପ୍ତି ନିମନ୍ତେ ଅକ୍ଷମତାରୁ ତା'ର ତୃତୀୟ ସ୍ତ୍ରୀ ପଚି ଏକାଧିକ ପୁରୁଷ ସଂଗେ ରଖୁଛି ଶାରୀରିକ ସଂପର୍କ । ଉକ୍ତ ଗଳ୍ପରେ ପ୍ରବାସୀ ସ୍ୱାମୀ ଯୋଗୁଁ ନାରୀ ଅନ୍ୟ ପୁରୁଷ ସଂଗେ ରଖିଛି ଅନୈତିକ ସଂପର୍କ, ଅର୍ଥାତ୍ ଗେଣ୍ଡୁଆ କଲିକତାରେ କାମ କରି ଘର ଚଳାଇବା ପାଇଁ ଅର୍ଥ ରୋଜଗାର ନିମନ୍ତେ ପ୍ରବାସୀ ହେଲାବେଳେ ତା'ର ପ୍ରଥମ ସ୍ତ୍ରୀ ସାବି ନିଜର ଶାରୀରିକ ତୃପ୍ତି ନିମନ୍ତେ ତଥା ଗେଣ୍ଡୁଆର ବାପ ମଥୁରାର ସ୍ତ୍ରୀ ମରିଯାଇଥିବା ଯୋଗୁଁ ଉଭୟଙ୍କର ଘଟେ ଅବୈଧ ସଂପର୍କ । ଏଠି ଏ ପ୍ରକାର ବିକୃତ କାମନା ନିମନ୍ତେ ଘଟୁଛି ଅନେକ ଦୁର୍ଘଟଣା । ପରିବେଶ ପରିସ୍ଥିତିକୁ ନେଇ ଜୀବନ ପ୍ରବାହ ଦେଇ ଗତି କଲାବେଳେ ଗେଣ୍ଡୁଆ ଭଳି ଚରିତ୍ର ପାଖରେ ଉପୁଜୁଥିବା ମାନସିକ ଦୁଶ୍ଚିନ୍ତାର ପ୍ରତିଫଳନ ଦେଖାଇଛନ୍ତି କଥାକାର ଶ୍ରୀମହାନ୍ତି । ଗେଣ୍ଡୁଆର ବାପା ମଥୁରା ଓ ସ୍ତ୍ରୀ ସାବି ଉଭୟର ଅବୈଧ ସଂପର୍କକୁ ଜାଣିଲା ପରେ, "ମାଛି ଅନ୍ଧାରରୁ ଗେଣ୍ଡୁଆ ଘରୁ ବାହାରିଯାଇ ସକାଳକୁ ପେଟେ ଦେଶୀ ପିଇଦେଇ ଆସି ଠେଙ୍ଗାରେ ବାପ ମଥୁରା, ମାଇପ ସାବିକୁ ପିଟିଲା କୁହୁରେଇକି । ତୁ'ଟା ମୋ ବାପ ନା ରାକ୍ଷସ ? ଏତେ କଣ୍ଡୁ ଥିଲା ଯଦି ଯାକୁ ତୁ ବାହା ହେଲୁନି । ମୋ ଜୀବନକୁ ନଷ୍ଟ କଲୁ କିଆଁ ? ହଇଲୋ ବାରବୁଲି ହାରାମଜାଦୀ ମାଇକିନା, ଘଇତା ଶଶୁରର କିଛି ଫରକ ରଖିଲୁନି ? ବାହାର ବାହାର ଏ ଘରୁ । ପୁଣି କେବେ ଯଦି ଏ ଘରେ ତୋତେ ଦେଖେ, ଜାଣିଥା, ଠିଆ ଫାଡ଼ିଦେବି ।"(୩୯) ଗାଁ ସାରା ଲୋକେ ଜମା ହେଇଗଲେ । ଗେଣ୍ଡୁଆର କୁରୁକ୍ଷେତ୍ର ମାଡ଼ରେ ସାବି ପଳାଇଲା ବାପଘରକୁ । ବାପ ମୁହଁ ଆଉ ଚାହିଁବ ନାହିଁ ବୋଲି ଗେଣ୍ଡୁଆ ସେମିତି କଲିକତା ପଳେଇଗଲା ।

ପରବର୍ତ୍ତୀ ସମୟରେ ଗେଣ୍ଡୁଆ ଦ୍ୱିତୀୟ ବିବାହ କରିଲା ପରେ ଦେଖେ ବିବାହର ତିନି ମାସରେ ସ୍ତ୍ରୀ ଛଅ ମାସର ଅନ୍ତଃସତ୍ତ୍ୱା । ସେ ନିଜର ମାନସିକ ଭାରସାମ୍ୟ ହରାଉଛି । ଏହା କେବଳ ଗେଣ୍ଡୁଆ କ୍ଷେତ୍ରରେ ନୁହେଁ, ଯେଉଁ ମଣିଷର ପରିସ୍ଥିତି ଏପରି ଆସିବ, ସେ ସଂପୂର୍ଣ୍ଣ ଭାଂଗି ପଡ଼ିବା ସ୍ୱାଭାବିକ । ଦ୍ୱିତୀୟ ସ୍ତ୍ରୀକୁ ଘରୁ ବିଦା କରିବା ଦ୍ୱାରା ଗେଣ୍ଡୁଆର ମାନସିକ ଦୁଶ୍ଚିନ୍ତାକୁ ନେଇ ପରିବାର ଛିନ୍ନଭିନ୍ନ ହେଇଯାଉଛି । ପରିବାରର କାହା ସହ କାହାରି ଆନ୍ତରିକତା ରହୁନାହିଁ । "ମଣିଷର ସବୁ ଯୋଜନା, ସବୁ ଆଶା, ସବୁ ସ୍ୱପ୍ନ ଭବିଷ୍ୟତ ପାଇଁ, ବଂଶ ପାଇଁ" କିନ୍ତୁ ମାନସିକ ଭାରସାମ୍ୟ ହରାଇ ଜିଦ୍‌କୁ ନେଇ ନିଜ ଜିଦ୍‌ରେ

ଗେଣ୍ଡୁଆ ସନ୍ତାନ ନଥିଲେ ମଧ୍ୟ ପରିବାର କଲ୍ୟାଣ ଅପରେସନ୍ କରୁଛି । "ଅପରେସନ୍ ଯୋଗୁଁ ସେ ସିନା ବାପ ହେଇ ପାରିବନି । କିନ୍ତୁ ଗୋଟେ ନାରୀର ଆବଶ୍ୟକତା ଆଉ କାମନାର ଝର୍କାକୁ ବନ୍ଦ କରି ପାରିନାହିଁ ।"(୪୦) ଗେଣ୍ଡୁଆ ଅନୁଭବ କରୁଛି ଏକାକୀତ୍ୱର ଯନ୍ତ୍ରଣା, ଏଥିପାଇଁ ପୁଣି ତୃତୀୟ ବିବାହ କରୁଛି ଦୁଇଟି ସନ୍ତାନ ଥିବା ବିଧବା ନାରୀ ପଚିକୁ । ଏକାକୀତ୍ୱ ଯନ୍ତ୍ରଣାରୁ ମୁକ୍ତ ହୋଇ, "ପଚି ଯେ ମୋ ସ୍ତ୍ରୀ, ଏଭଳି ଭାବ ଲଗାଇବା ପାଇଁ, ଗେଣ୍ଡୁଆ ପଚିକୁ ଗେଣ୍ଡୁଆଣି ବୋଲି ଡାକିଲା । କିନ୍ତୁ ପିତୃତ୍ୱର ଅସାମର୍ଥ୍ୟକୁ ଲୁଚାଇବା ପାଇଁ ରାତିବେଳେ ସେ ରିକ୍ସା ଟାଣିଛି ।"(୪୧)

ଏଥିପାଇଁ ପଚି ରାତିରେ ନିଜର ଯୌନ କାମନାକୁ ଚରିତାର୍ଥ କରିବା ନିମନ୍ତେ ଅନ୍ୟ ପୁରୁଷର ସାନ୍ନିଧ ନିମନ୍ତେ ଘରୁ ଗୋଡ଼ କାଢ଼ିଛି । କାମନା ପାଖରେ ପରିବାର, ଆତ୍ମୀୟସ୍ୱଜନ, ଆଦର୍ଶ ଅନାଦର୍ଶ, ପାପ ପୁଣ୍ୟର ପାଚେରୀ ମୂଲ୍ୟହୀନ ହୋଇଯାଉଛି । ଯୌନ କାମନାକୁ ନେଇ ମଣିଷ ଆତ୍ମ ସନ୍ତୋଷ ଲାଭ କଲାବେଳେ ଅନ୍ୟପଟେ ଉକ୍ତ ସଂପର୍କକୁ ନେଇ ଘଟୁଛି ଅନେକ ପାରିବାରିକ ଦୁର୍ଘଟଣା । ଯୌନ କାମନା ମଣିଷକୁ ଯୌନତୃପ୍ତି ଦେଇପାରେ କିନ୍ତୁ ସଂସ୍କୃତିରେ ଘଟାଉଛି ଅନେକ ବିଡ଼ମ୍ବନା । ରହୁନାହିଁ ଆତ୍ମୀୟସ୍ୱଜନଙ୍କ ମଧ୍ୟରେ ଆନ୍ତରିକତା । ଅନେକ ସମୟରେ ଦେଖାଯାଉଛି ବିପରୀତ ପକ୍ଷ ମଣିଷ ହିଂସୁକ ହୋଇ ଉଠୁଛି ।

୭. ଅର୍ଥ ଓ ନିରାପତ୍ତା (Money and Safety)

ସଂପ୍ରତି ମଣିଷକୁ ଜୀବନ ଅତିବାହିତ କରିବା ନିମନ୍ତେ ଅର୍ଥ ଓ ନିରାପତ୍ତା ନିତାନ୍ତ ଆବଶ୍ୟକ । ପାଖରେ ଅର୍ଥ ଥିଲେ ମଣିଷ ନିଜର ମୌଳିକ ଆବଶ୍ୟକତା ଯଥା ଖାଦ୍ୟ, ବସ୍ତ୍ର ଓ ବାସଗୃହ ପାଇ ପାରୁଛି । କେବଳ ମୌଳିକ ଆବଶ୍ୟକତା ନୁହେଁ ବସ୍ତୁବାଦୀ ସମାଜରେ ଅର୍ଥ ସବୁର ମୂଳକାରଣ । ସୌଖିନ ଜୀବନ ଅତିବାହିତ କରିବା ନିମନ୍ତେ ଅର୍ଥର ରହିଛି ଅନେକ ଗୁରୁତ୍ୱ । ଦ୍ୱିତୀୟରେ ନିରାପତ୍ତା । ସଂପ୍ରତି ବ୍ୟକ୍ତି ସ୍ୱାର୍ଥ ପାଖରେ ମଣିଷ ନିଜକୁ ନିରାପଦ ମଣୁନାହିଁ । ସ୍ୱାର୍ଥପର ଭାବେ ସମସ୍ତେ କାର୍ଯ୍ୟ କଲେ ମଧ୍ୟ ସମସ୍ତଙ୍କ ପାଖରେ ଆବଶ୍ୟକ ଥାଏ ନିରାପତ୍ତା । ପରକୀୟା ପ୍ରୀତି ଅନେକ ସମୟରେ ଘଟୁଛି ଅର୍ଥ ଓ ନିରାପତ୍ତାକୁ ନେଇ । ବର୍ତ୍ତମାନ ଓ ଭବିଷ୍ୟତକୁ ନେଇ ମଣିଷ ଜୀବନର ନିରାପତ୍ତା ନିମନ୍ତେ ଆବଶ୍ୟକ କରୁଛି ଅର୍ଥ । ତେଣୁ ନିରାପତ୍ତା ମଧ୍ୟ ଅର୍ଥ ମାଧ୍ୟମରେ ସମ୍ଭବ । ମଣିଷ ସାମୂହିକ ଭାବରେ ଜୀବନର ନିରାପତ୍ତା ନିମନ୍ତେ ଅର୍ଥ, ପ୍ରେମ ଓ ସହଯୋଗ ଭଳି ଉପାଦାନ ଆଶା କରେ । ଏହିସବୁ ଉପାଦାନ ଯଦି ନାରୀ କିମ୍ବା ପୁରୁଷ କାହାରି ପାଖରେ ଦେଖାଯାଏ, ତାହେଲେ ପ୍ରତିପକ୍ଷ ପୁରୁଷକୁ ନାରୀ କିମ୍ବା ନାରୀକୁ ପୁରୁଷ ସ୍ୱାର୍ଥ ସର୍ବସ୍ୱଗୁଣରେ ଆପଣେଇ ନିଏ । ଏଇଠି ଦେଖାଯାଏ ପରକୀୟା ପ୍ରୀତି ।

ଗାଳ୍ପିକ ରଜନୀକାନ୍ତ ମହାନ୍ତିଙ୍କ 'ସୁନା ଶିଆଳ' ଗଳ୍ପର କାଙ୍ଗାଳି ଓ ତା' ସ୍ତ୍ରୀ ପାର୍ବତୀ ଉଭୟ ଶ୍ରମିକ ଭାବେ କାମ କରୁଥିବା ଚଟକଳରେ ସୁପରଭାଇଜର କିଷାନ ସଂଗେ ପାର୍ବତୀର

ସଂପର୍କକୁ ଅର୍ଥ ଓ ନିରାପତ୍ତା ପୃଷ୍ଠଭୂମିରୁ ଦେଖାଯାଇପାରେ । ଶ୍ରମିକ ଭାବେ କାମ କରୁଥିବା ପାର୍ବତୀ ଜୀବନର ନିରାପତ୍ତା ନିମନ୍ତେ ତଥା ଯୌନ କାମନାକୁ ଚରିତାର୍ଥ କରିବା ପାଇଁ ସୁପରଭାଇଜର ସଙ୍ଗେ ରଖେ ଯୌନ ସଂପର୍କ ଏବଂ ଶେଷରେ ନିଜ ସ୍ୱାମୀ ଓ ପୁତ୍ରକୁ ଛାଡ଼ି ପଳାଏ । ଏଥିରେ ଉଭୟ କିଷାନ ଓ ପାର୍ବତୀ ମଧ୍ୟରେ ପରକୀୟା ପ୍ରୀତି ନିଶ୍ଚୟ ଉଭୟଙ୍କୁ କିଛିଦିନ ପାଇଁ ସୁଖ ଦେଇପାରେ । କିନ୍ତୁ ଶରୀରରୁ ଯୌବନ ଯେତେବେଳେ କ୍ଷୟ ହୁଏ ସେତେବେଳେ ମଣିଷ ଖୋଜେ ଆଶ୍ୱାସନା, ପ୍ରେମ, ଯାହା ସେ ଏଭଳି ସଂପର୍କରୁ ପାଇ ପାରେନା । ପାର୍ବତୀ ଭଳି ନାରୀ ମଧ୍ୟ ଏହି ଆଶ୍ୱାସନା ପାଇଁ ପୁଣି ପ୍ରତ୍ୟାବର୍ତ୍ତନ କରେ ନିଜ ସ୍ୱାମୀ ପାଖକୁ । ଆଲୋଚ୍ୟ ଗଳ୍ପରେ ଗାଳ୍ପିକ ପାର୍ବତୀର ସ୍ୱାମୀ କାଙ୍ଗାଳି ଦ୍ୱାରା ପାର୍ବତୀକୁ ହତାଦର କରାଇ ନାହାନ୍ତି । କାଙ୍ଗାଳି ପୁଣି ଆପଣେଇ ନେଉଛି ନିଜ ସ୍ତ୍ରୀକୁ। ଏଠାରେ ପାର୍ବତୀ ଭଳି ସବୁ ନାରୀ ନିଶ୍ଚୟ ଉକ୍ତ କର୍ମକୁ ନେଇ ହୋଇଥିବ ସଚେତନ । ଏହା ସାମୟିକ ସୁଖ ଖୋଜୁଥିବା ବିପଥଗାମୀ ଆଧୁନିକ ସମାଜକୁ ଦିଗ୍‌ଦର୍ଶନ ଦେବାରେ ନିଶ୍ଚୟ ସହାୟକ ହେବ, ଏହାକୁ ଅସ୍ୱୀକାର କରାଯାଇ ନପାରେ ।

ବିବାହୋତ୍ତର ସଂପର୍କ ବା ପରକୀୟା ପ୍ରୀତିକୁ ନେଇ ଗାଳ୍ପିକ ଶ୍ରୀ ମହାନ୍ତିଙ୍କ ଗଳ୍ପରେ ରହିଛି ଅନେକ ସ୍ୱାତନ୍ତ୍ର୍ୟ । ଏପରି ପରକୀୟା ପ୍ରୀତି ଦେଖାଇବାର ଅର୍ଥ ମଣିଷକୁ ସଚେତନ କରିବା । ଅନୈତିକ କାର୍ଯ୍ୟରେ ଲିପ୍ତ ହେବା ପରେ ମଣିଷ କିପରି କିଛି କ୍ଷଣର ସୁଖ ପାଇଁ ନିଜର ସ୍ଥିତି ହରାଉଛି, ପାରିବାରିକ ଅସନ୍ତୋଷ ଜାଗ୍ରତ କରାଉଛି, ସର୍ବୋପରି ମାନସିକ ସ୍ତରରେ ଦେଖା ଦେଉଛି ଅନେକ ଦ୍ୱନ୍ଦ୍ୱ, ସଂଘର୍ଷ ଓ ବିକୃତି। ଏସବୁ ବିକାରଗ୍ରସ୍ତ କାର୍ଯ୍ୟକଳାପରୁ ମୁକ୍ତ ହୋଇ ଗୋଟିଏ ପାରିବାରିକ ସଂପର୍କରେ ଆବଦ୍ଧ ହୋଇ ମଣିଷ ବଞ୍ଚିଲେ ସୁସ୍ଥ ସମାଜ ଗଠିତ ହୋଇପାରିବ। ଏପରି ପରକୀୟା ପ୍ରୀତି ପାଶ୍ଚାତ୍ୟ ଦେଶରେ ଆଇନ ସମ୍ମତ ହେଲେ ମଧ୍ୟ ଆମ ଭାରତ ବର୍ଷରେ ଏହା ଏକ ନୀତିଗର୍ହିତ କର୍ଯ୍ୟ। ଯଦ୍ୟପିଏପରି ସଂପର୍କକୁ ନେଇ ଭାରତୀୟ ଆଇନ୍ ସମ୍ମତ ହୁଏ ତା' ହେଲେ ଆଲୋଚ୍ୟ ଗଳ୍ପମାନଙ୍କରେ ଦେଖାଯାଉଥିବା ଦୟନୀୟ ଅବସ୍ଥା ପରି ଘାଣ୍ଟି ସନ୍ତୁଳି ହେବ ମଣିଷ । ପରକୀୟା ପ୍ରୀତି ଗଢ଼ି ଉଠୁଥିବାର କାରଣଗୁଡ଼ିକ ଗାଳ୍ପିକ ରଜନୀକାନ୍ତ ମହାନ୍ତିଙ୍କ ଗଳ୍ପରେ ସେପରି ଭରପୁର ନଥିଲେ ମଧ୍ୟ ସମସ୍ତ ପରକୀୟା ପ୍ରୀତି କ୍ଷେତ୍ରରେ ରହିଛି ଅନେକ ବିବିଧତା । 'ଭଦ୍ରାନଦୀର ଭଉଁରୀ' , 'ସୁନା ଶିଆଳ', 'ଅମୃତ', 'ହଡ଼ିକାଠ', 'କୁହାନଳ', 'ଗେଣ୍ଡୁଆ', 'ପାଉଁଶହିଡ଼', 'ଶିବ ସାବତ', 'କେତେ ପ୍ରହର କେତେ ସିନ୍ଦୁରା' ଆଦି ଗଳ୍ପରେ ରହିଛି ବିବାହୋତ୍ତର ସଂପର୍କ ବା ପରକୀୟା ପ୍ରୀତି ଜନିତ ଦୁର୍ଦ୍ଦଶା। ସବୁ ଗଳ୍ପରେ ଉକ୍ତ ପ୍ରସଙ୍ଗକୁ ନେଇ ମଣିଷ ଜୀବନରେ ଦେଖାଦେଇଛି ଅନେକ ଦୁର୍ଘଟଣା । କେଉଁଠି ପରିବାର ଭାଙ୍ଗି ଯାଉଛି ତ କେଉଁଠି ପରକୀୟା ପ୍ରୀତିକୁ ନେଇ ମଣିଷର ହେଉଛି ହତ୍ୟା କିମ୍ବା ମୃତ୍ୟୁ । କେଉଁଠି ବି ପରକୀୟା ପ୍ରୀତିକୁ ନେଇ ଦେଖା ଦେଇଛି ମଣିଷର ସମର୍ଥନ । ଯଦିଚ ମଣିଷ ସମର୍ଥନ କରୁଛି ତାହେଲେ

ସେହି ମଣିଷର ମାନସିକତାରେ ଦେଖାଦେଇଛି ଅସ୍ଥିରତା ଓ ଅନିଶ୍ଚିତତା । ଏଣୁ ବିବାହୋତ୍ତର ସଂପର୍କ ଆମ ସମାଜ ନିମନ୍ତେ ସୃଷ୍ଟି କରିଛି ଏକ ପ୍ରକାର କଳଙ୍କିତ ଅଧ୍ୟାୟ । ଏହାକୁ ଆମ ସମାଜ ଓ ସଂସ୍କୃତି କେବେ ହେଁ ଗ୍ରହଣ କରିପାରିବ ନାହିଁ । ଆମ ସମ୍ବିଧାନ ଏହାକୁ ଗ୍ରହଣ କରିସାରିଥିଲେ ମଧ୍ୟ ପ୍ରୟୋଗିକ କ୍ଷେତ୍ରରେ ଏକ ସୁସ୍ଥ ସମାଜ ଗଠନରେ ଉକ୍ତ ଜୀବନ ଶୈଳୀ ନିଶ୍ଚୟ ପରିପନ୍ଥୀ ।

(ଗ) ବିଡ଼ମ୍ବିତ ରାଜନୀତିକ ମୂଲ୍ୟବୋଧ:

ସାହିତ୍ୟ ସର୍ବଦା ନିରପେକ୍ଷ । ସ୍ରଷ୍ଟା ମଧ୍ୟ ସବୁବେଳେ ନିରପେକ୍ଷ ହେବା ଉଚିତ୍ । କାରଣ ସାହିତ୍ୟ ସବୁବେଳେ ସମାଜ ଦ୍ୱାରା ଉତ୍କର୍ଷ ଓ ଉତ୍ତରଣ ଲଭେ ଏବଂ ସମାଜର ଆଭିମୁଖ୍ୟକୁ ପ୍ରକାଶ କରେ । ସେଥିପାଇଁ ସାହିତ୍ୟ ହେଉଛି ସମାଜର ପ୍ରତିଛବି । ସାହିତ୍ୟିକ ସାର୍ବଜନୀନ ଅଭିବ୍ୟକ୍ତିକୁ ପ୍ରକାଶ କରିବା ହେଉଛି ତା'ର ଧର୍ମ । ଯଦି ସର୍ବକାଳୀନ ଅଭିବ୍ୟକ୍ତିକୁ ପଛ କରି ନିଜର ବା ବ୍ୟକ୍ତିର ରାଜନୀତିକ ଦଳୀୟ ସ୍ୱାର୍ଥର କଥା କହେ ତାହେଲେ ଉକ୍ତ ଉପାଦାନଗୁଡ଼ିକ ଆତ୍ମ ପ୍ରଚାର ଅର୍ନ୍ତଗତ ହୋଇଯାଏ । ସାହିତ୍ୟରେ ସ୍ରଷ୍ଟା ସର୍ବଦା ସର୍ବଜନହିତାୟ ନିମନ୍ତେ ବକ୍ତବ୍ୟ ରଖେ । ସାହିତ୍ୟର ବିଭିନ୍ନ ବିଭାଗ ମଧ୍ୟରୁ, "କଥା ସହିତ୍ୟ ଶିଳ୍ପ ସଭ୍ୟତାର ବିଶିଷ୍ଟ ଅବଦାନ । କ୍ଷୁଦ୍ରଗଳ୍ପ ଓ ଉପନ୍ୟାସ ଭିତ୍ତିରେ କଥା ସାହିତ୍ୟର ମନୋଜ୍ଞ ହର୍ମ୍ୟ ନିର୍ମିତ । କଥା ସାହିତ୍ୟର ଜୀବନ ଭୂମିରେ ରାଜନୈତିକ ଭାବାଦର୍ଶର ଏକ ତାତ୍ପର୍ଯ୍ୟପୂର୍ଣ୍ଣ ସ୍ଥାନ ନିରୂପିତ । ଶିଳ୍ପୀଙ୍କର ବ୍ୟକ୍ତିଗତ ଭାବୋପଲବ୍ଧିର ପ୍ରତ୍ୟୟ – ବ୍ୟଞ୍ଜନା, ଏହି ବସ୍ତୁମୟ ସମାଜ ଚେତନାକୁ ନିର୍ଦ୍ଦିଷ୍ଟ ରୂପରେଖ ଦେଇ ଏକ ଅନୁକୂଳ ପରିବେଶ ସୃଷ୍ଟି କରିଥାଏ । ତାହାର ଉପରେ ଗଢ଼ି ଉଠେ କଥାସୌଧ । ଉଭୟ ଶିଳ୍ପ ପ୍ରକରଣ ଓ ଭାବଧର୍ମକୁ ମଧ୍ୟ ଏହା ନିୟନ୍ତ୍ରଣ କରିଥାଏ । ସମୟ ପରିବର୍ତ୍ତନ ସଂଗେ ସଂଗେ ଜୀବନ ଭୂମିର ପରିବର୍ତ୍ତନ ଅବଶ୍ୟମ୍ଭାବୀ ହୋଇଉଠେ । ସମୟର ପରିବର୍ତ୍ତନ ସହିତ କଥା ସାହିତ୍ୟର ଭାବଗତ ଓ ରୂପଗତ ପରିବର୍ତ୍ତନ ଘଟେ ।"[୪୨]

ଯେଉଁ "ଶିଳ୍ପୀମାନେ ଦେଶ, ମାଟି, ମଣିଷ ଓ ସମକାଳର ବିଶ୍ୱ ସମୁଦାୟରେ ଘଟୁଥିବା ଗୁରୁତ୍ୱପୂର୍ଣ୍ଣ ଘଟଣାମାନଙ୍କ ସଂପର୍କରେ ବକ୍ତବ୍ୟମାନ ରଖିଛନ୍ତି ସେଠି ଅନିବାର୍ଯ୍ୟ ଭାବେ ସମକାଳୀନତା ମୂର୍ତ୍ତିମନ୍ତ ହୋଇଛି । ସମୟ, ସ୍ଥାନ, ଚରିତ୍ର ବିଶେଷ ସର୍ବୋପରି ସମାଜ – ରାଜନୀତିକ ପ୍ରସଙ୍ଗ ରୂପ ପାଇଛି । ବାସ୍ତବରେ ସମକାଳୀନତା ସହିତ ହିଁ ଥାଏ ସମାଜ – ରାଜନୀତିକ ଚିନ୍ତନ ବା ପ୍ରସଙ୍ଗ । ଅନ୍ୟାନ୍ୟ ଭାବଧାରା ସହିତ ତିନୋଟି ପରିପ୍ରେକ୍ଷୀ ବା ପ୍ରେକ୍ଷାପଟ୍ଟ ସେଠି ଆଲୋକିତ ହୁଏ । ପ୍ରଥମତଃ ବିଶ୍ୱ ଭୂଗୋଳ ଇତିହାସ, ଦ୍ୱିତୀୟତଃ ଦେଶର ସମସ୍ୟା ସଙ୍କଟ ଏବଂ ଶେଷତଃ ସ୍ଥାନୀୟ ବା ଆଞ୍ଚଳିକ ଭୂମିର ଘଟଣା ଓ ପ୍ରସଙ୍ଗ । ଏହାକୁ ଡେଇଁ ଆକାଶ, ଅନ୍ତରୀକ୍ଷ ଓ ଅନ୍ୟ ମହାଜାଗତିକ ବସ୍ତୁ ଓ ଆଧାରମାନ ।"[୪୩]

ସାହିତ୍ୟ ଓ ସମାଜ ଅଙ୍ଗାଙ୍ଗୀ ଭାବେ ଜଡ଼ିତ ହୋଇଥିବା ଯୋଗୁଁ ସମାଜର ପୁନଃ ପୁନଃ ମାର୍ଜନା ନିମନ୍ତେ ସାହିତ୍ୟ ପ୍ରତିଜ୍ଞାବଦ୍ଧ । "ତେଣୁ ଯଥାର୍ଥରେ କୁହାଯାଇଛି – Poem begins not in isolation but in ralationship ।"[୪୪] ସାହିତ୍ୟ ହେଉଛି ମହାମିଳନର କ୍ଷେତ୍ର, ତେଣୁ ଜାତୀୟ ସାହିତ୍ୟର ମୁଖ୍ୟ ଆଭିମୁଖ୍ୟ ହେଉଛି ସୁସ୍ଥ ସମାଜ ଗଠନ । ଏହାର ପ୍ରତିଫଳନ କଥା ସାହିତ୍ୟରେ ସହଜ-ସରଳ-ସୁନ୍ଦର ଭାବରେ ରୂପାୟିତ ହୋଇଥାଏ । "ସମାଜ ପ୍ରତି ଉନବିଂଶ ଶତାବ୍ଦୀରେ ଏ ସଚେତନତା ଆସିଥିଲା, ସେ ସବୁ ହେଉଛି ଗଣତାନ୍ତ୍ରିକ ବିପ୍ଳବ (The Democratic Revolution), ଜାତୀୟତାବାଦୀ ବିପ୍ଳବ (The Nationalist Revolution) ଏବଂ ଶିଳ୍ପ ବିପ୍ଳବ (The Industial Revolution) । ଗଣତାନ୍ତ୍ରିକ ବିପ୍ଳବର ଆରମ୍ଭ ହୋଇଥିଲା ଫ୍ରାନ୍‌ସରେ । ଫରାସୀ ବିପ୍ଳବ ଥିଲା ଏ ଧରଣର ଆନ୍ଦୋଳନର ଶୁଭ ଶଙ୍ଖଧ୍ୱନି । ଏ ଧ୍ୱନିର ପ୍ରତିଧ୍ୱନି ସମଗ୍ର ୟୁରୋପରେ ଅଳ୍ପକାଳ ମଧ୍ୟରେ ଶୁଣାଯାଇଥିଲା। ବ୍ୟକ୍ତି- ତନ୍ତ୍ର ରୂପନେଲା ଗଣତନ୍ତ୍ରରେ । ଗୋଷ୍ଠୀ ଜୀବନ ପ୍ରତି ଏକ ସଚେତନ ଦୃଷ୍ଟିକ୍ଷେପ ମଧ୍ୟ ଏ ବିପ୍ଳବ ଆଣି ଦେଇଥିଲା ।"[୪୫] ଜର୍ମାନରେ ଜାତୀୟତାବାଦୀ ଆନ୍ଦୋଳନ ବିଶ୍ୱକୁ ପ୍ରଭାବିତ କଲା । ରାଜନୀତିକ ଦର୍ଶନ, ଆର୍ଥନୀତିକ ଦର୍ଶନ ତଥା ମନସ୍ତତ୍ତ୍ୱବିଦ୍ୟା ଭଳି ନୂତନ ନୂତନ ଉପାଦାନ ମୁଣ୍ଡ ଟେକି ଉଠିଲା । ଅନ୍ୟ ପଟେ ଶିଳ୍ପ ବିପ୍ଳବ ଚେତନାରେ ଉନ୍ମୋଚିତ କଲା ନବଦିଗନ୍ତ । ମଣିଷ ସମାଜ, ଗୋଷ୍ଠୀ ସର୍ବୋପରି ବ୍ୟକ୍ତିତ୍ୱକୁ ନେଇ ହେଲା ସଚେତନ । ତେଣୁ ଉପର୍ଯ୍ୟୁକ୍ତ ତିନିଟି ବିପ୍ଳବ ଆଣି ଦେଇଥିଲା ସାହିତ୍ୟରେ ନୂତନତା । ଏହି ନୂତନତାର ସ୍ୱାତନ୍ତ୍ର୍ୟ ପରିବ୍ୟାପ୍ତ ହେଲା କଥା ସାହିତ୍ୟ କ୍ଷେତ୍ରରେ ।

"ସାମାଜିକ ସଙ୍ଗଠନ ଓ ସାଂସ୍କୃତିକ ଆଭିମୁଖ୍ୟକୁ ଆଶ୍ରୟ କରି ରାଜନୈତିକ ଚେତନାର ଉନ୍ମେଷ ଓ ଉତ୍ତରଣ ଘଟିଥାଏ । ସୁତରାଂ ମାନବ ସମାଜକୁ ଆଦର୍ଶମୟ ସମାଜ ଦ୍ୱାରା ଉଦ୍‌ବୁଦ୍ଧ କରାଇ, ପୂର୍ଣ୍ଣତାର ବିକାଶ ଆଡ଼କୁ ଆଗେଇ ନେବାର ଶାଶ୍ୱତ ଲକ୍ଷ୍ୟଟି ହେଉଛି କଥା ସାହିତ୍ୟର ଶେଷକଥା । ବୃହତ୍ତର ସମାଜ ଜୀବନର ଏକ ବିଶିଷ୍ଟ ଅଙ୍ଗ ହେଉଛି ରାଜନୈତିକ ଜୀବନ ।"[୪୬] ତେଣୁ ଏହି ଉତ୍କଳୀୟ ପ୍ରାଚୀନ ପରମ୍ପରାର ରାଜନୀତିକ ଜୀବନକୁ ଦେଖିଲେ କ୍ରମାନ୍ୱୟରେ ମୌର୍ଯ୍ୟବଂଶ, ଚେଦି ବଂଶ, ଶୈଳୋଦ୍‌ଭ ବଂଶ, ଭୌମକର ରାଜବଂଶ, ସୋମବଂଶ, ଗଙ୍ଗବଂଶ, ସୂର୍ଯ୍ୟବଂଶ ପରେ ପରେ ଆଫଗାନମାନଙ୍କର ଓଡ଼ିଶାରେ ରାଜନୀତିକ ଶାସନ (୧୫୬୮ - ୧୫୯୨), ମୋଗଲମାନଙ୍କର ଓଡ଼ିଶାରେ ରାଜତ୍ୱ (୧୫୯୨-୧୭୫୧), ମରହଟ୍ଟାମାନଙ୍କର ଓଡ଼ିଶାରେ ରାଜନୀତିକ ଶାସନ (୧୭୫୧-୧୮୦୩), ଇଂରେଜମାନଙ୍କର ଓଡ଼ିଶାରେ ରାଜତ୍ୱ (୧୮୦୩ରୁ ୧୫ ଅଗଷ୍ଟ ୧୯୪୭) ନାନା ମୋଡ଼ ଦେଇ ଗତି କରିଛି । ଏହାରି ମଧରେ ଓଡ଼ିଶାର ଜନସାଧାରଣ କେତେ ଘାତ ପ୍ରତିଘାତକୁ ସାମ୍ନା କରିଛନ୍ତି । ପୁଣି ସ୍ୱାଧୀନତା ପରବର୍ତ୍ତୀ ସମୟରେ ଗାଣତାନ୍ତ୍ରିକ ରାଷ୍ଟ୍ରରେ ଅଦ୍ୟାବଧି ଶାସନ ଗାଦିରେ ବସି ଆସିଛନ୍ତି; ଯଥା- ଓଡ଼ିଶାରେ ପ୍ରାକ୍ - ସ୍ୱାଧୀନତାକାଳୀନ ପାରଳା ମହାରାଜା କୃଷ୍ଣଚନ୍ଦ୍ର ଗଜପତି ନାରାୟଣ ଦେବ, ବିଶ୍ୱନାଥ ଦାସ, ଓଡ଼ିଶାର ପ୍ରାକ୍ ସ୍ୱାଧୀନତା କାଳରେ ଚତୁର୍ଥ ସରକାର ଓ ପ୍ରଥମ ସ୍ୱାଧୀନତା ପରବର୍ତ୍ତୀ ସରକାର ହରେକୃଷ୍ଣ

ମହତାବଙ୍କ ପରେ ପରେ ନବକୃଷ୍ଣ ଚୌଧୁରୀ, ବିଜୁ ପଟ୍ଟନାୟକ, ବୀରେନ୍ ମିତ୍ର, ସଦାଶିବ ତ୍ରିପାଠୀ, ରାଜେନ୍ଦ୍ର ନାରାୟଣ ସିଂହଦେଓ, ବିଶ୍ୱନାଥ ଦାସ, ନନ୍ଦିନୀ ଶତପଥୀ, ବିନାୟକ ଆଚାର୍ଯ୍ୟ, ନୀଳମଣି ରାଉତରାୟ, ଜାନକୀ ବଲ୍ଲଭ ପଟ୍ଟନାୟକ, ହେମାନନ୍ଦ ବିଶ୍ୱାଳ, ଗିରିଧାରୀ ଗମାଙ୍ଗ ଓ ଅଦ୍ୟାବଧି ମାନ୍ୟବର ନବୀନ ପଟ୍ଟନାୟକଙ୍କ ଶାସନ ପର୍ଯ୍ୟନ୍ତ ରାଜନୀତିରେ ନାନା ପରିବର୍ତ୍ତନ ଘଟିସାରିଛି । ପ୍ରାକ୍ ସ୍ୱାଧୀନତା ଓ ସ୍ୱାଧୀନତା ପରବର୍ତ୍ତୀ ସମୟରେ ରାଜନୀତିକୁ ନେଇ ସାହିତ୍ୟର ପ୍ରେକ୍ଷାପଟରେ ହୋଇଛି ଅନେକ ପରିବର୍ତ୍ତନ । କଥା ସାହିତ୍ୟରେ ପ୍ରାକ୍ - ସ୍ୱାଧୀନତା କାଳରେ ଚରିତ୍ରମାନଙ୍କର ଆଦର୍ଶ ଓ ଦେଶ ପାଇଁ ଆତ୍ମ ଉତ୍ସର୍ଗ ଗୁରୁତ୍ୱପୂର୍ଣ୍ଣ ସ୍ଥାନ ଦେଇଥିଲାବେଳେ ସ୍ୱାଧୀନତା ପରବର୍ତ୍ତୀ ରାଜନୀତିକ ଆଦର୍ଶ ପରିବର୍ତ୍ତେ ଭୋଗବାଦ ପ୍ରମୁଖ ସ୍ଥାନ ନେଇଅଛି । ସ୍ୱାଧୀନତା ପରେ କ୍ରମେ ଗଣତାନ୍ତ୍ରିକ ପରିବେଶରେ ଭୋଟ ରାଜନୀତି ପ୍ରଭାବ ବିସ୍ତାର କରିଛି । ମୂଲ୍ୟବୋଧ ହ୍ରାସ ପାଇଛି । ମୂଲ୍ୟ ଉପରେ ଗୁରୁତ୍ୱ ଆରୋପିତ ହୋଇଛି । କ୍ଷମତା ରାଜନୀତି ଉଲ୍ଲଂଘନର କାଳ ରଡ଼ି, ଗଣତାନ୍ତ୍ରିକ ଆଚରଣରେ ସଂକଟ, ଦେଶସେବା ନାମରେ ଆତ୍ମସେବା, ପ୍ରତାରଣା ଓ ପ୍ରବଞ୍ଚନା ଇତ୍ୟାଦି ।"[୪୭] କଥା ସାହିତ୍ୟରେ ଏହା ପ୍ରକାଶ ପାଇ ପାଠକ ହୃଦୟରେ ଆତ୍ମ ସଚେତନ ସୃଷ୍ଟି କରିବାର ଉଦ୍ୟମ କରିଛି ।

"ସ୍ୱାଧୀନତା ଲାଭର ଅର୍ଦ୍ଧଦଶନ୍ଧି ପରେ ସ୍ୱାଧୀନତାକୁ ନେଇ ଯେଉଁ ସ୍ୱପ୍ନ ଭାରତୀୟମାନେ ଦେଖିଥିଲେ ତାହା ଅପସରିଗଲା । ତ୍ୟାଗ ବଦଳରେ ଭୋଗ, ମତ ବଦଳରେ ମତାନ୍ଧତା, ସମୂହ ସ୍ୱାର୍ଥ ନାଁରେ ବ୍ୟକ୍ତି ସ୍ୱାର୍ଥ, ଦେଶସେବା ନାଁରେ ଆତ୍ମସେବା ଯେପରି ଏକ ନୀତି ରୂପେ ପରିଗଣିତ ହେଲା । ସ୍ୱେଚ୍ଛାଚାରୀ ଧୂର୍ତ୍ତ ରାଜନୀତିକ ନେତାମାନେ ଗାନ୍ଧୀବାଦ ଓ ଗାଣତାନ୍ତ୍ରିକ ମୂଲ୍ୟବୋଧକୁ ବିପନ୍ନ କରିଦେଲେ । ସ୍ୱାଧୀନତା ପୂର୍ବରୁ ଖଟିଖିଆ ସାଧାରଣ ମଣିଷ ବି ଗାନ୍ଧୀଦର୍ଶନ ଓ ଜାତୀୟ ମୁକ୍ତି ଆନ୍ଦୋଳନରେ ପବିତ୍ର ଗଙ୍ଗାଜଳରେ ସ୍ନାନ କରିଥିଲା । କିନ୍ତୁ ସ୍ୱାଧୀନତା ପ୍ରାପ୍ତି ପରେ ପରେ ରାଜନୀତିକ ତରଙ୍ଗ ସବୁଆଡ଼େ ପ୍ରସରିଗଲା । ସ୍ୱାଧୀନତା ଲାଭର ଅର୍ଦ୍ଧ ଦଶନ୍ଧି ପରେ ମୋହଭଙ୍ଗ ସିନା ଘଟିଥିଲା, କିନ୍ତୁ ଏହାର ଗୋଟିଏ ଦଶନ୍ଧି ପୂର୍ବ ବେଳକୁ ପଙ୍କିଳ ରାଜନୀତିର ଜଳରେ ସ୍ନାନ କରିବାକୁ ଶିଖିଲେ ଆଧୁନିକ ଶିକ୍ଷିତ ଓ ଅର୍ଦ୍ଧଶିକ୍ଷିତ । ସେମାନେ ରୂପାନ୍ତରିତ ହୋଇଗଲେ ସଂପୂର୍ଣ୍ଣ ଭାବରେ ରାଜନୀତିକ ମଣିଷରେ । ରାଜନୀତି- ଧାରକ ଓ ବାହକ ହେଲା । ସବୁ କ୍ଷେତ୍ରରେ କଳା, ସାହିତ୍ୟ, ସଂସ୍କୃତି ବି ଏଥିରୁ ବାଦ୍ ପଡ଼ିଲା ନାହିଁ । ପଞ୍ଚବାର୍ଷିକ ଯୋଜନାଗୁଡ଼ିକର ବାସ୍ତବ ରୂପାୟନରେ ବିଫଳତା, ନିର୍ବାଚନ ଯୁଦ୍ଧର ହଟଚମଟ, ବେକାରୀ, ଶୋଷଣ ଆଦିରେ ଅସ୍ତବ୍ୟସ୍ତ ହୋଇ ଉଠିଲା ସାଧାରଣ ଜୀବନ ।"[୪୮] ତେଣୁ ସାହିତ୍ୟ କ୍ଷେତ୍ରରେ ରାଜନୀତି ପ୍ରସଙ୍ଗ ଉତ୍ଥାପନରେ ସାମ୍ପ୍ରତିକ ସାହିତ୍ୟ ନେଇଛି ନୂତନ ମୋଡ଼ । ଓଡ଼ିଆ କଥା ସାହିତ୍ୟରେ ରାଜନୀତି ପ୍ରସଂଗକୁ ନେଇ କଥାବସ୍ତୁ ଗତି କରାଇଥିବା କେତେଜଣ କଥାକାର ହେଲେ ହରେକୃଷ୍ଣ ମହତାବ,

ସୁରେନ୍ଦ୍ର ମହାନ୍ତି, ଶାନ୍ତନୁ କୁମାର ଆଚାର୍ଯ୍ୟ, ଗୋପୀନାଥ ମହାନ୍ତି, ରାଜକିଶୋର ରାୟ, କଇଳାଶ ପଟ୍ଟନାୟକ, ପଦ୍ମଜ ପାଲ, ଗଣେଶ୍ୱର ମିଶ୍ର, ପରେଶ କୁମାର ପଟ୍ଟନାୟକ, ସୃଷ୍ଟିଧର ପରିଡ଼ା ଆଦି ସାହିତ୍ୟିକଗଣ । ଗାଣତାନ୍ତ୍ରିକ ରାଷ୍ଟ୍ରର ରାଜନୀତିକ ଅବନତିର ପ୍ରସଂଗକୁ କଟାକ୍ଷ କରିବା ସହ ଆଦର୍ଶ ରାଜନୀତିକ ପରିବେଶ ସୃଷ୍ଟି କରିବାରେ ଜନସାଧାରଣଙ୍କୁ ପ୍ରବର୍ତ୍ତାଇଛନ୍ତି ସୃଷ୍ଟି ମାଧ୍ୟମରେ । ସେହିପରି ଗାଳ୍ପିକ ରଜନୀକାନ୍ତ ମହାନ୍ତିଙ୍କ ଗଳ୍ପ କ୍ଷେତ୍ରରେ ମଧ୍ୟ ରାଜନୀତିକ ପ୍ରସଂଗର ବୈଚିତ୍ର୍ୟ ଉପଲବ୍ଧି କରାଯାଇପାରେ ।

'ସର୍ବଜନହିତାୟ' କଥା ସାହିତ୍ୟର ଲକ୍ଷ୍ୟ ହୋଇଥିବାରୁ ସେଥିରେ ଜନକଲ୍ୟାଣ ମୂଳକ ବିଷୟ ବର୍ଣ୍ଣନା ରହୁଥିଲା । ପରୋକ୍ଷରେ ଜନଗଣ ଚିତ୍ତରେ ଜୀବନ-ସମାଜ-ରାଜନୀତି ଲୋକଗଳ୍ପ ସୃଷ୍ଟିର ମୁଖ୍ୟ ଆଭିମୁଖ୍ୟ । ତେଣୁ ଅନେକ ସମୟରେ ଏହା ନୀତି ଶିକ୍ଷାମୂଳକ ଓ ଆଦର୍ଶଭିତ୍ତିକ ହୋଇଥିବା ଲକ୍ଷ୍ୟ କରାଯାଏ। "ମାତ୍ର ଆଧୁନିକ କ୍ଷୁଦ୍ରଗଳ୍ପ ହେଲା ବାସ୍ତବଧର୍ମୀ । ସତ୍ୟର କଙ୍କାଳ ଉପରେ କଳ୍ପନାର ପୁଟ ଦେଇ ଗଳ୍ପ ସ୍ରଷ୍ଟା ଏହାକୁ ଅଧିକ ଜୀବନଧର୍ମୀ ଓ ସ୍ୱାଭାବିକ କଲେ । ଅସ୍ଥିର ପାଦ ଶିଶୁର ଦରୋଟି ଭିତରେ ଜୀବନର ସନ୍ଧାନ ଦେଲେ । ଗୋଟିଏ ପଟେ ମୃତ୍ୟୁର ଗୈରିକ ଶଙ୍କା ଓ ଆଉ ଗୋଟିଏ ପଟେ ଜୀବନର କଳରୋଳରେ ମୁଖରିତ ଆନନ୍ଦ ଉଲ୍ଲାସ - ଏ ଉଭୟ ଭିତରେ ବିଶ୍ୱାସ ଏକ ଅଲିଭା, ଅନିର୍ବାଣ ଦୀପଶିଖା ଜଳାଇ ଦେଲେ ଏମାନେ । ଅହରହ ମୃତ୍ୟୁ ସହିତ ସଂଗ୍ରାମ କରୁଥିବା, ମେଡ଼ିକାଲ୍ ଖଟିଆରେ ଶୋଇଥିବା ରୋଗିଣୀଟିର ଡବଡବ ଆଖି ଦୁଇଟିରୁ ବଞ୍ଚିବାର ଦୁର୍ନିର୍ବାର ଅଭିଳାଷକୁ ଆବିଷ୍କାର କରିବାର ପ୍ରୟାସ କଲେ ଏମାନେ ।"[୪୯] ତେଣୁ ଜୀବନ ଜିଜ୍ଞାସାର କଥା କହିଲା କଥା ସାହିତ୍ୟ। ଉପନ୍ୟାସ ମଧ୍ୟରେ ରାଜନୀତିକ ପ୍ରସଙ୍ଗକୁ ଦୃଷ୍ଟି ନିକ୍ଷେପ କଲେ ଜଣାଯାଏ, ଉପନ୍ୟାସରେ ରାଜନୀତିକ ପ୍ରସଙ୍ଗର ସ୍ୱଚ୍ଛନ୍ଦ ଅଭିବ୍ୟକ୍ତି ଭଳି ଗଳ୍ପ କ୍ଷେତ୍ରରେ ତାହା ହୋଇପାରେନା । ଉପନ୍ୟାସରେ ଚରିତ୍ରକୁ ବିଶ୍ଳେଷଣ କରିବା ପାଇଁ ସ୍ରଷ୍ଟା ବୃହତ ପ୍ରେକ୍ଷାପଟ୍ଟ ପାଇଥାଏ । କିନ୍ତୁ କ୍ଷୁଦ୍ରଗଳ୍ପ ଖଣ୍ଡିତ ଜୀବନର କ୍ଷଣିକ ମୁହୂର୍ତ୍ତର ଅଭିବ୍ୟକ୍ତି ହୋଇଥିବାରୁ ରାଜନୀତିକ ପ୍ରସଙ୍ଗକୁ ବ୍ୟକ୍ତ କରିବାରେ ସ୍ରଷ୍ଟା ସେପରି ପ୍ରେକ୍ଷାପଟ୍ଟ ପାଏ ନାହିଁ, କିନ୍ତୁ ଉକ୍ତ ପ୍ରସଙ୍ଗକୁ ନେଇ ଗଳ୍ପ ସ୍ୱକୀୟ ସ୍ୱାତନ୍ତ୍ର୍ୟ ଦାବି କରେ । ଗାଳ୍ପିକ ଶ୍ରୀ ମହାନ୍ତିଙ୍କ ଗଳ୍ପରେ ରାଜନୀତି, ରାଜନେତା, ରାଜନେତାଙ୍କୁ ଆଧାର କରି ପରିଚାଳିତ ହୋଇଥିବା ତଳିଆ କର୍ମୀ ତଥା ଗ୍ରାମୀଣ ରାଜନୀତି ଓ ସହରୀ ରାଜନୀତି ପ୍ରସଙ୍ଗକୁ ଗଳ୍ପ ପରିଧିରେ ବିଶ୍ଳେଷଣ କରିଛନ୍ତି ସ୍ୱକୀୟ ଶୈଳୀରେ । 'ହଡ଼ିକାଠ', 'ରାହାଜଗାଲୀ', 'ବୃକ୍ଷରୂପୀ', 'ଆଁ', 'ଅନୁଭବ କାହିଁକି ଦାଢ଼ି ବଢ଼େଇଚି', 'ବାଟୋଇ', 'ସେଇ ଅନ୍ଧାରୀ କୋଣକୁ ଚାଲିଯା', 'ଶିଶୁ', 'ପ୍ରକ୍ସି', 'ଜନପଥ', 'ଫଳକ', 'ଗହନବନ' ଆଦି ଗଳ୍ପରେ ରାଜନୀତିକ ଚେତନାର ସ୍ରୋତ ପ୍ରବାହିତ ହୁଏ ।

'ହଡ଼ିକାଠ' ଗଳ୍ପଟି ଗ୍ରାମୀଣ ଜୀବନ ଉପରେ ସହରୀ ଜୀବନର ପ୍ରଭାବ ତଥା ଗାଁ

ପରିବେଶ ମଧ୍ୟରେ ଅପରିପକ୍ୱ ରାଜନୀତିକୁ ନେଇ ଭିନ୍ନ ଏକ ପ୍ରେକ୍ଷାପଟରେ ଗତି କରେ । ଉକ୍ତ ଗଳ୍ପଟି ପ୍ରଥମେ ପ୍ରକାଶ ପାଏ 'ଆସନ୍ତାକାଲି' ପତ୍ରିକାର ୧୯୮୦ ମସିହା ଏପ୍ରିଲ ସଂଖ୍ୟାରେ । ସେତେବେଳେ ଓଡ଼ିଶାର ରାଜନୀତି କ୍ଷେତ୍ରରେ ମୁଖ୍ୟମନ୍ତ୍ରୀ ଆସନରୁ ୧୭ ଫେବୃୟାରୀ ୧୯୮୦ରେ ଓହରନ୍ତି ନୀଳମଣି ରାଉତରାୟ ଏବଂ ୯ ଜୁନ୍ ୧୯୮୦ ରେ ଶାସନ ଗାଦି ଆରୋହଣ କରନ୍ତି ଜାନକୀ ବଲ୍ଲଭ ପଟ୍ଟନାୟକ । କିନ୍ତୁ ଦ୍ୱିତୀୟ ସ୍ୱାଧୀନତା ପରବର୍ତ୍ତୀ ସରକାର ନବକୃଷ୍ଣ ଚୌଧୁରୀଙ୍କ ଶାସନ କାଳରେ, "ଓଡ଼ିଶାରେ ୧୯୪୯ ମସିହାରେ କଂଗ୍ରେସ ଦଳର କାର୍ଯ୍ୟକ୍ରମ ହିସାବରେ ନବବାବୁଙ୍କୁ ଗ୍ରାମ ପଞ୍ଚାୟତ ଆଇନ ପ୍ରଣୟନ କରି ୧୯୫୦-୫୧ ମସିହାରେ ନିର୍ବାଚନ କରାଇଲେ । ସେ ଏକ ଆଞ୍ଚଳିକ ଶାସନ ପ୍ରଥା ସୃଷ୍ଟି କରିବା ପାଇଁ ଚିନ୍ତା କରିଥିଲେ । କିନ୍ତୁ ଇତି ମଧ୍ୟରେ ଭାରତ ସରକାରଙ୍କ ଦ୍ୱାରା ନିଯୁକ୍ତ ବଲବନ୍ତରାୟ କମିଟି, ଶାସନ ବିକେନ୍ଦ୍ରୀକରଣ ପାଇଁ ତ୍ରିସ୍ତରୀୟ ଯୋଜନା (ପଞ୍ଚାୟତ, ପଞ୍ଚାୟତ ସମିତି, ଜିଲ୍ଲା ପରିଷଦ) ସୁପାରିଶ କରିଥିଲେ । ଏହା କାର୍ଯ୍ୟକାରୀ ହେଲା ।"[୫୦] କିନ୍ତୁ ଉକ୍ତ ବ୍ୟବସ୍ଥାରେ ଭରି ରହିଥିଲା ଦୁର୍ନୀତି । ପରବର୍ତ୍ତୀ ସରକାର ଗଠନରୁ ଆରମ୍ଭ ହେଲା ଆତ୍ମସ୍ୱାର୍ଥ ମନୋବୃତ୍ତି। ପଞ୍ଚାୟତରାଜ ବ୍ୟବସ୍ଥାରେ କୌଣସି ପ୍ରକାର ଲାଭର ପଟୁଆର ଦେଖାଦେଲା ନାହିଁ । ୮ ମାର୍ଚ୍ଚ ୧୯୬୭ ମସିହାରେ ରାଜେନ୍ଦ୍ର ନାରାୟଣ ସିଂହଦେଓ ଶାସନ ଗାଦିରେ ବସିବା ପରେ, "ତ୍ରିସ୍ତରୀୟ ପଞ୍ଚାୟତ କମିଟି ମାନ ଗଠନ ହେଲା ।"[୫୧] ଠିକ୍ ଏହାର ପରେ ପରେ ଅର୍ଥାତ୍ ୨୬ ଜୁନ୍ ୧୯୭୭ ମସିହାରେ ନୀଳମଣି ରାଉତଙ୍କ ଶାସନ କାଳବେଳକୁ, "ଦେଶରେ ରାଜନୀତିକ ଦୃଶ୍ୟପଟ ଘନଘନ ବଦଳୁଥାଏ । ତାହାର ପ୍ରଭାବ ରାଜ୍ୟ ସରକାରମାନଙ୍କ ଉପରେ ମଧ୍ୟ ପଡୁଥାଏ । ଚାରୋଟି ଅଣ କଂଗ୍ରେସ ଦଳକୁ ନେଇ ଗଠିତ ଜନତା ପାର୍ଟି ଇନ୍ଦିରା ଗାନ୍ଧୀଙ୍କ ଇମର୍ଜେନ୍ସି ଯୋଗୁଁ କ୍ଷମତାକୁ ଆସିଥିଲା । ସୋସିଆଲିଷ୍ଟ ନେତା ଜୟପ୍ରକାଶ ନାରାୟଣ ସେମାନଙ୍କୁ ଏକାଠି କରିଥିଲେ । କିନ୍ତୁ ଅଚିରେ ବିଭିନ୍ନ କାରଣରୁ ଏହି ଦଳମାନଙ୍କ ମଧ୍ୟରେ ବିଭେଦ ସୃଷ୍ଟି ହୋଇଥିଲା। ଆଭ୍ୟନ୍ତରୀଣ ବିବାଦ ଯୋଗୁଁ ଜନତା ପାର୍ଟିରେ ଥିବା ଅଂଶୀଦାର ଦଳଗୁଡ଼ିକ ନିଜ ନିଜ ଭିତରେ ପ୍ରତିଦ୍ୱନ୍ଦ୍ୱିତା କଲେ ଓ କ୍ଷମତା ଲୋଭରେ ନେତାମାନେ ନିଜ ନିଜ ଭିତରେ ବିବାଦ ସୃଷ୍ଟି କଲେ।"[୫୨] ଏହା ମଧ୍ୟ ଗାଁ ପରିବେଶକୁ ସଂକ୍ରମିତ କରିଥିଲା । ତାହାର ପ୍ରଭାବ ଶ୍ରୀ ମହାନ୍ତିଙ୍କ ସାହିତ୍ୟରେ ହୃଦୟଙ୍ଗମ କରିହୁଏ । ଶ୍ରୀ ମହାନ୍ତିଙ୍କ ହଡ଼ିକାଠ ଗଳ୍ପ ଗାଁ ରାଜନୀତିର ବାସ୍ତବକଥା କହେ ।

ଆଲୋଚ୍ୟ ଗଳ୍ପର ଗଳ୍ପନାୟକର ପିତା ନିଜ ରକ୍ଷିତା କରୁଣା ବୁଢ଼ୀ ନାଁରେ ସମସ୍ତ ପୈତୃକ ସମ୍ପତ୍ତି ଲେଖିଦିଏ । ପରବର୍ତ୍ତୀ ସମୟରେ କରୁଣା ବୁଢ଼ୀ ସେ ଜମିକୁ ବିକିବାକୁ ଗଲାବେଳେ ଗଳ୍ପନାୟକ ନିଜର ଅଧିକାରକୁ ନେଇ ପୈତୃକ ସମ୍ପତ୍ତି ନିମନ୍ତେ କୋର୍ଟରେ ଲଢ଼େ । ଅନ୍ୟ ପକ୍ଷେ କରୁଣା ବୁଢ଼ୀ ବୃଦ୍ଧ ହୋଇ ଯାଇଥିବାରୁ ଗାଁର କେତେକ ଟାଉଟର ଗୋଷ୍ଠୀର ଲୋକ ଉକ୍ତ ଜମିକୁ ହାତେଇବା ପାଇଁ ମସୁଧା କରନ୍ତି । ଗଳ୍ପନାୟକ ପିଅନ

ଚାକିରି କରିଥିବାରୁ ତା' ପରିବାରର ଅଭାବବୋଧ, ପୈତୃକ ସମ୍ପତ୍ତି ପାଇଁ ପ୍ରତିଦ୍ୱନ୍ଦ୍ୱିତା ଆଦି ଯୋଗୁଁ ଗାଁର ଅପରିପକ୍ୱ କୂଟନୀତିରେ ଶିକାର ହୁଏ । ମକଦ୍ଦମା, ଦୁର୍ଘଟଣା, ଅସ୍ୱାସ୍ଥ୍ୟକର ପରିବେଶ ମଧ୍ୟରେ ନ୍ୟାର୍ଯ୍ୟ ଦାବିର ପ୍ରସଙ୍ଗ ହୋଇପଡ଼େ ଗୌଣ । ଅପରିପକ୍ୱ ଗ୍ରାମୀଣ ରାଜନୀତି ଭିତରେ ଦଳଦଳ ମଧ୍ୟରେ ଜୟ ପରାଜୟର ମନ୍ତ୍ରଣା ଗଛ ନାୟକଙ୍କୁ କରେ ଅଧୀର । ଗାଁର ସବୁଠୁ ବଡ଼ ଜମିମାଲିକ ଖୋକା ବାବୁର ପୁଅ ହରିଶ୍ର ସାନ୍ତ୍ୱନାରେ ଗଛନାୟକ ଅସ୍ୱସ୍ତି ଲାଭ କରେ । ନୂଆ ନୂଆ ରାଜନୀତିରେ ପାଦ ଥାପିଥିବା ହରିଶ୍, "ଲୋକମାନଙ୍କର ଉପକାର କରେ। ନିଜର ଦରକାର ପଡ଼ିଲେ ସେମାନଙ୍କୁ ନାନାଦି ହଇରାଣ ହରକତରେ ବି ପକାଏ। କହିଲା ଡରନା ବେ, ମୋଟେ ଡରନା । ମୁଁ ଅଛି ସେ ଶଳାମାନେ କେମିତି ତୋ ପ୍ରାପ୍ୟ, ହକକୁ ସେ ବୁଢ଼ୀ ପାଖରୁ କରାଇ ନେବେ ଦେଖିବା । ମୋଟେ ଡରନା ମୁଁ ତୋତେ ସପୋର୍ଟ କରିବି ।"(୫୩) ଏଭଳି ଆତ୍ମୀୟତା ଦେଖି ଗଛ ନାୟକ ସାହସ ବାନ୍ଧେ କିନ୍ତୁ ହରିଶ୍ର ବ୍ୟକ୍ତିତ୍ୱରେ ଭରି ରହିଥାଏ ଗଛନାୟକର ପୈତୃକ ସମ୍ପତ୍ତିକୁ ଆତ୍ମସାତ କରିବା ଏବଂ କୋର୍ଟରେ ଦାଖଲ ହୋଇଥିବା କେଶ ନିମନ୍ତେ ଗଛ ନାୟକଠାରୁ ଟଙ୍କା ହଡ଼ପ କରିବା । ଗଛନାୟକ ଦେବ ପାଖରେ ଆହୁରି ନିବିଡ଼ ହେବା ନିମନ୍ତେ ହରିଶ କହି ପକାଇଥିଲା, "ବୁଝିଲୁ ଦେବ ! କେବଳ ତୋରି ପାଇଁ ଗାଁଟା ଆଜିଠାରୁ ଦୁଇଦଳ ହୋଇଗଲା ବୋଲି ଜାଣ । ଦଳେ ମୋ ପାଟି, ଆଉ ଦଳେ ସେମାନେ । ସେମାନେ ହେଲେ ଆମର ବିପକ୍ଷ । ସେମାନଙ୍କର ପ୍ରତିଟି କଥା, ପ୍ରତିଟି କାମକୁ ଆମେ ବିରୋଧ କରିବା । ଗୋଟିଏ ବିଷୟକୁ କେନ୍ଦ୍ର କରି ବିପକ୍ଷ ପାର୍ଟି ଗଢ଼ିବା ଓ ଅପରପକ୍ଷରେ ସମସ୍ତ କାର୍ଯ୍ୟକୁ ପ୍ରହସନ, ଛଳନା ବୋଲି ବିଚାରିବା ଗଣତନ୍ତ୍ରର ଅନ୍ତର୍ନିହିତ ଛଦ୍ମ ରୂପ ନୁହେଁ ।"(୫୪) ଏହି ସମସ୍ତ ବକ୍ତବ୍ୟକୁ ନେଇ ଗଛନାୟକ ଦେବ ଆଶ୍ୱାସନା ପାଏ । କିନ୍ତୁ ରାଜନୀତିକ ଦଳରେ ସାମିଲ୍ ହେବା କାରଣରୁ ମନରେ ଚାକିରି ହସ୍ତାନ୍ତର ହେବାର ଭୟ ଥାଏ ତ ପୁଣି ନିଜ ସ୍ତ୍ରୀ ରେଣୁ ସଂଗେ ହରିଶର ଯୌନ ସମ୍ପର୍କକୁ ଦେଖି ଗଛନାୟକ ହୋଇଯାଏ ପାଷାଣ । ଗାଁ ରାଜନୀତିର ଶିକାର ହୁଏ ଗଛନାୟକ । ସମସ୍ତ କାରଣକୁ ଜାବୁଡ଼ି ଧରି କ'ଣ କରିବ ନ କରିବ ମଧ୍ୟରେ ନୈରାଶ୍ୟର ବୋଝକୁ ମୁଣ୍ଡରେ ଟେକି ଧରେ । ଆଲୋଚ୍ୟ ଗଳ୍ପରେ ଗାଁର ଟାଉଟରୀ ରାଜନୀତି, ସେହି ରାଜନୀତିକୁ ସେଇ ସାଧାରଣ କର୍ମଚାରୀଙ୍କର ଚାକିରିରୁ ଛଟେଇ, ସମ୍ପତ୍ତି, ଟଙ୍କା, ଟଙ୍କା ଆତ୍ମସାତ୍ କରିବାର ମିଛ ଆଶ୍ୱାସନାକାରୀ ପ୍ରଳାପ, ତଥା ନାରୀ ପ୍ରତି କାମାଶକ୍ତ ଭାବ ଗଳ୍ପ ପରିବେଶକୁ କରୁଣ କରେ ।

ସେହିପରି ଗ୍ରାମୀଣ ରାଜନୀତିର ପରିବେଶ 'ରାହାଜଗାଳୀ' ଗଳ୍ପରେ ଦେଖାଯାଏ । ଯେଉଁଠି ମଥାନିଆ ଗୟାଧରର ଅବଚେତନ ମନ ମଣିଷର ଭ୍ରଷ୍ଟାଚାର କର୍ମକୁ ପରଖୁଛି । ତାହାରି ମଧ୍ୟରେ ପଶି ଆସେ ଗ୍ରାମୀଣ ରାଜନୀତି । ଗୟାଧର କହିପକାଏ, "କି ଚକରରେ ଘୁରୁଛି ଏ ମଣିଷ । ଆଜି ମଣିଷର ସମ୍ପର୍କ, ସ୍ନେହ ଆଉ ଆଦରର ସଂପର୍କ ହୋଇନାହିଁ ।

ଏକ ପାରସ୍ପରିକ ଭୟର ସଂପର୍କରେ ମଣିଷର ଛାତି ହା' ହୁତାଶ । ବାଜବାବୁ ବି କି ନେତା-ଯେ ଥାନା, ଡାକ୍ତରଖାନା, ବ୍ଲକ୍ ଅଫିସ୍, ସବୁକୁ ହାତ ମୁଠାରେ ଜାବୁଡ଼ି ଧରିଛି । ସବୁ ଅଫିସ୍, କଣ୍ଟ୍ରୋଲ୍ ଡିଲରଙ୍କ ଠାରୁ ସେ କୁଆଡ଼େ ମାସକୁ ମାସ ପଣି ନିଏ । ଯେ ପଣି ନ ଦେଲା ତା'ର ବଦଳି । ତା'ର କେତେ ଲାଭ କହନି ? ଏଣେ ନେତାକୁ ନେତା, ସେଣେ ଦିନ ସକାଳ ହଉଣୁ ନ ହେଉଣୁ କେତେ ଲୋକ ଜୁହାର, ଓଳଗି, ପୁଣି ଅଫିସର ସବୁ ଡରୁଛନ୍ତି । ଏଣେ ଫେରେ ମାସକୁ ମାସ ମାରି ନେଉଛି ପଣି ।"(୫୫) ସାମ୍ପ୍ରତିକ ରାଜନୀତିରେ ଦେଖାଯାଉଛି ସ୍ୱେଚ୍ଛାଚାରିତା । ରାଜନେତାମାନେ କଳେବଳେ କୌଶଳେ ନିଜର ସ୍ୱାର୍ଥ ସାଧନ ନିମନ୍ତେ ଉଚ୍ଚ ପଦସ୍ଥ ସରକାରୀ କର୍ମଚାରୀଙ୍କୁ ହାତ ମୁଠାରେ ରଖିବାର ପ୍ରଚେଷ୍ଟା ଯୋଗୁଁ ବଳି ପଡୁଛନ୍ତି ଗୟାଧର ଭଳି ସାଧାରଣ କର୍ମଚାରୀ ଓ ଜନତାଶ୍ରେଣୀ ।

ବସ୍ତୁବାଦୀ ସମାଜରେ ବ୍ୟକ୍ତିଗତ ସ୍ୱାର୍ଥକୁ ନେଇ ରାଜନେତାମାନେ ଦୁର୍ନୀତି କରିଚାଲିଛନ୍ତି । ଉଚ୍ଚପଦସ୍ଥ ସରକାରୀ କର୍ମଚାରୀଙ୍କୁ ସଖୀ କଣ୍ଢେଇ କରି ଭ୍ରଷ୍ଟାଚାରକୁ ଚପାଇବାରେ ମଧ୍ୟ ରାଜନେତାମାନେ ମାହିର । ତତ୍ପରେ ଯଦି ରାଜନେତାମାନଙ୍କର ଇଚ୍ଛା ମୁତାବକ କୌଣସି କର୍ମଚାରୀ କାର୍ଯ୍ୟ ନକରେ ତା'ର ଚାକିରି କ୍ଷେତ୍ରରେ ସ୍ଥାନାନ୍ତରିତ କରିବାର ନଜିର ମଧ୍ୟ ଆସେ । ସେଥିପାଇଁ ଥାନାଘର ମଥାନ ବାନ୍ଧିବାକୁ ନେଇ ମଥାନିଆ ଗୟାଧର କହେ, "ଏଇ କେତେ ଟଙ୍କା ମୋତେ ମୂଲ୍ୟଦବା ନାଁରେ ବାଜବାବୁ ଥାନା ବାବୁଙ୍କର ହେଇଉଠିବ ଆହୁରି ଆତ୍ମୀୟ, ଆଉରି ଘନିଷ୍ଠ । ବୁଲେଇ କହିନେ ବାଜ ମହାପାତ୍ର ଅକ୍ତିଆର ଭିତରକୁ ଥାନା ବାବୁ ପଶି ଆସିବ ଆହୁରି ଆହୁରି । ପରିଣତିରେ ବାଜ ମହାପାତ୍ର ଆମ କଳିଜାରୁ ମହୁ ଶୋଷିବାକୁ, ଜାବୁଡ଼ି ଧରିବାକୁ ସହଜ ହବ, ବୁଢ଼ୀ ବୁଢ଼ୀଆଣୀ ପରି। ସିଧା ସିଧା ସିନା ଆମକୁ ହଇରାଣ କରିନ କିନ୍ତୁ ଅନ୍ୟ ଦ୍ୱାରା କରିନ ? ଏଠି ଯୋଉ ଅଫିସର ତମ ଡାକରେ ଓ ନ'କରି ଆମ ଭଳି ଗରିବଙ୍କ ମୁହଁକୁ ଚାହିଁଛି, ତାକୁ ତମେ ସବୁ ଲାଗିପଡ଼ି ବଦଳି କରାଅ ନାହିଁ । ତା' ନାଁରେ ଗୁଜବ ଚଲାଅ ନାହିଁ ? ତାକୁ ବଦଳି କରାଇ, ତମେ ହାତ ଚିକ୍କଣ କରିବାକୁ ତୟାର ଥିବା ଅଫିସରଙ୍କୁ ଏ ଅଞ୍ଚଳକୁ ଆଣ ନାହିଁ ? ତମର ଏଇ ପଲିସି ଆମକୁ ହଇରାଣ କରି ନାହିଁ । ଆମ ହାତରୁ ଭାତ ଗୁଣ୍ଡା ଛଡ଼ାଇ ନେଇ ନାହିଁ ।"(୫୬) ଉକ୍ତ ଉଦ୍ଧୃତିରୁ ଜଣାଯାଏ ଗୟାଧର ଭଳି ମଣିଷମାନେ ରାଜନୀତିକ ଚରିତ୍ରମାନଙ୍କର ଦୁର୍ନୀତିଗତ କାର୍ଯ୍ୟକଳାପକୁ ଜାଣନ୍ତି କିନ୍ତୁ ଉକ୍ତ କର୍ମକୁ ଦମନ କରିବା ନିମନ୍ତେ ପାଖରେ ନଥାଏ ଧନ, ବାହୁବଳ, ଜନବଳ । କେବଳ ଅନ୍ୟମାନଙ୍କର ଦୂରାଚାରୀ କର୍ମକୁ ଦେଖି ନିଜର ପରିବେଶ ପରିସ୍ଥିତିକୁ ନେଇ ଦୁଃଖକୁ ଆପଣେଇ ସମାଜ ସଙ୍ଗେ ପାଦ ମିଳେଇ ଚାଲିବା ପାଇଁ ବାଧ୍ୟ ହୋଇଥାଏ । ସେହିଭଳି 'ସେହି ଅନ୍ଧାରୀ କୋଣକୁ ଚାଲିଯା' ଗଳ୍ପ ଦଳ ବିରୋଧୀ ତଥା ଆସନର ଲାଳସା କଥା କହେ । ଗଣତନ୍ତ୍ର ରାଷ୍ଟ୍ରର ଆର୍ଥନୀତିକ ଦୋଦୁଲ୍ୟମାନତା ଯୋଗୁଁ ଖଟିଖିଆ ଦିନ ମଜୁରିଆଙ୍କ

କରୁଣ ଚିତ୍ର ଗଳ୍ପଟିରେ ଫୁଟି ଉଠେ । ଖାଦ୍ୟାଭାବ ଯୋଗୁଁ ମୃତ୍ୟୁ ହୁଏ ଶୁକୁରୁର । ପେଟକୁ ଦାନା ପାଇଁ ନହରି ଦୁଇ ବର୍ଷର ସନ୍ତାନକୁ ଅଠର ଟଙ୍କାରେ ବିକ୍ରି କରେ । ସ୍ୱାମୀ ଶୁକୁରୁର ଖାଦ୍ୟାଭାବ ଜନିତ ମୃତ୍ୟୁ ହୋଇଥିବାର ୱାର୍ଡ଼ମେମ୍ବର, ସରପଞ୍ଚ, ମନ୍ତ୍ରୀ, କଲେକ୍ଟର, ତହସିଲଦାର ଆଦି ରାଜନେତା ଏବଂ ସରକାରୀ କର୍ମଚାରୀମାନେ ଶୁକୁରୁର ମୃତ୍ୟୁ ନିମନ୍ତେ ସରକାରୀ ଭତ୍ତା ପ୍ରଦାନ କରିବାକୁ ଆସନ୍ତି । ତା'ର ସ୍ତ୍ରୀ ନହରିକୁ ଭତ୍ତା ପ୍ରଦାନ କରିବା ଭିତରେ ଗଳ୍ପର ରାଜନୀତିକ ଚରିତ୍ରମାନଙ୍କ ମଧ୍ୟରେ ହାନିଲାଭ, ସ୍ୱାର୍ଥ, କ୍ଷମତାର ଲୋଭ, ବିରୋଧୀ ଦଳର କାର୍ଯ୍ୟକାରିତା ଆଦି ପ୍ରସଙ୍ଗ ପରିପ୍ରକାଶ ହୁଏ । ମନ୍ତ୍ରୀ ଶମ୍ଭୁନାଥ ଗାଁ ମୁଖିଆକୁ ଦାୟିତ୍ୱ ଦେବା, ଗାଁ ମୁଖିଆର କାର୍ଯ୍ୟକାରିତାରେ ତତ୍ପରତା ଆଦିକୁ ନେଇ ସରପଞ୍ଚର ଅବଚେତନ ମନ ହୋଇଛି ଆନ୍ଦୋଳିତ। ସେଥିପାଇଁ ଗାଳ୍ପିକ ସରପଞ୍ଚ ଚରିତ୍ର ମାଧ୍ୟମରେ କୁହାଇଛନ୍ତି, "ମନ୍ତ୍ରୀ ସରପଞ୍ଚର କଥାକୁ ବିନ୍ଦୁଏ ଶୁଣି ନ ଥିଲେ ଅଥଚ ମୁଖିଆକୁ ଏତେ ବଡ଼ ଦାୟିତ୍ୱଟେ ଦେଇ ଦେଲେ ? ମନ୍ତ୍ରୀ କୌଣସି ସୂତ୍ରରୁ ଜାଣି ପାରି ନାହାନ୍ତି ତ ମୁଁ ଶମ୍ଭୁନାଥଙ୍କ ଗୋଷ୍ଠୀର ବିରୁଦ୍ଧରେ କେତେବେଳେ କ୍ଷୀଣସ୍ୱର ଉଠାଇ ଦେଇଥିଲି ଆଲୋଚନା ପ୍ରସଙ୍ଗରେ ? ଏବଂ ସେଇ ଜାଣିଯିବା ଯୋଗୁଁ ମୋ ବିରୁଦ୍ଧରେ ଆମ ଦଳରୁ ମୋ ଗାଁରେ ଏକ ପ୍ରତିଦ୍ୱନ୍ଦ୍ୱୀ ସୃଷ୍ଟି କରୁନାହାନ୍ତି ତ ?"[୫୭] ଉକ୍ତ ଉଦ୍ଧୃତିକୁ ଲକ୍ଷ୍ୟ କଲେ ଗାଣତାନ୍ତ୍ରିକ ରାଷ୍ଟ୍ରର ରାଜନେତାମାନଙ୍କର ଆସନର ମୋହ ପାଖରେ ମଳିନ ହୋଇଛି ଜନସାଧାରଣଙ୍କ ସମୂହ ସ୍ୱାର୍ଥ । ଗରିବ ତଥା ଖଟିଖିଆ ପରିବାରର ଅଭାବ ତଥା ହାନି ଲାଭର ତର୍ଜମା ପାଖରେ ରାଜନେତାମାନଙ୍କର ବ୍ୟକ୍ତିତ୍ୱ, ଆସନର ଲାଳସା, ଆଶଙ୍କାଯୁକ୍ତ ବିରୋଧୀ ଦଳ ଗଠନ ଇତ୍ୟାଦି ଗଳ୍ପର ପରିବେଶକୁ ଭିନ୍ନ ପ୍ରେକ୍ଷାପଟ୍ଟରେ ତଉଲିଛି । ସେହିପରି ଗାଁ ରାଜନୀତିର ଏକ ଭିନ୍ନ ରୂପ 'ପ୍ରକ୍ସି' ଗଳ୍ପରେ ଦେଖାଯାଏ, ଯେଉଁଠି ଅନୁଷ୍ଠାନକୁ ନେଇ ହୋଇଛି ରାଜନୀତିକ କନ୍ଦଳ । ସ୍ଥାନ ଏକ କିନ୍ତୁ ଭିନ୍ନ ଭିନ୍ନ ବ୍ୟକ୍ତିମାନଙ୍କର ବିଭିନ୍ନ ଅନୁଷ୍ଠାନର ଗଠନରେ ପରିବର୍ତ୍ତନ ହେଉଛି କାର୍ଯ୍ୟାଳୟ । ପ୍ରଥମେ ମେଟାନିକ୍ ସେଣ୍ଟର୍, ପରେ ପରେ ପାଠାଗାର, ଯୁବକ ସଂଘ, ଡ୍ରାମା କ୍ଲବ । ଗାଳ୍ପିକ ଶ୍ରୀ ମହାନ୍ତି ଉକ୍ତ ଗଳ୍ପରେ ବକ୍ତବ୍ୟ ରଖନ୍ତି ମୈତ୍ରୀର । ଏହି ମୈତ୍ରୀକୁ ଭଂଗ କରନ୍ତି ଭିନ୍ନ ଭିନ୍ନ ନେତାସ୍ତରୀୟ ବ୍ୟକ୍ତିତ୍ୱମାନେ । ଯେଉଁଠି ବ୍ୟକ୍ତିତ୍ୱ ପ୍ରାଣରେ ଆଦର୍ଶ ସ୍ଥାପନ କଲାବେଳେ ପଶିଆସେ ରାଜନୀତିକ ବ୍ୟବସ୍ଥାର ଅନାଦର୍ଶ କୌଶଳ ।

ଗାଳ୍ପିକ ରଜନୀକାନ୍ତ ମହାନ୍ତି ଗଳ୍ପ ମଧ୍ୟରେ କେବଳ ଗାଁ ପରିବେଶର ରାଜନେତା, ରାଜନୀତିକ କର୍ତ୍ତବ୍ୟ କଥା କହି ନାହାନ୍ତି । କହିଛନ୍ତି ମଧ୍ୟ ସହରୀ ରାଜନୀତିର ଆଦର୍ଶ ଅନାଦର୍ଶର କଥା । ଯେଉଁଠି କ୍ଷୟିଷ୍ଣୁ ଗାଣତାନ୍ତ୍ରିକ ମୂଲ୍ୟବୋଧକୁ ଆଧାର କରି ଗଳ୍ପର କଥାବସ୍ତୁ ଗତି କରିବା ପ୍ରସଙ୍ଗ ମଧ ଗଳ୍ପ ପରିଧିକୁ ପଶି ଆସିଛି । ଗଳ୍ପରେ ରାଜନୀତି ପ୍ରସଙ୍ଗ କହିନାହିଁ ଆଦର୍ଶର କଥା; କେବଳ ସ୍ୱାର୍ଥବାଦୀ, ଶୋଷଣ, ଅତ୍ୟାଚାର, ଅନ୍ୟାୟର କଥା କହିଛି ।

ଉପଯୁକ୍ତ ଶାସକ ହାତରେ ଶାସନ ଦାୟିତ୍ୱ ଅର୍ପଣ କରିବାର ଅଭିପ୍ସା ଏବଂ ଦୁରାଚାରୀ ଶାସକ ମଧ୍ୟ ହୋଇପାରେ ନିଜର କର୍ତ୍ତବ୍ୟକୁ ନେଇ ସଚେତନ ।

'ଅନୁଭବ କାହିଁକି ଦାଢ଼ି ବଢ଼େଇଚି' ଓ 'ଶିଶୁ' ଦୁଇଟି ଗଳ୍ପରେ ଛାତ୍ର ରାଜନୀତି ଦେଖାଯାଏ । ସଂପ୍ରତି ଭାରତୀୟ ରାଜନୀତିକ ବ୍ୟବସ୍ଥା ଓ ରାଜନୀତିକ ନେତୃବର୍ଗଙ୍କ ଦୁର୍ନୀତି ଓ ସ୍ୱାର୍ଥପରତା ଏଭଳି ସର୍ବବ୍ୟାପୀ ହୋଇପଡ଼ିଛି ଯେ, ସେଥିରୁ ବିଦ୍ୟାର ମନ୍ଦିର କୁହାଯାଉଥିବା ମହାବିଦ୍ୟାଳୟ ଓ ବିଶ୍ୱବିଦ୍ୟାଳୟର ଛାତ୍ରଛାତ୍ରୀମାନେ ବାଦ ପଡ଼ିନାହାନ୍ତି । ମହାବିଦ୍ୟାଳୟ ସ୍ତରରେ ଯେଉଁ ଛାତ୍ର ରାଜନୀତିକୁ ଉଚ୍ଚକୋଟୀର ଜନନେତାଙ୍କ ସୃଷ୍ଟି ପାଇଁ ପ୍ରଚଳନ କରାଯାଇଥିଲା, ସେହିଭଳି ଛାତ୍ରଛାତ୍ରୀଙ୍କୁ ଦେଶ ସେବା ପରି ମହତ କର୍ମରେ ସ୍ୱତଃସ୍ଫୂର୍ତ୍ତ ଭାବରେ ନିୟୋଜିତ ରହିବା ପାଇଁ ମଧ୍ୟ ଏହି ବ୍ୟବସ୍ଥା କାର୍ଯ୍ୟକାରୀ ହେଲା । ସେଥିରେ ରାଜ୍ୟ ଓ ଜାତୀୟ ସ୍ତରରେ ସଂକୀର୍ଣ୍ଣ ରାଜନୀତିର ଅନୁପ୍ରବେଶ ସେହି ମହତ ଉଦ୍ଦେଶ୍ୟକୁ କେତେକାଂଶରେ ବିପନ୍ନ କରି ଦେଇଛି କହିଲେ ସତ୍ୟର ଅପଳାପ ହେବନାହିଁ । ଛାତ୍ର ରାଜନୀତିରେ ଏହି ହସ୍ତକ୍ଷେପ ଶିକ୍ଷା ଅନୁଷ୍ଠାନମାନଙ୍କରେ ସୃଷ୍ଟି କରିଛି ଏକ ଅସ୍ୱାଭାବିକ ବାତାବରଣ । ଯାହା ଫଳରେ ଛାତ୍ରଛାତ୍ରୀମାନଙ୍କ ମନରେ ସୃଷ୍ଟି ହେଉଛି ଦଳଗତ ବିଦ୍ୱେଷ ଭାବ । ଏତଦ୍‌ଦ୍ୱାରା ଅତି ସାମାନ୍ୟ ସ୍ତରରୁ ମଧ୍ୟ ଜନ୍ମ ନିଏ ପାରସ୍ପରିକ ଶତ୍ରୁତା, ମାରପିଟ ଓ ରାଜନୀତିକ ଆତଙ୍କ ଭଳି ବ୍ୟଭିଚାର । 'ଅନୁଭବ କାହିଁକି ଦାଢ଼ୀ ବଢ଼େଇଚି' ଗଳ୍ପରେ ଛାତ୍ର ନିର୍ବାଚନକୁ ନେଇ ବିଭିନ୍ନ ଦଳର ରାଜତ୍ୱ ପ୍ରସଂଗ କଥାକାର ଗଳ୍ପରେ ଉପସ୍ଥାପନା କରିଛନ୍ତି । ଯଥା – ଅନୁଭବ, "ପ୍ରତିଦ୍ୱନ୍ଦ୍ୱୀ ସମରେନ୍ଦ୍ରଠାରୁ ଖୁବ୍ ଅଳ୍ପ ସଂଖ୍ୟକ ଭୋଟରେ ହାରି ଯାଇଥିଲା । ଗୋଟେ ନାମଜାଦା ପାର୍ଟିର ଛାତ୍ରନେତା ହିସାବରେ ଛିଡ଼ା ହେଇଥିଲା ସେ । ତା'ର ଜିତିବା ଉପରେ ଅଞ୍ଚଳର ଆଗାମୀ ବିଧାନସଭା ନିର୍ବାଚନରେ ସେ ପାର୍ଟିର ସ୍ଥିତି ନିର୍ଭର କରେ ବୋଲି ପାର୍ଟି ଲୋକ ଆଁ ଆଖିରେ ଚାହିଁଥିଲା ସମୟରେ ଅନୁଭବର ହାରିଯିବା ସେମାନଙ୍କୁ ଧକ୍କା ଦେଲା । ମନେମନେ ସେମାନେ ଅନୁଭବ ଉପରେ ବହେ ରାଗିଲେ । ନିର୍ବାଚନରେ ଅଂଶ ଗ୍ରହଣ କରି ଅନୁଭବ ତା'ର ସାଇକେଲ୍, ଘଣ୍ଟା ହରାଇଲା । ଗୋଟେ ଷ୍ଟାଣ୍ଡାର୍ଡ଼ ଓ୍ୱାନ୍ କ୍ୟାରିଅର୍‌ର ଛାତ୍ର ବୋଲି ଥିବା ସୁନାମ ଟିକକୁ ହରାଇଲା ।"[୪୮] ଉକ୍ତ ଉଦ୍ଧୃତିକୁ ଦୃଷ୍ଟି ଦେଲେ ଦେଖାଯାଏ ଯେ ଗାଳ୍ପିକ ଶ୍ରୀ ମହାନ୍ତି ଛାତ୍ର ରାଜନୀତିର ବିପକ୍ଷରେ ମତ ରଖିଛନ୍ତି । ଯେଉଁଠି ଛାତ୍ର ରାଜନୀତିକୁ ନେଇ ମେଧାବୀ ଛାତ୍ରର ମାନସିକ ହେଉଛି ସନ୍ତୁଳିତ । ନିର୍ବାଚନରେ ଜୟଯୁକ୍ତ ହେବାର ନିଶାରେ ସାଇକେଲ୍, ଘଣ୍ଟା ଭଳି ବସ୍ତୁକୁ ବିକ୍ରୟ କରୁଛନ୍ତି । ଛାତ୍ରର କର୍ମ ଜ୍ଞାନ ଆହରଣ କରିବା କିନ୍ତୁ ଆଜି ଛାତ୍ର ବିଭିନ୍ନ ରାଜନୀତିକ ଦଳ ସହ ସଂଯୋଗ ହୋଇ ନିଜର ଶିକ୍ଷାର ମାନ ଆଦର୍ଶକୁ ହରାଇ ବସୁଛି । ଅର୍ଥର ଅଭାବ, ନିର୍ବାଚନରେ ଜୟଯୁକ୍ତ ହେବାର ଲାଳସା, ଶିକ୍ଷାଗ୍ରହଣ କରିବା ନିମନ୍ତେ ସମୟର ଅଭାବକୁ ନେଇ ଛାତ୍ରଛାତ୍ରୀ ହେଉଛନ୍ତି ମାନସିକ ଭାରାକ୍ରାନ୍ତ । ସେମାନେ ହୋଇ ଉଠୁଛନ୍ତି ହିଂସ୍ର । ସେଥିପାଇଁ 'ଶିଶୁ'

ଗଳ୍ପରେ ଛାତ୍ରନେତା ସଂଗ୍ରାମ ନିଜକୁ ସଂଯୋଗ କରେ ନାରୀ ଧର୍ଷଣ, ହତ୍ୟା ଭଳି କୁକାର୍ଯ୍ୟରେ । ଆଲୋଚିତ ଗଳ୍ପରେ କଥାକାର ଶ୍ରୀ ମହାନ୍ତି ସଂଗ୍ରାମ ଭଳି ଛାତ୍ରନେତାର ଚରିତ୍ର ଏପରି ଉପସ୍ଥାପନା କରିଛନ୍ତି, "ଦି ଦିନ ତଳେ ଗୋଟେ କଲେଜ ଛାତ୍ର ଉପରେ ରାଗରେ ସ୍କୁଟର ଚଢ଼େଇ ଦେଇଥିଲା ସଂଗ୍ରାମ ବିଚ୍ ରାସ୍ତାରେ । ଛାତ୍ରଟି ଗତ କଲେଜ ୟୁନିୟନ୍ ନିର୍ବାଚନରେ ସଂଗ୍ରାମକୁ ଭୋଟ ଦେଇ ନଥିଲା ଏବଂ ନିର୍ବାଚନ ପୂର୍ବରୁ ସଂଗ୍ରାମ ସହ କିଛି ଉତ୍ତେଜନାପୂର୍ଣ୍ଣ ଯୁକ୍ତିତର୍କ ହୋଇଥିଲା । ନିର୍ବାଚନ ଜିଣିଗଲା ପରେ ସଂଗ୍ରାମ ଏମିତି ଭାବରେ ସେ ଛାତ୍ରଟି ଉପରେ ପ୍ରତିଶୋଧ ନେଇଥିଲା ।"(୫୯) କଥାକାର ଶ୍ରୀ ମହାନ୍ତି ଆଲୋଚିତ ଗଳ୍ପରେ ଛାତ୍ରନେତାର ବ୍ୟଭିଚାର ପ୍ରସଙ୍ଗ କେବଳ କହି ନାହାନ୍ତି, ସେହି ଛାତ୍ରନେତାଙ୍କୁ ବିଭିନ୍ନ ଦଳର ସହଯୋଗ ଏବଂ ପିତାମାତାଙ୍କର ସମର୍ଥନକୁ ମଧ୍ୟ ଅଙ୍ଗୁଳି ନିର୍ଦ୍ଦେଶ କରାଇଛନ୍ତି । ଫଳ ସ୍ୱରୂପ ଛାତ୍ରନେତା ଭ୍ରଷ୍ଟାଚାର କର୍ମରୁ ବିରତ ହେବା ବଦଳରେ ଅଧିକ ମାତ୍ରାରେ ନିର୍ଭୟରେ କୁକର୍ମକୁ ଆପଣାଉଛି ।

କଥାକାର ଶ୍ରୀ ମହାନ୍ତିଙ୍କ ଗଳ୍ପରେ ଗାଁ ରାଜନୀତି, ଛାତ୍ର ରାଜନୀତି ଭଳି ସହରୀ ରାଜନୀତିର କାଳିମାମୟ ରାଜନୀତିକ ବାତାବରଣକୁ ଦେଖାଯାଇପାରେ । 'ଆଁ' ଓ 'ଜନପଥ' ଗଳ୍ପରେ ରାଜନୀତିର ବ୍ୟଭିଚାର ପ୍ରସଙ୍ଗ ଆସିଲା ବେଳେ 'ବାଟୋଇ' ଗଳ୍ପରେ ନେତା ରାଜନୀତି ଆସନରୁ ଓହରିବା ପରେ ଆଦର୍ଶବାଦୀ ଜୀବନ ଏବଂ 'ଫଳକ' ଗଳ୍ପରେ ରାଜନେତା ଜନସାଧାରଣଙ୍କ ପ୍ରତି ସହୃଦୟତା ଦେଖାଇଲା ବେଳେ ଦଳଗତ ସ୍ୱାର୍ଥ ପାଇଁ କିପରି ଆକସ୍ମିକ ରୂପେ ପ୍ରତାରଣା ବା ଅସୁବିଧାର ସମ୍ମୁଖୀନ ହେଉଛି ତା'ର ଚିତ୍ର ବେଶ୍ ହୃଦୟଙ୍ଗମ କରିହୁଏ । "ରାଜନୀତି ଏକ ବ୍ୟବସ୍ଥାର ଅଭିବ୍ୟକ୍ତି ବା ବିପଣିର ଅଭିବ୍ୟକ୍ତି । ବ୍ୟକ୍ତିର ଅଭିବ୍ୟକ୍ତି ନୁହେଁ। ଗଣତନ୍ତ୍ର ରଚନାରେ ଗଣର ଯେଉଁ ପରିକଳ୍ପନା ତାହା 'ଜଣ'କୁ ପରିତ୍ୟାଗ କରି 'ଗଣ'ର ବିଶାଳ ଦର୍ପଣରେ ଏକ ମିଶ୍ର, ବହୁସ୍ତରୀୟ ସାଧାରଣତାକୁ ହିଁ ଦେଖେ ।"(୬୦) କିନ୍ତୁ ଅଧୁନା ଗଣତନ୍ତ୍ର ବ୍ୟକ୍ତିତନ୍ତ୍ର ହୋଇଯାଇଛି । ଯାହା ହାତରେ ଜନସାଧାରଣ ସମସ୍ତ କ୍ଷମତାକୁ ଅର୍ପଣ କରୁଛନ୍ତି ସେ ବ୍ୟକ୍ତି କେବଳ ବ୍ୟକ୍ତିଗତ ସ୍ୱାର୍ଥକୁ ନେଇ ଦୁର୍ନୀତି କରି ଚାଲୁଛି । ତେଣୁ ସମୂହ ମଙ୍ଗଳର ବ୍ୟତିକ୍ରମରେ ହେଉଛି ବ୍ୟକ୍ତିଗତ ମଙ୍ଗଳ । ସେଥିପାଇଁ ଗାଳ୍ପିକ ଶ୍ରୀ ମହାନ୍ତି 'ଆଁ' ଗଳ୍ପରେ ରାଜନେତା ବା ଉପମନ୍ତ୍ରୀ ଶକ୍ତିମୟଙ୍କର ହଠାତ୍ ପାଟି ଖୋଲି, ଦୁର୍ନୀତିର ପ୍ରତୀକ ଭାବରେ 'ଆଁ'କରି ରହିବାକୁ ଗଳ୍ପରେ ଉପସ୍ଥାପନା କରିଛନ୍ତି, ଯାହାକି ଏକ କୁହୁକ ବାସ୍ତବତାପରି ପ୍ରତୀତ ହୁଏ । ମା' ଗୋଦାବରୀ ପୁଅ ଶକ୍ତିମୟର ପାଟିରେ ଦେଖନ୍ତି ନିଜ ଭଳି ଶହ ଶହ ମାଆ ଆଖିରୁ ଲୁହ ପୋଛି ପୋଛି ପୁଅ ତଣ୍ଟି ଭିତରେ ପଶି ଯାଉଛନ୍ତି । ସ୍ତ୍ରୀ ସୁଜାତା ସ୍ୱାମୀ ଶକ୍ତିମୟଙ୍କଠାରେ ଦେଖେ ନିଜ ପରି ଶହ ଶହ ଲଙ୍ଗଳା ମୁକୁଳା ନାରୀମାନେ ପଶିଯାଉଛନ୍ତି ପାଟିବାଟେ । ସେହିପରି ବାପ ଜଗମୋହନ ପୁଅ ଶକ୍ତିମୟର ପାଟି ଭିତରେ ଦେଖନ୍ତି ନିଜ ପରି ଶହ ଶହ ବୃଦ୍ଧ ନେଙ୍ଗୁଟି ମାରି ଅସ୍ଥି କଙ୍କାଳସାର

ଦେହରେ ମୁଣ୍ଡରେ ପାଛିଆ ଧରି ପାଟି ଭିତରେ ପଶି ଯାଉଛନ୍ତି । ଅର୍ଥାତ୍ ଗାଳ୍ପିକ ପ୍ରତୀକାତ୍ମକ ଢଙ୍ଗରେ ଶକ୍ତିମୟର ଖୋଲାପାଟି ବା 'ଆଁ'କୁ ରାଜନେତାଙ୍କର ଶୋଷଣ ଭାବରେ ଗ୍ରହଣ କରିଛନ୍ତି, ଯେଉଁଠି ସାଧାରଣ ମଣିଷମାନେ ତଥା ଦିନମଜୁରିଆ, ଅସହାୟ ନାରୀ ଆଦି ଶିକାର ହେଉଛନ୍ତି ।

ଆଲୋଚ୍ୟ ଗଳ୍ପରେ ଗାଳ୍ପିକ ଶ୍ରୀ ମହାନ୍ତି କହିବାକୁ ଚାହିଁଛନ୍ତି ଯେ, ଭୟଙ୍କର ଦୁର୍ନୀତିରେ ମଣିଷ ସେତେବେଳେ ପାଦ ଥାପେ ଯେତେବେଳେ ସେ ରାଜନୀତିକ ଆସନ ଆରୋହଣ କରେ । ନିଜ ହାତରେ ଥାଏ କ୍ଷମତା । ଏହା ହେଉଛି ଆସନ ବା ଗାଦିର ଦୋଷ । କାରଣ ଶକ୍ତିମୟ ରାଜନୀତିରେ ପାଦ ଦେବା ପୂର୍ବରୁ ଥିଲା ସରଳ, ଉଦାର ମଣିଷ କିନ୍ତୁ ରାଜପଦ ପାଇବା ପରେ ଆପଣେଇ ନିଏ ଭ୍ରଷ୍ଟାଚାର ଗୁଣଗୁଡ଼ିକ । ଗଳ୍ପନାୟକ ଶକ୍ତିମୟର ମାଆ ଗୋଦାବରୀ ଦ୍ୱାରା ଗାଳ୍ପିକ ବକ୍ତବ୍ୟ ରଖନ୍ତି, "ପିଲାଦିନୁ ସେ ଭାରି ସୁଧାର । ମଂତିରି ହେବାଯାଏ ସେ କାହାରି ଭିଟା ଉଝେଇନି । କାହାଠାରୁ ଦି'ପଇସା ରିସ୍‌ପତ ନେଇନି । ଏମିତି କାହିଁକି ହେଲା ? ମଂତିରି ହବା ପୂର୍ବରୁ ମୋ ପାଦ ଧୂଳି ମୁଣ୍ଡରେ ମାରି କହିଥିଲା – ମା, ଶହ ଶହ ହଜାର ହଜାର ମାଆଙ୍କର ଆଖି ଲୁହ ପୋଛିବା ପାଇଁ ମୁଁ ମଂତ୍ରୀ ହେଉଛି ।"[୬୧] କିନ୍ତୁ ଆଲୋଚ୍ୟ ଗଳ୍ପରେ ନାୟକ ଉପମନ୍ତ୍ରୀ ଶକ୍ତିମୟ ଚରିତ୍ରର ଘଟୁଛି ପରିବର୍ତ୍ତନ । ଗାଣତାନ୍ତ୍ରିକ ରାଷ୍ଟ୍ରରେ କେବଳ ରାଜନେତା ନୁହେଁ ସାଧାରଣ ଖଟିଖିଆ ମଣିଷ ନିଜ ପେଟକୁ ମୁଠେ ଦାନା ପାଇଁ ରାଜନେତାଙ୍କ ହାତବାରିସି ହୋଇ ଯାଉଛନ୍ତି । ଯେଉଁପଟେ ବର୍ଷା ସେ ପଟେ ଛତା– ନୀତିରେ ସାଧାରଣ ମଣିଷ ଗାଣତାନ୍ତ୍ରିକ ରାଷ୍ଟ୍ର ମଂଗଳ ଅମଙ୍ଗଳ ଫରକ ନ ଦେଖି ଯିଏ ଟଙ୍କା ଦେଲା ତା'ର ଜୟ ଜୟକାର କରୁଛନ୍ତି । ଏପରିକି ସାଧାରଣ ନାଗରିକମାନେ ମଜୁରି ନେଇ ରାଜନୀତିକ ସଭାରେ ଭିଡ଼ ଜମାଉଛନ୍ତି ତାହାର ଝଲକ 'ଜନପଥ' ଗଳ୍ପରେ ଦେଖାଯାଏ ।

ଦୁରାଚାରୀ ଶାସନ ଏବଂ ରାଜନୀତିକୁ ନେଇ ଭ୍ରଷ୍ଟାଚାରରେ ଲିପ୍ତ ସଂଗଠନରେ ଯୋଗ ଦେଉଛି ବେକାରୀ ଯୁବକ ବାଇଧର । ଧର୍ମଘଟ, ଆନ୍ଦୋଳନ, ବୈଠକ ଆଦିରେ ଜନସାଧାରଣଙ୍କୁ ଖାଦ୍ୟ, ଗାଡ଼ିଭଡ଼ା ତଥା ମଜୁରି ଦେଇ ଡକାଯାଉଛି । ସେଥିରେ ସାମିଲ୍ ହୋଇଛି ବାଇଧର । ଗାଣତାନ୍ତ୍ରିକ ସଂଗଠନ ତଥା ସାଧାରଣ ଜନତା ଏବଂ ମୁନାଫାଖୋର ବ୍ୟକ୍ତିମାନଙ୍କ ଦୁର୍ନୀତିକୁ ଦେଖାଇବାକୁ ଯାଇ ଗାଳ୍ପିକ ଗଳ୍ପରେ ଉପସ୍ଥାପନା କରନ୍ତି, "ଏବେ କମ୍ପାନୀର ସବୁ ଶ୍ରମିକ ଟେର ପାଇଗଲେଣି ଯେ ଆଗକୁ ନିର୍ବାଚନ ମିଟିଂ, ସେଠି ସେମାନେ ହାଜର । ତା' ପରଠୁଁ ଦଳୀୟ ପ୍ରଚାର । ସକାଳୁ ଏ ପାର୍ଟି ପାଇଁ ପ୍ରଚାର କରିବ, ଆରଓଳିକୁ ଆଉ ଗୋଟେ ପାର୍ଟି ପାଇଁ । ରାତିରେ ଆଉ ଗୋଟେ ପାର୍ଟି ପାଇଁ । ବାସ୍ !! ନିର୍ବାଚନ ପରେ ପରେ ସମସ୍ତଙ୍କୁ ମିଳିବ ବୋନସ୍ ।"[୬୨] ଉକ୍ତ ଗଳ୍ପଟି ସଂପୂର୍ଣ୍ଣ ରୂପେ ଗାଣତାନ୍ତ୍ରିକ ବ୍ୟଭିଚାରକୁ ପ୍ରକାଶ କରେ । ରାଜନେତା, ସାଧାରଣ ଜନତା, ସାଙ୍ଗଠନ ଆଦି ସମସ୍ତ

ଗୋଷ୍ଠୀ ନିଜର ପରିବେଶ ପରିସ୍ଥିତିକୁ ନେଇ ନିଜର ବ୍ୟକ୍ତିତ୍ୱକୁ ପରିଚାଳିତ କରୁଛନ୍ତି । ପ୍ରତିବାଦ ବଦଳରେ ସାଧାରଣ ଜନତା ଅଭ୍ୟସ୍ତ ହୋଇଯାଉଛନ୍ତି ସେହି ଭ୍ରଷ୍ଟାଚାରରେ ।

'ବାଟୋଇ' ଗଳ୍ପଟି ଏକ ଆଦର୍ଶସ୍ଥାନୀୟ ଗଳ୍ପ । ଯେଉଁଠି ଅବସରପ୍ରାପ୍ତ ରାଜନେତାର ଆଦର୍ଶ କଥା କହିବା ସହିତ ଜନଜାତିର ଦାଦନ ଖଟିବାର ପ୍ରସଙ୍ଗ ଉଦ୍‌ଘାଟିତ ହୋଇଛି । ଗଳ୍ପର ପରିବେଶ ମୟୂରଭଞ୍ଜ ଅଞ୍ଚଳର ଏକ ଆଦିବାସୀ ଗାଁ । ସେ ଗାଁର ଦିନ ମଜୁରିଆ ଅନାଥ ମାରିଣ୍ଡିର ପୁଅ ସଉରାକୁ ନାରଣ ଦଲାଲ ଦାଦନ ପାଇଁ ମାତ୍ର ତିନିଶହ ଟଙ୍କା ଦେଇ ପ୍ରବାସୀ କରାଏ । ପୁଅ ସଉରା ଅନେକ ଦିନ ବିତିଗଲେ ମଧ୍ୟ ଗୃହକୁ ପ୍ରତ୍ୟାବର୍ତ୍ତନ କରେନା । ଏଥିପାଇଁ ବାପ ଅନାଥ ପୁଅକୁ ଖୋଜିବା ନିମନ୍ତେ ବାହାରେ ଦିଲ୍ଲୀ ସହରକୁ । ଏହି ସମୟରେ ରାଜନେତା ବୃଦ୍ଧ ଭୈରବନନ୍ଦନଙ୍କ ସହ ତା'ର ହୁଏ ସାକ୍ଷାତ । ହତାଶାବୋଧକୁ ନେଇ ମନ୍ତ୍ରୀ ଭୈରବନନ୍ଦନ ଆଧ୍ୟାତ୍ମିକତା, ଜାଗତିକତା, ସାମାଜିକ ସହୃଦୟତା, ମାନବୀୟ ଆବେଗ ସଙ୍ଗେ ନିଜର ରାଜନୀତିକ ସାହସିକ ଗୁଣାବଳୀରେ ଆଦିବାସୀ ଅନାଥ ମାରିଣ୍ଡିର ପୁତ୍ରକୁ ଫେରାଇ ଆଣନ୍ତି ।

ରାଜନୀତି ଆସନରୁ ଅବସର ନେବା ପରେ ଭୈରବନନ୍ଦନଙ୍କ ହୃଦୟରେ ମାନବ ପ୍ରତି ଉଦାର ଗୁଣାବଳୀ ଜାଗି ଉଠିଛି । ଏହି ଜାଗତିକ ଅବସ୍ଥା ପ୍ରତ୍ୟେକ ରାଜନେତାମାନଙ୍କର ଯୌବନ ଅବସ୍ଥାରେ ଆସିବା ଦରକାର । ଯୁବକ ବେଳେ କିମ୍ବା ରାଜ ଗାଦିରେ ବସିଲା ବେଳେ ଯଦି ରାଜନେତା ଭୈରବନନ୍ଦନଙ୍କର ବାର୍ଦ୍ଧକ୍ୟ ଅବସ୍ଥାରେ ଚେତନାର ଉତ୍ତରଣ ହେଲାଭଳି ଯୁବକ ରାଜନେତାମାନଙ୍କର ମାନସିକ ଉତ୍ତରଣ ଘଟନ୍ତା, ତାହେଲେ ଆମ ଦେଶ ସୁନାର ଦେଶ ହୋଇଯାଆନ୍ତା । ସେଥିପାଇଁ ପାଠକଙ୍କୁ ହୃଦବୋଧ ହେବା ନିମନ୍ତେ କଥାକାର ବାଟୋଇ ବା ରାଜନେତା ଭୈରବାନନ୍ଦନଙ୍କ ଅତୀତକୁ ଦେଖାଇଛନ୍ତି । ଯଥା– ନିଜ ହୃଦୟର ସହିଷ୍ଣୁ ତଥା ହିତକାମୀ ମନୋବଳକୁ ଓ ଅତୀତର ରାଜନୀତିକୁ ନେଇ ତଥା ନିଜର କର୍ତ୍ତବ୍ୟ ଉପରେ ପ୍ରଶ୍ନ କରି କହି ଉଠନ୍ତି, "ତୁ ଏଠାକୁ କାହିଁକି ଆସିଚୁ ଭୈରବନନ୍ଦନ, ପୂର୍ବତନ ମନ୍ତ୍ରୀ ? କ'ଣ ପାଇଁ ଆସିଛୁ ମନେଅଛି ? ଆମେରିକା, ଫ୍ରାନ୍‌ସ, ୟୁରୋପ, ଆଫ୍ରିକା, ଋଷିଆ ସବୁ ବୁଲିଛି । କୋଠାବାଡ଼ି, ମନ୍ତ୍ରୀପଦ, କାର, ଫୁଲମାଳ, ସମ୍ବାଦପତ୍ରର ପ୍ରଥମ ପୃଷ୍ଠାରେ ଫଟୋ, ଟେଲିଭିଜନ କଭରେଜ୍, ହାଁ ଜୀ ହାଁ ଜୀ, ନାରୀ, ସ୍କଚ, ଫ୍ଲାଟ, ସବୁ ପର୍ବରେ ତୁ । ସବୁ ଅଧ୍ୟାୟରେ ତୋର ଦସ୍ତଖତ ।"[୬୩] କିନ୍ତୁ ଧୀରେ ଧୀରେ ମନ୍ତ୍ରୀ ଭୈରବନନ୍ଦନଙ୍କୁ ଅନୁଭବ ହୋଇଛି ପୃଥିବୀଟା ମଣିଷ ପାଇଁ ଖୁବ୍ ଛୋଟ ହୋଇ ପଡ଼ିଛି । ବିଶ୍ୱର ସମସ୍ତ ବସ୍ତୁ ପ୍ରତି ମଣିଷର ଆକର୍ଷଣ କମିଯାଉଛି । ଅର୍ଥାତ୍ ମଣିଷ, ଜୀବନକାଳ ମଧ୍ୟରେ ଥିବା ଅହଂକାର, ବାର୍ଦ୍ଧକ୍ୟ ବେଳକୁ ଧ୍ୱଂସ ହେଉଛି । ଅହମିକା, ପ୍ରତାରଣା, କ୍ଷମତା ସମସ୍ତ ବସ୍ତୁ ବାର୍ଦ୍ଧକ୍ୟରେ ଅର୍ଥହୀନ, ତାହାର ପ୍ରତିଫଳନ ଘଟିଛି ଆଲୋଚ୍ୟ ଗଳ୍ପର ଭୈରବନନ୍ଦନ ଚରିତ୍ର ପାଖରେ ।

ଗାଳ୍ପିକ ଶ୍ରୀ ମହାନ୍ତିଙ୍କ 'ଫଳକ' ଗଳ୍ପ ସଂପୂର୍ଣ୍ଣ ରୂପେ ରାଜନୀତିକ ଗଳ୍ପ । ଯେଉଁଠି ରାଜନୀତିର ଆଦର୍ଶ ଓ ଅନାଦର୍ଶ କଥା ନିହିତ । ଗଳ୍ପରେ ପ୍ରଥମରୁ ପରିଣତି ଦିଗକୁ ପାଠକ ଗତି କଲାବେଳେ ନାଟକୀୟ ଗୁଣାବଳୀ ବା ଅଧୁନା ସିନେମାର ପାଖିପ ମନେହେବ । ଜନ ସମୂହକୁ ହାତକୁ ଆଣିବା ନିମନ୍ତେ ସମାଜସେବୀ ଦେବଦୂତଙ୍କୁ ମହାମନ୍ତ୍ରୀ ଦେବରାଜ ରାଜନୀତିକ ଦଳ ତରଫରୁ ଟିକେଟ୍ ଦିଅନ୍ତି । ଉକ୍ତ ଦଳ ଦେବଦୂତଙ୍କ କାନ୍ଧରେ ବନ୍ଧୁକ ରଖି ରାଜନୀତିକ ଶିକାର କରନ୍ତି । "କାରଣ ସମାଜବାଦରେ ରାଜନୀତିର ଅର୍ଥ ଆମେ ଯାହା ବୁଝିଥିଲୁ ତାହା ଭୁଲ୍ ବୋଲି ଭାବିବାକୁ ଖରାପ ଲାଗୁଛି । କିନ୍ତୁ ରାଜନୀତିରେ ଆମର ପ୍ରତିପକ୍ଷ ଆମରି ଭାଷା ବ୍ୟବହାର କରି ଆମକୁ ହିଁ ଅସ୍ଥିର ଓ ଅବାନ୍ତର ପ୍ରମାଣ କରିବାରେ ଲାଗିଛି । ଆମେ ଯା'ର ପ୍ରତିକାର ପାଇଁ ଏକଜୁଟ୍ ହୋଇ ପାରୁନାହୁଁ । ଆମ ପାଖରେ ପୂର୍ବର ଆଦର୍ଶ- ପରିଚାଳିତ ଓ ସ୍ୱପ୍ନ ପ୍ରେରିତ ଯୁବଗୋଷ୍ଠୀ ନାହିଁ । ସେମାନେ ଧୀରେ ଧୀରେ କ୍ଷମତା ରାଜନୀତିର ବାହାର ବଳୟରେ ଏକତ୍ରିତ ହେଲେଣି, ଅଚିରେ କ୍ଷମତା କେନ୍ଦ୍ରରେ ପ୍ରବେଶ କରିବେ ।"[୬୪] ଯାହା ଫଳରେ ରାଜନୀତି ଭୟଙ୍କର ରୂପ ନେଲାଣି ।

ଆଲୋଚ୍ୟ ଗଳ୍ପରେ ସମାଜସେବା କ୍ଷେତ୍ରରେ ମନ୍ତ୍ରୀ ଦେବଦୂତର ହୃଦୟବତ୍ତା, ନିଷ୍ଠା ଓ ପ୍ରଚେଷ୍ଟାର ପଟାନ୍ତର ନାହିଁ। "କିନ୍ତୁ ଗଣତନ୍ତ୍ରରେ କ୍ଷମତା ରାଜନୀତିର ବଳ ସଂପୂର୍ଣ୍ଣ ଅଲଗା । ସବୁବେଳେ ଆଶାବାଦୀ ରାଜନେତା ଚାରିପାଖରେ ବଚସ୍କର ଓ ଅପରାଧୀ ଦଳ ଘେରି ରହିବାକୁ ଉଦ୍ୟମ କରିବେ । ବଚସ୍କର ଦଳ ସ୍ୱାର୍ଥ ହାସଲ ପାଇଁ ରହିବେ, ତଥା ଅପରାଧୀ ଦଳ ଆତ୍ମରକ୍ଷା ପାଇଁ ସେହି ଆଦର୍ଶ ନେତାର ଆଶ୍ରିତ ହେବାକୁ ଚେଷ୍ଟା କରିବେ । ବିରୋଧୀ ଦଳ ସହୃଦୟ ରାଜନେତାକୁ ସାହାଯ୍ୟ କରିବେ, କିନ୍ତୁ ସ୍ୱାର୍ଥର କଷଟି ଧରି । ତତ୍‌ପରେ ବିରୋଧୀ ଦଳ ସତ୍ ମାର୍ଗରେ ଚାଲୁଥିବା ନେତାର ପ୍ରଭୂତ କ୍ଷତି ଘଟାଇ ପାରିବେ । ଗାଦିରେ ବସାଇ ପାରିବେ ନାହିଁ । ହଟାଇ ଦେଇ ପାରିବେ । ସେମାନଙ୍କୁ ହ୍ୟାଣ୍ଡଲ୍ କରିବାର କୌଶଳ ସରଳ ରାଜନେତା ଜଣକ ଶିଖି ନଥିବ ।"[୬୫] ଏହାର ପ୍ରତିଫଳନ ଘଟିଛି ଆଲୋଚିତ ଗଳ୍ପର ଚରିତ୍ର ଦେବଦୂତ କ୍ଷେତ୍ରରେ ।

ଆଜି ଜଣେ ଧୂର୍ତ୍ତ ରାଜନେତା ସରଳ ରାଜନେତାକୁ ବିଭିନ୍ନ ଆଳରେ ବଳି ପକାଇ ଦେଉଛି । ରାଜନେତା ହେବାକୁ ହେଲେ ଧୂର୍ତ୍ତ ହେବାକୁ ହେବ ନହେଲେ ଦେବଦୂତ ଚରିତ୍ର ଭଳି ବାଧ୍ୟ ହେବ ହଡ଼ିକାଠରେ ବେକ ରଖିବାକୁ । ଜଣେ ଧୂର୍ତ୍ତ ରାଜନେତାର ସ୍ୱାର୍ଥବାଦୀ ଗୁଣକୁ ଦେଖାଇ ସାରଥୀ ଦେବଦୂତକୁ କହୁଚି- "ତମେ ମନ୍ତ୍ରୀ ହେଲ ସତ, କିନ୍ତୁ ମୁଁ ରଥ ବାହିବି ! ତୁମକୁ ଧୂଳିସାତ ନକଲେ ମୋର ବର୍ଷ ବର୍ଷର ରାଜନୈତିକ ଜୀବନର ଅଭିଳାଷ କେବେ ବି ପୂରିବ ନାହିଁ । ମୁଁ ଗୋଟେ ଭୋଟ ଯୋଗାଡ଼କାରୀ ଯନ୍ତ୍ର ହେଇ ରହିବି ଏବଂ ତମେ କ୍ଷମତା ଭୋଗ କରିବ ? ଏହା ମୁଁ ସହିପାରିବି ?"[୬୬] ଏଥି ନିମନ୍ତେ ସାରଥୀର କୂଟ ଚକ୍ରରେ କାର୍କାସ ଦ୍ୱୀପର ପୋଲ ତିଆରି କରିବାର ଯୋଜନାରେ ଫସାଇ ଦିଆଯାଏ

ଦେବଦୂତଙ୍କୁ ଓ ରାଜଗାଦିରୁ ହଟାଇ ଦିଆଯାଏ । ଗାଣତାନ୍ତ୍ରିକ ରାଷ୍ଟ୍ରରେ ଆଦର୍ଶର ହୋଇଛି ବିଲୋପ । ଗଣତନ୍ତ୍ର କ୍ଷମତା ବିକେନ୍ଦ୍ରୀଭୂତ ହେଲେ ମଧ୍ୟ ବ୍ୟଭିଚାର, ଭ୍ରଷ୍ଟାଚାର ପାଖରେ ଆଦର୍ଶ ମଳିନ । ସାମୂହିକ ଶକ୍ତି, ସର୍ବହରାର ବିପ୍ଳବ ଆଜି ବ୍ୟର୍ଥ ।

ଗାଳ୍ପିକ ଶ୍ରୀ ମହାନ୍ତିଙ୍କ ଗଳ୍ପରେ ରାଜନୀତିକ ଚେତନା ମଣିଷର ସ୍ୱାର୍ଥ, କ୍ଷମତାଲିପ୍ସା, ଭ୍ରଷ୍ଟାଚାରର କଥା କହେ । କଥାକାର ଶ୍ରୀ ମହାନ୍ତି ଜନ୍ମ ଗ୍ରହଣ କରନ୍ତି ୧୯୫୨ ମସିହାରେ । ଉକ୍ତ ପ୍ରସଂଗରେ ଶ୍ରୀ ମହାନ୍ତି ଜନ୍ମ ମସିହା ଉପସ୍ଥାପନ କରିବାର ଯଥାର୍ଥତା ଏଥିପାଇଁ ରହିଛି ଯେ, ୧୯୪୭ ମସିହା ୧୫ ଅଗଷ୍ଟରେ ଭାରତ ସ୍ୱାଧୀନ ହେଲା ଏବଂ ୧୯୫୦ ମସିହା ୨୬ ଜାନୁୟାରୀରେ ସମ୍ବିଧାନ ପ୍ରଣୟନ କରାଗଲା । ଗଣତନ୍ତ୍ର ରାଷ୍ଟ୍ରର ଜନ୍ମ ସଂଗେ ସଂଗେ ଶ୍ରୀ ମହାନ୍ତିଙ୍କର ଜନ୍ମ ଏବଂ ଗାଳ୍ପିକ ଶ୍ରୀ ମହାନ୍ତିଙ୍କୁ ଦଶବାର ବର୍ଷ ହେବା ବେଳେ ଅର୍ଥାତ୍ ହେତୁ ହେବା ଦିନରୁ ଗଣତନ୍ତ୍ର ଶାସନର ବିବର୍ତ୍ତନ ଓ ପ୍ରବାହକୁ ସେ ମର୍ମେ ମର୍ମେ ଅନୁଭବ ତଥା ଉପଲବ୍ଧି କରିଛନ୍ତି । ଏହାରି ମଧ୍ୟରେ ପଞ୍ଚବାର୍ଷିକ ଯୋଜନାର ବିଫଳତା, ସାମ୍ପ୍ରତିକ ଦଙ୍ଗା, ଦେଶ ଦେଶ ମଧରେ ଶତ୍ରୁତା, ରାଜନୀତିକ ଅସ୍ଥିରତା ଆଦି ଜନସାଧାରଣଙ୍କୁ ଭୀତତ୍ରସ୍ତ କରିଛି । ପୁନଶ୍ଚ ରାଜନୀତିକ ବ୍ୟକ୍ତିଙ୍କ ଦ୍ୱାରା ନାରୀ ଧର୍ଷଣ, କଳାଧନ ଆତ୍ମସାତ୍, ଦଳଗତ କନ୍ଦଳ ଆଦି ସାଧାରଣ ଜନତା ମନରେ ଗଣତନ୍ତ୍ରକୁ ନେଇ ସାମାଜିକ ନିରାପତ୍ତା ଉପରେ ପ୍ରଶ୍ନବାଚୀ ଆଙ୍କିଛି । ଏହା ସାହିତ୍ୟରେ ସ୍ଥାନ ପାଇବା ସ୍ୱାଭାବିକ । ତେଣୁ କଥାକାର ରଜନୀକାନ୍ତ ମହାନ୍ତି ଗଳ୍ପ ଉପସ୍ଥାପନାରେ ରାଜନୀତିକ ପ୍ରସଙ୍ଗ ବା ଗଣତନ୍ତ୍ର ଶାସନ କଥା ଉପସ୍ଥାପନା ବେଶ୍ ମନୋରମ ଢଙ୍ଗରେ କରିଛନ୍ତି । ତତ୍‌ସହିତ ସଂପୂର୍ଣ୍ଣ ରୂପେ ରାଜନୀତି ପ୍ରସଙ୍ଗକୁ କେନ୍ଦ୍ର କରି 'ହଡ଼ିକାଠ', 'ଆଁ', 'ବାଟୋଇ', 'ସେଇ ଅଂଧାରୀ କୋଣକୁ ଚାଲିଯା', 'ଜନପଥ', 'ଫଳକ'ଆଦି ଗୋଟିଏ ଗୋଟିଏ ସଫଳ ରାଜନୀତିକ ଗଳ୍ପ । ଏତଦ୍‌ବ୍ୟତୀତ ପ୍ରସଙ୍ଗଗତ ଭାବରେ 'ରାହାଜଗାଳୀ', 'ବୃକ୍ଷରୂପୀ' ଏବଂ ଛାତ୍ର ରାଜନୀତିକୁ ନେଇ 'ଅନୁଭବ କାହିଁକି ଦାଢ଼ି ବଢ଼େଇଚି' ଓ 'ଶିଶୁ' ଗୋଟିଏ ଗୋଟିଏ ସଫଳ ଗଳ୍ପ । ଗାଣତାନ୍ତ୍ରିକ ରାଜନୀତିର ଭ୍ରଷ୍ଟାଚାର ପ୍ରସଙ୍ଗ ସମସ୍ତ ଗଳ୍ପରେ ଉପସ୍ଥାପନା କରାଯାଇଛି କିନ୍ତୁ 'ବାଟୋଇ' ଓ 'ଫଳକ' ଦୁଇଟି ଗଳ୍ପରେ ଗଳ୍ପନାୟକ ଆଦର୍ଶବାଦୀ ରାଜନେତା ହେଲେ ମଧ ପାର୍ଶ୍ୱ ଚରିତ୍ର ବା ଗୌଣ ଚରିତ୍ର ହେଉଛନ୍ତି ସ୍ୱାର୍ଥବାଦୀ ଚରିତ୍ର । ଏତକ କୁହାଯାଇପାରେ, ଗାଳ୍ପିକ ଶ୍ରୀ ମହାନ୍ତି ରାଜନୀତି ପ୍ରସଙ୍ଗକୁ ନେଇ ସମକାଳୀନ ରାଜନୀତିକ ପରିବେଶର ଯାବତୀୟ ଦିଗ ଓ ଉତ୍ଥାନ ପତନକୁ ଯଥାସାଧ ରୂପଦେବାର ପ୍ରୟାସରେ ଅନେକାଂଶରେ ସଫଳ ହୋଇଛନ୍ତି ।

(ଘ) ଦୁର୍ନୀତି ଓ ଭ୍ରଷ୍ଟାଚାର:

ସାହିତ୍ୟର ପ୍ରାକ୍ କାଳରୁ ଅର୍ଥାତ୍ ମଣିଷ ଯେବେଠୁ ଗୋଷ୍ଠୀଗତ ଜୀବନ ଯାପନର ଅୟମାରମ୍ଭ କଲା, ସେ ତା'ର ଜୀବନ ଶୈଳୀକୁ ସୁଚାରୁ ରୂପେ ଶୃଙ୍ଖଳିତ ଭାବରେ ଗତି

କରାଇବା ପାଇଁ କେତେଗୁଡ଼ିଏ ନୀତି ନିୟମ ସୃଷ୍ଟି କଲା, ଯାହା ଥିଲା ସର୍ବ ସ୍ୱୀକୃତ । ସେ ନିୟମ ହେଲା ଜୀବନଯାପନ କ୍ଷେତ୍ରରେ ଏକ ଲକ୍ଷ୍ମଣ ରେଖା ସଦୃଶ। ରେଖାର ଏ ପାଖରେ ରହି କାର୍ଯ୍ୟ କଲେ ତାହା ନୀତିଯୁକ୍ତ ଏବଂ ଅତିକ୍ରମଣ ଘଟିଲେ ତାହାକୁ କୁହାଗଲା ଦୁଃ+ନୀତି ବା ଦୁର୍ନୀତି । ଏ ଦୁର୍ନୀତି ଆଚାର-ବ୍ୟବହାର, କଥାବାର୍ତ୍ତା, ନିର୍ବାଚନ, ଶାସନ, ସଂରକ୍ଷଣ କାର୍ଯ୍ୟ ସବୁ କ୍ଷେତ୍ରରେ ହୋଇପାରେ । ତେଣୁ ସମାଜର ପ୍ରତ୍ୟାଶାରେ ବ୍ୟତିକ୍ରମ ଘଟାଇ ନିର୍ଦ୍ଧାରିତ ନିୟମଚ୍ୟୁତ କାର୍ଯ୍ୟକଳାପ ହିଁ ଦୁର୍ନୀତି ।

ସମୟ କ୍ରମେ ଭୋଗବାଦୀ ସମାଜ ଓ ସ୍ୱେଚ୍ଛାଚାରୀ ମାନବ ଦୁର୍ନୀତିକୁ ନିଜର ପରିଚ୍ଛଦ ଭାବରେ ଗ୍ରହଣ କଲା । ନ୍ୟାୟର ତରାଜୁରେ ଦୁର୍ନୀତି ହୋଇ ଉଠିଲା ଓଜନଦାର । ଅଧୁନା ଜୀବନ ବଞ୍ଚିବାର ପ୍ରତିଶବ୍ଦ ହେଲା ଦୁର୍ନୀତି । ଏ ସାମାଜିକ ଅଧଃପତନ ସାହିତ୍ୟିକଙ୍କ ଦୃଷ୍ଟି ପଥାରୂଢ଼ ହେବା ପରେ ଦୁର୍ନୀତି ହେଲା ସାହିତ୍ୟର କଞ୍ଚାମାଲ୍ । ତତ୍‌ପରେ ଦୁର୍ନୀତିକୁ କେନ୍ଦ୍ର କରି ସାହିତ୍ୟରେ ରାଶି ରାଶି କଥାବସ୍ତୁ ସୃଷ୍ଟି ହୋଇଛି ।

ଗାଳ୍ପିକ ରଜନୀକାନ୍ତ ମହାନ୍ତିଙ୍କ ଗଳ୍ପ ସାହିତ୍ୟରେ ଦୁର୍ନୀତି ପ୍ରସଙ୍ଗ ଉଚ୍ଚକୋଟୀର। ସମାଜରେ ଘଟୁଥିବା ଦୁର୍ନୀତିକୁ ନିଛକ ଭାବରେ ଉପସ୍ଥାପନା କରିଛନ୍ତି ତାଙ୍କ ଗଳ୍ପ ସାହିତ୍ୟରେ । ସାମାଜିକ, ରାଜନୀତିକ, ପ୍ରଶାସନିକ, ବ୍ୟବସାୟିକ, ଅମଲାତାନ୍ତ୍ରିକ ଭ୍ରଷ୍ଟାଚାର, ବହିରାଜ୍ୟକୁ ଦାଦନ ଖଟିବା ନିମନ୍ତେ ଶ୍ରମିକ ଚାଲାଣ, ସାହିତ୍ୟ କ୍ଷେତ୍ରରେ ଦୁର୍ନୀତି ତଥା ଲାଞ୍ଚ, ଶଠତା ଇତ୍ୟାଦିର ଚିତ୍ରକୁ କଥାକାର ଗଳ୍ପରେ ପ୍ରତ୍ୟକ୍ଷ ଓ ଅବିକୃତଭାବେ ପରିବେଷଣ କରିଛନ୍ତି । ତତ୍‌ସହିତ ଭ୍ରଷ୍ଟାଚାର ବିରୋଧୀ ବା ଉକ୍ତ କଳୁଷିତ କର୍ମରୁ ମଣିଷ କିପରି ନିବୃତ୍ତ ହୋଇପାରିବ, ତାହାର ନମୁନା ମଧ୍ୟ ଉପସ୍ଥାପନା କରିଛନ୍ତି ।

(ଘ.କ) ରାଜନୀତିକ ଭ୍ରଷ୍ଟାଚାର:

ଉତ୍ତର ସ୍ୱାଧୀନତାକାଳୀନ ଗାଣତାନ୍ତ୍ରିକ ରାଷ୍ଟ୍ରରେ ରାଜନୀତିର ଯେଉଁ ଅବକ୍ଷୟ ଦେଖାଦେଇଛି, ରାଜନୀତିକ ଚରିତ୍ରମାନଙ୍କର ଯେଉଁ ସ୍ୱେଚ୍ଛାଚାର ପ୍ରକାଶ ପାଇଛି ତାହାର ପ୍ରତିଛବି ଶ୍ରୀ ମହାନ୍ତି ଗଳ୍ପ ମଧ୍ୟରେ ରୂପାୟିତ କରିଛନ୍ତି । ଅଧୁନା ରାଜନୀତିକ ଆଦର୍ଶ ଲୋପ ପାଇଛି । ରାଜନୀତିକ ଆଦର୍ଶ ପରିବର୍ତ୍ତେ ଉତ୍କଟ ଭୋଗବାଦ ପ୍ରମୁଖ ସ୍ଥାନ ପାଇଛି । ଯାହାର ଫଳ ସ୍ୱରୂପ ରାଜନୀତିକ ଉଲଂଘନ ଘଟୁଛି । ଗାଣତାନ୍ତ୍ରିକ ରାଷ୍ଟ୍ରରେ ସଙ୍କଟ, ଦେଶ ସେବା ନାମରେ ଆତ୍ମସେବା, ପ୍ରତାରଣା, ପ୍ରବଞ୍ଚନା ଆଦିର ମୂଳ ହେଉଛି ରାଜନୀତି । ସମାଜରେ ପ୍ରତିଫଳିତ ହେଉଥିବା ପ୍ରସଙ୍ଗଗତ ଭ୍ରଷ୍ଟାଚାର ମୂଳରେ ହିଁ ରାଜନୀତି ନିହିତ । ସରକାରୀ, ବେସରକାରୀ ସ୍ତରରେ ଭ୍ରଷ୍ଟାଚାର, କୂଟନୀତି, ଆରକ୍ଷୀ ସ୍ତରରେ, ଅମଲାତନ୍ତ୍ର ସ୍ତରରେ, ଶିକ୍ଷାନୁଷ୍ଠାନ କ୍ଷେତ୍ରରେ, ଶ୍ରମିକ ମୂଲିଆ କ୍ଷେତ୍ରରେ, ଧର୍ମଗତ ଦାର୍ଶନିକ ଭ୍ରଷ୍ଟାଚାର ଆଦିର ମୂଳରେ ଗାଣତାନ୍ତ୍ରିକ ରାଷ୍ଟ୍ରର ରାଜନୀତି ହିଁ ମୁଖ୍ୟ ଭୂମିକା ଗ୍ରହଣ କରୁଛି । "କାରଣ ମଣିଷ ଆଜି ଭୁଲି ଯାଇଛି ନ୍ୟାୟ, ନୀତି, ଧର୍ମ, ସ୍ନେହ, ପ୍ରେମ ଓ ମାନବିକତାକୁ । ସର୍ବତ୍ର

ଗୋଟାଏ ମୁଁ, ମୁଁ ଯାର ଚିତ୍କାର ଓ ଉପଭୋଗ ଲାଳସା । କ୍ଷମତା ସିଂହାସନ ମଣିଷକୁ ଅନ୍ଧ କରି ଦେଇଛି । ଶାସକ ଆଜି ଲୋକଙ୍କ ହିତ ପାଇଁ ନୁହେଁ, ସିଂହାସନକୁ ମଜବୁତ ରଖିବା ପାଇଁ ବ୍ୟସ୍ତ । ସାଧାରଣ ଲୋକେ ମଧ୍ୟ ପାପ ପଙ୍କରେ ଲିପ୍ତ । ଆଜି ଦେଶ ବଡ଼ ନୁହେଁ, ଲୋକ ବଡ଼ ନୁହେଁ, ଧର୍ମ ବଡ଼ ନୁହେଁ, ବଡ଼ ହୋଇଛି ଅର୍ଥ ଓ କ୍ଷମତା । ଅର୍ଥବାଦ ସର୍ବତ୍ର ପ୍ରଭାବ ବିସ୍ତାର କରିଛି । ମୂଲ୍ୟ ପଛରେ ଗୋଡ଼ାଇ ମଣିଷ ଆଜି ସକଳ ମୂଲ୍ୟବୋଧକୁ ଭୁଲିଛି ।"[୬୭] ତେଣୁ ସ୍ନେହ, ନୀତି, ଧର୍ମ, ମାନବିକତା ତଥା ନିଜର ମର୍ଯ୍ୟାଦା ଭୁଲି ଧନ ଓ କ୍ଷମତାକୁ ନେଇ ମଣିଷ ହୋଇଯାଇଛି ସ୍ୱେଚ୍ଛାଚାରୀ । ଏହି ସ୍ୱେଚ୍ଛାଚାରିତା ପଣରୁ ମୁଣ୍ଡ ଟେକିଛି ଦୁର୍ନୀତି ।

କଥାକାର ଶ୍ରୀ ମହାନ୍ତିଙ୍କ ଗଳ୍ପରେ ରାଜନୀତିକ ଭ୍ରଷ୍ଟାଚାର ପ୍ରସଙ୍ଗ ବିଚାରଯୋଗ୍ୟ । ଭୋଗବାଦୀ ମଣିଷର ଅହମିକା ତଥା ଗଣତନ୍ତ୍ର ରାଷ୍ଟ୍ରର ସଙ୍କଟ, ପ୍ରତାରଣା, ପ୍ରବଞ୍ଚନା, ଶଠତା, ଲାଞ୍ଚ ଆଦି ଗଳ୍ପ ମଧ୍ୟରେ ଉପସ୍ଥାପନ କରି ପାଠକ ପ୍ରାଣରେ ସଚେତନତା ସୃଷ୍ଟି କରିବା ସହିତ ମୂଳଲକ୍ଷ୍ୟ ସାଜେ ବ୍ୟକ୍ତିର ଚରିତ୍ରର ସଂଶୋଧନ । ସେ ଦୃଷ୍ଟିରୁ କଥାକାରଙ୍କ ଗଳ୍ପ 'ମୋକଦ୍ଦମା', 'ରାହାଜଗାଲୀ', 'ଆଁ', 'ଅନୁଭବ କାହିଁକି ଦାଢ଼ୀ ବଢ଼େଇଚି', 'ସେଇ ଅଂଧାରୀ କୋଣକୁ ଚାଲିଯା', 'ଜନପଥ', 'ଗହନବନ' ଆଦି ଗୋଟିଏ ଗୋଟିଏ ସଫଳ ଦୃଷ୍ଟାନ୍ତ ।

'ମୋକଦ୍ଦମା' ଗଳ୍ପଟି ଗାଉଁଲି ପରିବେଶ ମଧ୍ୟରେ ସାଧାରଣ ଖଟିଖିଆ ଦିନ ମଜୁରିଆ ଚରିତ୍ରମାନଙ୍କୁ ନେଇ ଯୁକ୍ତିମୂଳକ ଉପସ୍ଥାପନାରେ ସମାପ୍ତ ହୋଇଛି । ବୃଦ୍ଧ ଚଇତା ହୃଦୟଙ୍ଗମ କରୁଛି ଗାଣତାନ୍ତ୍ରିକ ରାଷ୍ଟ୍ରର ଦୂରାଚାରଗ୍ରସ୍ତ ମଣିଷଙ୍କର ବିକାରଗ୍ରସ୍ତ କାରନାମା । ନିଜ ଦୁଇ ପୁଅଙ୍କର ସମ୍ପତ୍ତିଗତ ମକଦ୍ଦମାକୁ ନେଇ ବୃଦ୍ଧ ଚଇତା ମାନସିକ ସ୍ତରରେ ବିଚଳିତ । ଗଣତନ୍ତ୍ର ରାଷ୍ଟ୍ରରେ ମଣିଷ ଫମ୍ପା ହୃଦୟକୁ ନେଇ ଚଳପ୍ରଚଳ ହେଉଛି । "ବୁଢ଼ାହଡ଼ା, ଦରମୁଖା, ପେନ୍‌ସନ୍‌ଧାରୀ, ଭୂତପୂର୍ବ ଚାକିରିଆଗଣ ଓ ଅଳ୍ପ କେତେକ କଲେଜ ଟୋକା ରାଜନୀତିଆ, ଟାଉଟରିଆ, ଧନୀମାନଙ୍କ ନିକଟରେ ନିଜର ବିବେକକୁ ବନ୍ଧା ପକାଇ ଧାଇଁଛନ୍ତି କଚେରୀ ।"[୬୮] ଯେଉଁଠି ଦେଖାଯାଉଛି ରାଜନୀତିକ ଆଧିପତ୍ୟ ଫଳରେ ଗଣତନ୍ତ୍ର ଜଣତନ୍ତ୍ରରେ ପରିଣତ ହେଉଛି । ଏହା ଦ୍ୱାରା ସାଧାରଣ ଚଇତା ଭଳି ମଣିଷମାନେ ଦୁର୍ନୀତି ଶିକାର ହେଉଛନ୍ତି ।

ମଣିଷ ଆଜି ପ୍ରାଚୁର୍ଯ୍ୟ ଭିତରେ ଜଡ଼ସଡ଼ ଏବଂ ମାନବିକତା ଓ କର୍ତ୍ତବ୍ୟ ଭଳି ମହାନ୍ ବସ୍ତୁକୁ ଗ୍ରହଣ କରୁଛି ଅତି ଶସ୍ତା ଭାବରେ । ସଂପ୍ରତି ସମାଜରେ ମଣିଷ ନିଜର ଅସ୍ତିତ୍ୱକୁ ନେଇ ବେଶ୍ ସଚେତନ ଭାବରେ ସମାଜ ଆଗରେ ନିଜକୁ ଉପସ୍ଥାପନ କରୁଛି । ଯଦି ଏଥିରୁ ବିରତ ହୁଏ ବା ଅସଚେତନ ଭାବରେ କାର୍ଯ୍ୟ କରେ, ତାହେଲେ ତା'ର ଅହମିକା ଭରା ପ୍ରାଚୁର୍ଯ୍ୟର ଭାଣ୍ଡ ଅନ୍ୟ ଆଗରେ ଧରା ପଡ଼ିଯାଏ । ଶୋଷଣର ଲକ୍ଷ୍ୟ ରହିଛି ସ୍ଥିର କିନ୍ତୁ

ତା'ର ମାର୍ଗ ହୋଇଛି ବିବିଧ । 'ରାହାଜଗାଲୀ' ଗଳ୍ପରେ ଗଳ୍ପ ନାୟକ ଗୟାଧର ନିଜ କର୍ମ ତଥା ଆର୍ଥନୀତିକ ଦୃଷ୍ଟିକୋଣର ପାରିବାରିକ ଦୋଦୁଲ୍ୟମାନତାକୁ ନେଇ ବସ୍ତୁବାଦୀ ସମାଜରେ ବାସ କରୁଥିବା ବାବୁଭାୟାଙ୍କର ଦୁର୍ନୀତି କର୍ମକୁ ଅନ୍ତଃମନରେ ତଉଲିବା ସହିତ ନିଜ ଦକ୍ଷତାକୁ ହୃଦୟଙ୍ଗମ କରୁଛି । ଗାଣତାନ୍ତ୍ରିକ ରାଷ୍ଟ୍ରରେ ରାଜନେତାର ଭ୍ରଷ୍ଟାଚାର ମୂଳକ ଆଧିପତ୍ୟକୁ ନେଇ ଗାଳ୍ପିକ ରଜନୀକାନ୍ତ ମହାନ୍ତି ଗୟାଧର ମୁଖରେ କହି ପକାଇଛନ୍ତି- "ଆଜି ମଣିଷର ସଂପର୍କ ସ୍ନେହ ଆଉ ଆଦରର ସଂପର୍କ ହୋଇନାହିଁ। ଏକ ପାରସ୍ପରିକ ଭୟର ସଂପର୍କରେ ମଣିଷର ଛାତି ହା ହୁତାଶ । ବାଜବାବୁ କି ନେତା ଯେ, ଥାନା, ଡାକ୍ତରଖାନା, ବ୍ଲକ୍ ଅଫିସ୍, ତହସିଲ ଅଫିସ୍ ସବୁକୁ ହାତ ମୁଠାରେ ଜାବୁଡ଼ି ଧରିଛି । ସବୁ ଅଫିସର, କଣ୍ଟ୍ରୋଲ୍ ଡିଲରଙ୍କଠାରୁ ସେ କୁଆଡ଼େ ମାସକୁ ମାସ ପଣି ପାଏ । ଯିଏ ପଣି ନଦେଲା ତା'ର ବଦଳି ।"(୬୯) ଉକ୍ତ ଉଦ୍ଧୃତିରୁ ଗାଣତାନ୍ତ୍ରିକ ରାଷ୍ଟ୍ରର ରାଜନେତାମାନଙ୍କର ଅମଲାତନ୍ତ୍ରର ଅନାବଶ୍ୟକ ଅନୁପ୍ରବେଶକୁ ହୃଦୟଙ୍ଗମ କରିହୁଏ । ରାଜନେତାମାନଙ୍କର ସଂକୀର୍ଣ୍ଣ ସ୍ୱାର୍ଥ ପାଇଁ ଫଉଜଦାରୀ, ବ୍ୟବସାୟୀ, ସରକାରୀ ବା ବେସରକାରୀ କ୍ଷେତ୍ରରେ ହେଉଛି ଭ୍ରଷ୍ଟାଚାର। ତାହାର ପ୍ରଭାବ ପଡୁଛି ସାଧାରଣ ଜନତାଙ୍କ ଉପରେ ।

ଶ୍ରୀ ମହାନ୍ତିଙ୍କ 'ଆଁ' ଗଳ୍ପ ସଂପୂର୍ଣ୍ଣ ରୂପେ ରାଜନୀତିକ ବ୍ୟଭିଚାରକୁ ନେଇ ଗତି କରେ । ଗଳ୍ପରେ ରାଜନେତା ବା ମନ୍ତ୍ରୀ ଚରିତ୍ର ଉପସ୍ଥାପନ ମଧ୍ୟରେ ଗାଣତାନ୍ତ୍ରିକ ରାଷ୍ଟ୍ରର ରାଜନୀତିକ ଭ୍ରଷ୍ଟାଚାରର ପରିପ୍ରକାଶ ହୁଏ । ଶ୍ରୀ ମହାନ୍ତି ଉକ୍ତ ଗଳ୍ପରେ ଉଲ୍ଲେଖ କରିଛନ୍ତି ଯେ, "ସର୍ବଗିଳା ମନ୍ତ୍ରୀ ଆଁ କରିଛି ।"(୭୦) ଅର୍ଥାତ୍ ରାଜନୀତିକ ଆସନରେ ରାଜନେତା ବସିଲା ପରେ କିପରି ସାଧାରଣ ତଥା ଉତ୍କଟ ଦାରିଦ୍ର୍ୟ ମଧ୍ୟରେ ଜୀବନ ବିତାଉଥିବା ମଣିଷଙ୍କୁ ଶୋଷଣ କରିଛନ୍ତି, ତାହାର ଚିତ୍ର ଫୁଟିଉଠେ। ଗଳ୍ପ ମଧ୍ୟରେ ପ୍ରତୀକାତ୍ମକ ଢଙ୍ଗରେ ନେତାମାନଙ୍କର ଯୌନ ଲାଳସା, ଖଟିଖିଆ ଦିନ ମଜୁରିଆଙ୍କ ପ୍ରତି ଶୋଷଣ, ଶଠତା, ପ୍ରତାରଣା ଆଦି ପ୍ରସଙ୍ଗ ପ୍ରସ୍ଫୁଟିତ ହୁଏ। ଆଁ ପ୍ରତୀକିତ କରେ ଭ୍ରଷ୍ଟାଚାରର, ଶୋଷଣର ବା ଆତ୍ମସାତର କର୍ମଟିକୁ । ରାଜନେତାଙ୍କୁ କେନ୍ଦ୍ର କରି ବା ଗାଣତାନ୍ତ୍ରିକ ରାଷ୍ଟ୍ରରେ ରାଜନୀତିକ ପାର୍ଟିରେ କେତେକ କର୍ମଚାରୀଙ୍କର ଭ୍ରଷ୍ଟାଚାର କାର୍ଯ୍ୟକୁ ଗାଳ୍ପିକ ଶ୍ରୀ ମହାନ୍ତି 'ଅନୁଭବ କାହିଁକି ଦାଢ଼ି ବଢ଼େଇଚି' ଗଳ୍ପରେ ଚରିତ୍ରମାନଙ୍କ ଦ୍ୱାରା ଉପସ୍ଥାପନ କରନ୍ତି, "ଏଇଦେଖ ଆମେ ଚାକିରି କରିନୁ କିନ୍ତୁ ହିରୋହଣ୍ଡା ଚଢୁଛୁ, ଫରେନ୍ ପିଉଛୁ, ସୁନ୍ଦରୀଙ୍କ ଗହଣରେ ବମ୍ବେ, ଦିଲ୍ଲୀ, ମାଡ୍ରାସ ଯାଇ ଫୂର୍ତ୍ତି କରୁଛୁ, ବାପମାନଙ୍କୁ ହଜାରେ ଦି ହଜାର ମାସକୁ ଦେଉଛୁ, କେଉଁଠି ଆସୁଛି ? ଚୋରା ବେପାର କର ଆମ ସାଂଗରେ । ହାତରେ ବଳା ପିନ୍ଧ । କମରରେ ଛୁରୀ ରଖ। ନହେଲେ ଗୋଟେ ଦି'ଟା ସଂସ୍ଥା କର । ପୂଜା ପାର୍ବଣ ଚାନ୍ଦା ମାଗ, ଚାନ୍ଦା । ବସ୍, ଟ୍ରକ୍, ଅଫିମ କଣ୍ଟ୍ରାକ୍ଟରଙ୍କୁ । ନହେଲେ ଯେଉଁ ପାର୍ଟିରେ ଅଛୁ, ସେଠି ମସ୍ତାନି କର । ପାର୍ଟି ଚାନ୍ଦା ଆରମ୍ଭ କର ।"(୭୧) ଉକ୍ତ ଉଦ୍ଧୃତି ଉପସ୍ଥାପନ କରିବାର

ଯଥାର୍ଥତା ଏହି ଯେ ରାଜନୀତିକ ପାର୍ଟିରେ ପାର୍ଟି କର୍ମଚାରୀ ଦୁର୍ନୀତି କରିବାର କାରଣ ହେଉଛି ରାଜନୀତିକ ବ୍ୟବସ୍ଥା ଓ ରାଜନେତା । ଆସନ ଅଧିକାର କରିଥିବା ନେତା ଯେତେବେଳେ ଭ୍ରଷ୍ଟାଚାରକୁ ଆପଣାଉଛି ତାହାର ତଳିଆ କର୍ମଚାରୀମାନେ ସେଥିରୁ କିପରି ବାଦ୍ ପଡ଼ିବେ । ଆରକ୍ଷୀ ଅଧୀକାରୀ ଭ୍ରଷ୍ଟାଚାର ରୋକିବା ପାଇଁ ଅସମର୍ଥ । ନିଜ ହାତରେ ନଥାଏ ଦୁର୍ନୀତି ରୋକିବାର କ୍ଷମତା । ଯଦ୍ୟପି କୌଣସି ବ୍ୟକ୍ତି ବିରୋଧରେ କାର୍ଯ୍ୟାନୁଷ୍ଠାନ କରାଯାଉଛି ସେଠି ରାଜନୀତିକ ଅଧକ୍ଷତା ଯୋଗୁଁ ଦୁର୍ନୀତି କରୁଥିବା ବ୍ୟକ୍ତିର ସାହସ ବଢୁଛି । ଯେଉଁଥିପାଇଁ ନିର୍ଭୟରେ ଭ୍ରଷ୍ଟାଚାର ଭଳି କୁକର୍ମକୁ ଆପଣେଇ ନେଉଛନ୍ତି ଦଳୀୟ କର୍ମୀ ।

ଗାଳ୍ପିକ ଶ୍ରୀ ମହାନ୍ତିଙ୍କ 'ସେଇ ଅନ୍ଧାରୀ କୋଣକୁ ଚାଲିଯା' ଗଳ୍ପଟିରେ ଗାଣତାନ୍ତ୍ରିକ ରାଷ୍ଟ୍ରରେ ରାଜନେତାମାନଙ୍କର ଅସଲ ରୂପକୁ ଉଦ୍‌ଘାଟନ କରିଛନ୍ତି । ଯେଉଁଠି ଜନସାଧାରଣଙ୍କର ଦୁଃଖପୂର୍ଣ୍ଣ ଯନ୍ତ୍ରଣା ବା ଅଭାବ ଅନାଟନକୁ ରାଜନେତାମାନେ ଜାଣି ମଧ ଆତ୍ମସ୍ୱାର୍ଥ ନିମନ୍ତେ ଘଟୁଥିବା ଯେକୌଣସି ଦୁର୍ଘଟଣାକୁ ଭିନ୍ନ ରୂପ ଦେଉଛନ୍ତି । ସେଥିପାଇଁ ଶ୍ରୀ ମହାନ୍ତି ସରପଞ୍ଚ ଚରିତ୍ର ମାଧ୍ୟମରେ ଉଲ୍ଲେଖ କରୁଛନ୍ତି, "ମନ୍ତ୍ରୀ ଠାରୁ ସରପଞ୍ଚ ଯାଏଁ କିଏ ନ ଜାଣେ ଯେ ଏଠିକାର ଲୋକ ଖାଇବାକୁ ନ ପାଇ ଉପାସ ରହୁଛନ୍ତି ବୋଲି । ଖାଲି ରାଜନୀତି ଦୃଷ୍ଟିରୁ ଅସ୍ୱୀକାର କରିବା କଥା ନା । ଶୁକୁରୁ ଉପାସ ରହି ରହି ଭୋକରେ ମରିଛି । ଏ ତ ତା' ଆଖି ଦେଖା କଥା । ଆଉ ତା' ଦି ବର୍ଷର ପୁଅକୁ ଅଠର ଟଙ୍କାରେ ବିକିବା କଥାରେ ସେ ନିଜେ ପାନିସ୍ ଆଡୁଆଳର ମଣିଷ ।"[୭୨] କିନ୍ତୁ "ପୁଅ ବିକିବା କଥାଟାକୁ ପୁଅ ପାଳିବାକୁ ନେଇଯିବା ଓ ଅନାହାର ମୃତ୍ୟୁକୁ ପେଟ ବେମାରରେ ପରିଣତ କରିବା ତ ରାଜନୀତିକ ମାମୁଲି ପାଲି ।"[୭୩] ଯେଉଁଠି ଆଦର୍ଶ ମୂଲ୍ୟବୋଧ ଫମ୍ପା କିନ୍ତୁ ଅନାଦର୍ଶ, ଶଠତା, ପ୍ରତାରଣାର ମୂଲ୍ୟ ନିଦା ।

"ଭାରତବର୍ଷ ଏକ ସ୍ୱାଧୀନ ସାର୍ବଭୌମ, ଧର୍ମ ନିରପେକ୍ଷ, ଗାଣତାନ୍ତ୍ରିକ ରାଷ୍ଟ୍ର ଭାବରେ ସମଗ୍ର ବିଶ୍ୱରେ ପରିଚିତ । ଆମ ସମ୍ବିଧାନର ମୁଖବନ୍ଧରେ ହିଁ ଏହି କଥା ଘୋଷଣା କରାଯାଇଛି । କିନ୍ତୁ ସ୍ୱାଧୀନତା ଏବଂ ସାର୍ବଭୌମତ୍ୱ ବ୍ୟତୀତ ଅନ୍ୟ ଶବ୍ଦଗୁଡ଼ିକ ଏଠାରେ ନିରର୍ଥକ ହୋଇପଡ଼ିଛି । ଯେଉଁ ମହାନ୍ ଲକ୍ଷ୍ୟ ଓ ଆଦର୍ଶ ନେଇ ଭାରତୀୟ ଜନତା ଆନ୍ଦୋଳନର ଅଗ୍ନିବଳୟ ମଧ୍ୟକୁ ଲମ୍ଫ ଦେଇଥିଲା, ସେହି ଲକ୍ଷ୍ୟ ଓ ଆଦର୍ଶ ବିଗତ ଅର୍ଦ୍ଧଶତାବ୍ଦୀ ମଧ୍ୟରେ ହାସଲ କରାଯାଇଛି ବୋଲି ଦୃଢ଼ ଭାବେ କୁହାଯାଇ ପାରୁନାହିଁ । ଭାରତୀୟ ଗଣତନ୍ତ୍ରର ପ୍ରଧାନ ତ୍ରୁଟି ହେଉଛି କିଛି କ୍ଷମତା ଲିପ୍‌ସୁ ରାଜନୀତିକ ନେତୃବର୍ଗଙ୍କର ଚରିତ୍ରହୀନତା । କ୍ଷମତାସୀନ ହେବା ପାଇଁ ସେମାନେ ବାହୁବଳ ଓ ଅର୍ଥବଳର ସାହାଯ୍ୟ ନେଉଛନ୍ତି । ସେମାନଙ୍କ ଅସାଧୁତା ଯୋଗୁଁ ଶାସନ କଳ ଦୁର୍ନୀତିପୂର୍ଣ୍ଣ ହୋଇପଡ଼ିଛି । ସତ୍ୟ ଓ ନ୍ୟାୟର ବିଚାର ହେଉନାହିଁ । ଫଳରେ ପାଷାଣ୍ଡମାନଙ୍କର ପ୍ରାଦୁର୍ଭାବ ଦିନକୁ ଦିନ ବୃଦ୍ଧି ପାଉଛି ।"[୭୪] ଏହାର ପ୍ରତିଫଳନ ଘଟିଛି ଶ୍ରୀ ମହାନ୍ତିଙ୍କ ଗଳ୍ପ ସାହିତ୍ୟରେ । 'ସେଇ ଅନ୍ଧାରୀ କୋଣକୁ

ଚାଲିଯା' ଗଳ୍ପ ଭଳି 'ଜନପଥ', 'ଗହନ ବନ' ଗଳ୍ପରେ ରାଜନୀତିକ ଦୁର୍ନୀତି ଦେଖାଯାଇପାରେ । 'ଜନପଥ' ଗଳ୍ପରେ ରାଜନେତା ଜନସାଧାରଣମାନଙ୍କୁ ଟଙ୍କା ଦେଇ ପାର୍ଟିଗତ ସ୍ୱାର୍ଥ ହାସଲ କଲାବେଳେ 'ଗହନ ବନ' ଗଳ୍ପରେ ସରପଞ୍ଚର ବ୍ୟଭିଚାର କର୍ମ ଗାଣତାନ୍ତ୍ରିକ ରାଷ୍ଟ୍ରର ରାଜନେତାଙ୍କୁ ବ୍ୟଙ୍ଗ କରେ ।

"ସମ୍ପ୍ରତି ରାଜନୀତିରେ ଅପରାଧୀଗଣଙ୍କ ଯୋଗୁଁ ରାଷ୍ଟ୍ରୀୟ ପ୍ରଗତି ରୁଦ୍ଧ ହୋଇଯାଉଛି । ମାଫିଆ ଗୁଣ୍ଡାମାନେ ରାଜନୀତି ଓ ଶାସନକୁ ପରିଚାଳନ କରୁଥିବାରୁ ସାଧାରଣ ବ୍ୟକ୍ତିଙ୍କର ସ୍ୱାର୍ଥ ପରାହତ ହେଉଛି । ସମସ୍ତ ଯୋଜନାର ସୁଫଳ ମାତ୍ର ଅଳ୍ପ କେତେକ ବ୍ୟକ୍ତିଙ୍କ ହାତକୁ ଚାଲିଯାଇଛି । ପୁଲିସ୍‌ମାନଙ୍କର ନୈତିକ ମୂଲ୍ୟବୋଧ ଦୁର୍ବଳ ହେବାରୁ ସମାଜରେ ଶୋଷଣ ଓ ପୀଡ଼ନ ବୃଦ୍ଧି ପାଇଛି । ରାଜନୀତିକ ନେତାମାନେ ଅପରାଧୀମାନଙ୍କୁ ପ୍ରତିପକ୍ଷଙ୍କ ବିରୋଧରେ ପ୍ରୟୋଗ କରିବା ଦ୍ୱାରା ସମାଜରେ ଗୁଣ୍ଡାମୀ, ଅପହରଣ, ଧର୍ଷଣ ଓ ଅମାନବିକତା ବଢ଼ିବାରେ ଲାଗିଛି । ଆଇନ ପାଖରେ ଏହି ଅପରାଧୀ ନିର୍ଦ୍ଦୋଷ ହୋଇଥିବାରୁ ସମାଜର ପ୍ରଗତି ସ୍ଥାଣୁ ହୋଇଯାଇଛି । ପ୍ରଗତି ନାମରେ ଗୁଣ୍ଡା ପୋଷଣ ଆଜି ରାଜନୀତିକ ଆଦର୍ଶରେ ପରିଣତ ହୋଇଛି । ଏହି କାରଣରୁ ପ୍ରତିଯୋଗିତା କ୍ଷେତ୍ରରେ ଭାରତ ପଛରେ ପଡ଼ିଯାଇଛି । ଜନସାଧାରଣ ପ୍ରକୃତ ନ୍ୟାୟ ପାଇବାରୁ ବଞ୍ଚିତ ହୋଇଛନ୍ତି । ରାଷ୍ଟ୍ରର ସାମୂହିକ ସ୍ୱାର୍ଥ ବ୍ୟାହତ ହେବାରୁ ଆର୍ଥନୀତିକ ପ୍ରଗତି ତ୍ୱରାନ୍ୱିତ ହୋଇ ପାରୁନାହିଁ । ଯେକୌଣସି ଜନମଙ୍ଗଳ ରାଷ୍ଟ୍ର ପାଇଁ ଏହି ପରିସ୍ଥିତି ଅତ୍ୟନ୍ତ ଉଦ୍‌ବେଗ ଜନକ । ଏଥିପାଇଁ ବର୍ତ୍ତମାନ ସବୁ ସ୍ତରରେ ଉଦ୍ୟମ ଜାରି କରିବା ଦରକାର ।"(୭୫) ଜନସାଧାରଣ ଉପଯୁକ୍ତ ଲୋକ ପ୍ରତିନିଧି ବାଛିବା ଦରକାର । ପୁନର୍ବାର ଭାରତବର୍ଷ ଶାନ୍ତି, ମୈତ୍ରୀ ଓ ସୌହାର୍ଦ୍ଦ୍ୟର ଦେଶ ହେବ । ବସୁଧୈବ କୁଟୁମ୍ବକମ୍‌ର ଆଦର୍ଶ ଅକ୍ଷୁଣ୍ଣ ରହିବ ।

(ଘ.ଖ) ପ୍ରାଶାସନିକ ଭ୍ରଷ୍ଟାଚାର:

ଗାଳ୍ପିକ ଶ୍ରୀ ମହାନ୍ତିଙ୍କ ଗଳ୍ପରେ ରାଜନୀତିକ ଭ୍ରଷ୍ଟାଚାର ଭଳି ପ୍ରାଶାସନିକ ଭ୍ରଷ୍ଟାଚାର ପ୍ରସଙ୍ଗଗୁଡ଼ିକୁ ଅନୁଶୀଳନ କରାଯାଇପାରେ । ଗାଣତାନ୍ତ୍ରିକ ରାଷ୍ଟ୍ରର ପ୍ରଶାସନଗତ ଭ୍ରଷ୍ଟାଚାର ମଧ୍ୟରେ ଆରକ୍ଷୀ ଭ୍ରଷ୍ଟାଚାର, ଅଦାଲତି ଭ୍ରଷ୍ଟାଚାର, ଅମଲାତାନ୍ତ୍ରିକ ଭ୍ରଷ୍ଟାଚାରକୁ ଗାଳ୍ପିକ ରଜନୀକାନ୍ତ ମହାନ୍ତି ଗଳ୍ପରେ ଉପସ୍ଥାପନା କରିଛନ୍ତି । ଉକ୍ତ ପ୍ରସଙ୍ଗଗତ ସମୀକ୍ଷାରେ ପୂର୍ବାଲୋଚିତ ପ୍ରସଙ୍ଗ ଅନୁଯାୟୀ ପୁନର୍ବାର କୁହାଯାଇପାରେ ଯେ ଗାଣତାନ୍ତ୍ରିକ ରାଷ୍ଟ୍ରର ଯେକୌଣସି ଭ୍ରଷ୍ଟାଚାର ପ୍ରସଙ୍ଗ ଉତ୍‌ଥାପିତ ହୁଏ ସେଥିରେ ମୁଖ୍ୟ ଭୂମିକା ଗ୍ରହଣ କରେ ରାଜନୀତି । "ଆଜି ରାଜନୀତି କହିଲେ ଲୋକେ ବୁଝୁଛନ୍ତି ଅପରାଧନୀତି । ରାଜନୀତିରେ ଅପରାଧୀକରଣ ଏକ ଅନୀତି ନ ହୋଇ ଆଜି ନୀତିରେ ପରିଣତ ହୋଇଛି । ସାଧୁତା, ସଙ୍କୋଚତା, ପବିତ୍ରତା ରାଜନୀତିରୁ ଅନ୍ତର ହୋଇ ତା'ର ସ୍ଥାନ ଲାଭ କରିଛି ଭଣ୍ଡାମୀ, ଗୁଣ୍ଡାମୀ, ଭ୍ରଷ୍ଟାଚାର, ଅନୀତି ଓ ନ୍ୟାୟ ରାଜନୀତିରୁ ଅନ୍ତର ହୋଇ ତା'ର ସ୍ଥାନ ଲାଭ

କରିଛି, ଭଣ୍ଡାମୀ, ଗୁଣ୍ଡାମୀ, ଭ୍ରଷ୍ଟାଚାର, ଅନୀତି ଓ ବ୍ୟକ୍ତିସ୍ୱାର୍ଥ । ବିଶ୍ୱର ସର୍ବବୃହତ୍ ଗଣତନ୍ତ୍ର ଭାରତ ଆଜି ବିପଦାପନ୍ନ । ଗାନ୍ଧୀଙ୍କ ସ୍ୱପ୍ନର ଭାରତ ବିଡ଼ମ୍ବିତ ।"(୭୬) ରାମରାଜ୍ୟର ସ୍ୱପ୍ନ ରାବଣ ରାଜ୍ୟରେ ପରିଣତ ହୋଇଛି । ଲାଞ୍ଚ, ମିଛ, ପ୍ରତାରଣା, ପ୍ରବଞ୍ଚନା, ଠକାମିରେ ଆଜିର ମଣିଷ ଓସ୍ତାଦ । ବ୍ୟକ୍ତିଗତ ସ୍ୱାର୍ଥକୁ ନେଇ ଆଦର୍ଶର ଖୋଳପା ମଧ୍ୟରେ ଅନାଦର୍ଶର ବୀଜ ରୋପଣ ହୋଇଛି । ତାହାର ପରିଣତି ଭୋଗୁଛନ୍ତି ସାଧାରଣ ଜନତା । ଶ୍ରୀ ମହାନ୍ତିଙ୍କ 'ପିମ୍ପୁଡ଼ି', 'ଫକୀରମୋହନୀୟ', ରାହାଜଗାଲୀ', 'ସ୍ୱପ୍ନମେଧ', 'ଅନୁଭବ କାହିଁକି ଦାଢ଼ୀ ବଢ଼େଇଚି', 'ବାଟୋଇ', 'ଲଗ୍ନାଧିପତି', 'ସ୍ୱପ୍ନରଙ୍କା', 'ଜନପଥ' ଆଦି ଗଳ୍ପରେ ପ୍ରଶାସନ ଅନ୍ତର୍ଗତ ଆନୁଷ୍ଠାନିକ କର୍ମଚାରୀଙ୍କ ଦୁର୍ନୀତିକୁ ଦେଖାଯାଇପାରେ ।

ରାଜନୀତିକ ଅସଦାଚରଣ ତଥା ଲୋକପ୍ରତିନିଧିମାନଙ୍କର ଗୁଣ୍ଡାମୀ ଯୋଗୁଁ ଅମଲାତନ୍ତ୍ରରେ କାର୍ଯ୍ୟ କରୁଥିବା କର୍ମଚାରୀ ତଥା ଚପରାଶି ପାଖରୁ ଆରମ୍ଭ କରି ଉଚ୍ଚ ପଦସ୍ଥ କର୍ମଚାରୀ ପର୍ଯ୍ୟନ୍ତ ସମସ୍ତ ବ୍ୟକ୍ତିଙ୍କର ଭ୍ରଷ୍ଟାଚାର କରିବାର ମାର୍ଗ ଉନ୍ମୋଚନ ହେଉଛି । କାରଣ ଗାଣତାନ୍ତ୍ରିକ ରାଷ୍ଟ୍ରରେ ଶୃଙ୍ଖଳା ରଖିବା ପାଇଁ ରଖାଯାଇଥିବା ଆରକ୍ଷୀ ବିଭାଗ ରାଜନେତାଙ୍କ ଦ୍ୱାରା ଅନେକତ୍ର ନିୟନ୍ତ୍ରିତ । ଲୋକ ପ୍ରତିନିଧିଙ୍କୁ ହାତ କରି ସରକାରୀ ବା ବେସରକାରୀ ଅନୁଷ୍ଠାନରେ ଚାକିରି କରିଥିବା ବ୍ୟକ୍ତି ଲାଞ୍ଚ ନେଉଛନ୍ତି । କିନ୍ତୁ ଅନେକ ସମୟରେ ଆରକ୍ଷୀ ବିଭାଗ ଏହାର ପ୍ରତିକାର ପାଇଁ ସଜାଗ ହୋଇ ପାରୁନାହିଁ କି ଆଇନଗତ ଭାବରେ କୌଣସି କାର୍ଯ୍ୟାନୁଷ୍ଠାନ ଜାରି କରି ପାରୁନାହିଁ। ଯଦ୍ୟପି କୌଣସି କର୍ମଚାରୀଙ୍କୁ ଆଇନ ଅନୁଯାୟୀ ହାତକଡ଼ି ବନ୍ଧା ହେଉଛି ତାହାହେଲେ ରାଜନୀତିକ ହସ୍ତକ୍ଷେପ ଦ୍ୱାରା ଲାଞ୍ଚ ନେଉଥିବା ବ୍ୟକ୍ତି ଅନାୟାସରେ ମୁକୁଳି ଯାଉଛି । ତେଣୁ ଗାଳ୍ପିକ ଶ୍ରୀ ମହାନ୍ତି ଗାଣତାନ୍ତ୍ରିକ ରାଷ୍ଟ୍ରରେ ଅମଲାତନ୍ତ୍ର କ୍ଷେତ୍ରରେ ସରକାରୀ କଳରେ କୌଣସି କାର୍ଯ୍ୟ କରିବା ପାଇଁ ସାଧାରଣ କର୍ମଚାରୀଙ୍କଠାରୁ ଲାଞ୍ଚ ନେବା ପ୍ରସଙ୍ଗକୁ 'ପିମ୍ପୁଡ଼ି' ଗଳ୍ପରେ ଉପସ୍ଥାପନ କରିଛନ୍ତି । ଗଳ୍ପ ମଧରେ ସାମ୍ପ୍ରତିକ ସରକାରୀ ବ୍ୟବସ୍ଥା ଏବଂ ସରକାରୀ କର୍ମଚାରୀଙ୍କ ସ୍ଥିତି, ଲାଞ୍ଚ ନେବାର କାରଣ ଆଦି ପ୍ରସଙ୍ଗ ଉପସ୍ଥାପନ କରି ଗାଣତାନ୍ତ୍ରିକ ରାଷ୍ଟ୍ରର ବ୍ୟବସ୍ଥାକୁ ଶ୍ରୀ ମହାନ୍ତି ଇଙ୍ଗିତ କରନ୍ତି । ଯେପରି "ତାହା ପୁଣି ଦୁଇ ହଜାର ଟଙ୍କାର ଲାଞ୍ଚରେ । ସେ ଲାଞ୍ଚକୁ ବି ସେ ଲାଞ୍ଚ ବୋଲି ଧରେନା । ଆବଶ୍ୟକତା ବୋଲି ଧରି ନେଇଛି । xxx ଏମିତି ସ୍ତରକୁ ଆମ ସଭ୍ୟତା ଉନ୍ନତି କରି ପାରିଛି ନୁହେଁ, ବରଂ ଜାତୀୟ ଜୀବନର ମାପକାଠି ଏଇଠି ସଂଯୋଜିତ ହୋଇଯାଇଛି । ଲାଞ୍ଚ ଦେଲାବେଳେ ଶ୍ୱେତାଙ୍କ ପଚାରିଥିଲା, ଲାଞ୍ଚ ନଦେଲେ ହେବନି ? ଉତ୍ତର ମିଳିଥିଲା ହଜାର ହଜାର ଯୁବକ ବେକାର ଥିଲାବେଳେ ତୁମେ ଚାକିରି ପାଇଯିବ, ତୁମର କ'ଣ ସୌଭାଗ୍ୟ ନୁହେଁ ? ବରଂ ଭାବନିଅ ଏତେଦିନ ବେକାର ଥିଲି । ନହେଲେ ଆଉ ଛ ମାସ ବେକାର ଅଛି । ବାସ୍ । ଛ'ମାସର ଦରମା ତ ଦୁଇହଜାର ଟଙ୍କା । ଶ୍ୱେତାଙ୍କ ବି ସେୟା ଭାବିନେଲା । ଭାବି ନେବାରେ ଅବଶ୍ୟ ଯନ୍ତ୍ରଣା ଥିଲା । କିନ୍ତୁ, ନ ଭାବିବାର

ଉପାୟ ନାହିଁ ? ଏ ଜବରଦସ୍ତି ଶତାବ୍ଦୀରେ ଜବରଦସ୍ତି ଭାବନାକୁ ଏଡ଼ାଇ ବା ହେବ କେମିତି ?"(୭୭) ଭ୍ରଷ୍ଟାଚାର ରାଜନୀତି, ଶୋଷଣୋନ୍ମୁଖୀ ସରକାରର ଅର୍ଥାଭାବ ଯୋଗୁଁ ସରକାରୀ ସ୍ତରରେ ନିଯୁକ୍ତି ବ୍ୟବସ୍ଥା କାର୍ଯ୍ୟକାରୀ ହୋଇପାରୁନାହିଁ । ଯେଉଁଥିପାଇଁ ଶିକ୍ଷିତ ବେକାର ସମସ୍ୟା ଦେଖାଦେଉଛି । ଅନ୍ୟ ପଟେ ବଜାର ଚାହିଦା ହୁ ହୁ ହୋଇ ବଢୁଛି । ମଣିଷ ନିଜର ତଥା ପରିବାର ଚଳାଇବା ପାଇଁ ଅର୍ଥ ଉପାର୍ଜନ ନିମନ୍ତେ ଚାକିରି ଆବଶ୍ୟକତା କରୁଛି । ଚାକିରିରେ ସ୍ୱଳ୍ପ ସଂରକ୍ଷଣ ଆସନ ଯୋଗୁଁ ଲାଞ୍ଚ ଭଳି ଧର୍ତ୍ତବ୍ୟ ଅପରାଧରେ ଜଡ଼ିତ ରହୁଛନ୍ତି ଉଭୟ ସରକାରୀ କର୍ମଚାରୀ ଏବଂ ଶ୍ୱେତାଙ୍କ ଭଳି ସାଧାରଣ ଜନତା ।

ଉକ୍ତ ଗଳ୍ପରେ ଆଲୋଚ୍ୟ ପ୍ରସଙ୍ଗଗତ ଦ୍ୱିତୀୟ ଉପସ୍ଥାପନା ସରକାରୀ କାର୍ଯ୍ୟାଳୟରେ କର୍ମଚାରୀ ଅଭାବ ଯୋଗୁଁ ଯେକୌଣସି କାର୍ଯ୍ୟ ବିଳମ୍ବସାପେକ୍ଷ ହେବା ଏବଂ ସରକାରୀ କର୍ମଚାରୀ ଲାଞ୍ଚ ନେବାର କାରଣ ଗାଳ୍ପିକ ଶ୍ରୀ ମହାନ୍ତି ଉପସ୍ଥାପନ କରିଛନ୍ତି । ଗଳ୍ପନାୟକ ଶ୍ୱେତାଙ୍କର ମାସିକ ଦରମା ମିଳିବାର ବିଳମ୍ବକୁ ନେଇ ଶ୍ରୀ ମହାନ୍ତି ଉଲ୍ଲେଖ କରନ୍ତି–"ସାରା ବର୍ଷର ଟି.ଏ. ସେମାନେ ମାର୍ଚ୍ଚ ମାସରେ ପାଆନ୍ତି । ସରକାରୀ ସାଙ୍କସନ ଅଭାବରୁ ମାସକୁ ମାସ ଟି.ଏ ପାଇ ପାରିନାହାନ୍ତି । ଯାହା ପାଇବେ ବର୍ଷ ଶେଷରେ । ଗଣ୍ଡଗୋଳ ହେଲା ପରସେଣ୍ଟ୍ ଦିଆନିଆରେ । ହେଡ୍ ଅଫ୍ ଡିପାର୍ଟମେଣ୍ଟରେ ଦଶ ପର୍ସେଣ୍ଟ ନ ଦେଲେ ଟଙ୍କା ଆଲାଟମେଣ୍ଟ ମିଳିବନି । ଏଟା ଜଣାଶୁଣା କଥା । ସେଠି ସହିବାକୁ ବାଧ୍ୟ । ଅଫିସର କହନ୍ତି ମୁଁ ଯଦି କୋଡ଼ିଏ ପର୍ସେଣ୍ଟ୍ ନ ନେବି, ତାହେଲେ ଟୁର୍ ଡାଏରୀ ଆପ୍ରୁଭ୍ କରିବିନି । କାହିଁକି ବା କରିବି କୁହନା । ତମମାନଙ୍କର ଡାଏରୀ ତ ସବୁ ଫଲସ୍ କୋଡ଼ିଏ ପର୍ସେଣ୍ଟ୍ ନେଲେ ମାସକୁ ଷୋଳ ସତରଟା ଲେଖାଏଁ ଡି.ଏ ଆପ୍ରୁଭ୍ କରିବି । ମୁଁ ଡ୍ରଇଂ ଏଣ୍ଡ ଡିସ୍‌ବର୍ସିଂ ଅଫିସର, ସବୁ ଦାୟିତ୍ୱ ମୋ ଉପରେ । ମୁଁ କାହିଁକି ନନେବି ।"(୭୮) ଉକ୍ତ ଉଦ୍ଧୃତି ଗଣତନ୍ତ୍ର ରାଷ୍ଟ୍ରର ପ୍ରଶାସନିକ ବ୍ୟବସ୍ଥାକୁ ଉପେକ୍ଷା କରେ । କାରଣ ସରକାରୀ କାର୍ଯ୍ୟାଳୟରେ କର୍ମଚାରୀ ଅଭାବ ତତ୍‌ସହିତ କର୍ମଚାରୀ ଉପରେ ଅତ୍ୟଧିକ କାର୍ଯ୍ୟଭାର ଭ୍ରଷ୍ଟାଚାରକୁ ପ୍ରଶୟ ଦିଏ ।

ଆଲୋଚ୍ୟ ଗଳ୍ପର ତୃତୀୟ ଦୁର୍ନୀତି ପ୍ରସଙ୍ଗରେ ସରକାରୀ କୋଷାଗାରରେ କର୍ମଚାରୀଙ୍କର ବ୍ୟବହାର ପ୍ରସଙ୍ଗ ଉତ୍‌ଥାପନ କରିଛନ୍ତି କଥାକାର । କୋଷାଗାରରେ କର୍ମଚାରୀମାନଙ୍କର ଅନ୍ୟ ସରକାରୀ କର୍ମଚାରୀମାନଙ୍କ ପାଖରୁ ଲାଞ୍ଚ ନେବାର ପ୍ରତିଛବି ଗାଳ୍ପିକ ଶ୍ରୀ ମହାନ୍ତି ଉପସ୍ଥାପନ କରିଛନ୍ତି, ଯାହାକି ଅଦ୍ୟପି ନିତିଦିନର ପ୍ରସଙ୍ଗ ହୋଇସାରିଛି । "ଟ୍ରେଜେରୀ କଥା ତ ଛାଡ଼ । ସେ ସାତ ପର୍ସେଣ୍ଟ ନେବ ହିଁ ନେବ । ମାର୍ଚ୍ଚ ମାସରେ ଟ୍ରେଜେରୀ କିରାଣୀମାନଙ୍କର ମୁହଁ ଟଙ୍କାରେ ଧୁଆହୁଏ । ନହେଲେ ବିଲ୍ ଅବଜେକ୍ସନ କରିଦେବେ । ଆଇନ, ନିୟମ ତ ହଜାରେ । ମାର୍ଚ୍ଚ ମାସ ଶେଷକୁ ରାତି ଅନିଦ୍ରା ହୋଇ ଶହ ଶହ ବିଲ୍ ତିଆରି ହେବ । ଭୁଲ୍ ନିଶ୍ଚୟ ରହିବ । ପର୍ସେଣ୍ଟ୍ ନ ପାଇଲେ ସେମାନେ ଅବଜେକ୍ସନ ସ୍ଲିପଟି ମାରି ଛାଡ଼ିଦେବେ । ଟଙ୍କା ଏନ୍‌କେସ୍ ହେବା ଅସମ୍ଭବ । ତେଣୁ ଟ୍ରେଜେରୀ ସହିତ

ଗଣ୍ଡଗୋଳ ନକରି ସାତ ପର୍ସେଣ୍ଟ ତା ପାଇଁ ମୁଣ୍ଡରେ ମାରି ଥୋଇ ଦେବାକୁ ହେବ ।"(୭୯) ଜନସାଧାରଣ ସମ୍ପ୍ରତି ଲାଞ୍ଚ ଦେବା ପାଇଁ ବାଧ୍ୟ । ଯଦି ଭ୍ରଷ୍ଟାଚାରକୁ ପ୍ରଶ୍ରୟ ନଦେବାର ମାନସିକତା ଆସୁଛି, ତାହେଲେ କାର୍ଯ୍ୟାଳୟ ସମ୍ପର୍କୀତ କାର୍ଯ୍ୟ ବହୁତ ଡେରି ହେଉଛି । ଅନେକ ସମୟରେ ଜନସାଧାରଣ ନିଜର ପ୍ରାପ୍ୟ ପାଇଁ ଅମଲାତନ୍ତ୍ର କ୍ଷେତ୍ରରେ ଖୋସାମଦକୁ ପସନ୍ଦ ନକରି ନିଜ ପ୍ରାପ୍ୟକୁ ହାତଛଡ଼ା କରୁଛନ୍ତି । କିନ୍ତୁ ଶ୍ୱେତାଙ୍କ ପରି ବ୍ୟକ୍ତିମାନଙ୍କ ନିମନ୍ତେ ଟଙ୍କାର ଆବଶ୍ୟକତା ଯୋଗୁଁ ଲାଞ୍ଚ ଦେବା ପାଇଁ ମଣିଷ ବାଧ୍ୟ ହେଉଛି । ଯଦି ଭ୍ରଷ୍ଟାଚାରକୁ ମଣିଷ ଆପଣାଉ ନାହିଁ, ତାହେଲେ ଦରମା ନଥି ସେମିତି କୋଷାଗାରରେ ପଡ଼ି ରହୁଛି, ତେଣୁ ସାଧାରଣ ମଣିଷ ସେଇ ଦୁର୍ନୀତି ବ୍ୟବସ୍ଥାର ଅଂଶିଦାର୍ ହେବାକୁ ବାଧ୍ୟ ହେଉଛି। ଚତୁର୍ଥ ଦୁର୍ନୀତି ପ୍ରସଙ୍ଗ ଭାବରେ କୋଷାଗାର ପରବର୍ତ୍ତୀ ପ୍ରସଙ୍ଗକୁ ଶ୍ରୀ ମହାନ୍ତି ଉପସ୍ଥାପନ କରି କହିଛନ୍ତି, "କୋଷାଗାରରୁ ଆସିଲା ଅଫିସର ବିଲ୍, କ୍ଲାର୍କ ଓ ଆକାଉଣ୍ଟାଣ୍ଟଙ୍କ କଥା । ଆକାଉଣ୍ଟାଣ୍ଟ ଅଡ଼ି ବସନ୍ତି କୋଡ଼ିଏ ପର୍ସେଣ୍ଟ ।"(୮୦) ଗାଳ୍ପିକ ଶ୍ରୀ ମହାନ୍ତି ଉପସ୍ଥାପନ କରିଥିବା ଉକ୍ତ ଗଳ୍ପରେ ଗାଣତାନ୍ତ୍ରିକ ଅମଲାତନ୍ତ୍ର କ୍ଷେତ୍ରରେ ଦୁର୍ନୀତି ସାଧାରଣ ମଣିଷକୁ ଦହଗଞ୍ଜ କରୁଥିବାର ଚିତ୍ର ପ୍ରଦତ୍ତ । ଏକଛତ୍ରବାଦୀ ଶାସନଠାରୁ ଗଣତନ୍ତ୍ର ଶାସନ ଆହୁରି କବଳିତ କରୁଛି ମଣିଷଙ୍କୁ ।

'ରାହାଜଗାଳୀ' ଗଳ୍ପରେ ମଧ୍ୟ ଅମଲାତନ୍ତ୍ର କର୍ମଚାରୀମାନଙ୍କର କାର୍ଯ୍ୟରେ ଠକାମି ଓ ଲାଞ୍ଚ ନେବା ପ୍ରସଙ୍ଗ ଗାଳ୍ପିକ ଶ୍ରୀ ମହାନ୍ତି ଉପସ୍ଥାପନ କରିଛନ୍ତି । ସେଥିପାଇଁ ଦିନ ମଜୁରିଆ ଗୟାଧର ନିଜର ରୋଜଗାରକୁ ନେଇ ସରକାରୀ ଚାକିରି କରିଥିବା ଭୂୟାଁ ବାବୁର କାର୍ଯ୍ୟକୁ ତୁଳନା କରିଲାବେଳେ କହେ, "ତମେ ଯେ ଅଫିସକୁ ଯାଇ ଖାଲି ହାଜିରା ପକାଇ ପୁଣି ଆସି ଘର କାମ କରିବ । ସେଟା ଠକାମି ନୁହେଁ । ହାଜିରା ପକାଇ ଦେଲେ ତ ତୁମର ଦରମା । ପୁଣି କଲମ ଛୁଇଁ ଛୁଇଁ ପକେଟଟା ଉଚ୍ଚା । ପାଞ୍ଚଥର ଓଲଗି ନହେଲେ ତମ ବସ୍ତାନିରୁ କାଗଜ ଉପର ବସ୍ତାନିକୁ କାଁ ଯାଆନ୍ତା ? ତୁମର ସବୁ ପୁଣି କେତେ କ'ଣ ଛୁଟି ଅଛି । ସେସବୁ ଛୁଟିରେ ବି ଦରମା ।"(୮୧) ଉକ୍ତ ଉଦ୍ଧୃତିରେ ଦିନ ମଜୁରିଆ ଓ ସରକାରୀ କର୍ମଚାରୀମାନଙ୍କ ମଧ୍ୟରେ ପ୍ରାପ୍ୟଗତ ତାରତମ୍ୟକୁ ହୃଦୟଙ୍ଗମ କରାଯାଏ । ସରକାରୀ କର୍ମଚାରୀର ଉପଯୁକ୍ତ କାର୍ଯ୍ୟକାରିତାର ଅଭାବ, ପ୍ରବଞ୍ଚନା ତଥା ଲାଞ୍ଚ ନେଲାଭଳି କୁତ୍ସିତ କଦାକାର କାର୍ଯ୍ୟ ଯୋଗୁଁ ଗଣତାନ୍ତ୍ରିକ ରାଷ୍ଟ୍ରରେ ଜନସାଧାରଣ ହଇରାଣ ହରକତ ହେବାଦ୍ୱାରା ଭାରତ ଅନ୍ୟ ଦେଶ ତୁଳନାରେ ଊର୍ଦ୍ଧ୍ୱଗାମୀ ହୋଇ ପାରୁନାହିଁ । ଭାରତ ତୁଳନାରେ ଅନ୍ୟ ଦେଶର କର୍ମଚାରୀମାନଙ୍କର କାର୍ଯ୍ୟରେ ନିଷ୍ଠା ଓ ତତ୍ପରତା, ନିଜର ଦକ୍ଷତାକୁ ନେଇ ବଳୀୟାନ୍ ହେବା ଯୋଗୁଁ ପାଶ୍ଚାତ୍ୟ ଦେଶ ସମୂହ ବହୁ ଉଚ୍ଚ ସ୍ଥାନ ହାସଲ କରିଛନ୍ତି କିନ୍ତୁ ଭାରତ ଭଳି ବୃହତ୍ ଗାଣତାନ୍ତ୍ରିକ ରାଷ୍ଟ୍ରରେ ମଣିଷ ହିଂସା, ପରଶ୍ରୀକାତରତା, ଦକ୍ଷତା ବିହୀନ କାର୍ଯ୍ୟଶୈଳୀ, ଲାଞ୍ଚ, ଠକାମି, ପ୍ରତାରଣା ଯୋଗୁଁ ଭାରତ ବିକାଶୋନ୍ମୁଖୀ ହୋଇପାରୁନାହିଁ ।

ସ୍ୱାଧୀନତାର ଦୀର୍ଘ ବର୍ଷ ବିତିଯାଇଥିଲେ ମଧ୍ୟ ଭାରତ ଏକ ବିକଶିତ ରାଷ୍ଟ୍ର ନୁହେଁ। ଗାଳ୍ପିକ ଶ୍ରୀ ମହାନ୍ତିଙ୍କ ଗଳ୍ପ 'ଅନୁଭବ କାହିଁକି ଦାଢ଼ୀ ବଢ଼େଇଚି'ରେ ସରକାରୀ ଚାକିରି ପାଇବା ନିମନ୍ତେ ରାଜନୀତିକ ଦଳର ପ୍ରଭାବ ଏବଂ ଗୁଣ୍ଡାମୀ ଭଳି ଜଘନ୍ୟ ଅପରାଧର ପ୍ରସଙ୍ଗ ଦେଖାଗଲା ବେଳେ 'ବାଟୋଇ' ଗଳ୍ପରେ ଦାଦନ ଖଟିବା ନିମନ୍ତେ ଶ୍ରମିକମାନଙ୍କୁ ବହିରାଜ୍ୟକୁ ଚାଲାଣ କରାଇବାରେ ଦଲାଲମାନଙ୍କର କୁତ୍ସିତ କଦାକାର କାର୍ଯ୍ୟକୁ ଦେଖାଇଛନ୍ତି ଗାଳ୍ପିକ ଶ୍ରୀ ମହାନ୍ତି ।

ଫଉଜଦାରୀ ବା ଆରକ୍ଷୀ ବିଭାଗର ଭ୍ରଷ୍ଟାଚାରକୁ 'ଫକୀରମୋହନୀୟ' ଓ 'ସ୍ୱପ୍ନମେଧ' ଗଳ୍ପରେ ଦେଖାଯାଇପାରେ । ଗାଣତାନ୍ତ୍ରିକ ରାଷ୍ଟ୍ରରେ ଦୁର୍ନୀତି, ଭ୍ରଷ୍ଟାଚାର ଭଳି ଅପରାଧପ୍ରବଣ କାର୍ଯ୍ୟକୁ ମୂଳପୋଛ କରିବାର ଭୂମିକା ବା ପ୍ରଶାସନର ଗୋଟିଏ ବିଭାଗ ଆରକ୍ଷୀ କର୍ମଚାରୀମାନଙ୍କୁ ଦିଆ ହୋଇଥିଲା ବେଳେ ସେହି ଆରକ୍ଷୀ କର୍ମଚାରୀମାନେ ଭ୍ରଷ୍ଟାଚାରରେ ଅନ୍ତର୍ଭୁକ୍ତ ହେଉଛନ୍ତି । 'ସ୍ୱପ୍ନମେଧ' ଗଳ୍ପରେ ପୋଲିସ୍ ଅପାରଗତା ଦେଖାଇଲାବେଳେ 'ଫକୀରମୋହନୀୟ'ରେ ପୋଲିସ୍‌ର ଅପାରଗତା ତଥା ଲାଞ୍ଚ ନେବା ପ୍ରସଙ୍ଗ ଉତ୍‌ଥାପିତ ହୋଇଛି । ଉକ୍ତ ଗଳ୍ପରେ ବିଧବା ଶରଦୀ ପିଲାମାନଙ୍କୁ ତା' ପରିବାର ଚଳାଇବା ପାଇଁ ଟ୍ରେନରେ ଭଦ୍ରକରୁ ଯାଜପୁର ବିନା ଟିକେଟରେ ଚାଉଳ ବିକ୍ରି କରି କିଛି ଟଙ୍କା ରୋଜଗାର କରିବା ଲକ୍ଷ୍ୟ ନେଇ ଗଲାବେଳେ ପୋଲିସ୍ ଦ୍ୱାରା ଧରାପଡ଼େ ଏବଂ ସେ ଟଙ୍କା ବଦଳରେ ମୁକ୍ତି ପାଏ । ଏଠାରେ ରକ୍ଷାକର୍ତ୍ତା ସାଜେ ଭକ୍ଷକ । ଅର୍ଥାତ୍ ଗଣତନ୍ତ୍ର ରାଷ୍ଟ୍ରରେ ଯେଉଁ ବିଭାଗ ଉପରେ ଦୁର୍ନୀତିକୁ ଦମନ କରିବାର ଗୁରୁ ଦାୟିତ୍ୱ ଅର୍ପଣ କରାଯାଇଛି, ସେହି ବିଭାଗରେ ହିଁ ଏହି ଦୁର୍ନୀତି ବ୍ୟବସ୍ଥା ପ୍ରବଳ ହୋଇ ଉଠୁଛି । ରାଜନେତାମାନଙ୍କ ହସ୍ତକ୍ଷେପ ବା ଧନୀ ବ୍ୟକ୍ତିମାନଙ୍କ ଦୁର୍ନୀତିକୁ କିପରି ଆରକ୍ଷୀ କର୍ମଚାରୀମାନେ ଦମନ କରି ପାରୁନାହାନ୍ତି ତାହାର ନିଚ୍ଛକ ଚିତ୍ର ଦେବାକୁ ଯାଇ ପୋଲିସ୍ ଚରିତ୍ର ମାଧ୍ୟମରେ କହିଛନ୍ତି, "ସବୁ ନିଆଶ୍ରୀ ଲୋକ । ତୁମକୁ ଧରି ଫାଣ୍ଡିରେ ଭର୍ତ୍ତି କଲେ ଭଗବାନଙ୍କ ଆଗରେ ଆମେ ଦୋଷୀ ହେବୁ। ତମଠାରୁ ବଡ଼ ବଡ଼ ବ୍ୟବସାୟୀମାନେ ଚୋରା ବେପାର କରୁଛନ୍ତି । ତାଙ୍କୁ ତ ଆମେ ଧରି ପାରୁନୁ । ବରଂ ଦି ଓଳି ସଲାମ ପିଟୁଛୁ । ତମମାନଙ୍କୁ ଧରି ଲାଭ କ'ଣ ? ବରଂ ତମମାନଙ୍କ ଯୋଗୁଁ ଆମେ ଦି ପଇସା ପାଉଛୁ ।"[୮୨] ସାମ୍ପ୍ରତିକ ଗାଣତାନ୍ତ୍ରିକ ରାଷ୍ଟ୍ରରେ ଧନୀ ବ୍ୟକ୍ତିମାନେ ଦୁର୍ନୀତି କରି ଆହୁରି ଅଧିକ ଧନୀ ହେଉଛନ୍ତି । ଧନୀ ବ୍ୟକ୍ତିମାନଙ୍କର ଦୁର୍ନୀତିକୁ ରୋକିବା ପାଇଁ ପ୍ରଶାସନ ପାଖରେ ନାହିଁ ସତ୍‌ସାହାସ । କିନ୍ତୁ ଗରିବ, ଖଟିଖିଆ ବ୍ୟକ୍ତିଙ୍କ ଉପରେ ଚାଲେ ଅତ୍ୟାଚାରର ପର୍ବ । ଏ ହେଉଛି ଆଜିର ଗଣ-ତନ୍ତ୍ର ।

ଆରକ୍ଷୀ କର୍ମଚାରୀ ଭଳି ସେବାକାର୍ଯ୍ୟ ବା ଡାକ୍ତରଖାନାରେ ହେଉଥିବା ଭ୍ରଷ୍ଟାଚାରକୁ ମଧ୍ୟ ଶ୍ରୀ ମହାନ୍ତିଙ୍କ ଗଳ୍ପରେ ଦେଖିପାରିବା । ରୋଗୀର ସେବା କରିବା, ଡାକ୍ତରଖାନାର କର୍ମଚାରୀମାନଙ୍କର ମୁଖ୍ୟ କର୍ତ୍ତବ୍ୟ । କିନ୍ତୁ ସେ କର୍ତ୍ତବ୍ୟକୁ ଭୁଲି ରୋଗୀଙ୍କ ପାଇଁ କୌଣସି

କାର୍ଯ୍ୟକରାଇଦେବା ନିମନ୍ତେ ନେଉଛନ୍ତି ଟଙ୍କା । ସେଥିପାଇଁ ଶ୍ରୀ ମହାନ୍ତି 'ଲଗ୍ନାଧିପତି' ଗଳ୍ପରେ ପୁରଞ୍ଜନ ଚରିତ୍ର ଦ୍ୱାରା କୁହାଇଛନ୍ତି, "ହସ ଆଉ ଶିଷ୍ଟ ଭାଷାର ଜାଲ ବିଞ୍ଚି ସ୍ୱାର୍ଥ ଓ ଶୋଷଣର ଅର୍ଗଳୀକୁ ପରିଷ୍କାର ରଖିବାଟା ଭଦ୍ରାମୀ, ସତ୍ୟ ଓ ବାସ୍ତବତା ସ୍ତମ୍ଭକୁ ଜାହିର କରିବାଟାକୁ ଆମେ ଦୁର୍ବ୍ୟବହାର, ଗୁଣ୍ଡାମୀ ବୋଲି କହୁ ସେଇଟା ଆମର ଦୁର୍ଭାଗ୍ୟ । ବେଡ୍ ଆଲଟ୍ କରିବା ଭିତରେ ନର୍ସର କିଛି ରୋଜଗାର କରିବାର ଫନ୍ଦି ଅଛି । ବୁଝିଲୁ ?"[୮୩] ନର୍ସର ଲାଞ୍ଚ ନେବା ହେଉଛି ଗୋଟିଏ ଅପରାଧ । କାରଣ ସରକାରୀ କର୍ମଚାରୀ ହିସାବରେ ତା'ର କାର୍ଯ୍ୟ ରୋଗୀମାନଙ୍କର ସେବା କରିବା, ସେମାନଙ୍କର ଅସୁବିଧା ସମୟରେ ସାହାଯ୍ୟ କରିବା। କିନ୍ତୁ ଆମ ରାଷ୍ଟ୍ରରେ ତାହାର ଭିନ୍ନ ପରିଣତି ଘଟୁଛି । ବାହୁବଳ, ପାର୍ଟିବଳ କିମ୍ବା ଟଙ୍କାବଳ ଯାହା ପାଖରେ ଗଚ୍ଛିତ ଅଛି ସେ ବ୍ୟକ୍ତି ଗାଣତାନ୍ତ୍ରିକ ରାଷ୍ଟ୍ରର ସବୁ ସ୍ଥାନରେ ତିଷ୍ଠି ପାରିବ। କିନ୍ତୁ ଯାହା ପାଖରେ ଉପର୍ଯ୍ୟୁକ୍ତ ତିନୋଟି ଉପାଦାନ ନାହିଁ ସେ ଦୁଃଖ ଦୁର୍ଦ୍ଦଶାର ସମ୍ମୁଖୀନ ହେବା ଅନିବାର୍ଯ୍ୟ ହୋଇପଡ଼ିଛି ।

ଆରକ୍ଷୀ କର୍ମଚାରୀ, ଡାକ୍ତରଖାନା କର୍ମଚାରୀଙ୍କର ଦୁର୍ନୀତି କର୍ମ ଭଳି ଗାଳ୍ପିକ ଶ୍ରୀ ମହାନ୍ତି ସାହିତ୍ୟାନୁଷ୍ଠାନିକ ଦୁର୍ନୀତି ପ୍ରସଙ୍ଗକୁ ଗଳ୍ପରେ ଦେଇଛନ୍ତି କଳାତ୍ମକ ରୂପ । ସମ୍ପ୍ରତି ସାହିତ୍ୟ ଅନୁଷ୍ଠାନରେ ଚାଲିଛି ରାଜନୀତି । ସାହିତ୍ୟ ଏକାଡେମୀ ସ୍ତରରେ ଉପଯୁକ୍ତ ଦାୟାଦଙ୍କୁ ପୁରସ୍କାର ପ୍ରଦାନ କରାନଯାଇ ଆପଣାର ବ୍ୟକ୍ତି ତଥା ଖୋସାମଦିଆ ଲୋକଙ୍କୁ ପୁରସ୍କୃତ କରାଯାଉଛି । ଓଡ଼ିଆ ସାହିତ୍ୟର ଐତିହ୍ୟ ସଂସ୍କୃତି ସମ୍ପନ୍ନ । କାରଣ ସେତେବେଳେ ଆତ୍ମପ୍ରଚାର ଗୁରୁତ୍ୱପୂର୍ଣ୍ଣ ନଥିଲା । ସାହିତ୍ୟ ଦ୍ୱାରା ସମାଜ ଗଠନ ଥିଲା ମୁଖ୍ୟ ଅଭିପ୍ରାୟ । କିନ୍ତୁ ବର୍ତ୍ତମାନ ଖଣ୍ଡିଏ ବହି ଲେଖି ପ୍ରତିଷ୍ଠିତ ହେବାର ମୋହ ସାହିତ୍ୟିକଙ୍କୁ କବଳିତ କରୁଛି । ପ୍ରାଚୀନ ସାହିତ୍ୟକୁ ଲକ୍ଷ୍ୟ କଲେ ଦେଖାଯାଏ ଜନୈକ ବ୍ୟକ୍ତି ସାହିତ୍ୟ ସର୍ଜନା କରି ସମକାଳୀନ କୌଣସି ପ୍ରତିଷ୍ଠିତ ସାହିତ୍ୟିକଙ୍କ ନାମରେ ପାଣ୍ଡୁଲିପି ସମର୍ପି ଦେଇଛନ୍ତି । ଅନେକତ୍ର ଆତ୍ମ ପ୍ରଚାର ଏକ ଘୃଣିତ କାର୍ଯ୍ୟ ରୂପେ ସାହିତ୍ୟ ସ୍ରଷ୍ଟା ବର୍ଣ୍ଣନା କରିଛି, ତେଣୁ ଅନେକ ପ୍ରାଚୀନ ସାହିତ୍ୟର ଲେଖକ ପରିଚିତି ଅଗୋଚର। କିନ୍ତୁ ଅଧୁନା, ପୁସ୍ତକ ପ୍ରକାଶ କରିବା ନିଶାରେ ସାହିତ୍ୟିକ ଅନ୍ୟ ସାହିତ୍ୟିକଙ୍କ ବହିରୁ ତଥ୍ୟ ବା ଉପାଦାନ ଚୋରାଇ ଆଣି ନିଜ ନାମରେ ପ୍ରକାଶିତ କରୁଛନ୍ତି । ଏଥିରେ ଓଡ଼ିଆ ସାହିତ୍ୟ ଓ ସାହିତ୍ୟିକଙ୍କ ଆଦର୍ଶ କ୍ଷୁର୍ଣ୍ଣ ହେଉଛି ନିଶ୍ଚୟ । ତେଣୁ ଗାଳ୍ପିକ ଶ୍ରୀ ମହାନ୍ତି ଅଧୁନା ସାହିତ୍ୟକୁ ନେଇ ଦେଖାଯାଉଥିବା ଭ୍ରଷ୍ଟାଚାର ପ୍ରସଙ୍ଗକୁ ନିଜର ସୃଷ୍ଟି ଯଥା- 'ଚନ୍ଦ୍ରଭାଗା', 'ଅନୁଭବ କାହିଁକି ଦାଢ଼ି ବଢ଼େଇଚି' ଗଳ୍ପରେ ଦେଖାଇ ଦେଇଛନ୍ତି । 'ଚନ୍ଦ୍ରଭାଗା' ଗଳ୍ପରେ ଗଳ୍ପନାୟକ ସୌମିତ୍ର ନିମ୍ନ ମଧ୍ୟବିତ୍ତ ପରିବାରର ବ୍ୟକ୍ତି । ଜଣେ ଲେଖକ ଏବଂ ଜଣେ ଆଦର୍ଶବାଦୀ ନିରପେକ୍ଷ ସମାଲୋଚକ । ଗୋଟିଏ ଗଳ୍ପ ପୁସ୍ତକ ଛପାଇବା ପାଇଁ ପ୍ରକାଶକଙ୍କୁ ଦୁଇବର୍ଷ ପୂର୍ବରୁ ପାଣ୍ଡୁଲିପି ଦେଇ ବାରମ୍ବାର ପ୍ରକାଶକଙ୍କ ପାଖକୁ ଧାଇଁ ଆସୁଥିଲେ ମଧ୍ୟ ସୌମିତ୍ରର ପୁସ୍ତକ ଛପା ହୋଇ ପାରେନା ।

କିନ୍ତୁ ସେହି ପ୍ରକାଶକଙ୍କ ପାଖରେ ବା ଶ୍ରୀ ରବୀନ୍ଦ୍ର ନାୟକ, ସୂକ୍ଷ୍ମ ପ୍ରକାଶନୀ, କଟକଠାରେ ବନ୍ଧୁ ଶୁଭେନ୍ଦୁର ଭଉଣୀ ବିଦିତାର କବିତା ପୁସ୍ତକ ଛପା ହୁଏ ଟଙ୍କା ନେଇ । କବିତା ପୁସ୍ତକରେ ସ୍ଥାନିତ କବିତା ମଧ୍ୟ କବିତା ପଦବାଚ୍ୟ ନୁହେଁ । ପ୍ରକାଶକଙ୍କ ଠକାମି ଯୋଗୁଁ ଉପଯୁକ୍ତ ପୁସ୍ତକ ନ ଛପାଇ ଟଙ୍କା ନେଇ ଯାଚ୍ଛାତା ପୁସ୍ତକ ଛପାଇବାକୁ ନେଇ ସାହିତ୍ୟର ଭବିଷ୍ୟତ ସମ୍ପର୍କରେ ପ୍ରକାଶକଙ୍କ ମତ ରଖିବାକୁ ଗଲାବେଳେ ସୌମିତ୍ର କହି ପକାଏ, "ସାହିତ୍ୟର ଭବିଷ୍ୟତ ନାମକ ଦୈନ୍ୟର ଦ୍ୱାହି ଦେଇ ତୁମର ଭବିଷ୍ୟତ ପ୍ରତି ଠିକ୍ ଆସ୍ଥା ଜମେଇ ଦେଇଛି ।"(୮୪) ଅର୍ଥାତ୍ ପ୍ରକାଶକ ଉପଯୁକ୍ତ ସାହିତ୍ୟ ସୃଷ୍ଟିକୁ ଲକ୍ଷ୍ୟ ନ ଦେଇ ସାହିତ୍ୟର ପ୍ରକାଶନକୁ ବ୍ୟବସାୟରେ ପରିଣତ କରି ଦେଇଛନ୍ତି ।

ଜଣେ ବ୍ୟକ୍ତି ସାହିତ୍ୟିକ ଭାବରେ ପ୍ରତିଷ୍ଠିତ ହେବା ପାଇଁ ସମ୍ପ୍ରତି ଅନେକ ଦୁରାଚାରୀ କାର୍ଯ୍ୟ କରିଯାଉଛି । ଟଙ୍କା ନେଇ ପୁସ୍ତକ ଛପାଇଲା ଭଳି ନିଜର ଚରିତ୍ରକୁ ବନ୍ଧା ପକାଇ ମାନ ସମ୍ମାନ ଓ ପ୍ରତିଷ୍ଠା ପଛରେ ଧାଇଁଛି । ଆଲୋଚିତ ଗଳ୍ପରେ ଗଳ୍ପନାୟକ ସୌମିତ୍ରକୁ ବିଦିତା ଶ୍ରେଷ୍ଠ ସାହିତ୍ୟିକା ଭାବରେ ପ୍ରତିଷ୍ଠିତ ହେବା ପାଇଁ କହେ, "ଏ କବି ପ୍ରତିଷ୍ଠାର ସିଂହାସନରେ ବସିବାକୁ ଯାଇ ଜଣେ ଆଲୋଚକକୁ ନିଜ ଘରକୁ ଡାକି, ଏତେ ଶସ୍ତା ଭାବରେ ଅନୁନୟ ବିନୟ ପ୍ରକାଶ କରିପାରେ, ସେ ବା କାହିଁକି ନିଜର କାମ ହାସଲ ପାଇଁ ନ କହିବ । ଆପଣ ଆଲୋଚନାରେ ମୋତେ ଶୀର୍ଷ ସ୍ଥାନକୁ ଉଠାଇ ଦିଅନ୍ତୁ । ମୁଁ ଆପଣଙ୍କ ସହ ଗୋଟିଏ ରାତି ପାର୍କରେ କଟାଇବାକୁ ପ୍ରସ୍ତୁତ ଅଛି ।"(୮୫) ଏଠାରେ ଚାରିତ୍ରିକ ସ୍ଖଳନ ହେଲେ ମଧ୍ୟ ମଣିଷକୁ ପ୍ରତିଷ୍ଠିତ ହେବାର ମୋହ ଅମଣିଷରେ ପରିଣତ କରୁଛି । ନିଜର ବିବେକ, ନୈତିକତା, ମାନବିକତାକୁ ଭୁଲି ମଣିଷ ଆତ୍ମ ସ୍ୱାର୍ଥରେ ଅନ୍ଧପ୍ରାୟ ହୋଇଯାଉଛି ।

(ଘ.ଗ) ବ୍ୟବସାୟିକ ଭ୍ରଷ୍ଟାଚାର:

ରାଜନୀତିକ ଭ୍ରଷ୍ଟାଚାର ଓ ପ୍ରାଶାସନିକ ଭ୍ରଷ୍ଟଚାର ଭଳି ଗାଳ୍ପିକ ଶ୍ରୀ ମହାନ୍ତିଙ୍କ ଗଳ୍ପରେ ବ୍ୟବସାୟିକ ଭ୍ରଷ୍ଟାଚାରକୁ ଦେଖାଯାଇପାରେ । ରାଜନୀତିକ ନେତାଙ୍କର ଗୁଣ୍ଡାମୀ, ପ୍ରଶାସନ କ୍ଷେତ୍ରରେ ଶୋଷଣ ଏବଂ ବ୍ୟବସାୟିକ କ୍ଷେତ୍ରରେ ଠକାମି ଗାଣତାନ୍ତ୍ରିକ ରାଷ୍ଟ୍ରକୁ ରସାତଳକୁ ଗତି କରାଇଛି । ପ୍ରାକ୍ ସ୍ୱାଧୀନତା କାଳୀନ ଭାରତର ଏକଛତ୍ରବାଦୀ ଶାସନ ଏବଂ ସ୍ୱାଧୀନତୋତ୍ତର ଭାରତର ଗଣତନ୍ତ୍ର ଶାସନ ମଧ୍ୟରେ କୌଣସି ପାର୍ଥକ୍ୟ ଲକ୍ଷ୍ୟ କରାଯାଇ ପାରୁନାହିଁ । କେବଳ ଏତକ କୁହାଯାଇପାରେ, ଶୋଷଣର ତରିକା ହୋଇଛି ପରିବର୍ତ୍ତିତ । ପ୍ରାକ୍ କାଳରେ ସାଧାରଣ ଜନତାଙ୍କୁ କେନ୍ଦ୍ର କରି ଅନେକ କ୍ଷମତାଲିପ୍ସୁ ଆଧିପତ୍ୟ ବିସ୍ତାର କରିଛନ୍ତି । ସାଧାରଣ ଜନତା ସର୍ବଦା ଶୋଷଣ, ଠକାମି, ପ୍ରତାରଣାରେ ସମ୍ମୁଖୀନ ହୋଇଛନ୍ତି । ସମ୍ପ୍ରତି ସମାଜର ସୌଖୀନ ଜୀବନ ବିତାଇବା ପାଇଁ ମଣିଷ ସ୍ୱାର୍ଥବାଦୀ ହୋଇ ଧନବାନ ହେବାର ମୋହକୁ ଚରିତାର୍ଥ କରିବାରେ ଲାଗିଛି । ମାନବର ବ୍ୟକ୍ତିଗତ ସ୍ୱାର୍ଥ ସେତେବେଳେ ପୂର୍ଣ୍ଣ ହୁଏ ଯେତେବେଳେ ସାମୂହିକ ମଙ୍ଗଳକୁ ପାଦରେ ଏଡ଼ାଇ ଦେଇ ଭ୍ରଷ୍ଟାଚାର ବା

ଦୁର୍ନୀତିଗତ କାର୍ଯ୍ୟକୁ ଆପଣେଇ ନିଏ । ତେଣୁ ବ୍ୟବସାୟ କଲାବେଳେ ଗ୍ରାହକକୁ ସିଧାସଳଖ ନ ଠକାଇ ଖାଦ୍ୟ କିମ୍ବା ଅନ୍ୟାନ୍ୟ ସାମଗ୍ରୀରେ ନିକୃଷ୍ଟ ଦ୍ରବ୍ୟ ମିଶ୍ରଣ କରି ବଜାରରେ ବିକ୍ରି କରାଯାଉଛି । ଯାହା ଫଳରେ ଗ୍ରାହକ ମୂଲ୍ୟ ବିନିମୟରେ ଉତ୍କୃଷ୍ଟ ସାମଗ୍ରୀ ପାଇବା ବଦଳରେ ପାଉଛନ୍ତି ଭେଜାଲ୍ ବା କୃତ୍ରିମ ସାମଗ୍ରୀ । ଲାଭବାନ ମହାଜନ ଓ ବେପାରୀ ନିରୀହ ଗ୍ରାହକଙ୍କୁ ଠକୁଛନ୍ତି । ଏହାର ନିଛକ ଚିତ୍ର ଶ୍ରୀ ମହାନ୍ତି 'ଶିଶୁ' ଗଳ୍ପରେ ଉପସ୍ଥାପନ କରିଛନ୍ତି । ଉକ୍ତ ଗଳ୍ପରେ ବାପ ରାମନାଥ ଏବଂ ପୁଅ ସଂଗ୍ରାମ ମଧ୍ୟରେ ତର୍କ ବିତର୍କକୁ ନେଇ ବ୍ୟବସାୟରେ ଦୁର୍ନୀତି ପ୍ରସଙ୍ଗ ଉନ୍ମୋଚିତ ହୋଇଛି । ଯଥା- ପୁଅ ସଂଗ୍ରାମ ତା'ର ବାପ ରାମନାଥକୁ କହେ, "ତମ ଅଟା, ଗହମ, ଚାଉଳ, ଡାଲି, ତେଲ ବିକ୍ରିର ଲାଭ ପଇସାରୁ ମୁଁ ମୋଟେ ଏ ଯାଏଁ ତ ନେଇନି । ତମେ ଯେଉଁ ବସ୍ତା ବସ୍ତା ଗୋଡ଼ି ବାଲି, ତେନ୍ତୁଳି ମଞ୍ଜି, ଚୋକଡ଼ ବିକିଛ, ସେଇ ଲାଭର ବ୍ୟାଙ୍କ୍ ଇଣ୍ଟରେଷ୍ଟରୁ ସାମାନ୍ୟ ଖର୍ଚ୍ଚ କରୁଛି ମାତ୍ର । ଭଲ ହେଲା ବାପା ଗୋଡ଼ି, ବାଲି, ଚୋକଡ଼ ବିକ୍ରି କରି ଟଙ୍କା କମାଉଛି, ପୁଅ ସେଇ ପଇସାରେ ଅୟସ କରି ସମାଜରେ ବଦ୍‌ନାମ ଅର୍ଜୁଛି । ଏଇଟା ତ ପୁଅର ପାରିବାପଣ । ଗୋଡ଼ି, ବାଲି, ଚୋକଡ଼ ପଇସାର ତୁ କ୍ରୀତଦାସ ନୁହେଁ ତ ଆଉ ଅଧିକାଟା କ'ଣ ? ମୁଁ ସିନା ଭେଜାଲ କାରବାର କରୁଚି, ତୁ ତ ଭେଜାଲ ମଣିଷ ହେଇଗଲୁ ।"[୮୬] ଉକ୍ତ ଉଦ୍ଧୃତିରୁ ବ୍ୟବସାୟିକ କ୍ଷେତ୍ରରେ ଭେଜାଲ୍ କାରବାରକୁ ସୂଚିତ କରେ ଏବଂ ଶ୍ରୀ ମହାନ୍ତି ଉକ୍ତ ଗଳ୍ପରେ ମଧ୍ୟ ଜ୍ଞାପନ କରାଇ ଦେଇଛନ୍ତି ଯେ ସମ୍ପ୍ରତି ମଣିଷ ଦୁର୍ନୀତି କରି ବିଳାସପୂର୍ଣ୍ଣ ଜୀବନଯାପନ କଲାପରେ, ତନ୍ମଧ୍ୟରେ ପ୍ରବେଶ କରେ ଅନେକ ଅନୈତିକ କାର୍ଯ୍ୟ, ଯାହା ଅପରାଧ ଅନ୍ତର୍ଗତ ଅଟେ । ଯେପରି ଆଲୋଚ୍ୟ ଗଳ୍ପରେ ସଂଗ୍ରାମ ଛାତ୍ର ରାଜନୀତିରେ ରହି ଗୁଣ୍ଡାମୀ କରିବା, ଝିଅମାନଙ୍କୁ ଅସଦାଚରଣ ତଥା ଅପବ୍ୟବହାର କରିବା ଭଳି ନାନା ଅସଂଗତ କାର୍ଯ୍ୟରେ ହାତ ଦିଏ । ଏଥିରେ ମନୁଷ୍ୟର ଆଦର୍ଶ, ମାନବିକତା କ୍ଷୁର୍ଣ୍ଣ ହୁଏ ।

ତେଣୁ ଆଲୋଚ୍ୟ ଗଳ୍ପରେ ଶ୍ରୀ ମହାନ୍ତି ସଂଗ୍ରାମ ଚରିତ୍ର ମାଧ୍ୟମରେ ଆଣିଛନ୍ତି ପରିବର୍ତ୍ତନ । ସଂଗ୍ରାମ ନିଜର ଅହମିକା, ଗୁଣ୍ଡାମୀ, ବଦ୍‌ମାସି ତଥା ଅସାମାଜିକ କାର୍ଯ୍ୟକୁ ଜଳାଞ୍ଜଳି ଦେଇ ସାଧୁତା, ନିଷ୍ଠା, କର୍ତ୍ତବ୍ୟପରାୟଣତା ତଥା ସ୍ୱଦେଶପ୍ରାଣତାକୁ କରିଛି ସ୍ୱାଗତ । ସାଧାରଣ ମଣିଷ ବା ମାଟିର ମଣିଷଙ୍କ ନିମନ୍ତେ ନିଜକୁ ଉତ୍ସର୍ଗ କରିବା ପାଇଁ ତା'ର ଅନ୍ତଃସତ୍ତା ହୋଇଛି ବ୍ୟାକୁଳ । ବାପ ରାମନାଥର ଦୁରାଚାରୀ ବ୍ୟବସାୟକୁ କରିଛି ବିକଳାଙ୍ଗ । ବସ୍ତିର ବୁଭୁକ୍ଷୁ ପିଲାଙ୍କ ପାଇଁ ସଂଗ୍ରାମର ହୃଦୟ ହୋଇଛି ତଲ୍ଲୀନ । ନିଜର ହୃଦୟାବେଗକୁ ନେଇ ଅନ୍ୟମାନଙ୍କୁ ବୁଝାଇଛି ବସ୍ତିର ବୁଭୁକ୍ଷିତ ପିଲାଙ୍କୁ ଖାଦ୍ୟ ଯୋଗାଇବାପାଇଁ । କଥାକାର ଶ୍ରୀ ମହାନ୍ତି କେବଳ ଗାଣତାନ୍ତ୍ରିକ ଭ୍ରଷ୍ଟାଚାରକୁ ଗଳ୍ପ ମାଧ୍ୟମରେ ପାଠକଙ୍କୁ ଦେଖାଇ ସଚେତନ କରାଇନାହାନ୍ତି, ଏତଦ୍‌ବ୍ୟତୀତ ମଣିଷକୁ ସ୍ୱାର୍ଥହୀନ କର୍ତ୍ତବ୍ୟପରାୟଣ ହୋଇ ଗରିବଙ୍କ ପ୍ରତି ସହାନୁଭୂତି ଦେଖାଇବା ପାଇଁ କରିଛନ୍ତି ପ୍ରେରିତ । ତତ୍‌ସହ 'ମୋକଦ୍ଦମା' ଗଳ୍ପରେ ମଣିଷ

ନିଜକୁ ନିଜେ ଠକିବାରୁ ମୁକ୍ତି ନିମନ୍ତେ ରଖିଛନ୍ତି ଅନେକ ତତ୍ତ୍ୱପୂର୍ଣ୍ଣ ବାର୍ତ୍ତା । ଅର୍ଥାତ୍, ଜନସାଧାରଣ କର୍ତ୍ତୃକ ନିର୍ବାଚିତ ପ୍ରତିନିଧିଙ୍କ ସାହାଯ୍ୟରେ ରାଜ୍ୟ ପରିଚାଳିତ ହେଉଥିବା ରାଷ୍ଟ୍ର ଭାରତବର୍ଷର ଦୁର୍ନୀତିଗତ କାର୍ଯ୍ୟ, ଏଥିରୁ ମଣିଷ ମୁକୁଳିବାର ବାର୍ତ୍ତା ଏବଂ ସାଧାରଣ ଜନତା ସଜାଗ ହେବାର ବୀଜମନ୍ତ୍ର ବୁଣି ଦେଇଛନ୍ତି ଗଳ୍ପ ପରିଧିରେ ।

ସେଥିପାଇଁ 'ମୋକଦ୍ଦମା' ଗଳ୍ପର ଆରମ୍ଭ ବାକ୍ୟ ରଖିଛନ୍ତି ଗାଳ୍ପିକ- "ବାଟ ଛାଡ଼ ଆମେ ଯିବୁ ନ୍ୟାୟର ପିଣ୍ଡାକୁ ।"(୮୭) ଅର୍ଥାତ୍ ସାମ୍ୟବାଦର ଉଚ୍ଚାଟ ସ୍ୱରକୁ ନେଇ ସାଧାରଣ ମଣିଷକୁ ଠିଆ କରାଯାଇଛି ଗଳ୍ପ ପରିଧିରେ । ବୃଦ୍ଧ ଚଇତା ଚରିତ୍ର ଦ୍ୱାରା ସମ୍ପ୍ରତି ଆମ ରାଷ୍ଟ୍ରରେ ଦୁର୍ନୀତି ହେବାର କାରଣ ଏବଂ ତାହାର ସମାଧାନକୁ ଯୁକ୍ତିର ସହ ଉପସ୍ଥାପନ କରିଛନ୍ତି ଗାଳ୍ପିକ ଶ୍ରୀ ମହାନ୍ତି । ସମ୍ପ୍ରତି ଚାହିଦା ପାଖରେ ମଣିଷକୁ "ଆଉ ଶଢ କାଟୁନି, ମୂଲ୍ୟବୋଧ ବାନ୍ଧି ପାରୁନି, ସେଠି ନ୍ୟାୟ ନାଁରେ ବିଭେଦ, ବିଚାର ନାଁରେ ହିଂସା ବୃଦ୍ଧିରେ ସହାୟକ ହେବା ଛଡ଼ା ମିଥ୍ୟା ଓ ମୋକଦ୍ଦମାର ପରିଣତି ସ୍ୱରୂପ ଅଧିକ କ'ଣ ମିଳିପାରିବ ।"(୮୮) ମଣିଷମାନେ "ନିଜ ଦୁର୍ବଳତା ଅସହାୟତା ପାଖରେ ନିଜର ପାରଗପଣକୁ ସଅଁପି ଦେବେ । ଏହା ଆଜିର ଯୁଗର ଚାହିଦା ବୋଲି ପାଟି ଫିଟାଇ ଦାଣ୍ଡ କମ୍ପେଇବେ । କିନ୍ତୁ, ପଦିଏ କଥା ମୁହଁରୁ ଫୁଟିବ ନାହିଁ ।"(୮୯) ଆଜି "ଶତକଡ଼ା ନବେ ଭାଗ ମିଛ ମୋକଦ୍ଦମା । ନିଜର ଜିଦ୍, ନିଜର ଅହଂକାର, ନିଜର ଅଯଥା ଗର୍ବର ଗୋଟିଏ ଗୋଟିଏ ବିସ୍ଫୋରଣ । ଅନ୍ୟାୟ ଉପାୟରେ ନ୍ୟାୟକୁ ପ୍ରତିଷ୍ଠା କରିବାର ଶସ୍ତା ସହଜ ଅବଲମ୍ବନ ।"(୯୦) ଯଦି ଏସବୁରୁ ମଣିଷ ବର୍ତ୍ତିବ ଏବଂ ନିଜକୁ ନିଜେ ସଜାଗ କରିବ ତାହେଲେ ଆମ ରାଷ୍ଟ୍ରରେ ଭ୍ରଷ୍ଟାଚାର ଶବ୍ଦ ଲୋପ ପାଇଯିବ । ଗାଳ୍ପିକ ଶ୍ରୀ ମହାନ୍ତି ଚରିତ୍ରକୁ ସଚେତନ କରି ଗଢ଼ିଛନ୍ତି । ସେଥିପାଇଁ ଆଲୋଚ୍ୟ ଗଳ୍ପରେ ଚଇତା ବୁଢ଼ା ଦ୍ୱାରା ଗାଳ୍ପିକ କୁହାଇଛନ୍ତି, "ନା ନା ମୁଁ ଯାଇପାରିବି ନାହିଁ । ମୁଁ ଏ ମିଛ ସାକ୍ଷୀ ଦେଇପାରିବି ନାହିଁ। ନା ନା ମୁଁ ଯିବିନାହିଁ। ନ୍ୟାୟ ନାଁରେ ତମର ଓରିମାନ ମେଣ୍ଟାଇବାରେ ମୁଁ ସାହାଯ୍ୟ କରି ପାରିବି ନାହିଁ।"(୯୧) ଉକ୍ତ ବାକ୍ୟ ଅନୁଯାୟୀ ମନୁଷ୍ୟ ଯଦି କାର୍ଯ୍ୟ କରେ ତା'ହେଲେ ଭ୍ରଷ୍ଟାଚାରକୁ ପ୍ରଶ୍ରୟ ଦେଉଥିବା ବ୍ୟକ୍ତି ବା ଦୁର୍ନୀତିଖୋର ମଣିଷ ଭୟ ପାଇବ । ଭଣ୍ଡାମୀ, ଠକାମି, ଗୁଣ୍ଡାମୀ ଆଦି ଲୁପ୍ତ ହେବ । ଆମ ରାଷ୍ଟ୍ର କଳଙ୍କମୁକ୍ତ ହୋଇ ସ୍ୱଚ୍ଛ ସୁନ୍ଦର ଭାରତବର୍ଷରେ ପରିଣତ ହେବ । ଶାନ୍ତି, ପ୍ରେମ, ମୈତ୍ରୀର ମହମହ ବାସ୍ନାରେ ଭାରତମାତା ମହକି ଉଠିବ । ଗାନ୍ଧୀଙ୍କର ରାମ ରାଜ୍ୟର ସ୍ୱପ୍ନ ହେବ ସାକାର, ଭାରତବର୍ଷ ନବଯୌବନ ଧାରଣ କରିବ । ଶାନ୍ତିରେ ରହିବେ ସାଧାରଣ ଜନତା ।

ଗାଳ୍ପିକ ରଜନୀକାନ୍ତ ମହାନ୍ତି ଜଣେ ସଚେତନ ମଣିଷ । ତାଙ୍କ ଅନ୍ତରରେ ଭରି ରହିଛି ମାନବିକ ସମ୍ବେଦନଶୀଳତା । ତେଣୁ ସାଧାରଣ ଖଟିଖିଆ, ଦିନ ମଜୁରିଆ ତଥା ବୁଭୁକ୍ଷୁ ମଣିଷମାନଙ୍କୁ ଦେଖି ତାଙ୍କ ଅନ୍ତର କାନ୍ଦି ଉଠିଛି । ସେଥିପାଇଁ ନିଜର ଅବ୍ୟକ୍ତ

ଭାବନାକୁ ସାହିତ୍ୟ ମଧ୍ୟରେ ରୂପାୟିତ କରିଛନ୍ତି । ସାହିତ୍ୟ ମାଧ୍ୟମରେ ଗାଣତାନ୍ତ୍ରିକ ବ୍ୟବସ୍ଥାରେ ଆଧିପତ୍ୟ ବିସ୍ତାର କରିଥିବା ଦୁରାଚାରୀ ବ୍ୟକ୍ତିମାନଙ୍କର କଳଙ୍କିତ କାର୍ଯ୍ୟକୁ କରିଛନ୍ତି ପର୍ଦ୍ଦାଫାସ୍ । ସାଧାରଣ ଜନତାଙ୍କୁ ସଚେତନ କରିଛନ୍ତି । ଏହା ବ୍ୟତୀତ ପ୍ରଶାସନରେ ହେଉଥିବା ତ୍ରୁଟି, ତା'ର କାରଣ ଏବଂ ନିରାକରଣ ନିମନ୍ତେ ବୌଦ୍ଧିକତାର ସହ ବକ୍ତବ୍ୟ ରଖିଛନ୍ତି ଗଳ୍ପ ମଧ୍ୟରେ । 'ପିମ୍ପୁଡ଼ି', 'ଚନ୍ଦ୍ରଭାଗା', 'ମୋକଦ୍ଦମା', 'ଫକୀରମୋହନୀୟ', 'ଗଣନାୟକ', 'ଶିଶୁ', 'ସ୍ୱପ୍ନରଙ୍ଗା', 'ଫଳକ', 'ଗହନବନ' ଆଦି ଗଳ୍ପ ମଧ୍ୟରେ ରାଜନୀତିକ, ପ୍ରାଶାସନିକ, ବ୍ୟବସାୟିକ, ଭ୍ରଷ୍ଟାଚାରକୁ ସୂଚାଇ ଦେଇଛନ୍ତି । କଥାକାର ଶ୍ରୀ ମହାନ୍ତି ସାହିତ୍ୟ ମଧ୍ୟରେ ଦୁର୍ନୀତି ପ୍ରସଙ୍ଗ ଉପସ୍ଥାପନ କରିବାର ମୁଖ୍ୟ ଅଭିବ୍ୟକ୍ତି ହେଉଛି ଚରିତ୍ରର ମାର୍ଜନା ଏବଂ ସୁସ୍ଥ ବ୍ୟକ୍ତିତ୍ୱର ସର୍ଜନ । ଯାହାକି ଏକ ପରିମଳ ସମାଜ ଗଠନରେ ହେବ ସହାୟକ ।

(ଙ) ଅତିକଳ୍ପନା

ଅତିକଳ୍ପନା ନିୟମାବଦ୍ଧ ନୁହେଁ । ଏହାର ଜଗତ ଭିନ୍ନ । ଅତିକଳ୍ପନା ପାଇଁ କିଛି ବି ଅସମ୍ଭବ ନୁହେଁ । ଯାହା ଲୌକିକତାର ବାହାରେ । ଯେପରି ପ୍ରାଚୀନ କାହାଣୀରେ ବୁଢ଼ୀ ଅସୁରୁଣୀର ଜୀବନ ନାଟିକାକୁ ଆଣିବା ପାଇଁ ରାଜାପୁଅ ସାତତାଳ ପାଣି ଭିତରକୁ ଯିବା କିମ୍ବା ଆଟ୍‌ଲାସ୍ ଭଳି ପୃଥିବୀକୁ ଟେକି ଧରିବା କିଛି ଏଥିରେ ଅସମ୍ଭବ ନୁହେଁ । ଏହା ଭିତରେ ସ୍ୱପ୍ନ ସୃଷ୍ଟି, କାଳ୍ପନିକ ଗଳ୍ପ, ପରୀ ରାଇଜ କାହାଣୀ, ରମ୍ୟ କଥା, ବିଜ୍ଞାନ ସମ୍ବନ୍ଧୀୟ ମନଗଢ଼ା କଥା ଆଦି ମଧ୍ୟ ଦେଖିବାକୁ ମିଳିଥାଏ । ଏହା ଏକ କାଳ୍ପନିକ ଜଗତକୁ ଉପସ୍ଥାପନ କରିଥାଏ ଏବଂ ଏଥିରେ ଯାଦୁ ସମ୍ବନ୍ଧୀୟ ଶକ୍ତି ଓ ଅବାସ୍ତବ ଘଟଣା ସବୁ ସ୍ଥାନ ପାଇଥାଏ । ତେଣୁ କୁହାଯାଇଛି, "A general term for any of fictional work that is not primarily devoted to realistic representation of the known world. The catagory includes several literary genres (e.g dream vision, fable, fairytale, romance, scientification) describing imagined worlds in which magical powers and other impossibilities are accepted. Recent theorists of fantasy have attempted to disinguish more precisely between the self-contained magical realms of the marvelous, the psychologically explicable divisions of the uncanny and the inexplicable meeting of both in the fantastic, for a fuller account, consult brain attebery strategies of fantasy."[୧୨] ଅତିକଳ୍ପନା (Fantasy) ଗଳ୍ପକୁ ଅଧିକ ସଂପ୍ରସାରିତ କରିଥାଏ, ଅଧିକ ଭାବସାନ୍ଦ୍ର ଓ ହୃଦୟସ୍ପର୍ଶୀ କରିଥାଏ । ଗଳ୍ପର ପରିଧିରେ ଅତିକଳ୍ପନାର ଗୁରୁତ୍ୱକୁ ସବୁ ସମୟରେ କଥାକାରମାନେ ଉପଲବ୍ଧି କରିଛନ୍ତି ଏବଂ ସମଗ୍ର ବିଶ୍ୱ ସାହିତ୍ୟରେ ଏହାର ବିପୁଳ ପ୍ରଭାବକୁ ଲକ୍ଷ୍ୟ କରାଯାଇଥାଏ । ଅଧିକତଃ ଯେଉଁ କଥାକାରମାନେ ଲୌକିକ ପରମ୍ପରା, ପ୍ରାଚୀନ ଗଳ୍ପର କଥନ ଭଂଗୀ ଓ ଶିଳ୍ପକୁ କଥାର ପରିଧିରେ ସଂଯୁକ୍ତ କରିଛନ୍ତି, ଏମାନେ ପ୍ରାୟତଃ ଅତିକଳ୍ପନାକୁ ଏକ ଶକ୍ତିଶାଳୀ ଉପାଦାନ ଭାବେ ପ୍ରୟୋଗ କରିଛନ୍ତି ସ୍ୱୀୟ

ଗଳ୍ପଭୂମି ଓ କଥାଭାଗରେ । କଥାକାର ମନୋଜ ଦାସ, ମହାପାତ୍ର ନୀଳମଣି ସାହୁ, ଅଚ୍ୟୁତାନନ୍ଦ ପତି ପ୍ରମୁଖ ସ୍ରଷ୍ଟାଙ୍କ ଭଳି ଗାଳ୍ପିକ ରଜନୀକାନ୍ତ ମହାନ୍ତିଙ୍କ ଗଳ୍ପ ପରିଧିରେ ମଧ୍ୟ ଅତିକଳ୍ପନା ବେଶ୍ ସଂଚରଣଶୀଳ ଓ ପ୍ରଭାବଶାଳୀ । ତାଙ୍କର 'ଭୂତ', 'ସମୁଦ୍ର', 'ଆଁ', 'ଜନ୍ମ' ଆଦି ଗଳ୍ପରେ ଅତିକଳ୍ପନା ପ୍ରସଙ୍ଗକୁ ବିଚାର କରାଯାଇପାରେ ।

ପ୍ରାଚୀନ ପରମ୍ପରା ଓ ସଂପ୍ରତି ମଣିଷର ଅସ୍ତିତ୍ୱ ମଧ୍ୟରେ ଯୋଗସୂତ୍ରକୁ ଦେଖାଇବାକୁ ଗଲାବେଳେ ଗାଳ୍ପିକ ରଜନୀକାନ୍ତ ମହାନ୍ତିଙ୍କ 'ଭୂତ' ଗଳ୍ପରେ ଅତିକଳ୍ପନା ପ୍ରସଙ୍ଗ ପ୍ରକାଶିତ ହୁଏ । ବିଶ୍ୱାସ ହେଉଛି ମନୁଷ୍ୟର ମାନସିକ ତଥା ଚିନ୍ତା ଚେତନା ପ୍ରସୂତ ଏବଂ ଏହା ଏକ ହୃଦୟାଗତ ଆବେଗ । କିନ୍ତୁ ମଣିଷ ଯେତେବେଳେ ମାନବତାବୋଧକୁ ହତ୍ୟା କରେ ସେତେବେଳେ ତାହା ଅନ୍ଧବିଶ୍ୱାସରେ ପରିଣତ ହୁଏ । ଉକ୍ତ ଆଭିମୁଖ୍ୟକୁ ପରିପ୍ରକାଶ କରିବା ପାଇଁ ପଦାର୍ଥ ବିଜ୍ଞାନୀ ଅଭିଜିତ୍ ମୁଖରେ ଗାଳ୍ପିକ ଗୋଟିଏ ଲୋକ କାହାଣୀର ପରିପ୍ରକାଶ କରନ୍ତି ଏବଂ ଏହାର ଶ୍ରୋତା ଅଭିଜିତ୍‌ର ସ୍ତ୍ରୀ ସୁପର୍ଣ୍ଣା ଯିଏକି ପ୍ରାଣୀ ବିଜ୍ଞାନର ଅଧ୍ୟାପିକା । ହଳୀ ଓ ବାଜ ଉଭୟଙ୍କର ମସୁଧାନୁଯାୟୀ ହାଡ଼ ଥରା ଶୀତରାତ୍ରିର ଶେଷ ପ୍ରହରରେ ବାଜ ହଳୀକୁ ମାଛ ଧରିଯିବା ନିମନ୍ତେ ଡାକେ । ମାଛ ଧରିବାର ସମସ୍ତ ଉପକରଣ ହଳୀ ଘରୁ ବାହାରକୁ କାଢ଼ି ଘର ଭିତରକୁ ଯିବା ଉତାରୁ ବାଜ ମାଛ ଧରିବା ନିମନ୍ତେ ସମସ୍ତ ଉପକରଣ ନେଇ ଅନ୍ଧାରରେ ସନ୍ତରାଗଡ଼ିଆ ପାଖକୁ ମାଡ଼ି ଚାଲେ । ଏହାରି ମଧରେ ହଳୀ ବାଜର କର୍ମକୁ ଦେଖି ସଚେତନ ହୋଇଯାଏ । ମାଛ ଖାଇବାର ଲାଳସାରେ ଭୂତ ବାଜର ରୂପ ଧାରଣ କରିଛି ବୋଲି ହଳୀ ଜାଣି ଧୀରେ ଧୀରେ ଛାତିକୁ ଟାଣ କରିନିଏ । ମନକୁ ଦମ୍ଭ କରେ ଓ ଗଇଁତିର ଲୁହା ଖଣ୍ଡକୁ ଧରି ସଜାଗ ହୋଇଯାଏ । ଗାଳ୍ପିକ ଶ୍ରୀ ମହାନ୍ତି ଉପସ୍ଥାପନ କରନ୍ତି, "ହଳୀ ସେଇ ଗଇଁତିକୁ ଧରି ବାଜରୂପୀ ଭୂତକୁ ଗୋଡ଼ାଇବାରେ ଲାଗିଲା । ଭୂତଟା ହଠାତ୍ ଗୋଟେ ପ୍ରକାଣ୍ଡ ଗଛ ଭଳିଆ ମଣିଷ ହୋଇଗଲା । କିନ୍ତୁ ହଳୀ କି ଛାଡ଼ିବା ଲୋକ । ସେଇ ଗଇଁତିଟାକୁ ଧରି ଗୋଡ଼ାଇବାରେ ଲାଗିଲା । ସେତେବେଳକୁ ରାତି ପାହାପାହା ହୋଇ ଆସିଲାଣି ।"(୯୩)

ଉକ୍ତ ଗଳ୍ପରେ ଭୂତ ବାଜ ରୂପ ଧାରଣ କରିବା, ଭୂତ ମାଛ ଧରିବା, ଭୂତ ପ୍ରକାଣ୍ଡ ଗଛ ଭଳି ମଣିଷ ହୋଇଯିବା ଆଦି ଅତିକଳ୍ପନା ପାଠକକୁ ଆକର୍ଷିତ କରେ । ଗାଳ୍ପିକ ଶ୍ରୀ ମହାନ୍ତି 'ଭୂତ' ଗଳ୍ପରେ ବିଜ୍ଞାନ ପାଖରେ ଲୋକ ବିଶ୍ୱାସର ପ୍ରାଚୁର୍ଯ୍ୟକୁ ଦେଖାଇଲା ବେଳେ ଭୌତିକ ବ୍ୟାପାର ପ୍ରସଙ୍ଗ ଜନିତ କାହାଣୀ ଅର୍ଥାତ୍ ଅତି କଳ୍ପନାଯୁକ୍ତ କାହାଣୀ ପ୍ରଚ୍ଛଦରେ ରହିଛି ଅନେକ ଉପାଦେୟ କଥା । ଉକ୍ତ ଗଳ୍ପର ଅନ୍ତରାଳରେ ଥିବା ଲୋକକାହାଣୀ ସୂଚିତ କରୁଛି, ସାର୍ବଜନୀନ ବା ଇଜିମାଲି ସ୍ଥାନରୁ ଏକା ମାଛ ଧରି ଆଣିବା ଏକ ଦୁଃସାହସିକତା ତଥା ରାତ୍ରି ସମୟରେ ବାଘ, ଭାଲୁ, ସାପ ଭଳି ଭୟଙ୍କର ଜନ୍ତୁଙ୍କଠୁଁ ସୁରକ୍ଷିତ ରହିବା ପ୍ରସଙ୍ଗ । ଭୂତ ମଣିଷ ଶରୀର ଧରି ମାଛ ଧରିବାକୁ ଯିବା କଥା ମଣିଷର ମାନସ ତଥା

ହୃଦୟରେ ଜମାଏ ଭୟ । ଏଥିନିମନ୍ତେ ସାର୍ବଜନୀନ ସଂପତ୍ତିର ଭାଗ ସମସ୍ତେ ପାଇପାରିବେ । ଗୋଟାଏ ସ୍ଥାନରେ ଏକଯୁଟ ହୋଇ ଯେକୌଣସି କାର୍ଯ୍ୟ କରିବା ଦ୍ୱାରା ସୃଷ୍ଟି ହେବ ଭାଇଚାରା ତଥା ରାତ୍ରିରେ ଏକଚାଟିଆ କାର୍ଯ୍ୟ ହାସଲ କରିବାର କୁପରିଣତି ଭୟଙ୍କର ହୋଇପାରେ। ଯେଉଁଠି ବ୍ୟକ୍ତିଗତ ସ୍ୱାର୍ଥ ବ୍ୟତିରେକ ସର୍ବଜନକଲ୍ୟାଣ ସ୍ଥାପନ ହେବ।

ସେହିପରି ପାରିବାରିକ ବା ସମାଜ ଦ୍ୱାରା ପ୍ରତିବନ୍ଧକ ସୃଷ୍ଟି ହେଉଥିବା ଜାତିବହିର୍ଗତ, ପୁନଶ୍ଚ ଅସ୍ପୃଶ୍ୟତାର ନିଗଡ଼ରେ ଆବଦ୍ଧ ପ୍ରେମର ଅସ୍ତିତ୍ୱ ଜାହିର କରିବାର ଉଦ୍ଦେଶ୍ୟକୁ ନେଇ କଥାକାର ରଜନୀକାନ୍ତ ମହାନ୍ତି 'ସମୁଦ୍ର' ଗଳ୍ପ ଲେଖନ୍ତି । ସମାଜଗତ ପ୍ରତିବନ୍ଧକ ଯୋଗୁଁ ପ୍ରେମିକ ପ୍ରେମିକା ଉଭୟ ସମୁଦ୍ର ଗର୍ଭରେ ନିଜ ନିଜ ଜୀବନକୁ ଦିଅନ୍ତି ଜଳାଞ୍ଜଳି । ଅସ୍ପୃଶ୍ୟତା ତଥା ଜାତିଗତ ବିଭେଦକୁ ନେଇ କୂଟଚକ୍ରରେ ଲିପ୍ତ ଥିବା ତରୁଣ ପ୍ରେମିକ ସରଜୁର ମା' ପୁତ୍ର ବିୟୋଗରେ ହୋଇଛି ମ୍ରିୟମାଣ । ଅସ୍ପୃଶ୍ୟଜନିତ ଜାତିବହିର୍ଗତ ପ୍ରେମକୁ ଅସ୍ୱୀକାର କରୁଥିବା ପରିବାର ବର୍ଗ ବା ସରଜୁ ମା'ର ପୁତ୍ରବିୟୋଗ ଦୁଃଖକୁ ପ୍ରତ୍ୟେକ ମା' ଓ ସମାଜକୁ ଅନୁଭବ କରେଇବାର ପ୍ରୟାସରେ ଅତିକଳ୍ପନା ପ୍ରକାଶ ପାଏ । ସମୁଦ୍ର ମଧ୍ୟରେ ସରଜୁ ଏବଂ ତା'ର ପ୍ରେମିକା ଗୌରୀ ମୃତ୍ୟୁବରଣ କରିବା ପରେ ମଧ ପ୍ରତ୍ୟେକ ଆଲୁଅପକ୍ଷ ଦଶମୀ ତିଥିରେ ଉଭୟ ଉଭୟଙ୍କୁ ଅପେକ୍ଷା କରୁଛନ୍ତି । ତରୁଣୀ ଗୌରୀ ନୀଳରଙ୍ଗର ରୂପକୁ ନେଇ ଅପେକ୍ଷା କରେ ମଝି ଦରିଆରେ ଥିବା ଧଳା ନୌକାର ପ୍ରେମିକ ସରଜୁକୁ । କିନ୍ତୁ କେବେ ମିଳନ ହୋଇପାରେନା । ଏହାକୁ ଉପସ୍ଥାପନ କରିବାକୁ ଯାଇ କଥାକାର ଶ୍ରୀ ମହାନ୍ତି ସରଜୁର ମା' ମୁଖରେ ପ୍ରକାଶ କରନ୍ତି, "ସେ ପା ଗୌରୀ.... ସମୁଦ୍ରରେ ତା'ର ଘର । ଚେପଟା ନାକ । ଗହୀରା ଛୋଟ ଛୋଟ ଆଖି, ପତଳା ଦେହ, ସେ ପା ଗୌରୀ । ୍ ଆଲୁଅପକ୍ଷ ଦଶମୀ ତିଥିରେ ଜହ୍ନ ଯେତେବେଳେ ଉଏଁ, ସେତେବେଳେ ସମୁଦ୍ରରୁ ଉପରକୁ ଉଠିଆସେ ଗୌରୀ । ଅନେଇଥାଏ ମଝି ଦରିଆରେ ଦେଖା ହେଉଥିବା ଧଳା ନୌକାକୁ ।"[୯୪] ଅର୍ଥାତ୍ ଆଲୋଚ୍ୟ ଗଳ୍ପରେ ଗୌରୀ ଭଳି ତରୁଣୀ ସମୁଦ୍ରରେ ବାସ କରିବା, ଗୌରୀ ନୀଳବର୍ଣ୍ଣ ଧାରଣ କରିବା ଏବଂ ପ୍ରତ୍ୟେକ ଆଲୁଅପକ୍ଷ ଦଶମୀ ତିଥିରେ କୂଳକୁ ଆସିବା ତଥା ଧଳା ନୈକାରେ ପ୍ରେମିକ ସରଜୁର ଆବିର୍ଭାବ ପ୍ରସଙ୍ଗ ଭଳି ଅତିକଳ୍ପନା ପାଠକ ମନରେ ଆକାଂକ୍ଷା ଓ ବିଚଳିତ ଭାବ ସୃଷ୍ଟି କରେ ।

ଗାଳ୍ପିକ ଗଳ୍ପ ଉପସ୍ଥାପନ କଲାବେଳେ ଆଲୋଚ୍ୟ ପ୍ରସଙ୍ଗ ଅର୍ଥାତ୍ ଅତିକଳ୍ପନା ପ୍ରସଙ୍ଗ ସ୍ୱତଃସ୍ଫୂର୍ତ୍ତ ମାନସପଟକୁ ପଶିଆସେ । ପ୍ରେମଜନିତ ମୃତ୍ୟୁକୁ ନେଇ ଭବିଷ୍ୟତରେ ଆତ୍ମପରିଜନଙ୍କ ମଧ୍ୟରେ ଦେଖା ଯାଉଥିବା ଦୁଃଖକୁ ଦେଖାଇ ସଜାଗ କରିଛନ୍ତି ଗାଳ୍ପିକ ପାଠକ ମାନଙ୍କୁ । ଜାତିଗତଅସ୍ପୃଶ୍ୟତା ଦେଇ ଗଢ଼ି ଉଠୁଥିବା ପ୍ରେମ ମଧ ହୋଇପାରେ ପବିତ୍ର । ପ୍ରତ୍ୟେକ ମଣିଷ ରକ୍ତମାଂସରେ ଗଢ଼ା । ଜାତିଗତ ତାରତମ୍ୟ ଅର୍ଥହୀନ । ତେଣୁ

ଜାତିଗତ ବିଭେଦତାକୁ ପରିହାର କରି ସୌହାର୍ଦ୍ଦ୍ୟପୂର୍ଣ୍ଣ ଭାବରେ ଭାଇ ଭାଇ ହୋଇ ବନ୍ଧୁତା ସ୍ଥାପନ କରି ବଞ୍ଚିବା ଦରକାର । ଏହାରି ମଧ୍ୟରେ ମାନବପ୍ରେମର ସ୍ଥିତି ହେବ ମହାନ୍ ।

କଥାକାର ରଜନୀକାନ୍ତ ମହାନ୍ତିଙ୍କ ଗଳ୍ପରେ ଅତିକଳ୍ପନା ପ୍ରସଙ୍ଗ ପ୍ରାଣସ୍ପର୍ଶୀ । ଯୁକ୍ତିସଂଗତ ଭାବେ ବାସ୍ତବତାକୁ ଉପସ୍ଥାପନ କଲାବେଳେ ସ୍ୱତଃସ୍ଫୂର୍ତ୍ତ ଅତିକଳ୍ପନା ଗଳ୍ପ ମଧ୍ୟରେ ଆପଣାଛାଏଁ ପ୍ରବେଶ କରେ । 'ଭୂତ' ଗଳ୍ପରେ ପ୍ରାଚୀନ କାହାଣୀ ଶୈଳୀର ଗଳ୍ପ ଉପସ୍ଥାପନରେ ଅତିକଳ୍ପନା ଦେଖାଗଲାବେଳେ 'ସମୁଦ୍ର' ଗଳ୍ପରେ ପ୍ରେମର ସାମାଜିକ ଅସ୍ତିତ୍ୱକୁ ନେଇ ଅତିକଳ୍ପନା ଦେଖାଯାଏ । ଅତିକଳ୍ପନା ପାଠକ ହୃଦୟରେ ଆକାଂକ୍ଷା ସୃଷ୍ଟି କରି ମନର ଉତ୍କଣ୍ଠା ଜାଗ୍ରତ କରାଏ କିନ୍ତୁ ଏହାରି ମଧ୍ୟରେ ଥାଏ ବ୍ୟକ୍ତିତ୍ୱର ମୂଲ୍ୟାୟନ ।

ଗାଳ୍ପିକ ଶ୍ରୀ ମହାନ୍ତିଙ୍କ 'ଆଁ' ଗଳ୍ପରେ ଗାଣତାନ୍ତ୍ରିକ ରାଷ୍ଟ୍ରରେ ରାଜନେତାମାନଙ୍କର ବ୍ୟଭିଚାର ପ୍ରସଙ୍ଗକୁ ଦେଖାଇବାକୁ ଯାଇ ଯେଉଁ ରୂପକଳ୍ପର ଆଶ୍ରୟ ନେଇଛନ୍ତି ତାହା ଅତିକାଳ୍ପନିକ । ଯଦ୍ୟପି କଥାକାର ବାସ୍ତବ ବାର୍ତ୍ତା ରଖିବାକୁ ଯାଇ ଅବାସ୍ତବ କାହାଣୀର ସଂଯୋଗ କରି ନଥିଲେ ଆଲୋଚ୍ୟ ଗଳ୍ପର ବକ୍ତବ୍ୟ ହୋଇଥାନ୍ତା କ୍ଷୁର୍ଣ୍ଣ । ଗଳ୍ପଟି ଏତେ ମାତ୍ରାରେ ହୋଇପାରିନଥାନ୍ତା ଚିତ୍ତାକର୍ଷକ । ତେଣୁ ରାଜନେତାମାନଙ୍କର ଶୋଷଣ, ଧର୍ଷଣ, ଗୁଣ୍ଡାମୀକୁ ଦେଖାଇବାକୁ ଯାଇ ଶୋଷଣର ସ୍ୱରୂପ ରୂପେ 'ଆଁ'କୁ ପ୍ରତୀକିତ କରାଇଛନ୍ତି ଗଳ୍ପରେ । ଉପମନ୍ତ୍ରୀ ଶକ୍ତିମୟଙ୍କର ପାଟି ଖୋଲିଯାଏ ମଧ୍ୟାହ୍ନ ରାତ୍ରିରେ । 'ଆଁ' ବନ୍ଦ ହୁଏନାହିଁ । ସେଇ 'ଆଁ' ଭିତରେ ଶକ୍ତିମୟଙ୍କ ମା' ଦେଖନ୍ତି ସେ ପାଟିରେ ଗୋଟିଏ ବ୍ରାହ୍ମଣ୍ଡ ବୁଲୁଛି । ତାଙ୍କରି ଭଳି ଶହ ଶହ ମା' ବେଦନାଶ୍ରୁ ଆଖିରୁ ପୋଛି ପୋଛି ଶକ୍ତିମୟଙ୍କ ତଣ୍ଟି ଭିତରେ ପଶି ଯାଉଛନ୍ତି । ଅନୁରୂପ ଭାବେ ଶକ୍ତିମୟଙ୍କ ସ୍ତ୍ରୀ ସୁଜାତା ଦେଖନ୍ତି ନିଜ ଭଳି ଶହ ଶହ ବୋହୂ ଲଙ୍ଗଳା ମୁକୁଳା ହୋଇ ପଶି ଯାଉଛନ୍ତି ଶକ୍ତିମୟଙ୍କ ପାଟି ବାଟେ । ଉପମନ୍ତ୍ରୀ ଶକ୍ତିମୟଙ୍କ ବୃଦ୍ଧ ପିତା ଦେଖନ୍ତି ନେଂଗୁଟି ମାରି ଅସ୍ଥି କଙ୍କାଳସାର ଦେହରେ ମୁଣ୍ଡରେ ପାଛିଆ ଧରି ନିଜ ଭଳି ଶହ ଶହ ବ୍ୟକ୍ତିଙ୍କୁ 'ଆଁ' ପାଟିରେ ମନ୍ତ୍ରୀ ଶକ୍ତିମୟ ଗିଳି ଯାଉଛି । ଏଥିରେ ରାଜନେତାମାନଙ୍କର ଦୁର୍ନୀତି ଏବଂ ଉକ୍ତ କାର୍ଯ୍ୟରୁ ନିବୃତ୍ତ ହେବା ପାଇଁ ଯେଉଁ ବାର୍ତ୍ତା ଶ୍ରୀ ମହାନ୍ତି ଉପସ୍ଥାପନ କରିଛନ୍ତି ତାହା ମଧ୍ୟରେ ଅତିକଳ୍ପନା ଅତି ବଳିଷ୍ଠ ଭାବରେ ପଶି ଆସି ପାଠକ ହୃଦୟରେ ବାର୍ତ୍ତାଟିକୁ ପ୍ରସାରିତ କରିଛି ।

ଆଲୋଚ୍ୟ ଗଳ୍ପରେ ଉପମନ୍ତ୍ରୀ ଶକ୍ତିମୟଙ୍କ ପାଟି ଖୋଲିଯାଇ 'ଆଁ' ହୋଇ ରହିବା, ତାଙ୍କ ପାଟି ଭିତରେ ଘଟୁଥିବା ସମସ୍ତ ଅନୈତିକ କାର୍ଯ୍ୟ ଗଳ୍ପକୁ ପରିଣତିର ଶୀର୍ଷକୁ ଟାଣିଲାବେଳେ କଥାକାର ସଜାଗ କରାନ୍ତି ସାଧାରଣ ଜନତାଙ୍କୁ ଏବଂ ଏହାରି ମଧ୍ୟରେ ରହେ ରାଜନେତାଙ୍କ ବ୍ୟକ୍ତିତ୍ୱ ସଜାଡ଼ିବାର ଅଭିପ୍ରାୟ । ସେହିପରି 'ଜନ୍ମ' ଗଳ୍ପରେ ମଣିଷ ସ୍ୱକୀୟ ଆବଶ୍ୟକତାକୁ ଲକ୍ଷ୍ୟ ରଖି କୌଣସି ଜିନିଷ ବା ପ୍ରାକୃତିକ ସମ୍ପତ୍ତିକୁ ବଞ୍ଚାଏ ଏବଂ ଯାହାକୁ ଅନାବଶ୍ୟକ ମନେକରେ ତାହା ଯେ ଭବିଷ୍ୟତର ଆବଶ୍ୟକତା ହୋଇ ରହେ, ଏହି

ବାର୍ତ୍ତାକୁ ନେଇ ଉକ୍ତ ଗଳ୍ପଟି ଗତି କଲାବେଳେ ଅତିକଳ୍ପନାର ପ୍ରସଙ୍ଗଗତ ଉପସ୍ଥାପନରେ ଆକର୍ଷଣୀୟ ହୋଇ ଉଠେ । ସଂବାଳୁଆ ଶରୀର ବୃଦ୍ଧି ହେଲେ ହୁଏ ପ୍ରଜାପତି । ଗୋଟିଏ ରୂପ ଘୃଣିତ ହେଲେ ଅନ୍ୟଟି ସୌନ୍ଦର୍ଯ୍ୟପୂର୍ଣ୍ଣ । ଗୋଟିଏ ରୂପ ନିନ୍ଦନୀୟ ହେଲେ ଅନ୍ୟଟି ପ୍ରଶଂସନୀୟ। ଏହି ସଂବାଳୁଆଙ୍କୁ ବାଳକ ଟୁଲୁ ନିଆଁ ହୁଳା ଜାଳି ସମୂଳେ ଧ୍ୱଂସ କରିବା ବେଳେ ଗୋଟିଏ ଛୋଟ ସଂବାଳୁଆ ବଂଚୁଛି । ପରବର୍ତ୍ତୀ ସମୟରେ ପ୍ରଜାପତି ହୋଇ ଟୁଲୁକୁ ଆକର୍ଷିତ କରିଛି ଏବଂ ତା' ବଂଶର ଆତ୍ମ ପରିଜନଙ୍କୁ ଜିଅନ୍ତା ଜାଳି ମାରି ଦେଇଥିବା ଟୁଲୁଠାରୁ ପ୍ରତିଶୋଧ ନେଇଛି । କଥାକାର ଶ୍ରୀ ମହାନ୍ତି ଗଳ୍ପରେ ଉଲ୍ଲେଖ କରିଛନ୍ତି, "ଉଡୁଉଡୁ ମନକୁ ମନ ଭାବିଲା ମୋର ସାରା ବଂଶକୁ ସଂବାଳୁଆ ଅବସ୍ଥାରେ ଏଇ ଟୁଲୁ ପୋଡ଼ି ମାରିଛି, ଯାକୁ ଦଣ୍ଡ ଦେବା ଆବଶ୍ୟକ । ସାମ୍ନାରେ ଗୋଟେ ଖାଲ ଥିଲା। ଖାଲ ଉପରେ ଝଟା, ମଟା, କଣ୍ଟା ବୁଦାଗୁଡ଼ିକ ଖାଲକୁ ଘୋଡ଼ାଇ ପକାଇଲା। ଏଇ କଣ୍ଟା ବୁଦା ଉପରେ ବସି ପଡ଼ିଲେ ଟୁଲୁ ଧାଇଁ ଧାଇଁ ମୋ ପାଖକୁ ଆସିବ । ସେଇଠି ସେ ଖାଲରେ ପଡ଼ିବ ।"(୯୫) ସତକୁ ସତ ଟୁଲୁ ଧାଇଁ ଆସି ସେ ଖାଲରେ ପଡ଼େ, ରକ୍ତାକ୍ତ ମଧ୍ୟ ହୁଏ । ଏଠାରେ ପ୍ରଜାପତିର କାର୍ଯ୍ୟଗୁଡ଼ିକ ଅତିକଳ୍ପନା ପର୍ଯ୍ୟାୟଭୁକ୍ତ, ସେ ଦୃଷ୍ଟିରୁ ଗଳ୍ପଟି ଉର୍ଦ୍ଧ୍ୱମୁଖୀ । ଏହାରି ମାଧ୍ୟମରେ ପାଠକ ଜାଗ୍ରତ ହୁଏ ନିଜର ମଣିଷ ପ୍ରକୃତିକୁ ନେଇ ।

ସେହିପରି ମାନବେତର ଚରିତ୍ର ମଧ୍ୟରେ ମାନବ ଜାତିର ମାନସିକ ଉତ୍ତରଣ ସଂସ୍କୃତି, ଐତିହ୍ୟ, ଅବମାନିତ ସଂସ୍କୃତିର ପୁନର୍ଗଠନ ଆଦିର ଲକ୍ଷ୍ୟକୁ ନେଇ କଥାକାର 'କାଣ୍ଠିବଗ', 'କଷିକଉ' ଭଳି ଗଳ୍ପ ପାଠକଙ୍କୁ ପରସି ଦିଅନ୍ତି ଅତି ବୌଦ୍ଧିକତାର ସହ । ଉକ୍ତ ଗଳ୍ପଗୁଡ଼ିକର ଭାବପକ୍ଷ ମଣିଷର ପାଶବିକ ପ୍ରକୃତିକୁ ପରିବର୍ତ୍ତନ କରିବା ସହ ଶହ ଶହ ବର୍ଷର ଐତିହ୍ୟକୁ ଉଜ୍ଜୀବିତ କରିବା ଏବଂ ଏକ ନୂତନ ବାର୍ତ୍ତା ନେଇ ମାନବ ସମାଜରେ ଦଣ୍ଡାୟମାନ ହୋଇଥାଏ । ଏହାରି ମଧରେ ଅନେକ ଦାର୍ଶନିକ ଚିନ୍ତା, ଚେତନା, ପରିପ୍ରକାଶ ହୋଇ ପାଠକର ମାନସିକତାକୁ ପରିମାର୍ଜିତ କରିଥାଏ । କିନ୍ତୁ ଆଙ୍ଗିକଟି ନିଶ୍ଚିତ ପ୍ରାଚୀନ । 'କଷିକଉ' ଗଳ୍ପଟି ପ୍ରାଚୀନ ଗଳ୍ପରୁ ଅନୁବର୍ତ୍ତିତ ରୂପ ନୁହେଁ, କିନ୍ତୁ ମାନବେତର ଚରିତ୍ରମାନଙ୍କ ମଧ୍ୟରେ ମାନବିକତାର ଭାବ ସଂଯୋଜନାର ଏକ ପ୍ରକାର କାଳ୍ପନିକତା । ଯେଉଁଠି କଷି କଉଟି ଗୋଟିଏ ବନ୍ଧନରୁ ମୁକ୍ତ ହେବାକୁ ଚାହେଁ; ଜଗତ ଦେଖିବାକୁ ଚାହେଁ, କିନ୍ତୁ ପାରେନା । ଏହା ମଧ୍ୟ ଆମ ସଂସ୍କୃତିର ଏକ ବନ୍ଧନ । କିନ୍ତୁ, ଏତକ କୁହାଯାଇପାରେ ସବୁ ପ୍ରାଣୀଜଗତ ନିଜ ନିଜ ପରିବେଶରେ ଆବଦ୍ଧ । ସେହିପରି 'କାଣ୍ଠିବଗ' ଗଳ୍ପ ମଧ୍ୟ ଏକ କଳ୍ପନା ପ୍ରସୂତ ଗଳ୍ପ। ଦୁଇଟି ଚରିତ୍ର କାଣ୍ଠିବଗ ଓ ଠୁସି କଙ୍କଡ଼ା । ପ୍ରାଚୀନ ଆଖ୍ୟାନ ଅନୁଯାୟୀ ବଗ ଚରିତ୍ର ଓ କଙ୍କଡ଼ାକୁ ନେଇ ଘଟିଥିବା ବିଶ୍ୱାସଘାତ, ବନ୍ଧୁଦ୍ରୋହ, ସ୍ୱାର୍ଥପରତାର କଳଙ୍କରୁ ବଗ ମୁକ୍ତ ହେବାକୁ ଚାହିଁ ଠୁସିକୁ ସ୍ଥାନାନ୍ତରିତ କଲାବେଳେ କାଣ୍ଠି ପୁଣିଥରେ ଠୁସି ଦ୍ୱାରା ମୃତ୍ୟୁବରଣ କରୁଛି । ଏଠି ଇତିହାସର ପରିବର୍ତ୍ତନ କଥା କୁହାହୋଇଛି । ଏ ଗଳ୍ପରେ କିନ୍ତୁ କାଣ୍ଠି

ସତ୍‌ମାର୍ଗରେ ଯାଇ ମୃତ୍ୟୁ ମୁଖରେ ପଡୁଛି । ଉକ୍ତ ଗଳ୍ପର ଉପାଦାନଟି ପ୍ରାଚୀନ କିନ୍ତୁ ଭାବାଦର୍ଶ ବାସ୍ତବ ଓ ଆଧୁନିକ । ଏଠି ଅତିକଳ୍ପନାର ସଂଯୋଗଟି ଚମତ୍କାର ।

ଉତ୍ତର ଅଶୀ ଓଡ଼ିଆ ଗଳ୍ପ ଧାରାରେ ଗାଳ୍ପିକ ରଜନୀକାନ୍ତ ମହାନ୍ତି ଗଳ୍ପ ଲେଖି ପ୍ରତ୍ୟେକ ପାଠକକୁ ସଂଜ୍ଞାନ କରି ନୀତିନିଷ୍ଠ ଭାବରେ ଗଢ଼ି ତୋଳିବାରେ ଜଣେ ସଫଳ ପ୍ରଯତ୍ନଶୀଳ ବ୍ୟକ୍ତିତ୍ୱ । ସମଗ୍ର ଗଳ୍ପରେ ନୂତନ ନୂତନ ଉପାଦାନର ବହୁଳତା ତୁଳନାରେ ଅତିକଳ୍ପନା ପ୍ରସଙ୍ଗ ସ୍ୱଳ୍ପ ହେଲେ ମଧ୍ୟ ବେଶ୍ ଆକର୍ଷଣୀୟ । ପ୍ରାଚୀନ କାହାଣୀ ଶୈଳୀରେ ଗଳ୍ପ ଉପସ୍ଥାପନ ହେଉ କିମ୍ବା ସାଂପ୍ରତିକ ବାସ୍ତବ ଘଟଣାର ପରିପ୍ରକାଶ ହେଉ ଅତିକଳ୍ପନା ସ୍ୱତଃସ୍ଫୂର୍ତ୍ତ ଭାବରେ ଗଳ୍ପରେ ସ୍ଥାନ ପାଇଛି । ଗଳ୍ପ ପରିଧି ମଧ୍ୟରେ କଥାଭାଗକୁ ସରସ, ସୁନ୍ଦର ଓ ରସମୟ କରି ଗଢ଼ି ତୋଳିବା ସହ ପ୍ରଭାବଶାଳୀ କରି ପରଶିବାରେ ଅତିକଳ୍ପନା ବେଶ୍ ସହାୟକ ହୋଇଛି ।

(ଚ) ସାମ୍ୟବାଦ:

ଊନବିଂଶ ଶତାବ୍ଦୀର ଶେଷାର୍ଦ୍ଧ ବେଳକୁ ବିଶ୍ୱସାହିତ୍ୟକୁ ବିଶେଷ ଭାବେ ପ୍ରଭାବିତ କରିଥିବା ମତବାଦ ହେଉଛି କାର୍ଲମାର୍କ୍ସଙ୍କ ସାମ୍ୟବାଦ । ଏହାର ପ୍ରଭାବ ଭାରତୀୟ ଅର୍ଥନୀତି, ଧର୍ମ, ସମାଜ ଉପରେ ପଡ଼ିଥିଲା । ବିଶେଷକରି ଏକଛତ୍ରବାଦୀ ବୁର୍ଜୁଆ ଗୋଷ୍ଠୀ ଉପରେ ଏହାର ପ୍ରଭାବ ବଳବତ୍ତର ଥିଲା ଏବଂ ସାଧାରଣ ଶୋଷିତବର୍ଗ ହୋଇଥିଲା ନିଜର ଅଧିକାରକୁ ନେଇ ସଚେତନ, ପ୍ରତିବାଦ ପାଇଁ ଏକ ଦୃଢ଼ ଭିତ୍ତିଭୂମିର ନିର୍ମାଣ ଆରମ୍ଭ ହୋଇ ସାରିଥିଲା ।

ସମାଜର ଆବାହମାନ କାଳକୁ ଲକ୍ଷ୍ୟ କଲେ ଦେଖାଯାଏ, ଶ୍ରେଣୀହୀନ ସମାଜ ଓ ଗୋଷ୍ଠୀବଦ୍ଧ ଜୀବନ ଯାପନ ପ୍ରଣାଳୀ । ଗୋଟିଏ ସଂସ୍କୃତି ମଧ୍ୟରେ ସମସ୍ତ ଆଦିମାନବ ବନ୍ଧାହୋଇ ସମୂହ ଉପରେ ହୋଇଥିଲେ ଆଶ୍ରିତ । କୌଣସି ଗୁରୁତ୍ୱପୂର୍ଣ୍ଣ ଜଟିଳ କାର୍ଯ୍ୟ କଲାବେଳେ ସାମୂହିକ ଭାବେ ଗୋଷ୍ଠୀଗତ ସିଦ୍ଧାନ୍ତକୁ ଉତ୍ସାହର ସହିତ ଆପଣେଇ ନେଉଥିଲେ । ଏଠି ଶୋଷକର ନଥିଲା ପ୍ରାଧାନ୍ୟ । କାଳକ୍ରମେ ଯେତେବେଳେ ମଣିଷ ନିଜର ଜୀବନ ଶୈଳୀକୁ ଆରାମଦାୟକ କରିବା ନିମନ୍ତେ ତଥା ସମସ୍ତ ଉତ୍ପାଦନ ସରଞ୍ଜାମ, ଖାଦ୍ୟଶସ୍ୟ ଆଦିର ଗୁରୁତ୍ୱକୁ ଉପଲବ୍ଧି କଲା, ସେତେବେଳେ ଆବଶ୍ୟକ ମୁତାବକ ଉଦ୍ଭାବନ ଏବଂ ଆବିଷ୍କାର କଲା ନୂଆ ନୂଆ ସାମଗ୍ରୀ । ଯିଏ ଯେତେ ଜ୍ଞାନ ଓ ଶ୍ରମ ବିନିଯୋଗ କରିପାରିଲା ସେ ସେତକ ପରିମାଣରେ ଉତ୍ପାଦନ ସାମଗ୍ରୀ ପାଇପାରିଲା । ସୃଷ୍ଟିହେଲା ଆର୍ଥନୀତିକ ତାରତମ୍ୟ । ଆର୍ଥନୀତିକ ତାରତମ୍ୟରୁ କ୍ରମଶଃ ବଳିଷ୍ଠ ହେଲା ରାଜନୀତି । ରାଜନୀତି ଓ ଅର୍ଥନୀତିକୁ ନେଇ ମୁଣ୍ଡଟେକିଲା ସାମନ୍ତପ୍ରଥା । ଏ କ୍ଷେତ୍ରରେ ସମାଲୋଚକ ଡକ୍ଟର ବିଜୟ କୁମାର ଶତପଥୀ କହନ୍ତି, "ଆଦିମ ଶ୍ରେଣୀହୀନ ସମାଜ ଧୀରେଧୀରେ ବିକଶିତ ହୋଇ ଯେତେବେଳେ ଶ୍ରେଣୀ ବିଭକ୍ତ ସମାଜରେ ପରିଣତ ହେଲା, ସେତେବେଳେ ଜ୍ଞାନ ଓ ଅନୁଭୂତି କ୍ଷେତ୍ରରେ ପାର୍ଥକ୍ୟ ଦେଖାଦେଲା । ଏହି ପାର୍ଥକ୍ୟର ପରିଣାମ ସ୍ୱରୂପ ବିଜ୍ଞାନ, ଇତିହାସ, ନ୍ୟାୟ, ଧର୍ମନୀତି, ଅର୍ଥଶାସ୍ତ୍ର ଆଦି କାବ୍ୟ ମଧ୍ୟରୁ ସ୍ୱତନ୍ତ୍ର ଅସ୍ତିତ୍ୱ ନେଇ ଜନ୍ମଲାଭ କଲା ।"[୯୬]

କାଳକ୍ରମେ ସମାଜ ଯେତେବେଳେ ସାମନ୍ତବାଦୀ ଯୁଗରେ ପାଦ ଥାପିଲା, ସେତେବେଳେ ରାଜା ଓ ସାମନ୍ତ ହେଲେ ଶ୍ରେଷ୍ଠ କର୍ତ୍ତା । ସାଧାରଣ ଜନତା ତଥା ପ୍ରଜାମାନେ ହେଲେ ଭୃତ୍ୟ, ଆଶ୍ରିତ । ଅନୁଗତ ପ୍ରଜାମାନଙ୍କୁ ସାମନ୍ତ ଶ୍ରେଣୀର ବ୍ୟକ୍ତିମାନେ ନିଜର ସ୍ୱାର୍ଥସାଧନ ନିମନ୍ତେ ଦାସ ଭାବରେ ଅମାନୁଷିକ ଭାବେ ଖଟାଇ ଚାଲିଲେ । ରାଜାଙ୍କ କର୍ତ୍ତବ୍ୟ କରିବା ନିମନ୍ତେ ଆର୍ଥନୀତିକ, ରାଜନୀତିକ ବୋଝ ପ୍ରଜାମାନଙ୍କ ମୁଣ୍ଡରେ ଲଦି ଦିଆଯାଉଥିଲା । ସାଧାରଣ ପ୍ରଜାଟି ଖଟିବା ପାଇଁ ବାଧ୍ୟ ହେଉଥିଲା ପରିବାର ଚଳାଇବା ନିମନ୍ତେ କେବଳ ମୁଠାଏ ଦାନା ପାଇଁ । ଏହି ସମୟରେ ସାହିତ୍ୟ କ୍ଷେତ୍ରରେ ଦେଖାଯାଉଥିଲା ରାଜା ବା ସାମନ୍ତର ଜୟ ଜୟକାର । ରାଜକୁମାର ରାଜକୁମାରୀଙ୍କର ପ୍ରେମ, ବିଚ୍ଛେଦ, ମିଳନର କଥା କେବଳ କହୁଥିଲା ସାହିତ୍ୟ । ଶୃଙ୍ଗାର, ହାସ୍ୟ, ବୀରରସରେ ମତୁଆଲା ହେଉଥିଲା ରାଜଦରବାର । ସାଧାରଣ ଜନତାଙ୍କ ପାଇଁ ସାହିତ୍ୟ ଚର୍ଚ୍ଚାର ଅବସର ନ ଥିଲା ଓ ରସଚର୍ଚ୍ଚା ଥିଲା ବାମନ ହୋଇ ଚାନ୍ଦକୁ ହାତ ବଢ଼ାଇବା ସଦୃଶ ବିଡ଼ମ୍ବନା । ସାହିତ୍ୟିକଙ୍କର ମଧ୍ୟ ସାହସ ନ ଥିଲା ଦରିଦ୍ର ପ୍ରଜାଙ୍କର କଥା ଲେଖିବା ପାଇଁ । ରାଜାଙ୍କର ପ୍ରଶସ୍ତିଗାନରେ ଲେଖକ ପାଉଥିଲା ପାରିତୋଷିକ । କିନ୍ତୁ ସମାଜ ମଣିଷର କଥା ଲେଖିଥିଲେ ସେ ରାଜଦ୍ରୋହରେ ପାଇଥାନ୍ତା ମୃତ୍ୟୁଦଣ୍ଡ । ସେଥିପାଇଁ ସାହିତ୍ୟରେ ସାଧାରଣ ଜନତାଙ୍କ ଅଭିବ୍ୟକ୍ତି ପ୍ରକାଶ ପାଉ ନ ଥିଲା । ଆସ୍ତେ ଆସ୍ତେ ସାମନ୍ତବାଦର ବିଲୋପ ହେଲା, ବଳିଷ୍ଠ ହେଲା ପୁଞ୍ଜିବାଦ । ପୁଞ୍ଜି ଓ କ୍ଷମତାର ବିକେନ୍ଦ୍ରୀକରଣ କରି ସାମ୍ରାଜ୍ୟବାଦ ପ୍ରତିଷ୍ଠା କରିବା ପାଇଁ ଦେଖାଦେଲା ନା ନା ପ୍ରଜାମେଳି ଓ ଜନଆନ୍ଦୋଳନ । ଏହାର ପାର୍ଶ୍ୱପ୍ରତିକ୍ରିୟା ଭାବେ ପେଶିହେଲେ ସାଧାରଣ ଜନତା ଆଉ ଲାଭବାନ ହେଲେ ପୁଞ୍ଜିପତି । ଉଚ୍ଚ ନୀଚ ମଧ୍ୟରେ ତାରତମ୍ୟ, ଧନୀ ଗରିବ ମଧ୍ୟରେ ପାର୍ଥକ୍ୟର ନାରକୀୟ ରୂପ ଦେଖାଗଲା ଶ୍ରେଣୀ ସଂଘର୍ଷ ଭାବରେ । ରାଜନୀତି ଅର୍ଥନୀତିର ଅମାନବିକ ଦୃଶ୍ୟ ସାହିତ୍ୟରେ ହେଲା ପ୍ରତିଫଳିତ ।

ଓଡ଼ିଆ ସାହିତ୍ୟର ବିକାଶକ୍ରମକୁ ଦେଖିଲେ, ଯଥା ସାରଳା ଦାସଙ୍କଠାରୁ ଆଧୁନିକ କାଳ ପର୍ଯ୍ୟନ୍ତ ଧର୍ମର ଆଧିପତ୍ୟ ମଧ୍ୟରେ ଥିଲା ରାଜାରାଜୁଡ଼ାଙ୍କ ପ୍ରଶସ୍ତିଗାନ । ସାହିତ୍ୟ ଦରବାରୀ ଆଡ଼ମ୍ବରରୁ ମୁକୁଳି ସାଧାରଣ ଜନତାଙ୍କ କରୁଣ କାହାଣୀକୁ ପ୍ରକାଶ କରିନାହିଁ; କେବଳ ରାଜାରାଣୀଙ୍କ ପ୍ରେମ, ପ୍ରଣୟ, ଯୁଦ୍ଧ ମଧ୍ୟରେ ରାଜାମାନଙ୍କର ଶୌର୍ଯ୍ୟ, ବିର୍ଯ୍ୟର କାହାଣୀ ଉପସ୍ଥାପନ ହୋଇଛି । ଏଥିରେ ଥିଲା କେବଳ କଳ୍ପନାର ଅତିରଞ୍ଜନ ଓ ବିଳାଶିତାର ବିଭିନ୍ନ ଆୟାମ । ସେଥିରେ ନାହିଁ ବାସ୍ତବ କାହାଣୀ । ଯେଉଁ କେତେକ ସ୍ଥାନରେ ସଂସ୍କୃତି ଓ ପରମ୍ପରାକୁ ଦେଖିହୁଏ ତାହା ମଧ୍ୟ ସ୍ୱଚ୍ଛହୋଇ ରହିଯାଇଛି । ସାଧାରଣ ଜନତା ସହିତ ତା'ର କୌଣସି ପ୍ରତ୍ୟକ୍ଷ ସଂପର୍କ ନାହିଁ କିନ୍ତୁ ପରବର୍ତ୍ତୀ ସମୟରେ ଅର୍ଥାତ୍: "୧୯୩୫ ମସିହା ବେଳକୁ ଯେକୌଣସି ସଚେତନ ପାଠକ ଲକ୍ଷ୍ୟ କରିବ ଯେ ଓଡ଼ିଆ ସାହିତ୍ୟର ସ୍ଥିତିଶୀଳତାରେ ଆସିଛି ଏକ ଚାଞ୍ଚଲ୍ୟ ଓ ଦୋଳନ । ୧୯୨୦ ପରବର୍ତ୍ତୀ କାଳରେ ଉଗ୍ର ଜାତୀୟତାବାଦ,

ଉଦାରନୈତିକ ମାନବତାବାଦ ଓ ବାସ୍ତବବାଦୀ ଦୃଷ୍ଟିକୋଣ ମାର୍କସ୍‌ଙ୍କର ସାମ୍ୟବାଦୀ ସିଦ୍ଧାନ୍ତ ସହ ମିଶ୍ରିତ ହୋଇ ସାହିତ୍ୟର ରୂପାୟିତ ହେବାକୁ ଆରମ୍ଭ କରିଛି ୧୯୩୦ ପରବର୍ତ୍ତୀକାଳରେ। ଉତ୍କଳ ସାହିତ୍ୟ, ନବଭାରତ, ସହକାର ପ୍ରଭୃତି ପତ୍ରପତ୍ରିକାରେ କାଁ ଭାଁ ପ୍ରକାଶିତ ପ୍ରବନ୍ଧ, କବିତା, ଗଳ୍ପଗୁଡ଼ିକୁ ଅନୁଧ୍ୟାନ କଲେ ଆମେ ଏହାର ସତ୍ୟତା ଉପଲବ୍ଧି କରିବା। କିନ୍ତୁ ଏକ ସଂଗଠନ ମାଧ୍ୟମରେ ବିଧିବଦ୍ଧ ଭାବରେ ସାମ୍ୟବାଦୀ ଦର୍ଶନକୁ ଆବାହନ କରି ସମାଜ ଓ ଜୀବନର ପଚମାନ ସ୍ଥିରତା ବିରୁଦ୍ଧରେ ସଂଗ୍ରାମ କରିବା ପାଇଁ ଆଗେଇ ଆସିଛନ୍ତି ଭଗବତୀ ଓ ତାଙ୍କର ସତୀର୍ଥଗଣ ୧୯୩୫-୩୬ ମସିହାରେ ନବଯୁଗ ସାହିତ୍ୟ ସଂସଦ ଓ ତା'ର ମୁଖପତ୍ର ଆଧୁନିକ ମାଧ୍ୟମରେ।"[୯୭] "ଓଡ଼ିଆ ସାହିତ୍ୟରେ ପ୍ରଗତୀବାଦର ମୂଳଉତ୍ସ ଥିଲା ଋଷୀୟ ଦୃଷ୍ଟିଭଙ୍ଗୀ। ଓଡ଼ିଆ ପ୍ରଗତୀବାଦୀ ସାହିତ୍ୟ ହେଉଛି ମାର୍କସୀୟ ଦର୍ଶନର ଭିତ୍ତିଭୂମି ଉପରେ ପ୍ରତିଷ୍ଠିତ ଋଷୀୟ ପ୍ରୋଗ୍ରେସିଭ୍ ଲିଟ୍‌ରେଚରର ନାମାନ୍ତର। ଊନବିଂଶ ଶତାବ୍ଦୀର ପ୍ରତିଷ୍ଠିତ ତିନିଗୋଟି ବିଶିଷ୍ଟଧାରାର ସମନ୍ୱୟନରେ ଏକ ନୂତନ ମାର୍ଗ ପ୍ରଦର୍ଶନ କରି ମାର୍କସୀୟ ଦର୍ଶନ ସମଗ୍ର ବିଶ୍ୱ ସାହିତ୍ୟ ପ୍ରତି ଏକ ସ୍ୱତନ୍ତ୍ର ଆକର୍ଷଣ ସୃଷ୍ଟି କରିପାରିଲା। ତାଙ୍କୁ ଏଦିଗରେ ସହାୟତା କରିଥିଲା କ୍ଲାସିକାଲ ଜର୍ମାନ ଦର୍ଶନ, କ୍ଲାସିକାଲ୍ ଇଂଲିଶ ରାଜନୈତିକ ଅର୍ଥନୀତି ଏବଂ ଫ୍ରେଞ୍ଚ୍ ସମାଜବାଦ ତଥା ଫ୍ରେଞ୍ଚ ବିପ୍ଳବର ଯୁଗାନ୍ତକାରୀ ଆହ୍ୱାନ। ମାର୍କସ୍ ଏହି ଅବସରରେ ଏକ ପୃଥିବୀ ବ୍ୟାପି ସଚେତନତା ସୃଷ୍ଟି କରିଥିଲେ।"[୯୮] ମାର୍କସ୍‌ଙ୍କ ତତ୍ତ୍ୱ ବା ସିଦ୍ଧାନ୍ତ, ଦର୍ଶନ, ଅର୍ଥନୀତି ଓ ସମାଜବିଜ୍ଞାନ ଉପରେ ଛିଡ଼ା ହୋଇଥାଏ। ଯେଉଁଥିରେ ଦର୍ଶନ, ରାଜନୀତି ଏବଂ ଆର୍ଥନୀତିକ ସମନ୍ୱୟତା ପ୍ରକାଶପାଏ। "ମାର୍କସ୍‌ବାଦ ଏକ ବସ୍ତୁବାଦୀ ଦର୍ଶନ। ଏହାର ବ୍ୟାଖ୍ୟାନୁଯାୟୀ ସାହିତ୍ୟ ଓ କଳା ମନୁଷ୍ୟ ଜୀବନର ଭୌତିକ ବିକାଶ ସହ ସଂପର୍କ ରକ୍ଷା କରିଥାଏ। ପୁନଶ୍ଚ ମନୁଷ୍ୟର ଏହି ଭୌତିକ ବିକାଶ ସମାଜର ଉତ୍ପାଦନ ପଦ୍ଧତି ଦ୍ୱାରା ନିୟନ୍ତ୍ରିତ। ପ୍ଲେଖାନୋଭ କହନ୍ତି - କଳା ମନୁଷ୍ୟ ଜାତିର ମନସ୍ତତ୍ତ୍ୱ ମଧ୍ୟରୁ ଉତ୍ପତି ଲଭିଥାଏ। ଏହି ମନସ୍ତତ୍ତ୍ୱ ତା'ର ସ୍ଥିତି ମଧ୍ୟରୁ ନିଷ୍ପନ୍ନ ଏବଂ ଏହି ସ୍ଥିତି ତା'ର ଉତ୍ପାଦନ ଶକ୍ତି ଓ ଉତ୍ପାଦନ ସମ୍ବନ୍ଧ ଦ୍ୱାରା ନିଶ୍ଚିତ ହୋଇଥାଏ।"[୯୯]

ସେହିପରି ଓଡ଼ିଆ ସାହିତ୍ୟର ସମାଲୋଚକ ପ୍ରଫେସର ବୈଷ୍ଣବଚରଣ ସାମଲ ପ୍ରଗତୀବାଦୀ ସାହିତ୍ୟ ସଂପର୍କରେ ମତ ରଖନ୍ତି, "ଯେଉଁ ସାହିତ୍ୟ ମଣିଷକୁ ଶୁଣାଏ ଧୂଳିଧୂସରୀତ ଧରଣୀର ମହତ୍ତ୍ୱ, ମାଟିର ମଣିଷକୁ ଯାହା ସଂଗ୍ରାମଶୀଳ କରାଇ ଛିଡ଼ା କରାଏ, ଯାହା ପ୍ରେରଣା ଦିଏ ସୃଷ୍ଟିମୟ ପରାଙ୍ଗପୁଷ୍ଟ ବୁର୍ଜୁୟା ଗୋଷ୍ଠୀର ଦାନବିକ ପ୍ରବୃତ୍ତିକୁ ଧ୍ୱଂସ କରିବା ପାଇଁ, ଯାହା ଇଙ୍ଗିତ ଦିଏ ପର୍ଶୁରାମ ଭଳି ଅପମାନର ପ୍ରତିଶୋଧ ନେବାକୁ, କେବଳ ଇଭୋଲ୍ୟୁସନ୍ ନୁହେଁ, ରକ୍ତ ରଞ୍ଜିତ ସେହି ରିଭୋଲ୍ୟୁସନ୍ ମଧ୍ୟ ଦେଇ ଯାହା ଜୀବନର ତୂର୍ଯ୍ୟନାଦ କରେ- ତାହା ହିଁ ପ୍ରଗତି ସାହିତ୍ୟ। ପ୍ରଗତିବାଦୀ ଶିଳ୍ପୀର ସତ୍ୟ ସନ୍ଧିତ୍ସୁ ଦୃଷ୍ଟି ସାମୟିକ ଗ୍ଲାନି, ବ୍ୟଥା, ବେଦନା ଓ ଯନ୍ତ୍ରଣାର କରୁଣ ରାଗିଣୀ ଶୁଣାଇବା ପରିବର୍ତ୍ତେ ଶୁଣାଏ

ଯନ୍ତ୍ରଣାର ବିନାସ ପାଇଁ ପ୍ରଳୟର ଧ୍ୱନି, ଧ୍ୱଂସର ଦୁନ୍ଦୁଭି। ସେ ସ୍ୱାଗତ ଜଣାଏ ମହାକାଳର ତାଣ୍ଡବ ନୃତ୍ୟକୁ।"[୧୦୦] ଓଡ଼ିଆ ସାହିତ୍ୟରେ ଏହି ତାଣ୍ଡବ ନୃତ୍ୟ ଭଗବତୀଚରଣ ପାଣିଗ୍ରାହୀଙ୍କ ପାଖରୁ ଦେଖା ଦେଇ ତନ୍ମଧରେ ସଚ୍ଚିଦାନନ୍ଦ ରାଉତରାୟ, ଅନନ୍ତ ପଟ୍ଟନାୟକ, ସୁରେନ୍ଦ୍ର ମହାନ୍ତି, ଶାନ୍ତନୁ କୁମାର ଆଚାର୍ଯ୍ୟ, ପୂର୍ଣ୍ଣାନନ୍ଦ ଦାନୀ, ସଦାଶିବ ଦାଶ, ପ୍ରସନ୍ନ କୁମାର ପାଟ୍ଟସାଣୀ, ଜଗଦିଶ ମହାନ୍ତି ତଥା ଗାଳ୍ପିକ ରଜନୀକାନ୍ତ ମହାନ୍ତିଙ୍କ ପର୍ଯ୍ୟନ୍ତ ସମୟ କାଳକୁ ଦେଖିଲେ ଚାରି ପାଞ୍ଚ ଦଶନ୍ଧି ମଧରେ ହୋଇଛି ବହୁ ପରିବର୍ତ୍ତନ। ଜଣ ଶାସନରୁ ଆସି ପହଞ୍ଚିଛି ଗଣ ଶାସନରେ। ଏକଛତ୍ରବାଦ ଶାସନ ନାହିଁ ସତ କିନ୍ତୁ ଗଣତନ୍ତ୍ର ଶାସନରେ ପୁଞ୍ଜିପତିର ରହିଛି ଶୋଷଣର ଅହମିକା। ସେଥିପାଇଁ କଥାକାର ରଜନୀକାନ୍ତ ମହାନ୍ତି ସରକାରୀ କଳରେ କାର୍ଯ୍ୟରତ ଧନୀ ବା ପୁଞ୍ଜିପତି ଶ୍ରେଣୀର ବ୍ୟକ୍ତିଙ୍କୁ ପ୍ରତୀକିତ କରି ରାହାଜଗାଳୀ ଗଳ୍ପରେ କହନ୍ତି ; "ତମେ ପ୍ରାଚୁର୍ଯ୍ୟ ଭିତରେ ଜଡ଼ସଡ଼ ଏବଂ ମାନବିକତା ଓ କର୍ତ୍ତବ୍ୟ ଭଳି ମହାନ ବସ୍ତୁକୁ ତମେ ଗ୍ରହଣ କରିଛ ଅତି ଶସ୍ତା ଚଉତରାରେ। ସେହି ଆଳରେ ତମେ ଫୋପାଡ଼ି ଦିଅ ରୁଟିର ଟୁକୁଡ଼ା ଖଣ୍ଡେ ଆମ ଆଡ଼କୁ ଖୁବ୍ ସଚେତନ ଭାବରେ। କାରଣ ତମେ ବୁଝିଯାଇଛ, ଏମିତି ଟୁକୁଡ଼ା ଖଣ୍ଡେ ଫିଙ୍ଗିଦେଇ ଆମମାନଙ୍କୁ ଅଟକେଇ ହୁଏ। ନହେଲେ, ଆମେ ତୁମ ପ୍ରାଚୁର୍ଯ୍ୟର ଭାଣ୍ଡକୁ ଭାଙ୍ଗିଦେବାକୁ ତିଆର ହୋଇଯିବୁଯେ! ଏ ସଂପର୍କରେ ତମେବି ସଚେତନ। ଯେଉଁ ଟୁକୁଡ଼ା ଖଣ୍ଡକ ଆମ ଆଡ଼କୁ ଫିଙ୍ଗିଦିଅ ସେଥି ପ୍ରତି ବି ତୁମର ନଥାଏ ଆନ୍ତରିକତା, ଥାଏ କୌଶଳ ଚାଲାକି! ଆମେବି ଭୋକିଲା, ସେ ଟୁକୁଡ଼ାଟିକୁ ପାଇ ବାଛବିଚାର ନ ବୁଝି ଗିଳିପକାଉ। ଜଳନ୍ତା ଖାଦ୍ୟନଳୀକୁ ଶାନ୍ତ କରିବା ଉଦ୍ଦେଶ୍ୟରେ। ସେହି ଟୁକୁଡ଼ାଟି ତୁମ ପାଖରୁ ପାଉଚେ ବୋଲି ଆମ ମନର ଭାଷା ମୁହଁର କଥା ରୂପରେ ପଦାକୁ ବାହାରି ଆସିବାରୁ ବେଳେବେଳେ ତଣ୍ଟି ଲାଗିଯାଉଛି। ଦାସମାନଙ୍କର ମୁହଁରେ କଥା କାହିଁ, ଯାହା ଅଛି ତୁମ କଥା ଉପରେ ମୁଣ୍ଡ ଟୁଙ୍ଗାରିବା, ତାଳିମାରିବା! ଦାସତ୍ୱର ଭାଷା ଦୁର୍ବଳ! ମନର ଭାଷା, ମୁହଁ କଥା ଯେ ଯାବତ୍ ଗୋଟିଏ ହୋଇନାହିଁ, ସ୍ୱାଧୀନତା ସେଠି ଚାରଟି ଅକ୍ଷର ମାତ୍ର। ଶବ୍ଦ ନୁହେଁ। ତମେବି ତ ଚାହଁ ଆମେ ପେଟପୁରା ନ ଖାଉଁ, କି ପୁରା ଉପାସ ନ ରହୁ, ଅଳ୍ପ ଖାଉଁ କାରଣ ପୁରାପୁରି ଖାଇବାଟା ଆମ ଲାଗି ଚିରନ୍ତନ ସ୍ୱପ୍ନ ହୋଇ ରହିବ, ଯାହାକୁ ଆମେ ପ୍ରତି ମୁହୂର୍ତ୍ତରେ ପ୍ରତିକ୍ଷା କରି ରହୁଛୁ, ମଲାଯାଏଁ। ଆମେ ପୁରା ନ ବଞ୍ଚୁ, କିନ୍ତୁ ପୁରା ନ ମରୁ, ଶୁକୁଶୁକୁ ହେଇ ଦରମରା ହୋଇ ବଞ୍ଚୁ! ନହେଲେ ତୁମର ରାଜୁତି କାହିଁ? ଆମକୁ ଅଡ଼େଇବାର ଲୌଲୁପ ତେରଚ୍ଛା ଚାହାଣି କାହିଁ?"[୧୦୧] ରାହାଜଗାଳୀ ଗଳ୍ପର ସାଧାରଣ ଖଟିଖିଆ ଦୀନମଜୁରୀଆ ଶୋଷିତ ଗୟା ଚରିତ୍ର ମନରେ ପୁଞ୍ଜିପତିମାନଙ୍କର ପ୍ରତି ଆକ୍ଷେପୋକ୍ତିଟି କଥାକାର ରଜନୀକାନ୍ତ ମହାନ୍ତିଙ୍କର ସାମ୍ୟବାଦୀ ଚିନ୍ତାଧାରାକୁ ବାରି ହୋଇଯାଏ। ସ୍ୱାଧୀନତାର ତିରିଶ ଚାଳିଶ ବର୍ଷପରେ ମଧ ସାମନ୍ତପ୍ରଥା ଭିନ୍ନ ରୂପରେ ଶୋଷଣକୁ ଇଙ୍ଗିତ କରୁଛି ଉପସ୍ଥାପିତ ଉକ୍ତିରେ।

ସଂପ୍ରତି ଶୋଷଣ କରିବାର ପଦ୍ଧତିରେ ଆସିଛି ଭିନ୍ନତା। ଅଧୁନା ମଣିଷ ଜ୍ଞାତ କେଉଁ କାର୍ଯ୍ୟ ଠିକ୍ କେଉଁ କାର୍ଯ୍ୟ ଭୁଲ, କିନ୍ତୁ ପୁଞ୍ଜିପତି ସାଧାରଣ ମଣିଷ ପାଇଁ ଏପରି ପରିସ୍ଥିତି ତିଆରି କରୁଛି ସେଥିରୁ ମୁକ୍ତ ହେବା କାଠିକର ପାଠ। ମନୋରଞ୍ଜନ, ଖାଦ୍ୟ, ପ୍ରସାଧନ ସାମଗ୍ରୀ ଆଦିର ପ୍ରଲୋଭନ ସହ ନାନାଦି ବସ୍ତୁର କ୍ରୟ ନିମନ୍ତେ ଆକର୍ଷଣୀୟ ବିଜ୍ଞାପନ କରି ମଣିଷର ବ୍ୟକ୍ତିସତ୍ତାକୁ ହାତ ମୁଠାରେ ରଖୁଛନ୍ତି ପୁଞ୍ଜିପତିମାନେ। ପୂର୍ବେ ଆର୍ଥନୀତିକ, ସାମାଜିକ ଓ ରାଜନୀତିକ ସ୍ତରରେ ଶ୍ରେଣୀ ପାର୍ଥକ୍ୟ ଦେଖାଦେଲା ଭଳି ଅଧୁନା ଏ ତିନିସ୍ତର ବ୍ୟତିତ ବୌଦ୍ଧିକ ଶ୍ରେଣୀ ପାର୍ଥକ୍ୟ ଏବଂ ସବୁସ୍ତରରେ ଜୀବୀ ପାର୍ଥକ୍ୟ ଅର୍ଥାତ୍ ସମସ୍ତ କର୍ମଜୀବୀ ବ୍ୟକ୍ତିସତ୍ତାର ପାର୍ଥକ୍ୟ ଭଳି ବ୍ୟାପକ ଶ୍ରେଣୀ ସଂଘର୍ଷ ମୁଣ୍ଡ ଟେକିଛି। ଏଭଳି ସ୍ତରର ସଂଘର୍ଷକୁ ସାହିତ୍ୟରେ ପ୍ରକାଶ କରିବା, ନ୍ୟାର୍ଯ୍ୟ ସାବ୍ୟସ୍ତ କରିବା ଆଦିକୁ ନୂତନ ସାମ୍ୟବାଦ(NeoCommunism)କୁହାଯାଇପାରେ। କଥାକାର ରଜନୀକାନ୍ତ ମହାନ୍ତିଙ୍କର 'ନିଶୀଥ ସଂଗମ', 'ଶତାଂଢ଼ି ପୁରୁଷ', 'ଫକୀର ମୋହନୀୟ', 'ଅନ୍ଧାରକୁ ପାଦେ', 'ହଡ଼ିକାଠ', 'ନାରାଚ ଉବାଚ', 'ରାହାଜଗାଳୀ', 'ସ

ସୂର୍ଯ୍ୟରଂଗ', 'ବିପ୍ଳବ', 'ଗଣନାୟକ', 'ମହାସ୍ନାନ' ଆଦି ଗଳ୍ପରେ ଶୁଣାଯାଏ ସାମ୍ୟବାଦର ଦୁନ୍ଦୁଭି। ଏ ସମସ୍ତ ଗଳ୍ପରେ ପୁଞ୍ଜିପତି ସମାଜର ନିଷ୍ପେଷିତ, ଶୋଷିତ, ଦଳିତ ଓ ନିଃସ୍ୱଶ୍ରମଜୀବୀ ମାନଙ୍କର ଦୁଃଖକୁ କେବଳ ଗାଳ୍ପିକ ଦେଖାଇ ନାହାନ୍ତି ସେହି ଚରିତ୍ରମାନଙ୍କ ଦ୍ୱାରା ସ୍ୱରଉତ୍ତୋଳନ ମଧ୍ୟ କରିଛନ୍ତି ପୁଞ୍ଜିପତି, ସାମନ୍ତଗୋଷ୍ଠୀ ତଥା ସାମ୍ରାଜ୍ୟବାଦ ବିରୋଧରେ।

ନଭେମ୍ବର ୧୯୭୯ ମସିହାର 'ସୌରଭ' ପତ୍ରିକାରେ ଶ୍ରୀ ମହାନ୍ତିଙ୍କ 'ନିଶିଥ ସଂଗମ' ଗଳ୍ପଟି ପ୍ରକାଶ ପାଏ। ସ୍ୱାଧୀନତାର ଠିକ୍ ତିନିଦଶନ୍ଧି ଅତିବାହିତ ହୋଇଥିଲେ ମଧ୍ୟ ବସ୍ତୁବାଦୀ ସମାଜର ଚିତ୍କାର, ବାବୁଭାୟାମାନଙ୍କର ଶୋଷଣ, ଅତ୍ୟାଚାରର ଚିତ୍ର ବେଶ୍ ପ୍ରସ୍ଫୁଟିତ ହୁଏ ଏ ଗଳ୍ପରେ, "ରାତି ଜାଣେ ଦିନର ଫଗୁଣଟା କେତେ ଚଞ୍ଚଳଥିଲା, ଅଥଚ ମଣିଷମାନେ କେଡ଼େ ନିରୀହ ଭାବରେ ଆତ୍ମ ସମର୍ପଣ କରିଥିଲେ ନିଜର ଅସହାୟତା ଓ ଜଞ୍ଜାଳ ଭିତରେ।"(୧୦୨) ଯେଉଁଠି ଅସୀମ ଆକାଶ ତଳେ ବିସ୍ତିର୍ଣ୍ଣ ବସୁଧା ଉପରେ କୋକିଳର କୁହୁତାନକୁ ଆପଣେଇ ସାଧାରଣ ଜନତା ପ୍ରାପ୍ତ ସକାଳର ସୁନେଲି ସ୍ୱପ୍ନ ଦେଖେ ସ୍ୱାଧୀନତାର। ସେହି ସ୍ୱାଚ୍ଛନ୍ଦ୍ୟ ପରିଣତ ହୋଇଛି ଦୟାଭାବରେ। ସାଂପ୍ରତିକ ସମୟରେ ସ୍ୱେଚ୍ଛାଚାରୀ ବା ବୁର୍ଜୁଆ ଗୋଷ୍ଠୀଭାବରେ ଅର୍ଥାନ୍ୱେଷୀ ଚିକିତ୍ସକ, ଦୁର୍ନୀତିଗ୍ରସ୍ତ ଆରକ୍ଷୀ ତଥା ଗାଣତାନ୍ତ୍ରିକ ରାଷ୍ଟ୍ରରେ କଳୁଷିତ ରାଜନେତା ଏବଂ ରାଜନେତାମାନଙ୍କର ବୋଲହାକ କରୁଥିବା କୁଜୀନେତାଙ୍କୁ ଆଲୋଚ୍ୟ ଗଳ୍ପରେ କରାଯାଇଛି ଭର୍ତ୍ସନା। ତତ୍‌ସହିତ ଯେଉଁ ବ୍ୟକ୍ତି ଭାଷଣ ମାଧ୍ୟମରେ ବା ଶବ୍ଦ ମାଧ୍ୟମରେ ଲୋଭଦେଖାଇ ମୋହଗ୍ରସ୍ତ କରୁଛି ଜନସାଧାରଣଙ୍କୁ ସେହି ବ୍ୟକ୍ତିକୁ ଗାଳ୍ପିକ ଶ୍ରୀ ମହାନ୍ତି ହତ୍ୟା କରାଇଛନ୍ତି ଜଣେ ଶିକ୍ଷିତ ବ୍ୟକ୍ତି ରଣଜିତ ହାତରେ। ଏ ହତ୍ୟା ବ୍ୟକ୍ତିଗତ

ସ୍ୱାର୍ଥ ପାଇଁ ନୁହେଁ ସାମୁହିକ ସ୍ୱାର୍ଥ ନିମନ୍ତେ ହତ୍ୟା । ପୁଞ୍ଜିପତି ବୁର୍ଜୁଆ ଗୋଷ୍ଠୀ ସ୍ୱାର୍ଥର ହତ୍ୟା । ଟଙ୍କା ନେଇ ପୁଞ୍ଜିପତିଙ୍କ ଦ୍ୱାରା ନିୟନ୍ତ୍ରିତ ହୋଇ ଭାଷଣ ଦେବାକୁ ଆସୁଥିବା ସୁକୁମାର ଚୌଧୁରୀଙ୍କୁ ହତ୍ୟା କରିଛି ଜଣେ ବୁଦ୍ଧିଜୀବୀ ଶ୍ରେଣୀୟ ବ୍ୟକ୍ତିତ୍ୱ ରଣଜିତ । ସ୍ୱାର୍ଥାନ୍ୱେଷୀ ବଡ଼ବାବୁଭାୟାଙ୍କ ସୁକୁମାର ଜୀବନ ଶୈଳୀର ହତ୍ୟା କରିଛି । କଥାକାର ଶ୍ରୀ ମହାନ୍ତି ସୁକୁମାର ଚୌଧୁରୀଙ୍କୁ ଧନୀକ ଶ୍ରେଣୀୟ ଏକ ବିଳାସୀ ବ୍ୟକ୍ତିତ୍ୱ ଭାବେ ପ୍ରତୀକିତ କରିଛନ୍ତି । ତେଣୁ ରଣଜିତ ମନୁଷ୍ୟର ଆନ୍ତରିକ ଆବେଗକୁ ହତ୍ୟାକରିନି କେବଳ ଶ୍ରେଣୀହୀନ, ଶୋଷିତ ବ୍ୟକ୍ତିତ୍ୱର ରକ୍ଷା କରିଛି । ଶ୍ରେଣୀହୀନ ସମାଜ ତିଆରି କରିବା ପାଇଁ ଚେଷ୍ଟା କରିଛି । ସେଥିପାଇଁ ଗାଳ୍ପିକ ରଣଜିତ ମୁଖରେ କହନ୍ତି, "ମୁଁ ଶବ୍ଦମାନଙ୍କୁ ହତ୍ୟା କରିଛି, ଯେଉଁ ଶବ୍ଦମାନେ ମୋତେ ହତ୍ୟା କରୁଥିଲେ, ମୋ ସହିତ ଅନ୍ୟମାନଙ୍କୁ ବି ହତ୍ୟା କରୁଥିଲେ । ମୁଁ ଆତ୍ମରକ୍ଷା କରିଛି କେବଳ । ମୁଣ୍ଡଟି ମଣିଷର ହେଉ କି ନ ହେଉ, ତାହା ଶବ୍ଦର ମୁଣ୍ଡ ନିଶ୍ଚିତ ।"(୧୦୩) ରଣଜିତ ଜଣେ ଶିକ୍ଷିତ ବ୍ୟକ୍ତି, ତା' ପାଖରେ ଅଛି ବୁଦ୍ଧି ବିବେକ, ଅଛି ମଧ୍ୟ ସମ୍ବେଦନଶୀଳତା । ଆଲୋଚ୍ୟ ଗଳ୍ପର ଭାବବସ୍ତୁ ଓ କଥା ପ୍ରସଂଗକୁ ଲକ୍ଷ୍ୟକଲେ ଗାଳ୍ପିକ ଭଗବତୀ ଚରଣ ପାଣିଗ୍ରାହୀଙ୍କ 'ଶିକାର' ଗଳ୍ପକୁ କରିହୁଏ ହୃଦୟଙ୍ଗମ । ଭଗବତୀ ଚରଣଙ୍କ 'ଘିନୁଆ' ଚରିତ୍ର ଏବଂ କଥାକାର ରଜନୀକାନ୍ତଙ୍କ 'ରଣଜିତ' ଚରିତ୍ର ଉଭୟଙ୍କ ପାଖରେ କିଛି ସାମଞ୍ଜସ୍ୟ ଦେଖାଯାଏ, କିନ୍ତୁ ଘିନୁଆ ଅଶିକ୍ଷିତ, ହୁଣ୍ଡା । ସେ ଜଣେ ଜଙ୍ଗଲି ମଣିଷ ହୋଇଥିଲା ବେଳେ ରଣଜିତ ଶିକ୍ଷିତ, ସହରର ଚାକଚକ୍ୟ ପରିବେଶକୁ ସେ ତନ୍ନତନ୍ନ କରି ପରଖିଛି । "ଘିନୁଆ ଚରିତ୍ର ଜମିଦାରର ଶୋଷଣ ବିରୁଦ୍ଧରେ ସ୍ୱରଉତ୍ତୋଳନ କରିବାକୁ ଯାଇ (ସେଟା ତା ପାଇଁ ଉପଲକ୍ଷ୍ୟ ମାତ୍ର) ଏକ ଭାବପ୍ରବଣତା (ବକ୍‌ସିସ୍ ପାଇଁ) ଓ କ୍ଷୋଭ ମିଶ୍ରଣରେ ହତ୍ୟାଟି କରୁଛି, ସେତେବେଳେ ରଣଜିତ ଚରିତ୍ରଟି ହତ୍ୟା କାଣ୍ଡ ଘଟଉଛି (ସୁକୁମାର ବାବୁଙ୍କର) ଖୁବ୍ 'ଆନ୍ତରିକ' ସଚେତନତା ସହିତ ଓ ଦାବୀ କରୁଛି- 'ଏଣୁ, ସୁକୁମାର ଚୌଧୁରୀଙ୍କ ହତ୍ୟା ପୃଥିବୀର ପ୍ରଥମ ହତ୍ୟା ରଣଜିତର ଫାଶି ପୃଥିବୀର...' ଏଇଠି ଗଳ୍ପଟି ଶେଷ ହୋଇଯାଇଛି ।"(୧୦୪)

ଗାଳ୍ପିକ ସଚେତନ ଭାବରେ ରଣଜିତର ଫାଶିର ନିଷ୍ପତ୍ତିକୁ କାଠଗଡ଼ାରେ ରଖି, ପାଠକକୁ ବିଚାରକ ଆସନରେ ବସାଇ ତା'ର ସମାଧାନ ପାଇଁ ଛାଡ଼ିଦେଇଛନ୍ତି । କାରଣ ସେ ହୃଦୟଙ୍ଗମ କରିଛନ୍ତି ସାଧାରଣ ଲୋକଙ୍କ ମଣିଷପଣିଆକୁ । ସଚରାଚର ଜଗତରେ ସବୁ ମଣିଷ ପାଖରେ ସହାନୁଭୂତି ଜାଣିଚାଏ ଥାଏ, ତାହା ସମୟସ୍ରୋତରେ ଲୀନ ହୋଇଯାଏ । ଯେଉଁଠି ଆନ୍ତରିକତା ବିଲୁପ୍ତ ହୁଏ ସେଠି ହିଂସାର ବୀଜ ରୋପଣ ହୁଏ । ସେହି ବୀଜ ଅଙ୍କୁରୋଦ୍‌ଗମ ହୋଇ ଆବଦ୍ଧ କରେ ମଣିଷର ଅନ୍ତଃନିହିତ ଆବେଗକୁ । ସେଥିପାଇଁ ଗାଳ୍ପିକ ଶ୍ରୀ ମହାନ୍ତି କହନ୍ତି, "ଯେଉଁ ହସରେ ଆନ୍ତରିକତା ନାହିଁ ସେ ହସ ହସ ନୁହେଁ । ଯେଉଁ କାନ୍ଦରେ ଆନ୍ତରିକତା ନାହିଁ ସେ କାନ୍ଦ କାନ୍ଦ ନୁହେଁ । ଯେଉଁ କର୍ତ୍ତବ୍ୟରେ ଆନ୍ତିକତା ନାହିଁ ସେ

କର୍ତ୍ତବ୍ୟ କର୍ତ୍ତବ୍ୟ ନୁହେଁ। ଯେଉଁ ତ୍ୟାଗରେ ଆନ୍ତରିକତା ନାହିଁ ସେ ତ୍ୟାଗ ତ୍ୟାଗ ନୁହେଁ। ଏପରିକି ଆମର ଅର୍ଥପ୍ରତି ଆନ୍ତରିକତା ନାହିଁ ତେଣୁ ଆନ୍ତରିକତାହୀନ ଉପାୟରେ ତାକୁ ଅର୍ଜନ କରୁଛି ଓ ଆନ୍ତରିକତାହୀନ ଭାବରେ ତାକୁ ଖର୍ଚ୍ଚ କରୁଛି। ଏହି ଆନ୍ତରିକତାହୀନକୁ ଘୋଡ଼େଇ ରଖୁଛି ଶବ୍ଦ। ଶବ୍ଦ ଆଜି ଏକ ମୁଖା।"(୧୦୫) ଏହି ଶବ୍ଦରୂପୀ ମୁଖାକୁ ହତ୍ୟା କରିଛି ରଣଜିତ। ସେ ଅନୁଭବ କରିଛି ମଣିଷର ବ୍ୟଭିଚାରକୁ। ସେଥିପାଇଁ ବୁର୍ଜୁଆ ଗୋଷ୍ଠୀର ପ୍ରତିନିଧି ସୁକୁମାର ଚୌଧୁରୀକୁ ହତ୍ୟା କଲାପରେ କହୁଛି, "ଦୁର୍ବୁଦ୍ଧି ମୋର ନୁହେଁ ଦୁର୍ବୁଦ୍ଧି ତୁମର, ତୁମ ସମସ୍ତଙ୍କର। କାରଣ ଏପର୍ଯ୍ୟନ୍ତ ତୁମେମାନେ ନିଶ୍ଚିତ ନୁହେଁ ମଣିଷ କିଏ, ଅମଣିଷ କିଏ ? ମଣିଷପଣିଆ ଅମଣିଷପଣିଆ ଭିତରେ ତଫାତ୍‌କୁ ତୁମେମାନେ ଏପର୍ଯ୍ୟନ୍ତ ବାରିପାରିନ। ମଣିଷମାନଙ୍କ ଭିତରେ ବାସ କରୁଥିବା ଦୁଇ ଗୋଡ଼, ଦୁଇ ହାତ, ଦୁଇ ଆଖି ବିଶିଷ୍ଟ ମଣିଷ ରୂପୀ ଜୀବମାନଙ୍କୁ ତୁମେ ମଣିଷ ବୋଲି କୁହ। ତୁମେମାନେ ସବୁବେଳ ପାଇଁ ଏକ ଅନିଶ୍ଚିତ ଚରିତ୍ର କେତେଗୁଡ଼ିଏ ଚିରାଚରିତ ଶବ୍ଦର ଦାସ ପାଲଟି ତୁମେମାନେ ଏପାଖ ସେପାଖ ଚଲାବୁଲା କର।"(୧୦୬) ଏହା ସାଧାରଣ ଶୋଷିତ ବ୍ୟକ୍ତିତ୍ୱ ପାଇଁ ସ୍ୱର ଉତ୍ତୋଳନ କରିବା ନିମନ୍ତେ ବାଣୀ। ଅସହାୟତା ଓ ଜଞ୍ଜାଳ ମଧ୍ୟରେ ବଞ୍ଚୁଥିବା ମଣିଷମାନଙ୍କ ପାଇଁ ଆହ୍ୱାନ। ସାମନ୍ତବାଦୀ ଶୋଷଣକାରୀ ଗୋଷ୍ଠୀର ମୂଳପୋଛ କରିବାର ଅସ୍ତ୍ର।

ସେହିଭଳି ସାମ୍ୟବାଦର କଥାକହେ 'ଶତାଂଢ଼ି ପୁରୁଷ' ଗଳ୍ପ। ପୁଞ୍ଜିବାଦୀ ସମାଜର ଦୋଦୁଲ୍ୟମାନ ଅର୍ଥନୀତି ଓ ପ୍ରଗତୀବାଦର ଉଦ୍ଭଟ ଫାଙ୍କା ଆୱାଜ୍ ନେଇ ଭାରତୀୟ ଗାଣତାନ୍ତ୍ରିକ ରାଷ୍ଟ୍ରର ସାଧାରଣ ନିମ୍ନମଧ୍ୟବିତ୍ତ ତଥା ନିଷ୍ପେଷିତ ନିସ୍ୱଃଶ୍ରମଜୀବୀର ବେଦନାକ୍ତ ଅଭିବ୍ୟକ୍ତିକୁ ଦେଖାଇ ଦିଆହୋଇଛି। ଏଠି ମଣିଷ ମୂଲିଆ ପୁଅ ହୋଇ ରହିନାହିଁ, ହୋଇଛି ସାମନ୍ତଗୋଷ୍ଠୀ ପାଇଁ କିଣା ଚାକର। ସେଥିପାଇଁ ଧନବାନ ଆହୁରି ସଂବଳପୂର୍ଣ୍ଣ ହେଉଛି, ସଂବଳ ହୀନ ଆହୁରି ନିଃସହାୟ ହୋଇଯାଉଛି। ପରିବାର ଚଳାଇବା ପାଇଁ ଶୋଷିତ ଶୋଷକର ଦ୍ୱାରସ୍ଥ ହେଉଛି। ସ୍ୱାଧୀନତା ନାହିଁ। ପୁଞ୍ଜିପତି ମାନଙ୍କର ସ୍ୱାର୍ଥରେ ବଳି ପଡୁଛି ଶତାଂଢ଼ି ପୁରୁଷର ନାୟକ ମୂଲିଆ ଭଳି ମଣିଷମାନେ। ଶୋଷିତ ଆଜି ସଚେତନ ନିଜର ଅଧିକାର ନେଇ, କିନ୍ତୁ ସେ ଅଧିକାରକୁ ହାତେଇ ନେଉଛନ୍ତି ଧନୀକ ବର୍ଗର ବ୍ୟକ୍ତିମାନେ। କଥାକାର ଶ୍ରୀ ମହାନ୍ତି ଆଲୋଚ୍ୟ ଗଳ୍ପରେ ସାମ୍ୟବାଦର ଧ୍ୱଜା ଉଡ଼ାଇ ମୂଲିଆ ଚରିତ୍ର ଦ୍ୱାରା କୁହନ୍ତି, "ମୋ ଚାରିପାଖେ ଯନ୍ତ୍ରଣାର ସହସ୍ର ବାହୁ ଏବଂ ମୁଁ ନିସ୍ତେଜ ପୁରୁଷ ସେଗୁଡ଼ିକର ଦଗ୍ଧିଭୂତ ଶିକାର। ଗଣତନ୍ତ୍ର ରାଷ୍ଟ୍ରର ତଥାକଥିତ ବ୍ୟକ୍ତି ଚେତନା ଆତ୍ମିକ ଆରୋହ ଏହି କ୍ଷୁଧାର ନିଷ୍ପେଷଣରେ କେମିତି ଅଙ୍ଗୀଭୂତ, ମୁଁ ବୁଝିପାରୁନି। ମୋ ଚାରିପାଖେ ଅହରହ ତତ୍ପରଶୀଳ ବ୍ୟଥା ନିଜର ଜାଲ ବିଛେଇବାରେ ବ୍ୟସ୍ତ। ମୋତେ ନଷ୍ଟ କରିବାରେ ଉଦ୍‌ବେଗଶୀଳ। ମୋତେ ନେଇ ସମସ୍ତଙ୍କର କାଣ୍ଡ ଓ କାରସାଦି। ସମସ୍ତଙ୍କର ଖୁଣ୍ଟ ଛିଡ଼ା ହୋଇଛି ମୋରି ଉପରେ। ମୁଁ ଦେଖିଆସିଛି ଗୋଟିଏ ଘର ଭାଙ୍ଗି ଆଉ ଗୋଟିଏ ଘର ଗଢ଼ା ହେଉଛି। ଗୋଟିଏ ଛପରରୁ

ନଡ଼ା କାଢ଼ି ନିଆ ଯାଇ ଆଉ ଗୋଟିଏ ଛପର ପଡୁଛି। ବିକାଶ କାଇଁ, ବିକାଶ ? ଯାହାକୁ ଉନ୍ନତି ବୋଲି କୁହାଯାଉଛି ତାହା ହେଉଛି ସ୍ଥାନାନ୍ତରୀକରଣ। ଏହି ସ୍ଥାନାନ୍ତରୀକରଣ ପକ୍ରିୟାରେ ମୁଁ ନଷ୍ଟ ହେଉଛି। ମୁଁ ଅହରହ ଛୁଞ୍ଚିବନ୍ଧ। ଏହି ସ୍ଥାନାନ୍ତରୀକରଣର ପ୍ରଭାବ ମୋତେ କରିଛି ନିଷ୍ପ୍ରଭ, ନିଷ୍ପନ୍ଦ।"[୧୦୭] କାରଣ ଶୋଷିତ ଉପରେ ଶୋଷକର ବ୍ୟଭିଚାରପଣ ଯୋଗୁଁ ନିଃସ୍ୱଶ୍ରମଜୀବୀ ସେମିତି କ୍ରୀତଦାସ ହୋଇରହୁଛି। କେବଳ ଦଳିତ, ପତିତ ବ୍ୟକ୍ତିମାନେ ଅନୁତପ୍ତ ଶ୍ରମଜୀବୀ କ୍ରୀତଦାସ ବା କିଣାଚାକର ହେଇ ରହିଯାଇଛି କିନ୍ତୁ ଆଲୋଚ୍ୟ ଗଳ୍ପର ପରିଣତି ପର୍ଯ୍ୟନ୍ତ କଥାକାର ଶ୍ରୀ ମହାନ୍ତି ଶୋଷିତର କରୁଣ କାହାଣୀ ସଙ୍ଗେ ମାର୍କସୀୟ ଚିନ୍ତାଧାରାକୁ କରିଛନ୍ତି ପ୍ରୟୋଗ। ଆଲୋଚିତ 'ଶତାଂଢ଼ି ପୁରୁଷ' ଗଳ୍ପ ସଂପର୍କରେ ଆଲୋଚକ ସୁନୀଲ କୁମାର ପୃଷ୍ଟି କହନ୍ତି; "ଚରିତ୍ର ମୁଁ (ମୂଲିଆ)ଟି ଗାଉଁଲି ହୋଇଥିଲେ ବି ତା'ର ମାନସିକ କ୍ରିୟା ଓ ପ୍ରତିକ୍ରିୟା ଜଣେ ବୌଦ୍ଧିକ ମାନସିକତା ପରି। 'ମୁଁ' ମଧ୍ୟରେ ଲେଖକ ନିଜସ୍ୱ ଚିନ୍ତାକୁ ପ୍ରୟୋଗ କରିଛନ୍ତି, ଯାହା ଜଣେ ମୂଲିଆ ଓ ସହରୀ ବୁଦ୍ଧିଜୀବୀର ମିଶ୍ରଣ ପରିଲାଗେ ଓ ଏକ 'Communication gap' ସୃଷ୍ଟି କରେ। ଏ ଗଳ୍ପର ମୌଳିକତା, ଗାଳ୍ପିକଙ୍କ ଦୃଷ୍ଟିଭଙ୍ଗୀର ତୀକ୍ଷ୍ଣ (Sharp) ଗାଉଁଲି ସଂସ୍କରଣ (Reformation)। ଗାଳ୍ପିକଙ୍କର ମାର୍କସୀୟ ଚିନ୍ତାଧାରା ଉପସ୍ଥାପନା ପାଇଁ ଏ ଗଳ୍ପର ସୃଷ୍ଟି।"[୧୦୮]

'ଶତାଂଢ଼ି ପୁରୁଷ' ଗଳ୍ପରେ ନାୟକ ମୁଲିଆ ଭଳି 'ଫକୀର ମୋହନୀୟ' ଗଳ୍ପର ନାୟିକା ବିଧବା ଶରଦୀର ମାନସିକ ସ୍ତରରେ ରହିଛି ଅନେକ ସାମଞ୍ଜସ୍ୟ। ଉଭୟ ଗଳ୍ପର ସଂଘର୍ଷ, କେବଳ ବଞ୍ଚିବା ପାଇଁ, ପେଟକୁ ଖାଦ୍ୟ ପାଇଁ କିନ୍ତୁ 'ଶତାଂଢ଼ି ପୁରୁଷ'ରେ ସାମ୍ୟବାଦୀ ଚିନ୍ତାଧାରାର ଉତ୍ତରଣ ଭଳି 'ଫକୀର ମୋହନୀୟ' ଗଳ୍ପରେ ହୋଇନାହିଁ, ଏହା ସତ୍ୟ କିନ୍ତୁ ଅସ୍ପଷ୍ଟ ସାମ୍ୟବାଦର ସ୍ୱର ପାଠକର ମାନସକୁ କରିବ ଆନ୍ଦୋଳିତ। ସ୍ୱାମୀର ମୃତ୍ୟୁ ପରେ ତିନି ପିଲାଙ୍କ ପେଟକୁ ମୁଠେ ଦାନା ଦେବା ପାଇଁ ରେଳ ଯୋଗେ ଭଦ୍ରକରୁ ଯାଇ ଯାଜପୁରରେ ଶରଦୀ କରିଛି ଚାଉଳ ବେପାର। କସ୍ତୁରୀସମ ତା'ର ସମୃଦ୍ଧ ଯୌବନକୁ ଉପଭୋଗ କରିବା ନିମନ୍ତେ ଯୌନାକାଂକ୍ଷୀ ପୁରୁଷ ସାହୁକାର ବନମାଳୀ ଠାରୁ ଦାରୋଗା ବଡ଼ବାବୁ ପର୍ଯ୍ୟନ୍ତ ସମସ୍ତେ ଆଖେଇଛନ୍ତି। ଏଥିପାଇଁ ଶରଦୀ ହୃଦୟରେ ଏକ ଅସହ୍ୟ ଅସ୍ୱସ୍ତି ସୃଷ୍ଟି ହୋଇଥିଲେ ମଧ୍ୟ ନିଜ ପିଲାଙ୍କ ପାଇଁ ସେ ରହିଛି ସ୍ଥିର। କିନ୍ତୁ କୌଶଳ କ୍ରମେ ଦାରୋଗା ବଡ଼ବାବୁ ଯେତେବେଳେ ତା'ର ପରିପୂର୍ଣ୍ଣ ଯୌବନର ବପୁଃକୁ ଆଲିଙ୍ଗନ କରି ଗ୍ରୀବାର ସେହି ଚିକ୍‌ଣ ଧବଳ ଚର୍ମକୁ ଜିହ୍ୱାର ଅଗ୍ର ସ୍ପର୍ଶ କରିଛି ସେତେବେଳେ ପ୍ରତିଶୋଧର ଶୀହରଣ ଖେଳିଯାଇଛି ଶରଦୀ ଦେହରେ। ସେ ସାଜିଛି କାତ୍ୟାୟନୀ। ଶରଦୀ କେବଳ ଅନୁଭବୀ, ସେ ନୁହେଁ, ତା'ପରି ଅନେକ ନାରୀ ଏମିତି ପୁଞ୍ଜିପତିଙ୍କ ଦ୍ୱାରା ହେଉଛନ୍ତି ଶୋଷିତ। ତା'ର ଅବସାନ ନିଶ୍ଚିତ କରିବା ଦରକାର, ସେଥିପାଇଁ ଟେବୁଲ ଉପରେ ଥିବା ରୋଲବାଡ଼ିରେ ଦାରୋଗା ବଡ଼ବାବୁର ମୁଣ୍ଡକୁ ପିଟି ପିଟି ଲହୁ ଲୁହାଣ କରିଛି। କେବଳ କହିଚାଲିଛି, "ମଲେ ବରଂ

ମରିବି, କିନ୍ତୁ ତୋତେ ଛାଡ଼ିବିନି । ମୁଁ ମରେ, ମୋ ଛୁଆ ପିଲା ମରନ୍ତୁ, ତୋତେ ଛାଡ଼ିବିନି । ତୋ ନହୁ ପିଇବି, ତୋ କଲିଜା ଖାଇବି ।"(୧୦୯) ଏଠି ସାମ୍ୟବାଦର ପରିପ୍ରେକ୍ଷୀରେ କଥାକାର ଯୌନ ଶୋଷଣକୁ ଅଙ୍ଗୁଳି ନିର୍ଦ୍ଦେଶ କରିଛନ୍ତି । ଧନୀକ ବ୍ୟକ୍ତିମାନଙ୍କୁ ସଚେତନ କରିବା ସହିତ ଶୋଷିତମାନଙ୍କୁ ଶୁଣାଇଛନ୍ତି କ୍ରିୟାଶୀଳତାର ସଂଜିବନୀ ମନ୍ତ୍ର ।

ସାହିତ୍ୟ ସର୍ବଦା ସମାଜ ସାପେକ୍ଷ । ବିଚାରବନ୍ତ ଭାବରେ ସମାଜର ହିତ ସାଧନ କରେ । ସେହି ପରିପ୍ରେକ୍ଷୀରେ ମାର୍କ୍ସବାଦୀ ସାହିତ୍ୟ ଏକଧାରାରେ ଦର୍ଶନ, ଅର୍ଥନୀତି ଓ ସମାଜବିଜ୍ଞାନର ଦୃଢ଼ ପୃଷ୍ଠଭୂମି ଉପରେ ପ୍ରତିଫଳିତ ହୋଇ ଶୋଷଣ ମୁକ୍ତ ସମାଜ ଗଠନର ଲକ୍ଷ୍ୟ ରଖେ । "ମାର୍କସ୍‌ବାଦୀ ସାହିତ୍ୟରେ ଦୃଷ୍ଟିଭଙ୍ଗୀରେ ସାହିତ୍ୟ ସମାଜର ହିତ ପାଇଁ ଉଦ୍ଦିଷ୍ଟ । ମାର୍କସ୍‌ବାଦୀ ସାହିତ୍ୟିକ ଯଥାର୍ଥବାଦୀ ଭୌତିକ ଚିନ୍ତନରେ ଆସ୍ଥା ପୋଷଣ କରେ । ସାହିତ୍ୟ ବିଚାରରେ ଏହି ଦୃଷ୍ଟିଭଙ୍ଗୀ ପୋଷଣ କରି ସେ ସାହିତ୍ୟକୁ ସମାଜ ଚେତନାର ଏକ ଅଙ୍ଗ ଭାବରେ ବିଚାର କରେ ଏବଂ ମନୁଷ୍ୟର ମାନସିକ ସ୍ତରରେ ସାମାଜିକ ସତ୍ୟକୁ ପ୍ରତିଫଳନ କରେ । ତେଣୁ ମାର୍କସ୍‌ବାଦୀ ସାହିତ୍ୟରେ ଆମେ ଲକ୍ଷ୍ୟ କରିବା ଉପଯୋଗୀତାବାଦ । ମାର୍କସ୍‌ବାଦୀ କଳାକାର କେବଳ ମାତ୍ର ନିଷ୍ଠୁର ବାସ୍ତବତାର ଛବି ଆଙ୍କେ ନାହିଁ, ସେ ଶୋଷିତ ବର୍ଗର ପ୍ରତିନିଧି ହୋଇ ଶୋଷକ ବର୍ଗର ଆତ୍ୟାଚାରକୁ ତା'ଲେଖନୀ ମାଧ୍ୟମରେ ବିରୋଧ କରେ । ବର୍ଗ ସଂଘର୍ଷର ଚିତ୍ରକୁ ଉପସ୍ଥାପନ କରି ସର୍ବହରା ଗୋଷ୍ଠୀକୁ ସୁସ୍ଥଭାବେ ବଞ୍ଚିବା ପାଇଁ ସଂକେତ ପ୍ରଦାନ କରେ ।"(୧୧୦) ଏ ଦୃଷ୍ଟିରୁ ଗାଳ୍ପିକ ରଜନୀକାନ୍ତ ମହାନ୍ତି ମାର୍କସ୍‌ବାଦୀଚିନ୍ତାଧାରାର ଅନୁସରଣକାରୀ । ସର୍ବଦା ଶୋଷିତ, ନିଷ୍ପେଷିତ ଚରିତ୍ର ମଧ୍ୟରେ ଆତ୍ମକଥନ ଶୈଳୀରେ ସାମ୍ୟବାଦର ଧ୍ୱଜା ଉତ୍ତୋଳନ କରିଛନ୍ତି, ପ୍ରଭୂତ୍ୱର ପ୍ରତିବାଦ କରିଛନ୍ତି । ସଂଘର୍ଷ ମଧ୍ୟରେ ସର୍ବଦା ଚରିତ୍ରକୁ ଗତି କରାଇଲେ ମଧ୍ୟ ପରିଣତିରେ ପ୍ରତିବାଦ କରିଛନ୍ତି ପୁଞ୍ଜିପତି, ବୁର୍ଜୁଆ ଗୋଷ୍ଠୀଙ୍କ ବିରୋଧରେ । ଗଣତନ୍ତ୍ର ରାଷ୍ଟ୍ରରେ ସାମନ୍ତବାଦୀ ଶୋଷଣକୁ ନେଇ ବିଦ୍ରୋହ ନିଶାର ଅଭିମାନରେ ଫାଟିପଡ଼ିଛନ୍ତି । ସେଥିପାଇଁ 'ଆସନ୍ତାକାଲି' ପତ୍ରିକାରେ ଏପ୍ରିଲ ୧୯୮୦ ମସିହା ସଂଖ୍ୟାରେ ପ୍ରକାଶ ପାଇଥିବା 'ହଡ଼ିକାଠ' ଗଳ୍ପରେ କହିପକାଉଛନ୍ତି, "ମୋ ପାଇଁ ଗଣତାନ୍ତ୍ରିକ ସାମନ୍ତବାଦୀ ମନୋଭାବର ପ୍ରତିକ୍ରିୟା ଏବେବି ବଳବତ୍ତର । ଏବେବି ଅପ୍ରତିହତ । ଯାହାର ପରିଣାମରେ ସୃଷ୍ଟି ହେଉଛି ଗ୍ରେଡ୍ ଚେତନା ଓ ପରିଣତିରେ କ୍ଲାସଟ୍ରେଜେଡ଼ି ।"(୧୧୧) ଏହା ସତ୍ୟ, କାରଣ ଅଦ୍ୟାବଧି ବେତନଭୋଗୀ କର୍ମଚାରୀ ଓକିଲ, ଡାକ୍ତର, ଅଧ୍ୟାପକ, ରାଜନେତା ତଥା ବେପାରୀଙ୍କ ଭଳି ପୁଞ୍ଜିପତିଙ୍କ ଦ୍ୱାରା ସାମନ୍ତବାଦ ମାଡ଼ିଚାଲିଛି । ଏହି ଧନୀ ଶ୍ରେଣୀଙ୍କ ବ୍ୟକ୍ତି ଦ୍ୱାରା ନିସ୍ୱଶ୍ରମଜୀବୀ ଦାସ ସାଜୁଛି । 'ହଡ଼ିକାଠ' ଗଳ୍ପର ନାୟକ ଭଳି ସାଧାରଣ ମଣିଷ ରାଜନୈତିକ ବ୍ୟାଭିଚାର ମଧ୍ୟରେ ପେଶି ହୋଇଯାଉଛି । ଆଲୋଚିତ ଗଳ୍ପ 'ହଡ଼ିକାଠ'ର ମଧ୍ୟବିତ୍ତ ପରିବାର

ମଧ୍ୟରେ ନାୟକ ଦ୍ୱାରା କଥାକାର ଗାଣତାନ୍ତ୍ରିକ ସାମନ୍ତବାଦୀ ମନୋଭାବର ପ୍ରତିକ୍ରିୟା ଏକ ଶ୍ରେଣୀ ସଂଘର୍ଷ ବା ଗ୍ରେଡ୍ ଚେତନାବୋଲି ସୂଚିତ କରିଛନ୍ତି ।

ଅନୁରୂପ ଭାବରେ 'ନାରାଚ ଉବାଚ' ଗଳ୍ପରେ ଆଦିବାସୀ ଜୀବନ ସଂଘର୍ଷର, ବିଶ୍ୱମାନବିକତାବୋଧ ଓ ମାର୍କସୀୟ ଚିନ୍ତନର ଅନବଦ୍ୟ ଚିତ୍ରକୁ ଦେଖାଯାଇପାରେ । ଆଲୋଚ୍ୟ ଗଳ୍ପରେ ବସ୍ତୁବାଦୀ ସମାଜର ଚାକଚକ୍ୟକୁ ଘୃଣାକରେ ଆଦିବାସୀ ଯୁବକ ଜାଇନୁ ସବର । ନିଜ ଶର ତୂଣୀର ପାଖରେ ବନ୍ଧୁକ ଗୁଳି, ବାରୁଦର ତାରତମ୍ୟକୁ ସେ କରିଛି ହୃଦୟଙ୍ଗମ । ସେଥିପାଇଁ ଜାଇନୁ କହିପକାଏ, "ଶବରର ଧନୁଶର ତା'ର ନୈତିକ ସାହସିକତାର ପ୍ରତୀକ, କିନ୍ତୁ ତମ ବନ୍ଧୁକ ? କୌଶଳ, ଧୂର୍ତ୍ତତା ଓ ଛଦ୍ମବେଶର ପ୍ରତିବିମ୍ବ ।"[୧୧୨] ଗଣତନ୍ତ୍ର ରାଷ୍ଟ୍ରରେ ମଣିଷ ବହୁ ଚତୁର, ସ୍ୱାର୍ଥହାସଲର ଲକ୍ଷ୍ୟରେ ଧୂର୍ତ୍ତତାର ସହିତ କରିଥାଏ କାର୍ଯ୍ୟ ସମାପନ । ଯେମିତି ଆଲୋଚ୍ୟ ଗଳ୍ପରେ ନିରିହ ଶବର ପରିବାରକୁ ଧୂର୍ତ୍ତତାର ସହିତ ଶୋଷଣ କରୁଛି ପୁଞ୍ଜିପତି ମହାଜନ । ଗାଁ'ର ସାହୁକାର ହରିସାହୁ ଜାଇନୁର ବୁଆକୁ କୌଶଳକ୍ରମେ ଘଉଡ଼ାଇଦେଇ ଜାଇନୁର ମା' ସତିଆ ସଙ୍ଗେ ବାରମ୍ୱାର କରିଛି ଯୌନ ଶୋଷଣ । ପ୍ରତିବାଦ କରିପାରିନାହିଁ ସବରୀ ନାରୀ ସତିଆ । ମହାଜନ ହରିସାହୁ ପାଖରୁ ଜନ୍ମ ନେଉଛନ୍ତି ଜାଇନୁ, ଝୁମି ଓ ସାନ ପୁଅ, ଝିଅ । ଆଖିର ଲୁହ, ଛାତିର କୋହକୁ ଚାପି ଚାପି ସ୍ୱାମୀ ଫେରି ଆସିବାର ବାଟକୁ ଚାହିଁ ରହିଛି ସବରୀନାରୀ ସତିଆ । ପୁନଃଶ୍ଚ ଦ୍ୱିତୀୟ ପିଢ଼ିରେ ପ୍ରତାରିତ ଜୀବନରେ ମୂଲ୍ୟବୋଧ ବିଡ଼ମ୍ୱିତ ହେଉଛି ଅର୍ଥାତ୍ ମହାଜନ ହରିସାହୁ ଓ ସବରୀ ନାରୀ ସତିଆ ପାଖରୁ ଜନ୍ମିତ ଝିଅ ଝୁମିର କୋମଳ ଯୌବନକୁ ଉପଭୋଗ କରୁଛି ମହାଜନ ହରିସାହୁର ପୁଅ ନଳିତ । ଏଠି ଶୋଷଣ କ୍ଷେତ୍ରରେ ମଷିଣ ଦେଖେନା ସଂପର୍କର ମୂଲ୍ୟବୋଧ । ପ୍ରତାରଣା, ଶଠତା, ଗ୍ଲାନିର ଚାରଣଭୂମି ସାଜିଛି ଆଜିର ସମାଜ । ଦଳିତମାନେ ପ୍ରତିବାଦ କରିବା ପାଇଁ ପାଖରେ ରହୁନାହିଁ ଅଦମ୍ୟ ସାହାସ, କାରଣ ପୁଞ୍ଜିପତିଙ୍କ ହାତରେ ପରିଚାଳିତ ଆଜି ଗଣତନ୍ତ୍ର । ପ୍ରତିଶୋଧର ନିଆଁ ହୃଦୟରେ ଜଳି ଉଠିଲେ ବି ଉପରୋକ୍ତ ଗଳ୍ପରେ ଜାଇନୁ ଭଳି ଦଳିତ ପତିତ ବ୍ୟକ୍ତିମାନେ ଶୋଷଣ ଓ ସଭ୍ୟତା ପାଖରେ ହାର ମାନୁଛନ୍ତି ।

ସଭ୍ୟତାର ପରିବର୍ତ୍ତନକୁ ଲକ୍ଷ୍ୟକଲେ, "ପୁଞ୍ଜିପତି ସମାଜ ବ୍ୟବସ୍ଥାର ଜାତିଭେଦ ପ୍ରଥା କ୍ରମଶଃ କୋମଳ ହୋଇ ଆସିଲା । ଜାତିଗତ ଅଧିକାର ନୁହେଁ ପୁଞ୍ଜିପତି ହିଁ ସମସ୍ତ ସୁବିଧା ସୁଯୋଗର ହେତୁ ଭାବରେ ଗଣ୍ୟ ହେବାକୁ ଲାଗିଲା । ଏହି ସମାଜରେ ଶ୍ରମିକ ମାନେ ଦାସ ସମାଜ ଓ ସାମ୍ୟବାଦୀ ସମାଜ ଅପେକ୍ଷା ଅପେକ୍ଷାକୃତ ସ୍ୱାଧୀନ । କିନ୍ତୁ ସେମାନେ ଉତ୍ପାଦନ କ୍ଷମତା ଅଧିକାରୀ ନୁହଁନ୍ତି । ସେମାନେ ସେମାନଙ୍କର ଜୀବନ ଯାପନ ପାଇଁ ପୁଞ୍ଜିପତିମାନଙ୍କ ଉପରେ ନିର୍ଭର କରନ୍ତି । ପୁଞ୍ଜିପତି କୌଶଳର ସହ ସେମାନଙ୍କର ଶ୍ରମ ଅପହରଣ କରି ନିଜର ପୁଞ୍ଜି ବଢ଼ାଇଚାଲେ । ଏହାକୁ ମାର୍କସ୍ ଏବଂ ଏଙ୍ଗେଲସ୍ କହନ୍ତି, "A system of hired salvery"[୧୧୩] ଏହାର ଅନୁରୂପ ପ୍ରତିଫଳନ ଘଟେ ରଜନୀକାନ୍ତ

ମହାନ୍ତିଙ୍କ ଗଳ୍ପରେ। ଯେଉଁଠି ସାଧାରଣ ଦିନମଜୁରୀଆଙ୍କ କାନ୍ଧରେ ପାଦ ରଖି ପୁଞ୍ଜିପତି ବ୍ୟକ୍ତିତ୍ୱମାନେ ଗୋଟେ ପରେ ଗୋଟେ ପାହାଚକୁ ଉଠନ୍ତି, କିନ୍ତୁ ସର୍ବହରା, ନିଷ୍ପେଷିତ ବ୍ୟକ୍ତିତ୍ୱ ମାନେ ନିଜର ଅସ୍ତିତ୍ୱ ଖୋଜି ହାଲିଆ ହୁଅନ୍ତି। 'ରାହାଜଗାଳି' ଗଳ୍ପରେ ଶୋଷିତ ବ୍ୟକ୍ତିଙ୍କ ପ୍ରତି ପ୍ରତିଶୋଧ ନେବା ଲକ୍ଷ୍ୟରେ ଶ୍ରମଜୀବୀ ଗୟାଧର ଭଳି ବ୍ୟକ୍ତିତ୍ୱ ନିଜକୁ ନିଜେ ଠକେଇ ହେଇଯାଉଛନ୍ତି। ମଣିଷ ଆଜି ପ୍ରାଚୁର୍ଯ୍ୟ ଭିତରେ ଜଡ଼ସଡ଼ ଏବଂ ମାନବିକତା ଓ କର୍ତ୍ତବ୍ୟ ଭଳି ମହାନ ବସ୍ତୁକୁ ଗ୍ରହଣ କରୁଛି ଅତି ଶସ୍ତା ଚଡତରାରେ। ସାମ୍ପ୍ରତିକ ସମାଜକୁ ପରଖିଥିବା ବ୍ୟକ୍ତିତ୍ୱ ଖୁବ ସଚେତନ ଭାବରେ ନିଜର ସ୍ଥିତି ଜାହିର କରୁଛି। ଯଦି ଅସଚେତନ ଭାବରେ କାର୍ଯ୍ୟ କରେ ତା'ହେଲେ ତା'ର ଅହମିକା ଭରା ପ୍ରାଚୁର୍ଯ୍ୟର ଭାଣ୍ଡକୁ ସାଧାରଣ ଖଟିଖିଆ ଦିନ ମଜୁରିଆ ଅକ୍ତିଆର କରି ନେବାରେ ଆଶଙ୍କା କରାଯାଇପାରେ। ଆଜି ଶୋଷଣର ଲକ୍ଷ୍ୟ ଅଛି ସ୍ଥିର କିନ୍ତୁ ମାର୍ଗର ହୋଇଛି ପରିବର୍ତ୍ତନ। ଶୋଷିତ ଚାଲାକ ହେଲାଣି। ସେ ଦେଖୁଛି ତା'ର ପରିଶ୍ରମକୁ ଶୋଷଣ କରାଯାଉଛି। ସେଥିପାଇଁ ଶ୍ରମଜୀବୀ ମଧ୍ୟ ଠକିବା ଶିଖୁଛି। ଏହାଦ୍ୱାରା ଶ୍ରମଜୀବୀର କଳା ଶୋଷିହେଇଯାଉଛି। ଯଦ୍ୟପି ଶ୍ରମିକର କଳା ଶୋଷି ହୋଇଯାଏ ତାହେଲେ ସେ ଆଜି କି ମଣିଷ ହୋଇ ରହିବ ! ନିଜର ପାରିଲାପଣକୁ ହରାଇବ। ଶ୍ରମଜୀବୀ ହେବାର ମଧ୍ୟ ସାମର୍ଥ୍ୟ ନଥିବ। ଏମିତି ଅନେକ ବକ୍ତବ୍ୟ ସହିତ ବୁର୍ଜୁଆ ସଭ୍ୟତାର ଶୋଷଣ ସହ ମଥାନିଆ ଗୟାଧର ସମାଜ ମାନବିକତା ଦୃଷ୍ଟିରୁ ଅନେକ ଯୁକ୍ତି ବାଢ଼ିଛି। ଏପରିକି ଜନଜାତିଙ୍କୁ ସେ ମଧ୍ୟ ସଜାଗ କରିବା ଲକ୍ଷ୍ୟରେ କଥାକାର ଶ୍ରୀ ମହାନ୍ତି ଗୟାଧର ଚରିତ୍ର ମୁଖରେ କହି ପକାଉଛନ୍ତି, "ଇଚ୍ଛା ହେଉଥିଲା କୋହ୍ଲ କୋହ୍ଲଣୀଙ୍କୁ ହୁରି ଛାଡ଼ନ୍ତି, ତମେମାନେ ବି ଠକି ଶିଖ। ଚାଲାକ୍ ହୁଅ। ନହେଲେ ଆଜୀବନ ଏଇମିତି ଠକିଯାଉଥିବ, ଠକେଇବା ଆରମ୍ଭ କର। ଆମ ସହ ସାମିଲ ହେଇଯାଅ। କିନ୍ତୁ କିଛି କହି ହେଲାନାହିଁ। ଜିଭ ନେଉଟିଲାନି। ମଣିଷର ମୁଣ୍ଡ ଉପରେ ଖଣ୍ଡା ଝୁଲିଛି ହରବକତ୍।"(୧୧୪) ନିଜର ସ୍ଥିତିକୁ ନେଇ ପ୍ରତିବାଦ କରିବାର ଅଦମ୍ୟ ସାହାସର ବସାବାନ୍ଧି ପାରୁନି ଶ୍ରମଜୀବୀ। ପୁଞ୍ଜିପତି ମାନଙ୍କର ଶଠତା, ଦୁର୍ନୀତି, ଅପବାଦର ଶରବ୍ୟ କେବଳ ହେଉଛନ୍ତି ସାଧାରଣ ମଣିଷ। ସେ ପରିଶ୍ରମ ଅନୁଯାୟୀ ଟଙ୍କା ପାଇପାରୁନି। ପ୍ରତିବାଦ କରିବା ପାଇଁ, ଅଣ୍ଟାରେ କପଡ଼ା ବାନ୍ଧିବାକୁ ପାଖରେ ନାହିଁ ଧନ। କିନ୍ତୁ ଏ ସବୁକୁ ପଛକରିଦେଇ ଗାଳ୍ପିକ ଶ୍ରୀ ମହାନ୍ତି ଶ୍ରମଜୀବୀ ମଥାନିଆ ଗୟାଧରର ମାନସିକତାକୁ ବିଶ୍ଳେଷଣ କରିବା ସହିତ ଗଳ୍ପର ପରିଣତିରେ ସାମ୍ୟବାଦର ବିଭୀଷିକାକୁ ଗୟାଧରର ମାନସିକତା ଦ୍ୱାରା ଦେଖାଇ ଦେଇଛନ୍ତି। ପ୍ରତିବାଦ କରିବା ପାଇଁ ସାହାସ ଦରକାର, ଦରକାର ଜଣେ ଦାୟିତ୍ୱବାନ ବ୍ୟକ୍ତି। ଯିଏ ପରିଚାଳନ କରିପାରୁଥିବ ସବୁ ଦାୟିତ୍ୱ। ଯେପରି ଗାଳ୍ପିକ ମଥାନିଆ ଦ୍ୱାରା ସ୍ୱାର୍ଥବାଦୀ ରାଜନେତା, ଧନୀକ ଶ୍ରେଣୀର ବ୍ୟକ୍ତିତ୍ୱମାନଙ୍କୁ ଅଙ୍ଗୁଳି ନିର୍ଦ୍ଦେଶ କରି କହୁଛନ୍ତି, "ବାଜ ମହାପାତ୍ରେ ! ମୁଁ ଥାନାର ଘର ଛପର କରିଦେ ଯିମି, କିନ୍ତୁ ତୋଠୁଁ ପଇସା ନେବିନି। ଥାନାବାବୁଙ୍କ ଠାରୁ

ପଇସା ମୁଁ ଆଣିବି! ଭୂୟାଁବୁ! ଅଫିସକୁ ଗଲେ ତମେ ଯଦି ମୋତେ ବଇନି ମାଗିବ, ସେଇଠି ତୁମକୁ ଗଳାଧକ୍କା ମାରିମି। ଢକନ ସାହୁ! କିଲେ ଚିନି ଦେଇ ତିନିକିଲୋ ଚିନି ଉପରେ ମୋ ଦସ୍ତଖତ୍ ନେଇଥିଲୁ, ତା' ଆଉ ହେଇପାରିବନି। କୋହ୍ଲ, କୋହ୍ଲଣୀଏ; ବାଜ ମହାପାତ୍ର ଠୁଁ ଠିକ୍ ଠିକ୍ ମୂଲ ନିଅ, ନ ହେଲେ କାମ ବନ୍ଦ କରିଦିଅ। ଆଉ ଗୟାଧର! ତୁ ତ ମଥାନି ଠିକ୍ ସଜାଡ଼ି ଦେ! ତୁ ପରା ମଥାନିଆ। ଏ ମାଟିରେ ସବୁ ଅଛି ସବୁ, ଦରକାର ଖାଲି ଜଗୁଆଳିଟିଏ।"(୧୧୫) ଯଦି ଜଗୁଆଳିମାନେ ଠିକରୂପେ ସମାଜକୁ ଜଗିପାରିଲେ ତାହେଲେ ଲୋପ ହେବ ଶୋଷଣ, ଗାଣତାନ୍ତ୍ରିକ ରାଷ୍ଟ୍ରର ସମସ୍ତ ବ୍ୟକ୍ତି ଉପଯୁକ୍ତ ଅଧିକାର ପାଇପାରିବ। ସଭିଏଁ ମଧ୍ୟ ସମପରିମାଣରେ କରିପାରିବେ କର୍ତ୍ତବ୍ୟ। ଶୋଷଣ, ପ୍ରତାରଣା, ଠକାମୀ ଭଳି ଶବ୍ଦ ଧ୍ୱଂସ ପାଇଯିବ କିନ୍ତୁ ଦୁଃଖର କଥା ଆମ ସମାଜରେ ଅଭାବ କେବଳ ଜଗୁଆଳିମାନଙ୍କର।

ସେହିପରି କଥାକାର ରଜନୀକାନ୍ତ ମହାନ୍ତିଙ୍କର ସାମ୍ୟବାଦୀ ପ୍ରସଙ୍ଗକୁ ଦେଖିହୁଏ 'ସୂର୍ଯ୍ୟରଂଗ', 'ବିପ୍ଳବ', 'ଗଣନାୟକ', 'ମହାସ୍ନାନ' ଆଦି ଗଳ୍ପରେ। ଗାଳ୍ପିକଙ୍କ ଗଳ୍ପ ଲେଖାର ଆରମ୍ଭରେ ସାମ୍ୟବାଦର କଥା ଯେତେ ପରିମାଣରେ ଉପସ୍ଥାପିତ ହୁଏ, ସେତିକି ପରିମାଣରେ ନିରବିଯାଏ ଲେଖାର ଉତ୍ତର କାଳରେ। କିନ୍ତୁ ଗଳ୍ପର ଅନ୍ତଃସାର ଅନେକ ସ୍ଥାନରେ ସାମ୍ୟବାଦର ଧ୍ୱଜା ଉଡ଼ାଏ, ଏହାକୁ ଅସ୍ୱୀକାର କରିହେବ ନାହିଁ। ଶୋଷକ ଓ ଶୋଷିତ କଥାବସ୍ତୁ ଉପସ୍ଥାପନା ସଙ୍ଗେ ଦଳିତ ବ୍ୟକ୍ତିତ୍ୱର ସଂଘର୍ଷମୟ ଜୀବନ, ସେହି ଜୀବନରୁ ମୁକ୍ତି ନିମନ୍ତେ ପ୍ରତିବାଦ କରିବାର ଲକ୍ଷ୍ୟ ଗଳ୍ପକୁ ଆହୁରି ଆକର୍ଷଣୀୟ କରେ। ପାଠକ ଶରୀରରେ ଖେଳିଯାଏ ଶିହରଣ। "ପୁଞ୍ଜିବାଦୀ ଶୋଷଣ ଯନ୍ତ୍ରରେ ବିପର୍ଯ୍ୟସ୍ତ ସାଂପ୍ରତିକ ସମାଜକୁ, ଗାଳ୍ପିକ ଚିହ୍ନେଇଦେବାକୁ ଯାଇ ସୃଷ୍ଟି କରିଛି ଗୋଟିଏ ଗୋଟିଏ କରି ବହୁ ଗଳ୍ପ। ବୁର୍ଜୁଆ ସଂସ୍କୃତି କେମିତି ଆଦର୍ଶ ମଣିଷ ସଂସ୍କୃତିର ଧ୍ୱଂସ ସାଧନ କରି ଦଳିତ ମଣିଷକୁ ସର୍ବସ୍ୱାନ୍ତ କରୁଛି; ନୀତିଭ୍ରଷ୍ଟ କରୁଛି ମୂଲ୍ୟବୋଧହୀନତାର ଏକ ବିକଳ ଜୀବନ ଭଉଁରୀ ଭିତରକୁ ଓଟାରି ନେଉଛି 'ନାରାଚ ଉବାଚ' ହେଉକି 'ଅଛୁଆଁ ଝିଅ' ହେଉ, 'ମଥାନିଆ' ହେଉ କି 'ବିଶା ଶହେ କାହାଣ ଅନ୍ଧାର' ହେଉ 'ଓହଳ' ହେଉକି 'ଗେଣ୍ଡୁଆ' ହେଉ ଅଥବା 'ପୁଷୁନାହରା' ହେଉକି 'ସୁନା ଶିଆଳ'ହେଉ ପ୍ରତିଟି ଗଳ୍ପରେ ଏଇ ଶୋଷଣ ପୀଡ଼ନ ସଂଭୂତ ସର୍ବହରା ଶ୍ରେଣୀର ଜୀବନକୁ ହିଁ ପ୍ରତିଫଳିତ କରିଛି। ପ୍ରତିଫଳିତ କେବଳ କରିନାହିଁ ଅନେକାଂଶରେ ସମାଧାନର ମାର୍ଗ କେତେଯେ ଖସଡ଼ା ତା'ମଧ୍ୟ କଥାକାର ସୂଚିତ କରି ଗଣ ସାହିତ୍ୟିକର କର୍ତ୍ତବ୍ୟ ସମ୍ପାଦନ କରିଛନ୍ତି। ଏଥିସହ ଅତିବିଶ୍ୱସ୍ତତାର ସହିତ ଉତ୍ତର ସତୁରୀର ଓଡ଼ିଆ ଗଳ୍ପ ସାହିତ୍ୟର ଧାରା ଘେନି ଥିବା 'ଧାରା ବଦଳ'ର ସମସ୍ତ ବୈଶିଷ୍ଟ୍ୟକୁ ଅଙ୍ଗୀକାର କରି ରଜନୀକାନ୍ତଙ୍କ କଥାମାନସ ପୁଷ୍ଟ ହୋଇଛି- ବଳିଷ୍ଠ ଆନ୍ତର୍ଜାତୀୟ କଥା ଜଗତର ଭାବବସ୍ତୁକୁ ସମୃଦ୍ଧ କରିଛି।"(୧୧୬) ଟିକେ ଗଭୀରେଇକି ଦେଖିଲେ ପ୍ରାୟତଃ ସମସ୍ତ ଗଳ୍ପରେ ଅସ୍ପଷ୍ଟ ମାର୍କସ୍‌ବାଦୀୟ ଚିନ୍ତାଧାରା ହିଁ ନିହିତ ଅଛି।

'ନାରାଚ ଉବାଚ' ଗଳ୍ପ ଭଳି 'ସୂର୍ଯ୍ୟରଙ୍ଗ' ଗଳ୍ପରେ ମଧ୍ୟ ଶୋଷଣକୁ କରାଯାଉଛି ବ୍ୟକ୍ତ। ପୁଞ୍ଜିପତିର ଛତ୍ରଛାୟା ତଳେ ମୁଣ୍ଡ ଗୁଞ୍ଜିବା ସାଧାରଣ ଦଳିତ ମଣିଷର ହୋଇଯାଇଛି ଭୋଗ୍ୟ। ଗଣତାନ୍ତ୍ରିକ ରାଷ୍ଟ୍ରରେ ଦଳିତ ମଣିଷ ସ୍ୱାଧୀନଭାବେ ବଞ୍ଚିବା ପାଇଁ ପାଇପାରିନାହିଁ ଅଧିକାର। ସେଥିପାଇଁ ଆଦିବାସୀ ଯୁବକ ବିଶନ ମୁଣ୍ଡା ମୁଖରେ କଥାକାର ଶ୍ରୀ ମହାନ୍ତି କହିପକାଉଛନ୍ତି, "ହାଏ; ଏ କି ଜୀବନ ହେଲା ! ନିଜ ମାଇପ, ନିଜଛୁଆ ଉପରେବି ନିଜର ଅଧିକାର ନାହିଁ। ମାଲିକର ଦୟା, ଅନୁକମ୍ପା ଉପରେ ନିର୍ଭର କରିବାକୁ ପଡୁଛି।"(୧୧୭) କାରଣ ସେ କିଣା ଚାକର। ତା'ର ଅଧିକାର ଶୂନ୍ୟ ମହାଜନୀ ପୁଞ୍ଜିପତିଙ୍କ ପାଖରେ। ବିଶନ ମୁଣ୍ଡା ପନ୍ଦର ବର୍ଷ ତଳେ ଆସି ଚୌଧୁରୀ ଘରେ କାମ କରିଛି। ଚୌଧୁରୀ ଘର ପଛପଟେ ଖଣ୍ଡେ କୁଡ଼ିଆ ତା'ର ରହଣିସ୍ଥାନ ହୋଇଛି। ଏଇଠି ମଧ୍ୟ ବିବାହ କରିଛି। ନିଜ ସ୍ତ୍ରୀ ଶାରୀ, ପୁଅ କୁଶ ମଧ୍ୟ ଚୌଧୁରୀ ଘରେ ଖଟିଛନ୍ତି। ଦଳିତ ବ୍ୟକ୍ତିତ୍ୱର ଶ୍ରମକୁ ଶୋଷଣ କରିଛି ଚୌଧୁରୀ, କେବଳ ପେଟକୁ ଦୁଇମୁଠା ଦାନା ଏବଂ କୁଡ଼ିଆ ଖଣ୍ଡକ ବିଶନକୁ ଦାନ ଦେବାର ପ୍ରତିଶ୍ରୁତିରେ। କିନ୍ତୁ ସେହି ଦାନ ମୌଖିକ ହୋଇ ରହିଯାଇଛି। କବଲା ହୋଇପାରିନାହିଁ। ବିଶନ ମୁଣ୍ଡା ଯେତେବେଳେ ପରିବାର ଚଳାଇବା ପାଇଁ ସ୍ୱାଧୀନ ଭାବେ ବଞ୍ଚିବା ଲକ୍ଷ୍ୟରେ ଚୌଧୁରୀ ଘର ବ୍ୟତୀତ ଅନ୍ୟର ମୂଲ ଲାଗିବାକୁ ଯାଏ, ସେତେବେଳେ ପୁଞ୍ଜିବାଦର ବୁଢ଼ିଆଣୀ ଜାଲରେ ଛନ୍ଦିହୋଇଯାଏ ବିଶନ ମୁଣ୍ଡା। କଥାକାର ଶ୍ରୀ ମହାନ୍ତି ଦଳିତ ବ୍ୟକ୍ତିଙ୍କର ଦୁଃଖ ଏବଂ ପୁଞ୍ଜିପତି ମାନଙ୍କର ସ୍ୱାର୍ଥାନ୍ୱେଷି ଭାବକୁ ଦେଖାଇବାକୁ ଯାଇ ଆଲୋଚ୍ୟ 'ସୂର୍ଯ୍ୟରଙ୍ଗ' ଗଳ୍ପରେ କହୁଛନ୍ତି,"ବିଶନ ଆଗରେ ସଭ୍ୟତାର ନିବୁଜ କବାଟ ସବୁ ଗୋଟି ଗୋଟି କରି ଖୋଲି ହୋଇଯିବାରେ ଲାଗିଲା। ତାକୁ ଲାଗିଲା ସତେ ଯେମିତି ତା' ଭଳି ବାରମାସିଆମାନଙ୍କ ପ୍ରତି ବାରମାଲିକଙ୍କର ଆନ୍ତରିକତା, ସ୍ନେହ ଗୋଟେ ଗୋଟେ ଷଡ଼ଯନ୍ତ୍ର। ମିଠା କଥା, ଟୋପେ ତୋରାଣି, ଗୋଟେ ବିଡ଼ି, କଅଁଳ ସଂପର୍କ ମାଧ୍ୟମରେ ଏଭଳି ଚୌଧୁରୀ ଘରମାନେ ସେମାନଙ୍କ ଭଳି ମୂଲିଆଙ୍କୁ ବେଶ୍ ଶୋଷି ଶୋଷି ରସ ନିଗାଡ଼ି ନେଇ ପୁଣି ବାହାରକୁ ଫିଙ୍ଗି ଚାଲିଛନ୍ତି। ବୁଢ଼ା ଚୌଧୁରୀ ବାବୁଙ୍କର ପୂର୍ବର ପ୍ରତିଟି କଥାକୁ ସ୍ମରଣ କରି ତାକୁ ଭାଙ୍ଗି ଭାଙ୍ଗି ହେଜିଲା ବେଳକୁ ତାକୁ ଲାଗୁଛି, ସେଗୁଡ଼ିକ ସବୁ ଥିଲା ଛଳନା। ସବୁ କେବଳ ନିଜ ସ୍ୱାର୍ଥ ହାସଲ କରିନେବାର ଫନ୍ଦିଫିକର। ବିଶନର ଦୀର୍ଘଶ୍ୱାସ ବେଶ୍ ବଢ଼ିଗଲା। ଏତେଦିନେ ସେ ଛଳନା ଅନ୍ଧାର ଭିତରେ ବୁଡ଼ିକି ଥିଲା! ଏତେ ବର୍ଷ !"(୧୧୮) ବୁଝିପାରିନଥିଲା ଦଳିତ ବର୍ଗର ମଣିଷ ଆଦିବାସୀ ସନ୍ତାନ ବିଶନ ପୁଞ୍ଜିପତି ମାନଙ୍କର ଶୋଷଣର କାଇଦା। ତା'ଶ୍ରମର ଶୋଷଣ। କୁଡ଼ିଆ ଖଣ୍ଡକ କେବଳ ଲେଖାହୋଇଥିଲା। ଯେତେଦିନ ବିଶନ ମୁଣ୍ଡା ଚୌଧୁରୀ ବଂଶର କାମ କରୁଥିବ ସେତେଦିନ ସେ କୁଡ଼ିଆଟି ତା'ର କିନ୍ତୁ ଯେତେବେଳେ ସ୍ୱାଧୀନ ହେବାକୁ ଚାହିଁଛି ସେତେବେଳେ ନିଜର ମୁଣ୍ଡ ଗୁଞ୍ଜିବା ନିମନ୍ତେ ବାସ ଖଣ୍ଡକ ହରାଇବାକୁ ପଡୁଛି। ଏଠି କଥାକାର ଶ୍ରୀ ମହାନ୍ତିଙ୍କ 'ନାରାଚ ଉବାଚ' ଗଳ୍ପରେ ଜାଇନୁ ଶବର ଭଳି ସ୍ଥିର

ରହିଯାଇନି ବିଶନ ମୁଣ୍ଡା, ପ୍ରତିବାଦ କରିଛି ଚୌଧୁରୀ ସହିତ, ଯଥା- "ସେ କଥା ହୋଇପାରିବନି ସାଆନ୍ତବାବୁ। ମୁଁ ତମ ଘରେ ଖଟିଲି, ମୋ ସ୍ତ୍ରୀ ଖଟିଲା, ମୋ ପୁଅ ବି ତୁମର ବୋଲହାକ କଲା। ଆମକୁ ଯାହା ଖଣ୍ଡେ ଖାଇବାକୁ ଆଉ ବର୍ଷକୁ ଦୁଇଖଣ୍ଡ ଲୁଗା ଦେଲ, ବାସ୍ ସେତିକି। ପଇସାଟିଏ ମୁହଁ ଆମେ ଦେଖି ପାରିଲୁନି। ଦିନ ରାତି ଆମେ ଗିରସ୍ତ, ଭାର୍ଯ୍ୟାଙ୍କୁ ପଶୁପରି ଖଟାଉଚ ଏଣେ ମୁହଁରେ କହୁଚ କ'ଣ ନା ପୁଅ ବୋହୂ, ଛି! ଯିମିତିଆ ଲେଖାପଢ଼ା ତୁମେ କରିଦେଇଚ ନା ବୁଢ଼ା ସାଆନ୍ତ, ସେ ତ ମତେ, ମୋର ପୁରୁଷ, ପୁରୁଷଙ୍କୁ କିଣିନେଲା ପରି! ସେ କଥା ଘଟିବ ନାହିଁ। ଘରଟା ଆମରତ ପୁରାପୁରି। ଏତେ ବର୍ଷ ଯେ ଘରେ ଆମେ ରହିଚେ ସେ'ଟା ଆମର। ଆମ ନିଜର ଘର।"[୧୧୯] ଏହା ହେଉଛି ପୁଞ୍ଜିପତିମାନଙ୍କ ପାଇଁ ଉପଯୁକ୍ତ ଯୁଦ୍ଧର ଘୋଷଣା।

'ଗଣନାୟକ' ଗଳ୍ପରେ ରହିଛି ସାମୁହିକ ସ୍ୱାର୍ଥ ପାଇଁ ସଂଘର୍ଷ। ବ୍ୟକ୍ତିଗତ ସ୍ୱାର୍ଥ ସାଧନାର ବିଲୋପ। ଅନୁଷ୍ଠାନର ନାମକରଣ ମହାଜନୀପଣରେ ବ୍ୟକ୍ତିଗତ କରାଇ ନ ଦେବାରେ ରହିଛି ସାମ୍ୟବାଦୀ ଚିନ୍ତାଧାରା। ପଦନା ବୁଢ଼ା ଭଳି ବ୍ୟକ୍ତି ଜାଣନ୍ତି ଅନୁଷ୍ଠାନ ହେଉଛି ସାର୍ବଜନୀନ କିନ୍ତୁ ପୁଞ୍ଜିପତିମାନେ ନିଜ ନାଁରେ ଅନୁଷ୍ଠାନକୁ ଗଢ଼ି ହାକିମାତି ଦେଖାଇବା ନୀତିକୁ ସେ ଘୃଣା କରିଛି। କାରଣ ବ୍ୟକ୍ତିଗତ ନାମକରଣ ହୋଇଗଲେ ମହାଜନର ଉତ୍ତରାଧିକାରୀମାନେ ମଧ୍ୟ ସେଇ ଗୁଣକୁ ଆପଣେଇ ନେବେ। ପୁଣି ହେବ ପୁଞ୍ଜିବାଦର ପ୍ରତିଷ୍ଠା। ସେଥିପାଇଁ କଥାକାର ପଦନା ବୁଢ଼ା ମୁଖରେ କହୁଛନ୍ତି, "କେହି ନ କହୁ ଏ ଇସ୍କୁଲଟା, ଏ ଠାକୁରାଣୀ ମନ୍ଦିରଟା ମୋ ବାପା କରିଥିଲେ ବୋଲି। ସମସ୍ତେ କହିବେ ଯିମିତି ଏ ଗାଁ ଲୋକେ ମିଳିମିଶି କରିଛନ୍ତି। ଏ ରାଇଜରୁ ଇଂରେଜ ଗଲେଣି, ଜମିଦାର ଗଲେଣି, ସେ ପୁରୁଣା କଥା ଆଉ ଘଟିବ ନାହିଁ। ଧନୀ ହେଇଚ, ଟଙ୍କା ଅଛି, କ୍ଷମତା ଅଛି ବୋଲି ଅନୁଷ୍ଠାନ ସବୁକୁ କିଣିନେବ?"[୧୨୦] ଉକ୍ତ ବକ୍ତବ୍ୟ ପୁଞ୍ଜିବାଦକୁ କରେ ପୂର୍ଣ୍ଣମାତ୍ରାରେ ବିରୋଧ। କିନ୍ତୁ ପଦନା ବୁଢ଼ା ପାଏ ନାହିଁ ଯୁଝିବା ନିମନ୍ତେ ଶୋଷିତ ମାନଙ୍କର ସାହାଯ୍ୟ। ସେଥିପାଇଁ ଦୋଷୀ ସାଜେ ଗାଁ ପରିଜନ, ସର୍ବପରି ନିଜପୁତ୍ର ବୋହୂଙ୍କ ପାଖରେ। ସେ ପରିବାରଠାରୁ ହୋଇଛି ବାଛନ୍ଦ ଗଳ୍ପର ପରିଣତିରେ ବିଦ୍ରୋହ କରିନପାରିଲେ ମଧ୍ୟ ପଦନାବୁଢ଼ା ହୋଇପଡ଼େ ଜଣେ ଅସ୍ତିତ୍ୱବାଦୀ ମଣିଷ। ମୁଷ୍ଟିମେୟ ମଣିଷ ଗଢ଼ିଥିବା ପରମ୍ପରାକୁ କରେ ଭଙ୍ଗ। ଯାଇ ଖାଏ ମାଲ ଆଟିକାରେ ମୃତବ୍ୟକ୍ତିଙ୍କୁ ଦିଆଯାଇଥିବା ଖାଦ୍ୟକୁ। ଗଳ୍ପଟିରେ ଶୋଷିତମାନେ ପୁଞ୍ଜିପତି ଗୋଷ୍ଠୀକୁ ପ୍ରୋତ୍ସାହନ ଦେବାର ଜ୍ୱଳନ୍ତ ନମୁନା ଦେଖାଗଲା ଭଳି 'ଅନ୍ଧାରକୁ ପାଦେ' ଗଳ୍ପରେ ମଧ୍ୟ ରହିଛି ଶ୍ରେଣୀ ସଂଘର୍ଷକୁ ବଳିଷ୍ଠ କରୁଥିବା ଶୋଷିତ ମାନଙ୍କର କଥା। "ମାର୍କସ୍(Marx)ଙ୍କର ଶ୍ରେଣୀ ସଂଘର୍ଷ(Class struggle) ପାଇଁ ଦାୟୀ ରହୁଥିବା 'Have' ଓ 'Have not' ଙ୍କ ମଧ୍ୟରେ ଥିବା ଦୂରତା ଏ ଗଳ୍ପରେ ରୂପାନ୍ତର କରାଯାଇଛି।"[୧୨୧] ଗାଁ ସାହି ମଧ୍ୟରେ ସାହୁକାର ପୁଅ ସାଇକେଲ ନେଇ ଗଲାବେଳେ

ଛୋଟପିଲାର ଦେହରେ ବାଜେ ସାଇକେଲ । ଏହାକୁ ଦେଖି ବିଧବା ବୁଢ଼ୀ ଜଣକ ସାଇକେଲ ଚାଳକକୁ ଦୋଷାରୋପ କରେ ଅଥଚ ଯେତେବେଳେ ବୁଢ଼ୀ ଜାଣୁଛି ସାଇକେଲ ଚାଳକ ଜଣକ ସାହୁକାରର ପୁଅ ବୋଲି ସେତେବେଳେ ତା'ର ମାନସିକତାର ହୋଇଛି ପରିବର୍ତ୍ତନ । ସେହିକ୍ଷଣି ପରିବର୍ତ୍ତନ ହୋଇ ଦୋଷାରୋପ କରେ ସାଇକେଲ ବାଜିଥିବା ପିଲା ଏବଂ ମା'ର ପିଲା ପ୍ରତିଥିବା କର୍ତ୍ତବ୍ୟକୁ । ଏଠି ଶ୍ରେଣୀ ସଂଘର୍ଷ ପାଇଁ ଦାୟୀ ହେଉଛନ୍ତି ଆଲୋଚ୍ୟ ଗଳ୍ପରେ ଥିବା ବିଧବାବୁଢ଼ୀ ଭଳି କାର୍ଯ୍ୟ କରୁଥିବା ଶୋଷିତ ଚରିତ୍ର ମାନେ । ଏଠି ଶ୍ରେଣୀ ସଂଘର୍ଷ ବିଲୁପ୍ତ ହୁଏ ନାହିଁ ଆହୁରି ବଳିଷ୍ଠ ହେବା ଦିଗଟି ଉନ୍ମୋଚିତ ହୁଏ ।

କଥାକାର ଶ୍ରୀ ମହାନ୍ତିଙ୍କ କଥା ପରିଧିରେ ସାମ୍ୟବାଦୀର ସ୍ୱରଉତ୍ତୋଳନ କଲାବେଳେ କେବଳ ଶୋଷିତ, ଶୋଷକ ମଧ୍ୟରେ ତାରତମ୍ୟ, ଶୋଷିତର ସାମନ୍ତବାଦ ବିରୋଧରେ ପ୍ରତିବାଦ, ଶ୍ରେଣୀ ସଂଘର୍ଷ ପାଇଁ ଦାୟୀ ହେଉଥିବା ମଣିଷର କଥା କହିନାହାଁନ୍ତି । ଗଳ୍ପ ପରିଧିରେ ମଧ୍ୟ ଅଛି ସାମନ୍ତ ବା ପୁଞ୍ଜିପତି ବିରୋଧରେ ଶୋଷକ ବ୍ୟକ୍ତି ସ୍ୱରଉତ୍ତୋଳନ କରିବା ଦ୍ୱାରା ସାମନ୍ତବାଦର ବିଲୟ ହେଉଛି ଏବଂ ଶୋଷକ ଗୋଷ୍ଠୀ ଶୋଷିତ ଗୋଷ୍ଠୀ ପ୍ରତି ଦେଖାଉଛି ଅନୁକମ୍ପା । ଶ୍ରେଣୀ ସଂଘର୍ଷ ରହୁନାହିଁ, ସାମୂହିକ ମଙ୍ଗଳର ହେଉଛି ଜୟ । ଯୁଗପୁରୁଷ ଫକୀରମୋହନଙ୍କ 'ରାଣ୍ଡିପୁଅ ଅନନ୍ତା' ଭଳି କଥାକାର ରଜନୀକାନ୍ତ ମହାନ୍ତିଙ୍କ 'ବିପ୍ଳବ' ଗଳ୍ପର ବାଉଲି ପିଲାଟି କାହାରିକୁ ଡରୁନାହିଁ । ଛୋଟବେଳେ ଡରୁଥିଲେ ମଧ୍ୟ ବଡ଼ହେଲା ପରେ ସେ ପୁଞ୍ଜିପତିର ଅହମିକାଭରା ଶୋଷଣକୁ ବୁଝିପାରୁଛି । ସେଥିପାଇଁ ଗାଁ ମହାଜନ ଉମାବାବୁଙ୍କ ବାଡ଼ିରେ ପଶି ତାଙ୍କ ଗଛରୁ ଜବରଦସ୍ତି ତାଳକାଟି ଖାଇଲାବେଳେ, ମହାଜନ ଉମାବାବୁଙ୍କ କଥାରେ ପ୍ରତିବାଦ କରିଛି, "ଆମର ତାଳଥିଲେ କି କିଣିବାକୁ ପଇସା ଥିଲେ ଆପଣଙ୍କ ଗଛକୁ କାହିଁକି ଚାହାନ୍ତୁ ସାଆନ୍ତ ।"(୧୨୨) ଏ ପଦକ କଥା ମହାଜନ ଉମାବାବୁଙ୍କୁ କୋରାଡ଼ୀରେ ଚୋଟ ମାରିଲାଭଳି ଲାଗିଛି । ମହାଜନୀପଣ ଉଭେଇଯାଇଛି । ଲଜ୍ଜ୍ୟାରେ କାହାରିକୁ ମୁହଁ ଦେଖାଇ ନାହାନ୍ତି ମହାଜନ ଉମାବାବୁ । ସରକାରୀ କଳରୁ ଟଙ୍କା ଆଣିଥିବା ଯୋଗୁଁ ଗାଁର ସପନୀ ଓ ପଦିଆର ଜମି ଯେତେବେଳେ ନିଲାମ ହେଉଛି ସେତେବେଳେ ଅମାନିଆ ବାଉଲି ସହି ନପାରି ପୋଲିସକୁ ପାଞ୍ଚଣରେ ପିଟିଛି । ଏଥିପାଇଁ ପୋଲିସ ବାଉଲିକୁ ବାନ୍ଧିନେଇଛି । ସେତେବେଳେ ଉମାବାବୁଙ୍କର ବ୍ୟକ୍ତିତ୍ୱର ହୋଇଛି ପରିବର୍ତ୍ତନ । ଶୋଷିତମାନଙ୍କ ପ୍ରତି ତାଙ୍କ ପ୍ରାଣ କାନ୍ଦି ଉଠିଛି । କଥାକାର ଶେଷରେ ଶୋଷକକୁ ଛିଡ଼ାକରାଇ କହୁଛନ୍ତି – "କିଏ କହେ ଏ ମାଟିରେ ଆଉ ଚାରା ଗଜୁରିବ ନାହିଁ... ଚାଲ ଥାନାକୁ । ମୁଁ ଅଛି । ପୃଥିବୀ କେବେହେଲେ ଅଣପୁରୁଷା ନଥିଲା, ଆଜି ବି ନାହିଁ ।"(୧୨୩) କେବେ ସଂଘର୍ଷର ହୋଇନାହିଁ ପରାଜୟ ।

ଓଡ଼ିଆ ଗଳ୍ପ ସାହିତ୍ୟରେ 'ଶିକାର' ଗଳ୍ପ ଠାରୁ ଅଦ୍ୟାବଧି କଥାସାହିତ୍ୟକୁ ଦେଖିଲେ ମଣିଷ ବହୁ ସଂଘର୍ଷରତ । ଗରିବର ପରିଚୟ ନେଇ ସର୍ବଦା ଶୋଷିତ ହୋଇ ଆସୁଛି ଶୋଷକ ପୁଞ୍ଜିପତି ଗୋଷ୍ଠୀଙ୍କ ଦ୍ୱାରା । କିନ୍ତୁ ଯିଏ ସ୍ୱରଉତ୍ତୋଳନ କରିଛି ସେ ପାଇପାରିଛି

ତା'ର ଅଧିକାର। ଅଦ୍ୟାବଧି ଗଣତନ୍ତ୍ର ରାଷ୍ଟ୍ରର ଜଣେ ବ୍ୟକ୍ତି ଯଦି ନିଜର ଅଧିକାର ପାଇଁ ନିରପେକ୍ଷଭାବେ ସ୍ୱରଉତ୍ତୋଳନ କରିବ ତାହାଲେ ସେ ନିଶ୍ଚୟ ନିଜର ଅଧିକାର ପାଇବା ସହ ଗୋଷ୍ଠୀର ହେବ ଜୟ। କାରଣ ଏ ପୃଥିବୀ ଅଣପୁରୁଷା ନୁହେଁ।

ପରିଣତିରେ ଏତିକି କୁହାଯାଇପାରେ, ଗାଳ୍ପିକ ରଜନୀକାନ୍ତ ମହାନ୍ତିଙ୍କ ଗଳ୍ପ କେବଳ ଶୋଷିତ ଓ ଶୋଷକର କଥା କହେ ନାହିଁ, କହେ ଶୋଷଣହୀନ ସମାଜ ଗଠନର କଥା, ଦିଏ ସ୍ୱାଭିମାନରେ ବଞ୍ଚିବା ପାଇଁ ପ୍ରେରଣା, ରଖେ ଅବହେଳିତ ମଣିଷକୁ ବିଦ୍ରୋହୀ କରି ଗଢ଼ିପାରିବାର ସାମର୍ଥ୍ୟ। ଗାଁରୁ ସହର ସହରରୁ ଡଙ୍ଗର ସମସ୍ତ ଶୋଷିତ ମଣିଷର ଅବ୍ୟକ୍ତ ବ୍ୟଥାକୁ ହୃଦୟଙ୍ଗମ କରିଛନ୍ତି କଥାକାର ଶ୍ରୀ ମହାନ୍ତି। ସେଥିପାଇଁ ତାଙ୍କ ଗଳ୍ପ ପରିବେଶରେ ଶୋଷକ, ଶୋଷିତର ନିରୋଳା ସତ୍ୟତାକୁ ସାମ୍ୟବାଦର ଧ୍ୱଜା ଉଡ଼ାଇ ଚରିତ୍ର ମାନଙ୍କୁ ନିଜ ସର୍ଜନରେ ଆକର୍ଷଣୀୟ ଢ଼ଙ୍ଗରେ ଗଢ଼ି ତୋଳିଛନ୍ତି। ଯାହାକି ପାଠକ ସେ ପରିବେଶ ମଧ୍ୟକୁ ପ୍ରବେଶ କଲେ ପ୍ରତିହିଂସାରେ ଦେହ ଶିଡେଇ ଉଠିବ, ରୋମ ଟାଙ୍କୁରି ଉଠିବ ଏବଂ ମାରିବକି ମରିବପଣକୁ ଗ୍ରହଣ କରିନେବ। ଗାଳ୍ପିକଙ୍କ ଗଳ୍ପ ସାହିତ୍ୟର ଉନ୍ମେଷ କାଳରେ ଗଳ୍ପଗୁଡ଼ିକରେ ସ୍ୱତନ୍ତ୍ର ଭାବରେ ମାର୍କ୍ସବାଦୀୟ ଚିନ୍ତନ ଦେଖାଗଲା ବେଳେ ଗଳ୍ପ ଲେଖାର ଉତ୍ତରକାଳରେ ଟିକେ କାହିଁ ମନେହୁଏ ସାମ୍ୟବାଦୀ ପ୍ରସଂଗ ମଉଳିଗଲା ଭଳି। କିନ୍ତୁ ପ୍ରତ୍ୟେକ ଗଳ୍ପରେ ଅନ୍ତର ଅଭିବ୍ୟକ୍ତିଟି ସାମ୍ୟବାଦୀ ଚିନ୍ତାର ପାଖିପ। ଚରିତ୍ର ମାନଙ୍କ ଚିନ୍ତା ଚେତନାରେ ସାମ୍ୟବାଦର ଝଲକ ପ୍ରଲିପ୍ତ ହୋଇ ରହିଛି ଏହାକୁ ଅସ୍ୱୀକାର କରାଯାଇନପାରେ। ଏ ସମସ୍ତ ଆଲୋଚନାରୁ ଏ ସମାଲୋଚକ ଦୃଢ଼ତାର ସହ କହିପାରେ ଯେ ଗାଳ୍ପିକ ରଜନୀକାନ୍ତ ମହାନ୍ତି ଜଣେ ସାମ୍ୟବାଦୀ ଚିନ୍ତାଧାରର ମଣିଷ, ପୁଞ୍ଜିବାଦର ଯୁଗଯନ୍ତ୍ରଣା ବିରୋଧରେ ସର୍ବହରାପାଇଁ ବିଦ୍ରୋହର ଦୁନ୍ଦୁଭି ବାଦକ।

(ଛ) ଅନ୍ତର୍ମନର ସ୍ୱରୂପ ଉନ୍ମୋଚନ:

ସାହିତ୍ୟ କ୍ଷେତ୍ରରେ ବିବିଧ ଚେତନା ଭଳି ମନସ୍ତତ୍ତ୍ୱ ମଧ୍ୟ ଏକ ମୁଖ୍ୟ ବିଭବ । "'ମନ' ସମ୍ବନ୍ଧୀୟ ବିଶେଷ ଜ୍ଞାନକୁ 'ମନସ୍ତତ୍ତ୍ୱ' କୁହାଯାଏ । ୟୁନାନୀ ଶବ୍ଦ 'ସାଇକୀ' (Psyche) ଏବଂ 'ଲୋଗସ୍' (Logus) ଶବ୍ଦର ସମ୍ମିଶ୍ରଣରେ 'ସାଇକୋଲୋଜି' (Psychology) ଶବ୍ଦଟି ଗଠିତ, ଯାହାର ଅର୍ଥ 'ମନ' ବା 'ଆତ୍ମା'ର ବିଚାର ବିମର୍ଶ । ଭାରତରେ ଋକ୍‌ବେଦ ଏବଂ ଗୀତାରେ ମଧ୍ୟ 'ମନ' ବା 'ଆତ୍ମା' ସମ୍ବନ୍ଧରେ ଅନେକ ବ୍ୟାଖ୍ୟା ରହିଛି । ଆତ୍ମା, ପରମାତ୍ମା ସହିତ ମନର ସମ୍ବନ୍ଧ ହିଁ ଭାରତୀୟ ସଂସ୍କୃତିର ମୂଳାଧାର । ମନୁଷ୍ୟର ଆଚରଣ, ବ୍ୟବହାର ଓ ଚାଲିଚଳଣ (Science of Human behaviour)କୁ ମନୋବିଜ୍ଞାନ କୁହାଯାଏ । ପରିବେଶ ସହିତ ବ୍ୟକ୍ତି କାର୍ଯ୍ୟକଳାପର ସଂପର୍କ ହିଁ ମନୋବିଜ୍ଞାନ । ମନ ଅଦୃଶ୍ୟ, ଅସ୍ପଷ୍ଟ, ଆକାର ବିହୀନ, ଭାସମାନ ଓ ରହସ୍ୟମୟ । ମନୁଷ୍ୟର ମନ ଦ୍ୱାରା

ଶରୀର ପରିଚାଳିତ ହୁଏ । ମନୁଷ୍ୟ ତା'ର ଚତୁର୍ଦ୍ଦିଗରେ ଯାହା ଦେଖେ ତାହାର ଏକ ଜୀବନଭିତ୍ତିକ କଳାତ୍ମକ ପ୍ରକାଶ ହିଁ ସାହିତ୍ୟ ।"(୧୨୪) ସାହିତ୍ୟ ମଧ୍ୟରେ ଚରିତ୍ରମାନଙ୍କର ଚେତନ ମନ (Conscious Mind) ସହିତ ଅବଚେତନ ମନ (Sub- conscious mind)ର ରହସ୍ୟୋଦ୍‌ଘାଟନ ହୋଇଥିଲେ ଉକ୍ତ ସାହିତ୍ୟକୁ ମନସ୍ତାତ୍ତ୍ୱିକ ସାହିତ୍ୟ କୁହାଯାଇଥାଏ ।

ସାହିତ୍ୟ ସର୍ଜନରେ ମନସ୍ତତ୍ତ୍ୱ ହେଉଛି ଏକ ବିଶେଷ କାଳ୍ପନିକ କାର୍ଯ୍ୟ । ଯେଉଁଥିରେ ଚରିତ୍ରମାନଙ୍କର ଚିନ୍ତା, ଚେତନା, ଭାବନା ଏବଂ ପ୍ରେରଣା ଆଦି ବର୍ଣ୍ଣନାତ୍ମକ ଶୈଳୀର ବାହ୍ୟକାର୍ଯ୍ୟରୁ ସମାନ୍ତରାଳ କିମ୍ବା ତଦୁର୍ଦ୍ଧ୍ୱ ହୋଇଥାଏ । ସାହିତ୍ୟ ସର୍ଜନରେ ଚରିତ୍ରମାନଙ୍କର ମାନସିକ ପ୍ରତିକ୍ରିୟା, ଚିନ୍ତାଚେତନା ଆଦି ପ୍ରତିଫଳିତ ହୋଇଥାଏ । ଅନ୍ୟ ପକ୍ଷରେ ବାହ୍ୟ ଘଟଣା ସବୁକୁ ଅର୍ଥପୂର୍ଣ୍ଣ ଦିଗ ପ୍ରଦାନ କିମ୍ବା ଜୀବନରଗତିକୁ ପ୍ରକାଶ କରିବାରେ ସାହାଯ୍ୟ କରିଥାଏ । ତେଣୁ ମନସ୍ତତ୍ତ୍ୱମୂଳକ କଥା ସାହିତ୍ୟ ସଂପର୍କରେ Encyclopedia Britannicaରେ କୁହାଯାଇଛି "work in which the thoughts, feeling and motivations of the characters are of equal or greater interest than the external action of the narrative. In a psychological novel the emotional reactions and internal states of the characters are influenced by and in turn trigger external events in a meaningful symbiosis."(୧୨୫)

ମନସ୍ତାତ୍ତ୍ୱିକ ସାହିତ୍ୟ ସର୍ଜନରେ ଲେଖକ ତା'ର ବ୍ୟକ୍ତିଗତ ଜୀବନକୁ ଅନୁଶୀଳନ କରି ଭାଷା ମାଧ୍ୟମରେ ଭାବକୁ ଉପସ୍ଥାପନ କରିଥାନ୍ତି । ସାହିତ୍ୟରେ ଚରିତ୍ରର କାର୍ଯ୍ୟକଳାପ, ଚିନ୍ତା ଚେତନାକୁ ସଂପୂର୍ଣ୍ଣ ରୂପେ ଲେଖକର ଭାବନା ସହ ତୁଳନା କରାଯାଇପାରେ । କାରଣ ଲେଖକର ମାନସିକ ଆକାଂକ୍ଷା ସୃଜିତ ଚରିତ୍ର ସହ ଗତି କରେ । ଲେଖକ ଓ ସୃଜିତ ଚରିତ୍ର ମଧ୍ୟରେ ତାରତମ୍ୟ ପ୍ରସଙ୍ଗକୁ ନେଇ ରୋମାଣ୍ଟିକ୍ ଯୁଗର ଅନ୍ୟତମ ପ୍ରାବନ୍ଧିକ ଓ ସମାଲୋଚକ ଟୋମାସ୍ କାର୍ଲାଇଲ୍ ସେଥିପାଇଁ ଅଭିମତ ଦିଅନ୍ତି ଯେ, ସେହି ଯୁଗର ଉଚ୍ଚ ମାନର ସମାଲୋଚକମାନେ ସାହିତ୍ୟ ସୃଷ୍ଟି ସହ ମନସ୍ତତ୍ତ୍ୱର କି ସଂପର୍କ ଅଛି, ସେହି ବିଷୟରେ ତତ୍ତ୍ୱ ଉପସ୍ଥାପନା କରିବାର ଆବଶ୍ୟକତା ଅନୁଭବ କରନ୍ତି । ସେ କହନ୍ତି, "With the best of our main critics at present... who raise the questions, mainly of a psychologhical, sort to be answered by discovering and delineating the peculiar nature of the poet from his poetry." ଏ ସମ୍ପର୍କରେ ଅଭିମତ ଦେଇ ଡେଭିଡ୍ ଡାଇଚିସ୍ ଲେଖନ୍ତି – "We see here, therefore, psychology to provide a genetic explantaion of poetry, an explanation of how it arises in the mind of the poet and that genetic explanation in turn used to justify a certain kind of poetry."(୧୨୬)

ଯେହେତୁ ସାହିତ୍ୟ ଚରିତ୍ରରେ ଅନ୍ତଃମନକୁ ନେଇ କଥାବସ୍ତୁ ଗତି କରେ ସେଥିପାଇଁ ବର୍ଣ୍ଣନାର ଆଧିକ୍ୟ ନଥାଏ । ଯେଉଁଥିରେ ଚରିତ୍ରର ଅବଦମିତ କାମନା ବାସନାକୁ ପରିପ୍ରକାଶ କରିହୁଏ । ଉକ୍ତ ଶୈଳୀ ଦ୍ୱାରା ଲେଖକର ମାନସପଟରେ ଗଚ୍ଛିତ ଥିବା ଅନେକ ଆଶା, ଆକାଂକ୍ଷାକୁ ନିର୍ଦ୍ୱନ୍ଦ୍ୱରେ ଚରିତ୍ର ଦ୍ୱାରା ବ୍ୟକ୍ତ କରିହୁଏ । ତେଣୁ ମନସ୍ତାତ୍ତ୍ୱିକ ସାହିତ୍ୟ ସମାଲୋଚନା କ୍ଷେତ୍ରରେ ମନୋବିଶ୍ଳେଷଣ ପଦ୍ଧତିର ଜନକ ଅଷ୍ଟ୍ରିଆର ବିଖ୍ୟାତ ମନସ୍ତତ୍ତ୍ୱବିଦ୍ ସିଗମଣ୍ଡ ଫ୍ରଏଡ଼ (Dr. Sigmund Freud) (୧୮୫୬-୧୯୩୦)ଙ୍କ ମନୋବିଶ୍ଳେଷଣ (Psycho-Analysis), ଆଡ଼ଲର୍ (Adlar)ଙ୍କ ବ୍ୟକ୍ତି ମନୋବିଜ୍ଞାନ (Individual Psychology) ଏବଂ କାର୍ଲୟଙ୍ଗ (Karl Jung)ଙ୍କ ବିଶ୍ଳେଷଣାତ୍ମକ ମନୋବିଜ୍ଞାନ (Analytical Psychology) ଦେଇଛି ନୂଆ କଳେବର । ତେଣୁ ଦାର୍ଶନିକ ମାନଙ୍କ ମନୋବିଶ୍ଳେଷଣ ପଦ୍ଧତିକୁ ଅବଲମ୍ବନ କରି ଗାଳ୍ପିକ ରଜନୀକାନ୍ତ ମହାନ୍ତିଙ୍କ ଗଳ୍ପକୁ ପର୍ଯ୍ୟାଲୋଚନା କରାଯାଇପାରେ ।

"ଅଷ୍ଟ୍ରିଆର ବିଶ୍ୱବିଖ୍ୟାତ ମନସ୍ତତ୍ତ୍ୱବିତ୍ ସିଗମଣ୍ଡ ଫ୍ରଏଡ଼ଙ୍କ ବ୍ୟକ୍ତିତ୍ୱର ମନୋବିଶ୍ଳେଷଣ ସିଦ୍ଧାନ୍ତ (Psychonalaytic therory of personality)ରେ ମଣିଷର ବ୍ୟକ୍ତିତ୍ୱ ତିନିଟି ସ୍ତରରେ ମିଶ୍ରଣ ବୋଲି ଅଭିହିତ କରିବା ସହ ସେଗୁଡ଼ିକ 'das Es', 'das Ich' and 'das Uber-Ich' ବୋଲି କହିଛନ୍ତି । ଯାହାକି ପରବର୍ତ୍ତୀ କାଳରେ ଫ୍ରଏଡ଼ଙ୍କ ଲାଟିନ୍ ଅନୁବାଦକ ଜେନ୍ସ ଷ୍ଟ୍ରାଚ୍ 'Id' 'ego' and 'super ego' ଭାବେ ପ୍ରଚଳନ କରିବା ପରେ ସମସ୍ତ ବିଶ୍ୱ ସାହିତ୍ୟରେ 'ଇଦ୍' 'ଇଗୋ' ଓ 'ସୁପର ଇଗୋ' ମନୋବିଶ୍ଳେଷଣ କ୍ଷେତ୍ରରେ ପାଇଲା ଅନେକ ପ୍ରସିଦ୍ଧି । ଫ୍ରଏଡ଼ଙ୍କ ଅନୁଯାୟୀ ଗୋଟିଏ ସୁସ୍ଥ ଓ ସମୃଦ୍ଧ ବ୍ୟକ୍ତିତ୍ୱ ହେଉଛି ଇଦ୍-ଇଗୋ-ସୁପର ଇଗୋର ସୁସଞ୍ଜ ସନ୍ତୁଳନ । ଏପରିକି ମଣିଷର ବ୍ୟବହାର ଓ ବ୍ୟକ୍ତିତ୍ୱକୁ ପ୍ରଭାବିତ କରିବାର ସ୍ୱତନ୍ତ୍ର ତିନିଟି ସ୍ତରକୁ ସେ ଇଙ୍ଗିତ କରିଛନ୍ତି। ସେ ସ୍ତରଗୁଡ଼ିକ ହେଉଛି conscious mind, preconscious mind and unconscious mind। ଏହି ମନସ୍ତତ୍ତ୍ୱକୁ ବିଶ୍ଳେଷଣ କରିବାକୁ ସେ ଜଳରେ ଭାସମାନ ଏକ ବରଫ ଖଣ୍ଡ (Ice berg)ର ଉଦାହରଣ ନେଇଛନ୍ତି । ଜଳରେ ଭାସମାନ ବରଫର ଦୃଶ୍ୟମାନ ଶୀର୍ଷକ ସେ ଚେତନ ମନ ବା କନସିଅସ୍ ମାଇଣ୍ଡ୍, ଯେଉଁ ଅଂଶଟି ଜଳରେ ବୁଡ଼ିଥାଏ, କିନ୍ତୁ ଦୃଶ୍ୟମାନ ହେଉଥାଏ ତାହାକୁ ଅର୍ଦ୍ଧଚେତନ ବା ପ୍ରିକନ୍ସିୟସ୍ ମାଇଣ୍ଡ୍ ଏବଂ ବରଫ ଖଣ୍ଡର ଯେଉଁ ଅଂଶ ପୂର୍ଣ୍ଣତଃ ଜଳରେ ଅଦୃଶ୍ୟ ହୋଇ ବୁଡ଼ି ରହିଛି ତାହାକୁ ଅଚେତନ ମନ ବା ଅନ୍‌କନ୍ସିୟସ୍ ମାଇଣ୍ଡ୍ ଭାବେ ଆଖ୍ୟାୟିତ କରିଛନ୍ତି । ତେଣୁ ଫ୍ରେୟେଡ଼ଙ୍କ ବିଶ୍ଳେଷଣ ଆଧାରରେ (id- unconscious mind) (ego- conscious mind) ଏବଂ (Super-ego = preconscious mind) ବୋଲି ବିଶେଷତଃ ବ୍ୟବହୃତ। ଏହିସବୁ ସ୍ତରରେ ରହିଛି ସ୍ୱାତନ୍ତ୍ର୍ୟ ଓ ବିବିଧତା ।"(୧୨୭)

ଚେତନ ମନ (ego- conscious mind)

ମନର ଚେତନ ଅବସ୍ଥା ହେଉଛି ବାହ୍ୟ ଅବସ୍ଥା । ଯେଉଁ ଅବସ୍ଥାରେ ମଣିଷ ସଚେତନ ଭାବରେ ବିବେକ ଯୁକ୍ତ କାର୍ଯ୍ୟ କରିଥାଏ । ଉକ୍ତ ଅବସ୍ଥାରେ ଯେଉଁ କାର୍ଯ୍ୟଗୁଡ଼ିକ ପ୍ରଦର୍ଶିତ ହୋଇଥାଏ ସେହି ବିଷୟଗୁଡ଼ିକୁ ସହଜ ତଥା ସିଧାସଳଖ ଅନୁଧ୍ୟାନ କରାଯାଇପାରେ । "ଯେ କି ସଦା ଜାଗ୍ରତ ଓ ସଜ୍ଞାନ ଅବସ୍ଥାରେ ଥାଇ ଅବଦମିତ କାମକୁଣ୍ଠାକୁ ବାରମ୍ବାର ପ୍ରତିହତ କରେ । ଏହା ମନୁଷ୍ୟର ଅନୈତିକ ଯୌନ ଲିପ୍‌ସାକୁ ପ୍ରତ୍ୟାବର୍ତ୍ତନ କରାଇବାରେ ସହାୟକ ହୋଇଥାଏ । ସାମାଜିକ ଚଳଣୀ, ସଭ୍ୟତା, ଶିଷ୍ଟତା, ଯୁକ୍ତି ଓ ମାନସମ୍ମାନ ପ୍ରତି 'ଇଗୋ' ସଚେତନ ଥାଏ । ଉଲଙ୍ଗ ଯୌନ ପ୍ରବୃତ୍ତିର ଏ ହେଉଛି ଦମନକାରୀ, କିନ୍ତୁ ଏହା ସର୍ବଶକ୍ତିମାନ ନୁହେଁ, ଏହା ଇଦ୍ ଉପରେ ନିର୍ଭରଶୀଳ ।"[୧୨୮] କିନ୍ତୁ ଇଦ୍ ଓ ସୁପର ଇଗୋ ଦ୍ୱୟକୁ ନିୟନ୍ତ୍ରଣ କରିବାରେ ଇଗୋର ରହିଛି ମୁଖ୍ୟ ଭୂମିକା । ଏଥି ନିମନ୍ତେ ଚେତନ ଅବସ୍ଥା ହେଉଛି ସଂସ୍କାର ଓ ନୈତିକତାପୂର୍ଣ୍ଣ ।

ଅବଚେତନ/ଅର୍ଦ୍ଧଚେତନ(Super-ego-preconscious mind/ ego- conscious mind)

ଅବଚେତନ ମନ ହେଉଛି ଉଭୟ ଚେତନ ଓ ଅଚେତନ ମନ ମଧ୍ୟରେ ଏକ ସେତୁ ସ୍ୱରୂପ । ଏହା ଅଚେତନ ସ୍ତରକୁ ଯାଇପାରେ ଏବଂ ଚେତନ ସ୍ତରକୁ ମଧ୍ୟ ନିୟନ୍ତ୍ରଣ କରିପାରେ । ଇଦ୍ ଓ ଇଗୋର ମୁହୂର୍ତ୍ତର ଆବଶ୍ୟକତାକୁ ନିୟନ୍ତ୍ରଣ କରେ ସୁପର ଇଗୋ । ସ୍ମୃତି, ଚିନ୍ତନ ଓ ଭାବନା ମଧରେ ସର୍ବଦା ଲୀନ ଥାଏ ଅବଚେତନ ମନ । "Super- ego ଏକ ଚେତନାର ଉତ୍ତରିତ ଉଚ୍ଚାଙ୍ଗ ସ୍ତର, ଯାହାଦ୍ୱାରା ବ୍ୟକ୍ତି ଜୀବନର ଆଦର୍ଶ ସ୍ଥାପନ କରେ ଓ ପୂର୍ଣ୍ଣତା ପ୍ରାପ୍ତ ହୁଏ। କାମନାର ଊର୍ଦ୍ଧ୍ୱକୁ ଯାଇ ନିର୍ମଳ ଚରିତ୍ର, ନିର୍ମଳ ବ୍ୟକ୍ତିତ୍ୱ ନିର୍ମାଣ କରେ ଓ ସମାଜର ଆଦର୍ଶ ବ୍ୟକ୍ତି ରୂପେ ଏହା ଜଗତକୁ ପରିଚୟ ଦେଇଥାଏ ।"[୧୨୯] "ସୁପରଇଗୋ ଉଭୟ ଅହମ୍ ଓ ଇଦମ୍ ଉପରେ ନିୟନ୍ତ୍ରଣ ରଖେ । ନୈତିକତା, ସାମାଜିକତା, ମାନ୍ୟତା, ସଂସ୍କାର, ପରମ୍ପରା, ଧାର୍ମିକ ଭାବନା, ବ୍ୟକ୍ତିତ୍ୱର ମୂଲ୍ୟବୋଧ ଉପରେ ସୁପର ଇଗୋ ବିଶ୍ୱାସ ରଖିଥାଏ । ଫ୍ରଏଡ୍ ଏହାକୁ ନୈତିକ ମନ (ego- ideal) ବୋଲି ନାମକରଣ କରିଛନ୍ତି ।"[୧୩୦]

ଅବଚେନ ମନ (id-unconscious mind):

ଅବଚେତନ ମନ ଲୁକ୍କାୟିତ ସ୍ତରରେ ରହିଥାଏ । ଏହା ଅବଦମିତ ବା ଲୁକ୍କାୟିତ କାମନା ବାସନାର ମୂଳ ଭିତ୍ତି । ଉକ୍ତ ସ୍ତର ସର୍ବଦା ଅଜ୍ଞାନ ଅବସ୍ଥାରେ ରହେ, ଅଚେତନ ମନ ପୁନଃ ଜାଗରଣ ବା ପୁନରୁତ୍‌ଥାନ ହୋଇପାରେ ନାହିଁ । ସେଥିପାଇଁ ଏହା ଚେତନ ସ୍ତରକୁ କେବେବି ଫେରିପାରେ ନାହିଁ । ଅଚେତନ ଅବସ୍ଥା ସଂପର୍କରେ Encyclopedia of Britannicaରେ କୁହାଯାଇଛି, "The complex of mental activities within an indivudual that proceed without his awareness. Sigmund Freud, the Founder of Psychoanalysis, stated that such unconscious processes may affect a person's behaviour even though he cannot report on them. Freud and his followers felt that dreams and slips of the tongue were really concealed example of unconscious content too threatening to be confronted directly."(୧୩୧) "ମନୁଷ୍ୟର ଶୈଶବ ଆଦିମ କାମନା ବାସନାର ଏକ ଗୁପ୍ତ ଗନ୍ତାଘର, ଯାହାକୁ ମନସମୀକ୍ଷଣ ବିଜ୍ଞାନରେ 'ଅଜସ୍' ବା 'ଇଦ୍' (Id) ବୋଲି କୁହାଯାଏ । ଏଗୁଡ଼ିକ ସଂପୂର୍ଣ୍ଣ ନିର୍ଜ୍ଞାନ ମନର ଅନ୍ତର୍ଭୁକ୍ତ । କୌଣସି ଚିନ୍ତାକୁ ସଜ୍ଞାନ ମନ ପ୍ରଦେଶରୁ ନିର୍ଜ୍ଞାନ ମନ ପ୍ରଦେଶକୁ ଅପସରିତ କରିବାର ନାମ ଅବଦମନ (Repression)"(୧୩୨) ପ୍ରକୃତି ନିୟମ ଅନୁଯାୟୀ ପର୍ଯ୍ୟାପ୍ତ ପରିବେଶ ମଧ୍ୟରେ ଇଦ୍‌କୁ ତ୍ୱରାନ୍ୱିତ କରିଥାଏ 'ଇଗୋ' । ଅନୁପଯୁକ୍ତ ଇଚ୍ଛାମାନ କେବେ ସନ୍ତୁଷ୍ଟ ହୋଇନଥାଏ । ଯଦିଓ ତାହାକୁ ପ୍ରଶମିତ କରାଯାଇପାରେ । ଉକ୍ତ ତଥ୍ୟକୁ ଆଧାର କରି Freudଙ୍କ 'Psychoanalytic theory'ରେ କୁହାଯାଇଛି, "The ego operates mainly in conscious and preconscious levels, although it also contains unconscious elements because both the ego and the superego evolved from the Id. Ruled by the reality principle, the ego takes care of the id urges as soon as the adequate circumstance is found. Inappropriate desires are not satisfied but repressed."(୧୩୩)

ସାଗର ମଧ୍ୟରେ ହିମଶୈଳ ସଦୃଶ ଅବଚେତନ ମନକୁ ମହାଭାରତ ଯୁଦ୍ଧରେ ଅର୍ଜୁନଙ୍କ ସ୍ମୃତି ଏବଂ ପଞ୍ଚଇନ୍ଦ୍ରିୟ ସଦୃଶ ରଥର ବାହକ ପାଞ୍ଚଟି ଘୋଡ଼ାଙ୍କୁ ତୁଳନା କରାଯାଇପାରେ । ଯାହା ନିୟନ୍ତ୍ରଣ ବାହାରେ । କାରଣ ଘୋଡ଼ା ଯେହେତୁ ପଶୁ ସେଥିପାଇଁ ଯୁଦ୍ଧ ସଂପର୍କରେ ସେମାନେ ଅଜ୍ଞ । ଚେତନମନ ଭାବରେ ରଥର ସାରଥୀ ଭଗବାନଙ୍କୁ ତୁଳନା କରାଯାଇପାରେ; ଯେଉଁଶକ୍ତି ଅବଚେତନର ସ୍ୱରୂପ ସଖା ଅର୍ଜୁନଙ୍କୁ ଯୁଦ୍ଧରେ ନିୟନ୍ତ୍ରଣ କରୁଛି । ସାରଥୀ ଭଗବାନ ଶ୍ରୀକୃଷ୍ଣ ଯୁଦ୍ଧ ପାଇଁ ସଜାଗ ଥିଲାବେଳେ ବିବେକ, ତଥା ନୈତିକ ଧର୍ମ କର୍ମକୁ ଗ୍ରହଣ କରି ଗୁରୁଜନ ଲଘୁଜନଙ୍କୁ ଲକ୍ଷ୍ୟ କରି ଯୁଦ୍ଧରୁ ବିରତ ହୁଅନ୍ତି ଅର୍ଜୁନ । ତେଣୁ ଚେତନ, ଅର୍ଦ୍ଧ ଚେତନ ମଧ୍ୟରୁ ବହିଷ୍କୃତ ଆବେଗ ଅଚେତନ ମନରେ ଗଚ୍ଛିତ ହୋଇ ରହିଥାଏ । ଅବଚେତନ ମନର ଉପାଦାନଗୁଡ଼ିକୁ ନିମ୍ନରେ ଉଦ୍ଧାର କରାଯାଇପାରେ ।

(କ) ସହଜାତ ପ୍ରବୃତ୍ତିର ଦମନ (Repressed desires)

(ଖ) ସ୍ମୃତି ବିଲୋପନ (Forgotton memories)

(ଗ) ବିଷାଦପୂର୍ଣ୍ଣ ସ୍ମୃତି (Unpleased memories)

(ଘ) ଅପରିପୂର୍ଣ୍ଣ ଆଶା ଆକାଂକ୍ଷା (Unfulfilled wishes)

(ଙ) ଦୁଃଖପୂର୍ଣ୍ଣ ବା ଯନ୍ତ୍ରଣାଦାୟକ ଅଭିଜ୍ଞତା (Painful experiences)

(ଚ) ଉଦ୍ଭଟ ଚିନ୍ତାଧାରା (Burried Thoughts)

(ଛ) ବର୍ଜିତ ଆବେଗ (Tabooed impulses)[୧୩୪]

ଉପଯୁକ୍ତ ଉପାଦାନ ଦ୍ୱାରା ମଣିଷର ମାନସିକ ପ୍ରତିକ୍ରିୟାର ପରିବର୍ତ୍ତନ ହୁଏ । ଅବଦମିତ ପ୍ରକୃତିଗୁଡ଼ିକ ମଣିଷକୁ ସର୍ବଦା ଦୁଃଖ ଦେଇଥାଏ ।

ଛ.(କ) ସହଜାତ ପ୍ରବୃତ୍ତିର ଦମନ (Repressed desires)

ସହଜାତ ପ୍ରବୃତ୍ତିର ଦମନ ହେଉଛି ଏକ ମାନସିକ ପ୍ରତିକ୍ରିୟା । ଯେତେବେଳେ ମଣିଷ ମନରୁ ଆନନ୍ଦଦାୟକ ବା ତୃପ୍ତିକର ଅଭିଳାଷ ଲୋପ ହୁଏ ବା ଦମନ କରାଯାଏ, ସେତେବେଳେ ଅବଚେତନ ମନରେ ଉକ୍ତ ଅଭିଳାଷ ବସା ବାନ୍ଧି ରହେ । ମଣିଷର ଅବଚେତନସ୍ତର ହେଉଛି କାମନା ବାସନାର ଗନ୍ତାଘର । ତେଣୁ ଜନ୍ମରୁ ଚେତନ ମନ ଅନେକ ଆଶା, ଆକାଂକ୍ଷା, ଅଭିଳାଷ, କାମନା ଜାଗ୍ରତ କରାଏ । ସମାଜ ସଂଗେ ପାଦ ମିଳାଇ ଚାଲିଲା ବେଳେ ଅନେକ ସମୟରେ ମଣିଷ ନିଜର ଇଚ୍ଛା ବା ଅଭିଳାଷକୁ ଦମନ କରେ । ଯାହା ଫଳରେ ଚେତନ ମନରେ ଜାଗ୍ରତ ହେଉଥିବା ଅଭିଳାଷଗୁଡ଼ିକ ଦମନ ହୁଅନ୍ତି ଏବଂ ମଣିଷର ମନଗହୀରରେ ବସା ବାନ୍ଧି ରହିଥାନ୍ତି । "ତେଣୁ ମନସ୍ତାତ୍ତ୍ୱିକ ବିଶ୍ଳେଷଣ ତତ୍ତ୍ୱରେ ରିପ୍ରେସନ୍ ବା ଇଚ୍ଛାଗୁଡ଼ିକର ଦମନ ନୀତି ମାନସିକ ଅସୁସ୍ଥତା ଓ ଅନ୍ୟ ସାଧାରଣ ମଣିଷର ମନୋବିଶ୍ଳେଷଣରେ ମୁଖ୍ୟ ଭୂମିକା ଗ୍ରହଣ କରେ ।"[୧୩୫]

ସ୍ମୃତିଗୁଡ଼ିକ ମାନସପଟ୍ଟରେ ଉଦ୍‌ଗୀରଣ ହେବାର ପ୍ରକୃତ ରହସ୍ୟର ବିଷୟ ସଂପର୍କରେ ସ୍ୱତନ୍ତ୍ର ଆଲୋଚନାର ଅପେକ୍ଷା ରଖେ ମନସ୍ତାତ୍ତ୍ୱିକ ବିଶ୍ଳେଷଣ । ତାହା ମଧ୍ୟ ସେଇ ସହଜାତ ପ୍ରବୃତ୍ତିର ଦମନକୁ ଗୁରୁତ୍ୱ ଦିଏ ଯାହା ସତ୍ୟ ଓ ଖୁବ୍ କମ୍ ମାତ୍ରାରେ ପରିଦୃଷ୍ଟ ହୁଏ । ଏ କ୍ଷେତ୍ରରେ ଗାଳ୍ପିକ ରଜନୀକାନ୍ତ ମହାନ୍ତିଙ୍କ 'ମା' ଗଳ୍ପକୁ ଆଲୋଚନା କରାଯାଇପାରେ ।

'ମା' ଗଳ୍ପରେ ଅପୂର୍ବାର ବିବାହ ଅନେକ ଦିନ ବିତିଗଲେ ମଧ୍ୟ କୋଳରେ ସନ୍ତାନଟିଏ କୋଳେଇ ପାରିନାହିଁ । ପଡ଼ିଶା ଘର ସରୋଜାର ପିଲାଙ୍କୁ ଦେଖି ମାତୃତ୍ୱ ପହ୍ନେଇ ପଡ଼ିଲେ ମଧ୍ୟ ଅନ୍ଧବିଶ୍ୱାସ ତଥା ସାମାଜିକ ପ୍ରତିବନ୍ଧକ ବନ୍ଧ୍ୟା ଶବ୍ଦଟି ତାକୁ ବିଚଳିତ କରିଛି । ସନ୍ତାନ ପ୍ରସବ କରିବାର ଅଭିପ୍ସା ଅପୂର୍ଣ୍ଣ ଯୋଗୁଁ ଅର୍ପୂବା ସ୍ୱାମୀର ପୁରୁଷତ୍ୱକୁ ଦୋଷାରୋପ କରିଛି । ଅନ୍ୟ ପୁରୁଷ ସଂଗେ ଯୌନ ସଂପର୍କ ରଖି ସନ୍ତାନ ପ୍ରାପ୍ତି ପାଇଁ ଇଚ୍ଛା କଲେ ମଧ୍ୟ ସାମାଜିକ ପ୍ରତିବନ୍ଧକ ଯୋଗୁଁ ତା' ଅନ୍ତରର ସ୍ୱଭାବିକ ପ୍ରବଣତାର ଦମନ ହେଉଛି । ଅନ୍ୟ ପଟେ ପଡ଼ିଶା ଘର ସରୋଜାର ସନ୍ତାନକୁ ଅପୂର୍ବା ନିଜର ମାତୃତ୍ୱକୁ ଢାଳି ଦେବା ପାଇଁ ଇଚ୍ଛା କଲେ ମଧ୍ୟ କରି ପରିନାହିଁ । ମାତୃତ୍ୱର ଆବେଗଜନିତ ସହଜାତ ପ୍ରବୃତ୍ତି ଅବଦମିତ ହୋଇଛି । ଯାହା ଫଳରେ ଅପୂର୍ବାର ମନ ଭାରାକ୍ରାନ୍ତ ହୋଇଛି ।

ସହଜାତ ପ୍ରବୃତ୍ତିର ଦମନ ହେଉଛି ମନସ୍ତାତ୍ତ୍ୱିକ ବିଶ୍ଳେଷଣର ଚାବିକାଠି, ପ୍ରତିରୋଧକ

ବ୍ୟବସ୍ଥା । ମାତ୍ର ଏହା ମନୁଷ୍ୟ ମନରେ ଆତ୍ମସଚେତନତା ସୃଷ୍ଟି କରିବାରେ ଖୋରାକ୍ ଯୋଗାଇଥାଏ । ଯାହା ଚେତନ ମନ ପାଇଁ ଅଗ୍ରଗଣ୍ୟ । ଏହି ଆତ୍ମସଚେତନତା ଯୋଗୁଁ ନିଜର ମାତୃତ୍ୱ ଲାଭ ପାଇଁ ଅନ୍ୟ ପୁରୁଷ ପ୍ରତି କାମନା ଏବଂ ଅନ୍ୟ ସନ୍ତାନକୁ ମାତୃତ୍ୱ ପଣରେ ବାନ୍ଧି ରଖିବାର ଇଚ୍ଛାରୁ ବଞ୍ଚିତ ହୁଏ ଅପୂର୍ବା । ବାରମ୍ବାର ଚିନ୍ତା କରିବା ଦ୍ୱାରା ଅତୃପ୍ତ ଭାବନା ଉତ୍ପନ୍ନ ହୋଇଥାଏ, ଯାହାକି ମଣିଷକୁ ଭାଂଗି ପକାଏ । ଠିକ୍ ସେମିତି ଆଲୋଚ୍ୟ ଗଳ୍ପରେ ପ୍ରଥମରୁ ପରିଣତି ପର୍ଯ୍ୟନ୍ତ ଅପୂର୍ବା ଚରିତ୍ରର ମାନସିକ ପ୍ରବାହ ଲକ୍ଷ୍ୟ କରାଯାଏ ।

ଛ.(ଖ) ବିଷାଦପୂର୍ଣ୍ଣ ସ୍ମୃତି (Unpleasant Memories)

ବିଷାଦପୂର୍ଣ୍ଣ ସ୍ମୃତି ହେଉଛି ଅତୀତ ସଂପର୍କରେ ଯେକୌଣସି ଏକ ଭାବନା ଯାହାକୁ ନେଇ ଅଧୀରତା, ବ୍ୟଗ୍ରତା, ଦୁଃଖ କିମ୍ବା ଅନ୍ୟାନ୍ୟ ବିରକ୍ତିକର ଅବା ଅପ୍ରୀତିକର ଆବେଗର କାରଣଗୁଡ଼ିକ ମନଗହୀରର ଅନ୍ଧାରୀ ମୂଳକରେ ଲିପିବଦ୍ଧ ହୋଇରହିଥାଏ । ଅତୀତର କୌଣସି ବିଫଳତା ଜନିତ ଦୁଃଖ, ଯୁକ୍ତିତର୍କ କିମ୍ବା ପ୍ରିୟଜନଙ୍କ ସହ ବିଚ୍ଛେଦ ଆଦିର ଭାବନା ବିଷାଦପୂର୍ଣ୍ଣ ସ୍ମୃତି ଜନିତ ଦୃଷ୍ଟାନ୍ତର ଅନ୍ତର୍ଭୁକ୍ତ । ବିଷାଦପୂର୍ଣ୍ଣ ସ୍ମୃତି କୌଣସି ଅପ୍ରୀତିକର ଅନୁଭୂତି କାରଣରୁ ସୃଷ୍ଟି ହୋଇଥାଏ ଯଥା ସାଂଘାତିକ ଦୁର୍ଘଟଣା, ବାରମ୍ବାର ଅପବ୍ୟବହାର କିମ୍ବା ପ୍ରାକୃତିକ ବିପର୍ଯ୍ୟୟ ଇତ୍ୟାଦି । ତେଣୁ ସ୍ୱଭାବିକତଃ ମଣିଷ କିଛି ସ୍ମୃତିକୁ ଭୁଲି ପାରେନାହିଁ । ପୂର୍ବ ସ୍ମୃତି ଅବଚେତନ ମନକୁ ଆନ୍ଦୋଳିତ କରେ, ଯାହା ଫଳରେ ଅତୀତ ସ୍ମୃତି ମନୁଷ୍ୟକୁ ଦୁଃଖ ଦେଇଥାଏ । ଗାଳ୍ପିକ ମହାନ୍ତିଙ୍କ 'ଫକୀରମୋହନୀୟ', 'କୁହାନଳ', 'ପାଉଁଶ ହିଡ଼', 'ଅକାଳ', 'ଭୟ', 'ଗେହ୍ଲାଝିଅ', 'ବତିଖୁଣ୍ଟ' ଆଦି ଗଳ୍ପର ଚରିତ୍ରମାନଙ୍କ ପାଖରେ ଏହି ବିଷାଦପୂର୍ଣ୍ଣ ସ୍ମୃତି ଲକ୍ଷ୍ୟ କରାଯାଇପାରେ ।

'ଫକୀରମୋହନୀୟ' ଗଳ୍ପରେ ବିଧବା ନାରୀ ଶରଦୀର ପରିବାର ଚଳାଇବା ନିମନ୍ତେ ଅର୍ଥ ରୋଜଗାର କରିବାର କରୁଣ ଚିତ୍ର ଦେଖାଯାଏ । ଯାହାକି ତା'ର ଏକ ବିଷାଦପୂର୍ଣ୍ଣ ସ୍ମୃତି ହୋଇ ତା' ମନଗହୀରରେ ସଞ୍ଚିତ ହୋଇ ରହେ । ସ୍ୱାମୀ ଯୋଗିଆର ମୃତ୍ୟୁ ପରେ ତିନିଟି ପିଲା ତଥା ନିଜ ପେଟ ପୋଷିବା ପାଇଁ ଟଙ୍କା ଉପାର୍ଜନ ନିମନ୍ତେ ଶରଦୀ ଭଦ୍ରକରୁ ପ୍ରତ୍ୟେକ ଦିନ ଟ୍ରେନ୍ ଯୋଗେ ଯାଜପୁର ଯାଇ ଚାଉଳ ବ୍ୟବସାୟ କରେ । ଏହି ବ୍ୟବସାୟ କରିବାକୁ ନେଇ ଶରଦୀ ଜୀବନରେ ଘଟେ ଅନେକ ଦୁର୍ଘଟଣା । କସ୍ତୁରୀ ମୃଗ ପରି ଶରଦୀର ଉଚ୍ଛୁଳା ଯୌବନ ତା'ର ଶତ୍ରୁ ସାଜିଛି । ସାହୁକାର ବନମାଳୀ, ସିନ୍ଦୁରା, ଟ୍ରେନ୍‌ର ସିପାହୀ ଆଦି ସମସ୍ତଙ୍କର ଶରଦୀ ଯୌବନ ପ୍ରତି ରହିଛି ଲୋଲୁପ ଦୃଷ୍ଟି । ବିଧବା ନାରୀ ଶରଦୀର ମନ ସ୍ତରରେ ଏକ ଅସହ୍ୟ ଅସ୍ୱସ୍ତି ସୃଷ୍ଟି କରିଛି । କାମୁକ ପୁରୁଷଙ୍କ ଲୋଲୁପ ଦୃଷ୍ଟିରୁ, ବାରମ୍ବାର ସେମାନଙ୍କ ଶିକାର ହେବାରୁ ଖସି ଆସିଥିଲେ ମଧ୍ୟ ଅର୍ଥାଭାବ ଯୋଗୁଁ ଟ୍ରେନ୍‌ରେ ଟିକେଟ୍ ନକରି ଚାଉଳ ବେପାର ନିମନ୍ତେ ଯାତ୍ରା କଲାବେଳେ ପ୍ରଥମ ଥର ଧରାପଡ଼େ ସିପାହୀ

ହାତରେ ଏବଂ ଫାଣ୍ଡିକୁ ଯିବାରୁ ନିବର୍ତ୍ତାଇବା ନିମନ୍ତେ ଅନିଚ୍ଛା ସତ୍ତ୍ୱେ ବି ନିଜ ଉଚ୍ଛୁଳା ଯୌବନକୁ ସିପାହୀର ଛାତିରେ ଉଜାଡ଼ିଦିଏ ଶରଦୀ । ଉକ୍ତ ଦୁଃଖଦ ଅନୁଭୂତିକୁ ନେଇ ଗଚ୍ଛିତ ବିଷାଦପୂର୍ଣ୍ଣ ସ୍ମୃତିରେ ଜର୍ଜରିତ ଶରଦୀ କହେ, "ଏହା ଯଦି ମୁଁ ସହ୍ୟ କଲି ନିରବରେ, ନିର୍ବିକାର ଭାବରେ ମୋର ଏ ବେଉସା ପାଇଁ, ତାହେଲେ ମୋର ପେଟ ପାଇଁ, ମୋ ଛୁଆଙ୍କ ଲାଗି ତା'ହେଲେ ସେଦିନ ସାହୁକାରକୁ ଫେରାଇ ଦେଲି କାହିଁକି ?"(୧୩୬) ଉକ୍ତ ପ୍ରଶ୍ନ ଶରଦୀର ଅବଚେତନ ମନରେ ଚକ୍ରାକୃତିରେ ଘୁରିବୁଲିଛି । ବିବ୍ରତ ଓ ବିଚଳିତ ହୋଇଛି ଶରଦୀ ।

ସେହିଭଳି ଏକ ବିଷାଦପୂର୍ଣ୍ଣ ସ୍ମୃତିକୁ ନେଇ 'କୁହାନଳ' ଗଳ୍ପରେ ଗଳ୍ପନାୟକର ସମଦଶା ଅନୁଭବ୍ୟ । ଗଳ୍ପନାୟକ, ବାଲ୍ୟତ ସୁଲଭ ଗୁଣକୁ ନେଇ ନିଜର ହେତୁ ହେବା ସମୟରୁ ଯୌବନ ପର୍ଯ୍ୟନ୍ତ ଯଥା – ପେଣ୍ଡୁକ୍ରୀଡ଼ାରୁ ବିରତ, ସନ୍ନ୍ୟାସୀ ମାର୍ଗରୁ ପ୍ରତ୍ୟାବର୍ତ୍ତନ, ପ୍ରେମିକା ରାଣୀକୁ ହରାଇବାର ବିଷାଦ, ମା'ର ମୃତ୍ୟୁ, ବାପାର ଚରିତ୍ର ସ୍ଖଳନ ଆଦି ଦାରୁଣ କରୁଣତା ଗଳ୍ପନାୟକର ଅବଚେତନ ମନକୁ ବିଚଳିତ କରିଛି ଆଲୋଚିତ ଗଳ୍ପରେ । ତେଣୁ ଗଳ୍ପନାୟକ ନିଜର ବିଷାଦପୂର୍ଣ୍ଣ ସ୍ମୃତିକୁ ବଖାଣି ବସେ ଗଳ୍ପ ପରିଧିରେ । ଏହାକୁ ଏକ ପ୍ରକାର ଅନୁତାପ କୁହାଯାଇପାରେ ।

'ପାଉଁଶ ହିଡ଼' ଗଳ୍ପରେ ବାପ ବିଦ୍ୟାଧର ପରିବାର ପ୍ରତି କର୍ତ୍ତବ୍ୟହୀନତା ତଥା ଏକାଧିକ ନାରୀଙ୍କ ପ୍ରତି କାମାଶକ୍ତ ଭାବ, ଉକ୍ତ କର୍ମ ନିମନ୍ତେ ଶତ୍ରୁ ଦ୍ୱାରା ହତ୍ୟା ଝିଅ ତରୁଣୀ ଉମାକୁ ଅସହ୍ୟ ଯନ୍ତ୍ରଣାରେ ଜର୍ଜରିତ କରିଛି । ତରୁଣୀ ଉମାର ହେତୁ ହେବା ଦିନରୁ ସତର ବର୍ଷରେ ପଦାର୍ପଣ କରିବା ପର୍ଯ୍ୟନ୍ତ ବାପ ବିଦ୍ୟାଧରର କର୍ମ ତା'ର ବିଷାଦପୂର୍ଣ୍ଣ ସ୍ମୃତି ହୋଇ ରହିଛି । ବାପ ବିଦ୍ୟାଧର ରୋଜଗାର ଅର୍ଥ ପରିବାର ପ୍ରତି ଖର୍ଚ୍ଚ ନହୋଇ ଖର୍ଚ୍ଚ ହୁଏ କାମୁକୀ ନାରୀଙ୍କ ପ୍ରତି । ଯେଉଁଥିପାଇଁ ପରିବାର ଅଚଳ ରହେ କିନ୍ତୁ ବାପର ମୃତ୍ୟୁ ପରେ ମା' ମନ୍ଦୋଦରୀର ଅନୁରୋଧ ରକ୍ଷା କରି ବାପ ବିଦ୍ୟାଧରର କାର୍ଯ୍ୟାଳୟରେ ଉଚ୍ଚ ପଦସ୍ଥ କର୍ମଚାରୀ ଉମାକୁ ଚତୁର୍ଥ ଶ୍ରେଣୀର ଚାକିରିଟିଏ ଦିଅନ୍ତି । ଯାହା ଫଳରେ ପରିବାର ଚଳିବାରେ କୌଣସି ପ୍ରତିବନ୍ଧକ ସୃଷ୍ଟି ହୁଏ ନାହିଁ । କିନ୍ତୁ ଅନେକ ବର୍ଷର ବିଷାଦପୂର୍ଣ୍ଣ ସ୍ମୃତି ଅବଚେତନ ମନରେ ସନ୍ତୁଳିତ ହେଉଥିବା ବେଳେ ସୁଖକୁ ସହଜରେ ଗ୍ରହଣ କରି ନପାରି ଉମା କହିପକାଏ, "ବାପା ପାଞ୍ଚ ବର୍ଷ ପୂର୍ବରୁ ମରିବା ଉଚିତ ଥିଲା ବୋଉ ।"(୧୩୭) କାରଣ ସ୍ମୃତି ଦୁଃଖ ଦେଲେ ମଣିଷ ହିଂସ୍ର ହୋଇଯାଏ ପରିବେଶ, ପରିସ୍ଥିତିକୁ ନେଇ । ସଂସ୍କାରୀ ହେବା ଗୁଣ ଲୋପ ପାଏ ।

'ଅକାଳ' ଗଳ୍ପରେ ନିମ୍ନ ମଧ୍ୟବିତ୍ତ ପରିବାରର ଦୁଃଖ ଦନେଇକୁ ହତବୁଦ୍ଧି ବା କିଂକର୍ତ୍ତବ୍ୟବିମୂଢ଼ କରିପକାଏ । ସ୍ତ୍ରୀ ରତନୀ ତଥା ଚାରିଟି ପିଲାଙ୍କୁ ମୁଠାଏ ଲେଖାଏଁ ଖାଦ୍ୟ ଯୋଗାଇ ନ ପାରିବାର ଯନ୍ତ୍ରଣାରେ ଦନେଇ ନିଜ ବାପପଣିଆକୁ ନିନ୍ଦେ । ପିଲାମାନଙ୍କର

ତଥା ପରିବାରର ଅଭାବବୋଧ ଦନେଇ ଅନ୍ତଃମନରେ ଦୁଃଖଦ ସ୍ମୃତି ହୋଇ ରହେ । ଦନେଇକୁ ତା'ର ବିଷାଦିତ ଭାବନା ଆହୁରି ମଧ୍ୟ କବଳିତ କରେ ଯେତେବେଳେ ସବୁଯାକ ଦୁଃଖକୁ ଓ ପରିବାରକୁ ଅବସାନ କରିବା ନିମନ୍ତେ ଖାଇବା ଅଟାରେ ବଜାରରୁ ଆଣିଥିବା ବିଷ ମିଶାଇ ସ୍ତ୍ରୀକୁ ଦିଏ ରୋଟି କରି ସାରା ପରିବାର ଖାଇବା ପାଇଁ । ଯାହାକି ପାଠକକୁ ପରିଣତି ପର୍ଯ୍ୟନ୍ତ ଦନେଇର ବିଷାଦପୂର୍ଣ୍ଣ ସ୍ମୃତିରେ ବାନ୍ଧିରଖି କରୁଣାର୍ଦ୍ର କରେ ।

ଆଦର୍ଶବୋଧ ତଥା ପାରିବାରିକ କର୍ତ୍ତବ୍ୟବୋଧରେ ବାନ୍ଧି ହୋଇଥିବା 'ଭୟ' ଗଳ୍ପରେ ଶିକ୍ଷକ ମୋହନ ଜୀବନକୁ ନେଇ ଦ୍ୱନ୍ଦ୍ୱରେ ପଡ଼ନ୍ତି । ଗୃହରୁ କର୍ମମୟ ସ୍ଥାନକୁ ଗଲାବେଳେ ଚିକିତ୍ସା କେନ୍ଦ୍ରକୁ ଦେଖି ନିଜ ପରିବାର ବ୍ୟକ୍ତିଙ୍କର ଅତୀତର ରୁଗ୍ଣ ସ୍ୱାସ୍ଥ୍ୟଜନିତ ବିଷାଦପୂର୍ଣ୍ଣ ଅବସ୍ଥା ଉକୁଟି ଉଠେ। ସେହି ଦୁଃଖ ବା ସ୍ମୃତି ବା ଅତୀତର ପାରିବାରିକ ସଦସ୍ୟଙ୍କ ରୁଗ୍ଣ ସ୍ୱାସ୍ଥ୍ୟଜନିତ ଭାବନାରୁ ମୁକୁଳି ଦୃଢ଼ ଜୀବନ ବଞ୍ଚିବାର ନିଷ୍ଠାପୋଷଣ କରନ୍ତି ଶିକ୍ଷକ ମୋହନ । ଗଳ୍ପରେ ତାଙ୍କର ବିଷାଦପୂର୍ଣ୍ଣ ସ୍ମୃତି ଗଳ୍ପକୁ ଆକର୍ଷଣୀୟ କରିଛି ।

'ଗେହ୍ଲାଝିଅ' ଗଳ୍ପରେ ପ୍ରମାଣ କରିବାକୁ ଚେଷ୍ଟା କରାଯାଇଛି ଯେ "ସ୍ନେହ, ମମତା, ଭଲ ପାଇବା କ୍ଷେତ୍ରରେ ଜଣେ ଆଉ ଜଣକୁ ଭାଗ ଦେଇ ପାରେନା । ଅଧିକାରକୁ ବାଣ୍ଟି ପାରେନା ।"(୧୩୮) ଉକ୍ତ ବକ୍ତବ୍ୟକୁ ନେଇ ଅମ୍ବରଙ୍କର ବାଇଶି ବର୍ଷର ଝିଅ ରାନୀ ଓ ପଡ଼ୋଶୀ ଘରର ସାତ ବର୍ଷର ଝିଅ କେକାଙ୍କ ମଧ୍ୟରେ ଅମ୍ବରଙ୍କ ଠାରୁ ସ୍ନେହ, ମମତା ପାଇବା ପାଇଁ ଶତ୍ରୁତାକୁ ଦେଖି ଅତୀତରେ ରାନୀ ଓ ପଡ଼ିଶା ଘରର ବଡ଼ଭାଇଙ୍କ ଝିଅ ପାରୁଲ ମଧ୍ୟରେ ଘଟିଥିବା ଘଟଣା ସ୍ମୃତିପଟ୍ଟକୁ ପଳାଇ ଆସେ ଅମ୍ବରଙ୍କର । ଗଳ୍ପରେ ସେହି ଦୁଃଖଦ ସ୍ମୃତିକୁ ଗାଳ୍ପିକ ଉପସ୍ଥାପନ କରିଛନ୍ତି ଏପରି, "ପଡ଼ିଶା ଘରର ବଡ଼ଭାଇଙ୍କ ଝିଅ। ପାରୁଲ୍ ଓ ରାନୀ ଦୁହେଁ ଦଉଡ଼ା ଦଉଡ଼ି ଖେଳୁଥିଲେ। ହାଲିଆ ହୋଇଯାଇ ପାରୁଲ୍ ଧାଇଁ ଆସି ଅମ୍ବରଙ୍କୁ ଧରି ପିଣ୍ଡାକୁ ଆଉଜି ଥକ୍‌କା ନେଲା । ସାଂଗେ ସାଂଗେ ଧାଇଁ ଆସିଲା ରାନୀ । ମୋ ବାପା ମୋ ବାପା କହି ପାରୁଲ୍‌ର ହାତ ଧରି ଘୋଷାଡ଼ି ନେଲା । ଘୋଷାଡ଼ି ନେଉ ନେଉ ତା' ନିଜ ହାତ ଛାଡ଼ି ହେଇଗଲା ସେ ଦୁମ୍‌କିନା କଚାଡ଼ି ହୋଇ ପଡ଼ିଲା ତଳେ । ମୁଣ୍ଡଟି ଛେଚି ହେଇଯାଇ ରକ୍ତ ବାହାରି ପଡ଼ିଲା । ଅମ୍ବର ଧାଇଁଯାଇ ରାନୀକୁ କୋଳେଇ ନେଇ ଯାଇଥିଲେ । ରାନୀ ମୋ ବାବା ମୋ ବାପା କହି ଅମ୍ବରଙ୍କୁ ଜାବୁଡ଼ି ଧରିଥିଲା । ପଡ଼ିଯିବା, ମୁଣ୍ଡ ଫାଟିବା, ରକ୍ତ ବୋହିବା ଏବଂ କଷ୍ଟ ହେବାକୁ ତା'ର ନିଘା ନଥିଲା । ଅମ୍ବର ରାନୀକୁ ଘରକୁ ନେଇଯାଇ ତା'ର ମୁଣ୍ଡ ବ୍ୟାଣ୍ଡେଜ୍ କରିଥିଲେ । ସେ ଜହକିଆ ସ୍ମୃତି ସବୁବେଳେ ଚିକ୍‌ଚିକ୍ କରୁଚି ଅମ୍ବରଙ୍କ ଛାତିରେ।"(୧୩୯) ଉକ୍ତ ଆବେଗର ଦୁଃଖଦପୂର୍ଣ୍ଣ ସ୍ମୃତି ଅମ୍ବରଙ୍କ ମନରେ ଅଦ୍ୟାପି ବିଷାଦ ଆଣିଦିଏ ।

ସେହିପରି 'ବତୀଖୁଣ୍ଟ' ଗଳ୍ପଟି ବୈଜ୍ଞାନିକ ବାବୁଲାଲ୍‌ର ଅତୀତ ସ୍ମୃତିକୁ ନେଇ ଗତି କରିଛି । ବିଧବା ମା' କାମ କରି ନପାରିବା ଯୋଗୁଁ ବାଳୁତ ବାବୁ ଚଣା ବିକ୍ରି କରି ଅର୍ଥ

ରୋଜଗାର କରିଛି । ପାଠପଢ଼ି ବୈଜ୍ଞାନିକ ହୋଇଛି । ଗଳ୍ପ ମୂଳେ ଚଣା, ବୁଟ ବିକୁଥିବା ଜଣେ ବାଳକକୁ ଦେଖି ଉଜ୍ଜୀବିତ ହୋଇଛି ବୈଜ୍ଞାନିକ ବାବୁଲାଲ୍‌ର ଦୁଃଖଦପୂର୍ଣ୍ଣ ସ୍ମୃତି । "କାରରେ ବସି ସେଇମିତି ଚାହିଁଥିଲେ ବୈଜ୍ଞାନିକ ବାବୁଲାଲ୍ । ତାଙ୍କ ପିଲାଦିନଟି ସାମ୍ନାରେ ଜୀବନ୍ତ ହୋଇ ଉଭା ହୋଇଛି । ଛକର ଏ କଣା ଲାଇଟ୍ ପୋଷ୍ଟ ତଳେ ବସିଛି ପିଲାଟିଏ । ସାମ୍ନାରେ ଚଣା, ବୁଟ, ବାଦାମର ପସରା । ପିଲାଟି ହାତରେ ବହିଟିଏ ଧରି ମଗ୍ନ ହେଇଯାଇଛି । ବିହ୍ୱଳ ହୋଇ ଯାଇଥିଲେ ବାବୁଲାଲ୍ । ବାବଚଣା, ଏଇମିତି ପଢୁଥିଲା, ଏବେ ସେ ବୈଜ୍ଞାନିକ ।"(୧୪୦) ବୈଜ୍ଞାନିକ ବାବୁଲାଲ୍‌ର ଅତୀତର ସ୍ମୃତି ଗଳ୍ପକୁ ଗତିଶୀଳ କରାଇଛି । ଯାହା ପାଠକ ପ୍ରାଣରେ ଏକ ଉଦ୍ଦୀପନା ସୃଷ୍ଟି କରିବାରେ ସହାୟକ ହେଉଛି ।

ବିଷାଦପୂର୍ଣ୍ଣ ସ୍ମୃତିକୁ ଆଧାରକରି ଗତି କରୁଥିବା ଚରିତ୍ରଙ୍କୁ ନେଇ ଗଳ୍ପର ଭାବବସ୍ତୁ ଓ କଥାବସ୍ତୁ ଆକର୍ଷଣୀୟ ହୋଇଛି । କଥାକାର ଶ୍ରୀ ମହାନ୍ତିଙ୍କ ଗଳ୍ପରେ ବିଷାଦପୂର୍ଣ୍ଣ ସ୍ମୃତିକୁ ନେଇ ଗତି କରୁଥିବା ଚରିତ୍ରଗୁଡ଼ିକ ଅନେକ ସମୟରେ ହିଂସୁକ ହୋଇଉଠୁଛନ୍ତି। ନିଜର ବିଷାଦକୁ ନେଇ ଉଗ୍ର ହୋଇଯାଉଛନ୍ତି ଏବଂ ପ୍ରତିଶୋଧ ମଧ୍ୟ ନେଉଛନ୍ତି। 'ଗେହ୍ଲାଝିଅ', 'ବତୀଖୁଣ୍ଟ' ଭଳି ଗଳ୍ପରେ ଚରିତ୍ର ଆଦର୍ଶବାଦୀ ହୋଇଉଠୁଛନ୍ତି ।

ଛ. (ଗ) ଅପରିପୂର୍ଣ୍ଣ ଆଶା ଆକାଂକ୍ଷା (Unfulfilled Wishes)

ଆଶା, ଆକାଂକ୍ଷା ହେଉଛି ମଣିଷର ସହଜାତ ପ୍ରବୃତ୍ତି । କାରଣ ପ୍ରତ୍ୟେକ ମଣିଷ ଆଶାବାଦୀ । ଏହି ଆଶା ସମୟସ୍ରୋତରେ କେତେବେଳେ ପୂର୍ଣ୍ଣ ହୁଏ ତ ଆଉ କେତେବେଳେ ଅପୂର୍ଣ୍ଣ ହୋଇରହେ । ଆଶା ଅପୂର୍ଣ୍ଣ ହୋଇ ମନର ଅନ୍ତର୍ଗହୀରରେ ରହିଲେ ତାହା ଦୁଃଖ ଦେଇଥାଏ । ତେଣୁ ମଣିଷ କର୍ମକୁ ନେଇ ଫଳକୁ ଆଶା ନରଖିବା ପାଇଁ ଶ୍ରୀମଦ୍‌ଭଗବଦ୍‌ଗୀତାରେ ଦ୍ୱିତୀୟ ଅଧ୍ୟାୟ ସତଚାଳିଶତମ ଶ୍ଳୋକ, କର୍ମଯୋଗରେ ଭଗବାନ କହୁଛନ୍ତି–

"କର୍ମଣ୍ୟେବାଧିକାରସ୍ତେ ମା ଫଳେଷୁ କଦାଚନ
ମା କର୍ମଫଳ ହେତୁର୍ଭୁର୍ମା ତେ ସଙ୍ଗୋଽସ୍ତ୍ୱକର୍ମଣି ।"

ଅର୍ଥାତ୍ କର୍ମ କରିବାରେ ହିଁ ତୁମର ଅଧିକାର ଅଛି। କର୍ମଫଳରେ ତୁମର ଆଦୌ ଅଧିକାର ନାହିଁ । ତୁମେ କର୍ମଫଳରେ ହେତୁ ହୁଅ ନାହିଁ । କର୍ମ ନକରିବାରେ ତୁମେ ଆସକ୍ତ ନ ହୁଅ । ତେଣୁ କର୍ମଫଳରେ ହେତୁ ରହିଲେ ମଣିଷକୁ ବିଷାଦଗ୍ରସ୍ତ ହେବାକୁ ପଡ଼ିବ। ଫ୍ରୟେଡ଼ୀୟ ଚେତନାନୁଯାୟୀ ମଣିଷର ଆଶା, ଆକାଂକ୍ଷା ମଣିଷ ଚେତନର ଅନ୍ଧାରୀ ମୂଳକରେ ଗଚ୍ଛିତ ଥାଏ, ତାହା ପରବର୍ତ୍ତୀ ସମୟରେ ଅବଚେତନ ମନରେ ଉଜ୍ଜୀବିତ ହୋଇ ବିଷାଦ ଆଣିଦିଏ । ଗାଳ୍ପିକ ଶ୍ରୀ ମହାନ୍ତିଙ୍କ 'ପିମ୍ପୁଡ଼ି', 'ମା', 'ଶେଷଦୃଶ୍ୟ : ଆଦି ପ୍ରଶ୍ନ' ଆଦି ଗଳ୍ପଚରିତ୍ରର ଅନ୍ତଃମନରେ ଅପରିପୂର୍ଣ୍ଣ ଆଶା ଆକାଂକ୍ଷା ଗଚ୍ଛିତ ହୋଇରହେ । ଯାହାକି ଗଳ୍ପର ପରିଣତିରେ ଚରିତ୍ରମାନଙ୍କୁ ବିଷାଦଗ୍ରସ୍ତ କରିଦିଏ ।

'ପିମ୍ପୁଡ଼ି' ଗଳ୍ପରେ ଗଳ୍ପନାୟକ ଶ୍ୱେତାଙ୍କ ଜଣେ ମଧ୍ୟବିତ୍ତ ପରିବାରର ବ୍ୟକ୍ତିତ୍ୱ ।

ସାଧାରଣ କିରାଣୀ ଚାକିରି କରି ପରିବାର ଚଳାଇ ନପାରିବାର ଯନ୍ତ୍ରଣା ତାହାର ମାନସିକତାକୁ କରେ ଭାରାକ୍ରାନ୍ତ । ନିଜର କର୍ତ୍ତବ୍ୟବୋଝକୁ ନେଇ ଶ୍ୱେତାଙ୍କର ମନ ହୁଏ ଅସନ୍ତୁଳିତ । ନିଜକୁ ପ୍ରକାଶ କରି ନପାରିବାର ଯନ୍ତ୍ରଣା ତାକୁ ଉଦାସୀନ କରିଦିଏ । ବୁଦ୍ଧିଜୀବୀ ଆସନରେ ନିଜକୁ ବସାଇ ସାଂସାରିକ କର୍ତ୍ତବ୍ୟ କରିବା ପାଇଁ ଇଚ୍ଛା ଥିଲେ ମଧ୍ୟ ନିଜର ଅପରିପୂର୍ଣ୍ଣ ଆଶା ଯୋଗୁଁ ଶ୍ୱେତାଙ୍କ ଭାଂଗି ପଡ଼େ । ସ୍ୱଳ୍ପ ଅର୍ଥ ରୋଜଗାର ମଧ୍ୟରେ କୁଟୁମ୍ବର ଦାୟିତ୍ୱ ଶ୍ୱେତାଙ୍କକୁ ଅସହାୟ କରି ପକାଏ । ବାପର ସ୍ୱଳ୍ପ ରୋଜଗାର, ମା'ର ରୁଗ୍ଣ ଶରୀର, ଅଭିଆଡ଼ି ବଡ଼ ଭଉଣୀର ମାନସିକ ସନ୍ତାପ, ପ୍ରେମିକା ସୁଦୀପାକୁ ସମୟ ଦେଇ ନପାରିବା ତଥା ଜଣେ ଆଦର୍ଶ ବ୍ୟକ୍ତିତ୍ୱ ଭାବେ କାର୍ଯ୍ୟାଳୟରେ ସମସ୍ତ କର୍ମଚାରୀ ଲାଞ୍ଚ ନେଲାବେଳେ ପାଖରେ ପତ୍ରିକାଟିଏ କିଣିବା ନିମନ୍ତେ ଟଙ୍କା ନଥିଲେ ବି ଲାଞ୍ଚ ନନେବା ଆଦିକୁ ନେଇ ଶ୍ୱେତାଙ୍କ ନିଜ ପାଖରେ ନିଜେ କେବଳ ଯନ୍ତ୍ରଣା ଓ ତ୍ୟାଗର କାହାଣୀମାନ ଆକଳନ କରୁଛି । କିଛି ମାନବୀୟ ଗୁଣାବଳୀକୁ ଜାବୁଡ଼ି ଧରିଲା ବେଳେ ଅପୂର୍ଣ୍ଣ ରହେ ତା'ର ଆଶା ଓ ଆକାଂକ୍ଷା । ଏଥିପାଇଁ ଶ୍ୱେତାଙ୍କ ଉପଲବ୍ଧି କରିଛି ଜୀବନର ସତତ ବିଭକ୍ତି ଓ ବିକୃତିକୁ । ଜୀବନର ଏହି ଅସହାୟତାକୁ ନେଇ କାହାରିକୁ କିଛି ପଚାରିବାର ସାହସ ଠୁଳ କରିପାରିନାହିଁ । ଅନ୍ତଃମନରେ ନିଃସଙ୍ଗ ଜୀବନ ବିତାଇବାର ଯନ୍ତ୍ରଣାକୁ କେବଳ ଆପଣେଇ ନେଇଛି ଶ୍ୱେତାଙ୍କ ।

ସେହିପରି 'ମା' ଗଳ୍ପରେ ଅପୂର୍ବା ନିଜ ମାତୃତ୍ୱ ସାବ୍ୟସ୍ତ କରିବାର ଅପରିପୂର୍ଣ୍ଣ ଆଶା ଗଳ୍ପର ପରିବେଶକୁ କରୁଣ ରସାତ୍ମକ କରେ । ଅପୂର୍ବା ଓ ସୁଧୀରର ବିବାହ ଅନେକ ବର୍ଷ ପୂରଣ ହୋଇଥିଲେ ମଧ ଅପୂର୍ବା କୋଳରେ ସନ୍ତାନଟିଏ ନାହିଁ । ପଡ଼ିଶା ଘର ସରୋଜା ଓ ବିକାଶଙ୍କ ସନ୍ତାନଙ୍କୁ ଦେଖି ମାତୃତ୍ୱ ଜାଗି ଉଠେ ଅପୂର୍ବାର । ନିଜ ଅନ୍ତଃମନରେ ଅପୂର୍ବା, ସ୍ୱାମୀ ସୁଧୀରର ପୁରୁଷତ୍ୱକୁ ଦୋଷାରୋପ କରି ସ୍ୱପ୍ନ ଓ କାମନାର ଦୋଛକିରେ ଛିଡ଼ା ହୋଇଯାଏ । ଅବଚେତନ ମନରେ ପଡ଼ିଶା ଘରର ସରୋଜାର ସ୍ୱାମୀ, ବିକାଶର ପୁରୁଷତ୍ୱକୁ ପ୍ରଶଂସା କରି ନିଜ ମାତୃତ୍ୱର ପୂର୍ତ୍ତି ନିମନ୍ତେ ଅପୂର୍ବା ଭାବିବସେ, "ଧର କୌଣସି ବେପରୁଆ ଦ୍ୱିପ୍ରହରେ ବିକାଶ ସହ ମୁଁ ରତିମଗ୍ନ ହେଲି । ସଞ୍ଜ ଛଅରେ ସୁଧୀର ଆସିଲା ବେଳକୁ ମୁଁ କେମିତି ହେଉଥିବି ? ନା, ମୁଁ କିଛି ହେଉନଥିବି । ସ୍ୱାଭାବିକ ଭାବରେ ହିଁ ଥିବି । କିନ୍ତୁ ସେଇ ସ୍ୱାଭାବିକତା ଗୋଟେ ଛଳନା ହୋଇ ଯାଉଥିବ, ନୁହେଁ ? ଆଖି ଛକ୍‌ଛକ୍, ଛାତି ଅଠା ଅଠା, କଥାବାର୍ତ୍ତା ଖୁବ୍ ଧୀର ଓ ସଂଯତ, ପ୍ରତି ମୁହୂର୍ତ୍ତରେ ସୁଧୀର ପ୍ରତି ବିଶ୍ୱସ୍ତ ଓ ଅଧିନସ୍ଥ ହେଉଥିବାର ହାବଭାବ । ସେ ପା... ଉଚ୍ଚାରଣ କରୁ କରୁ, 'ଦଉଚି ବାବା' ବୋଲି କହି ତରତରରେ ପାଣି ଗ୍ଲାସେ ଆଣି ବଢ଼ାଇ ଦେଉଥିବି । ହୁଏତ ସେ କହିବ ପାଣି ନୁହେଁ ପାନ । ମୁଁ ଇଚ୍ଛାକୃତ ହସରୁ ଖିଲିଏ କଳରେ ଯାକି, ଦଉଚି ବୋଲି କହିବି । ପାନ ଆଣିଦେବି । ସୁଧୀର ତାପରେ ମାର୍କେଟ ଯିବ । ସେ ଫେରିବା ବେଳକୁ ମୁଁ ମୁଣ୍ଡ କୁଣ୍ଡାଇ ଖୋସା କରିଥିବି । ପାଦରେ ଅଳତା ଲଗାଇ ସାରିଥିବି । ଆକର୍ଷିଲା ଭଳି ଶାଢ଼ି, ବ୍ଲାଉଜ

ପିନ୍ଧି ସାରିଥିବି । ଆଖିରେ କଳା ନାଇ ସାରିଥିବି । ମୁଁ ପରା ମାଁ ହେବାକୁ ଯାଉଛି । ସୁଧୀର ମୋତେ ଦେଖି ଧାଏଁ କିନା ଚମକିଯିବ । ଆଖିରେ ତୁହାକୁ ତୁହା ଇଚ୍ଛାର ଆଗ୍ନେୟଗିରି ଉଦ୍‌ଗୀରିଣ ହେଉଥିବ ।"(୧୪୧) ଅପୂର୍ବାର ଏପରି କାମନାର ସ୍ୱପ୍ନ ଆସିବା ସ୍ୱାଭାବିକ। କାରଣ ପ୍ରତ୍ୟେକ ମଣିଷ ଅପରିପୂର୍ଣ୍ଣ ଆଶା, ଆକାଂକ୍ଷାକୁ ପୂରଣ କରିବା ନିମନ୍ତେ ଅନୈତିକ କର୍ମ କରିଯିବାକୁ ମଧ୍ୟ ନିଷ୍ପତ୍ତି ଗ୍ରହଣ କରେ, ଏହାକୁ ସଂଯତ କରେ ଚେତନ ମନ । ପାପ, ପୁଣ୍ୟ, ଭଲମନ୍ଦ ପରଖିବାର ମୁଖ୍ୟ ଭୂମିକା ଗ୍ରହଣ କରେ ଚେତନ ମନ । ଏଥିପାଇଁ ଅପୂର୍ବା ସନ୍ତାନ ଗର୍ଭରେ ଧାରଣ କରିବାର ଅଭିପ୍ସାକୁ ପୂରଣ କରିବା ନିମନ୍ତେ ନିଜର କାମନାରୁ ବହିଷ୍କୃତ ହୋଇଛି । କିନ୍ତୁ ମାତୃତ୍ୱର ଆବେଗ ତାକୁ ଅସହାୟ କରି ଦେଇଛି ।

ଗାଳ୍ପିକ ଶ୍ରୀ ମହାନ୍ତିଙ୍କ 'ଶେଷ ଦୃଶ୍ୟ: ଆଦି ପ୍ରଶ୍ନ' ଗଳ୍ପରେ ମଇନା ପାଖରେ ଆଶା ଆକାଂକ୍ଷାର ଅତୀତ ସ୍ମୃତି ପ୍ରକଟିତ ହୁଏ । ମଇନାର ପାଠ ପଢ଼ିବାର ଆଶା ଅଧୁରା ରହେ । ବାପ ଘରେ ମଇନାର ସାନଭାଇ କଳସ ପାଠପଢ଼ା ପ୍ରତି ମନ ନଦେଲେ ମଧ୍ୟ ତାକୁ ପାଠ ପଢ଼ିବା ନିମନ୍ତେ ସମସ୍ତ ସୁଯୋଗ ଦିଆ ହୋଇଛି କିନ୍ତୁ ଗୋଟିଏ ଝିଅ ହିସାବରେ ତା' ପାଠ ପଢ଼ିବାକୁ ଉପେକ୍ଷା ମଇନାର ସ୍ମୃତିରେ ଏକ ଶୂନ୍ୟସ୍ଥାନ ଭରିଦେଇଛି ଆଜୀବନ ପାଇଁ । ଏଥିପାଇଁ ଗାଳ୍ପିକ ମଇନାର ସ୍ମୃତିକୁ ବିଶ୍ଳେଷଣ କଲାବେଳେ ଲେଖନ୍ତି, "ବହୁ ପୂର୍ବର ସ୍ମୃତି ତା' ଦେହରେ ଏବେ ଛୁଞ୍ଚି ଫୋଡ଼ି ଚାଲିଛି । ପିଲାଦିନେ ପାଠ ପଢ଼ିଲା ବେଳେ ତା'ର ସାନଭାଇ କଳସ ତା' ପେନ୍‌ସିଲ୍ ଭାଂଗିଦେଲେ ସେ ଯେତେବେଳେ ବାପା ପାଖରେ ଫେରାଦ ହୁଏ । ସେତେବେଳେ ବାପା କହୁଥିଲେ, ସାନ ଭାଇଟା, ଚଗଲା ହେଉଛି। ଅଥଚ ସେ ଯେତେବେଳେ କଳସର ଚକ୍‌ଖଡ଼ି ନେଇ ଲେଖେ ସେତେବେଳେ କଳସ ବାପାଙ୍କ ପାଖରେ ଫେରାଦ ହେଲେ ବାପା ତାକୁ ଡାକି କାନ ମୋଡ଼ି ତାଗିଦ୍ କରନ୍ତି ।"(୧୪୨) ସାନଭାଇ କଳସର ପାଠପଢ଼ା ନିମନ୍ତେ ସମସ୍ତ ସୁଯୋଗ ମିଳିଲା ଭଳି ମଇନାର ପାଠ ପଢ଼ା ପାଇଁ କୌଣସି ସୁବିଧା ସୁଯୋଗ ମିଳିନାହିଁ । ତଥାପି ବି ନିଜ ଆଶାକୁ ନେଇ ପାଠ ପଢ଼ାରେ ଭଲ ଫଳ ହାସଲ କରିଛି, କିନ୍ତୁ ଉଚ୍ଚ ଶିକ୍ଷାରୁ ବଞ୍ଚିତ ହୋଇଛି ମଇନା । ମାଧ୍ୟମିକ ଶିକ୍ଷା ଶେଷ ବର୍ଷ ପରୀକ୍ଷା ମାତ୍ର କେତୋଟି ଦିନ ଥିଲେ ମଧ୍ୟ ତା' ବାପା ସୁଦାମ ସଙ୍ଗେ ବିବାହ କରି ଦେଇଛନ୍ତି । ସ୍ୱାମୀ ସୁଦାମକୁ ପାଠ ପଢ଼ିବା ତଥା ପରୀକ୍ଷା ଦେବା ନିମନ୍ତେ ମଇନା ପ୍ରବର୍ତ୍ତାଇବା ସତ୍ତ୍ୱେ ସ୍ୱାମୀର 'ହଁ' ଶବ୍ଦଟି କେବଳ ସାନ୍ତ୍ୱନାରେ ହିଁ ରହିଯାଇଛି ।

ଆଲୋଚ୍ୟ ଗଳ୍ପରେ ସତେ ଯେପରି ଦୁଇଟି ଚରିତ୍ର ସୁଯୋଗର ଦୋଛକିରେ ଛିଡ଼ା ହୋଇ ଚାହିଁଛନ୍ତି ନିଜ ନିଜ ଅସହାୟ ଓ ସକ୍ଷମତାର ମାର୍ଗକୁ । ଗୋଟିଏ ପକ୍ଷରେ ମଇନା ପାଖରେ ପାଠ ପଢ଼ିବାର ଇଚ୍ଛା ଅଦମ୍ୟ ଥିଲାବେଳେ ସୁଯୋଗର ଅଭାବ ତାକୁ ଅଜସ୍ର ଗ୍ଲାନି ଓ ବିଷାଦବୋଧ ମଧ୍ୟରେ ଆନ୍ଦୋଳିତ କରିଛି ତ ଅପର ପକ୍ଷରେ ତା'ର ସାନଭାଇ କଳସ ପାଖରେ ଅଜସ୍ର ସୁଯୋଗ ସତ୍ତ୍ୱେ ପାଠ ପ୍ରତି ଅନିଚ୍ଛା ଭାବ ତା'ର ମାନସିକ ସନ୍ତାପର

ନିୟାମକ ସାଜିଛି । ମଣିଷ ପରିସ୍ଥିତି ଓ ସମୟର ଏଭଳି ଦାସ ପାଲଟି ଯାଏ ଯେ ସେ ଚାହୁଁଥିବା ବସ୍ତୁ କେତେବେଳେ ତା' ପାଇଁ ଅପହଞ୍ଚ ହୋଇପଡ଼େ ତ ଆଉ କେତେବେଳେ ଅଭିଳଷିତ ବସ୍ତୁ ଅପ୍ରତ୍ୟାଶିତ ଭାବେ ତା' ହାତ ପାହାନ୍ତାରେ ପହଞ୍ଚି ଯାଏ । ଏହା ହିଁ ତ ମଣିଷର ଜୀବନର ସଂଯୋଗ । ତେଣୁ କଥାରେ ଅଛି 'କାନ ଥିଲେ ସୁନା ନାହିଁ, ସୁନା ଥିଲେ କାନ ନାହିଁ' । ଯଦି ପାର୍ଥିବ ମଣିଷର ସକଳ ଅଭିଳାଷ ପରିପୂର୍ଣ୍ଣ ହୋଇଯାଆନ୍ତା ତା'ହେଲେ ସେ ଆଜି ଈଶ୍ୱରତ୍ୱକୁ ପ୍ରାପ୍ତ ହୋଇସାରନ୍ତା । ଆଧୁନିକ ଭୋଗବାଦୀ ମଣିଷର ଇଚ୍ଛା ଓ ଅଭିଳାଷ ଅସରନ୍ତି । ଯଥାର୍ଥରେ କୁହାଯାଇପାରେ ମଣିଷର ଆଶାର ପରିତୃପ୍ତି ନାହିଁ । ସେଥିପାଇଁ ଆଶା ଓ ଆକାଂକ୍ଷାରୁ ହିଁ ଜନ୍ମ ନିଏ କାମନା ଓ କାମନାରୁ ସୃଷ୍ଟି ହୁଏ ଦୁଃଖ । ତେଣୁ ଯଥାର୍ଥରେ ବୁଦ୍ଧଦେବ କହିଥିଲେ 'ମଣିଷର ଦୁଃଖର କାରଣ କାମନା, କାମନାର ବିନାଶରେ ଦୁଃଖର ବିନାଶ' । ଇଚ୍ଛା ଓ ଆଶା କରିବା ମଣିଷର ଆୟତ୍ତାଧିନ କିନ୍ତୁ ସବୁ ଇଚ୍ଛା ଓ ଆଶାକୁ ପୂରଣ କରିବା ତା' ପକ୍ଷରେ ସମ୍ଭବ ନୁହେଁ । ଏହି ଶାଶ୍ୱତ ସତ୍ୟ ସହ ଆଜିର ବସ୍ତୁବାଦୀ ମଣିଷ ପରିଚିତ ଥିଲେ ହେଁ ତା'ର ଉପଭୋଗଲିପ୍ସା ମାନସିକତା ଆଶାର ବଳୟ ମଧ୍ୟରୁ ତାକୁ ମୁକ୍ତ କରିପାରେ ନାହିଁ । ଯାହା ଫଳରେ ହତାଶା, ନୈରାଶ୍ୟ, ଗ୍ଲାନି ଓ ଅପୂର୍ଣ୍ଣତାବୋଧ ତା' ଜୀବନର ଏକ ଅବଶ୍ୟମ୍ଭାବୀ ପରିଣତି ହୋଇପଡ଼େ । ତେଣୁ ମଇନା ପଢ଼ାର ଅପରିପୂର୍ଣ୍ଣ ଆଶା ତା' ଜୀବନରେ ଆଣି ଦେଇଛି ବିଷାଦ । ତା'ର ଅନ୍ତଃମନ ଦୋଷୀ କରିଛି ପୁରୁଷ ତାନ୍ତ୍ରିକ ସମାଜକୁ । ଗଳ୍ପର ପରିଣତିରେ ପୁରୁଷତାନ୍ତ୍ରିକ ସଭ୍ୟତାର ବିଲୋପ ନିମନ୍ତେ ନିଜର ଛୋଟ ପୁତ୍ର ଲଳିତକୁ ଗୋଟିଏ ବାଡ଼ିରେ ଜ୍ଞାନହୀନ ଭାବରେ ପିଟି ଚାଲେ । କାରଣ ଅତୀତ ଓ ବର୍ତ୍ତମାନର ପୁରୁଷପଣିଆର ପ୍ରାଦୁର୍ଭାବ ଓ ଆଧିପତ୍ୟ ଯେପରି ଭବିଷ୍ୟତକୁ ନରହୁ । କଥାକାର ରଜନୀକାନ୍ତ ମହାନ୍ତିଙ୍କ ଗଳ୍ପର ଚରିତ୍ର ପାଖରେ ଅପରିପୂର୍ଣ୍ଣ ଆଶା ଆକାଂକ୍ଷାକୁ ଲକ୍ଷ୍ୟ କଲେ ଦେଖାଯାଏ ଚରିତ୍ରର ସ୍ମୃତି ତା'ର ମାନସରେ ବିଷାଦ ଆଣୁଛି ଏବଂ ଆଦର୍ଶବୋଧକୁ ଜଗି ଅନାଦର୍ଶ କାର୍ଯ୍ୟରୁ ବିରତ ହେଉଛି । ବେଳେବେଳେ ନିଜର ଅଧିକାର ପାଇଁ ହିଂସ୍ର ମଧ୍ୟ ହେଉଛି ।

ଛ.(ଘ) ଦୁଃଖପୂର୍ଣ୍ଣ ବା ଯନ୍ତ୍ରଣାଦାୟକ ଅଭିଜ୍ଞତା (Painful Experiences)

ଅତୀତର କୌଣସି ଦୁଃଖପୂର୍ଣ୍ଣ ଅନୁଭୂତି ଏକ ଅସାଧାରଣ ଦାବୀ ସହ ମନୁଷ୍ୟର ଅନ୍ତଃମନରେ ପ୍ରବେଶ କରେ । ଯାହା ଔଷଧ ବିଜ୍ଞାନ ସମ୍ବନ୍ଧୀୟ ଚିକିତ୍ସାର ପରିସରରୁ ଆରମ୍ଭ କରି ଜୀବନର ପ୍ରତ୍ୟେକ ଦିଗ ପର୍ଯ୍ୟନ୍ତ ଗତି କରେ, ଦୁଃଖପୂର୍ଣ୍ଣ ବା ଯନ୍ତ୍ରଣାଦାୟକ ଅଭିଜ୍ଞତା ହୋଇ । ଜନୈକ ବ୍ୟକ୍ତିର କାର୍ଯ୍ୟବ୍ୟସ୍ତତା, ତଥା କାର୍ଯ୍ୟପ୍ରଣାଳୀ ତା'ର କର୍ମ ଉପରେ ପ୍ରତ୍ୟକ୍ଷ ପ୍ରଭାବ ପକାଇଥାଏ । ଜଣକର ବ୍ୟକ୍ତିତ୍ୱ ଓ ଆତ୍ମଯୋଗ୍ୟତା ଉକ୍ତ ଯନ୍ତ୍ରଣା ଦ୍ୱାରା ପ୍ରଭାବିତ ହୋଇଥାଏ । ଆଚରଣ, ବ୍ୟବହାର, ନିଦ୍ରା, କାର୍ଯ୍ୟଦକ୍ଷତା, ଆର୍ଥିକଅବସ୍ଥା ଆଦି ମଧ୍ୟ ବାଧାପ୍ରାପ୍ତ ହୁଏ । ଅତୀତର ଦୁଃଖପୂର୍ଣ୍ଣ ଅନୁଭୂତି ସହ ଅଧିରତା, ଆତୁରତା ତଥା

ମାନସିକ ଚାପ ଭଳି ଆଉ କିଛି ଉଦ୍ଦୀପକ ଆସିଥାଇପାରେ ଏବଂ ସେସବୁ ଅନ୍ୟାନ୍ୟ ମନସ୍ତାତ୍ତ୍ୱିକ ଉପାଦାନ ମାଧ୍ୟମରେ ପ୍ରଭାବ ପକାଇପାରେ । ବେଳେବେଳେ ଉକ୍ତ ଉପାଦାନ ପୁରୁଣା ଦୁଃଖାତ୍ମକ ଅଭିଜ୍ଞତାର ଉପସ୍ଥିତି ସହ ସଂଯୋଗ ହୋଇ ଆହୁରି ମାରାତ୍ମକ ହୋଇ ଉଠେ । ଯଦ୍ୱାରା ଉକ୍ତ ଉପାଦାନ ପାଇଁ ମନୁଷ୍ୟ ଖୁସି ଅନୁଭବ କରେ କିମ୍ବା ଆବେଗିକ ସନ୍ତୁଳନ ପାଇଥାଏ । ମନୁଷ୍ୟ ବିଷାଦରୁ ମୁକ୍ତି ନିମନ୍ତେ ଆପଣାର ବା ପ୍ରିୟଜନଙ୍କ ସଙ୍ଗେ ସମୟ ଅତିବାହିତ କଲେ ମଧ୍ୟ କ୍ଷଣିକର ଉଦ୍ରିକ୍ତ ସ୍ମୃତି ସେହି ମୁହୂର୍ତ୍ତକୁ ମଧ୍ୟ ଦୁଃଖପୂର୍ଣ୍ଣ କରିଦିଏ । ମୋଟାମୋଟି ଭାବେ କହିବାକୁ ଗଲେ ଦୁଃଖପୂର୍ଣ୍ଣ ବା ଯନ୍ତ୍ରଣାଦାୟକ ଅଭିଜ୍ଞତା ମନୁଷ୍ୟକୁ କୌଣସି ମୁହୂର୍ତ୍ତରେ ମଧ୍ୟ ବିଷାଦରୁ ମୁକ୍ତି ଦେଇ ପାରେନା । କ୍ଷଣିକ ମୁହୂର୍ତ୍ତର ଖୁସି ଆସିଲେ ମଧ୍ୟ ସେ ଖୁସିକୁ ମଣିଷ ସହଜରେ ଗ୍ରହଣ କରିପାରେନାହିଁ । ତେଣୁ ଚେତନ ମନର ଅଭିଜ୍ଞତା ଅବଚେତନ ମନକୁ ସନ୍ତୁଳିତ କରେ । କଥାକାର ରଜନୀକାନ୍ତ ମହାନ୍ତିଙ୍କ ଗଳ୍ପରେ ଚରିତ୍ରମାନଙ୍କର ଏତାଦୃଶ ଦୁଃଖପୂର୍ଣ୍ଣ ଅଭିଜ୍ଞତାକୁ ଲକ୍ଷ୍ୟ କରାଯାଇପାରେ । 'ଶତାଂଢ଼ିପୁରୁଷ', 'ଶତୁରା', 'ହଡ଼ିକାଠ', 'ପୁଷ୍ପୁନାହରା', 'ପଘା' ଆଦି ଗଳ୍ପର ଚରିତ୍ରମାନଙ୍କ ମନୋବିଶ୍ଳେଷଣରେ ଏପରି ଅଭିଜ୍ଞତା ବେଶ୍ ହୃଦୟଙ୍ଗମ କରିହୁଏ ।

'ଶତାଂଢ଼ିପୁରୁଷ' ଗଳ୍ପରେ ଗଳ୍ପନାୟକ ମୂଳିଆର ପାରିବାରିକ ବିଷାଦପୂର୍ଣ୍ଣ ସ୍ମୃତି ମାନସପଟ୍ଟରେ ଦୁଃଖ ଆଣିଲାବେଳେ ଅତୀତର ପୁରୁଷାନୁକ୍ରମେ ପାରିବାରିକ ଦ୍ୱନ୍ଦ୍ୱ ତଥା ଶୋଷିତର ଭାଗ୍ୟ ଓ ଗରିବପଣିଆର ଦୁଃଖ ଯନ୍ତ୍ରଣା ମାନସପଟ୍ଟକୁ ସର୍ବଦା ଜର୍ଜରିତ କରିଛି । ମୂଳିଆ ନିଜ ପିଲାମାନଙ୍କୁ ଖାଇବାକୁ ଗଣ୍ଡେ ଦାନା ନ ଦେଇ ପାରିବାରୁ ଅତୀତର ଅଭିଜ୍ଞତାପୂର୍ଣ୍ଣ ସ୍ମୃତିକୁ ବଖାଣେ, "ପୁରୁଷ ପୁରୁଷ ଧରି ଏଇ ବ୍ୟବସ୍ଥା ଆମର ଗଢ଼ି ଆସିଛି । ବା' ଥିଲାବେଳେ ଗାଁ ସେ କୋଣରେ ଆମର ଘର ଥିଲା । ଗଜ ଭାଇ ତା' ମାଇକିନାକୁ ନେଇ ଅଲଗା ହୋଇଯାଇଥିଲା । ବା ଓ ମୋ ଭାଗ୍ୟକୁ ପଡ଼ିଥିବା ଘରର ଚାଳ ଏମିତି ଭାଂଗି ରୁଜି ହୋଇ ଯାଇଥିଲା । ଏମିତି ବର୍ଷା । ଘର ଭିତରେ ପାଣି ପଡୁଥିଲା । ବା ବୁଢ଼ା । ତହିଁକୁ ବାତ ଜର ଏମିତି କୋତରା ମଶିଣା ଉପରେ ପଡ଼ିଥାଏ । ମୁଁ ତା' ପାଖରେ ଗଡୁଥାଏ । ଭୋକରେ ପେଟ କଅଁ କଅଁ କରୁଥାଏ ।"[୧୪୩] ଉକ୍ତ ଅଭିଜ୍ଞତାକୁ ନେଇ ମୂଳିଆ ତତ୍କାଳୀକ ଅସହାୟତାକୁ ମନେପକାଇ ଭାଙ୍ଗିପଡ଼େ, କାରଣ ତା'ର ବର୍ତ୍ତମାନର ପରିସ୍ଥିତି ତା' ଅବଚେତନ ମନରେ ଅତୀତର ସେହି ଯନ୍ତ୍ରଣାବୋଧକୁ ସାମ୍ନାକୁ ନେଇ ଆସେ। ସେହି ଅପରିବର୍ତ୍ତିତ ଜୀବନଯନ୍ତ୍ରଣା ମୂଳିଆ ମନରେ ବିଷାଦ ଆଣେ । ନିଜକୁ ସୁଦୃଢ଼ କରି ପାରେନା ମୂଳିଆ ।

ସେହିପରି 'ଶତୁରା' ଗଳ୍ପରେ ଦେଖାଯାଏ, ଭ୍ରାତୃ ପ୍ରବଣତା ମାଧ୍ୟମରେ ପାରିବାରିକ ଭ୍ରାତୃ ବିବାଦର ପଟ୍ଟଭୂମି ସାଜୁଛି ମଣିଷର ନଗ୍ନ ଯୌନ ପ୍ରବୃତ୍ତି। "ଯାହାର ଶିକାର ହୁଏ ଶତୁରା ପରି ଏକ ନିରୀହ, ସରଳବିଶ୍ୱାସୀ ଗାଉଁଲି ଚରିତ୍ର । ବଡ଼ଭାଇ ସନ୍ତିଆର ବିଶ୍ୱାସଘାତକତା ଓ ନିଜ ସ୍ତ୍ରୀ ତୁଳସୀର ଦୈହିକ ଅସନ୍ତୁଷ୍ଟତାର ପରିଣତିକୁ ଆଗରେ ଭେଟିବା

ପରେ, ଶତ୍ରୁରା ନିଜକୁ ନିଜସ୍ୱ ଭିଟାମାଟିରୁ ନିର୍ବାସିତ କରିଚି । ମାଟି ଓ ପାରିବାରିକ ସ୍ନେହ ସଂପର୍କର ଉପଲବ୍ଧିକୁ ଠକି ଠକି ବଞ୍ଚି ଯାଉଛି ।"(୧୪୪) ଯୁଗ ଯୁଗର ପାରମ୍ପରିକ ମୂଲ୍ୟବୋଧ ଭଙ୍ଗ ହୋଇଛି । ଆଶା, କାମନା ପାଖରେ ସଂପର୍କର ସେତୁ ଛିଡ଼ି ଯାଇଛି । ଅତୀତରେ ଜମିରେ ଏକ ଓରତିଆ କାମ କରିବ ବୋଲି ଯାଇ, କାମ କରି ନପାରି ଶତ୍ରୁରା ଦୁଇ ପ୍ରହରରେ ଘରକୁ ଫେରି ଦେଖେ ବଡ଼ ଭାଇର ଘର କବାଟ ଭିତର ପଟୁ ବନ୍ଦ । "ଆଶ୍ଚର୍ଯ୍ୟ ହେଲା ସେ । ଦୁଆର ପାଖରେ ଛିଡ଼ା ହେଲା । ଯାହା ଶୁଣିଲା, ସେଥିରେ ତା'ର ଅନ୍ତଃସ୍ଥଳ ଥରି ଉଠିଲା । ସମଗ୍ର ପୃଥିବୀ ଗୋଟିଏ ଗୋଲାକାର ପେଣ୍ଡୁ ଭଳି ବୁଲିବାକୁ ଲାଗିଲା । ଆକାଶ, ସମୁଦ୍ର, ପୃଥିବୀ ସବୁ ମିଶି ଶୂନ୍ୟକାର ହୋଇଉଠିଲା । ଘର ଭିତରୁ ଶୁଭୁଛି ତା' ବଡ଼ଭାଇ ସନ୍ତିଆ ଓ ତା' ସ୍ତ୍ରୀ ତୁଳସୀର ଫିସ୍‌ଫିସ୍ କଥା ଓ ବେଳେବେଳେ ଚିପା ଚିପା ହସ । କବାଟକୁ କାନେଇ ଶୁଣିଲା ସେ । ସନ୍ତିଆ କହୁଛି - ତୁ କିଛି ଚିନ୍ତା କରନି । ଜମିବାଡ଼ି ଘରଦ୍ୱାର ସବୁ ମୋର । ସେ ଶଳା ଆଲୁଆକୁ ଦିନେ ଅସଲ ରୂପ ଦେଖେଇ ଦେବି ଯେ, କୁଆଡ଼େ ଗାଁ ଛାଡ଼ି ପଳେଇବ !

- ସେ ଯଦି ଆମର ଏ ସବୁକଥା ଜାଣନ୍ତି ?

- ଆଲୁଆଟା ଜାଣିବ କ'ଣ ? ଯଦି ବା ଜାଣିବ ଜାଣୁ । ଜାଣି ବି ଚୁପ୍ ରହିବ। ନହେଲେ ମାଡ଼, ନହେଲେ..

- ନହେଲେ ?

- ନହେଲେ ରାତିରେ ଶୋଇଲା ବେଳେ...

ଶତ୍ରୁରାକୁ ବୁଝିବା ପାଇଁ କିଛି ବାକି ରହିଲାନି । ଦେହ ମୁଣ୍ଡ ତା'ର ଶୀତେଇ ଉଠିଲା । ନିଜ ଭାଇ ପ୍ରତି ଥିବା ସମ୍ମାନ ଓ ଭକ୍ତିର ଶେଷ ତର୍ପଣ ସ୍ୱରୂପ କେଇ ବିନ୍ଦୁ ଲୁହ ତା' ଆଖିରୁ ଗାଲ ବାଟେ ଭୂଇଁ ଉପରକୁ ଲୋଟି ପଡ଼ିଲା । ଆଗେଇଲା ଶତ୍ରୁରା । ମାଇଲ୍ ପରେ ମାଇଲ୍ । ମାଇଲ୍ ପରେ ମାଇଲ୍ ।"(୧୪୫) ଉକ୍ତ ବିଷାଦପୂର୍ଣ୍ଣ ଅଭିଜ୍ଞତାକୁ ନେଇ ଶତ୍ରୁରା ଗୃହ ଛାଡ଼ି ଯେଉଁଠି ରହିଛି ସେଠାରେ ଶାନ୍ତ ସ୍ୱଭାବର ଜଣେ ବୋଲକରା ମଣିଷ ହୋଇରହିଛି । କିନ୍ତୁ ବଡ଼ ଭାଇ ସନ୍ତିଆ ଓ ସ୍ତ୍ରୀ ତୁଳସୀ ପ୍ରତି ଥିବା ଆତ୍ମୀୟତାରୁ ମୁକୁଳି ପାରିନି । ଅନ୍ତଃମନରେ ଗଚ୍ଛିତ ଥିବା ସ୍ମୃତି ଶତ୍ରୁରାର ଅବଚେତନ ମନରେ ଘାଣ୍ଟି ଚକଟି ହୋଇଛି । "ରାତି ହେବା ମାତ୍ରେ ତା' ଚାରିପାଖେ ଯେମିତି ଏକ ବିଭତ୍ସ, କୁରୂପ ନିର୍ଜନତା ତାକୁ ଘେରିଯାଏ । ସେ ଭୟ ପାଏ, ଆହତ ହୁଏ । ମନେପଡ଼େ ତୁଳସୀର ସେ ପଦକ - 'ତୁମେ କେତେ ଭଲ ମ ?' ତା' ପରେ ମନେ ପଡ଼େ ତା' ଭାଇର ସେ ପଦକ - 'ନହେଲେ ରାତିରେ ଶୋଇଲାବେଳେ... ?' ସେତେବେଳେ ସେ ଶିହରି ଉଠେ, ରାତିରେ ନିଦ ହୁଏନା । ଏପାଖ ସେପାଖ ଗଡ଼ପଡ଼ ହୁଏ ।"(୧୪୬) କେବଳ ବିଷାଦକୁ ନେଇ ଜୀବନ ବିତାଏ । ଗଳ୍ପର କାହାଣୀ କରୁଣ । ପାଠକକୁ ପରିଣତି ପର୍ଯ୍ୟନ୍ତ ବାନ୍ଧି ରଖେ କଥାବସ୍ତୁ ।

ଶ୍ରୀ ମହାନ୍ତିଙ୍କ ଗଳ୍ପ 'ହଡ଼ିକାଠ'- "ଆଂଶିକ କାହାଣୀ ଓ ଚରିତ୍ର 'ମୁଁ'ର ଚେତନା, କ୍ରିୟା, ପ୍ରତିକ୍ରିୟା, ଅନୁଭବର ପ୍ରକାଶକୁ ନେଇ ସଂପୂର୍ଣ୍ଣ ଗଳ୍ପର ପ୍ରସ୍ତୁତି ।"[୧୪୭] ଯେଉଁଠି ଚରିତ୍ରର ବିଷାଦପୂର୍ଣ୍ଣ ସ୍ମୃତି ସହ ଦୁଃଖଦାୟକ ଅଭିଜ୍ଞତା ଗଳ୍ପନାୟକର ଅବଚେତନ ମନକୁ ଅସନ୍ତୁଳିତ କରେ । "ଗଳ୍ପଟିର କଥନଭଂଗୀ (Story telling style) ଯଥେଷ୍ଟ । ଗାଳ୍ପିକ 'ମୁଁ' ସହିତ ଆବେଶିତ । ଗଳ୍ପଟି ଗାଳ୍ପିକଙ୍କର ପ୍ରତ୍ୟକ୍ଷ ଉକ୍ତି (Direct Speech) ଗଳ୍ପରେ ଏକ ମଧ୍ୟବିତ୍ତ ପିଅନ୍ ପରିବାରର ଅଭାବବୋଧ, ପାରମ୍ପରିକ ସଂପତ୍ତି ପାଇଁ ବ୍ୟସ୍ତତା, ଗାଁର ଅପରିପକ୍ୱ ଆପେକ୍ଷିକ ରାଜନୀତି ଓ ତା'ର ଶିକାର ହେଉଥିବା ବ୍ୟକ୍ତିଟି ସେ ନିଜେ, ନିଜ ସଙ୍ଗାତର ଯୌନ ମାନସିକତାର ଆବେଦନରେ ଆକୃଷ୍ଟ ହୋଇ ନିଜକୁ ସମର୍ପିତ କରୁଥିବା ତା'ର ସ୍ତ୍ରୀ ଓ ନିଜର ଅପାରଗତାର ଆତୁରତାରେ ଏକ ଚରମ ବିରକ୍ତି ପ୍ରକାଶରେ ଗଳ୍ପଟି ଶେଷ ହୁଏ । ଗଳ୍ପଟିରେ ମଣିଷ ଜୀବନର ଅପ୍ରାପ୍ୟବୋଧ ଯୁକ୍ତ ଯନ୍ତ୍ରଣା ଓ ଯୌନ ମାନସକିତା ନେଇ ସନ୍ଦେହ ଓ ଦୂରତ୍ୱ ସୃଷ୍ଟି କରିବା ଓ ନିଜକୁ ନିଜ ମଧ୍ୟରେ ନିର୍ବାସିତ କରିବା ହିଁ ଘଟିଛି । 'ଶତ୍ରୁରା' ଗଳ୍ପର ପରିଣତି ଓ ଏ ଗଳ୍ପର ପରିଣତିରେ କିଛିଟା ସାମଞ୍ଜସ୍ୟ ରହିଛି ।"[୧୪୮] ଗଳ୍ପନାୟକ ପାଖରେ ଥିବା ଯନ୍ତ୍ରଣାଦାୟକ ସ୍ମୃତି ତା'ର ଅବଚେତନ ମନରେ ବାରମ୍ବାର ଉଦ୍ରେକ ହୁଏ । ତେଣୁ ଗଳ୍ପନାୟକ ନିଜର ସ୍ଥିତିକୁ ନେଇ କହେ; "ମୁଁ ଭାବିଲି, କ'ଣ ପାଇଁ ମୁଁ ଏ ଘରେ ରହିବି ? କ'ଣ ପାଇଁ ଚଂଦୁରୁ ବାବୁ ପାଖରେ ଚାକିରି କରିବି ? କ'ଣ ପାଇଁ ସ୍ତ୍ରୀର ମୁହଁ ଚାହିଁବି ? କଳାଢ଼ିଅ ପାଇଁ ମୁଁ କାହିଁକି ମକଦ୍ଦମା ଲଢ଼ିବି ? କାହିଁକି କରୁଣା ବୁଢ଼ୀ ସହ ନିତି ଚାରି ପାଞ୍ଚଥର କଳିଗଜିଆ କରିବି ? କ'ଣ ପାଇଁ ? ତେଣୁ ଆତ୍ମହତ୍ୟା କରିବି ବୋଲି ଭାବିଲି । xxx ମୁଁ ନିଜକୁ ପ୍ରଶ୍ନ କଲି, ମୋ ସ୍ତ୍ରୀ ଦୁଶ୍ଚରିତ୍ରା ହେଲା ବୋଲି, ଚଂଦୁରୁ ବାବୁ ଓ ହରିଶ୍ ହାତରେ ମୋ ଉପାର୍ଜନ, ମୋ ସ୍ଥିତି ରହିଲା ବୋଲି ସେହି ଭୟରେ ସେହି ଡରରେ ମୁଁ କ'ଣ ଏଡ଼େ କାପୁରୁଷ ? ଯୁକ୍ତିର ଏହି ସିଦ୍ଧାନ୍ତ ନେଇ ମୁଁ ନିରବ ରହିଲି ।"[୧୪୯] ସମସ୍ତ ମୂଲ୍ୟବୋଧକୁ ଅସ୍ୱୀକାର କରି ଯୁକ୍ତି ଗଣ୍ଡାଏ ମୁଣ୍ଡରେ ଧରି ଗଳ୍ପନାୟକ ନିଜର ସ୍ଥିତିକୁ ବଜାୟ ରଖିଛି । ଗଳ୍ପନାୟକ ପିଅନ ଚାକିରି କରିଥିବାରୁ ତା' ପରିବାରର ଅଭାବବୋଧ ପୈତୃକ ସମ୍ପତ୍ତି ପାଇଁ ବ୍ୟସ୍ତତା, ଗାଁର ଅପରିପକ୍ୱ ରାଜନୀତିର ଶିକାର ହୁଏ । ମକଦ୍ଦମା, ଦୁର୍ଘଟଣା, ଅସ୍ୱସ୍ତିକର ପରିବେଶ ମଧ୍ୟରେ ନ୍ୟାର୍ଯ୍ୟ ଦାବିର ପ୍ରସଙ୍ଗ ହୋଇପଡ଼େ ଗୌଣ । ସେଥିପାଇଁ ସେ କହେ, "ମୁଁ ଏମିତି ଏକ ପରିସ୍ଥିତିରେ ପଡ଼ିଛି ଯାହା ମୁଁ କାହାକୁ କହିପାରୁନି । କହିପାରୁନି ବୋଲି ମୁଁ ନିଇତି ବିହାରୀ ପିଉଛି । ସମସ୍ତେ କହନ୍ତି ମୋର ଅଭାବ ପାଇଁ ମୁଁ ପିଉଛି । ଅଭାବବୋଧ ଭୁଲିବା ପାଇଁ । ଭୋକକୁ ଭୁଲିବା ପାଇଁ । ମୁଁ ମୋ ସ୍ତ୍ରୀ, ମୋର ଚାରୋଟି ଛୁଆଙ୍କୁ ପୋଷିବା ପାଇଁ ମୋ ପିଅନ ଚାକିରି ଦରମା ମୋଟେ ଯଥେଷ୍ଟ ନୁହେଁ । ଏହା ମୁଁ ଜାଣେ । ଏହା ସମସ୍ତେ ଜାଣନ୍ତି । ସେଥିପାଇଁ ସବୁ କହନ୍ତି

ଯେ ନିଶାର ପ୍ରାବଲ୍ୟରେ ମୋର ଦାରିଦ୍ର୍ୟ ମୁଁ ଭୁଲେ ।"(୧୫୦) କାରଣ ଦୁଃଖପୂର୍ଣ୍ଣ ବା ଯନ୍ତ୍ରଣାଦାୟକ ଅଭିଜ୍ଞତା ମଣିଷକୁ କେତେବେଳେ ବି ଇପ୍ସିତ ମୃତ୍ୟୁ ଆଣିଦିଏ । ଯଦିବା ସେ ସେହି ମୃତ୍ୟୁରୁ ବର୍ତ୍ତିଆସେ, ତା'ର ସ୍ମୃତିରୁ ବାହାରିବା ପାଇଁ ନିଶାପାନ କରେ । ଯେପରି ଆଲୋଚ୍ୟ ଗଳ୍ପରେ ଗଳ୍ପନାୟକ ମାନସିକ ଯନ୍ତ୍ରଣାରେ ଜର୍ଜରିତ ହୋଇ ନିଶାପାନ କରୁଛି । ମାତ୍ର ତା'ର ସ୍ମୃତି ଗଳ୍ପପୁରୁଷ ଜୀବନରେ ଆଣି ଦେଇଛି ବିଷାଦ ।

'ପୁଷୁନାହରା' ଗଳ୍ପରେ ସାହୁକାର ବନବାବୁ ନିଜ ବାଡ଼ିର ଫଳକୁ ଗାଁର ପିଲା ବିଛାଇ ଖାଇଦେବା ଯୋଗୁଁ ପିଲାଙ୍କ ପଛରେ ଦୌଡ଼ି ଦୌଡ଼ି ଗଳ୍ପନାୟକର ପୁତ୍ର ଶିରିଆକୁ ଚାପୁଡାଟିଏ ପିଟନ୍ତି । ଯାହା ଫଳରେ ଶିରିଆ ଅଚେତ ହୋଇ ପଡ଼େ । ଉକ୍ତ କଥାକୁ ଲୁଚାଇବା ଦ୍ୱାରା ସାହୁକାର ବନବାବୁ ପାଖରେ ଦୁଃଖପୂର୍ଣ୍ଣ ଅଭିଜ୍ଞତା ଗଚ୍ଛିତ ହୋଇରହେ । ଯାହାକି ପ୍ରତି ପରିସ୍ଥିତିରେ ତାଙ୍କ ମାନସପଟରେ ଉଦ୍ରିକ୍ତ ହୋଇ ଅବଚେତନ ମନରେ ସାହୁକାର ବନବାବୁଙ୍କୁ ବିଚଳିତ କରେ । ମନରେ ଅନେକ ଦ୍ୱନ୍ଦ୍ୱ, ପାପବୋଧ ଜାଗି ଉଠେ । ଗଳ୍ପର ପରିଣତିରେ ନିଜର ଦୁଃଖପୂର୍ଣ୍ଣ ଅଭିଜ୍ଞତାରୁ ମୁକ୍ତି ନିମନ୍ତେ ଲୋକବିଶ୍ୱାସ ଅନୁଯାୟୀ ସାହୁକାର ବନବାବୁ ଦୋଷରୁ ମୁକ୍ତି ନିମନ୍ତେ ଛୋଟ ପିଲା ଶିରିଆର ଅଇଁଠା ଖାଇବା ପ୍ରସଙ୍ଗ ଗଳ୍ପକୁ କରୁଣ ରସାଣିତ କରେ । ସେହିପରି 'ପଘା' ଗଳ୍ପରେ ଗିରିଧାରୀ ଅର୍ଥ ରୋଜଗାର ନିମନ୍ତେ ପ୍ରବାସୀ ହୁଏ । ବିଦେଶରେ ମାଲିକର ଦୂରାଚାରୀ ବ୍ୟବହାର ଗିରିଧାରୀର ମାନସପଟରେ ଯନ୍ତ୍ରଣା ଆଣିଦିଏ । ଗଳ୍ପର ପରିଣତିରେ ନିଜର ଦୁଃଖଦ ଅଭିଜ୍ଞତାକୁ ନେଇ ତା'ମନର ଯନ୍ତ୍ରଣାରୁ ମୁକ୍ତି ନିମନ୍ତେ ମାର୍ଗ ଖୋଜେ କିନ୍ତୁ କୌଣସି ମାର୍ଗ ମିଳେନା । ବିଷାଦପୂର୍ଣ୍ଣ ମାନସିକତାକୁ ନେଇ ଏକାକୀତ୍ୱ ମଧ୍ୟରେ ଗିରିଧାରୀ ଜୀବନ ନିର୍ବାହକରେ ।

ଛ.(ଙ) ବର୍ଜିତ ଆବେଗ (Tabooed Impuless)

ମଣିଷ ବହୁ ଆଶାବାଦୀ । ତେଣୁ ମଣିଷର ଅନ୍ଧାରୀ ମୂଳକରେ ଗଚ୍ଛିତ ଥାଏ ଅନେକ ଆଶା, ଆକାଂକ୍ଷା । ବେଳେବେଳେ ପରିବେଶ ପରିସ୍ଥିତିକୁ ନେଇ ଇପ୍‌ସିତ ଇଛା ତଥା ଆଶାକୁ ଦମନ କରି ସମୟ ସଙ୍ଗେ ତାଳ ଦେଇ ଜୀବନ ବଞ୍ଚିବାକୁ ଇଛା କରେ । ପରିସ୍ଥିତି ସଙ୍ଗେ ସାମ୍ନାସାମ୍ନି ହୋଇ ମଣିଷ ନିଜର ଆବେଗଯୁକ୍ତ କିଛି ଉଦ୍ଦୀପନାକୁ ଦମନ କରେ । ଉକ୍ତ ଉଦ୍ଦୀପନା ପାଇଁ ବର୍ଜିତ ଆବେଗ ବା ଦମନନୀତି କ୍ଷେତ୍ରରେ ମଣିଷ ନିଜ ମାନସିକତାକୁ ନେଇ ବିଷାଦର କୋଠରୀରେ ପ୍ରବେଶ କରେ । ମାନସିକତାର ପରବର୍ତ୍ତୀ ସମୟରେ ମଣିଷର ବର୍ଜିତ ଆବେଗ ଅବଚେତନ ମନରେ ଆସେ ଏବଂ ଯେକୌଣସି ଦ୍ୱନ୍ଦ୍ୱାତ୍ମକ ଚିନ୍ତା ପ୍ରକାଶ କରେ । ଗାଳ୍ପିକ ଶ୍ରୀ ମହାନ୍ତିଙ୍କ 'ପୁଷୁନାହରା', 'ସାକ୍ଷୀ ସାରଳା, ସାକ୍ଷୀ ଫକୀର ମୋହନ / ସପ୍ତଦୀପ ଛୁଇଁ ତ୍ରିବାର ଏ ସତ୍ୟ ମୋର / ମୁଁ କ୍ଷେପିବି ଶବ୍ଦଭେଦୀ ସୂର୍ଯ୍ୟାସ୍ତ ପୂର୍ବରୁ / ମୁକ୍ତି ଯଦି ନମିଳେ ଏଥର', 'କାଳଫାସ', 'ମା', 'ଚିଠି ଚିରୁଥିବା ଝିଅ' ଆଦି ଗଳ୍ପର

ଚରିତ୍ରମାନଙ୍କଠାରେ ସେମାନଙ୍କ ସ୍ମୃତିରେ ଗଚ୍ଛିତ ଆବେଗୀକ ବିଚ୍ୟୁତି ତାଙ୍କର ଜୀବନ ଦଶାକୁ ଅନେକତ୍ର ନିୟନ୍ତ୍ରଣ କରିଛି ।

'ପୁଷ୍ପନାହରା' ଗଳ୍ପରେ ଗଳ୍ପନାୟକ ସାଧାରଣ ଗରିବ ପରିବାରର ବ୍ୟକ୍ତିତ୍ୱ । ଯେଉଁଠି ମୁଠେ ଦାନା ପାଟିରେ ଦେବାକୁ ହେଲେ ତାକୁ ମହାଜନ ବା ସାହୁକାର ବନବାବୁର ଦ୍ୱାରସ୍ଥ ହେବାକୁ ପଡ଼େ । ନିଜ ପାଖରେ ସାହସ ବା ଦମ୍ଭ ନଥାଏ କୌଣସି ପରିସ୍ଥିତି ସଙ୍ଗେ ସାମ୍ନାସାମ୍ନି ହେବା ପାଇଁ । ଯେପରି ଗଳ୍ପନାୟକ ନିଜ ଭଉଣୀ ସଙ୍ଗେ ସାହୁକାର ବନବାବୁର ରତିକ୍ରିଡ଼ାକୁ ଦେଖି ଗଳ୍ପନାୟକ କିଛି ପ୍ରତିବାଦ କରି ପାରେ ନାହିଁ । ନିଜର ଦୋଦୁଲ୍ୟମାନ ଜୀବନ ପାଖରେ ସେ ହାର ମାନିଛି । ସାନ ଭଉଣୀ ଗେଲିର ଏପରି କର୍ମକୁ ପ୍ରତିବାଦ ନକରି ନିରବରେ ଗ୍ରହଣ କରି ନେଇଛି । ଗେଲିକୁ ଉପଦେଶ ଦେଇ ପାରିନାହିଁ । ତେଣୁ ଉକ୍ତ ମୁହୂର୍ତ୍ତର ବିପର୍ଯ୍ୟସ୍ତ ଆବେଗକୁ ଗଳ୍ପନାୟକ ପ୍ରକାଶ କରେ, "ମୁଁ କିନ୍ତୁ ଧାଇଁ ଆସି ଗେଲିକୁ ଦି ଚାପୁଡ଼ା ମାରି ପାରିଲିନି । ତାକୁ ଗାଳି ଦେଇ ପାରିଲିନି । ଧାଇଁ ଯାଇ ବନବାବୁର ତଣ୍ଟି ଚିପି ଦେଇ ପାରିଲିନି । ସତ କହିବାକୁ ଗଲେ ମୁଁ ମୋଟେ ରାଗି ପାରିଲିନି ।"[୧୫୧] ଉକ୍ତ ପରିସ୍ଥିତି ମଧ୍ୟରେ ମଣିଷର ଅର୍ଥଜନିତ ଅସହାୟତା ପାଖରେ ଗଳ୍ପନାୟକ ପାଷାଣ ପାଲଟି ଯାଉଛି । କାରଣ ସେ ଜାଣେ ଯେ ନିଜ ପରିବାର ବଞ୍ଚିବା କ୍ଷେତ୍ରରେ ମହାଜନ ବନବାବୁର ଋଣା ଅଧିକ ଅବଦାନ ରହିଛି ।

ବର୍ଜିତ ଆବେଗକୁ ନେଇ 'ସାକ୍ଷୀ ସାରଳା, ସାକ୍ଷୀ ଫକୀର ମୋହନ / ସପ୍ତଦୀପ ଛୁଇଁ ତ୍ରିବାର ଏ ସତ୍ୟ ମୋର / ମୁଁ କ୍ଷେପିବି ଶବ୍ଦଭେଦୀ ସୂର୍ଯ୍ୟାସ୍ତ ପୂର୍ବରୁ / ମୁକ୍ତି ଯଦି ନମିଳେ ଏଥର' ଗଳ୍ପରେ ଛାୟାକାନ୍ତର ଅବଚେତନ ମନ ହୁଏ ଅସନ୍ତୁଳିତ । ଛାୟାକାନ୍ତ ସ୍ୱପ୍ନଦତ୍ତାକୁ ପ୍ରେମ କରୁଥିଲେ ମଧ୍ୟ ସ୍ୱପ୍ନଦତ୍ତାର ସ୍ୱାର୍ଥଯୁକ୍ତ ଯୁକ୍ତିସଙ୍ଗତ ପ୍ରେମର ମାନସିକତା ପାଖରୁ ମୁକୁଳି ଆସେ । ନିଜ ପ୍ରେମ ଜନିଜ ଆବେଗକୁ କରେ ବର୍ଜନ । ନାରୀର ସଚେତନ ପ୍ରେମ ଓ ପୁରୁଷର ଭବିଷ୍ୟତ ଜୀବନକୁ ନେଇ କୌଣସି ଅସୁବିଧାରେ ସମ୍ମୁଖୀନ ନହେବାର ଚିନ୍ତା ପାଖରେ ନିଜକୁ ମିଶାଇ ପାରେନା ଛାୟାକାନ୍ତ । ସେଥିପାଇଁ ସ୍ୱାର୍ଥଯୁକ୍ତ ପ୍ରେମରୁ ମୁକୁଳି ଆସେ ଛାୟାକାନ୍ତ । ତତ୍ପରେ ପାରିବାରିକ ଦୁଶ୍ଚିନ୍ତା ତା'ର ଅବଚେତନ ମନକୁ ଭାରାକ୍ରାନ୍ତ କରିପକାଏ । ଅତୀତର ସ୍ମୃତିକୁ ମନେ ପକାଇବା ପାଇଁ ଛାୟାକାନ୍ତର ଅବଚେତନ ମନ କହିଉଠେ, "କେବଳ ସ୍ମୃତି ପାକୁଳି କରିବି ବୋଲି ମୁଁ ଅନେକ ସମୟରେ ଇଚ୍ଛାକୃତ ଭାବେ ଅବ୍ୟାହତ ନେଇଥାଏ ଅଫିସ୍ କାମର ସ୍ଥିତିରୁ, ରାସ୍ତା ଓ ବଜାରର ଗହଳିରୁ, ନିରବରେ ଚାଲିଯାଏ ବୃକ୍ଷମୂଳ, ନଦୀତଟ ଅଥବା ଶୂନ୍ୟମନ୍ଦିରକୁ ସ୍ମୃତିର ବନ୍ଧନୀରେ ବନ୍ଦୀ ହୁଏ । ଘଞ୍ଚ ଆନ୍ତରିକତା ବିନା ସ୍ମୃତି କ'ଣ ନିବିଡ଼ ହୋଇପାରେ ।"[୧୫୨] ଅତୀତର ସ୍ମୃତି ସର୍ବଦା ଏକାକୀତ୍ୱକୁ ମାଡ଼ି ବସେ ।

ସେହିପରି ମା' ଗଳ୍ପରେ ଅପୂର୍ବାର ବିବାହ ଅନେକ ଦିନ ବିତିଯାଇଥିଲେ ମଧ୍ୟ ତା'

କୋଳରେ ସନ୍ତାନଟେ ଶୋଇ ପାରିନାହିଁ । ପଡ଼ିଶା ଘର ସରୋଜାର ସନ୍ତାନକୁ ଦେଖି ନିଜର ମାତୃତ୍ୱ ପହ୍ନେଇ ପଡ଼ିଲେ ମଧ୍ୟ ସେହି ଆବେଗକୁ ସେ ବର୍ଜନ କରିବାକୁ ବାଧ ହୁଏ । ଯେପରି ଅପୂର୍ବା, ସରୋଜା, ବନ୍ଦିତା "ବିଭିନ୍ନ ଗପରୋଳରେ ଭାସି ଯାଇଥିଲା ବେଳେ କୁନିପୁଅ ଘରଆଡ଼ୁ ଧାଇଁ ଧାଇଁ ଗଲା ଏବଂ ସିଧା ଅପୂର୍ବା ପାଖରେ ହାଜର ହେଲା ତା' କୋଳରେ ବସିବା ପୂର୍ବରୁ ଅପୂର୍ବା କୁନି ପୁଅ ଦେହରେ ହାତ ବି ନ ଲଗାଇ ସରୋଜା ଆଡ଼କୁ ଆଙ୍ଗୁଠି ଦେଖାଇ କହିଲା ହେଇ ବୋଉ ହେଇ, ଯା । ଯଦିଓ କୁନି ପୁଅକୁ କୋଳେଇ ନବାର ଆବେଗ ପାଖୁଡ଼ା ମେଲି ହୋଇ ଯାଇଥିଲା । କାଳେ ସରୋଜା ଭାବିବ, ଅପୂର୍ବା ଛୁଆଙ୍କ ଡାଆଣୀ ବୋଲି, ଅନ୍ତତଃ ସରୋଜା ସେତକ ଭାବିବାକୁ ସୁଯୋଗ ନପାଉ ।"[୧୫୩] ସନ୍ତାନକୁ ସ୍ନେହ ମମତାରେ ବାନ୍ଧି ରଖିବାର ଆବେଗକୁ ବର୍ଜନ କରେ ଅପୂର୍ବା । ଅତୀତର ଉକ୍ତ ବର୍ଜିତ ଆବେଗ ବର୍ତ୍ତମାନ ସନ୍ତାନ ପ୍ରସବ ନିମନ୍ତେ ବିକୃତ ମାନସିକତାର ହେତୁ ହୋଇଛି । କିନ୍ତୁ ଗଳ୍ପର ପରିଣତିରେ ଅପୂର୍ବାର ମା' ହେବା ନିମନ୍ତେ ଇପ୍‌ସିତ ଇଚ୍ଛା ଗଳ୍ପକୁ ଏକ ଭିନ୍ନ ପ୍ରେକ୍ଷାପଟରେ ଗତି କରାଇଛି । ସେହିପରି 'ଚିଠି ଚିରୁଥିବା ଝିଅ' ଗଳ୍ପରେ ପ୍ରେମ ଓ ପ୍ରତ୍ୟାଶାକୁ ନେଇ "ରହସ୍ୟ ରୋମାଞ୍ଚକର ଭାବେ ଚିଠି ଆସେ ବର୍ଣ୍ଣା ପାଖକୁ । ଅଥଚ ଚିଠି ଲେଖକର ପରିଚୟ ମିଳେନା । ଚିଠିକୁ ନେଇ ଦୁଇ ଭଉଣୀଙ୍କ ଅନ୍ତର୍ଦ୍ୱନ୍ଦ୍ୱ"[୧୫୪] ପାଠକକୁ ଗଳ୍ପର ପରିଣତି ପର୍ଯ୍ୟନ୍ତ ଦ୍ୱନ୍ଦ୍ୱରେ ପକାଏ । ପ୍ରଥମେ ପ୍ରେରକର ଠିକଣା ବିହୀନ ଚିଠିକୁ ନେଇ ପ୍ରେରକର ଠିକଣା ଜାଣିବାର ଜିଜ୍ଞାସା ବର୍ଣ୍ଣାର ମାନସପଟକୁ ଅସନ୍ତୁଳିତ କରିଥିଲେ ମଧ୍ୟ ପରବର୍ତ୍ତୀ ସମୟରେ ନିଜର ଆବେଗକୁ ଦମନ କରେ ବର୍ଣ୍ଣା । ନିଜ ମନରେ ରାଗଦ୍ୱେଷ ଜାଗ୍ରତ ହୁଏ । ଉକ୍ତ ପ୍ରେରକର ଠିକଣା ବିହୀନ ଚିଠି ଗଳ୍ପର ଚରିତ୍ର ତଥା ପାଠକଙ୍କ ଅବଚେତନ ମନରେ ଦ୍ୱନ୍ଦ୍ୱ ଜାଗ୍ରତ କରେ । ଯାହାକି ଗଳ୍ପ ପରିବେଶକୁ କରିଛି ରସାଣିତ । ପରିଣତିରେ ଏତକ କୁହାଯାଇପାରେ ବର୍ଜିତ ଆବେଗ ମଣିଷର ଇଚ୍ଛାକୁ ପୁନର୍ବାର ଉଜ୍ଜୀବିତ କରିପାରେ । ଉଦ୍ଦୀପକ ଗୁଡ଼ିକ ଚେତନ, ଅଚେତନର ମଧ୍ୟମ ଅବସ୍ଥା ଅବଚେତନ ମନକୁ ସର୍ବଦା ଆକ୍ରମଣ କରନ୍ତି, ଯାହାଦ୍ୱାରା ମଣିଷ ଅଧିକାଂଶ ସମୟରେ ହିଂସ୍ର ହେବାକୁ ବାଧ୍ୟ ହୁଏ । କିନ୍ତୁ ନିଜର ସଂସ୍କାର ମନୋବୃତ୍ତିକୁ ନେଇ ଅବଚେତନ ମନ ନିଜର ସୀମାବଦ୍ଧତାନୁଯାୟୀ ସ୍ଥିର ରହେ ।

ଗାଳ୍ପିକ ରଜନୀକାନ୍ତ ମହାନ୍ତିଙ୍କ ଗଳ୍ପରେ ଚରିତ୍ରମାନଙ୍କର ମନୋବିଶ୍ଳେଷଣ ଚମତ୍କାର ମନେ ହୁଏ । କାରଣ ପ୍ରତ୍ୟେକ ଚରିତ୍ର ପାଖରେ ଗଚ୍ଛିତ ସ୍ମୃତିକୁ ଅନୁଶୀଳନ କରିବାରେ ସେ ସିଦ୍ଧହସ୍ତ । ପ୍ରାୟତଃ ଅଧିକାଂଶ ଗଳ୍ପ ମନସ୍ତତ୍ତ୍ୱଧର୍ମୀ ଯେଉଁଠି ଚରିତ୍ରମାନଙ୍କର ଗଚ୍ଛିତ ବିଷାଦପୂର୍ଣ୍ଣ ସ୍ମୃତି ତଥା ଅତୀତର ସହଜାତ ପ୍ରବୃତ୍ତିର ଦମନ, ବିଷାଦପୂର୍ଣ୍ଣ ସ୍ମୃତି, ଅପରିପୂର୍ଣ୍ଣ ଆଶା, ଆକାଂକ୍ଷା, ଦୁଃଖପୂର୍ଣ୍ଣ ବା ଯନ୍ତ୍ରଣାଦାୟକ ଅଭିଜ୍ଞତା, ବର୍ଜିତ ଆବେଗକୁ ନେଇ ଗଳ୍ପର ଚରିତ୍ରମନଙ୍କର ମାନସିକତାର ପ୍ରଥମ ପୁରୁଷୀୟ ଶୈଳୀ ବା ଆତ୍ମକଥନ ଶୈଳୀରେ ଉପସ୍ଥାପନା

କରି ପାଠକ ହୃଦୟରେ ରସ ସଞ୍ଚାର କରନ୍ତି । ମୁଖ୍ୟତଃ ମନସ୍ତାତ୍ତ୍ୱିକ ବିଶ୍ଳେଷଣକୁ ଲକ୍ଷ୍ୟ କଲେ ଦେଖାଯାଏ ଚରିତ୍ରରେ ବିଷାଦପୂର୍ଣ୍ଣ ସ୍ମୃତି ହିଁ ଚରିତ୍ରର ମୁଖ୍ୟ ଉପାଦାନ ଯାହାକି କଥାକାର ଶ୍ରୀ ମହାନ୍ତିଙ୍କ ଗଳ୍ପ ଜଗତର ପରିଭାଷା । ହତାଶା, ନିଃସଙ୍ଗତା, ଦାରିଦ୍ର୍ୟ, ପ୍ରେମରେ ବିଚ୍ଛେଦ ଆଦି ମନସ୍ତାତ୍ତ୍ୱିକ ଗଳ୍ପର ଆଧାର । ତେଣୁ ଶ୍ରୀ ମହାନ୍ତିଙ୍କୁ ଗଳ୍ପ ପରିବେଶରେ ଚରିତ୍ରର ଅନ୍ତଃନିହିତ ବେଦନାଶିକ୍ତ ଭାବକୁ ଉପସ୍ଥାପନ ପାଇଁ ଜଣେ ଅନୁଭବଶୀଳ ଦରଦୀ ମଣିଷ ଭାବରେ ହୃଦୟଙ୍ଗମ କରାଯାଇପାରେ ।

(ଜ) ଅସ୍ତିତ୍ୱ ଅନ୍ୱେଷଣ:

ଜୀବନର କାଳଖଣ୍ଡ ମଧ୍ୟରେ ଯେପରି ସୁଲଳିତ ସୁରଭିର ଅଭିବ୍ୟକ୍ତି ପ୍ରକାଶ ପାଏ, ଠିକ୍ ସେହିପରି ସାହିତ୍ୟ, ସଙ୍ଗୀତ, ସ୍ଥାପତ୍ୟ, କଳା, ଭାସ୍କର୍ଯ୍ୟ ଆଦିର କ୍ଷେତ୍ର ପ୍ରଶସ୍ତ ହୋଇ ସମାଜର ପ୍ରତିବିମ୍ବିତ ରୂପ ନେଇ ଅଙ୍ଗୀକାରବଦ୍ଧ ଭାବରେ ଉପସ୍ଥାପିତ ହୋଇଥାନ୍ତି । ସାହିତ୍ୟରେ ବିଭିନ୍ନ ବାଦ ବା ଚେତନା ତଦନୁରୂପ ପ୍ରକଟିତ ହୁଏ । ସାହିତ୍ୟ ପରିବେଶ ମଧ୍ୟରେ ସ୍ଥିତିବାଦ ବା ଅସ୍ତିତ୍ୱବାଦର ପ୍ରଭାବ ଓ ପ୍ରତିଧ୍ୱନି ପ୍ରାଚୀନ ନୁହେଁ ଅର୍ବାଚୀନ । ଊନବିଂଶ ଶତାବ୍ଦୀରେ ମାନବର ଅସ୍ତିତ୍ୱକୁ ନେଇ ପାଶ୍ଚାତ୍ୟ ଚିନ୍ତାନାୟକ ସମୂହ ଯଥା - ସୁରେନ୍ କିର୍‌କେଗାର୍ଡ଼, ଫେଡେରିକ୍ ନିତ୍‌ସେ, ମାର୍ଟିନ୍ ହାଇଡଗାର, ଆଲବେୟାର କାମ୍ୟୁ, ଫ୍ରେନ୍‌ଜ କଫ୍‌କା ଯେଉଁ ନୂତନ ଦର୍ଶନର ତଥ୍ୟ ଉନ୍ମୋଚନ କରିଥିଲେ ତାହା ସମକାଳୀନ ସାହିତ୍ୟକୁ ଯଥେଷ୍ଟ ପରିମାଣରେ ପ୍ରଭାବିତ କରିଥିଲା । ଫଳତଃ ସାହିତ୍ୟରେ ଏହାର ପ୍ରୟୋଗ ମଧ୍ୟ ବଳିଷ୍ଠ ହୋଇଥିଲା ।

ଅସ୍ତିତ୍ୱ ଅନ୍ୱେଷଣ ପ୍ରସଙ୍ଗ ପାଶ୍ଚାତ୍ୟ ସାହିତ୍ୟ ଜଗତରୁ ଗୃହୀତ ହୋଇଥିଲେ ମଧ୍ୟ ଓଡ଼ିଆ ସାହିତ୍ୟରେ ଏହାର ପ୍ରାଧାନ୍ୟକୁ ଅଣଦେଖା କରାଯାଇ ନପାରେ । ଦ୍ୱିତୀୟ ବିଶ୍ୱଯୁଦ୍ଧ ପରବର୍ତ୍ତୀ ସମୟରେ ମଣିଷ ନିଜର ସ୍ଥିତି ନେଇ ସଚେତନତା ପ୍ରକାଶ କରିଛି । କାରଣ ସ୍ଥିତିବାଦୀ ଚେତନା କହେ ମଣିଷ ହିଁ ନିଜର ନିଜେ ଅର୍ଥାତ୍ ମଣିଷର ସର୍ବଶ୍ରେଷ୍ଠ ପରିଚୟ ହେଲା ନିଜେ ସେ ମଣିଷ । "ଜୀବନ ହେଲା ଏହି ଚେତନାର ମୁଖ୍ୟ କେନ୍ଦ୍ରବିନ୍ଦୁ । ତେଣୁ ଅସ୍ତିତ୍ୱବାଦର ପ୍ରୟୋଜନ ବା ସଂପର୍କ ବୈଚିତ୍ର୍ୟମଣ୍ଡିତ ଜୀବନ ସହିତ ଗଭୀର ଭାବେ ରହିଛି । ବିଶେଷ ଉଲ୍ଲେଖଯୋଗ୍ୟ ଯେ ସ୍ଥିତିବାଦୀ ଈଶ୍ୱର, ଧର୍ମ, ସତ୍ୟ, ସ୍ୱର୍ଗ, ନର୍କ କୌଣସିଟିରେ ବିଶ୍ୱାସ ରଖେ ନାହିଁ । ତାହା ନିକଟରେ ଯେକୌଣସି ଧର୍ମଧାରଣା, ନୀତି ନିୟମ, ସାମାଜିକ ତଥା କୌଳିକ ପ୍ରଥାର ଅସ୍ତିତ୍ୱ କିଛି ନାହିଁ । ଏ ଚେତନା ମଣିଷର ସ୍ୱରୂପ ଉଦ୍‌ଘାଟନ କରିବା ସଙ୍ଗେ ସଙ୍ଗେ ତା'ର ଏକାକୀତ୍ୱ, ନିଃସଙ୍ଗତା ଏବଂ ଅସହାୟତାକୁ ରୂପ ଦେଇଥାଏ । ସ୍ଥିତିବାଦୀ ମଣିଷ ଆପେ ଆପଣାକୁ ଚିହ୍ନିବା ଉପରେ ଯଥେଷ୍ଟ ଗୁରୁତ୍ୱ ଦେଇଥାଏ । ତେଣୁ ମଣିଷ ସଂପର୍କରେ ଏହି ତଥ୍ୟଟି ଆଧୁନିକ ଅଟେ । ଆଧୁନିକତା ହିଁ ଅସ୍ତିତ୍ୱବାଦର ପ୍ରତିଷ୍ଠାତା ।"(୧୫୪)

ମଣିଷକୁ ଅଂଶ ବିଶେଷ କରି ରଖେନାହିଁ ଅସ୍ତିତ୍ୱବାଦ । ସାମଗ୍ରିକ ଭାବେ ମଣିଷର ବାହାର ସତ୍ତାକୁ ତନ୍ନ ତନ୍ନ କରି ତର୍ଜମା କରେ । ସେଥିପାଇଁ ମଣିଷର ଆବେଗ, ଚିନ୍ତା, ଚେତନା, ହତାଶା, ଅସହାୟତା, ନିଃସଙ୍ଗତା, ଯନ୍ତ୍ରଣା ତଥା ଜୀବନ ବଞ୍ଚିବାର ଶୈଳୀକୁ ଅସ୍ତିତ୍ୱବାଦ ଗ୍ରହଣ କରେ । ତାହା ସାହିତ୍ୟରେ ପ୍ରତିଫଳିତ ହୋଇଥାଏ । କାରଣ "ମଣିଷର ଇଛାଶକ୍ତି ବା ଚିନ୍ତାଶକ୍ତିକୁ ତା' ନିଜ ଭିତରୁ କାଢ଼ି ଦେଇ ହେବ ନାହିଁ, ଅସ୍ତିତ୍ୱବାଦୀ କହେ, ବିଚାରର ପରଦା ଉପରେ ଯେଉଁ ମଣିଷ ଦାର୍ଶନିକ ଦେଖାଯାଏ, ସେ ମଣିଷ ନୁହେଁ, ମଣିଷର ଅପଛାୟା । ଜୀବନର ବିଚ୍ଛିନ୍ନତା, ଦ୍ୱିଦ୍ୱ, ସସୀମତ୍ୱ, ଅଲଂଘନୀୟ 'External wound of Existence' (ନିଟ୍‌ସେ)କୁ ଘୋଡ଼ାଇ ପକାଇବା ପରିବର୍ତ୍ତେ ତାକୁ ଉଖାରିବା ଅସ୍ତିତ୍ୱବାଦୀର କାମ ।"(୧୫୬)

ଅସ୍ତିତ୍ୱବାଦକୁ ଆମେ ବୁଝିଲେ ବା ହୃଦୟଙ୍ଗମ କରିଲେ ମଧ୍ୟ ଆରମ ଅନ୍ତଃସତ୍ତାଟି ବାରମ୍ବାର ପ୍ରଶ୍ନ କରେ ଅସ୍ତିତ୍ୱବାଦ କ'ଣ ? ଆଲୋଚକ ହରପ୍ରସାଦ ଦାସ ଏହାକୁ ବୁଝାଇ ଦେବାକୁ ଯାଇ କହନ୍ତି, "ସରଳ ଭାଷାରେ କୁହାଯିବ ଯେ ଅସ୍ତିତ୍ୱବାଦ ସେହି ଦାର୍ଶନିକ ଦୃଷ୍ଟିକୋଣ ଯାହା ଅସ୍ତିତ୍ୱବାଦକୁ ବ୍ୟକ୍ତିଠାରୁ ଅଧିକ ପ୍ରାଧାନ୍ୟ ଦିଏ । ଏଇ ଅର୍ଥରେ ଯେ, ଅସ୍ତିତ୍ୱ ମଣିଷର ସହଜ ଚେତନା, କିନ୍ତୁ ବ୍ୟକ୍ତିତ୍ୱ ଗୋଟିଏ ଆରୋପିତ ଗୁଣ । ବ୍ୟକ୍ତିତ୍ୱ ଦ୍ୱାରା ମଣିଷକୁ ଚିହ୍ନାଇ ଦିଆଯାଇପାରେ ବା ତାକୁ ଦେଖାଇ ଦିଆଯାଇପାରେ, କିନ୍ତୁ ତା'ର ଅସ୍ତିତ୍ୱକୁ ସ୍ପର୍ଶ କରି ହୁଏନାହିଁ ।"(୧୫୭) ଯେମିତି ମୁଁ ରାମଚନ୍ଦ୍ର ପଣ୍ଡା, ଦେଖିବାକୁ ସୁସ୍ଥ ସବଳ, ଘର ଭୁବନେଶ୍ୱର, ମୋର ମା ବାପା ମୋତେ ସ୍ନେହ କରନ୍ତି । ମୁଁ ବିଶ୍ୱ ବିଦ୍ୟାଳୟରେ ଗବେଷଣା କରୁଛି । ଏଥିରୁ ମୋର ବ୍ୟକ୍ତିତ୍ୱ ପରିପ୍ରକାଶ ହୋଇପାରେ, କିନ୍ତୁ ଅସ୍ତିତ୍ୱ ନୁହେଁ। କାରଣ ମଣିଷର ଅସ୍ତିତ୍ୱର ପରିସୀମାରେ ଏପରି ଅବର୍ଣ୍ଣନୀୟ ଓ ଅପରିଭାଷିତ ଅଂଶ ରହିଯାଏ ଯାହାକି ମଣିଷର ବ୍ୟକ୍ତିତ୍ୱର ପରିଚୟରୁ ମିଳେ ନାହିଁ । "ଏପରି ମଧ୍ୟ କୁହାଯାଇ ପାରିବ ଯେ, ଅସ୍ତିତ୍ୱବାଦ ମାନବିକ ସଙ୍କଟର ହିଁ ଦର୍ଶନ । କାରଣ ଏହାରି ମାଧ୍ୟମରେ ମାନବିକ ସଙ୍କଟର ସ୍ପଷ୍ଟ ଓ ଯଥାର୍ଥ ଅଭିବ୍ୟକ୍ତି ଘଟିଛି । ଅସ୍ତିତ୍ୱବାଦୀମାନଙ୍କ ପାଇଁ ମାନବିକ ସଙ୍କଟରୁ ସମ୍ଭୂତ ଏକାକୀତ୍ୱ ଓ ବିଚ୍ଛିନ୍ନତାର ଭାବନା ହିଁ କେନ୍ଦ୍ର ସ୍ଥାନୀୟ ହୋଇ ରହିଛି । ନିର୍ବାସନ ଓ ବିଚ୍ଛିନ୍ନତାର ଅନୁଭୂତି ମଣିଷର ସକଳ କ୍ଷେତ୍ରରେ ପରିବ୍ୟାପ୍ତ ।"(୧୫୮)

"ପୃଥିବୀରେ ଦ୍ୱିତୀୟ ମହାସମର ଭୟଙ୍କର ମାରଣାସ୍ତ୍ରର ପ୍ରତିଯୋଗିତା ମଣିଷର ବଞ୍ଚି ରହିବାର ସ୍ୱପ୍ନକୁ ଧୂଳିସାତ୍ କରିଦେଲା । ତାହା ଫଳରେ ମଣିଷ ନିଜର ଗୋଷ୍ଠୀ, ଆଦର୍ଶ ଓ ପରମ୍ପରା ଆଦି କୌଣସି ବିଷୟକୁ ଗ୍ରହଣ କଲାନାହିଁ, ମଣିଷ କିପରି ବଞ୍ଚିପାରିବ ସେଥିପାଇଁ ହେଲା ବ୍ୟାକୁଳ । ମଣିଷର ଏହି ଅସହାୟତା ପଣରୁ ସୃଷ୍ଟି ହେଲା 'ଅସ୍ତିତ୍ୱବାଦ' । ଅସ୍ତିତ୍ୱବାଦ ଦର୍ଶନ ଅପେକ୍ଷା ସାହିତ୍ୟର ଅଧିକ ନିକଟବର୍ତ୍ତୀ । କାରଣ ସାହିତ୍ୟରେ ଜୀବନର ସମସ୍ତ ବିଭାଗକୁ ଚିତ୍ରଣ କରାଯାଇପାରେ । ଜୀବନର ସନ୍ଦିଗ୍ଧତା ଓ ଉଦ୍ଭଟତା, ମଣିଷର ସ୍ୱାଧୀନତା,

ଦାୟିତ୍ୱବୋଧ, ଉଦ୍‌ବେଗ, ବିଚ୍ଛିନ୍ନତା, ସୀମାବଦ୍ଧତା ତଥା ମୃତ୍ୟୁ ଆଦି ଅସ୍ତିତ୍ୱବାଦର ମୁଖ୍ୟ ବିଷୟ । ଯେଉଁ ସାହିତ୍ୟ ରଚନାରେ ଏସବୁ ବିଶେଷ ଭାବେ ପ୍ରତିଫଳିତ ତାକୁ ଅସ୍ତିତ୍ୱବାଦୀୟ ସାହିତ୍ୟ ଭାବେ ଗଣିବା ସମୀଚୀନ ।"(୧୫୯) ଏହି ସ୍ଥିତିବାଦୀ ଦୃଷ୍ଟିଭଙ୍ଗୀ ବିଶ୍ୱ ସାହିତ୍ୟ ତଥା ଭାରତୀୟ ସାହିତ୍ୟରେ ଦେଖାଦେଲା ଭଳି ଆମ ଓଡ଼ିଆ ସାହିତ୍ୟରେ ମଧ୍ୟ ତାହାର ପ୍ରଭାବ କିଛି କମ୍ ନୁହେଁ । ଗଳ୍ପ ସାହିତ୍ୟରେ ଗୋପୀନାଥ, ମହାନ୍ତି, ସୁରେନ୍ଦ୍ର ମହାନ୍ତି, ମନୋଜ ଦାସ, କିଶୋରୀ ଚରଣ ଦାସ, ରବି ପଟ୍ଟନାୟକ, ଅଖିଳ ମୋହନ ପଟ୍ଟନାୟକ, କହ୍ନେଇଲାଲ୍ ଦାସ, ରାମଚନ୍ଦ୍ର ବେହେରା, ସାତକଡ଼ି ହୋତା, ହରିହର ଦାସ, ରତ୍ନାକର ଚଇନି, ଜଗନ୍ନାଥ ପ୍ରସାଦ ଦାସ, ଯଶୋଧାରା ମିଶ୍ର, ହୃଷିକେଶ ପଣ୍ଡା, କଇଳାଶ ପଟ୍ଟନାୟକ, ପ୍ରକାଶ ମହାପାତ୍ର ଭଳି ଗାଳ୍ପିକ ରଜନୀକାନ୍ତ ମହାନ୍ତିଙ୍କ ଗଳ୍ପ ମଧ୍ୟ ସମୃଦ୍ଧ । ତାଙ୍କ ଗଳ୍ପରେ ଚରିତ୍ରମାନଙ୍କ ଉପରେ ଅସ୍ତିତ୍ୱବାଦୀ ପକ୍ଷଟି ଦେଖାଯାଉଥିବାରୁ ଗଳ୍ପଗୁଡ଼ିକୁ ଅସ୍ତିତ୍ୱବାଦୀ ଦୃଷ୍ଟିଭଙ୍ଗୀରୁ ଅନୁଶୀଳନ କରାଯାଇପାରେ ।

ଗାଳ୍ପିକ ରଜନୀକାନ୍ତ ମହାନ୍ତିଙ୍କ ଗଳ୍ପ ସମଗ୍ରକୁ ବିଶ୍ଳେଷଣ କଲେ ଦେଖାଯାଏ ଯେ, ଗାଳ୍ପିକଙ୍କର ପ୍ରାୟତଃ ଗଳ୍ପ ପ୍ରଥମ ପୁରୁଷୀୟ ଶୈଳୀରେ ଉପସ୍ଥାପନ କରାଯାଇଛି । ଯଦ୍ୟପି କେତେକ ଗଳ୍ପ ତୃତୀୟ ପୁରୁଷୀୟ ଶୈଳୀରେ ଆତ୍ମପ୍ରକାଶ କରିଛି କିନ୍ତୁ ସେଥିରେ ଚରିତ୍ରମାନଙ୍କର ଅଭିବ୍ୟକ୍ତିଟି ପ୍ରଥମ ପୁରୁଷୀୟ ଶୈଳୀ, ଯେଉଁଥିରେ କି ଅସ୍ତିତ୍ୱବାଦୀ ଚେତନାର ନିଦର୍ଶନ ମିଳେ । ଅସ୍ତିତ୍ୱବାଦୀ ଦାର୍ଶନିକ କିଅର୍କେ ଗାର୍ଡଙ୍କ ସାହିତ୍ୟର ଲେଖନ ଶୈଳୀ ସଂପର୍କରେ ଡ. ଆଦିକନ୍ଦ ସାହୁ କୁହନ୍ତି, "କିର୍‌କେଗାର୍ଡ଼ ନିଜ ଜୀବନରେ ସ୍ୱନିଷ୍ଠ ଅନୁଭବ ସବୁକୁ ଚିତ୍ରଧର୍ମୀ ଅଭିବ୍ୟକ୍ତି ଦେଇଛନ୍ତି । ଡାଇରୀ ଆଙ୍ଗିକରେ ନିଜ ବକ୍ତବ୍ୟକୁ ଲେଖିଛନ୍ତି । କିର୍‌କେଗାର୍ଡ଼ ତାଙ୍କ ସମଗ୍ର ରଚନାରେ ଜଣେ ଲେଖକ ବୀର (Author Hero) ଯେ ନିଜକୁ ଓ ନିଜର ସ୍ୱନିଷ୍ଠ ଅନୁଭବ ସବୁକୁ ଗଭୀର ତନ୍ମୟତାର ସହିତ ଲେଖିଛନ୍ତି । କୌଣସି ଛଦ୍ମତା ନ ରଖି ଏତେବଡ଼ ଆନ୍ତରିକତା ଦେଇ ଖୁବ୍ କମ୍ ଲୋକ କିର୍‌କେଗାର୍ଡ଼ଙ୍କ ପରି ନିଜକୁ ବ୍ୟକ୍ତ କରନ୍ତି ।"(୧୬୦) ଏ ଧାରାରେ ଗାଳ୍ପିକ ଶ୍ରୀ ମହାନ୍ତି ଅନନ୍ୟ ।

ସାହିତ୍ୟରେ ଅସ୍ତିତ୍ୱବାଦ ପ୍ରସଙ୍ଗ ଆସିଲାବେଳେ ପ୍ରଥମତଃ ସାହିତ୍ୟରେ ଉପସ୍ଥାପିତ ଚରିତ୍ରମାନଙ୍କର ଅସ୍ତିତ୍ୱ, ଉଦ୍ଭଟତା, ବିକୃତି ଓ ବିଚ୍ଛିନ୍ନତା ଆଦି ଆଲୋଚନାର ଅପେକ୍ଷା ରଖେ । ଏ ଦୃଷ୍ଟିରୁ ଗାଳ୍ପିକ ରଜନୀକାନ୍ତ ମହାନ୍ତିଙ୍କ ଗଳ୍ପକୁ ଆକଳନ କରାଯାଇପାରେ । ଗାଳ୍ପିକଙ୍କର ଅନେକ ଗଳ୍ପ ଅଛି ଯେଉଁଥିରେ ଚରିତ୍ର ମଧ୍ୟବିତ୍ତ ପରିବାରର ପ୍ରତିନିଧିତ୍ୱ କରନ୍ତି । ସେମାନଙ୍କ ପାଖରେ ମାନବୀୟ ସମ୍ବେଦନଶୀଳତା ଥାଏ କିନ୍ତୁ ପରିବେଶ ଓ ପରିସ୍ଥିତିକୁ ନେଇ ସେମାନେ ଏକପ୍ରକାର ଶୋକାକୂଳ ବାତାବରଣ ସୃଷ୍ଟି କରନ୍ତି । ଜୀବନର ଦୁଃଖ, ବିଷାଦ, ଯନ୍ତ୍ରଣା ମଧ୍ୟରେ ଘାଣ୍ଟି ଚକଟି ହୋଇ ନିଃସଙ୍ଗତା ଓ ଏକାକୀତ୍ୱ ମଧ୍ୟରେ

କାଳାତିପାତ କରନ୍ତି । କିନ୍ତୁ ସେମାନେ ଏ ସଚରାଚର ସମାଜରେ ବଞ୍ଚିବାର ମାର୍ଗକୁ ଏକାକୀତ୍ୱର ଅସହ୍ୟ ଯନ୍ତ୍ରଣା ମଧ୍ୟରେ ଖୋଜିଛନ୍ତି ।

ଜୀବନର ସନ୍‌ଦିଗ୍ଧତା ଓ ଉଦ୍ଭଟତା ମଧ୍ୟରରେ ମଣିଷର ବ୍ୟକ୍ତି ସ୍ୱାଧୀନତାପ୍ରତି ମୋହ ଏବଂ ଦାୟିତ୍ୱର ଅନୁଚିନ୍ତା ସଂପ୍ରତି ସାମଜରେ ମଣିଷକୁ ଆହୁରି ନିଃସଙ୍ଗ କରିଦେଇଛି । ଏକ ସରଳ ଜୀବନ ବଞ୍ଚିବା ପାଇଁ ମଣିଷ ଆଜି ସମର୍ଥ ନୁହେଁ । ପୁଞ୍ଜିବାଦର ଶୋଷଣ, ପାରିବାରିକ ଅସନ୍ତୁଳନ ତଥା ନାନାଦି ଯୁଗଯନ୍ତ୍ରଣା ମଧ୍ୟରେ ଖଟିଖିଆ ମଣିଷ ଆବଦ୍ଧହୋଇ ରହୁଛି । କିନ୍ତୁ ଏହି ଆବଦ୍ଧହୋଇ ରହିବାର ମାନସିକତା ମଧରେ ତା'ର ଦୁର୍ବାର ବ୍ୟକ୍ତିତ୍ୱ ପରିବେଶ ପରିସ୍ଥିତିର ସକଳ ବନ୍ଧନ ଛିନ୍ନ କରିବାକୁ ତାକୁ ବାଧ୍ୟ କରୁଛି । କାରଣ 'ଶତାଂଡି ପୁରୁଷ' ଗଳ୍ପର ନାୟକ ମୂଳିଆ ଭଳି ମଣିଷ ନିଜର ଅପାରଗତା ଯୋଗୁଁ ଯଦି ସେ ନିଜେ ଦେଖେ ତା' ସ୍ତ୍ରୀ ପରିବାର ଚଳାଇବା ନିମନ୍ତେ କିଛି ଅର୍ଥ ପାଇଁ ନିଜକୁ ଦେହଜୀବୀକରି ପରପୁରୁଷକୁ ଶରୀର ଅର୍ପଣ କରେ କିମ୍ବା ଯୌବନରେ ନୂଆ ନୂଆ ପାଦ ଥାପୁଥିବା ବଢ଼ିଲା ଝିଅ ପରଘର କାମ କରିବାକୁ ଯାଇ ବୁଦ୍ଧିଜୀବୀ ଗୋଷ୍ଠୀ ବ୍ୟକ୍ତିଙ୍କ ଦ୍ୱାରା ଧର୍ଷିତା ହୁଏ, ତଥା ନିଜର କ୍ଷୁଧାକୁ କୌଣସି ପରିସ୍ଥିତିରେ ବି ମେଣ୍ଟାଇ ପାରି ନଥିବା ବ୍ୟକ୍ତି ମାନସିକ ସ୍ତରରେ ଭାଙ୍ଗି ପଡ଼ିବା ସ୍ୱାଭାବିକ । ମାନସିକ ସ୍ତରରେ ମଣିଷ ପଙ୍ଗୁ ହେଲେ ସେ ନିଜ ବ୍ୟକ୍ତିତ୍ୱକୁ ଜଳାଞ୍ଜଳି ଦେଇ ନିଜର ଅସ୍ତିତ୍ୱ ଅନ୍ୱେଷଣରେ ଲାଗି ପଡ଼େ । ଏଇଠି ଜନ୍ମ ନିଏ ଦୁଇଟି ପରିସ୍ଥିତି, ଗୋଟିଏ ହେଲା ବ୍ୟକ୍ତି ଜଣକ ନିଜର ସୁଖ ସୁବିଧାପାଇଁ ବା ନିଜର ଅସ୍ତିତ୍ୱ ପାଇଁ ନିଜ ପରିବାରକୁ ଛାଡ଼ି ନିଜକୁ ନିଜେ ବଞ୍ଚିବାକୁ ଚେଷ୍ଟା କରିବ, ନତୁବା ପରିବାରକୁ ଆପଣେଇ ନେଇ ଶୋଷିତ ସମାଜ ବର୍ଗ ପ୍ରତି ପ୍ରତିଶୋଧବଦ୍ଧ ହେବ । କଥାକାର ଶ୍ରୀ ମହାନ୍ତିଙ୍କ 'ଶତାଂଡିପୁରୁଷ' ଗଳ୍ପରେ ନାୟକ ମୁଳିଆ ଦ୍ୱିତୀୟ ପରିସ୍ଥିତିକୁ ଆପଣେଇ ନେଇଛି । ଏଠି ପ୍ରଶ୍ନ ଉଠିପାରେ ଏପରି ପରିସ୍ଥିତିରେ ଅସ୍ତିତ୍ୱବାଦର ମହତ୍ତ୍ୱ କେଉଁଠି ? ଉକ୍ତ ଗଳ୍ପରେ ଘଟଣା ପ୍ରବାହକୁ ନେଇ ଅସ୍ତିତ୍ୱ ଅନ୍ୱେଷଣର କଥା କୁହାଯାଇପାରେ । ଅସ୍ତିତ୍ୱବାଦରେ ସର୍ବଦା ଚରିତ୍ରର କର୍ମ, ମାନସିକ ସ୍ତରରେ ଦେଖାଯାଉଥିବା ଦ୍ୱନ୍ଦ୍ୱକୁ ପର୍ଯ୍ୟାଲୋଚନା କରାଯାଇଥାଏ । କାରଣ 'ଶତାଂଡ଼ି ପୁରୁଷ' ଗଳ୍ପରେ ଗଳ୍ପନାୟକ ମୂଳିଆ ଚରିତ୍ର ପାଖରେ ସମ୍ବେଦନଶୀଳତା ବ୍ୟତିରେକ ସବୁକିଛି ଶୁଷ୍କ ଓ ନିରର୍ଥକ ମନେ ହୋଇଛି । ସେ ବାଧ୍ୟ ହୋଇଛି ବିବେକହୀନତା ଓ ଅସମ୍ବେଦନଶୀଳତାର ଶିକୁଳିରେ ବନ୍ଦି ହୋଇ ରହିବାକୁ । ନିଜର ବାତ ଗୋଡ଼କୁ ନେଇ ଟଙ୍କା ରୋଜଗାର କରିବାର ଅକ୍ଷମତାର ଗ୍ଲାନି ସହ ସ୍ତ୍ରୀ ଦେହ ବିକି ଟଙ୍କା ଆଣିବାକୁ ଯାଇ ଯୌନ କ୍ଷୁଧାର୍ତ୍ତ ମଣିଷଙ୍କ ଅତ୍ୟାଚାରର ଶିକାର ହୋଇ ରକ୍ତାକ୍ତ ହେବା, ସର୍ବୋପରି ବଢ଼ିଲା ଝିଅ ସୁମତି କରଜ ଟଙ୍କା ସୁଝିବା ପାଇଁ ସରପଞ୍ଚ ସାଧୁବାବୁ ଘରକୁ କାମ କରିବାକୁ ଯାଇ ସାଧୁବାବୁର ଯୌନ ଲାଳସାର ଶିକାର ହେବା ଆଦି ଘଟଣା ତାକୁ ଆହୁରି ଦୁର୍ବଳ କରିଦେଇଛି । ଆଲୋଚ୍ୟ ଗଳ୍ପର ନାୟକ ମୂଳିଆକୁ ଚରମ ଦୁଃଖ, ବିଷାଦ

ତଥା ଯନ୍ତ୍ରଣା କବଳିତ କରିଛି । ପରିଣତିରେ ମୂଳିଆକୁ ଗାନ୍ଧିକ ସାମ୍ୟବାଦର ଧ୍ୱଜା ଉଡ଼ାଇ ପ୍ରତିଶୋଧ ପରାୟଣ କରିଥିଲେ ମଧ୍ୟ ଆଲୋଚ୍ୟ ଗଳ୍ପରେ ତା'ର ଅସ୍ତିତ୍ୱ ଅନ୍ୱେଷଣର ବିଫଳତାକୁ କରିହୁଏ ହୃଦୟଙ୍ଗମ ।

ସେହିପରି 'ଓହଳ' ଗଳ୍ପରେ ଖଟିଖିଆ ଦିନ ମଜୁରିଆ ହନୁଆର ଅନ୍ତର୍ଦ୍ୱନ୍ଦ୍ୱକୁ ଦେଖାଯାଇପାରେ । ପରିବର୍ତ୍ତିତ ସମାଜର ମୂଲ୍ୟବୋଧ ମଧ୍ୟରେ ଆର୍ଥିକ ଦୋଦୁଲ୍ୟମାନ ପରିବାର ସଦସ୍ୟଙ୍କ କ୍ଷୁଧା ନିବାରଣାର୍ଥେ ହନୁଆ ଚରିତ୍ରର ଅସ୍ତିତ୍ୱ ଅନ୍ୱେଷଣକୁ ଏଠାରେ ଇଙ୍ଗିତ କରାଯାଇଛି । ହନୁଆ ମୂଳ ଲାଗୁଥିବା ଧନୀ ବର୍ଗର ବ୍ୟକ୍ତି ବିଶ୍ୱମ୍ଭର ବାବୁଙ୍କ ପୁତ୍ରର ଚତୁର୍ଥୀରେ ନିମିତ୍ତା ହୋଇନଥିବା ଯୋଗୁଁ ରସଗୋଲା, ପଲଉ, ପହଣା ମାଛ ଆଦି ଉତ୍କୃଷ୍ଟ କିସମର ଖାଦ୍ୟ ହନୁଆ ଭଳି ଦରିଦ୍ର ପରିବାର ପାଖରେ ସ୍ୱପ୍ନ ହୋଇ ରହିଯାଇଛି । ଜୀବନର ଅନ୍ଧକାର ପକ୍ଷ ଓ ତଦ୍‌ଜନିତ ବ୍ୟର୍ଥତାବୋଧ ହନୁଆକୁ ଚରମ ସଂଶୟରେ ପକାଇଛି । ବିନା ନିମିତ୍ତାରେ ମଧ୍ୟ ହନୁଆ ବାଧ୍ୟ ହୋଇ ଯାଇଛି ବିଶ୍ୱମ୍ଭର ବାବୁଙ୍କ ଘରକୁ । ଏଠାରେ ତା'ର ବ୍ୟକ୍ତିତ୍ୱର ମୂଲ୍ୟ ସଂହାର ହୋଇଛି ଓ ନିଜ ଅସ୍ତିତ୍ୱକୁ ତର୍ଜମା କଲାବେଳେ ଭୋଜିରେ ଫୋପଡ଼ା ଖାଦ୍ୟକୁ ବିନା ନିମନ୍ତ୍ରଣରେ ଆସି ଖାଉଥିବା କୁକୁରଙ୍କ ସଙ୍ଗେ ସେ ନିଜକୁ ତୁଳନା କରିଛି । ସେଥିପାଇଁ ପରିବେଶ ପରିସ୍ଥିତିକୁ ନଦେଖି ଗୋଟିଏ ଉଚ୍ଚତର କର୍ମ ଚାଲିଥିବା ବେଳେ ହନୁଆ ବିଶ୍ୱମ୍ଭର ବାବୁଙ୍କୁ ମାଗି ପକାଉଛି ନିଜର ମଜୁରି ଟଙ୍କା । କାରଣ ଅସ୍ତିତ୍ୱର ଅନ୍ୱେଷା ପାଖରେ ନଥାଏ ବ୍ୟକ୍ତିତ୍ୱର ମହନୀୟତା । ଗଳ୍ପର ପରିଣତି ପର୍ଯ୍ୟନ୍ତ ହନୁଆ ନିଜର ଅସ୍ତିତ୍ୱକୁ ନେଇ ଅନ୍ତର୍ମନରେ ଧନ୍ଦି ହେବାଟା ପାଠକକୁ ଆକର୍ଷିତ କରେ ।

'ପାଉଁଶ ହିଡ଼' ଗଳ୍ପରେ ସତର ବର୍ଷର ଝିଅ ଉମା, ବାପର ଅନୈତିକ କର୍ମ ଏବଂ ମା'ର ପ୍ରତିବାଦ କରିବାର ଅକ୍ଷମତା ଯୋଗୁଁ ଚରମ ଦୁଃଖ ଓ ବିଷାଦକୁ ସ୍ୱେଚ୍ଛାକୃତ ଭାବେ ବିନା ପ୍ରତିବାଦରେ ବରଣ କରି ନେଉଛି ଗଳ୍ପର ପରିଣତି ପର୍ଯ୍ୟନ୍ତ । ଉମାର ବାପ ବିଦ୍ୟାଧର ଚାକିରି କରିଥିଲେ ମଧ୍ୟ ତା'ର ଅନୈତିକ ସଂପର୍କ ତଥା ଅନ୍ୟ ନାରୀ ପ୍ରତି ଥିବା କାମାସକ୍ତ ଭାବ ଯୋଗୁଁ ସେ ମରଣ ଯନ୍ତ୍ରାରେ ପଡୁଛି । ଅନ୍ୟ ପଟେ ସ୍ୱାମୀର କଳୁଷିତ କର୍ମକୁ ନେଇ ପ୍ରତିବାଦ କରି ପାରୁନାହିଁ ଉମାର ମା ମନ୍ଦୋଦରୀ । ସ୍ୱାମୀ ପ୍ରତି ରହିଥିବା ଭକ୍ତି ଏବଂ ବାପ ଘରର ଆର୍ଥିକ ଦୁର୍ବଳତାକୁ ନେଇ ମନ୍ଦୋଦରୀ ସବୁ ଦୁଃଖକୁ ଆଖି ବୁଜି ସହି ଯାଇଛି । କିନ୍ତୁ ଏସବୁକୁ ସହ୍ୟ କରି ପାରେନା ଝିଅ ଉମା । କେଉଁ ନାରୀ ସହିପାରେ ପୁରୁଷର ନିଜ ପରିବାର ପ୍ରତି ଅକଥନୀୟ ଅତ୍ୟାଚାରକୁ ? ବାପ ଚାକିରି କରିଥିଲେ ମଧ୍ୟ ଅର୍ଥ ଖର୍ଚ୍ଚ କରେ ଅନ୍ୟ ନାରୀ ପାଇଁ । ପରିବାରର ବ୍ୟକ୍ତିମାନେ ଖାଦ୍ୟ ଅଭାବରୁ କ୍ଷୁଧାରେ ଜୀବନ କଟାଇଲା ବେଳେ ବାପ ଅନ୍ୟ ନାରୀଙ୍କ ସୌଖୀନ ଜୀବନ ନିମନ୍ତେ କରେ ଅର୍ଥର ଅପବ୍ୟବହାର । ଉମା ଭଳି ସମସ୍ତ ନାରୀର ଅନ୍ତଃମନ ଦ୍ୱନ୍ଦ୍ୱରେ ଗତି କରିବା ସ୍ୱାଭାବିକ । ବିଦ୍ୟାଧରର ମୃତ୍ୟୁ

ପଶ୍ଚାତ ଉମାର ସ୍ମୃତିମନ୍ଥନ ହୁଏ ବାପର କର୍ମକୁ ନେଇ ଓ ନିଜ ପରିବାରର ସାମାଜିକ ସ୍ଥିତିକୁ ନେଇ ସେ ନିଜର ଅସ୍ତିତ୍ୱ ପ୍ରତି ସଚେତନ ହୋଇଉଠିଛି ।

ଆଲୋଚ୍ୟ ଗଳ୍ପର କଥା ଭାଗ ବା ପରିବେଶ ଚରିତ୍ରକୁ ଅସ୍ତିତ୍ୱବାଦୀ କରିବା ସ୍ୱାଭାବିକ, କାରଣ ମଣିଷ ପରିସ୍ଥିତିର ଦାସ । ପରିସ୍ଥିତି ମଣିଷକୁ ଯେଉଁ ଦିଗକୁ ଟାଣିବ ସେ ସେହି ଦିଗରେ ସ୍ୱତଃସ୍ଫୂର୍ତ୍ତ ଭାବରେ ନିଜର ବ୍ୟକ୍ତିତ୍ୱକୁ ପଛ କରି ଅସ୍ତିତ୍ୱକୁ ନେଇ ବିଚଳିତ ହେବା ସ୍ୱଭାବିକ । ଏଠି ଅତି ଆପଣାର ମଣିଷ ମଧ୍ୟ ଘୃଣ୍ୟ, ତୁଚ୍ଛ ମନେ ହେବ । ବାପ ବିଦ୍ୟାଧରର ମୃତ୍ୟୁ ପରେ, ବାପ ଚାକିରି କରିଥିବା ଅନୁଷ୍ଠାନରେ ମା' ମନ୍ଦୋଦରୀର ନେହୁରା କ୍ରମେ ଝିଅ ଚତୁର୍ଥ ଶ୍ରେଣୀର କର୍ମଚାରୀ ଭାବେ ଚାକିରି ପାଏ କିନ୍ତୁ ଗଳ୍ପର ପରିଣତିରେ ଦୁଃଖପୂର୍ଣ୍ଣ ଆବେଗ ଭରା କଣ୍ଠରେ ଝିଅ ଉମା କହିପକାଏ, "ବାପା ପାଞ୍ଚ ବର୍ଷ ପୂର୍ବରୁ ମରିବା ଉଚିତ ଥିଲା ବୋଉ ।"[୧୬୧] କାରଣ ବିଦ୍ୟାଧରକୁ ନେଇ ସମସ୍ତ ସମ୍ବେଦନଶୀଳତା ଏଠି ଲୋପ ହୁଏ । ପ୍ରତ୍ୟେକ ବ୍ୟକ୍ତି ଜୀବନରେ ସତ୍ୟାନୁସନ୍ଧାନ କରିଥାଏ, ତେଣୁ ମଣିଷ ଜୀବନର ପ୍ରେମ, ବନ୍ଧନ, ସ୍ୱାଧୀନତା, ଦାୟିତ୍ୱ, ସମବାୟ, ମୈତ୍ରୀ, କରୁଣା ସବୁ ହୋଇଉଠେ ତୁଚ୍ଛ, ବ୍ୟକ୍ତିତ୍ୱ ଅର୍ଥହୀନ ।

ସେହିପରି 'ଅମୃତା' ଗଳ୍ପରେ ଏକଦା ସଂସ୍କାର-ସଂପନ୍ନ ସରଳ ତରୁଣୀ ସୁଯୋଗ୍ୟା ଦାସର ବ୍ୟକ୍ତିତ୍ୱର ହୋଇଛି ବିବର୍ତ୍ତନ ଓ ପରିବେଶ ଓ ପରିସ୍ଥିତିକୁ ନେଇ ଏକ ଅନାଦର୍ଶବାଦୀ ଚରିତ୍ରରେ ସେ ହୋଇଛି ରୂପାନ୍ତରିତ । ନିଜର ଅସ୍ତିତ୍ୱକୁ ନେଇ ସୁଯୋଗ୍ୟା ଦାସ ଅତ୍ମାନ୍ୱେଷଣରେ ଛନ୍ଦି ହୋଇଛି । ବିଜ୍ଞାନର ସ୍ନାତକୋତ୍ତର ଶ୍ରେଣୀରେ ପଢୁଥିବା ତରୁଣୀ ସୁଯୋଗ୍ୟା ଦାସ ସର୍ବଗୁଣ ସମ୍ପନ୍ନା । କିଛିବି କୃତ୍ରିମ ପ୍ରସାଧନ ସାମଗ୍ରୀ ବ୍ୟବହାର ନକରି ମଧ୍ୟ ସୌନ୍ଦର୍ଯ୍ୟତାରେ ପରିପୂର୍ଣ୍ଣ । ଅନୁରୂପ ଭାବେ ବିଜ୍ଞାନ ଶିକ୍ଷାରେ ମଧ୍ୟ ଗଭୀର ଜ୍ଞାନ ଭରି ରହିଛି । କିନ୍ତୁ ନିଜର ଅନିଚ୍ଛା ସତ୍ତ୍ୱେ ବାପର ପ୍ରସ୍ତାବରେ ପ୍ରଭାବଶାଳୀ ମନ୍ତ୍ରୀ ରତ୍ନାକରଙ୍କ ପୁତ୍ର ତରୁଣ ଇଣ୍ଡଷ୍ଟିଆଲିଷ୍ଟ ସୁବୋଧ ଦାସକୁ ବିବାହ କରିବା ପରେ ଅସ୍ତମିତ ହୋଇଛି ତା'ର ସଂସ୍କୃତି ସଂପନ୍ନା ଗୁଣାବଳୀ । ଉଦୟ ହୋଇଛି ଉଗ୍ର ଆଧୁନିକତାର ନୂତନ ସୂର୍ଯ୍ୟ । ନୀତି, ଆଦର୍ଶ ତଥା ନିଜର ଜ୍ଞାନ, ଅନୁସନ୍ଧିତ୍ସା ଆଦି ସୃଜନଶୀଳ ସୂକ୍ଷ୍ମ ଗୁଣ ଗୁଡ଼ିକ ତନ୍ମଧ୍ୟରେ ଶୁଷ୍କ ହୋଇ ଯାଇଛି । କାରଣ ଆଜି "ନୀତି, ଆଦର୍ଶ ଏସବୁ ମଧ୍ୟବିତ୍ତ ପରିବାରର ଗୋଟେ ଗୋଟେ ଅସହାୟତା ମାତ୍ର ।"[୧୬୨] ସେଥିପାଇଁ କୃତ୍ରିମ ପ୍ରସାଧନ ବ୍ୟବହାର କରି ସୁଯୋଗ୍ୟା ଦାସ ଭଳି ସୁନ୍ଦରୀ ନାରୀ ସଂସ୍କୃତି, ପରମ୍ପରା ସବୁକୁ ପଛ କରି ଆପଣେଇ ନେଉଛନ୍ତି ନିଜର ଦିଗଭ୍ରଷ୍ଟ ଅସ୍ତିତ୍ୱକୁ । ଏଠି ସ୍ୱାମୀ, ସଂପର୍କ ଓ ଆତ୍ମୀୟତା ବ୍ୟତୀରେକ ସ୍ୱାର୍ଥ ସାଧନ ହୋଇଛି ଗୁରୁତ୍ୱପୂର୍ଣ୍ଣ ।

ଅନୁରୂପ ଭାବେ 'ଗଣନାୟକ', 'ରକ୍ଷି', 'ହାର୍ଟ ପ୍ରବ୍ଲେମ୍', 'ଗୀତ ଗୋବିନ୍ଦ', 'ମୁଦ୍ରା', 'କେତେ ପ୍ରହର କେତେ ସିନ୍ଦୁରା', 'ରୁଦ୍ରାଭିଷେକ', 'ଅଠର ନିର୍ବାସନ ରୋଡ଼'

ଆଦି ଗଳ୍ପରେ ରହିଛି ଅସ୍ତିତ୍ୱ ଅନ୍ୱେଷାର କଥା । ଯେଉଁଠି ଚରିତ୍ରମାନେ ନିଃସଙ୍ଗ ଓ ଏକାକୀତ୍ୱ ଭିତରେ ଚରମ ଦୁଃଖ ଓ ମାନସିକ ଅସ୍ଥିରତାକୁ ନେଇ ବଞ୍ଚୁଛନ୍ତି । ସମୟହୀନତା, ବିଚ୍ଛିନ୍ନତାବୋଧ, ଆତ୍ମ ନିର୍ବାସନ, ବ୍ୟକ୍ତି କୈନ୍ଦ୍ରୀକତାକୁ ନେଇ ସବୁ ଚରିତ୍ର ନିଜ ଅସ୍ତିତ୍ୱ ପ୍ରତି ସନ୍ଧିହାନ। କଥାକାର ରଜନୀକାନ୍ତ ମହାନ୍ତିଙ୍କ ଗଳ୍ପ ପରିଧିକୁ ବିଶ୍ଳେଷଣ କଲେ ଜଣାଯାଏ ଯେ, ସମସ୍ତ ଚରିତ୍ରର ଅନ୍ତର୍ଚ୍ଛାୟାରେ ଅସ୍ପଷ୍ଟ ହୋଇ ରହିଛି ଅସ୍ତିତ୍ୱ ଅନ୍ୱେଷଣାର କଥା । କାରଣ ପ୍ରତ୍ୟେକ ଚରିତ୍ରପାଖରେ ନିହିତ ଅଛି ପ୍ରେମ, ପ୍ରତାରଣା, ବିଷାଦ, ଗ୍ଲାନି, ପାପବୋଧ ଇତ୍ୟାଦି । ସେମାନେ ବଞ୍ଚୁଛନ୍ତି ଅତ୍ୟନ୍ତ ତ୍ରସ୍ତ ଓ ସଙ୍କୁଚିତ ଭାବେ । ସଂଘର୍ଷ ଓ ସଙ୍କଟ ଛାଡୁନାହିଁ ସେମାନଙ୍କ ପିଛା । ମଣିଷ ଭିତରେ ଥିବା ଅସହାୟ ବ୍ୟକ୍ତି ସତ୍ତାକୁ ଗାଳ୍ପିକ ଶ୍ରୀ ମହାନ୍ତି ଗଳ୍ପ ଚରିତ୍ର ମଧ୍ୟରେ ଆବିଷ୍କାର କରିଛନ୍ତି। ଦୈନ୍ୟ, ବ୍ୟର୍ଥତା, ଶୋଚନୀୟତା, ନୈରାଶ୍ୟ ଆଦିକୁ ନେଇ ବଞ୍ଚୁଥିବା ମଣିଷକୁ ସାଉଁଟି ଆଣିଛନ୍ତି ଗଳ୍ପ ଭିତରକୁ । ଯେଉଁଠି ବ୍ୟକ୍ତି ସ୍ୱାତନ୍ତ୍ର୍ୟ ଓ ସ୍ଥିତି ସଚେତନତା ହେଉଛି ପ୍ରକଟିତ ।

ମଣିଷ ଭିତରେ ଥିବା ଅସହାୟ ବ୍ୟକ୍ତି ସତ୍ତାକୁ ଦେଖାଯାଇପାରେ 'ଗଣନାୟକ' ଗଳ୍ପରେ । ମଣିଷ ପାଖରେ ଶୂନ୍ୟ ଆଜି ଆତ୍ମ ବିଶ୍ୱାସ, ସାହସିକତା ଓ ଆତ୍ମଶକ୍ତି । ସେଥିପାଇଁ ମଣିଷ ନିଜର ଅଧିକାର, ଦାମ୍ଭିକପଣକୁ ଜାହିର କରି ପାରେ ନାହିଁ । ପୁଞ୍ଜିପତି ପାଖରେ ଆଜ୍ଞା, ହଜୁର ନୀତିକୁ ନିର୍ବିବାଦରେ ଆପଣେଇ ନିଏ, ପୁଞ୍ଜିପତି ବ୍ୟକ୍ତି ଗାଁର ମୁଖିଆ ଗୌରବାବୁଙ୍କ ବ୍ୟଭିଚାରକୁ ଏହି ପର୍ଯ୍ୟାୟରେ ଆଲୋଚନା କରାଯାଇପାରେ । ଗାଁର ପଦନା ବୁଢ଼ା ପରି ମଣିଷ ଗ୍ରହଣ କରିପାରେନା ଦୁର୍ନୀତି, ବ୍ୟଭିଚାର, ମନମୁଖୀ ଶୋଷଣକୁ । ପଦନା ବୁଢ଼ା ପ୍ରତିବାଦ କରିବା ଦ୍ୱାରା ଗାଁର ପରିଜନଙ୍କ ପାଖରୁ ତଥା ନିଜ ପୁଅ ବଜରା ପାଖରୁ ମଧ୍ୟ ବାଛନ୍ଦ ହୁଏ । 'ସତ୍ୟମେବ ଜୟତେ'ର ଅନୁସରଣକାରୀ ହୋଇଥିବା ପଦନା ବୁଢ଼ା ପରିବାର, ଗାଁ ପରିଜନଙ୍କ ପାଖରୁ ବାଛନ୍ଦ ହୋଇ ଭୋକ ଉପାସରେ ସଂଘର୍ଷ ଓ ସଙ୍କଟ ମଧ୍ୟରେ ଦିନ କାଟେ । ନିଜ ମାନସିକ ସ୍ତରରେ ବିକୃତିର ଶିକାର ହୋଇ ନିଜର ଅସ୍ତିତ୍ୱ ଅନ୍ୱେଷଣ କରେ । ନିଜ ବ୍ୟକ୍ତିତ୍ୱକୁ ଜଳାଞ୍ଜଳି ଦେଇ ହଜାର ହଜାର ବର୍ଷର ପରମ୍ପରାକୁ କରେ ଭଙ୍ଗ । ଏକାକୀତ୍ୱ ଆଣିଦିଏ ପଦନା ବୁଢ଼ା ପାଇଁ ଅସହ୍ୟ ଯନ୍ତ୍ରଣା। ସେଥିପାଇଁ ମୃତ୍ୟୁବରଣ କରିଥିବା ବ୍ୟକ୍ତିଙ୍କୁ ପରସା ଯାଇଥିବା ମାଲଆଟିକାର ଖାଦ୍ୟକୁ କରେ ସେ ଭକ୍ଷଣ । ଲୋକ ବିଶ୍ୱାସ ଅନୁଯାୟୀ ମାଲଆଟିକା, ପ୍ରେତଆଟିକା ଖାଇବା ତ ଦୂରର କଥା ତା' କଥା ଭାବିଲେ ଭୟଙ୍କର ବିପଦ କବଳିତ କରେ । ଆଲୋଚ୍ୟ ଗଳ୍ପରେ ପଦନା ବୁଢ଼ା ସେହି ମାଲଆଟିକା ବା ପ୍ରେତଆଟିକାରୁ ଖାଦ୍ୟ ଖାଇବା ନେଇ କଥାକାର ଶ୍ରୀ ମହାନ୍ତି ଉଲ୍ଲେଖ କରନ୍ତି, "ଯାହା ହେଉ, ଏଣିକି ସୁଖାଦ୍ୟ ପାଇବାର ଗୋଟେ ରାସ୍ତା ପାଇଗଲା ସେ । ଏଣିକି ସେ ମହୀପୁର ଗାଁ, ଆଖପାଖ ତିନି ଚାରି ଖଣ୍ଡ ଗାଁର ମଲା ଲୋକଙ୍କର ଦଶଦିନର ହିସାବ ରଖିବ । ଏଣିକି ପ୍ରତିଦିନ ଜଣେ ଜଣେ ମରନ୍ତେ କି ? ଏଣିକି

ତା'ର ଭୂତ ପ୍ରେତଙ୍କୁ ଭୟ ନାହିଁ । ସେ ନିଜେ ହିଁ ସମସ୍ତଙ୍କର ପ୍ରେତ ହେଇ ବୁଲିବ, ମାଲଆଟିକା ଖାଇବ ।"(୧୬୩)

ପ୍ରତ୍ୟେକ ସାହିତ୍ୟିକ ଜୀବନବାଦୀ । ଜୀବନକୁ ଦେଖିବା, ପରଖିବା ତା'ପରେ ଗୋଟିଏ କଥାଭାଗରେ ତାହାକୁ ପ୍ରୟୋଗ କରିବା ସମସ୍ତ ସାହିତ୍ୟିକଙ୍କର ବୈଶିଷ୍ଟ୍ୟ । ନିଃସଙ୍ଗ ମଣିଷ ଜୀବନର ଚରମ ଉପଲବ୍ଧିକୁ ମଧ୍ୟ ସେମାନେ ସ୍ୱକୀୟ ଭଙ୍ଗିରେ ବର୍ଣ୍ଣନା କରିପାରନ୍ତି ତାହାର ଏକ ପ୍ରତ୍ୟକ୍ଷ ନମୁନା କଥାକାର ଶ୍ରୀ ମହାନ୍ତିଙ୍କ 'ଗଣନାୟକ' ଗଳ୍ପ । ଯେଉଁଥିରେ ରହିଛି ନିଃସଙ୍ଗତାବୋଧ, ଶଙ୍କା ଓ ସଙ୍କଟର ଜୀବଦ୍ଦଶା ।

ମଣିଷ ଆଜି ପ୍ରାଚୁର୍ଯ୍ୟ ଭିତରେ ଜଡ଼ସଡ଼ । ସ୍ନେହ, ମମତା, ପ୍ରୀତି ସବୁ ତା' ପାଇଁ ତୁଚ୍ଛ । ହଜି ଯାଉଛି ମାନବୀୟ ସମ୍ବେଦନଶୀଳତା । ଯେମିତି ମନୁଷ୍ୟ ପାଖରେ ସମସ୍ତ ଅସ୍ତିତ୍ୱ ତୁଚ୍ଛ । ବାପା, ମା, ପୁତ୍ର ସନ୍ତାନ ପ୍ରତି ଅତି ମାତ୍ରାରେ ଦୟାର୍ଦ୍ର ସଶ୍ରଦ୍ଧ ଥିଲାବେଳେ ପୁତ୍ର ହୋଇଯାଉଛି ଅତ୍ୟଧିକ ସ୍ୱାର୍ଥପର । ତାହାର ଜ୍ୱଳନ୍ତ ନମୁନା କଥାକାର ଶ୍ରୀ ମହାନ୍ତିଙ୍କ 'ହାର୍ଟ ପ୍ରବ୍ଲେମ୍' ଗଳ୍ପରେ ଦେଖାଯାଏ । ମା' ବାପା ସର୍ବଦା ସନ୍ତାନର ସୁଖ ମନାସନ୍ତି, ଏହା ସତ୍ୟ । କିନ୍ତୁ ଆଜି ସନ୍ତାନ ନିଜର ଏକାକୀତ୍ୱ ଜୀବନ ଜିଇଁବା ପାଖରେ ବଳି ଦେଉଛି ନିଜର ବ୍ୟକ୍ତିତ୍ୱ । ଆଲୋଚ୍ୟ 'ହାର୍ଟ ପ୍ରବ୍ଲେମ୍' ଗଳ୍ପରେ ପୁତ୍ର ଆୟୁଷ୍ମାନ ବାହାରେ ଅଧିକ ସମୟ ରହି ଘରକୁ ଡେରିରେ ପହଞ୍ଚିବା ଯୋଗୁଁ ବାପା ଶ୍ରୀପଦ, ମା' ଉତ୍ତରା ଉଭୟ ହୋଇଛନ୍ତି ଦୁଶ୍ଚିନ୍ତାରେ ମ୍ରିୟମାଣ । ଏହା ପିଢ଼ି ପରେ ପିଢ଼ି ଗଡ଼ି ଗଡ଼ି ଚାଲିଛି । କେଉଁ ବାପା ମା' ସନ୍ତାନ ଘରକୁ ଉପଯୁକ୍ତ ସମୟରେ ନ ଫେରିବାକୁ ନେଇ ଚିନ୍ତିତ ନ ହୁଅନ୍ତି ? କିନ୍ତୁ ପ୍ରକାରାନ୍ତରେ ବାପା ଶ୍ରୀପଦ ଏକଦା ଉପଯୁକ୍ତ ସମୟରେ ଘରକୁ ନ ଫେରିବାକୁ ନେଇ ପୁତ୍ର ଆୟୁଷ୍ମାନ କ୍ଷେତ୍ରରେ ଦେଖା ଦେଉନାହିଁ କିଛି ପ୍ରତିକ୍ରିୟା । ସ୍ୱାମୀ ଶ୍ରୀପଦ ଘରକୁ ନ ଫେରିବାକୁ ନେଇ ଦ୍ୱନ୍ଦ୍ୱରେ ଆୟୁଷ୍ମାନ୍‌ର ମା' ଉତ୍ତରା ଚିନ୍ତିତ ହେଲାବେଳେ, ପୁତ୍ର ଆୟୁଷ୍ମାନ ଏକାକୀ ଜୀବନକୁ ଉପଭୋଗ କରୁଛି ଦୂରଦର୍ଶନ ଯନ୍ତ୍ର ମାଧ୍ୟମରେ । କାରଣ ଅଧୁନା ପ୍ରତ୍ୟେକ ମଣିଷ ଚାହେଁ ବ୍ୟକ୍ତିଗତ ସ୍ୱାଧୀନତା ଏବଂ ଏକାନ୍ତତା । ଅନୁରୂପ ଭାବେ କଥାକାର ଶ୍ରୀ ମହାନ୍ତିଙ୍କ 'ମୁଦ୍ରା' ଗଳ୍ପରେ କୁକୁର ଟାଇଗର ପ୍ରତୀକିତ କରେ ମଣିଷର ନିଃସଙ୍ଗତା, ଏକାକୀତ୍ୱ ମଧ୍ୟରେ ଚରମ ଦୁଃଖ ଓ ମାନସିକ ଅସ୍ଥିରତାକୁ । ମଣିଷ ମନେ କରେ, "ନିରାପଦ ବନ୍ଧନ ଅପେକ୍ଷା ଗୋଟେ ସଂଘର୍ଷମୟ ମୁକ୍ତ ଜୀବନ ଶ୍ରେୟସ୍କର ।"(୧୬୪) ଆଲୋଚ୍ୟ 'ମୁଦ୍ରା' ଗଳ୍ପରେ ମୁନୀବ ବିଶ୍ୱେଶ୍ୱର ହାତରୁ ଖସିଯାଏ ତାଙ୍କ ଦ୍ୱାରା ପାଳକ ବିଦେଶୀ ଲୋମଯୁକ୍ତ ବିଲାତି କୁକୁର ଟାଇଗର । ସେ ବନ୍ଧନରୁ ମୁକ୍ତ ହୋଇ ଦେଶୀ କୁକୁରଙ୍କ ଭଳି ସ୍ୱାଧୀନ ହେବାକୁ ଚାହେଁ । କାରଣ ଅସ୍ତିତ୍ୱବାଦୀ ଦୁଃଖକୁ ବରଣ କରେ କେବଳ ନିଜର ଅସ୍ତିତ୍ୱ ଅନ୍ୱେଷଣା ପାଇଁ । ଲକ୍ଷ୍ୟ ରହେ ଜୀବନ ଜିଜ୍ଞାସା ଓ ବ୍ୟକ୍ତିତ୍ୱର ଅନ୍ୱେଷା । ସେଥିପାଇଁ ବିଦେଶୀ କୁକୁର ଟାଇଗର ନିରାବୃତ ଦୁନିଆକୁ ଆଖି ଖୋଲି ଦେଖି ନେବାକୁ ଚେଷ୍ଟା

କରେ । ଦେଶୀ କୁକୁର ମାନଙ୍କର ସଂଘର୍ଷମୟ ଜୀବନ ଦେଖି ଚକିତ ହୁଏ ଟାଇଗର । ନିଜର ଅସହାୟ ଜୀବନ ଯେ ସଂଘର୍ଷମୟ ଜୀବନ ଠାରୁ ତୁଚ୍ଛ, ତାହା ହୃଦୟଙ୍ଗମ କରେ । ଟାଇଗର ମୁକ୍ତ ହୋଇ ବଞ୍ଚିବା ନିମନ୍ତେ ମାର୍ଗ ଅନ୍ୱେଷଣ କରେ, କିନ୍ତୁ ସେହି ମାର୍ଗ ପାଇଁ ଯୁଝିବା ଯେ ଶ୍ରେୟସ୍କର ତାହା ବି ଗ୍ରହଣ କରେ । ସ୍ୱାଧୀନଭାବରେ ଜୀବନ ବିତାଇବାକୁ ହେଲେ ବନ୍ଧନ ମଧ୍ୟରେ କ୍ଷୀର, ବ୍ରେଡ, ଅଣ୍ଡା ବ୍ୟତୀତ ସକାଳେ ସ୍ୱଚ୍ଛନ୍ଦରେ କିନ୍ତୁ ବିଷ୍ଠା ଭକ୍ଷଣ କରିବାର ମାଧୁର୍ଯ୍ୟକୁ କରିପାରେନା ଗ୍ରହଣ । ତଥାପି ଯୁଝିଚାଲେ ସେ । ପ୍ରତିକୂଳ ପରିସ୍ଥିତିକୁ ସାମ୍ନା କରେ । ମୁକ୍ତିର ମାର୍ଗକୁ ଆପଣେଇ ନିଏ । କୁକୁର ଟାଇଗର ଅସ୍ତିତ୍ୱ ପ୍ରତୀକିତ କରୁଥିବା ମଣିଷ ଜୀବନରେ ଅନ୍ତିମ ଅଭିଳାଷ ଆଉ କ'ଣ ହୋଇପାରେ ? କେବଳ ମୁକ୍ତ ହୋଇ ବଞ୍ଚିବା ଯେ ଶ୍ରେୟ ହୁଏ ।

'କେତେ ପ୍ରହର କେତେ ସିନ୍ଦୁରା' ଗଳ୍ପରେ ସ୍ଥିତିବାଦର ସଙ୍କେତ ନିହିତ । ମଣିଷର ବ୍ୟଥା, ବ୍ୟର୍ଥତା ଓ ଶୋଚନୀୟତାକୁ କରିହୁଏ ହୃଦୟଙ୍ଗମ । "ଆର୍ଥିକ ଅବସ୍ଥା ବଦଳିଲେ ବି ବେଉସା ଓ ଚଳଣିର ପରମ୍ପରା ହଠାତ୍ ବଦଳି ଯାଏ ।"(୧୬୫) କାରଣ, "ନିଜର ସଂଘର୍ଷ ଓ ଅସ୍ତିତ୍ୱର ଅଭିମାନ ନିଜେ ଜାରି ରଖିବା ଦରକାର । କୌଣସି ବୃତ୍ତି ଛୋଟ ନୁହେଁ କି ବଡ଼ ନୁହେଁ ।"(୧୬୬) ମଣିଷ ନିଜ ପାରିବାପଣ ଅନୁଯାୟୀ ବୃତ୍ତି ଗ୍ରହଣ କରେ, ନିଜର ସ୍ଥିତିକୁ ବଜାୟରଖି ଟଙ୍କା, ଲୋଭ, ମୋହ, ମାୟା ଇତ୍ୟାଦିରୁ ବିରତ ହୋଇ କର୍ମକୁ ଅଗ୍ରାଧିକାର ଦିଏ। ସେହିଭଳି ଜଣେ ନିରାମୟ ଚରିତ୍ର ହେଉଛି ଆଲୋଚ୍ୟ ଗଳ୍ପରେ ଯୂଇ । ସ୍ୱାମୀ ମରିଯିବା ଯୋଗୁଁ ନିଜର ସାମର୍ଥ୍ୟ ଅନୁସାରେ ଗାଁ ଗାଁରେ ମାଛ ଝୁଡ଼ି ଧରି ବୁଲି ବୁଲି ମାଛ ବିକ୍ରି କରି ଟଙ୍କା ସଞ୍ଚୟ କରି ପୁଅକୁ ଏମ୍.ବି.ଏ. ପଢ଼ାଇଛି । ପୁଅ ଅରୁଣ ମଧ୍ୟ ଉଚ୍ଚ ପଦବୀରେ ଚାକିରି କରିଛି, କିନ୍ତୁ ଯୂଇ ନିଜର କର୍ମକୁ ଛାଡ଼ିନାହିଁ । ନିଜର ଅସ୍ତିତ୍ୱ ପାଖରେ ଯୂଇ ହାର ମାନିନାହିଁ । ମା' ଯୂଇ ମାଛ ବିକିବାଟା ଚାକିରିଆ ପୁଅ ପାଇଁ ଅଶୋଭନୀୟ ଦୃଶ୍ୟ ହୋଇଛି। ତା' ମା'କୁ ସେଇ ବୃତ୍ତିରୁ ପ୍ରତ୍ୟାବର୍ତ୍ତନ କରିବାକୁ ଚାହେଁ ଅରୁଣ । କିନ୍ତୁ ମା' ଯୂଇ ମନା କରିଦିଏ ରୋକଠୋକ ପୁଅକୁ ଏବଂ କହେ, "ଅରୁ ! ତୋ ମାଆ ଯଦି ମାଛ ଶୁଖୁଆ ବିକାଳି ନହେଇ ସ୍କୁଲ ମାଷ୍ଟରାଣୀ, କି ଡାକ୍ତରାଣୀ, କି କିରାଣୀ ହୋଇଥାଆନ୍ତା, ତୁ କ'ଣ ତାକୁ ଚାକିରି ଛାଡ଼ିବାକୁ କହିଥାନ୍ତୁ ?"(୧୬୭) ମାଆର ଏ ଦୃଢ଼ ପ୍ରତିଜ୍ଞାର ପ୍ରଶ୍ନରେ ମର୍ମାହତ ହୋଇଛି ପୁଅ ଅରୁଣ । ମା' ଯୂଇ ଜୀବନରେ ସତ୍ୟାନୁସନ୍ଧାନକୁ ନେଇ ନିଜ ଭିତରେ ଥିବା ଅସହାୟ ବ୍ୟକ୍ତିସତ୍ତାଟିକୁ ଆବିଷ୍କାର କରିଛି ଅରୁଣ । ଆଲୋଚ୍ୟ ଗଳ୍ପରେ ଯୂଇର ଅସ୍ତିତ୍ୱ ପାଖରେ ପୁଅ ଅରୁଣର ବ୍ୟକ୍ତିତ୍ୱ ହାର ମାନୁଛି । ଉଭୟ ସ୍ୱ ସ୍ୱ କ୍ଷେତ୍ରରେ ନିଃସଙ୍ଗ ମଣିଷ ଜୀବନର ଚରମ ଉପଲବ୍ଧିକୁ ହୃଦୟଙ୍ଗମ କରୁଛନ୍ତି।

ବିଶ୍ୱବନ୍ଦିତ ପଦାବଳୀର କବି, ମହାନ୍ ଦାର୍ଶନିକ ଶ୍ରୀଧର ସ୍ୱାମୀଙ୍କ ଉକ୍ତି 'ମୁକଂ କରୋତି ବାଚାଳଂ ପଙ୍ଗୁ ଲଂଘୟତେ ଗିରିଂ / ଯତ୍ କୃପା ତମହଂ ବନ୍ଦେ ପରମାନନ୍ଦ ହେ

ମାଧବଂ' ର ବକ୍ତବ୍ୟକୁ ନେଇ କଥାକାର ରଜନୀକାନ୍ତ ମହାନ୍ତି ରଚନା କରନ୍ତି 'ରୁଦ୍ରାଭିଷେକ' ଗଳ୍ପ । ଯେଉଁଠି ଚରିତ୍ରମାନଙ୍କ ମାନସିକ ଦ୍ୱନ୍ଦ୍ୱରେ ଦେଖାଯାଏ ଅସ୍ତିତ୍ୱର ଅନ୍ୱେଷା । ମଣିଷର ଧୈର୍ଯ୍ୟ, ଅଦମ୍ୟ ସାହସ, ଆଶା, ଆକାଂକ୍ଷା ଓ କର୍ତ୍ତବ୍ୟ ଯେ ମଣିଷକୁ ପର୍ବତ ଶିଖରକୁ ଚଢ଼ାଇପାରେ- ଏହି ବକ୍ତବ୍ୟ ମଧ୍ୟରେ ରହିଛି ଜୀବନ ଜିଜ୍ଞାସା ଓ ଅନୁସନ୍ଧିତ୍ସା । ଗଳ୍ପ ନାୟକ ମାନବ ସମତଳ (ଫ୍ଲାଟ) ପାଦ ଥିବା ସତ୍ତ୍ୱେ ନିଜର ଉତ୍କଣ୍ଠା ତଥା ଇଚ୍ଛାଶକ୍ତି ଯୋଗୁଁ ପର୍ବତାରୋହଣ କରିଛି । ମାନବ ମଧ୍ୟ ସଚେତନ ହୋଇଛି ନିଜର ପ୍ରତିଦ୍ୱନ୍ଦୀ ଯୋଗୁଁ । କାରଣ ପ୍ରତ୍ୟେକ ବ୍ୟକ୍ତି ପ୍ରତିଦ୍ୱନ୍ଦ୍ୱୀ ଯୋଗୁଁ ହୁଏ ଉତ୍ସାହିତ । ବଢ଼େ ଉତ୍କଣ୍ଠା । ବେଣୀ ମାନବର ପ୍ରତିଦ୍ୱନ୍ଦ୍ୱୀ ହୋଇଥିବା ଯୋଗୁଁ ମାନବ ଆହୁରି ଅଗ୍ରସର ଓ ଆଗଭର ହୋଇଛି । ପ୍ରତିଦ୍ୱନ୍ଦ୍ୱୀ ହେଲେ ମଧ୍ୟ ବେଣୀ ପ୍ରତି ରହିଛି ମାନବର ଅହେତୁକ ପ୍ରେମ । କାରଣ, "ଅସଲ ସ୍ଥିତବାଦୀ ମାନେ କହନ୍ତି ମଣିଷ ମଣିଷକୁ ଭଲ ପାଇବା ବ୍ୟତୀତ ତା' ନିକଟରେ ଅନ୍ୟ କୌଣସି ବିକଳ୍ପ ନ ରହିବା ଉଚିତ । ମଣିଷ ପ୍ରତି ଅଶ୍ରଦ୍ଧ ହେବା, ଅନୁଦାର ହେବା ଅର୍ଥ ଈଶ୍ୱରଦ୍ରୋହୀ ହେବା, କାରଣ ଈଶ୍ୱର ସବୁ ମଣିଷକୁ ସୃଷ୍ଟି କରିଛନ୍ତି । ଆଲବର୍ଟ କାମ୍ୟୁ ସେଥିପାଇଁ କହିଛନ୍ତି- ମୁଁ ମଣିଷର ମାତ୍ର ଗୋଟିଏ କର୍ତ୍ତବ୍ୟ ଜାଣେ, ତାହା ହେଉଛି ଭଲ ପାଇବା । ମଣିଷ ମଣିଷକୁ ଭଲପାଇ ବିଶ୍ୱାସ କରି କେବଳ ତା' ଜୀବନକୁ ଚମତ୍କାର କରି ଦେଇପାରେ । କାମ୍ୟୁଙ୍କ ଭାଷାରେ-ଲାଇଫ୍ କେନ୍ ବି ମେଗନିଫିସେଣ୍ଟ ଆଣ୍ଡ ଓଭରହ୍ୱେଲମିଙ୍ଗ ।"[୧୬୮] ତେଣୁ 'ରୁଦ୍ରାଭିଷେକ' ଗଳ୍ପର ନାୟକ ମାନବକୁ ଏକ ଅସ୍ତିତ୍ୱବାଦୀ ଚରିତ୍ର ଭାବରେ ଗ୍ରହଣ କରାଯାଇପାରେ ।

କଥାକାର ଶ୍ରୀ ମହାନ୍ତିଙ୍କର 'ରାହାଜଗାଳୀ' ଗଳ୍ପର ନାୟକ ଗୟାଧର ସଂପୂର୍ଣ୍ଣ ରୂପେ ଅସ୍ତିତ୍ୱବାଦୀ ଚରିତ୍ର । ନିଃସଙ୍ଗତାବୋଧ, ବିଚ୍ଛିନ୍ନତାର ଅନୁଭବ, ଶଙ୍କା, ସଙ୍କଟ, ଆବେଗ, ଉଦ୍‌ବେଗର ଅନୁଭବ ପ୍ରଭୃତି ସମସ୍ତ ଉପାଦାନ ଗୟାଧର ପାଖରେ ନିହିତ ହୋଇ ରହିଛି । ନିଃସଙ୍ଗ ମଣିଷ ଜୀବନର ଚରମ ଉପଲବ୍ଧିକୁ ସେ କରିଛି ଅନୁଭବ । ତା'ର ପରିସ୍ଥିତି ତାକୁ ଅସ୍ତିତ୍ୱବାଦୀ ଚରିତ୍ରରେ ପରିଣତ କରିଛି । ସେ ପୁଞ୍ଜିପତି ସମାଜର ଶୋଷଣ ଦାଉରେ ହୋଇଯାଇଛି ସ୍ୱାର୍ଥପର । ନିଜର ଅସ୍ତିତ୍ୱ ପାଖରେ ଅନ୍ୟର ବ୍ୟକ୍ତିତ୍ୱ ତା' ପାଇଁ ହୋଇଛି ତୁଚ୍ଛ । ସେଥିପାଇଁ ଭୂୟାଁ ବାବୁର ପଶ୍ଚିମ ମଥାନ ଭାଙ୍ଗି ଯାଇଛି ଜାଣି ଅନ୍ତଃସଂଳାପ କରୁଛି, "ଭଲ ହେଲା, ଆଉ ଦି ଦିନକୁ କାମ ମିଳିଗଲା । ସବୁ ମଜୁରିଠାରୁ ଘରଛିଆ ମଜୁରି ବେଶୀ । ତାଠୁଁ ବେଶି ମୋ ଭଳି ମଥାନିଆର । ଭୂୟାଁ ବାବୁର ଆରପାଖ ମଥାନଟା ଭଲା ସେମିତି ଭାଙ୍ଗି ଯାଆନ୍ତା କି, ଆଉରି ଭଲ ହୁଅନ୍ତା ।"[୧୬୯] କାରଣ ଆଲୋଚ୍ୟ ଗଳ୍ପରେ ଗୟାଧର ନିଜର ସ୍ଥିତିକୁ ନେଇ ହୋଇଛି ସଚେତନ । ନିଜର ବ୍ୟକ୍ତିତ୍ୱ ପାଖରେ ଆବିଷ୍କାର କରିଛି ନିଜର ଅସ୍ତିତ୍ୱ । ନିଜ ଅସ୍ତିତ୍ୱ ଜାହିର କରିବା ଭିତରେ ସେ ଠକି ପାରୁଛି ଅନ୍ୟକୁ । ଗୟାଧର କହୁଛି, "ଏ ଖଣ୍ଡ ଅଞ୍ଚଳରେ ମଥାନିଆ, ଛିଆଣିଆ ବୋଲି ଯାର ନାଁ ଡାକ୍ ।

ଗୟାଧର ନାଁ ଅପେକ୍ଷା ଲୋକେ ମୋତେ ବେଶି ଜାଣନ୍ତି ମଥାନିଆ ନାଁରେ । ସେଇ ମଥାନିଆ ନାଁ ଡାକରେ ମୁଁ ଠକି ପାରୁଛି ଏବେ । ମୋ ପ୍ରତି ଲୋକମାନଙ୍କର ଆଦର ଶେଷରେ ହୋଇଛି ମୋ କାରୀଗରୀର ମୃତ୍ୟୁ । ମଥାନିଆ ଗୟାଧର ଭଳି ଛିଆଣିଆ ଆଉ ମିଳିବେ ନାହିଁ । ଥରେ ଘର ଛପର କରିଦେନେ, ଦେ ଗଲା ପାଞ୍ଚବର୍ଷ । ପ୍ରଥମେ ପ୍ରଥମେ ବିଚିତ୍ର କାର୍ଯ୍ୟଦକ୍ଷତା, କଳା କୌଶଳରେ ବିମୁଗ୍ଧ କର, ନା' କମାଅ, ପରେ ପରେ ସେ ନାଁକୁ ବିକ୍ରି କର । ଦାମ ନିଅ ଦାମ୍ । ବିଜ୍ଞାପନର, ପ୍ରଚାରର, ତମର ନାଁର । ଏ ଠକାମିକୁ କେହି ଗତିରୋଧ କରିପାରିବେନି, ତା' ପଛରେ ଯେ ଅଛି କାରୀଗରୀର, ଲୋକମୁଖୀ ପ୍ରଶଂସାର ପରିଭାଷା । ମଣିଷ ମୁଣ୍ଡ ଉପରେ ଖଣ୍ଡା ଝୁଲୁଛି ହରବକ୍ତ ।"(୧୭୦) ଗୟାଧର ପରି ସବୁ ମଣିଷ ଆର୍ଥିକ ଦୁସ୍ଥିତି ଯୋଗୁଁ ସ୍ୱାର୍ଥପର ହୁଏନାହିଁ ନିଜ ଅସ୍ତିତ୍ୱକୁ ନେଇ । ପରିବେଶ ଓ ପରିସ୍ଥିତି ବାଧ୍ୟ କରେ ଗୟାଧର ଭଳି ବ୍ୟକ୍ତିତ୍ୱକୁ, ଠକେଇ ଶିଖିଥିବା ଲୋକଙ୍କୁ ଠକାଇବାକୁ ।

କଥାକାର ଶ୍ରୀ ରଜନୀକାନ୍ତ ମହାନ୍ତିଙ୍କ ଗଳ୍ପ ସମୟହୀନତା, ବିଚ୍ଛିନ୍ନତାବୋଧ, ଆତ୍ମ ନିର୍ବାସନ, ବ୍ୟକ୍ତି କୈନ୍ଦ୍ରୀକତା କଥା କେବଳ କହିନାହିଁ କହିଛି ମଧ୍ୟ ଈଶ୍ୱରହୀନତା ଓ ମୃତ୍ୟୁ ଚେତନାର କଥା । ହୋଇପାରେ ଉକ୍ତ ବକ୍ତବ୍ୟ ଗଳ୍ପରେ ଅସ୍ପଷ୍ଟ । କିନ୍ତୁ 'ଅକାଳ', 'ହଡିକାଠ', 'ବୃକ୍ଷରୂପୀ' ଭଳି ଗଳ୍ପକୁ ପାଠ କଲେ ଉପଲବ୍ଧି କରିହୁଏ କିଅର୍କେ ଗାର୍ଡଙ୍କ ଦର୍ଶନର ଆଧ୍ୟାତ୍ମିକତା, ନିତସେଙ୍କ ଈଶ୍ୱରହୀନତାର ସମ୍ମୋହନକୁ । ଚରିତ୍ର ଈଶ୍ୱରଙ୍କୁ ସଂପୂର୍ଣ୍ଣ ଛାଡ଼ି ପାରୁନାହିଁ କି ପୂର୍ଣ୍ଣ ମାତ୍ରାରେ ମଧ୍ୟ ଆପଣେଇ ପାରୁନାହିଁ । କେବଳ ଚରିତ୍ର ଚରମ ନିଃସଙ୍ଗତା ଓ ଏକାକୀତ୍ୱ ମଧ୍ୟରେ ବଞ୍ଚୁଛି ।

'ଅକାଳ' ଗଳ୍ପରେ ନାୟକ ଦନେଇ ଜୀବନର ଚରମ ଦୁଃଖ, ବିଷାଦ, ଯନ୍ତ୍ରଣା ଓ ତା' ସଂସାରର ବଳିଦାନ ଗଳ୍ପକୁ କରେ ଉତ୍କଣ୍ଠାପୂର୍ଣ୍ଣ । ଗଳ୍ପଟିରେ ଦନେଇ ନିଜ ସଂସାରର ସମସ୍ତ ପ୍ରାଣୀଙ୍କୁ ବଞ୍ଚାଇ ରଖିବାରେ ଅସମର୍ଥ । ତା'ର ଦୁଃଖ ଓ ଶଙ୍କାକୁ ଭଗବାନଙ୍କୁ ଜଣାଇ ଜଣାଇ ନିଜର ଅସ୍ତିତ୍ୱକୁ ଜାହିର କରୁଛି ମୃତ୍ୟୁଚେତନା ମଧ୍ୟରେ । ଦନେଇ ଭୁଲିଯାଉଛି ସ୍ୱାମୀ ଓ ପିତାର ବ୍ୟକ୍ତିତ୍ୱ । ସ୍ତ୍ରୀ ପିଲାଙ୍କ କ୍ଷୁଧାକୁ ମେଣ୍ଟାଇବା ପାଇଁ ମୁଠେ ଦାନା ଦେଇ ନପାରିବାର ଗ୍ଲାନିଠାରୁ ଏ ସଂସାରରୁ ବିଦାୟ ନେବାହିଁ ଶ୍ରେୟସ୍କର ମନେ କରି ମହାଜନ ପାଖରୁ ଟଙ୍କା ଆଣି ଘରକୁ ଆଣିଥିବା ଅଟାରେ କୀଟମରା ବିଷ ମିଶାଇ ଦିଏ ଏବଂ ସେହି ଅଟାରେ ତିଆରି ରୁଟି ଖାଇ ସ୍ତ୍ରୀ ରତନୀ ସମେତ ଚାରୋଟି ସନ୍ତାନଙ୍କର ହୁଏ ମୃତ୍ୟୁ । କିନ୍ତୁ ଦନେଇର ମୃତ୍ୟୁ ପାଇଁ ବଳେନା ବିଷମିଶା ଖାଦ୍ୟ ।

ଜୀବନ ଯନ୍ତ୍ରଣା, କାରୁଣ୍ୟ ଓ ମରି ନ ପାରିବାର ଅସହାୟତା ମଧ୍ୟରେ ଦନେଇ ମୃତ୍ୟୁନିମିତ୍ତ ସଂଘର୍ଷ ଓ ସଙ୍କଟ ମଧ୍ୟରେ କହିପକାଏ, "ନିରୁତ୍ତାପ ଓ ନିସ୍ତେଜ ମୋର ଆକୁଳ ଆତ୍ମାମାନେ । ଏଣିକି ରୁଅ ଖଟ୍ ଖଟ୍ ହେବା ନହେବା, ପେଚା ରାବିବା ନ ରାବିବା, ଭୂଇଁ ଶଙ୍ଖ ବାଜିବା ନ ବାଜିବା, ସବୁ ସମାନ, ସବୁ ମୂଲ୍ୟହୀନ ଏବଂ ଭଗବାନ ତମେ ଥିବା

ନଥିବା ବି ସମାନ, ମୂଲ୍ୟହୀନ । ବଞ୍ଚିବାକୁ ଚାହିଁଲି, ତମେ ରୁଟି ଦେଇ ନାହିଁ । ଯେତେବେଳେ ଶେଷ ହୋଇଯିବାକୁ ଚାହିଁଲି ସେତେବେଳେ ହାତ ପାହାନ୍ତାରୁ ରୁଟି ଛଡ଼ାଇ ନେଲ ।"(୧୭୧) ଏଇଠି ହୋଇଛି ଜୀବନର ସତ୍ୟ ଉଦ୍‌ଘାଟନ ଏବଂ ତାହାରି ମଧ୍ୟରେ ହେଉଛି ବ୍ୟକ୍ତି ସ୍ୱାତନ୍ତ୍ର୍ୟ ଓ ସ୍ଥିତି ସଚେତନତା ପ୍ରକଟ । ମଣିଷର ବ୍ୟଥା, ବ୍ୟର୍ଥତା, ଶୋଚନୀୟତା ମଣିଷକୁ କାବୁ କଲାଭଳି ଗଳ୍ପନାୟକ ଦନେଇ ନିଃସଙ୍ଗବୋଧ ମଧ୍ୟରେ ଆବଦ୍ଧ ହୋଇ ଶେଷରେ ଜୀବନର ନୈରାଶ୍ୟ ପଥପ୍ରାନ୍ତରେ ହଜି ଯାଇଛି । ଅତ୍ୟନ୍ତ ତ୍ରସ୍ତ, ସଙ୍କୁଚିତ ଭାବରେ ବଞ୍ଚିବା ଅପେକ୍ଷା ମୃତ୍ୟୁ ହିଁ ଶ୍ରେୟସ୍କର ଭାବି ନିଜର ଅସ୍ତିତ୍ୱକୁ ନେଇ ମୃତ୍ୟୁ ଚେତନା ମଧ୍ୟରେ ଗତି କରୁଛି ଚରିତ୍ର । "କାର୍ଲ ଜେସ୍ପର୍ଶ କିନ୍ତୁ ମଣିଷର ଆତ୍ମା ଓ ଭାବନା ଓ ତା'ର ଭଙ୍ଗୁର ଅନୁଭବକୁ ଏକ ନୈରାଶ୍ୟର ବୋଝ ଭାବେ ପ୍ରତିପାଦନ କରି ମଣିଷର ଅସ୍ତିତ୍ୱ ଉପରେ ଭରସା ରଖିଛନ୍ତି । ତାଙ୍କ ଅନୁସାରେ ମଣିଷର ଅସ୍ତିତ୍ୱ ସର୍ବଦା ମିଥ୍ୟା, କପଟତା, ଭ୍ରାନ୍ତି ଓ ମୃତ୍ୟୁ ଆଦି ବାଧାବିଘ୍ନ ଦ୍ୱାରା ଆକ୍ରାନ୍ତ । ସ୍ୱୟଂମଣିଷ ନିର୍ମିତ ସଂସାର ଏହିପରି ଗତି କରି ଚାଲିଛି ଏବଂ ସର୍ବଶେଷରେ ଜାହାଜଟି ବୁଡ଼ି ଯିବା ହିଁ ସତ୍ୟ – The Ultimate is shipwreck । ତେବେ ଏହି ଭାଙ୍ଗି ଯିବାକୁ ହିଁ ଅର୍ଥ ପ୍ରଦାନ କରିବାକୁ ହେବ । ତେଣୁ ଜେସ୍ପର୍ଶଙ୍କ ମତରେ ନିଜର ସତ୍ୟ, ପାରଲୌକିକତା ଏବଂ ଈଶ୍ୱର ଉପଲବ୍ଧି ଇତ୍ୟାଦିର ବିଚାର ନିମିତ୍ତ ପ୍ରତ୍ୟେକ ମାନବର ଅସ୍ତିତ୍ୱ ଯେପରି ସଙ୍କଟରେ ପଡ଼ି ଯାଇଅଛି ଏବଂ ଏହାର ଯଥାର୍ଥତାକୁ ହୃଦୟଙ୍ଗମ କରିବା ହିଁ ନିଜ ଅସ୍ତିତ୍ୱ ସମ୍ପର୍କରେ ସଚେତନ ହେବା ।"(୧୭୨) ଯାହାର ପ୍ରତିଫଳନ ଘଟିଛି ଆଲୋଚିତ ଅକାଳ ଗଳ୍ପର ନାୟକ ଦନେଇ ମଧ୍ୟରେ ।

ଅନୁରୂପ ଭାବରେ 'ହଡିକାଠ' ଗଳ୍ପର ଗଳ୍ପ ନାୟକ, 'ବୃକ୍ଷରୂପୀ' ଗଳ୍ପର ଗଳ୍ପନାୟକ ଭାଲୁ, 'ବୁଦ୍ଧ' ଗଳ୍ପର ଗଳ୍ପନାୟକ ପ୍ରଭୁ ଜଣେ ଜଣେ ଅସ୍ତିତ୍ୱବାଦୀ ଚରିତ୍ର । ଦୁଃଖପୂର୍ଣ୍ଣ ଓ ଯନ୍ତ୍ରଣାଦାୟକ ସ୍ମୃତିକୁ ନେଇ ଜୀବନର ଦୁଃଖ, ହତାଶା, ଗ୍ଲାନି ଭିତରେ ନିଜ ଜୀବନରେ ଅନୁସନ୍ଧିତ୍ସାକୁ ପରଖନ୍ତି ସେମାନେ । କାଷ୍ଠଯନ୍ତ୍ର ବିଶେଷରେ କଏଦୀ ବା ଅପରାଧୀକୁ ହାତଗୋଡ଼ ଆବଦ୍ଧ କରି ରଖିଲା ପରି 'ହଡ଼ିକାଠ' ଗଳ୍ପରେ ଗଳ୍ପନାୟକ ସାମାଜିକ ପରିସ୍ଥିତି ମଧ୍ୟରେ ହୋଇଛି ଆବଦ୍ଧ । ନିଜେ ଚତୁର୍ଥ ଶ୍ରେଣୀର କର୍ମଚାରୀ ହୋଇ ନିଜର ପୈତୃକ ସଂପତ୍ତିର ରକ୍ଷାକର୍ତ୍ତା ସାଜିଲା ବେଳେ ଗ୍ରାମୀଣ ଅପରିପକ୍ୱ ରାଜନୀତିର ଶିକାର ହେଉଛି ଗଳ୍ପନାୟକ । ନିଜ ସ୍ତ୍ରୀ ରେଣୁ, ଅନ୍ୟ ପୁରୁଷ ହରିଶ୍ ସଙ୍ଗେ ଅନୈତିକ ସମ୍ପର୍କ ରଖିବା, ପୈତୃକ ସମ୍ପତ୍ତି ହରାଇବା ତଥା ପ୍ରତିବାଦ କଲେ ଚାକିରିରୁ ଛଟେଇ ହେବାର ଭୟ ଗଳ୍ପନାୟକକୁ ନୈରାଶ୍ୟ ଯନ୍ତ୍ରଣାରେ ଜର୍ଜରିତ କରିଛି । ମକଦ୍ଦମା, ଦୁର୍ଘଟଣା, ରୁଗ୍ଣ ପରିବେଶ ମଧ୍ୟରେ ନ୍ୟାର୍ଯ୍ୟଦାବୀର ପ୍ରସଙ୍ଗ ହୋଇପଡ଼େ ଗୌଣ । ଚରମ ନିଃସଙ୍ଗତା ଓ ଏକାକୀତ୍ୱ ମଧ୍ୟରେ ଘାଣ୍ଟି ହୁଏ ଗଳ୍ପନାୟକ । ସେଥିପାଇଁ ଅନ୍ତଃସଳାପ କରେ, "କ'ଣ ପାଇଁ ମୁଁ ଏ ଘରେ ରହିବି ? କ'ଣ ପାଇଁ ଚନ୍ଦୁରୁ ବାବୁ ପାଖରେ ଚାକିରି କରିବି ? କ'ଣ ପାଇଁ ସ୍ତ୍ରୀ ଓ ପୁତ୍ରର

ମୁହଁ ଚାହିଁବି ? କଳାଢ଼ିଅ ପାଇଁ ମୁଁ କାହିଁକି ମକଦ୍ଦମା ଲଢ଼ିବି ? କାହିଁକି କରୁଣା ବୁଢ଼ୀ ସହ ନିତି ଚାରି ପାଞ୍ଚ ଥର କଳିକଜିଆ କରିବି ? କ'ଣ ପାଇଁ ? ତେଣୁ ଆତ୍ମହତ୍ୟା କରିବି ବୋଲି ଭାବିଲି । କିନ୍ତୁ ସେ କଥା ଚିନ୍ତା କଲାବେଳେ ଅନ୍ୟ ଏକ ଭୟ ମୋ ତଣ୍ଟିକୁ ଜାବୁଡ଼ି ଧରିଲା । ନା ଆତ୍ମହତ୍ୟା କରିବା ପାଇଁ ଯେଉଁ ନୈତିକ ସାହସ ଦରକାର, ସେ ସାହାସ ମୋର ନାହିଁ ବୋଲି ଅନୁଭବ କଲି । ମୁଁ ନିଜକୁ ପ୍ରଶ୍ନ କଲି, ମୋ ସ୍ତ୍ରୀ ଦୁଶ୍ଚରିତ୍ରା ହେଲା ବୋଲି, ଚନ୍ଦୁରୁ ବାବୁ ଓ ହରିଶ୍ ହାତରେ ମୋ ଉପାର୍ଜନ, ମୋର ସ୍ଥିତି ରହିଲା ବୋଲି ସେହି ଭୟରେ, ସେହି ଡରରେ ମୁଁ କ'ଣ ଏଡ଼େ କାପୁରୁଷ ? ଯୁକ୍ତିର ଏଇ ସିଦ୍ଧାନ୍ତ ନେଇ ମୁଁ ନୀରବ ରହିଲି । ସମସ୍ତ ମୁଲ୍ୟବୋଧକୁ ଅସ୍ୱୀକାର କରି ଯୁକ୍ତି ଗଣ୍ଡାଏ ମୁଣ୍ଡରେ ଧରି ମୋର ସ୍ଥିତିକୁ ବଜାୟ ରଖିଲି ।"(୧୭୩) ଗଳ୍ପନାୟକର ପରିବେଶ ଓ ପରିସ୍ଥିତି ତାକୁ ବିଷାଦଗ୍ରସ୍ତ ଓ ନିଃସଙ୍ଗତା ମଧ୍ୟରେ ଗତି କରାଇଛି । ଯେଉଁଥିରେ ଜୀବନ ଜିଜ୍ଞାସା ଓ ଅସ୍ତିତ୍ୱ ଅନ୍ୱେଷା ହେଉଛି ପ୍ରଥମ ଲକ୍ଷ୍ୟ । "ଜୀବନକୁ ଚରମ ଉଲ୍ଲାସ ଅବା କଠିନ ନୈତିକତା ଭିତରେ ଅନୁଭବ କରିବା ପାଇଁ କିର୍‌କେଗାର୍ଡ ଯୁକ୍ତି କରିଛନ୍ତି । ଏମିତି ସାଲିସ୍‌ହୀନ ଜୀବନ ଯାପନର ଅଙ୍ଗୀକାରବଦ୍ଧତା ହିଁ ସାଧୁତା । ଜୀବନ ଭୋଗ କରିବା ଅର୍ଥ ଉପଭୋଗ କରିବା ନୁହେଁ । ଗୋଟେ ଉପଭୋଗସର୍ବସ୍ୱ ଜୀବନ ପାଇଁ ପୁଣି ପୁଣ୍ୟ, ନୈତିକତା ଓ ଧାର୍ମିକତା ସହିତ ସାଲିସ୍ କରିବା ଇତରତା ନିଶ୍ଚୟ; ଯାହା କଥା କଥାକେ ସାଧାରଣମାନେ ସବୁ କାଳରେ କରିଥାନ୍ତି । ମୁକ୍ତି, ନୈତିକତାର ଚରମ ସ୍ୱାଦ ଲାଭ କରିବା ପାଇଁ ଜଣକର ଜୀବନ ମାଧ୍ୟମ ହେଉ । To see the absolute in life, without any petty compromises."(୧୭୪) ସେହିପରି ସାଲିସ୍ ସର୍ବସ୍ୱ ଜୀବନ ବିତାଏ 'ବୃକ୍ଷରୂପୀ' ଗଳ୍ପର ଗଳ୍ପନାୟକ ଭାଲୁ । ଗଳ୍ପଟିର କଥାଭାଗ ଗାଳ୍ପିକ ରବି ପଟ୍ଟନାୟକଙ୍କ 'ଅନ୍ଧଗଳିର ଅନ୍ଧକାର'ର ନାୟକ ଜୀବନକୁ ନେଇ ଯୁକ୍ତି ବାଢ଼ିଲା ପରି ଆଲୋଚ୍ୟ ଗଳ୍ପ ନାୟକ ଭାଲୁ ତା'ର ପୁତ୍ର, କନ୍ୟା, ପତ୍ନୀ, ଭାଇ, ପିତା ଆଦି ପରିଜନଙ୍କ ସଙ୍ଗେ ସାଂସାରିକ ମୋହ ମାୟାର ବିକାରଗ୍ରସ୍ତ ଚିନ୍ତା ଚେତନାକୁ ନେଇ ପ୍ରଶ୍ନ କରିଚାଲେ । ସଂସାର, ମାଟି, ମୋହକୁ ତୁଚ୍ଛ କରିଦେଇ ବାଲି ଚଡିରିରେ ଛିଡ଼ା ହୋଇଥିବା ଥୁଣ୍ଟା ବୃକ୍ଷଟି ଉପରେ ଶୋଇ ମୋହଗ୍ରସ୍ତ ସଂସାରକୁ ପରଖେ । ମାୟାସଂସାରରୁ ମୁକ୍ତି ପାଇଁ, ନିଜର ଅସ୍ତିତ୍ୱକୁ ଜାହିର କରିବା ପାଇଁ ବୃକ୍ଷର ଡାଳରେ ଶୋଇ ଅସ୍ୱସ୍ତି ଲାଭ କରେ । କିନ୍ତୁ 'ବୃଦ୍ଧ'ଗଳ୍ପରେ ଗଳ୍ପନାୟକ ପ୍ରଭୁ ସାଂସାରିକ ଜଞ୍ଜାଳରୁ ମୁକ୍ତିର ମାର୍ଗକୁ ଖୋଜେ । ନିର୍ବାଣର ମାର୍ଗଦର୍ଶୀ ହୁଏ । କିନ୍ତୁ ସ୍ତ୍ରୀ ସତୀ, ପୁଅ ରୋହିତ, ମା' ଆଦି ପରିଜନଙ୍କ ପାଖରୁ ମୁକ୍ତ ହୋଇପାରେନା । ବୁଦ୍ଧଙ୍କର ମହାନିର୍ବାଣ ପ୍ରାପ୍ତିର ମାର୍ଗକୁ ଶତ ଚେଷ୍ଟାରେ ଗ୍ରହଣ କରିବାକୁ ଚାହିଁଲେ ବି ସାଂସାରିକ ମୋହ ଗଳ୍ପନାୟକ ପ୍ରଭୁକୁ ଆଚ୍ଛନ୍ନ କରି ରଖେ । ଏ କାମନାର ବିନାଶରେ ଦୁଃଖର ବିନାଶ ହେଉନାହିଁ, ମାତ୍ର କାମନାର ସ୍ମୃତିଚାରଣ

ହିଁ ଦୁଃଖର କାରଣ ହେଉଛି । ତେଣୁ ଉଭୟ ନାୟକ ଜୀବନ ଯନ୍ତ୍ରଣା, କାରୁଣ୍ୟ ଓ ଅସହାୟତା ମଧ୍ୟରେ ବଞ୍ଚୁଛନ୍ତି । ଅଭାବବୋଧ ଏମାନଙ୍କର ନିତ୍ୟ ସହଚର ।

କଥାକାର ଶ୍ରୀ ରଜନୀକାନ୍ତ ମହାନ୍ତିଙ୍କ ଗଳ୍ପ ପରିଧି ମଧ୍ୟରେ ରହିଛି ଚରିତ୍ରମାନଙ୍କର କାରୁଣ୍ୟ, ଦୁଃଖ, ଚେତନା, ବିଷାଦ ଓ ନିଃସଙ୍ଗତାର କଥା । ସବୁ ଚରିତ୍ର ନିଜ ଜୀବନ ପରିଧିକୁ ଯେତେ ମାତ୍ରାରେ ଘୃଣା କରୁଛନ୍ତି ପୁଣି ସେତେ ମାତ୍ରାରେ ମୋହାଚ୍ଛନ୍ନ ହେଉଛନ୍ତି । ସଂସାର ମଧ୍ୟରେ ତଲ୍ଲୀନ ହୋଇ ଯାଆନ୍ତି ସେମାନେ। ଜୀବନ ଜିଜ୍ଞାସୁ ହୁଅନ୍ତି । ଏଥି ନିମନ୍ତେ ସମାଲୋଚକ ଡ. ଆଦିକନ୍ଦ ସାହୁ କହନ୍ତି, "ସ୍ଥିତିବାଦୀ ଆହୁରି ଜୀବନ ଚାହେଁ ଓ ଏହି ଜୀବନପ୍ରିୟତା କାରଣରୁ ତା' ନିକଟରେ ମୃତ୍ୟୁ ଚେତନା ଅଧିକ ତୀବ୍ର । ମୃତ୍ୟୁ ଚେତନା ତେଣୁ ଅତ୍ୟଧିକ ଜୀବନପ୍ରିୟତାର ଆପେକ୍ଷିକ ବିଷୟ । ସୁଖର ଅନ୍ୱେଷଣରେ ଥିବା ମଣିଷଟି ଜୀବନ ବୃତ୍ତରେ ଯେପରି ବାରମ୍ବାର ଦୁଃଖକୁ ହିଁ ଆବିଷ୍କାର କରୁଛି । ଦୁଃଖ ଓ ବିଷାଦକୁ ଭେଟୁଥିବା ସ୍ଥିତିବାଦୀମାନେ ଦୁଃଖବାଦୀ ବା ବିଷାଦବାଦୀ ନୁହନ୍ତି, ସେମାନେ ବରଂ ଅଧିକ ଜୀବନବାଦୀ ତଥା ଆନନ୍ଦବାଦୀ । ମଣିଷ ସଂସାରକୁ ଯେପରି ଦେଖେ ସଂସାର ତାକୁ ସେହିପରି ଦେଖାଯାଏ । ସଂସାରର ରୂପ ମଣିଷର ଆଖିରେ, ମଣିଷର ଚେତନାରେ ଥାଏ । ସ୍ଥିତିବାଦ ସେହି ମଣିଷ ବାଖ୍ୟା କରିଛି । ସାର୍ତ କହନ୍ତି, "ପୃଥିବୀକୁ ଚିହ୍ନେଇବା ତା'ର ଲକ୍ଷ୍ୟ ନୁହେଁ, ବରଂ ସଂସାରର ସମ୍ମୁଖୀନ ହେବା ପାଇଁ ମଣିଷର ସହାୟତା କରେ ।"[୧୭୫] ଏ ଦୃଷ୍ଟିରୁ କଥାକାର ମହାନ୍ତିଙ୍କ ଗଳ୍ପର ଚରିତ୍ର ନିଜର ସ୍ୱାତନ୍ତ୍ର୍ୟ ଦାବୀ କରନ୍ତି। ସ୍ଥିତିବାଦର ପ୍ରେକ୍ଷାପଟ୍ଟରେ ପ୍ରତ୍ୟେକ ମଣିଷ ପାଖରେ ରହେ ଜୀବନ ଜିଜ୍ଞାସା ।

ପ୍ରେମକୁ ନେଇ ମଧ୍ୟ କଥାକାର ଶ୍ରୀ ମହାନ୍ତିଙ୍କ ଗଳ୍ପ ଚରିତ୍ର ପାଖରେ ଦେଖାଯାଏ ଅସ୍ତିତ୍ୱ ଅନ୍ୱେଷା । ଜୀବନର ଅନ୍ଧକାର ପକ୍ଷ ଓ ତଜ୍ଜନିତ ବ୍ୟର୍ଥତାବୋଧକୁ କରିହୁଏ ହୃଦୟଙ୍ଗମ । ବିଷାଦ ଜନିତ ଅନାସକ୍ତି ଯୋଗୁଁ ପ୍ରେମରେ ଦେଖାଯାଉଛି ବିଚ୍ଛେଦ। 'ଚନ୍ଦ୍ରଭାଗା', 'ବହ୍ନିପୁରୁଷ', 'ନିଦ୍ରାମ୍ବର', 'ଲଗ୍ନାଧିପତି', 'ସ୍ୱପ୍ନରଙ୍କା' ଆଦି ଗଳ୍ପର ଚରିତ୍ରମାନେ ବହୁ ସଚେତନ ଓ ନିଜର କାର୍ଯ୍ୟଦକ୍ଷତାକୁ ନେଇ ହୁଅନ୍ତି ପ୍ରକଟ । ପ୍ରେମ, ପ୍ରେମକୁ ନେଇ ପ୍ରତାରଣା ମଧ୍ୟରେ ଦୁଃଖକୁ ବରଣ କରନ୍ତି ନିର୍ଦ୍ୱନ୍ଦ୍ୱ ଭାବେ, ସ୍ୱେଚ୍ଛାକୃତ ଭାବେ ।

'ଚନ୍ଦ୍ରଭାଗା' ଗଳ୍ପରେ ନିମ୍ନମଧ୍ୟବିତ୍ତ ପରିବାରରୁ ସୌମିତ୍ର ଭଳି ଜଣେ ଲେଖକ, ଆଦର୍ଶବାଦୀ ତଥା ନିରପେକ୍ଷ ସମାଲୋଚକ ପ୍ରେମ ତଥା ପାରିବାରିକ ବୋଝର ଦହନ ମଧ୍ୟରେ ଗତି କରିଛି। ଘର ଚଳାଇବାର ଜଞ୍ଜାଳ, ନିଜ ସାହିତ୍ୟିକ ଜୀବନ ତଥା ବିଦିତା ସହ ଗଢ଼ି ଉଠିଥିବା ପ୍ରେମ ସମ୍ପର୍କର ବିଫଳତା ସୌମିତ୍ରକୁ ନିଃସଙ୍ଗତା ମଧ୍ୟରେ ବୁଡ଼ାଇ ଦିଏ । ଏକାକୀତ୍ୱ ମଧରେ ସୈମିତ୍ର ନିଜର ଅସ୍ତିତ୍ୱକୁ ନେଇ ହୋଇଛି ସନ୍ଦିହାନ। ସେହିପରି 'ବହ୍ନି ପୁରୁଷ' ଗଳ୍ପର 'ଆହୁତି', 'ନିଦ୍ରାମ୍ବର' ଗଳ୍ପର ନୟନା, 'ଲଗ୍ନାଧିପତି' ଗଳ୍ପର ପୂରଞ୍ଜନ, 'ସ୍ୱପ୍ନରଙ୍କା' ଗଳ୍ପର ଗଳ୍ପପୁରୁଷ ସମସ୍ତଙ୍କ ପାଖରେ ରହିଛି ସମ୍ବେଦନଶୀଳତା ଓ ଆବେଗିକ

ନିଃସଙ୍ଗତା । କିନ୍ତୁ ସମସ୍ତେ ନିଜ ନିଜ ସ୍ଥିତି ଅନୁଯାୟୀ ଗତିଶୀଳ । ପ୍ରେମକୁ ନେଇ ବେଦନାର ସମୁଦ୍ର ମଧ୍ୟରେ ଲୀନ । ଏହି ବେଦନା ହେଉଛି ଆଲୋଚିତ ଚରିତ୍ରମାନଙ୍କର ଜୀବନ ଅନୁସନ୍ଧିତ୍ସାର ମାର୍ଗ । କିଅର୍‌କେ ଗାର୍ଡ ନିଜ ପ୍ରେମିକା ରେଜିନା ସହିତ ସମ୍ବନ୍ଧ ତୁଟାଇ ତାଙ୍କ ଜୀବନ ସାରା ରେଜିନା ପ୍ରାଣ ହୋଇ ବଞ୍ଚିଲା ଭଳି ବଞ୍ଚିଛନ୍ତି ସୌମିତ୍ର, ଆହୁତି, ପୁରଞ୍ଜନ ଭଳି ଚରିତ୍ରମାନେ । "ପ୍ରେମର ବେଦନା ବିରହର ସ୍ୱାଦ ଅନୁଭବ କରିବା ପାଇଁ କିର୍‌କେଗାର୍ଡ ଯେପରି ନିଜକୁ ଉତ୍ସର୍ଗ କରିଦେଇଛନ୍ତି । ପ୍ରେମର ସ୍ନିଗ୍ଧ ଅନୁଭବ ନଥିଲେ ଜୀବନରେ କବିତ୍ୱ କାହିଁକି ସ୍ୱପ୍ନ ବି ସୁନ୍ଦର ହୁଏନି । ରେଜିନାର ପ୍ରେମ କିର୍‌କେ ଗାର୍ଡଙ୍କୁ ବେଦନାର ବିଳାସରେ ବାଦଶାହ କରିଛି ଯେପରି, ତାଙ୍କୁ ସେହି ସୁନ୍ଦରୀ ବାଳିକାର ପ୍ରେମ କବି କରିଛି, ଚକ୍ରବର୍ତ୍ତୀ କରିଛି, ବୀର କରିଛି । ସାର୍ତ୍ତ ମଧ ସାଇମନ୍‌ଡି ବାଭୋରଙ୍କୁ ପ୍ରେମକରି ବିରହର ଯନ୍ତ୍ରଣା ଭୋଗିଛନ୍ତି । କାଫ୍‌କା ମଧ୍ୟ ସେହିପରି ଫେଲିସର ପ୍ରେମକୁ ପ୍ରତ୍ୟାଖ୍ୟାନ କରି ପ୍ରେମର ଗଭୀରତାକୁ ଉପଲବ୍ଧି କରିଛନ୍ତି । ଦସ୍ତୋଭସ୍କିର ସୋସ୍‌ଲୋଭାର ପ୍ରେମରେ ପଡ଼ି ନିଜର ରୁକ୍ଷ ମଳିନ ଜୀବନ ପରିଚର୍ଯ୍ୟା ଭିତରେ ବି ସେ ମଣିଷ ହୃଦୟର ପୁଷ୍ପକୋମଳ କଥା ଲେଖି ପାରିଛନ୍ତି । ସ୍ଥିତିବାଦୀମାନେ ଅଧିକ ଜୀବନବାଦୀ ହୋଇଥିବାରୁ ମଣିଷ ଜୀବନର ଏହି ସୁମହତ ପ୍ରେମକୁ ସମ୍ବେଦନଶୀଳ କରି ଦେଖିଛନ୍ତି । ପ୍ରେମ ମଣିଷକୁ ଏକ ସୂକ୍ଷ୍ମ ଏବଂ ସମ୍ବେଦନଶୀଳ ଏସ୍ଥେଟିକ୍ ଅନୁଭବ ଆଡ଼କୁ ଉତ୍ତୀର୍ଣ୍ଣ କରି ନେଇଯାଏ । ତା'ର ରମ୍ୟବୋଧ ଓ ଶିବଭାବନା ଏହା ଦ୍ୱାରା ଅଧିକ ମାର୍ମିକ ଓ ତୀକ୍ଷ୍ଣ ହୁଏ । ସବୁମତେ ମଣିଷର ସମସ୍ତ ଶକ୍ତିକୁ ସ୍ଥିତିବାଦୀମାନେ ସ୍ୱୀକାର କରିଛନ୍ତି ।"[୧୭୬] ଏ ଦୃଷ୍ଟିରୁ ଆଲୋଚିତ ଚରିତ୍ରମାନେ ଅସ୍ତିତ୍ୱବାଦୀ ଦୃଷ୍ଟିକୋଣରୁ ନିଜର ସ୍ୱାତନ୍ତ୍ର୍ୟ ଦାବି କରନ୍ତି । 'ଚନ୍ଦ୍ରଭାଗା' ଗଳ୍ପରେ ସୌମିତ୍ର ପ୍ରେମରେ ବିରହ ଯନ୍ତ୍ରଣା ଭୋଗିଲା ବେଳେ 'ବହ୍ନି ପୁରୁଷ' ଗଳ୍ପର ଆହୁତି ପ୍ରେମକୁ ନେଇ ଦ୍ୱନ୍ଦ୍ୱରେ ପଡ଼େ । ଧନୀ ତରୁଣ ପୁରୁଷ ଶୈବାଳକୁ ପ୍ରେମକରି ଗରିବ ଗର୍ଗର ଆହୁତି ପ୍ରତି ମିଛ ପ୍ରେମ ତଥା ବିବାହ କରିବାର ଗୁଜବ ବିଷୟ ଆହୁତିକୁ ବିଚଳିତ କରେ । ଶେଷରେ ଆହୁତି ଗର୍ଗର ପ୍ରେମକୁ ଗ୍ରହଣ ନକରିଲେ ମଧ୍ୟ ତାକୁ ଚୌଦିଗ ଗର୍ଗମୟ ଲାଗେ । ବିୟୋଗାନ୍ତକ ପ୍ରେମରେ ଆହୁତି ହୁଏ ଜର୍ଜରିତ । 'ନିଦ୍ରାମ୍ବର' ଗଳ୍ପର ନୟନା ଯୌନ ଆକାଂକ୍ଷା ମଧ୍ୟରେ ଅସ୍ତିତ୍ୱ ଖୋଜିଲା ବେଳେ 'ସ୍ୱପ୍ନରଙ୍କା' ଗଳ୍ପର ଗଳ୍ପନାୟକ ସ୍ୱପ୍ନ ଦେଖେ ବାସ୍ତବ ଦୁନିଆକୁ ନେଇ । ବାସ୍ତବ ଦୁନିଆକୁ ପରଖିଲା ବେଳେ ପ୍ରେମରେ ବିଫଳତା ତାକୁ ନିଃସଙ୍ଗ କରେ । ଏକାକୀତ୍ୱର ଅଳନ୍ଧୁ ମଧ୍ୟରେ ଛନ୍ଦି ହୁଏ ଗଳ୍ପନାୟକ । ଗାଳ୍ପିକ ଶ୍ରୀ ମହାନ୍ତିଙ୍କ ଚରିତ୍ରମାନଙ୍କୁ ପରଖିଲେ ଦେଖାଯାଏ ସମସ୍ତ ଚରିତ୍ର ପ୍ରେମ, ବିଷାଦ, ଗ୍ଲାନି, ପାପବୋଧ ଆଦି ଉପାଦାନକୁ ନେଇ ଆତଯାତ ।

କଥାକାର ରଜନୀକାନ୍ତ ମହାନ୍ତିଙ୍କ ଗଳ୍ପ ପରିଧିରେ ଚରିତ୍ରମାନଙ୍କୁ ପରଖିଲେ ପ୍ରାୟତଃ ଚରିତ୍ର ଅସ୍ତିତ୍ୱ ଅନ୍ୱେଷାର ରଖନ୍ତି ଅପେକ୍ଷା । ଚରିତ୍ର ପାଖରେ ଅସ୍ତିତ୍ୱବାଦର ଛିଟା ଥିଲେ

ମଧ୍ୟ ଅନେକ ଚରିତ୍ର ରହନ୍ତି ଅସ୍ପଷ୍ଟ ହୋଇ । ଗାଳ୍ପିକ ଶ୍ରୀ ମହାନ୍ତିଙ୍କ ଲିଖନକାରୀଗରି ଓ ଉପସ୍ଥାପନା ଶୈଳୀ ଏତେ ଚମତ୍କାର ଯେ ପ୍ରତ୍ୟେକ ଚରିତ୍ରକୁ ପାଠକେ ନିଜକୁ ନିଜେ ସେ ଚରିତ୍ର ବୋଲି ଭାବିବା ସ୍ୱାଭାବିକ । ସାଂପ୍ରତିକ ସମାଜର ଗ୍ଲାନି, ପାପବୋଧ, ନିଃସଙ୍ଗତା ଆଦିକୁ ନେଇ ଚରିତ୍ର ଗୁଡ଼ିକ ଗଳ୍ପରେ ଗତି କରନ୍ତି ।

ଅସ୍ତିତ୍ୱବାଦ ଗାଳ୍ପିକ ଶ୍ରୀ ମହାନ୍ତିଙ୍କ ଗଳ୍ପ ପରିଧିରେ ସମସ୍ତ ଚରିତ୍ର ପାଖରେ ଅସ୍ପଷ୍ଟ ହୋଇ ରହିଛି । ସବୁ ଚରିତ୍ର ପାଖରେ ରହିଛି ଜୀବନ ଜିଜ୍ଞାସାର ଅନୁସନ୍ଧିତ୍ସା । ପ୍ରତ୍ୟେକ ଅସ୍ତିତ୍ୱବାଦୀ ଚରିତ୍ରକୁ ନେଇ ଗଳ୍ପ ଗୁଡ଼ିକ ପ୍ରଥମ ପୁରୁଷୀୟ ଶୈଳୀରେ ଲିଖିତ ଏବଂ ଯେଉଁ ଗଳ୍ପ ପ୍ରଥମ ପୁରୁଷୀୟ ଶୈଳୀରେ ଲେଖା ହୋଇନାହିଁ ସେଥିରେ ଚରିତ୍ର ବକ୍ତବ୍ୟ ରଖିଲା ବେଳେ ପ୍ରଥମ ପୁରୁଷୀୟ ହୋଇଯାଏ । ତେଣୁ ଗାଳ୍ପିକ ଶ୍ରୀ ମହାନ୍ତିଙ୍କ ଗଳ୍ପର ଚରିତ୍ରମାନଙ୍କ ପାଖରେ ଅସ୍ତିତ୍ୱବାଦର ଛିଟା ଆକର୍ଷଣୀୟ । 'ଶତାଂଡି ପୁରୁଷ', 'ରାହାଜଗାଳୀ', 'ଓହଳ', 'ପାଉଁଶ ହିଡ଼୍', 'ଅମୃତ', 'ଗଣନାୟକ', 'ହାର୍ଟ ପ୍ରବ୍ଲେମ୍' ଆଦି ଗଳ୍ପରେ ଚରିତ୍ରର ନିଃସଙ୍ଗତାବୋଧ, ବିଚ୍ଛିନ୍ନତାର ଅନୁଭବ, ଶଙ୍କା, ସଙ୍କଟ ଦେଖାଗଲା ବେଳେ 'ଅକାଳ', 'ବୃକ୍ଷରୂପୀ', 'ହଡ଼ିକାଠ', 'ଚନ୍ଦ୍ରଭାଗା', 'ବହ୍ନିପୁରୁଷ', 'ସ୍ୱପ୍ନରଙ୍କା' ଆଦି ଗଳ୍ପରେ ମୃତ୍ୟୁ ଚେତନା, ଆତ୍ମ ନିର୍ବାସନ, ଈଶ୍ୱରହୀନତା ଓ ପ୍ରେମକୁ ନେଇ ନିଃସଙ୍ଗତାବୋଧ ହୃଦୟଙ୍ଗମ କରିହୁଏ। ସର୍ବଶେଷରେ ଏତକ କୁହାଯାଇପାରେ, ସବୁ ଚରିତ୍ର ପାଖରେ ଅଛି ମଣିଷ ଜୀବନ ସୁଲଭ ପ୍ରେମ, ବନ୍ଧନ, ସ୍ୱାଧୀନତା, ଦାୟିତ୍ୱ, ସମବାୟ, ସହଯୋଗ, ମୈତ୍ରୀ ଓ କରୁଣାର ଆତ୍ମ ସଂପୃକ୍ତି । ତେଣୁ ଏ ଦୃଷ୍ଟିରୁ ରଜନୀକାନ୍ତ ମହାନ୍ତିଙ୍କ ଗଳ୍ପ ଗୁଡ଼ିକ ଏକ ଏକ ସଫଳ ଅସ୍ତିତ୍ୱବାଦର ପ୍ରୟୋଗଶାଳା କହିଲେ ଅତ୍ୟୁକ୍ତି ହେବ ନାହିଁ ।

୫) ସାମାଜିକ ସଂପୃକ୍ତି:

ସାହିତ୍ୟ ଓ ସମାଜ ଉଭୟ ପରିପୂରକ । କାରଣ ସମାଜକୁ ନେଇ ସାହିତ୍ୟ ଗଢ଼ି ଉଠିଥାଏ । ସାହିତ୍ୟ ସମାଜକୁ ମାର୍ଜିତ କରେ, ସଂସ୍କାର ସମ୍ପନ୍ନ କରେ । ସମାଜର ସୃଷ୍ଟି କାଳରୁ ସାହିତ୍ୟ ମୁଖରୁ ମୁଖକୁ ଗତିକରି ଆସୁଥିଲେ ମଧ୍ୟ ତାହା ସମାଜକୁ ପରିମାର୍ଜିତ କରି ଆସୁଥିଲା । କିନ୍ତୁ ପରବର୍ତ୍ତୀ ସମୟରେ ସାହିତ୍ୟ ଧର୍ମକୁ ଆଶ୍ରୟ କରିଥିଲା, ପୁନର୍ବାର ସାହିତ୍ୟ ରାଜରାଜୁଡ଼ାଙ୍କ ମନୋରଞ୍ଜନ ଉଦ୍ଦେଶ୍ୟରେ ଦରବାରୀ ହୋଇ ରହିଲା। କିନ୍ତୁ ନବଜାଗରଣ ଫଳରେ ଭାରତ ସଙ୍ଗେ ଓଡ଼ିଆ ସାହିତ୍ୟର ମଧ୍ୟ ଆସିଲା ପରିବର୍ତ୍ତନ । ଶିକ୍ଷାର ବିକାଶ, ମୁଦ୍ରଣ ଯନ୍ତ୍ରର ପ୍ରତିଷ୍ଠା, ପତ୍ରପତ୍ରିକା ତଥା ପାଠ୍ୟ ପୁସ୍ତକର ପ୍ରଣୟନ ସର୍ବୋପରି ପାଶ୍ଚାତ୍ୟ ଶିକ୍ଷା ସଂସ୍କୃତିର ପ୍ରଭାବରେ ଆମର ସାମାଜିକ, ରାଜନୀତିକ, ସାଂସ୍କୃତିକ ଦିଗରେ ପରିବର୍ତ୍ତନର ସୂତ୍ରପାତରେ ସାହିତ୍ୟର ହେଲା ନବମୂଲ୍ୟାୟନ । ସାହିତ୍ୟ ବାସ୍ତବବାଦୀ ହେଲା । ସାଧାରଣ ମଣିଷର କଥା କହିଲା ସାହିତ୍ୟ । ସାହିତ୍ୟ ଧୂଳି ମାଟିର ମଣିଷର କଥା କହିଲା । ପୂର୍ବର ରାଜ ରାଜୁଡ଼ା ସମ୍ଭ୍ରାନ୍ତ ବଂଶୀୟ ନାୟକ ନାୟିକାଙ୍କ ପରିବର୍ତ୍ତେ ଊନବିଂଶ ଶତାବ୍ଦୀର ଶେଷ

ଦୁଇ ଦଶକ ବେଳକୁ ମଣିଷର ସମାଜ ଜୀବନର ବହୁଳ ପରିବର୍ତ୍ତନ ଘଟିଲା । ମଣିଷ ଜୀବନର ସାମାଜିକ, ରାଜନୀତିକ, ଆର୍ଥନୀତିକ, ପ୍ରଶାସନିକ ଆଦି ବିଭିନ୍ନ ଦିଗରେ ବହୁଳ ପରିବର୍ତ୍ତନ ଦେଖାଦେଇଛି । ଏହି ସମୟରେ ମଣିଷ ଦ୍ୱନ୍ଦ୍ୱ ଓ ବିଡ଼ମ୍ବନାର ସମ୍ମୁଖୀନ ହୋଇ ବ୍ୟକ୍ତିକୈନ୍ଦ୍ରୀକ ହୋଇ ପଡ଼ିଛି । ସାହିତ୍ୟରେ ବିଭିନ୍ନ ବିଭାଗର ପରିବର୍ତ୍ତନ ଭଳି ଗଳ୍ପ ସାହିତ୍ୟ ମଧ୍ୟ ଯୁଗାନୁଯାୟୀ ପରିବର୍ତ୍ତନ ହୋଇଛି । ସାମ୍ପ୍ରତିକ ସମୟର ବିବିଧତା ମଧ୍ୟରେ ଗଳ୍ପ ସାହିତ୍ୟ ତା'ର ବାସ୍ତବ ରୂପକୁ ପରିପ୍ରକାଶ କରିଛି । ବାସ୍ତବତାକୁ ନେଇ ଉନବିଂଶ ଶତାବ୍ଦୀରୁ ସାହିତ୍ୟର ସ୍ରୋତ ଗଡ଼ି ଆସିଥିଲେ ମଧ୍ୟ ବିଂଶ ଶତାବ୍ଦୀର ସପ୍ତମ, ଅଷ୍ଟମ ଦଶନ୍ଧି ବେଳକୁ ତା'ର ଭିନ୍ନତା ପରିଲକ୍ଷିତ ହୁଏ । କାରଣ ପାଶ୍ଚାତ୍ୟ ଦର୍ଶନ ଅନୁଯାୟୀ ଆଧୁନିକ ମଣିଷର ଜୀବନ ତା'ର ପରିବେଷ୍ଟନି ଏବଂ ଜୀବନବୋଧର ନାନ୍ଦନିକତାକୁ ଶାସ୍ତ୍ରୀୟତା ଦୃଷ୍ଟିଭଙ୍ଗୀ ଅନୁଯାୟୀ ତର୍ଜମା କରିବା ହୋଇଛି ସାହିତ୍ୟକୁ ନେଇ ବର୍ତ୍ତମାନର ସାମାଜିକ ଆବେଦନ । ସମାଜରେ ଘଟୁଥିବା ନୂତନ ଘଟଣାର ବ୍ୟାଖ୍ୟା କରିବା, ବାହ୍ୟବସ୍ତୁ ତଥା ଅସଜଡ଼ା ମଣିଷପଣିଆକୁ ଉଖାରିବା ଏବଂ ତା'ର ସମାଧାନ କରିବାର ଲକ୍ଷ୍ୟ ସର୍ବଦା ସାମ୍ପ୍ରତିକ ଲେଖକମାନଙ୍କର ରହିଛି ।

ଗାଳ୍ପିକ ରଜନୀକାନ୍ତ ମହାନ୍ତି ତାଙ୍କ ଗଳ୍ପରେ ଉକ୍ତ ସାମାଜିକ ବାସ୍ତବତାକୁ ଆଙ୍କିବାରେ କାର୍ପଣ୍ୟ କରିନାହାନ୍ତି । ନିଚ୍ଛକ ସତ୍ୟକୁ ଆଙ୍କିଛନ୍ତି ତାଙ୍କ ଗଳ୍ପ ପରିଧିରେ । ରାଜନୀତିକ ସଚେତନତା, ବେକାରୀ ସମସ୍ୟା, ଯୌତୁକ ସମସ୍ୟା, ଏହାରି ମଧ୍ୟରେ ମଣିଷର ଦୁଃଖ, ଯନ୍ତ୍ରଣା, ଅସହିଷ୍ଣୁତା, ଈର୍ଷା, ଛଳନା, ପ୍ରତାରଣା ତଥା ସାମାଜିକ ଦାୟିତ୍ୱବୋଧ, ମୂଲ୍ୟବୋଧ, ଆଦର୍ଶ, ନୈତିକତା ଏବଂ ବ୍ୟକ୍ତି ସ୍ୱାତନ୍ତ୍ର୍ୟକୁ ଖୁବ୍ ଆକର୍ଷଣୀୟ କରି ରୂପ ଦେଇଛନ୍ତି ଗଳ୍ପ ମଧ୍ୟରେ ।

ଗାଳ୍ପିକ ଶ୍ରୀ ମହାନ୍ତିଙ୍କ 'ବାଟୋଇ' ଗଳ୍ପରେ ବେକାରୀ ସମସ୍ୟାକୁ ଦେଖାଯାଇପାରେ । ଜନସଂଖ୍ୟାର ବୃଦ୍ଧି ଏବଂ କର୍ମ ସଂସ୍ଥାନର ଅଭାବ ଯୋଗୁଁ ମଣିଷ ଦାଦନ ଖଟିବାକୁ ବିଦେଶ ଯାଇ ଜୀବନକୁ ପାଣି ଛଡ଼ାଉଛି । ଆଲୋଚ୍ୟ ଗଳ୍ପରେ ଆଦିବାସୀ ଅନାଥ ମାରିଣ୍ଡାର ପୁଅ ସଉରା ଘରର ଆର୍ଥନୀତିକ ଅଭାବବୋଧକୁ ପୂରଣ କରିବା ନିମନ୍ତେ ନାରଣ ଦଲାଲକୁ ତିନିଶହ ଟଙ୍କାରେ ବିକ୍ରି ହୋଇ ଯାଇଛି ବିଦେଶରେ ଦାଦନ ଖଟିବା ପାଇଁ । କିନ୍ତୁ ଜୀବିତ ଥିବା ସତ୍ତ୍ୱେ ଘରେ ଖବର ପହଞ୍ଚେ ବାପ ଅନାଥ ମାରିଣ୍ଡା ପାଖରେ ଯେ, ପୁଅ ଖଣିରେ ଚାପି ହୋଇ ମୃତ୍ୟୁ ବରଣ କରିଛି । ଆଲୋଚ୍ୟ ଗଳ୍ପରେ ମଣିଷର ଆର୍ଥିକ ଅଭାବବୋଧ ସହ ଦଲାଲମାନଙ୍କ ପ୍ରାଦୁର୍ଭାବ, ତତ୍‌ସଙ୍ଗେ ଦାଦନ ଖଟିବାକୁ ଯିବା ଭଳି ବାସ୍ତବ ସମସ୍ୟାକୁ ଉପସ୍ଥାପନ କରି ଗାଳ୍ପିକ ସଉରା ଭଳି ନିରୀହ ମଣିଷଙ୍କ ଉଦ୍ଧାର ପାଇଁ ଭୈରବନନ୍ଦନ ଭଳି ଚରିତ୍ର ପରିପ୍ରକାଶ କରି ଗଳ୍ପକୁ ଆକର୍ଷଣୀୟ କରିଛନ୍ତି । ସେହିପରି 'ଗେଣ୍ଡୁଆ' ଗଳ୍ପରେ କଥାବସ୍ତୁର ଭିନ୍ନତା ମଧ୍ୟରେ ଦାଦନ ଖଟିବା ପ୍ରସଙ୍ଗ ପଶି ଆସେ । ଗଳ୍ପନାୟକ ଗେଣ୍ଡୁଆକୁ

ତା'ର ପିତା ମଥୁରା ବିଦେଶ ପଠାଇବା ନିମନ୍ତେ କହେ, "ପୁଅ ମାଇପ ସଉକ୍ କରୁଚି, ଏଣେ ବାପା ଖଟି ଖଟି ହାଲିଆ । ଛୁଆ ରୋଜଗାର ପାଇଁ କାହିଁ ଆସାମ, କୋଲିଆରୀ, କାହିଁ କଲିକତା ଧାଉଁଛନ୍ତି, ନିଜେ ଚଳି ମାସ ଶେଷକୁ ବାପା ମା'ଙ୍କ ପାଖକୁ ପଚାଶ ଶଏ ପଠାଉଛନ୍ତି । ଘର ତୁଲାଇ ମୁଲାଇ କରୁଛନ୍ତି । ତୁ'ଟା ଘରେ ବସିଚୁ କାହିଁକି ବେ ? ଦିନେ ମଥୁରା କଟର କଟର ହେଲାରୁ ନଇନ୍ଦ ସାହୁ ସାଙ୍ଗରେ କଲିକତା ଚାଲିଗଲା । ପଡ଼ାରେ ପାଣିଭାର ବୋହିଲା ।"(୧୭୭) ଏ ଉକ୍ତିରେ ଜଣେ ଓଡ଼ିଆ ଯୁବକର ବିଦେଶରେ ଦାଦନ ଖଟିବାର ଚିତ୍ର ଲକ୍ଷ୍ୟ କରାଯାଇପାରେ। ସମାଜ ଓ ସଂସାରର ଦ୍ୱାହିରେ ଗେଣ୍ଡୁଆ ଭଳି ଶହଶହ ଯୁବକ ଜୀବିକାକୁ ନେଇ ପ୍ରତିବର୍ଷ ବିପଥଗାମୀ ହେଉଛନ୍ତି। ତଦନୁରୂପ 'ଲଗ୍ନାଧିପତି' ଗଳ୍ପରେ ଗଳ୍ପନାୟକ ପୁରଞ୍ଜନ ତ୍ରସ୍ତ, ଶଙ୍କାକୁ, ଅସ୍ଥିରତା ମଧ୍ୟରେ ଜୀବନ ବିତାଏ । କାରଣ ଜୀବନ ବଞ୍ଚିବା ତଥା ପରିବାର ଚଳାଇବା ପାଇଁ ପାଖରେ ନଥାଏ ଟଙ୍କା । ବୟସ ବୃଦ୍ଧି ଯୋଗୁଁ ଚାକିରି ନ ପାଇବାର ଆଶଙ୍କାରେ ଭାଙ୍ଗିପଡ଼େ ଗଳ୍ପନାୟକ ପୁରଞ୍ଜନ । 'ଜନପଥ' ଗଳ୍ପରେ କର୍ମସଂସ୍ଥାନର ଅଭାବ ଯୋଗୁଁ ଗଳ୍ପନାୟକ ବାଇଧର ଭଳି ସଂପ୍ରତି ମଣିଷ ଦୂରାଚାର କର୍ମ କରି ଚାଲିଛନ୍ତି । ଯେତେବେଳେ ମଣିଷର ଆର୍ଥନୀତିକ ଅବସ୍ଥା ଦୁର୍ବଳ ଏବଂ କର୍ମସଂସ୍ଥାନର ଅଭାବ, ତତ୍‌ସଙ୍ଗେ ଜନସଂଖ୍ୟାର ଆଶାତୀତ ବୃଦ୍ଧି ବେଳେ ମଣିଷ ବାଧ୍ୟ ହେବ ବେକାରୀ ହେବା ଅପେକ୍ଷା ଦୂରାଚାର କର୍ମ କରିବା ନିମନ୍ତେ । ଯେପରି ଆଲୋଚ୍ୟ ଗଳ୍ପରେ ବାଇଧର ଚାକିରି କରିବା ଉଦ୍ଦେଶ୍ୟରେ ମାନବ ନିଯୋଜନ ସଂଗଠନରେ ମାସକୁ ଦୁଇ ହଜାର ଟଙ୍କା ବିନିମୟରେ ଦୁର୍ନୀତିପୂର୍ଣ୍ଣ ରାଜନୀତିକ ପାଟିକୁ ସମର୍ଥନ କରୁଛି । 'ବର୍ଷା ଯେଉଁପଟେ ଛତା ସେଇପଟେ' ନ୍ୟାୟରେ କାର୍ଯ୍ୟ କରିଛି । ଯେଉଁ ରାଜନୀତିକ ଦଳ ଯେତେ ଅଧିକ ଟଙ୍କା ଦେଲେ ସେଇ ରାଜନୀତି ଦଳକୁ ସମର୍ଥନ କରିଛି । ଉକ୍ତ ଗଳ୍ପ ବେକାରୀ ସମସ୍ୟାର ଏକ ସୋଚନୀୟ ଇସ୍ତାହାର ।

ଗାଳ୍ପିକ ଶ୍ରୀ ମହାନ୍ତିଙ୍କ 'ବାଟୋଇ' ଗଳ୍ପରେ ଅନାଥ ମାରିଣ୍ଡାର ପୁଅ ଯେପରି ରାଜ୍ୟ ବାହାରକୁ ଦାଦନ ଖଟିବାକୁ ଯାଇ ହଇରାଣ ହରକତ ହୋଇଛି, ଠିକ୍ ଅନୁରୂପ ଭାବରେ 'ପଘା' ଗଳ୍ପରେ ଗଳ୍ପନାୟକ ଗିରିଧାରୀ ବାହାର ରାଜ୍ୟକୁ କାମ କରିବାକୁ ଯାଇ ଟଙ୍କା ରୋଜଗାର କରିବାରେ ନାନା ସମସ୍ୟାର ସମ୍ମୁଖୀନ ହୋଇଛି । ଗାଳ୍ପିକ ଶ୍ରୀ ମହାନ୍ତି ଗିରିଧାରୀ ଚରିତ୍ର ଭଳି ମଣିଷମାନଙ୍କର ବାହାର ରାଜ୍ୟକୁ ଯାଇ ଦାଦନ ଖଟିବା ପ୍ରସଙ୍ଗରେ କହନ୍ତି, "ଗୁଜୁରାଟରେ ପହଞ୍ଚୁ ପହଞ୍ଚୁ ହିଁ ତା'ର (ଗିରିଧାରୀ) ସ୍ୱପ୍ନର ନିଝୁମ ବାସ୍ତବତା ସାମ୍ନାକୁ ଆସିଯାଇଥିଲା । ପ୍ଲାଟଫର୍ମରେ ସହରତଳି ଝୁମ୍ପୁଡ଼ିରେ କିମ୍ବା ହୋଟେଲ୍‌ରେ ଖାଇବା ଟେବୁଲ ଉପରେ ଶୋଇବାରେ ହିଁ ତା'ର ଦିନ କଟିଥିଲା । ଗାଁର ପଡ଼ୋଶୀ ଗାଁର ଯେଉଁମାନେ ସେଠାରେ ଥିଲେ ସମସ୍ତେ ଏଭଳି ସ୍ଥିତିରେ ବଞ୍ଚିଥିଲେ । ଘରକୁ କିଛି ଟଙ୍କା ପଠାଇବାରେ ହିଁ ସ୍ୱପ୍ନ ସାର୍ଥକ ହୋଇଯାଉଥିଲା । କାରଖାନା ମାଲିକମାନେ ବି ଜାଣିଥିଲେ ଯେ ବାହାରୁ

ଯେଉଁମାନେ ଯାଇଛନ୍ତି, ସେମାନେ ଖୁସିରେ ଯାଇ ନାହାନ୍ତି । ପରିସ୍ଥିତି ତୀବ୍ରତା ଓ ତାଡ଼ନା ସେମାନଙ୍କୁ ବାଧ୍ୟ କରିଛି ।" (୧୭୮) ଗାନ୍ଧିଜୀଙ୍କର ଏହି ଉକ୍ତିଟି ନିରାଟ ସତ୍ୟ ଓ ଖୁବ ବାସ୍ତବଧର୍ମୀ । ଆମ ରାଜ୍ୟରେ କର୍ମନିଯୁକ୍ତିର ସୁଯୋଗ ସୁବିଧା ରହିଥାନ୍ତା ତାହେଲେ ମଣିଷ କାହିଁକି ବାହାର ରାଜ୍ୟରେ ସ୍ୱଳ୍ପ ଦରମାରେ ବେଠି ଖଟନ୍ତା ? ଅଧୁନା ଶିକ୍ଷାଗତ ଯୋଗ୍ୟତା ଅନୁଯାୟୀ କର୍ମସଂସ୍ଥାନର ସୁଯୋଗ ଦିଆଯାଉନାହିଁ । ପ୍ରଶାସନିକ ସ୍ତରରେ ଆଇନଗତ ଭାବରେ କର୍ମନିଯୁକ୍ତି କରାଯାଉନାହିଁ । ଯଦ୍ଦ୍ୱାରା ବେକାରୀ ସଂଖ୍ୟା ବୃଦ୍ଧି ହେଉଛି । ଶିକ୍ଷିତ ବେକାରୀମାନେ ଅନେକ ବିଶୃଙ୍ଖଳିତ କାର୍ଯ୍ୟ ଘଟାଉଛନ୍ତି । ନିଜର ଉପଯୁକ୍ତ ପଦବୀ ନ ପାଇ ନିରାଶ ହୋଇ ହତ୍ୟା, ଲୁଣ୍ଠନ ଭଳି ନାନା ଅନୈତିକ କାର୍ଯ୍ୟ କରୁଛନ୍ତି । ଶ୍ରୀ ମହାନ୍ତିଙ୍କ ଗଳ୍ପରେ ବେକାରୀ ସମସ୍ୟା ଖୁବ୍ ଚମତ୍କାର ଭାବରେ ଉପସ୍ଥାପନ କରି ବାସ୍ତବତାକୁ ଅନାବୃତ କରିଛନ୍ତି ଏବଂ ତା'ର ନିରାକରଣର ମାର୍ଗ ମଧ୍ୟ ଗଳ୍ପ ଗୁଡ଼ିକରେ ଉନ୍ମୋଚନ କରିଛନ୍ତି ।

କଥାକାର ରଜନୀକାନ୍ତ ମହାନ୍ତି ବେକାରୀ ତଥା ଦାଦନ ସମସ୍ୟା ଭଳି ଯୌତୁକ ସମସ୍ୟାର ବାସ୍ତବ ରୂପକୁ ଗଳ୍ପରେ ଆଙ୍କିଛନ୍ତି । ଏହି ଯୌତୁକ ସମସ୍ୟା ଅନେକ ସମୟରେ ସାମାଜିକ ଅବକ୍ଷୟ ଓ ବିଶୃଙ୍ଖଳାର କାରଣ ହୋଇ ପରିବାର ପରିବାର ମଧ୍ୟରେ ସଂପର୍କ ଛିନ୍ନ କରିଥାଏ । ଯୌତୁକ ଏକ ବ୍ୟାଧି । ଏହା ମଣିଷକୁ ନୀତିହୀନ କରେ । ଅନେକ ସମୟରେ ନବବଧୂର ମୃତ୍ୟୁର କାରଣ ସାଜେ ଯୌତୁକ ସମସ୍ୟା । ସାମାଜିକ ଚଳଣିରେ ବିବାହ ଏକ ରୀତି ସମ୍ପନ୍ନ କାର୍ଯ୍ୟ । ଏଠାରେ ଯୌତୁକର ଭୂମିକା କିଛି ନଥାଏ । କିନ୍ତୁ ଅନେକ ସମୟରେ ଅର୍ଥଲୋଭୀ ମଣିଷ କନ୍ୟା ଘରୁ ଯୌତୁକକୁ ଅଧିକାର ସ୍ୱରୂପ ଦାବୀ କରେ । ଏହା କନ୍ୟାର ଅଭିଭାବକ ପୂରଣ କରି ନପାରିଲେ ଉଭୟ ପରିବାର ମଧ୍ୟରେ ବିଶୃଙ୍ଖଳା ସୃଷ୍ଟି ହୁଏ । ଏହାର ପରିଣାମ ଭୋଗନ୍ତି ଉଭୟ ବର ଓ କନ୍ୟା । ସ୍ୱାମୀ ସ୍ତ୍ରୀ ମଧ୍ୟରେ ଉତ୍ତମ ସଂପର୍କ ରହେନାହିଁ । ଉଭୟ ପରିବାର ମଧ୍ୟରେ ବନ୍ଧୁତ୍ୱ ଭଙ୍ଗ ହୁଏ । ଏପରିକି ଅନେକ ସମୟରେ ଆଇନ କାନୁନ ପର୍ଯ୍ୟନ୍ତ କଥା ଯାଏ । ଯାହାବି ହେଉ ଏହି ଯୌତୁକରୂପୀ ରୁଗ୍ଣ ମାନସିକ ବ୍ୟାଧିକୁ ସମୁଳେ ଧ୍ୱଂସ କରିବା ସାହିତ୍ୟର ଲକ୍ଷ୍ୟ ହେବା ଉଚିତ । କଥାକାର ଶ୍ରୀ ମହାନ୍ତିଙ୍କ 'ରାହାଜଗାଲୀ' ଗଳ୍ପରେ ଗଳ୍ପନାୟକର ବଡ଼ଝିଅ ବିବାହର ସାତ ମାସ ପରେ ଜ୍ୱାଇଁର ଖବର ଆସେ, "ଝିଅ ସହିତ ସାଇକେଲ୍, ରେଡ଼ିଓ, ଆଉ ଦି ହଜାର ଟଙ୍କା ପଠେଇବ ତ ଝିଅ ଶାଶୁ ଘରକୁ ଲେଉଟିବ । ନହେଲେ ସେଆଡ଼େ ସେଆଡ଼େ ।"(୧୭୯) ଅର୍ଥାତ୍ ଯୌତୁକ ଯୋଗୁଁ ଜ୍ୱାଇଁ ଝିଅକୁ ଗ୍ରହଣ କରି ପାରେନା କି ଖଟିଖିଆ ଦିନ ମଜୁରିଆ ଗଳ୍ପନାୟକ ଜ୍ୱାଇଁର ଦାବୀ ପୂରଣ କରି ପାରେନା । ଯଦ୍ଦ୍ୱାରା ବଡ଼ଝିଅ ସଙ୍ଗେ ଆହୁରି ଦୁଇଝିଅ ଅବିବାହିତ ହୋଇ ଘରେ ରହନ୍ତି । ଏହା ଦ୍ୱାରା ସାମାଜିକ ବିଶୃଙ୍ଖଳା, ପାରିବାରିକ ବିପର୍ଯ୍ୟୟ ଭଳି ମନୁଷ୍ୟର ଅଧଃପତନ ଘଟୁଛି । ମଣିଷର ଏହି ହୀନମନ୍ୟତା ବୈବାହିକ ଜୀବନକୁ ଧ୍ୱଂସ କରିବା ସଙ୍ଗେ ମଣିଷକୁ ମାନସିକ ସ୍ତରରେ ପଙ୍ଗୁ

କରି ଦେଉଛି । ସେହିପରି 'ଅଛୁଆଁ ଝିଅ' ଗଳ୍ପରେ ଶ୍ରାବଣୀ ଓ ସୁକାନ୍ତ ମଧ୍ୟରେ ବିବାହ ହୋଇ ପାରିନାହିଁ ଯୌତୁକ ଯୋଗୁଁ । ସୁକାନ୍ତର ଲୋଭୀ ବାପା ଦାବି କରନ୍ତି, "କିନ୍ତୁ ଅତି କମରେ ସ୍କୁଟର, ଫ୍ରିଜ୍, ଟିଭି, ରାସ୍ତାଖର୍ଚ୍ଚ କୋଡ଼ିଏ ହଜାର, ଦଶଭରି ସୁନା ନହେଲେ ମୁଁ ପୁଅ ବାହାଘରରେ ବସିବି ନାହିଁ ।"(୧୮୦) ପିତୃହୀନା ଶ୍ରାବଣୀ ଏସବୁ ଦାବି ପୂରଣ କରିପାରେନା । ଯିଏ ଦିନେ ଜୀବନ ସାଥି କରିବାର ଆକାଂକ୍ଷାରେ ପ୍ରେମରେ ପଡ଼ି ସୁକାନ୍ତକୁ ନିଜକୁ ଦାନ କରିଥିଲା ସେଇ ସୁକାନ୍ତ ତା'ବାପାର ଦାବିରେ ମୁହଁ ଖୋଲି ପଦୁଏ କଥା କହିନାହିଁ । ଶ୍ରାବଣୀ ମାନସିକ ଭାରାକ୍ରାନ୍ତ ହେବା ସହ ଯୌତୁକ ଭଳି ଏକ କୁପ୍ରଥା ଗୋଟିଏ ଶୁଭ ବନ୍ଧନକୁ ଅଶୁଭ ପରିଣତିରେ ନେଇ ଥୋଇଛି ।

ଯୌତୁକ ସମସ୍ୟା ଭଳି ଅନ୍ୟ ଏକ ସାମାଜିକ ବ୍ୟାଧି ଭ୍ରୁଣହତ୍ୟା ଜନିତ ପାଶବିକତାର ସ୍ୱରୂପ ମଧ୍ୟ ଗାଳ୍ପିକ ରାଜନୀକାନ୍ତ ମହାନ୍ତିଙ୍କ ଗଳ୍ପରେ ଦେଖାଯାଏ । ଯଦ୍ୟପି ଉଭୟ ଯୌତୁକ ଓ ଭ୍ରୁଣହତ୍ୟା ସରକାରୀ ଆଇନ ବିରୋଧୀ କାର୍ଯ୍ୟ ଏବଂ ମାନବିକତା ଦୃଷ୍ଟିରୁ ଏହା ଏକ ଏକ ଦଣ୍ଡନୀୟ ଅପରାଧ, ତଥାପି ମଣିଷ ସେସବୁକୁ ବେଖାତିର କରି ଅମାନୁଷିକ ଭାବେ କାର୍ଯ୍ୟ କରି ଚାଲିଛି । ଯୌତୁକ ଜନିତ ଉତ୍ପୀଡ଼ନ, ନାରୀକୁ ଏକ ପଣ୍ୟବସ୍ତୁ ରୂପେ ବିଚାର କରିବା, ନାରୀପ୍ରତି ଥିବା ସମାଜର ହୀନମନ୍ୟତା ଓ ଅଧିକାଂଶତଃ ନାରୀକୁ ବିଳାଶର ସାମଗ୍ରୀ ରୂପେ ବିଚାର କରିବା ଭଳି ବିଚାରହୀନତା ଏବଂ ନାରୀକୁ କେନ୍ଦ୍ର କରି ଏସବୁ ମାନସିକ ବ୍ୟାଧି ଯୋଗୁଁ ମଣିଷ ଭ୍ରୁଣହତ୍ୟା ଭଳି ନାରକୀୟ କାଣ୍ଡ ଘଟାଉଛି। ଭ୍ରୁଣହତ୍ୟା ନିମନ୍ତେ ଲିଙ୍ଗ ପରୀକ୍ଷାରେ ସରକାରୀ କଟକଣା, ଏଥିନିମନ୍ତେ କନ୍ୟା ସଂଖ୍ୟା ହ୍ରାସ ଆଦି ପ୍ରସଙ୍ଗ ଉପସ୍ଥାପନା କରବା ସଙ୍ଗେ ସାମ୍ପ୍ରତିକ ସମାଜରେ ଭ୍ରୁଣହତ୍ୟାର ବାସ୍ତବ କାରଣକୁ ଦେଖାଇବାକୁ ଯାଇ 'ଝିଅ' ଗଳ୍ପରେ ଅରୁଣାର ସ୍ୱାମୀ ପୁରୁରବା ଚରିତ୍ର ଦ୍ୱାରା କହିଛନ୍ତି, "ଆଇନ ତା' ବାଟରେ । ମଣିଷ ତା'ର ବାସ୍ତବତା, ଆଉ ଗୋଟେ ବାଟରେ । ଏଇଟା (ସରକାରୀ କଟକଣା) କେବଳ ସଚେତନତା ସୃଷ୍ଟିପାଇଁ ହେଇଚି ମାତ୍ର । ଝିଅଟେ ହବା ଠାରୁ ଆରମ୍ଭ ହୋଇଗଲା ସବୁ ପ୍ରକାର ସମସ୍ୟା । ସାତ ଆଠ ବର୍ଷ ଠାରୁ ତାକୁ ଜଗିବ । ସ୍କୁଲ ସମୟ ଠାରୁ ରେପ୍, ମର୍ଡର, ଭାବରେ ଯୋଉ ସମସ୍ୟା, ଯୋଉ ଚିନ୍ତା । ପ୍ରତି ମୁହୂର୍ତ୍ତରେ ଜଣେ ବଡ଼ିଗାର୍ଡ଼ । ତା' ପରଠାରୁ ବରଖୋଜା, ବାହାଘର, ଯୌତୁକ, ଯୌତୁକ ପାଇଁ ହତ୍ୟା । ଝିଅଟେ ଜନ୍ମ କଲା ମାନେ ବାପା ମାଆ ଛାତିରେ ଭୟଟେ, ଆଶଙ୍କାଟେ ଧରି ଚହଲିବା କଥା । ନୁହେଁ ? ସମାଜରେ, ଦେଶରେ ଝିଅର ସୁରକ୍ଷା ଥିଲେ, ଯୌତୁକର କଳା ଅନ୍ଧାର ନଥିଲେ ଏକଥା ଘଟନ୍ତା କାହିଁକି ? ଜଣେ ଲୋକର ସାରା ଜୀବନର ରୋଜଗାର, ସମସ୍ତ ସମ୍ପତ୍ତି ଶେଷ ହେଇଯାଏନି କି ଗୋଟେ ଝିଅ ବାହାଘରରେ ? ଲୋକେ କ'ଣ ଖୁସିରେ ଝିଅ ଗର୍ଭ ନଷ୍ଟ କରୁଛନ୍ତି ?"(୧୮୧) ସମ୍ପ୍ରତି ସମାଜ ପାଇଁ ଗାଳ୍ପିକଙ୍କର ଉକ୍ତିଟି ଯଥାର୍ଥ । ନାରୀକୁ ନେଇ ଘଟୁଥିବା ସମସ୍ତ ସମସ୍ୟା ପାଇଁ ଜଣେ ପିତା, ହୀନ ଓ ରୁଗ୍ଣ

ମାନସିକତାକୁ ନେଇ ଅପରାଧ ହେବା ସ୍ୱାଭାବିକ । କିନ୍ତୁ ମଣିଷ ଦୃଢ଼ ମାନସିକତାରେ ସମସ୍ତ ବ୍ୟଭିଚାରକୁ ସମ୍ମୁଖୀନ ହେବା ଦରକାର, କାରଣ ଆଲୋଚ୍ୟ ଗଳ୍ପରେ ପୁରୁରବାର ସ୍ତ୍ରୀ ଅରୁଣା ପୁରୁଷର ନାରୀ ପ୍ରତି ଥିବା ହୀନମନ୍ୟତାକୁ ଦମନ କରିଛି । ସେ ତା' ଗର୍ଭରେ ଥିବା ସନ୍ତାନର ଲିଙ୍ଗ ନିରୁପଣ କରିବାକୁ ଦେଇନାହିଁ । କାହିଁକି ନା, ନାରୀ ହେଉଛି ସୃଷ୍ଟିକର୍ତ୍ତ୍ରୀ । ଝିଅ ବିନା ପୁରୁଷର ଜନ୍ମ ବି ଅସମ୍ଭବ । ଯେଉଁ ନାରୀ ଗର୍ଭରୁ କନ୍ୟା ଭ୍ରୁଣହତ୍ୟା କରାଯାଉଛି ସେ ବି ଜଣେ ନାରୀ । ତେଣୁ ପୁରୁଷ ଓ ନାରୀ ଉଭୟ ନିଜକୁ ନିଜେ ସଚେତନ ହୋଇ ସମାଜରେ ନାରୀର ସ୍ଥାନ ସୁରକ୍ଷିତ କରିବା, ନାରୀ ସୁରକ୍ଷାରେ ସରକାର ସେଚେତନ ହେବା ଏବଂ ଏହାର ବିରୁଦ୍ଧାଚରଣ କରୁଥିବା ତଥା ନାନା ଅଘଟଣ ଘଟାଉଥିବା ମଣିଷ ପ୍ରତି ଦୃଢ଼ ପଦକ୍ଷେପ ନେବା ଦରକାର । ତାହେଲେ ଯୌତୁକ ସମସ୍ୟା ଏବଂ ଭୃଣହତ୍ୟା ଭଳି ବ୍ୟଭିଚାର ବନ୍ଦ ହେବ ।

ରାଜନୀତିକ ସଚେତନତା ମଧ୍ୟ ସାମାଜିକ ସଂପୃକ୍ତିର ଏକ ଅଙ୍ଗ । ଗାଳ୍ପିକ ରଜନୀକାନ୍ତ ମହାନ୍ତି ତାଙ୍କ ଗଳ୍ପ ପରିଧିରେ ସାମ୍ପ୍ରତିକ ରାଜନୀତିର ବାସ୍ତବ ଇସ୍ତାହାର ଦେଇଛନ୍ତି । ସ୍ୱାଧୀନତା ପୂର୍ବରୁ ଗାନ୍ଧୀଙ୍କ ଆହ୍ୱାନରେ ଯେଉଁ ଏକତା ମୁଣ୍ଡ ଟେକି ଉଠିଥିଲା, ବିଦେଶୀ ଶତ୍ରୁଙ୍କୁ ଦେଶରୁ ହଟାଇ ରାମରାଜ୍ୟର ସ୍ୱପ୍ନ ଭାରତୀୟଙ୍କ ମନରେ ଜାଗି ଉଠିଥିଲା, ତାହା ପରବର୍ତ୍ତୀ ସମୟରେ ଭିନ୍ନ ରୂପ ନେଇଛି । ଗୋଷ୍ଠୀସ୍ୱାର୍ଥ ପରିବର୍ତ୍ତେ ବ୍ୟକ୍ତି ସ୍ୱାର୍ଥ ମୁଖ୍ୟ ଭୂମିକା ଗ୍ରହଣ କରିଛି ସାମ୍ପ୍ରତିକ ରାଜନୀତିରେ । ଦେଶର ଶାସନତନ୍ତ୍ର ଜଣଶାସନରୁ ଗଣଶାସନରେ ପରିଣତ ହେଲେ ମଧ୍ୟ ରାଜନୀତିର ନେତୃତ୍ୱ ନେଉଥିବା ରାଜନେତାମାନେ କ୍ଷମତାସୀନ ହୋଇ ନିଜର ବାହୁବଳରେ ଆଧିପତ୍ୟ ବିସ୍ତାର କରୁଛନ୍ତି । ରାଜକୋଷକୁ ନିଜ ସ୍ୱାର୍ଥରେ ବିନିଯୋଗ କରିବାରେ ପଛଘୁଞ୍ଚା ଦେଉନାହାନ୍ତି । ରାଜନୀତିକ ଆଦର୍ଶ ପରିବର୍ତ୍ତେ ଭୋଗବାଦ ପ୍ରମୁଖ ସ୍ଥାନ ନେଇଛି । ଏ ସମୟର ରାଜନୀତି କେବଳ ଭୋଟ ରାଜନୀତି ହୋଇ ରହିଛି । ଏହାରି ମଧ୍ୟରେ ଗାଣତାନ୍ତ୍ରିକ ସଂସ୍କାରଧର୍ମୀ ବୈପ୍ଲବିକ ବ୍ୟବସ୍ଥାର ରୂପ ପରିବର୍ତ୍ତନ ହୋଇ ଲାଞ୍ଚ, ମିଛ, ଶଠତା, ପ୍ରତାରଣା, ହାଣକାଟର ରାଜନୀତି ମୁଣ୍ଡ ଟେକିଛି । ଏସବୁରୁ ମୁକ୍ତି ନିମନ୍ତେ ସାମ୍ପ୍ରତିକ ଗଳ୍ପରେ ସଚେତନତା ଆଣିବା ଗାଳ୍ପିକମାନଙ୍କର ମୁଖ୍ୟ କର୍ତ୍ତବ୍ୟ ହୋଇଛି । ଏଥିରୁ ଗାଳ୍ପିକ ରଜନୀକାନ୍ତ ମହାନ୍ତି ବାଦ ଯାଇନାହାନ୍ତି ।

ଗାଳ୍ପିକ ଶ୍ରୀ ମହାନ୍ତି ସହର ରାଜନୀତି ସଙ୍ଗେ ଗ୍ରାମୀଣ ରାଜନୀତିକୁ ତାଙ୍କ କଥା ପରିଧିରେ ଖୁବ୍ ଆନ୍ତରିକତାର ସହିତ ଦେଖାଇ ସଚେତନତା ସୃଷ୍ଟି କରିଛନ୍ତି । 'ହଡ଼ିକାଠ' ଗଳ୍ପରେ ଗାଁର ଅପରିପକ୍ୱ ରାଜନୀତିର ବାସ୍ତବ ଚିତ୍ର ଫୁଟି ଉଠେ । ଗ୍ରାମୀଣ ତ୍ରିସ୍ତରୀୟ ରାଜନୀତିରେ ଗୋଷ୍ଠୀ ଗୋଷ୍ଠୀ ମଧ୍ୟରେ ଶତ୍ରୁତା, ଶଠତା, ପ୍ରତାରଣା ବେଶ୍ ବାରି ହୋଇଯାଏ । ଗାଁ ରାଜନୀତିର ଦଳୀୟ କର୍ମୀଙ୍କ ଚୁଗୁଲାମି, ମକଦ୍ଦମା, ଦୁର୍ଘଟଣା ଅସ୍ୱସ୍ତିକର ପରିବେଶ ମଧ୍ୟରେ ଗଳ୍ପନାୟକ ନିମନ୍ତେ ନ୍ୟାର୍ଯ୍ୟଦାବୀର ପ୍ରସଙ୍ଗ ହୋଇପଡ଼େ ଗୌଣ ।

ଅପରିପକ୍ୱ ଗ୍ରାମୀଣ ରାଜନୀତି ଭିତରେ ଦଳ ଦଳ ମଧ୍ୟରେ ଜୟ ପରାଜୟର ମନ୍ତ୍ରଣା ଗଳ୍ପନାୟକ ଭଳି ମଣିଷମାନଙ୍କୁ କରେ ହତବିବ୍ରତ । ସେହିପରି 'ରାହାଜଗାଳୀ' ଗଳ୍ପରେ ଗ୍ରାମୀଣ ରାଜନୀତିର ସ୍ୱାର୍ଥାନ୍ୱେଷୀ ଭାବ, 'ସେଇ ଅନ୍ଧାରୀ କୋଣକୁ ଚାଲିଯା' ଗଳ୍ପରେ ଦଳୀୟ କର୍ମୀଙ୍କ ଦଳବିରୋଧୀ କାର୍ଯ୍ୟ ଏବଂ ରାଜନୀତିକ ଗାଦି ବା ଆସନର ଲାଳସା, ଏହାରି ମଧ୍ୟରେ ସରକାରୀ କର୍ମଚାରୀମାନେ ଆସନରେ ଥିବା ରାଜନେତାଙ୍କୁ ସମର୍ଥନ କରିବା, 'ପ୍ରକ୍ସି' ଗଳ୍ପରେ ଅନୁଷ୍ଠାନକୁ କେନ୍ଦ୍ର କରି ଗ୍ରାମୀଣ ରାଜନୀତିରେ କନ୍ଦଳ ସୃଷ୍ଟି ଏ ସମସ୍ତ କାରଣର ନିରାକରଣ ସୂଚାଇ ଗାଳ୍ପିକ ଗଳ୍ପ ପରିବେଶ ମଧ୍ୟରେ ଚରିତ୍ରମାନଙ୍କ ଦ୍ୱାରା ପାଠକକୁ ସଚେତନ କରାଇଛନ୍ତି । ଏ ସମସ୍ତ ରାଜନୀତିକ ପ୍ରସଙ୍ଗକୁ ଲକ୍ଷ୍ୟ କଲେ ଏବେର ରାଜନୀତିକ ପୃଷ୍ଠପଟ୍ଟ ସମ୍ପର୍କରେ କୁହାଯାଇପାରେ ଗରିବ ତଥା ଖଟିଖିଆ ଦିନ ମଜୁରିଆମାନଙ୍କ ପରିବାରରେ ଅଭାବ ତଥା ହାନିଲାଭର ତର୍ଜମା ପରିବର୍ତ୍ତେ ରାଜନେତାଙ୍କର ବ୍ୟକ୍ତିତ୍ୱ, ଆସନର ଲାଳସା, ଆଶଙ୍କା ଗ୍ରସ୍ତ ବିରୋଧି ଦଳ ଗଠନ ଆଦି ରାଜନୀତି, ରାଜନେତା ତଥା ଦଳୀୟକର୍ମୀଙ୍କର ସ୍ୱାର୍ଥ ପରିପୂରଣରେ ଉତ୍‌ପ୍ରେରିତ ।

ଗାଳ୍ପିକ ଗାଁ ପରିବେଶ ରାଜନୀତି ସଙ୍ଗେ ସହରୀ ରାଜନୀତିର ଆଦର୍ଶ ଅନାଦର୍ଶର କଥା କହିଛନ୍ତି 'ଆଁ', 'ଜନପଥ', 'ବାଟୋଇ', 'ଫଳକ' ଆଦି ଗଳ୍ପରେ । କ୍ଷୟିଷ୍ଣୁ ଗଣତାନ୍ତ୍ରିକ ମୂଲ୍ୟବୋଧକୁ ଆଧାର କରି ଗଳ୍ପର କଥାବସ୍ତୁ ଗତି କରିଛି । ଏହା ସଙ୍ଗେ ରାଜନୀତିକ ଚରିତ୍ରମାନଙ୍କର ଭ୍ରଷ୍ଟାଚାର ପ୍ରକାଶିତ ହୋଇଛି, ଏବଂ 'ଅନୁଭବ କାହିଁକି ଦାଢ଼ି ବଢ଼ାଇଚି', 'ଶିଶୁ' ଆଦି ଗଳ୍ପରେ ଛାତ୍ର ରାଜନୀତି ପ୍ରସଙ୍ଗ ଉପସ୍ଥାପିତ ହୋଇଛି । ଗଳ୍ପ ଗୁଡ଼ିକ କେବଳ ରାଜନୀତିକ ପ୍ରସଙ୍ଗ କଥା କହିନାହିଁ, ଆଦର୍ଶର କଥା, ସ୍ୱାର୍ଥବାଦୀ ରାଜନେତା, ଶୋଷଣ, ଅତ୍ୟାଚାର ତଥା ଅନ୍ୟାୟର କଥା କହିଛି । ଯାହାକି ପାଠକ ପ୍ରାଣରେ ସଂଚାର କରିପାରେ ଉପଯୁକ୍ତ ଶାସକ ହାତରେ ଶାସନ ଦାୟିତ୍ୱ ଅର୍ପଣ କରିବାର ଅଭିପ୍ସା ଏବଂ ଦୁରାଚାରୀ ଶାସକ ମଧ୍ୟ ହୋଇପାରେ ନିଜର କର୍ତ୍ତବ୍ୟକୁ ନେଇ ସଚେତନ ।

'ଆଁ' ଓ 'ଜନପଥ' ଗଳ୍ପରେ ରାଜନୀତିକ ବ୍ୟଭିଚାର ପ୍ରସଙ୍ଗ ଉପସ୍ଥାପିତ ହୋଇଛି । 'ଆଁ' ଗଳ୍ପରେ ରାଜନେତା ବା ଉପମନ୍ତ୍ରୀ ଶକ୍ତିମୟଙ୍କର ହଠାତ୍ ପାଟି ଖୋଲା ହୋଇ ଆଁ ହୋଇଯିବାକୁ ଗାଳ୍ପିକ ଦୁର୍ନୀତିର ସର୍ବଗ୍ରାସୀ ଭାବର ପ୍ରତୀକ ଭାବେ ଗ୍ରହଣ କରିଛନ୍ତି । 'ଆଁ' ହେଉଛି ଶୋଷଣର ପ୍ରତୀକ । ଶ୍ରୀ ମହାନ୍ତି ସାଧାରଣ ଜନତାଙ୍କୁ ଫାଶରେ ପକାଇ ଶୋଷଣ କରୁଥିବା ରାଜନେତାଙ୍କୁ ଅଙ୍ଗୁଳି ନିର୍ଦ୍ଦେଶ କରିବା ନିମନ୍ତେ 'ଆଁ' ଭଳି ଇଙ୍ଗିତାତ୍ମକ ଶବ୍ଦ ପାଠକଙ୍କୁ ପରସି ଦେଇଛନ୍ତି । ସେହିପରି 'ଫଳକ' ଗଳ୍ପରେ ରାଜନେତା ଜନସାଧାରଣଙ୍କ ପ୍ରତି ସହୃଦୟତା ଦେଖାଇଲା ବେଳେ ଦଳଗତ ସ୍ୱାର୍ଥ ପାଇଁ କିପରି ଅପ୍ରତ୍ୟାଶିତ ଭାବରେ ପ୍ରତାରଣା ବା ଅସୁବିଧାର ସମ୍ମୁଖୀନ ହେଉଛି ତା'ର ଚିତ୍ରକୁ ହୃଦୟଙ୍ଗମ କରାଯାଇପାରେ । ଅର୍ଥାତ୍ ଗାଳ୍ପିକ ଉକ୍ତ ଗଳ୍ପରେ ରାଜନୀତିକ ଦଳ, ନେତା, ଭୋଟ

ଦେଇ ଆସନରେ ବସାଉଥିବା ଜନସାଧାରଣ, ଦଳୀୟ ବ୍ୟକ୍ତି ଆଦି ସମସ୍ତ ବ୍ୟକ୍ତିର ସୁଗୁଣ ଓ କୁଗୁଣକୁ ଗଳ୍ପରେ ପ୍ରକାଶ କରି ସମସ୍ତ ମଣିଷଙ୍କ ପାଇଁ ରାଜନୀତିକ ସଚେତନତା ଆଣିଛନ୍ତି । ଗାଳ୍ପିକ ଜଣେ ସାମ୍ୟବାଦୀ ଓ ମାନବବାଦୀ ହୋଇଥିବାରୁ ରାଜନୀତିକୁ କେନ୍ଦ୍ରକରି ରହିଥିବା ସମସ୍ତ ବ୍ୟକ୍ତିବିଶେଷଙ୍କର ଆଦର୍ଶ ଓ ଅନାଦର୍ଶର କଥା କହିଛନ୍ତି । ସବୁର ମୂଳ ଆଧାର ହେଉଛି ମଣିଷ । ଯଦି ସମସ୍ତ ମାନବ ସମାଜ ସଚେତନ ହୁଏ, 'ବାଟୋଇ' ଗଳ୍ପରେ ଭୈରବନନ୍ଦନ ଏବଂ 'ଫଳକ' ଗଳ୍ପରେ ଦେବଦତ୍ତଙ୍କ ଭଳି ବହୁ ଆଦର୍ଶ ନେତା ଜନ୍ମ ନେବେ । ସେହପରି ଦଳୀୟ କର୍ମୀ, ସରକାରୀ କଳରେ କାର୍ଯ୍ୟରତ କର୍ମଚାରୀ, ରାଜନୀତିକ ସୁଗୁଣ ଓ ଦୁର୍ଗୁଣ ଆଦିକୁ ତର୍ଜମା କରି ପାଠକକୁ ସଚେତନ କରାଇଛନ୍ତି । ସବୁର ମୂଳରେ ମଣିଷର ନୈତିକ ମୂଲ୍ୟବୋଧ ଓ ସମୂହସ୍ୱାର୍ଥ। ସମାଜପ୍ରତି ଦାୟବଦ୍ଧ ମଣିଷ ହିଁ ସମାଧାନର ମାର୍ଗ ଉନ୍ମୋଚନ କରିପାରିବ ।

ଆମ ସମାଜରେ ଦେଖାଯାଉଥିବା ସମସ୍ତ ଅସନ୍ତୁଳନ ଓ କୁପ୍ରଥାର ଦୂରୀକରଣ ମାନବ ସମାଜ ହିଁ କରିପାରିବ । ମାନବ ସଚେତନ ଭାବରେ ବ୍ୟକ୍ତିଗତ ସ୍ୱାର୍ଥରେ ଲିପ୍ତ ନରହି ସାମୂହିକ ଦୃଷ୍ଟିରୁ କାର୍ଯ୍ୟ କରିବା ସଙ୍ଗେ ନିଜର ଚିନ୍ତା ଚେତନାକୁ ସଦୃଢ଼ କରି କାର୍ଯ୍ୟ କଲେ ଆମ ରାଜ୍ୟରେ ବେକାରୀ ସମସ୍ୟା, ଯୌତୁକ ପ୍ରଥା, ଭ୍ରୂଣହତ୍ୟା, ରାଜନୀତିକ ଅବ୍ୟବସ୍ଥା ଆଦିର ସମାଧାନ ହୋଇପାରିବ । ବର୍ତ୍ତମାନ ସମାଜରେ ବିଭିନ୍ନ ଆଦର୍ଶ, ଦୃଷ୍ଟିଭଙ୍ଗୀ ଓ ଗୋଷ୍ଠୀ ସ୍ୱାର୍ଥ ନେଇ ବହୁଧା ବିଭକ୍ତ ମାନବ ସମାଜକୁ ଏକ ନିର୍ଦ୍ଦିଷ୍ଟ ଦିଗରେ ପରିଚାଳିତ କରାଇବା କଷ୍ଟକର । ସମାଜରେ ଦେଖାଯାଉଥିବା ସମସ୍ୟାର ଧାରା ମୁକ୍ତ କରିବା କାଠିକର ପାଠ । କିନ୍ତୁ ମାନବ ସମାଜ ଏହାର ବିଚାର ବିମର୍ଶ କରି ପୂର୍ଣ୍ଣ ନହେଲେ ମଧ୍ୟ ଆଶୁ ସମାଧାନ କରିଲେ ଅନେକ ଜନସାଧାରଣ ଉପକୃତ ହେବେ ।

(ଙ) ଆଦିବାସୀ ଜୀବନ ଚର୍ଯ୍ୟା :

ଆଦିବାସୀମାନେ ହେଉଛନ୍ତି ଆଦିମ ଅଧିବାସୀ । ସଭ୍ୟତାର ଆରମ୍ଭ କାଳରୁ ସେମାନେ ବଞ୍ଚି ଆସିଛନ୍ତି ଡଙ୍ଗର, ପାହାଡ଼ ଘେରା ବନସ୍ତ ପରିବେଶରେ । ମୁଖ୍ୟ ସଭ୍ୟତାରୁ ବିଛିନ୍ନ ନିଜର ସ୍ୱତନ୍ତ୍ର ଜୀବନଚର୍ଯ୍ୟା ଘେନି ପାରମ୍ପରିକ କ୍ରମରେ ଉତ୍‌ଥାନ ପତନ, ଦୁଃଖ, ଆନନ୍ଦ, ହସ, କାନ୍ଦ ମଧ୍ୟରେ ଜୀବନ ବିତାଇଛନ୍ତି । ନିଜର ଆଦିମ ସଂସ୍କୃତିକୁ ନେଇ ବାଦ୍ୟର ତାଳ ସଙ୍ଗେ ପାଦ ମିଶାଇ ନାଚିଛନ୍ତି । ମହୁଲି, ହାଣ୍ଡିଆ ଆଦି ସୁରା ଶ୍ରେଣୀୟ ନିଶା ଖାଇ ଝୁମିଛନ୍ତି । ଛଅ ଋତୁରେ ନାନା ପରବ ପାଳିଛନ୍ତି । ପୁଣି ନିଜ ଜୀବନ ବଞ୍ଚାଇବା ପାଇଁ ଖାଦ୍ୟ ଆନ୍ୱେଷଣରେ ନିଜ କର୍ମଭୂମିକୁ ଯାଇଛନ୍ତି । ଜଙ୍ଗଲଜାତ ଦ୍ରବ୍ୟ ଝୁଣା, ମହୁ, କାଠ ଓ ଅଗନାଅଗନି ବନସ୍ତ ମଧରେ ବିଲବାଡ଼ି ଆଦିକୁ ନେଇ ଏମାନେ ପୁରୁଷାନୁକ୍ରମେ ସରକାର ବା ଆଧୁନିକ ମାନବ ସମାଜ ଠାରୁ କୌଣସି ପ୍ରତ୍ୟାଶା ନ ରଖି ମାଟି ସହିତ ମାଟି ହୋଇ

ଅମୃତର ସନ୍ତାନରୂପେ ସଂସାର ଚଳାଇ ଆସିଛନ୍ତି। ଏହାରି ମଧ୍ୟରେ ରହିଛି ସେମାନଙ୍କ ମାନବିକତାର ସତ୍ୟ, ସ୍ନିଗ୍ଧ ଓ ନିରାଡ଼ମ୍ବର ଚିନ୍ତାଧାରାର ପୃଷ୍ଠଉନ୍ମୋଚନ।

ଦୀର୍ଘ ଶହ ଶହ ବର୍ଷରୁ ପ୍ରବାହିତ ପୁରୁଣା ପ୍ରତିଷ୍ଠିତ ଏହି ସଂସ୍କୃତିକୁ ଓଡ଼ିଆ ସାହିତ୍ୟର ନନ୍ଦନ କାନନରେ ମାତ୍ର ବିଗତ ଶତାବ୍ଦୀରୁ ଅବଲୋକନ କରାଯାଇପାରେ । ପାଶ୍ଚାତ୍ୟ ଗବେଷକମାନେ ଆଦିବାସୀମାନଙ୍କ ସଙ୍ଗେ ମିଶି, ସେମାନଙ୍କର ଭାଷା ଶିକ୍ଷା କରି, ସେମାନଙ୍କ ଜୀବନ ଶୈଳୀ, ସଂସ୍କୃତି ଆଦି ଉପରେ ଗବେଷଣା କରି ପୁସ୍ତକ ରଚନା କରିବା ଦ୍ୱାରା ସେମାନଙ୍କ ସହ ତଥାକଥିତ ସଭ୍ୟ ସମାଜ ପରିଚିତ ହୋଇଛି । ଓଡ଼ିଆ ସାହିତ୍ୟରେ ପ୍ରାଚୀନ ଓ ମଧ୍ୟଯୁଗୀୟ ସାହିତ୍ୟକୁ ଲକ୍ଷ୍ୟ କଲେ ଆଦିବାସୀ ଜନଜାତିଙ୍କ ପ୍ରତି କୌଣସି ପ୍ରକାର ସହାନୁଭୂତି ପ୍ରଦର୍ଶନ ହୋଇନାହିଁ ବା ଉଲ୍ଲେଖ ନାହିଁ। "ଓଡ଼ିଆ କ୍ଷୁଦ୍ରଗଳ୍ପ ଜନ୍ମ ପୂର୍ବରୁ ହିଁ ସହାନୁଭୂତି ଓ ସମ୍ବେଦନା ପ୍ରକାଶ କରିଆସିଛି ସମାଜର ନିମ୍ନବର୍ଗ ଓ ନିମ୍ନଜାତି ମଣିଷ ମାନଙ୍କପ୍ରତି। ଏହି ସହାନୁଭୂତି ସ୍ୱାଧୀନତା ଲାଭ ପର୍ଯ୍ୟନ୍ତ ଯେପରି ଶାଣିତ ଓ ସୁତୀବ୍ର ଥିଲା ସ୍ୱାଧୀନତା ପରେ ହୁଏତ ସେହିପରି ନାହିଁ । ତଥାପି କ୍ଷୁଦ୍ରଗଳ୍ପ ସହାନୁଭୂତି ବା ସମ୍ବେଦନରୁ ମୁକ୍ତ ହୋଇ ଯାଇନାହିଁ । ସ୍ୱାଧୀନତା ଲାଭ ପର୍ଯ୍ୟନ୍ତ ଗଳ୍ପରେ ମୁଖ୍ୟ ଭାବରେ ନିମ୍ନବର୍ଗ ଓ ନିମ୍ନ ଜାତି ହିଁ ପ୍ରାଧାନ୍ୟ ଲାଭ କରିଥିଲେ । ସେମାନଙ୍କୁ ଶୋଷଣ କରୁଥିଲେ ରାଜା, ଜମିଦାର, ସାହୁକାର ଓ ସରକାରୀ କର୍ମଚାରୀ । ଆଇନ, ପ୍ରଶାସନ, ବିଚାର ଧର୍ମ ଓ ପୌରୋହିତ୍ୟ ପ୍ରଥା ମଧ୍ୟ ଶୋଷିତ ସମାଜ ପ୍ରତି ସମର୍ଥନ କରୁ ନଥିଲା । ସମସ୍ତେ ଥିଲେ ଶୋଷକର ରକ୍ଷାକବଚ । ଏହି ନିମ୍ନଜାତି ଓ ନିମ୍ନବର୍ଗ ମଧ୍ୟରେ ଆଦିବାସୀ ସମାଜ ଏକ ପ୍ରମୁଖ ସ୍ଥାନ ଗ୍ରହଣ କରିଥିଲା । ଅଥଚ ପ୍ରାଚୀନ ଓ ମଧ୍ୟଯୁଗୀୟ ଓଡ଼ିଆ ସାହିତ୍ୟରେ ଏମାନଙ୍କୁ ଉପେକ୍ଷା କରି ଦିଆଯାଇଥିଲା । ଆଧୁନିକ ସାହିତ୍ୟର ଆଦି ପର୍ବରେ ଅର୍ଥାତ୍ ଊନବିଂଶ ଶତାବ୍ଦୀର ଶେଷ ତିରିଶି ବର୍ଷ ମଧ୍ୟରେ ଆଦିବାସୀ ସମାଜକୁ ସାହିତ୍ୟ ମଧ୍ୟକୁ ସ୍ୱାଗତ କରାଯାଇନାହିଁ । ଏପରିକି ୧୯୩୬ ମସିହାର ଭଗବତୀ ଚରଣ ପାଣିଗ୍ରାହୀଙ୍କ 'ଶିକାର' ଗଳ୍ପ ପର୍ଯ୍ୟନ୍ତ ସାହିତ୍ୟରେ ଆଦିବାସୀ ସମାଜ ସଂପୂର୍ଣ୍ଣ ଉପେକ୍ଷିତ ଥିଲା କହିଲେ ସତ୍ୟର ଅପଲାପ ହେବ ନାହିଁ ।"[୧୮୨]

ଯଦ୍ୟପି ଗଳ୍ପ ସାହିତ୍ୟରେ ୧୯୨୯ ମସିହାରେ ଗାଳ୍ପିକ ଭଗବତୀ ଚରଣଙ୍କ 'ଜଙ୍ଗଲୀ' ଗଳ୍ପ ଆଦିବାସୀ ଶବର ଓ ଶବରୀ କନ୍ୟାକୁ ନେଇ ଆତ୍ମ ପ୍ରକାଶ ହୋଇଥିଲା କିନ୍ତୁ ଏଥିରେ ଶବର ଆଦିବାସୀର ଜୀବନ ସଂଘର୍ଷର ଚିତ୍ର ସେଭଳି ପରିପ୍ରକାଶ ହୁଏନାହିଁ । ଶବର କନ୍ୟାର ଆତ୍ମିକ ପ୍ରେମ, ବାପ ଝିଅର ସଂପର୍କ, ଶବରର ଅବ୍ୟର୍ଥ ଶରଚାଳନା ହିଁ ପ୍ରକାଶ ପାଏ । କିନ୍ତୁ ଓଡ଼ିଆ ଗଳ୍ପ କ୍ଷେତ୍ରରେ ଆଦିବାସୀ ଜୀବନ ଚିତ୍ରକୁ ନେଇ 'ଜଙ୍ଗଲି' ଗଳ୍ପ ହିଁ ଆଦ୍ୟ ପ୍ରୟାସ ବୋଲି ସ୍ୱୀକାର କରିବାକୁ ହେବ। ସେହିଭଳି ଉପନ୍ୟାସ କ୍ଷେତ୍ରରେ ୧୯୦୮ ମସିହାରେ ପ୍ରକାଶ ପାଇଥିବା ଗୋପାଳ ବଲ୍ଲଭ ଦାସଙ୍କ 'ଭୀମା ଭୂୟାଁ' ଏବଂ ୧୯୦୮-୧୯୦୯ ମସିହାରେ

ଉମେଶ ଚନ୍ଦ୍ର ସରକାରଙ୍କ 'କେନ୍ଦୁଝରେ ବିଦ୍ରୋହ' ଉଭୟ ଉପନ୍ୟାସରେ 'ଭୂୟାଁ' ମାନଙ୍କ ଜୀବନ ଚିତ୍ର କିଛି ମାତ୍ରାରେ ଦେଖାଯାଏ । ଭୂୟାଁମାନଙ୍କ ଜୀବନଚର୍ଯ୍ୟା ଓ ସେମାନଙ୍କ ଚଳଣି, ରୀତିନୀତି ଉପନ୍ୟାସରେ ସ୍ଥାନିତ ହୋଇଥିଲେ ମଧ୍ୟ ସେମାନଙ୍କ ଜୀବନସଂଘର୍ଷର କଥା ନାହିଁ । ଦୁଇ ଉପନ୍ୟାସକୁ ମଧ୍ୟ ଏହି ଧରଣର ଉପନ୍ୟାସର ଆଦ୍ୟ ପ୍ରୟାସ କୁହାଯାଇପାରେ । ସେହିଭଳି କବିତା ନାଟକ କ୍ଷେତ୍ରରେ ଆଦିବାସୀ ଜୀବନ ପ୍ରସଙ୍ଗ କଥା ନ କହିବା ଭଲ । କିନ୍ତୁ ଭଗବତୀ ଚରଣଙ୍କ 'ଶିକାର' ଗଳ୍ପରେ ସେମାନଙ୍କ ଜୀବନ ସଂଘର୍ଷ ଦେଖାଇବା ଦ୍ୱାରା ସାହିତ୍ୟ କ୍ଷେତ୍ରରେ ଆଦିବାସୀ ଜୀବନର ପ୍ରତିଲିପି ହୋଇଛି ବଳିଷ୍ଠ ।

ଓଡ଼ିଆ ଗଳ୍ପ ସାହିତ୍ୟରେ ଭଗବତୀ ଚରଣ ପାଣିଗ୍ରାହୀଙ୍କ ପାଖରୁ ଆରମ୍ଭ କରି ସଚ୍ଚିଦାନନ୍ଦ ରାଉତରାୟ, ଗୋପୀନାଥ ମହାନ୍ତି, ବାମାଚରଣ ମିତ୍ର, ସାତକଡ଼ି ହୋତା, ପ୍ରାଣବନ୍ଧୁ କର, ସୁରେନ୍ଦ୍ର ମହାନ୍ତି, ଉତ୍ତମ କୁମାର ପ୍ରଧାନ, ବିଭୂତି ପଟ୍ଟନାୟକ, ପ୍ରତିଭା ରାୟ, ବସନ୍ତ କୁମାର ଶତପଥୀ, ରାମଚନ୍ଦ୍ର ବେହେରା ଆଦି ବିଶିଷ୍ଟ ଗାଳ୍ପିକଙ୍କ ଭଳି ଗାଳ୍ପିକ ରଜନୀକାନ୍ତ ମହାନ୍ତିଙ୍କ ଗଳ୍ପ ପରିଧିରେ ଆଦିବାସୀ ଜୀବନ ସଂଘର୍ଷର କଥା ରହିଛି । ହୋଇପାରେ ଗାଳ୍ପିକ ଶ୍ରୀ ମହାନ୍ତି ବହୁ ପରିମାଣରେ ଆଦିବାସୀ ଜୀବନକୁ ନେଇ ଗଳ୍ପ ଲେଖି ନାହାନ୍ତି, କିନ୍ତୁ ଯେଉଁ କେତୋଟି ଗଳ୍ପରେ ଆଦିବାସୀ ଚିତ୍ର ଓ ଚରିତ୍ର ପ୍ରସ୍ଫୁଟିତ, ସେଥିରେ ଜନଜାତିଙ୍କ ପ୍ରତି ଦରଦୀ ମଣିଷର ସହାନୁଭୂତି ଲକ୍ଷ୍ୟ କରାଯାଏ । ସେଥିରେ ତାଙ୍କ ଦୁଃଖ ପ୍ରତି ସମ୍ବେଦନଶୀଳ ହୃଦୟାବେଗ ନିଶ୍ଚୟ କାନ୍ଦି ଉଠିବ । 'ନାରାଚ ଉବାଚ', 'ସୂର୍ଯ୍ୟରଙ୍ଗ', 'ବାଟୋଇ' ଆଦି ଗଳ୍ପରେ ସଭ୍ୟ ସମାଜର ମଣିଷଙ୍କ ସ୍ୱାର୍ଥ ପାଇଁ ସରଳ ନିରୀହ ଆଦିବାସୀ ସଂଘର୍ଷମୟ ଜୀବନ କିପରି ବଳି ପଡ଼ିଛି, ତା'ର ପ୍ରତ୍ୟକ୍ଷ ଚିତ୍ର ଗଳ୍ପରେ ପ୍ରତିଫଳିତ ।

'ନାରାଚ ଉବାଚ' ଗଳ୍ପରେ ଆଦିବାସୀ ଜୀବନ ସଂଘର୍ଷ ଓ ବିଶ୍ୱ ମାନବିକତାର ଅନବଦ୍ୟ ଚିତ୍ର ପ୍ରସ୍ଫୁଟିତ ହୁଏ । ଶବର ଜନଜାତିର ଦାୟାଦ ଜାଇନୁ ଶବରର ମାନବିକତା କାନ୍ଦି ଉଠେ ବସ୍ତୁବାଦୀ ସଭ୍ୟ ସମାଜର ଚାକଚକ୍ୟ ଆଧୁନିକପଣର ତାଡ଼ନାରେ । ଯେଉଁ ଆଧୁନିକତାରେ ଭରି ରହିଛି ସ୍ୱାର୍ଥ, ଅହମିକା, ଶଠତା । ସଭ୍ୟ ମଣିଷର ସ୍ୱାର୍ଥ ଜାଲରେ ଜାଇନୁ ଏବଂ ତା' ପରିବାର ଛନ୍ଦି ହେଲାଭଳି ସରଳ ନିରୀହ ଆଦିବାସୀ ଛନ୍ଦି ହୋଇଯାଉଛନ୍ତି । କିନ୍ତୁ ଆଜିର ଆଦିବାସୀ ଯୁବକ ହୁଣ୍ଡା ନୁହେଁ 'ଶିକାର' ଗଳ୍ପର ଘିନୁଆ ଭଳି । ସେ ସବୁ ଦେଖୁଛି, ସବୁ ବୁଝୁଛି, ବିଂଶ ଶତାବ୍ଦୀର ଶେଷାର୍ଦ୍ଧ ବେଳକୁ ତା'ର ଚରିତ୍ର ବିକଶିତ ହେଉଛି । କିନ୍ତୁ ଆଲୋଚ୍ୟ ଗଳ୍ପରେ ଜାଇନୁ ଶବରକୁ ତା'ର ପରିବେଶ ପରିସ୍ଥିତି ବାଧ୍ୟ କରୁଛି ଚୁପ୍ ରହିବାକୁ । ତା' ପାଖରେ ଅଦମ୍ୟ ସାହସ ଅଛି ଏବଂ ନୈତିକ ସାହସିକତାର ପ୍ରତୀକ ଧନୁଶର ଅଛି । ଶବର ଶରବିଦ୍ଧି ପ୍ରତିଶୋଧ ନେଇପାରେ, ସେଥିପାଇଁ ଆଲୋଚ୍ୟ ଗଳ୍ପର ଆରମ୍ଭରେ ଜାଇନୁ ଶବର ତା'ର ବନ୍ଧୁ ଚିତ୍ରକର ସନ୍ଦୀପକୁ କହୁଛି, "କାହୁଁ କାହୁଁ କାଳୁ ଶବରକୁ ଜହ୍ଲାଦ ବୋଲି କହି କହି, ନିଷାଦକୁ ନିଷ୍ଠୁରର ପ୍ରତୀକ କରି ତମର ଅଭିଧାନରେ

ରଖିଚ । ତାକୁ ତୁମେ ମୁକ କରିଦେଇଛ । ତା' ହାତରୁ ଧନୁଶର ନିକାଲି ନେବାକୁ ଏଯାବତ୍ ଜାଲ ବିଛେଇ ଆସିଛ । ଯେ ଧନୁଶର ଛାଡ଼ିଛି, ସେ ଆଉ ଶବର ହୋଇ ରହିନାହିଁ । ସେ ବନିଯାଇଛି ତମ ଗୁଳି ବାରୁଦ ଡିନାମାଇଟର ନିରୀହ ଛାଗଳ । ମୁଁ ଧନୁଶର ଛାଡ଼ି ଦେବାକୁ ପ୍ରସ୍ତୁତ ଅଛି, ତମେ ବନ୍ଧୁକ ଛାଡ଼ି ଦେବାକୁ ପ୍ରସ୍ତୁତ ତ ? ଶବରର ଧନୁଶର ତା'ର ନୈତିକ ସାହସିକତାର ପ୍ରତୀକ । କିନ୍ତୁ ତମ ବନ୍ଧୁକ ? କୌଶଳ, ଧୂର୍ତ୍ତତା ଓ ଛଦ୍ମବେଶର ପ୍ରତିବିମ୍ବ ।"(୧୮୩) ସଭ୍ୟ ମଣିଷ ଭଳି ଆଦିବାସୀ ସ୍ୱାର୍ଥପର ଓ ଲାଭଖୋର ନୁହେଁ, ତା' ପାଖରେ ଅଛି ମାନବିକତା ।

ଆଦିବାସୀ ଜନଜାତି ପ୍ରତି ସଭ୍ୟ ମଣିଷ ସହାନୁଭୂତି ପ୍ରକାଶ କରିନାହିଁ, ଆହୁରି ତା'ର ସରଳ ନିରୀହ ନିର୍ବୋଧତା ପ୍ରତି ଉପହାସ କରିଛି । ପ୍ରତାରଣା କରିଛି । ଏହି ଜନଜାତି ମଣିଷଜାତି ଓ ତା'ର ସଭ୍ୟତାର ଆଦି ପୁରୁଷ । ଯେଉଁ ସଂସ୍କୃତି ରୀତିନୀତିକୁ ନେଇ ମଣିଷ ଗର୍ବ କରୁଚି, ନିଜ ଯନ୍ତ୍ରଣାରୁ ମୁକ୍ତ ହେବା ଲାଗି ଧାଇଁ ଯାଉଛି ସେଇ ଜନଜାତି ପାଖକୁ, ଶବର ପଲ୍ଲୀକୁ, ସେହି ଜାରା ହାତରୁ ଶର ଓ ତୁଣୀର କାଢ଼ି ନେଇ ଧରାଇ ଦେଉଛି କୋଡ଼ି ଓ କାଙ୍କ । ସଂସ୍କୃତିର ପ୍ରତିଭୂ ସାଜୁଛି ଆମ ସମାଜ ସଭ୍ୟତାରେ ଏକ ସାଧାରଣ କୁଲିମାତ୍ର । ତା'ର ସଂସ୍କୃତିକୁ ନେଇ ଆମେ କରୁଛୁ ଗବେଷଣା ଓ ସେ ହୋଇଛି ଆଲୋଚନାର ସାମଗ୍ରୀ । ଜନଜାତି କୋଡ଼ି କାଙ୍କ ଧରି ପରିବାର ସହ ବାହାରି ଆସୁଛି ବଣ ଜଙ୍ଗଲରୁ ସହରତଳି ସ୍ଥାନକୁ । ଅଧିକ ଟଙ୍କା ରୋଜଗାର କରିବା ଲକ୍ଷ୍ୟରେ କିନ୍ତୁ ସହରି ମଣିଷର ସ୍ୱାର୍ଥର ଶିକାର ହେଉଛି ସେ । ଜାଇନୁ ଶବରର ବୁଆ(ବାପ) ଡଙ୍ଗରରୁ ଆସି କୋଡ଼ି କାଙ୍କ ଧରି କାମ କରିଥିବା ବେଳେ ସାହୁକାର ନିଜର ସ୍ୱାର୍ଥ ଲାଗି ମାଡ଼ ମାରି ଘଉଡ଼ାଇ ଦେଇଛି ଗାଁରୁ । କିନ୍ତୁ ସାହୁକାରର ବିକୃତ କାମନାର ଶିକାର ହୋଇଛି ତା' ସ୍ତ୍ରୀ ସତିଆ । ସାହୁକାର ପାଖରୁ ଜନ୍ମ ହେଉଛନ୍ତି ଜାଇନୁ ଶବର, ଝୁମି ଓ ସାନ ପୁଅ ଝିଅ । ପର ମୁହୂର୍ତ୍ତରେ ସାହୁକାରର ପୁଅ ନଳିତ ଉପଭୋଗ କରୁଛି ଝୁମିର ଯୌବନକୁ । ଏସବୁର ପ୍ରତିଶୋଧ ନେବାପାଇଁ ପ୍ରସ୍ତୁତ ହୋଇଛି ଜାଇନୁ ଶବର । କିନ୍ତୁ ତା'ର ପରିସ୍ଥିତି ଏସବୁର ପ୍ରତିଶୋଧ ନେବା ନିମନ୍ତେ ସୁଯୋଗ ଦେଇନାହିଁ । ତା'ର ରହିବା ପାଇଁ, ଖାଇବା ପାଇଁ ପାଖରେ ନାହିଁ ଧନ । କେବଳ ପ୍ରତିଶୋଧର ଅଗ୍ନିରେ ଦଗ୍ଧିଭୂତ ଜାଇନୁ । ପ୍ରଥମ ପୁରୁଷୀୟ ଶୈଳୀରେ ଜାଇନୁ ଶବରର ବିଷାଦଭରା କାହାଣୀ ସହ ପ୍ରତିଶୋଧ ପରାୟଣ ଶବରର ମାନସିକ ସ୍ଥିତି ଗଳ୍ପ ମଧ୍ୟରେ ଉପଲବ୍ଧି କରାଯାଇପାରେ । ପରିଣତିରେ ମା' ସତିଆର ମୃତ୍ୟୁ ଘଟିଲା ବେଳେ ତା'ବୁଆ(ବାପ) ସଞ୍ଚି ରଖିଥିବା ଟଙ୍କାର ପାସ୍‌ବୁକ୍ ଆସେ ସତିଆ ନାଁରେ । କିନ୍ତୁ ଏହାକୁ ଗ୍ରହଣ କରିନି ଶବରପୁତ୍ର । ମା'ର ଶବସଙ୍ଗେ ତାହାକୁ ପୋତି ଦେଇଛି । ନିଜର ବୁଦ୍ଧି, ବିବେକ ଓ ମାନବିକତା ତାକୁ ବିଚଳିତ କରିଛି ।

'ନାରାଚ ଉବାଚ' ଗଳ୍ପରେ ଜାଇନୁ ଶବରର ବୁଆ ଡଙ୍ଗର ବସ୍ତିରୁ ପଳାଇ ଆସି

ସଭ୍ୟ ମଣିଷଙ୍କ ପାଖରେ କାମ କରିଲା ଭଳି 'ସୂର୍ଯ୍ୟରଙ୍ଗ' ଗଳ୍ପରେ ପନ୍ଦର ବର୍ଷ ତଳୁ ମେଘାସନ ପର୍ବତ ତଳ ଗାଁରୁ ବିଶନ ମୁଣ୍ଡା ଚୌଧୁରୀ ଘରକୁ ବାରମାସିଆ ହୋଇ ପଳାଇ ଆସେ, ଜୀବନ ଜିଇବାର ଆଶ୍ୱାସନା, ଭରସା ଓ ଗୋଟିଏ ସୌହାର୍ଦ୍ଦ୍ୟପୂର୍ଣ୍ଣ ଆଶାର ଆଲୋକ ନେଇ । ଚୌଧୁରୀ ଘର ପଛପଟେ ଗୋଟିଏ ପହ୍ଲା(ଘରଜମି)ରେ ରହି ବିବାହ କରେ ଶାରୀକୁ । ପହ୍ଲାଟି ଚୌଧୁରୀ ବୁଢ଼ା ବିଶନ ନାଁରେ କବଲା କରି ଦେଇଥିବା ଯୋଗୁଁ ସ୍ଥାୟୀ ବାସିନ୍ଦାର ସ୍ୱପ୍ନ ଦେଖେ ବିଶନ । କିନ୍ତୁ ବିଶନର ସରଳତାର ଫାଇଦା ଉଠାଇଛି ଚୌଧୁରୀ ବଂଶ । ପହ୍ଲାର ସରକାରୀ କାଗଜ ହୋଇଛି ସତ ଅଥଚ କବଲା କରିବାର ଫାଇଦା ରହୁଛି ଚୌଧୁରୀ ବଂଶ ହାତରେ। କାରଣ କାଗଜଟିରେ ଲେଖା ହୋଇଛି ଯେତେଦିନ ପର୍ଯ୍ୟନ୍ତ ବିଶନ ମୁଣ୍ଡା ଚୌଧୁରୀ ବଂଶରେ ଖଟୁଥିବ ସେତେଦନ ଯାଏଁ ପହ୍ଲାର ସ୍ଥାୟୀତ୍ୱ ରହିବ । ସଭ୍ୟ ମଣିଷ କେବଳ ବିଶନ ମୁଣ୍ଡା ନୁହେଁ ତା' ଭଳି ଅନେକଙ୍କୁ ଏପରି ଠକି ଚାଲିଛନ୍ତି ଚୌଧୁରୀଆମାନେ । ବାରମାସିଆ କରି ରଖୁନାହାନ୍ତି ତ କିଣାଚାକର କରି ରଖୁଛନ୍ତି ।

ଆଲୋଚ୍ୟ ଗଳ୍ପରେ ବିଶନ ମୁଣ୍ଡାର ଜୀବନ ସଂଘର୍ଷରେ ସେ ନିରବି ଯାଇନାହିଁ । ପ୍ରତିବାଦ କରିଛି ବୁଢ଼ା ଚୌଧୁରୀ ସଙ୍ଗେ । ନିଜର ହକ ଦାବି କରିଛି ସେ । ସେ କେବେ କିଣା ଚାକର ନୁହେଁ । ତା'ପାଖରେ ଅଛି ଉଦ୍ୟମ, ସାହସ । ଜୀବନକୁ ସଳଖ କରି ବଞ୍ଚିବା ପାଇଁ ଅଛି ଅଦମ୍ୟ ଇଚ୍ଛା । ଚୌଧୁରୀ ବଂଶରେ କେବଳ ବିଶନ ମୁଣ୍ଡା, ତା' ସ୍ତ୍ରୀ ଶାରୀ ଉଭୟ ଖଟିନାହାନ୍ତି । କାମ କରି ଅଧିକ ଟଙ୍କା ରୋଜଗାର କରି ଖୁସିରେ ଜୀବନ ବିତାଇବା ପାଇଁ ଘରୁ ଗୋଡ଼ କାଢ଼ିଛନ୍ତି । ନିଜର ବାସ ଖଣ୍ଡକ ପାଇଁ ଯୁକ୍ତି କରିବାର ସାହସ, ନିଜର ଅଧିକାର ପାଇଁ ମଧ୍ୟ ସ୍ୱରଉତ୍ତୋଳନ କରିବାର ସାହସ ବାନ୍ଧିଛି ସେ। ସେତେବେଳେ ଶୋଷଣ କରୁଥିବା ସଭ୍ୟ ମଣିଷ ଚୌଧୁରୀର ପ୍ରତାରଣା ସମ୍ମୁଖକୁ ଆସିଛି । ତା' ଶୋଷଣର ବୁଦ୍ଧି ଉଡେଇ ଯାଇଛି । ବିଶନ ମୁଣ୍ଡାର ଚାରିତ୍ରିକ ଉତ୍ତରଣ ଘଟିଛି ଓ ଯୁଗଯୁଗର ନିଷ୍ପେଷଣର ଅର୍ଗଳିରୁ ସାମ୍ୟବାଦର ସ୍ୱର ଫୁଟିଉଠିଛି ।

'ବାଟୋଇ' ଗଳ୍ପରେ ଆଦିବାସୀ ଯୁବକର ଦାଦନ ଖଟିବା ପ୍ରସଙ୍ଗକୁ ଦେଇ ଦୁର୍ନୀତି, ରାଜନୀତି ତଥା ମଣିଷ ଜୀବନର ହତାଶବୋଧ, ନିଃସଙ୍ଗତା, ଏକାକୀତ୍ୱର ଝଲକ ଦେଖାଯାଏ । ଆଦିବାସୀ ଚରିତ୍ର, ଅନାଥ ମାରିଣ୍ଡାର ପୁତ୍ର ସଉରାକୁ ନାରଣ ଦଲାଲ ଦାଦନ ଖଟିବା ନିମନ୍ତେ ତିନିଶହ ଟଙ୍କା ଦେଇ ନେଇଯାଏ ସୁଦୂର ସହରକୁ । ଅନେକ ଦିନ ବିତିଗଲା ପରେ ଖଣିରେ ଦୁର୍ଘଟଣା ଯୋଗୁଁ ସଉରା ମୃତ୍ୟୁବରଣ କରିଛି ବୋଲି ପ୍ରଚାର ହୋଇଛି । ଏହାର ସତ୍ୟତା ଜାଣିବା ନିମନ୍ତେ ଅନାଥ ମାରିଣ୍ଡା ସହରକୁ ଗଲାବେଳେ ବାଟରେ ଦେଖାହୁଏ ଜଣେ ବାଟୋଇ, ପୂର୍ବତନ ମନ୍ତ୍ରୀ ବୃଦ୍ଧ ଭୈରବ ନନ୍ଦନଙ୍କ ସହ । ସଂସାରର ମୂଲ୍ୟବୋଧକୁ ଯିଏ କରିଛନ୍ତି ହୃଦୟଙ୍ଗମ । ସାଂସାରିକ

ମୋହମାୟାରୁ ମୁକ୍ତି ପାଇଁ ପୂର୍ବର ଆସନଗତ ଆଧିପତ୍ୟକୁ ଫୋପାଡ଼ି ଦେଇ ନିଜେ ଅନାଥ ମାରିଣ୍ଡାର ପରିଚୟ ନେଇ ଲେବର ଅଫିସରେ ପହଞ୍ଚି ଲେବରମାନଙ୍କ ସଂପର୍କିତ ତଥା ବାଇଶି ବର୍ଷର ଆଦିବାସୀ ଯୁବକ ସଉରାକୁ ନେଇ ଅନେକ ଯୁକ୍ତି ବାଢ଼ନ୍ତି ଅଫିସରଙ୍କ ସହିତ । ବୃଦ୍ଧଙ୍କର ଅସଲ ପରିଚୟ ଜାଣିଲା ପରେ ଅଫିସରଙ୍କ ସହଯୋଗରେ ଦିଲ୍ଲୀ ଖଣି କମ୍ପାନୀରୁ ସଉରାକୁ ମୁକ୍ତ କରି ତା' ବାପ ଅନାଥ ମାରିଣ୍ଡା ପାଖରେ ପହଞ୍ଚାନ୍ତି । ଏଠି ବୃଦ୍ଧ ଭୈରବନନ୍ଦନ ଜଣେ ପ୍ରତିପତ୍ତିଶାଳୀ ବ୍ୟକ୍ତିତ୍ୱ ଯିଏ ମନ୍ତ୍ରୀ ଥିଲାବେଳେ ଦେଶ ବିଦେଶ ବୁଲନ୍ତି, ବ୍ୟାଙ୍କ ବାଲାନ୍‌ସ, ନାରୀ, ଆଧିପତ୍ୟ, ସମ୍ମାନ ସବୁଥିରେ ଆଗରେ ଥିଲେ କିନ୍ତୁ ପରିଣତ ବୟସରେ ଜଣେ ମାନବୀୟ ସମ୍ବେଦନଶୀଳ ମଣିଷରେ ରୂପାନ୍ତରିତ ହୋଇଛନ୍ତି । ଦଲାଲ ଓ ସରକାରୀ ଅଫିସରମାନଙ୍କର ଆଦିବାସୀମାନଙ୍କ ପ୍ରତି ଅହେତୁକ ଅତ୍ୟାଚାର, ଘୃଣ୍ୟ ଭାବକୁ ସମ୍ମୁଖକୁ ଆଣିଛନ୍ତି । କିନ୍ତୁ ଆଦିମ ଅଧିବାସୀ ନିଜର ହକ୍ ପାଇଁ ସଜାଗ ହେଲେ ମଧ୍ୟ ଦାବୀ କରି ପାରୁନାହିଁ । ସେମାନଙ୍କୁ ଉତ୍ସାହିତ କରିବା ନିମନ୍ତେ ଏବଂ ସଭ୍ୟ ମଣିଷକୁ ଦରଦୀ ହେବା ନିମନ୍ତେ ବାଟୋଇ ଚରିତ୍ର ଓରଫ ପୂର୍ବତନ ମନ୍ତ୍ରୀ ଭୈରବନନ୍ଦନ ଚରିତ୍ରର ଉପସ୍ଥାପନା କରିଛନ୍ତି ଗାଳ୍ପିକ, ଯାହାକି ଗଳ୍ପକୁ ଏକ ଭିନ୍ନ ପ୍ରେକ୍ଷାପଟ୍ଟରେ ଗତି କରାଏ ।

କଥାକାର ରଜନୀକାନ୍ତ ମହାନ୍ତି ଜଣେ ମାନବବାଦୀ ଦରଦୀ ମଣିଷ । ଗାଁରୁ ସହର, ପୁଣି ସହରରୁ ଗାଁ, ପାହାଡ଼, ଜଙ୍ଗଲ ସବୁ ସ୍ଥାନରେ ମଣିଷଙ୍କ ପ୍ରତି ରହିଛି ତାଙ୍କର ସହାନୁଭୂତି । ଗାଁର ଖଟିଖିଆ ଦିନ ମଜୁରିଆ ମଣିଷର ଦୁଃଖ ଦୈନ୍ୟ ପାଖରୁ ସହରୀ ମଣିଷର ବିଷାଦ ଏବଂ ଆଦିବାସୀ ମଣିଷର ସଂଘର୍ଷ ପର୍ଯ୍ୟନ୍ତ ତାଙ୍କ ଲେଖନୀ ଚଳ ଚଞ୍ଚଳ । ଆଦିବାସୀ ମଣିଷକୁ ସଭ୍ୟ ସମାଜର ସ୍ରୋତରେ ସାମିଲ୍ ହେବାପାଇଁ 'ରାହାଜଗାଳି' ଗଳ୍ପରେ କହି ପକାଉଛନ୍ତି, "ତମେମାନେ ବି ଠକି ଶିଖ । ଚାଲାକ ହୁଅ । ନହେଲେ ଆଜୀବନ ଏଇମିତି ଠକି ଯାଉଥିବ । ଠକେଇବା ଆରମ୍ଭ କର ।"[୧୮୪] ଉକ୍ତ ପଙ୍‌କ୍ତିରୁ ଜଣାଯାଏ ସାଧାରଣ ଦିନ ମଜୁରିଆ ମଣିଷର ଦୁଃଖକୁ ଦେଖି ଲେଖକଙ୍କ ପ୍ରାଣ କାନ୍ଦି ଉଠିଛି । ଯାହାବି ହେଉ, କଥାକାର ଶ୍ରୀ ମହାନ୍ତି ଆଦିବାସୀ ଜୀବନର କରୁଣ କାହାଣୀ ଚିତ୍ରଣରେ ଜଣେ ସିଦ୍ଧହସ୍ତ ଶିଳ୍ପୀ । ସେହି ଜନଜାତି ସଂପର୍କୀତ ଗଳ୍ପରେ ରହିଛି ସଭ୍ୟ ସମାଜ ଦ୍ୱାରା ପ୍ରତାରିତ ହେଉଥିବା ଆଦିବାସୀଙ୍କ କରୁଣ କାହାଣୀ । 'ନାରାଚ ଉବାଚ' ଓ 'ସୂର୍ଯ୍ୟରଙ୍ଗ' ଗଳ୍ପରେ ଆଦିବାସୀ ନିଜ ସଂଘର୍ଷରେ ଜୀବନପାଇଁ ପ୍ରତିବାଦ କଲାବେଳେ 'ବାଟୋଇ' ଗଳ୍ପରେ ପ୍ରସଙ୍ଗଗତ ହୋଇ ରହେ ଠକାମୀରେ ପଡୁଥିବା ଆଦିବାସୀ ଯୁବକର କରୁଣ କାହାଣୀ । ଶ୍ରୀ ମହାନ୍ତି ନିଜ ଗଳ୍ପ ପରିଧିରେ ଅନେକ ଆଦିବାସୀ ଜୀବନକୁ ରୂପାନ୍ତରିତ କରିନଥିଲେ ମଧ୍ୟ ଯେଉଁ କେତୋଟି ଗଳ୍ପ ତାଙ୍କ ଲେଖନୀରୁ ଝରି ଆସିଛି, ତାହା ଆଦିମ ଜନଜାତିଙ୍କ ସରଳ ନିଷ୍କପଟ ଜୀବନ ଚର୍ଯ୍ୟା ସହିତ ଗାଳ୍ପିକଙ୍କର ସାନ୍ନିଧ୍ୟ ବ୍ୟାଖ୍ୟା କରେ ।

ପ୍ରାନ୍ତଟିକା:

୧) ସାହୁ, ବିଷ୍ଣୁ, ବିଷ୍ଣୁ ସାହୁଙ୍କ ପ୍ରେମଗଳ୍ପ, ପ୍ରାଚୀ ସାହିତ୍ୟ ପ୍ରତିଷ୍ଠାନ, କଟକ-୦୨, ପ୍ରଥମ ସଂସ୍କରଣ, ୨୦୦୭, ପୃଷ୍ଠା-ପ୍ରେମଗପ, ପ୍ରେମଦୀପ, ୨ ।

୨) ପଟ୍ଟନାୟକ, ବିଭୂତି, ପ୍ରେମଗପ (ଭଲ ପାଇବାର ଶେଷକଥା), ପ୍ରାଚୀ ସାହିତ୍ୟ ପ୍ରତିଷ୍ଠାନ, କଟକ, ଦ୍ୱିତୀୟ ସଂସ୍କରଣ, ୨୦୧୩, ପୃଷ୍ଠା-୨୯ ।

୩) ତତ୍ରୈବ, ପୃଷ୍ଠା - ପୁସ୍ତକର ପ୍ରଚ୍ଛଦପଟ

୪) ମହାନ୍ତି, ରଜନୀକାନ୍ତ, ଆ ସାକ୍ଷୀ ଦେ, (ଅନୁଭବ କାହିଁକି ଦାଢ଼ି ବଢ଼େଇଚି), ଆର୍ଯ୍ୟ ପ୍ରକାଶନ, କଟକ-୧୨, ପ୍ରଥମ ପ୍ରକାଶ, ୧୯୯୯, ପୃଷ୍ଠା - ୬୫ ।

୫) ମହାନ୍ତି, ରଜନୀକାନ୍ତ, ଉଷାକାଳ (କେତେ ପହର କେତେ ସିନ୍ଦୂରା), ଶ୍ରୁତି ସମୀକ୍ଷା ପ୍ରକାଶନୀ, ଯାଜପୁର ଟାଉନ୍, ପ୍ରଥମ ସଂସ୍କରଣ, ମକର ସଂକ୍ରାନ୍ତି, ୨୦୦୮, ପୃଷ୍ଠା - ୬୨ ।

୬) http://thoughtcatalog.com/rania-naim/2006/02/the-7-kinds-of-love-and-how-they-can-help-you-define-yours-according-to-the-ancient-greeks/

୭) ମହାନ୍ତି, ରଜନୀକାନ୍ତ, ଆ ସାକ୍ଷୀ ଦେ, (ସାକ୍ଷୀ ସାରଳା, ସାକ୍ଷୀ ଫକୀରମୋହନ / ସପ୍ତଦୀପ ଛୁଇଁ ତ୍ରିବାର ଏ ସତ୍ୟ ମୋର/ମୁଁ କ୍ଷେପିବି ଶବ୍ଦଭେଦି ସୂର୍ଯ୍ୟାସ୍ତ ପୂର୍ବରୁ/ ମୁକ୍ତି ଯଦି ନ ମିଳେ ଏଥର), ପୃଷ୍ଠା-୫୦ ।

୮) ତତ୍ରୈବ, ପୃଷ୍ଠା - ୫୦ ।

୯) ତତ୍ରୈବ, ପୃଷ୍ଠା - ୫୪ ।

୧୦) ମହାନ୍ତି, ରଜନୀକାନ୍ତ, ଝିପିଝିପି ଅନ୍ଧାର, (ଗୁଧାଡ଼ି ବେଳ), ଅକ୍ଷର, କଟକ-୧୩, ପ୍ରଥମ ସଂସ୍କରଣ- ବସନ୍ତ ପଞ୍ଚମୀ - ୨୦୦୨, ପୃଷ୍ଠା-୩୮ ।

୧୧) ମହାନ୍ତି, ରଜନୀକାନ୍ତ, ବହୁବଜାର, (ସ୍ୱପ୍ନରଙ୍କା), ଜେନିଥ୍ ପବ୍ଲିକେଶନ୍ସ, ଭଦ୍ରକ, ପ୍ରଥମ ପ୍ରକାଶ- ଜୁଲାଇ, ୨୦୦୪, ପୃଷ୍ଠା-୨୪ ।

୧୨) ତତ୍ରୈବ, ପୃଷ୍ଠା - ୨୭ ।

୧୩) ମହାନ୍ତି, ରଜନୀକାନ୍ତ, ଆ ସାକ୍ଷୀ ଦେ, (ସୂର୍ଯ୍ୟସ୍ନାନ), ପୃଷ୍ଠା - ୧୨୦ ।

୧୪) ତତ୍ରୈବ, ପୃଷ୍ଠା - ୧୨୫ ।

୧୫) ପଟ୍ଟନାୟକ, ବିଭୂତି, ପ୍ରେମଗଳ୍ପ, (ଭଲ ପାଇବାର ଶେଷ କଥା), ପୃଷ୍ଠା - ୨୫ ।

୧୬) ପଟ୍ଟନାୟକ, କଇଳାଶ, ଦକ୍ଷିଣ ପବନ, (ଚିତ୍ରିତ ବିହଙ୍ଗ), ଫ୍ରେଣ୍ଡସ୍ ପବ୍ଲିଶର୍ସ, କଟକ-୨, ପ୍ରଥମ ପ୍ରକାଶନ ଶ୍ରୀଗୁଣ୍ଡିଚା, ୧୯୮୬, ପୃଷ୍ଠା - ୨୧ ।

୧୭)	ମହାନ୍ତି, ରଜନୀକାନ୍ତ, ଆ ସାକ୍ଷୀ ଦେ, (ସୂର୍ଯ୍ୟସ୍ନାନ), ପୃଷ୍ଠା - ୧୧୨ ।
୧୮)	ତତ୍ରୈବ, (ସମୁଦ୍ର), ପୃଷ୍ଠା - ୨୭ ।
୧୯)	ତତ୍ରୈବ, (ସୂର୍ଯ୍ୟସ୍ନାନ), ପୃଷ୍ଠା - ୧୨୦ ।
୨୦)	ମହାନ୍ତି, ରଜନୀକାନ୍ତ, ମାଟିଆ ପୁଅ, (ଅଛୁଆଁ ଝିଅ), ବିଦ୍ୟାପୁରୀ, କଟକ-୨, ପ୍ରଥମ ପ୍ରକାଶ, ଦଶହରା ୧୯୮୯, ପୃଷ୍ଠା - ୨୫ ।
୨୧)	ତତ୍ରୈବ, ପୃଷ୍ଠା - ୨୫ ।
୨୨)	ମହାନ୍ତି, ରଜନୀକାନ୍ତ, ଶତାଂଢ଼ି ପୁରୁଷ, (ପିମ୍ପୁଡ଼ି) ଫ୍ରେଣ୍ଡସ୍ ପବ୍ଲିଶର୍ସ, କଟକ-୨, ପ୍ରଥମ ସଂସ୍କରଣ, ୧୯୮୧, ପୃଷ୍ଠା - ୨୨ ।
୨୩)	ଶତାଂଢ଼ି ପୁରୁଷ, (ଚନ୍ଦ୍ରଭାଗା), ପୃଷ୍ଠା - ୬୪ ।
୨୪)	ତତ୍ରୈବ, ପୃଷ୍ଠା - ୬୪ ।
୨୫)	ମହାନ୍ତି, ରଜନୀକାନ୍ତ, ଆ ସାକ୍ଷୀ ଦେ, (ସୂର୍ଯ୍ୟସ୍ନାନ), ପୃଷ୍ଠା - ୧୧୯ ।
୨୬)	ମହାନ୍ତି, ରଜନୀକାନ୍ତ, ଅଠର ନିର୍ବାସନ ରୋଡ଼, (ଜନପଥ) ପ୍ରବାହ, ଯାଜପୁର, ପ୍ରଥମ ପ୍ରକାଶ, ୨୦୧୦, ପୃଷ୍ଠା - ୧୫ ।
୨୭)	http://youtu.be/c-omZD4kbas what is true love by sandeep maheswari.
୨୮)	ମହାନ୍ତି, ରଜନୀକାନ୍ତ, ଆ ସାକ୍ଷୀ ଦେ, (ସୂର୍ଯ୍ୟସ୍ନାନ), ପୃଷ୍ଠା - ୧୨୮ ।
୨୯)	http://timesofindia.indiatimes.com/life-style/relationship/love-sex/12-reasons-why-people-have-extramarital-affairs/arficleshow/47418028.cms
୩୦)	ମହାନ୍ତି, ରଜନୀକାନ୍ତ, ମାଟିଆ ପୁଅ, (ସୁନା ଶିଆଳ), ପୃଷ୍ଠା - ୧୩୭ ।
୩୧)	www./timesofindia.indiatimes.com/life-style/relationships/love-sex...
୩୨)	ମହାନ୍ତି, ରାଜନୀକାନ୍ତ, ରକ୍ତରାଣ, (ଶିବ ସାବତ), ପୃଷ୍ଠା - ୭୧ ।
୩୩)	ମହାନ୍ତି, ରଜନୀକାନ୍ତ, ମାଟିଆ ପୁଅ, (ପାଉଁଶ ହିଡ଼), ପୃଷ୍ଠା - ୧୩୨ ।
୩୪)	ମହାନ୍ତି, ରଜନୀକାନ୍ତ, ଉଷାକାଳ, (କେତେ ପହର କେତେ ସୁନ୍ଦୂରା), ପୃଷ୍ଠା - ୬୩ ।
୩୫)	ମହାନ୍ତି, ରଜନୀକାନ୍ତ, ଶତାଂଢି ପୁରୁଷ, (ହଢ଼ିକାଠ), ପୃଷ୍ଠା - ୯୪ ।
୩୬)	ତତ୍ରୈବ, ପୃଷ୍ଠା - ୯୪ ।
୩୭)	ତତ୍ରୈବ, (ଶତୁରା) ପୃଷ୍ଠା - ୧୧-୧୨ ।
୩୮)	ତତ୍ରୈବ, (ହଡିକାଠ), ପୃଷ୍ଠା - ୮୮-୮୯ ।

୩୯) ମହାନ୍ତି, ରଜନୀକାନ୍ତ, ମାଟିଆ ପୁଅ, (ଗେଣ୍ଡୁଆ), ପୃଷ୍ଠା - ୧୪୭ ।
୪୦) ତତ୍ରୈବ, ପୃଷ୍ଠା - ୧୪୮ ।
୪୧) ତତ୍ରୈବ, ପୃଷ୍ଠା - ୧୪୯ ।
୪୨) ଦାସ, ସୁଲୋଚନା, ଓଡ଼ିଆ ସାହିତ୍ୟର ରାଜନୈତିକ ଚେତନା, ଆର୍ଯ୍ୟ ପ୍ରକାଶକ, କଟକ-୧୨, ପ୍ରକାଶ କାଳ, ୧୯୯୮, ପୃଷ୍ଠା - ୫୪୯ ।
୪୩) ପାଣ୍ଡବ, ଶତ୍ରୁଘ୍ନ, "ସମକାଳୀନ କବିତାରେ ରାଜନୀତି ପ୍ରସଙ୍ଗ" (ସଂ) ସାମନ୍ତ, ଇତି, 'କାଦମ୍ବିନୀ', ଭୁବନେଶ୍ୱର - ୨୧, ଜୁଲାଇ ୨୦୧୭ ସଂଖ୍ୟା, ପୃଷ୍ଠା - ୬୧ ।
୪୪) ମହାନ୍ତି, ପୂର୍ଣ୍ଣଚନ୍ଦ୍ର, ସାହିତ୍ୟର ସନ୍ଧିଧାନ, ସାରସ୍ୱତ ପୁସ୍ତକ ଭଣ୍ଡାର, ସମ୍ବଲପୁର, ପ୍ରଥମ ପ୍ରକାଶ, ପୃଷ୍ଠା -୦୪
୪୫) ପଟ୍ଟନାୟକ, କଇଳାଶ, ଓଡ଼ିଆ ଉପନ୍ୟାସରେ ସମାଜ ତତ୍ତ୍ୱ, ବିଦ୍ୟାପୁରୀ, କଟକ-୨, ପ୍ରଥମ ପ୍ରକାଶନ ଦୋଳ ପୂର୍ଣ୍ଣିମା, ମାର୍ଚ୍ଚ, ୧୯୮୮, ପୃଷ୍ଠା - ୧୬ ।
୪୬) ଦାସ, ସୁଲୋଚନା, ଓଡ଼ିଆ ସାହିତ୍ୟରେ ରାଜନୈତିକ ଚେତନା, ପୃଷ୍ଠା - ୫୪୭ ।
୪୭) ସାମଲ, ବୈଷ୍ଣବ ଚରଣ, "ପଚାଶ ବର୍ଷ: ଓଡ଼ିଆ ଉପନ୍ୟାସ", (ସଂ) ପରିଚ୍ଛା ପଟ୍ଟନାୟକ, ହର ପ୍ରସାଦ ଓ ସିଂହ, ବିଜୟାନନ୍ଦ, 'ପଚାଶ ବର୍ଷ; ଓଡ଼ିଆ ସାହିତ୍ୟ", ଓଡ଼ିଶା ସାହିତ୍ୟ ଏକାଡେମୀ, ଭୁବନେଶ୍ୱର - ୧୪, ପ୍ରଥମ ସଂସ୍କରଣ, ୨୦୦୯, ପୃଷ୍ଠା ୧୮-୧୯ ।
୪୮) ଶତପଥୀ, ବିଜୟ କୁମାର, "ପଚାଶ ବର୍ଷ, ଓଡ଼ିଆ ନାଟକ" (ସଂ) ପରିଚ୍ଛା ପଟ୍ଟାନାୟକ, ହରପ୍ରସାଦ, ସିଂହ, ବିଜୟାନନ୍ଦ, 'ପଚାଶ ବର୍ଷ: ଓଡ଼ିଆ ସାହିତ୍ୟ', ଓଡ଼ିଆ ସାହିତ୍ୟ ଏକାଡେମୀ, ଭୁବନେଶ୍ୱର-୧୪, ପ୍ରଥମ ସଂସ୍କରଣ, ୨୦୦୯, ପୃଷ୍ଠା ୧୧୦-୧୧୧ ।
୪୯) ଦାସ, ସୁଲୋଚନା, ଓଡ଼ିଆ ସାହିତ୍ୟରେ ରାଜନୈତିକ ଚେତନା, ପୃଷ୍ଠା - ୫୪୯ ।
୫୦) ସେନାପତି, ରବୀନ୍ଦ୍ର ମୋହନ, ଓଡ଼ିଶା ରାଜନୀତିରେ ଗଣତାନ୍ତ୍ରିକ ପରମ୍ପରା, ବିଦ୍ୟାଭାରତୀ, କଟକ - ୨, ପ୍ରଥମ ପ୍ରକାଶ, ମାର୍ଚ୍ଚ ୨୦୦୬, ପୃଷ୍ଠା - ୪୮ ।
୫୧) ତତ୍ରୈବ, ପୃଷ୍ଠା - ୭୩ ।
୫୨) ତତ୍ରୈବ, ପୃଷ୍ଠା - ୯୭ ।
୫୩) ମହାନ୍ତି, ରଜନୀକାନ୍ତ, ଶତାଂଡି ପୁରୁଷ, (ହଡିକାଠ), ପୃଷ୍ଠା ୮୯-୯୦ ।
୫୪) ତତ୍ରୈବ, ପୃଷ୍ଠା - ୯୦ ।
୫୫) ମହାନ୍ତି, ରଜନୀକାନ୍ତ, ମାଟିଆ ପୁଅ, (ରାହାଜୀଗାଳୀ), ପୃଷ୍ଠା - ୭୫ ।
୫୬) ତତ୍ରୈବ, ପୃଷ୍ଠା - ୬୮ ।

୫୭)	ମହାନ୍ତି, ରାଜନୀକାନ୍ତ, ଆ ସାକ୍ଷୀ ଦେ, (ସେଇ ଅନ୍ଧାରୀ କୋଣକୁ ଚାଲିଯା), ପୃଷ୍ଠା - ୧୩୧ ।
୫୮)	ମହାନ୍ତି, ରଜନୀକାନ୍ତ, ଆ ସାକ୍ଷୀ ଦେ, (ଅନୁଭବ କାହିଁକି ଦାଢ଼ୀ ବଢ଼େଇଚି), ପୃଷ୍ଠା - ୬୪ ।
୫୯)	ମହାନ୍ତି, ରାଜନୀକାନ୍ତ, ଝିଁପିଝିପି ଅନ୍ଧାର, (ଶିଶୁ), ପୃଷ୍ଠା ୬୩-୬୪ ।
୬୦)	ଦାସ, ହରପ୍ରସାଦ, "ରାଜନୀତି ଓ ସାହିତ୍ୟ" (ସଂ) ସାମନ୍ତ, ଇତି, 'କାଦମ୍ବିନୀ', ଜୁଲାଇ ୨୦୧୭, ଭୁବନେଶ୍ୱର ୨୧, ପୃଷ୍ଠା - ୩୦ ।
୬୧)	ମହାନ୍ତି, ରାଜନୀକାନ୍ତ, ଆ ସାକ୍ଷୀ ଦେ, (ଆଁ), ପୃଷ୍ଠା ୩୫-୩୬ ।
୬୨)	ମହାନ୍ତି, ରଜନୀକାନ୍ତ, ଅଠର ନିର୍ବାସନ ରୋଡ, (ନୈଋତ କୋଣରେ କନ୍ୟା କୁମାରୀ), ପୃଷ୍ଠା - ୭୫ ।
୬୩)	ମହାନ୍ତି, ରାଜନୀକାନ୍ତ, ଆ ସାକ୍ଷୀ ଦେ, (ବାଟୋଇ), ପୃଷ୍ଠା - ୭୫ ।
୬୪)	ଦାସ, ହର ପ୍ରସାଦ, ରାଜନୀତି ଓ ସାହିତ୍ୟ, ପୃଷ୍ଠା - ୩୧ ।
୬୫)	ମହାନ୍ତି, ରଜନୀକାନ୍ତ, ଅଠର ନିର୍ବାସନ ରୋଡ, (ଫଳକ), ପୃଷ୍ଠା-୫୨ ।
୬୬)	ତତ୍ରୈବ, ପୃଷ୍ଠା - ୪୪ ।
୬୭)	ସାମଲ, ବୈଷ୍ଣବ ଚରଣ, ମାରିଚ ମାୟା ଓ ଅନ୍ୟାନ୍ୟ ପ୍ରବନ୍ଧ, ସତ୍ୟବ୍ରତ ପ୍ରକାଶନୀ, କଟକ - ୦୯, ପ୍ରଥମ ପ୍ରକାଶ, ୨୭ ଫେବୃୟାରୀ, ୨୦୧୪, ପୃଷ୍ଠା ୧୨-୧୩ ।
୬୮)	ମହାନ୍ତି, ରଜନୀକାନ୍ତ, ଶତାଂଡି ପୁରୁଷ, (ମୋକଦ୍ଦମା), ପୃଷ୍ଠା - ୭୦ ।
୬୯)	ମହାନ୍ତି, ରଜନୀକାନ୍ତ, ମାଟିଆ ପୁଅ, (ବାହାଜଗାଲୀ), ପୃଷ୍ଠା - ୬୫ ।
୭୦)	ମହାନ୍ତି, ରଜନୀକାନ୍ତ, ଆ ସାକ୍ଷୀ ଦେ, (ଆଁ), ପୃଷ୍ଠା-୪୦ ।
୭୧)	ତତ୍ରୈବ, (ଅନୁଭବ କାହିଁକି ଦାଢୀ ବଢେଇଚ), ପୃଷ୍ଠା - ୭୦ ।
୭୨)	ତତ୍ରୈବ, (ସେଇ ଅନ୍ଧାରୀ କୋଣକୁ ଚାଲିଯା), ପୃଷ୍ଠା - ୧୩୦ ।
୭୩)	ତତ୍ରୈବ, ପୃଷ୍ଠା - ୧୩୨ ।
୭୪)	ଅନୁପମ ଭାରତ, "ଭାରତରେ ଗଣତନ୍ତ୍ର ଶାସନ: ଏକ ପ୍ରତିଫଳନ" (ସଂ), ପଣ୍ଡା, ରବୀନ୍ଦ୍ର କୁମାର (ପତ୍ର), 'ଅନୁପମ ଭାରତ', ୧୮.୦୮.୨୦୧୭, ପୃଷ୍ଠା - ୦୬ ।
୭୫)	ପ୍ରଧାନ, କୃଷ୍ଣଚନ୍ଦ୍ର, ସାରସ୍ୱତ ବିଶ୍ୱବିଦ୍ୟାଳୟ ପ୍ରବନ୍ଧମାଳା, ସତ୍ୟନାରାୟଣ ବୁକ୍ ଷ୍ଟୋର, କଟକ-୨,ନୂତନ ସଂସ୍କରଣ, ୨୦୧୫, ପୃଷ୍ଠା - ୫୪ ।
୭୬)	ତତ୍ରୈବ, ପୃଷ୍ଠା - ୫୦-୫୧ ।
୭୭)	ମହାନ୍ତି, ରଜନୀକାନ୍ତ, ଶତାଂଡି ପୁରୁଷ, (ପିଂପୁଡି), ପୃଷ୍ଠା - ୨୬ ।

୭୮) ତତ୍ରୈବ, ପୃଷ୍ଠା - ୨୬-୨୭ ।

୭୯) ତତ୍ରୈବ, (ପିଂପୁଡ଼ି), ପୃଷ୍ଠା - ୨୭ ।

୮୦) ତତ୍ରୈବ, ପୃଷ୍ଠା - ୨୭ ।

୮୧) ମହାନ୍ତି, ରଜନୀକାନ୍ତ, ମାଟିଆପୁଅ, (ରାହାଜଗାଲୀ), ପୃଷ୍ଠା - ୬୩ ।

୮୨) ମହାନ୍ତି, ରଜନୀକାନ୍ତ, ଶତାଂଡି ପୁରୁଷ, (ଫକୀରମୋହନୀୟ), ପୃଷ୍ଠା - ୭୫ ।

୮୩) ମହାନ୍ତି, ରଜନୀକାନ୍ତ, ଝିପିଝିପି ଅନ୍ଧାର, (ଲଗ୍ନାଧିପତି), ପୃଷ୍ଠା - ୧୭ ।

୮୪) ମହାନ୍ତି, ରଜନୀକାନ୍ତ, ଶତାଂଡି ପୁରୁଷ, (ଚନ୍ଦ୍ରଭାଗା), ପୃଷ୍ଠା - ୫୭ ।

୮୫) ତତ୍ରୈବ, ପୃଷ୍ଠା - ୬୧ ।

୮୬) ମହାନ୍ତି, ରଜନୀକାନ୍ତ, ଝିପିଝିପି ଅନ୍ଧାର, (ଶିଶୁ), ପୃଷ୍ଠା - ୬୪-୬୫ ।

୮୭) ମହାନ୍ତି, ରଜନୀକାନ୍ତ, ଶତାଂଡି ପୁରୁଷ, (ମୋକଦ୍ଦମା), ପୃଷ୍ଠା - ୬୯ ।

୮୮) ତତ୍ରୈବ, ପୃଷ୍ଠା - ୭୨ ।

୮୯) ତତ୍ରୈବ, ପୃଷ୍ଠା - ୭୨ ।

୯୦) ତତ୍ରୈବ, ପୃଷ୍ଠା - ୭୦ ।

୯୧) ତତ୍ରୈବ, (ମୋକଦ୍ଦମା), ପୃଷ୍ଠା - ୭୩-୭୪ ।

୯୨) Baldick, CHRIS, The Oxford Dictionary of Literary Terms, OXFORD University Press, Third Edition, published, 2008, P.125,126.

୯୩) ମହାନ୍ତି, ରଜନୀକାନ୍ତ, ମାଟିଆପୁଅ, (ଭୂତ), ପୃଷ୍ଠା - ୬୦ ।

୯୪) ମହାନ୍ତି, ରାଜନୀକାନ୍ତ, ଆ ସାକ୍ଷୀ ଦେ, (ସମୁଦ୍ର), ପୃଷ୍ଠା ୨୫ ।

୯୫) ମହାନ୍ତି, ରାଜନୀକାନ୍ତ, ବହୁ ବଜାର, (ଜନ୍ମ), ପୃଷ୍ଠା ୧୦୨ ।

୯୬) ଶତପଥୀ, ବିଜୟ କୁମାର, ଓଡ଼ିଆ ସାହିତ୍ୟରେ ପ୍ରଗତିବାଦୀ ଧାରା, ଓଡ଼ିଶା ବୁକ୍ ଷ୍ଟୋର, କଟକ - ୨, ପ୍ରଥମ ପ୍ରକାଶ୧୯୯୫, ଜାନୁଆରୀ ପହିଲା, ପୃଷ୍ଠା - ୬୩ ।

୯୭) ତତ୍ରୈବ, ପୃଷ୍ଠା - ୧୭୪ ।

୯୮) ଗାହାଣ, କପିଳେଶ୍ୱର, ସୀମାବଦ୍ଧତା ଓ ମୁକ୍ତିର ସ୍ୱପ୍ନ (ଓଡ଼ିଆ କ୍ଷୁଦ୍ରଗଳ୍ପ) ପ୍ରକାଶକ- ଅଗ୍ରଦୂତ, କଟକ - ୨, ପ୍ରଥମ ପ୍ରକାଶ-ବିଷୁବ ସଂକ୍ରାନ୍ତି, ୧୯୯୪, ପୃଷ୍ଠା- ୭୪ ।

୯୯) ତତ୍ରୈବ, ପୃଷ୍ଠା - ୫୯ ।

୧୦୦) ସାମଲ, ବୈଷ୍ଣବ ଚରଣ, ଓଡ଼ିଆ ଗଳ୍ପ: ଉନ୍ମେଷ ଓ ଉତ୍ତରଣ, ଫ୍ରେଣ୍ଡସ୍ ପବ୍ଲିଶର୍ସ, କଟକ - ୨, ପରିବର୍ଦ୍ଧିତ ଦ୍ୱିତୀୟ ସଂସ୍କରଣ, ୨୦୧୫, ପୃଷ୍ଠା - ୬୦ ।

୧୦୧) ମହାନ୍ତି, ରଜନୀକାନ୍ତ, ମାଟିଆପୁଅ, (ରାହାଜଗାଲୀ), ପୃଷ୍ଠା - ୬୯ ।
୧୦୨) ମହାନ୍ତି, ରଜନୀକାନ୍ତ, ଶତାଂଡି ପୁରୁଷ, (ନିଶୀଥ ସଙ୍ଗମ), ପୃଷ୍ଠା - ୧ ।
୧୦୩) ତତ୍ରୈବ, ପୃଷ୍ଠା - ୦୬ ।
୧୦୪) ପୃଷ୍ଟି, ସୁନୀଲ କୁମାର, "ଶତାଂଡି ପୁରୁଷର ପୁରୁଷାକାର", ମହାନ୍ତି, ଜଗଦୀଶ 'ସଂବର୍ତ୍ତକ' ୩ୟ ସଂଖ୍ୟା, ଏପ୍ରିଲ୍-ମେ, ୧୯୮୫, ପୃଷ୍ଠା - ୬୯ ।
୧୦୫) ମହାନ୍ତି, ରଜନୀକାନ୍ତ, ଶତାଂଡି ପୁରୁଷ, (ନିଶୀଥ ସଙ୍ଗମ), ପୃଷ୍ଠା - ୭ ।
୧୦୬) ତତ୍ରୈବ, (ନିଶୀଥ ସଙ୍ଗମ), ପୃଷ୍ଠା - ୫ ।
୧୦୭) ତତ୍ରୈବ, (ଶତାଂଡି ପୁରୁଷ), ପୃଷ୍ଠା - ୩୭-୩୮ ।
୧୦୮) ମହାନ୍ତି, ରଜନୀକାନ୍ତ, ଶତାଂଡି ପୁରୁଷର ପୁରୁଷାକାର, ପୃଷ୍ଠା - ୭୩ ।
୧୦୯) ମହାନ୍ତି, ରଜନୀକାନ୍ତ, ଶତାଂଡି ପୁରୁଷ, (ଫକୀରମୋହନୀୟ), ପୃଷ୍ଠା - ୮୪ ।
୧୧୦) ମହାନ୍ତି, ରଜନୀକାନ୍ତ, ଓଡ଼ିଆ ସାହିତ୍ୟର ପ୍ରଗତିବାଦୀ ଧାରା, ପୃଷ୍ଠା - ୭୬ ।
୧୧୧) ମହାନ୍ତି, ରଜନୀକାନ୍ତ, ଶତାଂଡି ପୁରୁଷ, (ହଡିକାଠ), ପୃଷ୍ଠା - ୮୭ ।
୧୧୨) ମହାନ୍ତି, ରଜନୀକାନ୍ତ, ମାଟିଆପୁଅ, (ନାରାଚ ଉବାଚ), ପୃଷ୍ଠା - ୦୨ ।
୧୧୩) ଶତପଥୀ, ବିଜୟ କୁମାର, ଓଡ଼ିଆ ସାହିତ୍ୟର ପ୍ରଗତିବାଦୀ ଧାରା, ପୃଷ୍ଠା ୧୩-୧୪ ।
୧୧୪) ମହାନ୍ତି, ରଜନୀକାନ୍ତ, ମାଟିଆପୁଅ, (ରାହାଜଗାଲୀ), ପୃଷ୍ଠା - ୭୨ ।
୧୧୫) ତତ୍ରୈବ, ପୃଷ୍ଠା - ୭୫ ।
୧୧୬) ପାଢ଼ୀ, ବେଣୁଧର, "ମାଟିକୁ ଫେରି ଆସିବାର ପ୍ରତିଶ୍ରୁତି-ରଜନୀକାନ୍ତଙ୍କ ଗଳ୍ପ ମାନସ" (ସଂ) ଯାଯାବର, 'ଆମେମାନେ', ସୋର, ବାଲେଶ୍ୱର, ଜାନୁୟାରୀ, ୧୯୯୯ ସଂଖ୍ୟା, ପୃଷ୍ଠା - ୦୩ ।
୧୧୭) ମହାନ୍ତି, ରଜନୀକାନ୍ତ, ଆ ସାକ୍ଷୀ ଦେ (ନାରାଚ ଉବାଚ), ପୃଷ୍ଠା - ୫୮ ।
୧୧୮) ତତ୍ରୈବ, (ସୂର୍ଯ୍ୟରଂଗ), ପୃଷ୍ଠା - ୬୦ ।
୧୧୯) ତତ୍ରୈବ, ପୃଷ୍ଠା - ୬୩ ।
୧୨୦) ମହାନ୍ତି, ରଜନୀକାନ୍ତ, ଝିପିଝିପି ଅନ୍ଧାର, (ଗଣନାୟକ), ପୃଷ୍ଠା - ୪୮ ।
୧୨୧) ପୃଷ୍ଟି, ସୁନୀଲ୍ କୁମାର, ଶତାଂଡି ପୁରୁଷର ପୁରୁଷାକାର, ପୃଷ୍ଠା - ୭୫ ।
୧୨୨) ମହାନ୍ତି, ରଜନୀକାନ୍ତ, ଆ ସାକ୍ଷୀ ଦେ, (ବିପ୍ଳବ), ପୃଷ୍ଠା - ୮୫ ।
୧୨୩) ତତ୍ରୈବ, (ବିପ୍ଳବ), ପୃଷ୍ଠା - ୮୬ ।
୧୨୪) ସାହୁ, ନୃସିଂହ ଚରଣ, ସ୍ୱାଧୀନତା ପରବର୍ତ୍ତୀ ଓଡ଼ିଆ ଉପନ୍ୟାସ, ଓଡ଼ିଶା ବୁକ୍ ଷ୍ଟୋର, ପ୍ରଥମ ପ୍ରକାଶ, ୨୦୧୧, ପୃଷ୍ଠା ୧୩୭-୧୩୮ ।
୧୨୫) The New Encyclopaedia Britannica, Volume-09,

MICROPAEDIA, Ready Reference, Founded 1788, 15th Edition, P.783.

୧୨୬) ମିଶ୍ର, ପଞ୍ଚାନନ, "ମନସ୍ତାତ୍ତ୍ୱିକ ସମାଲୋଚନା ପରିପ୍ରେକ୍ଷୀରେ ଓଡ଼ିଆ ସାହିତ୍ୟ ସମୀକ୍ଷାର ସମ୍ଭାବନା ଓ ଆଭିମୁଖ୍ୟ" (ସଂ) ପ୍ରଧାନ, କୃଷ୍ଣଚନ୍ଦ୍ର, 'ପାଶ୍ଚାତ୍ୟ ସାହିତ୍ୟ ଓ ସମୀକ୍ଷା ତତ୍ତ୍ୱ', ପ୍ରାଚୀ ସାହିତ୍ୟ ପ୍ରତିଷ୍ଠାନ, କଟକ-୨, ପ୍ରଥମ ସଂସ୍କରଣ, ୨୦୧୪, ପୃଷ୍ଠା ୩୭୦-୩୭୧ ।

୧୨୭) ବରାଳ, ଆଲୋକ, "ବିଜୟ ମିଶ୍ର, ସିଗ୍‌ମଣ୍ଡ ଫ୍ରୟେଡ ଓ ଶବବାହକ ମାନେ" (ସଂ) ନାୟକ, ଶାନ୍ତନୁ କୁମାର ଓ ଦାଶ ସସ୍ମିତା, 'ସାହିତ୍ୟ-ବିମର୍ଶ', ପ୍ରଜ୍ଞାନ ପବ୍ଲିକେଶନ୍‌ସ, ଜାରକା, ଯାଜପୁର, ପ୍ରଥମ ପ୍ରକାଶ, ଜାନୁୟାରୀ, ୨୦୧୮, ପୃଷ୍ଠା ୧୪୩-୧୪୫ ।

୧୨୮) ସାହୁ, ନୃସିଂହ ଚରଣ, ସ୍ୱାଧୀନତା ପରବର୍ତ୍ତୀ ଓଡ଼ିଆ ଉପନ୍ୟାସ, ପୃଷ୍ଠା - ୧୩୯ ।

୧୨୯) ମିଶ୍ର, ପଞ୍ଚାନନ, ମନସ୍ତାତ୍ତ୍ୱିକ ସମାଲୋଚନା ପରିପ୍ରେକ୍ଷୀରେ ଓଡ଼ିଆ ସାହିତ୍ୟ ସମୀକ୍ଷାର ସମ୍ଭାବନା ଓ ଆଭିମୁଖ୍ୟ, ପୃଷ୍ଠା - ୩୭୬ ।

୧୩୦) ସାହୁ, ନୃସିଂହ ଚରଣ, ସ୍ୱାଧୀନତା ପରବର୍ତ୍ତୀ ଓଡ଼ିଆ ଉପନ୍ୟାସ, ପୃଷ୍ଠା - ୧୩୯ ।

୧୩୧) The New Encyclopaedia Britannica, P.125.

୧୩୨) ସାହୁ, ନୃସିଂହ ଚରଣ, ସ୍ୱାଧୀନତା ପରବର୍ତ୍ତୀ ଓଡ଼ିଆ ଉପନ୍ୟାସ, ପୃଷ୍ଠା - ୧୩୯ ।

୧୩୩) www.fredupage.info...

୧୩୪) ମିଶ୍ର, ବିଜୟ କୁମାର, ଶିକ୍ଷା ମନୋବିଜ୍ଞାନ, ଶିକ୍ଷାର ଧାରା ଓ ସମସ୍ୟା, ନାଳନ୍ଦା, କଟକ-୨, ପ୍ରଥମ ପ୍ରକାଶ-୨୦୦୫, ପୃଷ୍ଠା - ୪୧ ।

୧୩୫) ପଟ୍ଟନାୟକ, ଜିତେନ୍ଦ୍ର ନାରାୟଣ, ସାମ୍ପ୍ରତିକ ପାଶ୍ଚାତ୍ୟ ସମାଲୋଚନା ତତ୍ତ୍ୱ, ବିଦ୍ୟାପୁରୀ, କଟକ - ୨, ପ୍ରଥମ ପ୍ରକାଶ, ଫେବୃୟାରୀ, ୨୦୦୬ ପୃଷ୍ଠା - ୩୬ ।

୧୩୬) ମହାନ୍ତି, ରଜନୀକାନ୍ତ, ଶତାଂଡି ପୁରୁଷ, (ଫକୀର ମୋହନୀୟ), ପୃଷ୍ଠା - ୮୧ ।

୧୩୭) ମହାନ୍ତି, ରଜନୀକାନ୍ତ, ମାଟିଆପୁଅ, (ପାଉଁଶ ହିଡ), ପୃଷ୍ଠା - ୧୩୪ ।

୧୩୮) ମହାଲିକା, ସତ୍ୟପ୍ରିୟ, "ଉଷାକାଳରେ ରଜନୀକାନ୍ତ" (ସଂ) ମହତାବ, ଭର୍ତ୍ତୃହରୀ, 'ଝଙ୍କାର', ୬୦ତମ ବର୍ଷ, ୧୨ମ ସଂଖ୍ୟା, କଟକ, ପୃଷ୍ଠା - ୧୪୪୪ ।

୧୩୯) ମହାନ୍ତି, ରଜନୀକାନ୍ତ, ଉଷାକାଳ, (ଗେହ୍ଲା ଝିଅ), ପୃଷ୍ଠା - ୫୬ ।

୧୪୦) ମହାନ୍ତି, ରଜନୀକାନ୍ତ, ଅଠର ନିର୍ବାସନ ରୋଡ, (ବତୀଖୁଣ୍ଟ), ପୃଷ୍ଠା - ୩୯ ।

୧୪୧) ମହାନ୍ତି, ରଜନୀକାନ୍ତ, ଝିପିଝିପି ଅନ୍ଧାର, (ମା), ପୃଷ୍ଠା - ୮୪ ।

୧୪୨) ମହାନ୍ତି, ରଜନୀକାନ୍ତ, ରକ୍ତରାଣ, (ଶେଷଦୃଶ୍ୟ:ଆଦିପ୍ରଶ୍ନ), ଆକାଂକ୍ଷା ପ୍ରକାଶନ, ଭଦ୍ରକ - ୨୪, ପ୍ରଥମ ପ୍ରକାଶ ଜୁନ୍, ୨୦୦୭, ପୃଷ୍ଠା - ୧୧୯ ।
୧୪୩) ମହାନ୍ତି, ରଜନୀକାନ୍ତ, ଶତାଂଡି ପୁରୁଷ, (ଶତାଂଡି ପୁରୁଷ), ପୃଷ୍ଠା - ୪୦ ।
୧୪୪) ପୃଷ୍ଟି, ସୁନୀଲ୍ କୁମାର, ଶତାଂଡି ପୁରୁଷର ପୁରୁଷାକାର, ପୃଷ୍ଠା - ୬୯ ।
୧୪୫) ମହାନ୍ତି, ରଜନୀକାନ୍ତ, ଶତାଂଡି ପୁରୁଷ, (ଶତୁରା), ପୃଷ୍ଠା - ୧୧-୧୨ ।
୧୪୬) ତତ୍ରୈବ, ପୃଷ୍ଠା - ୧୬ ।
୧୪୭) ପୃଷ୍ଟି, ସୁନୀଲ୍ କୁମାର, ଶତାଂଡି ପୁରୁଷର ପୁରୁଷାକାର, ପୃଷ୍ଠା - ୭୫ ।
୧୪୮) ତତ୍ରୈବ, ପୃଷ୍ଠା - ୭୫-୭୬ ।
୧୪୯) ମହାନ୍ତି, ରଜନୀକାନ୍ତ, ଶତାଂଡି ପୁରୁଷ, (ହଡିକାଠ), ପୃଷ୍ଠା - ୯୫ ।
୧୫୦) ତତ୍ରୈବ, ପୃଷ୍ଠା - ୮୪ ।
୧୫୧) ମହାନ୍ତି, ରଜନୀକାନ୍ତ, ମାଟିଆପୁଅ, (ପୁଷୁନାହରା), ପୃଷ୍ଠା - ୩୬ ।
୧୫୨) ମହାନ୍ତି, ରଜନୀକାନ୍ତ, ଆ ସାକ୍ଷୀ ଦେ, (ସାକ୍ଷୀ ସାରଳା, ସାକ୍ଷୀ ଫକୀରମୋହନ/ ସପ୍ତଦୀପ ଛୁଇଁ ତ୍ରିବାର ଏ ସତ୍ୟ ମୋର / ମୁଁ କ୍ଷେପିବି ଶବ୍ଦଭେଦୀ ସୂର୍ଯ୍ୟାସ୍ତ ପୂର୍ବରୁ / ମୁକ୍ତି ଯଦି ନମିଳେ ଏଥର), ପୃଷ୍ଠା - ୪୯ ।
୧୫୩) ମହାନ୍ତି, ରଜନୀକାନ୍ତ, ଝିପିଝିପି ଅନ୍ଧାର, (ମା), ପୃଷ୍ଠା - ୮୫ ।
୧୫୪) ମହାଲିକ, ସତ୍ୟପ୍ରିୟ, ଉଷାକାଳରେ ରଜନୀକାନ୍ତ, ପୃଷ୍ଠା - ୧୪୪୩ ।
୧୫୫) ବାରିକ, କବିତା, ଶହେ ବର୍ଷର ଆଧୁନିକ ଓଡ଼ିଆ କ୍ଷୁଦ୍ରଗଳ୍ପ ଏକ ତାତ୍ତ୍ୱିକ ବିଶ୍ଳେଷଣ, ୧୮୯୮-୧୯୯୮, ବିଦ୍ୟାପୁରୀ କଟକ-୨, ପରିବର୍ଦ୍ଧିତ ଦ୍ୱିତୀୟ ସଂସ୍କରଣ, ଜୁନ୍, ୨୦୧୪, ପୃଷ୍ଠା - ୨୩୧ ।
୧୫୬) ମହାନ୍ତି, ଶରତ କୁମାର, ଅସ୍ତିତ୍ୱବାଦର ମର୍ମକଥା, ଅଗ୍ରଦୂତ, କଟକ-୨, ତୃତୀୟ ସଂସ୍କରଣ, ୨୦୧୦, ପୃଷ୍ଠା - ୫ ।
୧୫୭) ଦାସ, ହରପ୍ରସାଦ, ଆଧୁନିକତାର ସମକାଳ, ଜଗନ୍ନାଥ ରଥ, ପୁସ୍ତକ ପ୍ରକାଶକ ଓ ବିକ୍ରେତା, କଟକ-୨, ପ୍ରଥମ ସଂସ୍କରଣ, ୨୦୧୦, ପୃଷ୍ଠା - ୨୨୪ ।
୧୫୮) ମହନ୍ତ, ମନୋରଞ୍ଜନ, "ଅସ୍ତିତ୍ୱବାଦ" (ସଂ), ପ୍ରଧାନ କୃଷ୍ଣଚନ୍ଦ୍ର, 'ପାଶ୍ଚାତ୍ୟ ସାହିତ୍ୟ ଓ ସମୀକ୍ଷା ତତ୍ତ୍ୱ', ପ୍ରାଚୀ ସାହିତ୍ୟ ପ୍ରତିଷ୍ଠାନ, କଟକ-୨, ପ୍ରଥମ ସଂସ୍କରଣ, ୨୦୧୪, ପୃଷ୍ଠା - ୧୬୩-୧୬୪ ।
୧୫୯) ମହାନ୍ତି, ପୂର୍ଣ୍ଣଚନ୍ଦ୍ର, ସାହିତ୍ୟର ସମ୍ବିଧାନ, ସାରସ୍ୱତ ପୁସ୍ତକ ଭଣ୍ଡାର, ସମ୍ବଲପୁର, ପ୍ରକାଶ କାଳ........, ପୃଷ୍ଠା-୨୬୭ ।
୧୬୦) ସାହୁ, ଆଦିକନ୍ଦ, କିର୍‌କେ ଗାର୍ଡ ଓ ସାହିତ୍ୟରେ ଅସ୍ତିତ୍ୱବାଦ, ଗ୍ରନ୍ଥମନ୍ଦିର, କଟକ-୨, ପ୍ରଥମ ସଂସ୍କରଣ, ଫେବୃୟାର, ୨୦୦୧, ପୃଷ୍ଠା -୧୧୨ ।

୧୬୧) ମହାନ୍ତି, ରଜନୀକାନ୍ତ, ମାଟିଆପୁଅ, (ପାଉଁଶ ହିଡ), ପୃଷ୍ଠା - ୧୩୪ ।
୧୬୨) ମହାନ୍ତି, ରଜନୀକାନ୍ତ, ଆ ସାକ୍ଷୀ ଦେ, (ଅମୃତ), ପୃଷ୍ଠା - ୧୧୩ ।
୧୬୩) ମହାନ୍ତି, ରଜନୀକାନ୍ତ, ଝିପିଝିପି ଅନ୍ଧାର, (ଗଣନାୟକ), ପୃଷ୍ଠା - ୪୫-୪୬ ।
୧୬୪) ମହାଲିକ, ସତ୍ୟପ୍ରିୟ, ଉଷାକାଳରେ ରଜନୀକାନ୍ତ, ପୃଷ୍ଠା - ୧୪୪୪ ।
୧୬୫) ମହାନ୍ତି, ରଜନୀକାନ୍ତ, ଉଷାକାଳ, (କେତେ ପହର କେତେ ସିନ୍ଦୂରା), ପୃଷ୍ଠା - ୬୯ ।
୧୬୬) ମହାନ୍ତି, ରଜନୀକାନ୍ତ, ଉଷାକାଳରେ ରଜନୀକାନ୍ତ, ପୃଷ୍ଠା - ୧୪୪୪ ।
୧୬୭) ମହାନ୍ତି, ରଜନୀକାନ୍ତ, ଉଷାକାଳ, (କେତେ ପହର କେତେ ସିନ୍ଦୂରା), ପୃଷ୍ଠା - ୭୫ ।
୧୬୮) ସାହୁ, ଆଦିକନ୍ଦ, କିର୍‌କେ ଗାର୍ଡ ଓ ସାହିତ୍ୟରେ ଅସ୍ତିତ୍ୱବାଦ, ପୃଷ୍ଠା - ୭୨ ।
୧୬୯) ମହାନ୍ତି, ରଜନୀକାନ୍ତ, ମାଟିଆପୁଅ, (ରାହା ଜଗାଳୀ), ପୃଷ୍ଠା - ୬୨ ।
୧୭୦) ତତ୍ରୈବ, ପୃଷ୍ଠା - ୬୪-୬୫ ।
୧୭୧) ମହାନ୍ତି, ରଜନୀକାନ୍ତ, ଝିପିଝିପି ଅନ୍ଧାର, (ଅକାଳ), ପୃଷ୍ଠା - ୦୮-୦୯ ।
୧୭୨) ଗାହାଣ, କପିଳେଶ୍ୱର, ସୀମାବଦ୍ଧତା ଓ ମୁକ୍ତିର ସ୍ୱପ୍ନ (ଓଡ଼ିଆ କ୍ଷୁଦ୍ରଗଳ୍ପ), ପୃଷ୍ଠା - ୧୪୭ ।
୧୭୩) ମହାନ୍ତି, ରଜନୀକାନ୍ତ, ଶତାଂଢି ପୁରୁଷ, (ହଡିକାଠ), ପୃଷ୍ଠା - ୯୫ ।
୧୭୪) ସାହୁ, ଆଦିକନ୍ଦ, କିର୍‌କେଗାର୍ଡ ଓ ସାହିତ୍ୟରେ ଅସ୍ତିତ୍ୱବାଦ, ପୃଷ୍ଠା - ୯୯ ।
୧୭୫) ତତ୍ରୈବ, ପୃଷ୍ଠା - ୭୪ ।
୧୭୬) ତତ୍ରୈବ, ପୃଷ୍ଠା - ୭୬ ।
୧୭୭) ମହାନ୍ତି, ରଜନୀକାନ୍ତ, ମାଟିଆପୁଅ, (ଗେଣ୍ଡୁଆ), ପୃଷ୍ଠା - ୧୪୫-୧୪୬ ।
୧୭୮) ମହାନ୍ତି, ରଜନୀକାନ୍ତ, ରକ୍ତରାଣ, (ପଘା), ପୃଷ୍ଠା - ୨୫ ।
୧୭୯) ମହାନ୍ତି, ରଜନୀକାନ୍ତ, ମାଟିଆପୁଅ, (ରାହା ଜଗାଳୀ), ପୃଷ୍ଠା - ୬୭ ।
୧୮୦) ତତ୍ରୈବ, (ଅଛୁଆଁ ଝିଅ) ପୃଷ୍ଠା - ୨୫ ।
୧୮୧) ମହାନ୍ତି, ରଜନୀକାନ୍ତ, ବହୁବଜାର, (ଝିଅ), ପୃଷ୍ଠା - ୭୭ ।
୧୮୨) ସାମଲ, ବୈଷ୍ଣବ ଚରଣ, ଓଡ଼ିଆ ଗଳ୍ପ: ଉନ୍ମେଷ ଓ ଉତ୍ତରଣ, ପୃଷ୍ଠା - ୧୫୦ ।
୧୮୩) ମହାନ୍ତି, ରଜନୀକାନ୍ତ, ମାଟିଆପୁଅ, (ନାରାଚ ଉବାଚ), ପୃଷ୍ଠା - ୦୨ ।
୧୮୪) ତତ୍ରୈବ, (ରାହା ଜଗାଳୀ) ପୃଷ୍ଠା - ୭୨ ।

ଗାଳ୍ପିକ ରଜନୀକାନ୍ତ ମହାନ୍ତିଙ୍କ ଗଳ୍ପରେ ରୂପଗତ ବୈଚିତ୍ର୍ୟ

୧) ଶିଳ୍ପ :

କ୍ଷୁଦ୍ରଗଳ୍ପ ଭାବବସ୍ତୁ ସହିତ ଗଠନ ଓ ଶୈଳୀକୁ ହିଁ ଭିତ୍ତି କରି ଗଠିତ । ତେଣୁ କ୍ଷୁଦ୍ରଗଳ୍ପର ଶିଳ୍ପ (Craft) ଭିତରେ ଭାବବସ୍ତୁ (Theme), କଥାବସ୍ତୁ (Plot), ବର୍ଣ୍ଣନା (Narration), ଚରିତ୍ର (Character), ପରିବେଶ (Setting), ଭାଷା (Language) ଭଳି ପ୍ରସଙ୍ଗ ଉତ୍‌ଥାପିତ ହୋଇଥାଏ । ସପ୍ରସଙ୍ଗ ଏଠାରେ ଉଲ୍ଲେଖ କରାଯାଇପାରେ ଯେ ଉକ୍ତ ପୁସ୍ତକରେ ଭାବବସ୍ତୁ ଭିତ୍ତିକ ଅଧ୍ୟୟନ ହୋଇଥିବାରୁ ଭାବବସ୍ତୁର ସ୍ୱାତନ୍ତ୍ର୍ୟକୁ ପୁନଶ୍ଚ ଅଲୋଚନାବେଳେ ସେହି ବିଷୟର ପୁନରାବୃତ୍ତି ହୋଇପାରେ, ସେହିଭଳି ଶୈଳୀ (Style), ଆଲୋଚନା ବେଳେ ବର୍ଣ୍ଣନା ଶୈଳୀ (Narration style), ଭାଷାର (Language) ସ୍ୱାତନ୍ତ୍ର୍ୟ ଆଲୋଚନା କରାଯାଇଥିବାରୁ ଏଠାରେ ଶିଳ୍ପଗତ ଆଲୋଚନା ବେଳେ କଥାବସ୍ତୁ (Plot), ପରିବେଶ (Setting), ଚରିତ୍ରଗତ (Character) ସ୍ୱାତନ୍ତ୍ର୍ୟ ଅନୁଶୀଳନକୁ ହିଁ ଗୁରୁତ୍ୱ ପ୍ରଦାନ କରାଯାଇଛି ।

୧.୧ କଥାବସ୍ତୁ :

ପ୍ରାଚୀନ କାହାଣୀର ମାର୍ଜିତ ରୂପ କ୍ଷୁଦ୍ରଗଳ୍ପ । ସଂପ୍ରତି କ୍ଷୁଦ୍ରଗଳ୍ପ ଯେତେ ବୌଦ୍ଧିକ ସ୍ତରରେ ପହଞ୍ଚିଲେ ମଧ୍ୟ ତା' ଭିତରେ ସିଧାସଳଖ ହେଉ ବା ପ୍ରତୀକାତ୍ମକ ଭାବରେ ହେଉ, କାହାଣୀଟିଏ ସଂଯୋଗ ହୋଇଥାଏ । ଏହି କାହାଣୀ ବା କଥାଭାଗକୁ ନେଇ ପରିକଳ୍ପିତ ଭାବବସ୍ତୁ ପ୍ରକାଶ ପାଏ । ତେଣୁ ଭାବବସ୍ତୁକୁ ପ୍ରକାଶ କରିବା ନିମନ୍ତେ କଥାଭାଗର ଗୁରୁତ୍ୱକୁ ଅସ୍ୱୀକାର କରାଯାଇ ପାରିବ ନାହିଁ । ଲେଖକ ଭାବବସ୍ତୁ ସଙ୍ଗେ କଥାବସ୍ତୁର ଗୁରୁତ୍ୱକୁ ଅଣଦେଖା

କରି ପାରିବେ ନାହିଁ । ଖୁବ୍ ସଚେତନତାରସହ ଭାବବସ୍ତୁକୁ ପରିପ୍ରକାଶ କଲାବେଳେ କଥାବସ୍ତୁକୁ ସମତାଳରେ ଗତି କରାଇଥାନ୍ତି । ଏହି କଥାଭାଗରେ ପ୍ରକୃତି (nature), ବ୍ୟକ୍ତି ମୂଲ୍ୟବୋଧ, ଈଶ୍ୱର ସତ୍ତା, ମାନବୀୟ ସମ୍ପର୍କ ଆଦି ମୁଖ୍ୟ ଉପାଦନାକୁ ଲକ୍ଷ୍ୟ ରଖି କଥାବସ୍ତୁ ଗତିଶୀଳ ହୋଇଥାଏ ।

୧.୧ (କ) ପ୍ରକୃତି (Nature):

ସ୍ଥାବର ଜଙ୍ଗମ, ପାଣି ପବନ, ଗଛଲତା, ଆଲୋକ ଅନ୍ଧାର ଆଦି ସମସ୍ତ ଉପାଦାନ ପ୍ରକୃତିର ଗୋଟିଏ ଗୋଟିଏ ଅବଦାନ । ଯାହାକୁ ନେଇ ଏ ଜଗତ ଜିଇଁଛି । ସୂର୍ଯ୍ୟ ଉଦୟ, ଅସ୍ତ ହେଉଛି । ପ୍ରାଣୀଙ୍କ ମନରେ ଉଲ୍ଲାସ ଭରିଲା ବେଳେ, ଉଦ୍ଭିଦ ଜଗତକୁ ସବୁଜିମାରେ ସୁଶୋଭିତ କରୁଛି । ପ୍ରାଣୀ ଜଗତର ଖାଦ୍ୟ ଶୃଙ୍ଖଳ ପାଖରୁ ଆରମ୍ଭ କରି ପ୍ରଜନନ, ବସବାସ ଆଦି ନେଇ ସୁନ୍ଦର ଜୀବନ ଜିଇଁବାରେ ଏ ପ୍ରକୃତି ମୁଖ୍ୟ ଭୂମିକା ଗ୍ରହଣ କରୁଛି । ମଣିଷ ମଧ୍ୟ ପ୍ରକୃତି ଦ୍ୱାରା ନିୟନ୍ତ୍ରିତ । ଖୁବ୍ ଚମତ୍କାର ଜୀବନ ଅତିବାହିତ କରିବା ନିମନ୍ତେ ମଣିଷ ନୂତନ ଟେକ୍‌ନୋଲୋଜିକୁ ଆପଣେଇଲେ ମଧ୍ୟ, ପ୍ରକୃତି ଠାରୁ ଟେକ୍‌ନୋଲୋଜି ଦୂରେଇ ଯାଇନାହିଁ । ଟେକ୍‌ନୋଲୋଜିକୁ ନେଇ ପ୍ରକୃତି ବଳିଷ୍ଠ ନୁହେଁ, ପ୍ରକାରାନ୍ତରେ କୁହାଯାଇପାରେ ପ୍ରକୃତିକୁ ନେଇ ଟେକ୍‌ନୋଲୋଜି ବଳିଷ୍ଠ । ସାହିତ୍ୟ ମଧ୍ୟ ପ୍ରକୃତି ସହ ସମତାଳରେ ଗତି କରେ । କାରଣ ପ୍ରକୃତିର ନାନାବିଧ ରୂପକୁ ସାହିତ୍ୟ ଆବାହମାନ କାଳରୁ ବର୍ଣ୍ଣି ଆସିଛି । ଆଜି ବିଜ୍ଞାନ ଯୁଗରେ ମଧ୍ଧ ସେ ବାଦ୍‌ପଡ଼ିନାହିଁ । ପ୍ରକୃତିକୁ ଆପଣାଇ ସାହିତ୍ୟକୁ କେବେ ମଧ୍ୟ ବାଦ ଦିଆଯାଇ ପାରିବ ନାହିଁ । କଥାବସ୍ତୁର ପ୍ରକୃତି ପ୍ରସଙ୍ଗ ଉପସ୍ଥାପନ କରିବାର ଆଭିମୁଖ୍ୟ ସାହିତ୍ୟିକଙ୍କର ପ୍ରକୃତି ଚୟନର ଦୃଷ୍ଟିଭଙ୍ଗୀ ଏବଂ କଥାବସ୍ତୁରେ ପ୍ରକୃତିର ସ୍ୱତନ୍ତ୍ର ଅବଦାନକୁ ଉଲ୍ଲେଖ କରିବା । ଯଥା-ମାନବ ସମାଜ ସଙ୍ଗେ ପ୍ରକୃତିର ସମ୍ବନ୍ଧ, ଚରିତ୍ରର ଜୀବନ ଶୈଳୀରେ ପ୍ରକୃତିର ଭୂମିକା, ପ୍ରକୃତି ଓ ବିଜ୍ଞାନ ମଧ୍ୟରେ ସଂପର୍କ ଇତ୍ୟାଦି ।

କଥାକାର ରଜନୀକାନ୍ତ ମହାନ୍ତିଙ୍କ ଗଳ୍ପ ପରିଧିରେ କଥାବସ୍ତୁ ଚୟନରେ ପ୍ରକୃତିର ଭୂମିକାକୁ ଏଡ଼େଇ ହେବନାହିଁ । ବସ୍ତୁତଃ କୁହାଯାଇପାରେ ପ୍ରାକୃତିକ ବିପର୍ଯ୍ୟୟକୁ ଆଧାର କରି ମାତ୍ର କେତୋଟି ଗଳ୍ପର କଥାବସ୍ତୁ ଗତି କରିଛି କିନ୍ତୁ ପ୍ରତି ଗଳ୍ପର ଚରିତ୍ର, ପରିବେଶ ସଙ୍ଗେ ପ୍ରକୃତିର ଅନ୍ତର୍ନିହିତ ସଂପର୍କକୁ ଫାଙ୍କି ଦେଇହେବନାହିଁ । କେତେକ ସ୍ଥାନରେ ମଧ୍ୟ ପ୍ରକୃତିର ନୈସର୍ଗିକ ରୂପ ହୋଇଛି ରୂପାୟିତ । ଯେପରି 'ଶତାଂଡି ପୁରୁଷ' ଗଳ୍ପରେ ଚାଷ ଜମିରେ ଚଷାପୁଅର କାର୍ଯ୍ୟ ସଙ୍ଗେ ବର୍ଷଣମୁଖର ପରିବେଶ, 'ମାଛ' ଗଳ୍ପରେ ଗାଡ଼ିଆକୁ ଉପସ୍ଥାପନ କଲାବେଳେ ମାଛ ଉପର ମୁଣ୍ଡକୁ ଯିବାର ଦୃଶ୍ୟ, 'ନାରାଚ ଉବାଚ' ଗଳ୍ପରେ ନଈ କୂଳର କୁଳୁକୁଳୁ ପାଣିର ଶବ୍ଦ, ସବରର ପକ୍ଷୀ ଶିକାର, ଅନ୍ତଃସତ୍ତ୍ୱା ଧାନଗଛର ଚିତ୍ର, ବର୍ଷଣ ମୁଖର ଦିବସର ଚିତ୍ର, 'ଅଛୁଆଁ ଝିଅ' ଗଳ୍ପରେ କୁଆଁର ପୁନେଇଁ ପାଇଁ ବ୍ୟବହୃତ କଇଁଫୁଲ ତୋଳିବା, ପୋଖରୀ ଆଡ଼ିରେ ବାଲୁକା ଥାପିବା, 'ପୁଷୁନାହରା' ଗଳ୍ପରେ ଆମ୍ବତୋଟାର

ଚିତ୍ର, ଗହଗହ ଦ୍ୱିପ୍ରହର ଚିତ୍ର, 'ଗାଈଆଳ' ଗଳ୍ପରେ ଗାଡ଼ିଆରୁ କଇଁଫୁଲ ତୋଳିବା, 'ବିଶା ଶହେ କାହାଣ ଅନ୍ଧାର' ଗଳ୍ପରେ ପାଚିଲା ଧାନ କ୍ଷେତର ନିଆରା ରୂପ, 'ସୁନା ଶିଆଳ' ଗଳ୍ପରେ ଫସଲ କ୍ଷେତ, 'ଭଦ୍ରା ନଦୀର ଭଉଁରୀ' ଗଳ୍ପରେ ଦେବଦାରୁ ବୃକ୍ଷ ଆଦି ପ୍ରାକୃତିକ ସଂପଦ ଗଳ୍ପର ବେଳେ ବେଳେ ମୁଖ୍ୟ ଅଙ୍ଗ ହୋଇପଡ଼ିଛି । ଏତଦ୍‌ଭିନ୍ନ ଗାଳ୍ପିକ ଶ୍ରୀ ମହାନ୍ତିଙ୍କ ଗଳ୍ପରେ ପ୍ରକୃତି କଥାଭାଗରେ ମଧ୍ୟ ମୁଖ୍ୟ ଭୂମିକା ଗ୍ରହଣ କରୁଥିବାର ନଜିର ଅଛି । ସେ ଗଳ୍ପ ଗୁଡ଼ିକ ହେଲା– 'ବୃକ୍ଷରୂପୀ', 'ନଅଙ୍କ' ଓ 'ଜନ୍ମ' ।

'ବୃକ୍ଷରୂପୀ' ଗଳ୍ପରେ ପରିବେଶ ନଈକୂଳ ପାଖେ ଥିବା ବରଗଛଟିଏ । ଏହି ବରଗଛର ଡାଳରେ ଗଳ୍ପନାୟକ ଭାଲୁ ଶୋଇରହି ମୋହମାୟାଗ୍ରସ୍ତ ସମାଜକୁ ପରଖୁଛି ନିର୍ଲିପ୍ତ ଭାବରେ ଏବଂ ବୃକ୍ଷ ଡାଳରେ ଶୋଇରହି ଆଶ୍ୱସ୍ତି ଲାଭ କରୁଛି । ଗଳ୍ପରେ ମଣିଷ ଓ ବୃକ୍ଷ ମଧ୍ୟରେ ତାରତମ୍ୟର ନିଷ୍କର୍ଷ ଅତି ଚମତ୍କାର । ମଣିଷ ଭଳି ବୃକ୍ଷ ମଧ୍ୟ ନିଜର ସାର୍ବଭୌମତ୍ୱ ହରାଇ ବସିଛି । ଏହାଦ୍ୱାରା ପ୍ରାକୃତିକ ବିପର୍ଯ୍ୟୟ ଘଟୁଛି । ଏଠି ମଣିଷର ପରାଧୀନତା ଏବଂ ବୃକ୍ଷର ପରାଧୀନତା ସମଗୋତ୍ରୀୟ ହୋଇ ପଡ଼ିଛି । ବୃକ୍ଷ କ୍ଷୟ ଯୋଗୁଁ ଜଳବାୟୁର ଅକସ୍ମାତ ବେନିୟମ ପରିବର୍ତ୍ତନ ଓ କେତେବେଳେ ଋତୁ ଆଗମନର ବିଳମ୍ବ ଭାବକୁ ଦେଖି କଥାକାରଙ୍କ ଦରଦୀ ହୃଦୟ ଅବଶ୍ୟ ଚିନ୍ତିତ ହୋଇଉଠିଛି । ସେଇ ଦୁଃଖିତ ହୃଦୟ ଆଙ୍କି ବସିଛି 'ନଅଙ୍କ' ଏବଂ 'ଓ' ଭଳି ଦୁଇଟି ଗଳ୍ପ । 'ନଅଙ୍କ' ଗଳ୍ପରେ କଥାବସ୍ତୁରେ ଦୁର୍ଭିକ୍ଷ ପାଇଁ ଅନାହାର ଜନିତ ମୃତ୍ୟୁର କରୁଣ ରୂପ ପ୍ରଦର୍ଶିତ ହେଲାବେଳେ 'ଓ' ଗଳ୍ପରେ ପ୍ରଳୟର ତାଣ୍ଡବ ରୂପ ଦେଖାଇ ଦିଆଯାଇଛି । ଦୁଇଟି ଗଳ୍ପର ଚରିତ୍ରମାନେ ପ୍ରକୃତିର ପ୍ରଳୟଙ୍କରୀ ରୂପ ଦ୍ୱାରା ଆକ୍ରାନ୍ତ । ଏଠି ମଣିଷ ଚରିତ୍ରର ଭୂମିକା ସଙ୍ଗେ ପ୍ରକୃତିର ଭୂମିକାକୁ ତୁଳନା କଲେ ପ୍ରକୃତିର ପ୍ରକୋପ ମୁଖ୍ୟ ଏବଂ ମଣିଷର କାର୍ଯ୍ୟକଳାପ ଗୌଣ ।

ସେହିଭଳି 'ବୁଦ୍ଧ', 'ସମୁଦ୍ର', 'କଷିକଉ', 'ଜନ୍ମ', 'କାଣ୍ଟିବଗ' ଆଦି ଗଳ୍ପର ପରିବେଶ ଗୌଣ ହେଲେ ମଧ୍ୟ ଏହାର ଭୂମିକାକୁ ଅସ୍ୱୀକାର କରାଯାଇ ନପାରେ । 'ବୁଦ୍ଧ' ଗଳ୍ପରେ ବୃକ୍ଷ ପୂଜା, ସାଆନ୍ତ ବରଗଛ ମୂଳ, ଗଳ୍ପନାୟକ ପ୍ରଭୁର ମୁଖ୍ୟସ୍ଥାନ ଭାବରେ ଗାଳ୍ପିକ ଆଙ୍କି ଦେଇଛନ୍ତି । ଗଳ୍ପର କଥାଭାଗ ଗତି କଲାବେଳେ ମୂଷା ସାଆନ୍ତ ବରଗଛ ଗଳ୍ପର ଅଙ୍ଗ ହୋଇ ରହିଯାଇଛି । 'ସମୁଦ୍ର' ଗଳ୍ପର ପରିବେଶ ହେଉଛି ସମୁଦ୍ରକୂଳ । ସମୁଦ୍ର ମଧ୍ୟରେ ସରଳୁ, ଗୌରୀ ମୃତ୍ୟୁବରଣ କରିଥିଲେ ମଧ୍ୟ କୁହୁକ ବାସ୍ତବତା ସୂତ୍ରରେ ସମୁଦ୍ର ମଧ୍ୟରେ ଚରିତ୍ରମାନଙ୍କର କାର୍ଯ୍ୟକଳାପ ଆକର୍ଷଣୀୟ । ସେହିପରି 'କଷିକଉ' ଓ 'କାଣ୍ଟିବଗ' ଦୁଇଟି ମାନବେତର ଚରିତ୍ରଧର୍ମୀ ଗଳ୍ପ ହୋଇଥିବାରୁ ପ୍ରକୃତି ସ୍ୱତଃସ୍ଫୂର୍ତ୍ତ ଭାବରେ ପଶିଆସିଛି ଗଳ୍ପ ମଧ୍ୟକୁ । 'କଷିକଉ' ଗଳ୍ପରେ ଜଳପୂର୍ଣ୍ଣ ଗାଡ଼ିଆ, ତାଳ ଗଛ, ମାଛ ଆଦି ଚିତ୍ର ଏବଂ 'କାଣ୍ଟିବଗ' ଗଳ୍ପରେ ନଈକୂଳ, ନଦୀ, ଜଳବାୟୁ, ବୃକ୍ଷ, ମାଛ ଆଦି ପ୍ରାକୃତିକ ବିଷୟ ଅତି ଚମତ୍କାର । ଏ ସମସ୍ତ ଗଳ୍ପରେ ସିଧାସଳଖ ପ୍ରକୃତିର ଅବଦାନ ନଥିଲେ ମଧ୍ୟ ଚରିତ୍ର ଓ

କାହାଣୀରେ ବାତାବରଣାନୁଯାୟୀ ପ୍ରକୃତିର ଭୂମିକା ରହିଛି । ଏଣୁ ଗଳ୍ପର ଚରିତ୍ରମାନଙ୍କୁ ପରିଣତିକୁ ବାଟ କଢ଼ାଇବାରେ ପ୍ରକୃତିର ପ୍ରାଧାନ୍ୟ ଖୁବ୍ ଗୁରୁତ୍ୱପୂର୍ଣ୍ଣ ।

କଥାକାର ରଜନୀକାନ୍ତ ମହାନ୍ତିଙ୍କ ଗଳ୍ପରେ କଥାବସ୍ତୁ ଚୟନରେ ପ୍ରକୃତିର ଭୂମିକାକୁ ସ୍ପଷ୍ଟ ହୃଦୟଙ୍ଗମ କରାଯାଇପାରେ । ପ୍ରକୃତି ଯୋଗୁଁ ମଣିଷ ସଭ୍ୟତା ଅଗ୍ରଗତି କରିଆସିଛି । କିନ୍ତୁ ଏହି ପ୍ରକୃତିର ବିପର୍ଯ୍ୟୟ ହେଲେ ମଣିଷକୁ 'ନଅଙ୍କ' ଗଳ୍ପର ଚରିତ୍ରମାନଙ୍କଭଳି କରୁଣ ଜୀବନ ବିତାଇବାକୁ ପଡ଼ିବ । ଏପରି ପ୍ରାକୃତିକ ବିପର୍ଯ୍ୟୟ ପୂର୍ବରୁ ହୋଇଛି ଏବଂ ପରବର୍ତ୍ତୀ ସମୟରେ ହେବାର ସମ୍ଭାବନା ମଧ୍ୟ ଅଛି । ଏତଦ୍‌ବ୍ୟତିତ ଓଡ଼ିଶା ଭଳି ଏକ ରାଜ୍ୟ ଯେଉଁଠି ବନ୍ୟା, ବାତ୍ୟା ଓ ମରୁଡ଼ି ପ୍ରତିବର୍ଷ ଫେରିଆସିଥାଏ, ଏଠି ଜନସାଧାରଣଙ୍କ ପାଇଁ ବିପର୍ଯ୍ୟୟ କିଛି ନୂଆକଥା ନୁହେଁ। ପୁନଶ୍ଚ ଓଡ଼ିଶାରେ ଅନାହାର ଓ ଚାଷି ଆତ୍ମହତ୍ୟା ଏକ ନିତ୍ୟନୈମିତିକ ବିଷୟ ହୋଇଉଠିଛି । ଏହାର କାରଣ ସରକାରଙ୍କର ଉପଯୁକ୍ତ ବ୍ୟବସ୍ଥାରେ ତ୍ରୁଟିବିଚ୍ୟୁତି ହୋଇପାରେ । କିନ୍ତୁ ଚାଷଜମି ଉଜୁଡ଼ି ଯିବାରେ ମୁଖ୍ୟ ଭୂମିକା ନେଇଛି ପ୍ରକୃତି । ଜଳବାୟୁର ଆକସ୍ମିକ ପରିବର୍ତ୍ତନ ଓ ଋତୁ ଆଗମନରେ ବିଳମ୍ବର କାରଣ ସ୍ୱରୂପ ଜଙ୍ଗଲ କ୍ଷୟ ଓ କୃଷିକ୍ଷେତ୍ରରେ ନାନାଦି ବାଧାବିଘ୍ନ ସଂଘଟିତ ହେଉଛି। ନିଜର ସୌଖୀନ ଜୀବନଯାପନ ଉଦ୍ଦେଶ୍ୟରେ ମଣିଷ ଆପଣେଇଥିବା ଉନ୍ନତ ବିଜ୍ଞାନ ଓ ପ୍ରଯୁକ୍ତିବିଦ୍ୟାର ପ୍ରୟୋଗରେ ବୃଦ୍ଧି ଯୋଗୁଁ ପରିବେଶ ଉପରେ ତା'ର କରାଳ ପ୍ରଭାବ ପଡୁଚି । ସେହିପରି ବିଗତବର୍ଷ ଗୁଡ଼ିକରେ ଫାଇଲିନ୍, ହୁଡ୍‌ହୁଡ୍, ଫନି ଭଳି ପ୍ରଳୟଙ୍କରୀ ମହାବାତ୍ୟାର ସୂତ୍ରପାତ ହେଉଛି । ଯାହାର ସ୍ୱରୂପ ମଧ୍ୟ 'ଓ' ଗଳ୍ପରେ ଦେଖାଯାଏ । ତେଣୁ ଜଙ୍ଗଲ ସୁରକ୍ଷା ବା ପ୍ରାକୃତିକ ସମ୍ପଦର ସୁରକ୍ଷା ମଣିଷର ଲକ୍ଷ୍ୟ ରହିବା ଦରକାର। ଏ ଦୃଷ୍ଟିରୁ ଶ୍ରୀ ମହାନ୍ତିଙ୍କ ଗଳ୍ପ ଗୁଡ଼ିକରେ ପରିବେଶ ପ୍ରତି ସଚେତନ ଦୃଷ୍ଟିକୁ ଗ୍ରହଣ କରାଯାଇପାରେ ।

୧.୧ (ଖ) ବ୍ୟକ୍ତି ମୂଲ୍ୟବୋଧ :

ଜଣେ ବ୍ୟକ୍ତି ତା'ର ସମାଜ ଅନୁଯାୟୀ ପରିଚାଳିତ ହୋଇଥାଏ । ସମାଜର ବାତାବରଣ ଜଣେ ମଣିଷର ଆଚରଣକୁ ଗଢ଼ିଥାଏ । ଯଦି ସମାଜଟି ସୁସ୍ଥ ମାର୍ଜିତ ତା'ହେଲେ ସେହି ଭୌଗୋଳିକ ପରିସୀମା ମଧ୍ୟରେ ଥିବା ସମସ୍ତ ମଣିଷ ଉନ୍ନତ ଚିନ୍ତାଚେତନା ଧାରଣ କରି ଉପସ୍ଥିତ ହେବେ । ଯଦି ସମାଜଟି ଦୂଷିତ, କଳୁଷିତ ତାହେଲେ ସେ ଅଞ୍ଚଳର ମଣିଷମାନେ ମଧ୍ୟ ଘୃଣ୍ୟ ମାନସିକତା ଦ୍ୱାରା ପରିଚାଳିତ ହେବେ । ବସ୍ତୁତଃ କୁହାଯାଇପାରେ ପଙ୍କରେ ପଦ୍ମ ଫୁଟିଲା ଭଳି ଦୂଷିତ ସମାଜରୁ ମଧ୍ୟ ମାନବୀୟ ସମ୍ବେଦନଶୀଳତାରେ ସମୃଦ୍ଧ ମଣିଷ ବାହାରନ୍ତି । ଏହାକୁ ଅସ୍ୱୀକାର କରାଯାଇ ପାରିବ ନାହିଁ । ସାହିତ୍ୟର କଥାବସ୍ତୁରେ ସମାଜର ବ୍ୟକ୍ତି ମୂଲ୍ୟବୋଧ ଆଲୋଚନା ବେଳେ ମଣିଷ ସହିତ ସମାଜର ସଂପର୍କ, ବ୍ୟକ୍ତିର ମୂଲ୍ୟବୋଧ ନିୟନ୍ତ୍ରଣରେ ସମାଜର ଭୂମିକା ଭଳି ପ୍ରସଙ୍ଗ ଉତ୍‌ଥାପିତ ହୋଇଥାଏ । ସେ ଦୃଷ୍ଟିରୁ ଗାଳ୍ପିକ

ରଜନୀକାନ୍ତ ମହାନ୍ତିଙ୍କ ଗଳ୍ପ ପରିଧିରେ ସମାଜର ବ୍ୟକ୍ତି ମୂଲ୍ୟବୋଧକୁ ବିଶ୍ଳେଷଣ କରାଯାଇପାରେ ।

ଶ୍ରୀ ମହାନ୍ତିଙ୍କ ଗଳ୍ପ ଭୂମିରେ ସମାଜ ଅନେକାଂଶରେ ବିକୃତ, ବିକଳାଙ୍ଗ । ଗଳ୍ପନାୟକ ଓ ନାୟିକା ସମାଜ ଦ୍ୱାରା ନିୟନ୍ତ୍ରିତ ହୋଇ ଅନେକ ସମୟରେ ନିଃସଙ୍ଗତା, ହତାଶାବାଦୀ ଜୀବନ ଅତିବାହିତ କରନ୍ତି । ସେ ସ୍ଥାନରେ ସମାଜ ଅସ୍ୱାଭାବିକ ହୋଇଥିବାର ଲକ୍ଷ୍ୟ କରାଯାଇପାରେ । ଗଳ୍ପର ପଟ୍ଟଭୂମି ବିଂଶ ଶତାବ୍ଦୀର ସପ୍ତମ ଦଶନ୍ଧିରୁ ଆଦ୍ୟାବଧି କାଳ ପର୍ଯ୍ୟନ୍ତ ବିସ୍ତାରିତ ହୋଇଥିବାରୁ ଏ ପରିଧି ମଧ୍ୟସ୍ଥ ସମାଜକୁ ଶ୍ରୀ ମହାନ୍ତି ଗଳ୍ପରେ ଜାବୁଡ଼ି ଧରିଛନ୍ତି । ସଂପ୍ରତି ସମାଜରେ ଲାଞ୍ଛନା, ପ୍ରତାରଣା, ଶଠତା, ସ୍ୱାର୍ଥ ସର୍ବସ୍ୱ ସମାଜର ଚିତ୍ର ରୂପାୟିତ ହୋଇଛି ଗାଳ୍ପିକଙ୍କ ଗଳ୍ପ ପରିଧିରେ । ସମାଜର କାଙ୍ଗାଳ ଅବସ୍ଥାକୁ ସିଧାସଳଖ କଥାକାର ଦେଖାଇ ନଥିଲେ ମଧ୍ୟ ପାଠକ ପାଇଁ ତାହା ଅନୁଭବ୍ୟ ହୋଇପଡ଼ିଛି । କିନ୍ତୁ ଗଳ୍ପର ମୁଖ୍ୟ ଚରିତ୍ର ସର୍ବଦା ପଙ୍କରୁ ପଦ୍ମ ଜାତ ହେଲାଭଳି ପ୍ରସ୍ଫୁଟିତ ହୋଇଛି । ସେ ସମାଜ ପାଇଁ ନିଜକୁ ବ୍ୟକ୍ତ କରି ପାରେନାହିଁ ସତ କିନ୍ତୁ ତା'ର ଅନ୍ତଃବେଦନା ସର୍ବଦା କର୍ପୂରାଦିର ମିଶ୍ରିତ ମହମହ ସୁଗନ୍ଧ ପାଇଁ ଆଶାୟୀ । ବେଳେବେଳେ ଚରିତ୍ର ମଧ୍ୟ ବାଧ୍ୟ ହୋଇଛି ପ୍ରତିଶୋଧପରାୟଣ ହେବା ପାଇଁ । ଏଥିର ମୁଖ୍ୟ ଭୂମିକା ନିଭାଇଛି ସମାଜ ।

'ଶତୁରା' ଗଳ୍ପରେ ଶତୁରା, 'ପିମ୍ପୁଡ଼ି' ଗଳ୍ପରେ ଶ୍ୱେତାଙ୍କ, 'ଶତାଂଡି ପୁରୁଷ' ଗଳ୍ପରେ ମୂଳିଆ, 'ଫକୀରମୋହନୀୟ' ଗଳ୍ପରେ ଶରଦୀ, 'ନାରାଚ ଉବାଚ' ଗଳ୍ପରେ ଜାଇନୁ ଶବର, 'ଅଛୁଆଁ ଝିଅ' ଗଳ୍ପରେ ଶ୍ରାବଣୀ, 'ରାହାଜଗାଳି' ଗଳ୍ପରେ ଗୟାଧର, 'ସ୍ୱପ୍ନମେଧ'ରେ କାର୍ତ୍ତବୀର୍ଯ୍ୟ, 'ସୂର୍ଯ୍ୟସ୍ନାନ' ଗଳ୍ପରେ ବ୍ୟାସଦେବ, 'ଗଣନାୟକ'ରେ ପଦନାବୁଢ଼ା, 'ପଘା' ଗଳ୍ପରେ ଗିରିଧାରୀ, 'ଆକାଶରୁ ତାରାଟେ ଖସି ପଡ଼ିବାର ଏକ ଦୁର୍ଦ୍ଦାନ୍ତ କାହାଣୀ'ରେ ଅତ୍ରି, 'ଭୟ' ଗଳ୍ପରେ ମୋହନ ସାର, 'ଜନପଥ' ଗଳ୍ପରେ ବାଇଧର ଆଦି ସମାଜ ଦ୍ୱାରା ହୋଇଛନ୍ତି ପରିଚାଳିତ ଓ ପ୍ରଭାବିତ । ଏ ସମସ୍ତ ଚରିତ୍ର ପାଖରେ ଗଭୀର ଅଭାବବୋଧ ରହିଛି ସମାଜକୁ ନେଇ । ଏମାନଙ୍କର ମୂଲ୍ୟବୋଧକୁ ନିମ୍ନଗାମୀ କରିଛି ସମାଜ । ଶତୁରାର ଦୁଃଖ, ଶ୍ୱେତାଙ୍କର ନିଃସଙ୍ଗ ଜୀବନ, ମୂଳିଆର ଅଭାବବୋଧ, ଶରଦୀର ଦୈନ୍ୟ, ଜାଇନୁ ଶବରର ପ୍ରତିଦ୍ୱନ୍ଦ୍ୱୀକୁ ବିରୋଧ କରିନପାରିବାର ବ୍ୟର୍ଥତା, ଶ୍ରାବଣୀର ସମାଜ ଦୃଷ୍ଟିରେ ନିଜକୁ ନେଇ ନ୍ୟୁନଭାବ, ଗୟାଧରର ପ୍ରତିଶୋଧ ପରାୟଣ ମନୋଭାବ, କାର୍ତ୍ତବୀର୍ଯ୍ୟର ଏକାକୀତ୍ୱ ଆଦି କାରଣ ଗୁଡ଼ିକ ସମାଜକୁ କେନ୍ଦ୍ର କରି ଗଢ଼ି ଉଠିଛି । କିନ୍ତୁ ସମାଜ ଠାରୁ ପତିଶୋଧ ନେବା ନିମନ୍ତେ ଏ ସମସ୍ତ ଚରିତ୍ର ସଂକଳ୍ପବଦ୍ଧ । ଗୋଟିଏ ସୁନ୍ଦର ନିରାମୟ ପୃଥିବୀର ପରିକଳ୍ପନାରେ 'ଆକାଶରୁ ତାରାଟେ ଖସି ପଡ଼ିବାର ଏକ ଦୁର୍ଦ୍ଦାନ୍ତ କାହାଣୀ' ଗଳ୍ପର ଅତ୍ରି ଚରିତ୍ରକୁ ସାଉଁଟି ଆଣିଛନ୍ତି ଗାଳ୍ପିକ ଶ୍ରୀ ମହାନ୍ତି । ଏଠି ଯେମିତି ମାନବିକତାର ସାରତତ୍ତ୍ୱ ପହ୍ଲେଇ ଉଠିଚି ଚରିତ୍ର ମଧରେ । ମୃଦୁଶୀହରଣ ସୃଷ୍ଟି ହୋଇଛି ଗୋଟିଏ ବିକଳାଙ୍ଗ ସମାଜକୁ ସୁଧାରିବା

ପାଇଁ, ପରିମାର୍ଜିତ କରିବା ପାଇଁ । ଏସବୁ ଦୃଷ୍ଟିରୁ ଶ୍ରୀ ମହାନ୍ତିଙ୍କ ଗଳ୍ପର କଥାବସ୍ତୁରେ ସମାଜର ଭୂମିକା ଗୁରୁତ୍ୱପୂର୍ଣ୍ଣ । ସମାଜ ସଙ୍ଗେ ଚରିତ୍ରର ଭାବକୁ ବେଶ୍ ମନୋରମ ଭାବରେ ଉପସ୍ଥାପନା କରାଯାଇଛି । କେତେବେଳେ ସମାଜ ଚରିତ୍ରର ଜୀବନୀ ଶକ୍ତିକୁ ଅବଶୋଷିତ କରିନେଉଛି ତ କେତେବେଳେ ଏକ ଚରିତ୍ର ପାଇଁ ସମାଜ ପାଉଛି ଜୀବନର ନୂତନ ଦିଗ୍‌ଦର୍ଶନ। ତେବେ ବ୍ୟକ୍ତିମାନସିକତା ଓ ସମୂହ ଚେତନାର ସଂଘାତ ସବୁକାଳରେ ଏକ ଅସମାହିତ ପ୍ରସଙ୍ଗ। ଏଠି ଚରିତ୍ରର ସଂଶୋଧନ ସଙ୍ଗେ ସମାଜ ସଂଶୋଧନର ବାର୍ତ୍ତା ମଧ୍ୟ ରହିଛି ।

୧.୧ (ଗ) ଈଶ୍ୱର ସତ୍ତା :

ଶ୍ରୀ ମହାନ୍ତିଙ୍କ ଗଳ୍ପରେ ଈଶ୍ୱର ସତ୍ତା ଓ ଐଶ୍ୱରୀୟ ଉପାଦାନର ଗୁରୁତ୍ୱକୁ ହୃଦୟଙ୍ଗମ କରାଯାଇନପାରେ । ଈଶ୍ୱର ସତ୍ତାକୁ କେନ୍ଦ୍ର କରି ଯଦିଚ 'ଅକାଳ' ଗଳ୍ପ ଗଢ଼ିଉଠିଛି କିନ୍ତୁ ପ୍ରତ୍ୟେକ ଗଳ୍ପର ଚରିତ୍ରମାନଙ୍କ ଠାରେ ଈଶ୍ୱର ଚେତନା ଉପରେ ରହିଛି ଅଗାଧ ବିଶ୍ୱାସ । ଧନୀ ଠାରୁ ଦରିଦ୍ର, ଗାଁ ଠାରୁ ସହର, ପାରମ୍ପରିକ ପରିବେଶ ଠାରୁ ଆଧୁନିକ ସଭ୍ୟମଣିଷ ପର୍ଯ୍ୟନ୍ତ ସମସ୍ତେ ଐଶ୍ୱରୀକ ସତ୍ତାକୁ ଜୀବନ୍ତ ଭାବରେ ଜାବୁଡ଼ି ଧରିଛନ୍ତି । 'ଅକାଳ' ଗଳ୍ପରେ ଗଳ୍ପନାୟକ ଦନେଇ ଚରିତ୍ର ଦ୍ୱାରା ଈଶ୍ୱରଙ୍କୁ ନିଜର ଦୁଃଖ ଜଣାଇବା ଛଳରେ ଗାଳ୍ପିକ ମଣିଷ ଜୀବନରେ ଈଶ୍ୱରୀୟ ଉପାଦାନର ସଫଳ ପରିପଳ୍ପନା କରିଛନ୍ତି । ଉକ୍ତ ଗଳ୍ପରେ ଈଶ୍ୱର ସତ୍ତା ସର୍ବାଗ୍ରେ ମହତ୍ତ୍ୱପୂର୍ଣ୍ଣ ନ ହେଲେବି ସେହି ଅଲୌକିକ ବିଶ୍ୱାସଟି ପାଇଁ ଦନେଇର ପ୍ରାଣ କାନ୍ଦି ଉଠିଛି । ସାଂସାରିକ ଜଞ୍ଜାଳରେ ନିଷ୍ପେଷିତ ଦନେଇ ଦାରିଦ୍ର୍ୟର କଷାଘାତରେ ପରିବାର ଚଳାଇବା ନିମନ୍ତେ ନିଜର ଅପାରଗତା ଯୋଗୁଁ ବଜାରକୁ ଯାଇ ଅଟା କିଣିଛି, ସେ ଅଟାରେ ବିଷ ମିଶାଇଛି ଓ ସେହି ଅଟାକୁ ରୁଟି କରି ଦନେଇର ସ୍ତ୍ରୀ ରତନୀ ସମେତ ପିଲାମାନେ ଖାଇ ମୃତ୍ୟୁବରଣ କରିଛନ୍ତି । ଏଠି ମଣିଷକୁ ବଞ୍ଚିବା ପାଇଁ ଖାଦ୍ୟ ମିଳିନି, ପୁଣି ଆତ୍ମହତ୍ୟା ପାଇଁ ମଧ୍ୟ ବିଷମିଶା ଖାଦ୍ୟର ହୋଇଛି ଅଭାବ; ଯାହା ଫଳରେ ଦନେଇ ବଞ୍ଚି ଯାଇଛି । ସଂପୂର୍ଣ୍ଣ ଗଳ୍ପଟିର ଭାବବସ୍ତୁରୁ ତଥା ପ୍ରସଙ୍ଗଗତ ଚାରିତ୍ରିକ ଉପସ୍ଥାପନରୁ ହୃଦୟଙ୍ଗମ କରାଯାଇପାରେ ଯେ ଯାବତୀୟ ସାଂସାରିକ ତାଡ଼ନା ସମକ୍ଷରେ ଈଶ୍ୱରୀୟ ଆସ୍ଥା ଓ ମହତ୍ତ୍ୱ କେତେ ମୂଲ୍ୟହୀନ ! ମଣିଷର ବ୍ୟକ୍ତିଗତ ବିଶ୍ୱାସବୋଧ ଓ ଆଧ୍ୟାତ୍ମିକ ଚେତନା ତୁଳନାରେ ଦୁଃଖ, ଜରା, ବ୍ୟାଧି, ଅଭାବବୋଧ ଇତ୍ୟାଦି କେତେ ଯେ ପ୍ରବଳ ! କିନ୍ତୁ ଚରିତ୍ରର ଅନ୍ତଃସତ୍ତାଟି ଈଶ୍ୱର ବିଶ୍ୱାସକୁ ନେଇ ଗତି କରିଛି । ପରିଣତିରେ ମଧ୍ୟ ଚରିତ୍ରଟି ଈଶ୍ୱରଙ୍କୁ ନିନ୍ଦୁନାହିଁ ବରଂ ଅଭିମାନରେ ଫାଟି ପଡୁଛି । ଏସବୁକୁ ଲକ୍ଷ୍ୟ କରି କୁହାଯାଇପାରେ ସକଳ ଅଯୌକ୍ତିକତା ଓ ଅସ୍ତିତ୍ୱବାଦୀତା ସତ୍ତ୍ୱେ ଶ୍ରୀ ମହାନ୍ତି ନିଜ ଚେତନାରେ ଈଶ୍ୱର ସତ୍ତାକୁ ଅତିକ୍ରମି ଯାଇପାରିନାହାନ୍ତି ।

୧.୧ (ଘ) ମାନବୀୟ ସମ୍ପର୍କ :

ମଣିଷ ଜଣେ ସାମାଜିକ ପ୍ରାଣୀ । ସମାଜରେ ବଞ୍ଚିବାକୁ ହେଲେ ସଂପର୍କ ଶବ୍ଦଟିର

ମହତ୍ତ୍ୱକୁ ବଞ୍ଚାଇ ରଖିବାକୁ ପଡ଼େ । ବ୍ୟକ୍ତି ଅନ୍ୟ ମଣିଷମାନଙ୍କ ସହାବସ୍ଥାନରେ ଯଦି ନ ରହେ ତାହେଲେ ସେ ଏକାକୀ ହୋଇପଡ଼େ । ଏହା ସତ୍ୟ, ଅଥଚ ଅଧୁନା ସମୟ ପରିବର୍ତ୍ତିତ । ସମ୍ପର୍କର ସଂଜ୍ଞା ମଧ ବଦଳି ସାରିଛି। ସମ୍ପର୍କର ପାରାବାରରେ ମଣିଷ ପ୍ରତିକ୍ଷଣ ଅନେକ ଅନାହୂତ ଯୁଦ୍ଧ ସହ ଯୁଝୁଛି। ଏହି ସମ୍ପର୍କ ଗୁଡ଼ିକ ସବୁକାଳରେ ସମାଜ-ମଣିଷର ଚିନ୍ତାଚେତନା ଓ ବ୍ୟକ୍ତିତ୍ୱକୁ ନିୟନ୍ତ୍ରିତ କରିଥାନ୍ତି। ଆମେ ବିଚାରକରି ଆସୁଥିବା ପୁରାଣର କ୍ଲାସିକ ଚରିତ୍ର ଯଥା- ମହାଭାରତରେ ପଞ୍ଚୁପାଣ୍ଡବ, ରାମାୟଣରେ ମର୍ଯ୍ୟାଦାପୁରୁଷୋତ୍ତମ ରାମଚନ୍ଦ୍ର, ସାନଭାଇ ଲକ୍ଷ୍ମଣ, ଭରତ, ସତୀ ସୀତା ଏମାନଙ୍କ ସଂପର୍କ ତୁଳନାରେ ଆଜିର ମଣିଷମାନଙ୍କର ସଂପର୍କ ନିଶ୍ଚୟ ଭିନ୍ନ । ସାହିତ୍ୟର କଥାବସ୍ତୁରେ ମାନବୀୟ ସଂପର୍କ ପ୍ରସଙ୍ଗ ଆସିଲେ ପ୍ରାୟତଃ ସମ୍ପର୍କ ଗୁଡ଼ିକ ଜୀବନ ନାଟିକାର ବୈଚିତ୍ର୍ୟମୟ ଚିତ୍ର ଚରିତ୍ର ରୂପରେ ଉପସ୍ଥାପିତ ହୁଅନ୍ତି। ଯାବତୀୟ ପାରିବାରିକ ସଂପର୍କ, ସାମାଜିକ ସନ୍ନିଧି, ବ୍ୟକ୍ତିଗତ ଉପଲବ୍ଧି ଓ କର୍ମମୟ ଜଞ୍ଜାଳ ଘେନି ମଣିଷଜୀବନ ଏକଏକ ଚିତ୍ରଶାଳାର ରୂପ ନିଏ।

ଗାଳ୍ପିକ ରଜନୀକାନ୍ତ ମହାନ୍ତି ଗଳ୍ପର ଅନେକ ସଂପର୍କକୁ କେତେକାଂଶରେ ସ୍ୱାର୍ଥବାଦୀ କରାଇଥିଲେ ମଧ୍ୟ ଅନେକ ସ୍ଥାନରେ ସ୍ନେହ, ପ୍ରେମ, ମମତାର ମାନବୀୟ ଗୁଣାବଳୀରେ ଚରିତ୍ରମାନଙ୍କୁ ଭୂଷିତ କରିଛନ୍ତି । ସମସ୍ତ ସଂପର୍କକୁ ପୂର୍ଣ୍ଣ ଭାବରେ ସର୍ତ୍ତଯୁକ୍ତ କୁହାଯାଇ ପାରିବ ନାହିଁ କି ସମସ୍ତ ସଂପର୍କକୁ ସର୍ତ୍ତବିହୀନ ସଂପର୍କରେ ମଧ ଗଣାଯାଇ ପାରିବ ନାହିଁ । କିନ୍ତୁ କୌଣସି ଚରିତ୍ର ଗଳ୍ପର ପରିଣତି ବେଳକୁ ସ୍ୱାର୍ଥ ସର୍ବସ୍ୱ ହୋଇ ରହିଯାଇ ନାହାନ୍ତି । ଶ୍ରୀ ମହାନ୍ତି ସେ ଚରିତ୍ରକୁ ଉପଯୁକ୍ତ ପରିସ୍ଥିତିରେ ଗତିକରାଇ ତା'ର ଦୋଷ ତ୍ରୁଟିକୁ ନ୍ୟାୟୋଚିତ/ ଯୁକ୍ତିଯୁକ୍ତ କରାଇ ଦେଇଛନ୍ତି ।

ଭାଇ ଭାଇ ମଧ୍ୟରେ ଥିବା ସଂପର୍କ ଶ୍ରୀ ମହାନ୍ତିଙ୍କ ଗଳ୍ପରେ ସଂପତ୍ତି ଲାଳସାଦେଇ ଗତି କରେ । ନାୟକ ଚରିତ୍ର ପ୍ରାୟତଃ ପୈତୃକ ସମ୍ପତ୍ତି ପାଇବାରୁ ବଞ୍ଚିତ ହୁଏ । 'ଶତୁରା' ଗଳ୍ପରେ ଶତୁରା ବଡ଼ଭାଇ ସନ୍ତିଆକୁ ଅନ୍ଧ ଭଳି ବିଶ୍ୱାସ କଲେ ମଧ୍ୟ ସନ୍ତିଆ ସାଜିଛି ବିଶ୍ୱାସଘାତକ । ଶତୁରାର ଦ୍ୱିତୀୟ ସ୍ତ୍ରୀ ତୁଳସୀ ସଙ୍ଗେ ସନ୍ତିଆ ଯୌନ ସମ୍ପର୍କ ରଖି ସମସ୍ତ ସମ୍ପତ୍ତିର ମାଲିକାନା ଜାହିର କଲେ ମଧ କୌଣସି କ୍ଷେତ୍ରରେ ଶତୁରା ନିଜ ସ୍ତ୍ରୀ ପ୍ରତି ସ୍ନେହ ଓ ବଡ଼ ଭାଇପ୍ରତି ଆନୁଗତ୍ୟକୁ ଊଣା କରିନାହିଁ। ଗଳ୍ପର ପରିଣତିରେ ସନ୍ତିଆ ନିଜ ଭୁଲ୍‌କୁ ବୁଝିପାରି ପଶ୍ଚାତାପ କରିଛି । 'ଶତାଣ୍ଡି ପୁରୁଷ' ଗଳ୍ପରେ ମଧ୍ୟ ଗଳ୍ପନାୟକ ମୂଳିଆକୁ ତା'ର ବଡ଼ଭାଇ ଗଜ ପୈତୃକ ସମ୍ପତ୍ତି ଲୋଭରେ ପିଟି ପିଟି ଘରୁ କାଢ଼ି ଦେଇଛି । ସେହିପରି 'ମୋକଦ୍ଦମା' ଓ '୨୮୧ ନମ୍ବର ମୋକଦ୍ଦମା' ଦୁଇଟି ଗଳ୍ପର ଭାବପକ୍ଷରେ ଭାଇ ଭାଇର ସଂପର୍କ ସମଧର୍ମୀ । ଭାଇ ଭାଇ ମଧ୍ୟରେ ସଂପର୍କ ଭଲ ଥିଲେ ବି ସମ୍ପତ୍ତି ପାଇଁ ବିଭ୍ରାଟ ସୃଷ୍ଟି ହୋଇଛି । 'ମୋକଦ୍ଦମା' ଗଳ୍ପରେ ବାପ ଚଇତା ଦେଖେ ଘରେ ଦୁଇଭାଇ ସମସ୍ତଙ୍କ ଅଲକ୍ଷ୍ୟରେ ସ୍ନେହ ଆଦରରେ ବନ୍ଧା କିନ୍ତୁ ସଂପତ୍ତି ପାଇଁ ମକଦ୍ଦମା କରି ଅକାରଣେ

ଖର୍ଚ୍ଚାନ୍ତ ହୁଅନ୍ତି । '୨୮୧ ନମ୍ବର ମକଦ୍ଦମା' ଗଳ୍ପରେ ମଧ୍ୟ ଦାସ ପରିବାରର ମଝିଆ ଭାଇ ବାର ବର୍ଷରୁ ଗୃହଛାଡ଼ି ଅଠଚାଳିଶ ବର୍ଷରେ ସ୍ତ୍ରୀ ଛୁଆଙ୍କୁ ନେଇ ଗୃହକୁ ଫେରିଲେ ମଧ୍ୟ ରହିବା ପାଇଁ ବଡ଼ ଓ ସାନ ଭାଇ ଆଶ୍ରୟ ଦେଲେମଧ ସମ୍ପତ୍ତି ପାଇଁ ହୋଇଛି ମକଦ୍ଦମା । ଏହି ମକଦ୍ଦମାରେ ଉଭୟଙ୍କ ପକ୍ଷରୁ ଅର୍ଥ ଆତ୍ମସାତ କରିଛି ଜଣେ ମାମଲତ୍‌ଖୋର ମଣିଷ ବକରା ପଣ୍ଡା । ଏହିପରି ଅର୍ଥ ଓ ପାରିବାରିକ ସୁଖଶାନ୍ତିର ସର୍ବନାଶ କରୁଛନ୍ତି ବୋଲି ଗଳ୍ପର ପରିଣତିରେ ତିନିଭାଇ ପାରିବାରିକ ସୋହାର୍ଦ୍ଦ୍ୟର ହୃଦୟଙ୍ଗମ କରି ପୁନଶ୍ଚ ମିଳିମିଶି ରହିବା ପାଇଁ ନିଷ୍ପତି ନେଇଛନ୍ତି । ଶ୍ରୀ ମହାନ୍ତି ଭାଇ ଭାଇର ଉତ୍ତମ ସମ୍ପର୍କ ସ୍ଥାପନ କରିବା ସହ ଆମ ସାମାଜିକ ସଂପର୍କର ମୂଲ୍ୟବୋଧକୁ ପୁନଃପ୍ରତିଷ୍ଠିତ କରିବା ପାଇଁ ଚେଷ୍ଟା କରିଛନ୍ତି ।

ଗାଳ୍ପିକ ଶ୍ରୀ ମହାନ୍ତିଙ୍କ ଅଧିକାଂଶ ଗଳ୍ପରେ ପୁରୁଷ ସ୍ତ୍ରୀକୁ ଶାରୀରିକ ସୁଖ ଦେବାରେ ଅକ୍ଷମତା ଯୋଗୁଁ ସ୍ତ୍ରୀ ପରପୁରୁଷ ପ୍ରତି ଆକର୍ଷିତ ହୋଇଛି । କିନ୍ତୁ କେତେକ ଗଳ୍ପରେ ସ୍ୱାମୀ ସ୍ତ୍ରୀଙ୍କ ପବିତ୍ର ସଂପର୍କ ରହିଛି ଆଉ କେତୋଟି ଗଳ୍ପରେ ପୁରୁଷ ମଧ୍ୟ ଅନ୍ୟ ସ୍ତ୍ରୀ ପ୍ରତି ଆକର୍ଷିତ ଥିବାର ଦେଖାଯାଏ। ଏ କ୍ଷେତ୍ରରେ ପ୍ରତାରିତ ସ୍ୱାମୀ ଓ ସ୍ତ୍ରୀର କେବଳ ବିଷାଦିତ କରୁଣ ଅବସ୍ଥା ଗଳ୍ପର ଏକ ନିରବ ପକ୍ଷ ହୋଇ ରହୁଛି। 'ଶତୁରା' ଗଳ୍ପରେ ଗଳ୍ପନାୟକ ଶତୁରାର ପ୍ରଥମ ସ୍ତ୍ରୀ ତାକୁ ହୁଣ୍ଡା, ଆଲୁଆ କହି ବାପ ଘରକୁ ପଳାଇଲା ବେଳେ ଦ୍ୱିତୀୟ ସ୍ତ୍ରୀ ତୁଳସୀ ଶତୁରାର ବଡ଼ ଭାଇ ସନ୍ତିଆ ସଙ୍ଗେ ସ୍ଥାପୁଛି ଅନୈତିକ ସମ୍ପର୍କ । ସେହିପରି 'ହଡିକାଠ' ଗଳ୍ପରେ ଗଳ୍ପନାୟକ ଦେବର ସହବାସରେ ଦୁର୍ବଳତା ଯୋଗୁଁ ତା'ର ସ୍ତ୍ରୀ ରେଣୁ ନିଜର ଅତୃପ୍ତ ଯୌନ କାମନାକୁ ଚରିତାର୍ଥ କରୁଛି ଜନୈକ ଗାଁ ଲୋକ ହରିଶ୍ ସଙ୍ଗେ । ସେହିପରି 'ସୁନା ଶିଆଳ' ଗଳ୍ପରେ କାଙ୍ଗାଳିର ସ୍ତ୍ରୀ ପାର୍ବତୀ ସୁପରଭାଇଜର୍ କିଷାନ ସଙ୍ଗେ ଯୌନ ସଂପର୍କରେ ଲିପ୍ତ ରହେ। ତା' ସ୍ୱାମୀ କିନ୍ତୁ ସବୁ ଜାଣି ହତାଶ ହୋଇ ପଡ଼ିଥିଲେ ମଧ ନିର୍ବିକାର ଭାବ ପୋଷଣ କରିଛି । 'ଗେଣ୍ଡୁଆ' ଗଳ୍ପରେ ଗେଣ୍ଡୁଆର ପ୍ରଥମ ସ୍ତ୍ରୀ ସାବି ବୃଦ୍ଧ ଶ୍ୱଶୁର ସଙ୍ଗେ ରମଣ କରେ, ଦ୍ୱିତୀୟଥର ବିବାହ କରିବା ବେଳେ ଦ୍ୱିତୀୟ ସ୍ତ୍ରୀ ଛଅମାସର ଅନ୍ତଃସତ୍ତ୍ୱା ହୋଇ ଘରକୁ ଆସେ । ଏସବୁକୁ ସହ୍ୟ କରି ନପାରି ଯୌନାକାଂକ୍ଷାରୁ ମୁକ୍ତ ହେବା ଲାଗି ଗେଣ୍ଡୁଆ ପରିବାର କଲ୍ୟାଣ ଅପରେସନ୍ କରେ କିନ୍ତୁ ପରେ ସେ ଦାମ୍ପତ୍ୟ ଜୀବନରେ ଏକାନ୍ତ ନିସଙ୍ଗ ହୋଇପଡ଼େ । ସଂଯୋଗବଶତଃ ପଚିକୁ ତୃତୀୟ ବିବାହ କରେ ଗେଣ୍ଡୁଆ । କିନ୍ତୁ ତା'ର ଶାରୀରିକ ଅକ୍ଷମତା ଯୋଗୁଁ ସ୍ତ୍ରୀ ପଚି ଟ୍ରକ ଡ୍ରାଇଭର ମାନଙ୍କ ସଙ୍ଗେ ଅନୈତିକ କାର୍ଯ୍ୟରେ ଲିପ୍ତ ହୁଏ । ସ୍ୱାମୀ ସ୍ତ୍ରୀ ମଧ୍ୟରେ ସ୍ତ୍ରୀ ପର ପୁରୁଷ ପ୍ରତି ଆକର୍ଷିତ ହେବାର କାରଣ ଗୁଡ଼ିକ ହେଲା ସ୍ୱାମୀର ଯୌନକାମନା ଚରିତାର୍ଥ କରିବାରେ ଅକ୍ଷମତା ଏବଂ ପର ପୁରୁଷଟିଏ ନାରୀକୁ ସାହାଯ୍ୟ ସହଯୋଗ କରି ତା'ହୃଦୟକୁ ଜିତିଯିବା । ସେହିପରି 'ପାଉଁଶ ହିଡ' ଗଳ୍ପରେ ବିଦ୍ୟାଧର ପାଖରେ ସ୍ତ୍ରୀ ମନ୍ଦୋଦରୀ, ବଢ଼ିଲା ଝିଅ ଉମା ଥିଲେ ମଧ୍ୟ ସେ ପର ସ୍ତ୍ରୀଙ୍କ ସଙ୍ଗେ ରଖେ ଅନୈତିକ ସମ୍ପର୍କ । ଏଠି ପୁରୁଷର ବିଳାସପଣକୁ

କଥାକାର ଦେଖାଇଛନ୍ତି । ନାରୀ ହେଉ ବା ପୁରୁଷ, ସ୍ୱାମୀ ହେଉ ବା ସ୍ତ୍ରୀ ଯଦି ଦାମ୍ପତ୍ୟରେ ତୃତୀୟ ବ୍ୟକ୍ତିର ଅନୁପ୍ରବେଶ ଘଟେ ତେବେ ତା'ର ପରିଣାମ ଅତ୍ୟଧିକ ଭୟଙ୍କର ହୁଏ ବୋଲି କଥାକାର ଶ୍ରୀ ମହାନ୍ତି ଇଙ୍ଗିତ କରିଛନ୍ତି। ଯେପରି 'ଶତୁରା' ଗଳ୍ପରେ ତୁଳସୀର ମୃତ୍ୟୁ ବଡ଼ ଭାଇର ପଶ୍ଚାତାପ, 'ହଡିକାଠ' ଗଳ୍ପରେ ସ୍ୱାମୀ ସ୍ତ୍ରୀ ମଧ୍ୟରେ ମନୋମାଳିନ୍ୟ, 'ସୁନା ଶିଆଳ' ଗଳ୍ପରେ ପାର୍ବତୀକୁ ଅନେକ ଦିନ ସୁପରଭାଇଜର୍ ନିଜ ପାଖରେ ରଖି ଠକିଦେବା, 'ପାଉଁଶ ହିଡ' ଗଳ୍ପରେ ବିଦ୍ୟାଧରର ହତ୍ୟା ହେବା ଆଦି କରୁଣ ପରିସ୍ଥିତି ସୃଷ୍ଟି ହୋଇଛି ପରକୀୟା ସଂପର୍କକୁ ନେଇ । ଏହା ବ୍ୟତୀତ 'ସୂର୍ଯ୍ୟରଙ୍ଗ' 'ଅକାଳ', 'ରାହାଜଗାଳି' ଆଦି ଗଳ୍ପରେ ସ୍ୱାମୀ ସ୍ତ୍ରୀଙ୍କର ସଂପର୍କକୁ ସଂସ୍କାର ସମ୍ପନ୍ନ ଦିଗରୁ ଦୃଷ୍ଟାନ୍ତମୂଳକ ଭାବେ ଅବସ୍ଥାପିତ କରାଯାଇଛି। ଏକ ପବିତ୍ର ସଂପର୍କର ସାନ୍ନିଧ୍ୟରେ ଉଭୟ ସ୍ୱାମୀ ସ୍ତ୍ରୀ ସମର୍ପଣର ଭାବନେଇ ଛନ୍ଦିହୋଇଯିବାର ମଧ୍ୟ ଲକ୍ଷ୍ୟ କରାଯାଇପାରେ।

ପାରିବାରିକ ସଂପର୍କ ଯଥା- ପିତା ପୁତ୍ର, ମା ଝିଅ ଆଦି ସଂପର୍କ କେତେକ ସ୍ଥାନରେ ଆଦର୍ଶ ଥିଲାବେଳେ ଆଉ କେତେକ ଗଳ୍ପରେ ଦୋଦୁଲ୍ୟମାନ । 'ନାରାଚ ଉବାଚ' ଗଳ୍ପରେ ବାପ ସ୍ତ୍ରୀକୁ ଛାଡ଼ି ବିଦେଶ ପଳାଇଲେ ମଧ୍ୟ ମା' ପୁତ୍ର ଜାଇନୁ ଶବର, ଝିଅ ଝୁମି ଆଦିଙ୍କ ସଂପର୍କ ବିକୃତ ହୋଇନାହିଁ। 'ଅଛୁଆଁ ଝିଅ', 'ପୁଷ୍ପୁନାହରା', 'ଶତାଂଡି ପୁରୁଷ', 'ଗାଈଆଳ', 'ଶୂନ୍ୟ ଥାଳ', 'ବାଟୋଇ', 'ଆକାଶ', 'ଚିଠି ଚିରୁଥିବା ଝିଅ', 'ଗେହ୍ଲା ଝିଅ' ଆଦି ଗଳ୍ପରେ ପାରିବାରିକ ସମ୍ପର୍କ ସଂସ୍କାରିତ । କିନ୍ତୁ 'ସ୍ୱପ୍ନମେଧ', 'ସମୁଦ୍ର', 'ଗଣ ନାୟକ', 'ପାରାଲିସିସ୍' ଆଦି ଗଳ୍ପରେ ପାରିବାରିକ ସଂପର୍କ ଅସନ୍ତୁଳିତ ଓ ବିକାରଗ୍ରସ୍ତ । କ୍ରମେ ପରିବର୍ତ୍ତିତ ଓ ପରସ୍ପରଠାରୁ ବିଚ୍ଛିନ୍ନ ବସ୍ତୁବାଦୀ ସମାଜରେ ମଣିଷର ସ୍ୱାର୍ଥବାଦୀ ଗୁଣ ଯୋଗୁଁ ପରିବାରରେ ସଂସ୍କାର ପିଢ଼ିଗତ ଭାବେ ସ୍ୱତଃ ପ୍ରସରି ପାରୁନାହିଁ, ତାହାର ଦୃଷ୍ଟାନ୍ତ ଉକ୍ତ ଗଳ୍ପ ଗୁଡ଼ିକରେ ଉପଲବ୍ଧ ।

ଶ୍ରୀ ମହାନ୍ତିଙ୍କ ଗଳ୍ପରେ ବନ୍ଧୁତ୍ୱ ସଂପର୍କଟି ଆଦର୍ଶପୂର୍ଣ୍ଣ । ପ୍ରାୟତଃ ଗଳ୍ପରେ ବନ୍ଧୁଟିଏ ସର୍ବଦା ବନ୍ଧୁ ପାଇଁ ସମର୍ପଣ ଭାବ ନେଇ ଆତଯାତ ହୋଇନ୍ତି। 'ନିଶୀଥ ସଙ୍ଗମ' ଗଳ୍ପରେ ବିମଳ ଓ ରଣଜିତର ସଂପର୍କ, 'ନାରାଚ ଉବାଚ' ଗଳ୍ପରେ ଜାଇନୁ ଓ ସନ୍ଦୀପର ସଂପର୍କ, 'ମିତ' ଗଳ୍ପରେ ଗଳ୍ପପୁରୁଷ ଓ କହ୍ନେଇଲାଲ୍ ଆଦି ବନ୍ଧୁତ୍ୱର ସଂପର୍କ କଳଙ୍କବିହୀନ। ବୋଧହୁଏ ଗାଳ୍ପିକ ବନ୍ଧୁତାର ଦିଗଟିକୁ ଆଦର୍ଶର କଷଟିରେ ଉତାରିବାକୁ ଅଧିକ ଯତ୍ନଶୀଳ ।

ଗାଳ୍ପିକ ରଜନୀକାନ୍ତ ମହାନ୍ତିଙ୍କ ଗଳ୍ପର କଥାବସ୍ତୁରେ ଭାଇ ଭାଇର ସଂପର୍କ, ପିତା, ମାତା, ପୁତ୍ରର ସଂପର୍କ, ସ୍ୱାମୀ ସ୍ତ୍ରୀର ସଂପର୍କ, ବନ୍ଧୁ ବନ୍ଧୁ ମଧ୍ୟରେ ସଂପର୍କକୁ ଦେଖିଲେ ସଂପ୍ରତି ସାମାଜରେ ଆତ୍ମୀୟତାର ବାସ୍ତବ ସ୍ୱରୂପକୁ ହୃଦୟଙ୍ଗମ କରିହୁଏ । କଥାକାର ତାଙ୍କ ଗଳ୍ପରେ ସଂପର୍କ ମାନଙ୍କୁ ନେଇ କେବଳ ବିକୃତିର କଥା କହି ନାହାନ୍ତି, ଆଙ୍କିଛନ୍ତି ମଧ୍ୟ ଆଦର୍ଶ ଓ ବାସ୍ତବତାର ସ୍ୱରୂପ । ପ୍ରକୃତି, ସମାଜର ବ୍ୟକ୍ତି-ମୂଲ୍ୟବୋଧ, ଈଶ୍ୱର ସତ୍ତା,

ମାନବୀୟ ସଂପର୍କ ସବୁଥିରେ ରହିଛି ସମ୍ବେଦନଶୀଳତା । ସେ ମଧ୍ୟ ଅନେକତ୍ର ମାନବୀୟ ସଂପର୍କରେ ମୂଲ୍ୟବୋଧର ଆବଶ୍ୟକତାକୁ ଗୁରୁତ୍ୱ ଦେଇଛନ୍ତି।

ଗଳ୍ପ ମାନଙ୍କରେ ପରିଲକ୍ଷିତ ସଂପର୍କର ଚିତ୍ର ଗୁଡ଼ିକ ଯେତିକି ଜୀବନ୍ତ ସେତିକି ସମୟ ଉପଯୋଗୀ ମଧ୍ୟ । ସାଂପ୍ରତିକ ସମାଜରେ ପରିଦୃଷ୍ଟ ସାମାଜିକ ସଂପର୍କର ଅଧୋଗତି ଓ ପାରିବାରିକ ସଂପର୍କର ଅସାରତାକୁ ନେଇ ଗାଳ୍ପିକଙ୍କର ଚରିତ୍ର ଗୁଡ଼ିକ ସତେ ଯେଭଳି ଆତଯାତ । ସ୍ୱାର୍ଥପରତା, କିଭଳି ସରଳ ବିଶ୍ୱାସ ଆଗରେ ସର୍ବସ୍ୱ ହୋଇ ପଡ଼ିଛି ତାହା ତାଙ୍କ ଅଧିକାଂଶ ଗଳ୍ପରେ ଖୁବ୍ ମାର୍ମିକ ଭଙ୍ଗୀରେ ପ୍ରତିଫଳିତ । ଏହାଛଡ଼ା ବିଡମ୍ବିତ ମୂଲ୍ୟବୋଧ, ସ୍ଖଳିତ ଚରିତ୍ର, ନୈତିକତାର ଅଧୋପତନ, ସଂକୀର୍ଣ୍ଣ ମାନସିକତା, ଆଦର୍ଶବାଦର ଅସାରତା ପ୍ରଭୃତି ସତେ ଯେଭଳି ଆଜିର ମାନବୀୟ ସଂପର୍କକୁ ଦୁର୍ବଳ କରି ପକାଇଛି । ସେହି ଦୁର୍ବଳ ରଜ୍ଜୁରେ ଅନୁବନ୍ଧିତ ଆମ ସଂପର୍କର କରୁଣ ବିପର୍ଯ୍ୟୟକୁ ଶ୍ରୀ ମହାନ୍ତି ଖୁବ୍ ଚମତ୍କାର ଶୈଳୀରେ ପୂର୍ବାଲୋଚିତ ଗଳ୍ପ ଗୁଡ଼ିକରେ ଉପସ୍ଥାପିତ କରିଛନ୍ତି । ତେବେ ଗଳ୍ପମାନଙ୍କରେ ଚିତ୍ରିତ ସଂପର୍କରେ ବୈଚିତ୍ର୍ୟ ଅଛି କିନ୍ତୁ ତା'ର ପରିଣତି ସଂପୂର୍ଣ୍ଣ ପାରିବାରିକ କିମ୍ବା ଭାଗ୍ୟ, ଭବିତବ୍ୟ ଦ୍ୱାରା ସଂପୂର୍ଣ୍ଣ ନିୟନ୍ତ୍ରିତ। ଏପରିକି ଗଳ୍ପର ଚରିତ୍ରମାନେ ଯେଉଁସବୁ ସଂପର୍କରେ ବାନ୍ଧି ହୋଇ ଆତଯାତ ହୋଇଛନ୍ତି ଅଥବା ଯେଉଁସବୁ କାରଣରୁ ସେଇ ସଂପର୍କ ଗୁଡ଼ିକରେ ଫାଟ ସୃଷ୍ଟି ହୋଇଛି ତା'ର ପରିଣତିରେ ସେଭଳି କୌଣସି ନୂତନ ଦୃଷ୍ଟିକୋଣ କିମ୍ବା ଅଭିନବ କୌଶଳ ଦ୍ୱାରା ତାହା ସମାହିତ ହୋଇଥିଲା ଭଳି ମନେ ହୁଏନାହିଁ, ତଥାପି ଶ୍ରୀ ମହାନ୍ତିଙ୍କ ଗଳ୍ପ ସମ୍ଭାର ଯେ ବିପୁଳ ମାନବୀୟ ସଂପର୍କର ଉତ୍କର୍ଷ ଓ ଅପକର୍ଷକୁ ପ୍ରତିଫଳିତ କରିବାରେ ସଫଳ ଏଥିରେ ଦ୍ୱିମତ ନାହିଁ ।

୧.୨ (କ) ପରିବେଶ (Setting) :

ସାହିତ୍ୟରେ ପରିବେଶ କହିଲେ ଗୋଟିଏ ସୃଷ୍ଟିର କଥାଭାଗ ଓ ଚରିତ୍ର ବିଚରଣ କରୁଥିବା ଗୋଟିଏ ଭୌଗୋଳିକ ସ୍ଥାନ ସମୟ ଓ ପରିସ୍ଥିତିକୁ ବୁଝାଏ । ତାହା ଗୋଟିଏ ଐତିହାସିକ ସମୟ ସୀମା ହୋଇପାରେ, ତାହା ଗୋଟିଏ ସାମାଜିକ ପରିସ୍ଥିତିର କାର୍ଯ୍ୟକୁ ମଧ୍ୟ ବୁଝାଯାଇପାରେ । ସ୍ରଷ୍ଟା ଯେତେବେଳେ କଳ୍ପିତ ସୃଷ୍ଟିକୁ ରୂପ ଦିଏ ସେତେବେଳେ ସୃଷ୍ଟିର ଭାବପକ୍ଷ ଓ କଳାପକ୍ଷକୁ ଲକ୍ଷ୍ୟ ରଖି ପରିବେଶ ଚୟନ କରିଥାଏ । ସ୍ରଷ୍ଟା ଯଦି ଜଣେ ଚରିତ୍ରକୁ ଗ୍ରାମୀଣ କରି ତୋଳୁଛନ୍ତି ତା'ହେଲେ ସେ ଚରିତ୍ରଟି ଗ୍ରାମୀଣ ରୂପରଙ୍ଗ ନେଇ ମଫସଲି ପରିବେଶ ଭିତରେ ଆଚାର ବିଚାର ସମ୍ପନ୍ନ ହୋଇ ଗତି କରିବା ଉଚିତ; କିନ୍ତୁ ସେ ଚରିତ୍ରକୁ ଯଦି ବିଦେଶ ପଠାଯାଏ ଟାଏ କୋଟ ପିନ୍ଧାଇ, କିମ୍ବା ତା' ମୁଖରେ ସହରୀ ଅଭିବ୍ୟକ୍ତିର କୃତ୍ରିମତା ରହିଲେ, ସର୍ଜନଟି ଅସଙ୍ଗତ ହେବ । ଗାଉଁଲି ଚରିତ୍ରକୁ ବହିର୍ଦ୍ଦେଶ ପଠାଯାଇପାରେ, କିନ୍ତୁ ଚରିତ୍ରଟିର ବାହ୍ୟ ଓ ଅନ୍ତର ପ୍ରକୃତିରେ ଗ୍ରାମୀଣତାକୁ ବେଖାତିର କରି ଚରିତ୍ରର ଅଭିବ୍ୟକ୍ତିଟି ସହରୀ ପରିବେଶ ସଙ୍ଗେ ଖାପ ଖୁଆଇ ପାରିବ

ନାହିଁ । ସେଥିପାଇଁ ବିଶିଷ୍ଟ ଦାର୍ଶନିକ ଓ ସାହିତ୍ୟିକ ଏଡ୍‌ଗାର ଆଲାନ୍ ପୋ (Adgar Allan Poe), ଥୋମାସ୍ ହାର୍ଡି (Thomas Hardy), ଏବଂ ଉଇଲିୟମ୍ ଫୋଲକନେର୍ (William Faulkner) ମତ ରଖନ୍ତି- "Both the overall and individual settings are important elements in generating the atmosphere of their works." (୧) ଗୋଟିଏ ସୃଷ୍ଟିର ପରିବେଶ ମୁଖ୍ୟ ଭୂମିକା ଗ୍ରହଣ କରିଥାଏ ପାଠକ ବା ଦର୍ଶକର ଉତ୍କଣ୍ଠା ଜାଗ୍ରତ କରିବା ନିମନ୍ତେ । ଯଦି ସ୍ରଷ୍ଟା କଥା ଭାଗରେ ଉପଯୁକ୍ତ ପରିବେଶ ଚୟନ ନ କରେ ତାହେଲେ ସୃଷ୍ଟିଟି ସୁବିନ୍ୟସ୍ତ ନ ହୋଇ ବେଢ଼ଙ୍ଗିଆ ହେବ ।

ସାହିତ୍ୟରେ ପରିବେଶକୁ ଦୁଇ ଭାଗରେ ବିଭକ୍ତ କରାଯାଇଛି । ଯଥା - (୧) ସମନ୍ୱିତ ପରିବେଶ (Integral setting) ଓ (୨) ପୃଷ୍ଠ ପରିବେଶ (Backdrop setting) । ସମନ୍ୱିତ ପରିବେଶରେ ସ୍ଥାନ ଓ ସମୟକୁ ମୁଖ୍ୟତଃ ଗୁରୁତ୍ୱ ଦିଆଯାଇଥାଏ । ଏଥିରେ ସାର୍ବଜନୀନ ଜ୍ଞାତ କାର୍ଯ୍ୟକୁ ଉପସ୍ଥାପନ କଲାବେଳେ ପ୍ରତି ମଣିଷର ମାନସପଟ୍ଟରେ ବାନ୍ଧି ହୋଇଥିବା ଚିତ୍ରକୁ ଉପସ୍ଥାପନ କରାଯାଇଥାଏ । ଯଥା - ୨୦୧୮ ମସିହାରେ ମୁକ୍ତି ଲାଭ କରିଥିବା ହିନ୍ଦୀ ଚଳଚିତ୍ର ପଦ୍ମାବତ୍‌ର ପରିବେଶ ରାଜସ୍ଥାନର ରାଜବାଟୀ ଏବଂ ଏକ ନିର୍ଦ୍ଦିଷ୍ଟ ଭୌଗୋଳିକ ପରିବେଶ ମଧ୍ୟରେ ଅତୀତ କାଳର ଘଟଣାକୁ ଉପଯୁକ୍ତ ସ୍ଥାନ, କାଳ ଭେଦରେ ଉପସ୍ଥାପନ କରାଯାଇଛି । ଅତୀତର ରାଜ ରାଜୁଡ଼ାଙ୍କ ରାଜବାଟୀର ଦୃଶ୍ୟ, ସେମାନଙ୍କ ଚଳଣି, ଯୁଦ୍ଧ ଆଦି ସମସ୍ତ ମଣିଷଙ୍କ ମାନସ ପଟ୍ଟରେ ଚିତ୍ରିତ ଓ ସ୍ଥାନିତ । ତେଣୁ 'ପଦ୍ମାବତ୍'ରେ ଯଦି ଗୋଟିଏ ଐତିହାସିକ ରାଜପୁତିୟ ପରିବେଶ ବ୍ୟତିରେକ ସାଂପ୍ରତିକ କୌଣସି ସାମାଜିକ ପୃଷ୍ଠଭୂମି ମଧ୍ୟରେ ଚରିତ୍ରକୁ ଗତି କରାଯାଇଥାନ୍ତା, ତାହେଲେ ଚଳଚିତ୍ରଟି ରସଶୂନ୍ୟ ହୋଇଥାନ୍ତା । ତେଣୁ କୁହାଯାଇପାରେ ସମନ୍ୱିତ ପରିବେଶରେ ସ୍ଥାନ ଓ କାଳ ଭେଦରେ କାହାଣୀଟି ସ୍ୱୟଂସଂପୂର୍ଣ୍ଣ ହୋଇପାରେ। ସେହିପରି ଦ୍ୱିତୀୟଟି ପୃଷ୍ଠ ପରିବେଶ କେବଳ ସ୍ଥାନ ଉପରେ ନିର୍ଭରଶୀଳ । କାରଣ ସ୍ରଷ୍ଟା ନିଜର ଅନୁଭୂତି, ଅଭିଜ୍ଞତାକୁ ଚରିତ୍ର ମଧ୍ୟରେ ନିହିତ କରି ଚରିତ୍ରକୁ ଗତି କରାଇଲାବେଳେ ସେ ଚରିତ୍ରକୁ ସୁହାଇଲା ଭଳି ଭୌଗୋଳିକ ପରିବେଶର ଆବଶ୍ୟକତା ରହିଛି। ଏଥିରେ ସମୟ ମୁଖ୍ୟ ଭୂମିକା ଗ୍ରହଣ କରେ ନାହିଁ । ଯଦି ଚରିତ୍ରର ଗତିବିଧି ଅନୁଯାୟୀ ଆବଶ୍ୟକତା ରହିଥାଏ ତାହେଲେ ସମୟକୁ ବିଚାର କରାଯାଇପାରେ । ଯଥା-ଅନେକ ଦିନ ତଳୁ ମୋ ବାପା ମୋତେ ଘରୁ କାଢ଼ି ଦେଇଥିଲେ କିମ୍ବା 'ପାଞ୍ଚବର୍ଷ ତଳେ ରାଣୀ ସଙ୍ଗେ ରାଜାର ପ୍ରେମ ସଂପର୍କ ଗଢ଼ି ଉଠିଥିଲା' ଏ ଦୁଇଟି ଉଦାହରଣରେ ସମୟଟି କାଳ୍ପନିକ କିନ୍ତୁ 'ପଦ୍ମାବତ୍'ର ସମୟଟି ବାସ୍ତବ ଓ ପ୍ରାମାଣିକ ସତ୍ୟ । ଏ ଦୃଷ୍ଟିକୋଣରୁ ଗାଳ୍ପିକ ରଜନୀକାନ୍ତ ମହାନ୍ତିଙ୍କ ଗଳ୍ପ ପରିଧିକୁ ଲକ୍ଷ୍ୟ କଲେ ସାହିତ୍ୟର ପରିବେଶ ବିଭାଗୀକରଣ ଦୃଷ୍ଟିରୁ ସମସ୍ତ ଗଳ୍ପ ପୃଷ୍ଠ ପରିବେଶ (backdrop setting) ଅନ୍ତର୍ଗତ ହେବ । ଗାଳ୍ପିକ ଶ୍ରୀ ମହାନ୍ତିଙ୍କର ପରିବେଶ ଚୟନ ସର୍ବଗ୍ରାହୀ ଏବଂ

ବେଶ୍ ଉଚ୍ଚକୋଟୀର । ସ୍ରଷ୍ଟ ପରିବେଶକୁ ନେଇ ଗାଳ୍ପିକଙ୍କ ଗଳ୍ପକୁ ଆକଳନ କଲେ ତାହା ମୁଖ୍ୟତଃ ଚାରୋଟି ଭୌଗୋଳିକ ପରିବେଶକୁ ଦର୍ଶାଇଥାଏ । ଯଥା - (କ) ଗ୍ରାମୀଣ ପରିବେଶ, (ଖ) ସହରୀ ପରିବେଶ, (ଗ) ମିଶ୍ରିତ ଗ୍ରାମୀଣ ଓ ସହରୀ ପରିବେଶ, (ଘ) ପ୍ରାକୃତିକ ପରିବେଶ ।

୧.୨ (କ) ଗ୍ରାମୀଣ ପରିବେଶ :

ସ୍ରଷ୍ଟା ଗ୍ରାମୀଣ ପରିବେଶ ମଧ୍ୟରେ ଘଟଣାକୁ ଅବସ୍ଥାପିତ କରି ଚରିତ୍ରମାନଙ୍କର ଅଭିବ୍ୟକ୍ତିକୁ ସୂଚିତ କଲାବେଳେ ପରିବେଶଟି ସଂପୂର୍ଣ୍ଣ ଗ୍ରାମୀଣ ପରିସ୍ଥିତିକୁ ନେଇ ସଂଯୋଜିତ ହୋଇଥାଏ । ଭାଷା, ଚରିତ୍ରର ଚାଲିଚଳଣ, କଥାବାର୍ତ୍ତା, ଚରିତ୍ରର ଆଚାରବିଚାର ସମସ୍ତ ଦିଗକୁ ଦେଖିଲେ ଗାଳ୍ପିକ ଶ୍ରୀ ମହାନ୍ତି ଗ୍ରାମୀଣ ତଥା ଆଞ୍ଚଳିକ କରି ଗଢ଼ି ତୋଳିଛନ୍ତି ଅଧିକାଂଶ ଗଳ୍ପ । 'ଶତୁରା' ଗଳ୍ପଟି ସଂପୂର୍ଣ୍ଣ ଗ୍ରାମୀଣ ପରିବେଶ ମଧ୍ୟରେ ଗ୍ରଥିତ ହୋଇଛି । ଗଳ୍ପନାୟକ ଶତୁରା ତା'ର ଜନ୍ମମାଟି ସୁନାପୁର ଗାଁରୁ ଆସି ରହିଛି ପନ୍ଦର ବର୍ଷ ଧରି ଝଣ୍ଡା ସାହିରେ । ଗଳ୍ପର ପରିବେଶ ସୁନାପୁର ଗାଁ ଓ ଝଣ୍ଡା ସାହି । ଦୁଇଟି ଗ୍ରାମୀଣ ପରିବେଶ ମଧ୍ୟରେ ଗଳ୍ପର ପ୍ରତିନିଧିମୂଳକ ଚରିତ୍ରର ଆତ୍ମ ସଂପୃକ୍ତି ବେଶ୍ ଆକର୍ଷଣୀୟ । ଝିଅ ଘରକୁ ପୁନେଇଁ ପର୍ବରେ ଭାର ଯିବା, ଚାଷ କରିବା ଭଳି ଚିତ୍ରକଳ୍ପଧର୍ମୀ ବକ୍ତବ୍ୟ ଗଳ୍ପକୁ ଊର୍ଦ୍ଧ୍ୱମୁଖୀ କରାଏ । ସେହିପରି 'ଶତାଂଡି ପୁରୁଷ' ଗଳ୍ପଟି ମଧ୍ୟ ଗ୍ରାମୀଣ ପରିବେଶକୁ ନେଇ ଗଢ଼ି ଉଠିଛି । ଗଳ୍ପ ନାୟକ ବାତୁଆ ମୂଲିଆର ଚାଷ କାର୍ଯ୍ୟ, ଗାଁରେ ମହାଜନର କାଇଦା କଟକଣା, ଗାଁର ପଶ୍ଚିମା ଗଡ଼ିଆରୁ ସୁନୁସୁନିଆ ଶାଗ ତୋଳିବା, ଗାଁରେ ପ୍ରଯୁକ୍ତ ଅସଭ୍ୟ ଭାଷା, ଗ୍ରାମୀଣ ଲୋକ ପେଟକୁ ଦାନା ଦେଇ ନପାରିଲେ ମୁଢ଼ି ଖାଇବା ଆଦି ଦୃଶ୍ୟ ଉପସ୍ଥାପନ କରି ଗଳ୍ପଟିକୁ ଜୀବନ୍ତ କରି ଥୋଇଛନ୍ତି କଥାକାର ।

'ଅନ୍ଧାରକୁ ପାଦେ' ଗଳ୍ପରେ ଗାଁ ଦାଣ୍ଡରେ ସାଇକେଲ୍ ନେଇ ଗଲାବେଳେ ଛୋଟ ପିଲାଙ୍କୁ ସାଇକେଲ୍‌ରେ ଧକ୍କା ଦେବା, 'ପୁଷୁନାହରା' ଗଳ୍ପରେ ଗାଁ ପିଲାମାନେ ଉଦୁଉଦିଆ ଖରାରେ ମହାଜନ ବାଡ଼ିରୁ ଆମ୍ବ ଚୋରାଇବା, ଗରିବ ଲୋକମାନେ ମହାଜନ ଘରୁ ମୁଠେ ମୁଠେ ଚାଉଳ ନେଇ ଜାଉ କରିବା, ଗାଁରେ ଲୋକ ବିଶ୍ୱାସ ସୂତ୍ରରେ ପାପରୁ ମୁକ୍ତି ପାଇଁ ବାଳଭୋଜନ ଦେବା ଆଦି ପ୍ରସଙ୍ଗ ଆକର୍ଷଣୀୟ । ନିର୍ଦ୍ଦିଷ୍ଟ ଗ୍ରାମୀଣ ପରିବେଶ ମଧ୍ୟରେ ଗାଳ୍ପିକ ରଜନୀକାନ୍ତ ମହାନ୍ତି ତାଙ୍କ ଗଳ୍ପର ଚରିତ୍ରକୁ ସଂଯୋଜିତ କରିବା ସହ ଆଞ୍ଚଳିକ ଭାଷା ଚରିତ୍ର ମୁଖରେ ପ୍ରୟୋଗ କରି ପାଠକ ପାଖରେ ଗ୍ରାମୀଣ ପରିବେଶକୁ ଚିତ୍ରିତ କରି ଛିଡ଼ା କରାଇଛନ୍ତି ଭିନ୍ନ ଢ଼ଙ୍ଗରେ ।

'ଗାଈଆଳ' ଗଳ୍ପଟି ମଧ୍ୟ ଗ୍ରାମୀଣ ପରିବେଶକୁ ନେଇ ଗଢ଼ି ଉଠିଛି । ଷଣ୍ଡାପୁଅ ସନାର ପେଟୁଆ ନଈର ବଡ଼ ପୋଲ୍ ଉପରୁ ଠିଆ ହୋଇ ଟାଣ ସୁଅକୁ ଡିଆଁ ମାରି ଦଶ ମିନିଟ୍ ପାଣିରେ ଅଦୃଶ୍ୟ ହୋଇଯିବା । ନଈ କଡ଼େ କଡ଼େ ଜାମୁ ଗଛର ସବା ଉପର

ଡାଳରେ ଚିତମାତ ହୋଇ ଜାମୁକୋଳି ଖାଇବା, ତଳେ ସାଙ୍ଗମାନଙ୍କୁ କୋଳି ଟୋଳି ଫୋପାଡ଼ିବା, କୁଆଁର ପୁନେଇରେ ଅଷ୍ଟମୀ ଠାରୁ ପୁନେଇ ପର୍ଯ୍ୟନ୍ତ ମଣିଷ ମଣିଷ ପାଣି ଥିବା ପୋଖରୀରେ ପଶି ବେଦୀ ସଜାଇବା ଲାଗି କଇଁଫୁଲ ତୋଳିବା, ବରପତ୍ରରେ ଟୋପିଟେ ତିଆରି କରି ପିନ୍ଧିବା, ଗାଁରେ ଗାଈଆଳ ହୋଇ ଗୋରୁ ଜଗିବା, ଗୋରୁଙ୍କୁ କଂସେଇକୁ ବିକ୍ରି କରିବା ଆଦି ଦୃଶ୍ୟ ହୃଦୟଗ୍ରାହୀ । ଗୋଟିଏ ଗ୍ରାମୀଣ ପରିବେଶ ମଧ୍ୟରେ ଗଳ୍ପର କଥାବସ୍ତୁଟି ଗତି କଲାବେଳେ ଏପରି ଦୃଶ୍ୟ ସ୍ୱାଭାବିକ ପଶି ଆସିଛି ଗଳ୍ପର ପରିଧିକୁ । ସେହିଭଳି 'ଶୂନ୍ୟ ଥାଳ' ଗଳ୍ପଟି ମଧ୍ୟ ଗ୍ରାମୀଣ ପରିବେଶ ମଧ୍ୟରେ ଗଢ଼ି ଉଠିଛି । ଗାଁ ଗାଁ ବୁଲି କେଲୁନାଥ କୌଳିକ ଭିକ୍ଷା କରିଛି । ଲାଉତୁମ୍ବା ଧରି କେନ୍ଦେରା ବଜାଇ ଭିକ ମାଗିବା ଆଜି ବି ଗାଁ ପରିବେଶରେ ଜୀବନ୍ତ । ସହିପରି 'ବୃକ୍ଷରୂପୀ' ଗଳ୍ପରେ ଗାଁର ପରିବେଶ, 'ଓହଳ' ଗଳ୍ପରେ ବିଧବା ଗରିବ ମୂଲିଆର ଦୁଃଖ, 'ସେଇ ଅନ୍ଧାରୀ କୋଣକୁ ଚାଲି ଯା' ଗଳ୍ପରେ ବିଧବା ଗରିବ ନାରୀର ଅନ୍ତର୍ବେଦନା, 'ଅକାଳ' ଗଳ୍ପରେ ଶ୍ରମଜୀବୀର ପରିବାର ଚଳାଇବା ନିମନ୍ତେ ଅର୍ଥାଭାବ, 'ହତାଶାବୋଧ', 'ଗଣନାୟକ' ଗଳ୍ପରେ ଭ୍ରଷ୍ଟାଚାର, 'ନଅଙ୍କ' ଗଳ୍ପରେ ଦୁର୍ଭିକ୍ଷ, ଖାଦ୍ୟଭାବ ଜନିତ ସମସ୍ୟା, ବ୍ୟଭିଚାର ଆଦି ଗ୍ରାମୀଣ ପରିବେଶର ଅକୁହା ବେଦନାକୁ ଶ୍ରୀ ମହାନ୍ତି ବ୍ୟକ୍ତ କରିଛନ୍ତି ବେଶ୍ ଜୀବନ୍ତ ଭାବରେ ।

ଗାଳ୍ପିକ ରଜନୀକାନ୍ତ ମହାନ୍ତିଙ୍କ ଗଳ୍ପର ପରିବେଶ ଚୟନ ହୃଦୟସ୍ପର୍ଶୀ । ଗ୍ରାମୀଣ ପରିବେଶ ଚୟନ ବେଳେ ଚରିତ୍ର, ଭାଷା, ଭାବ ସବୁ ସେ ପରିବେଶ ସହିତ ଏପରି ଖାପ ଖାଇଯାଇଥାଏ ଯେ, ପାଠକ ସେ ବାତାବରଣ ମଧ୍ୟରେ ନିଜର ସଂପୃକ୍ତି ଅନୁଭବ କରିପାରେ । ତେଣୁ ଗାଳ୍ପିକ ଶ୍ରୀ ମହାନ୍ତିଙ୍କ ଗ୍ରାମୀଣ ପରିବେଶ ଚୟନ ତାଙ୍କ ଗଳ୍ପର ବିଷୟ ବସ୍ତୁ ଓ ଭାବପକ୍ଷକୁ ଅଧିକ ମାର୍ମିକ କରିବା ସହ ପାଠକଚେତନାରେ ଗାଁର ଚିତ୍ରିତ ପରିବେଶଟି ସମାହିତ ହୋଇଯାଏ । ଯଦ୍ଦ୍ୱାରା ପାଠକ ସେହି ଗଳ୍ପର ପରିବେଶ ସହ ଏକାକାର ହୋଇପଡ଼େ । ଯେଉଁ ଗଳ୍ପର ପରିବେଶ ଚିତ୍ରଣ ଯେତିକି ଜୀବନ୍ତ ଓ ମର୍ମସ୍ପର୍ଶୀ ସେହି ଗଳ୍ପ ପାଠକୀୟ ଆବେଦନ ଦୃଷ୍ଟିରୁ ସେତିକି ସଫଳ ବୋଲି ଧରାଯାଏ । ଏ ଦୃଷ୍ଟିରୁ କଥାଶିଳ୍ପୀ ମହାନ୍ତିଙ୍କ ଗଳ୍ପରେ ଗ୍ରାମୀଣ ପରିବେଶ ଖୁବ୍ ଆକର୍ଷଣୀୟ ଓ ଚଳଚଞ୍ଚଳ ।

୧.୨ (ଖ) ସହରୀ ପରିବେଶ :

ଗ୍ରାମୀଣ ପରିବେଶ ମଧ୍ୟରେ ନାନା ଉପାଦାନକୁ ସଂଗ୍ରହ କରି ଗାଳ୍ପିକ ଶ୍ରୀ ମହାନ୍ତି ସୁନ୍ଦର ସୁନ୍ଦର ଗଳ୍ପ ଲେଖିଛନ୍ତି । ଅନୁରୂପ ଭାବରେ ସହରୀ ପରିବେଶକୁ ନେଇ ସହରରେ ଘଟୁଥିବା ନାନା ଦୁର୍ନୀତି, ଶୋଷଣ, ବ୍ୟଭିଚାର, ଧର୍ଷଣ, ମଣିଷର ହତାଶବୋଧ ଆଦିକୁ ତୋଳି ଧରିଛନ୍ତି କଥାକାର ଶ୍ରୀ ମହାନ୍ତି । ସହରୀ ପରିବେଶରେ ମଣିଷ ସ୍ୱାର୍ଥସର୍ବସ୍ୱ ହେଲେ ମଧ୍ୟ ତା' ଅନ୍ତରର ମାନବିକ ସତ୍ତାଟି ମରିଯାଇନାହିଁ, ଏହାକୁ ନିଶ୍ଚୟ ହୃଦୟଙ୍ଗମ କରାଯାଇପାରେ କଥାକାରଙ୍କ ଗଳ୍ପ ବଳୟରେ । ସମସ୍ତ ସହରୀ ଜୀବନ ଯାପନ କରୁଥିବା

ମଣିଷ ପାଖରେ କିଛି ନା କିଛି ଅଭାବ ରହିଛି, ଯୁଗଯନ୍ତ୍ରଣା ରହିଛି । ସହରୀ ପରିବେଶକୁ ନେଇ ଗଳ୍ପ ଲେଖିଲା ବେଳେ ଗାଳ୍ପିକମାନଙ୍କ ଓଡ଼ିଆ ଭାଷା, ତଥା ଚରିତ୍ରର ବେଶଭୂଷା, ଜୀବନ ଶୈଳୀ ଆଦି ସୁନ୍ଦର ଭାବରେ ସଂଯୋଗ କରି ସହରୀ ପରିବେଶର ଚିତ୍ର ବେଶ୍ ନିଆରା ଢଙ୍ଗରେ ଆଙ୍କି ପାରନ୍ତି ପାଠକ ହୃଦୟରେ । ଯଥା –

'ନିଶୀଥ ସଙ୍ଗମ' ଗଳ୍ପଟି ସଂପୂର୍ଣ୍ଣ ସହରୀ ପରିବେଶକୁ ନେଇ ଗଢ଼ି ଉଠିଛି । ତରୁଣ ବିମଳ, ରଣଜିତର କାର୍ଯ୍ୟକଳାପକୁ ଅତୀତ, ବର୍ତ୍ତମାନ ଓ ଭବିଷ୍ୟତକୁ ନେଇ ତଉଲିଲା ବେଳେ ସହରର ଟଙ୍କା ନିଆ ବକ୍ତା ସୁକୁମାର ଚୌଧୁରୀର କଟା ମୁଣ୍ଡ ଧରି ଗୃହକୁ ଫେରିବା, ସହରରେ ହାସପାତାଳ, ରାଜନେତାଙ୍କ ଅଭିଭାଷଣର ମଇଦାନ, କୋର୍ଟକଚେରୀ ମାମଲା ଆଦି ସହରୀ ପରିବେଶକୁ ନେଇ ଗଳ୍ପ ଜୀବନ୍ତ । 'ପିମ୍ପୁଡ଼ି' ଗଳ୍ପରେ ଶ୍ୱେତାଙ୍କର ଅନ୍ତଃମନର ବିଶ୍ଳେଷଣ, ଶ୍ୱେତାଙ୍କ ଚାକିରି କରିଥିବା ଅଫିସ ତଥା ସହରୀ ପଡ଼ିଆ ମଧ୍ୟରେ ଗଳ୍ପଟି ଗଢ଼ି ଉଠିଥିଲେ ମଧ୍ୟ ତରୁଣ ଶ୍ୱେତାଙ୍କର ନିଃସଙ୍ଗ ଜୀବନର ଅଭିବ୍ୟକ୍ତିଟି ଅନେକାଂଶରେ ସଭ୍ୟଶିକ୍ଷିତ ଜୀବନର ଏକ କରୁଣ ଦିଗକୁ ବ୍ୟାଖ୍ୟା କରେ । 'ଚନ୍ଦ୍ରଭାଗା' ଗଳ୍ପଟି ମଧ୍ୟ ସହରୀ ପରିବେଶରେ ଗତିଶୀଳ । ସହରରେ ଗରିବ ପରିବାରର ତରୁଣ ସୌମିତ୍ର ବସ୍‌ଷ୍ଟାଣ୍ଡରେ ଛିଡ଼ା ହୋଇ ଅତୀତର କିଛି ବନ୍ଧୁମାନଙ୍କ ସହ ବିତିଥିବା ମୁହୂର୍ତ୍ତକୁ ମନେ ପକାଉଛି । ଏହାରି ମଧ୍ୟରେ ସହରର ଗୋଟିଏ ଭୌଗୋଳିକ ପରିବେଶ ମଧ୍ୟରେ ଟିଉସନ୍ ପ୍ରସଙ୍ଗ, ପ୍ରକାଶନ ସଂସ୍ଥାର ବ୍ୟଭିଚାର, ସାହିତ୍ୟିକର ଖୋସାମତି ଇତ୍ୟାଦି ସହର ସଭ୍ୟତାର ଏକଏକ କଳୁଷିତ ଦିଗ ପ୍ରତି ଦୃଷ୍ଟି ଆକର୍ଷଣ କରାଏ ।

'ଆଁ' ଗଳ୍ପଟିରେ ସହରର ଗୋଟିଏ ଗେଷ୍ଟ ହାଉସ୍ ମଧ୍ୟରେ କାହାଣୀଟି ସୀମିତ । ଏହି ସୀମିତ ପରିବେଶ ମଧ୍ୟରେ ରାଜନୀତିକ ବ୍ୟଭିଚାରର ଅନେକ ଚିତ୍ର ଉତ୍ତୋଳନ କରାଯାଇ ପାରେ । ଗେଷ୍ଟ ହାଉସ୍ ମଧ୍ୟରେ ରାତି ଅଧିଆ ଉପମନ୍ତ୍ରୀ ଶକ୍ତିମୟଙ୍କର ପାଟି 'ଆଁ' ହୋଇ ରହିଯାଏ । ଏହି ପାଟିକୁ ବନ୍ଦ କରିବା ପାଇଁ ଶକ୍ତିମୟଙ୍କ ବାପା, ମା, ସ୍ତ୍ରୀ ତଥା ମନସ୍ତତ୍ତ୍ୱବିତ୍ ଡାକ୍ତର ରାୟଙ୍କ ପ୍ରଚେଷ୍ଟା ବିଫଳ ହୁଏ । ଶକ୍ତିମୟଙ୍କର ପାଟି ଆଁ ହେବାକୁ ଗାଳ୍ପିକ ସମସ୍ତ ରାଜନେତାଙ୍କର ଶୋଷଣ ପ୍ରକୃତିକୁ ସୂଚାଇଛନ୍ତି । ଗଳ୍ପକୁ ଆକର୍ଷଣୀୟ କରିବା ପାଇଁ ଗାଳ୍ପିକଙ୍କର ଗେଷ୍ଟ ହାଉସ୍ ଭଳି ସ୍ଥାନ ଚୟନଟି ବେଶ୍ ହୃଦ୍ୟ । 'ଅନୁଭବ କାହିଁକି ଦାଢ଼ି ବଢ଼େଇଚି' ଗଳ୍ପଟି ତରୁଣ ଅନୁଭବ ଓ ତରୁଣୀ ଅସମାପିକା ମଧ୍ୟରେ ବସ୍ତୁବାଦୀ ସମାଜରେ ବାସ୍ତବ ପ୍ରେମ ଦେଖାଇଲା ବେଳେ ଗାଳ୍ପିକ ଚରିତ୍ର ଉପଯୋଗୀ ପରିବେଶ ମହାବିଦ୍ୟାଳୟକୁ ଚୟନ କରିଛନ୍ତି । ଉଭୟ ତରୁଣ ତରୁଣୀ ମହାବିଦ୍ୟାଳୟରେ ପାଠ ପଢ଼ିବା, କଲେଜ ରାଜନୀତିରେ ପାଦ ଦେବା, ପ୍ରେମିକ ପରିବାର ଚଳାଇବାର ଅକ୍ଷମତା ଯୋଗୁଁ ପ୍ରେମିକା ପ୍ରେମିକକୁ ଆପଣାର କରି ନପାରିବା ଘଟଣା ଗଳ୍ପକୁ ଉର୍ଦ୍ଧ୍ୱମୁଖୀ କରାଇଛି । 'ଅମୃତ' ଗଳ୍ପଟି ମଧ୍ୟ ସହରୀ ପରିବେଶରେ ଧନୀବର୍ଗ ମଧ୍ୟରେ ବିବାହ, ଅତ୍ୟାଧୁନିକ ଚଳଣୀ ତଥା

ସହରୀ ମାନସିକତାରେ ଅବୈଧ ଯୌନ ସଂପର୍କର ଲାଳସା ଓ ସହଜଲଭ୍ୟ ପ୍ରବୃତ୍ତି ଆଦି ମଧ୍ୟରେ ଗଳ୍ପର ଚରିତ୍ର ତଥା ସେମାନଙ୍କର ମାନସିକତା ଗତି କରିଛି । 'ଲଗ୍ନାଧିପତି' ଗଳ୍ପ ମଧ୍ୟ ସହରୀ ବାତାବରଣକୁ ଉପଜୀବ୍ୟ କରି ଡାକ୍ତରଖାନା ଭଳି ଜଞ୍ଜାଳଗ୍ରସ୍ତ ଓ ଚିନ୍ତାଉଦ୍ରେକକାରୀ ସ୍ଥାନରେ ଗଳ୍ପଟି ପରିସୀମିତ ହୋଇଛି । ଯେଉଁଠି ତରୁଣ ପୁରଞ୍ଜନକୁ ତା'ର ପ୍ରେମିକା ଅଜନ୍ତା ବିବାହ ନକରି ଅନୁପମକୁ ବିବାହ କରିଥିଲେ ମଧ୍ୟ ଅଜନ୍ତାର ପ୍ରସବ ଯନ୍ତ୍ରଣାକୁ ସହ୍ୟ କରି ନପାରି ପୁରଞ୍ଜନ ତାକୁ ଡାକ୍ତରଖାନା ନେବା, ରକ୍ତ ଦେବା ଆଦି ସମ୍ବେଦନଶୀଳ କାର୍ଯ୍ୟ କରୁଛି । 'ଗୁଧାଡ଼ି ବେଳ' ଗଳ୍ପର ପରିବେଶ ହେଉଛି ରେଲେୱେ ପ୍ଲାଟଫର୍ମ । ପ୍ଲାଟଫର୍ମରେ ପୁରନ୍ଦର ନିଜର ସୈନିକ ଜୀବନ ଓ ପ୍ରେମ, ଆଦିବାସୀ ନାରୀର ଦୁଃଖ ଭରା ଜୀବନ ଆଦି ଚରିତ୍ରର ଅଭିବ୍ୟକ୍ତିରେ ଗଳ୍ପଟି ପରିପୂର୍ଣ୍ଣ ।

ସେହିପରି 'ଶିଶୁ', 'ମାଁ', 'ବଟୁ ଓ ଜୁହାରିଆ', 'ମହାସ୍ନାନ', 'ଆଦିମାତା', 'ହାର୍ଟ ପ୍ରବ୍ଲେମ୍', 'ଶିବ ସାବତ', 'ଭଦ୍ରା ନଦୀର ଭଉଁରୀ', 'ବନ୍ଦେ ମାତରଂ', 'ଅଠର ନିର୍ବାସନ ରୋଡ୍', 'ରେଡ ଲାଇଟ୍ ଏରିଆ' ଆଦି ଗଳ୍ପ ଗୁଡ଼ିକ ସହରୀ ପରିବେଶର ଏକଏକ ଉପାଦାନକୁ ନେଇ ଆବଦ୍ଧ । ପ୍ରତ୍ୟେକ ଚରିତ୍ର ଶିକ୍ଷିତ ବୋଲି କୁହାଯାଇ ନପାରେ କେତେକ ଚରିତ୍ର ସହରୀ ପରିବେଶରରେ ଜୀବନ ବିତାଇଲେ ମଧ୍ୟ ଅର୍ଦ୍ଧଶିକ୍ଷିତ ଓ ଅନଗ୍ରସର । କେତେକ ଚରିତ୍ର ଉଚ୍ଚ ବର୍ଗ ହେଲା ବେଳେ ଅନେକ ଚରିତ୍ର ମଧ୍ୟ ମଧ୍ୟବିତ୍ତ ବର୍ଗର। ଏ ସମସ୍ତ ଚରିତ୍ର ପାଖରେ ଭରି ରହିଛି ସନ୍ତାପ, ବିଷାଦବୋଧ, ଚିନ୍ତା ଓ ଉଦାସୀନତା । ପ୍ରତ୍ୟେକ ଚରିତ୍ର ନିଜର ବ୍ୟକ୍ତିଗତ ସ୍ୱାର୍ଥକୁ ନେଇ ସହରୀ ଜୀବନରେ ବଞ୍ଚିବାକୁ ସଂଘର୍ଷ କଲେ ମଧ୍ୟ ସେ ସମସ୍ତ ଚରିତ୍ର ପାଖରେ ରହିଛି ମାନବିକତା ତଥା ସମ୍ବେଦନଶୀଳତା । ଗାଳ୍ପିକ ଗ୍ରାମୀଣ ପରିବେଶ ଚୟନ କରି କଥାଭାଗ ଓ ଭାବପକ୍ଷକୁ ଉପଯୁକ୍ତ ମାର୍ଗରେ ଗତି କରାଇଲା ଭଳି ବେଶ୍ ଆକର୍ଷଣୀୟ କରି ପାରିଛନ୍ତି ସହରୀ ପରିବେଶ ମଧ୍ୟସ୍ଥ ମାନଙ୍କ ଭାଷା-ସଭ୍ୟତାର ଆଟୋପ, ସହରୀ ମଣିଷର ହାବଭାବ, ଚାଲିଚଳଣି ଓ ଅସହାୟପଣକୁ। ସହରୀ ପରିବେଶର ଗଳ୍ପ ଗୁଡ଼ିକରେ ମାନବ ଜୀବନରେ ବାସ୍ତବବାଦୀ ଦିଗ ହୃଦୟସ୍ପର୍ଶୀ ।

୧.୨ (ଗ) ମିଶ୍ରିତ ଗ୍ରାମୀଣ-ସହରୀ ପରିବେଶ :

ଗାଳ୍ପିକ ଶ୍ରୀ ମହାନ୍ତିଙ୍କ ଗଳ୍ପରେ ଗ୍ରାମୀଣ ପରିବେଶ ଓ ସହରୀ ପରିବେଶର ସ୍ୱାତନ୍ତ୍ର୍ୟ ଯେପରି ରହିଛି ତଦୁର୍ଦ୍ଧ ମିଶ୍ରିତ ଗ୍ରାମୀଣ ଓ ସହରୀ ପରିବେଶର ମଧ୍ୟ ଚିତ୍ରଣ ରହିଛି । କେବଳ ଗ୍ରାମୀଣ ପରିବେଶ ଓ କେବଳ ସହରୀ ପରିବେଶ ତୁଳନାରେ ମିଶ୍ରିତ ଗ୍ରାମୀଣ ଓ ସହରୀ ପରିବେଶକୁ ଘଟଣା ମଧ୍ୟରେ ବ୍ୟକ୍ତ କଲାବେଳେ ଅଧିକ ପାଠକକୁ ବିମୋହିତ କରେ ଚରିତ୍ରର ଚିନ୍ତା ଚେତନା । ଗାମୀଣ ଚରିତ୍ରଟି ଗାଁରୁ ସହର ଆସି ନିଜର କର୍ମମୟ ଜୀବନ ବିତାଇବା କିମ୍ୱା କୌଣସି କାର୍ଯ୍ୟ ନିମନ୍ତେ ଗାଁରେ ରହି କିଛି ନିର୍ଦ୍ଦିଷ୍ଟ ସମୟ ସୀମା ମଧ୍ୟରେ ସହରକୁ ଆସିବା କିମ୍ୱା ସହର ପାଖ ଗାଁର ମଣିଷ ପ୍ରତ୍ୟେକ ଦିନ ସହରକୁ ଆସିବା

କିମ୍ବା ବସ୍ତି ମଣିଷର ଅକୁହା ବେଦନା ବା ସହରତଳି ବସ୍ତି ମଣିଷର କଥାକୁ ଗାଳ୍ପିକ ଅତି ସମ୍ବେଦନଶୀଳ ଭାବରେ ବ୍ୟକ୍ତ କରିଛନ୍ତି ସ୍ୱକୀୟ ଢଙ୍ଗରେ ।

'ଫକୀରମୋହନୀୟ' ଗଳ୍ପର ପରିବେଶ ଉଭୟ ଗାଁ ଓ ସହର । ନଖି ବୋଉ, ଶରଦୀ ଗାଁର ଚରିତ୍ର ହେଲେ ମଧ୍ୟ ଶରଦୀ ଭଦ୍ରକରୁ ଯାଜପୁର ସହରକୁ ଯାଇ ଚାଉଳ ବିକି ପରିବାରର ଗୁଜୁରାଣ ମେଣ୍ଟାଇବା ଅଭିପ୍ରାୟରେ ଦାରୋଗା, ଦାରୋଗା ବଡ଼ବାବୁ ଏସବୁ ସହରୀ ଚରିତ୍ର ସଙ୍ଗେ କଥାକାର ସେମାନଙ୍କର ଆକର୍ଷଣୀୟ ସଂଯୋଗ କରାଇଛନ୍ତି, ବିଧବା ଶରଦୀର ଉତୁରା ଯୌବନ ପ୍ରତି ସହରୀ ଶିକ୍ଷିତ ବାବୁଙ୍କର ଯୌନ ପିପାସାକୁ ନେଇ । ଯେଉଁଠି ଜୀବନ ଓ ଜୀବିକାକୁ ନେଇ ଗାଉଁଲି ପଚ୍ଛୁଆ ମଣିଷର ବିଜୟର ଶଙ୍ଖଧ୍ୱନି ବାଜେ। ସେହିପରି 'ହଡିକାଠ' ଗଳ୍ପରେ ଗ୍ରାମୀଣ ଜୀବନ ଉପରେ ସହରୀ ଜୀବନର ପ୍ରଭାବ ଏବଂ ଗାଁ ପରିବେଶ ମଧ୍ୟରେ ଅପରିପକ୍ୱ ରାଜନୀତିକୁ କଥାକାର ଦେଖାଇଛନ୍ତି । ଯେଉଁଠି ସହରୀ ଆଧୁନିକ ମଣିଷର ଅନୈତିକ ବ୍ୟଭିଚାର ଗୁଡ଼ିକ ଗ୍ରାମୀଣ ସାବଲୀଳ ପରିବେଶକୁ ଶ୍ରୀହୀନ କରିଦେଇଛି ।

'ମାଟିଆ ପୁଅ' ଗଳ୍ପ ପୁସ୍ତକର 'ଅଛୁଆଁ ଝିଅ', 'ଭୂତ', 'ବିଶା ଶହେ କାହାଣ ଅନ୍ଧାର', 'ସୁନା ଶିଆଳ' ଆଦି ଗଳ୍ପ ଗୁଡ଼ିକ ଗ୍ରାମୀଣ ବାତାବରଣକୁ ନେଇ ଜୀବନ୍ତ ଥିଲାବେଳେ ଚରିତ୍ରମାନଙ୍କ ପ୍ରାଣ ସହର କୈନ୍ଦ୍ରୀକ । ଯେପରି 'ଅଛୁଆଁ ଝିଅ' ଗଳ୍ପରେ ଗଳ୍ପ ନାୟିକା ଶ୍ରାବଣୀର ଗାଁର କୁଆଁର ପୁନେଇର ଓଷେଇତି ହେବା ନ ହେବା ଆଦି ଲୋକ ବିଶ୍ୱାସ, ପରମ୍ପରା ଓ ଆଧୁନିକତାର ସମନ୍ୱୟ ଦେଇ ଗତି କରେ । ପରିବେଶଟି ଗାଁ ହେଲେ ମଧ୍ୟ ଶ୍ରାବଣୀ ସୁକାନ୍ତକୁ ପ୍ରେମ କରି ତା' ସହ ସହରୀ ସଭ୍ୟତାର ସ୍ପର୍ଶରେ ହୋଟେଲରେ ରାତ୍ରି ଯାପନ କରିବା, ଉଭୟ ତରୁଣ ତରୁଣୀ ଉତ୍ତାଳ ଯୌବନକୁ ଉପଭୋଗ କରିବା, ପରିଣତିରେ ପାରିବାରିକ ଦ୍ୱନ୍ଦ୍ୱ ଯୋଗୁଁ ଉଭୟ ବିବାହ କରି ନପାରିବା, ଚାକିରି କରାଇ ଦେବାର ଆଶା ଦେଖାଇ ଦୂର ସମ୍ପର୍କୀୟ ମଉସା ସହରର ହୋଟେଲରେ ଶ୍ରାବଣୀର ଯୌବନକୁ ଉପଭୋଗ କରିବା ଆଦି ପ୍ରସଙ୍ଗ ଗଳ୍ପର ସହରୀ ବାତାବରଣକୁ ସୁହାଇଥାଏ ।

'ଭୂତ' ଗଳ୍ପଟି ଯଦିବା କାହାଣୀ ଭିତରେ କାହାଣୀର ସଂଯୋଜନା କିନ୍ତୁ ଏଠାରେ ଉଭୟ ଗ୍ରାମୀଣ ଓ ସହରୀ ପରିବେଶର ସଂଯୋଗ ଘଟିଛି । ଗଳ୍ପଟିର କାହାଣୀ ଉପସ୍ଥାପନା କରୁଥିବା ବ୍ୟକ୍ତି, ଗାଁରୁ ଯାଇ ସହରରେ ଚାକିରି କରିଥିବା ଶିକ୍ଷିତ ଅଭିଜିତ୍ ଏବଂ ଶ୍ରୋତା ତାଙ୍କ ସ୍ତ୍ରୀ ସୁପର୍ଣ୍ଣା । କିନ୍ତୁ କାହାଣୀରେ ଗାଁର ପରିମଣ୍ଡଳକୁ ନେଇ ବଳୀ ଓ ବାଜ ମଧ୍ୟରେ ଗାଁ ପୋଖରୀରୁ ମାଛ ଧରିବାର ମସୁଧା, ରାତିରେ ବାଜ ରୂପ ଧରି ଭୂତ ଆସିବା ଆଦି ଘଟଣା ଆକର୍ଷଣୀୟ । 'ବିଶା ଶହେ କାହାଣ ଅନ୍ଧାର' ଗଳ୍ପଟି ମଧ୍ୟ ଗାଁ ପରିବେଶରୁ ସହରୀ ପରିବେଶ ପର୍ଯ୍ୟନ୍ତ ଗତି କରିଛି । ଗାଁର ପରିବେଶ ମଧ୍ୟରେ ଜୀବନ ବିତାଇଥିବା ଚେମା, ଚେମା ମା'ର ଗରିବ ଜୀବନର କଥା କଥାକାର ଉପସ୍ଥାପନ କରିଛନ୍ତି । ଚେମା ସହରରେ

ଚୌଧୁରୀ ବାବୁଙ୍କ ଘରେ କାମ କରିବାକୁ ଯାଇ ସହରୀ ବାତାବରଣରେ ନିଜକୁ ହଜାଇ ଦିଏ । ଚୌଧୁରୀ ବାବୁଙ୍କ ଝିଅ ଲୀରାର ଚାକର ଭାବେ କାର୍ଯ୍ୟ କରେ । ଏଇଠି ଲୀରାର କାଇଦା କଟକଣା ଭିତରେ ହଜିଯାଏ ଚେମା, ସହରୀ ଝିଅ ଲୀରାର ଯୌନ ଆକାଂକ୍ଷାର ଶିକାର ହୁଏ ଚେମା ଓରଫ ସପୁ । ଏହି ଅନୈତିକତା ଗୋଟିଏ ଉତ୍କଟ ପରିବେଶ ସୃଷ୍ଟି କରେ ।

'ବାଟୋଇ' ଗଳ୍ପରେ ମଧ୍ୟ ଗ୍ରାମୀଣ ଓ ସହରୀ ପରିବେଶର ସମନ୍ୱୟରେ ଘଟଣା ସହ ଚରିତ୍ର ଗତି କରନ୍ତି । ମୟୂରଭଞ୍ଜର ଏକ ଆଦିବାସୀ ଗାଁରୁ ରାଜଧାନୀ ପର୍ଯ୍ୟନ୍ତ ଗଳ୍ପର ପରିବେଶ ଚୟନ ହୋଇଛି । ଆଦିବାସୀ ଅନାଥ ମାରିଣ୍ଡାର ପୁଅ ଦାଦନ ଖଟିବାକୁ ନାରାଣ ଦଲାଲ ସଙ୍ଗେ ବିଦେଶ ଯିବା ଓ ସେଠାରେ ଖଣିରେ ଚାପି ହୋଇ ପୁଅ ସଉରାର ମୃତ୍ୟୁ ହୋଇଛି ବୋଲି ଗୁଜବ ପ୍ରଘଟ ହେବା, ଏହାର ସତ୍ୟାସତ୍ୟ ଜ୍ଞାତ ନିମନ୍ତେ ଅନାଥ ମାରିଣ୍ଡା ସହରକୁ ବାହାରିବା, ଏହି ସମୟରେ ରାସ୍ତାର ଅଚାନକ ଜଣେ ବାଟୋଇ ସଙ୍ଗେ ଭେଟ ହେବା, ସେ ବାଟୋଇ ରାଜଧାନୀର ଶ୍ରମ ଅଧିକାରୀଙ୍କ ସଙ୍ଗେ ଯୁକ୍ତି କରି ଗଳ୍ପର ପରିଣତିରେ ଶଉରାକୁ ପ୍ରତ୍ୟାବର୍ତ୍ତନ କରାଇବା ଆଦି ଗଳ୍ପକୁ ଆକର୍ଷଣୀୟ କରେ । 'ଆବିଷ୍କାର' ଗଳ୍ପରେ ଗାଁ ଓ ସହର ମଧ୍ୟରେ ତାରତମ୍ୟକୁ ନେଇ ଗଳ୍ପର କଥାଭାଗ ଗତି କରିଛି । ଗାଁର ସଂସ୍କୃତି, ପରମ୍ପରା ଓ ପ୍ରକୃତିର ଅଭାବବୋଧ ମଧ୍ୟରେ ସହରୀ ସଭ୍ୟତାର ଖଣ୍ଡିତାଂଶକୁ ଉପଲବ୍ଧି କରିଛି ଗଳ୍ପ ନାୟିକା ଗାର୍ଗୀ । ଗଳ୍ପ ନାୟିକା ଅନୁଭବ୍ୟ ସହରୀ ସଭ୍ୟତାର ବିକୃତ ସ୍ୱାର୍ଥ ସର୍ବସ୍ୱ ସମ୍ପର୍କ ଠାରୁ ଗାଁର ଆଦର, ସ୍ନେହ ମମତା ଅନେକ ଆତ୍ମୀୟ । ସହରୀ ସଭ୍ୟତାର ବିକଟାଳ ରୂପ ଗାଁ ସଭ୍ୟତାକୁ କାବୁ କରୁଛି ଏହାକୁ ମଧ୍ୟ ଗାର୍ଗୀ ଅନୁଭବ କରିଛି ।

ସେହିପରି 'ବହୁ ବଜାର', 'ନାଉରୀ', 'ରକ୍ତରାଣ', 'ଶଙ୍ଖଚିଲ ତୁ କାହିଁଗଲୁ', 'ଜନପଥ' ଆଦି ଗଳ୍ପର ପରିବେଶ ଚୟନ ମିଶ୍ରିତ ଗାଁ ଓ ସହର । କଥାବସ୍ତୁ ଓ ଭାବବସ୍ତୁକୁ ଗତି କରାଇଲା ବେଳେ ପରିବେଶଟି ଗାଁ କିମ୍ବା ସହରତଳି କିମ୍ବା ବସ୍ତିରୁ ସହର ମୁହାଁ ହୋଇଛି । 'ବହୁ ବଜାର' ଗଳ୍ପରେ ସହର ଓ ଗାଁ ମଧ୍ୟରେ ସଂଯୋଗ ସେତୁଟି ହିଁ ଦୁଇ ପରିବେଶର ପ୍ରମାଣ ଦିଏ । 'ନାଉରୀ' ଗଳ୍ପରେ ମଧ୍ୟ ନାଉରିଆ ଭାଗବତ ଗାଁ ଓ ସହର ମଧ୍ୟରେ ସଂଯୋଗର ମାଧ୍ୟମ । ସେହିପରି 'ଶଙ୍ଖ ଚିଲ ତୁ କାହିଁଗଲୁ' ଗଳ୍ପରେ ଆଇ.ଆଇ.ଟି.ରେ ଇଞ୍ଜିନିୟରିଂ ପଢୁଥିବା ଅମୃତର ପରମ୍ପରା ପ୍ରତି ମୋହ, ସଂସ୍କୃତିକୁ ପରମ୍ପରା କ୍ରମେ ବଜାୟ ରଖିବାର ପ୍ରତିଶ୍ରୁତି ଆଦି ଗ୍ରାମୀଣ ପରିବେଶର ଲୋକବିଶ୍ୱାକୁ ପ୍ରମାଣିତ କରେ । 'ଜନପଥ'ରେ ମଧ୍ୟ ଗାଁ ପରିବେଶରୁ ବାଇଧର ସହରକୁ ଚାକିରି କରିବା ନିମନ୍ତେ ଆସିବା ମଧ୍ୟରେ ଗ୍ରାମୀଣ ପରିବେଶ ପରେ ପରେ ଗଳ୍ପରେ ସହରୀ ପରିବେଶକୁ ଅତି ଚମତ୍କାର ଢଙ୍ଗରେ ଉପସ୍ଥାପନ କରିଛନ୍ତି ଗାଳ୍ପିକ ଶ୍ରୀ ମହାନ୍ତି, ଏଠାରେ ମଧ ଗାଳ୍ପିକଙ୍କର ମିଶ୍ରିତ ଗ୍ରାମୀଣ ଓ ସହରୀ ପରିବେଶ ଚୟନର ସ୍ୱତନ୍ତ୍ରତା ପରଲକ୍ଷିତ ।

୧.୨ (ଘ) ପ୍ରାକୃତିକ ପରିବେଶ :

ଗାଳ୍ପିକ ରଜନୀକାନ୍ତ ମହାନ୍ତି ଗ୍ରାମୀଣ ପରିବେଶ, ସହରୀ ପରିବେଶ ଏବଂ ମିଶ୍ରିତ ଗ୍ରାମୀଣ ଓ ସହରୀ ପରିବେଶ ଚୟନ ଭଳି ପ୍ରାକୃତିକ ପରିବେଶ ଚୟନ କରିଛନ୍ତି କିମ୍ବା ପ୍ରକୃତିକୁ ପୃଷ୍ଠଭୂମି ରୂପେ ଅନେକତ୍ର ଗ୍ରହଣ କରିଛନ୍ତି, ଯେଉଁଠି ମାନବେତର ଚରିତ୍ରମାନଙ୍କୁ ନେଇ ଘଟଣାର ପରିକଳ୍ପନା କରାଯାଇଛି । ଏଠି ଗ୍ରାମ ନାହିଁ କି ସହର ନାହିଁ । ଅଛି କେବଳ ପ୍ରାକୃତିକ ଉପାଦାନ । 'ବହୁ ବଜାର' ଗଳ୍ପ ପୁସ୍ତକରେ ସ୍ଥାନିତ 'କଷି କଉ' ଗଳ୍ପଟି ପ୍ରାକୃତିକ ପରିବେଶକୁ ନେଇ ସ୍ୱୟଂସଂପୂର୍ଣ୍ଣ । ଅଥଳ ପାଣି ଭିତରୁ ଗଛ ଚଢ଼ିବାର ରୋମାଞ୍ଚକତା, ଆକର୍ଷଣ, ସାହସ ଓ ଆତ୍ମ ବିଶ୍ୱାସରେ ତାଳ ଗଛ ଚଢୁଛି କଷି କଉ । ପରିବେଶଟି ଗୋଟିଏ ଜଳପୂର୍ଣ୍ଣ ଗଭୀର ପୋଖରୀ, ପୋଖରୀର ଜଳକୁ ଲାଗି ତାଳ ଗଛ । ଗାଳ୍ପିକଙ୍କ ବର୍ଣ୍ଣନାରେ ପରିବେଶର ରୂପଟି ଯଥା- "ପୋଖରୀର ପାଣି ବଢୁଛି । ନଈ ଧାରରୁ କେଉଁଠି ସୁ ସୁ, କେଉଁଠି କଳକଳ, କେଉଁଠି ଗବ୍‌ଗବ୍ ହୋଇ ପାଣି ପଶୁଛି । କାହିଁ ଅମଳର ପୋଖରୀ । ଏବେ ଚଉତରା ହେଇ ବଡ଼ ହେଇଗଲାଣି । ଆଡି ପାଖାପାଖି ସନ୍ତରାବଣ, ଅମରୀ ବୁଦା । ତୁଠକୁ ଲାଗି ତାଳଗଛ । ଭରା ପୋଖରୀ ପାଣିରେ ସମତୁଲ ହୋଇଯାଇ ତା'ର ମୂଳ ବୁଡ଼ିଗଲାଣି ।"[୨] ଏହି ପ୍ରାକୃତିକ ପରିବେଶ ମଧ୍ୟରେ କଷିକଉ, ବୁଢ଼ା ଲୋମିଆ କଉ, ବୁଢ଼ା ଶେଉଳ ଆଦି ଚରିତ୍ରମାନଙ୍କର ମାନବୀୟ ଅଭିବ୍ୟକ୍ତି ବେଶ୍ ଗଳ୍ପକୁ ଊର୍ଦ୍ଧ୍ୱମୁଖୀ କରିଛି ।

ସେହିପରି 'ଅଠର ନିର୍ବାସନ ରୋଡ଼' ଗଳ୍ପ ପୁସ୍ତକରେ 'କାଣ୍ଠିବଗ' ଗଳ୍ପର ବାତାବରଣ ମଧ୍ୟ ସଂପୂର୍ଣ୍ଣ ପ୍ରାକୃତିକ ପରିବେଶ । ଶୀତଋତୁ, ନଈପାଣି, ଗଛବୃଛ, ନଦୀ, ଆକାଶ, ବାୟୁ ଆଦିର ଅପୂର୍ବ ମିଳନ ଆଲୋଚ୍ୟ ଗଳ୍ପ । ଏଠି ମାନବେତର ଚରିତ୍ର ଠୁସି କଙ୍କଡ଼ା, କାଣ୍ଠିବଗ ଚରିତ୍ରର ଚିନ୍ତାଚେତନା, ଭାବଭାବନା ସମସ୍ତ ମଣିଷର ଗୁଣାବଳୀ ପ୍ରକାଶ ପାଏ । ନଈ କୂଳରେ ବଗ ବସି ପରିବେଶ ଅସନ୍ତୁଳନର କାରଣ ଚିନ୍ତା କଲାବେଳେ ଅତୀତ ଇତିହାସ ତା'ର ମାନସିକତାକୁ ଭାରାକ୍ରାନ୍ତ କରେ । ଗୋଟିଏ ସ୍ଥାନରୁ ଅନ୍ୟ ସ୍ଥାନ, ଗୋଟିଏ ନଈରୁ ଅନ୍ୟ ଏକ ନଈକୁ ଯିବା ମଧ୍ୟରେ ପ୍ରାକୃତିକ ପରିବେଶର ଉପସ୍ଥାପନ ଅତି ଆକର୍ଷଣୀୟ ।

ପରିବେଶ ସଂଯୋଜନାକୁ ନେଇ ଗାଳ୍ପିକ ଶ୍ରୀ ମହାନ୍ତି ବେଶ୍ ସଚେତନ । ଗ୍ରାମୀଣ ପରିବେଶ, ସହରୀ ପରିବେଶ, ମିଶ୍ରିତ ଗ୍ରାମୀଣ ଓ ସହରୀ ପରିବେଶ, ପ୍ରାକୃତିକ ପରିବେଶକୁ ଉପଯୁକ୍ତ ମାର୍ଗରେ ସଂଯୋଜନା କରି ଗାଳ୍ପିକ ସ୍ୱକୀୟ ସ୍ୱାତନ୍ତ୍ର୍ୟ ବଜାୟ ରଖିଛନ୍ତି । ପରିବେଶ ଅନୁଯାୟୀ ଚରିତ୍ର ଚୟନ, ଭାଷା ଚୟନ, କଥା ଚୟନ, ଭାବ ଚୟନ ଆଦି କୌଣସିକୁ ବାରି ହୁଏ ନାହିଁ । ଗ୍ରାମୀଣ ଚରିତ୍ର ମୁଖରେ ଆଞ୍ଚଳିକ ଭାଷା ଦେଇ ଚରିତ୍ରକୁ ଗତି କରାଇଲା ବେଳେ ସହରୀ ପରିବେଶରୁ ସାଉଁଟିଥିବା ଚରିତ୍ର ମୁଖରେ ଇଂରାଜୀ ଭାଷା ସଙ୍ଗେ ଓଡ଼ିଆ

ମାନକ ଭାଷାର ସଂଯୋଗ ହୃଦୟସ୍ପର୍ଶୀ । ଏସବୁ ଦୃଷ୍ଟିକୋଣରୁ ଗାଳ୍ପିକ ଶ୍ରୀ ମହାନ୍ତିଙ୍କ ପରିବେଶ ଚିତ୍ରଣର ପ୍ରାଥମିକତାକୁ ଉପଲବ୍ଧି କରାଯାଇପାରେ ।

୧.୩. ଚରିତ୍ର (Character) :

ଗଳ୍ପରେ ଚରିତ୍ରର ରହିଛି ପ୍ରମୁଖ ଏକ ଭୂମିକା । ଚରିତ୍ରମାନଙ୍କର ଚାରିତ୍ରିକତା ଗଳ୍ପକୁ ତୀକ୍ଷ୍ଣ ଭାବଯୁକ୍ତ କରିଥାଏ । ତେଣୁ ପ୍ରତ୍ୟେକ ଗାଳ୍ପିକ ଚରିତ୍ରମାନଙ୍କୁ ନେଇଥାନ୍ତି ନିଜର ଉଦେଶ୍ୟ ଓ ବକ୍ତବ୍ୟର ମାନ ପ୍ରକ୍ଷାପନକୁ ସମୁଚିତ ନ୍ୟାୟ ଦେବା ଉଦ୍ଦେଶ୍ୟରେ । କାରଣ ସମଗ୍ର ଗଳ୍ପରେ ଚରିତ୍ର ହିଁ ହୋଇଥାଏ ଗଳ୍ପର ପ୍ରମୁଖ ପ୍ରାଣ । କୁହାଯାଏ ଏକ ଏକ ସଫଳ ଚରିତ୍ର ମଧ୍ୟ ହୋଇପାରେ ଏକ ଏକ ସଫଳ ଗଳ୍ପ । ସେ ଦୃଷ୍ଟିରୁ କଥାକାର ରଜନୀକାନ୍ତ ମହାନ୍ତିଙ୍କ ଗଳ୍ପର ଚରିତ୍ରକୁ ଅବଲୋକନ କରାଯାଇପାରେ । ଏ ପ୍ରସଙ୍ଗରେ କଥାକାରଙ୍କ ଗଳ୍ପ ଚରିତ୍ରକୁ ପ୍ରତିନିଧିମୂଳକ ଚରିତ୍ର (Protagonist Character), ପ୍ରତିଦ୍ୱନ୍ଦ୍ୱୀମୂଳକ ଚରିତ୍ର (Antagonist Character), ପ୍ରତିନାୟକ (Anti-Hero), ନିରବ ଚରିତ୍ର (Silent Character), ପ୍ରତୀକାତ୍ମକ ଚରିତ୍ର (Symbolic Character), ମାନବେତର ଚରିତ୍ର ବା କଥାକୁହା ପ୍ରାଣୀ ଚରିତ୍ର (Non-human or Talking Animal Character), ସମତଳ ଓ ବର୍ତ୍ତୁଳ ଚରିତ୍ର (Flat & Round Character) ଆଦି ଆଧାରରେ ଅନୁଶୀଳନ କରି ଚରିତ୍ରମାନଙ୍କର ସ୍ୱାତନ୍ତ୍ର୍ୟକୁ ବିଶ୍ଳେଷଣ କରାଯାଇପାରେ ।

୧.୩ (କ) ପ୍ରତିନିଧି ମୂଳକ ଚରିତ୍ର (Protagonist Character) :

ଯେଉଁ ଚରିତ୍ର ପ୍ରତିନିଧିତ୍ୱ କରିବା ସହିତ ସୃଷ୍ଟି ଭିତରେ ମୁଖ୍ୟ ସ୍ଥାନ ଗ୍ରହଣ କରିଥାଏ ଏବଂ ଯାହା ଦ୍ୱାରା ସମଗ୍ର ସୃଷ୍ଟି ପରିଚାଳିତ ହେବା ସଙ୍ଗେ ସଙ୍ଗେ ପାଠକର ଉତ୍କଣ୍ଠା ଓ କୌତୁହଳ ସୃଷ୍ଟିରେ ସହାୟକ ହୁଏ, ସେହିଭଳି ଚରିତ୍ରକୁ ପ୍ରତିନିଧିମୂଳକ ଚରିତ୍ର କୁହାଯାଏ । ଏହି ପ୍ରତିନିଧିମୂଳକ ଚରିତ୍ର କଥାବସ୍ତୁ ଅନୁସାରେ ବିଭିନ୍ନ ପରିସ୍ଥିତିର ସମ୍ମୁଖୀନ ହୁଏ । ପାଠକ ବା ଦର୍ଶକର ବିଶେଷ ଧ୍ୟାନ ଏହି ପ୍ରତିନିଧିମୂଳକ ଚରିତ୍ର ପ୍ରତି ରହିଥାଏ । ଏହି ଚରିତ୍ର ନାୟକ ବା ନାୟିକା ଯେକେହି ହୋଇପାରନ୍ତି । ତେଣୁ A glossary of literary terms ପୁସ୍ତକରେ କୁହାଯାଇଛି – "The chief character in a plot, on whom our interest centers, is called the protagonist (or alternatively, the hero or heroine)ö"[୩]

ସମସ୍ତ ସ୍ରଷ୍ଟାଙ୍କ ସୃଷ୍ଟିରେ ପ୍ରତିନିଧିମୂଳକ ଚରିତ୍ର ବା ପ୍ରୋଟାଗୋନିଷ୍ଟ ଚରିତ୍ର ରହିବା ସ୍ୱାଭାବିକ । କାରଣ କଥାବସ୍ତୁ ଓ ଭାବବସ୍ତୁ ଗତିଶୀଳ ହେବାପାଇଁ ମୁଖ୍ୟ ଚରିତ୍ରଟି ନିତାନ୍ତ ଆବଶ୍ୟକ । ମୁଖ୍ୟ ଚରିତ୍ର ବା କେନ୍ଦ୍ରୀୟ ଚରିତ୍ରର ଚତୁର୍ପାର୍ଶ୍ୱରେ ଘଟଣା ଓ ପ୍ଲଟ ଘୁରିବୁଲେ। ଏହି ଚରିତ୍ର ଉପଯୁକ୍ତ ଭାବରେ ଚିତ୍ରଣ ନହେଲେ ଘଟଣା ସାର୍ଥକ ରୂପ ନେଇପାରେ ନାହିଁ। ଏ ଦୃଷ୍ଟିରୁ ଗାଳ୍ପିକ ରଜନୀକାନ୍ତ ମହାନ୍ତିଙ୍କ 'ଶତ୍ରୁରା' ଗଳ୍ପକୁ ଦେଖାଯାଇପାରେ । 'ଶତ୍ରୁରା'

ଗଳ୍ପରେ ପ୍ରତିନିଧିମୂଳକ ଚରିତ୍ର ଶତୁରା । ଗଳ୍ପଟିର କଥାବସ୍ତୁ ଏବଂ କଥାକାରଙ୍କର ପ୍ରଦର୍ଶିତ ଭାବବସ୍ତୁ ନିର୍ଭରଶୀଳ ଶତୁରା ଚରିତ୍ର ଉପରେ । ପାଠକର ଉତ୍କଣ୍ଠା ଓ ଦ୍ୱନ୍ଦ୍ୱ ଅନବରତ ଲାଗିରହେ ଉକ୍ତ ଚରିତ୍ର ଏବଂ ତା'ର ଗତିବିଧି ଉପରେ । ସରଳ ବିଶ୍ୱାସ, ସ୍ନେହ, ପ୍ରେମ ମଧ୍ୟରେ ପ୍ରତାରଣା ଶତୁରାକୁ କରେ ଦୁଃଖରେ ଜର୍ଜରିତ କିନ୍ତୁ ଚରିତ୍ରଟି ଗଳ୍ପର ପରିଣତି ପର୍ଯ୍ୟନ୍ତ ଆତ୍ମିକ ସଂପର୍କରୁ ବିଚ୍ୟୁତ ନୁହେଁ । ଶତୁରାର ଭାଇ ଭାଉଜଙ୍କୁ ଆଖି ବୁଜା ବିଶ୍ୱାସ ଏବଂ ନିରୀହ ସରଳତା ଯୋଗୁଁ ପ୍ରଥମ ସ୍ତ୍ରୀ ଅପାରଗ ଭାବେ ଶତୁରାକୁ ଦୋଷାରୋପ କରି ଗଲା ପରେ ତୁଳସୀକୁ ଦ୍ୱିତୀୟ ବିବାହ କଲେ ମଧ୍ୟ ବଡ଼ଭାଇ ସନ୍ତିଆ ଏବଂ ନିଜ ସ୍ତ୍ରୀ ତୁଳସୀ ଉଭୟଙ୍କର ଅନୈତିକ ସଂପର୍କ ଏବଂ ଶତୁରା ବିରୋଧରେ କୁମନ୍ତ୍ରଣା ଶତୁରାକୁ ମାନସିକ ସ୍ତରରେ ବିକଳାଙ୍ଗ କରେ, ଗୃହତ୍ୟାଗ ପାଇଁ ବାଧ୍ୟ ହୁଏ ସେ । କିନ୍ତୁ ଗଳ୍ପର ପରିଣତି ପର୍ଯ୍ୟନ୍ତ ଶତୁରାର ଆତ୍ମୀୟତା ରହିଛି, ଧୋକାବାଜ ଭାଇ ପାଇଁ ସର୍ବୋପରି ପ୍ରତାରିତ ଦ୍ୱିତୀୟ ସ୍ତ୍ରୀ ତୁଳସୀ ପାଇଁ । ପୁଣି ସେ ପ୍ରତ୍ୟାବର୍ତ୍ତନ କରୁଛି ଘରକୁ । ଏହିପରି ଭାବରେ ଶତୁରାକୁ କଥାକାର ପ୍ରତିନିଧି ଚରିତ୍ର ଭାବେ ଚୟନ କରି ମଣିଷର ଯନ୍ତ୍ରଣା ଜର୍ଜରିତ ଭାବକୁ ଉପସ୍ଥାପନ କରିଛନ୍ତି ।

'ପିମ୍ପୁଡ଼ି' ଗଳ୍ପରେ ପ୍ରୋଟାଗୋନିଷ୍ଟ ଚରିତ୍ର ହେଉଛି ଶ୍ୱେତାଙ୍କ । ଗଳ୍ପର ଆରମ୍ଭରୁ ଶେଷ ପର୍ଯ୍ୟନ୍ତ କେବଳ ଗୋଟିଏ ଚରିତ୍ର ଶ୍ୱେତାଙ୍କର ମନସ୍ତାତ୍ତ୍ୱିକ ବିଶ୍ଳେଷଣ ଘଟିଛି । ଶ୍ୱେତାଙ୍କ ବୁଦ୍ଧିଜୀବୀ ଶ୍ରେଣୀୟ ଏବଂ କର୍ମ ତା'ର କିରାଣୀ । ସ୍ୱଳ୍ପ ଦରମା ଯୋଗୁଁ ପରିବାରର ଦାୟିତ୍ୱ ତୁଲାଇ ନପାରିବା ଏବଂ ସର୍ବୋପରି ମଣିଷର ଅବ୍ୟକ୍ତ ଭାବନାକୁ ବ୍ୟକ୍ତ କରି ନ ପାରିବାର ଚିତ୍ର ଶ୍ୱେତାଙ୍କ ଚରିତ୍ର ଦ୍ୱାରା ଫୁଟି ଉଠେ । ଯାହାଠି ଭଲ ପାଇବା ଅଛି, ଯାହାଠି ମାନବିକତା ଅଛି, ଯାହାଠି ସହନଶୀଳତା ଅଛି ସେ ବ୍ୟକ୍ତି ଯନ୍ତ୍ରଣାର ଅତଳ ସୀମାରେ ନିକ୍ଷେପିତ ହୋଇଛି । ଆଲୋଚ୍ୟ ଗଳ୍ପରେ ଶ୍ୱେତାଙ୍କ ପ୍ରତିନିଧିମୂଳକ ଚରିତ୍ର କାରଣ ଗଳ୍ପର ବିଭିନ୍ନ ପ୍ରସଙ୍ଗ ଶ୍ୱେତାଙ୍କ ଦ୍ୱାରା ନିୟନ୍ତ୍ରିତ ।

ଶ୍ୱେତାଙ୍କ ଭଳି 'ଚନ୍ଦ୍ରଭାଗା' ଗଳ୍ପରେ ସୌମିତ୍ର ମଧ୍ୟ ପ୍ରୋଟାଗୋନିଷ୍ଟ ଚରିତ୍ର । ନିମ୍ନ ମଧ୍ୟବିତ୍ତ ପରିବାରରୁ ଜଣେ ଲେଖକ, ଆଦର୍ଶବାଦୀ ମଣିଷ, ନିରପେକ୍ଷ ସମାଲୋଚକ, ତଥା ପାରିବାରିକ ବୋଝ ବହନ ମଧ୍ୟରେ ଛିଡ଼ା ହୋଇଛି ସୌମିତ୍ର ଚରିତ୍ର । ଗଳ୍ପର କଥାଭାଗ ପ୍ରଥମରୁ ପରିଣତି ପର୍ଯ୍ୟନ୍ତ ସୌମିତ୍ର ଉପରେ ନିର୍ଭରଶୀଳ । ଗଳ୍ପରେ ସହାୟକ ଚରିତ୍ରମାନେ ଶ୍ୱେତାଙ୍କୁ ନେଇ ଆତଯାତ । କଥାକାରଙ୍କର କଳ୍ପିତ ଭାବ ବୈଚିତ୍ର୍ୟ ଦେଖାଇବା ପାଇଁ ପ୍ରତିନିଧିତ୍ୱ କରେ ସୌମିତ୍ର ଚରିତ୍ର । ତେଣୁ ଏଠାରେ ଦୃଢ଼ତାର ସହ କୁହାଯାଇପାରେ ସୌମିତ୍ର ଚରିତ୍ରଟି ପ୍ରୋଟାଗୋନିଷ୍ଟ ଶ୍ରେଣୀୟ ଚରିତ୍ର ।

'ହଡିକାଠ' ଗଳ୍ପରେ ମଧ୍ୟ ଗଳ୍ପନାୟକ ପ୍ରତିନିଧିମୂଳକ ଚରିତ୍ର । ଗଳ୍ପଟି ପ୍ରଥମ ପୁରୁଷୀୟ ଶୈଳୀରେ ଉପସ୍ଥାପନ ହୋଇଥିବାରୁ ଲେଖକ ନିଜେ ଚରିତ୍ର ସାଜନ୍ତି ଗଳ୍ପରେ ।

ପୈତୃକ ସମ୍ପତ୍ତି ପାଇବାର ନ୍ୟାର୍ଯ୍ୟ ଦାବୀରେ ଗଳ୍ପର କଥାଭାଗ ଗତି କଲାବେଳେ ଗାଁର ଅପରିପକ୍ୱ ରାଜନୀତି, ତଥା ଗଳ୍ପ ନାୟକର ସ୍ତ୍ରୀ ରେଣୁର ହରିଶ୍ ସଙ୍ଗେ ଅନୈତିକ ସମ୍ପର୍କ, ଗାଁର ଟାଉଟରୀ ମଣିଷର ପ୍ରଭାବ, ଚାକିରିରେ ରାଜନୀତିଆଙ୍କ ହାତ ଆଦି ପ୍ରସଙ୍ଗ ଗଳ୍ପନାୟକ ସଙ୍ଗେ ସଂଶ୍ଳିଷ୍ଟ । ଏ ସମସ୍ତ ସମସ୍ୟା ସଙ୍ଗେ ଗଳ୍ପ ନାୟକ ଗତି କରେ ଗଳ୍ପର ଆରମ୍ଭରୁ ପରିଣତି ପର୍ଯ୍ୟନ୍ତ । ତେଣୁ ଆଲୋଚ୍ୟ ଗଳ୍ପରେ ଗଳ୍ପନାୟକକୁ ନିର୍ଦ୍ୱନ୍ଦ୍ୱରେ ପ୍ରୋଟାଗୋନିଷ୍ଟ ଚରିତ୍ର କହି ପାରିବା ।

ସେହିପରି 'ନାରାଚ ଉବାଚ' ଗଳ୍ପରେ ଜାଇନୁ ଶବର, 'ରାହାଜଗାଳୀ' ଗଳ୍ପରେ ଗୟାଧର, 'ଶୂନ୍ୟଥାଳ' ଗଳ୍ପରେ କେଲୁନାଥ, 'ଓହଳ' ଗଳ୍ପରେ ହନୁଆ, 'ସୁନା ଶିଆଳ' ଗଳ୍ପରେ କାଙ୍ଗାଳି ବୁଢ଼ା, 'ବାଟୋଇ' ଗଳ୍ପରେ ବାଟୋଇ ବୃଦ୍ଧ ଭୈରବ ନନ୍ଦନ, 'ଅକାଳ'ରେ ଦନେଇ, 'କଷିକଉ' ଗଳ୍ପରେ କଷି କଉ, 'ଆଦିମାତା' ଗଳ୍ପରେ ରୋବଟ ଝୁମ୍ପା, 'ବନ୍ଦେ ମାତରଂ'ରେ ବ୍ରାମ ଆଦି ଚରିତ୍ରମାନେ ଜଣେ ଜଣେ ପ୍ରତିନିଧିମୂଳକ ଚରିତ୍ର । ଏ ସମସ୍ତ ଚରିତ୍ର ଗଳ୍ପର ପ୍ରାଣକେନ୍ଦ୍ର । ଚରିତ୍ରମାନଙ୍କର ଆଦର୍ଶ, ବ୍ୟକ୍ତିତ୍ୱ, ସେମାନଙ୍କର ସମସ୍ୟା, ସମସ୍ୟାର ସମାଧାନ ଆଦି ଏ ସମସ୍ତ ଚରିତ୍ରକୁ ସ୍ୱତନ୍ତ୍ର ପରିଚୟ ଦେଇଛି । 'ନାରଚ ଉବାଚ' ଗଳ୍ପରେ ଜାଇନୁ ଶବର, ସଭ୍ୟ ସମାଜ ପାଖରେ ନିଜ ଜାତିର ପ୍ରତ୍ୟାଖ୍ୟାନ, 'ରାହାଜଗାଳୀ' ଗଳ୍ପରେ ଗୟାଧର ଚରିତ୍ର ମାଧ୍ୟମରେ ଦିନ ମଜୁରିଆମାନଙ୍କର ସଙ୍କଟ, ସେହିପରି ଅନ୍ୟ ଗଳ୍ପମାନଙ୍କରେ ଚରିତ୍ର ଯଥା – ହନୁଆ, କାଙ୍ଗାଳି ବୁଢ଼ା, ଦନେଇ ଏ ସମସ୍ତ ଚରିତ୍ର ପାଖରେ ଅଜସ୍ର ସମସ୍ୟା କିନ୍ତୁ ସମାଧାନର ମାର୍ଗ ଖୋଜି ଖୋଜି ଏମାନେ ହାଲିଆ । ଏତଏବ ଏମାନେ ଆମ ସମାଜରେ ବାସ କରୁଥିବା ଜଣେ ଜଣେ ସାଧାରଣ ମଣିଷ ଯାହାର ଦୁଃଖ ଅନେକ କିନ୍ତୁ ବିଷାଦର ବିଲୁପ୍ତି କମ୍ । ଅତ୍ୟାଧୁନିକ ମଣିଷ ପାଖରେ ମାନବିକ ଶୂନ୍ୟତାର ଝଲକ ଦେଇ ଗାଳ୍ପିକ 'ଆଦିମାତା' ଗଳ୍ପର ପରିକଳ୍ପନା କରି ମଣିଷ ଦ୍ୱାରା ସୃଷ୍ଟି କମ୍ପୁଟରୀକରଣରେ ନିର୍ମିତ ରୋବଟ୍ ଝୁମ୍ପାକୁ ଗଳ୍ପରେ ପ୍ରତିନିଧିମୂଳକ ଚରିତ୍ର କରି ଗତି କରାଇଛନ୍ତି । କର୍ମମୟ ଜୀବନରେ ସନ୍ତାନକୁ ପାଳିବା ନିମନ୍ତେ ରୋବଟ ଝୁମ୍ପାକୁ ନିୟୋଜିତ କରା ହୋଇଛି । ଯେଉଁଠି ପରିଣତିରେ ଦେଖାଯାଇଛି ଝୁମ୍ପା ରୋବଟ ହେଲେ ମଧ୍ୟ ତା' ପାଖରେ ମାନବିକତା ଉତୁରି ପଡ଼ିଛି । ସେ ସତେ ଯେପରି ସଜୀବ ହେଇ ପଡ଼ିଛି । ଗଳ୍ପଟିର ପରିକଳ୍ପନା ଆଧୁନିକ ମଣିଷର ବୈଜ୍ଞାନିକ ଉଦ୍ଭାବନ ଏବଂ ସେହି ଉଦ୍ଭାବନ ପାଖରେ ମାନବୀୟ ଗୁଣର ପରିପ୍ରକାଶ ଦେଇ ମୁଖ୍ୟ ଭୂମିକା ନିଭାଇଛି ରୋବଟ ଝୁମ୍ପା । ତେଣୁ ରୋବଟ ଝୁମ୍ପାକୁ ପ୍ରତିନିଧିମୂଳକ ଚରିତ୍ର କହିପାରିବା ।

ଗାଳ୍ପିକ ରଜନୀକାନ୍ତ ମହାନ୍ତିଙ୍କ ଗଳ୍ପରେ ଆଲୋଚିତ ସମସ୍ତ ପ୍ରତିନିଧିମୂଳକ ଚରିତ୍ର କେବଳ ନାୟକ ଶ୍ରେଣୀୟ ନୁହଁନ୍ତି । ନାୟକ ଭଳି ନାୟିକା ଶ୍ରେଣୀୟ ପ୍ରୋଟାଗୋନିଷ୍ଟ ଚରିତ୍ର ମଧ୍ୟ ଗାଳ୍ପିକଙ୍କ ଗଳ୍ପରେ ପରିପୂର୍ଣ୍ଣ । ଯେଉଁ ନାୟିକାମାନେ ଗଳ୍ପରେ କେନ୍ଦ୍ରୀୟ ଚରିତ୍ର

ଭାବେ ପ୍ରତିନିଧିତ୍ୱ କରନ୍ତି । 'ଫକୀର ମୋହନୀୟ' ଗଳ୍ପରେ ନାୟିକା ଶରଦୀ ପ୍ରୋଟାଗୋନିଷ୍ଟ ଚରିତ୍ର । ସ୍ୱାମୀ ଯୋଗୀଆର ମୃତ୍ୟୁ ପରେ ନିଜ ସଙ୍ଗେ ତିନି ପିଲାଙ୍କର ପେଟ ପୋଷିବା ପାଇଁ ଭଦ୍ରକରୁ ଯାଜପୁର ଯାଇ ଚାଉଳ ବିକି କିଛି ଅର୍ଥ ରୋଜଗାର କଲାବେଳେ ଶରଦୀର ପରିପୂର୍ଣ୍ଣ ଯୌବନ ପ୍ରତି ସାହୁକାର ବନମାଳୀ ପାଖରୁ ସିପାହୀ ପର୍ଯ୍ୟନ୍ତ ସମସ୍ତଙ୍କର ରହିଛି ଲୋଲୁପ ଦୃଷ୍ଟି । ନାରୀଟିର ପରିବାର ପାଇଁ ଅକ୍ଳାନ୍ତ ପରିଶ୍ରମ ଏବଂ କାମୁକ ପୁରୁଷର ନାରୀ ପ୍ରତି ଥିବା ପାଶବିକଦୃଷ୍ଟିରୁ ନାରୀ ଜାତିକୁ ମୁକୁଳାଇବା ପାଇଁ ଶରଦୀ ପ୍ରତିଶୋଧ ପରାୟଣା ହୋଇ ଦାରୋଗା ବଡ଼ ବାବୁର ମୁଣ୍ଡକୁ ରୋଲବାଡ଼ିରେ ପିଟି ପିଟି ଲହୁଲୁହାଣ କରିଛି । ପୃଥିବୀରେ ତା' ଭଳି ଆଉ କିଏ ଏପରି ପାଶବିକ ମଣିଷ ହାବୁଡ଼ରେ ନପଡୁ, ଅତ୍ୟାଚାରିତ ନ ହେଉ, ତା'ର ଏକ ପ୍ରତିକାର ସେ ଛାଡ଼ିଯାଇଛି । ଗଳ୍ପଟିର କଥାଭାଗ ଗତି କରିଛି ଶରଦୀ ଚରିତ୍ରକୁ ଆଧାର କରି । ଗଳ୍ପର ସମସ୍ତ ସମସ୍ୟା, ଘଟଣା ଶରଦୀ ଭଳି ଦରଦୀ ଚରିତ୍ର ଉପରେ ନ୍ୟସ୍ତ ।

ସେହିଭଳି 'ଅଛୁଆଁ ଝିଅ' ଗଳ୍ପରେ ଶ୍ରାବଣୀକୁ ପ୍ରତିନିଧିମୂଳକ ଚରିତ୍ର ଭାବରେ ଗ୍ରହଣ କରାଯାଇପାରେ । ତରୁଣୀ ନାରୀର ଭିଜା ଭିଜା ଦୁଃଖକୁ ନେଇ କଥାକାର କଥାବସ୍ତୁ ଗତି କରାଇଲା ବେଳେ ସଂପୂର୍ଣ୍ଣ ଭାବରେ କଥାଭାଗଟି ଶ୍ରାବଣୀ ଚରିତ୍ର ଉପରେ ନ୍ୟସ୍ତ ହୋଇଛି । ନିମ୍ନ ମଧ୍ୟବିତ୍ତ ପରିବାରର ଝିଅ ଶ୍ରାବଣୀ ପ୍ରେମରୁ ଧୋକା, ତା' ପ୍ରତି ସଂପର୍କୀୟ ମଉସାର ଆକସ୍ମିକ ଯୌନ ଶୋଷଣ, ବୟସ ବୃଦ୍ଧି ସତ୍ତ୍ୱେ ବରପାତ୍ରଟିଏ ଯୋଗାଡ଼ ନ ହୋଇପାରିବା ଆଦି ନାନା ସମସ୍ୟାକୁ ଛାତିକୁ ପଥର କରି, ଓଠ ଚାପି ଚାପି ଗ୍ରହଣ କରିନିଏ ଶ୍ରାବଣୀ । ଗଳ୍ପରେ ଶ୍ରାବଣୀର ଧୈର୍ଯ୍ୟ ତଥା ନାୟିକା ପଣ ଗଳ୍ପର ପରିଣତି ପର୍ଯ୍ୟନ୍ତ ପାଠକକୁ ଦ୍ୱନ୍ଦ୍ୱ ମଧ୍ୟରେ ଗତି କରାଏ । ତେଣୁ ଚରିତ୍ରର ପ୍ରତିନିଧିତ୍ୱ, ବ୍ୟକ୍ତିତ୍ୱ, କର୍ମ ଆଦି ଦୃଷ୍ଟିରୁ ମଧ୍ୟ ଶ୍ରାବଣୀକୁ ପ୍ରତିନିଧି ମୂଳକ ଚରିତ୍ର ରୂପେ ଅସ୍ୱୀକାର କରାଯାଇ ନପାରେ ।

ଗାଳ୍ପିକ ରଜନୀକାନ୍ତ ମହାନ୍ତିଙ୍କ ଗଳ୍ପରେ ନାୟିକା ପ୍ରୋଟାଗୋନିଷ୍ଟ ଚରିତ୍ର ଶରଦୀ, ଶ୍ରାବଣୀ ଭଳି 'ବହ୍ନିପୁରୁଷ' ଗଳ୍ପରେ ଆହୁତି, 'ଅମୃତ' ଗଳ୍ପରେ ମିସେସ୍ ସୁଯୋଗ୍ୟା ଦାସ, 'ସେଇ ଅନ୍ଧାରୀ କୋଣକୁ ଚାଲିଯା' ଗଳ୍ପରେ ନହରି, 'କାଳଫାଶ' ଗଳ୍ପରେ ଅରୁଣା, 'ବହୁବଜାର' ଗଳ୍ପର ପାକ ମା, 'ଚିଠି ଚିରୁଥିବା ଝିଅ' ଗଳ୍ପରେ ବର୍ଣ୍ଣା ଆଦି ଜଣେ ଜଣେ ପ୍ରତିନିଧିମୂଳକ ନାୟିକା ଚରିତ୍ର । ଏ ସମସ୍ତ ଚରିତ୍ର ଦ୍ୱାରା କଥାକାର ଗଳ୍ପକୁ ଗତି କରାଇଥାନ୍ତି । ଚରିତ୍ର ସମୂହ ଗଳ୍ପରେ ମୁଖ୍ୟସ୍ଥାନ ଗ୍ରହଣ କରିଥାନ୍ତି । ଏମାନେ ପାଠକଙ୍କ ଅନ୍ତଃସତ୍ତାରେ ଉତ୍କଣ୍ଠା ଓ କୌତୂହଳ ସୃଷ୍ଟି କରିବାରେ ସହାୟକ ହୋଇଥାନ୍ତି ।

ଏତକ କୁହାଯାଇପାରେ ଗାଳ୍ପିକଙ୍କ ପରିକଳ୍ପିତ ପ୍ରତିନିଧିମୂଳକ ଚରିତ୍ର ବା ପ୍ରୋଟାଗୋନିଷ୍ଟ ଚରିତ୍ରମାନଙ୍କ ପାଖରେ ସମସ୍ୟା ଅନେକ, ଏମାନେ ସମସ୍ତେ ସମସ୍ୟାରୁ ମୁକୁଳିବାକୁ ଚାହିଁଲେ ମଧ୍ୟ ମୁକୁଳି ପାରନ୍ତି ନାହିଁ, ଅଥଚ ସେଥିରୁ ବହିଷ୍କୃତ ହେବା ନିମନ୍ତେ

ଗଳ୍ପର ପରିଣତି ପର୍ଯ୍ୟନ୍ତ ସଂଘର୍ଷ ଜାରି ରଖିଥାନ୍ତି । ଗାଳ୍ପିକ ମହାନ୍ତିଙ୍କ ସମସ୍ତ ପ୍ରତିନିଧିମୂଳକ ଚରିତ୍ରଙ୍କ ପାଖରେ ପ୍ରେମର ସୁରଭି ମହମହ ବାସେ, ତଥାପି ମଧ୍ୟ ଶାରୀରିକ ସ୍ତରରେ ବିଷାଦ, ଗ୍ଲାନି ଏବଂ ଯନ୍ତ୍ରଣାରେ ଜର୍ଜରିତ ଚରିତ୍ରମାନେ ନାନା ସମସ୍ୟା ମଧ୍ୟରେ ବୁଡ଼ି ରହିଥାନ୍ତି । ଗାଳ୍ପିକ ମହାନ୍ତି ପ୍ରୋଟାଗୋନିଷ୍ଟ ଚରିତ୍ର ଚୟନ ଏବଂ ଉପସ୍ଥାପନାରେ ନିଶ୍ଚୟ ସ୍ୱକୀୟ ସ୍ୱତନ୍ତ୍ରତା ରକ୍ଷା କରିଛନ୍ତି ।

୧.୩ (ଖ) ପ୍ରତିଦ୍ୱନ୍ଦ୍ୱୀମୂଳକ ଚରିତ୍ର (Antagonist Character) :

ପ୍ରତିଦ୍ୱନ୍ଦ୍ୱୀମୂଳକ ଚରିତ୍ର ହେଉଛି ପ୍ରତିନିଧିମୂଳକ ଚରିତ୍ରର ବିପରୀତ ପକ୍ଷ । ପ୍ରତିନିଧିମୂଳକ ଚରିତ୍ର ଯେଉଁ ମୁଖ୍ୟ ବିରୋଧୀ ଚରିତ୍ର ସହିତ ସମ୍ମୁଖୀନ ହୋଇଥାଏ ତାହାକୁ ପ୍ରତିଦ୍ୱନ୍ଦ୍ୱୀମୂଳକ ଚରିତ୍ର କହିପାରିବା । ଏହି ଚରିତ୍ରମାନେ ସାଧାରଣତଃ ଖଳ ପ୍ରକୃତିର, ନୃଶଂସ, ଅପରାଧ ପ୍ରବଣ ବ୍ୟକ୍ତି ହୋଇ ପାରନ୍ତି, ମାତ୍ର ଏହା ଅନିବାର୍ଯ୍ୟ ନୁହେଁ । ଅନେକତ୍ର ମଧ୍ୟ ଦେଖାଯାଏ ଦୁଇଟି ବିପରୀତ ଚିନ୍ତାଚେତନାର ବ୍ୟକ୍ତିଙ୍କ ମଧ୍ୟରେ କୌଣସି ଖଳ ଉଦ୍ଦେଶ୍ୟର ଅନୁପସ୍ଥିତିରେ ମଧ୍ୟ ଏହି ପ୍ରକାର ଚରିତ୍ର ସୃଷ୍ଟି ହୋଇପାରନ୍ତି । ପ୍ରତିନିଧିମୂଳକ ଚରିତ୍ର ଏବଂ ପ୍ରତିଦ୍ୱନ୍ଦ୍ୱୀ ମୂଳକ ଚରିତ୍ର ମଧ୍ୟରେ ହେଉଥିବା ପ୍ରତିଦ୍ୱନ୍ଦ୍ୱୀତା ପାଠକକୁ ଉତ୍କଣ୍ଠା ଯୋଗାଏ । ପ୍ରତିଦ୍ୱନ୍ଦ୍ୱୀମୂଳକ ଚରିତ୍ର ବ୍ୟକ୍ତି ବା ଗୋଷ୍ଠୀ ମଧ୍ୟରେ ସୀମିତ ନୁହେଁ, ତାହା କେତେକ କ୍ଷେତ୍ରରେ ପରିବେଶ, ପରରିବେଷ୍ଟନୀ, ବିପରୀତ ଚାପ ଆଦି ମଧ୍ୟ ହୋଇପାରେ । ଯଥା କାହ୍ନୁଚରଣଙ୍କ 'ଶାସ୍ତି' ଉପନ୍ୟାସରେ 'ନଅଙ୍କ ଦୁର୍ଭିକ୍ଷ' ମଧ୍ୟ ବିରୋଧୀ ଚରିତ୍ର ହୋଇପାରେ । ଯେଉଁଠି ନାୟକ ସନିଆ ଓ ସମଗ୍ର ଅଞ୍ଚଳ ଦୁର୍ଭିକ୍ଷ ଦ୍ୱାରା କ୍ଷତିଗ୍ରସ୍ତ ହୋଇଛି । ପ୍ରତିନିଧିମୂଳକ ଚରିତ୍ର ପାଇଁ ତଥା ଜନସମୂହ ପାଇଁ ପ୍ରତିଦ୍ୱନ୍ଦ୍ୱୀ ସାଜୁଛି । ତେଣୁ 'A Glossary of literary terms' ପୁସ୍ତକରେ କୁହାଯାଇଛି : "if the plot is such that he or she is pitted against an important opponent, that character is called the antagonist" (୪)

କଥାକାର ରଜନୀକାନ୍ତ ମହାନ୍ତି ନିଜ ଗଳ୍ପ ଜଗତରେ ପ୍ରତିନିଧିମୂଳକ ଚରିତ୍ର ଭଳି ପ୍ରତିଦ୍ୱନ୍ଦ୍ୱୀମୂଳକ ଚରିତ୍ରକୁ ମଧ୍ୟ ଉପଯୁକ୍ତ ଓ ପ୍ରଭାବଶାଳୀ କରି ଗଢ଼ିତୋଳିଛନ୍ତି । ବସ୍ତୁତଃ କୁହାଯାଇପାରେ ପ୍ରୋଟାଗୋନିଷ୍ଟ କ୍ଷେତ୍ରରେ ଉକ୍ତ ଚରିତ୍ରର ଚିହ୍ନଟ ସହଜ ଥିଲା ଭଳି ଗଳ୍ପ ସାହିତ୍ୟରେ ଏହାର ଅନ୍ୱେଷଣ କଷ୍ଟସାଧ୍ୟ । କାରଣ ସ୍ୱଳ୍ପ ମୁହୂର୍ତ୍ତର ବକ୍ତବ୍ୟ ମଧ୍ୟରେ ସମସ୍ୟାର ଉପସ୍ଥାପନା ଏବଂ ସମାଧାନ ନିମନ୍ତେ ସ୍ରଷ୍ଟା ସର୍ବଦା ଲକ୍ଷ୍ୟ ରଖିଥାଏ । ଏଥିପାଇଁ ଅନେକ ଗଳ୍ପ ମଧ୍ୟରେ ପ୍ରତିଦ୍ୱନ୍ଦ୍ୱୀମୂଳକ ଚରିତ୍ରର ଉପସ୍ଥାପନା ସ୍ୱଳ୍ପ । କେତେକ ସ୍ଥାନରେ ପ୍ରତିଦ୍ୱନ୍ଦ୍ୱୀମୂଳକ ଚରିତ୍ର ପ୍ରଚ୍ଛଦରେ ରହିଛନ୍ତି । ତେବେ ସାହିତ୍ୟ ସୃଷ୍ଟିରେ ପ୍ରତିନିଧିମୂଳକ ଚରିତ୍ର ଓ ନିର୍ଦ୍ଦିଷ୍ଟ ସମସ୍ୟା ରହିଥିଲା ଭଳି ବିରୋଧି ପରିସ୍ଥିତି ଓ ଚରିତ୍ର ପ୍ରଚ୍ଛନ୍ନରେ ହେଉପଛେ ରହିଥିବା ସ୍ୱାଭାବିକ । ପ୍ରତିଦ୍ୱନ୍ଦୀମୂଳକ ଚରିତ୍ରର ଅନୁପସ୍ଥିତିରେ କଥାବସ୍ତୁରେ କୌଣସି ଦ୍ୱନ୍ଦ୍ୱ

କିମ୍ବା ସମସ୍ୟା ଓ ଏହା ସିଦ୍ଧହେବା ପାଇଁ ପ୍ରାମାଣିକ ସୂତ୍ର ଉପୁଜି ପାରେନାହିଁ । ଏଠାରେ କେତୋଟି ପ୍ରତିଦ୍ୱନ୍ଦ୍ୱୀମୂଳକ ଚରିତ୍ରକୁ ଆଲୋଚନା ପରିସରଭୁକ୍ତ କରାଯାଇପାରେ । ଯଥା-

'ହଡ଼ିକାଠ' ଗଳ୍ପରେ ହରିଶ୍ ଚରିତ୍ରକୁ ପ୍ରତିଦ୍ୱନ୍ଦ୍ୱୀ ଶ୍ରେଣୀୟ ଚରିତ୍ର ଭାବେ ଗ୍ରହଣ କରାଯାଇପାରେ । କାରଣ ଗଳ୍ପର ପ୍ରତିନିଧିମୂଳକ ଚରିତ୍ର ଗଳ୍ପ ନାୟକର ସମସ୍ୟାକୁ ଦୃଢ଼ କରିବାରେ ମୁଖ୍ୟ ଭୂମିକା ଗ୍ରହଣ କରିଛି ହରିଶ୍ । ଗଳ୍ପ ନାୟକ ପୈତୃକ ସମ୍ପତ୍ତିକୁ ପାଇବା ନିମନ୍ତେ ନ୍ୟାର୍ଯ୍ୟଦାବୀକୁ ନେଇ ଅଗ୍ରସର ହେଲାବେଳେ ନୂଆ ନୂଆ ରାଜନୀତିରେ ପାଦ ଥାପୁଥିବା ତରୁଣ ହରିଶ୍ ସାହାଯ୍ୟ କରିବା ନାଁ ରେ ଗଳ୍ପ ନାୟକକୁ ଠକିଛି । ଗଳ୍ପ ନାୟକ ପାଖରେ ଉପୁଜୁଥିବା ପ୍ରତ୍ୟେକ ସମସ୍ୟାର ମୁଖ୍ୟ ଖଳନାୟକ ସାଜିଛି ହରିଶ୍ । ଜମି ମୁକୁଳାଇବା ନାଁରେ ଅତ୍ୟଧିକ ଟଙ୍କା ଲୁଟ୍ କରିବା, ଗଳ୍ପ ନାୟକ ଚାକିରି କରିଥିବା କାର୍ଯ୍ୟାଳୟରେ ହରିଶର ହାତ ରହିବା, ସର୍ବୋପରି ଗଳ୍ପ ନାୟକର ପତ୍ନୀ ରେଣୁକୁ ଆପଣେଇ ନେଇ ତା' ସଙ୍ଗେ ଯୌନ ସଂପର୍କ ରଖିବା ଆଦି ଘଟଣା ଘଟାଇବାର ମୁଖ୍ୟ ସୂତ୍ରଧର ହେଉଛି ହରିଶ୍ । ପ୍ରତିନିଧିମୂଳକ ଚରିତ୍ର ଗଳ୍ପନାୟକକୁ ପ୍ରତିମୁହୂର୍ତ୍ତରେ କାଠଗଡ଼ାରେ ଧର୍ମସଂକଟରେ ଛିଡ଼ାକରାଇଛି ହରିଶ୍ । ହରିଶ୍ ଓ ଗଳ୍ପନାୟକ ମଧ୍ୟସ୍ଥ ସଂଘର୍ଷକୁ ନେଇ ଗଳ୍ପର କଥାଭାଗ ଗତି କରିଛି । ତେଣୁ ହରିଶ୍ ଚରିତ୍ରକୁ ନିର୍ଦ୍ୱନ୍ଦ୍ୱରେ ପ୍ରତିଦ୍ୱନ୍ଦ୍ୱୀମୂଳକ ଚରିତ୍ର କହିପାରିବା ।

'ଫକୀରମୋହନୀୟ' ଗଳ୍ପରେ ସାହୁକାର ବନମାଳୀ, ଦାରୋଗା, ଦାରୋଗା ବଡ଼ବାବୁ ସମସ୍ତେ ଜଣେ ଜଣେ ପ୍ରତିଦ୍ୱନ୍ଦ୍ୱୀମୂଳକ ଚରିତ୍ର । ଶରଦୀ ଚରିତ୍ରର ବିକାଶ କ୍ଷେତ୍ରରେ କଥାକାର ପ୍ରତିଦ୍ୱନ୍ଦ୍ୱୀ ଭାବରେ ଏ ସମସ୍ତ ଚରିତ୍ରର ସଂଯୋଜନା କରାଇଛନ୍ତି । ପ୍ରତିନିଧିମୂଳକ ଚରିତ୍ର ଶରଦୀର ପ୍ରତ୍ୟେକ କାର୍ଯ୍ୟରେ ସେମାନେ ସାଜୁଛନ୍ତି ପଥକଣ୍ଟକ । ଶରଦୀର ପରିପୂର୍ଣ୍ଣ ଯୌବନ ପ୍ରତି ଅହେତୁକ କାମନାକୁ ନେଇ ଏ ସମସ୍ତ ପ୍ରତିଦ୍ୱନ୍ଦ୍ୱୀମୂଳକ ଚରିତ୍ରମାନେ ଲାଳାୟିତ । ସମସ୍ତଙ୍କ ପାଖରେ ଶରଦୀ ସାଜିଛି କାମନାର ଶିକାର । କିନ୍ତୁ ପରିଣତିରେ ଶରଦୀ ମଧ୍ୟ ପ୍ରତିଶୋଧ ପରାୟଣ ହୋଇଛି । ଥାନାର ଦାରୋଗା ବଡ଼ବାବୁ ଶରଦୀର ମୁକୁଳା ଯୌବନକୁ ବଳପ୍ରୟୋଗପୂର୍ବକ ଉପଭୋଗ କରିବା ନିମନ୍ତେ ଆଗେଇଲା ବେଳେ ରୋଲ ବାଡ଼ିରେ ତାକୁ ପିଟିପିଟି ଗୋଟିଏ କଳଙ୍କିତ ଅଧ୍ୟାୟକୁ ଲହୁଲୁହାଣ କରିଛି ଶରଦୀ । ରକ୍ତରେ ଜୁଡୁବୁଡୁ କରି ଦେଇଛି ତାକୁ। ଏଠାରେ ପ୍ରତିଦ୍ୱନ୍ଦ୍ୱୀମୂଳକ ଚରିତ୍ର ଦାରୋଗା ବଡ଼ବାବୁର ହୋଉଛି ମୃତ୍ୟୁ ।

'ଫକୀରମୋହନୀୟ' ଗଳ୍ପରେ ସାହୁକାର ବନମାଳି ଭଳି 'ନାରାଚ ଉବାଚ' ଗଳ୍ପର ସାହୁକାର, 'ସମୁଦ୍ର' ଗଳ୍ପରେ ସାହୁକାର ଦିଜ ମିଶ୍ର ଆଦି ଜଣେ ଜଣେ ପ୍ରତିଦ୍ୱନ୍ଦ୍ୱୀମୂଳକ ଚରିତ୍ର ବା ଏଣ୍ଟାଗୋନିଷ୍ଟ ଶ୍ରେଣୀୟ ଚରିତ୍ର । ଏ ସମସ୍ତ ଚରିତ୍ର ଶୋଷକ ବର୍ଗର । ଏମାନେ ସର୍ବଦା ନିଜର ଆଧିପତ୍ୟ ବିସ୍ତାର କରି ଷଡ଼ଯନ୍ତ୍ର କ୍ରମେ ଗଳ୍ପର ପରିଣତି ପର୍ଯ୍ୟନ୍ତ ପ୍ରତିନିଧିମୂଳକ

ଚରିତ୍ର ସଙ୍ଗେ ସହାୟକ ଚରିତ୍ରମାନଙ୍କର ମଧ୍ୟ ଅସ୍ତିତ୍ୱ, ଆଧିପତ୍ୟ, ସର୍ବୋପରି ନାରୀର ଇଜ୍ଜତ ମଧ୍ୟ ଲୁଟ କରୁଛନ୍ତି । 'ନାରାଚ ଉବାଚ' ଗଳ୍ପରେ ସାହୁକାରର ଆଦିବାସୀ ଜନଜାତିଙ୍କୁ ଅର୍ଥ ଓ ଯୌନ ଶୋଷଣ ଗଳ୍ପକୁ ଭିନ୍ନ ମୋଡ଼ ଦେଇଛି ।

କେବଳ ହରି ସାହୁକାର ନୁହଁ ତା'ର ପୁତ୍ର ନଳିତ ମଧ୍ୟ ପ୍ରତିଦ୍ୱନ୍ଦ୍ୱୀ ଚରିତ୍ର । ଯିଏକି ସହରରେ ରହି ବାଣିଜ୍ୟ କଲାବେଳେ ଅନେକ ନାରୀର ଯୌବନକୁ ଉପଭୋଗ କରିଛି । ପ୍ରତିନିଧିମୂଳକ ଚରିତ୍ର ଜାଇନୁ ଶବରର ଭଉଣୀ କିଶୋରୀ ଝୁମିକୁ ମଧ୍ୟ ନଳିତ ଚାକିରି କରାଇ ଦେବାର ମିଛ ଆଶ୍ୱାସନା ଦେଇ ପ୍ରତାରିତ କରିଛି । କିନ୍ତୁ ବିଶ୍ୱ ମାନବିକତାର ବିଲୋପକୁ ଅଙ୍ଗୁଳି ନିର୍ଦ୍ଦେଶ କରି ଏଠି ଏକ ସୁସ୍ଥ ସମାଜ ଗଠନର ସ୍ୱପ୍ନ ଦେଖନ୍ତି କଥାକାର । ଆଦିବାସୀ ଜୀବନ ସଂଘର୍ଷକୁ ତଉଲିଲା ବେଳେ ହରି ସାହୁକାର ଓ ତା'ର ପୁତ୍ର ନଳିତକୁ ଅତି ଚମତ୍କାର ଭାବରେ ଗାଳ୍ପିକ ସଂଯୋଜିତ କରିଛନ୍ତି ସ୍ୱକୀୟ ଢଙ୍ଗରେ ଗଳ୍ପ ମଧ୍ୟରେ । ଠିକ୍ ଅନୁରୂପ ଭାବରେ 'ସମୁଦ୍ର' ଗଳ୍ପର ସାହୁକାର ଦିଜ ମିଶ୍ର ମଧ୍ୟ ଜଣେ ପ୍ରତିଦ୍ୱନ୍ଦ୍ୱୀମୂଳକ ଚରିତ୍ର । ଗଳ୍ପର ଅପକର୍ଷ ଓ ଉତ୍କର୍ଷ ଉକ୍ତ ଚରିତ୍ର ଉପରେ ନିର୍ଭର କରିଛି । ସାହୁକାର ଦିଜ ମିଶ୍ର ଆଲୋଚ୍ୟ ଗଳ୍ପରେ ଜଣେ ଉଗ୍ରକର୍ମା ବ୍ୟକ୍ତିତ୍ୱ । ମଧ୍ୟମ ବୟସ୍କ ଦିଜ ମିଶ୍ର ବିବାହିତ ହୋଇଥିଲେ ମଧ୍ୟ ଗୌରୀର ରୂପ ଯୌବନରେ ହୋଇଛି ମତ୍ତ । ଭୁଲି ଯାଉଛି ସେ ଆତ୍ମ ମର୍ଯ୍ୟାଦା, ମାନବିକତା । ସେଥିପାଇଁ ଗୌରୀକୁ ବିବାହ କରିବା ନିମନ୍ତେ ନାନା ଷଡଯନ୍ତ୍ର କରିଛି ଦିଜମିଶ୍ର । କିନ୍ତୁ ତା'ର ପରିଣତି ଭିନ୍ନ ମୋଡ଼ ନେଇଛି । ସାହୁକାର ଗୌରୀକୁ ବିବାହ କରି ପାରିନାହିଁ, ଗୌରୀ ସାହୁକାରର ଷଡ଼ଯନ୍ତ୍ରରେ ଅପବାଦକୁ ସହ୍ୟ କରି ନପାରି ଇଚ୍ଛାମୃତ୍ୟୁ ବରଣ କରି ନେଇଛି । ଗାଳ୍ପିକ ଶ୍ରୀ ମହାନ୍ତି ଯେଉଁ ଗଳ୍ପରେ ସାହୁକାରର ଶୋଷଣ କଥା କହୁଛନ୍ତି ସେହି ଗଳ୍ପ ଗୁଡ଼ିକ ପ୍ରତିନିଧି ଚରିତ୍ର ପାଇଁ ପ୍ରତିଦ୍ୱନ୍ଦ୍ୱୀ ଚରିତ୍ରଟି ଘୋର ବିରୋଧୀ । ସେ ଗଳ୍ପ ଗୁଡ଼ିକ ଷାଠିଏ ସତୁରୀ ପ୍ରତିଶତ ପ୍ରତିଦ୍ୱନ୍ଦ୍ୱୀ ଚରିତ୍ର ଉପରେ ନିର୍ଭର କରୁଛି । ମନେହୁଏ ଏପରି ଗଳ୍ପରେ ପ୍ରତିଦ୍ୱନ୍ଦ୍ୱୀ ଚରିତ୍ର ନଥିଲେ ବୋଧହୁଏ ଗଳ୍ପ ଗୁଡ଼ିକ ମୂଳ ଆକର୍ଷଣ ହରାଇଥାନ୍ତା, ଲାଗିଥାନ୍ତା ମଧ୍ୟ ଅପ୍ରାସଙ୍ଗିକ ।

ପ୍ରକୃତି ମଧ୍ୟ ଗାଳ୍ପିକ ରଜନୀକାନ୍ତ ମହାନ୍ତିଙ୍କ ଗଳ୍ପରେ ପ୍ରତିଦ୍ୱନ୍ଦ୍ୱୀମୂଳକ ଚରିତ୍ର ଭାବରେ ହୋଇଛି ଉଭା । ପ୍ରକୃତି ପ୍ରାୟତଃ ବହୁ ଗାଳ୍ପିକଙ୍କ ଗଳ୍ପରେ ପ୍ରତିଦ୍ୱନ୍ଦ୍ୱୀତା କରେନାହିଁ ପ୍ରତିନିଧିମୂଳକ ଚରିତ୍ର ସଙ୍ଗେ । ହାତଗଣତି କେତେ ଲେଖକଙ୍କ ଗଳ୍ପ ଜଗତରେ ପ୍ରତିଦ୍ୱନ୍ଦ୍ୱୀମୂଳକ ଚରିତ୍ର ଭାବେ ପ୍ରକୃତି ପଶି ଆସିଲା ଭଳି ଗାଳ୍ପିକ ରଜନୀକାନ୍ତ ମହାନ୍ତିଙ୍କ 'ଓ' ଏବଂ 'ନଅଙ୍କ' ଗଳ୍ପଦ୍ୱୟରେ ପ୍ରକୃତି ପ୍ରତିଦ୍ୱନ୍ଦ୍ୱୀ ଚରିତ୍ର ଭାବରେ ପ୍ରକାଶିତ ହୋଇଛି । 'ଓ' ଗଳ୍ପରେ ଭୟଙ୍କର ବାତ୍ୟାର କରାଳ ରୂପ ମୁଖ୍ୟ ଚରିତ୍ରର ପଥରୋଧ କଲାବେଳେ 'ନଅଙ୍କ' ଗଳ୍ପରେ ମରୁଡ଼ି ପ୍ରତିଦ୍ୱନ୍ଦ୍ୱୀ ସାଜିଛି । ଦୁଇଟି ସମସ୍ୟା ଅର୍ଥାତ୍ ବାତ୍ୟାର କରାଳ ରୂପ ଓ ମରୁଡ଼ିର ରୁକ୍ଷତା ଗଳ୍ପନାୟକକୁ ଓ ପ୍ରତିନିଧିମୂଳକ ଚରିତ୍ର ସଙ୍ଗେ ସହାୟକ

ଚରିତ୍ରମାନଙ୍କୁ ଅସହ୍ୟ ଯନ୍ତ୍ରଣା ଦେଇଛି । 'ଓ' ଗଳ୍ପରେ ପ୍ରଳୟ ମଧ୍ୟରେ ପ୍ରତିନିଧିମୂଳକ ଚରିତ୍ର କାଞ୍ଚନର ସ୍ୱାମୀ ଗୃହରେ ନଥିବା ଯୋଗୁଁ ଶତୁରୀ ବର୍ଷର ବିକଳାଙ୍ଗ ଶାଶୁ ଏବଂ ଛୋଟ ପୁଅକୁ ନେଇ ଘରୁ ବାହାରି ପଳାଇବା ପାଇଁ ଚାହିଁଲେ ମଧ୍ୟ ଯାଇ ପାରେନା । ପ୍ରଳୟ ମଧ୍ୟରେ କାଞ୍ଚନର ବୃଦ୍ଧ ଶାଶୁ ଏବଂ ଶିଶୁ ସନ୍ତାନକୁ ନେଇ କାଞ୍ଚନର ମାନସିକ ସନ୍ତାପ ପାଠକକୁ ଆକର୍ଷଣ କରେ । ସେହିପରି 'ନଅଙ୍କ' ଗଳ୍ପରେ ଦୁର୍ଭିକ୍ଷ ପ୍ରପୀଡ଼ିତ ସମାଜରେ ଘଟୁଥିବା ସ୍ୱାର୍ଥାନ୍ୱେଷୀ ଘଟଣା ପ୍ରତିନିଧିମୂଳକ ଚରିତ୍ର ବାସୁଦେବକୁ ମାନସିକ ସ୍ତରରେ ଭାରାକ୍ରାନ୍ତ କରାଏ । ଗୋଟିଏ ପଟେ ନ'ଅଙ୍କ ଦୁର୍ଭିକ୍ଷ ଯୋଗୁଁ ଖାଦ୍ୟର ଅଭାବ ଅନ୍ୟ ପଟେ ବହୁ ଦିନରୁ ବେସରକାରୀ ଭାବେ ଶିକ୍ଷକତା କରି ଅନୁଷ୍ଠାନଟିକୁ ବଞ୍ଚାଇ ରଖିଲା ପରେ ସେଠାରେ ଅନ୍ୟ ବ୍ୟକ୍ତି ଜଣେ ସରକାରୀ ପାହ୍ୟା ପାଉଛି କେତେଜଣ ସ୍ୱାର୍ଥବାଦୀ ବ୍ୟକ୍ତିଙ୍କ ପାଇଁ । ଋଣ ପରିଶୋଧ, ସରକାରୀ ପାହ୍ୟାରୁ ବଞ୍ଚିତ ଏବଂ ପ୍ରକୃତିର ଅନାଚାର ଯେପରି ଗଳ୍ପ ନାୟକକୁ ନିଃସଙ୍ଗ କରି ପକାଇଛି । ଆଲୋଚିତ ଦୁଇ ଗଳ୍ପରେ ପ୍ରକୃତିର ପ୍ରତିଦ୍ୱନ୍ଦ୍ୱାତ୍ମକ ରୂପ ଗଳ୍ପର ଚରିତ୍ର ଏବଂ ପାଠକ ମନରେ ଦ୍ୱନ୍ଦ୍ୱ ଓ ଉତ୍କଣ୍ଠା ଜାଗ୍ରତ କରାଏ ।

କଥାକାର ରଜନୀକାନ୍ତ ମହାନ୍ତି ଗଳ୍ପ ମଧ୍ୟରେ ପ୍ରତିନିଧି ମୂଳକ ଚରିତ୍ରକୁ ଯେପରି ପ୍ରାଧାନ୍ୟ ଦେଇଛନ୍ତି ଠିକ୍ ଅନୁରୂପ ଭାବରେ ପ୍ରତିନିଧିମୂଳକ ଚରିତ୍ରର ଯନ୍ତ୍ରଣାକୁ ବ୍ୟାଖ୍ୟା କରିବା ନିମନ୍ତେ ପ୍ରତିଦ୍ୱନ୍ଦ୍ୱୀମୂଳକ ଚରିତ୍ରକୁ ମଧ୍ୟ ଗୁରୁତ୍ୱ ଦେଇ ଚରିତ୍ର ଚିତ୍ରଣର ସ୍ୱାତନ୍ତ୍ର୍ୟ ବଜାୟ ରଖିଛନ୍ତି ।

୧.୩ (ଗ) ଅଣନାୟକ ବା ପ୍ରତିନାୟକ (Anti-Hero) :

ନିର୍ଦ୍ଦିଷ୍ଟ ଆଦର୍ଶ ରହିତ ନାୟକ ବା ଆଦର୍ଶ ବିଚ୍ୟୁତ ଚରିତ୍ରକୁ ସାଧାରଣତଃ ଅଣନାୟକ ବା ପ୍ରତିନାୟକ କୁହାଯାଏ । ଏମାନେ ପ୍ରାୟତଃ ଅଣପାରମ୍ପରିକ ହୋଇଥାନ୍ତି । ପ୍ରତିନାୟକ ବେଢ଼ଙ୍ଗିଆ, ଅବାଗିଆ ତଥା ଅଯୋଗ୍ୟ ପ୍ରବଣତା ସମ୍ପନ୍ନ ହୋଇଥିଲେ ମଧ ତା'ର ବ୍ୟକ୍ତିତ୍ୱ ପାଠକକୁ ଆକର୍ଷିତ କରେ । ପ୍ରାଚୀନ କାଳରେ ପ୍ରତିନାୟକ କହିଲେ କୁହାଳିଆ ବା ମଜା କରୁଥିବା ଚରିତ୍ରକୁ ବୁଝାଉଥିଲା । କିନ୍ତୁ ଆଧୁନିକ ସାହିତ୍ୟରେ ପ୍ରତିନାୟକ କହିଲେ ଖିଆଲି ବ୍ୟକ୍ତିତ୍ୱ ସଂପନ୍ନ, କୌଣସି ପରିସ୍ଥିତି ତଥା ସାମାଜିକ ତ୍ରୁଟି ହେଉ ବା ଆର୍ଥନୀତିକ କିମ୍ବା ରାଜନୀତିକ ପରିସ୍ଥିତି ତଥା ପାରିପାର୍ଶ୍ୱିକ ଚାପରେ ଭିନ୍ନ ଏକ ବ୍ୟକ୍ତିତ୍ୱ ନେଇ ଉପସ୍ଥାପିତ ହେଉଥିବା ଚରିତ୍ରକୁ ବୁଝାଏ । ସେ ଅନେକତ୍ର ଅଗ୍ରହଣୀୟ କାର୍ଯ୍ୟ କରି ବସେ ମାତ୍ର ସିଧାସଳଖ ଭାବେ ଖଳ ଚରିତ୍ର ସହିତ ମଧ ସେ ସମାନ୍ତରାଳ ଭାବେ ଗତି କରେ ନାହିଁ । ତା'ର ଆଦର୍ଶକୁ ଉପେକ୍ଷା କରିବା ଗୁଣ ହିଁ ତାକୁ ଆକର୍ଷଣୀୟ କରି ଗଢ଼ିତୋଳେ । ପ୍ରତିନିଧିମୂଳକ ଚରିତ୍ର ନିଜର ଦକ୍ଷତା, କ୍ଷମତା, ସାହସିକତା ପାଇଁ ପ୍ରଶଂସିତ ହେଲାବେଳେ ପ୍ରତିନାୟକ ପ୍ରଶଂସିତ ହୁଏ ନାହିଁ, କିନ୍ତୁ ପାଠକ ବା ଦର୍ଶକକୁ ପ୍ରତିନିଧିମୂଳକ ଚରିତ୍ର ଆକର୍ଷଣୀୟ ଲାଗେ । କେତେକ ସ୍ଥାନରେ ଖଳ ଚରିତ୍ର ସହିତ କିଛି ସାଦୃଶ୍ୟ ପରିଲକ୍ଷିତ ହେଲେ ହେଁ ପ୍ରତିନାୟକ

ପ୍ରତ୍ୟକ୍ଷଭାବେ ଖଳ ପ୍ରକୃତିର ନୁହେଁ, ପରିସ୍ଥିତି, ପରିବେଶର ଏକ ପ୍ରତିକ୍ରିୟା ଭାବେ ତାହାକୁ ଅନୁଶୀଳନ କରାଯାଇପାରେ । "Anti Hero (anti-heroine)- A central character is a dramtic or narrative work) who lacks the qualities of mobility and magnanimity expected of traditional heroes and heroines in romances and epics. The anti-hero is also an important figure in modern drama both in the theatre of the absurd and the tragedies of Arthur Miller notably Death of a salesman (1949). In these plays as in many modern novels, the protagonist is an ineffifual failure who succumbs to the pressure of circumstances. The anti-hero should not be confused with the antagonist or the villain."(୪)

ଗାଳ୍ପିକ ରଜନୀକାନ୍ତ ମହାନ୍ତିଙ୍କ ଗଳ୍ପ ଜଗତରେ ବହୁଳ ଭାବରେ ପ୍ରତିନାୟକ ଚରିତ୍ର ଦେଖାଯାଆନ୍ତି ନାହିଁ । ଯଦିବା 'ଗଣନାୟକ' ଗଳ୍ପରେ ପଦନାବୁଢ଼ା ଓ 'ପଘା' ଗଳ୍ପରେ ଗିରିଧାରୀ ଭଳି ଚରିତ୍ର ଦେଖାଯାଆନ୍ତି କିନ୍ତୁ ପ୍ରତିନାୟକ ଚରିତ୍ରର ପାଶ୍ଚାତ୍ୟ ସିଦ୍ଧାନ୍ତାନୁଯାୟୀ ସେତେ ସମଜାତୀୟ ନୁହନ୍ତି, କିନ୍ତୁ ପଦନା ବୁଢ଼ା, ଗିରିଧାରୀ ଚରିତ୍ରଦ୍ୱୟ ପ୍ରତିନାୟକ ଚରିତ୍ର ଭାବରେ ଅସ୍ୱୀକାର କରାଯାଇ ପାରିବ ନାହିଁ । କାରଣ ଦୁଇଟି ଚରିତ୍ର ନାୟକ ଶ୍ରେଣୀୟ; ପରିବେଶ, ପରିସ୍ଥିତି ଏମାନଙ୍କୁ ବିକୃତ କରି ଗଢ଼ିଛି । ତେଣୁ ଏ ଦୁଇ ତିନିଟି ଚରିତ୍ର ପ୍ରତିନାୟକ ଭାବରେ ଆଲୋଚନାର ଅପେକ୍ଷା ରଖେ ।

'ଗଣନାୟକ' ଗଳ୍ପରେ ପଦନା ବୁଢ଼ା ମୁଖ୍ୟ ଚରିତ୍ର । ପଦନା ବୁଢ଼ାକୁ ନେଇ ଗଳ୍ପଟି ଗତି କରିଛି । ନ୍ୟାୟ ବିଚାରରେ ପଦନା ବୁଢ଼ାର ଯୁକ୍ତି ଗ୍ରହଣଯୋଗ୍ୟ କିନ୍ତୁ ସ୍ୱାର୍ଥାନ୍ୱେଷୀ ମଣିଷ ପଦନା ବୁଢ଼ାକୁ ଗ୍ରହଣ କରିପାରିନି । ଅବଶେଷରେ ପଦନା ବୁଢ଼ା ପୁଅ ବକରା ମଧ୍ୟ ବାପକୁ ଘୃଣା କରିଛି । ଯେତେବେଳେ ସମାଜ ତଥା ଆତ୍ମୀୟ ସ୍ୱଜନ ଜଣେ ମଣିଷର ନ୍ୟାୟଯୁକ୍ତ କାର୍ଯ୍ୟକୁ ଗ୍ରହଣ କରିପାରେ ନାହିଁ, ସେତେବେଳେ ସେ ମଣିଷ ମାନସିକ ସ୍ତରରେ ଯୁଦ୍ଧ କରିବା ପାଇଁ ପ୍ରସ୍ତୁତ ହୋଇପଡ଼େ । ଗାଁର ମୁଖିଆ ଗୌର ବାବୁ ଅଧିକ ଟଙ୍କା ପ୍ରଦାନ କରି ଗାଁର ବିଦ୍ୟାଳୟ, ଦେବାଳୟ ପରିଜନଙ୍କ ନାଁରେ କରିନେବା କଥାକୁ ପଦନା ବୁଢ଼ା ସହ୍ୟ କରି ପାରିନି । ସାର୍ବଜନୀନ ପାଣ୍ଠିରୁ ଆସୁଥିବା ଟଙ୍କା ଖର୍ଚ୍ଚ ହେବ ଅଥଚ ବିଦ୍ୟାଳୟର ନାଁ ରହିବ ଗୌର ବାବୁଙ୍କ ମାଁ ବାପାଙ୍କ ନାଁ, କିପରି ନ୍ୟାୟ ? ତେଣୁ ଏଥିରୁ ବିରତ ହୋଇ ପଦନା ବୁଢ଼ା ବହୁ ବର୍ଷର ପରମ୍ପରାକୁ ଭାଙ୍ଗେ, ଦଶାହ କର୍ମରେ ମୃତ ବ୍ୟକ୍ତିକୁ ଦିଆଯାଉଥିବା ମାଲ ଆଟିକାରୁ ଖାଦ୍ୟ ମନଇଚ୍ଛା ଖାଇଛି । ଠାକୁରାଣୀଙ୍କ ଡେରା ମଧ୍ୟ ଖାଇଛି । ପଦନା ବୁଢ଼ା ପାରମ୍ପରିକ ନୀତି ନିୟମରୁ ବିଚ୍ୟୁତ ହୋଇ ଉଦ୍ଭଟ ବ୍ୟକ୍ତିତ୍ୱକୁ ଆପଣେଇ ନେଇଛି । ଯାହାକି ଆଲୋଚ୍ୟ ଗଳ୍ପର ପ୍ରତିନାୟକ ଭାବରେ ପଦନା ବୁଢ଼ା ଚରିତ୍ରକୁ ଗତି କରାଇ ଗଳ୍ପକୁ ଆକର୍ଷଣୀୟ କରି ପାରିଛନ୍ତି ଗାଳ୍ପିକ।

'ପଘା' ଗଳ୍ପରେ ମଧ୍ୟ ଗିରିଧାରୀର ପ୍ରତିନାୟକତ୍ୱ ପ୍ରତ୍ୟୟମାନ ହୁଏ । ବେକାରୀ

ସମସ୍ୟା ସଙ୍ଗେ ଦାଦନ ସମସ୍ୟାର ବିକଳପଣିଆ ଗାଳ୍ପିକ ଦର୍ଶାଇଲା ବେଳେ ଗିରିଧାରୀ ଚରିତ୍ରକୁ ଅତି ଆକର୍ଷଣୀୟ ଢଙ୍ଗରେ ଉପସ୍ଥାପନ କରନ୍ତି ଶ୍ରୀ ମହାନ୍ତି । ପରିବାର ଚଳାଇବା ନିମନ୍ତେ ଟଙ୍କା ରୋଜଗାର କରିବା ପାଇଁ ଗିରିଧାରୀ ସୁଦୂର ସହରକୁ ଯାଇ କମ୍ପାନୀ ମାଲିକ ଦ୍ୱାରା ହତାଦର ହେଲାପରେ ଗାଁକୁ ଆସି ପେଟକୁ ଦୁଇ ମୁଠା ଦାନା ପାଇଁ ଆପଣେଇ ନିଏ ଲୋକ ବିଶ୍ୱାସ ସୂତ୍ରରେ ବେକରେ ଗୋରୁ ପଘା ପକାଇ ଭିକ୍ଷା ଗ୍ରହଣ କରିବାର ବୃତ୍ତିକୁ । କାହାଣୀ ପ୍ରଥମରୁ ପରିଣତି ପର୍ଯ୍ୟନ୍ତ ମୁଖ୍ୟ ନାୟକ ଗିରିଧାରୀର । ଯିଏକି ବସ୍ତୁବାଦୀ ସମାଜରୁ ଫାଇଦା ହାତଉଥିବା ମଣିଷମାନଙ୍କ ଦ୍ୱାରା ଲାଞ୍ଛିତ ହୋଇଛି । ଦାଦନ ଖଟିବାକୁ ସହର ଯାଇ କମ୍ପାନୀ ମାଲିକ ଦ୍ୱାରା ପ୍ରତାରିତ ହୋଇଛି । କମ୍ପାନୀ ମାଲିକର ମନଇଚ୍ଛା ଆକ୍ରମଣର ଶିକାର ହୋଇଛି । ସେଇଠୁ ଅସାମାଜିକ କାର୍ଯ୍ୟକୁ ବରଣ କରି ନେଇଛି ଗିରିଧାରୀ । ବେକରେ ପଘା ପକାଇ ବେଶ୍ ଭିକ୍ଷା ବୃତ୍ତି କରିଛି ସେ । ଏକ ସରଳ ଜୀବନ ବିତାଇ ନପାରିବାର ଅବସୋସ, ଦୁର୍ନୀତି, ବେକାରୀ ସମସ୍ୟା, ଅନାହାର ଆଦି ସଂସାରିକ ତାଡ଼ନା ଜଣେ ମଣିଷକୁ କିଭଳି ହୀନ କୁତ୍ସିତ ବ୍ୟାପାରରେ ଲିପ୍ତ କରାଏ ଓ ତା'ର କିପରି ବ୍ୟକ୍ତିତ୍ୱ ବିବର୍ତ୍ତିତ ହୋଇ ସରଳରୁ ଜଟିଳ ଦିଗକୁ ଗତିକରେ ତାହା ପ୍ରତିନାୟକ ଗରିଧାରୀ ଚରିତ୍ରରୁ ଆକଳନ କରାଯାଇପାରେ।

ଗାଳ୍ପିକ ରଜନୀକାନ୍ତ ମହାନ୍ତିଙ୍କ ଗଳ୍ପରେ ଦେଖାଯାଉଥିବା ପ୍ରତିନାୟକ ଚରିତ୍ର ଚତୁଃପାର୍ଶ୍ୱର ତଥା ସାମାଜିକ ବାତାବରଣ ଦ୍ୱାରା ହୋଇଛନ୍ତି ପ୍ରତିଫଳିତ ଓ ନିୟନ୍ତ୍ରିତ । ସମାଜ ପାଇଁ ଦୋଷୀ ସାଜିଲେ ମଧ୍ୟ ସେମାନଙ୍କର କର୍ମ, କର୍ତ୍ତବ୍ୟ, ସମାଜ ମଙ୍ଗଳ କାର୍ଯ୍ୟ ପାଇଁ ସେମାନଙ୍କୁ ଘୃଣା କରିବା ମଧ୍ୟ ଏକାଧାରରେ ସମ୍ଭବ ନୁହେଁ, କିନ୍ତୁ ଯେଉଁଠି ଚରିତ୍ର ସମାଜର ଅମଙ୍ଗଳ କାର୍ଯ୍ୟ କରୁଛି ସେଇଠି ପରିବେଶ ଓ ପରିସ୍ଥିତି ଏପରି କର୍ମ ପାଇଁ ସ୍ୱାଭାବିକ ଭାବରେ ସେମାନଙ୍କୁ ଏଭଳି ଉଭଟ କରି ତୋଳିଛି ।

୧.୩ (ଘ) ମାନବେତର ଚରିତ୍ର ବା କଥାକୁହା ପ୍ରାଣୀ ଚରିତ୍ର (Non-human or Talking Animal Character)**:**

ମାନବେତର ଚରିତ୍ରଙ୍କୁ ଲୋକଗଳ୍ପ, ପୌରାଣିକ ଗାଥା କିମ୍ବା ଶିଶୁ ସାହିତ୍ୟରେ ସାଧାରଣତଃ ଅଧିକ ଦେଖିବାକୁ ମିଳିଥାଏ । ମାତ୍ର ଆଧୁନିକ କ୍ଷୁଦ୍ର ଗଳ୍ପରେ ଯେଉଁଠି ଏମାନଙ୍କର ଆଗମନ ଘଟିଛି, ତାହା ପ୍ରାୟତଃ ପ୍ରତୀକାତ୍ମକ ବା ବ୍ୟଞ୍ଜନାତ୍ମକ । ଚରିତ୍ର ସମୂହ ମାନବେତର ଜୀବରୂପରେ ଉପସ୍ଥିତ ହୋଇଥିଲେ ହେଁ ସେମାନଙ୍କ ପାଖରେ ମାନବ ସୁଲଭ ଗୁଣ ଓ ଚରିତ୍ର ନିହିତ ଥାଏ । ମାନବୀୟର ପ୍ରକୃତିକୁ ନେଇ ଚରିତ୍ର ଗୁଡ଼ିକ ଗତି କରିଥାନ୍ତି । କଥାକୁ ଉପସ୍ଥାପନ କରୁଥିବା ବ୍ୟକ୍ତି ସର୍ବଦା ରୀତିଗତ ଭାବରେ କଥାକୁହା ପ୍ରାଣୀ ଚରିତ୍ର ଭିତରେ ମାନବ ସୁଲଭ ଗୁଣ ଧାରଣ କରି ପ୍ରତୀକାତ୍ମକ ଢଙ୍ଗରେ ଉପସ୍ଥାପିତ ହୋଇଥାନ୍ତି । ତେଣୁ କଥାକୁହା ପ୍ରାଣୀ ଚରିତ୍ର ସଂପର୍କରେ ଉଇକିପିଡ଼ିଆରେ କୁହାଯାଇଛି, "Talking creatures are a common theme of mythology and folk tales, as well as children's literature. Fictional talking creatures often are anthropomorphic, possessing human like qualities but appearing as a creature. The usage of talking creature enable strongtellers to appearing as a creature. The usage of talking creature enable strongtellers to combine the basic characteristics of the creature with human behavior to apply metaphor, and to entertain children." (୬)

ଓଡ଼ିଆ ସାହିତ୍ୟରେ କ୍ଷୁଦ୍ରଗଳ୍ପର ଇତିହାସକୁ ଦେଖିଲେ ୧୯୮୦ ପରବର୍ତ୍ତୀ କାଳର ମାନବେତର ଚରିତ୍ରର ବହୁଳ ବ୍ୟବହାର କରାଯାଇଛି । ବିଦଗ୍ଧ ସାହିତ୍ୟ ଓ ଲୋକସାହିତ୍ୟର ମିଶ୍ରଣରେ ସାହିତ୍ୟ ଯେତେବେଳେ ସାଧାରଣ ପାଠକ ପାଖରେ ପହଞ୍ଚିଛି ଠିକ୍ ସେତେବେଳେ ସାହିତ୍ୟର ଆଙ୍ଗିକରେ ଯେଉଁ କେତୋଟି ପରିବର୍ତ୍ତନ ଦେଖାଦେଇଛି ତନ୍ମଧ୍ୟରେ ମଣିଷର ଗୁଣାବଳୀକୁ ପ୍ରତୀକିତ କରାଯାଇଛି କଥାକୁହା ମାନବେତର ଚରିତ୍ର ଦ୍ୱାରା । ଏପରି ଶୈଳୀ ଗଳ୍ପରେ ଆଙ୍ଗିକ ଦୃଷ୍ଟିରୁ ଲୋକଗଳ୍ପ ଶୈଳୀ ହେଲାବେଳେ ଆଧୁନିକ ମଣିଷର ଚିନ୍ତା ଚେତନା ବ୍ୟକ୍ତିତ୍ୱ ପରିପ୍ରକାଶ ହେଉଛି ସେହି ଚରିତ୍ରମାନଙ୍କ ପାଖରେ ।

ଗାଳ୍ପିକ ରଜନୀକାନ୍ତ ମହାନ୍ତିଙ୍କ ଗଳ୍ପ ପରିଧିରେ କଥାକୁହା ମାନବେତର ଚରିତ୍ର ସ୍ୱଳ୍ପ ଏହା ସତ୍ୟ । କିନ୍ତୁ କଥାକାର ଯେଉଁ କେତୋଟି ମାନବେତର ଚରିତ୍ରକୁ ଗଳ୍ପ ମଧ୍ୟରେ କ୍ରିୟାଶୀଳ କରି ଗତି କରାଇଛନ୍ତି ସେ ଗଳ୍ପଗୁଡ଼ିକ ଗାଳ୍ପିକ ଶ୍ରୀ ମହାନ୍ତିଙ୍କ ସ୍ୱକୀୟ ସ୍ୱାତନ୍ତ୍ର୍ୟ ଦାବଶ କରେ । 'ବହୁବଜାର' ଗଳ୍ପ ପୁସ୍ତକର 'କଷିକଉ', ଗଳ୍ପଟି ମାନବେତର ଚରିତ୍ରକୁ ନେଇ ବେଶ୍ ଆକର୍ଷଣୀୟ । ଯୁଆନ ମଣିଷର ଜୀବନ ସଂଗ୍ରାମର ସଂପଲ୍ପବନ୍ଧତାକୁ ଗଳ୍ପର ପ୍ରତିନିଧିମୂଳକ ଚରିତ୍ର କଷିକଉ ଦ୍ୱାରା ଶ୍ରୀ ମହାନ୍ତି ଉପସ୍ଥାପିତ କରନ୍ତି । ଉକ୍ତ ଗଳ୍ପରେ କୌଣସି ସ୍ଥାନରେ ମଣିଷ ଚରିତ୍ର ନାହାନ୍ତି । କଷିକଉ, ବୁଢ଼ା ଲୋମିଆ କଉ, ବୁଢ଼ା ଶେଉଳ ଏମାନଙ୍କ ମଧ୍ୟରେ ମାନବ ସୁଲଭ ଗୁଣାବଳୀକୁ ନେଇ କଥୋପକଥନରେ ଗଳ୍ପଟି ଗତି କରିଛି । ଅଥଳ ପାଣି ଭିତରୁ ଗଛ ଚଢ଼ିବାର ରୋମାଞ୍ଚକତା, ଆକର୍ଷଣ, ସାହସ ଓ ଆତ୍ମବିଶ୍ୱାସକୁ ନେଇ କଷିକଉ ତାଳଗଛ ଚଢ଼େ । କଷିକଉର ପାଗଳାମିକୁ ଅନ୍ୟ ମାଛମାନେ ତାସ୍ଲ୍ୟ କରିଲେ ମଧ୍ୟ ମାନସିକ ସ୍ତରରେ ସେମାନେ ମଧ୍ୟ ମୁକ୍ତ ହେବାକୁ ଚାହିଁଛନ୍ତି । ପ୍ରତି ମଣିଷ ଗୋଟିଏ ପରିବେଷ୍ଟନୀ ମଧ୍ୟରେ ଆବଦ୍ଧ ନହୋଇ ମୁକ୍ତ ହେବାକୁ ଚାହେଁ । ଯେପରି ଆଲୋଚ୍ୟ ଗଳ୍ପରେ କଷିକଉର ଗୁଣାବଳୀ ପ୍ରକାଶ ପାଇଛି । ସେହିପରି 'ବହୁ ବଜାର' ଗଳ୍ପ ପୁସ୍ତକର 'ବଂଶାବଳୀ' ଗଳ୍ପରେ ପକ୍ଷୀ ଶାରୀର ଶ୍ରୀବସ୍ ମର୍ଦ୍ଦରାଜଙ୍କ ସଙ୍ଗେ କଥାବାର୍ତ୍ତା, 'ଜନ୍ମ' ଗଳ୍ପରେ ଟୁଲୁ ଓ ସଁବାଳୁଆ (ପରବର୍ତ୍ତୀ ସମୟରେ ପ୍ରଜାପତି) ମଧ୍ୟରେ ଘଟୁଥିବା ଘଟଣା, 'ବଟୁ ଓ ଜୁହାରିଆ' ଗଳ୍ପରେ ବଟୁ ସଙ୍ଗେ କୁକୁର ଜୁହାରିଆର ସଂପର୍କ ଗଳ୍ପ ଗୁଡ଼ିକୁ ଅଧିକ ରୋମାଞ୍ଚକର କରିଛି । 'ବଂଶାବଳୀ', 'ଜନ୍ମ', 'ବଟୁ ଓ ଜୁହାରିଆ'

ଗଳ୍ପ ତିନିଟି ପୂର୍ଣ୍ଣତଃ ମାନବେତର ଚରିତ୍ରକୁ ନେଇ ଗଢ଼ି ଉଠିନାହିଁ । ମଣିଷ ପରି ମାନବେତର ଚରିତ୍ରର ଆତ୍ମୀୟତା ଦେଖିବାକୁ ମିଳେ ଆଲୋଚ୍ୟ ଗଳ୍ପ ଗୁଡ଼ିକରେ । ଆଲୋଚ୍ୟ ଗଳ୍ପରେ ମାନବେତର ଚରିତ୍ର ଗୁଡ଼ିକୁ ଗଳ୍ପର ମୁଖ୍ୟ ସମାନ୍ତରାଳ ଚରିତ୍ର (Foil character) ଭାବେ ଗ୍ରହଣ କରାଯାଇପାରେ । କାରଣ 'ଜନ୍ମ' ଗଳ୍ପରେ ପ୍ରଜାପତି ଓ 'ବଟୁ ଓ ଜୁହାରିଆ' ଗଳ୍ପରେ କୁକୁର ମୁଖ୍ୟ ଚରିତ୍ର ଭାବରେ ମଧ୍ୟ କେତେକ ସ୍ଥାନରେ ପ୍ରତ୍ୟୟମାନ ହୁଅନ୍ତି । 'ଜନ୍ମ' ଗଳ୍ପରେ ଟୁଲୁ ବାଳୁତ ସୁଲଭ ଗୁଣରେ ସଂବାଳୁଆମାନଙ୍କୁ ନିଆଁ ଖେଞ୍ଚି ଜାଳି ଦେଲାବେଳେ ତନ୍ମଧ୍ୟରେ ଗୋଟିଏ ସଁବାଳୁଆ ବଞ୍ଚି ପ୍ରଜାପତି ହୋଇଛି । ସଂବାଳୁଆ ପ୍ରତି ଥିବା ଘୃଣା ଭାବରୁ ଟୁଲୁ ମୁକ୍ତ ହୋଇ ପ୍ରଜାପତି ପ୍ରତି ଆକୃଷ୍ଟ ହୋଇଛି । ଗଳ୍ପର ପରିଣତିରେ ପ୍ରଜାପତି ନିଜ ବଂଶ ନାଶ କରିଥିବା ଟୁଲୁ ପ୍ରତି ପ୍ରତିଶୋଧ ପରାୟଣ ହୋଇ ଉଠିଛି ମଧ୍ୟ । କଥାକାର ପ୍ରକୃତିର ସୁରକ୍ଷା କଥା କହୁଛନ୍ତି ଆଲୋଚ୍ୟ ଗଳ୍ପରେ । ଠିକ୍ ସେହିପରି 'ବଟୁ ଓ ଜୁହାରିଆ' ଗଳ୍ପରେ ବଟୁ ଦୋକାନ ଆଗରେ କୁକୁର ଜୁହାରିଆ ରହି ପ୍ରତ୍ୟେକ ଗରାଖ ପାଖରୁ ଖାଦ୍ୟ ଖାଉଛି ବିନତୀ ଜଣାଇ । ଅନେକ ଗରାଖ ହୃଷ୍ଟପୁଷ୍ଟ କୁକୁର ଜୁହାରିଆକୁ ଖାଦ୍ୟ ଦେବାକୁ ନାପସନ୍ଦ ହୋଇ ଦୋକାନକୁ ଆସିନାହାନ୍ତି । ବେପାରରେ କ୍ଷତି ଯୋଗୁଁ ବଟୁ କୁକୁରକୁ ଦୋକାନ ଆଗରୁ ତଡ଼ିଦେବାକୁ ଚାହିଁଛି । କୁକୁର ମଧ୍ୟ ସେ ସ୍ଥାନରୁ ପଳାଇ ଯାଇଛି । କୁକୁର ଜୁହାରିଆ ପଳାଇଯିବା ଘଟଣା ମଧ୍ୟ ବଟୁକୁ ମାନସିକ ଯନ୍ତ୍ରଣାରେ ଜର୍ଜରିତ କରିଛି । ପଶୁ ଓ ମଣିଷ ମଧ୍ୟରେ ଥିବା ହୃଦୟଗତ ସଂପର୍କ ଆଲୋଚ୍ୟ ଗଳ୍ପରେ ଉପଲବ୍ଧି କରାଯାଇପାରେ ।

'ଉଷାକାଳ' ଗଳ୍ପ ପୁସ୍ତକର 'ମୁଦ୍ରା' ଗଳ୍ପରେ କୁକୁର ଟାଇଗରର ମାନସିକ ଯନ୍ତ୍ରଣା ଜଣେ ବିତ୍ତଶାଳୀ ସହରି ମଣିଷର ମନୋବିଶ୍ଳେଷଣ କହିଲେ ଅତ୍ୟୁକ୍ତି ହେବନାହିଁ । ମଣିଷ ସର୍ବଦା ଚାହେଁ ମୁକ୍ତ ଜୀବନ । ଯେଉଁ ଜୀବନରେ କାହାରି କର୍ତ୍ତୃତ୍ୱ ନଥିବ । ସେ ଜୀବନ ନିରାପଦ ବନ୍ଧନ ନୁହେଁ, ମୁକ୍ତ ଜୀବନ । ମୁନୀବ ବିଶ୍ୱେଶ୍ୱର ହାତରୁ ଖସିଯାଏ ବିଦେଶୀ ଲୋମଯୁକ୍ତ ବିଲାତି କୁକୁର ଟାଇଗର । ସେ ବନ୍ଧନରୁ ମୁକ୍ତ ହୋଇ ଦେଶୀ କୁକୁରଙ୍କ ଭଳି ସ୍ୱାଧୀନ ହେବାକୁ ଚାହେଁ । ଖୁଲମ୍‌ଖୁଲା ଦୁନିଆକୁ ଆଖି ଖୋଲି ଦେଖି ନେବାକୁ ଚେଷ୍ଟା କରେ । ଦେଶୀ କୁକୁରମାନଙ୍କ ସଂଘର୍ଷମୟ ଜୀବନ ଦେଖି ଚକିତ ହୁଏ । ନିଜର ଅଯସ ଜୀବନ ଯେ ଏହି ସଂଘର୍ଷମୟ ଜୀବନଠାରୁ ତୁଚ୍ଛ ତାହା ହୃଦୟଙ୍ଗମ କରେ । ମୁକ୍ତିର ମାର୍ଗ ଅନ୍ୱେଷଣ କରି ସେହି ମାର୍ଗ ପାଇଁ ଯୁଝିବା ଯେ ନିଧାର୍ଯ୍ୟ ତାହାକୁ କୁକୁର ଟାଇଗର ଅନୁଭବ କରେ । ଜୀବନ ବିତାଇବାକୁ ହେଲେ ବନ୍ଧନ ମଧ୍ୟରେ କ୍ଷୀର, ବ୍ରେଡ, ଅଣ୍ଡା ବ୍ୟତୀତ ସ୍ୱାଧୀନ ଭାବରେ ସକାଳେ ବିଷ୍ଠା ଭକ୍ଷଣ କରିବାର ମାଧୁର୍ଯ୍ୟକୁ ଗ୍ରହଣ କରିପାରିନାହିଁ ଟାଇଗର । ତଥାପି ପ୍ରତିକୂଳ ପରିସ୍ଥିତିକୁ ସାମ୍ନା କରିଛି । ଯୁଝି ଚାଲିଛି । ପରିଣତିରେ ମୁକ୍ତିର ମାର୍ଗକୁ ଆପଣେଇ ନେଇଛି ।

ସେହିପରି 'ଅଠର ନିର୍ବାସନ ରୋଡ' ଗଳ୍ପ ପୁସ୍ତକରେ 'କାଣ୍ଡିବଗ' ଗଳ୍ପଟି ମଧ୍ୟ ମାନବେତର ଚରିତ୍ରଧର୍ମୀ ଗଳ୍ପ । ଉକ୍ତ ଗଳ୍ପ ପୂର୍ଣ୍ଣତଃ ମାନବେତର ଚରିତ୍ର ବଗ ଓ କଙ୍କଡ଼ା ଚରିତ୍ରକୁ ନେଇ ଗତି କରିଛି । ଗୋଟିଏ କଳଙ୍କିତ ଜାତିର ଅପବାଦରୁ ମୁକୁଳିବା ପାଇଁ କାଣ୍ଡିବଗ ଚେଷ୍ଟା କରି ପରିଣତିରେ ମୃତ୍ୟୁବରଣ କରୁଛି । କାଣ୍ଡିବଗ ଓ ଠୁସି କଙ୍କଡ଼ା ମଧ୍ୟରେ କଥୋପକଥନ, ଗୋଟିଏ ସ୍ଥାନରୁ ଅନ୍ୟ ସ୍ଥାନକୁ ବଗ, କଙ୍କଡ଼ାକୁ ସ୍ଥାନାନ୍ତିରତ କରିବା, ବଗ ବିଶ୍ୱାସ ସହ କାର୍ଯ୍ୟ କରୁଥିଲେ ମଧ୍ୟ କଙ୍କଡ଼ାର ସନ୍ଦେହଜନକ ଅପୂର୍ଣ୍ଣ ବିଶ୍ୱାସ ଯୋଗୁଁ ବଗର ଗ୍ରୀବାକୁ ମୁନିଆ ଗୋଡ଼ରେ ଚାପିଦେବା ଆଦି ଘଟଣା ଗଳ୍ପକୁ ବେଶ୍ ଆକର୍ଷଣୀୟ କରିଛି । ଗଳ୍ପ ମଧ୍ୟରେ ବିସ୍ଥାପିତ ସମସ୍ୟା, ପ୍ରଦୂଷଣ ସମସ୍ୟା, ଲାଳର ପ୍ରାକୃତିକତା ଆଦି ଗଳ୍ପର ପୃଷ୍ଠଭୂମିକୁ ଆହୁରି ବଳିଷ୍ଠ କରିଛି । ଗାଳ୍ପିକ ରଜନୀକାନ୍ତ ମହାନ୍ତିଙ୍କ ଗଳ୍ପ ପରିଧିରେ ମାନବତେର ଚରିତ୍ରଧର୍ମୀ ଗଳ୍ପ ମଧ୍ୟରୁ 'କାଣ୍ଡିବଗ' ଗଳ୍ପଟି ବେଶ୍ ଯୁଗୋପଯୋଗୀ ।

କଥାକାର ରଜନୀକାନ୍ତ ମହାନ୍ତିଙ୍କ ଗଳ୍ପରେ ଚରିତ୍ର ଚୟନ ଏବଂ ଉପସ୍ଥାପନା ଅତି ଚମତ୍କାର । ପ୍ରତିନିଧିମୂଳକ ଚରିତ୍ର, ପ୍ରତିଦ୍ୱନ୍ଦ୍ୱୀ ମୂଳକ ଚରିତ୍ର, ପ୍ରତିନାୟକ, ସରଳ ଓ ବର୍ତ୍ତୁଳ ଚରିତ୍ର, ମାନବେତର ଚରିତ୍ର ଆଦି ସବୁ ଚରିତ୍ର ନିଜ ନିଜ ସ୍ଥାନରେ ଉର୍ଦ୍ଧ୍ୱମୁଖୀ ଓ ବିକାଶଶୀଳ । କୌଣସି ଚରିତ୍ରକୁ ନିଜ ସ୍ଥାନ ଦୃଷ୍ଟିରୁ ଊଣା କୁହାଯାଇ ନପାରେ । ଶ୍ରୀ ମହାନ୍ତିଙ୍କ ଗଳ୍ପ ପରିଧିରେ ପ୍ରତିନାୟକ ଚରିତ୍ର ସ୍ୱଳ୍ପ, ସେହିପରି ସରଳ ଚରିତ୍ର ତୁଳନାରେ ବର୍ତ୍ତୁଳ ଚରିତ୍ର ମଧ୍ୟ ସ୍ୱଳ୍ପ । ବେଶୀ ମାତ୍ରାରେ ମଧ ମାନବେତର ଚରିତ୍ର ଦେଖାଯାଆନ୍ତି ନାହିଁ, କିନ୍ତୁ ଏ ସମସ୍ତ ଚରିତ୍ର ସ୍ୱଳ୍ପ ହେଲେ ମଧ୍ୟ ବେଶ୍ ପରିପୁଷ୍ଟ ଓ ଚିତ୍ରଣ ଦୃଷ୍ଟିରୁ ଶକ୍ତିଶାଳୀ ।

(୨) ଶୈଳୀ -

ସାହିତ୍ୟ କ୍ଷେତ୍ରରେ ଶୈଳୀ (Style) ପ୍ରସଙ୍ଗ ଆସିଲେ ପ୍ରଥମତଃ ସେହି ସାହିତ୍ୟର ସ୍ୱାତନ୍ତ୍ର୍ୟ ସହିତ ସାହିତ୍ୟିକର ସ୍ୱାତନ୍ତ୍ର୍ୟକୁ ବିଚାର କରାଯାଇଥାଏ । ବୈଜ୍ଞାନିକ ମାନଦଣ୍ଡରେ ସୃଜନ କର୍ମକୁ ପରୀକ୍ଷା ନିରୀକ୍ଷା କରାଯାଇ, ସେହି ସୃଷ୍ଟିର ମାନ ନିର୍ଣ୍ଣୟ କରାଯାଇଥାଏ । ଶୈଳୀ ଜଣକୁ ଅନ୍ୟଠାରୁ ଭିନ୍ନ କରି ଚିହ୍ନାଇ ପାରେ । ଯଦ୍ଦ୍ୱାରା ଜଣକର ଶୈଳୀ ଅନ୍ୟ ଜଣକ ଠାରୁ ଭିନ୍ନ ବୋଲି ଜଣା ପଡ଼ିଥାଏ । ତେଣୁ ଶୈଳୀ (Style) ହେଉଛି, "The style in writing can be defined as the way a writer writes and it is the technique wihich and individual author oses in his writing. It varies from author to auther and depends upon one's syntax, word choice, and tone, it can slso be described as a voice that readers listen to when they read the work of a wirter."[୭]

"ଶୈଳୀ (Style) ସାହତ୍ୟ କୃତିର ବିବେଚନାର ଏକ ମାନଦଣ୍ଡ । ଯେଉଁ ମାନଦଣ୍ଡ ସାହିତ୍ୟକୁ ତା'ର ପରିଚିତି କାଳେ କାଳେ ଦେଇ ଆସିଛି । ଶୈଳୀକୁ ସେଥିପାଇଁ Croce, style is the man କହିଥିବା ବେଳେ Buffon, style is man himself ବୋଲି

କହନ୍ତି, ପୁଣି ପୋପ୍ କହନ୍ତି Style is the dress of thought. ଏ ସମସ୍ତ ମନ୍ତବ୍ୟରେ ମୂଳଟି କିନ୍ତୁ ସେହି ଢଙ୍ଗ ପ୍ରସଙ୍ଗକୁ ଅଭିବ୍ୟଞ୍ଜିତ କରେ, ଯାହା ଜଣେ ସ୍ରଷ୍ଟାର ଶୈଳୀ ବା ଷ୍ଟାଇଲ୍ । ମୋଟାମୋଟି Styleଟି କ'ଣ ବୁଝା ପଡୁଥିଲେ ହେଁ, ବହୁ ଦ୍ୱନ୍ଦ୍ୱାତ୍ମକ ବିରୋଧାତ୍ମକ ତର୍କ ବିତର୍କ ଦେଇ ଏଯାବତ୍ ସେ ତା'ର ସ୍ୱତନ୍ତ୍ର ସଂଜ୍ଞାଟିକୁ ପାଇପାରିନାହିଁ ।"[୮]

ଯେକୌଣସି ସୃଷ୍ଟିକାରଙ୍କ ସୃଷ୍ଟିର ଶୈଳୀଭିତ୍ତିକ ଅନୁଶୀଳନ ପାଇଁ କେତେକ ବିଶେଷ ଦିଗ ପ୍ରତି ସଚେତନତା ପୋଷଣ କରାଯାଇଥାଏ । "କୌଣସି ସାହିତ୍ୟ ସୃଷ୍ଟିର ଶୈଳୀଗତ ଅଧ୍ୟୟନ ପାଇଁ ଯେଉଁ ଦ୍ୱିବିଧ ଅନୁଶୀଳନ କରାଯାଏ ତାହା ହେଉଛି ଭାଷାତାତ୍ତ୍ୱିକ ଶୈଳୀ ଅଧ୍ୟୟନ (Linguistic Stylistics) ଏବଂ ସାହିତ୍ୟିକ ଶୈଳୀ ଅଧ୍ୟୟନ (Literary stylistics)"[୯] ଏହି ଦୁଇ ଶୈଳୀ ଅଧ୍ୟୟନ ଭିତ୍ତିରେ କଥାକାର ରଜନୀକାନ୍ତ ମହାନ୍ତିଙ୍କ ଗଳ୍ପ ଶୈଳୀକୁ ବିଶ୍ଳେଷଣ କରାଯାଇପାରେ ।

୨.୧. ଭାଷାତାତ୍ତ୍ୱିକ ଶୈଳୀ ଅଧ୍ୟୟନ :

ଧ୍ୱନି, ରୂପ, ବାକ୍ୟ, ଶବ୍ଦ, ଅର୍ଥ ଏହି ପାଞ୍ଚବିଧ ସଂରଚନାକୁ ନେଇ ଭାଷା । ଭାଷା ଗଢ଼ଣରେ ଧ୍ୱନି, ରୂପ, ବାକ୍ୟ ଅନ୍ତଃସ୍ୱର ହୋଇଥିଲା ବେଳେ ପାରିପାର୍ଶ୍ୱିକ ସ୍ତର ହୋଇଥାଏ ଶବ୍ଦ ଓ ଅର୍ଥ । ଏହି ପାଞ୍ଚ ପ୍ରକାର ଉପାଦାନକୁ ନେଇ ଗୋଟିଏ ଉପଯୁକ୍ତ ବାକ୍ୟ ଗଠନ ହୋଇଥାଏ । ତେଣୁ ଶୈଳୀ କ୍ଷେତ୍ରରେ ଭାଷାତାତ୍ତ୍ୱିକ ଶୈଳୀ ଅଧ୍ୟୟନ ଆସୁଥିବାରୁ ଭାଷା ପଞ୍ଚବିଧ ଉପାଦନାର ଆଲୋଚନାର ଅପେକ୍ଷା ରଖେ । ଗାଳ୍ପିକ ଶ୍ରୀ ମହାନ୍ତିଙ୍କ ଗଳ୍ପରେ ଭାଷାତାତ୍ତ୍ୱିକ ଶୈଳୀ ଅଧ୍ୟୟନ ନିମ୍ନରେ ଆଲୋଚ୍ୟ ।

୨.୧ (କ) ଧ୍ୱନି :

ଆମ୍ଭେ ଅବଗତଯେ ଭାଷା ସୃଷ୍ଟି କ୍ଷେତ୍ରରେ ଧ୍ୱନିର ଅବଦାନ ଗୁରୁତ୍ୱପୂର୍ଣ୍ଣ । ଭାଷାତତ୍ତ୍ୱବିତ୍‌ମାନଙ୍କର ଭାଷା ଉତ୍ପତ୍ତି ସଂପର୍କୀୟ ମତବାଦକୁ ପର୍ଯ୍ୟାଲୋଚନା କଲେ ସବୁ ସିଦ୍ଧାନ୍ତ (Theory)ର ନିଷ୍କର୍ଷ ମିଳେ ଧ୍ୱନି । ଅନୁକରଣ ସିଦ୍ଧାନ୍ତ (Initiative Theory), ଶ୍ରମ ପରିହରଣ ମୂଳକ ସିଦ୍ଧାନ୍ତ (Yo he ho Theory), ଅନୁରଣନ ସିଦ୍ଧାନ୍ତ (Ding Dong Theory) ସବୁର ମୂଳଉତ୍ସ ଧ୍ୱନି । ଯେହେତୁ ପ୍ରକୃତି ରାଜ୍ୟରେ ନାନାବିଧ ସୃଷ୍ଟିକାରୀ ଧ୍ୱନିଦ୍ୱାରା ଭାଷା ବଳିଷ୍ଠ ହୋଇଛି ଏବଂ ଅନେକ ଶବ୍ଦ ମଧ୍ୟ ଗଠିତ ହୋଇଛି । ଧ୍ୱନ୍ୟାତ୍ମକ ଶବ୍ଦ କେବଳ ପ୍ରାକୃତିକ ଉତ୍ସରୁ ସୃଷ୍ଟି ହୋଇଛି ତାହା ମଧ୍ୟ କୁହାଯାଇ ନପାରେ, କାରଣ ଅନେକ ଶବ୍ଦ କୃତ୍ରିମ ଉତ୍ସରୁ ମଧ୍ୟ ସୃଷ୍ଟି ହୋଇଛି । ତେଣୁ "ଭାଷା ବିଜ୍ଞାନର ସର୍ବନିମ୍ନ ଏକକ ହିଁ ଧ୍ୱନି । ଧ୍ୱନି ଶବ୍ଦକୁ ଆକାର ଦିଏ । ଧ୍ୱନି ହିଁ ଶବ୍ଦକୁ ଦିଏ ରୂପ । ଧ୍ୱନି ବିନା ଭାଷାର ପରିକଳ୍ପନା ଏକାନ୍ତ ଅସମ୍ଭବ । ଧ୍ୱନି ଦ୍ୱାରା ନିର୍ମିତ ଶବ୍ଦ, ଭାଷା ଓ ସାହିତ୍ୟର ମୌଳିକ ଉପାଦାନ । 'ବସ୍ତୁତଃ କୌଣସି ଶବ୍ଦର ଗୁଣ ହେଉଛି ଧ୍ୱନି, ଅର୍ଥାତ୍ ଶବ୍ଦର ବ୍ୟଞ୍ଜକ ବା ଭାବ ପ୍ରକାଶକ ।' ଧ୍ୱନିବାଦୀ ଆନନ୍ଦ ବର୍ଦ୍ଧନ ଧ୍ୱନିତତ୍ତ୍ୱକୁ ସାର୍ବଭୌମ ତତ୍ତ୍ୱ

ବୋଲି ମତବ୍ୟକ୍ତ କରି 'ଧ୍ୱନିକୁ ସାହିତ୍ୟ (ବାକ୍ୟ)ର ଆତ୍ମା ବୋଲି ସ୍ୱୀକାର କରିଛନ୍ତି ।' ପାଶ୍ଚାତ୍ୟ ସମାଲୋଚକମାନେ ମଧ୍ୟ ଧ୍ୱନିକୁ ସାହିତ୍ୟ (ଗଦ୍ୟ ଓ ପଦ୍ୟ)ର ସୌନ୍ଦର୍ଯ୍ୟବର୍ଦ୍ଧନକାରୀ ଉପାଦାନ ଭାବେ ଗ୍ରହଣ କରିଛନ୍ତି ଏବଂ ତା'ର ଆକର୍ଷଣକାରୀ ବୈବିଧ୍ୟକୁ ଭୂରି ଭୂରି ପ୍ରଶଂସା କରିଛନ୍ତି ।"[୧୦]

ତେଣୁ ଶୈଳୀ ଆଲୋଚନା ବେଳେ ଭାଷିକ ଶୈଳୀବିଜ୍ଞାନରେ ଧ୍ୱନିକୁ ନେଇ ଧ୍ୱନି ସ୍ତରୀୟ ଶୈଳୀ (Stylistics of the sound or phonostylistics) ର ସୃଷ୍ଟି । ଉକ୍ତ ପ୍ରସଙ୍ଗରେ ଲେଖକର ଧ୍ୱନ୍ୟାନୁକାରୀ ଶବ୍ଦର (Onomatopoeic words) ଯାଦୁଗରୀ ପ୍ରୟୋଗକୁ ଉନ୍ମୋଚନ କରାଯାଇଥାଏ । ଭାବ, ଲୟ, ଛନ୍ଦ, ପାଠକର ଉତ୍କଣ୍ଠା, ଦ୍ୱନ୍ଦ୍ୱ ଇତ୍ୟାଦି ଜାଗ୍ରତ କରିବା ନିମନ୍ତେ ସାହିତ୍ୟରେ ଧ୍ୱନ୍ୟାନୁକାରୀ ଶବ୍ଦର ପ୍ରୟୋଗ ହୋଇଥାଏ । ମୁଖ୍ୟତଃ ସାହିତ୍ୟର ସୌନ୍ଦର୍ଯ୍ୟକୁ ବହୁ ଗୁଣରେ ବୃଦ୍ଧି ନିମନ୍ତେ ଧ୍ୱନ୍ୟାତ୍ମକ ଶବ୍ଦର ପ୍ରୟୋଗ । ଧ୍ୱନ୍ୟାତ୍ମକ ଶବ୍ଦର ବହୁଳ ପ୍ରୟୋଗ ସମସ୍ତ ସାହିତ୍ୟିକଙ୍କ କ୍ଷେତ୍ରରେ ଦେଖାଯାଏ ନାହିଁ । ବହୁତ କମ୍ ଜଣ ସାହିତ୍ୟିକଙ୍କ ବଳିଷ୍ଠ ଲେଖନୀ ମୂନରୁ ସଚେତନତାର ସହ ସୃଷ୍ଟିକୁ ନାନ୍ଦନିକ କରିବା ନିମନ୍ତେ ଝରିଆସେ ଏପରି ଅନେକ ଶବ୍ଦ । ସେ ଦୃଷ୍ଟିରୁ ଗାଳ୍ପିକ ରଜନୀକାନ୍ତ ମହାନ୍ତି ମଧ୍ୟ କୌଣସି ଗୁଣରେ କମ୍ ନୁହନ୍ତି । ଆତ୍ମିକ ଅନ୍ତଃସ୍ତରରୁ ଝରି ଆସୁଥିବା ମାନବର ଯନ୍ତ୍ରଣାକୁ ପରିହାର କରିବା ନିମନ୍ତେ ସ୍ୱକୀୟ ଢଙ୍ଗରେ ଲେଖାକୁ ସୌନ୍ଦର୍ଯ୍ୟବର୍ଦ୍ଧକ କରିବା ଲକ୍ଷ୍ୟ ନେଇ ଅଜସ୍ର ଧ୍ୱନ୍ୟାତ୍ମକ ଶବ୍ଦ ପ୍ରୟୋଗ କରି ଏକ ଚିତ୍ର ସୃଷ୍ଟି କରନ୍ତି ପାଠକ ମନରେ । ସୃଷ୍ଟିରେ ଧ୍ୱନି ଭାଷାକୁ ସଂଗଠିତ, ଶୃଙ୍ଖଳିତ ଓ ବଳିଷ୍ଠ କରିବା ସହ ଭାବକୁ କରେ ଗମ୍ଭୀର ଓ ଦୃଶ୍ୟାୟିତ । ତେଣୁ ଶ୍ରୀ ମହାନ୍ତିଙ୍କ ଗଳ୍ପ ସୃଷ୍ଟି ସମ୍ଭାରରେ ପ୍ରାୟୋଗିକ ଧ୍ୱନ୍ୟାତ୍ମକ ଶବ୍ଦକୁ ଭିତ୍ତି କରି ଏହାର ଏକ ବିଭାଗୀକରଣ ଯଥା– ଧ୍ୱନି ଅନୁକରଣ, କ୍ରିୟା ଓ ତତ୍‌ଜାତ ମିଳିତ ଅନୁକରଣ, କ୍ରିୟାବିଧିର ଅନୁକରଣ, ଶାରୀରିକ ଅନୁଭୂତି ଅନୁକରଣ, ମାନସିକ ଅନୁଭୂତି ଅନୁକରଣ, ଦୃଶ୍ୟାନୁକରଣ, ଅବସ୍ଥାନୁକରଣ, ଗୋଟିଏ ବସ୍ତୁ ବା କ୍ରିୟା ପାଇଁ ନାନାବିଧ ସଂବନ୍ଧ ଯୁକ୍ତ ଶବ୍ଦକୁ ଧ୍ୱନ୍ୟାତ୍ମକ ଶବ୍ଦ ଭାବେ ଗ୍ରହଣ କରାଯାଇପାରେ । ଏତଦ୍ ବ୍ୟତୀତ ଧ୍ୱନି ସ୍ତରୀୟ ବିଚ୍ୟୁତି ଏବଂ ବିରଳତାକୁ ସ୍ଥାନିତ କରାଯାଇଛି । ଏ ଦୃଷ୍ଟିରୁ ଶ୍ରୀ ମହାନ୍ତିଙ୍କ ଗଳ୍ପରେ ଧ୍ୱନିକୁ ବିଶ୍ଳେଷଣ କରାଯାଇପାରେ ।

୨.୧ କ.କ. ଧ୍ୱନି ଅନୁକରଣ :

(ପ୍ରକୃତିଗତ ହେଉ ବା କୃତ୍ରିମ ଭାବେ ସୃଷ୍ଟି ହେଉ, ଯେଉଁ ଧ୍ୱନି ମଣିଷକୁ ଯେଉଁଭଳି ଶୁଣାଯାଇଥାଏ) ଯେପରି - ଭୋ ଭୋ (କୁକୁର ଭୋକିବା/କାନ୍ଦ), ଖଟଖଟ (ଦୁଆର), କୁଳୁକୁଳୁ (ଜୀବନର ଶବ୍ଦ), କଳକଳ (ନଈ), ଫଡଫଡ (ଚଢ଼େଇ), ସାଇଁ ସାଇଁ (ପବନ), ସିଂ ସିଂ (ବିଗୁଲ), କୁଳୁକୁଳୁ (ନଦୀ), ଟପଟପ (ଝରିବା), ଟୁପୁଟୁପୁ (କହିବା), ରୁଣୁଝୁଣୁ (ଶଙ୍ଖା ଶବ୍ଦ), କଳକଳ (ନଈ) ଇତ୍ୟାଦି । ଗାଳ୍ପିକ ରଜନୀକାନ୍ତ ମହାନ୍ତିଙ୍କ ଗଳ୍ପରେ ଧ୍ୱନି ଅନୁକରଣ ରହିତ ଧ୍ୱନ୍ୟାତ୍ମକ ବାକ୍ୟର ଉଦାହରଣ ନିଆଯାଇପାରେ । ଯଥା–

(କ) "xxx ଠିକ୍ ତା'ର ଦୁଇଦିନ ପରେ ଡାକ୍ତରଖାନାରେ **ଭୋ ଭୋ** କାନ୍ଦିଥିଲା ।"(୧୧)

(ଖ) "ତା ଜୀବନର **କୁଳୁକୁଳୁ** ଶବଦ ଗୁଡ଼ିକ ହଠାତ୍ ପ୍ରପାତର କର୍କଶ ଗମ୍ଭୀର ସ୍ୱରରେ ପରିବର୍ତ୍ତିତ ହୋଇଗଲା ।"(୧୨)

(ଗ) "ନା ପବନର **ସାଇଁ ସାଇଁ** ଶବ୍ଦ ନା ଝାଉଁବଣର **ସିଂ ସିଂ** ବିଗୁଲ ।"(୧୩)

ଉପର୍ଯ୍ୟୁକ୍ତ ଧ୍ୱନି ଅନୁକରଣ ଯୁକ୍ତ ଧ୍ୱନ୍ୟାତ୍ମକ ଶବ୍ଦର ବାକ୍ୟକୁ ଦେଖିଲେ ଶ୍ରୀ ମହାନ୍ତିଙ୍କ ଧ୍ୱନ୍ୟାତ୍ମକ ଶବ୍ଦର ପ୍ରାୟୋଗିକ ଯାଦୁଗରୀକୁ କରିହୁଏ ହୃଦୟଙ୍ଗମ । 'କ' ବାକ୍ୟରେ ଭୋ ଭୋ କାନ୍ଦିବାର ଭାବ ମଣିଷର ଅସହାୟତା ବା ନିଃସଙ୍ଗତାକୁ ପରିପ୍ରକାଶ କଲାବେଳେ 'ଖ' ବାକ୍ୟରେ ନଦୀ କିମ୍ବା ଜଳର ଧ୍ୱନ୍ୟାତ୍ମକ ଶବ୍ଦ କୁଳୁକୁଳୁ କୁ ଜୀବନର ନାଦ ସଙ୍ଗେ ପ୍ରତୀକିତ କରାଯାଇଛି ଏବଂ 'ଗ' ବାକ୍ୟରେ ଧ୍ୱନ୍ୟାତ୍ମକ ଶବ୍ଦ ପ୍ରୟୋଗ ଦ୍ୱାରା କାବ୍ୟଧର୍ମିତା ପରିପ୍ରକାଶ ପାଉଛି ।

୨.୧ କ.ଖ. କ୍ରିୟା ଓ ତତ୍‌ଜାତ ମିଳିତ ଅନୁକରଣ :

(ଯେକୌଣସି କାର୍ଯ୍ୟ କଲାବେଳେ ଜାତ ହୋଇଥିବା ବା ପ୍ରକାଶ ପାଉଥିବା କିଛି ନିର୍ଦ୍ଦିଷ୍ଟ ଧ୍ୱନି) ଖସ୍ ଖସ୍ (ପତ୍ର ପଡ଼ିବାର ଶବ୍ଦ), ଚବଚବ (ପାଣିରେ ଚାଲିବାର ଶବ୍ଦ), ଦୁମ୍‌ଦୁମ୍ (ଚାଲି), ହୁହୁ (ଧାଇଁବା), ଖୁଁ ଖୁଁ (ବେମାର), ଭେଁ ଭେଁ (ରଡ଼ି), କିରିକିରି (ହସ), ସୁଁ ସୁଁ (କାନ୍ଦ), କଇଁ କଇଁ (କାନ୍ଦ), ଫଡ଼ଫଡ଼ (ଲେଉଟିବା), କିରିକିରି (ହସ), ଶକଶକ (କାନ୍ଦ) ଟପର ଟପର (ବର୍ଷା), ଖି ଖି ଠୋ ଠୋ (ହସ), ଟାଁ ଟାଁ (କଥା), ଠୁକ୍‌ଠୁକ୍ (ବାଡ଼ି), ଭୂଁ ଭୂଁ (ଶଙ୍ଖାର ଶବ୍ଦ), ହୁ ହୁ (କମ୍ପିଲା ପାଟି ପ୍ରଚାର ଉଦ୍ଦେଶ୍ୟରେ), ଟୁପୁଟୁପୁ (କହିବା) ଇତ୍ୟାଦି । ଏଠାରେ ଧ୍ୱନ୍ୟାତ୍ମକ ଶବ୍ଦର କେତୋଟି ବାକ୍ୟ ନିଆଯାଇପାରେ । ଯଥା–

(କ) "ସେ କଡ ବିଲ ମଝିରେ ନିତିଆ ବୁଢ଼ା **ଚବଚବ** କରି ଆଗେଇ ଯାଉଛି । ଜୋର ଜୋର ।"(୧୪)

(ଖ) "ଗାଁ ଲୋକେ **ହୁ ହୁ** ହେଇ ଧାଇଁଲେ ।"(୧୫)

(ଗ) "**ଖୁଁ ଖୁଁ** ବେମାରୀରେ ତା' ମରଦ ଯୋଗିଆ ମାସେ ହେଲା ପଡ଼ିଲାଣି ।"(୧୬)

(ଘ) "ପଛରୁ ଶୁଭିଥିଲା ସତୀର **ସୁଁ ସୁଁ** କାନ୍ଦଣା ।"(୧୭)

ଶ୍ରୀ ମହାନ୍ତିଙ୍କ ଗଳ୍ପ ପରିଧିରେ କ୍ରିୟା ଓ ତତ୍‌ଜାତ ମିଳିତ ଅନୁକରଣ ଶବ୍ଦ ଭାବେ ବ୍ୟବହୃତ ଧ୍ୱନ୍ୟାତ୍ମକ ଶବ୍ଦ ଭାବେ 'କ' ବାକ୍ୟରେ ଚବଚବ ଶବ୍ଦ ଦ୍ୱାରା କ୍ଷେତରେ ପାଣି ଥିବାର ଚିତ୍ର ଦୃଶ୍ୟମାନ ହେଲାବେଳେ 'ଖ' ବାକ୍ୟରେ ଏକ ପ୍ରକାର କୋଳାହଳ ସୃଷ୍ଟି କରୁଛି ହୁ ହୁ ଶବ୍ଦ । ସେହିପରି 'ଗ' ବାକ୍ୟରେ ଖୁଁ ଖୁଁ ବେମାର ଅଣପାରମ୍ପରିକ ହେଲେ ମଧ୍ୟ ଭାବରେ ନାନ୍ଦନିକତା ସୃଷ୍ଟି କରୁଛି । ଏହା ବ୍ୟତୀତ ଗାଳ୍ପିକ ଗୋଟିଏ ଭାବ ପାଖରେ

ଅନେକ ପ୍ରକାର ଧ୍ୱନ୍ୟାତ୍ମକ ଶବ୍ଦ ପ୍ରୟୋଗ କରିଛନ୍ତି । ଯଥା- କାନ୍ଦର ବିଭିନ୍ନ ଅବସ୍ଥାକୁ ଚିତ୍ରିତ କରିବା ପାଇଁ-ଭେଁ ଭେଁ, ସୁଁ ସୁଁ, କଇଁ କଇଁ, ଶକ୍ ଶକ୍, ସେହିପରି ହସ ନିମନ୍ତେ କିରିକିରି, ଖି ଖି, ଠୋ ଠୋ, ଖେଁ ଖେଁ ଇତ୍ୟାଦି ।

୨.୧ କ.ଗ. କ୍ରିୟାବିଧି ଅନୁକରଣ :

(କୌଣସି କାର୍ଯ୍ୟରେ କ୍ରିୟାବିଧି ବେଳେ ଶବ୍ଦ ଜାତ ହେଉ ନଥିଲେ ମଧ୍ୟ ପ୍ରତିକ୍ରିୟା ଯୁକ୍ତ କାର୍ଯ୍ୟରୀତିର ଅନୁକରଣ) ଯଥା-ଫଣଫଣ (ରାଗ), ମିଞ୍ଜିମିଞ୍ଜି (ଜଳିବା), ଠିକେଠିକେ (ଚାହିଁବା), ମିଟିମିଟି (ଚାହିଁବା), ବଲବଲ (ଅନେଇବା), ଚଟଚଟ (ଚାଲି), ଗୁମୁଶେଇ ଗୁମୁଶେଇ (ଚାଲି), ଚୁଙ୍ଗୁଚୁଙ୍ଗୁ (ଚାଲି), ଟଳଟଳ (ଚାଲି), ତୋଫାତୋଫା (ଜହ୍ନ), ଗଦଗଦ (କଣ୍ଠ), ଜକଜକ (ଚାହିଁବା), ତମତମ (ଚାହିଁବା), ଥମଥମ (ଗଳା), ଫୁକୁରୁ ଫୁକୁରୁ (ପୁଅଝିଅ) ଡବଡବ (ଧାଇଁବା), ଗରଗର (ରାଗ), ଝିପିଝିପି (ଅନ୍ଧାର) ଇତ୍ୟାଦି । ଏଠାରେ ଧ୍ୱନ୍ୟାତ୍ମକ ଶବ୍ଦର କେତୋଟି ଉଦାହରଣ ନିଆଯାଇପାରେ । ଯଥା-

(କ) "ନୂଆଲୁଗା ପିନ୍ଧି, ଚାନ୍ଦ ଖାଇ ନାଚି ଉଠିବାକୁ ପୁଅଝିଅ **ଫୁକୁରୁ ଫୁକୁରୁ** ।"[୧୮]

(ଖ) "ଘର ଧରିଲା ବେଳକୁ **ଝିପିଝିପି** ଅନ୍ଧାରର ରାଜୁତି ।"[୧୯]

(ଗ) "**ଡବଡବ** ହେଇ ଧାଇଁ ଆସିଲା ଶିରିଆ ।"[୨୦]

କ୍ରିୟାବିଧି ଅନୁକରଣ ଅନୁଯାୟୀ କଥାକାର ଶ୍ରୀ ମହାନ୍ତିଙ୍କ ଗଳ୍ପ ପରିଧିରେ ଧ୍ୱନ୍ୟାନୁକାରୀ ଶବ୍ଦ ଦେଖିଲେ ତାହା ସ୍ୱତନ୍ତ୍ରତା ଜାହିର କରେ । ଉପର୍ଯ୍ୟୁକ୍ତ ତିନିଟି ବାକ୍ୟକୁ ତର୍ଜମା କରାଯାଇପାରେ । ଯେପରି 'କ' ବାକ୍ୟଟି ପୂର୍ବବାକ୍ୟ ଉପରେ ଆଶ୍ରିତ ହୋଇଥିଲେ ମଧ୍ୟ ଖୁସିରେ କୁରୁଳି ଉଠିବାର ଚିତ୍ର ସୃଷ୍ଟି କରୁଛି ଫୁକୁର ଫୁକୁର ଶବ୍ଦ । ବେଙ୍ଗର ଡିଆଁକୁ ଫୁକୁରୁ ଫୁକୁରୁ ଧ୍ୱନି ବୁଝାଉଥିବାବେଳେ ଏଠାରେ ପିଲାମାନଙ୍କର ଖୁସିକୁ ପରିପ୍ରକାଶ କରି ପ୍ରୟୋଗ କରାଯାଇଛି । ଠିକ୍ ସେହିପରି 'ଖ' ବାକ୍ୟରେ ଝିପିଝିପି ଶବ୍ଦ ବର୍ଷା ପାଖରେ ପାରମ୍ପରିକ ଭାବେ ଲାଗିଲାବେଳେ ଶ୍ରୀ ମହାନ୍ତି ରାତି ପାଖରେ ଝିପିଝିପି ଶବ୍ଦ ପ୍ରୟୋଗ କରି ଭାବକୁ ଗମ୍ଭୀର କରିଛନ୍ତି; କେବଳ ସେତକ ନୁହେଁ, 'ଝିପିଝିପି ଅନ୍ଧାର' ନାମରେ ମଧ୍ୟ ଶ୍ରୀ ମହାନ୍ତି ଗୋଟିଏ ଗଳ୍ପ ପୁସ୍ତକର ନାମ ଦେଇଛନ୍ତି, ଯାହାକି ୨୦୦୪ ମସିହାରେ ଓଡ଼ିଶା ସାହିତ୍ୟ ଏକାଡେମୀ ଦ୍ୱାରା ପୁରସ୍କୃତ । ଅନୁରୂପ ଭାବରେ 'ଗ' ବାକ୍ୟରେ ଡବଡବ ହେଇ ଧାଇଁବା ମଧ୍ୟ ସୌନ୍ଦର୍ଯ୍ୟବିଧାନ ନିମନ୍ତେ ହୋଇଛି ପ୍ରୟୋଗ । ପାରମ୍ପରିକ ଭାବରେ ଡମ୍ବରୁର ଶବ୍ଦ ଡବଡବ ହେଲାବେଳେ ଶ୍ରୀ ମହାନ୍ତି ଧାଇଁବା ପାଖରେ ଡବଡବ ଶବ୍ଦ ପ୍ରୟୋଗ କରି ଭାବକୁ ଗମ୍ଭୀର କରିଛନ୍ତି ।

୨.୧ କ.ଘ. ଶାରୀରିକ ଅନୁଭୂତି ଅନୁକରଣ :

(ଯେଉଁ ଧ୍ୱନି ପଞ୍ଚ ଇନ୍ଦ୍ରିୟ ଦ୍ୱାରା ଅନୁଭବ୍ୟ, ହୃଦୟାଗତ, ଏଥିରେ ଭାବ ପରିପ୍ରକାଶ ହୁଏ, କିନ୍ତୁ ଶବ୍ଦ ପରିପ୍ରକାଶ ହୁଏନାହିଁ) ଯଥା-ଚିପାଚିପି (ହସ), କଅଁକଅଁ (ପେଟ), ଛାଏଁ

ଛାଏଁ (ମୁଣ୍ଡଟେକିବା), ଟାଇଁ ଟାଇଁ (ଖରା), ଝାଏଁ ଝାଏଁ (ମୁଣ୍ଡ ବୁଲାଇଦେବା), ଟାଁ ଟାଁ (ଖରା), ହାଉହାଉ (ତାତି), ଗୁଣୁଗୁଣୁ (ମନେ ମନେ) ଇତ୍ୟାଦି । ଏଠାରେ କେତୋଟି ଶାରୀରିକ ଅନୁଭୂତି ଅନୁକରଣଗତ ଶବ୍ଦ ଥିବା ବାକ୍ୟ ହେଲା ଯଥା–

(କ) "କୁହୁକିଆ ଦି ପହର । **ଟାଁ ଟାଁ** ଖରା ।"[୨୧]

(ଖ) "ବାଲିରେ ଗୋଡ଼ ତାତି ଯାଉଛି **ହାଉ ହାଉ** ।"[୨୨]

ଆଲୋଚ୍ୟ ପ୍ରସଙ୍ଗରେ ଦୁଇଟି ବାକ୍ୟକୁ ଲକ୍ଷ୍ୟ କଲେ ହୃଦବୋଧ ହୁଏ ଯେ ଶ୍ରୀ ମହାନ୍ତିଙ୍କ ଶାରୀରିକ ଅନୁଭୂତି ଅନୁକରଣ ଧ୍ୱନ୍ୟାତ୍ମକ ଶବ୍ଦ ପ୍ରୟୋଗରେ ରହିଛି ଆକର୍ଷଣୀୟତା । 'କ' ବାକ୍ୟରେ ଟାଁଟାଁ ଖରା ଜାଗାରେ ପ୍ରବଳ ଖରା ଲେଖାଯାଇ ପାରିଥାନ୍ତା ଏବଂ 'ଖ' ବାକ୍ୟରେ ବାଲିରେ ଗୋଡ଼ ତାତି ଯାଉଛି ଏତକ ରହିଲେ ମଧ୍ୟ ପାଠକ ସାମାନ୍ୟଭାବେ ଅନୁଭବ କରି ପାରିଥାନ୍ତେ କିନ୍ତୁ ଖରା ପାଖରେ ଟାଁ ଟାଁ ଏବଂ ବାଲିରେ ଗୋଡ଼ ତାତିଯିବାରେ ହାଉହାଉ ଶବ୍ଦ ଦ୍ୱାରା ପାଠକ ମନରେ ନିଶ୍ଚୟ ଏକ ଅନୁଭୂତିମୂଳକ ଭାବ ସଂଚରି ଆସିଥିବ । ଯେଉଁଥିପାଇଁ ପାଠକର ପର ବାକ୍ୟ ପ୍ରତି ଆସିବ ଉତ୍କଣ୍ଠା ଏବଂ ପାଠକ ଯଦି ଏପରି ପରିସ୍ଥିତିକୁ ସାମ୍ନା କରିବେ ତା'ହେଲେ ନିଶ୍ଚୟ ପାଠକ ଗଳ୍ପର ପରିବେଶ ମଧ୍ୟରେ ବ୍ରହ୍ମାନନ୍ଦ ସହୋଦର ଭାବ ପାଇପାରିବେ ।

୨.୧ କ.ଙ. ମାନସିକ ଅନୁଭୂତି ଅନୁକରଣ :

(ଶାରୀରିକ ଅନୁଭୂତି ଅନୁକରଣ ଭଳି ଏହା ମାନସିକ ସ୍ତରରେ ଆଲୋଡ଼ନ ସୃଷ୍ଟିକାରୀ ଶବ୍ଦ । ଏହା ମଧ୍ୟ ଭାବକୈନ୍ଦ୍ରିକ କିନ୍ତୁ ଶବ୍ଦହୀନ) ଆଲୋଚିତ ପ୍ରଶଙ୍ଗରେ ଶ୍ରୀ ମହାନ୍ତିଙ୍କ ଗଳ୍ପରେ ସିଧାସଳଖ କେତୋଟି ଉଦାହରଣ ନେଇ ପାରିବା । ଯଥା–

(କ) "ଅନୁସରଣ କଲେ ଆପଣଙ୍କ ଛାତି **ଦୁକୁଦୁକୁ** ହେବ ।"[୨୩]

(ଖ) "ମନ ଭିତରେ ଏକ ଆଶଙ୍କା ତାଙ୍କ ଆଖିକୁ ଜଳ ବାହି ଦେଲା ଓ ଛାତିକୁ **ଧଡ଼ଧଡ଼** କଲା ।"[୨୪]

(ଗ) "ଅବଶ୍ୟ ଏମିତି କାମ କରି ସାରିଲା ପରେ ମନ **ହାଁ ହାଁ** କରି ଉଠେ ।"[୨୫]

(ଘ) "ବେଳେବେଳେ ମନକୁ ମନ କ'ଣ ନା **ଗୁଣୁଗୁଣୁ** ହେଉଛନ୍ତି ।"[୨୬]

ଉକ୍ତ ଚାରୋଟି ବାକ୍ୟକୁ ଦେଖିଲେ ମଣିଷର ଆର୍ତ୍ତ, ତୀବ୍ରତା, ବିସ୍ମୟତା, ଅବ୍ୟକ୍ତ ବେଦନାକୁ ଚିତ୍ରିତ କରି ଭାବକୁ ଚିତ୍ରଧର୍ମୀ କରିବା ପାଇଁ ଶ୍ରୀ ମହାନ୍ତି ଏପରି ଧ୍ୱନ୍ୟାନୁକାରୀ ଶବ୍ଦ ଗୁଡ଼ିକ ପ୍ରୟୋଗ କରିଛନ୍ତି ।

୨.୧ କ.ଚ. ଦୃଶ୍ୟାନୁକରଣ :

ଶବ୍ଦ ପରିପ୍ରକାଶ ନହୋଇ ଅନେକ ଶବ୍ଦ ଦୃଶ୍ୟ ହୋଇ ଉଭା ହୁଏ ମାନସିକ ସ୍ତରରେ । ଯଥା– ତକତକ (ଦେହ), ଟଣାଟଣା (ଆଖି), ଝମ୍ପା ଝମ୍ପା (ବାଳ), ଜକଜକ (ଦିଶିବା), ଦାଉଦାଉ (ଦେଖାଯିବା), କିଟିକିଟା (ଚୁଲି) । ଏପରି ଶବ୍ଦ ଯଥା – ତକତକ ଦେହ, ଟଣା

ଟଣା ଆଖି ଆଦି ଦୃଶ୍ୟାନୁକରଣ ଶବ୍ଦ ବ୍ୟବହାର କରି ଗାଳ୍ପିକ ଶ୍ରୀ ମହାନ୍ତି ନିଜ ସୃଷ୍ଟିରେ ଚିତ୍ରକଙ୍କ ଧର୍ମୀଭାବ ପରିପ୍ରକାଶ କରିଛନ୍ତି ।

୨.୧ କ.ଛ. ଅବସ୍ଥାନୁକରଣ :

"(ଏହାର ମଧ୍ୟ ଶ୍ରୁତିଧ୍ୱନି ନାହିଁ । ଏହା କୌଣସି ବସ୍ତୁ, ଶରୀର, ମନ ବା କ୍ରିୟାକୁ ନିର୍ଦ୍ଦେଶ କରେ)" ।[୨୭]

ଛଳଛଳ (ଶବ୍ଦ), ବାଏଁ ବାଏଁ (ଉଡ଼ାଇ ଦେବା), ଛାଏଁ ଛାଏଁ (ପ୍ରଶ୍ନ), ଝଲଝଲ (ଶିଶୁତ୍ୱ), ଗହଗହ (ଦ୍ୱିପ୍ରହର), ଅସରା ଅସରା (ବର୍ଷା), ବଲବଲ (ଅଇଁଠା), ଚିକ୍‌ଚିକ୍ (ହାର), ଘୋଘୋ (ନିଶା), ଟହଟହ (ନିରବତା), ସଡସଡ (ଓଦା), ଟହଟହ (ସିନ୍ଦୂରା), ଥମଥମ (ଗଳା), ରଚରଚ (ଲାଗିବା), ବଲବଲ (ଆଖି ଲୁହ), ଡବଡବ (ଆଖିଲୁହ), ଠକ୍‌ଠକ୍ (ତତଲା ଲୁହ), ଜକଜକ (ଲୁହ), ମନ୍ଦ ମନ୍ଦ (ନିଦ), ଥୁଥୁ (ଘୃଣା), ଗଦଗଦ (ଆନନ୍ଦ), ଥପଥପ (କରୁଣ) ଇତ୍ୟାଦି । ଏଠାରେ ମଧ୍ୟ କେତୋଟି ବାକ୍ୟ ଦର୍ଶାଯାଇପାରେ । ଯଥା-

(କ) "xxx ଅଥଚ ଅନ୍ତସ୍ୱରରେ ହୀରାଭଳି **ଝଲଝଲ** ଶିଶୁତ୍ୱ ଯାହାକୁ ଯେଉଁମାନେ ଶୁଣିଛନ୍ତି ।"[୨୮]

(ଖ) "କାର୍କାସଦ୍ୱୀପରେ ଦିନ **ରତରତ** ।"[୨୯]

(ଗ) "ବାତାବରଣ କରୁଣ **ଥପ୍ ଥପ୍** ।"[୩୦]

ଉପର୍ଯ୍ୟୁକ୍ତ ତିନିଟି ବାକ୍ୟରେ ଧ୍ୱନ୍ୟାତ୍ମକ ଶବ୍ଦ ପ୍ରୟୋଗର ଆକର୍ଷଣୀୟତାକୁ ଦେଖାଯାଇପାରେ । ପ୍ରଥମ ବାକ୍ୟରେ ହୀରାଭଳି ଝଲଝଲ ଉପମାନକୁ, ଶିଶୁତ୍ୱ ସହିତ ତୁଳନା କରାଯାଇଛି । ଦ୍ୱିତୀୟ ଓ ତୃତୀୟ ବାକ୍ୟ ଦ୍ୱୟ ଆଶ୍ରିତ ବାକ୍ୟ । କାରଣ ତା'ର ଭାବାର୍ଥ ପୂର୍ଣ୍ଣ ହେବ ପର ବାକ୍ୟ ଦ୍ୱାରା । କିନ୍ତୁ ବାକ୍ୟର ଶେଷରେ ରତରତ, ଥପଥପ ଭଳି ଦୁଇଟି ଧ୍ୱନ୍ୟାତ୍ମକ ଶବ୍ଦ ଭାବକୁ ଗମ୍ଭୀର ଓ ଚିତ୍ରାୟିତ ମଧ୍ୟ କରୁଛି ।

୨.୧ କ.ଜ. ଗୋଟିଏ ବସ୍ତୁ ବା କ୍ରିୟା ପାଇଁ ନାନାବିଧି ସମ୍ବନ୍ଧଯୁକ୍ତ ଧ୍ୱନ୍ୟାତ୍ମକ ଶବ୍ଦ :

ଗୋଟିଏ ବସ୍ତୁ କିମ୍ବା କ୍ରିୟା ପାଇଁ ଗାଳ୍ପିକ ରଜନୀକାନ୍ତ ମହାନ୍ତି ବିବିଧ ଧ୍ୱନ୍ୟାତ୍ମକ ଶବ୍ଦ ପ୍ରୟୋଗ କରିଛନ୍ତି । ଉକ୍ତ ଶବ୍ଦ ଗୁଡ଼ିକୁ ନିଶ୍ଚିତ ଭାବେ ଗୋଟିଏ ନିର୍ଦ୍ଦିଷ୍ଟ ଅବସ୍ଥା ତଥା ପରିବେଶକୁ ସୁହାଇଲା ଭଳି ବ୍ୟକ୍ତ ହୋଇଛି । ଯଥା- '**କାନ୍ଦ**' ପାଇଁ-କଇଁ କଇଁ, ଭୋ ଭୋ, ସୁଁ ସୁଁ, ଶକଶକ, '**ହସ**' ପାଇଁ - ଖେଁ ଖେଁ, ଚିପାଚିପା, କିରିକିରି, ଖିଖି, ଠୋଠୋ, '**ଚାଲି**' ପାଇଁ - ଚଟଚଟ, ଗୁମୁଶେଇ ଗୁମୁଶେଇ, ଟଙ୍ଗଟଙ୍ଗ, ଟଳଟଳ, ଟମଟମ, ସେହିଭଳି '**ଅନେଇବା**'କୁ ନେଇ - ବଲବଲ, ଜକଜକ, '**ଖରା**' ପାଇଁ- ଟାଇଁଟାଇଁ, ଟାଁ ଟାଁ ଇତ୍ୟାଦି ।

୨.୧ କ.୫. ଧ୍ୱନି ସ୍ତରୀୟ ବିଚ୍ୟୁତି ଏବଂ ବିରଳତା :

ଧ୍ୱନି ସ୍ତରୀୟ ଶୈଳୀ ବିଜ୍ଞାନର ପ୍ରଥମତଃ ଦେଖାଯାଏ ସାହିତ୍ୟିକଙ୍କର ଧ୍ୱନ୍ୟାତ୍ମକ ଶବ୍ଦ ପ୍ରତି ରହିଥିବା ଆନ୍ତରିକତା ତଥା କେଉଁଭଳି ସୃଷ୍ଟିରେ ପ୍ରୟୋଗ କରୁଛନ୍ତି । ଯଦି ଧ୍ୱନ୍ୟାତ୍ମକ ଶବ୍ଦ ଲେଖକଙ୍କ ପ୍ରିୟ ହୋଇଥାଏ ତାହେଲେ ସୃଷ୍ଟିରେ ବାତାବରଣକୁ ଚିତ୍ରିତ କରି ସୌନ୍ଦର୍ଯ୍ୟ ବିଧାନ କରିବା ନିମନ୍ତେ ବହୁବାର ଧ୍ୱନ୍ୟାତ୍ମକ ଶବ୍ଦ ପ୍ରୟୋଗ କରିଥାନ୍ତି ଲେଖକ । ତାହା ପାରମ୍ପରିକ ଭାବରେ ବହୁବାର ପ୍ରୟୋଗ ହେଲେ ମଧ୍ୟ ବହୁ ସ୍ଥାନରେ ସେହି ଧ୍ୱନ୍ୟାତ୍ମକ ଶବ୍ଦ ପ୍ରତି ଥିବା ଲେଖକଙ୍କର ଦୁର୍ବଳତା ହେଉ ନତୁବା ସଚେତନତାର ସହ ସୃଷ୍ଟିକୁ ଆକର୍ଷଣୀୟ କରିବା ନିମନ୍ତେ ସେ କିଛି ବ୍ୟତିକ୍ରମ ଘଟାଇଥାନ୍ତି । ଶୈଳୀ ବିଜ୍ଞାନ ଦୃଷ୍ଟିରୁ କଥାକାର ରଜନୀକାନ୍ତ ମହାନ୍ତିଙ୍କ ଗଳ୍ପରେ ଧ୍ୱନି ସ୍ତରୀୟ ବିଚ୍ୟୁତି (deviation) ଏବଂ ବିରଳତା (rarity) ମଧ୍ୟ ଘଟିଛି । ଯଥା-

(କ) "**ସନ୍ ସନ୍ ଧଳା** ଆସ୍ତରଣ ଲଂବି ଯାଇଚି ଦୂରକୁ ଦୂରକୁ ।"(୩୧)

(ଖ) "ପ୍ରଶ୍ନଟେ **ଠକ୍‌ଠକ୍** କରୁଥିଲା, ଅଠର ବର୍ଷର ପିଲାଟେ ହିମାଳୟ ପର୍ବତମାଳାର ଅଠର ହଜାର ଫୁଟ ଉପରକୁ ଚଢ଼ି ଫେରି ଆସିଛି ?"(୩୨)

(ଗ) "ଦି ପ୍ରହରିଆ ଖରା **ଦୁମ ଦୁମ** ।"(୩୩)

(ଘ) "ଧରାଯାଉ କାହୁଁ ଉଡ଼ି ଆସିଲା ଏକ ବିସ୍ମୟକର କାଳ ଏବଂ ତା'ର ଯଥେଚ୍ଛା ଶବ୍ଦରେ ପହଁରୁଥିବା ବିଶ୍ୱ ମଣିଷର **ଗୁଣୁଗୁଣୁ** ସ୍ପନ୍ଦନ ହଠାତ୍ ବନ୍ଦ ହୋଇଗଲା ।"(୩୪)

ସେହିପରି; "**xxx ଠାକା ଠାକା** ଛିଡ଼ା ହେବ **xxx**" (୩୫) "ତାର **କମ୍ପ କମ୍ପ** ବିରକ୍ତ"(୩୬), "ଲୁହ **ଫଣଫଣ**"(୩୭), "**ଦାଉ ଦାଉ** ଯନ୍ତ୍ରଣା"(୩୮) "**ଥୁ ଥୁ** ଘୃଣା"(୩୯) ଆହୁରି ମଧ୍ୟ **ଘୋ ଘୋ** ଗ୍ରୀଷ୍ମ, **ଥରଥର** ଆବେଗ, **ଫକଫକ** ଷ୍ଟ୍ରିଟ୍ ଲାଇଟ୍ ଚେଇଁ ଉଠିଲାରୁ ଇତ୍ୟାଦି ଧ୍ୱନ୍ୟାତ୍ମକ ଶବ୍ଦ ଗୁଡ଼ିକ ଏକଏକ ବ୍ୟତିକ୍ରମ ।

କଥାକାର ରଜନୀକାନ୍ତ ମହାନ୍ତିଙ୍କ ଗଳ୍ପ ପରିଧିରୁ ଧ୍ୱନ୍ୟାନୁକାରୀ ଶବ୍ଦର ପ୍ରୟୋଗକୁ ପର୍ଯ୍ୟାଲୋଚନା କଲେ ଦେଖାଯାଏ ଯେ ଶ୍ରୀ ମହାନ୍ତିଙ୍କର ଧ୍ୱନ୍ୟାତ୍ମକ ଶବ୍ଦ ପ୍ରତି ରହିଛି, ଅହେତୁକ ଆଗ୍ରହ । ପରିବେଶ ପରିସ୍ଥିତିକୁ ନେଇ ଧ୍ୱନ୍ୟାନୁକାରୀ ଶବ୍ଦ ଗୁଡ଼ିକ ପ୍ରୟୋଗ ହୋଇ ଭାଷା ଏବଂ ବର୍ଣ୍ଣନାର ନାନ୍ଦନିକତା ସୃଷ୍ଟି କରିଛି । ଗଳ୍ପର ଭାବକୁ ବଳିଷ୍ଠ କରିବା ସହିତ ପାଠକ ମନରେ ଗୋଟିଏ ପ୍ରକାର ଚିତ୍ର ସୃଷ୍ଟି କରିଛି । ଏକ ଅକ୍ଷରୀ, ଦୁଇ ଅବା ତିନି ଅକ୍ଷରୀ ଧ୍ୱନ୍ୟାତ୍ମକ ଶବ୍ଦ ପ୍ରୟୋଗ କରି ମଣିଷର ହତାଶା, ଆଗେବ, ଆର୍ତ୍ତି, ଅବ୍ୟକ୍ତ ବେଦନା, ଉତ୍କଟ ଯନ୍ତ୍ରଣା, ବିସ୍ମୟତାକୁ ଶ୍ରୀ ମହାନ୍ତି ଚିତ୍ରଧର୍ମୀ ଭାବେ ପ୍ରୟୋଗ କରି ନିଜ ସ୍ୱାତନ୍ତ୍ର୍ୟ ବଜାୟ ରଖିଛନ୍ତି ।

୨.୧ ଖ. ଶବ୍ଦ :

ଧ୍ୱନି ଭଳି ଶବ୍ଦର ମଧ୍ୟ ଗୁରୁତ୍ୱ ରହିଛି ଭାଷା ତଥା ଭାବର ଗୁଚ୍ଛ, ସାହିତ୍ୟ

ପାଖରେ । କାରଣ ଶବ୍ଦ ବିନା ଭାଷା ଏବଂ ଭାଷା ବିନା ସାହିତ୍ୟ ବିକଳାଙ୍ଗ । ଭାବ ଗଜୁରି ଉଠିଲେ ମଧ୍ୟ ଯଦି ଶବ୍ଦ ନାହିଁ ତାହେଲେ ଭାବର ଘଟେ ମୃତ୍ୟୁ । ଅତଏବ ସାହିତ୍ୟରେ ଭାଷାର ଗୁରୁତ୍ୱପୂର୍ଣ୍ଣ ଏକକ ହେଉଛି ଶବ୍ଦ । "ଶବ୍ଦ ହିଁ ଭାବ ସଞ୍ଚରଣର ମୁଖ୍ୟ ମାଧ୍ୟମ । ଶବ୍ଦକୁ ବ୍ରହ୍ମ ସହିତ ତୁଳନା କରାଯାଇଛି । କାରଣ ଶବ୍ଦ ବିନା ସୃଷ୍ଟିକୁ ଉପଲବ୍ଧି କରିବା ଅସମ୍ଭବ । ଅର୍ଥବୋଧକ ଧ୍ୱନି ସମୂହକୁ ଶବ୍ଦ କୁହାଯାଏ । ଶବ୍ଦ ହେଉଛି ଭାଷାର ବ୍ୟବହୃତ ସର୍ବନିମ୍ନ ଅର୍ଥଯୁକ୍ତ ଏକକ । ଏହା ଗଠିତ ହେବା ପୂର୍ବରୁ ଚତୁର୍ବିଧ ସ୍ତର ଦେଇ ଗତି କରିଥାଏ । ସ୍ୱନ (Phone), ସ୍ୱନିମ (Phoneme), ରୂପ (Morpho), ରୂପିମ (Morpheme) । ସ୍ୱନିମ ଦ୍ୱାରା ଗଠିତ ହେଉଥିବା କ୍ଷୁଦ୍ରତମ ଅଂଶ ରୂପିମ (Morpheme), ଶବ୍ଦ ତୁଲ୍ୟ ସ୍ୱୟଂ ସଂପୂର୍ଣ୍ଣ ନୁହେଁ କିମ୍ବା ମୁକ୍ତ ମଧ୍ୟ ନୁହେଁ । ଏହା ଶବ୍ଦ ସହିତ ଯୁକ୍ତ ହୋଇ ଭାଷିକ କାର୍ଯ୍ୟ ସାଧନ କରିଥାଏ । ଶବ୍ଦରେ ଅର୍ଥ ଉତ୍ପାଦନ କ୍ଷମତା ନିହିତ ଥାଏ । ଉଭୟ ଲିଖିତ ଏବଂ କଥିତ ରୂପରେ ଶବ୍ଦର ପ୍ରଚଳନ ରହିଛି ।"[୪୦] ତେଣୁ ଶବ୍ଦ, ଶୈଳୀର ଅପରତମ ଉପାଦାନ, ଯାହାର ଯଥାଯଥ ପ୍ରୟୋଗ ଫଳରେ ରଚନାର ତାତ୍ପର୍ଯ୍ୟ ଓ ପ୍ରଭାବଶାଳୀତା ପ୍ରକାଶିତ ହୁଏ । Stylistics of the word ମୂଳତଃ ଶବ୍ଦ ସ୍ତରୀୟ ବିଶ୍ଳେଷଣକୁ ଭିତ୍ତି କରିଥାଏ । "xxx ଶବ୍ଦ ମାଧ୍ୟମରେ ଭାବ ପ୍ରକାଶ ଘଟେ । ଏହା ରଚନାର କ୍ଷୁଦ୍ରତମ ଭାଷିକ-ଉପାଦାନ, ଅଥଚ ଏଇ କ୍ଷୁଦ୍ରତା କେବେ କେବେ ପ୍ରୟୋଗିକତା ସାଫଲ୍ୟ ହେତୁ ନିର୍ଭରଶୀଳ ।"[୪୧] ଏ ଦୃଷ୍ଟିରୁ କଥାକାର ରଜନୀକାନ୍ତ ମହାନ୍ତିଙ୍କ ଗଳ୍ପରେ ଶବ୍ଦ ପ୍ରୟୋଗର ସ୍ୱାତନ୍ତ୍ର୍ୟକୁ ଏଠାରେ ଉପସ୍ଥାପନା କରାଯାଇପାରେ ।

ଶୈଳୀ ଦ୍ୱାରା ସୃଷ୍ଟିକୁ ମାଧୁର୍ଯ୍ୟମୟ କରାଯାଇଥାଏ । ଆକର୍ଷଣୀୟ କରାଯାଇଥାଏ । ଏ ଦୃଷ୍ଟିରୁ ଶବ୍ଦ ସ୍ତରୀୟ ଶୈଳୀ (Stylistics of the word) ର ମଧ୍ୟ ରହିଛି ଗୁରୁତ୍ୱପୂର୍ଣ୍ଣ ଭୂମିକା । ଶୈଳୀ ବିଜ୍ଞାନ ଭିତ୍ତିରେ ଶବ୍ଦ ସ୍ତରୀୟ ଶୈଳୀ ବିଶ୍ଳେଷଣ ବେଳେ ପ୍ରଥମତଃ ଦେଖାଯାଏ ଶବ୍ଦ ପ୍ରତି ଲେଖକର ଆତ୍ମ ସଂପୃକ୍ତି ସହିତ ଶବ୍ଦ ଚୟନ କେଉଁଭଳି ? ସେ ଶବ୍ଦ ପ୍ରୟୋଗର ସୃଜନଶୀଳତା ମଧ୍ୟରେ କିଛି ସମାନ୍ତରତା (Parallesism) ଆଣୁଛି କି ? ବିଚ୍ୟୁତି (deviation) ଏବଂ ବିରଳତା (rarity) ଭଳି କିଛି ବ୍ୟତିକ୍ରମ ଘଟୁଛି କି ? ଏସବୁରୁ ଯଦି କିଛିବି ଝଲକ ସାହିତ୍ୟିକର ସୃଜନକ୍ରିୟାରେ ଦେଖାଯାଏ ତାହେଲେ ଶବ୍ଦ ସ୍ତରୀୟ ଶୈଳୀ ବିଜ୍ଞାନ ବିଶ୍ଳେଷଣରେ କୌଣସି ଦ୍ୱନ୍ଦ୍ୱ ଉପୁଜେ ନାହିଁ । ଗାଳ୍ପିକ ରଜନୀକାନ୍ତ ମହାନ୍ତିଙ୍କ ଶବ୍ଦ ଚୟନରେ ରହିଛି ସ୍ୱାତନ୍ତ୍ର୍ୟ । ଯଥା- (କ) ଯୁଗ୍ମ ଶବ୍ଦ ଚୟନ, (ଖ) ଦ୍ୱୈତ / ଦ୍ୱିରୁକ୍ତି ଶବ୍ଦ ଚୟନ, (ଗ) ଆଞ୍ଚଳିକ ଶବ୍ଦ ଚୟନ, (ଘ) ସାଧୁ ବା ମାନକ ଶବ୍ଦ ଚୟନ, (ଙ) ଶବ୍ଦ ନିର୍ମାଣ, (ଚ) ପ୍ରିୟ ଶବ୍ଦ, (ଛ) ଇଂରାଜୀ ଶବ୍ଦର ବହୁଳ ବ୍ୟବହାର, (ଜ) ଶବ୍ଦ ସଂଯୋଜନାରେ ପୌନଃପୁନିକତା ।

୨.୧ ଖ.କ. ଯୁଗ୍ମ ଶବ୍ଦ ଚୟନ :

ଗାଳ୍ପିକ ରଜନୀକାନ୍ତ ମାହାନ୍ତିଙ୍କ ଶବ୍ଦ ଚୟନ କ୍ଷେତ୍ରରେ ଯୁଗ୍ମ ଶବ୍ଦ ଚୟନ ବେଶ୍ ଆକର୍ଷଣୀୟ । ଅନେକ ସ୍ଥାନରେ ଦୁଇଟି ଶବ୍ଦ ସଂଯୋଗ ହୋଇ ଗୋଟିଏ ସାର୍ଥକ ଭାବ ବା ଅର୍ଥ ପ୍ରକାଶ ପାଏ । ଯଥା-ଗୁମ୍ ଗୁମ୍, କୁହାକୁହି, କଷ୍ଟେ ମଷ୍ଟେ । କିନ୍ତୁ ଉକ୍ତ ଶବ୍ଦ ଗୁଡ଼ିକ କ୍ରମବିହୀନ ଭାବରେ ଓଲଟାଇ ଲେଖିଲେ ସଠିକ୍ ଅର୍ଥ ପ୍ରକାଶ ପାଏନାହିଁ । ଯଥା-ଗୁମ୍‌ସୁମ୍‌କୁ ସୁମ୍‌ଗୁମ୍, କୁହାକୁହିକୁ କୁହିକୁହା, କଷ୍ଟେମଷ୍ଟେକୁ ମଷ୍ଟେକଷ୍ଟେ । ଅଥଚ ବିପରୀତର ଅର୍ଥ ଦୁଇଟି ଶବ୍ଦର ସଂଯୋଗରେ ଗଠିତ ଯୁଗ୍ମ ଶବ୍ଦ ଯଥା-ଏଠି ସେଠି ଏବଂ ସମାନ ଶବ୍ଦ ବା କ୍ରିୟାର ଦ୍ୱିରୁକ୍ତି ଦ୍ୱାରା ଗଠିତ ଯୁଗ୍ମ ଶବ୍ଦ ଯଥା: ଥରଥର, ଆହୁରି ମଧ୍ୟ କେତେକ ଧ୍ୱନ୍ୟାତ୍ମକ ଯୁଗ୍ମ ଶବ୍ଦ ଯଥା- ଧଡ୍‌ଧଡ୍, ଠକ୍ ଠକ୍ ଆଦିକୁ କ୍ରମବିହୀନ ଭାବରେ ଓଲଟାଇ ଲେଖିଲେ ସଠିକ୍ ଅର୍ଥ ପ୍ରକାଶ ପାଏ । କିନ୍ତୁ ବିପରୀତାର୍ଥ ଦୁଇ ଶବ୍ଦର ସଂଯୋଗର ଗଠିତ ଶବ୍ଦରେ ଭାବର ସାମାନ୍ୟ ପରିବର୍ତ୍ତନ ଘଟେ । ଗାଳ୍ପିକ ରଜନୀକାନ୍ତ ମହାନ୍ତି ଯୁଗ୍ମ ଶବ୍ଦ ଚୟନ କ୍ଷେତ୍ରରେ କୌଣସି ଗୁଣରୁ ବାଦ ପଡ଼ି ନାହାନ୍ତି । ତାଙ୍କ ଗଳ୍ପ ସୃଷ୍ଟି ସମ୍ଭାରରେ ବାରମ୍ବାର ଦେଖାଯାଉଥିବା ଯୁଗ୍ମ ଶବ୍ଦ ଗୁଡ଼ିକ ହେଲା - ଏଠିସେଠି, ଆଚକାମାଚକା, ଉବୁଟୁବୁ, ଶୂନ୍‌ଶାନ୍, ରିନ୍‌ଭିନ୍, ଜହ୍ନିଓଷା ଫହ୍ନିଓଷା, ଗୁମ୍‌ସୁମ୍, କୁହାକୁହି, ଚୁହାଁଚୁହିଁ, ଠରାଠରି, ମରାପିଟା, ଧମକଚମକ, ବୁଝାସୁଝା, ହାଲଡାଲ ଇତ୍ୟାଦି । ଶ୍ରୀ ମହାନ୍ତି ଗଳ୍ପ ମଧ୍ୟରେ ଯେଉଁଠି ଭାବକୁ ଆକର୍ଷଣୀୟ, ଗାମ୍ଭୀର୍ଯ୍ୟପୂର୍ଣ୍ଣ କରିବାକୁ ଚାହିଁଛନ୍ତି ସେଠାରେ ଯୁଗ୍ମ ଶବ୍ଦ ବ୍ୟବହାର କରିଛନ୍ତି । ଯଥା -

୧. (କ) "ତେଣୁ ଯା ପରେ ଯାହା କିଛି ସମ୍ଭବ, ତା' କେବଳ ପ୍ରଶ୍ନ ମଧ୍ୟରେ **ଉବୁଟୁବୁ** ହେବା କଥା, ଯାହା ଆଉ ଗଳ୍ପ ହୋଇପାରିନି ।"[୪୨]

(ଖ) "ହଁ ବିଦିତା, ତୁମ କାଚର **ରୁଣୁଝୁଣୁ** କାଚ ମୋତେ **ଉବୁଟୁବୁ** କରେନି କାହିଁକି, କରେ ।"[୪୩]

୨. (କ) "ଚାରିଆଡ଼େ **ଶୂନ୍‌ଶାନ୍** ।"[୪୪]

(ଖ) "ଗାଁଟା ଏବେ **ଶୂନ୍‌ଶାନ୍** ଥିବ ।"[୪୫]

୩. (କ) "ଏତେ ଗୁଡ଼ାଏ ଜମିବାଡ଼ି **ବୁଝାସୁଝା** ପାଇଁ ହରିଶ ଆଉ ଚାକିରି କଲାନାହିଁ ।"[୪୬]

(ଖ) "ତା ନୂଆ ଘର ବିଷୟରେ **ବୁଝାସୁଝା** କରିବାକୁ ।"[୪୭]

୪. (କ) "ଏମିତି କେତେ ଲୋକ କେତେ **ବେସ୍ତଅସ୍ତ** ହେଇ ସେଟାକୁ ମାଗିଲେନି ଫସଲ କରିବେ ବୋଲି ।"[୪୮]

ଉପର୍ଯ୍ୟୁକ୍ତ ଉଦାହରଣ ଗୁଡ଼ିକୁ ଦେଖିଲେ ଶ୍ରୀ ମହାନ୍ତିଙ୍କ ଶବ୍ଦ ଚୟନର କାରିଗରୀତାକୁ ଉପଲବ୍ଧି କରିହୁଏ । ଶ୍ରୀ ମହାନ୍ତିଙ୍କ ଶବ୍ଦ ଉପସ୍ଥାପନାରେ ରହିଛି ଆବେଗପୂର୍ଣ୍ଣତା । ଉଦାହରଣ ବାକ୍ୟ ୧.(କ) ଓ (ଖ) ଦ୍ୱୟ ଯୁଗ୍ମ ଶବ୍ଦ ପ୍ରୟୋଗରେ ଚମତ୍କାରିତା ସୃଷ୍ଟି କରିଛି । ବାକ୍ୟ

ଦୁଇଟିରେ ରୂପକଳ୍ପ ଉପସ୍ଥାପନା ହୋଇଛି । ଯାହାକି ପାଠକ ହୃଦୟରେ ଏକ ଦୃଶ୍ୟାତ୍ମକ ଝଲକ ସୃଷ୍ଟି କରି ଭାବକୁ ଗମ୍ଭୀର କରୁଛି । ପ୍ରଥମ ବାକ୍ୟରେ ପ୍ରଶ୍ନ ମଧ୍ୟରେ 'ଉବୁଟୁବୁ' ହେବା ଏବଂ ଦ୍ୱିତୀୟ ବାକ୍ୟରେ 'ରୁଣୁଝୁଣୁ କାଚ୍' ଉବୁଟୁବୁ ମଣିଷ ମନର ଆନ୍ତରିକତା ଓ ଅସହାୟତା ପ୍ରକାଶ କରୁଛି । ସେହିପରି ୨.(କ) ଓ (ଖ), ୩.(କ) ଓ (ଖ) ବାକ୍ୟରେ ପାରମ୍ପରିକ ଭାବରେ ଶୁନ୍‌ଶାନ୍ ବୁଝାସୁଝା ଶବ୍ଦ ଗୁଡ଼ିକ ବ୍ୟବହୃତ ହୋଇଛି ଭାବର ଗାମ୍ଭୀର୍ଯ୍ୟ ପାଇଁ । ତାହା ଏଠାରେ ଉପସ୍ଥାପନା କରିବାର କାରଣ ଶ୍ରୀ ମହାନ୍ତି ଏପରି ଯୁଗ୍ମ ଶବ୍ଦ ବହୁ ସ୍ଥାନରେ ବାରମ୍ବାର ବ୍ୟବହାର କରି ସ୍ୱକୀୟ କାରିଗରୀର ସ୍ୱତନ୍ତ୍ରତା ଜାହିର କରିଛନ୍ତି । ସେହିପରି ୪.(କ) ବାକ୍ୟରେ ଯୁଗ୍ମ ଶବ୍ଦରେ ବିଚ୍ୟୁତି ଘଟେ । ପାରମ୍ପରିକ ଭାବରେ 'ଅସ୍ତବ୍ୟସ୍ତ' ଶବ୍ଦଟିକୁ ଶ୍ରୀ ମହାନ୍ତି ଭାବଦୃଷ୍ଟିରୁ ଓ ପରିବେଶ ଦୃଷ୍ଟିରୁ ଆକର୍ଷଣୀୟ କରିବା ପାଇଁ ପାଠକ ମନରେ ଉପସ୍ଥାପିତ ଚରିତ୍ରର ବ୍ୟକ୍ତି ସତ୍ତାକୁ ଜାଗ୍ରତ କରିବାପାଇଁ ଉପସ୍ଥାପନାରେ ବ୍ୟତିକ୍ରମ କରି କ୍ରମବିହୀନ ଭାବରେ ଓଲଟାଇ ଅସ୍ତବ୍ୟସ୍ତକୁ ବ୍ୟସ୍ତଅସ୍ତ ଲେଖୁଛନ୍ତି । ଯାହାକି ଗାଳ୍ପିକଙ୍କର ଶବ୍ଦ ଉପସ୍ଥାପନାରେ ସଚେତନତାକୁ ହୃଦୟଙ୍ଗମ କରିହୁଏ ।

୨.୧ ଖ.ଖ. ଦ୍ୱୈତ ବା ଦ୍ୱିରୁକ୍ତ ଶବ୍ଦ ଚୟନ :

ଶ୍ରୁତି ମଧୁରତା ଓ ଆକର୍ଷଣୀୟତା ନିମନ୍ତେ ଦ୍ୱୈତ ଶବ୍ଦ ବା ଦ୍ୱିରୁକ୍ତ ଶବ୍ଦ ବ୍ୟବହାର ହୋଇଥାଏ । ସୃଷ୍ଟିକୁ ସରସ ଓ ସୁନ୍ଦର କରି ଗଢ଼ି ତୋଳିବାର ଲକ୍ଷ୍ୟ ନେଇ ସ୍ରଷ୍ଟାମାନେ ଦ୍ୱୈତ ଶବ୍ଦ କରିଥାନ୍ତି ବ୍ୟବହାର । ଦ୍ୱୈତ ଶବ୍ଦରେ ବିଶେଷ୍ୟ, ବିଶେଷଣ, ସର୍ବନାମ ଓ କ୍ରିୟାପଦ ଗୁଡ଼ିକ ବିଭିନ୍ନ ଅର୍ଥରେ ଦ୍ୱୈତ ହୋଇ ବ୍ୟବହୃତ ହେଇଥାନ୍ତି । ଦ୍ୱୈତଶବ୍ଦ ଚୟନ ଦୃଷ୍ଟିରୁ ଗାଳ୍ପିକ ରଜନୀକାନ୍ତ ମହାନ୍ତି ସର୍ବାଗ୍ରେ । ଅଜସ୍ର ଦ୍ୱୈତ ଶବ୍ଦ ବ୍ୟବହାର କରି ସ୍ୱକୀୟ ସର୍ଜନକୁ କରିଛନ୍ତି ଆକର୍ଷଣୀୟ । ବକ୍ତବ୍ୟର ଛତ୍ରେ ଛତ୍ରେ ତାଙ୍କ ଲେଖନୀ ମୁନରୁ ଦ୍ୱୈତ ଶବ୍ଦ ଝରି ଆସୁଛି ପ୍ରଚୁର । ଯଥା-ଅଟକିଅଟକି, ଡିମାଡିମା, ଖୋଲାଖୋଲା, ରାଗିଲା ରାଗିଲା, କରିବା କରିବା, ରାତି ରାତି, ନିଜ ନିଜ, ତୋଫାତୋଫା, ଚିପିଚିପି, ସ୍ୱପ୍ନ ସ୍ୱପ୍ନ, ଜହ୍ନିଓଷା ଜହ୍ନିଓଷା, ଆଞ୍ଜୁଳା ଆଞ୍ଜୁଳା ଇତ୍ୟାଦି । ଏଠାରେ ଦ୍ୱୈତ ଶବ୍ଦ ଥିବା କେତୋଟି ବାକ୍ୟ ନିଆଯାଇପାରେ । ଯଥା –

(କ) "**ଓଜନ ଓଜନ** ପାଦ ପକାଇ ମୁଁ ଆଗେଇଲି ।"(୪୯)

(ଖ) "ସେଦିନର ହସଟି ଶରଦୀକୁ **ଅଲଗା ଅଲଗା** ଲାଗିଲା ।"(୫୦)

(ଗ) "ବନବାବୁ ଜାଣିଥିଲେ ମଣିଷର ଅସହାୟତା, ଦୁର୍ବଳତାକୁ **ଝିଙ୍କାସି ଝିଙ୍କାସି** ତା'ର ନହୁ ଶୁଖାଇ ଦବାର କୌଶଳକୁ ।"(୫୧)

ଶ୍ରୀ ମହାନ୍ତିଙ୍କ ଗଳ୍ପ ପରିଧିରେ ଦ୍ୱୈତ ଶବ୍ଦର ପ୍ରୟୋଗକୁ ଦୃଷ୍ଟି ନିକ୍ଷେପ କଲେ ଜଣାଯାଏ ଗାଳ୍ପିକ ଭାବକୁ ସାନ୍ଦ୍ର କରିବା ପାଇଁ ତଥା ଚିତ୍ରାତ୍ମକ ବାତାବରଣ ପାଠକର ବ୍ୟକ୍ତି ସତ୍ତାରେ ଜାଗ୍ରତ କରିବା ନିମନ୍ତେ ଏଭଳି ଶବ୍ଦ ସଂଯୋଜନା କରିଛନ୍ତି । ବେଳେବେଳେ

ଦ୍ୱୈତ ଶବ୍ଦର ପ୍ରୟୋଗରେ ବାକ୍ୟ ମଧ୍ୟ କାବ୍ୟାତ୍ମକ ହୋଇ ପାଠକ ମନରେ ଗୁଞ୍ଜରଣ ସୃଷ୍ଟି କରିଛି । ଶ୍ରୀ ମହାନ୍ତିଙ୍କର ଶବ୍ଦ ଚୟନ ଦୃଷ୍ଟିରୁ ଦ୍ୱୈତ ଶବ୍ଦ ବା ଦ୍ୱିରୁକ୍ତି ଶବ୍ଦ ବହୁ ପରିମାଣରେ ଗଳ୍ପରେ ପ୍ରୟୋଗ କରି ନିଜ ଶୈଳ୍ପିକ ସ୍ୱାତନ୍ତ୍ର୍ୟ ଜାହିର କରିଛନ୍ତି ।

୨.୧ ଖ.ଗ. ଆଞ୍ଚଳିକ ଶବ୍ଦ ଚୟନ / ଉପଭାଷା ଚୟନ :

ଆଞ୍ଚଳିକ ଶବ୍ଦ ଲେଖକ ସେତେବେଳେ ଚୟନ କରେ ଯେତେବେଳେ ଗୋଟିଏ ଆଞ୍ଚଳିକ ବା ଗ୍ରାମୀଣ ପରିବେଶ ମଧ୍ୟରେ ଅଶିକ୍ଷିତ ଚରିତ୍ରମାନଙ୍କୁ ଉପସ୍ଥାପନ କରେ । ଗ୍ରାମୀଣ ଚରିତ୍ରମାନଙ୍କର ହସ, କାନ୍ଦ, ମାନ, ଅଭିମାନ, ଦୁଃଖ, ସୁଖ, ସଂଘର୍ଷର କଥା ଲେଖକ ବଖାଣିଲା ବେଳେ ଗ୍ରାମୀଣ ଭାଷା ପ୍ରୟୋଗ କରି ପରିବେଶ ଓ ଚରିତ୍ରକୁ ଜୀବନ୍ତ କରିବାର ଲକ୍ଷ୍ୟକୁ ଚରିତାର୍ଥ କରିଥାଏ । ଗାଳ୍ପିକ ରଜନୀକାନ୍ତ ମହାନ୍ତି ବାଲେଶ୍ୱର ଜିଲ୍ଲାର ଉପାନ୍ତ ଅଞ୍ଚଳ ସୋର ବ୍ଲକ ଅନ୍ତର୍ଗତ କ୍ଷୀରକୋଣୀ ଗ୍ରାମରେ ଜନ୍ମ ହୋଇଥିବାରୁ ଗ୍ରାମୀଣ ପରିବେଶରେ ଚରିତ୍ରମାନଙ୍କର ବେଦନାସିକ୍ତ ଭାବକୁ ପରିପ୍ରକାଶ କଲାବେଳେ ବାଲେଶ୍ୱରୀ ଉପାନ୍ତ ଭାଷାରେ ଗଳ୍ପ ଗୁଡ଼ିକୁ ତୋଳି ଧରିଛନ୍ତି । ତେଣୁ ଶ୍ରୀ ମହାନ୍ତିଙ୍କ ସୃଷ୍ଟିରେ ଗ୍ରାମୀଣ ଭାଷା ପ୍ରୟୋଗ ହୋଇଥିଲେ ମଧ୍ୟ ଗୋଟିଏ ସ୍ୱତନ୍ତ୍ର ଉପାନ୍ତ ଅଞ୍ଚଳର ଭାଷା ହୋଇଥିବାରୁ ଏହାକୁ ଆଞ୍ଚଳିକ ଶବ୍ଦ ଚୟନ ଭାବରେ ଆଲୋଚନା କରାଗଲା । ଶ୍ରୀ ମହାନ୍ତିଙ୍କ ସୃଜିତ ଗଳ୍ପ ମଧ୍ୟରୁ ତିରିଶରୁ ଉର୍ଦ୍ଧ୍ୱ ଗଳ୍ପ ଗ୍ରାମୀଣ ପରିବେଶରେ ଚରିତ୍ରର ଅନ୍ତର୍ନିହିତ ବ୍ୟକ୍ତି ସତ୍ତାକୁ ନେଇ ହୋଇଛି ଉଭା । ତେଣୁ ଏଥିରୁ ଗାଳ୍ପିକ ରଜନୀକାନ୍ତ ମହାନ୍ତିଙ୍କ ଗ୍ରାମୀଣ ଭାଷା ପ୍ରୟୋଗର କାରିଗରୀତାକୁ ହୃଦୟଙ୍ଗମ କରିହୁଏ । ଯଥା-**ପାଖିଆ** (ପାଖସ୍ଥାନ), **କୁହେ** (କହେ), **କୁଂଚି** (ଚାବି), **କହିଥିନି** (କହିଥିଲି), **ହରେଇମି** (ହରେଇବି), **ରେଡିଅ** (ରେଡିଓ), **ଦେମି** (ଦେବି), **ନେଖ** (ଲେଖ), **ଉଷଦ** (ଔଷଧ), **ଆଇନି** (ଆସିଲି), **ଆଜିପା** (ଆଜିପରା), **ଭଦ୍ରଖ** (ଭଦ୍ରକ), **ଗତସନ** (ଗତବର୍ଷ), **ନହଡି** (ଲହଡ଼ି), **ନହୁ** (ଲହୁ, ରକ୍ତ), **ଯିବା ଯାକେ** (ଯିବା ପର୍ଯ୍ୟନ୍ତ), **ଥୋଇନି** (ଥୋଇଲି), **ଯୋଖିନି** (ଯୋଖିଲି), **କହିନି** (କହିଲି), **ଦେନି** (ଦେଲି), **ଦେଇଯିମି** (ଦେଇଯିବି), **ଛାଡ଼ିଦେମି** (ଛାଡ଼ିଦେବି), **ପୁଲ** (ପୋଲ), **ମାଣେ କାନ୍ତର** (ମାଣେ ଖଣ୍ଡେ), **ନେଉଟି** (ଲେଉଟି) ଆଦି ଅଜସ୍ର ବାଲେଶ୍ୱରୀ ଶବ୍ଦ ଚରିତ୍ର ମାଧ୍ୟମରେ ପ୍ରୟୋଗ କରି ଭାବକୁ କରିଛନ୍ତି ଜୀବନ୍ତ । ଗଳ୍ପ ମଧ୍ୟରେ ବ୍ୟବହୃତ ହୋଇଥିବା ଆଞ୍ଚଳିକ ଶବ୍ଦ ଗୁଡ଼ିକରେ 'ଔ', 'ଉ', 'ନ' ସ୍ଥାନରେ 'ଲ', 'ଲ' ସ୍ଥାନରେ 'ନ', 'ବ' ସ୍ଥାନରେ 'ମ' ଆଦିର ଘଟୁଛି ପରିବର୍ତ୍ତନ । ଅର୍ଥର ଘଟୁନି ପରିବର୍ତ୍ତନ ଆହୁରି ଅଶିକ୍ଷିତ ଗ୍ରାମୀଣ ଚରିତ୍ର ସଙ୍ଗେ ପାଠକ ମଜ୍ଜିଯିବାର ଆବେଗ ଆସେ ।

ଶ୍ରୀ ମହାନ୍ତି ଆଞ୍ଚଳିକ ଶବ୍ଦ କେବଳ ଚରିତ୍ରମାନଙ୍କ ବକ୍ତବ୍ୟରେ ଫୁଟାଇ ନାହାନ୍ତି । ଘଟଣାକୁ ଉପସ୍ଥାପନ କଲାବେଳେ ନିଜେ ସେ ପରିବେଶ ସହିତ ତଥା ଚରିତ୍ରମାନଙ୍କ ସଙ୍ଗେ ଏପରି ମଜି ଯାଇଛନ୍ତି ଯେ ଉପସ୍ଥାପନାରେ ଆଞ୍ଚଳିକ ଶବ୍ଦକୁ ଧରି ଗଳ୍ପର ଭାବକୁ ଆରମ୍ଭରୁ

ପରିଣତି ପର୍ଯ୍ୟନ୍ତ ଗତି କରାଇଚାଲିଛନ୍ତି । ଏହା ମଧ୍ୟ ଶ୍ରୀ ମହାନ୍ତିଙ୍କ ଉପସ୍ଥାପନାର ସ୍ୱାତନ୍ତ୍ର୍ୟ ଦାବି କରେ । ଗ୍ରାମୀଣ ଚରିତ୍ର ମୁଖର ଭାଷା ବ୍ୟତିରେକ ଶ୍ରୀ ମହାନ୍ତିଙ୍କ ତୃତୀୟ ପୁରୁଷୀୟ ଶୈଳୀ ଉପସ୍ଥାପନାରେ ଉପସ୍ଥାପକ ଆଞ୍ଚଳିକ ଭାଷା ପ୍ରୟୋଗକୁ ଏଠାରେ ଦେଖାଯାଇପାରେ । ଯଥା–

(କ) "ଗେଣ୍ଡୁଆ ତୃତୀୟ ପକ୍ଷର ମାଇପ ପଚି ଡିବିଟା ନଗଉ ନଗଉ ଉଠି ଆସିଲା ।"(୫୨)

(ଖ) "ଚେମା ମା କାନ୍ଦୁଚି । ଠକ୍ ଠକ୍ ତତଲା ନୁହ ଖସି ପଡୁଚି ମାଟି ଉପରେ ।"(୫୩)

ଦୁଇଟି ବାକ୍ୟରେ ତୃତୀୟ ପୁରୁଷୀୟ ଶୈଳୀର ଉପସ୍ଥାପନାକୁ ଉଦ୍ଧାର କରାଯାଇଛି । ପ୍ରଥମ ବାକ୍ୟରେ ଡିବିଟା 'ଲଗଉ ଲଗଉ' ସ୍ଥାନରେ 'ନଗଉ ନଗଉ', ଏବଂ ଦ୍ୱିତୀୟ ବାକ୍ୟରେ 'ଲୁହ'କୁ ଲେଖା ହୋଇଛି 'ନୁହ' । ଉକ୍ତ ଉଦାହରଣ ଦେବାର କାରଣ ଶ୍ରୀ ମହାନ୍ତିଙ୍କ ଆଞ୍ଚଳିକ ଶବ୍ଦ ପ୍ରୟୋଗର ଚମତ୍କାରିତାକୁ ଦେଖାଯାଇପାରେ । ଦୁଇଟି ବାକ୍ୟରେ ଆଞ୍ଚଳିକ ଶବ୍ଦ ପ୍ରୟୋଗ ନକରି ମାନକ ଓଡ଼ିଆ ଶବ୍ଦ ପ୍ରୟୋଗ କରିଥିଲେ ବୋଧହୁଏ ପାଠକର ଆବେଗ, ଉତ୍କଣ୍ଠା ଓ ଦ୍ୱନ୍ଦ୍ୱର ବିଚ୍ୟୁତି ଘଟିଥାନ୍ତା । ସେଥିପାଇଁ ଗୋଟିଏ ସରଳ ରେଖାରେ ଭାବବସ୍ତୁ, କଥାବସ୍ତୁକୁ ଗତି କରାଇଲାବେଳେ ଉପସ୍ଥାପନାରେ ଆଞ୍ଚଳିକ ଶବ୍ଦ ପ୍ରୟୋଗ କରି ଶ୍ରୀ ମହାନ୍ତି ନିଜର ସ୍ୱାତନ୍ତ୍ର୍ୟ ରକ୍ଷା କରିଛନ୍ତି ।

୨.୧ ଖ.ଘ. ମାନକ ଓଡ଼ିଆ ଶବ୍ଦ ଚୟନ :

ଆଞ୍ଚଳିକ ଶବ୍ଦ ଚୟନର ଚମତ୍କାରିତା ଭଳି ଶ୍ରୀ ମହାନ୍ତିଙ୍କର ମାନକ ଶବ୍ଦ ବା ସାଧୁ ଶବ୍ଦ ଚୟନର ନାନ୍ଦନିକତା କିଛି କମ୍ ନୁହେଁ । ମାନକ ଶବ୍ଦ ଚୟନ ପଣ୍ଡିତ ଶ୍ରେଣୀୟ ବ୍ୟକ୍ତିମାନଙ୍କ ଠାରେ ବହୁ ପରିମାଣରେ ହୋଇଥାଏ । ଏହା କହିବାର କାରଣ ଆଞ୍ଚଳିକ ଶବ୍ଦ ପରମ୍ପରା କ୍ରମେ ପ୍ରତି ମଣିଷର ଅବଚେତନରେ ଓ ଭାବ ପ୍ରକାଶରେ ବସା ବାନ୍ଧେ । କିନ୍ତୁ ସାଧୁ ଶବ୍ଦ ଅଜସ୍ର ଅଧ୍ୟୟନରୁ ଆହରଣ ହୋଇଥାଏ । ଗାଳ୍ପିକ ରଜନୀକାନ୍ତ ମହାନ୍ତିଙ୍କ ମାନକ ଶବ୍ଦ ଚୟନରେ ତତ୍‌ସମ ଶବ୍ଦ ଓ ତଦ୍‌ଭବ ଶବ୍ଦର ପ୍ରୟୋଗ ବହୁ ପରିମାଣରେ ଦେଖାଯାଉଥିବାରୁ ଏହା ଶୈଳୀ ବିଜ୍ଞାନର ଆଲୋଚନାର ଅପେକ୍ଷା ରଖେ । ଶ୍ରୀ ମହାନ୍ତିଙ୍କ ଗଳ୍ପ ମଧ୍ୟରେ ପ୍ରୟୋଗ ହୋଇଥିବା କେତୋଟି ମାନକ ଶବ୍ଦ ହେଲା – ନଗ୍ର, ଗମ୍ୟ, ଭୋଦୁଅ, କାକ, ସିଂଦୂରିତ, ଗୋମଧୋତି, କର ଛଡ଼ା, ଆସନ୍ନ ମୃତ୍ୟୁ, ଜହ୍ନ ବିମ୍ବିତ ନଈ, ଭୁଞ୍ଜା, ଧାବମାନ, ଜାଗ୍ରତ, ଅବକାଶ, ଉପହାସ, ଗର୍ଭକ, ଅଦମନୀୟ, ସଙ୍ଗିନୀ, ଶସ୍ୟଶ୍ୟାମଳା, କୁହାନଳ, ଗୁହାରୀ, ଚକ୍ଷୁଶୂଳ, ଆର୍ତ୍ତନାଦ, ଅହର୍ନିଶ, ଲୋହିତ ଶୋଣିତ, ଜୀବନାଗ୍ନି ଆଦି ଅଜସ୍ର ଶବ୍ଦ । ନିମ୍ନରେ ଶ୍ରୀ ମହାନ୍ତିଙ୍କ ମାନକ ଓଡ଼ିଆ ଶବ୍ଦ ଥିବା କେତୋଟି ବାକ୍ୟ ଦେଖାଯାଇପାରେ ।

(କ) "ଏ ଚିର ନୂତନ ନଗ୍ରରେ ପୁରାତନ ମଣିଷର ଚିରାଚରିତ ଗମ୍ୟତା

ହଠାତ୍ କେମିତି ସ୍ଥିର ହୋଇଗଲା ଦୁଆର ଓ ଝରକା ପାଖରେ ଏବଂ ନିଦ କେମିତି ପୁହାଇ ଦେଇ ଯାଉଛି ରାତିଟାକୁ, ପୁଣି ସକାଳର ପ୍ରତୀକ୍ଷା ନେଇ ?"[୫୪]

(ଖ) "ସୁପ୍ତ ଓ ଜାଗ୍ରତ ସ୍ଥିତି ହିଁ ନାହିଁ ।"[୫୫]

(ଗ) "ମା ମୁଁ କିନ୍ତୁ ଅହରହ ଶୁଣୁଛି ସେଇ ଶିଶୁଦ୍ୱୟର ଆର୍ତ୍ତନାଦ ।"[୫୬]

ଉପର୍ଯ୍ୟୁକ୍ତ ବାକ୍ୟ ତଥା ବାକ୍ୟରେ ବ୍ୟବହାର ଶବ୍ଦ ଗୁଡ଼ିକ ନିଶ୍ଚୟ ଭାବରେ ବ୍ୟବହୃତ ହୋଇଛି ବୌଦ୍ଧିକତା ଶ୍ରେଣୀୟ ଗଳ୍ପ ଗୁଡ଼ିକରେ । ସ୍ରଷ୍ଟା ଯେତେବେଳେ ବୌଦ୍ଧିକତାର ସହ ସ୍ୱକୀୟ ଛଳଛଳ ଭାବକୁ ବ୍ୟକ୍ତ କରିବାକୁ ଚାହେଁ ସେତେବେଳେ ଲେଖନୀ ମୂନରୁ ପ୍ଲାବିତ ହୁଏ ମାନକ ଶବ୍ଦ । ସେହି ସରଳ ପ୍ରକୃତିରୁ ବାଦ ପଡ଼ି ନାହାନ୍ତି କଥାକର ଶ୍ରୀ ମହାନ୍ତି । ବସ୍ତୁତଃ କୁହାଯାଇପାରେ ଯେ ଗାଳ୍ପିକ ଏପରି ତତ୍‌ସମ ଓ ତଦ୍‌ଭବ ଶବ୍ଦ ଯଦି ଗଳ୍ପରେ ପ୍ରୟୋଗ କରିନଥାନ୍ତେ ତାହେଲେ ବୌଦ୍ଧିକ ଶ୍ରେଣୀୟ ଗଳ୍ପ ଗୁଡ଼ିକ ବେଖାପିଆ ଲାଗିଥାନ୍ତା । ପାଠକୀୟ ଆବେଗ ହୋଇଥାନ୍ତା କ୍ଷୁଣ୍ଣ, ଏଥିରେ ଦ୍ୱିମତ ନାହିଁ ।

୨.୧ ଖ.ଙ. ଶବ୍ଦ ନିର୍ମାଣ :

ସ୍ରଷ୍ଟା ସର୍ବଦା ଚାହେଁ ପାଠକକୁ ନିଜ ସୃଷ୍ଟି ମଧ୍ୟରେ ବାନ୍ଧି ରଖିବାକୁ । ସେଥିପାଇଁ ଲେଖାକୁ ଆକର୍ଷଣୀୟ କରିବା ନିମନ୍ତେ ଦେଖାଏ ଶବ୍ଦ ପ୍ରୟୋଗର ଯାଦୁଗରୀ । ଏତଦ୍ ବ୍ୟତୀତ ମଧ୍ୟ ନିଜକୁ ସ୍ୱତନ୍ତ୍ର କରି ପାଠକ ପାଖରେ ପରିଚିତ ହେବା ନିମନ୍ତେ ସୃଷ୍ଟିରେ ଦେଖାଏ ଅନେକ କିଛି କୌଶଳ । ଯାହା ଫଳରେ ପାଠକ ପାଖରେ ସର୍ବଦା ନିଜର ସ୍ୱତନ୍ତ୍ର ପରିଚୟ ତିଆରି କରିଥାଏ । ଏ ଦୃଷ୍ଟିରୁ ଶବ୍ଦ ନିର୍ମାଣ ମଧ୍ୟ ଲେଖକର ଏକ ପ୍ରକାର କଳା । ନୂଆ ନୂଆ ଶବ୍ଦ ନିର୍ମାଣ କରି ଭାବ ଗାମ୍ଭୀର୍ଯ୍ୟ କରିଥାନ୍ତି ସ୍ୱକୀୟ ସର୍ଜନରେ । ନବନିର୍ମିତ ଶବ୍ଦକୁ ଇଂରାଜୀରେ Neologism କୁହାଯାଏ । ଏ ଶବ୍ଦ ମଧ୍ୟ ଏକ ବିଶେଷ ଅଭିପ୍ରାୟକୁ ଅଭିବ୍ୟଞ୍ଜକତା ପ୍ରଦାନ କରିଥାଏ । ସାଧାରଣତଃ ରଚନାରେ ଏଗୁଡ଼ିକର ସଂଖ୍ୟା ବହୁତ କମ୍ ହେଲେହେଁ ଏଗୁଡ଼ିକର ମହତ୍ତ୍ୱ ସ୍ୱତନ୍ତ୍ର । ଏହି ଶବ୍ଦ ସ୍ୱାଭାବିକ ରୂପେ ସଂଯୁକ୍ତ ହେଉଥିବା ପ୍ରତ୍ୟୟ ଠାରୁ ଭିନ୍ନ ପ୍ରତ୍ୟୟକୁ ଯୋଗ କରି ନିର୍ମିତ ହୁଏ । ଅଥବା ଲେଖକ ଦୁଇ କିମ୍ବା ଦୁଇରୁ ଅଧିକ ଶବ୍ଦର ସମାସ ସଙ୍ଗେ ନବୀନ ଶବ୍ଦ ନିର୍ମାଣ କରିଥାନ୍ତି । "ଏହାର ଅଭିବ୍ୟଞ୍ଜକତା ଯେଉଁ ଶବ୍ଦ ପ୍ରତି ନିର୍ଦ୍ଦିଷ୍ଟ ହୋଇଥାଏ । ସେଥିରେ ତା'ର ରୂପ ସାମ୍ୟ ମଧ୍ୟ ପରିଲକ୍ଷିତ ହୁଏ ।"[୫୭] କଥାକାର ରଜନୀକାନ୍ତ ମହାନ୍ତିଙ୍କ ଗଳ୍ପ ପରିଧିରେ ବ୍ୟବହୃତ ନବନିର୍ମିତ ଶବ୍ଦ ଶବ୍ଦସ୍ତରୀୟ ଶୈଳୀ ସୃଷ୍ଟି କରିବାରେ ତାଙ୍କୁ ସ୍ୱତନ୍ତ୍ର ପରିଚୟ ଦେଇଛି ।

ଗାଳ୍ପିକ ରଜନୀକାନ୍ତ ମହାନ୍ତି ଭାବକୁ ଏକ ରୈଖିକ ସରଳରେଖାରେ ଗତି କରିବା ନିମନ୍ତେ 'ନିଶୀଥ ସଙ୍ଗମ' ଗଳ୍ପରେ 'ଅଚଞ୍ଚଳ' ଶବ୍ଦଟି ବ୍ୟବହାର କରିଛନ୍ତି । ବାକ୍ୟଟି ହେଉଛି- "ମୁଁ ଆଶ୍ଚର୍ଯ୍ୟ ହେଲି, ରଣଜିତ୍ ବର୍ତ୍ତମାନ ସ୍ଥିର, ଅଚଞ୍ଚଳ କେମିତି । କଟାମୁଣ୍ଡ- ପୁଣି ମଣିଷର ।"[୫୮]

ଏଠାରେ 'ଅଚଞ୍ଚଳ' ଶବ୍ଦଟି 'ଚଞ୍ଚଳ' ଶବ୍ଦର ବିପରୀତାର୍ଥ ବୋଧକ ଶବ୍ଦ ରୂପେ ହୋଇଛି ବ୍ୟବହାର । କିନ୍ତୁ 'ଚଞ୍ଚଳ' ଶବ୍ଦର ବିପରୀତାର୍ଥବୋଧକ ଶବ୍ଦ ମଠ, ଧୀର । ଅଚଞ୍ଚଳ ସ୍ଥାନରେ ମଠ କିମ୍ବା ଧୀର ଶବ୍ଦ ବ୍ୟବହାର ହୋଇଥିଲେ ଶ୍ରୁତି ମଧୁର ହୋଇନଥାନ୍ତା । ତେଣୁ ଗାଳ୍ପିକ ଶ୍ରୀ ମହାନ୍ତି ନିଶ୍ଚୟ ଭାବେ 'ଅଚଞ୍ଚଳ' ଭଳି ନବନିର୍ମିତ ଶବ୍ଦକୁ ଆଲୋଚ୍ୟ ବାକ୍ୟରେ ବ୍ୟବହାର କରିଛନ୍ତି ।

ସେହିପରି ୟ, ୟା, ଲିଆ, ମୟ ଏଇଭଳି ପ୍ରତ୍ୟୟ ସଂଯୋଗର ଅନେକ ନବନିର୍ମିତ ଶବ୍ଦ ଗାଳ୍ପିକ ଶ୍ରୀ ମହାନ୍ତିଙ୍କ ଗଳ୍ପରେ ଦେଖାଯାଏ ଯଥା-କୟେଦୀୟ, ଫର୍ମାଶୀଆ, ଜହ୍ନଲିଆ, ଭଦ୍ରଖିଆ, ହରିଣମୟ, ରୋଗୀମୟ, ଔଷଧମୟ, ବରଫେଇ, ରଣିଫୁଲିଆ, ରଙ୍ଗିଡିଆ, ବର୍ଷାଳିଆ ଆଦି ଶବ୍ଦ । 'ଜହ୍ନଲିଆ' ଶବ୍ଦକୁ ନେଇ ଗଠିତ ହୋଇଥିବା ବାକ୍ୟକୁ ଦେଖାଯାଇପାରେ । ଯଥା- "ରାତି ଜହ୍ନଲିଆ ହେବା, ଏମିତି ଏକ ରାତିରେ ବି ଗଛରୁ ଶୁଖିଲା ପତ୍ର ଝଡ଼ିବା, ଶ୍ୱେତାଙ୍କ ପ୍ରତି ରାତିରେ ବରଗଛ ମୂଳେ ବସିବା, ଝଡ଼ାପତ୍ରକୁ ଏମିତି ଏକ ରାତିର କୃତିତ୍ୱ ବୋଲି ଗ୍ରହଣ କରି ତାକୁ ପକେଟରେ ରଖିବା-ଏତିକିର ସନ୍ତୁଷ୍ଟ ହୋଇ ଗଳ୍ପ ଶେଷ କରିବା ଶ୍ୱେତାଙ୍କ ପକ୍ଷେ ସମ୍ଭବ ନୁହେଁ ।"[୫୯] ଉକ୍ତ ବାକ୍ୟଟି ଦୀର୍ଘ । କିନ୍ତୁ ବାକ୍ୟ ମଧ୍ୟରେ ଶବ୍ଦ ପ୍ରୟୋଗ ଓ ଭାବ ଏତେ ଗମ୍ଭୀର ଯେ ପାଠକକୁ ଶ୍ୱେତାଙ୍କ ଭଳି ଚରିତ୍ର ସଙ୍ଗେ ପାଦ ମିଶାଇ ତା'ର ବିଷାଦକୁ ଅନୁଭବ କରି ପାଟିରେ ଚୁ ଚୁ ଶବ୍ଦ ପ୍ରକାଶ କରିବ । ବାକ୍ୟର ଆରମ୍ଭରେ 'ଜହ୍ନଲିଆ' ଶବ୍ଦଟି ପ୍ରୟୋଗ କରି ଏକ ଜ୍ୟୋସ୍ନା ବିଚ୍ଛୁରୀତ ରଜନୀର ରୂପକଳ୍ପ ସୃଷ୍ଟି କରୁଛନ୍ତି ଗାଳ୍ପିକ । ବୋଧହୁଏ 'ଜହ୍ନଲିଆ' ଶବ୍ଦ ବ୍ୟତିତ ଲେଖକ ଅନ୍ୟ କିଛି ଶବ୍ଦ ପ୍ରୟୋଗ କରି ଚିତ୍ରଟିଏ ସୃଷ୍ଟି କରିଥିଲେ ବାକ୍ୟଟି ଆହୁରି ଦୀର୍ଘ ହୋଇଥାନ୍ତା ଏବଂ ଭାବର ଖଣ୍ଡନ ଘଟିଥାନ୍ତା । ସେହିପରି ଉପରେ ଉଦ୍ଧାର କରାଯାଇଥିବା ନବନିର୍ମିତ ଶବ୍ଦ ଗୁଡ଼ିକର ପ୍ରୟୋଗରେ ଗାଳ୍ପିକ ସ୍ୱକୀୟ କାରିଗରୀର ପରିଚୟ ଦେଇଛନ୍ତି ।

୨.୧ ଖ.ଚ. ଶବ୍ଦ ଓ ବସ୍ତୁ ପ୍ରତି ମୋହ :

ବହୁ ସାହିତ୍ୟିକଙ୍କ ପାଖରେ କିଛି ନା କିଛି ବସ୍ତୁ, ଜୀବ ବା ଶବ୍ଦ ପ୍ରିୟ ହୋଇ ରହିଥାଏ । ସାହିତ୍ୟିକ ସୃଷ୍ଟିକୁ ସର୍ଜନା କଲାବେଳେ ସେହି ବସ୍ତୁ ବା ସେହି ଶବ୍ଦ ପ୍ରତି ବିଶେଷ ଉତ୍ସୁକତାରୁ ତାହା ସ୍ୱତଃସ୍ଫୂର୍ତ୍ତ ଝରିପଡ଼େ ଲେଖନୀ ମୁନ ଦେଇ । ଗାଳ୍ପିକ ରଜନୀକାନ୍ତ ମାହାନ୍ତିଙ୍କର ଗଳ୍ପ ପରିଧିରେ ବରଗଛ ଭଳି ଏକ ବୃକ୍ଷକୁ ଗଳ୍ପ ମଧ୍ୟରେ ବାରମ୍ବାର ଉପସ୍ଥାପନା କରିଛନ୍ତି । କେବଳ ବରଗଛ ନୁହେଁ, ବୃକ୍ଷ ଚେତନା ବି ଗାଳ୍ପିକଙ୍କର ଅନନ୍ୟ । ଗଳ୍ପ ମଧ୍ୟରେ ବୃକ୍ଷର ଉପସ୍ଥାପନାକୁ ନେଇ ଗାଳ୍ପିକ ଶ୍ରୀ ମହାନ୍ତି ମତ ରଖନ୍ତି: "ଗଛ ମୋର ଦୁର୍ବଳତା ନୁହେଁ, ଶକ୍ତି । ମୋର ଅଧିକାଂଶ ଗପ ଗଛମୂଳେ ନହେଲେ ଗଛ ଉପରେ ବସି ଲେଖାଯାଇଛି । ଗଛ ପ୍ରତି ମୋର ଆକର୍ଷଣ ଜନ୍ମସିଦ୍ଧ । ଆମର ସଭ୍ୟତା, ସଂସ୍କୃତି, ଜୀବନ ଏସବୁ ଗଢ଼ି ଉଠିଛି ଗଛ ଯୋଗୁଁ । ସବୁଠୁ ବଡ଼କଥା ହେଲା ଗଛ

ଆମକୁ ସ୍ୱାଧୀନତା ପ୍ରଦାନ କରେ । ମୋର ଗଛ ସହ ନିବିଡ଼ତା ଯୋଗୁଁ ପ୍ରକୃତି, ପରିବେଶ, ବାତାବରଣ ଚିତ୍ର ଫୁଟି ଉଠିବା ସ୍ୱାଭାବିକ । ତା' ବ୍ୟତୀତ ବିଭିନ୍ନ ଚରିତ୍ରର ନିଜସ୍ୱ ପରିବେଶ ଓ ବାତାବରଣ ଭିନ୍ନ । ଚରିତ୍ର ସହ ପରିବେଶ ଓ ବାତାବରଣର ପ୍ରେମ ଓ ସଂଘର୍ଷ ହିଁ ଚରିତ୍ରର ଚିତ୍ର ପ୍ରଦାନ କରେ ।"[୬୦] କଥାକାର ଶ୍ରୀ ମହାନ୍ତିଙ୍କ ବକ୍ତବ୍ୟକୁ ଖଣ୍ଡନ କରାଯାଇ ନପାରେ । କାରଣ ଗଳ୍ପ ମଧ୍ୟରେ ବୃକ୍ଷର ସଂଯୋଜନା ଯେପରି ଆକର୍ଷଣୀୟ ସେହିପରି ମନୋରମ ମଧ୍ୟ । ଗଳ୍ପ ମଧ୍ଯରୁ ଗଛପ୍ରତି ତାଙ୍କର ବକ୍ତବ୍ୟ ଏଠାରେ କେତୋଟି ଉଦାହରଣ ଦିଆଯାଇପାରେ । ଯଥା–

(କ) "ଘର ସାମ୍ନା ରାସ୍ତାପାଖ **ବରଗଛରୁ** ନମ୍ଭି ଭୂଇଁକୁ ଛୁଇଁ ପାରି ନଥିବା ଓହଳଙ୍କୁ ମୁଠେଇ ଦୀର୍ଘଶ୍ୱାସ ନଉଚି ହନୁଆ ।"[୬୧]

(ଖ) "ଜହ୍ନପକ୍ଷ ରାତିରେ ଠିକ୍ ଆଠଟା ବେଳକୁ ହୋଟେଲରୁ ଖାଇ ଦେଇ ଶ୍ୱେତାଙ୍କ ସହରରୁ ସାଇକେଲ୍ ମାରି ଚାଲିଆସେ ଏଇ ପଡ଼ିଆକୁ **ବରଗଛ** ମୂଳକୁ । ରାତି ସାଢ଼େ ଦଶ, ଏଗାର ବେଳକୁ ଫେରିଆସେ ବସାକୁ ।"[୬୨]

(ଗ) "ଗାଁ ପାଖ ବିଲ ମଝିରେ ଛୋଟ ଗୋଚର ପଡ଼ିଆ । ମଝିରେ ବଡ଼ **ବରଗଛ**ଟାଏ ।"[୬୩]

(ଘ) "ବୁଦ୍ଧ ଭଳି, ଯୀଶୁ ଭଳି, ମହମ୍ମଦ ଭଳି, ନାନକ ଭଳି, ମୂଷା ସାଆନ୍ତ ଲଗେଇ ଯାଇଥିବା ଏହି **ବରଗଛ** ମୂଳେ ମୁଁ ତପସ୍ୟାମଗ୍ନ ହେବି ।"[୬୪]

ଉପର୍ଯ୍ୟୁକ୍ତ ଉଦାହରଣ ଭଳି କଥାକାରଙ୍କ ଗଳ୍ପ ପରିଧିରେ ବହୁବାର ପରିବେଶକୁ ସାଉଁଟିଲା ବେଳେ ବୃକ୍ଷଚେତନା ପରିପ୍ରକାଶ ହୋଇଛି । ସେ ବୃକ୍ଷ ଚେତନା ମଧ୍ୟରେ ବରଗଛଟି ତାଙ୍କ ସୃଜନଶୀଳତା ଉପରେ ବାରମ୍ବାର ସବାର ହୋଇ ପଡ଼ିଛି ସ୍ୱତଃସ୍ଫୂର୍ତ୍ତ ଭାବରେ । କେବଳ ବୃକ୍ଷ ଯେ, ଶ୍ରୀ ମହାନ୍ତିଙ୍କର ସୃଷ୍ଟିଚେତନାରେ ସବାର ହେଉଛି, ତାହା କେବଳ ନୁହେଁ । ଏହି ବୃକ୍ଷ ହିଁ ତାଙ୍କ ଚେତନାର ଅନନ୍ୟ ପ୍ରତିଭୂ, ତେଣୁ 'ବୁଦ୍ଧ' ଗଳ୍ପରେ କଥାକାର କହନ୍ତି, "ଏଇ ବୃକ୍ଷ: ସମଗ୍ର ଜୀବ ଜଗତରେ ଏହି ଚଳିତ ଶକ୍ତିହୀନ ଜୀବଟି ଏତେ ଉଦାର, ଏତେ ମହାନ୍ ଯେ ମଣିଷର ଦେବତା ହେବାର ଗୌରବ ଅର୍ଜି ପାରିଛି । ନୈତିକତା, ଆଧ୍ୟାତ୍ମିକତା, ଶାନ୍ତିର ପ୍ରତୀକ ଜୀବନ୍ତ ଶରୀର ଏହି ବୃକ୍ଷକୁ ମଣିଷ ଏତେ ଭଲ ପାଇ ପାରୁଛି ଯେ ତା' ଦେହରେ ମାନବିକତା ସମ୍ବେଦନା ବି ଆରୋପ କରିଛି ଗଛ ଗଛର ବାହାଘର ରୀତି ପ୍ରଚଳନ କରି । ଯା ଠୁଁ ବଡ଼ ବିସ୍ମୟ କ'ଣ ଅଛି ଯେ ପକ୍ଷୀଙ୍କ ନିବାସ, ଦେବୀଙ୍କ ନିବାସ, ଭୌତିକ ଅଶରୀରୀରଙ୍କ ନିବାସ, ମଣିଷ ଓ ପଶୁଙ୍କର ଆଶ୍ରୟ ସ୍ଥଳି ବି ସେହି ବୃକ୍ଷ । ପ୍ରଳୟ କାଳରେ ଜଳଧି ଉପରେ ଖୋଦ୍ ଈଶ୍ୱରଙ୍କ ଆଶ୍ରୟ ତ ବଟପତ୍ର । ଏପରିକି କୋଇଲି ଓ ଅନ୍ୟ ପକ୍ଷୀ ସମୂହଙ୍କ ମଧୁର ସଙ୍ଗୀତ ସୃଷ୍ଟି ହୁଏ ଏହି ବୃକ୍ଷ ଶାଖାରେ ।"[୬୫] ତେଣୁ ବୃକ୍ଷ ହେଉଛି ମାନବିକତାର ପ୍ରତୀକ ଯିଏ ମଣିଷକୁ ଶାନ୍ତିରେ

ବଞ୍ଚିବା ପାଇଁ ପରସି ଦେଇଥାଏ ଅମ୍ଳଜାନ । ପରିବେଶ ନିୟନ୍ତ୍ରଣର ମୁଖ୍ୟ ଭୂମିକା ଗ୍ରହଣ କରିଥାଏ, ଏଇ ବୃକ୍ଷ । ଏହି ବୃକ୍ଷ ପ୍ରତି ମଣିଷର ନିଶ୍ଚୟ ରହିଛି ଆତ୍ମୀୟତା । ସେଥିପାଇଁ ଗାଳ୍ପିକ ଉଦାର କଣ୍ଠରେ ବୃକ୍ଷର ଚାହିଦା ଗାନ କରି ଚାଲିଛନ୍ତି ଅକୁଣ୍ଠ ଚିତ୍ତରେ । ଏପରିକି ନିଜ ଗାଁର ନଈ ପଠାରେ ପୂର୍ବପୁରୁଷ ମୂଷା ସାଆନ୍ତ ଲଗାଇଥିବା ବରଗଛଟି ଗାଳ୍ପିକଙ୍କ ଚେତନାକୁ କରିଛି ଉର୍ଦ୍ଧ୍ୱମୁଖୀ । ସେ ଗଛ ଡାଳରେ ବସି ଅନେକ ସାହିତ୍ୟ ମଧ୍ୟ ସର୍ଜନ କରିଛନ୍ତି ତେଣୁ ସେହି ବରଗଛ ପ୍ରତି ଗାଳ୍ପିକଙ୍କର ରହିଛି ଦୁର୍ବଳତା । ଯାହାକି ତାଙ୍କ ଗଳ୍ପ ମାନସର ଏକ ସ୍ୱତନ୍ତ୍ର ଶୈଳୀ ଭାବେ ଦେଖାଯାଇପାରେ ।

ଗାଳ୍ପିକ ଶ୍ରୀ ମହାନ୍ତିଙ୍କ ଗଳ୍ପ ପରିଧିରେ ଅନିଷା, ନିରେଖିଲା, ସାମ୍ନାସାମ୍ନି, ବିଶ୍ୱ ଏବଂ ପୂର୍ବାଲୋଚିତ ଧ୍ୱନ୍ୟାତ୍ମକ ଶବ୍ଦ ବହୁବାର ଗଳ୍ପ ମଧ୍ୟରେ ବ୍ୟବହାର ହୋଇଛି । ଏହି ଶବ୍ଦ ଗୁଡ଼ିକ ଶ୍ରୀ ମହାନ୍ତିଙ୍କର ନିଶ୍ଚୟ ପ୍ରିୟ । କିନ୍ତୁ ଆଲୋଚିତ ପ୍ରସଙ୍ଗ ନିମିତ୍ତ ଉପଯୁକ୍ତ ମନେ ହୁଏନାହିଁ । କାରଣ ଏହି ପ୍ରିୟ ଶବ୍ଦ ଗୁଡ଼ିକ ପାରମ୍ପରିକ ଭାବରେ ହୋଇଛି ପ୍ରୟୋଗ । ଉକ୍ତ ଶବ୍ଦ ପ୍ରୟୋଗରେ ବିଚ୍ୟୁତି କିମ୍ବା ବିରଳତା ଘଟେ ନାହିଁ କୌଣସି ସ୍ଥାନରେ ।

୨.୧ ଖ.ଛ. ଇଂରାଜୀ ଶବ୍ଦର ବହୁଳ ବ୍ୟବହାର :

ଇଂରେଜ ଓଡ଼ିଶାକୁ ଶାସନ କରିବାର ପରିଧି ଆଜକୁ ଦୁଇ ଶତାବ୍ଦୀ ଅତିବାହିତ ହୋଇଗଲାଣି । ଯେହେତୁ ଇଂରେଜମାନେ ଶାସକ ଏବଂ ଆମର ପୂର୍ବପୁରୁଷ ଶାସିତ ହେଉଥିଲେ ତେଣୁ ଶାସକର ଭାଷା ଶାସିତ ଉପରେ ଆପଣା ଛାଏଁ ପ୍ରଭାବ ବିସ୍ତାର କରିଥିଲା । କିନ୍ତୁ ପରବର୍ତ୍ତୀ ସମୟରେ ଇଂରାଜୀ ରାଜଭାଷା ରୂପେ ବ୍ୟବହୃତ ହେଲା । ଏହାର ପ୍ରଭାବ ମଧ୍ୟ ସମସ୍ତ ଜନତାଙ୍କ ଉପରେ ବହୁ ପରିମାଣରେ ପଡ଼ିଲା ।

ଏପରିକି, ବହୁ ଇଂରାଜୀ ଶବ୍ଦ ମାତୃଭାଷା ମଧ୍ୟରେ ସମୟ ସ୍ରୋତରେ ଖାପ ଖାଇଗଲା । ତା'ର ପ୍ରଭାବ ମଧ୍ୟ ସାହିତ୍ୟ କ୍ଷେତ୍ରରେ କିଛି କମ୍ ନୁହେଁ । ଓଡ଼ିଆ ସାହିତ୍ୟରେ ସ୍ୱାଧୀନତା ପୂର୍ବରୁ ଯେତିକି ପରିମାଣରେ ଇଂରାଜୀ ଶବ୍ଦ ବ୍ୟବହୃତ ହେଉଥିଲା ତାହା ପରବର୍ତ୍ତୀ ସମୟରେ ବହୁଳ ଭାବରେ ସାହିତ୍ୟିକମାନେ ବ୍ୟବହାର କଲେ । ଉତ୍ତରଅଶୀ କାଳରେ ଗଳ୍ପ ଲେଖୁଥିବା ଗାଳ୍ପିକ ରଜନୀକାନ୍ତ ମାହାନ୍ତିଙ୍କ ଗଳ୍ପ ସାହିତ୍ୟରେ ଇଂରାଜୀ ଶବ୍ଦର ବ୍ୟବହାର କମ୍ ନୁହେଁ । ଏଠାରେ ପ୍ରଶ୍ନ ଉଠିପାରେ ଯଦି ଉତ୍ତର ଅଶୀ କାଳରେ ଇଂରାଜୀ ଶବ୍ଦ ସାହିତ୍ୟରେ ବ୍ୟବହୃତ ହେଉଥିଲା, ତାହେଲେ ଶୈଳୀ ବିଜ୍ଞାନ ଦୃଷ୍ଟିରୁ ଇଂରାଜୀ ଶବ୍ଦ ପ୍ରୟୋଗର ସ୍ୱାତନ୍ତ୍ର୍ୟ କ'ଣ, ରଜନୀକାନ୍ତ ମହାନ୍ତିଙ୍କ ଗଳ୍ପରେ । ସ୍ୱାତନ୍ତ୍ର୍ୟ ଏହିକି, ଗାଳ୍ପିକ ଶ୍ରୀ ମହାନ୍ତି ବହୁ ଇଂରାଜୀ ଶବ୍ଦ ଗଳ୍ପ ମଧ୍ୟରେ ବ୍ୟବହାର କରିଛନ୍ତି । ଓଡ଼ିଆ ଭାଷା ସହିତ ଖାପ ଖାଇଯାଇଥିବା ଇଂରାଜୀ ଶବ୍ଦ ବ୍ୟତିତ କ୍ଲୋଫାଟ୍ (ବୁଟ), କ୍ରାଂପନ (କଣ୍ଟା), ହାର୍ଣ୍ଣେସ୍ (କୌଣସି ବ୍ୟକ୍ତି ବିଶେଷ ବା ପଶୁଙ୍କୁ ଯୋଚିବା ଓ ନିୟନ୍ତ୍ରଣ କରିବା ପାଇଁ ବ୍ୟବହୃତ ଚମଡ଼ା ଲଗାମ ଓ ବନ୍ଧନୀ), ସ୍ନୋବର୍ଣ୍ଣ (ବରଫ ପୋଡ଼ି), ହାର୍ଟ ବିଟ, ଇରେଗୁଲାର୍, ମୋର ଇଣ୍ଡିଆନ୍, ଭେରି ଟ୍ରୁଲି, ଟିକେନ୍

ରୋଷ୍ଟ, ଆଡଭେଞ୍ଚର, ଗ୍ଲୋବ କେଫ୍, ଟ୍ରେଜେରୀ, ଆପାର୍ଟମେଣ୍ଟ, ଆଫ୍‌ଟରନୁନ୍, ସେଲସ୍‌ଟେକ୍ସ, ଆନାସ୍‌ଥେଟିକ୍, ପ୍ରୋଟେକ୍ଟ, ଇଣ୍ଡଷ୍ଟ୍ରିଜ୍ ଆଦି ସର୍ବମୁଖରେ ଅପ୍ରଚଳିତ ଶବ୍ଦ ଗୁଡ଼ିକ ପ୍ରୟୋଗ କରିଛନ୍ତି ।

ଯେଉଁ ଗଳ୍ପ ଗୁଡ଼ିକ ଶିକ୍ଷିତ ଚରିତ୍ର ତା' ସହରି ପରିବେଶକୁ ନେଇ ଗତି କରିଛି ସେହିଠାରେ ଇଂରାଜୀ ଶବ୍ଦ ଗୁଡ଼ିକ ଅପ୍ରତ୍ୟାଶିତ ଭାବରେ ପରିପ୍ରକାଶ ହୋଇଛି ଲେଖକଙ୍କ ଲେଖନୀ ମୁନରେ । ମନେହୁଏ ସହରି ପରିବେଶମଧ୍ୟରେ ଚରିତ୍ରର ସ୍ୱାଭିମାନ, ଅନ୍ତର୍ନିହିତ ବେଦନା, ହତାଶା, ସର୍ବୋପରି ସୁଗୁଣ ଓ ଦୁର୍ଗୁଣରେ ଜୁଡୁବୁଡୁ ଚରିତ୍ରମାନଙ୍କୁ ଗତି କରାଇଲା ବେଳେ ଇଂରାଜୀ ଶବ୍ଦ ପ୍ରୟୋଗ କରିନଥିଲେ, ଗଳ୍ପରେ ଦ୍ୱନ୍ଦ୍ୱ ଓ ଉତ୍କଣ୍ଠାର ବ୍ୟାଘାତ ଘଟିଥାନ୍ତା । ଏଠାରେ କେତୋଟି ଇଂରାଜୀ ଶବ୍ଦ ଥିବା ବାକ୍ୟ ଦେଖାଯାଇପାରେ । ଯଥା-

(କ) "**<u>ହାର୍ଣ୍ଣେସ୍</u>** ଅଣ୍ଟାରେ ପିନ୍ଧୁ ପିନ୍ଧୁ ସେ ତ ନର୍ଭସ୍ ।"(୬୬)

(ଖ) "**<u>କ୍ଲୋଫାଟ</u>** (ବୁଟ) ତଳେ କ୍ରାଂପନ (କଣ୍ଟା) ଥିବା ସତ୍ତ୍ୱେ ।"(୬୭)

(ଗ) "ତା ସାଙ୍ଗକୁ ବେଳେବେଳେ **<u>ହାର୍ଟବିଟିଂ ଇରେଗୁଲାର</u>** ହୁଏ ।"(୬୮)

(ଘ) "ଅଫିସର **<u>ଜଏନିଂ ରପୋର୍ଟ</u>**ଟିକୁ ଦେଖି ଦିଲୀପକୁ ପ୍ରଶ୍ନ କଲେ ।"(୬୯)

ଉଦାହରଣରେ ଦିଆଯାଇଥିବା ବାକ୍ୟ ସମୂହକୁ ଦେଖିଲେ ଶ୍ରୀ ମହାନ୍ତିଙ୍କ ଇଂରାଜୀ ଶବ୍ଦ ଚୟନର ସ୍ୱାତନ୍ତ୍ର୍ୟକୁ ପାଠକ ଉପଲବ୍ଧି କରିଥାଏ । ଇଂରାଜୀ ଶବ୍ଦ ଗୁଡ଼ିକ ଉଚ୍ଚପଦସ୍ଥ କର୍ମଚାରୀଙ୍କ ମଧ୍ୟରେ କଥୋପକଥନ ବେଳେ ପ୍ରୟୋଗ ହୋଇଛି । ପୁଣି କଥାକାର ତୃତୀୟ ପୁରୁଷୀୟ ଶୈଳୀରେ ଗଳ୍ପ ଉପସ୍ଥାପନା କଲାବେଳେ ଇଂରାଜୀ ଶବ୍ଦ ବ୍ୟବହାର କରୁଛନ୍ତି, ଯେତେବେଳେ ଗୋଟିଏ ସହରୀ ବାତାବରଣ ସୃଷ୍ଟି ହେଉଛି । ଗାଳ୍ପିକଙ୍କର ଆଞ୍ଚଳିକ ଶବ୍ଦ ପ୍ରୟୋଗ ଏବଂ ଇଂରାଜୀ ଶବ୍ଦ ପ୍ରୟୋଗ ଦୁଇଟିକୁ ଦେଖିଲେ ପାଠକ ଆଶ୍ଚର୍ଯ୍ୟ ହେବେ ଶ୍ରୀ ମହାନ୍ତିଙ୍କ ଶବ୍ଦ ଚୟନକୁ ନେଇ । ଉପଯୁକ୍ତ ଦେଶ କାଳ ପାତ୍ର ଅନୁଯାୟୀ ଶବ୍ଦର ଚୟନ ନିମିତ୍ତ ଶ୍ରୀ ମହାନ୍ତିଙ୍କ ସୃଷ୍ଟି ସାର୍ଥକତା ଲାଭ କରିଛି ।

୨.୧ ଖ.ଜ. ଶବ୍ଦ ସଂଯୋଜନାରେ ପୌନଃପୁନିକତା :

ଶବ୍ଦ ସଂଯୋଜନାରେ ପୌନଃପୁନିକତା ଗାଳ୍ପିକ ରଜନୀକାନ୍ତ ମହାନ୍ତିଙ୍କ ଗଳ୍ପ ଉପସ୍ଥାପନାରେ ସୌନ୍ଦର୍ଯ୍ୟ ସୃଷ୍ଟି କରେ । ଶବ୍ଦ ଗୁଡ଼ିକ ସମାନ୍ତରତା ଅନୁଯାୟୀ ପ୍ରୟୋଗ ହୋଇ ଏକ ପ୍ରକାର ଲୟ ପରିପ୍ରକାଶ ହୁଏ । କଥା ସାହିତ୍ୟର ଲୟ ସୃଷ୍ଟି କରିବା ଏକ ପ୍ରକାର ଆକର୍ଷଣୀୟ ବ୍ୟାପାର । କାରଣ, "ସମାନ୍ତରତାର ପ୍ରୟୋଗ ଓ ବ୍ୟବହାର ପଦ୍ୟ ସାହିତ୍ୟରେ ସର୍ବାଧିକ ମାତ୍ରାରେ ଦେଖାଯାଏ । କବିତାରେ ସମାନ ଅକ୍ଷର (Syllable) ସହ ସମାନ ଅକ୍ଷର, ସମାନ ଶବ୍ଦ ରୂପ ସହିତ ସମାନ ଶବ୍ଦ ରୂପ, ସମାନ ବଳାଘାତହୀନତା ସହିତ ସମାନ ବଳାଘାତହୀନତା, ସମାନ ଛନ୍ଦଦୀର୍ଘତା ସହିତ ସମାନ ଛନ୍ଦଦୀର୍ଘତା, ସମାନ ଛନ୍ଦଲଘୁତା ସହିତ ସମାନ ଛନ୍ଦଲଘୁତା, ସମାନ ବାକ୍ୟ ବା ଯତି କିମ୍ବା ଯତିହୀନତା ସହିତ

ସମାନବାକ୍ୟ ବା ଯତି କିମ୍ବା ଯତିହୀନତା ରକ୍ଷା କରି ଅଭିବ୍ୟକ୍ତ ହେଲେ ସମାନ୍ତରତା ଉତ୍ପନ୍ନ ହୁଏ । ଏଥିରେ ସମରୂପତା ରହିଥାଏ ।"(୭୦) ଗାଳ୍ପିକ ଶ୍ରୀ ମହାନ୍ତିଙ୍କ ଗଳ୍ପ ପରିଧିରେ ଏପରି ଅନେକ ଶବ୍ଦ ସଂଯୋଜନାରେ ଲୟ ଯୁକ୍ତ ହୋଇ ବାକ୍ୟ ମଧ୍ୟରେ ସମାନ୍ତରତା ସୃଷ୍ଟି କରୁଛି ।

ଗାଳ୍ପିକ ଶ୍ରୀ ମହାନ୍ତିଙ୍କର ଶବ୍ଦ ସ୍ତରୀୟ ସମତାମୂଳକ ସମାନ୍ତରତାର ଆବୃତ୍ତିକୁ କେତେ ଭାଗରେ ବିଭକ୍ତ କରାଯାଇ ପାରେ । ଯଥା-

(୧) ଆଦ୍ୟ-ଆବୃତ୍ତି ମୂଳକ ସମାନ୍ତରତା :

ଆଦ୍ୟ-ଆବୃତ୍ତିମୂଳକ ସମାନ୍ତରତାରେ ଗୋଟିଏ ଶବ୍ଦ, ବାକ୍ୟ ବା ବାକ୍ୟାଂଶର ଆରମ୍ଭରେ ବାରମ୍ବାର ଆସିଥାଏ । ଯଥା-

(କ) "**କାହିଁକି** କଚେରୀଖାନାରେ ଏତେ ସମୟ ଟହଲୁ ଯଦିଓ ତୋ ଉପରେ କେହି ମକଦ୍ଦମା ଦାଏର କରିନି । **କାହିଁକି** ଡାକ୍ତରଖାନାର ମସିହା ବେଞ୍ଚ ଉପରେ ଡାକ୍ତରଙ୍କ ଆଖିକୁ ନିରେଖି ଚାହୁଁ ଯଦିଓ ଥଣ୍ଡା ଜ୍ୱରରେ ସାମାନ୍ୟ ବଟିକାଟିଏ ଖାଇବାକୁ ତୁ ଘୃଣା କରୁ । **କାହିଁକି** ନାରୀ ସଭା ସମିତିମାନଙ୍କୁ ଯାଇ ନାରୀମାନେ xxx ।"(୭୧)

(ଖ) "ଏଠି ତୁ ଝିଅ, **ତୁ** ବୋହୂ, **ତୁ** ଭଉଣୀ, **ତୁ** ମାଆ, **ତୁ** ଘରଣୀ, **ତୁ** ଚାକରାଣୀ, **ତୁ** ସବୁ ।"(୭୨)

(ଗ) "**ଏକୁଟିଆ** ପାହାଡ଼ ଉପରେ, **ଏକୁଟିଆ** ମରୁଭୂମିରେ, **ଏକୁଟିଆ** ରାତ୍ରି ଶ୍ମଶାନରେ ଏବଂ **ଏକୁଟିଆ** ସମୁଦ୍ର ଆଡ଼ିରେ ।"(୭୩)

(୨) ଅନ୍ତ୍ୟ-ଆବୃତ୍ତି ମୂଳକ ସମାନ୍ତରତା :

ଏଥିରେ ଗୋଟିଏ ଶବ୍ଦ ବାକ୍ୟ ବା ବାକ୍ୟାଂଶର ଶେଷରେ ବାରମ୍ବାର ଆସିଥାଏ । ଯଥା-

(କ) "ଦିନ **ନାହିଁ**, ରାତି **ନାହିଁ** । ଘର **ନାହିଁ** , ଦ୍ୱାର **ନାହିଁ** । ବନ୍ଧୁ ଘର ନାହିଁ କି ପଡ଼ିଶା ଘର **ନାହିଁ** ।"(୭୪)

(ଖ) "ମୁଁ ଏଥର **ହସିନି** । ଖୁବ୍ **ହସିନି** ।"(୭୫)

(୩) ଆଦ୍ୟାନ୍ତ-ଆବୃତ୍ତିମୂଳକ ସମାନ୍ତରତା :

"କୌଣସି ବାକ୍ୟ ବା ବାକ୍ୟାଂଶରେ ଆଦ୍ୟ ଏବଂ ଅନ୍ତରେ ଏକ ପ୍ରକାର ଶବ୍ଦ ପୁନଃ ପୁନଃ ବ୍ୟବହୃତ ହୋଇଥାଏ । ତେବେ ସେଠାରେ ଆଦ୍ୟାନ୍ତ ଆବୃତ୍ତିମୂଳକ ସମାନ୍ତରତା ସୃଷ୍ଟି ହେଲା ବୋଲି କୁହାଯାଏ ।"(୭୬)

ଯଥା- (କ) "**ମିଛ** ମିଛ, ଗାଁ ଲୋକଙ୍କ କଥା **ମିଛ** ।"(୭୭)

(ଖ) "**କାଇଁ** ଜବାବ **କାଇଁ**, ଓଲୋ' ବା **କାଇଁ** ? **କାଇଁ** ଗାଇ ଆଳ **କାଇଁ** ।"(୭୮)

(୪) ଅନ୍ତାଦ୍ୟ ଆବୃତ୍ତିମୂଳକ ସମାନ୍ତରତା :

ଅନ୍ତାଦ୍ୟ ଆବୃତ୍ତିମୂଳକ ସମାନ୍ତରତାରେ ଗୋଟିଏ ଶବ୍ଦ ବାକ୍ୟ କିମ୍ବା ବାକ୍ୟାଂଶର ଶେଷରେ ବ୍ୟବହୃତ ହୋଇଥିବ । ପୁନଶ୍ଚ ପର ବାକ୍ୟ କିମ୍ବା ବାକ୍ୟାଂଶରେ ସେହି ଶବ୍ଦ ପୁନର୍ବାର ବ୍ୟବହୃତ ହୋଇ ଆଦ୍ୟ-ଅନ୍ତ ଆବୃତ୍ତି ହୋଇଥାଏ । ଯଥା-

(କ) "କେଲୁନାଥ କୁଲୁରା ଛାତି ଧରି ପହଞ୍ଚିଲେ ଗୁହାରିଆସାହି ବରୁଣ ବାବୁଙ୍କ **ଦାଣ୍ଡରେ** । **ଦାଣ୍ଡରେ** କାର୍‌ଟେ ଛିଡ଼ା ହୋଇଥାଏ ।"(୭୯)

(ଖ) "ସେ କଥା ଆମ ଶ୍ରେଣୀ ଶିକ୍ଷକଙ୍କ କାନରେ **ପଡ଼ିଲା** । **ପଡ଼ିଲା** ବି ସାଙ୍ଗସାଥୀମାନଙ୍କ କାନରେ ।"(୮୦)

ଗାଳ୍ପିକ ରଜନୀକାନ୍ତ ମହାନ୍ତିଙ୍କ ଶବ୍ଦ ସଂଯୋଜନାରେ ପୌନଃପୁନିକତା ବା ଶବ୍ଦ ସ୍ତରୀୟ ସମାନ୍ତରତା କ୍ଷେତ୍ରରେ ଏକ ଅପୂର୍ବ ଝଲକ ଲକ୍ଷ୍ୟ କରିହୁଏ । ଆଦ୍ୟ ଆବୃତ୍ତି, ଅନ୍ତ୍ୟ ଆବୃତ୍ତି, ଆଦ୍ୟାନ୍ତ ଆବୃତ୍ତି, ଅନ୍ତାଦ୍ୟ ଆବୃତ୍ତିମୂଳକ ସମାନ୍ତରତାର ଶବ୍ଦ ପ୍ରୟୋଗ ହୋଇଛି । ଗାଳ୍ପିକ ଯେଉଁଠି ଗୋଟିଏ ଭାବକୁ ପାଠକ ହୃଦୟରେ ଛାପି ଦେବାପାଇଁ ଚାହିଁଛନ୍ତି ସେହିଠାରେ ଏଭଳି ଶବ୍ଦ ପ୍ରୟୋଗ କରିଛନ୍ତି । ଯେପରି ଆଦ୍ୟ ଆବୃତ୍ତି ମୂଳକ ସମାନ୍ତରତାର 'କ' ବାକ୍ୟରେ 'କାହିଁକି' ଶବ୍ଦଟି ପୁନଃ ପୁନଃ ପ୍ରୟୋଗ ହୋଇ ମଣିଷର ଅସହାୟତାକୁ ପ୍ରକାଶ କରୁଛି । ସେହିପରି ଅନ୍ତଃ ଆବୃତ୍ତି ମୂଳକ ସମାନ୍ତରତାର 'ଖ' ବାକ୍ୟରେ 'ହସିନି' ଶବ୍ଦଟି ପ୍ରୟୋଗ ହୋଇଛି ସତ କିନ୍ତୁ ଏ ହସ ମଣିଷର ପ୍ରକୃତ ହସ ନୁହେଁ ଛଳନାର ହସ, ବିଷାଦଯୁକ୍ତ ହସ, ଏ ଦୃଷ୍ଟିରୁ କଥାକାର ଶ୍ରୀ ମହାନ୍ତିଙ୍କ ଶବ୍ଦ ପ୍ରୟୋଗର ସମାନ୍ତରତାକୁ ଶୈଳୀ ଦୃଷ୍ଟିରୁ ଅସ୍ୱୀକାର କରାଯାଇ ନପାରେ ।

୨.୧. ଗ. ବାକ୍ୟ :

ବାକ୍ୟ ମାଧ୍ୟମରେ ଗଦ୍ୟସ୍ରଷ୍ଟା ନିଜର ବକ୍ତବ୍ୟକୁ ସ୍ପଷ୍ଟ କରିଥାଏ ପାଠକ ପାଖରେ । କବିତା ପଙ୍‌କ୍ତିବଦ୍ଧ ହେଲାବେଳେ ଗଦ୍ୟ ସାହିତ୍ୟ ବାକ୍ୟବଦ୍ଧ ହୋଇଥାଏ । ଏ ଦୃଷ୍ଟିରୁ ବାକ୍ୟ ହେଉଛି ଗଦ୍ୟ ସାହିତ୍ୟର ପ୍ରାଣ ସ୍ୱରୂପ । ବାକ୍ୟରେ ଆକାଙ୍‌କ୍ଷା, ଆସତ୍ତି ଓ ଯୋଗ୍ୟତା ରହି ଏକ ଏକ ନିର୍ଭୁଲ୍ ସୁନ୍ଦର ବାକ୍ୟ ଗଠନ ହୋଇଥାଏ । ତେଣୁ କଥା ସାହିତ୍ୟରେ ବାକ୍ୟସ୍ତରୀୟ ଶୈଳୀ ଆଲୋଚନା ବେଳେ ସ୍ରଷ୍ଟାର ବାକ୍ୟ ଉପସ୍ଥାପନାର ଚୟନକୁ ଦେଖାଯାଇଥାଏ । ସ୍ରଷ୍ଟାର ବାକ୍ୟ ଚୟନ କେଉଁଭଳି ଏବଂ ପାରମ୍ପରିକ ବିଶ୍ୱାସ ବ୍ୟତିକ୍ରମ ମୂଳକ ଭାବେ କିପରି ସୌନ୍ଦର୍ଯ୍ୟ ସୃଷ୍ଟି କରିବା ପାଇଁ ନୂତନତା ଆଣୁଛନ୍ତି ତାହା ହେଉଛି ବାକ୍ୟ ସ୍ତରୀୟ ଶୈଳୀ ଆଲୋଚନାର ମୂଳଭିତ୍ତି । ଏ ଦୃଷ୍ଟିରୁ ଗାଳ୍ପିକ ରଜନୀକାନ୍ତ ମହାନ୍ତିଙ୍କ ରଚନା ମଧ୍ୟ ପ୍ରଣିଧାନଯୋଗ୍ୟ । ଶ୍ରୀ ମହାନ୍ତିଙ୍କ ବାକ୍ୟ ଚୟନର ଶୈଳୀ ଗୁଡ଼ିକ ହେଲା ଯଥା- (୧) ନିରପେକ୍ଷ ବାକ୍ୟ, (୨) କ୍ଷୁଦ୍ର ବାକ୍ୟ, (୩) ଦୀର୍ଘ ବାକ୍ୟ, (୪) ଏକକ ବାକ୍ୟ, (୫) କାବ୍ୟିକ ବାକ୍ୟ।

୨.୧. ଗ.୧. ନିରପେକ୍ଷ ବାକ୍ୟ :

"ବାକ୍ୟ ଯେତେବେଳେ ଏକ ଶବ୍ଦ ବିଶିଷ୍ଟ ହୁଏ, ସେତେବେଳେ ତାହାକୁ 'ନିରପେକ୍ଷ ବାକ୍ୟ' ବୋଲି କୁହାଯାଏ । ଏହି ବାକ୍ୟ ଏକାଧିକ ଶବ୍ଦ ବିଶିଷ୍ଟ ବାକ୍ୟ ଠାରୁ କୌଣସି ଗୁଣରେ ନ୍ୟୂନ ନୁହେଁ । ଏକ ଶବ୍ଦ ବିଶିଷ୍ଟ ବାକ୍ୟ ଗୁଡ଼ିକ କୌଣସି ବିଶେଷ ଭାବକୁ ଗୁରୁତ୍ୱ ଦିଅନ୍ତି ବା ଇଙ୍ଗିତ ଦିଅନ୍ତି । ଫଳରେ କୁହାଯାଇନଥିବା ବକ୍ତବ୍ୟ ମଧ୍ୟ ପାଠକଙ୍କ ପାଖରେ ସ୍ପଷ୍ଟ ହୋଇଯାଏ ।"[୮୧]

ଗାଳ୍ପିକ ଶ୍ରୀ ମହାନ୍ତିଙ୍କ ଗଳ୍ପ ପରିଧିରେ ଦେଖାଯାଉଥିବା ନିରପେକ୍ଷ ବାକ୍ୟ ବା ଏକ ଶବ୍ଦ ବିଶିଷ୍ଟ ବାକ୍ୟର କେତୋଟି ଉଦାହରଣ ନିଆଯାଇପାରେ । ଯେପରି 'ମାଟିଆ ପୁଅ' ଗଳ୍ପ ସଂକଳନରେ 'ଅଛୁଆଁ ଝିଅ' ଗଳ୍ପର ବାକ୍ୟଟି ହେଉଛି 'ଉପାୟ'? ଉକ୍ତ ବାକ୍ୟଟି 'ଅଛୁଆଁ ଝିଅ' ଗଳ୍ପରେ ଗଳ୍ପନାୟିକା ଶ୍ରାବଣୀର ଅବ୍ୟକ୍ତ ବେଦନାକୁ ଦେଖାଇବାକୁ ଯାଇ ଭାବକୁ ଗମ୍ଭୀର କରିବା ନିମନ୍ତେ ଗାଳ୍ପିକ ଉକ୍ତ ନିରପେକ୍ଷ ବାକ୍ୟଟି ପ୍ରୟୋଗ କରିଛନ୍ତି । ଏଠାରେ ନିରପେକ୍ଷ ବାକ୍ୟର ପୂର୍ବ ବାକ୍ୟ ଏବଂ ବାକ୍ୟକୁ ଦେଖିଲେ ତାହା ହୃଦୟଙ୍ଗମ କରିହେବ ଯଥା-

"ଲଜିଂରେ ରହିବା ବିନା ଆଉ ଚାରା ନାହିଁ ବୋଲି ମଉସା କହିଲା ବେଳକୁ ଶ୍ରାବଣୀ ମଉସାଙ୍କ ମୁହଁରୁ କ'ଣ ପଢ଼ିନେଲା କେଜାଣି, ସେ ଅକ୍ଷର ଗୁଡ଼ିକ ଆଦୌ ଭଦ୍ର ନଥିଲା । **ଉପାୟ**? ସେଦିନ ରାତିରେ ଲଜିଂରେ ଗୋଟିଏ ରୁମ୍‌ରେ ମଉସା ଆଉ ମଉସା ହୋଇ ରହିଲାନି ।"[୮୨]

ଉକ୍ତ ନିରପେକ୍ଷ ବାକ୍ୟଟି ପୂର୍ବ ଓ ପର ବାକ୍ୟକୁ ଆକର୍ଷଣୀୟ କରୁଛି । ନାରୀର ଅନିଚ୍ଛା ଭାବ ଏବଂ ଅନିଚ୍ଛାକୁ ବାଧ୍ୟତାମୂଳକ ଭାବରେ ଇଚ୍ଛାରେ ପରିଣତ କରିବା ଆଦିର ବକ୍ତବ୍ୟକୁ ବଳିଷ୍ଠ କରିବା ସହିତ ଏକ ପ୍ରକାର ନାନ୍ଦନିକତା ନିମନ୍ତେ କଥାକାର ଏପରି ବାକ୍ୟକୁ ପ୍ରୟୋଗ କରିଛନ୍ତି । ସେହିପରି ଆଉ କେତୋଟି ବାକ୍ୟ ହେଲା **"ନା"**[୮୩], **"ଚାଲ୍"**[୮୪], **"ବାସ୍"**[୮୫], **"ଦିଗନ୍ତ"**[୮୬], **"ଘରକୁ"**[୮୭], **"ଅଯତ୍ନ"**[୮୮] ଆଦି ନିରପେକ୍ଷ ବାକ୍ୟ ବା ଏକଶବ୍ଦ ବିଶିଷ୍ଟ ବାକ୍ୟ ଭାବକୁ ଘନ କରିବା ସହିତ ବାକ୍ୟରେ ନାନ୍ଦନିକତା ସୃଷ୍ଟି କରୁଛି ।

୨.୧. ଗ.୨. କ୍ଷୁଦ୍ରବାକ୍ୟ :

କ୍ଷୁଦ୍ରବାକ୍ୟ ଚୟନ କଥାକାର ଶ୍ରୀ ରଜନୀକାନ୍ତ ମହାନ୍ତିଙ୍କର ବାକ୍ୟସ୍ତରୀୟ ଚୟନ ମଧ୍ୟରେ ସର୍ବ ଶ୍ରେଷ୍ଠ । କଥାକାରଙ୍କ ସମଗ୍ର ଗଳ୍ପ ପରିଧିକୁ ଆକଳନ କରି ବାକ୍ୟ ସ୍ତରୀୟ ଶୈଳୀକୁ ଦେଖିଲେ ଗୋଟିଏ ନିଷ୍ପତ୍ତିରେ ପାଠକ ଉପନୀତ ହେବ ଯେ, ଶ୍ରୀ ମହାନ୍ତି ତାଙ୍କ ସୃଷ୍ଟିରେ କେବଳ କ୍ଷୁଦ୍ର ବାକ୍ୟ ହିଁ ପ୍ରୟୋଗ କରିଛନ୍ତି । ତେଣୁ ତାଙ୍କ ସୃଷ୍ଟିର ଭାବ ଉପଲବ୍ଧିରେ କୌଣସି ଅସୁବିଧା ହୁଏ ନାହିଁ । ଯଥା-

(କ) "ରାତି ଅନେକ । ମୋର କଲମ ବନ୍ଦ । ମୁଁ ଏବେ ଗୋମଧୋତି ଛାଡ଼ି ଯାଇଛି ।"(୮୯)

(ଖ) "ସୂର୍ଯ୍ୟ ଢଳିବା ଆରମ୍ଭ କଲେ ସଳିତାର ଦେହ, ମନ ଅସ୍ଥିର ହୁଏ । ଅନ୍ଧାର ବଢ଼େ । ଧିରେ ଉଦାସ ହୁଏ ସେ । ଗୋଟେ ପ୍ରକାର ଶିଥିଳତା ତାକୁ କାବୁ କରେ । ଅନ୍ୟମାନଙ୍କ ଭଳି ସେ ନିଜକୁ ସଜାଏ । ଗଭାର ଫୁଲ ଖୋସେ ।"(୯୦)

ଉକ୍ତ ଦୁଇ ଉଦାହରଣରୁ ଶ୍ରୀ ମହାନ୍ତିଙ୍କ କ୍ଷୁଦ୍ରବାକ୍ୟ ଚୟନକୁ ଉପଲବ୍ଧି କରି ହେବ । ପ୍ରଥମ ଉଦାହରଣର ପ୍ରଥମ ବାକ୍ୟ "ରାତି ଅନେକ" ଏଠାରେ କର୍ତ୍ତା ଉହ୍ୟ ବା ଅନୁପସ୍ଥିତ ଥିଲେ ମଧ୍ୟ ରାତ୍ରିର ସ୍ଥିତିକୁ ପରିପ୍ରକାଶ କରୁଛି । ସେହିପରି ଦ୍ୱିତୀୟ ଓ ତୃତୀୟ ବାକ୍ୟ ମଧ୍ୟ ଗୋଟିଏ ଗୋଟିଏ ସ୍ୱତନ୍ତ୍ର ଭାବକୁ ଉପସ୍ଥାପନ କରୁଛି । 'ଖ' ବାକ୍ୟରେ ମଧ୍ୟ ଛୋଟ ଛୋଟ ବାକ୍ୟର ସଂଯୋଗରେ ଏକ ପ୍ରକାର ନାନ୍ଦନିକତା ସୃଷ୍ଟି ହେବା ସହ ପାଠକ ପ୍ରାଣରେ କ୍ଲାନ୍ତି ସୃଷ୍ଟି କରୁନାହିଁ । ତେଣୁ ଶ୍ରୀ ମହାନ୍ତିଙ୍କ କ୍ଷୁଦ୍ରବାକ୍ୟ ଚୟନ ଦ୍ୱାରା ତାଙ୍କ ରଚନା ଏକ ପ୍ରକାରର ପରିଚ୍ଛନ୍ନତା ଆସୁଛି କହିଲେ ଅତ୍ୟୁକ୍ତି ହେବ ନାହିଁ ।

୨.୧. ଗ.୩. ଦୀର୍ଘବାକ୍ୟ :

ଗାଳ୍ପିକ ରଜନୀକାନ୍ତ ମହାନ୍ତିଙ୍କ ବାକ୍ୟ ଚୟନ ଶୈଳୀ କ୍ଷୁଦ୍ରବାକ୍ୟ କିନ୍ତୁ କେତୋଟି ସ୍ଥାନରେ ନିଜର ପାରଦର୍ଶିତାକୁ ନେଇ ଦୀର୍ଘବାକ୍ୟ ଚୟନ କରିଛନ୍ତି । ଏହି ଦୀର୍ଘ ବାକ୍ୟ ଶ୍ରୀ ମହାନ୍ତିଙ୍କ ସର୍ଜନ ପରିଧିରେ ସ୍ୱଳ୍ପ ହେଲେ ମଧ୍ୟ ବଡ଼ ଆକର୍ଷଣୀୟ । କାରଣ ଉପସ୍ଥାପନ ବେଳେ ଗାଳ୍ପିକ ଗୋଟିଏ ଗୋଟିଏ ବାକ୍ୟକୁ ଗୋଟିଏ ଗୋଟିଏ ଅନୁଚ୍ଛେଦ(ପାରାଗ୍ରାଫ୍) ମଧ୍ୟ କରିଛନ୍ତି । ଯାହାକି ଦୀର୍ଘବାକ୍ୟ ଚୟନରେ ତାଙ୍କର ସ୍ୱାତନ୍ତ୍ର୍ୟ ଦାବି କରେ । ଯେପରି-

"କେବେ ଯଦି ତୁମେ ଦେଖ ସ୍ୱପ୍ନଦତ୍ତାର ମୁହଁ ଉଦାସ ଉଦାସ ବା ଆଖିର ଲୁହ ଝରି ପଡୁଥିଲେ ପୋକ ପଡ଼ିଯାଇଛି ବୋଲି ବାହାନା କରୁଥିବ ବା କେବେ ଯଦି ଦେଖ ନିଶାର୍ଦ୍ଧରେ ଆକାଶ ମେଘକୁ ଚାହିଁ ନେଉଛି ଦୀର୍ଘଶ୍ୱାସ ବା ଅନ୍ଧାର ଚୁପ୍‌ଚାପ୍ ବସି ରହୁଛି ଏକା ଏକା, ତା ହେଲେ ମୋର ବନ୍ଧୁ, ସ୍ୱପ୍ନଦତ୍ତାର ବିବଶ କପାଳକୁ ଆସ୍ତେ କରି ଆଉଁସିଦବ ।"(୯୧)

ଉକ୍ତ ବାକ୍ୟଟିକୁ ବିଯୋଜକ ଅବ୍ୟୟ ବ୍ୟବହାର କରି ଅର୍ଥକୁ ପୃଥକ କରାଯାଇଛି । କିନ୍ତୁ ଗଳ୍ପର ଭାବକୁ ଅଖଣ୍ଡ ରଖିବା ନିମନ୍ତେ ଶ୍ରୀ ମହାନ୍ତିଙ୍କର ଏ ବାକ୍ୟ ଚୟନ । ଉକ୍ତ ଦୀର୍ଘ ବାକ୍ୟକୁ ଯଦି ବିଯୋଜକ ଅବ୍ୟୟ ବ୍ୟବହାର ନ କରି ଛୋଟ ଛୋଟ ବାକ୍ୟ କରାଯାଇଥାନ୍ତା ତାହେଲେ ଭାବର ନାନ୍ଦନିକତା କ୍ଷୟ ହୋଇଥାନ୍ତା । ସେହିପରି ଆଉ ଗୋଟିଏ ଉଦାହରଣ ନିଆଯାଇପାରେ । ଯଥା-

"ବୃକ୍ଷ ଦେବତାଙ୍କ ବଚନାନ୍ତେ ମୁଁ ଭାବିଲି ଏ ବୃକ୍ଷଟି ଗୋଚର ଅନାବାଦୀ ସ୍ଥାନରେ ହୋଇଥିବାରୁ ଯା' ଉପରେ କେହି ଅଧିକାର ଜାହିର କରି ମୋତେ ଓହ୍ଲାଇ ଦେବା ପାଇଁ ଆଦେଶକାରୀ ନଥିବାରୁ ଏହାକୁ ଏକ ସାର୍ବଭୌମ ଶାନ୍ତ ଆଶ୍ରୟ ବୋଲି ଗ୍ରହଣ କରି ଏହା

ଉପରେ ବସି ମୁଁ ନିଜ ସହ ନିଜକୁ ଖୁବ୍ ଅନ୍ତରଙ୍ଗ ସହକାରେ ଭେଟୁଥିଲି, ବିଶ୍ୱର ମୋହନ ପ୍ରକ୍ରିୟାରେ ବିମୁଗ୍‌ଧ ହୋଇ ଉଠୁଥିଲି, କିନ୍ତୁ ଚିନ୍ତା ବିବ୍ରତ ହେବାରୁ ବୃକ୍ଷ ଖୋଦ୍ ନିଜେ ନିଜର ଅଧିକାର ପେଶ୍ କରୁଛି ।"[୯୨]

ଉକ୍ତ ଦୀର୍ଘ ବାକ୍ୟଟିରେ ବିରାମ ନିମନ୍ତେ ଗାଳ୍ପିକ କମା ବା ପ୍ରଥମଚ୍ଛେଦକୁ ବ୍ୟବହାର କରି ଏପରି ଉପସ୍ଥାପନାରେ ସୌନ୍ଦର୍ଯ୍ୟ ସୃଷ୍ଟି କରିଛନ୍ତି । ବୃକ୍ଷ ଓ ମଣିଷ ମଧ୍ୟରେ ଅନ୍ତର୍ନିହିତ ସଂପର୍କର ଭାବ ବ୍ୟକ୍ତ କଲାବେଳେ କଥାକାର ଏପରି ଦୀର୍ଘ ବାକ୍ୟ ଚୟନ କରି ଭାବର ଅଖଣ୍ଡତା ରକ୍ଷା କରିଛନ୍ତି ।

୨.୧. ଗ.୪. ଏକକ ବାକ୍ୟ :

ବହୁ ସାହିତ୍ୟିକ ସୃଷ୍ଟିକୁ ଆକର୍ଷଣୀୟ କରିବା ନିମନ୍ତେ, ଭାବକୁ ବାନ୍ଧି ରଖିବା ପାଇଁ ସର୍ବୋପରି ଚେତନା ସ୍ତରରେ ଏକ ପ୍ରକାର ଆଲୋଡ଼ନ ସୃଷ୍ଟି କରିବାର ଆକାଂକ୍ଷାକୁ ନେଇ ଉପସ୍ଥାପନାରେ ଚମତ୍କାରିତା ପ୍ରଦର୍ଶନ କରନ୍ତି । ସେହିପରି ଗାଳ୍ପିକ ରଜନୀକାନ୍ତ ମହାନ୍ତି ତାଙ୍କ ଗଳ୍ପର ଛୋଟ ବଳୟରେ ଭାବକୁ ଅତୁଟ ରଖିବା ନିମନ୍ତେ ଦୁଇ ଅନୁଚ୍ଛେଦ (ପାରାଗ୍ରାଫ୍) ମଧ୍ୟରେ ଗୋଟିଏ ମାତ୍ର ବାକ୍ୟ ଉପସ୍ଥାପନ କରନ୍ତି । ବସ୍ତୁତଃ, ଗୋଟିଏ ପାରାଗ୍ରାଫରୁ ପାଠକ ମୁକ୍ତ ହେଲାବେଳେ ଚେତନା ସ୍ତରରେ ଆଲୋଡ଼ନ ସୃଷ୍ଟି କରିବା ନିମନ୍ତେ ଏପରି ବାକ୍ୟର ସଂଯୋଜନା କରାଯାଇଛି କହିଲେ ଅତ୍ୟୁକ୍ତି ହେବ ନାହିଁ । ଶ୍ରୀ ମହାନ୍ତିଙ୍କ ଏପରି ଉପସ୍ଥାପନା ଆରମ୍ଭରୁ ପରିଣତି ପର୍ଯ୍ୟନ୍ତ ଲମ୍ବିଛି । ଏହା ମଧ୍ୟ ତାଙ୍କ ବାକ୍ୟ ଚୟନର ଚମତ୍କାର ପ୍ରଦର୍ଶନ । ଯଥା-

"xxx ଡାକଟା ମଧୁର ନହେଲେ ଚଳିବ କି ?

<u>ବହୁ ସମୟରେ ଅରୁଣ ତାକୁ କହେ: ମୋ ପାଠ ପଢ଼ା ପାଇଁ ତୋତେ ବହୁତ ପରିଶ୍ରମ କରିବାକୁ ପଡୁଛି ମାଆ ।</u>

ପାରୁଛି ବୋଲି କରୁଛି । ତୁ xxx"[୯୩]

ରେଖାଙ୍କିତ ବାକ୍ୟଟି ଶ୍ରୀ ମହାନ୍ତିଙ୍କ 'କେତେ ପହର କେତେ ସିନ୍ଦୂରା' ଗଳ୍ପରୁ ଉଦ୍ଧୃତ । ଦୁଇଟି ଅନୁଚ୍ଛେଦ ମଧ୍ୟରେ ଉକ୍ତ ବାକ୍ୟଟି ସ୍ଥାନିତ । ଯେଉଁଠି ଜଣେ ବିଧବା ମାଁ ଅକ୍ଳାନ୍ତ ପରିଶ୍ରମ କରି, ତା'ର ପୁତ୍ରକୁ ମଣିଷ ପରି ମଣିଷ କରିବାକୁ ସ୍ୱପ୍ନ ଦେଖୁଛି । ଜଣେ ବିଧବା ନାରୀର ନିଷ୍ଠାକୁ ଊର୍ଦ୍ଧ୍ୱମୁଖୀ କରି ଦେଖାଇବାକୁ ଯାଇ ପର ବାକ୍ୟର ଉପସ୍ଥାପନା। ସେହିପରି 'ପଘା' ଗଳ୍ପରେ ଯଥା-

"xxx ତ୍ରୁଟି ହେଲେ ଦୋଷ ମୁଣ୍ଡେଇବାକୁ ପଡ଼ିବ ।

<u>ଗିରିଧାରୀ ଶୁଣିଲା। ମୁଣ୍ଡ ଟୁଙ୍ଗାରିଲା।</u>

ଠିକ୍ ଠିକ୍ । ପ୍ରାୟଶ୍ଚିତ ନକଲେ xxx।"[୯୪]

ଉକ୍ତ ରେଖାଙ୍କିତ ବାକ୍ୟଟି ଦୁଇ ଅନୁଚ୍ଛେଦ ମଧ୍ୟରେ ଥିବା ଏକକ ବାକ୍ୟ ।

ବାକ୍ୟରେ ଗିରିଧାରୀ ଚରିତ୍ର ଅଶୁଦ୍ଧ ହୋଇ ଚାଉଳ ଦୋକାନକୁ ଯାଇଥିବା ଯୋଗୁଁ ଭୟ ଏବଂ ପରମ୍ପରାକୁ ମାନି ବେକରେ ପଘା ପକାଇ ଭିକ ମାଗୁଥିବାରୁ କେତେକଙ୍କ ପ୍ରଶଂସା ତାକୁ ହତଚକିତ କରୁଥିବା ଭଳି ପରିସ୍ଥିତିକୁ ବ୍ୟକ୍ତ କରି ସୌନ୍ଦର୍ଯ୍ୟ ସୃଷ୍ଟି ନିମନ୍ତେ ଏପରି ବାକ୍ୟର ପରିକଳ୍ପନା କରିଛନ୍ତି ଶ୍ରୀ ମହାନ୍ତି । ତେଣୁ ଗାଳ୍ପିକ ବାକ୍ୟ ସଂଯୋଜନାରେ ଏପରି ଅନେକ ବାକ୍ୟ ଗଳ୍ପ ମଧ୍ୟରେ ପରିପ୍ରକାଶ ହୋଇ ବହୁ ଗୁରୁତର ଭାବକୁ ଫୁଟାଇ ଅଛି ।

୨.୧. ୫.ଗ. କାବ୍ୟିକ ବାକ୍ୟ :

ବହୁ ଗଦ୍ୟକାରଙ୍କ ଭଳି ଗାଳ୍ପିକ ରଜନୀକାନ୍ତ ମହାନ୍ତି ନିଜର ବର୍ଣ୍ଣନାରେ କାବ୍ୟିକତା ସୃଷ୍ଟି କରିବା ପାଇଁ କାବ୍ୟିକ ବାକ୍ୟ ବ୍ୟବହାର କରିଛନ୍ତି । ଏଥିପାଇଁ ତାଙ୍କ ଗଳ୍ପ ସାହିତ୍ୟରେ କାବ୍ୟାତ୍ମକ ଭାବର ହୋଇଛି ଅନୁରଣନ । ଶ୍ରୀ ମହାନ୍ତି କେବଳ ଜଣେ କଥାକାର ନୁହନ୍ତି ସେ ଜଣେ କବି ମଧ୍ୟ । 'ମୋତେ ଛୁଁ' ଭଳି କବିତା ପୁସ୍ତକ ରଚନା କରି ନିଜ କବିତ୍ୱର ପରିଚୟ ମଧ୍ୟ ଦେଇଛନ୍ତି ଶ୍ରୀ ମହାନ୍ତି । ସେ ଦୃଷ୍ଟିରୁ ତାଙ୍କ ସୃଷ୍ଟିରେ କାବ୍ୟିକ ବାକ୍ୟର ସଂଯୋଜନା ଦେଖାଯିବା ସ୍ୱାଭାବିକ । ଯଥା-

(କ) "ସେ ଗୀତ, ସେ ନାଚ ସୃଷ୍ଟି ହେଉଥିବା ଝରଣାର କୁଳୁକୁଳୁ ସ୍ୱନରୁ, ଝିଲ୍ଲୀର ଡାକରୁ, ଶାଳପତ୍ରର ସନ୍‌ସନ୍ ଶବ୍ଦରୁ, ବାଘର ହେଣ୍ଟାଳରୁ, ମୟୂରୀର ନାଚରୁ, ପ୍ରକୃତିରୁ ।"(୯୫)

(ଖ) "ଝଡ଼ାପତ୍ର, ଝଡ଼ାପତ୍ର ଓ ଝଡ଼ାପତ୍ର । ଚାରିଆଡ଼େ ଗଦା ଗଦା । ଗଦା ପରେ ଗଦା । ଆକାଶରେ ନାଲି ସୂର୍ଯ୍ୟ ତଥାପି ଚେଇଁନି । କୌଣସି ଏକ ଗୀର୍ଜା ଭିତରୁ ସକାଳ ହେବାର ଘଂଟା ଚେତେଇ ସାରିଲାଣି ।"(୯୬)

(ଗ) "ଆକାଶରେ ଅମିସା । ରାତି ଜାଣେ ଦିନର ଫଗୁଣଟା କେତେ ଚଂଚଳ ଥିଲା, ଅଥଚ ମଣିଷମାନେ କେଡ଼େ ନିରୀହ ଭାବରେ ଆତ୍ମ ସମର୍ପଣ କରିଥିଲେ ନିଜର ଅସହାୟତା ଓ ଜଂଜାଳ ଭିତରେ ।"(୯୭)

(ଘ) "ବେଶ୍ ନିରୁପ୍ରଦବ ରାତ୍ରୀ । ନା ଅଛି ପାଟିତୁଣ୍ଡ, ନା ଅଛି ଚୁପ୍‌ଚାପ୍ କଥା । ନା ପବନର ସାଇଁ ସାଇଁ ଶବ୍ଦ ନା ଝାଉଁ ବଣର ସିଂ ସିଂ ବିଗୁଲ । କିଛି ନାହିଁ । ସବୁ ଶୁନ୍‌ଶାନ । ମେଘର ଘଡ଼ଘଡ଼ି ଶବ୍ଦ ନାହିଁ । ସବୁ ନୀରବ ।"(୯୮)

ଗାଳ୍ପିକ ଶ୍ରୀ ମହାନ୍ତିଙ୍କ ବର୍ଣ୍ଣନାରେ କାବ୍ୟାତ୍ମକ ବାକ୍ୟ ସେହି ସ୍ଥାନରେ ଦେଖାଯାଉଛି, ଯେଉଁଠି କଥାକାର ପ୍ରକୃତିର ବର୍ଣ୍ଣନା କରୁଛନ୍ତି କିମ୍ବା ଯେତେବେଳେ ଚରିତ୍ରମାନଙ୍କର ସ୍ଥିତିକୁ ବଖାଣୁଛନ୍ତି, ସେହି ସ୍ଥାନରେ ଭାବବିହ୍ୱଳ ହୋଇ ଏପରି କାବ୍ୟାତ୍ମକ ବାକ୍ୟ ଉପସ୍ଥାପନା କରୁଛନ୍ତି । ଅନେକ ସ୍ଥାନରେ ମଧ୍ୟ ବାକ୍ୟରେ ଲୟ ଯୁକ୍ତ ହେଉଛି ଶ୍ରୀ ମହାନ୍ତିଙ୍କ ସୃଷ୍ଟିରେ । ତେଣୁ ଶ୍ରୀ ମହାନ୍ତିଙ୍କ ବାକ୍ୟ ସ୍ତରୀୟ ଶୈଳୀର ଉପସ୍ଥାପନାଗତ ସୌନ୍ଦର୍ଯ୍ୟକୁ ଅସ୍ୱୀକାର କରି

ହେବନାହିଁ । ନିଶ୍ଚୟ ନିଜର ସ୍ୱାତନ୍ତ୍ର୍ୟକୁ ନେଇ ଗାଳ୍ପିକ ପାଠକକୁ ପରସି ଦେଇଛନ୍ତି ଗୋଟେ ପରେ ଗୋଟେ ଶତାଧିକ ଗଳ୍ପ ।

୨.୧. ଘ. ଭାଷାଗତ ବିବିଧତା :

ମାନବ ଜାତିର ଚିନ୍ତା ଶକ୍ତି, ଅଭିବ୍ୟକ୍ତି ଓ ଉପଲବ୍ଧିର ଯଥାର୍ଥ ବାହାକ ହେଉଛି ଭାଷା । ଭାଷା ଭାବବ୍ୟକ୍ତ କରିବାର ମାଧ୍ୟମ । ମଣିଷ ସେଥିପାଇଁ ଇତର ପ୍ରାଣୀଙ୍କ ଠାରୁ ସ୍ୱତନ୍ତ୍ର । କାହିଁକି ନା ଇତର ପ୍ରାଣୀ ଯଥା-ପଶୁ, ପକ୍ଷୀ ଆଦିଙ୍କ ପାଖରେ ଭାଷା ନାହିଁ । ସେମାନେ କେବଳ ଭାବକୁ ବ୍ୟକ୍ତ କରିବା ନିମନ୍ତେ ନାନାଦି ସଙ୍କେତ ପ୍ରୟୋଗ କରନ୍ତି । ଏହି ସଙ୍କେତକୁ ଭାଷା କୁହାଯାଇ ପାରିବ ନାହିଁ । "ମଣିଷ ଜୀବନରେ ଦୁଇଟି କାରଣରୁ ଭାଷାର ଉପଯୋଗିତା ରହିଛି । ପ୍ରଥମତଃ ତା'ର ପ୍ରାଥମିକ ଚିନ୍ତାଟି ଭାଷା ମାଧ୍ୟମରେ ସାଧିତ ହୋଇଥାଏ । ଅର୍ଥାତ୍ ପ୍ରତ୍ୟେକ ମଣିଷ ନିଜ ମାତୃଭାଷାର ହିଁ ପ୍ରଥମେ ଚିନ୍ତା କରିଥାଏ । ଦ୍ୱିତୀୟରେ ସେ ତା'ର ଭାବକୁ ଅନ୍ୟ ନିକଟରେ ପ୍ରକାଶ କରିବାକୁ ଭାଷାର ସହାୟତା ଗ୍ରହଣ କରିଥାଏ । ତେଣୁ ମଣିଷ ଜୀବନରେ ଭାଷାର ଉପଯୋଗିତା ଯେପରି ଅକଳନୀୟ, ସେହିପରି ତାହାର ଆବଶ୍ୟକତା ମଧ୍ୟ ଅପରିହାର୍ଯ୍ୟ ।"(୯୯)

ବସ୍ତୁତଃ ଆଲୋଚନା ଦୃଷ୍ଟିରୁ ଏଠାରେ କୁହାଯାଇଛି, "ସାଧାରଣ ଦୈନନ୍ଦିନ ଜୀବନରେ ଭାଷା ବ୍ୟବହାର କରିବା, ସମ୍ବାଦ ପରିବେଷଣ ବା ଇତିହାସ, ଭୂଗୋଳ ବା ବିଜ୍ଞାନ ଇତ୍ୟାଦି ବିଷୟରେ ଭାଷା ପ୍ରୟୋଗ କରିବା ସହିତ ସାହିତ୍ୟରେ ଭାଷା ବ୍ୟବହାରକୁ ତୁଳନା କରାଯାଇ ନପାରେ । ସାହିତ୍ୟରେ ଭାଷା ବାସ୍ତବ ଜୀବନରୁ ଆସେ ସତ, ମାତ୍ର ଏହା ଏକ ସ୍ୱତନ୍ତ୍ର ଶୈଳୀରେ ଉଦ୍ଭାସିତ ହୋଇଥାଏ ଏବଂ ମଣିଷର ଅନ୍ତର୍ଜଗତକୁ ଆଲୋକିତ କରିବାରେ ସାହାଯ୍ୟ କରିଥାଏ। ତେଣୁ David Daiches ଲେଖିଛନ୍ତି "Literature is man's exploration of man by artificial light which is better than natural light because we can direct it where we want it. And a limited and tentative definition of 'style' could be that use of language as a result of which we are compelled, while listening or reading to see ourselves as the ultimate object of exploration however fantastic the events narrated."(୧୦୦)

ଏ ଦୃଷ୍ଟିରୁ ଉତ୍ତରଅଶୀ ଓଡ଼ିଆ କ୍ଷୁଦ୍ର ଗଳ୍ପ ପରିପ୍ରେକ୍ଷୀରେ ଗାଳ୍ପିକ ରଜନୀକାନ୍ତ ମହାନ୍ତିଙ୍କ ସୃଷ୍ଟିରେ ଭାଷା ଚୟନକୁ ଦେଖାଯାଇପାରେ । ଗାଳ୍ପିକ ମହାନ୍ତିଙ୍କ ଗଳ୍ପ ନୈରାଶ୍ୟଦଗ୍ଧ ମାନବାତ୍ମାର କରୁଣ ରାଗିଣୀରେ ବିମଣ୍ଡିତ । ତେଣୁ ତାଙ୍କ ଭାଷା ଚୟନ ଯେମିତି ଚମକପ୍ରଦ ସେମିତି ଗାମ୍ଭୀର୍ଯ୍ୟପୂର୍ଣ୍ଣ । ଦେଶ-କାଳ-ପାତ୍ରାନୁଯାୟୀ ଭାଷା ହୋଇଛି ନାନା ରଙ୍ଗରେ ରଙ୍ଗାୟିତ । କେଉଁଠି ଭାବକୁ ଅତୁଟ ରଖିବା ପାଇଁ ସହଜ, ସରଳ ଭାଷାର କରିଛନ୍ତି ପ୍ରୟୋଗ ତ କେଉଁଠି ପ୍ରତୀକାତ୍ମକ ଭାବକୁ ବ୍ୟକ୍ତ କରିବା ନିମନ୍ତେ ଭାଷା ହୋଇଛି

ରହସ୍ୟାତ୍ମକ । ଭାଷିକ ଶୈଳୀ ଦୃଷ୍ଟିରୁ ଗାଳ୍ପିକ ଶ୍ରୀ ମହାନ୍ତିଙ୍କ ଗଳ୍ପ ପରିଧିକୁ ଲକ୍ଷ୍ୟ କଲେ ଦେଖାଯାଏ ଆଞ୍ଚଳିକ ଭାଷା ବହୁଳ ବ୍ୟବହାର, ପାତ୍ର ଉପଯୋଗୀ ଇଂରାଜୀ ଭାଷାର ବ୍ୟବହାର ଏବଂ ସ୍ଥାନ କାଳ ଅନୁଯାୟୀ ଭାଷା ଚୟନ ଆଦିର ହୋଇଛି ସମାବେଶ ।

ଗାଳ୍ପିକ ଶ୍ରୀ ମହାନ୍ତିଙ୍କ ଗଳ୍ପ ସାହିତ୍ୟ ସର୍ଜନ ଶକ୍ତିର ଅବଧିକୁ ଦେଖିଲେ ଉପଲବ୍ଧି ହୁଏ ଗାଳ୍ପିକଙ୍କ ସୃଷ୍ଟିର ପ୍ରାରମ୍ଭ କାଳରେ ଆଞ୍ଚଳିକ ବା କଥିତ ଭାଷା ପ୍ରୟୋଗ ଯେଉଁ ମାତ୍ରାରେ ହୋଇଛି ଉତ୍ତର କାଳରେ ତାହା କ୍ଷୀଣ ହୋଇପଡ଼ିଛି । କାରଣ ସ୍ରଷ୍ଟା ସର୍ବଦା ଗୋଟିଏ ପରିବେଶର କଥା କହେନା, ଗାଳ୍ପିକ ସୋର ଅଞ୍ଚଳ ଗାଁରେ ରହୁଥିବାରୁ ଗ୍ରାମୀଣ ପରିବେଶକୁ ନେଇ, ଗାଁର ଚରିତ୍ରମାନଙ୍କୁ ନେଇ, ଗାଁର ଘଟଣାକୁ ନେଇ କାହାଣୀ ମାଧ୍ୟମରେ ନିଜର ଭାବକୁ ରୂପ ଦେଉଥିଲେ । କିନ୍ତୁ, ପରବର୍ତ୍ତୀ ସମୟରେ ଯେତେବେଳେ ସହରରେ ରହୁଛନ୍ତି ଶ୍ରୀ ମହାନ୍ତି ସେତେବେଳେ ସହରୀ ପରିବେଶ ମଧ୍ୟରେ ତଦ୍‌ଅନୁରୂପ ଭାଷାର ପ୍ରୟୋଗ କରିଛନ୍ତି । ବସ୍ତୁତଃ କୁହାଯାଇପାରେ ଯେ, ଗାଳ୍ପିକ ଗାଁରେ ରହୁଥିଲେ ବୋଲି କେବଳ ଗ୍ରାମୀଣ ଜୀବନକୁ ଆଞ୍ଚଳିକ ଭାଷା ମଧ୍ୟରେ ଚିତ୍ରିତ କରୁଥିଲେ ତାହା ନୁହେ, ଶ୍ରୀ ମହାନ୍ତି ଆଞ୍ଚଳିକ ଭାଷା ପ୍ରୟୋଗ କରି ଆଞ୍ଚଳିକ ଜୀବନ ଚିତ୍ର ଉପସ୍ଥାପନ କଲାବେଳେ ସହରୀ ଜୀବନ ଚିତ୍ରକୁ ମାନକ ଭାଷାରେ କାବ୍ୟାତ୍ମକ ଢଙ୍ଗରେ ମଧ୍ୟ ଉପସ୍ଥାପନ କରିଛନ୍ତି । ତାହାର ଜ୍ୱଳନ୍ତ ନମୁନା 'ଶତାଂଡି ପୁରୁଷ' ଗଳ୍ପ ପୁସ୍ତକର ପ୍ରଥମ ଗଳ୍ପ 'ନିଶୀଥ ସଙ୍ଗମ' । ଏଥିରୁ ଶ୍ରୀ ମହାନ୍ତିଙ୍କ ସୃଜନ କୌଶଳକୁ ଅସ୍ୱୀକାର କରି ହେବ ନାହିଁ । ଗ୍ରାମୀଣ ଶବ୍ଦ ବ୍ୟବହାରକୁ ନେଇ ଗାଳ୍ପିକ ମତ ରଖନ୍ତି, "ଶବ୍ଦକୁ ଆମ ସଂସ୍କୃତିରେ ବ୍ରହ୍ମ ବୋଲି କୁହାଯାଇଛି । ଆମ ଶରୀରରେ କୋଷ ଗୁଡ଼ିକର ନିରନ୍ତର କ୍ଷୟ ହେଉଛି ଓ ସୃଷ୍ଟି ହେଉଛି । ସେମିତି ଏ ସମାଜରେ ପ୍ରତିଦିନ ଅନେକ ଶବ୍ଦ ମରୁଛନ୍ତି । ସେହି ଶବ୍ଦ ମାନଙ୍କୁ ବଞ୍ଚାଇ ରଖିବାର ଦାୟିତ୍ୱ ଲେଖକର । ମୋ କ୍ଷେତ୍ରରେ ମୁଁ ଜାଣିଶୁଣି କୌଣସି ଶବ୍ଦକୁ ବ୍ୟବହାର କରିନାହିଁ । ଜୀବନ ଯାତ୍ରାରେ ମୁଁ ପ୍ରତିଟି କ୍ଷଣକୁ ଗଭୀର ଭାବେ ନିରୀକ୍ଷଣ କରିଥାଏ । ସେହି ନିରୀକ୍ଷଣରୁ ସ୍ୱତଃସ୍ଫୂର୍ତ୍ତ ଭାବେ ସେ ଶବ୍ଦ ସବୁ ଆସିଯାଇଛନ୍ତି । ଏତଦ୍‌ବ୍ୟତୀତ ମୁଁ ଯାହାକୁ (ଗଳ୍ପ) ଲେଖିଲା ବେଳକୁ ଆମ ସୋର, ବାଲେଶ୍ୱର ଅଞ୍ଚଳରେ ଏସବୁ ଶବ୍ଦ ବା ଭାଷା ବହୁଳ ଭାବରେ ବ୍ୟବହୃତ ହେଉଥିଲା । ଏବେ ଆମେ ବସ୍ତୁତାତ୍ତ୍ୱିକ ସଭ୍ୟତା ଆଡ଼କୁ ଧାଇଁଛୁ ସତ, କିନ୍ତୁ ବସ୍ତୁଗୁଣ ସଂପର୍କରେ ଆମର ଧାରଣା ଧିରେ ଧିରେ କମି ଯାଉଛି । ଯାହା ଫଳରେ ସାଙ୍କେତିକ ହୋଇଗଲାଣି ଆମ ଭାଷା ଓ ମରି ମରି ଗଲାଣି ଆମ ଶବ୍ଦଭଣ୍ଡାର ।"(୧୦୧)

ଗାଳ୍ପିକଙ୍କ ବକ୍ତବ୍ୟରୁ ହୃଦୟଙ୍ଗମ କରିହୁଏ ଗାଳ୍ପିକ ନିଜ ଅଞ୍ଚଳର ଭାଷାକୁ ଲିଖିତ ଆକାରରେ (ଗଳ୍ପରେ) ବଞ୍ଚାଇ ରଖି ଉତ୍ତର ପିଢ଼ିଙ୍କୁ ପରସି ଦେବା ପାଇଁ ଚେଷ୍ଟିତ । ସେଥିପାଇଁ ତିରିଶିରୁ ଊର୍ଦ୍ଧ୍ୱ ଗଳ୍ପ ବାଲେଶ୍ୱର ଜିଲ୍ଲାର ସୋର ଅଞ୍ଚଳର ପ୍ରଚଳିତ କଥିତ ଭାଷାରେ ରଚନା କରି ଓଡ଼ିଆ ଗଳ୍ପ ସାହିତ୍ୟରେ ନିଜର ସ୍ୱତନ୍ତ୍ର ପରିଚୟ ସୃଷ୍ଟି କରିପାରିଛନ୍ତି । ଗାଳ୍ପିକ

ମହାନ୍ତିଙ୍କ ଗ୍ରାମୀଣ ପରିବେଶକୁ ନେଇ ରଚିତ ଗଳ୍ପ ଗୁଡ଼ିକ ନିଛକ ଆଞ୍ଚଳିକ ଭାଷାରେ ରଚିତ । ଯଥା –

(କ) "କି ବେ ମୂଲିଆ । ସେଠି କାଇଁକି ବଇଚୁ, ଆଏଁ । ମୂଲିଆ ପୁଅ ଖରା, ବର୍ଷା, ଶୀତକୁ ଡରିନେ ହବନା । ହଁ ବେ । ସଞ୍ଜ ହେଲାଣି । ଦେଖା ଯାଉନି କି ? ଶଙ୍ଖ, ଘଣ୍ଟା ପା ବାଜିଲାଣି ।"(୧୦୨)

(ଖ) "ଶାଳୀ, ଛିଣ୍ଡାଳୀ । କହ କାହିଁକି ତା ସଙ୍ଗେ ଥିଲୁ ? ହଇଲୋ ଗୁଡ଼ି ସେଟି ଘର ଝିଅ । ତୋର ଏତେ ବହପ କିଲୋ ? କାହିଁକି ମୁଁ ଚାକିରି କରୁଛି, କାହିଁକି ମୁଁ ଦିନେ ଓଳିଏ ଉପାସ କରୁଛି ? କହ କାହିଁକି, କାହିଁକି ଲୋ ଛିଣ୍ଡାଳୀ ?"(୧୦୩)

(ଗ) "ମୁଁ କାନ୍ଦି କାନ୍ଦି ଧାଇଁଥାଏ । ମୋ ତିର୍ଲା ଡମୁଣୀ ଛାଁକୁ ଛାଁ ମୂର୍ଚ୍ଛା ହୋଇ ଯାଉଥାଏ, ଶିରିଆର ମରିଯିବା ଖବର ଶୁଣି । ମୋ ସତୁରୀ ବର୍ଷର ମାଁ 'ହା ମୋ ଶିରିଆରେ' କହି କହି ଚିତ୍କାର ଛାଡ଼ି ଧାଇଁଥିଲା । ଏବଂ ସାତ ପୁରୁଷ ଉଝାଳୁଥିଲା–ତୋତେ ଯିଏ ମାରିଦେଲା, ତା ବଂଶ ବୁଡୁରେ, ତାକୁ ସାପ ଖାଉରେ । ଶିରିଆକୁ ବନବାବୁ ମାରି ମାରି ମାରିଦେଲା, ଦି ଟା କାନ୍ଥୁର ଆମ୍ବ ପାଇଁ ।"(୧୦୪)

(ଘ) "ଧାନରେ ଅଗ ଟୁଙ୍କି ନେଇ ଯାଉଥିବା ପିଲାଙ୍କ ଭିତରୁ ବଗୁଲିଆ ବାଇନ ସପଟି ଆସିଲା ଚେମା ମାଁ ପାଖକୁ । ଜାଣିକି ଦି' ପଦ ଶୁଣେଇ ଦେଲା: ଏ ବୁଢ଼ୀଟି ବଡ଼ କୁନ୍ଦୁରୀ । କିଲୋ ଚେମା ମା, ଏଟା କ'ଣ ତୋ ଜମି କି ଲୋ । ତୁ କ'ଣ ନାଗି ଆମକୁ ଗାଳି କରୁଛୁ । ଅନାନି ଦେମି ଦି ପଦ ସଲଖେଇ, ଜାଣିଥା ।"(୧୦୫)

ଉକ୍ତ ଉଦାହରଣ ଗୁଡ଼ିକ ଦେଖିଲେ ଗାଳ୍ପିକ ରଜନୀକାନ୍ତ ମହାନ୍ତିଙ୍କ ଗଳ୍ପରେ ଭାଷା ପ୍ରୟୋଗର କାରିଗରୀତାକୁ ହୃଦୟଙ୍ଗମ କରିହୁଏ । ସାଧରଣ ଗାଉଁଲି ଚରିତ୍ର ମୁଖରେ ଯଦି ମାନକ ଭାଷାର ପ୍ରୟୋଗ ଶ୍ରୀ ମହାନ୍ତି କରିଥାନ୍ତେ ତାହେଲେ ଭାବର ଖଣ୍ଡନ ହୋଇଥାନ୍ତା ଏବଂ ବକ୍ତବ୍ୟ ଅପ୍ରାସଙ୍ଗିକ ଲାଗିଥାନ୍ତା ।

ଆଞ୍ଚଳିକ ଭାଷା ଭଳି ମାନକ ଭାଷା ବା ଅଭିଜାତ ଭାଷାର ମଧ୍ୟ ସ୍ପନ୍ଦନ ତାଙ୍କ ପରିଧିର ଏକ ଉଚ୍ଚକୋଟୀର ଉପାଦାନ । ଶିକ୍ଷିତ ସହରୀ ମଣିଷର ବିଷାଦ, ଛଳନା, ଶଠତା, ଧୋକା, ଆବେଗ ପ୍ରବଣତାର ଭାବକୁ ନେଇ ଯନ୍ତ୍ରଣାଜର୍ଜରିତ ସହରୀ ମଣିଷର ବେଦନା ସିକ୍ତ ଭାବକୁ ପରିପ୍ରକାଶ କଲାବେଳେ ଦାର୍ଶନିକ ଅନୁଚିନ୍ତା, ଚେତନା ପ୍ରବାହର ଧାରା ତଥା କାବ୍ୟିକ ଭାବସାନ୍ଦ୍ରତାରେ ଶ୍ରୀ ମହାନ୍ତି ତଲ୍ଲୀନ ହୋଇ ଅଭିଜାତ ଭାଷା ପ୍ରୟୋଗ କରନ୍ତି । ଆବେଗଧର୍ମୀ, ମଧୁର ଶ୍ଳେଷଯୁକ୍ତ ବର୍ଣ୍ଣନା ଅପେକ୍ଷା ବିଶ୍ଳେଷଣଧର୍ମୀ ତଥା ସଙ୍କେତାତ୍ମକ, ଚିତ୍ରକଳ୍ପଧର୍ମୀ ଭାଷାକୁ ନିଜ ସର୍ଜନାରେ ଛିଞ୍ଚି ଦିଅନ୍ତି । ସେହି ଭାଷା ଚରିତ୍ରର ବକ୍ତବ୍ୟ ସଙ୍ଗେ ଏପରି ଖାପ ଖାଇଯାଏ ଯେ ପାଠକ ଭାବ, କଥା, ଚରିତ୍ର, ପରିବେଶ ସଙ୍ଗେ ନିଜକୁ ହଜାଇ ଦେଲାଭଳି ଭାଷା ସଙ୍ଗେ ମଜି ଯାଆନ୍ତି । ସେ ଭାଷାରେ କ୍ଳାନ୍ତି ଥାଏ

ନା ନିରାନନ୍ଦ ଥାଏ, ଥାଏ ମଧୁର ରାଗିଣୀ । ଯାହା ପଠନ, ଶ୍ରବଣ ଦ୍ୱାରା ଶରୀରରେ ଆହ୍ଲାଦ ସୃଷ୍ଟି କରେ । ଯେପରି –

(କ) "ପାଗଳ ରାତି ତା'ର ଅନାବନା ସଙ୍ଗୀତରେ ବିଭୋର ।"(୧୦୬)

(ଖ) "ମହାନଗରକୁ ଅନ୍ଧାର ହୋ ହୋ ହେଇ ମାଡ଼ି ଅସିଲା ବେଳେ ଏଠିକି ସରୀସୃପ ହେଇ ଧିରେ ଆସେ । ଗିଳିଯାଏ ବସ୍ତି ।"(୧୦୭)

(ଗ) "ପଲକ ଓ ସ୍ପନ୍ଦନରେ ପୂର୍ଣ୍ଣଛେଦ ପକାଇ ଟ୍ୟାକ୍ସିଟା ଦୁଆର ମୁହଁରେ ଅଟକିଲା ।"(୧୦୮)

(ଘ) "ସେଦିନ ହଠାତ୍ ଲାଇନ୍ ଚାଲିଗଲା । ଅନ୍ଧାର ଛାଇ ହେଇଗଲା ବୋଲି ମୁହୂର୍ତ୍ତଟି ଜଣାଗଲା । କିନ୍ତୁ ଏକ ଶୀତଳ ଆଲୋକର ଅବାରିତ ଧାରା ସମସ୍ତଙ୍କୁ ଶିହରିତ କରିଦେଲା ଛାଏଁ ଛାଏଁ । ପୂର୍ଣ୍ଣମୀ ଜହ୍ନରେ ଜ୍ୟୋସ୍ନାକ୍ଷରା ବାତାରବଣ ଉବୁଟୁବୁ କରିଦେଲା ସାରା ମହାନଗରକୁ । କୋଠାଘର ଗୁଡ଼ିକ ଚାରିପାଖେ ଘେରିଥିବା ଝାଉଁଗଛ, ବାଲକୋନିରୁ ଓହଳିଥିବା ଲତା, କୁଣ୍ଡମାନଙ୍କରେ ଲହରଉ ଥିବା ଫୁଲ ସବୁ ଭିନ୍ନ ଦେଖାଗଲା, ଦେଖାଗଲେ ଅଫୁରନ୍ତ ।"(୧୦୯)

ଉକ୍ତ ଉଦାହରଣ ଗୁଡ଼ିକରେ ରହିଛି କାବ୍ୟିକ ଭାଷା, ଧ୍ୱନ୍ୟାତ୍ମକ ଶବ୍ଦ, ମିଶ୍ରିତ ଲୟ ଯୁକ୍ତ ଭାଷା ଏବଂ ବାସ୍ତବଧର୍ମୀ ଭାଷା । କଥାକାର ସମୂହ ଗଳ୍ପରେ ଅଯଥା ଭାଷାର ଆଡ଼ମ୍ବରଦେଇ ଭାରାକ୍ରାନ୍ତ କରନ୍ତି ନାହିଁ । ଯେତିକ ଆବାଶ୍ୟକ ସେତକରେ ସରସ, ସୁନ୍ଦର ଓ ରସମୟ କରିବା ପାଇଁ ସାଧାରଣ ଶବ୍ଦ ପ୍ରୟୋଗ କରି ଅସାଧାରଣ ଭାବକୁ ପରିବ୍ୟକ୍ତ କରନ୍ତି । ରାଜକିଶୋର ରାୟ, ସୁରେନ୍ଦ୍ର ମହାନ୍ତି, କିଶୋରୀ ଚରଣ ଦାସଙ୍କ ଭଳି ଆଲଙ୍କାରିକ ଶବ୍ଦ ପ୍ରୟୋଗ କରନ୍ତି ନାହିଁ । ସର୍ବଦା ଭାଷା ସରଳ, ଉପସ୍ଥାପନାରେ ଛୋଟ ବାକ୍ୟ, ଶୈଳୀ ମନସ୍ତାତ୍ତ୍ୱିକ ଏବଂ ଅନେକ ସମୟରେ ଦାର୍ଶନିକ ଭାଷା ପ୍ରୟୋଗ କରି ପାଠକକୁ କାହାଣୀ, ଭାବବସ୍ତୁରେ ବିଭୋର କରିଥାନ୍ତି ।

ଗାଳ୍ପିକ ରଜନୀକାନ୍ତ ମହାନ୍ତିଙ୍କ ଗଳ୍ପରେ ପାତ୍ରୋପମୁଖୀ ଭାଷା ବାସ୍ତବିକ ଅଭିନବ । ସମସ୍ତ ସ୍ରଷ୍ଟା ତାଙ୍କ ସୃଷ୍ଟିରେ ପରିବେଶ, ବାତାବରଣ, ଘଟଣା, ଚରିତ୍ର ଅନୁଯାୟୀ ଭାଷା ପ୍ରୟୋଗ କରିଥାନ୍ତି । ଗାଉଁଲି ପରିବେଶ ମଧ୍ୟରେ ଅଶିକ୍ଷିତ ଚରିତ୍ରର ବକ୍ତବ୍ୟ ରହୁଥିବ ଅଥଚ ସେ ଚରିତ୍ର ମୁଖରେ ଇଂରାଜୀ ଭାଷା ପ୍ରୟୋଗ ହେଲେ ଉପସ୍ଥାପନାଟି ଖାପଛଡ଼ା ଲାଗିବ । ସେ ଦୃଷ୍ଟିରୁ ଗାଳ୍ପିକ ବହୁ ସଚେତନ । ଶ୍ରୀ ମହାନ୍ତିଙ୍କ ସୃଜନ ଶକ୍ତିର ପ୍ରାରମ୍ଭ କାଳରେ ଯଦିବା ସାମାନ୍ୟ ମାତ୍ର ପାତ୍ରୋପଯୋଗୀ ବକ୍ତବ୍ୟ ରହୁନଥିଲା, ପରେ ପରେ ତାହା ମାର୍ଜିତ । ଯେପରିକି 'ଶତାଂଡି ପୁରୁଷ' ଗଳ୍ପରେ ଅଶିକ୍ଷିତ ଜଣେ ଚାଷୀ ଗଳ୍ପନାୟକ ମୂଲିଆ, ତା' ଜୀବନରେ ଦୁଃଖ, ହତାଶ, ନିରାଶ, ତଥା ପ୍ରତାରିତ ହେଲାବେଳେ ସେ ଚରିତ୍ର ମୁଖରେ କଥାକାର ଶ୍ରୀ ମହାନ୍ତି ଗାଣତାନ୍ତ୍ରିକ ରାଷ୍ଟ୍ରର ଅସନ୍ତୁଳିତ ଜୀବନଯନ୍ତ୍ରଣାକୁ ପରିପ୍ରକାଶ

କରିଛନ୍ତି । ଜଣେ ଗାଉଁଲି, ଅପାଠୁଆ ମଣିଷ କିପରି ଗଣତନ୍ତ୍ରର କାଇଦା କଟକଣା ବୁଝିବ ? ସେ ଚରିତ୍ରର ବିଷାଦ ନିଶ୍ଚୟ ଗାଳ୍ପିକଙ୍କ ମାନସିକତାରେ ସବାର ହୋଇଛି । କିନ୍ତୁ, ଏହି ଲକ୍ଷଣ ଯଦିବା ପ୍ରାରମ୍ଭିକ ସ୍ତରରେ ଦେଖାଯାଇଥିଲା, ପରବର୍ତ୍ତୀ ସମୟରେ ଶ୍ରୀ ମହାନ୍ତି ପାତ୍ରୋପଯୋଗୀ ଭାଷା ପ୍ରୟୋଗ କରିଛନ୍ତି, ଯାହାକି ଓଡ଼ିଆ ଗଳ୍ପ ସାହିତ୍ୟାକାଶରେ ତାଙ୍କୁ ଏକ ସ୍ୱତନ୍ତ୍ର ସ୍ଥାନ ପ୍ରଦାନ କରିଛି ।

(କ) "ଗଗନ ପୁଣି ହୁରି ଛାଡ଼ିଲା: ତୁ ଆଗେ ମଥାନ ଖଂଜି ସାରିଲେ ସିନା ବତାଡିବି, ମୁଁ ଯାଉଚି ନଈ ଚିରିଦିଏ, କୁଟା ବୋହିଆଣେ । ମୁଁ ଅଣ୍ଟାରୁ ଖଇନି ଟିପେ କାଢ଼ି ପାଟିରେ ପକେଇନି । କହିନି: ତୁଟା ବୋକା କିରେ, ଯାଉନୁ, ସାହୁ ଦୋକାନରୁ ଚା ପିଇ ଆସିବୁ, ସକାଳୁ ଚା ଚା ହଉଥିଲୁ ।"(୧୧୦)

(ଖ) "ସାର୍, ଆପଣ ମୋର୍ ଇଣ୍ଡିଆନ୍.. ଭେରି ଟୁଲି.. ସଂକ୍ଷିପ୍ତ ହସ ଥିଲା ସାମୁଏଲ୍‌ଙ୍କର ।"(୧୧୧)

(ଗ) "ନାରଣ ସମେତ ସମସ୍ତଙ୍କର ଅକଲ ଗୁଡୁମ । ନିଶାପଟା ଜଣାଯାଉଥାଏ ଯେମିତି ଗୋଟେ ନାଟକ ହେଉଛି; ଯୋଉ ନାଟକରେ ନିଶାପକାରୀମାନେ ହାରି ଯାଉଛନ୍ତି । ଏବଂ ପକ୍ଷମାନେ ସେମାନଙ୍କୁ କାଠଗଡ଼ାରେ ଛିଡ଼ା କରି ଦେଉଛନ୍ତି । ପାଞ୍ଚ ଜଣଙ୍କ ଭିତରୁ ଦୁଇଜଣ କହିଲେ; କାଳିଆ ଠିକ୍ କହୁଛି । ଓ୍ୱାଜିଫ୍ । କାଳିଆ ଯଦି ସର୍ବସ୍ୱ ଦେଇଦେଲା, ନାରଣ ସେମିତି ସର୍ବସ୍ୱ ଦେଇ ଦଉ !"(୧୧୨)

ଏହି ତିନୋଟି ଉଦାହରଣକୁ ଦେଖାଯାଇପାରେ । ପ୍ରତ୍ୟେକ ଉଦାହରଣ ନିଜ ସ୍ଥାନରେ ନିଜେ ଶ୍ରେଷ୍ଠ । କାହାରି ମାନ ହାନି ହେଉନାହିଁ । ପ୍ରଥମ କାବ୍ୟ ବା 'କ' ବାକ୍ୟଟି 'ମାଟିଆ ପୁଅ' ଗଳ୍ପ ପୁସ୍ତକର 'ରାହାଜଗାଳୀ' ଗଳ୍ପରୁ ଆନିତ । ଅଶିକ୍ଷିତ ସାଧାରଣ ମୂଳିଆ ଶ୍ରେଣୀର ଲୋକ, ତେଣୁ ଉଭୟ ଚରିତ୍ର ମୁଖରେ କଥାକାର ଶ୍ରୀ ମହାନ୍ତି ଆଞ୍ଚଳିକ ଶବ୍ଦ ଯଥା-ହୁରି, ଗୟାଇ, ଖଇନି ଟିପେ ପକେଇନି, କହିନି ଆଦି ପ୍ରୟୋଗ କରିଛନ୍ତି । ଦ୍ୱିତୀୟ ବାକ୍ୟ 'ଖ' ବାକ୍ୟଟି ଆସିଛି 'ଉଷାକାଳ' ଗଳ୍ପ ପୁସ୍ତକର 'ବନ୍ଦେ ମାତରଂ' ଗଳ୍ପରୁ, ଯେଉଁଠି ଚରିତ୍ର ବ୍ରାମ ଓ ସାମୁଏଲ୍ ଉଭୟ ଉଚ୍ଚଶିକ୍ଷିତ । ତେଣୁ ତାଙ୍କ ମୁହଁରେ ଇଂଗ୍ରାଜୀ ଭାଷାରେ ଓଡ଼ିଆ ମାନକ ଭାଷା ହୋଇଛି ପ୍ରୟୋଗ । ସେହିପରି ତୃତୀୟ ବାକ୍ୟଟି 'ବହୁବଜାର' ଗଳ୍ପ ପୁସ୍ତକର '୨୮୧ ନମ୍ବର ମୋକଦ୍ଦମା'ରୁ ଉଦ୍ଧୃତ । ଯେଉଁଠି ଚରିତ୍ର ଗାଉଁଲି ହେଲେ ମଧ୍ୟ ଅର୍ଦ୍ଧଶିକ୍ଷିତ । ଗଳ୍ପଟି ଭାଇ ଭାଗକୁ ନେଇ ଦେଓ୍ୱାନି ଅଦାଲତ ସମ୍ବନ୍ଧୀୟ ହେଲାବେଳେ ଗାଳ୍ପିକ ଯାବନିକ ଶବ୍ଦ ଗୁଡ଼ିକ ପ୍ରୟୋଗ କରିଛନ୍ତି ଯେପରି ଅକଲ, ନିଶାପ, ଓ୍ୱାଜିଫ୍ ଭଳି ଶବ୍ଦ । ଉକ୍ତ ପ୍ରସଙ୍ଗରେ ନିଶ୍ଚୟ ଗାଳ୍ପିକଙ୍କ ପାତ୍ରୋପମୁଖୀ ଭାଷା ଚୟନ ଉଚ୍ଚକୋଟୀର ।

ଶ୍ରୀ ମହାନ୍ତିଙ୍କ ଗଳ୍ପ ପରିଧିରେ ଭାଷା ଏକ ସ୍ୱତନ୍ତ୍ର ସ୍ଥାନ ଦାବି କରେ । ଗାଳ୍ପିକ ସର୍ବଦା ଜାଗ୍ରତ ପରିବେଶ, ବାତାବରଣ, ପାତ୍ରୋପଯୋଗୀ ଭାଷା ପ୍ରୟୋଗ କରିବା ପାଇଁ । ତେଣୁ

ତାଙ୍କ ଭାଷା ସରଳ ଓ ନିରାଡ଼ମ୍ବର । ଛୋଟ ଛୋଟ ବାକ୍ୟ ମଧ୍ୟରେ ଚେତନା ପ୍ରବାହୀ ଭାଷା, ଚିତ୍ରଧର୍ମୀ ଭାଷା, ବୌଦ୍ଧିକ ଭାଷା, ଆଞ୍ଚଳିକ ଭାଷାରେ ଗଳ୍ପ ସୃଷ୍ଟି କରି ପାଠକକୁ ସେ ପରସି ଦେଇଛନ୍ତି । ଗ୍ରାମୀଣ ପରିବେଶକୁ ନେଇ ଅଶିକ୍ଷିତ ଚରିତ୍ରମାନଙ୍କୁ ତୋଳିଧରିଲା ବେଳେ କଥୋପକଥନର ଭାଷା, ସହରୀ ପରିବେଶ ମଧ୍ୟରେ ଶିକ୍ଷିତ ବ୍ୟକ୍ତିମାନଙ୍କୁ ଉପସ୍ଥାପନ କଲାବେଳେ ମାନକ ଓଡ଼ିଆ ସହିତ ଇଂରାଜୀ ଭାଷା ଏବଂ ଘଟଣାନୁଯାୟୀ ଯାବନିକ ଶବ୍ଦ ପ୍ରୟୋଗ କରି ପାଠକକୁ ଗଳ୍ପ ମଧ୍ୟରେ ଭାଷାର ଡୋରିରେ ବାନ୍ଧି ରଖିଛନ୍ତି । ଶ୍ରୀ ମହାନ୍ତି ଦେଶ-କାଳ-ପାତ୍ର ଆଦି ଉପଯୋଗୀ ସରଳ ଭାଷା ପ୍ରୟୋଗ କରି ନିଜର ଭାଷା ଚୟନର ସ୍ୱାତନ୍ତ୍ର୍ୟ ବଜାୟ ରଖିଛନ୍ତି ।

୨.୨. ସାହିତ୍ୟିକ ଶୈଳୀ ଅଧ୍ୟୟନ :

ଭାଷାତାତ୍ତ୍ୱିକ ଶୈଳୀ ଅଧ୍ୟୟନ କ୍ଷେତ୍ରରେ ଭାଷା ଯେପରି ବିସ୍ତାର ଲଭିଛି, ଠିକ୍ ଅନୁରୂପ ଭାବରେ ସାହିତ୍ୟିକ ଶୈଳୀ ଅଧ୍ୟୟନର ଗୁରୁତ୍ୱ ମଧ୍ୟ ରହିଛି । ଭାଷା ପ୍ରୟୋଗର ଗୁରୁତ୍ୱ ସାହିତ୍ୟିକ ଶୈଳୀର ମଧ୍ୟ ଅନ୍ତର୍ଗତ । ସାହିତ୍ୟିକ ଶୈଳୀରେ ଲେଖକର ଭାଷାଜ୍ଞାନ ବ୍ୟତିରେକ ସୃଷ୍ଟିର ଗଢଣ ଉପରେ ଗୁରୁତ୍ୱାରୋପ କରାଯାଇଥାଏ ।

୨.୨. କ. ବର୍ଣ୍ଣନାତ୍ମକ ଶୈଳୀ :

ସର୍ବଦା ସାହିତ୍ୟିକଟିଏ ସର୍ଜନଟିକୁ ଉପସ୍ଥାପନ କଲାବେଳେ ଲେଖାଟିର ସୌନ୍ଦର୍ଯ୍ୟକୁ ଲକ୍ଷ୍ୟ ରଖି ଭାବବସ୍ତୁକୁ କଥାବସ୍ତୁ ସଙ୍ଗେ ଖାପ ଖୁଆଇ ଆଗକୁ ଗତି କରାଇଥାନ୍ତି । ଏହାରି ମଧ୍ୟରେ ଲେଖାରେ ବର୍ଣ୍ଣନା (Narration) ଲେଖକ ଉପରେ ନିର୍ଭରଶୀଳ । କଥାଟିର ଉପସ୍ଥାପନାରେ ସୁଗମତା ପାଇଁ ଲେଖକ ବର୍ଣ୍ଣନାକୁ ପ୍ରଥମତଃ ନିଜ କାରିଗରୀପଣ ଉପରେ ନ୍ୟସ୍ତ ରଖେ । ଏହା ସତ୍ୟ ଅଥଚ ଲେଖାର ମାଧୁର୍ଯ୍ୟ ନିମନ୍ତେ ଲେଖକ କିଛି ମୁହୂର୍ତ୍ତ ପାଇଁ ମାନସିକ ସ୍ତରରେ ପାଠକ ହୋଇ ନିଜ ଲେଖାକୁ ତର୍ଜମା କରେ, ତଉଲେ । ପରିଣତିରେ ନିଜର ସାବକଟି କିପରି ସ୍ୱୟଂସଂପୂର୍ଣ୍ଣ ହେବ ଏବଂ ପାଠକର ହୃଦୟସ୍ପର୍ଶୀ ହେବ ତାହା ଧାର୍ଯ୍ୟ କରେ ନିଜେ ସ୍ରଷ୍ଟା । ଏ ଦୃଷ୍ଟିରୁ ଗାଳ୍ପିକ ରଜନୀକାନ୍ତ ମହାନ୍ତିଙ୍କ ଗଳ୍ପ ଉପସ୍ଥାପନାରେ ବର୍ଣ୍ଣନାତ୍ମକ ଶୈଳୀ (Narration style) କୁ ଦେଖିଲେ ପ୍ରଥମେ ଦେଖାଯାଇପାରେ ତୃତୀୟ ପୁରୁଷୀୟ ଶୈଳୀ (Third person narration style), ଦ୍ୱିତୀୟରେ ଆସିବ ପ୍ରଥମ ପୁରୁଷୀୟ ଶୈଳୀ (First person narration style), ତୃତୀୟରେ ଆସେ ଦ୍ୱିତୀୟ ପୁରୁଷୀୟ ଶୈଳୀ (Second person narration style) । ଏହାପରେ ମଧ୍ୟ ଶ୍ରୀ ମହାନ୍ତିଙ୍କ ବର୍ଣ୍ଣନାତ୍ମକ ଶୈଳୀ ଆସେ, ଯଥା- ମିଶ୍ରିତ ବର୍ଣ୍ଣନା ଶୈଳୀ (Mixed narration style), ପଛ ଦୃଶ୍ୟାନ୍ତର ଶୈଳୀ (Flash back style) ।

୨.୨. କ. ୧. ତୃତୀୟ ପୁରୁଷୀୟ ବର୍ଣ୍ଣନାତ୍ମକ ଶୈଳୀ :

ଗାଳ୍ପିକ ଶ୍ରୀ ମହାନ୍ତିଙ୍କ ସୃଷ୍ଟି ବଳୟ ମଧ୍ୟରେ ବହୁତ ଗଳ୍ପ ତୃତୀୟ ପୁରୁଷୀୟ ଶୈଳୀ

ନେଇ ହୋଇଛି ଉଭା । ପ୍ରାୟତଃ ବହୁ ସ୍ରଷ୍ଟା ଉକ୍ତ ଶୈଳୀକୁ ଚୟନ କରିଥାନ୍ତି । କାରଣ ତୃତୀୟ ପୁରୁଷୀୟ ଶୈଳୀରେ ଗୋଟିଏ କଥାଭାଗକୁ ଉପସ୍ଥାପନ କରିବା ନିମନ୍ତେ ସହଜ ହୋଇଥାଏ । ପରିବେଶ, ଦେଶକାଳ ପାତ୍ର, ଚରିତ୍ର ଆଦିର ସଂଯୋଜନା ଏବଂ ଉପସ୍ଥାପନାବେଳେ ପ୍ରଥମ ପୁରୁଷୀୟ ଶୈଳୀ କିମ୍ବା ଦ୍ୱିତୀୟ ପୁରୁଷୀୟ ବର୍ଣ୍ଣନାତ୍ମକ ଶୈଳୀ ଠାରୁ ଏହା ସରଳ । ଉକ୍ତ ଶୈଳୀରେ ସ୍ରଷ୍ଟା ଜଣେ ବ୍ୟକ୍ତିର ଘଟଣାକୁ ପାଠକକୁ ଜଣାଇଥାଏ ଏବଂ ରାମ, ହରି, ଗୋପାଳର କଥା କହିଲା ବେଳେ ମଧ୍ୟ ସେ, ସେମାନେ, ତାଙ୍କର ଆଦି ସର୍ବନାମ ପଦ ଓ ବିଶେଷ୍ୟ ପଦ ବ୍ୟବହାର କରିଥାଏ । କଥାକାର ଶ୍ରୀ ମହାନ୍ତିଙ୍କ ତୃତୀୟ ପୁରୁଷୀୟ ବର୍ଣ୍ଣନାତ୍ମକ ଶୈଳୀରେ ଲିଖିତ କେତୋଟି ଗଳ୍ପର ଉଦାହରଣ ନିମ୍ନରେ ନିଆଯାଇପାରେ । ଯଥା-

(କ) "ହଷ୍ଟେଲ୍ ଗେଟ୍ ବାହାରକୁ ଆସିଲା ଅଂଶୁପା । ନିଶା ଓ ଶୀଳା ଦି ଜଣ ରୁମ୍ ସାଙ୍ଗଙ୍କ ସହ । ଗେଟ୍ ଦରୱାନ ବାହାରେ ଛିଡ଼ାହୋଇଥିବା ଜଣେ ଯୁବକକୁ ଦେଖେଇଦେଲା । ଅଂଶୁପା ଦେଖିଲା ତେଇଶି ଚବିଶି ବର୍ଷ ପାଖାପାଖି ପିଲାଟେ ।"[୧୧୩]

(ଖ) "ସଂଜ ସଜେଇ ହେଇ ଆସୁଛି । ସଂଜ ଅନ୍ଧାର । ରାସ୍ତାଘାଟ, ପାଖବଣ ତଥାପି ଦିଶୁଛି । କୁଚରପଲ୍ଲୀ ଗାଁ ଭିତରେ ଥିବା କୂଅ ପାଖରେ ଚୁପ୍‌ଚାପ୍ ଠିଆ ହୋଇଥିଲେ ବ୍ରାମ । ଚାହିଁ ରହିଥିଲେ କୂଅ ଭିତରକୁ ଏକ ଲୟରେ ।"[୧୧୪]

ଉକ୍ତ ଦୁଇଟି ଉଦାହରଣ ଗାଳ୍ପିକଙ୍କ ତୃତୀୟ ପୁରୁଷୀୟ ବର୍ଣ୍ଣନାତ୍ମକ ଶୈଳୀରେ ରଚିତ ଗଳ୍ପରୁ ଉଦ୍ଧୃତ । ପ୍ରତ୍ୟେକ ଉଦାହରଣରେ ଗୋଟିଏ ଗୋଟିଏ ଘଟଣାର ଉପସ୍ଥାପନାରେ କିଞ୍ଚିତ ଉଦାହରଣ ଦିଆହୋଇଛି । ଏଠି କଥାକାର ଜଣେ କଥକ ଏବଂ ପାଠକ ଶ୍ରୋତା ।

୨.୨. କ.୨. ପ୍ରଥମ ପୁରୁଷୀୟ ବର୍ଣ୍ଣନାତ୍ମକ ଶୈଳୀ :

ସେହିପରି ଶ୍ରୀ ମହାନ୍ତିଙ୍କ ପ୍ରଥମ ପୁରୁଷୀୟ ବର୍ଣ୍ଣନାତ୍ମକ ଶୈଳୀରେ ରଚିତ ଗଳ୍ପ ଗୁଡ଼ିକ ହେଲା ନିଶୀଥ ସଙ୍ଗମ, ଶତାଂଡି ପୁରୁଷ, ହଡ଼ିକାଠ, ନାରାଚ ଉବାଚ, ଗାଇଆଳ, ବୃକ୍ଷରୂପୀ, ସ୍ୱପ୍ନମେଧ, ସମୁଦ୍ର, ନିଦ୍ରାମ୍ବର, ସ୍ୱପ୍ନରଙ୍କା, ମିତ । ପ୍ରଥମ ପୁରୁଷୀୟ ଶୈଳୀରେ ରଚିତ ଗଳ୍ପ ଗୁଡ଼ିକ ମୁଁ, ମୋର, ଆମେ ଆଦି ସର୍ବନାମ ବ୍ୟବହାର ହୋଇ ଲେଖା ହୋଇଥାଏ । ଉକ୍ତ ଶୈଳୀରେ ଗାଳ୍ପିକ ନିଜେ ଚରିତ୍ର ସାଜିଥାଏ । ନିଜ କଥାକୁ ଉପସ୍ଥାପନ କଲାଭଳି ଗାଳ୍ପିକ ବକ୍ତବ୍ୟ ରଖିଥାଏ । ବସ୍ତୁତଃ, ଆଲୋଚ୍ୟ ଶୈଳୀରେ କାହାଣୀର ପ୍ରାଧାନ୍ୟ ରହେ ନାହିଁ । ବୌଦ୍ଧିକ ଶ୍ରେଣୀୟ ସୃଷ୍ଟି ଅଧିକ ମାତ୍ରାରେ ହୋଇଥାଏ । ପ୍ରଥମ ପୁରୁଷୀୟ ଶୈଳୀ ତୃତୀୟ ପୁରୁଷୀୟ ଶୈଳୀ ଠାରୁ ସହଜ ନୁହେଁ । ପ୍ରଥମ ପୁରୁଷୀୟ ଶୈଳୀରେ ମୁଖ୍ୟତଃ ମନୋବିଶ୍ଳେଷଣ ଦେଖାଯାଏ । ଗାଳ୍ପିକ ରଜନୀକାନ୍ତ ମହାନ୍ତିଙ୍କ ଗଳ୍ପରୁ କେତୋଟି ଉଦାହରଣ ଦେଖାଯାଇପାରେ । ଯଥା-

(କ) "ମୁଁ ଏମିତି ଏକ ପରିସ୍ଥିତିରେ ପଡ଼ିଛି ଯାହା ମୁଁ କାହାକୁ କହି ପାରୁନି । କହି

ପାରୁନି ବୋଲି ମୁଁ ନିଇଁତି ବିହାରୀ ପିଉଚି । ସମସ୍ତେ କହନ୍ତି ମୋର ଅଭାବ ପାଇଁ ମୁଁ ପିଉଛି ।"(୧୧୫)

(ଖ) "xxx ସକାଳେ ସାରା ଦୁନିଆରେ ଯାଠୁଁ ଆଉ କୌଣସି ଏକ ନିର୍ଭରଯୋଗ୍ୟ ଶାନ୍ତ ଆଶ୍ରୟ ନ ପାଇ ମୁଁ ସେ ଗଛର ଗୋଟେ ଡାଳରେ ବସିଥିନି । ପୁଣି ଶୋଇ ପାରିବାର ବ୍ୟବସ୍ଥା ଅନୁଭବ କରି ଗାମୁଛାଟାକୁ ଚାହିଁନି ।"(୧୧୬)

ଉକ୍ତ ଦୁଇ ଉଦାହାରଣରୁ ପ୍ରଥମ ପୁରୁଷୀୟ ବର୍ଣ୍ଣନାତ୍ମକ ଶୈଳୀକୁ ହୃଦୟଙ୍ଗମ କରାଯାଇପାରେ । ପ୍ରଥମ ବାକ୍ୟ 'କ' ବାକ୍ୟରେ ଅସହାୟତା, ନିଃସଙ୍ଗତା ଆଦି ଭାବକୁ ନେଇ ଚରିତ୍ରଟି ବକ୍ତବ୍ୟ ରଖିଲା ବେଳେ ଦ୍ୱିତୀୟ ବାକ୍ୟଟି ବୌଦ୍ଧିକ ସ୍ତରୀୟ ବିଶ୍ଳେଷଣଧର୍ମୀ ଗଳ୍ପର ଉଦାହରଣ । ଦ୍ୱିତୀୟ ବାକ୍ୟଟି 'ବୃକ୍ଷରୂପୀ' ଗଳ୍ପରୁ ଆସିଅଛି । ଯେଉଁଠି ଚରିତ୍ରର ଭାବାବେଶ ଏକ ବ୍ରହ୍ମାଣ୍ଡିୟ ସତ୍ତା ଭଳି ମନେହୁଏ । ତେଣୁ ଗାଳ୍ପିକ ରଜନୀକାନ୍ତ ମହାନ୍ତିଙ୍କ ଗଳ୍ପରେ ବର୍ଣ୍ଣନା ପ୍ରାରମ୍ଭ କାଳରେ ପ୍ରଥମ ପୁରୁଷୀୟ ଶୈଳୀରେ ଲେଖୁଥିଲେ ହେଁ, ଉତ୍ତରକାଳରେ ଯଥା- ରକ୍ତରାଣ (୨୦୧୬), ଉଷାକାଳ (୨୦୦୮), ଅଠର ନିର୍ବାସନ ରୋଡ଼ (୨୦୧୦), ହସ୍ତାକ୍ଷର (୨୦୧୭) ଏବଂ ପରେ ପରେ ଲିଖିତ କେତେକ ଗଳ୍ପରେ ତାହା ଏତେମାତ୍ରାରେ ଦୃଷ୍ଟିଗୋଚର ହୁଏନାହିଁ । ଆଲୋଚିତ ପ୍ରଥମ ପୁରୁଷୀୟ ଶୈଳୀରେ ରଚିତ ଗାଳ୍ପିକଙ୍କ ଗଳ୍ପ ଗୁଡ଼ିକରେ ଭାବ କ୍ଲିଷ୍ଟ, ସାଧୁଶବ୍ଦ ସଂଯୋଜନା, ମନସ୍ତାତ୍ତ୍ୱିକ ବିଶ୍ଳେଷଣ ଏବଂ ବୌଦ୍ଧିକ ଭାବ ପ୍ରଚୁର ମାତ୍ରାରେ ଭରି ରହିଥାଏ । ତେଣୁ ଜଣେ ସାର୍ଥକ ସ୍ରଷ୍ଟା ଭାବରେ ପ୍ରଥମ ପୁରୁଷୀୟ ଶୈଳୀରେ ରଚିତ ଗଳ୍ପ ଗୁଡ଼ିକ ପରିଚିତ କରାନ୍ତି ଶ୍ରୀ ମହାନ୍ତିଙ୍କୁ ।

୨.୨. କ.୩. ଦ୍ୱିତୀୟ ପୁରୁଷୀୟ ବର୍ଣ୍ଣନାତ୍ମକ ଶୈଳୀ :

ପ୍ରଥମ ପୁରୁଷୀୟ ବର୍ଣ୍ଣନାତ୍ମକ ଶୈଳୀ ଭଳି ଗାଳ୍ପିକଙ୍କ ଗଳ୍ପ ପରିଧିରେ ଦ୍ୱିତୀୟ ପୁରୁଷୀୟ ବର୍ଣ୍ଣନାତ୍ମକ ଶୈଳୀ ମଧ୍ୟ ଦେଖାଯାଏ । ସ୍ରଷ୍ଟାର ଚିଠି କିମ୍ବା ଡାଏରୀ ଲିଖନ ଉପସ୍ଥାପନରେ ଉକ୍ତ ଶୈଳୀ ପରିପ୍ରକାଶ ହୋଇଥାଏ । ଏଥିରେ ଲେଖକ ଦ୍ୱିତୀୟ ପୁରୁଷ ପାଇଁ ବକ୍ତବ୍ୟ ରଖେ । ତୁମେ, ତୁମେମାନେ ଆଦି ଶବ୍ଦ ସମ୍ବୋଧନ କରି ବିଗତ ଦିନରେ ଘଟିଥିବା ଘଟଣାକୁ ଉପସ୍ଥାପନା କରାଯାଏ । ବେଳେବେଳେ ସ୍ରଷ୍ଟା ଏବଂ ବିପରୀତ ଚରିତ୍ର (ଯାହା ଉଦ୍ଦେଶ୍ୟରେ ବକ୍ତବ୍ୟ ରହେ) ମଧ୍ୟରେ ବକ୍ତବ୍ୟ ଏତେ ସାନ୍ଦ୍ର ହୁଏ ଯେ, ପାଠକ ଉପସ୍ଥାପନ ସଙ୍ଗେ ମଜିଯାଏ । ଏପରି ଉପସ୍ଥାପନାରେ ଦାର୍ଶନିକ ଭାବଧାରା ପରିପ୍ରକାଶ ହୁଏ । ଏଥିରେ ମଧ୍ୟ ମନୋବିଶ୍ଳେଷଣ ଘଟେ । ଶ୍ରୀ ମହାନ୍ତିଙ୍କର ଦ୍ୱିତୀୟ ପୁରୁଷୀୟ ଶୈଳୀରେ ଲିଖିତ ଗଳ୍ପ ତୃତୀୟ ଏବଂ ପ୍ରଥମ ପୁରୁଷୀୟ ଶୈଳୀ ଠାରୁ ଅପେକ୍ଷାକୃତ କମ୍ । ମାତ୍ର ଦୁଇଟି ଗଳ୍ପରେ ଯଥା- 'କୁହାନଳ' ଓ 'ସାକ୍ଷୀ ସାରଳା, ସାକ୍ଷୀ ଫକୀର ମୋହନ/ ସପ୍ତଦୀପ ଛୁଇଁ ତ୍ରିବାର ଏ ସତ୍ୟ ମୋର, ମୁଁ କ୍ଷେପିବି ଶବ୍ଦ ଭେଦୀ ସୂର୍ଯ୍ୟାସ୍ତ ପୂର୍ବରୁ, ମୁକ୍ତି ଯଦି ନମିଳେ ଏଥର' ଦ୍ୱିତୀୟ ପୁରୁଷୀୟ ଶୈଳୀଟି ଅନୁସୃତ। ଏଠାରେ କେତୋଟି ଉଦାହରଣ ନିଆଯାଇପାରେ, ଯଥା-

(କ) "ମା, ପୁଣି ଥରେ ତୁ ତାକୁ ଜନ୍ମ ଦେଲୁ । ତା ହାତରେ ସ୍ଲେଟ, ଖଡି, ଖାତା, ବହି, କାଗଜ, କଲମ ଧରେଇଲୁ । ତା' ନିର୍ବାସିତ ଶିଶୁତ୍ୱ ପୁଣି ଚେଇଁ ଉଠିଲା xxx ।"(୧୧୭)

(ଖ) "ବ୍ରହ୍ମପୁର ଷ୍ଟେସନରେ ମେଲଟ୍ରେନ୍ ପହଞ୍ଚେ ଡେରିରେ ଏବଂ ଆମେ ଦୁହେଁ ଟ୍ରେନକୁ ଅପେକ୍ଷା କରି ଫେରିଆସୁ । ମନେ ପଡୁଛି ତ ? ଷ୍ଟେସନର ଆଗେ ଆଗେ ଟ୍ରେନ୍ ଲାଇନ୍ କଡେ ପ୍ଲାଟଫର୍ମର ଶେଷ ପ୍ରାନ୍ତଠି ଆମେ ଦୁହେଁ ଶୋଇପଡୁ ରାତି ଆଠରୁ ସାଢ଼େଦଶ ଯାଏ ।"(୧୧୮)

ଆଲୋଚ୍ୟ ଦୁଇଟି ଗଳ୍ପ ଯଥା - (କ) 'କୁହାନଳ' ଓ (ଖ) 'ଆ ସାକ୍ଷୀ ସାରଳା' xxx ନମିଲେ ଏଥର' ଦୁଇଟିରେ ଏଭଳି ଉଦାହରଣ ହୃଦୟସ୍ପର୍ଶୀ । ଉକ୍ତ ଦୁଇଟି ଗଳ୍ପ ଚିଠି କିମ୍ବା ଡାଏରୀ ଶୈଳୀ ନୁହେଁ, ଅଥଚ ଏହାର ବିଶ୍ଳେଷଣ କଲେ ଡାଏରୀ ଲେଖା ଶୈଳୀକୁ ହୃଦୟଙ୍ଗମ କରାଯାଇପାରେ । ପ୍ରଥମ ପୁରୁଷୀୟ ଶୈଳୀ ଓ ଦ୍ୱିତୀୟ ପୁରୁଷୀୟ ଶୈଳୀରେ ପ୍ରାୟତଃ ସମଧର୍ମୀଭାବ ପ୍ରକାଶ ପାଏ । ଏଥିରେ ମଧ୍ୟ ବୌଦ୍ଧିକ ଚେତନା ସଙ୍ଗେ ଚେତନା ପ୍ରବାହ ଧାରା ନିହିତ ଥାଏ ।

୨.୨. ୩.୪. ମିଶ୍ରିତ ବର୍ଣ୍ଣନା ଶୈଳୀ :

କଥାକାର ଶ୍ରୀ ମହାନ୍ତିଙ୍କ ଗଳ୍ପରେ ମିଶ୍ରିତ ବର୍ଣ୍ଣନାତ୍ମକ ଶୈଳୀ ମଧ୍ୟ ଦେଖାଯାଏ । ଯାହାକୁ ଅଧୁନା ଇଂରାଜୀରେ Hybrid style ବୋଲି କୁହାଯାଉଛି । ଉକ୍ତ ଶୈଳୀରେ ପ୍ରଥମ ପୁରୁଷୀୟ ବର୍ଣ୍ଣନାତ୍ମକ ଶୈଳୀ, ଦ୍ୱିତୀୟ ପୁରୁଷୀୟ ବର୍ଣ୍ଣନାତ୍ମକ ଶୈଳୀ ଏବଂ ତୃତୀୟ ପୁରୁଷୀୟ ବର୍ଣ୍ଣନାତ୍ମକ ଶୈଳୀ ତ୍ରୟର ମିଶ୍ରଣରେ ସୃଷ୍ଟିଟି ପରିପ୍ରକାଶ ହୁଏ । ସ୍ରଷ୍ଟା ଉକ୍ତ ଶୈଳୀରେ ସ୍ୱାଧୀନ ହୋଇଯାଏ । ଦେଶ-କାଳ-ପାତ୍ର ଅନୁଯାୟୀ ଚରିତ୍ର ଉପଯୋଗୀ ଶୈଳୀଟି ହଠାତ୍ ଚୟନ କରେ । ଯେପରିକି ପ୍ରଥମ ପୁରୁଷୀୟ ବର୍ଣ୍ଣନା ପାଖରେ ତୃତୀୟ ପୁରୁଷୀୟ ବର୍ଣ୍ଣନା ପରିପ୍ରକାଶ ହୋଇପାରେ । ଗାଳ୍ପିକ ରଜନୀକାନ୍ତ ମହାନ୍ତିଙ୍କ 'ବୁଦ୍ଧ', 'ପାଉଁସ ହିଡ଼', 'ଅକାଳ' ଆଦି ଗୋଟିଏ ଗୋଟିଏ ମିଶ୍ରିତ ବର୍ଣ୍ଣନାତ୍ମକ ଶୈଳୀରେ ଲିଖିତ ସାର୍ଥକ ଗଳ୍ପ । ଏଠାରେ 'ଅକାଳ' ଗଳ୍ପରୁ ଗୋଟିଏ ଉଦାହରଣ ନେଇପାରିବା । ଯଥା -

"ଭଗବାନଙ୍କ ନାଁ ଶୁଣି ଦନେଇର ଆଖି ପୁଣି ସଂସାରୀ ହୋଇ ଉଠିଲା । ଓହ୍ଲାଇ ଆସିଲା ଦୂରନ୍ତ ନାମହୀନ ରାଜ୍ୟରୁ । ସେ ହସିଲା, ହସରେ ସାମାନ୍ୟ ଶବ୍ଦ କି ସୁର ନାହିଁ । ଅଥଚ ବିଦ୍ରୁପ ଓ ବିଦ୍ରୋହର ତୀବ୍ର ଝଲକ ମୁହଁରେ ଖେଳିଗଲା । ଭଗବାନ । ତମର ଏମିତି କେବେ ହେଇଛି ଯେ ତମ ପିଲାମାନେ ଦୁଇଦିନ ଉପବାସ ରହିବା ପରେ ତମ ସ୍ତ୍ରୀ ତୁମକୁ କହିଲା: ତୁମ ବାପା ପଣିଆ xxx ।"(୧୧୯)

ଉକ୍ତ ଉଦାହରଣଟିରେ ପ୍ରଥମତଃ ତୃତୀୟ ପୁରୁଷୀୟ ବର୍ଣ୍ଣନାତ୍ମକ ଶୈଳୀରେ ଘଟଣାଟିକୁ ଗାଳ୍ପିକ ଗତି କରାଇ ମଝିରେ ଦ୍ୱିତୀୟ ପୁରୁଷୀୟ ଶୈଳୀ ଉପସ୍ଥାପନା କରିଛନ୍ତି ଭଗବାନଙ୍କୁ ସମ୍ବୋଧନ କରି । ବହୁ ସ୍ଥାନରେ ମଧ୍ୟ ଗଳ୍ପନାୟକ ଦନେଇ ନିଜର ଅସହାୟ ଭାବକୁ

ବ୍ୟକ୍ତ କଲାବେଳେ ପ୍ରଥମ ପୁରୁଷୀୟ ବର୍ଣ୍ଣନାତ୍ମକ ଶୈଳୀରେ ହୋଇଛି ଉପସ୍ଥାପନ । ତେଣୁ ଉକ୍ତ ଗଳ୍ପଟି ମିଶ୍ରିତ ଶୈଳୀର ଏକ ଉନ୍ନତ ଗଳ୍ପ ।

୨.୨. କ.୫. ପଛ ଦୃଶ୍ୟାନ୍ତର ବର୍ଣ୍ଣନା ଶୈଳୀ :

ବର୍ତ୍ତମାନରେ ରହି ଅତୀତର ଘଟଣାବଳୀ ଚରିତ୍ରର ସ୍ମୃତି ରୋମନ୍ଥନ ହେଲେ ପଛ ଦୃଶ୍ୟାନ୍ତର ଶୈଳୀ ହୁଏ । ତେଣୁ କେମ୍ବ୍ରିଜ ଶବ୍ଦକୋଷରେ flash back ସଂପର୍କିତ ମତ ରହେ, "a sudden, clear memory of a past event or time, usually one that was bad." [୧୨୦]

ଏଥିରେ ସ୍ରଷ୍ଟା ନିଜର ଅନୁଭୂତିକୁ ଦୃଢ଼ତାର ସହ ନିର୍ଦ୍ଦ୍ୱନ୍ଦ୍ୱରେ ପ୍ରକାଶ କରିଥାଏ । ପଛ ଦୃଶ୍ୟାନ୍ତର ବର୍ଣ୍ଣନା ଶୈଳୀ ଯୋଗୁଁ ସ୍ରଷ୍ଟା ଚରିତ୍ରର ମନଗହୀରର ଅକୁହା କଥାକୁ ବିଶ୍ଳେଷଣ କରିପାରନ୍ତି । ଉକ୍ତ ଶୈଳୀ ପ୍ରଥମେ ନାଟକ (Play) ଚଳଚ୍ଚିତ୍ର (film) ରେ ଦେଖାଯାଉଥିଲା । ପରବର୍ତ୍ତୀ ସମୟରେ କଥାସାହିତ୍ୟରେ ଦେଖାଦେଲା । କଥାସାହିତ୍ୟ ପ୍ରଥମେ ଥିଲା କାହାଣୀଧର୍ମୀ କିନ୍ତୁ ଯେତେବେଳେ ମଣିଷର ନିଃସଙ୍ଗତା, ଅସହାୟତା, ଉଦାସୀନତା, ସର୍ବୋପରି ବିଶାଦ ଜର୍ଜରିତ ଅବ୍ୟକ୍ତ ବେଦନାକୁ ପରିପ୍ରକାଶ କରିବା ନିମନ୍ତେ ସ୍ରଷ୍ଟା ଚାହିଁଲା, ସେତେବେଳେ କଥାସାହିତ୍ୟ ହେଲା କାହାଣୀହୀନ ଏବଂ ଏଥିରେ ବେଶି ପରିମାଣରେ ମନୋବିଶ୍ଳେଷଣ କରାଗଲା । ତେଣୁ ଚରିତ୍ରର ମନୋବିଶ୍ଳେଷଣ ନିମନ୍ତେ ପଛ ଦୃଶ୍ୟାନ୍ତର ଶୈଳୀ ଥିଲା ଅନ୍ୟତମ ଉପଯୁକ୍ତ ମାର୍ଗ । କଥାକାର ରଜନୀକାନ୍ତ ମହାନ୍ତିଙ୍କ ପିମ୍ପୁଡ଼ି, ହଡିକାଠ, ଭୂତ, ଶୂନ୍ୟଥାଳ, ପାଉଁଶ ହିଡ, ସମୁଦ୍ର, ଅକାଳ ଆଦି ଗୋଟିଏ ଗୋଟିଏ ସାର୍ଥକ ପଛ ଦୃଶ୍ୟାନ୍ତର ଶୈଳୀରେ ଲିଖିତ ଗଳ୍ପ । ଏଠାରେ କେତୋଟି ଉଦାହରଣ ନିଆଯାଇପାରେ । ଯଥା-

(କ) "ପୁରୁଣା ଅମଳର କଥା ଗୋସେଇଁ ବାପା ପିଲାଦିନେ ଆମକୁ ଏକଥା କହୁଥିଲେ- ଯେଉଁ ହାଡ଼ିଆ ଗଉଡ଼, ଗୋଦରା ଗୋଡ଼ିଆ ଆମ ଘରକୁ ନିତି ଗାଈ ଦୁହିଁବାକୁ ଆସୁଚି, ତାଆରି ଗୋସେଇଁ ବାପା ପହଲୀ ସେ ସମୟରେ ଏ ଅଞ୍ଚଳର ସବୁଠୁ ବଳୁଆ, ଭାରି ସାହସୀ, ଭାରି ବାଡ଼ିଆ । ଦି ହାତରେ ଦିଟା ବାଡ଼ି ଧରି ଏମିତି ବୁଲେଇବ ଯେ, ଟେକା ପଥର ଫୋପାଡ଼ି ଦେଲେ ତା' ଦେହରେ ବାଜିବନି । ବାଡ଼ିରେ ବାଜି ଫେରି ଆସିବ । ଏମିତି ବିକ୍ରମ ତା'ର ।

ପୁଷର ଦାନ୍ତ ଥରା ଜାଡ । ସୂର୍ଯ୍ୟ ବାଟି ଛୁଆଁ ହେଲା ବେଳକୁ xxx ।" [୧୨୧]

(ଖ) "ହଉ ହଉ । କେଲୁଆ ବୁଢ଼ା ଏତକ ଉଚ୍ଚାରଣ କଲା ବେଳକୁ କାହିଁ କେତେ ଦିନ ତଳର ଫିକା ସ୍ମୃତି ଅନାବନା ପୁରୁଣା ପେଡ଼ିରୁ ଉକୁଟି ଉଠିଲା ଏବଂ କେଲୁଆ ବୁଢ଼ା ସେ ସ୍ମୃତିରେ ଲାଜେଇଗଲା । ଏମିତି କେତେ ସ୍ମୃତି ଅଛି ଯାହା ମନେ ପଡ଼ିଗଲେ ମଣିଷକୁ ଲାଜେଇ ଦିଏ । କେଲୁଆ ବୁଢ଼ାର ଏ ସ୍ମୃତି କୋଡ଼ିଏ ତିରିଶି ବର୍ଷ ତଳେ ହୁଏତ ତାକୁ ବିଭୋର କରୁଥିଲା । ସେ ସ୍ମୃତି ପଛେ ପଛେ ଧାଇଁବାକୁ ଭାରି ଇଚ୍ଛା ହେଉଥିଲା । କିନ୍ତୁ

ସତୁରୀ ବର୍ଷର ଢିପାଖାଲ ଜୀବନ ରାସ୍ତାରେ ସେ ସ୍ମୃତିର ଫରୁଆ କାହିଁ କେଉଁଠି ହଜି ଯାଇଥିଲା ... ବନ୍ଦ ହେଇ ଯାଇଥିଲା, ଯାହାକୁ ବଜୁଆ ଏବେ ଖୋଜି ଆଣି ଖୋଲିଦେଲା ।

ସେତେବେଳକୁ କେଲୁନାଥ ପଚିଶ ଛବିଶ ବର୍ଷର ଟହଲ ଭେଣ୍ଡା । ଝାମ୍ପୁ ଝାମ୍ପୁ ମୁଣ୍ଡବାଳ, ନାକ ତଳକୁ ଗଜୁରା ନିଶ ।"(୧୨୨)

(ଗ) "ବେଳେବେଳେ ସ୍ମୃତି ଏମିତି କାବୁ କରିଦିଏ ଯେ ଟପ୍‌ଟପ୍ ବର୍ଷା, ଝାଏଁ ଝାଏଁ ଖରା, ଥୁରୁଥୁରୁ ଶୀତ ଓ ଚାଉଁ ଚାଉଁ ବସନ୍ତ ସବୁ ଋତୁହୀନ ମାନଙ୍କରୁ ବୋହି ଆସୁଥିବା ବେଙ୍ଗ ରଡ଼ି, ସାମ୍ନାର ବହଳ ଅନ୍ଧାରକୁ ଭେଦି ଉମା ପାଖରେ ହାଜର ହେଇ ଯାଇଥିଲା ସ୍ମୃତିରବ ସବୁ ।

ସ୍ମୃତି ଯଜ୍ଞ-ବାପାଙ୍କର ଶବ ପଡ଼ିଛି । ଏଇ ଏବେ ବାପାଙ୍କର ମୃତ ଦେହକୁ ପୋଲିସ୍ ଉଦ୍ଧାର କରି ଆଣିଛି ଗୋଟେ ଗାଡ଼ିଆରୁ । ଛାତିରେ xxx"(୧୨୩)

ଉକ୍ତ ଉଦାହରଣରୁ ଲକ୍ଷ୍ୟ କରାଯାଏ ଯେ କଥାକାର କଥାରେ ପ୍ରଥମେ ତୃତୀୟ ପୁରୁଷୀୟ ବର୍ଣ୍ଣନାତ୍ମକ ଶୈଳୀରେ ଚରିତ୍ରର ସୂଚନା ଦେଇ ପଟ୍ଟଦୃଶ୍ୟାନ୍ତର ଶୈଳୀକୁ ଚୟନ କରିଛନ୍ତି । 'କ' ଉଦାହରଣରେ କେଲୁନାଥର ଯୌବନ ଅବସ୍ଥାର ଘଟଣା ସ୍ମୃତି ହୋଇ ଆଗେଇ ଚାଲେ । 'ଖ' ଉଦାହରଣରେ କଥାକାର ସଂଯୋଜନା କରିଥିଲେ ମଧ୍ୟ ଉପସ୍ଥାପନାଟି ପଟ୍ଟ ଦୃଶ୍ୟାନ୍ତର ଶୈଳୀ ଏବଂ 'ଗ' ଉଦାହରଣରେ ଗଳ୍ପନାୟିକା ନିଜ ପାରିବାରିକ ଦୋଦୁଲ୍ୟତା, ବାପର ବିଗତ କାରନାମା ଗୁଡ଼ିକ ଫ୍ଲାସବେକ୍‌ରେ ହୋଇଛି ପରିପ୍ରକାଶ । ମଣିଷର ଅବସୋସ, ବିଷାଦ ଆଦିର ମାନସିକସ୍ତରୀୟ ବିଶ୍ଳେଷଣ ଦେଖାଦେଇଛି ଶ୍ରୀ ମହାନ୍ତିଙ୍କ ଗଳ୍ପ କ୍ଷେତ୍ରରେ ପଟ୍ଟ ଦୃଶ୍ୟାନ୍ତର ଶୈଳୀରେ ଉପସ୍ଥାପନା ମାଧ୍ୟମରେ । ତେଣୁ ଗାଳ୍ପିକ ରଜନୀକାନ୍ତ ମହାନ୍ତିଙ୍କ ଗଳ୍ପରେ ପଟ୍ଟ ଦୃଶ୍ୟାନ୍ତର ଶୈଳୀଟି ଏକ ସ୍ୱତନ୍ତ୍ର ପରିଚୟ ନେଇ ପ୍ରକାଶିତ ।

୨.୨.ଖ.୫. ଲୋକବିଦ୍ୟା :

ଉତ୍ତରଅଶୀ କାଳରେ ଓଡ଼ିଆ ସାହିତ୍ୟର ଆଙ୍ଗିକ ପରିବର୍ତ୍ତନରେ ଯେଉଁ କେତୋଟି ଉପାଦାନ ରହିଛି ତନ୍ମଧ୍ୟରେ ବିଦଗ୍ଧ ସାହିତ୍ୟରେ ଲୋକସାହିତ୍ୟର ପ୍ରଚଳନ ଅନ୍ୟତମ । ସାହିତ୍ୟରେ ନାନ୍ଦନିକତା ଆଣିବା, ସାହିତ୍ୟକୁ ସମସ୍ତ ପାଠକ ନିମନ୍ତେ ଉପଯୋଗୀ କରିବା, ସଂସ୍କୃତିର ମୂଲ୍ୟାୟନ ଆଦି ନାନା ଦୃଷ୍ଟିକୋଣରୁ ବିଦଗ୍ଧ ସାହିତ୍ୟରେ ଲୋକସାହିତ୍ୟକୁ ପ୍ରୟୋଗ କରି ଆସିଛନ୍ତି ବହୁ ସ୍ରଷ୍ଟାଗଣ । ଲୋକ ଜୀବନର ବାସ୍ତବ ପରିପ୍ରକାଶ ହେଉଛି ଲୋକସାହିତ୍ୟ । ତେଣୁ "ଲୋକ ସାହିତ୍ୟର ସର୍ବପ୍ରଧାନ ବୈଶିଷ୍ଟ୍ୟ ଏହାର ସାର୍ବକାଳୀନ ଆବେଦନରେ ନିହିତ । ଏହାର ସୃଷ୍ଟି ସଂପଦ ନିର୍ଦ୍ଦିଷ୍ଟ ସମୟସୀମା ମଧ୍ୟରେ ଆବଦ୍ଧ ହେଲେ ହେଁ, ଅନୁଭବର ତୀବ୍ରତା, ଅନୁଭୂତିର ନିବିଡ଼ତା, ଏହାର ଆବେଦନକୁ କରିପାରିଛି କାଳଜୟୀ । ସେଥିପାଇଁ ଲୋକସାହିତ୍ୟକୁ କୌଣସି କାଳରେଖା ବା ଯୁଗରେଖା ମଧରେ ଆବଦ୍ଧ କରାଯାଇ

ପାରେନାହିଁ । ସାମାଜିକ ପରିବର୍ତ୍ତନ ଯୋଗୁଁ ଅବଶ୍ୟ ଏହାର ଆଙ୍ଗିକ ରୀତିରେ ପରିବର୍ତ୍ତନ ଆସିଛି, କିନ୍ତୁ ଆତ୍ମିକ ରୀତିଟି ରହିଛି ଅପରିବର୍ତ୍ତନୀୟ ।"(୧୨୪)

ଏହି କାରଣରୁ ଓଡ଼ିଆ ଲିଖିତ ସାହିତ୍ୟର ପ୍ରାରମ୍ଭ କାଳରୁ ଅଧୁନା କାଳ ପର୍ଯ୍ୟନ୍ତ ପ୍ରତ୍ୟେକ କ୍ଷେତ୍ରରେ ଲୋକସାହିତ୍ୟର ବିଭିନ୍ନ ରୂପେ ଏହାର ଆଙ୍ଗିକ ଓ ଆତ୍ମିକ ରୀତିକୁ ପ୍ରଭାବିତ କରିଛି । ଡଃ.ସୁଭାସ ବନ୍ଦୋପାଧ୍ୟାୟ କହନ୍ତି, "ଲୋକ ମୁଖରେ ପ୍ରଚଳିତ ଗୀତ, କାହାଣୀ, ପ୍ରବାଦାଦି ମଧ୍ୟରେ ଭାଷାଗତ ଉପାଦାନ ଏତେ ଲୁକ୍କାୟିତ ହୋଇ ରହିଥାଏ ଯେ, ତାହା ଯଦି ଲିପିବଦ୍ଧ ହୁଏ, ତେବେ ଭାଷାର ଅମୂଲ୍ୟ ସଂପଦ ଉଦ୍ଧାର ହେବ, ଭାଷାର ଅନେକ 'Theory' ବା 'ମୂଳସୂତ୍ର' ମଧ୍ୟ ଅନେକାଂଶରେ ପରିବର୍ତ୍ତିତ ହୋଇପାରେ ।"(୧୨୫) ଲୋକସାହିତ୍ୟକୁ ପୁନର୍ଉଦ୍ଧାର କରିବାର ଲକ୍ଷ୍ୟନେଇ ଯେଉଁ ପ୍ରଥିତଯଶା ସ୍ରଷ୍ଟାମାନେ ସଚେତନ ଏବଂ ଏବେ ମଧ୍ୟ ତାଙ୍କ ଲେଖନୀ ସକ୍ରିୟ ଅଛି ସେମାନଙ୍କ ମଧ୍ୟରୁ କଥାକାର ରଜନୀକାନ୍ତ ମହାନ୍ତି ଅନ୍ୟତମ । ତାଙ୍କ ଗଳ୍ପ ସାହିତ୍ୟରେ ଦେଖାଯାଉଥିବା ଲୋକସାହିତ୍ୟକୁ ଏଠାରେ ଦେଖାଯାଇପାରେ ।

୨.୨. ଖ.୧. ଲୋକଗୀତ :

ଲୋକସାହିତ୍ୟର ଅନ୍ୟତମ ବିଭବ ହେଉଛି ଲୋକଗୀତ । ଆଦିମ କାଳରୁ ହୃଦୟର ଛନଛନ ରସସିକ୍ତ ଆବେଗକୁ ଉତ୍ତୁରାଇ ଆସିଛି ଲୋକଗୀତ । ଏହା କଣ୍ଠରୁ କଣ୍ଠ ଗତି କରି ମାର୍ଜିତ ପରିବର୍ତ୍ତିତ ଏବଂ ପରିବର୍ଦ୍ଧିତ ହୋଇଛି । ଏହି ଲୋକଗୀତକୁ କଥାକାର ରଜନୀକାନ୍ତ ମହାନ୍ତି ଗଳ୍ପ ସାହିତ୍ୟରେ ମଧ୍ୟ ପ୍ରଭାବଶାଳୀ କରାଇଛନ୍ତି । ଯଥା–

"ହରିବୋଲ
ମାଳି ଆସିଯାଉ
ଫୁଲ ପୁଷୁଙ୍ଗା ହଉ
ଗାଈ କ୍ଷୀରବନ୍ତୀ ହଉ
ନାରୀ ପୁତ୍ରବତୀ ହଉ
ରାଜା ଜ୍ଞାନବନ୍ତ ହଉ
ଧାନ ଗଉଣୀ ପଣେ ହଉ
ରାଣ୍ଡି ପୁଅ ଜଣେ ହଉ
ହରିବୋଲ ଧାନ ଅଗର କଳା
ମହାଜନ ମୋ ଶଳା ।"(୧୨୬)

ଉକ୍ତ ଗୀତଟି ବାଲେଶ୍ୱର ଉପାନ୍ତ ଅଞ୍ଚଳର ଗର୍ଭଣା ସଂକ୍ରାନ୍ତିର ଲୋକଗୀତ । ଏହି ଗର୍ଭଣା ସଂକ୍ରାନ୍ତିକୁ କେତେକ ଲୋକ ଖଡ଼ାମରା ସଂକ୍ରାନ୍ତି କହନ୍ତି । କାର୍ତ୍ତିକ ମାସର ପ୍ରଥମ ଦିନକୁ ଗର୍ଭଣା ସଂକ୍ରାନ୍ତି କୁହାଯାଏ । ଏହି ସମୟରେ ଧାନଗଛ ପୂର୍ଣ୍ଣଗର୍ଭା ହୁଏ । ଲୋକ

ବିଶ୍ୱାସ ସୂତ୍ରରେ ନାରୀଟିର ଯେପରି ଅନ୍ତଃସତ୍ତ୍ୱାର ଅଷ୍ଟମ ନବମ ମାସ ବେଳକୁ ନବଜାତ ସନ୍ତାନ ଆସିବାର ଖୁସିକୁ ଧୂମ୍‌ଧାମରେ ପାଳନ କରିବା ନିମନ୍ତେ ସ୍ୱାଦ ଖିଆ ପରମ୍ପରା ରହିଛି, ଠିକ ଅନୁରୂପ ଭାବେ ଚାଷୀଟି ତା'ର ସନ୍ତାନ ଧାନଗଛ ଅନ୍ତଃସତ୍ତା ବେଳେ ପାରମ୍ପରିକ ରୀତିରେ ବୁଆଁଳ ଗଛର ଡାଳ ସଙ୍ଗେ ଅନେଖା ଗଛକୁ ଧୂପ, ସିନ୍ଦୂର, ଚନ୍ଦନ ଦେଇ ପୂଜା କରାଇଥାନ୍ତି ଏବଂ ଗବ ପତ୍ରରେ ତାଳ ମଞ୍ଜରୁ ବାହାରିଥିବା ଖୁବୁଣ୍ଡିକୁ ବାନ୍ଧି ଭୋଗ ଦିଆଯାଏ । ଉନ୍ନତ ଫଳବତୀ ହେବାର ଲକ୍ଷ୍ୟ ନେଇ କାର୍ଯ୍ୟଟି କରାଯାଏ । ଏହି ସମୟରେ ଉଦ୍ଧୃତ ଗୀତଟିକୁ ଚାଷୀ ବୋଲିଥାଏ ।

ଆଲୋଚିତ ଲୋଗଗୀତରେ ରହିଛି ସାମ୍ୟବାଦ ପ୍ରସଙ୍ଗ । "ଧାନ ଅଗରେ କଳା / ମହାଜନ ମୋ ଶଳା", ଅର୍ଥାତ୍ କାର୍ତ୍ତିକ, ମାର୍ଗଶୀର ମାସ ବେଳକୁ ପ୍ରାୟତଃ ଚାଷୀ ପାଖରେ ନିଜ ବେଉଷଣର ଉପାର୍ଜିତ ଅର୍ଥ ଖାଦ୍ୟ ଶେଷ ହୋଇଯାଇଥାଏ । ଚାଷୀ ମହାଜନ ପାଖରୁ ଋଣ କରି ପରିବାର ଚଳାଇଥାଏ । ମହାଜନ ଚାଷୀମାନଙ୍କ ଠାରୁ ଋଣ ସୁଝିବା ନିମନ୍ତେ ସ୍ୱଳ୍ପ ଧନରେ ଧାନ ନେଇ ଯାଇଥାଏ । ଏହା ଚାଷୀ ବୁଝିଲେ ମଧ୍ୟ ପ୍ରତିବାଦ କରିବାର ସାମର୍ଥ୍ୟ ନଥାଏ । ସାଧାରଣତଃ, ସ୍ତ୍ରୀର ଭାଇ ସଂପର୍କରେ ଶଳା ହୁଏ ଅଥଚ 'ଶଳା' ଶବ୍ଦ ମଧ୍ୟ ଅପଭାଷା ଭାବେ ବ୍ୟବହୃତ ହୁଏ । ମହାଜନକୁ ଗାଳି କରିବା ବା ପ୍ରତିଶୋଧ ପରାୟଣ ହେବା ଭଳି ପ୍ରସଙ୍ଗକୁ ଏହା ସୂଚିତ କରେ । ଶ୍ରୀ ମହାନ୍ତି ସାମ୍ୟବାଦୀ ଝଲକ ଥିବା ଗଳ୍ପ 'ନାରାଚ ଉବାଚ'ରେ ଉକ୍ତ ଲୋକ ଗୀତକୁ ପ୍ରୟୋଗ କରି ମଣିଷର ପ୍ରାଚୀନତାରୁ ଆଧୁନିକତା ପର୍ଯ୍ୟନ୍ତ ମହାଜନୀ ଶୋଷଣକୁ ଅତି ଜୀବନ୍ତ କରି ତୋଳି ଧରିଛନ୍ତି । ସେହିପରି ସାମ୍ୟବାଦକୁ ପ୍ରତୀକିତ କରୁଥିବା ଲୋକଗୀତ 'ଗାଈଆଳ' ଗଳ୍ପରେ ଦେଖାଯାଏ ।

"କଙ୍କଡ଼ା କାଡୁ ମାଡୁ
ବେଣାକଉ ଭଜା
ଆମ ଗାଁର ନେଙ୍କୁବାବୁ ରଜା ।
ଭଲ ଭଲ ଜମି ଦେଖି
ଟାଉକା ଜଗ ଚଷେ
ଦାନ୍ତ ନେଫେଡ଼ି ଯୋଗୀ ସାହୁ
ଅମାର ଜଗି ବସେ
ବଡ଼ ବଡ଼ ନ୍ୟାୟରେ ସଦା ମହାନ୍ତି ଆଲୁ
ହନୁମନ୍ତ ନାଙ୍ଗୁଡ଼ ପରି ବଇଦି ବାବୁ ତାଲୁ ।"[୧୨୭]

ଉକ୍ତ ଗୀତଟି ଗାଈଆଳ ଗୀତ । ଗାଈ ଜଗିବାକୁ ଯାଇଥିବା ଗାଈଆଳ ପିଲାଟି ଗାଁର ସମସ୍ତ ସମସ୍ୟାକୁ ଗୀତ ମାଧ୍ୟମରେ ପରିପ୍ରକାଶ କରି ମନ ଉଲ୍ଲାସରେ ସମୟ ବିତାଏ । ଏହି ଗୀତ ମଧ୍ୟରେ ଗାଁର ସମସ୍ତ ଖବର ରହିଥାଏ । ଉକ୍ତ ଗୀତରେ ରାଜା, ଟାଉକାଙ୍କ

ଜମିଚାଷ, ଯୋଗୀ ସାହୁ ପରି ମଣିଷର ନିର୍ଲଜପଣର ଅସହାୟତା ତତ୍‌ସହିତ ଖୋସାମଦି, ଠକାମୀ, ଗୋଲାମୀ ଆଦି ପ୍ରକାଶ ପାଉଛି । ସେହିପରି ଅନ୍ୟ ଏକ ଗାଈଆଳ ଗୀତ ହେଉଛି-

"ନଈରେ ଗିଲ ପୋତିଲି
ବାବୁଙ୍କ ଝିଅର ବାହାଘର ହେଲା
ମଉସା ଲୋ କି କହିବି
ଚଉଠିରେ ପୁଅ ହେଲା ।"(୧୨୮)

ଉକ୍ତ ଗୀତଟି ଶିଶୁକଣ୍ଠ ନିଃସୃତ ରୀତି, ଯାହାର ବ୍ୟଞ୍ଜନାଧର୍ମୀ ଆବେଦନଟି ସାର୍ବଜନୀନ । ଆଲୋଚିତ ଲୋକଗୀତରେ ଉଚ୍ଚ ମଧ୍ୟବିତ୍ତ ବଂଶର ଝିଅର ଯୌନ ପ୍ରବୃତ୍ତି ତଥା ଉଦ୍ଧତ ଅମାନବୀୟ ଗୁଣାବଳୀକୁ ପ୍ରକାଶ କରାଯାଇଛି । ଯାହାକି କଥାକାର ଶ୍ରୀ ମହାନ୍ତି ତାଙ୍କ ଗଳ୍ପରେ ସିଧାସଳଖ ପ୍ରୟୋଗ କରିଛନ୍ତି ।

ଗାଈଆଳ ଗୀତ ଭଳି ଶ୍ରୀ ମହାନ୍ତି 'ଯୋଗୀ' ଗୀତକୁ ପ୍ରତ୍ୟକ୍ଷଭାବେ ଗଳ୍ପରେ ପ୍ରୟୋଗ କରିଛନ୍ତି । ଯଥା-

"କେଁ କେଁ କେନ୍ଦେରା ଲୋ କେତେ ବଜାଇବି
ଏକା ରଜାଝିଅ ଲାଗି ଯୋଗୀ ବେଶ ହେଲି ।"(୧୨୯)

ଯୋଗୀ ଗୀତରେ ଟୀକା ଗୋବିନ୍ଦ ଚନ୍ଦ୍ର, ବିଶିକେଶନ ଗୀତ, ବଉଳା ଗାଈ ଗୀତ ଆଦି ଗୀତ ଗାଇ ଯୋଗୀଜାତି ଭିକ୍ଷାଗ୍ରହଣ କରେ । ଗାଳ୍ପିକ ଶ୍ରୀ ମହାନ୍ତି, 'ଶୂନ୍ୟ ଥାଳ' ଗଳ୍ପରେ ଯୋଗୀ ଚରିତ୍ରକୁ ସାଉଁଟି ଧରିଥିବାରୁ ସେ ଚରିତ୍ରମୁଖରେ କେନ୍ଦରା ବଜାଇ ଉକ୍ତ ଗୀତକୁ ଗାୟନ କରାଇଛନ୍ତି ।

ଗାଳ୍ପିକ ଶ୍ରୀ ମହାନ୍ତିଙ୍କ ଗଳ୍ପରେ ମଧ୍ୟ ଲୋକଛନ୍ଦର ପ୍ରତୀକାତ୍ମକ ପ୍ରୟୋଗ ଦେଖିବାକୁ ମିଳେ । ଯେଉଁଠି ଆଙ୍ଗିକଟି ଲୋକଗୀତ କିନ୍ତୁ ତାହା ଶ୍ରୀ ମହାନ୍ତିଙ୍କ ସ୍ୱକୀୟ ଗଢ଼ଣ । ଯେପରି-

"ଏ ମୋର ଭାଇରେ
ବହୁଦୂର ଯାଇରେ
ମିଠା ଭାତ ଖାଇରେ
ଏ ମୋ ଭାଇରେ.. ।"(୧୩୦)

'ଏ ମୋ ଭାଇରେ' ଲୋକଗୀତର ଏକ ଆଙ୍ଗିକ । କାନ୍ଦଣା, କୃଷକଗୀତ, ଭାରୁଆମାନଙ୍କ ମୁଖରେ ପ୍ରଚଳିତ ଗୀତ ଆଦିରେ ବିସ୍ମୟସୂଚକ ଭାବରେ 'ଏ ମୋ ଭାଇରେ' ଉଚ୍ଚାରଣ ହୋଇଥାଏ । ଶ୍ରୀ ମହାନ୍ତି ଭାରୁଆ ଗୀତକୁ ସିଧାସଳଖ ପ୍ରୟୋଗ ନକରି ଲୋକଗୀତର ଆଙ୍ଗିକକୁ ନେଇ ଉକ୍ତ ଗୀତକୁ ପରିପ୍ରକାଶ କରିଛନ୍ତି ସ୍ୱକୀୟ କାରିଗରପଣରେ । 'ଶତୁରା' ଗୋଟିଏ ଗାଉଁଲି ଚରିତ୍ର । ତା'ର କାମ ହେଉଛି ଗାଁର ଝିଅଙ୍କ ଘରକୁ ଭାର ନେଇ ଯିବା ।

ଶତ୍ରୁରାର କର୍ମକୁ ପରିଛନ୍ନ ଭାବରେ ପାଠକଙ୍କୁ ଅବଗତ କରିବା ନିମନ୍ତେ ଗାଳ୍ପିକ ଉକ୍ତ ଗୀତକୁ ପରିପ୍ରକାଶ କରିଛନ୍ତି ।

ଶ୍ରୀ ମହାନ୍ତିଙ୍କ ଗଳ୍ପରେ ଲୋକ ଗୀତର ପ୍ରୟୋଗ ବର୍ଣ୍ଣନାତ୍ମକ ଓ ପ୍ରତୀକାତ୍ମକ ଭାବରେ ହୋଇଛି । ପ୍ରତ୍ୟେକ ଲୋକଗୀତରେ ଗଳ୍ପ ସହିତ ଚାରିତ୍ରିକ ହେଉ, ଭାବଗତ ହେଉ ବା ପରିବେଶକୁ କେନ୍ଦ୍ର କରି ହେଉ ରହିଛି ସ୍ୱାତନ୍ତ୍ର୍ୟ । ଗାଈଆଳ ଗୀତକୁ ଗାଈଆଳ ପିଲା ଦ୍ୱାରା ବୋଲାଇଲା ବେଳେ ଯୋଗୀ ଗୀତକୁ ଯୋଗୀ ଦ୍ୱାରା ପ୍ରକାଶ କରିଛନ୍ତି । ସେହିପରି ଗ୍ରାମୀଣ ସାମ୍ୟବାଦୀ ପ୍ରସଙ୍ଗ ଆସିଲା ବେଳେ ଲୋକ ଗୀତରେ ଥିବା ସାମ୍ୟବାଦକୁ ସେ ପ୍ରସଙ୍ଗରେ ଆଣି ଭାବକୁ ସାନ୍ଦ୍ର କରିବା ସହିତ ଉତ୍କଳୀୟ ଇତିହାସକୁ ପାଠକ ଚେତନାରେ ଜାଗ୍ରତ କରିଛନ୍ତି ।

୨.୨. ଖ.୨. ଲୋକବିଶ୍ୱାସ :

ଗାଳ୍ପିକ ରଜନୀକାନ୍ତ ମହାନ୍ତିଙ୍କ 'ଶୂନ୍ୟ ଥାଳ' ଗଳ୍ପରେ ସକାଳ ବେଳା ଯୋଗୀ ମୁହଁ ଚାହିଁଲେ ଅଶୁଭ ହେଲାଭଳି ଲୋକ ବିଶ୍ୱାସ ଉତ୍‌ଥାପିତ ହୋଇଛି । ସେଥିପାଇଁ ଆଲୋଚ୍ୟ ଗଳ୍ପରେ ଯୋଗୀ କେଲୁନାଥ ଭିକ୍ଷା ବୃତ୍ତି କରିବା ନିମନ୍ତେ ସକାଳ ଗାଁ ଭିତରକୁ ନ ପଶି ଦିନ ଅଧିକ ହେଲେ ଗାଁ ଭିତରକୁ ଯାଏ ଏବଂ "ସେ ଚାହେଁ ନାହିଁ କେହି ଜଣେ ଶେଯରୁ ଉଠି ପଡ଼ି ବାହାରକୁ ଆସିଲା ମାତ୍ରେ ତା' ଆଗରେ ସେ ପଡ଼ିଯାଉ ଏବଂ ଲୋକଟି ଧେତରିକି ସକାଳୁଟାରୁ ମଣିଷ ଭିକାରୀର ମୁହଁ ଚାହିଁଲା ବୋଲି ଭାବିନଉ ବା ବିରକ୍ତିରେ କହି ପକାଉ ।"[୧୩୧]

ସକାଳେ ଯୋଗୀମୁହଁ ଚାହିଁଲେ ଅଶୁଭ ହେବା ଲୋକବିଶ୍ୱାସଟି ଆଲୋଚ୍ୟ ଗଳ୍ପରେ ପ୍ରାଣ ହୋଇ ଗତି କରିଛି । କାରଣ କେଲୁନାଥ ଚରିତ୍ର ଦ୍ୱାରା କଥାକାର ସକାଳୁ ଯୋଗୀ ମୁହଁ ଦେଖିବାରେ ଅଶୁଭ ହେବା ଅନ୍ଧବିଶ୍ୱାସ ଭଳି ଘଟଣାକୁ ନେଇଛନ୍ତି। ଅଳପନାର ଲଗ୍ନ ନିମନ୍ତେ କରୁଣ ବାବୁଙ୍କ ବଡ଼ପୁଅ ସୁବୋଧ ବାବୁ ସକାଳେ ବାହାରିଲା ବେଳେ କେଲୁନାଥକୁ ଦେଖିନେବା କ୍ଷଣି ଚିତ୍କାର କରି ଉଠନ୍ତି ଏବଂ କହନ୍ତି, "ଅନୁକୂଳରୁ ଯୋଗୀ ଭିକାରିଟାର ମୁହଁ ଦେଖିଲି, ସେଠି ଲଗ୍ନ ହୋଇ ପାରିବନି, ରାସକେଲ୍‌ଟା କେଉଁଠି ଥିଲା ସକାଳୁ ଭିକ ମାଗି ବାହାରି ଆସିଲା ।"[୧୩୨] ଅଥଚ ଯୋଗୀ କେଲୁ ନେହୁରା ହୋଇ ସୁବୋଧ ବାବୁଙ୍କୁ ଲଗ୍ନ ନିମନ୍ତେ ଯିବା ପାଇଁ ଅନୁରୋଧ କରେ ଏବଂ ସେହି ଦାଣ୍ଡରେ ବସି ପ୍ରତିଶ୍ରୁତିବଦ୍ଧ ହୁଏ ଯଦି ଲଗ୍ନ ଭାଙ୍ଗିଯାଏ ତାହେଲେ ନିଜର ବେଉଷଣ ଥାଳ କେନ୍ଦେରାକୁ ସାମ୍ନା ପୋଖରୀରେ ଫୋପାଡ଼ି ଦେବ । କିନ୍ତୁ ଲଗ୍ନ ଠିକ୍ ହୁଏ । କେଲୁ ଶୂନ୍ୟ ଥାଳ ଧରି ଘରକୁ ଫେରେ । ଶୂନ୍ୟଥାଳ ଧରି ଯୋଗୀ ଘରକୁ ଫେରିଲେ ଦୁନିଆକୁ ବିପଦ ଭଳି ଲୋକ ବିଶ୍ୱାସ ମଧ୍ୟ ଗାଳ୍ପିକ ତୋଳି ଧରିଛନ୍ତି । ଯେପରି କେଲୁନାଥ ଶୂନ୍ୟ ଥାଳକୁ ଦେଖି ତା'ର ବାପ ଆଶ୍ଚର୍ଯ୍ୟ ହୋଇଛି । ଭୀଷଣ ରାଗିଯାଇ କହିଛି, "ଚଣ୍ଡାଳ, ଯୋଗୀ ଘରେ ଜନ୍ମ ହେଇ ଏତିକି ବି

ଜାଣି ପାରିଲୁ ନାହିଁ । ଶୂନ୍ୟ ଥାଳ ଧରି ଯୋଗୀ ଘରକୁ ଫେରିଲେ ସଂସାର ପ୍ରତି ଭାରି ବିପଦ । ଦୁନିଆଟା ଲକ୍ଷ୍ମୀଛଡ଼ା ହୋଇଯିବ । ଖବରଦାର, ଶୂନ୍ୟଥାଳ ଧରି କେବେ ଘରକୁ ଫେରିବୁ ନାହିଁ ।"(୧୩୩) ଏହିପରି ଲୌକିକ ବିଶ୍ୱାସକୁ ନେଇ ଗଳ୍ପର ଅଙ୍ଗଟି ସୁଦୃଢ଼ । ଆତ୍ମୀୟତା ମଧ୍ୟରେ କେଲୁନାଥ ଓ ଆଳପନା ଚରିତ୍ର ଦ୍ୱୟଙ୍କ ସଂଯୋଗ ମଧ୍ୟ ଚମତ୍କାର ।

'ରକ୍ତରାଣ' ଗଳ୍ପଟିର ଆଙ୍ଗିକ ଏବଂ ଆତ୍ମିକ ମଧ୍ୟ ଲୋକବିଶ୍ୱାସ ସମ୍ବଳିତ । ମଣିଷ ବିଶ୍ୱାସ କରେ ପୂର୍ବଜନ୍ମର ପାପକର୍ମରୁ ସେ ଏ ଜନ୍ମରେ କଷ୍ଟ ପାଏ ଏବଂ ସେହି କଷ୍ଟର ନିଦାନ ନିମନ୍ତେ ଜିଜ୍ଞାସା କରି କାଳିସୀର ଉପଦେଶାନୁଯାଇ ଅଧରାମୃତ ଖାଇଲେ ପୂର୍ବକର୍ମ ଅନୁଯାୟୀ ପାପ ଖଣ୍ଡନ ହୁଏ ଏବଂ କଷ୍ଟରୁ ମୁକ୍ତି ମିଳେ । ଏହିଭଳି ମାର୍ମିକ ଲୋକ ବିଶ୍ୱାସକୁ କେନ୍ଦ୍ର କରି 'ରକ୍ତରାଣ' ଗଳ୍ପଟି ଗତିଶୀଳ । ଛାୟାନିଧି ନିଜର ପେଟବିନ୍ଧା ଯନ୍ତ୍ରଣାରୁ ମୁକ୍ତି ନିମନ୍ତେ ଆଧୁନିକ ବୈଷୟିକ ଡାକ୍ତରୀ ଚିକିତ୍ସା କଲେ ମଧ୍ୟ ସେ ଯନ୍ତ୍ରଣାକୁ ଲାଘବ କରି ପାରିନାହିଁ । ଶେଷରେ ଲୋକବିଶ୍ୱାସ ସୂତ୍ରରେ ବୁଢ଼ୀ ଠାକୁରାଣୀ ପାଖରେ ଅଧିଆ ପଡ଼ି ନିଜ ପୂର୍ବ ଜନ୍ମର ପାପକର୍ମ ନିମନ୍ତେ ପେଟବିନ୍ଧା ରୋଗରୁ ମୁକ୍ତିର ମାର୍ଗ ପାଇଛି । କାଳିସୀ କହିଛି, "ବଙ୍କେଇ ନଈ ଆରପାଖେ ମୋତି ବେହେରାର ବଡ଼ଝିଅ ପୂର୍ବ ଜନ୍ମରେ ତୋର ମାଆ ଥିଲା । ଯାଆ, ତା'ର ଅଧରାମୃତ ଖାଇବୁ । ସେବା କରିବୁ । ସେ ସନ୍ତୁଷ୍ଟ ହେଲେ ପେଟ ବିନ୍ଧାରୁ ମୁକ୍ତି ପାଇଯିବୁ ।"(୧୩୪) ଯନ୍ତ୍ରଣାରେ ଜର୍ଜରିତ ମଣିଷ ନିଜର ଯନ୍ତ୍ରଣାକୁ ଲାଘବ କରିବା ନିମନ୍ତେ ଯେକୌଣସି କାର୍ଯ୍ୟରେ ପଛଘୁଞ୍ଚା ଦେବନାହିଁ । ସେଥିନିମନ୍ତେ ଯୁବକ ଛାୟାନିଧି ତରୁଣୀ ଅଂଶୁପାର ଅଧରାମୃତ ଖାଇବା ନିମନ୍ତେ ଆଗଭର ହେଲେ ମଧ୍ୟ ଖାଇ ପାରିନାହିଁ । ବିଜ୍ଞାନର ଛାତ୍ରୀ ତରୁଣୀ ଅଂଶୁପା ବିଶ୍ୱାସ କରି ପାରିନାହିଁ ଛାୟାନିଧିକୁ । ଠକାମି, ଧୋକାବାଜି, ଶଠତାର ଶିକାର ହେବା ଭୟରେ ଦୂରେଇ ରହିଛି ସେ । ସେ ବିଶ୍ୱାସ କରିପାରିନାହିଁ ଛାୟାନିଧିର ଯନ୍ତ୍ରଣାକୁ ଅଥଚ ଛାୟାନିଧି ପ୍ରତି ଆତ୍ମୀୟତା ଜାଗ୍ରତ ହୋଇଥିଲେ ମଧ୍ୟ ବାଧ୍ୟ ହୋଇଛି ଅପରିଚିତ ବ୍ୟକ୍ତିତ୍ୱ ଛାୟାନିଧି ପାଖରୁ ଦୂରେଇ ରହିବାକୁ । ଏଠି ଗୋଟିଏ ରକ୍ତର କଥା କୁହାଯାଇଛି । ସେହି ରକ୍ତର ଦ୍ୱାହି ଦେଇ ଚରିତ୍ରମାନେ ଲୋକ ବିଶ୍ୱାସ ସୂତ୍ରରେ ହୋଇଛନ୍ତି ଚଳପ୍ରଚଳ ।

'ରକ୍ତରାଣ' ଗଳ୍ପ ଭଳି 'ପଘା' ଗଳ୍ପର ଆଙ୍ଗିକ ମଧ୍ୟ ଲୋକ ବିଶ୍ୱାସକୁ ନେଇ ଗତିଶୀଳ । ଘରର ଗୋରୁ ପଘା ଦେଇ ମୃତ୍ୟୁବରଣ କଲେ ଘରକୁ ବିପଦ ଲାଗେ, ସେଥିରୁ ମୁକ୍ତି ନିମନ୍ତେ ଘରର ବ୍ୟକ୍ତି ଗୋରୁ ପଘାକୁ ବେକରେ ପକାଇ ଭିକ୍ଷା ବୃତ୍ତି କରନ୍ତି ଏବଂ ସମସ୍ତ ପୂଜା ଅର୍ଚ୍ଚନା ସହ ଦଶାହ କର୍ମ ଆଦି କରନ୍ତି । ଏହା ଅଦ୍ୟାବଧି ମଧ୍ୟ ବଳବତ୍ତର । ଏହିଭଳି ଲୋକବିଶ୍ୱାସକୁ ଆଧାର କରି ଗାଳ୍ପିକ ରଜନୀକାନ୍ତ ମହାନ୍ତି 'ପଘା' ଗଳ୍ପ ଲେଖିଛନ୍ତି । ତରୁଣ ଗିରିଧାରୀ ଗୋରୁପଘାକୁ ବେକରେ ପକାଇ ଭିକ୍ଷା ବୃତ୍ତି କରିଛି । ଏଠାରେ ଲୋକ ବିଶ୍ୱାସକୁ ନେଇ ଗାଳ୍ପିକ ଗିରିଧାରୀ ଦ୍ୱାରା ଲୋକଙ୍କୁ ଠକି ଭିକ୍ଷାବୃତ୍ତି କରିବା ପ୍ରସଙ୍ଗ ଗଳ୍ପକୁ

ମାର୍ମିକ କରିଛି । ଗାଳ୍ପିକ ପ୍ରତୀକାତ୍ମକ ଭାବରେ ସଂସାରକୁ ପଘା ସହିତ ତୁଳନା କରି ମଣିଷକୁ ଗାଈ ଭାବରେ ଗଳ୍ପରେ ଗତି କରାଇଛନ୍ତି ଅଥଚ ଲୋକବିଶ୍ୱାସ ଜୀବନ୍ତ ଭାବରେ ହୋଇଛି ଗତିଶୀଳ ଆଲୋଚ୍ୟ ଗଳ୍ପରେ। ସେହିପରି 'ଭୂତ' ଗଳ୍ପରେ ଭୂତ ମଣିଷ ରୂପରେ ଆସିବା, ମଣିଷର ରକ୍ତ ପିଇବା ଆଦି ପ୍ରସଙ୍ଗକୁ ଚମତ୍କାର ଭାବରେ ଗାଳ୍ପିକ ରଜନୀକାନ୍ତ ମହାନ୍ତି ବିଶ୍ଳେଷଣ କରିଛନ୍ତି ନିଜ ଗଳ୍ପ ପରିଧିରେ ।

ଲୋକ ବିଶ୍ୱାସକୁ ନେଇ ପେଚା ରଡ଼ି ଶୁଭିଲେ ଅଶୁଭ, ଫୁଲ ସୁଂଘାରେ ବଶ କରିବା, ପୋଖରୀ ମଝିରେ ନେଉଳା ରହିଲେ ପୋଖରୀ ସହ କେହି ଅନୀତି କଲେ ତା'ର ଏବଂ ତା' ବଂଶର କ୍ଷତି ହେବା, ଲୋକଟି ମରୁ ବୋଲି କହିଲେ ଲୋକଟି ମରିଯିବା ଆଦି ଲୋକ ବିଶ୍ୱାସକୁ କଥାକର ତୋଳି ଧରିଛନ୍ତି । ଯଥା- 'ବିଶା ଶହେ କାହାଣ ଅନ୍ଧାର' ଗଳ୍ପରେ, "ଆହା, ଚେମା ମା କାନରେ ଖାସ ପେଚାରଡ଼ି ଶୁଭୁଛି ।"(୧୩୫) 'ଅକାଳ' ଗଳ୍ପରେ, "ଘର ଚଟିଆ ବାୟା ହେଇ ଏ ପାଖରୁ ସେପାଖ ଉଡ଼ୁଚି । ଏ ରୁଅରୁ ଯାଇ ସେ ରୁଅରେ ବସୁଛି । ପାଖ ସଜନା ଗଛ ଉପରୁ ପେଚା ହୁଡୁରୁ-ହୁଡୁରୁ ହେଉଛି । ଗଡ଼ିଆ ପାଣି କଳା ଘୁମର କାଟି ଫୁଲି ଉଠୁଛି । ମଥାନ ରୁଅ କଟକଟ ହେଲାରୁ ଚମକି ଗଲା ରତନୀ । ପଚାରିଲା: ଶୁଣୁଛ ! ରୁଅ କଟକଟ ହେଉଛି । କେତେ ଅଶୁଭ !"(୧୩୬) 'ବଂଶାବଳୀ' ଗଳ୍ପରେ, "ଶୁଣାଗଲା, କେଉଁ ବାବାଜୀ ତାକୁ ଫୁଲ ସୁଂଘାଇ ନେଇଗଲା ।"(୧୩୭) 'ସାମନା' ଗଳ୍ପରେ, "ପୋଖରୀ ମଝି ନେଉଳାକୁ ଚାହିଁଲା । ପୋଖରୀ ସହ କେହି ଅତ୍ୟାଚାର କରିବନି, ଅନ୍ୟାୟ କରିବନି।"(୧୩୮) 'ଶେଷ ଭୋଜି' ଗଳ୍ପରେ, "ତୁଟା ମରୁନୁ ସାରିଆଦି, ଭୋଜି ଖାଇବ ବୋଲି ଜଣଙ୍କର କାଳ କାଟୁଛୁ ।"(୧୩୯) 'ଶଂଖଚିଲ ତୁ କାହିଁଗଲୁ' ଗଳ୍ପରେ, "ଶଂଖଚିଲ ଦେଖିଲେ କୁଆଡ଼େ ଭାରି ଶୁଭ ।"(୧୪୦) ଏହି ଲୋକବିଶ୍ୱାସ ମୂଳକ କଥାକୁ ଗାଳ୍ପିକ ଗଳ୍ପ ମଧ୍ୟରେ ଚରିତ୍ରର ଅସହାୟତା ତଥା ସ୍ଥାନ, କାଳ ଭେଦରେ ପ୍ରୟୋଗ କରି ଲୋକ ବିଶ୍ୱାସକୁ ପୁନର୍ବାର ଲୋକଲୋଚନକୁ ଆଣିଛନ୍ତି ।

ଗାଳ୍ପିକ ରଜନୀକାନ୍ତ ମହାନ୍ତିଙ୍କ ଗଳ୍ପରେ ଲୋକବିଶ୍ୱାସ ବେଶ୍ ଆକର୍ଷଣୀୟ ଓ ଉତ୍କଣ୍ଠାପୂର୍ଣ୍ଣ । ସବୁ ସ୍ଥାନରେ ସେ ଦେଖାଇଛନ୍ତି ପ୍ରାଚୀନ ହେଉ ବା ଆଧୁନିକ, ଗ୍ରାମ ହେଉ ବା ସହର, ଶିକ୍ଷିତ ହେଉ ବା ଅଶିକ୍ଷିତ ସମସ୍ତଙ୍କ ପାଖରେ ଲୋକ ବିଶ୍ୱାସ ଭରପୁର । ନିଜର ଶିକ୍ଷା, ଦୀକ୍ଷା, ସହରୀପଣକୁ ନେଇ ଲୋକ ବିଶ୍ୱାସକୁ ସହରୀ ଶିକ୍ଷିତ ମଣିଷ ଅସ୍ୱୀକାର କଲେ ମଧ୍ୟ ଆତ୍ମିକ ସ୍ତରରେ ରହିଚି ତା'ର ପୂର୍ଣ୍ଣବିଶ୍ୱାସ । ସେଥିପାଇଁ ଗାଳ୍ପିକ ଶିକ୍ଷିତ ସହରୀ ମଣିଷ ପାଖରେ ଏ ଯୁଗ ସହିତ ସମ୍ବନ୍ଧ ସ୍ଥାପନ କରି ସବୁବେଳେ ସନ୍ଦେହ ଜନ୍ମାଇଛନ୍ତି । ତେଣୁ 'ରକ୍ତରାଣ' ଗଳ୍ପରେ ଅଂଶୁପା ଭାବୁଛି, "ସାମ୍ନାରେ ଥିବା କଂପ୍ୟୁଟର ତାକୁ ପ୍ରଶ୍ନ କରୁଛି ଯେପରି ଇନ୍‌ଫରମେସନ୍ ଟେକ୍‌ନୋଲୋଜି, କମ୍ପ୍ୟୁଟର, ୱେବସାଇଟ୍, ଅନ୍ୟ ଗ୍ରହରେ ଜୀବନ, କଲମୀ ମଣିଷ, ଅନ୍ତର୍ଜୀବ ସେକ୍‌ସ ଯୁଗରେ ତୁ ଛାୟାନିଧି କଥାରେ ଗୁରୁତ୍ୱ

ଦେଉଛୁ ? ନିଜକୁ ନିଜେ ପ୍ରଶ୍ନ କରୁଛି, ନିଜକୁ ନିଜେ ସେ ଉତ୍ତର କରୁଛି । ବହୁ ଅକଳ୍ପନୀୟ ଉଦ୍ଭାବନ ସମ୍ଭବ ହେଉଥିଲା ବେଳେ କାଳିସୀ, ହୁକୁମ, ପୁର୍ନଜନ୍ମ, ପରଜନ୍ମ ପ୍ରଭୃତି ମନଭେଦୀ, ଯୁଗଭେଦୀ ଯାତ୍ରା ଅସମ୍ଭବ ହେବ କାହିଁକି ? ହୁଏତ ଏସବୁ ପରବର୍ତ୍ତୀ ବିଜ୍ଞାନର ପର୍ଯ୍ୟାୟ ଯାହାକୁ ମଣିଷ ଅସମ୍ଭବ ଠାରୁ ଆହୁରି ଅସମ୍ଭବ ମଣୁଛି ।"(୧୪୧) ଏଠି ଚରିତ୍ରର ଲୋକବିଶ୍ୱାସକୁ ନେଇ ମନସ୍ତାତ୍ତ୍ୱିକ ବିଶ୍ଳେଷଣ ଘଟୁଛି ।

କାରଣ ପ୍ରତ୍ୟେକ ଆଧୁନିକ ଚରିତ୍ର ମଧ୍ୟ ମାନସିକ ସ୍ତରରେ ଲୋକ ବିଶ୍ୱାସକୁ ନେଇ ଭାରାକ୍ରାନ୍ତ । ସେଥିପାଇଁ ଗାଳ୍ପିକ ରଜନୀକାନ୍ତ ମହାନ୍ତି 'ଭୂତ' ଗଳ୍ପରେ ଅଭିଜିତ ଦ୍ୱାରା କୁହାଇଛନ୍ତି, "କୌଣସି ଯୁଗ ବିଶ୍ୱାସରୁ ମୁକ୍ତ ନୁହେଁ ଅପର୍ଣ୍ଣା । କାରଣ ବିଶ୍ୱାସଟା ମସ୍ତିଷ୍କଗତ ବ୍ୟାପର ନୁହେଁ, ହୃଦୟଗତ ବ୍ୟାପାର । କିନ୍ତୁ ସେ ବିଶ୍ୱାସ ଯେତେବେଳେ ମାନବିକବୋଧକୁ ହତ୍ୟାକରିବା ଆରମ୍ଭ କରେ, ତାହା ଅନ୍ଧବିଶ୍ୱାସରେ ପର୍ଯ୍ୟବସିତ ହୁଏ ।"(୧୪୨) କଥାକାର ଶ୍ରୀ ମହାନ୍ତିଙ୍କର ଉକ୍ତ ମତକୁ ଖଣ୍ଡନ କରାଯାଇ ପାରିବ ନାହିଁ । ଏହା ମାନସିକ ସ୍ତରରେ ସବୁ ମୁହୂର୍ତ୍ତରେ, ସବୁ ସମୟରେ ସବୁ ଯୁଗରେ ବଳବତ୍ତର ହୋଇ ରହିବ ।

୨.୨. ଖ.୩. ଢଗଢ଼ମାଳି, ଲୋକବାଣୀ, ସୂକ୍ତି, ରୂଢ଼ି ଇତ୍ୟାଦି :

ଲୋକ ସାହିତ୍ୟରେ ଢଗଢ଼ମାଳି, ଲୋକବାଣୀ, ସୂକ୍ତି, ରଢ଼ି ଆଦି ଏକ ଏକ ସ୍ୱତନ୍ତ୍ର ସ୍ଥାନ ଦାବୀ କରନ୍ତି । ଏଗୁଡ଼ିକ ମୌଖିକ ଭାବରେ ଆଦ୍ୟ କାଳରୁ ଗତି କରି ଆସିଛି । ଏଗୁଡ଼ିକ ଛନ୍ଦଯୁକ୍ତ ଏକ ବା ଏକାଧିକ ପଦରେ ରଚିତ । ଏହାର ଭାଷା ମଧ୍ୟ ସହଜ ଓ ସରଳ । ଏଗୁଡ଼ିକ ଅନୁଭୂତି ସଂଜାତ ଏବଂ ସଭ୍ୟତାରୁ ଜନ୍ମଲାଭ କରି ଅଧୁନା ବିଦଗ୍ଧ ପାଠକ ଏଗୁଡ଼ିକୁ ସଂଗ୍ରହ କରି ପୁସ୍ତକରେ ସ୍ଥାନ ଦେଲେଣି । ବହୁ ସାହିତ୍ୟିକ ନିଜ ସୃଷ୍ଟି ମଧ୍ୟରେ ଏଗୁଡ଼ିକୁ ପ୍ରୟୋଗ ମଧ୍ୟ କରିଛନ୍ତି । ସେହି ଦୃଷ୍ଟିରେ ଗାଳ୍ପିକ ରଜନୀକାନ୍ତ ମହାନ୍ତିଙ୍କ କୃତିତ୍ୱ ମଧ୍ୟ କିଛି କମ୍ ନୁହେଁ। ତାଙ୍କ ଗଳ୍ପ ସାହିତ୍ୟରେ ଢଗଢ଼ମାଳି, ବାଣୀ, ସୂକ୍ତି, ରୁଢ଼ିକୁ ଦେଖିପାରିବା ଯଥା–

୧) "ସେ କର୍ପୁର ଉଡ଼ିଯାଇଛି । କନା ପଡ଼ିଛି ।"(୧୪୩)

୨) "ଆରେ, ଆଙ୍ଗୁଠି ଦେଖେଇଲେ ବାହା ପଣ୍ଡେ ଗିଳି ଯାଉଛନ୍ତି ।"(୧୪୪)

୩) "କହିଲା ଭଳି ପିଳେଇ ପାଣି ହୋଇଗଲା ।"(୧୪୫)

୪) "ସେଣେ ଘର ବୁଢ଼ି ପାଣି ଆଣୁଏ, ଝିଅ କହୁଛି ମାଲୋ ମେଘ ଦୁଲୁକୁଚି ।"(୧୪୬)

୫) "ପଇସା ପାଇଁ ବାରଓଳି ତେରପିଣ୍ଡା ହେଲା ।"(୧୪୭)

୬) "ତୋ ମାଆ ଆଜି ଦ୍ୱିତୀୟା ପୂଜିଛି ।"(୧୪୮)

୭) "ଗାଈକୁ ମାଇଲେ ମଲି, ଗାଈ ମାଇଲେ ମଲି ।"(୧୪୯)

୮) "ଦଣ୍ଡେ ଯା ଘୁଟେ ପାଣି ପିଇ ଦନ୍ତୁଡା ଜୀବନ ମଥାବାଲ ଧଳା କରି ସାରିଲାଣି ।"(୧୫୦)

୯)   "ଭାର ଉପରେ ନଳିତା ବିଡ଼ା ।"[୧୫୦]

୧୦) "କଥାରେ ଅଛି ଆମ୍ବ ଖାଇବ କରଜ କରି, ତାଳ ଖାଇବ ମାଗଣା, କୈବଲ୍ୟ ଖାଇବ ଜୋର କରି, ଚୋରୀ ନକରିବ ଚଲଣା ।"[୧୫୧]

୧୧) "ବଂଶ ବୁଡ଼ିଲା ବେଳକୁ ଘୋଡ଼ା ମୁହାଁ ପୁଅ ଜନ୍ମ ।"[୧୫୩]

୧୨) "କୋଡ଼ିଏ ଫୁଟ୍ ଦୂରରେ ଥିବା ରାଧୁଆ ପାନ ଦୋକାନକୁ ଚାହିଁ ଖାଲି ରକ୍ତ ଚାଉଳ ଚୋବାଇବାରେ ଲାଗିଲା ।"[୧୫୪]

୧୩) "ମାଆ ମାଡ଼, କୁଆପାଡ଼, ବାପ ମାଡ଼ ରାଇଜ ଛାଡ଼ ।"[୧୫୫]

୧୪) "ଚାଷୀ ହୁଡ଼ିଲେ ବର୍ଷେ, ଚାଟ ହୁଡିଲେ ପୁର୍ଷେ ।"[୧୫୬]

୧୫) "ଘାସ କାଟିବା ଲୋକ ଆମେ, ତୋଟାମୂଲ କାହିଁକି କରିବ ?"[୧୫୭]

୧୬) "ଆଉ ଯେଉଁଦିନ ଗାଁ କନିଆ ସିଂଗାଣୀନାକୀ ହେବାରୁ ବଞ୍ଚିତ ହେଇଯିବ ।"[୧୫୮]

୧୭) "ସାରୁ ଭିତରେ ଏତେ ମାରୁ, ଏକଥା ତାଙ୍କୁ ଅମାଲୁମ୍ ଥିଲା ।"[୧୫୯] ଇତ୍ୟାଦି ।

ଢଗଢ଼ମାଳି, ବାଣୀ, ରୁଢ଼ି ଆଦି ଲୋକ ସାହିତ୍ୟର ଉପାଦାନ ଗୁଡ଼ିକ ଗାନ୍ଥିକ ରଜନୀକାନ୍ତ ମହାନ୍ତିଙ୍କ ଗଳ୍ପକୁ କରିଛି ସୌନ୍ଦର୍ଯ୍ୟମଣ୍ଡିତ । ସିଧାସଳଖ, ପ୍ରତୀକାତ୍ମକ ଏବଂ ବ୍ୟଞ୍ଜନାତ୍ମକ ଭାବରେ କଥାକର ଶ୍ରୀ ମହାନ୍ତି ଲୋକ ସାହିତ୍ୟକୁ ପ୍ରୟୋଗ କରିଛନ୍ତି ବେଶ୍ ଆକର୍ଷଣୀୟ ଭାବରେ। ଗାଉଁଲି ଚରିତ୍ର ମୁଖରେ ଅତ୍ୟଧିକ ମାତ୍ରାରେ ପ୍ରକାଶ ପାଇଛି ଢଗଢ଼ମାଳି । ତାହା ଚରିତ୍ରର ଅବସ୍ଥାକୁ ନେଇ ଇଙ୍ଗିତ କରିଛି ଅନେକ ସ୍ଥାନରେ । କଥାକାର ସ୍ଥାନ-କାଳ-ପାତ୍ରକୁ ଲକ୍ଷ୍ୟ ରଖି ଢଗଢ଼ମାଳିକୁ ଏପରି ସଂଯୋଜନା କରିଛନ୍ତି ଯେ ତାହା ପାଠକ ପ୍ରାଣକୁ ରସସିକ୍ତ କରିବା ସହିତ ଲୋକସାହିତ୍ୟକୁ ମଧ୍ୟ ଲିଖିତ ରୂପରେ ନବନ୍ୟାସ ଦେଇଛି ।

ଲୋକଗୀତ, ଲୋକ ବିଶ୍ୱାସ, ଢଗଢ଼ମାଳି ଆଦିକୁ ଗଳ୍ପ ପରିଧିରେ ଶ୍ରୀ ମହାନ୍ତି ଖଞ୍ଜି ଦେଇ ନିଜ ସୃଷ୍ଟିକୁ ବେଶ୍ ଆକର୍ଷଣୀୟ ତଥା ନାନ୍ଦନିକତା ପ୍ରଦାନ କରିଛନ୍ତି । ଶ୍ରୀ ମହାନ୍ତି ନିଜ ସୃଷ୍ଟି ମଧ୍ୟରେ, ଲୋକ ସାହିତ୍ୟର ପ୍ରୟୋଗ କରି ଲୋକ ଜୀବନ ସଙ୍ଗେ ନିଜର ଗଭୀର ସଂପର୍କକୁ ଦେଖାଇ ଦେଇଛନ୍ତି; ସର୍ବୋପରି ବିଦଗ୍ଧ ସାହିତ୍ୟରେ ଲୋକ ସାହିତ୍ୟର ସଂଯୋଗ କରି ସ୍ୱକୀୟ ସ୍ୱାତନ୍ତ୍ର୍ୟର ପରିଚୟ ଦେଇଛନ୍ତି କଥାକାର ଶ୍ରୀ ମହାନ୍ତି ।

୨.୨. ଗ. ପ୍ରାଚୀନ କାହାଣୀର ଛାୟା :

"ସାଂପ୍ରତିକ କ୍ଷୁଦ୍ରଗଳ୍ପ ବ୍ୟକ୍ତି ମଣିଷର ସମସ୍ୟା ଭିତ୍ତିରେ ନିଖିଳ ମାନବାତ୍ମାର ସମସ୍ୟା ହିଁ ପ୍ରକଟ କରିଥାଏ । ସମସ୍ତ ମାନବୀୟ ଭାବରାଜିର ପୁଙ୍ଖାନୁପୁଙ୍ଖ ବିବରଣୀ ଓ ସଂଗୁପ୍ତ ସ୍ୱରୂପର ସତ୍ୟଶୀଳ ପ୍ରକାଶ ଘଟାଇଥାଏ । ତେଣୁ ସାଂପ୍ରତିକ କ୍ଷୁଦ୍ରଗଳ୍ପ ଅନୁଭବ ଓ ଅଙ୍ଗୀକାରର ଯୁକ୍ତ ରୂପ । ଏହା କ୍ଷୁଦ୍ର, ମାତ୍ର ବ୍ୟାପକତାର ପରିଚୟ ପ୍ରଦାନ କରେ । ବିନ୍ଦୁ ମଧ୍ୟରେ ସିନ୍ଧୁ ଓ ଗୋଡ଼ି ମଧ୍ୟରେ ଗିରିର ସନ୍ଧାନ ଦିଏ । ଏଥିରେ ଅଙ୍ଗୀଭୂତ ହୋଇ ନପାରେ ଏପରି

କୌଣସି ବିଷୟ, ଘଟଣା ବା ଭାବ ନାହିଁ । ଏଣୁ ସାଂପ୍ରତିକ କ୍ଷୁଦ୍ର ଗଳ୍ପରେ ପ୍ରାଚୀନ ଗଳ୍ପର ମଧ୍ୟ ଅନ୍ୱେଷଣ କରାଯାଇପାରେ ।"(୧୬୦)

ଓଡ଼ିଆ କ୍ଷୁଦ୍ରଗଳ୍ପ ଆରମ୍ଭରୁ ଅଦ୍ୟାବଧି ନାନା ମୋଡ଼ ନେଇ ଗତି କରି ଆସିଛି । ସେଇ ଧାରାରେ ପ୍ରାଚ୍ୟ ଓ ପାଶ୍ଚାତ୍ୟ ଲୋକ କାହାଣୀ ଓ ପ୍ରଭାବଶାଳୀ କାହାଣୀର ବହିରାବରଣକୁ ମଧ୍ୟ ଓଡ଼ିଆ ଗଳ୍ପ ଆଧାର କରିଥିବାର ପରିଲକ୍ଷିତ ହୋଇଥାଏ । ଏଇ ଧାରାରେ କେତେଜଣ ପ୍ରମୁଖ ଓଡ଼ିଆ ଗଳ୍ପ ସ୍ରଷ୍ଟା ମନୋଜ ଦାସ, ମହାପାତ୍ର ନୀଳମଣୀ ସାହୁ, ଅଚ୍ୟୁତାନନ୍ଦ ପତି, ଚୌଧୁରୀ ହେମକାନ୍ତ ମିଶ୍ର, ଉତ୍ତମ କୁମାର ପ୍ରଧାନ, ନିମାଇଁ ପଟ୍ଟନାୟକ, ରତ୍ନାକର ଚଇନି, ହୃଷୀକେଶ ପଣ୍ଡା, ବିଜୟ ପ୍ରସାଦ ମହାପାତ୍ର, କଇଲାଶ ପଟ୍ଟନାୟକ, ସତ୍ୟପ୍ରିୟ ମହାଳିକ ପ୍ରମୁଖ । ସେମାନଙ୍କ ମଧ୍ୟରେ ଗାଳ୍ପିକ ରଜନୀକାନ୍ତ ମହାନ୍ତିଙ୍କର ସ୍ୱତନ୍ତ୍ର ଭୂମିକା ମଧ୍ୟ ରହିଛି । ଜାତିର ଇତିହାସ, ସାଂସ୍କୃତିକ ଐତିହ୍ୟ, କିମ୍ବଦନ୍ତୀ ଓ ପ୍ରାଚୀନ କାହାଣୀକୁ ଆଧାର କରି ପରିକଳ୍ପିତ ସମାଜରେ ଘଟୁଥିବା ସାମାଜିକ ସ୍ଥିତି, ରାଜନୀତିକ ଚିତ୍ର, ଠକାମୀ, ଭଣ୍ଡାମୀ, ବ୍ୟକ୍ତି ମାନସିକତା ଆଦିକୁ ଗଳ୍ପ ମଧ୍ୟରେ ଅବତାରଣାର କରିବାକୁ ଯାଇ ସେ ସଫଳ ହୋଇଛନ୍ତି ଯଦିବା ଶ୍ରୀ ମହାନ୍ତିଙ୍କର ପ୍ରାଚୀନ କାହାଣୀର ଛାୟାରେ ଲିଖିତ ଗଳ୍ପ ସଂଖ୍ୟା କମ୍ । ସ୍ୱଳ୍ପହେଲେ ମଧ୍ୟ ଅନୁବର୍ତ୍ତିତ ଗଳ୍ପ ଗୁଡ଼ିକ ନିଜ ନିଜ ସ୍ଥାନରେ ସ୍ୱତନ୍ତ୍ର ।

ପ୍ରାଚୀନ ଭାରତୀୟ ଗଳ୍ପପରମ୍ପରାର ଗୁରୁତ୍ୱ ଭାରତୀୟ ସମାଜ ଜୀବନରେ ଥିଲା ବେଶ୍ ପ୍ରଭାବଶାଳୀ । ପଞ୍ଚତନ୍ତ୍ର, ବେତାଳ ପଞ୍ଚବିଂଶତି, ବୃହତ କଥା, ବୃହତ କଥା ମଞ୍ଜରୀ, ବତ୍ରିଶ ସିଂହାସନ, ଶୁକ ସପ୍ତତି, ବୌଦ୍ଧଜାତକ ଗଳ୍ପ ଭଳି ସଂସ୍କୃତ ଓ ପ୍ରାକୃତ ଗଳ୍ପର ଭାବ ଓ ବାର୍ତ୍ତା ଦ୍ୱାରା ଭାରତୀୟ ଜନସମାଜ ଥିଲେ ବେଶ୍ ସଚେତନ ଓ ପରିଚାଳିତ । ଏସବୁ ଗଳ୍ପରେ ସାମାଜିକ, ସାଂସ୍କୃତିକ, ରାଜନୀତିକ, ଧାର୍ମିକ, ଆଧ୍ୟାତ୍ମିକ ତଥା ଜନମାନସକୁ ସୁସଂଯତ ଓ ସମୃଦ୍ଧି କରି ରଖିବାରେ ରହିଥିଲା ଗୁରୁତ୍ୱପୂର୍ଣ୍ଣ ଭୂମିକା । ପ୍ରାଚୀନ ଭାରତୀୟ ଗଳ୍ପ ଭଳି ପାଶ୍ଚାତ୍ୟ ଲୋକଗଳ୍ପର ବିବିଧ ପ୍ରଭାବ ଓ ଅନୁବର୍ତ୍ତିତ ରୂପକୁ ମଧ୍ୟ ଲକ୍ଷ୍ୟ କରାଯାଇପାରେ । କେତେକ ଗଳ୍ପରେ ସେସବୁ ଗଳ୍ପର ସେହି ଆବେଦନଗତ ଐକ୍ୟତା ମଧ୍ୟ ସମଧରଣର । ଯେଉଁଠି ସମାନ୍ତରାଳ ଭାବେ ଦେଖିହେବ ସମାଜ ଜୀବନକୁ । ପଶୁପକ୍ଷୀ ବା ମାନବେତର ପ୍ରାଣୀଙ୍କ ମାଧ୍ୟମରେ ହେଉ ବା ରାଜା, ମନ୍ତ୍ରୀ, ସେନାପତି, କଟୁଆଳ, ଶ୍ରେଷ୍ଠ ବଣିକ ବା ବ୍ରାହ୍ମଣ ଭିକାରୀ ଏ ଜାତୀୟ ବିଭିନ୍ନ ବର୍ଗର ଚରିତ୍ରମାନଙ୍କ ଦେଇ ଏସବୁ ଗଳ୍ପ ପ୍ରେରିତ କରୁଥିଲା ବିବିଧ ସାମାଜିକ ବାର୍ତ୍ତା । ତେଣୁ ଆଧୁନିକ କଥାକାର ଅନେକ ସମୟରେ ସେ ସବୁରୁ ନିଜକୁ ସଂପୂର୍ଣ୍ଣ ମୁକ୍ତ କରିପାରି ନାହିଁ ଏବଂ ସେହି ଗଳ୍ପ ଅନୁରୂପରେ ବା ପରିବର୍ତ୍ତିତ ପରିଧି ଓ ଶୈଳୀରେ ସ୍ୱଗଳ୍ପକୁ ଦେଇଛି ନୂଆରୂପ । ଏପରିକି ପ୍ରାଚୀନ ଗଳ୍ପର ଗୁଡ଼ିକ ଏହି ଭାବାଦର୍ଶ ଓଡ଼ିଆ ଗଳ୍ପକୁ ପ୍ରଦାନ କରିଛି ସ୍ଥୂଳତଃ ମୌଳିକତା । ଏ ଧାରାରେ କଥାକାର

ରଜନୀକାନ୍ତଙ୍କ ସ୍ଥାନ ବେଶ୍ ସ୍ୱତନ୍ତ୍ର । ପ୍ରାଚୀନ ଗଳ୍ପ ଛାୟାରେ 'କାଣ୍ଟିବଗ' ଭଳି ଗୋଟିଏ ଗଳ୍ପ ଲେଖିଥିଲେ ହେଁ ଗଳ୍ପଟିରେ ରହିଛି ବେଶ୍ ଆକର୍ଷଣୀୟତା ।

'କାଣ୍ଟିବଗ' ଗଳ୍ପଟି ପଞ୍ଚତନ୍ତ୍ରର 'ବଗ ଓ କଙ୍କଡ଼ା' ଗଳ୍ପରୁ ହୋଇଛି ଅନୁବର୍ତ୍ତନ । ଏହି "ଅନୁବର୍ତ୍ତନ ଇଚ୍ଛାକୃତ ଭାବେ କରାଯାଏ । ପ୍ରସିଦ୍ଧ ପୂର୍ବତନ ସୃଷ୍ଟିର ଶୈଳୀ, କଥ୍ୟ, ଭାବ, ଆତ୍ମା ଓ ଉଦ୍ଦେଶ୍ୟ ପ୍ରଭୃତିକୁ ପରିବର୍ତ୍ତିତ ସମସ୍ୟା ଓ ପରିବେଶ ଭିତ୍ତିରେ ସଚେତନ ଭାବେ ପରବର୍ତ୍ତୀ ସୃଷ୍ଟିରେ ପ୍ରୟୋଗ କରାଯିବାକୁ ଅନୁବର୍ତ୍ତନ କୁହାଯାଏ ।"(୧୬୧) ଏ ଦୃଷ୍ଟିରୁ କାଣ୍ଟିବଗ ଗଳ୍ପରେ ରହିଛି ପ୍ରାଚୀନ ଗଳ୍ପର ଛାୟାକୁ ନେଇ ପରୀକ୍ଷା ନିରୀକ୍ଷା ।

ଗାଳ୍ପିକ ରଜନୀକାନ୍ତ ମହାନ୍ତିଙ୍କ 'କାଣ୍ଟିବଗ' ଗଳ୍ପଟି ବିଷ୍ଣୁଶର୍ମାଙ୍କ ବିରଚିତ ପଞ୍ଚତନ୍ତ୍ରର 'ବଗ ଓ କଙ୍କଡ଼ା' ଗଳ୍ପରୁ ଆହରିତ । ମୂଳ ଗଳ୍ପଟିକୁ ଆମେ ଜାଣୁ । ଯଥା-ଠକ, ବିଶ୍ୱାସଘାତକ, ପ୍ରବଞ୍ଚକ ବଗ ଚିତା ଚୈତନ୍ୟ ହୋଇ ସରଳ ନିରୀହ ପ୍ରାଣୀ ମାଛମାନଙ୍କୁ ପାଣି ଶୁଖିଯିବାର ଭୟ ଦେଖାଇ ସ୍ଥାନାନ୍ତରିତ କରିବାର ଦାୟିତ୍ୱ ନେଇ ଗୋଟିଏ ପରେ ଗୋଟିଏ ମାଛମାନଙ୍କୁ ଭକ୍ଷଣ କରେ । ପରିଣତିରେ କଙ୍କଡ଼ା ଦ୍ୱାରା ତା' ପ୍ରବଞ୍ଚନାର ହୁଏ ଅନ୍ତ । ଏଥିରେ ସମସ୍ୟା - ଲୋଭ, ବିଶ୍ୱାସଘାତକତା ଏବଂ ସମାଧାନ ଯେ ବିଶ୍ୱାସ ଘାତକତା କରେ ତାହାର ମୃତ୍ୟୁ । କିନ୍ତୁ, ଗାଳ୍ପିକ "ରଜନୀକାନ୍ତ ମହାନ୍ତିଙ୍କ 'କାଣ୍ଟିବଗ' ଗଳ୍ପରେ ବଦ୍ରିର୍ଲାଦଙ୍କ ବାସ୍ତବତାର ମୃତ୍ୟୁ (Death of Real) ଓ ଘଟଣାର ମୂଳଉତ୍ସ ଅଧ୍ୟୟନ (Myths of Origin) ର ସଫଳ ପ୍ରୟୋଗ ଘଟିଛି । ଏହି ଦୁଇ ଦର୍ଶନର ସମୀକରଣରେ ଯେଉଁ ବାସ୍ତବତାଟି ସୃଷ୍ଟି ହୋଇଛି, ତାହା ହେଉଛି ବାସ୍ତବତା ଠାରୁ ବୃହତ୍ତର (more than real) । ଏହି ଗଳ୍ପର କାଣ୍ଟିବଗ ଓ ଠୁସି କଙ୍କଡ଼ାର ବନ୍ଧୁତା କେବଳ ଜୀବନ ନିର୍ବାହ ପାଇଁ ନୁହେଁ ବରଂ ନିଜ ନିଜ ପୂର୍ବ କିମ୍ବଦନ୍ତୀକୁ ଧୋଇ ଦେଇ ଆଉ ଏକ ନୂଆ କିମ୍ବଦନ୍ତୀ ସୃଷ୍ଟି କରିବା ପାଇଁ ।"(୧୬୨)

ଶ୍ରୀ ମହାନ୍ତି ଗୋଟିଏ ମନସ୍ତାତ୍ତ୍ୱିକ ପ୍ରେକ୍ଷାପଟରେ ଗଳ୍ପଟିକୁ ଗତି କରାଇ ପରିଣତିରେ ପହଞ୍ଚନ୍ତି । ମୂଳ କାହାଣୀର ଏହା ପାଖିପ, ମାର୍ଗଟି ସମଧର୍ମୀ, କିନ୍ତୁ ବକ୍ତବ୍ୟଟି ଭିନ୍ନ । ଗୋଟିଏ ସଂସ୍କୃତି, ପରମ୍ପରା ଓ ଇତିହାସର ପରିବର୍ତ୍ତନ ନିମିତ୍ତ ଏହା ଏକ ଚେଷ୍ଟିତ ରୂପ । ଶ୍ରୀ ମହାନ୍ତିଙ୍କ ଗଳ୍ପରେ ପରିବେଶ ପ୍ରଦୂଷଣ ଯୋଗୁଁ ବିଶୃଙ୍ଖଳିତ ଖାଦ୍ୟ ଶୃଙ୍ଖଳ ସମସ୍ୟାକୁ ନେଇ ଗଳ୍ପର ପ୍ରାରମ୍ଭ । ପକ୍ଷୀଜାତି ମାଛଜାତି ପାଖରୁ ସବୁ ପ୍ରାଣୀ ଆଜି ଖାଦ୍ୟ ଜନିତ ସମସ୍ୟାର ହେଉଛନ୍ତି ସମ୍ମୁଖୀନ । ଏହାର ଝଲକ ପରେ ପରେ କାଣ୍ଟିବଗ, ଠୁସି କଙ୍କଡ଼ା ମଧ୍ୟରେ ଜୀବନ ଜିଇବା ପାଇଁ କଥୋପକଥନ । ବଗ ମନସ୍ତରରେ ନିଜର ବିଶ୍ୱାସଘାତକତା ଓ ପ୍ରବଞ୍ଚନାର ଇତିହାସକୁ ଧୋଇ ଦେବା ନିମିତ୍ତ ଚିନ୍ତିତ ଥିଲାବେଳେ କଙ୍କଡ଼ା ଠୁସି ମଧ୍ୟ ଏଥି ନିମନ୍ତେ ସଚେତନ । ପର ମୁହୂର୍ତ୍ତରେ ଉଭୟ ନିଷ୍ପତ୍ତି ନେଇଛନ୍ତି ପରିଷ୍କାର, ପରିମଳ, ପ୍ରଦୂଷଣ ମୁକ୍ତ ଜଳବାୟୁରେ ବାସ କରିବେ । କାଣ୍ଟି ସନ୍ଧାନ କରିଛି । ଉଭୟ ବନ୍ଧୁ ହୋଇ

ସେହି ସ୍ୱଚ୍ଛ ପରିବେଶକୁ ଗମନ କରିଛନ୍ତି । କଙ୍କଡ଼ା ଠୁସି ମନରେ ପୂର୍ବ ଇତିହାସ ଗଜୁରି ଆସୁଥିଲା ବେଳେ କାଣ୍ଠିର ଇତିହାସକୁ ପରିମାର୍ଜିତ କରିବାର ଲକ୍ଷ୍ୟ ନେଇ ଗଳ୍ପ ଅଗ୍ରଗତି କରିଛି । କିନ୍ତୁ ପରିଣତିରେ ବଗର କ୍ଷୁଧା, ପାଟିରେ ଖାଦ୍ୟ ଥିଲେ ମଧ୍ୟ ଇତିହାସକୁ ସୁଧାରିବା ନିମିତ୍ତ ପ୍ରତିଜ୍ଞା ନେଇ କଙ୍କଡ଼ା ଠୁସିକୁ ଭକ୍ଷଣ ନକରିବା ଏବଂ କଙ୍କଡ଼ା ବଗର ଉଷୁମ ଲାଲର ସନ୍ଦେହଜନକ ସ୍ୱାର୍ଥ ଆକଳନ କରି ତା'ର ଗ୍ରୀବାକୁ ସରୁ ସରୁ ତୀକ୍ଷ୍ଣ ଗୋଡ଼ରେ ଚାପି ବେକରୁ ରକ୍ତ ନିଗାଡ଼ି ଦେବା ଘଟଣା ଗଳ୍ପକୁ ଭିନ୍ନ ମୋଡ଼ ଦେଇଛି । ଏଠାରେ ସମସ୍ୟା ଅନେକ କିନ୍ତୁ ସମାଧାନ ଶୂନ୍ୟ । କାଣ୍ଠିବଗର ଉଷୁମ ଲାଲ ଲୋଭର ଲାଲ ନୁହେଁ, ଜଣେ ପ୍ରବଞ୍ଚକର ଲାଲ ନୁହେଁ । ତାହା ନିଷ୍ପାର ଲାଲ, ପ୍ରାକୃତିକ ଲାଲ, ଆତ୍ମିକ କ୍ଷୁଧାର ଲାଲ । ସମସ୍ତ କ୍ଷୁଦାର୍ଥ ବ୍ୟକ୍ତିଙ୍କ ଆଗରେ ଖାଦ୍ୟ ରହିଲେ ସ୍ୱାଭାବିକ ସେହି ଉଷୁମ ଲାଲ ନିର୍ଗତ ହେବ । କିନ୍ତୁ ଯିଏ ସେହି ଲୋଭକୁ ପ୍ରତ୍ୟାଖ୍ୟାନ କରି ଭିନ୍ନ ମାର୍ଗକୁ ଗମନ କରିବାର ଲକ୍ଷ୍ୟ ନେଉଛି ତା'ର (ବଗ) ଘଟୁଛି ମୃତ୍ୟୁ। "ଅତଏବ ବର୍ହିବାସ୍ତବତା ଓ ଅର୍ନ୍ତବାସ୍ତବତା (Inner reality)କୁ ନେଇ ପ୍ରବଳ ଚିତ୍ତ ସଂଘର୍ଷ ହିଁ ଗଳ୍ପର ନିଷ୍କର୍ଷ । ଜୀବନ ସଂଧାନ ନୁହେଁ । ଇତିହାସର ଅର୍ଥ ପରିବର୍ତ୍ତନ ହିଁ ସମଗ୍ର ଗଳ୍ପର ଉଦ୍ଦେଶ୍ୟ-ଏପରି ଏକ ବାସ୍ତବତା ପାଠକ ସାମ୍ନାରେ ଠିଆ ହୋଇପଡ଼େ । ଅତଏବ, ପୁନଶ୍ଚ ଉଡ଼ାଣ, ସନ୍ଦେହ ଓ ବଧରେ ଭାଙ୍ଗି ପଡ଼େ ବର୍ତ୍ତମାନ, ବୁନ୍ଦା ବୁନ୍ଦା ରକ୍ତ ଛିଟାରେ ଓଦା ହୋଇଯାଏ ଇତିହାସ । ଏଥରର ମୃତ୍ୟୁ କଳଙ୍କ ନୁହେଁ ଆଦର୍ଶ ଛିଡ଼ା କରେ । ରଜନୀକାନ୍ତଙ୍କ ଭାଷାରେ, "ପୃଥିବୀରେ ଗୋଟିଏ ଜିନିଷକୁ ବୁଝିହୁଏ ନାହିଁ । ସେ ହେଉଛି ଲାଲ । ସେଇ ଲାଲ ନିକଟରେ ଆଦର୍ଶ, ବାସ୍ତବତା ସବୁ ତୁଚ୍ଛ । ଏହି ଗଳ୍ପରେ ବାସ୍ତବତା ପ୍ରସଙ୍ଗଟି ବାରମ୍ବାର ପରିବର୍ତ୍ତିତ ହୋଇଛି । ବାସ୍ତବତା ସହ ବାସ୍ତବତାରେ ସଂଘର୍ଷ ସୃଷ୍ଟ ବାସ୍ତବତାଟି ହେଉଛି ଗଳ୍ପର ଅସଲ ସୌନ୍ଦର୍ଯ୍ୟ । ଅତଏବ ବର୍ହିବାସ୍ତବତା ନୁହେଁ, ଅର୍ନ୍ତଦୃଶ୍ୟ ବାସ୍ତବତା ହିଁ ଗଳ୍ପର ପ୍ରାଣକେନ୍ଦ୍ର ।"[(୧୬୩)]

ଏହା ବ୍ୟତୀତ ଖାଦ୍ୟ ଶୃଙ୍ଖଳରେ ନିୟନ୍ତ୍ରଣ, ପରିବେଶ ସନ୍ତୁଳନ, ପାଶବିକ ଗୁଣର ପରିହାର, ବିସ୍ଥାପନ ସମସ୍ୟା ଆଦିକୁ ଗାଳ୍ପିକ ଗଳ୍ପ ମଧ୍ୟରେ ଏପରି ଖାପଖୁଆଇ ଦେଇଛନ୍ତି, ଯାହାର ଅନୁବର୍ତ୍ତନ ରୂପଟି ରହିଛି ଅକ୍ଷୁଣ୍ଣ । ଜଣେ ଗବେଷକ ଭାବରେ ମୋର ବ୍ୟକ୍ତିଗତ ମତ ଶ୍ରୀ ମହାନ୍ତି ଚାହିଁଥିଲେ ଏପରି ରାଶି ରାଶି ଗଳ୍ପ ପାଠକକୁ ପରସି ଦେଇଥାନ୍ତେ । ଗୋଟିଏ ଗଳ୍ପକୁ ପଞ୍ଚତନ୍ତ୍ରରୁ ଅନୁବର୍ତ୍ତନ କରି ସେ ଏତେ ଚମତ୍କାର ଶୈଳୀରେ ଭାବବସ୍ତୁ ସଙ୍ଗେ କଥାବସ୍ତୁ ମିଶାଇ ଗତି କରାଇ ପାରନ୍ତି । ଏହାର ଆକର୍ଷଣୀୟ କଥାଭାଗ, ଅଭିନବ ଭାବପକ୍ଷ ଓ ଚମତ୍କାର ସଂଯୋଜନା ପାଇଁ ଗାଳ୍ପିକ ପ୍ରଶଂସା ପଦବାଚ୍ୟ। ନିଶ୍ଚିତ ରୂପେ ଉକ୍ତ ବିଭାଗରେ ଏହା ଏକ ସ୍ୱୟଂସଂପୂର୍ଣ୍ଣ ପ୍ରୟୋଗ ।

ସେହିପରି ଶ୍ରୀ ମହାନ୍ତିଙ୍କ ଆଉ କେତୋଟି ଗଳ୍ପ ଯଥା- 'ଭୂତ', 'କଷିକଉ' ଭଳି ଗଳ୍ପକୁ ପ୍ରାଚୀନ ଗଳ୍ପର ଅନୁବର୍ତ୍ତନ ଗଳ୍ପ କୁହାଯିବ ନାହିଁ । ଏ ଧରଣର ଗଳ୍ପକୁ ଅନୁସରଣଧର୍ମୀ

ଗଳ୍ପ କୁହାଯିବ । ଉକ୍ତ ଗଳ୍ପର କଳା ପକ୍ଷଟି ପ୍ରାଚୀନ କାହାଣୀ ସହ ପୂର୍ଣ୍ଣ ମାତ୍ରାରେ ନହେଲେ ମଧ୍ୟ ସାମାନ୍ୟ ଖାପଖାଇଯାଏ । 'ଭୂତ' ଗଳ୍ପରେ ଆଧୁନିକ ଶିକ୍ଷିତ ମଣିଷ ପାଖରେ ଲୋକବିଶ୍ୱାସର ମାର୍ମିକ ରୂପ ଦେଖାଇଲା ବେଳେ କଥାକାର ଉପସ୍ଥାପନାରେ ପ୍ରାଚୀନ ଗଳ୍ପ ଶୈଳୀକୁ ତୋଳି ଧରିଛନ୍ତି । ସେହିଭଳି 'କଷିକଡ' ଗଳ୍ପରେ ମାନବେତର ଚରିତ୍ର ମାଛମାନଙ୍କ ମଧ୍ୟରେ ଲୋକ ବିଶ୍ୱାସର ମାର୍ମିକ ରୂପ ଦେଖାଇଲା ବେଳେ କଥାକାର ଉପସ୍ଥାପନାରେ ପ୍ରାଚୀନ ଗଳ୍ପ ଶୈଳୀକୁ ନେଇଛନ୍ତି। ପ୍ରାଚୀନ କାହାଣୀର ମାନବେତର ଚରିତ୍ରମାନଙ୍କର କଥୋପକଥନର ସମଗୋତ୍ରୀୟ ଶୈଳୀ ଉକ୍ତ ଗଳ୍ପ ଗୁଡ଼ିକରେ ହୃଦୟସ୍ପର୍ଶୀ ଭାବେ ବ୍ୟବହାର ହୋଇଥିବା ଯୋଗୁଁ ଏଠାରେ ଉପସ୍ଥାପିତ ହୋଇଛି ।

ଏତକ କୁହାଯାଇପାରେ, ଶ୍ରୀ ମହାନ୍ତିଙ୍କ ବୃହତ ଗଳ୍ପ ଜଗତରେ ସାମାନ୍ୟ ଗୋଟଏ ମାତ୍ର ଗଳ୍ପ 'କାଣ୍ଡିବଗ' ଯାହାକି ପ୍ରାଚୀନ ଗଳ୍ପର ଅନୁବର୍ତ୍ତିତ ରୂପ । ଗାଳ୍ପିକ ମାତ୍ର ଗୋଟିଏ ଗଳ୍ପରେ ନିଜର ପାରଦର୍ଶିତା ପ୍ରଦର୍ଶନ କରିପାରିଛନ୍ତି ତାହା ପୁଣି ଆକର୍ଷଣୀୟ ଭାବେ ।

୧.୨.ଘ. ରୂପକଳ୍ପ (Image) :

ଗାଳ୍ପିକ ରଜନୀକାନ୍ତ ମହାନ୍ତିଙ୍କ ଗଳ୍ପ ପରିଧିର ଛତ୍ରେ ଛତ୍ରେ ଫୁଟି ଉଠେ ରୂପକଳ୍ପ । ବାକ୍ୟରେ, ଶବ୍ଦରେ ଏପରିକି ଗଳ୍ପ ଭାଷାରେ ରୂପକଳ୍ପ ବ୍ୟବହୃତ ହୋଇ ଗଳ୍ପର ବର୍ଣ୍ଣନାକୁ ଭାବଗର୍ଭକ କରେ । ବୌଦ୍ଧିକ ମନ୍ଥନ ପାଇଁ ଖୋରାକ ଯୋଗାଏ । ବଚନ ବିନ୍ୟାସ ଭଙ୍ଗୀ, ବୈଚିତ୍ର୍ୟ ଏପରିକି ରସ ଆସ୍ୱାଦନ ନିମନ୍ତେ ପାଠକ ପାଇଁ ମାଧ୍ୟମ ହୋଇଥାଏ । ସୃଷ୍ଟିଟି ଅଧିକ ଆକର୍ଷଣୀୟ ହୋଇଉଠେ । ଗାଳ୍ପିକ ଶ୍ରୀ ମହାନ୍ତିଙ୍କ ଗଳ୍ପରେ ଉପମାନ ଓ ଉପମେୟର ଅଭେଦ କଥନ ହୁଏ । ଗଳ୍ପ ମଧ୍ୟରେ ରୂପକଳ୍ପ ବାରମ୍ବାର ବ୍ୟବହାର କରି ଗାଳ୍ପିକ ସ୍ୱକୀୟ ସ୍ୱାତନ୍ତ୍ର୍ୟ ଜାହିର କରନ୍ତି । ସାମାଜିକ ମଣିଷର ଅନିର୍ଭୋଗ, ଆଧ୍ୟାତ୍ମିକ ଅସ୍ପୃହା, ଜୀବନ ଯନ୍ତ୍ରଣାକୁ ଭିନ୍ନତାର ସହ କଥାକାର ରୂପକଳ୍ପରେ ସମୃଦ୍ଧ କରିଛନ୍ତି । ଏଠାରେ କେତୋଟି ଉଦାହରଣ ନିଆଯାଇପାରେ । ଯଥା-

(କ) "ତିନୋଟି ପିଲାର ମାଁ ହେଲେ ବି ଶରଦୀ ଦେହରେ ଯୌବନ କଇଁ ଏବେ ବି ନହକି ପଡୁଛି । ବଳିଲା ବଳିଲା ଦେହ ଏବେ ବି ନହଡି ମାରୁଛି । ମାଂସ ତକତକ ଦେହ ଶରତର ସଞ୍ଜୁଆ ଜହ୍ନ ପରି ତୋଫା ତୋଫା ।"(୧୬୪)

(ଖ) "ସେତେବେଳକୁ ପୁଲିସ୍ ବାବୁର ବିରାଡ଼ି ଜିଭ ତା'ର ଗ୍ରୀବା ସ୍ପର୍ଶ କରୁଥାଏ ।"(୧୬୫)

(ଗ) "କଲେଜ ପିଲାଙ୍କ ଦାଢୁଆ ଆଖି ଗୁଡ଼ିକ ମୋ ସ୍ତ୍ରୀକୁ ହାଣି ପକାଇବାଟା ମୁଁ ଅନେକ ଥର ମାର୍କ କରିଛି ।"(୧୬୬)

(ଘ) "ସଞ୍ଜ ଦଉଡ଼ି ଦଉଡ଼ି ଆଗେଇ ଆସୁଛି ।"(୧୬୭)

(ଙ) "ଏଣିକି ଶ୍ରାବଣୀ ଗୋଟେ ଠିପିମୁଦା ବୋତଲ ସତ, କିନ୍ତୁ ଠିପି ଖୋଲିଦେଲେ ନା ଅଛି ପାଣି, ନା ଅଛି ଅଧିକା ଛୁଇଁ ହବା ପବନ ।"(୧୬୮)

(ଚ) "ଗୁଡ଼େଇ ବୁଡ଼େଇ ଜାଲ ବୁଣୁଥିବା ମନର ଖିଅକୁ ଏମିତି ଘଷୁ ଘଷୁ କେତେବେଳେ ମୁଁ ବନବାବୁର ଦାଣ୍ଡ ଦରଜାକୁ ଆସିଗଲିଣି ।"(୧୬୯)

(ଛ) "ଅନ୍ୟର ଦୟା ନାମକ ଗଛରେ ନଟେଇ ଯାଇଥିବା ନଟାଟିଏ ମୁଁ ।"(୧୭୦)

(ଜ) "ଯୋଉଟା ଆଦୌ ଘଟି ନାହିଁ, ସେ ବିଷୟଟା ମନ ଭିତରେ କାଠଖୁମ୍ପା ଚଢ଼େଇ ପରି ଖୁମ୍ପି ଖୁମ୍ପି ବିଲ କରି ପକାଉଛି ? ଦାମୁଡିକୁ ବେଳେବେଳେ ଆଣ୍ଠିକି ପଘା ବାନ୍ଧିଲା ଭଳି ବନବାବୁ ମନକୁ ଆଣ୍ଠ କରି ଦିଅନ୍ତି ।"(୧୭୧)

(ଝ) "ଗେଣ୍ଡୁଆର ଭାଗ୍ୟରେ ତତଲା ବାଲି ଫୁଟୁଛି ହର୍ଦ୍ଦମ ।"(୧୭୨)

(ଞ) "ଦୂର ଶାଳ ବଣରୁ ମାଛି ଅନ୍ଧାରକୁ ଚିରି କୌଣସି ଏକ ନିଶାଚର ତା'ର ଶେଷ ପ୍ରହରର ତାଗିଦକୁ ପୃଥିବୀ ଉପରେ ବିଛାଡ଼ି ଦଉଛି ।"(୧୭୩)

ଏହିଭଳି ଆହୁରି କେତୋଟି ହେଲା: "ଇମିତି ବତାସ, ଇମିତି, ହାତି ଶୁଣ୍ଢିଆ ବର୍ଷା"(୧୭୪), "ମୁହଁଟା, ବୋଇତାଳୁ ଭଳି ଗୋଲ"(୧୭୫, ନିଷ୍ପ୍ରଭ ହେଇ ଆସୁଥିବା ଷ୍ଟ୍ରିଟ୍ ବଲ୍‌ବ ଗୁଡ଼ିକ ଦୂରକୁ ଦୂରକୁ ବିଡିନିଆଁ ପରି ସ୍ପଷ୍ଟ ଅଥଚ ଉଦାସ"(୧୭୬), ସ୍ୱପ୍ନ ଆସୁଛି ପେରେଡରେ"(୧୭୭), "ମହାନଗରକୁ ଅନ୍ଧାର ହୋ ହୋ ହେଇ ମାଡ଼ି ଆସିଲା ବେଳେ, ଏଠିକି ସରୀସୃପ ହେଇ ଧିରେ ଆସେ । ଗିଳିଯାଏ ଏ ବସ୍ତି ।"(୧୭୮) ଏମିତି ଆହୁରି ଅନେକ । ଯାହାକି ଗାଳ୍ପିକଙ୍କର ରୂପକାଳ୍ପିକ ସ୍ୱାତନ୍ତ୍ର୍ୟକୁ ପରିପ୍ରକାଶ କରେ । ଏଥିରେ ଭରି ରହିଥାଏ ଅନେକ ବୌଦ୍ଧିକ ଆବେଗ ଓ ଉତ୍କଣ୍ଠା ।

୨.୨.ଙ. ପ୍ରତୀକ (Symbol) :

ଗାଳ୍ପିକ ରଜନୀକାନ୍ତ ମହାନ୍ତିଙ୍କ ଗଳ୍ପ ଜଗତରେ ରୂପକଳ୍ପର ପରିପ୍ରକାଶ ଯେମିତି ଛତ୍ରେ ଛତ୍ରେ ପ୍ରସ୍ଫୁଟିତ ପ୍ରତୀକ କିନ୍ତୁ ସେପରି ବହୁଳ ମାତ୍ରାରେ ପରିପ୍ରକାଶ ହୁଏନାହିଁ ସବୁ ଗଳ୍ପରେ । ଗାଳ୍ପିକ ଶ୍ରୀ ମହାନ୍ତି ବିଚାରଶୀଳ ଭାବେ ଗୋଟିଏ ଗୋଟିଏ ପ୍ରତୀକକୁ ଧରି ରଖି ଗୋଟିଏ ଗୋଟିଏ ଗଳ୍ପ ଆରମ୍ଭରୁ ପରିଣତି ପର୍ଯ୍ୟନ୍ତ ଏପରି ଉପସ୍ଥାପନା କରନ୍ତି, ଯାହାକି ଗଳ୍ପର ପରିବେଶ, ଚରିତ୍ର, କଥାବସ୍ତୁ ଓ ଭାବବସ୍ତୁ ବା ସମଗ୍ର ଗଳ୍ପର ଭାବପକ୍ଷ ମୂର୍ତ୍ତିମନ୍ତ ହୋଇ ନିର୍ଭରଶୀଳ ହୋଇଥାଏ ସେହି ପ୍ରତୀକ ଉପରେ । ଏହା ଗାଳ୍ପିକ ରଜନୀକାନ୍ତ ମହାନ୍ତିଙ୍କର ଏକ ପ୍ରକାର ଶୈଳ୍ପିକ ସ୍ୱାତନ୍ତ୍ର୍ୟ କହିଲେ ଅତ୍ୟୁକ୍ତି ହେବନାହିଁ । ଶ୍ରୀ ମହାନ୍ତିଙ୍କ ସେହି କାରିଗରୀପଣକୁ ଏଠାରେ ଦେଖିପାରିବା ।

(୧) 'ମାଛ' ଗଳ୍ପରେ ମାଛ ହେଉଛି ଫଳପ୍ରାପ୍ତିର ପ୍ରତୀକ । ଏଠାରେ ଗଳ୍ପର ଆରମ୍ଭରୁ ପରିଣତି ମଧ୍ୟରେ 'ମାଛ' ପ୍ରତୀକିତ କରି ଚାଲିଛି ମଣିଷ ଭିତରେ ଥିବା କର୍ମବିହୀନ ଉଚ୍ଚଫଳର ଆଶା ଓ ଲୋଭ ସେଥିପାଇଁ "ଚାରିଜଣ ଯାକ ଅମନ ମନକୁ ମାଛ ଧରୁଛନ୍ତି । ଦଳେ କିଣିବାର ପରିସ୍ଥିତିକୁ ଚାଲିଆସି ଲୋକସାନରେ ପଡ଼ିଛନ୍ତି ଓ ଆଉ

ଦଳେ ନିଶ୍ଚିତ ହାରିବାର ପ୍ରତୀକ୍ଷାରେ ଉବୁଟୁବୁ ଯଦିଓ ସମୟକୁ ସ୍ଥିର କରି ଦିଆଯାଇଛି ।"(୧୭୯)

(୨) 'ପିମ୍ପୁଡ଼ି' ଗଳ୍ପରେ ପିମ୍ପୁଡ଼ି ଲୋଭୀ ତଥା ସ୍ୱାର୍ଥଯୁକ୍ତ ଗୁଣ ସର୍ବସ୍ୱ ମଣିଷର ପ୍ରତୀକ ଏବଂ ଗଳ୍ପର ପରିଣତି ପର୍ଯ୍ୟନ୍ତ ନାୟକ ସଙ୍ଗେ ଶୁଖିଲା ପତ୍ରର ଅଙ୍ଗାଙ୍ଗୀ ସଂପର୍କ ରହିଛି। ଏଠାରେ ଶୁଖିଲା ପତ୍ରଟି ନିଃସଙ୍ଗ ମଣିଷର ପ୍ରତୀକ । ଗଳ୍ପର ଶେଷରେ ନାୟକ "ଶ୍ୱେତାଙ୍କ ଶୁଖିଲା ପତ୍ରଟିକୁ ପକେଟରୁ ବାହାର କଲା । ମୃତ ପିମ୍ପୁଡ଼ି ମନ୍ଦାକୁ ସେ ପତ୍ରରେ ରଖି ସାଇକେଲ୍ ଛୁଟାଇଲା ନଈକୂଳକୁ । xxx ପତ୍ରଟିକୁ ନଈ ପାଣିରେ ଭସାଇ ଦେଇ କହିଲା, ତମେମାନେ ଭାସି ଭାସି ଯେଉଁ ଅନନ୍ତ ମଣ୍ଡଳରେ ପହଞ୍ଚିବ, ସେଠି କହିବ ଆମେ ଖାଲି ଆସିନୁ, ଶ୍ୱେତାଙ୍କ ପାଖରୁ ଶୁଖିଲା ପତ୍ରଟିକୁ କାଢ଼ି ଆଣିଛୁ।"(୧୮୦) ଅର୍ଥାତ୍ ମଣିଷ ପାଖରେ ଥିବା ଅସହାୟତା, ନିଃସଙ୍ଗତାକୁ କାଢ଼ି ଭସାଇ ଦେଇ ସାହାସ ବାନ୍ଧୁଛି ଚରିତ୍ର ।

(୩) 'ରାହାଜଗାଳୀ' ଗଳ୍ପରେ ପ୍ରତି କାବ୍ୟର ଶେଷରେ 'ମଣିଷ ମୁଣ୍ଡ ଉପରେ ଖଣ୍ଡା ଝୁଲୁଛି ହରବକ୍ତ' ବାକ୍ୟଟି ନିମ୍ନ ମଧ୍ୟବିତ୍ତ ମଣିଷର ଶୋଷିତ ଅବସ୍ଥାକୁ ପ୍ରତୀକିତ କରୁଛି । କାରଣ ଶୋଷିତ ମଣିଷ ଶୋଷକର ଅତିକ୍ରମଣରେ କବଳିତ । ଯାହାକି ଗଳ୍ପର ଆରମ୍ଭରୁ ପରିଣତି ପର୍ଯ୍ୟନ୍ତ ସାମ୍ୟବାଦର ବାର୍ତ୍ତା ରହିଲା ବେଳେ ଏପରି ବାକ୍ୟ ବ୍ୟବହାର କରି ଶୋଷିତର ଅବସ୍ଥାକୁ ଆହୁରି ଜୀବନ୍ତ କରି ପାରିଛନ୍ତି ଗାଳ୍ପିକ ।

(୪) 'ଆଁ' ଗଳ୍ପରେ ଉପମନ୍ତ୍ରୀ ଶକ୍ତିମୟଙ୍କର ରାତି ଅଧିଆ ପାଟି ଖୋଲି ଯାଇ 'ଆଁ' ହେବା ଏବଂ ଏହି 'ଆଁ'କୁ କେନ୍ଦ୍ର କରି ଗଳ୍ପର କଥାବସ୍ତୁ ଗତି କରିବା ଭିତରେ 'ଆଁ' ଟା ପ୍ରତୀକିତ କରେ ରାଜନେତାମାନଙ୍କ ଶୋଷଣ ବା ସର୍ବଗ୍ରାସୀ ରୂପକୁ । ଯେଉଁଠି ରାଜନୀତିକ ଭ୍ରଷ୍ଟାଚାରର ପ୍ରସଙ୍ଗ ହୋଇଛି ଉପସ୍ଥାପିତ ।

(୫) 'ନିଦ୍ରାମୟର' ଗଳ୍ପରେ ନିଦମାଧମରେ ଅଯୋଗ୍ୟ, ଅକର୍ମା ବ୍ୟକ୍ତିସତ୍ତାକୁ ପ୍ରତୀକିତ କରିଛନ୍ତି ଗାଳ୍ପିକ । ମଣିଷ ଅତ୍ୟାଚାର, ଶୋଷଣ, ଧର୍ଷଣ, ଭ୍ରଷ୍ଟାଚାରକୁ ଜାଗତିକ ଅବସ୍ଥାରେ ରହି ଦମନ କରିବା ଦରକାର । କୌଣସି ଅତ୍ୟାଚାର ବିରୋଧରେ ସ୍ୱର ଉତ୍ତୋଳନ ନକରି ଗ୍ରହଣ କରିନେବା, ସହିଯିବା ସଙ୍ଗେ ମଣିଷର ନିଦ୍ରିତଅବସ୍ଥା ଅର୍ଥାତ୍ ମୃତ ବ୍ୟକ୍ତି ସତ୍ତା ସଙ୍ଗେ ତୁଳନା କରିଛନ୍ତି । ଗଳ୍ପଟି ବେଶ୍ ଆକର୍ଷଣୀୟ ।

(୬) 'ଶିଶୁ' ଗଳ୍ପରେ ଶିଶୁ ପ୍ରତୀମାଟି ପ୍ରତୀକିତ କରୁଛି ମଣିଷର ସମ୍ବେଦନଶୀଳତା, ସମର୍ପଣ ଭାବ, ମାନବିକତା ଆଦିକୁ । ଯେଉଁଠି ଗଳ୍ପନାୟକ ସଂଗ୍ରାମ କଳଙ୍କିତ କାର୍ଯ୍ୟରୁ ବିରତ ହୋଇ ଶିଶୁ ପ୍ରତିମାଟିକୁ ପୂଜା କରି ବସ୍ତିରେ କ୍ଷୁଧାତୁର ମଣିଷଙ୍କ ପ୍ରତି ଦୟା ଜାଗ୍ରତ କରିବା ସହ ସାହାଯ୍ୟର ହାତ ବଢ଼ାଇଛି ।

(୭) 'ଚନ୍ଦରା ଢୋଲିଆ' ଗଳ୍ପରେ ଫମ୍ପା ଢୋଲ ପ୍ରତୀକିତ କରେ ବସ୍ତୁବାଦୀ ସଭ୍ୟତାକୁ ।

ସମ୍ପ୍ରତି ମଣିଷ ଜୀବନ ଏବଂ ଏ ସଭ୍ୟତା ଏକ ଗଭୀର ଉପଲବ୍ଧିରୁ ବଞ୍ଚିତ ହୋଇଥିବାରୁ କଥାକାର ସଭ୍ୟତାକୁ ଫମ୍ପା ଢୋଲ ସଙ୍ଗେ ତୁଳନା କରିଛନ୍ତି ।

ସେହଭଳି 'ପଘା' ଗଳ୍ପରେ 'ପଘା' ପାରିବାରିକ ବନ୍ଧନର ପ୍ରତୀକ । 'ଶଙ୍ଖଧ୍ୱନି' ଗଳ୍ପରେ 'ଶଙ୍ଖଧ୍ୱନି' ନୂତନତାର ଶୁଭଲଗ୍ନର ପ୍ରତୀକ, 'ସାକ୍ଷୀ ସାରଳା/ସାକ୍ଷୀ ଫକୀର ମୋହନ/ ସପ୍ତଦୀପଛୁଇଁ ତ୍ରିବାର ଏ ସତ୍ୟ ମୋର/ମୁଁ କ୍ଷେପିବ ଶବ୍ଦଭେଦୀ ସୂର୍ଯ୍ୟାସ୍ତ ପୂର୍ବରୁ/ ମୁକ୍ତି ଯଦି ନମିଳେ ଏଥର' ଗଳ୍ପରେ 'ଓଟର କୂଜ' ସଂଚିତ ବସ୍ତୁର ପ୍ରତୀକ । ଏହିଭଳି ଭାବରେ ଗାଳ୍ପିକ ରଜନୀକାନ୍ତ ମହାନ୍ତି ଗୋଟିଏ ଗୋଟିଏ ବସ୍ତୁକୁ ଗଳ୍ପର ଆରମ୍ଭରୁ ପରିଣତି ପର୍ଯ୍ୟନ୍ତ ବୌଦ୍ଧିକତାର ସହ କୌଣସି ଗୋଟିଏ ତର୍କଯୁକ୍ତ ମତ ରଖି ଚରିତ୍ରର ଚିନ୍ତା ଚେତନାକୁ ପରିପ୍ରକାଶ କରନ୍ତି । ଯାହାମାଧ୍ୟମରେ ପ୍ରତୀକକୁ ଆଧାର କରି ଗତି କରୁଥିବା ଗଳ୍ପର କଳାଗତ ଓ ରୂପଗତ ସ୍ୱାତନ୍ତ୍ର୍ୟ ପ୍ରସ୍ଫୁଟିତ ହୁଏ । ଗଳ୍ପ ଗୁଡ଼ିକ ଆକର୍ଷଣୀୟ ହେବା ସହ ସୁନ୍ଦର ସାର୍ଥକ ଦାର୍ଶନିକ ଚିନ୍ତାଧାରା ପାଠକ ପାଇପାରେ ।

ଶ୍ରୀଯୁକ୍ତ ରଜନୀକାନ୍ତ ମହାନ୍ତି ଜଣେ ଗାଳ୍ପିକ, ଔପନ୍ୟାସିକ, ସମାଲୋଚକ, କବି, ସଙ୍ଗଠକ ତଥା ସତ୍ୟନିଷ୍ଠକର୍ମୀ ଭାବେ ଓଡ଼ିଆ ସାହିତ୍ୟକୁ ସମୃଦ୍ଧ କରିଛନ୍ତି । ଗାଳ୍ପିକ ଗଳ୍ପ ପରିଧିରେ ଖୁବ୍ ଆକର୍ଷଣୀୟ ଭାବେ ଭାଷା, ଭାବ, ଚରିତ୍ର, ବିଷୟବସ୍ତୁ ଆଦିରେ ଶୈଳୀ କ୍ଷେତ୍ରରେ କରିଛନ୍ତି ଅନେକ ପ୍ରୟୋଗ । ପ୍ରାଥମିକ ପର୍ଯ୍ୟାୟରୁ ଗଳ୍ପ ଲେଖାରୁ ଉତ୍ତର ପର୍ଯ୍ୟାୟ ପର୍ଯ୍ୟନ୍ତ ଲେଖନୀ ତାଙ୍କର ବେଶ୍ ସୁଦୃଢ଼ । ନାନା ବିଧି, ରୂପ ଓ ଶୈଳୀରେ ସମାଜର ସ୍ୱରୂପକୁ ଉଦ୍‌ଘାଟନ କରିଛନ୍ତି ଗଳ୍ପ ସାହିତ୍ୟରେ । ଶିଳ୍ପ ଓ ଶୈଳୀ ପ୍ରତ୍ୟେକ ସ୍ରଷ୍ଟାଙ୍କର ସୃଷ୍ଟିରେ ମହତ୍ତ୍ୱପୂର୍ଣ୍ଣ ଏକକ ଭାବେ ବିଚାର୍ଯ୍ୟ ହୋଇଥାଏ । ଏହାର ସ୍ୱାତନ୍ତ୍ର୍ୟ ହିଁ ସ୍ରଷ୍ଟାକୁ ପାଠକଙ୍କପାଖରେ ଲେଖକକୁ ଅନନ୍ୟ ଭାବେ ଚିହ୍ନାଇଥାଏ । ଭାବବସ୍ତୁଗତ ସ୍ୱାତନ୍ତ୍ର୍ୟ ସହିତ ଗାଳ୍ପିକ ଶ୍ରୀ ମହାନ୍ତିଙ୍କ ଗଳ୍ପରେ ଥିବା ଶିଳ୍ପଗତ ଓ ଶୈଳୀଗତ ଭାବନାକୁ ଏଠାରେ ଆଲୋଚନା କରାଯାଇ ତାଙ୍କର କଥା ଶିଳ୍ପୀଗତ କୃତିତ୍ୱକୁ ବିଶ୍ଳେଷଣ କରାଯାଇଛି ।

ପ୍ରାନ୍ତଟିକା :

୧) Abrams, M.H. and Harohun, gefforcy Galt, A Glossary of Literary Terms, Ile, Fritst Indian Reprint 2015, Page-362.

୨) ମହାନ୍ତି, ରଜନୀକାନ୍ତ, ବହୁବଜାର (କଷିକଉ), ଜେନିଥ୍ ପବ୍ଲିକେଶନ୍‌ସ, ଭଦ୍ରକ, ପ୍ରଥମ ପ୍ରକାଶ- ଜୁଲାଇ ୨୦୧୪, ପୃଷ୍ଠା-୯ ।

୩) Abrams, M.H. and Harpham, geoffery, A Glossary of Literary Terms, CENGAGE, Sixth Impression-2014, p.294.

୪) Abrams, M.H. and Harohun, A glossary of Literary Terms, p. 294.

୫) BALDICK, CHRIS, The Oxford Dictionary of Literary Terms, OXFORD University Press, Third Edition published 2008, p.16.

୬) Definition of talking animal character in fiction,<https://en.sikipedia.org/wiki/talking-animals,-in-fiction> .

୭) www.Literarydevices.net/style.<style-definition and examples of style literary divices>.

୮) ବରାଳ, ଆଲୋକ, "ଶୈଳୀର ଆଲୋକ ଓ ଚନ୍ଦ୍ରକିରଣ", (ସଂ) ପଥପ୍ରାନ୍ତେ ସଞ୍ଚସ୍ତରୀ, 'ଅଭିନନ୍ଦନ-୨୦୦୩', ପ୍ରକାଶକ-ଚାରୁକଳା ରଥ, ଏନ୍-୧, ଏ/୩୨, ଆଇ.ଆର୍.ସି. ଭିଲେଜ୍, ନୟାପଲ୍ଲୀ, ଭୁବନେଶ୍ୱର-୧୫, ପୃଷ୍ଠା-୧୦୮ ।

୯) ବରାଳ, ଆଲୋକ, "ଶୈଳୀର ଜ୍ୟୋସ୍ନା ଓ ଆଲାକିତ ଶରତ" (ସଂ) ଦାଶ, କୁମୁଦ ଚନ୍ଦ୍ର ଓ ପ୍ରଧାନ, ଜ୍ୟୋସ୍ନାମୟୀ, 'ଶରତ ଆକାଶ', ବିଜୟିନୀ ପବ୍ଲିକେଶନ୍ସ, ପ୍ରଥମ ପ୍ରକାଶ-୨୦୧୦, ପୃଷ୍ଠା-୨୨୦ ।

୧୦) ଦାସ, ରବୀନ୍ଦ୍ର କୁମାର, ଶୈଳୀ ବିଜ୍ଞାନର ଆଲୋକରେ ଫକୀର ମୋହନଙ୍କ ଉପନ୍ୟାସ, ମୀରାମ୍ବିକା ପ୍ରକାଶନୀ, ବାଲେଶ୍ୱର, ପ୍ରଥମ ପ୍ରକାଶନ-୨୦୦୮, ପୃଷ୍ଠା-୩୮ ।

୧୧) ମହାନ୍ତି, ରଜନୀକାନ୍ତ, ଶତାଂଡି ପୁରୁଷ (ନିଶୀଥ ସଙ୍ଗମ), ଫ୍ରେଣ୍ଡସ୍ ପବ୍ଲିଶର୍ସ, କଟକ-୨, ପ୍ରଥମ ସଂସ୍କରଣ-୧୯୮୧, ପୃଷ୍ଠା-୩।

୧୨) ତତ୍ରୈବ (ଶତ୍ରୁରା), ପୃଷ୍ଠା-୧୧ ।

୧୩) ତତ୍ରୈବ (ଶଙ୍ଖନାଦ), ପୃଷ୍ଠା-୪୬ ।

୧୪) ତତ୍ରୈବ (ଶତାଂଡି ପୁରୁଷ), ପୃଷ୍ଠା-୩୩ ।

୧୫) ତତ୍ରୈବ (ଶତାଂଡି ପୁରୁଷ), ପୃଷ୍ଠା-୪୫ ।

୧୬) ତତ୍ରୈବ (ଫକୀରମୋହନୀୟ), ପୃଷ୍ଠା-୭୬ ।

୧୭) ମହାନ୍ତି, ରଜନୀକାନ୍ତ, ମାଟିଆ ପୁଅ (ବୁଦ୍ଧ), ବିଦ୍ୟାପୁରୀ, କଟକ-୨, ପ୍ରଥମ ପ୍ରକାଶ-ଦଶହରା ୧୯୮୯, ପୃଷ୍ଠା-୧୨୧ ।

୧୮) ତତ୍ରୈବ (ଅଛୁଆଁ ଝିଅ), ପୃଷ୍ଠା-୨୭ ।

୧୯) ତତ୍ରୈବ (ଶୂନ୍ୟଥାଳ), ପୃଷ୍ଠା-୮୧ ।

୨୦) ତତ୍ରୈବ (ପୁଷ୍ପୁନାହରା), ପୃଷ୍ଠା-୪୧ ।

୨୧) ତତ୍ରୈବ, ପୃଷ୍ଠା-୨୯ ।

୨୨) ତତ୍ରୈବ (ପୁଷ୍ପୁନାହରା), ପୃଷ୍ଠା-୨୯ ।

୨୩) ମହାନ୍ତି, ରଜନୀକାନ୍ତ, ଶତାଂଡି ପୁରୁଷ, (ଚନ୍ଦ୍ରଭାଗା), ପୃଷ୍ଠା-୬୮ ।

୨୪) ମହାନ୍ତି, ରଜନୀକାନ୍ତ, ମାଟିଆ ପୁଅ, (ପୁଷ୍ପୁନାହରା), ପୃଷ୍ଠା-୩୦ ।

୨୫) ତତ୍ରୈବ, ପୃଷ୍ଠା-୩୫ ।
୨୬) ତତ୍ରୈବ, ପୃଷ୍ଠା-୩୯ ।
୨୭) ବରାଳ, ଆଲୋକ ଶୈଳୀର ଜ୍ୟୋସ୍ନା ଓ ଆଲୋକିତ ଶରତ, ପୃଷ୍ଠା-୨୨୦-୨୨୨ ।
୨୮) ମହାନ୍ତି, ରଜନୀକାନ୍ତ, ଶତାଂଡି ପୁରୁଷ, (କୁହାନଳ), ପୃଷ୍ଠା-୯୮ ।
୨୯) ମହାନ୍ତି, ରଜନୀକାନ୍ତ, ଅଠର ନିର୍ବାସନ ରୋଡ, (ଫଳକ), ପ୍ରବାହ, ପ୍ରଥମ ପ୍ରକାଶ-୨୦୧୦, ପୃଷ୍ଠା-୪୦ ।
୩୦) ମହାନ୍ତି, ରଜନୀକାନ୍ତ, ବହୁବଜାର, (ରଷି), ପୃଷ୍ଠା-୫୪ ।
୩୧) ତତ୍ରୈବ (ମିତ), ପୃଷ୍ଠା-୧୧୮ ।
୩୨) ମହାନ୍ତି, ରଜନୀକାନ୍ତ, ଉଷାକାଳ (କେତେ ପହର କେତେ ସିନ୍ଦୂରା), ଶ୍ରୁତି ସମୀକ୍ଷା ପ୍ରକାଶନୀ, ସିନେମା ରୋଡ, ଯାଜପୁର ଟାଉନ୍, ପ୍ରଥମ ସଂସ୍କରଣ, ମକର ସଂକ୍ରାନ୍ତି, ୨୦୦୮, ପୃଷ୍ଠା-୮୬ ।
୩୩) ମହାନ୍ତି, ରଜନୀକାନ୍ତ, ଆ ସାକ୍ଷୀ ଦେ (ବିପ୍ଳବ), ଆର୍ଯ୍ୟ ପ୍ରକାଶନ, କଟକ-୧୨, ପ୍ରଥମ ପ୍ରକାଶ-୧୯୯୯, ପୃଷ୍ଠା-୮୨ ।
୩୪) ମହାନ୍ତି, ରଜନୀକାନ୍ତ, ଶତାଂଡି ପୁରୁଷ, (ନିଶୀଥ ସଙ୍ଗମ), ପୃଷ୍ଠା-୦୧ ।
୩୫) ମହାନ୍ତି, ରଜନୀକାନ୍ତ, ମାଟିଆ ପୁଅ, (ଗାଇଆଳ), ପୃଷ୍ଠା-୫୧ ।
୩୬) ତତ୍ରୈବ (ବୁଦ୍ଧ), ପୃଷ୍ଠା-୧୧୯ ।
୩୭) ତତ୍ରୈବ, ପୃଷ୍ଠା-୧୨୩ ।
୩୮) ତତ୍ରୈବ, ପୃଷ୍ଠା-୧୨୩ ।
୩୯) ତତ୍ରୈବ (ଗେଣ୍ଡୁଆ), ପୃଷ୍ଠା-୧୪୭ ।
୪୦) ଦାସ, ରବୀନ୍ଦ୍ର କୁମାର, ଶୈଳୀ ବିଜ୍ଞାନର ଆଲୋକରେ ଫକୀରମୋହନଙ୍କ ଉପନ୍ୟାସ, ପୃଷ୍ଠା-୭୮ ।
୪୧) ପଟ୍ଟନାୟକ, କଇଳାଶ, ଶବ୍ଦରେ ମୃଗୟା, କଟକ ଟ୍ରେଡିଂ କମ୍ପାନୀ, ବାଲୁବଜାର, କଟକ-୨, ପ୍ରଥମ ସଂସ୍କରଣ-୨୦୦୩, ପୃଷ୍ଠା-୧୦୪ ।
୪୨) ମହାନ୍ତି, ରଜନୀକାନ୍ତ, ଶତାଂଡି ପୁରୁଷ, (ପିମ୍ପୁଡ଼ି), ପୃଷ୍ଠା-୨୪ ।
୪୩) ତତ୍ରୈବ (ଚନ୍ଦ୍ରଭାଗା), ପୃଷ୍ଠା-୬୪ ।
୪୪) ତତ୍ରୈବ (ପିମ୍ପୁଡ଼ି), ପୃଷ୍ଠା-୩୦ ।
୪୫) ତତ୍ରୈବ (ମୋକଦ୍ଦମା), ପୃଷ୍ଠା-୭୦ ।
୪୬) ତତ୍ରୈବ (ହଡିକାଠ), ପୃଷ୍ଠା-୮୯ ।
୪୭) ତତ୍ରୈବ (ହଡିକାଠ), ପୃଷ୍ଠା-୯୫ ।
୪୮) ମହାନ୍ତି, ରଜନୀକାନ୍ତ, ମାଟିଆ ପୁଅ, (ପୁଷ୍ପୁନାହରା), ପୃଷ୍ଠା-୩୮ ।

୪୯) ତତ୍ରୈବ, ପୃଷ୍ଠା-୩୯ ।
୫୦) ମହାନ୍ତି, ରଜନୀକାନ୍ତ, ଶତାଂଡି ପୁରୁଷ, (ଫକୀର ମୋହନୀୟ), ପୃଷ୍ଠା-୭୮ ।
୫୧) ମହାନ୍ତି, ରଜନୀକାନ୍ତ, ମାଟିଆ ପୁଅ, ପୃଷ୍ଠା-୩୩।
୫୨) ତତ୍ରୈବ (ଗେଣ୍ଡୁଆ), ପୃଷ୍ଠା-୧୪୨ ।
୫୩) ତତ୍ରୈବ (ବିଶା ଶହେ କାହାଣ ଅନ୍ଧାର), ପୃଷ୍ଠା-୮୩।
୫୪) ମହାନ୍ତି, ରଜନୀକାନ୍ତ, ଶତାଂଡି ପୁରୁଷ, (ନିଶୀଥ ସଙ୍ଗମ), ପୃଷ୍ଠା-୦୧ ।
୫୫) ତତ୍ରୈବ, (ଶଙ୍ଖନାଦ), ପୃଷ୍ଠା-୪୭ ।
୫୬) ତତ୍ରୈବ (କୁହାନଳ), ପୃଷ୍ଠା-୯୭ ।
୫୭) ଦାସ, ରବୀନ୍ଦ୍ର କୁମାର, ଶୈଳୀ ବିଜ୍ଞାନର ଆଲୋକରେ ଫକୀର ମୋହନଙ୍କ ଉପନ୍ୟାସ, ପୃଷ୍ଠା-୧୦୨ ।
୫୮) ମହାନ୍ତି, ରଜନୀକାନ୍ତ, ଶତାଂଡି ପୁରୁଷ, (ନିଶୀଥ ସଙ୍ଗମ), ପୃଷ୍ଠା-୦୪ ।
୫୯) ତତ୍ରୈବ (ପିମ୍ପୁଡ଼ି), ପୃଷ୍ଠା-୨୧ ।
୬୦) ଦାସ, ଅଭୟ, "ସାକ୍ଷାତକାର", (ସଂ) ମହାନ୍ତି, ଶରତଚନ୍ଦ୍ର, 'ସାହିତ୍ୟିକ ରଜନୀକାନ୍ତ ମହାନ୍ତିଙ୍କ ସହ ସାମ୍ନାସାମ୍ନି, ପ୍ରକାଶନା-ଗାଁ ମଜଲିସ୍ ସାହିତ୍ୟ ସଂସଦ, ସୋର, ବାଲେଶ୍ୱର, ପ୍ରଥମ ପ୍ରକାଶ-୨୦୧୪, ପୃଷ୍ଠା-୪୧ ।
୬୧) ମହାନ୍ତି, ରଜନୀକାନ୍ତ, ମାଟିଆ ପୁଅ, (ଓହଳ) ପୃଷ୍ଠା-୧୦୬।
୬୨) ମହାନ୍ତି, ରଜନୀକାନ୍ତ, ଶତାଂଡି ପୁରୁଷ, (ପିମ୍ପୁଡ଼ି), ପୃଷ୍ଠା-୨୧ ।
୬୩) ତତ୍ରୈବ (ଶତାଂଡି ପୁରୁଷ), ପୃଷ୍ଠା-୩୨ ।
୬୪) ମହାନ୍ତି, ରଜନୀକାନ୍ତ, ମାଟିଆ ପୁଅ, (ବୁଦ୍ଧ) ପୃଷ୍ଠା-୧୧୩।
୬୫) ତତ୍ରୈବ, ପୃଷ୍ଠା-୧୧୭ ।
୬୬) ମହାନ୍ତି, ରଜନୀକାନ୍ତ, ଉଷାକାଳ, (ରୁଦ୍ରାଭିଷେକ) ପୃଷ୍ଠା-୮୭ ।
୬୭) ତତ୍ରୈବ, ପୃଷ୍ଠା-୮୬ ।
୬୮) ମହାନ୍ତି, ରଜନୀକାନ୍ତ, ରକ୍ତରାଣ (ହାର୍ଟ ପ୍ରବ୍ଲେମ୍), ଆକାଂକ୍ଷା ପ୍ରକାଶନ, ଭଦ୍ରକ, ପ୍ରଥମ ପ୍ରକାଶ- ଜୁନ୍ ୨୦୦୭, ପୃଷ୍ଠା-୫୪ ।
୬୯) ମହାନ୍ତି, ରଜନୀକାନ୍ତ, ବହୁ ବଜାର, (ଋଷି) ପୃଷ୍ଠା-୪୮ ।
୭୦) ଦାସ, ରବୀନ୍ଦ୍ର କୁମାର, ଶୈଳୀ ବିଜ୍ଞାନର ଆଲୋକରେ ଫକୀର ମୋହନଙ୍କ ଉପନ୍ୟାସ, ପୃଷ୍ଠା-୧୭୦-୧୭୧ ।
୭୧) ମହାନ୍ତି, ରଜନୀକାନ୍ତ, ଶତାଂଡି ପୁରୁଷ, (ନିଶୀଥ ସଙ୍ଗମ) ପୃଷ୍ଠା-୨ ।
୭୨) ମହାନ୍ତି, ରଜନୀକାନ୍ତ, ବହୁ ବଜାର, (ଝିଅ) ପୃଷ୍ଠା-୭୨ ।

୭୩) ମହାନ୍ତି, ରଜନୀକାନ୍ତ, ଆ ସାକ୍ଷୀ ଦେ (ସମୁଦ୍ର), ଆର୍ଯ୍ୟ ପ୍ରକାଶନ, ଲିଙ୍କରୋଡ, କଟକ-୧୨, ପ୍ରଥମ ପ୍ରକାଶ, ୧୯୯୯, ପୃଷ୍ଠା-୨୩।
୭୪) ମହାନ୍ତି, ରଜନୀକାନ୍ତ, ଶତାଂଡି ପୁରୁଷ, (କୁହାନଳ) ପୃଷ୍ଠା-୯୯।
୭୫) ମହାନ୍ତି, ରଜନୀକାନ୍ତ, ମାଟିଆ ପୁଅ, (ନାରାଚ ଉବାଚ) ପୃଷ୍ଠା-୧୦।
୭୬) ଦାସ, ରବୀନ୍ଦ୍ର କୁମାର, ଶୈଳୀ ବିଜ୍ଞାନର ଆଲୋକରେ ଫକୀରମୋହନଙ୍କ ଉପନ୍ୟାସ, ପୃଷ୍ଠା-୧୮୦।
୭୭) ମହାନ୍ତି, ରଜନୀକାନ୍ତ, ମାଟିଆ ପୁଅ, (ଗେଣ୍ଡୁଆ), ପୃଷ୍ଠା-୧୪୬।
୭୮) ତତ୍ରୈବ (ଗାଈଆଳ), ପୃଷ୍ଠା-୫୪।
୭୯) ତତ୍ରୈବ (ଶୂନ୍ୟଥାଳ), ପୃଷ୍ଠା-୭୯।
୮୦) ମହାନ୍ତି, ରଜନୀକାନ୍ତ, ଶତାଂଡି ପୁରୁଷ, (କୁହାନଳ) ପୃଷ୍ଠା-୧୦୧।
୮୧) ଦାସ, ରବୀନ୍ଦ୍ର କୁମାର, ଶୈଳୀ ବିଜ୍ଞାନର ଆଲୋକରେ ଫକୀରମୋହନଙ୍କ ଉପନ୍ୟାସ, ପୃଷ୍ଠା-୧୧୯।
୮୨) ମହାନ୍ତି, ରଜନୀକାନ୍ତ, ମାଟିଆ ପୁଅ, (ଅଛୁଆଁ ଝିଅ) ପୃଷ୍ଠା-୨୬।
୮୩) ତତ୍ରୈବ (ନାରାଚ ଉବାଚ), ପୃଷ୍ଠା-୫।
୮୪) ମହାନ୍ତି, ରଜନୀକାନ୍ତ, ଶତାଂଡି ପୁରୁଷ, (ଫକୀରମୋହନୀୟ) ପୃଷ୍ଠା-୮୧।
୮୫) ମହାନ୍ତି, ରଜନୀକାନ୍ତ, ଅଠର ର୍ନିବାସନ ରୋଡ, (ଗହନ ବନ) ପୃଷ୍ଠା-୧୦୯।
୮୬) ତତ୍ରୈବ (ନୈଋତ କୋଣରେ କନ୍ୟାକୁମାରୀ), ପୃଷ୍ଠା-୭୫।
୮୭) ମହାନ୍ତି, ରଜନୀକାନ୍ତ, ଉଷାକାଳ, (କେତେ ପହର କେତେ ସୂଦୂରା) ପୃଷ୍ଠା-୬୯।
୮୮) ମହାନ୍ତି, ରଜନୀକାନ୍ତ, ରକ୍ତରାଣ, (ବଂଶାବଳୀ), ପୃଷ୍ଠା-୨୨।
୮୯) ମହାନ୍ତି, ରଜନୀକାନ୍ତ, ଶତାଂଡି ପୁରୁଷ, (ନିଶୀଥ ସଙ୍ଗମ) ପୃଷ୍ଠା-୦୧।
୯୦) ମହାନ୍ତି, ରଜନୀକାନ୍ତ, ଅଠର ର୍ନିବାସନ ରୋଡ, (ରେଡ୍‌ଲାଇଟ୍ ଏରିଆ) ପୃଷ୍ଠା-୪୯।
୯୧) ମହାନ୍ତି, ରଜନୀକାନ୍ତ, ଆ ସାକ୍ଷୀ ଦେ (ସାକ୍ଷୀ ସାରଳା, ସାକ୍ଷୀ ଫକୀର ମୋହନ / ସପ୍ତଦୀପ ଛୁଇଁ ତ୍ରିବାର ଏ ସତ୍ୟ ମୋର / ମୁଁ କ୍ଷେପିବି ଶବ୍ଦଭେଦୀ ସୂର୍ଯ୍ୟାସ୍ତ ର୍ପୂବରୁ / ମୁକ୍ତି ଯଦି ନମିଳେ ଏଥର) ପୃଷ୍ଠା-୫୩।
୯୨) ମହାନ୍ତି, ରଜନୀକାନ୍ତ, ମାଟିଆ ପୁଅ, (ବୃକ୍ଷରୂପୀ) ପୃଷ୍ଠା-୯୯।
୯୩) ମହାନ୍ତି, ରଜନୀକାନ୍ତ, ଉଷାକାଳ, (କେତେ ପହର କେତେ ସୂଦୂରା) ପୃଷ୍ଠା-୬୮।
୯୪) ମହାନ୍ତି, ରଜନୀକାନ୍ତ, ରକ୍ତରାଣ, (ପଘା), ପୃଷ୍ଠା-୨୨।
୯୫) ମହାନ୍ତି, ରଜନୀକାନ୍ତ, ଉଷାକାଳ, (ବନ୍ଦେ ମାତରଂ), ପୃଷ୍ଠା-୦୭।
୯୬) ମହାନ୍ତି, ରଜନୀକାନ୍ତ, ଆ ସାକ୍ଷୀ ଦେ, (ସ୍ୱପ୍ନମେଧ), ପୃଷ୍ଠା-୦୧।

୯୭) ମହାନ୍ତି, ରଜନୀକାନ୍ତ, ଶତାଂଡି ପୁରୁଷ, (ନାରାଚ ଉବାଚ) ପୃଷ୍ଠା-୦୧ ।
୯୮) ତତ୍ରୈବ (ଗାଇଆଲ), ପୃଷ୍ଠା-୪୬ ।
୯୯) ପ୍ରଧାନ, କୃଷ୍ଣଚନ୍ଦ୍ର, ହୋତା, ବ୍ରଜ କିଶୋର ଓ ପ୍ରଧାନ, ଭାସ୍କର, ସାରସ୍ୱତ ବ୍ୟବହାରିକ ଓଡ଼ିଆ ବ୍ୟାକରଣ, ସତ୍ୟନାରାୟଣ ବୁକ୍ ଷ୍ଟୋର, କଟକ-୨, ତୃତୀୟ ସଂସ୍କରଣ, ୨୦୧୪, ପୃଷ୍ଠା-୦୨ ।
୧୦୦) ସାମଲ, ବୈଷ୍ଣବ ଚରଣ, ଓଡ଼ିଆ ଗଳ୍ପ ଉନ୍ମେଷ ଓ ଉତ୍ତରଣ, ଫ୍ରେଣ୍ଡସ୍ ପବ୍ଲିଶର୍ସ, କଟକ-୨, ପରିବର୍ଦ୍ଧିତ ଦ୍ୱିତୀୟ ସଂସ୍କରଣ, ୨୦୧୪, ପୃଷ୍ଠା-୨୯୭ ।
୧୦୧) ରାୟ, ଅରବିନ୍ଦ, "ଆମ ସାମ୍ନାରେ ଏଥର", (ସଂ) ମହାନ୍ତି, ଶରତ ଚନ୍ଦ୍ର, 'ସାହିତ୍ୟିକ ରଜନୀକାନ୍ତଙ୍କ ସହ ସାମ୍ନାସାମ୍ନି', ପ୍ରକାଶନା-ଗାଁ ମଜଲିସ୍ ସାହିତ୍ୟ ସଂସଦ, ସୋର, ବାଲେଶ୍ୱର, ପ୍ରଥମ ପ୍ରକାଶ-୨୦୧୪, ପୃଷ୍ଠା-୯୬ ।
୧୦୨) ମହାନ୍ତି, ରଜନୀକାନ୍ତ, ଶତାଂଡି ପୁରୁଷ, (ଶତାଂଡି ପୁରୁଷ) ପୃଷ୍ଠା-୩୩ ।
୧୦୩) ତତ୍ରୈବ (ହଡିକାଠ), ପୃଷ୍ଠା-୯୬ ।
୧୦୪) ମହାନ୍ତି, ରଜନୀକାନ୍ତ, ମାଟିଆ ପୁଅ, (ପୁଷ୍ପୁନାହରା) ପୃଷ୍ଠା-୩୧ ।
୧୦୫) ତତ୍ରୈବ (ବିଶା ଶହେ କାହାଣ ଅନ୍ଧାର), ପୃଷ୍ଠା-୮୪ ।
୧୦୬) ମହାନ୍ତି, ରଜନୀକାନ୍ତ, ଝିପିଝିପି ଅନ୍ଧାର, ପ୍ରକାଶକ-ଅକ୍ଷର, କଲ୍ୟାଣୀ ନଗର, କଟକ-୧୩, ପ୍ରଥମ ସଂସ୍କରଣ, ବସନ୍ତ ପଞ୍ଚମୀ, ୨୦୦୨, ପୃଷ୍ଠା-୦୧ ।
୧୦୭) ମହାନ୍ତି, ରଜନୀକାନ୍ତ, ଅଠର ନିର୍ବାସନ ରୋଡ, (ରେଡ୍ ଲାଇଟ୍ ଏରିଆ), ପୃଷ୍ଠା-୪୯ ।
୧୦୮) ମହାନ୍ତି, ରଜନୀକାନ୍ତ, ଉଷାକାଳ, (ରୁଦ୍ରାଭିଷେକ), ପୃଷ୍ଠା-୮୬ ।
୧୦୯) ମହାନ୍ତି, ରଜନୀକାନ୍ତ, ରକ୍ତରାଣ, (ଅଣ୍ଡର ୱାର୍ଲଡ), ପୃଷ୍ଠା-୭୬ ।
୧୧୦) ମହାନ୍ତି, ରଜନୀକାନ୍ତ, ମାଟିଆ ପୁଅ, (ରାହାଜଗାଳୀ), ପୃଷ୍ଠା-୬୨ ।
୧୧୧) ମହାନ୍ତି, ରଜନୀକାନ୍ତ, ଉଷାକାଳ, (ବନ୍ଦେ ମାତରଂ), ପୃଷ୍ଠା-୧୧ ।
୧୧୨) ମହାନ୍ତି, ରଜୀନକାନ୍ତ, ବହୁବଜାର, (୨୮୧ ନମ୍ବର ମୋକଦ୍ଦମା), ପୃଷ୍ଠା-୮୯ ।
୧୧୩) ମହାନ୍ତି, ରଜନୀକାନ୍ତ, ରକ୍ତରାଣ (ରକ୍ତ ରାଣ), ପୃଷ୍ଠା-୦୯ ।
୧୧୪) ମହାନ୍ତି, ରଜନୀକାନ୍ତ, ଉଷାକାଳ (ବନ୍ଦେ ମାତରଂ), ପୃଷ୍ଠା-୦୫ ।
୧୧୫) ମହାନ୍ତି, ରଜନୀକାନ୍ତ, ଶତାଂଡି ପୁରୁଷ, (ହଡିକାଠ) ପୃଷ୍ଠା-୧୭ ।
୧୧୬) ମହାନ୍ତି, ରଜନୀକାନ୍ତ, ମାଟିଆ ପୁଅ, (ବୃକ୍ଷରୂପୀ), ପୃଷ୍ଠା-୯୬ ।
୧୧୭) ମହାନ୍ତି, ରଜନୀକାନ୍ତ, ଶତାଂଡି ପୁରୁଷ, (କୁହାନଳ) ପୃଷ୍ଠା-୧୦୦ ।
୧୧୮) ମହାନ୍ତି, ରଜନୀକାନ୍ତ, ଆ ସାକ୍ଷୀ ଦେ, (ସାକ୍ଷୀ ସାରଳା, ଫକୀରମୋହନ /

ସପ୍ତଦୀପ ଛୁଇଁ ତ୍ରିବାର ଏ ସତ୍ୟ ମୋର / ମୁଁ କ୍ଷେପିବି ଶବ୍ଦଭେଦୀ ସୂର୍ଯ୍ୟାସ୍ତ ପୂର୍ବରୁ / ମୁକ୍ତି ଯଦି ନମିଳେ ଏଥର) ପୃଷ୍ଠା-୧୧୯ ।

୧୧୯) ମହାନ୍ତି, ରଜନୀକାନ୍ତ, ଝିପିଝିପି ଅନ୍ଧାର, (ଅକାଳ), ପୃଷ୍ଠା-୦୨ ।

୧୨୦) https://dictionary.cambridge.org/dictionary/english/flashback.

୧୨୧) ମହାନ୍ତି, ରଜନୀକାନ୍ତ, ମାଟିଆପୁଅ, (ଭୂତ),ପୃଷ୍ଠା-୫୭ ।

୧୨୨) ତତ୍ରୈବ (ଶୂନ୍ୟଥାଳ), ପୃଷ୍ଠା-୭୮-୭୯ ।

୧୨୩) ତତ୍ରୈବ (ପାଉଁଶ ହିଡ), ପୃଷ୍ଠା-୧୩୦ ।

୧୨୪) ପ୍ରଧାନ, କୃଷ୍ଣଚନ୍ଦ୍ର, ଲୋକ ସାହିତ୍ୟ ତତ୍ତ୍ୱ ରୂପ ଓ କଳା ରୂପ, ବିଦ୍ୟାପୁରୀ, କଟକ-୨, ଦ୍ୱିତୀୟ ମୁଦ୍ରଣ-ଜୁନ୍, ୨୦୧୧, ପୃଷ୍ଠା-୧୪୫ ।

୧୨୫) ଦାସ, ରବୀନ୍ଦ୍ର କୁମାର, ଶୈଳୀ ବିଜ୍ଞାନର ଆଲୋକରେ ଫକୀର ମୋହନଙ୍କ ଉପନ୍ୟାସ, ପୃଷ୍ଠା-୨୧୮ ।

୧୨୬) ମହାନ୍ତି, ରଜନୀକାନ୍ତ, ମାଟିଆ ପୁଅ, (ନାରାଚ ଉବାଚ), ପୃଷ୍ଠା-୦୯ ।

୧୨୭) ତତ୍ରୈବ (ଗାଈଆଳ), ପୃଷ୍ଠା-୫୨ ।

୧୨୮) ତତ୍ରୈବ ପୃଷ୍ଠା-୫୨ ।

୧୨୯) ତତ୍ରୈବ (ଶୂନ୍ୟଥାଳ), ପୃଷ୍ଠା-୭୯ ।

୧୩୦) ମହାନ୍ତି, ରଜନୀକାନ୍ତ, ଶତାଂଡି ପୁରୁଷ, (ଶତୁରା), ପୃଷ୍ଠା-୦୯ ।

୧୩୧) ମହାନ୍ତି, ରଜନୀକାନ୍ତ, ମାଟିଆ ପୁଅ, (ଶୂନ୍ୟଥାଳ), ପୃଷ୍ଠା-୭୬ ।

୧୩୨) ତତ୍ରୈବ, ପୃଷ୍ଠା-୭୯ ।

୧୩୩) ତତ୍ରୈବ, ପୃଷ୍ଠା-୮୧ ।

୧୩୪) ମହାନ୍ତି, ରଜନୀକାନ୍ତ, ରକ୍ତରାଣ, (ରକ୍ତରାଣ), ପୃଷ୍ଠା-୧୧ ।

୧୩୫) ମହାନ୍ତି, ରଜନୀକାନ୍ତ, ମାଟିଆ ପୁଅ, (ବିଶା ଶହେ କାହାଣ ଅନ୍ଧାର), ପୃଷ୍ଠା-୮୪ ।

୧୩୬) ମହାନ୍ତି, ରଜନୀକାନ୍ତ, ଝିପି ଝିପି ଅନ୍ଧାର, (ଅକାଳ), ପୃଷ୍ଠା-୦୨ ।

୧୩୭) ମହାନ୍ତି, ରଜନୀକାନ୍ତ, ବହୁବଜାର, (ବଂଶାବଳୀ), ପୃଷ୍ଠା-୧୮ ।

୧୩୮) ତତ୍ରୈବ (ସାମନା), ପୃଷ୍ଠା-୩୭ ।

୧୩୯) ମହାନ୍ତି, ରଜନୀକାନ୍ତ, ରକ୍ତରାଣ, (ଶେଷଭୋଜି), ପୃଷ୍ଠା-୨୯ ।

୧୪୦) ମହାନ୍ତି, ରଜନୀକାନ୍ତ, ଅଠର ନିର୍ବାସନ ରୋଡ, (ଶଙ୍ଖଚିଲ ତୁ କାହିଁଗଲୁ), ପୃଷ୍ଠା-୫୬ ।

୧୪୧) ମହାନ୍ତି, ରଜନୀକାନ୍ତ, ରକ୍ତରାଣ, (ରକ୍ତରାଣ), ପୃଷ୍ଠା-୧୪ ।

୧୪୨) ମହାନ୍ତି, ରଜନୀକାନ୍ତ, ମାଟିଆ ପୁଅ, (ଭୂତ), ପୃଷ୍ଠା-୬୧ ।
୧୪୩) ମହାନ୍ତି, ରଜନୀକାନ୍ତ, ଶତାଂଡି ପୁରୁଷ, (ଶତାଂଡି ପୁରୁଷ), ପୃଷ୍ଠା-୩୩।
୧୪୪) ମହାନ୍ତି, ରଜନୀକାନ୍ତ, ତତ୍ରୈବ, (ଫକୀରମୋହନୀୟ) ପୃଷ୍ଠା-୮୦ ।
୧୪୫) ତତ୍ରୈବ (ଅନ୍ଧାରକୁ ପାଦେ), ପୃଷ୍ଠା-୮୫ ।
୧୪୬) ମହାନ୍ତି, ରଜନୀକାନ୍ତ, ମାଟିଆ ପୁଅ, (ନାରାଚ ଉବାଚ), ପୃଷ୍ଠା-୧୦ ।
୧୪୭) ତତ୍ରୈବ (ଗାଈଆଳ), ପୃଷ୍ଠା-୪୭ ।
୧୪୮) ତତ୍ରୈବ (ଭୂତ), ପୃଷ୍ଠା-୫୯ ।
୧୪୯) ତତ୍ରୈବ (ରାହା ଜଗାଳୀ), ପୃଷ୍ଠା-୬୮ ।
୧୫୦) ତତ୍ରୈବ, ପୃଷ୍ଠା-୬୯ ।
୧୫୧) ମହାନ୍ତି, ରଜନୀକାନ୍ତ, ଆ ସାକ୍ଷୀ ଦେ, (ସ୍ୱପ୍ନମେଧ), ପୃଷ୍ଠା-୦୫ ।
୧୫୨) ତତ୍ରୈବ (ବିପ୍ଳବ), ପୃଷ୍ଠା-୮୪ ।
୧୫୩) ମହାନ୍ତି, ରଜନୀକାନ୍ତ, ଝିପି ଝିପି ଅନ୍ଧାର, (ଶିଶୁ), ପୃଷ୍ଠା-୬୩।
୧୫୪) ମହାନ୍ତି, ରଜନୀକାନ୍ତ, ବହୁବଜାର, (ବଟୁ ଓ ଜୁହାରିଆ), ପୃଷ୍ଠା- ୧୨୩।
୧୫୫) ମହାନ୍ତି, ରଜନୀକାନ୍ତ, ରକ୍ତରାଣ, (ଶେଷ ଦୃଶ୍ୟ), (ଆଦି ପ୍ରଶ୍ନ), ପୃଷ୍ଠା- ୧୧୩।
୧୫୬) ମହାନ୍ତି, ରଜନୀକାନ୍ତ, ଉଷାକାଳ, (ବଜାର ବନ୍ଦ), ପୃଷ୍ଠା-୮୩।
୧୫୭) ମହାନ୍ତି, ରଜନୀକାନ୍ତ, ଅଠର ନିର୍ବାସନ ରୋଡ, (ଜନପଥ), ପୃଷ୍ଠା- ୨୩।
୧୫୮) ତତ୍ରୈବ (ଶଙ୍ଖଚିଲ ତୁ କାହିଁଗଲୁ), ପୃଷ୍ଠା-୬୫ ।
୧୫୯) ତତ୍ରୈବ (ଗହନ ବନ), ପୃଷ୍ଠା- ୧୦୨ ।
୧୬୦) ପରିଡା, ପ୍ରକାଶ କୁମାର, ଗଳ୍ପ ବିଚାର ବିମର୍ଷ, ପ୍ରକାଶକ-ବିଶ୍ୱ ବୁକ୍ସ, କଟକ-୨, ପ୍ରଥମ ପ୍ରକାଶ-୨୦୦୪, ନୂଆବର୍ଷ, ପୃଷ୍ଠା-୦୮ ।
୧୬୧) ତତ୍ରୈବ, ପୃଷ୍ଠା-୦୮ ।
୧୬୨) ସ୍ୱାଇଁ, ଦିଲୀପ କୁମାର, “ଉତ୍ତର ଆଧୁନିକତା ଓ ରଜନୀକାନ୍ତ ମହାନ୍ତିଙ୍କ କାଣ୍ଡିବଗ ଗଳ୍ପ-ଏକ ପ୍ରାୟୋଗିକ ସମୀକ୍ଷା” (ସଂ) ପଣ୍ଡା, ସୁଶାନ୍ତ କୁମାର, ‘ମଲ୍ଲିକା’, ଶାରଦୀୟ ବିଶେଷାଙ୍କ, କଲିକତା, ପୃଷ୍ଠା-୫୩।
୧୬୩) ତତ୍ରୈବ, ପୃଷ୍ଠା-୫୩-୫୪ ।
୧୬୪) ମହାନ୍ତି, ରଜନୀକାନ୍ତ, ଶତାଂଡି ପୁରୁଷ, (ଫକୀରମୋହନୀୟ), ପୃଷ୍ଠା-୭୭ ।
୧୬୫) ତତ୍ରୈବ, ପୃଷ୍ଠା-୮୪ ।
୧୬୬) ତତ୍ରୈବ (ହଡିକାଠ), ପୃଷ୍ଠା-୮୮ ।
୧୬୭) ମହାନ୍ତି, ରଜନୀକାନ୍ତ, ମାଟିଆ ପୁଅ, (ଅଛୁଆଁ ଝିଅ), ପୃଷ୍ଠା-୨୧ ।
୧୬୮) ତତ୍ରୈବ, ପୃଷ୍ଠା-୨୬ ।

୧୬୯) ତତ୍ରୈବ (ପୁଷ୍ପୁନାହରା), ପୃଷ୍ଠା-୩୭ ।
୧୭୦) ତତ୍ରୈବ, ପୃଷ୍ଠା-୩୭ ।
୧୭୧) ତତ୍ରୈବ (ପୁଷ୍ପୁନାହରା), ପୃଷ୍ଠା-୪୦ ।
୧୭୨) ତତ୍ରୈବ (ଗେଣ୍ଡୁଆ), ପୃଷ୍ଠା-୧୪୫ ।
୧୭୩) ତତ୍ରୈବ (ସ୍ୱପ୍ନମେଧ), ପୃଷ୍ଠା-୦୧ ।
୧୭୪) ମହାନ୍ତି, ରଜନୀକାନ୍ତ, ବହୁବଜାର, (ଓ), ପୃଷ୍ଠା-୩୧ ।
୧୭୫) ତତ୍ରୈବ (ଚନ୍ଦରା ଢୋଲିଆ), ପୃଷ୍ଠା-୧୧୫ ।
୧୭୬) ତତ୍ରୈବ (ବହୁବଜାର), ପୃଷ୍ଠା-୧୧୮ ।
୧୭୭) ମହାନ୍ତି, ରଜନୀକାନ୍ତ, ଉଷାକାଳ, (ବନ୍ଦେ ମାତରଂ), ପୃଷ୍ଠା-୦୬ ।
୧୭୮) ମହାନ୍ତି, ରଜନୀକାନ୍ତ, ଅଠର ନିର୍ବାସନ ରୋଡ, (ଫଳକ), ପୃଷ୍ଠା-୪୯ ।
୧୭୯) ମହାନ୍ତି, ରଜନୀକାନ୍ତ, ଶତାଂଡି ପୁରୁଷ, (ମାଛ), ପୃଷ୍ଠା-୧୯ ।
୧୮୦) ତତ୍ରୈବ (ପିମ୍ପୁଡ଼ି), ପୃଷ୍ଠା-୩୦-୩୧ ।

୧୯୮୦ ମସିହା ପରବର୍ତ୍ତୀ ଓଡ଼ିଆ ଗଳ୍ପଧାରାରେ ଗାଳ୍ପିକ ରଜନୀକାନ୍ତ ମହାନ୍ତିଙ୍କ ସ୍ଥାନ

ମଣିଷର ସାହିତ୍ୟ ରୁଚି ଓ ସର୍ଜନାତ୍ମକତା କ୍ଷେତ୍ରରେ ତା'ର ଅନୁଭବ ଓ ଉପଲବ୍ଧି ସବୁବେଳେ ମହତ୍ତ୍ୱପୂର୍ଣ୍ଣ ହୋଇଥାଏ । ସେହିଭଳି ଲେଖକୀୟ ସତ୍ତା ସର୍ବଦା ଦୁଇଟି ମହତ୍ତ୍ୱପୂର୍ଣ୍ଣ ଗୁଣ ଯୋଗୁଁ ସ୍ୱତନ୍ତ୍ର ଅଟେ । ପ୍ରଥମଟି ହେଲା ଅନ୍ୱେଷଣ, ଦ୍ୱିତୀୟଟି ହେଲା ବାକ୍‌ଚାତୁରୀ । ଏହି ଦୁଇଟି ଗୁଣ ପୁନଶ୍ଚ ବିକଶିତ ହୋଇଥାଏ ସମୟର ପରିବର୍ତ୍ତନ ଅନୁଯାୟୀ । ସାହିତ୍ୟ କ୍ଷେତ୍ରରେ ଏହି ପରିବର୍ତ୍ତନର ପରିବେଶ ଗୋଟିଏ ସ୍ୱତନ୍ତ୍ର ଯୁଗ ସୃଷ୍ଟି କରିଥାଏ । ୧୮୦୩ ମସିହାରେ ଇଂରେଜମାନେ ଓଡ଼ିଶାକୁ ଆସିବାଦ୍ୱାରା ସେମାନଙ୍କ ପ୍ରଭାବରେ ଆମର ସାମାଜିକ, ରାଜନୀତିକ, ଶିକ୍ଷା, ସଂସ୍କୃତି, ସାହିତ୍ୟ ଆଦି କ୍ଷେତ୍ରରେ ବିଭିନ୍ନ ପରିବର୍ତ୍ତନ ଦେଖା ଦେଇଥିଲା । ଏପରିକି ସମୟ ସୁଅର ଚିନ୍ତାଧାରାରେ ଯୁକ୍ତିବାଦୀ ପରିବର୍ତ୍ତନ ଏବଂ ନବଜାଗରଣ (Renaissance) ଫଳରେ ନୂତନ ଚିନ୍ତା ଚେତନା ସାହିତ୍ୟ ପରିଧିକୁ ବହୁ ମାତ୍ରାରେ ପ୍ରଭାବିତ କଲା । ଗଦ୍ୟସାହିତ୍ୟର ଅଙ୍କୁରୋଦ୍‌ଗମ ସହିତ ତାହାର ବିକାଶ ଧାରା ଅନୁସାରେ ନୂତନ ଚିନ୍ତାଚେତନା ପରିଲକ୍ଷିତ ହେଲା । ସାହିତ୍ୟର ବିଭିନ୍ନ ବିଭାଗ ମଧ୍ୟରୁ ଆଧୁନିକ ଚିନ୍ତାଚେତନା ଘେନି ଗଳ୍ପ ଜଗତକୁ ମଧ୍ୟ ଏହା ବହୁମାତ୍ରାରେ ପ୍ରଭାବିତ କଲା । ସମୟର ପରିବର୍ତ୍ତନ ସଙ୍ଗେ ମଣିଷ ମାନସିକତାର ହେଲା ପରିବର୍ତ୍ତନ । ଲୋକ କାହାଣୀଠାରୁ ଫକୀର ମୋହନଙ୍କ ଗଳ୍ପ ସଂସାର ଦେଇ ସାମ୍ପ୍ରତିକ ସମୟରେ ପାଦ ଥାପିଲା ଓଡ଼ିଆ ଗଳ୍ପ । ସାମ୍ପ୍ରତିକ ସମୟର ଗାଳ୍ପିକଙ୍କ ସୃଷ୍ଟି ବଳୟ ବହୁବର୍ଣ୍ଣୀ । ସ୍ରଷ୍ଟାମାନଙ୍କ ସୃଷ୍ଟି ଏକ ଉତ୍ତରଣ ଶୈଳୀରେ ଗତିକରିଛି । ସମାଜର ବାସ୍ତବ ସତ୍ୟ ସଙ୍ଗେ ନୂତନ ଚିନ୍ତା ଚେତନା ଓ ଦର୍ଶନ ଦେଇ ଗଳ୍ପ ପରିପ୍ରକାଶ ହେଉଛି ଏବଂ ଶିଳ୍ପ ଓ ଶୈଳୀର କାରୀଗରପଣ ଗାଳ୍ପିକମାନଙ୍କୁ ଊର୍ଦ୍ଧ୍ୱ ଆସନରେ ବସାଇଛି ।

ଉନବିଂଶ ଶତାବ୍ଦୀର ଶେଷାର୍ଦ୍ଧରୁ ଆରମ୍ଭ କରି ଓଡ଼ିଆ କ୍ଷୁଦ୍ରଗଳ୍ପରେ ଯେଉଁ ଫକୀରମୋହନୀୟ ଆଙ୍ଗିକ ଓ ଆତ୍ମିକ ଆଭିମୁଖ୍ୟକୁ ଅନୁସରଣ କରି ଗଳ୍ପ ସର୍ଜନ ହୋଇଥିଲା; ସ୍ୱାଧୀନତୋତ୍ତର ଗଳ୍ପରେ ସାମାଜିକ, ସାଂସ୍କୃତିକ, ଆର୍ଥନୀତିକ ତଥା ଗୋଷ୍ଠୀଗତ ଦୃଷ୍ଟିଭଙ୍ଗୀ ପରିବର୍ତ୍ତିତ ହେବାକୁ ଲାଗିଲା । ନୂତନ ଶିକ୍ଷା, ସଭ୍ୟତା, ବିଜ୍ଞାନର ନୂଆନୂଆ ଉଦ୍ଭାବନ, ଦୁଇ ଦୁଇଟି ବିଶ୍ୱଯୁଦ୍ଧ ତଥା ନୂତନ ମାନର ପରିସୀମା ବୃଦ୍ଧି ଆଦି ଓଡ଼ିଆ ଗଳ୍ପର ବାତାବରଣକୁ ବଦଳେଇ ଦେଲା । ତେଣୁ ପ୍ରାକ୍-ସ୍ୱାଧୀନତା ଗଳ୍ପପରିଧି ଯେଉଁଠି ସାମାଜିକ, ପାରମ୍ପରିକ ଓ ଜୀବନଭିତ୍ତିକ ଗଳ୍ପରେ ସମୃଦ୍ଧ ଥିଲା ଓ କାହାଣୀଧର୍ମୀ ଉପସ୍ଥାପନା ଥିଲା; ତାହା ପରବର୍ତ୍ତୀ ସମୟରେ ଗୌଣ ହୋଇଗଲା । ତତ୍‌ପରିବର୍ତ୍ତେ ବ୍ୟକ୍ତିକୈନ୍ଦ୍ରିକ ଜୀବନ ପ୍ରାଧାନ୍ୟ ଲାଭକଲା । ଏକବିଂଶ ଶତାବ୍ଦୀର ଲେଖକ ଅନୁଭବ କଲା ସୁସ୍ଥ ସମାଜ ଭଳି ସୁସ୍ଥ ମନର ଆବଶ୍ୟକତା । ତେଣୁ ଗଳ୍ପରେ ଗାଳ୍ପିକମାନେ ପରମ୍ପରାକୁ ଆପଣାଇବା ପରିବର୍ତ୍ତେ ବ୍ୟକ୍ତିର ଅନ୍ତର୍ନିହିତ ସତ୍ତାକୁ ଆବିଷ୍କାର କଲେ । ରୁଗ୍‌ଣ ମନସ୍ତାତ୍ତ୍ୱିକ ବିଶ୍ଳେଷଣ ଅପେକ୍ଷା ଗୋଟିଏ ସୁସ୍ଥ ସମାଜ ପାଇଁ ଗୋଟିଏ ସୁସ୍ଥ ମନର ପ୍ରତିଷ୍ଠାକୁ ନେଇ ଲେଖକ ନୂତନ ଆଦର୍ଶ ଗୁଡ଼ିକର ଅନୁସନ୍ଧାନ କରିଚାଲିଲା ।

ସ୍ୱାଧୀନତୋତ୍ତର ସାମାଜିକ ଜୀବନରେ ଦେଖାଦେଇଥିଲା ଭିନ୍ନତା । ଯୌଥ ପରିବାର ଦ୍ରୁତଗତିରେ ଭାଙ୍ଗିବାକୁ ଲାଗିଥିଲା, ନାରୀ ପୁରୁଷ ଉଭୟେ ଶିକ୍ଷିତ ହେଲେ, ଜୀବନକୁ ଭଲରେ ଅତିବାହିତ କରିବାପାଇଁ ବୃତ୍ତିଜୀବୀ ହେଲେ । ଉଭୟଙ୍କ ମଧ୍ୟରେ ଥିବା ପାରମ୍ପରିକ, ସାମାଜିକ, ସାଂସ୍କୃତିକ ବଳୟ ଭାଙ୍ଗି ନୂଆ ବାତାବରଣ ସୃଷ୍ଟି ହେଲା । ଫଳରେ ପାରିବାରିକ ପରିବେଶ ଯଥା- ସ୍ୱାମୀ, ସ୍ତ୍ରୀ, ଭାଇ-ଭଉଣୀ, ପିତା-ପୁତ୍ର ଆଦି ସମ୍ପର୍କର କ୍ରମଶଃ ମୂଲ୍ୟହ୍ରାସ ହେବାକୁ ଲାଗିଲା । ନାରୀ ଶିକ୍ଷିତା ହେବା ଫଳରେ ସାମାଜିକ ଦାୟିତ୍ୱ ଓ ଅଧିକାର ସମ୍ପର୍କରେ ଅଧିକ ସଚେତନ ହେଲା । ବିବିଧ ସଂକ୍ରମଣାତ୍ମକ କାଣ୍ଡ ମୁଣ୍ଡ ଟେକିଲା କେତେକ କ୍ଷେତ୍ରରେ । ଫଳରେ ନୈତିକତା, ଆଧ୍ୟାତ୍ମିକତା ଓ ପରମ୍ପରାର ମୂଲ୍ୟାଦି ହ୍ରାସ ପାଇବାକୁ ଲାଗିଲା । ମନୁଷ୍ୟ ମନରେ ହତାଶା, ମୋହଭଙ୍ଗ, ଅସ୍ତିତ୍ୱବାଦୀ ଚିନ୍ତାଧାରା ଆଦି ଦାନା ବାନ୍ଧିଲା । ଏହିସବୁ ପରିବର୍ତ୍ତନ ଗଳ୍ପର କାନଭାସ୍‌କୁ ମଧ୍ୟ ବଦଳେଇ ଦେଲା । ଫଳତଃ ଗାଳ୍ପିକମାନେ ଅନ୍ୟଦ୍ୱାରା ପୂର୍ବ ନିର୍ଣ୍ଣିତ ନିଜ ସୀମା ମଧ୍ୟରେ ଆଉ ଆବଦ୍ଧ ନ ରହି ନୂତନ ଭାବବୋଧ ଓ ନୂଆ ଜୀବନ ଦୃଷ୍ଟିକୁ ନେଇ ଗଳ୍ପ ଲେଖିବାକୁ ଆରମ୍ଭ କଲେ ।

ସ୍ୱାଧୀନତା ପରେ ପରେ ରାଜନୀତିକ ତଥା ଆର୍ଥନୀତିକ ଆଭିମୁଖ୍ୟ ମଧ୍ୟ ବଦଳିଛି । ଇଂରେଜ ମାନଙ୍କର ଶାସନନୀତି ଓ ରାଜନୀତିକ ଦୃଷ୍ଟିଭଙ୍ଗୀ ଆମର ଜୀବନଧାରାକୁ ପ୍ରଭାବିତ କରିଥିଲା । ଭାରତୀୟ ରାଜନୀତିକୁ ମଧ୍ୟ ଏହା ବହୁ ପରିମାଣରେ ପ୍ରଭାବିତ କରିଥିଲା । ଦେଶବାସୀ ଗାନ୍ଧୀଙ୍କ ନେତୃତ୍ୱରେ ଏକତ୍ର ହୋଇ ଦୃଢ଼ କଳ୍ପନାବଦ୍ଧ ଭାବରେ ସ୍ୱାଧୀନତା ଉନ୍ମୁଖ ହୋଇ ଉଠିଲେ । ଆମେରିକୀୟ ସ୍ୱାଧୀନତା ସଂଗ୍ରାମ, ଫରାସୀ ରାଷ୍ଟ୍ରବିପ୍ଳବ, ଗାନ୍ଧୀଙ୍କ

ସାମ୍ୟମୈତ୍ରୀ ବାଣୀ, ଅହିଂସା, ସାତ୍ୟାଗ୍ରହ ଆଦି ବହୁ ମାତ୍ରାରେ ପ୍ରଭାବ ବିସ୍ତାର କଲା । ଯଦ୍ୱାରା ବିଂଶ ଶତକର ରାଜନୀତିକ କ୍ଷେତ୍ରରେ ଭିନ୍ନ ଏକ ଇତିହାସ ସୃଷ୍ଟି ହେଲା । ୧୯୦୫ ମସିହାରେ ଲର୍ଡ କର୍ଜନଙ୍କ ବଙ୍ଗ ବିଭାଜନ ସାଂପ୍ରଦାୟିକତା ବିସଙ୍ଗତି ସୃଷ୍ଟି କଲା । ପରେପରେ ସ୍ୱଦେଶୀ ଆନ୍ଦୋଳନ, ସ୍ୱଦେଶୀ ଦ୍ରବ୍ୟର ପ୍ରଚଳନ ଓ ନୂତନ ଶିକ୍ଷାନୀତିର ପ୍ରବର୍ତ୍ତନ ଯୋଗୁଁ ନାନା ପରିବର୍ତ୍ତନ ଦେଖାଦେଲା । ୧୯୧୦ରେ ପଞ୍ଚମ ଜର୍ଜଙ୍କ ଭାରତ ଆଗମନ, ୧୯୧୪-୧୯୧୮ ପର୍ଯ୍ୟନ୍ତ ପ୍ରଥମ ବିଶ୍ୱଯୁଦ୍ଧ, ୧୯୧୬ରେ ଲକ୍ଷ୍ନୌଚୁକ୍ତି, ୧୯୧୯ରେ ରାଓଲାଟ୍ ଆଇନ ପ୍ରଭୃତି ଭିନ୍ନଭିନ୍ନ ଘଟଣା ତଥା ୧୯୧୯ରେ ଲୋମହର୍ଷଣକାରୀ ଜାଲିଆନାୱାଲାବାଗ୍ ହତ୍ୟାକାଣ୍ଡ ଭାରତର ରାଜନୀତିକ ଇତିହାସରେ ଅବିସ୍ମୃତ କଳଙ୍କ ହୋଇ ରହିଲା । ୧୯୨୦ ମସିହାରେ କଲିକତାଠାରେ ଅନୁଷ୍ଠିତ ଜାତୀୟ କଂଗ୍ରେସର ସ୍ୱତନ୍ତ୍ର ଅଧିବେଶନ ପରେ ଅହିଂସା ଓ ଅସହଯୋଗ ହିଁ ଏକମାତ୍ର ଅସ୍ତ୍ର ବୋଲି ଗାନ୍ଧୀଜୀ ଘୋଷଣା କଲେ । ଏହି ଆଦର୍ଶରେ ଅନୁପ୍ରାଣିତ ହୋଇ ଭାରତ ସ୍ୱାଧୀନତା ଲାଭ କଲା । କିନ୍ତୁ ସ୍ୱାଧୀନତା ପରେ ଦେଶସେବା ବଦଳରେ ଅର୍ଥରୋଜଗାର, କ୍ଷମତାପ୍ରାପ୍ତି ଏହି ଦୁଇଟି ରାଜନୀତିର ମୁଖ୍ୟ ଲକ୍ଷ୍ୟ ପାଲଟିଗଲା । ଯାହାଫଳରେ ଆଶାବାଦୀ ସ୍ୱାଧୀନତାର ସ୍ୱପ୍ନଭୋକ୍ ଜନତା ନିରାଶ ହେଲେ । ଯାହା ହାତରେ ଶାସନ ଦାୟିତ୍ୱ ଦିଆଗଲା ସେ କ୍ଷମତା, ଲାଳସା, ସଂକୀର୍ଣ୍ଣତା ଆଦି ଆପଣେଇ ନେଲା । ତେଣୁ ଗାନ୍ଧୀବାଦ ଉପରେ କ୍ରମଶଃ ଲୋକଙ୍କ ବିଶ୍ୱାସ କମି ନକ୍ସଲବାଦ ଭଳି ଗଣ ଆନ୍ଦୋଳନ ଗୁଡ଼ିକ ମୁଣ୍ଡଟେକି ଉଠିଲା ଭାରତବର୍ଷରେ ।

ଏହି ସମୟରେ ଆର୍ଥନୀତିକ ଅଧଃପତନ ମଣିଷର ସ୍ୱାଧୀନତାକୁ ବିକଳାଙ୍ଗ କରିବାକୁ ବସିଲା । ଇଂରେଜମାନେ ଭାରତକୁ ଆସି ବ୍ୟାବସାୟିକ ସମ୍ପର୍କ ଯୋଡ଼ିବା ନାମରେ କୌଶଳକରି ଭାରତୀୟ ଶାସନ ଡୋରିକୁ ହାତକରି ନେଲେ । ସରଳ ଭାରତୀୟଙ୍କ ରାଜକୋଷକୁ ପଙ୍ଗୁ କରିଦେଲେ । ଏଣୁ ଭାରତୀୟଙ୍କ ଜୀବନ ଆର୍ଥିକ ଦୁର୍ଗତି ଦେଇ ଗତି କଲା । ତତ୍‌ସହିତ ଇଂରେଜମାନେ ନିତ୍ୟ ବ୍ୟବହାର୍ଯ୍ୟ ଦ୍ରବ୍ୟ ଉପରେ ଶୁଳ୍କ ଲାଗୁକଲେ । ଭାରତୀୟଙ୍କ ମୁଖ୍ୟ ଜୀବିକା ଥିଲା କୃଷି । ଏହି କୃଷିକୁ ଆଧାରକରି ଇଂରେଜମାନେ ଭାରତୀୟଙ୍କୁ ଚକ୍ରାନ୍ତ ବଳରେ ନିଜ ହାତମୁଠାରେ ରଖିଲେ । କମ୍ପାନୀ ସରକାରଙ୍କ କୁଟିଳ ରାଜସ୍ୱତ୍ୱ ଲୋପନୀତି ଜମିଦାର ଓ କୃଷକମାନଙ୍କୁ ଧ୍ୱଂସମୁଖୀ କରାଇଲା । କୃଷକମାନେ ରାଜସ୍ୱ ଭାରରେ କବଳିତ ହୋଇ ସହରାଭିମୁଖୀ ହେଲେ । ଏହିସବୁ ଘଟଣା ଅଭିବ୍ୟଞ୍ଜିତ ହେଲା ସାହିତ୍ୟରେ । ଜୀବନପରିଧିକୁ ଗ୍ରହଣ କରି ଗଳ୍ପକଥା ମାଧ୍ୟମରେ ଗାଳ୍ପିକମାନେ ତା'ର ସ୍ୱରୂପକୁ ଉପସ୍ଥାପନ କଲେ ବିବିଧ ଭଙ୍ଗୀରେ । ସମସାମୟିକ ମଣିଷର ଚିନ୍ତା ଚେତନା ସ୍ୱାଧୀନତୋତ୍ତର ଗଳ୍ପରେ ପ୍ରଭାବ ବିସ୍ତାର କଲା । ସ୍ୱାଧୀନତୋତ୍ତର କାଳରେ ସାମାଜିକ, ସାଂସ୍କୃତିକ, ଆର୍ଥନୀତିକ ଆଦି କ୍ଷେତ୍ରରେ ଯେଉଁ ପରିବର୍ତ୍ତନ ଦେଖାଦେଇଥିଲା; ତାହାର ଫଳ ସାହିତ୍ୟରେ ବିଭିନ୍ନ ବିଭାଗ, ମୁଖ୍ୟତଃ ଗଳ୍ପ କ୍ଷେତ୍ରରେ ଆଦର୍ଶ, ନୈତିକତା, ପାରମ୍ପରିକତା ଲୋପ ପାଇ ହତାଶ,

ସହରୀ ସଭ୍ୟତାର ଜଟିଳତା, ଦ୍ୱନ୍ଦ୍ୱ, ଏକାକୀତ୍ୱ, ମୋହଭଙ୍ଗ, ମନୁଷ୍ୟର ଅସ୍ତିତ୍ୱବାଦୀ ଭାବନା ଆଦି ରୂପ ପାଇଲା ସାହିତ୍ୟରେ । ଯାହାକୁ ସମାଲୋଚକମାନେ ତଥା ସାହିତ୍ୟିକମାନେ ପରୀକ୍ଷାଧର୍ମୀ ବା ପ୍ରୟୋଗବାଦୀ (experimental) ସାହିତ୍ୟ ଭାବରେ ନାମିତ କରିବାକୁ ଆଗ୍ରହ ପ୍ରକାଶ କରିଛନ୍ତି । ପରବର୍ତ୍ତୀ ପର୍ଯ୍ୟାୟରେ ଏହି ପରୀକ୍ଷାଧର୍ମୀ ବା ପ୍ରୟୋଗବାଦୀ ସାହିତ୍ୟକୁ post colonical literature ବା ଉପନିବେଶବାଦୀ ସାହିତ୍ୟ ଭାବେ ଅଭିହିତ କରାଗଲା । ପରବର୍ତ୍ତୀ ସାହିତ୍ୟ ଧାରାରେ ଆଉ ପ୍ରାକ୍-ସ୍ୱାଧୀନତାର ଜାତୀୟ ଆନ୍ଦୋଳନ ବା ସାମ୍ୟବାଦୀ ଶାସନ ଆଦିର ସ୍ୱର କ୍ଷୀଣ ହେଲା । ମୁଣ୍ଡ ଟେକି ଉଠିଲା ସଂସ୍କୃତିର ପୁନର୍ମୂଲ୍ୟାୟନ । ଆଦର୍ଶ, ନୈତିକତା, ସଂସ୍କୃତି ତଥା ବିଘଟନବାଦ, ନାରୀବାଦ ଭଳି ପାଶ୍ଚାତ୍ୟ ତତ୍ତ୍ୱ ମଧ୍ୟ ସଂଯୋଜିତ ହେଲା ଆମ ଜୀବନ ପରିଧିରେ । ଦେଖାଦେଲା ଉତ୍ତର ଆଧୁନିକତାର ଉତ୍ତରିତ ଲକ୍ଷଣ ସମୂହ। ଏହି ନବଚେତନା ମୂଳକ ଉତ୍ତର ଆଧୁନିକତାର କେତେକ ପ୍ରମୁଖ ଲକ୍ଷଣକୁ ସମାଲୋଚିକା ପ୍ରତିଭା ଶତପଥୀ ଦେଖିଛନ୍ତି ଭିନ୍ନ ଏକ ଦୃଷ୍ଟିରେ, ଯଥା- "(୧) ସ୍ୱଭୂମି ନିର୍ଯ୍ୟାସ ବା ନିଜସ୍ୱ ମୌଳିକତାର ପରିସ୍ଫୁରଣ, (୨) ମାନବୀୟ ସଂପର୍କର ନବମୂଲ୍ୟାୟନ, (୩) ଜୀବନଯାପନ ପ୍ରତି ତଥା ସ୍ୱପରିବେଶ ପ୍ରତି ସଚେତନତା, (୪) ନିବିଡ଼ ଆଶାବାଦର ଉଜ୍ଜୀବନ, (୫) ସମାଜଚେତନାର କଳାତ୍ମକ ଅଭିବ୍ୟକ୍ତି, (୬) କବିର ମାନସ ଭୂମିରେ ବ୍ରହ୍ମାଣ୍ଡୀୟ ଉପଲବ୍ଧିର ବିସ୍ତାର, (୬) ବାମାବାଦୀ ଦୃଷ୍ଟିଭଙ୍ଗୀର ଉନ୍ମୋଚନ ଓ (୮) ଆଙ୍ଗିକରେ ଲକ୍ଷଣୀୟ ପରିବର୍ତ୍ତନ ତଥା ସ୍ୱାଭାବିକତା ଓ ସାବଲୀଳତାର ପରିପ୍ରକାଶ ।"(୧)

ପରମ୍ପରାକୁ ନେଇ ନୂତନ ଢଙ୍ଗରେ ପ୍ରକାଶ ପାଇଲା ସାହିତ୍ୟ । ପ୍ରୟୋଗବାଦୀ ସାହିତ୍ୟର ଯେଉଁ କେତେଜଣ ବୁଦ୍ଧିଜୀବୀ ପାଠକ ଥିଲେ, ୧୯୮୦ ପରବର୍ତ୍ତୀ ସମୟରେ ପାଠକଙ୍କ ସଂଖ୍ୟା ବୃଦ୍ଧି ହେଲା । ସାହିତ୍ୟର ପରିସର ସମୃଦ୍ଧ ହେଲା, ବିବିଧ ସ୍ୱାଧୀନ ଚେତନାକୁ ଭିତ୍ତି କରି । ସବୁ ପାଠକ ଉପଲବ୍ଧି କଲେ ସାହିତ୍ୟକୁ ଅନାୟାସ ଭାବରେ ଅଧିକ ଜୀବନମୁଖୀ, ଅଧିକ ଯୁକ୍ତି ପ୍ରବଣ ଓ ଅଧିକ ଅଧିକାର ସଚେତନ ଭାବରେ ତଥା ଅତୀତକୁ ତାର୍କିକ ଶୈଳୀରେ ପୁନର୍ବିଚାର କରି ସାହିତ୍ୟ ଭିତରେ ଦେଖାଦେଲା ଚେତନାର ନବଦିଗନ୍ତ । ଯାହାକୁ ଅଶୀ ଉତ୍ତର ଓଡ଼ିଆ ସାହିତ୍ୟ ବେଶ୍ ଗଭୀରତାର ସହ ଆପଣେଇ ନେଲା ।

ଗତ ଶତାବ୍ଦୀର ଅଷ୍ଟମ ଦଶକର ଗଳ୍ପ କ୍ଷେତ୍ରରେ ନୂଆ ଗାଳ୍ପିକ ମାନଙ୍କ ସହିତ ଆଗରୁ ଯେଉଁମାନେ ଗଳ୍ପ କ୍ଷେତ୍ରରେ ଲେଖନୀ ଚାଳନା କରୁଥିଲେ ସେମାନେ ମଧ୍ୟ ଅନେକତ୍ର ନୂଆଭାବେ ଗଳ୍ପ ପରିପ୍ରକାଶ କଲେ । ସେଇ ଧାରାରେ କଥାକାର ରଜନୀକାନ୍ତ ମହାନ୍ତି ଅନ୍ୟ ଜଣେ ସଂଯୋଗ । କଥାକାର ରଜନୀକାନ୍ତ ମହାନ୍ତି, ଉତ୍ତର ଅଶୀକାଳରେ ଓଡ଼ିଆ ଗଳ୍ପ ସାହିତ୍ୟକୁ ସମୃଦ୍ଧ କରିବାରେ ଅବିସ୍ମରଣୀୟ । ଗଳ୍ପ କ୍ଷେତ୍ରରେ ପ୍ରଥମ ପୁରୁଷୀୟ ଶୈଳୀ,

ତୃତୀୟ ପୁରୁଷୀୟ ଶୈଳୀ ତଥା ଉଭୟ ପ୍ରଥମ ଓ ତୃତୀୟ ପୁରୁଷୀୟ ମିଶ୍ରିତ ଶୈଳୀରେ ଗଳ୍ପ ସର୍ଜନ କରି ପାଠକଙ୍କୁ ଗଳ୍ପ ମଧ୍ୟରେ ବାନ୍ଧି ରଖିବାରେ ସେ ସିଦ୍ଧହସ୍ତ । ଗଳ୍ପ ମଧ୍ୟରେ ଭାଷା, ଭାବ, ଶୈଳୀ ସବୁକ୍ଷେତ୍ରରେ କଥାକାର ମହାନ୍ତିଙ୍କର ସ୍ୱତନ୍ତ୍ରତା ବାରିହୁଏ । ଅଶୀ ପରବର୍ତ୍ତୀ ତଥା ସମଧାରାରେ ରଚନା କରୁଥିବା ତାଙ୍କ ପୂର୍ବସୂରୀ ଗାଳ୍ପିକ ମନୋଜ ଦାସ, ମହାପାତ୍ର ନୀଳମଣି ସାହୁ, ସୁରେନ୍ଦ୍ର ମହାନ୍ତି, ଶାନ୍ତନୁ କୁମାର ଆଚାର୍ଯ୍ୟ, କିଶୋରୀ ଚରଣ ଦାସ, ଅଖିଳ ମୋହନ ପଟ୍ଟନାୟକ, ଅଚ୍ୟୁତାନନ୍ଦ ପତି, ବାମାଚରଣ ମିତ୍ର, ରବି ପଟ୍ଟନାୟକ, ପୂର୍ଣ୍ଣାନନ୍ଦ ଦାନୀ, ବିଭୂତି ପଟ୍ଟନାୟକ, ଦେବ୍ରାଜ ଲେଙ୍କା, ପଦ୍ମଜ ପାଳ, ଜଗଦୀଶ ମହାନ୍ତି, ରାମଚନ୍ଦ୍ର ବେହେରା, ପ୍ରତିଭା ରାୟ, ତରୁଣକାନ୍ତି ମିଶ୍ର, ଜଗନ୍ନାଥ ପ୍ରସାଦ ଦାସ, ଶ୍ୟାମପ୍ରସାଦ ଚୌଧୁରୀ, ଯଶୋଧାରା ମିଶ୍ର, କଇଳାଶ ପଟ୍ଟନାୟକ, ପରେଶ ପଟ୍ଟନାୟକ, କବିତା ବାରିକ, ଗୌରହରି ଦାସ, ସଦାନନ୍ଦ ତ୍ରିପାଠୀ, ଅଜୟ ସ୍ୱାଇଁ, ଭୀମ ପୃଷ୍ଟି, ହୃଷୀକେଶ ପଣ୍ଡା, ସତ୍ୟପ୍ରିୟ ମହାଲିକ, ଗାୟତ୍ରୀ ସରାଫ ପ୍ରମୁଖ ଗାଳ୍ପିକଙ୍କ ମଧ୍ୟରେ କଥାକାର ରଜନୀକାନ୍ତ ମହାନ୍ତିଙ୍କ ସ୍ୱାତନ୍ତ୍ର୍ୟ ତାଙ୍କ ଲେଖକୀୟ ବିଶିଷ୍ଟତ୍ୱ ଦାବି କରେ ।

କଥାକାର ରଜନୀକାନ୍ତ ମହାନ୍ତି ଉତ୍ତର ଅଶୀ କାଳରେ ସମାଜରେ ଘଟୁଥିବା ନିରାଟ ସତ୍ୟକୁ ଉପସ୍ଥାପନ କରିଛନ୍ତି ତାଙ୍କର ପ୍ରତ୍ୟେକ କ୍ଷୁଦ୍ରଗଳ୍ପରେ । ପ୍ରଣୟ, ଅସ୍ତିତ୍ୱ ଅନ୍ୱେଷୀଭାବ ଦର୍ଶନ, ମନସ୍ତାତ୍ତ୍ୱିକ ଦୃଷ୍ଟିଭଙ୍ଗୀ, ଅତିକଳ୍ପନା ତଥା ପ୍ରାଚୀନ ଗଳ୍ପର ରୂପାନୁସରଣ ଦ୍ୱାରା ଗଳ୍ପକାରିତାକୁ ନୂତନତା ପ୍ରଦାନ କରିଛନ୍ତି । ଗୋଟିଏ ପଟେ ଗାଳ୍ପିକ ସାହିତ୍ୟ ଭିତରେ ଖଟିଖିଆ ଦିନମଜୁରିଆଙ୍କ ଆର୍ତ୍ତଚିତ୍କାର ପୁଣି ଲାଞ୍ଚ, ମିଛ, ଶଠତା, ହତାଶା, କଳୁଷିତ ରାଜନୀତି ଆଦିକୁ ଗଳ୍ପ ମଧ୍ୟରେ ତନ୍ନତନ୍ନ କରି ଅନୁଶୀଳନ କରୁଥିବା ସ୍ଥଳେ ଅନ୍ୟପଟେ କଥାକାରିତା ଓ ଗଳ୍ପ ପ୍ରବାହ ଭିତରେ ନିଜସ୍ୱ ଶୈଳୀରେ ଦେଇଛନ୍ତି ରଜନୀକାନ୍ତୀୟ ସ୍ପର୍ଶ । କେବଳ କଥାଟିଏ ପ୍ରକାଶ କରିବା ଅପେକ୍ଷା ପରିସ୍ଥିତିକୁ ନେଇ ଚିନ୍ତାଶୀଳ ହେବାକୁ ଛାଡ଼ି ଦିଅନ୍ତି ପାଠକଙ୍କୁ ଏବଂ ଗଳ୍ପ ମଧ୍ୟରେ ସାଧାରଣ ମାନବୀୟ ଗୁଣାବଳୀର ପରିପ୍ରକାଶ ତଥା ଆଦର୍ଶବୋଧକୁ ବଞ୍ଚାଇ ରଖିବା ହିଁ ଗାଳ୍ପିକ ରଜନୀକାନ୍ତ ମହାନ୍ତିଙ୍କ ଗଳ୍ପର ପ୍ରାଣ ଭାବେ ବିଚାର୍ଯ୍ୟ । ଏକ ମାନବୀୟ ଦାୟବଦ୍ଧତା ଘେନି ସମାଜମଣିଷ ସହ ବ୍ୟକ୍ତିମଣିଷର ଉତ୍ତରଣ, କର୍ତ୍ତବ୍ୟ ସଚେତନତା, ଆଧ୍ୟାତ୍ମିକ ଚେତନଶୀଳତା, ପାରମାତ୍ମିକ ଉପଲବ୍ଧି, ହୃଦୟାଗତ ପ୍ରଶସ୍ତତା, ସାଂସାରୀକ ମଣିଷର ଜୀବନ ଅନ୍ୱେଷା, ସମଗ୍ର ସ୍ଥାବରଜଙ୍ଗମର ପ୍ରାଣପ୍ରବାହ ଘେନି ରଜନୀକାନ୍ତଙ୍କ ଗଳ୍ପ ଶୈଳୀର ସାମାଗ୍ରୀକ ଆବେଦନ ସର୍ବାନ୍ତ କରଣରୁ ଅନ୍ଧ ମହୁମାଛି ତୁଲ୍ୟ ବିନା ପକ୍ଷପାତିତାରେ କେବଳ ମଧୁ ସଂଗ୍ରହରେ ବ୍ୟସ୍ତ, ଯାହାକି ଶ୍ରୀ ମହାନ୍ତିଙ୍କୁ ସମସାମୟିକ ଗାଳ୍ପିକମାନଙ୍କ ମଧ୍ୟରୁ ସ୍ୱତନ୍ତ୍ର ମର୍ଯ୍ୟାଦା ପ୍ରଦାନ କରିଛି । ବାଳୁତ ପାଖରୁ ତରୁଣ ଦେଇ ବୃଦ୍ଧ ଚରିତ୍ରମାନଙ୍କ ମନର ଅନ୍ତର୍ନିହିତ ଭାବନାକୁ ଗଳ୍ପ ମଧ୍ୟରେ ଚିତ୍ରଣ କରିଛନ୍ତି । ପ୍ରଥମ ପୁରୁଷୀୟ, ତୃତୀୟ ପୁରୁଷୀୟ ଓ ମିଶ୍ରିତ ଶୈଳୀରେ ଗଳ୍ପକୁ ନେଇ

ଅନ୍ତଃମନର ଚେତନ ବା ଅବଚେତନ ମନକୁ ଉପସ୍ଥାପନା କରିବାରେ ସେ ବେଶ୍ ସିଦ୍ଧହସ୍ତ । ସେହି ଅନ୍ତର୍ନିହିତ ମନର ତୀକ୍ଷ୍ଣ ହତାଶ, ଅସହାୟତାକୁ ରୂପ ଦେବାରେ ସେ ପ୍ରଥମ ହସ୍ତରେ ଅଭିଜ୍ଞ । କଥାକାରଙ୍କ ଗଳ୍ପରେ ନାରୀ ପୁରୁଷ ଉଭୟ ସମାନ ଅଧିକାର ପାଇଥିଲେ ମଧ୍ୟ ନିଜର ପରମ୍ପରା, ଜାତି, ଧର୍ମରୁ ସେମାନେ କେଉଁଠି ହେଲେ ଅପସରି ଯାଇ ନାହାନ୍ତି । ସେମାନେ ନିଜର ପରମ୍ପରା, ଜାତି, ଧର୍ମକୁ ଜାବୁଡ଼ି ରଖିଛନ୍ତି । ଏଥି ସହିତ ଯେଉଁମାନେ ବନ୍ଧନମୁକ୍ତ ହେବାକୁ ଚାହିଁଛନ୍ତି ସେମାନେ ଅମଡ଼ା ମାଡ଼ିଛନ୍ତି । ଏହି ମର୍ମରେ ଅଶୀ ଦଶକ ଅର୍ଥାତ ଗତ ଶତାବ୍ଦୀର ଅଷ୍ଟମ ଦଶକର ସମୟରେ ସ୍ୱର ଓ ତତ୍‌କାଳର ସ୍ରଷ୍ଟାଙ୍କ ସୃଷ୍ଟି ଅନୁଶୀଳନ ପୂର୍ବକ କଥାକାର ରଜନୀକାନ୍ତ ମହାନ୍ତିଙ୍କ ସ୍ୱାତନ୍ତ୍ର୍ୟ ଅନୁଶୀଳନ କରାଯାଇପାରେ ।

ପ୍ରେମ ପ୍ରସଙ୍ଗ ସାହିତ୍ୟରେ କାଳେକାଳେ ରହିଥିଲେ ମଧ୍ୟ ବିଂଶ ଶତାବ୍ଦୀର ସପ୍ତଦଶ ଅଷ୍ଟାଦଶ ଶତାବ୍ଦୀବେଳକୁ ପରିପ୍ରକାଶ ହୋଇଛି ନୂଆଢଙ୍ଗରେ । ପ୍ରେମ ଭଳି ଉପାଦାନ ପ୍ରାୟତଃ କଥାକାରମାନଙ୍କୁ ଆକର୍ଷିତ କରିଛି ଭିନ୍ନ ଭିନ୍ନ ପ୍ରେକ୍ଷାରେ । ଏପରିକି ସ୍ୱଳ୍ପ କଥାକାର ଅଛନ୍ତି; ଯେଉଁମାନେ ପ୍ରେମକୁ ନେଇ ଆଦୌ କୌଣସି ଗଳ୍ପ ସୃଷ୍ଟି କରି ନାହାନ୍ତି । କିନ୍ତୁ ପ୍ରତ୍ୟେକ ସ୍ରଷ୍ଟାଙ୍କ ପାଖରେ ପ୍ରେମର ଗୁରୁତ୍ୱ ଉପଲବ୍ଧି ଓ ଆଭିମୁଖ୍ୟ ଭିନ୍ନଭିନ୍ନ ଅଟେ । ଏ ସମୟରେ କଥାକାର ବିଭୂତି ପଟ୍ଟନାୟକଙ୍କଠୁଁ ଗାଳ୍ପିକ ବିଷ୍ଣୁସାହୁ, ସଦାନନ୍ଦ ତ୍ରିପାଠୀ, କଇଳାଶ ପଟ୍ଟନାୟକ, ଅଧ୍ୟାପକ ବିଶ୍ୱରଂଜନ ତଥା କଥାକାର ରଜନୀକାନ୍ତ ମହାନ୍ତିଙ୍କ ଗଳ୍ପ ପରିଧିରେ ପ୍ରେମ ପ୍ରସଙ୍ଗକୁ ଦେଖିଲେ ସମସ୍ତ ଲେଖକ ନିଜନିଜ ସୃଷ୍ଟିରେ ଶୈଳୀ-ସ୍ୱତନ୍ତ୍ର ।

କଥାକାର ବିଭୂତି ପଟ୍ଟନାୟକ, ବିଷ୍ଣୁ ସାହୁଙ୍କ ଗଳ୍ପ ଉଭୟ ପ୍ରେମିକ ପ୍ରେମିକାର ମିଳନ କଥା କହିଲାବେଳେ, କଇଳାଶ ପଟ୍ଟନାୟକଙ୍କ ଗଳ୍ପରେ ପ୍ରେମିକ ପ୍ରେମିକାଙ୍କ ବିଚ୍ଛେଦର କଥା ଅଧିକ କହିଛନ୍ତି । ଅଧ୍ୟାପକ ବିଶ୍ୱରଂଜନ, ସଦାନନ୍ଦ ତ୍ରିପାଠୀଙ୍କ ଗଳ୍ପରେ ପ୍ରେମିକା ପ୍ରେମିକ ପାଖରେ ଅସହାୟତା ଓ ନିଃସଙ୍ଗତା ଭରପୂର ଥିଲାବେଳେ ଗାଳ୍ପିକ ରଜନୀକାନ୍ତ ମହାନ୍ତିଙ୍କ ଗଳ୍ପରେ ପ୍ରେମିକ ପ୍ରେମିକା ବିବାହ ପର ଭବିଷ୍ୟତକୁ ନେଇ ଦହଗଂଜର ଜୀବନ ବିତାଉଥିବାର ପାଠକ ଉପଲବ୍ଧି କରେ । ସ୍ୱାର୍ଥ ତଥା ଯୁକ୍ତିର ଅବଶେଷରେ ପ୍ରେମରେ ବିଚ୍ଛେଦ ହିଁ ଧ୍ରୁବ ଭାବେ ଉତ୍କର୍ଷ ଲାଭ କରେ ।

କଥାକାର ବିଭୂତି ପଟ୍ଟନାୟକଙ୍କ 'ଅଲେଖା ଅକ୍ଷର', 'ସିଲେଇ ଦିଦି', 'ଭଲପାଇବାର ଶେଷକଥା', 'ଦୁଃସ୍ୱପ୍ନ' ଆଦି ଗଳ୍ପରେ କେତେବେଳେ ନାୟକ ତ କେତେବେଳେ ନାୟିକା ଖୋଜିଛନ୍ତି ଉଭୟଙ୍କୁ ବିରହରେ । ପୁଣି କେତେବେଳେ ଉଭୟଙ୍କର ମଧୁର ସ୍ୱପ୍ନ ଫଳବତୀ ହେଉଛି ତ କେତେବେଳେ ପ୍ରେମର ଫଳ ମଧ୍ୟ ଝଡ଼ିପଡୁଛି । କିନ୍ତୁ ବିଷ୍ଣୁ ସାହୁଙ୍କ 'ଲିଙ୍ଗରାଜ ପାଇଁ ଗପଟିଏ', 'ପ୍ରେମିକା', 'ମନିକା ମ୍ୟାଡାମ', 'ବାୟାଚଢ଼େଇ', 'ଚମ୍ପାବଣ', 'ଗ୍ରୀନ୍‌ରୁମ୍‌ର ମିନିଅପା' ଆଦି ଗଳ୍ପରେ ପ୍ରେମିକ ପ୍ରେମିକା ଉଭୟ ଗଳ୍ପର ପରିଣତି ପର୍ଯ୍ୟନ୍ତ ଦହଗଂଜ ହୋଇ ଉପଯୁକ୍ତ ମାର୍ଗ ନିର୍ଦ୍ଧାରଣ କରି ନପାରିଲେ ମଧ୍ୟ ଉଭୟ ନାୟକ ନାୟିକାଙ୍କର

ହେଉଛି ମିଳନ । ଗଳ୍ପର ଉପସ୍ଥାପନା ଶୈଳୀଟି ସରଳ ମନେ ହେଲେ ମଧ୍ୟ ପରିଣତିରେ ବେଶ୍ ନାଟକୀୟତା ଦେଇ ଯବନିକା ପଡ଼େ । ସେହିଭଳି କଥାକାର କଇଳାଶ ପଟ୍ଟନାୟକଙ୍କ 'ଦକ୍ଷିଣ ପବନ' ଗଳ୍ପ ପୁସ୍ତକରେ ତାଙ୍କ ପ୍ରେମଗଳ୍ପର ସ୍ୱରୂପକୁ ଉନ୍ମୋଚନ କରାଯାଇପାରେ । ତାଙ୍କର 'ଆଲୋକିତ ଅନ୍ଧକାର', 'ଚିତ୍ରିତ ବିହଙ୍ଗ', 'ବିମର୍ଷ ପଦାତିକ', 'ଦ୍ୱିତୀୟ ଜାନକୀ' ଆଦି ଗଳ୍ପରେ ତରୁଣ ତରୁଣୀ ଦକ୍ଷିଣୀପବନରେ ଆହ୍ଲାଦିତ ହେଲେ ମଧ୍ୟ ଅନେକ ଯନ୍ତ୍ରଣା ମଧ୍ୟରେ ବୁଡ଼ି ରହନ୍ତି, କିନ୍ତୁ ଗଳ୍ପର ପରିଣତିରେ ନାୟକ ନାୟିକାଙ୍କର ମିଳନ ନ ହୋଇ ବିଚ୍ଛେଦରେ ପ୍ରେମ ବାୟୁ ଜୋତିଟି ଝଲସି ଉଠେ । ଏଠାରେ ପ୍ରେମିକ ପ୍ରେମିକା ସ୍ୱାର୍ଥାନ୍ୱେଷୀ ନୁହନ୍ତି, ସର୍ବଦା ଉଭୟ ମିଳନର ଲକ୍ଷ୍ୟ ରଖନ୍ତି, କିନ୍ତୁ ପରିବେଶ ପରିସ୍ଥିତି ବାଧକରେ ବିଚ୍ଛେଦ ଯନ୍ତ୍ରଣା ଭୋଗ କରିବାକୁ । କଥାକାର ତାଙ୍କ ଗଳ୍ପ ପରିଧିରେ ପ୍ରେମର ସ୍ୱରୂପକୁ ଦେଖିଛନ୍ତି ଉଭୟ ମନ ଓ ଦେହ ସ୍ତରରେ । 'ଆଲୋକିତ ଅନ୍ଧକାର' ଗଳ୍ପରେ ଗଳ୍ପପୁରୁଷ 'ମୁଁ' ବିରହ ଯନ୍ତ୍ରଣାରେ ଜର୍ଜରିତ ହେଲାବେଳେ 'ଚିତ୍ରିତ ବିହଙ୍ଗ' ଗଳ୍ପରେ ନାୟିକା ପୂଜା ମନରେ ନାୟକ ପ୍ରତି ପ୍ରେମଭାବ ବେଶ୍ ଗତିଶୀଳ । 'ବିମର୍ଷ ପଦାତିକ' ଗଳ୍ପରେ ତରୁଣ ବୟସର ପ୍ରେମିକ ଅରୁଣାଭ ମାମିକୁ ପ୍ରେମକରେ; କିନ୍ତୁ ସେ ପ୍ରେମର ପୂର୍ଣ୍ଣତା ପାଏନାହିଁ । 'ପ୍ରିୟତମ ଶତ୍ରୁ' ଗଳ୍ପରେ ପ୍ରେମିକା ସୁମିତ୍ରା ନିଜର ପ୍ରେମକୁ ଆପଣେଇ ନେବାକୁ ଚାହିଁଲେ ବି ଆପଣେଇ ପାରୁନି । ସର୍ବଦା ବିଚ୍ଛେଦର ଯନ୍ତ୍ରଣାରେ ଶ୍ରୀ ପଟ୍ଟନାୟକଙ୍କ ଗଳ୍ପର ପ୍ରେମିକ ପ୍ରେମିକାମାନେ ଜର୍ଜରିତ ।

ସଦାନନ୍ଦ ତ୍ରିପାଠୀଙ୍କ ଗଳ୍ପରେ ପ୍ରେମିକ ପ୍ରେମିକା ସର୍ବଦା ଅସହାୟ ତଥା ନିଃସଙ୍ଗ ଜୀବନ ବିତାଇଛନ୍ତି । ଯେପରି 'ତିନୋଟି ପାହାଚ' ଗଳ୍ପରେ ଗାଳ୍ପିକ ଗଳ୍ପର ପ୍ରଥମ ବାକ୍ୟରେ କହୁଛନ୍ତି, "ସଂପର୍କର ଅନ୍ୟନାମ ଯନ୍ତ୍ରଣା; ଏଇ ଯେମିତି ସ୍ମୃତି ସହିତ ସଂପର୍କିତ ହୋଇଯିବା ପରେ ସୋମୁ ଚୌଧୁରୀ ବିନା ନିଆଁରେ ଜଳୁଛି ।"[୨] ଗାଳ୍ପିକ ସଦାନନ୍ଦ ତ୍ରିପାଠୀଙ୍କ ପ୍ରେମଗଳ୍ପ ଗୁଡ଼ିକରେ ତରୁଣ ପ୍ରେମିକ ପ୍ରେମିକା ଆତଙ୍କଜନକ ଭାବେ ଖୁବ୍ ଏକୁଟିଆ ମନେହୁଅନ୍ତି । 'ଗୋଟିଏ ବ୍ୟାଧିର ପୃଷ୍ଠଭୂମି' ଗଳ୍ପରେ ସୋମୁର ଅସହାୟତାବୋଧ, ସେହିପରି 'ଆଶ୍ରୟ', 'ନିଜ ସହ ଭେଟ', 'ବିଳମ୍ବ', 'ସର୍ପାନୁରାଗ', 'ଶିଳାଦିତ୍ୟର ପୃଥିବୀ' ଆଦି ଗଳ୍ପରେ ତରୁଣର ନିଃସଙ୍ଗତାବୋଧକୁ କରିହୁଏ ହୃଦୟଙ୍ଗମ । ଗାଳ୍ପିକ ଗଳ୍ପରେ ପ୍ରେମିକାକୁ ପ୍ରତୀକାତ୍ମକ ଭାବରେ ଉପସ୍ଥାପନ କରିବା ସହ ପ୍ରେମିକର ଏକଲାପଣକୁ ମଧ୍ୟ ଅଭିବ୍ୟଞ୍ଜିତ କରିଛନ୍ତି । ସେହିପରି 'ସର୍ପାନୁରାଗ' ଗଳ୍ପରେ ନାୟକ ଗୁଣବନ୍ତ ପ୍ରେମ କରୁଥିବା ପ୍ରେମଲତାକୁ ଅତି ଚମତ୍କାର ଢଙ୍ଗରେ ସାପ ସଙ୍ଗେ ତୁଳନା କରିଛନ୍ତି । ଅର୍ଥାତ୍ ପ୍ରେମିକ ପ୍ରେମିକା ଉଭୟ ଉଭୟଙ୍କ ପ୍ରତି ଅନୁପ୍ରେରିତ ହେଲାବେଳେ ସମାଜ ତାହାକୁ ଦେଖୁଛି ଭିନ୍ନ ନଜରରେ । ସେହିପରି ଗାଳ୍ପିକ ଅଧ୍ୟାପକ ବିଶ୍ୱରଂଜନଙ୍କ ଗଳ୍ପରେ ତରୁଣ ତରୁଣୀଙ୍କର ହତାଶବୋଧ, ସାହିତ୍ୟିକ ଜୀବନ ମଧ୍ୟରେ ଧୂଆଁଳିଆ ପ୍ରେମର ସ୍ୱରୂପର ପରିପ୍ରକାଶ ହୁଏ । ପ୍ରେମିକ

ଅର୍ଦ୍ଧେକ ଗଳ୍ପରେ ପ୍ରଥମ ପ୍ରେମିକା ପାଖରୁ ପ୍ରତ୍ୟାବର୍ତ୍ତନ କରି ଦ୍ୱିତୀୟ ପ୍ରେମିକାକୁ ପାଇବାର ଲକ୍ଷ୍ୟ ନେଇ ବିରହ ଯନ୍ତ୍ରଣାରେ ଜର୍ଜରିତ ହେଲେ ମଧ୍ୟ ପ୍ରେମରେ ମିଳନ ଆସେନା । ଏଠାରେ ଗାଳ୍ପିକଙ୍କ 'ଆବିଷ୍କାର', 'ସମୟର ମାନଚିତ୍ର' ଦୁଇଟି ଗଳ୍ପକୁ ଦେଖିପାରିବା। 'ଆବିଷ୍କାର' ଗଳ୍ପର ତରୁଣ ନାୟକ 'ମୁଁ' ଅତୀତରେ ପ୍ରେମ କରିଥିବା ପ୍ରଥମ ପ୍ରେମିକା ଝରଣା ଓ ଦ୍ୱିତୀୟ ପ୍ରେମିକା ଝନ୍‌ଜା ଉଭୟଙ୍କ ସଙ୍ଗେ ବିତେଇଥିବା ମୁହୂର୍ତ୍ତ ଗଳ୍ପକୁ ପରିଣତି ଦିଗକୁ ନେଇଯାଏ । ଗଳ୍ପରେ ଗାଳ୍ପିକ ଅଧ୍ୟାପକ ବିଶ୍ୱରଂଜନ ଆଖି ବେମାରକୁ ପ୍ରତୀକାତ୍ମକ ଭାବରେ ପ୍ରେମର ଏକ ଗଭୀର ରୂପକୁ ଦେଖାଇଛନ୍ତି । ଚଷମା ଲାଗିଲେ ନିଜ ସ୍ତ୍ରୀ ସୌଭାଗ୍ୟଲକ୍ଷ୍ମୀ ଚଷମା ଅନ୍ତରାଳରେ ଝରଣା ଓ ଝନଜା ପ୍ରେମିକା ଦ୍ୱୟଙ୍କର ବିରହ କଥା ହୁଏ ଉପସ୍ଥାପନ । ସେହିପରି 'ସମୟର ମାନଚିତ୍ର' ଗଳ୍ପରେ ଗଳ୍ପ ନାୟକ 'ମୁଁ'ର ନିଃସଙ୍ଗତାକୁ ବିଚାର କରାଯାଇପାରେ । ଗଳ୍ପ ନାୟକର ପରିବେଶ ଓ ପରିସ୍ଥିତି ତାକୁ ଅସହାୟ ଓ ନିଃସଙ୍ଗ କରି ଗଢ଼ି ତୋଳିଛି । ତରୁଣ ଗଳ୍ପ ନାୟକ ପ୍ରଥମ ପ୍ରେମିକା ସୋନାଲି ଏବଂ ଦ୍ୱିତୀୟ ପ୍ରେମିକା ବନଶ୍ରୀ ପାଖରୁ ପ୍ରତ୍ୟାବର୍ତ୍ତନ କଲାପରେ ତା'ର ଜୀବନ ଯାତ୍ରାରେ ଆସିଛି ନୂତନତା । ସେହି ନୂତନତା ଅସହାୟତାରେ ହୋଇଛି ପରିଣତ । ଗାଳ୍ପିକ ଗଳ୍ପ ନାୟକର ଜୀବନସଙ୍ଗେ ଶୁଖିଲାପତ୍ରର ଜୀବନକୁ କରିଛନ୍ତି ତୁଳନା । ଆଲୋଚ୍ୟ ଗଳ୍ପରେ ଗଳ୍ପନାୟକ କାହାରିକୁ ପର କିମ୍ବା କାହାରିକୁ ନିଜର ବୋଲି ଗ୍ରହଣ କରିପାରିନାହିଁ । ଜୀବନର ଦୋଛକିରେ ଚାଲିଲାବେଳେ ବହୁବାର ଗଳ୍ପ ନାୟକ ଝୁଣ୍ଟିଛି । ସେଥିପାଇଁ ସେ କହିଛି, "ଚମୋ ଲାଗି ପର କେହି ନାହିଁ - ନିଜର ବି କେହି ନାହିଁ । ସମସ୍ତେ ମୋର ପର ସମସ୍ତେ ମୋର ଆପଣାର ।"(୩) ଗାଳ୍ପିକ ଅଧ୍ୟାପକ ବିଶ୍ୱରଂଜନଙ୍କ ଗଳ୍ପରେ ପ୍ରେମିକ କେତେବେଳେ ଅନ୍ତର୍ମନରେ ସନ୍ତୁଳିତ ହେଉଛି ତ କେତେବେଳେ ବିରହର ଦ୍ୱାରଦେଶରେ ଅପେକ୍ଷା କରୁଛି ପ୍ରଥମ, ଦ୍ୱିତୀୟ ପ୍ରେମିକା ପରେ ତୃତୀୟ ପ୍ରେମିକାକୁ । କିନ୍ତୁ ପ୍ରେମିକ ପ୍ରେମିକାଙ୍କର ମିଳନ ହେଉନାହିଁ ଗଳ୍ପର ପରିଣତି ପର୍ଯ୍ୟନ୍ତ ।

ଗାଳ୍ପିକ ବିଭୂତି ପଟ୍ଟନାୟକ, ବିଷ୍ଣୁ ସାହୁଙ୍କ ଗଳ୍ପରେ ପ୍ରେମରେ ମିଳନର ବାର୍ତ୍ତା ରହିଲାବେଳେ ଗାଳ୍ପିକ କଇଳାଶ ପଟ୍ଟନାୟକ, ସଦାନନ୍ଦ ତ୍ରିପାଠୀ, ଅଧ୍ୟାପକ ବିଶ୍ୱରଂଜନ ଆଦିଙ୍କ ଗଳ୍ପରେ ପ୍ରେମର ମିଳନ ଦେଖିବାକୁ ମିଳେନା । ସେହିପରି କଥାକାର ରଜନୀକାନ୍ତ ମହାନ୍ତିଙ୍କ ଗଳ୍ପରେ ପ୍ରେମ ପ୍ରସଙ୍ଗକୁ ଲକ୍ଷ୍ୟକଲେ ଦେଖାଯାଏ ଗଳ୍ପରେ ପ୍ରେମିକା ପ୍ରେମିକ ଉଭୟ ଉଭୟଙ୍କ ପ୍ରତି ଅନୁପ୍ରେରିତ ନୁହେଁ । କେଉଁଠି ପ୍ରେମିକା, ପ୍ରେମିକ ସଙ୍ଗେ ଭବିଷ୍ୟତକୁ ଲକ୍ଷ୍ୟକରି ଜୀବନ ବିତାଇ ନ ପାରିବାର ଆଶଙ୍କାକୁ ନେଇ ପ୍ରେମରୁ ନିଜକୁ ପ୍ରତ୍ୟାବର୍ତ୍ତନ କରୁଛି ତ ପୁଣି କେତେବେଳେ ପ୍ରେମିକ ପ୍ରେମିକାକୁ ପ୍ରତାରିତ କରୁଛି । କଥାକାରଙ୍କ ପ୍ରଣୟଧର୍ମୀ ଗଳ୍ପ ଗୁଡ଼ିକରେ ସାଧାରଣତଃ ନାୟକର ପ୍ରାଧାନ୍ୟ ନାୟିକା ଅପେକ୍ଷା ଅଧିକ ଗୁରୁତ୍ୱପୂର୍ଣ୍ଣ । ସତେଯେପରି ପ୍ରେୟସୀ ଜଣକ ତା' ପ୍ରେମର ସଫଳତା ଓ ବିଫଳତା ପାଇଁ

ସଂପୂର୍ଣ୍ଣ ନିର୍ଭରଶୀଳ ସେହି ପ୍ରେମିକ ପୁରୁଷ ଉପରେ । ଗାଳ୍ପିକ ଶ୍ରୀ ମହାନ୍ତି ପ୍ରେମର ବିମଳରୂପ ଆଙ୍କିଛନ୍ତି ସତ, କିନ୍ତୁ ବେଳେବେଳେ ତାହା ଅହେତୁକ ଭାବେ ପକ୍ଷପାତି ଓ ପୁରୁଷ କୈନ୍ଦ୍ରିକ ହୋଇଉଠିଛି । କଥାକାର ଶ୍ରୀ ମହାନ୍ତିଙ୍କ ଗଳ୍ପରେ ପ୍ରେମ ଅପୂର୍ଣ୍ଣତାର କଥା ହିଁ କହିଛି । ଯେଉଁଠି ପ୍ରେମିକ ପ୍ରେମିକା ପାଇଁ ଅନୁପ୍ରେରିତ ହେଲାବେଳେ ପ୍ରେମିକା ଭବିଷ୍ୟତକୁ ନେଇ ସଚେତନ । ପକ୍ଷାନ୍ତରରେ କଥାକାର ବିଭୂତି ପଟ୍ଟନାୟକ, କଇଳାଶ ପଟ୍ଟନାୟକ, ସଦାନନ୍ଦ ତ୍ରିପାଠୀ, ଅଧ୍ୟାପକ ବିଶ୍ୱରଂଜନ, ବିଷ୍ଣୁ ସାହୁଙ୍କ ଭଳି ଲେଖକଙ୍କ ଗଳ୍ପ ପରିଧିରେ ଏପରି ପ୍ରେମିକାର ସ୍ୱାର୍ଥ ଯୁକ୍ତ ଯୁକ୍ତିବଦ୍ଧ ପ୍ରେମ ଦେଖିବାକୁ ମିଳେନାହିଁ । ଅଧୁନା ପ୍ରେମରେ ସ୍ୱାର୍ଥଯୁକ୍ତ ଯୁକ୍ତିବଦ୍ଧ ପ୍ରେମ ଦେଖାହେବା ସ୍ୱାଭାବିକ । "ସାକ୍ଷୀ ସାରଳା, ସାକ୍ଷୀ ଫକୀର ମୋହନ / ସପ୍ତଦୀପ ଛୁଇଁ ତ୍ରିବାର ଏ ସତ୍ୟ ମୋର / ମୁଁ କ୍ଷେପିବି ଶବ୍ଦ ଭେଦି ସୂର୍ଯ୍ୟାସ୍ତ ପୂର୍ବରୁ / ମୁକ୍ତି ଯଦି ନ ମିଳେ ଏଥର" ଗଳ୍ପର ସ୍ୱପ୍ନଦତ୍ତା, "ଗୁଧାଡ଼ି ବେଳ" ଗଳ୍ପର ସଲିଳା ଆଦି ପ୍ରେମିକାମାନେ ଶିକ୍ଷିତ । ସେମାନଙ୍କ ପାଖରେ ଭବିଷ୍ୟତକୁ ନେଇ ସୌଖୀନ ଜୀବନ ବିତାଇବାର ରହିଛି ଅଦମ୍ୟ ଇଚ୍ଛା ଶକ୍ତି । ପ୍ରେମରେ ସ୍ୱାର୍ଥଯୁକ୍ତ ଯୁକ୍ତିବଦ୍ଧ ପ୍ରେମକୁ ଗ୍ରହଣ କରାଯାଇ ନପାରିଲେ ମଧ୍ୟ ବର୍ତ୍ତମାନ ସମାଜପାଇଁ ତାହା ଉପଯୁକ୍ତ । କାରଣ ଅଧୁନା ଜଣେ ନାରୀ ଉଚ୍ଚଶିକ୍ଷିତ ହେଲାପରେ ଉପଯୁକ୍ତ ବୟସରେ ପ୍ରେମ କରୁଛି । ଯେହେତୁ ସେ ଉଚ୍ଚଶିକ୍ଷିତା, ତେଣୁ ସେ ଭଲମନ୍ଦ ପରଖୁଛି । ପ୍ରେମରେ ସ୍ୱାର୍ଥଯୁକ୍ତ ଯୁକ୍ତିବଦ୍ଧ ଭାବ ଆସିଲେ ବି ବିବାହପରେ ପ୍ରତିଶ୍ରୁତିବଦ୍ଧତା, ଉପଯୁକ୍ତ ବୁଝାମଣା, ସହିଷ୍ଣୁତା ଭାବ ନେଇ ଉତ୍ତରିତ ହୁଏ। ଯଦି ପ୍ରେମିକା ଯୁକ୍ତିସଙ୍ଗତ ଭାବରେ ପ୍ରେମିକର ଅବସ୍ଥା, ପ୍ରେମିକର ପରିବାର, ଆର୍ଥନୀତିକ ପରିସ୍ଥିତିକୁ ନେଇ ପ୍ରେମ ନ କରେ ତାହେଲେ ବିବାହପରେ ଦୁଃଖଦ ଜୀବନ ବିତାଇବା ସମ୍ଭବ ହୋଇପାରେ । ଗାଳ୍ପିକ ରଜନୀକାନ୍ତ ମହାନ୍ତି ଗଳ୍ପରେ ଯୁକ୍ତିସଙ୍ଗତ ପ୍ରେମ ଉପସ୍ଥାପନା କରି ଉଭୟ ପ୍ରେମିକ ଓ ପ୍ରେମିକାକୁ ଉପଯୁକ୍ତ ମାର୍ଗରେ ସଚେତନ କରାଇ ନିଜ ଗଳ୍ପର ସ୍ୱାତନ୍ତ୍ର୍ୟ ବଜାୟ ରଖିଛନ୍ତି ।

୧୯୭୦-୮୦ ମସିହା ପୂର୍ବବର୍ତ୍ତୀ ଓଡ଼ିଆ ଗଳ୍ପ ସାହିତ୍ୟରେ ଫ୍ରୟେଡୀୟ ଚେତନା ପରିଦୃଷ୍ଟ ହେଉଥିଲେ ମଧ୍ୟ ପରବର୍ତ୍ତୀ ସମୟରେ ଉକ୍ତ ଚେତନାର ବହୁଳ ପ୍ରୟୋଗ ହେବାସହ ମନସ୍ତତ୍ତ୍ୱବାଦ ବଳିଷ୍ଠ ହୋଇଛି । କାରଣ ମଣିଷର ଗହୀର ମନର ବ୍ୟଥାବେଦନାକୁ ପ୍ରକାଶ କରିବାର ସାର୍ଥକ ମାଧ୍ୟମ ଲେଖକମାନଙ୍କୁ ମିଳିଛି ଫ୍ରୟେଡୀୟ ଶୈଳୀ ଭାବରେ । ମଣିଷର ଦୈନନ୍ଦିନ ଜୀବନଚର୍ଯ୍ୟା ମଧ୍ୟରେ ଘଟଣା ସମୂହରେ ମାନବର ନିଃସଙ୍ଗରୂପକୁ ପ୍ରକାଶ କରିବାରେ ସାହିତ୍ୟିକମାନେ ଉତ୍ତମ ଭାବେ ଫ୍ରୟେଡୀୟ ଶୈଳୀକୁ ପ୍ରୟୋଗ କରିଛନ୍ତି । ଯେଉଁ ଶୈଳୀରେ ଜୀବନର ଅକୁହା ବ୍ୟଥା, ଯୁଗଯନ୍ତ୍ରଣା, ମାନବୀୟ ଦୋଷ ଦୃବଳତାକୁ ପରିପ୍ରକାଶ କରିହେବ ବ୍ୟଞ୍ଜନାତ୍ମକ ଭାବରେ। ଏହି ସମୟ ମଧ୍ୟରେ କିଶୋରୀ ଚରଣ ଦାସ, ରବି ପଟ୍ଟନାୟକ, ଅଖିଳ ମୋହନ ପଟ୍ଟନାୟକ, ଜଗଦୀଶ ମହାନ୍ତି, ଶୈଳେନ୍ଦ୍ର

ମହାପାତ୍ର, ରାମଚନ୍ଦ୍ର ବେହେରା ଆଦି ଗାଳ୍ପିକ ଅନ୍ତଃମନକୁ ବିଶ୍ଳେଷଣ କରିଛନ୍ତି ଆପଣା ଢଙ୍ଗରେ । ଏଥିରୁ ମଧ୍ୟ ବାଦ ପଡ଼ିନାହାନ୍ତି କଥାକାର ରଜନୀକାନ୍ତ ମହାନ୍ତି । ଗାଳ୍ପିକମାନେ ଯେଉଁ ଗଳ୍ପଗୁଡ଼ିକରେ କାମନା ବାସନା, ଗ୍ଲାନିବୋଧ, ଯୌନଚେତନା ତଥା ମଣିଷର ନିଃସଙ୍ଗତା, ଅସହାୟତାବୋଧକୁ ପ୍ରକାଶ କରିଛନ୍ତି ସେଠାରେ ଫ୍ରୟେଡୀୟ ମନସ୍ତତ୍ତ୍ୱବାଦ ଓ ଚେତନା ପ୍ରବାହକୁ ହିଁ ଗ୍ରହଣ କରିଛନ୍ତି ।

ଏ ପରିପ୍ରେକ୍ଷୀରେ ଗାଳ୍ପିକ ଅଖିଳ ମୋହନ ପଟ୍ଟନାୟକଙ୍କ 'ଡିମିରିଫୁଲ', 'ରକ୍ତ କଇଁ', 'ରୁବିର ରୁବାୟତ' ଆଦି ଗୋଟିଏ ଗୋଟିଏ ସାର୍ଥକ ମନସ୍ତାତ୍ତ୍ୱିକ ଗଳ୍ପ । ଏ ଗଳ୍ପ ଗୁଡ଼ିକରେ ମଣିଷ ଜୀବନକୁ ତୀର୍ଯ୍ୟକ ଭାବରେ ଉପସ୍ଥାପନ କରି ଅସହାୟବୋଧକୁ ହିଁ ସୂଚିତ କରିଛନ୍ତି । 'ଡିମିରିଫୁଲ' ଗଳ୍ପରେ ଯେପରି ଡିମିରି ଗଛର ଫୁଲକୁ କେହି ଦେଖିପାରନ୍ତି ନାହିଁ କିନ୍ତୁ ତା'ର ଫଳ ସମସ୍ତେ ଦେଖିପାରନ୍ତି ଠିକ୍ ସେମିତି ପ୍ରତୀକାତ୍ମକ ଭାବରେ ମଣିଷର ବାହ୍ୟସତ୍ତାକୁ ସମସ୍ତେ ଦେଖିଲାବେଳେ ଅନ୍ତଃସତ୍ତାକୁ କେହି ଜାଣି ପାରନ୍ତି ନାହିଁ, ଏହି ଭାବ ଉକ୍ତ ଗଳ୍ପରେ ପ୍ରସ୍ଫୁଟିତ ହୁଏ । ଗଳ୍ପରେ ମଞ୍ଜୁ ମରିଛି ବୋଲି ତା'ର ମା'କୁ ଜ୍ଞାତ ନୁହେଁ, କିନ୍ତୁ ସ୍ୱାମୀ ସ୍ତ୍ରୀର ଖୁସିପାଇଁ ଅସହାୟ ଭାବରେ ଝିଅ ମରିଯିବା ସତ୍ତ୍ୱେ ବଞ୍ଚିଥିବାର ବାହାନା ଗଳ୍ପକୁ ଆକର୍ଷଣୀୟ କରେ । ମଞ୍ଜୁର ପିତା ଦୁଃଖରେ ମ୍ରିୟମାଣ ହେଲେ ମଧ୍ୟ ଚେତନ ମନରେ ସ୍ତ୍ରୀ ଆଗରେ ଅଭିନୟ କଲାବେଳେ ଅବଚେତନ ମନରେ ଝିଅର ମୃତ୍ୟୁ ଜନିତ ଦୁଃଖ ଭରି ରହିଛି । ସେହିଭଳି ଗାଳ୍ପିକଙ୍କର 'ଚନ୍ଦ୍ରର ଅଭିଶାପ' ଗଳ୍ପଟିରେ ସରୋଜ, ସୀମାଦ୍ରି ପାଇଁ ଅଭିଶାପ ପାଲଟିଛି ଚନ୍ଦ୍ରକିରଣ । ଉକ୍ତ ଗଳ୍ପରେ ଜୀବନାନୁଭୂତିର ରହସ୍ୟ ଉଦ୍‌ଘାଟନରେ ଚନ୍ଦ୍ରକିରଣ ଅଜ୍ଞାତରେ ଗୋଟିଏ ଚରିତ୍ର ପାଲଟୁଛି । ହଠାତ୍ ନିଦରୁ ଉଠିଯାଉଛି ସୀମାଦ୍ରି ଏବଂ ମାନସିକ ଭାରସାମ୍ୟ ହରାଇ ବସୁଛି । ସେହିପରି 'ରକ୍ତକଇଁ' ଗଳ୍ପଟି ମଣିଷ ଜୀବନର କ୍ଷତାକ୍ତ ମୁହୂର୍ତ୍ତର ପରିପ୍ରକାଶ । ଚରିତ୍ରମାନଙ୍କ ସଂଘର୍ଷ ମଧ୍ୟରେ ଜୀବନର ସ୍ମୃତିଚାରଣ ବେଶ୍ ଆକର୍ଷଣୀୟ । ସେହିପରି କିଶୋରୀ ଚରଣଙ୍କ 'ଠାକୁରଘର', 'ଲକ୍ଷ ବିହଙ୍ଗ', 'ଭଙ୍ଗା ଖେଳନା', 'କାଉ କୋଇଲି' ଆଦି ଗଳ୍ପରେ ଫ୍ରୟେଡୀୟ ଚେତନାକୁ ଆବିଷ୍କାର କାରାଯାଇପାରେ । ଗାଳ୍ପିକ ତାଙ୍କ ଗଳ୍ପପରିଧିରେ ସର୍ବଦା ଉଚ୍ଚମଧ୍ୟବିତ୍ତ ପରିବାର କଥା କହିଛନ୍ତି । ଶିକ୍ଷିତ ମଣିଷର ଅନ୍ତର୍ବେଦନାକୁ ପରିପ୍ରକାଶ କରିଛନ୍ତି । ସବୁ ଗଳ୍ପରେ ଚରିତ୍ରମାନଙ୍କର ସଂଘର୍ଷକୁ ବିଶ୍ଳେଷଣ କରିଛନ୍ତି କଥାକାର କିଶୋରୀ ଚରଣ। 'ଭଙ୍ଗା ଖେଳନା' ଗଳ୍ପରେ ଶିଶୁ ମନସ୍ତତ୍ତ୍ୱକୁ ଦେଖିଲାବେଳେ 'ଲକ୍ଷ ବିହଙ୍ଗ'ରେ ଗାଳ୍ପିକ ମଣିଷର ଭଗ୍ନ ଆଶା ଓ ନିରାଶାର କଥା କହିଛନ୍ତି ।

ସେହିପରି 'ଭୂମିକମ୍ପ', 'ଖୋର୍ଦ୍ଧା ଲୁଙ୍ଗିପିନ୍ଧା ଲୋକର ଠିକଣା', 'ଆଲବମ୍‌ରେ କେତୋଟି ମୁହଁ', 'ସୀମାବଦ୍ଧ' ଆଦି ଗଳ୍ପରେ ମଣିଷ ମନର ସ୍କେଚକୁ ଆଙ୍କି ବସନ୍ତି ଗାଳ୍ପିକ ଜଗଦୀଶ ମହାନ୍ତି । 'ଭୂମିକମ୍ପ' ଗଳ୍ପରେ ସନ୍ଦୀପ ପ୍ରାପ୍ତସକାଳରେ ଅନୁଭବ କରୁଛି ଯେ ତା'

ଚତୁର୍ଦ୍ଦିଗରେ 'ଭୂମିକମ୍ପ' ଆରମ୍ଭ ହେଉଛି । ଏକ ଅସହାୟତାକୁ ଯେପରି ଆଲୋଚ୍ୟ ଗଳ୍ପରେ ସନ୍ଦୀପ ବୋହି ଚାଲିଛି ତା' ଅନ୍ତର୍ମନରେ । ସେହିପରି ରବି ପଟ୍ଟନାୟକଙ୍କର 'କବନ୍ଧ', 'ରାଗତୋଡ଼ି', କୃଷ୍ଣପ୍ରସାଦ ମିଶ୍ରଙ୍କ 'ଅରଣ୍ୟ ଉପବନ', 'ନାଏଗ୍ରା ଓ ଦେବଯାନୀ', ଶାନ୍ତନୁ ଆଚାର୍ଯ୍ୟଙ୍କ 'ମୂଳ', 'ଦୁର୍ବାର', କହ୍ନେଇଲାଲଙ୍କ 'କାର୍ଫ୍ୟୁ', ରାମଚନ୍ଦ୍ର ବେହେରାଙ୍କ 'ଦୁଇଟି ମୁର୍ଦ୍ଦାର ସଂର୍ପକରେ', 'ନିଃସଙ୍ଗ ବର୍ତ୍ତମାନ', 'ଶ୍ରୀକ୍ଷେତ୍ରରେ ଦୁଇଦିନ', 'ଘର' ଆଦି ଗଳ୍ପରେ ମନସ୍ତାତ୍ତ୍ୱିକ ବିଶ୍ଳେଷଣ ଅତି ଚମତ୍କାର ଭାବରେ ହୋଇଛି । 'ଘର' ଗଳ୍ପରେ ଗଳ୍ପ ନାୟକ ଚାକିରି କରିବାର ସାତବର୍ଷରେ ଘରଟେ ପାଇଛି । ସେହିଘରେ ତେଲେଙ୍ଗା ଅଫିସରଙ୍କ ଭଉଣୀ ଆତ୍ମହତ୍ୟା କରିଥିବାରୁ ଗଳ୍ପ ନାୟକର ମନ ହେଉଛି ବିଚଳିତ । ଗଳ୍ପନାୟକ ଅନ୍ତଃମନରେ ଦ୍ୱନ୍ଦ୍ୱ ବସାବାନ୍ଧିଛି । ଗଳ୍ପ ନାୟକ ସ୍ତରୀଭୂତ ଅତୀତର ସ୍ମୃତି ଚାରଣ କରିଛି ଅନ୍ତର୍ମନରେ । ସେହିପରି 'ଅନ୍ୟ ଅନୁଭୂତି' ଗଳ୍ପରେ ସୁମିତ୍ରାର ଅନ୍ତଃମନରେ ଥିବା ଗୁପ୍ତସତ୍ତାକୁ ଗାଳ୍ପିକ ଅତି ଚମତ୍କାର ଭାବରେ ପରିପ୍ରକାଶ କରୁଛନ୍ତି ।

ଅନୁରୂପ ଭାବେ ଗାଳ୍ପିକ ରଜନୀକାନ୍ତ ମହାନ୍ତି ଗ୍ରାମୀଣ ତଥା ସହରୀ ମଣିଷର ଦୁଃଖ, ଯନ୍ତ୍ରଣା, ହତାଶା, ଏକାକୀତ୍ୱ ଆଦିକୁ ପରିପ୍ରକାଶ କଲାବେଳେ ମଣିଷ ମନର ବିଶ୍ଳେଷଣ କରିବାରେ ନିଜର ସ୍ୱାତନ୍ତ୍ୟ ବଜାୟ ରଖିଛନ୍ତି । ଗଳ୍ପ ମାଧ୍ୟମରେ ଚରିତ୍ରମାନଙ୍କ ଅନ୍ତଃସତ୍ତାକୁ ଅନାବୃତ୍ତ କରି ବେଶ୍ ସଚେତନ ଭାବରେ କଥାଭାଗ ପରିପ୍ରକାଶ କରନ୍ତି । ତାଙ୍କ 'ମା' ଗଳ୍ପରେ ସନ୍ତାନ ପ୍ରାପ୍ତି ନିମନ୍ତେ ଜଣେ ମା'ର ଅସହାୟତା, 'ଫକୀରମୋହନୀୟ' ଗଳ୍ପରେ ବିଧବାନାରୀ ନିଜ ପରିବାର ଚଳାଇଲାବେଳେ ଏକ ଅସହ୍ୟ ଅସ୍ୱସ୍ତିକର ଭାବ, 'ପାଉଁଶ ହିଡ଼' ଗଳ୍ପରେ ମଦ୍ୟପ ବାପର ନାରୀପ୍ରତି ଆସକ୍ତିଭାବ ଓ ପାପକର୍ମ ଯୋଗୁଁ ଉମା ମାନସିକ ଯନ୍ତ୍ରଣା ଭୋଗିବା, 'ଅକାଳ' ଗଳ୍ପରେ ପରିବାର ପୋଷିବାର ଦୁଃଖଦ ସ୍ମୃତି ଚାରଣ, 'ବତୀଖୁଣ୍ଟ' ଗଳ୍ପରେ ଅତୀତର ଦୁଃଖଦପୂର୍ଣ୍ଣ ସ୍ମୃତି ମାନସପଟ୍ଟରେ ସଞ୍ଚରିଯିବା, 'ପିମ୍ପୁଡ଼ି' ଗଳ୍ପରେ ଗଳ୍ପନାୟକ ଶ୍ୱେତାଙ୍କର ଅସହାୟତା ଆଦିକୁ ବେଶ୍ ମନୋରମ ଢଙ୍ଗରେ ଉପସ୍ଥାପନ କରିଛନ୍ତି ଗାଳ୍ପିକ ରଜନୀକାନ୍ତ ମହାନ୍ତି । ଆବାଳବୃଦ୍ଧବନିତା ତଥା ଗ୍ରାମୀଣ ପରିବେଶର ଚରିତ୍ର ଓ ସହରୀ ପରିବେଶର ଚରିତ୍ର ସମସ୍ତେ ନିଜନିଜର ପରିସ୍ଥିତିକୁ ନେଇ କେତେ ଅସହାୟ ତାହା ଶ୍ରୀ ମହାନ୍ତିଙ୍କ ସିଦ୍ଧ ହସ୍ତର ମନୋବିଶ୍ଳେଷଣରେ ପରଖି ହୋଇଯାଏ । ଏ ଦୃଷ୍ଟିରୁ ଗାଳ୍ପିକଙ୍କର ରହିଛି ଯଥେଷ୍ଟ ଦକ୍ଷତା ।

"ବିଂଶ ଶତାବ୍ଦୀର ଶେଷ ପ୍ରାନ୍ତରେ କଥା ସାହିତ୍ୟର ସ୍ୱର ମୁଖ୍ୟତଃ ବିଦ୍ରୂପାତ୍ମକ ଓ ତୀର୍ଯ୍ୟକ୍ । ସମୟର ସଂକଟ କେବଳ ରାଜନୀତିକ ସ୍ତରରେ ଆବଦ୍ଧ ନ ରହି ଧର୍ମ, ସମାଜ, କଳା, ସାହିତ୍ୟ, ଶିକ୍ଷା, ସଂସ୍କୃତି ପ୍ରଭୃତି ଜନଜୀବନର ପ୍ରତ୍ୟେକ ସ୍ତରକୁ ବ୍ୟାପି ଯାଇଛି । ଏହି ଦ୍ୱିଧାବିଭକ୍ତ ସନ୍ଦିଗ୍ଧ ଜନଚିତ୍ତରେ ରାଜନୈତିକ ଅସ୍ପୃହା, ମରୁତୃଷ୍ଣା ପଛରେ ଧାବମାନ ପରି ପ୍ରତୀତ ହେଉଛି । ସାରା ଦେଶରେ ଆତଙ୍କରାଜ ଅରାଜକତା ଜାତୀୟ ଜୀବନର

ସହଜ ଓ ସ୍ୱାଭାବିକ ଧାରାରେ ପରିଣତ ହୋଇସାରିଲାଣି । ଗଣତନ୍ତ୍ର ଶାସନର ସକଳବିଧ ବିଫଳତା ଏ ଶତାବ୍ଦୀର ଭାବବଳୟକୁ ପାଣ୍ଡୁର ଓ ବିବର୍ଣ୍ଣ କରିଦେଇଛି । ବ୍ୟକ୍ତିର ଅନ୍ତର୍ଲୋକ ଓ ଜାତିର ମାନସଲୋକ ଆଲୋକ ବିବର୍ଜିତ ଧୂସରତାରେ ଆଚ୍ଛନ୍ନ ହେଲା ପରି ପ୍ରତୀୟମାନ ହେଉଛି ।"(୪) କଥାକାର ମନୋଜ ଦାସ, ସୁରେନ୍ଦ୍ର ମହାନ୍ତି, ରବି ପଟ୍ଟନାୟକ, କିଶୋରୀ ଚରଣଦାସ, ଅଚ୍ୟୁତାନନ୍ଦ ପତି, ଶାନ୍ତନୁ କୁମାର ଆଚାର୍ଯ୍ୟ, ପ୍ରତିଭା ରାୟ, ବିଭୂତି ପଟ୍ଟନାୟକ, ରାମଚନ୍ଦ୍ର ବେହେରା, ଦେବରାଜ ଲେଙ୍କା, ପଦ୍ମଜ ପାଳ, କଇଳାଶ ପଟ୍ଟନାୟକ ଆଦି ବହୁ ଲେଖକ ଗଳ୍ପରେ ରାଜନୀତିର ରୂପକୁ ଉଦ୍‌ଘାଟନ କଲାଭଳି ଗାଳ୍ପିକ ରଜନୀକାନ୍ତ ମହାନ୍ତି ମଧ୍ୟ ଗଳ୍ପ ପରିଧିରେ ରାଜନୀତିର ଚିତ୍ର ଆଙ୍କିଛନ୍ତି ସ୍ୱକୀୟ ଅଭିଜ୍ଞତାରୁ ।

ଗାଳ୍ପିକ ସୁରେନ୍ଦ୍ର ମହାନ୍ତି ତାଙ୍କ ଗଳ୍ପରେ ସ୍ୱାଧୀନତା ନାମରେ, ଶାସନ ନାମରେ ଚାଲିଥିବା ଧପ୍‌ପାବାଜିର ବୀଭତ୍ସରୂପକୁ ଆବିଷ୍କାର କରିଛନ୍ତି । ଶ୍ରୀ ମହାନ୍ତିଙ୍କ 'ଶ୍ରୀକୃଷ୍ଣଙ୍କ ଶେଷ ହସ' ଗଳ୍ପରେ ପ୍ରତୀକାତ୍ମକ ଭାବରେ ଗଣତନ୍ତ୍ରର ପ୍ରହସନକୁ ଉନ୍ମୋଚନ କରିଛନ୍ତି । ଶାନ୍ତନୁ କୁମାର ଆଚାର୍ଯ୍ୟଙ୍କ 'ଏଇ ଶେଷ ପଦଟିଏ', 'ଅଦିନ ବଉଳ' ଆଦି ଗଳ୍ପ ପୁସ୍ତକରେ ସ୍ଥାନିତ ଗଳ୍ପ ଗୁଡ଼ିକର ଗଣତନ୍ତ୍ର ଶାସନର ଦୁର୍ବଳତମ ଦିଗପ୍ରତି ସେ ଅଙ୍ଗୁଳି ନିର୍ଦ୍ଦେଶ କରିଛନ୍ତି । ଯଥାର୍ଥରେ ଗଣଭୋଟ ନାମରେ ଯେଉଁ ନିର୍ବାଚନୀୟ ପ୍ରହସନ ଚାଲିଛି, ସେଥିରେ ରାଜନୀତିକ ଚେତନାର ଗୁଣାତ୍ମକ ହ୍ରାସ ପରିଲକ୍ଷିତ ହୋଇଥାଏ । ଗଣତନ୍ତ୍ରର ନାମକୁ ନେଇ ସାଧାରଣ ଅଶିକ୍ଷିତ ବ୍ୟକ୍ତିତ୍ୱଙ୍କୁ ନାନା ପ୍ରଲୋଭନ ଦେଖାଇ ଠକୁଥିବାର ନଜିର ରହିଛି । ଗାଳ୍ପିକ କେଉଁଠି ବ୍ୟଙ୍ଗ ବିଦ୍ରୂପ ତ କେଉଁଠି ସିଧାସଳଖ ଆକ୍ଷେପ କରନ୍ତି ଗାଣତାନ୍ତ୍ରିକ ବ୍ୟଭିଚାରକୁ । 'ଆଧୁନିକ ରାକ୍ଷସ', 'ହିଟଲର' ପ୍ରଭୃତି ଗଳ୍ପରେ ସଂପ୍ରତି ରାଜନୀତିର ସ୍ୱରୂପକୁ ଅନୁସଂଧାନ କରିହୁଏ । ଅର୍ଥ ଓ କ୍ଷମତାଦ୍ୱାରା ନିୟନ୍ତ୍ରିତ ଆଜିର ରାଷ୍ଟ୍ରୀୟ ଜୀବନ ହରାଇ ବସୁଛି ତା'ର ସୌକୁମାର୍ଯ୍ୟ, ସୌନ୍ଦର୍ଯ୍ୟବୋଧ, ମହନୀୟତା ଓ ଆଦର୍ଶ । କ୍ଷମତାଶୀଳ ବ୍ୟକ୍ତିପାଖରେ ସ୍ୱାର୍ଥର ବିଭୀଷିକାକୁ ଚାକ୍ଷୁସ କରିହୁଏ ।

ପ୍ରତୀକାତ୍ମକ ଢଙ୍ଗରେ କଥାକାର ମନୋଜ ଦାସ ମାନବେତର ଚରିତ୍ରଦ୍ୱାରା ସମ୍ପ୍ରତି ରାଜନୀତି ଓ ରାଜନେତାଙ୍କର କଳୁଷିତ ରୂପକୁ ଦେଖାଇଲା ଭଳି 'କୁହୁକ କଖାରୁ କଥା' 'ମାଦଳ ପୁରୁଷ କଥା' 'ବାନର ରହସ୍ୟ କଥା', 'ବ୍ୟାଘ୍ରବିଳାସ', 'ଜଳତର୍କ', 'ବାଘ ଶିକାର' ଆଦି ଗଳ୍ପରେ ସ୍ୱାଧୀନତା ପରେ ଗାଣତାନ୍ତ୍ରିକ ରାଷ୍ଟ୍ରରେ ରାଜନୀତିର ଯେଉଁ ଅବକ୍ଷୟ ଦେଖାଦେଇଛି, ରାଜନୀତିକ ଚରିତ୍ରମାନଙ୍କର ଯେଉଁ ସ୍ୱେଚ୍ଛାଚାରିତା ପ୍ରକାଶ ପାଇଛି ତାହାର ପ୍ରତିଛବି କଥାକାର କଇଳାଶ ପଟ୍ଟନାୟକ ଗଳ୍ପମଧ୍ୟରେ ରୂପାୟିତ କରିଛନ୍ତି। ରାଜନୀତିକ ଆଦର୍ଶ ପରିବର୍ତ୍ତେ ଉତ୍କଟ ଭୋଗବାଦ ପ୍ରମୁଖ ସ୍ଥାନ ପାଇଛି; ଯାହାର ଫଳସ୍ୱରୂପ ରାଜନୀତିକ ଉଲ୍ଲଙ୍ଘନ ଘଟୁଛି। ଗାଣତାନ୍ତ୍ରିକ ରାଷ୍ଟ୍ରରେ ସଙ୍କଟ, ଦେଶ ସେବା ନାମରେ ଆତ୍ମସାତ, ପ୍ରତାରଣା ଓ ପ୍ରବଞ୍ଚନା ଆଦି ନିଜ ଗଳ୍ପରେ ଉପସ୍ଥାପନ କରିଛନ୍ତି। ସେହିପରି ଗାଳ୍ପିକ ରଜନୀକାନ୍ତ

ମହାନ୍ତି ଯଦ୍ୟପି ମାନବେତର ଚରିତ୍ରକୁ ଗ୍ରହଣ କରି ପ୍ରତୀକାତ୍ମକ ଭାବରେ ଉତ୍କଟ ଗାଣତାନ୍ତ୍ରିକ ରାଜନୀତିକୁ ପ୍ରକାଶ କରି ନାହାନ୍ତି କିନ୍ତୁ ଗ୍ରାମୀଣ ରାଜନୀତି ଓ ସହରୀ ରାଜନୀତି ଉଭୟକୁ ସ୍ୱକୀୟ ଢ଼ଙ୍ଗରେ ପ୍ରକାଶ କରି ପାଠକ ଭିତରେ ସଚେତନତା ସୃଷ୍ଟି କରିବା ସହିତ ବ୍ୟକ୍ତି ଓ ଚରିତ୍ର ସଂଶୋଧନର ମୂଳଲକ୍ଷ୍ୟକୁ ଚରିତାର୍ଥ କରିଛନ୍ତି ।

କଥାକାର ରଜନୀକାନ୍ତ ମହାନ୍ତିଙ୍କ 'ହଡ଼ି କାଠ' ଗଳ୍ପରେ ଗ୍ରାମୀଣ ଜୀବନ ଉପରେ ସହରୀ ଜୀବନର ପ୍ରଭାବ ତଥା ଗାଁ ପରିବେଶ ମଧ୍ୟରେ ଅପରିପକ୍ୱ ରାଜନୀତିକୁ ଭିନ୍ନ ଏକ ପ୍ରେକ୍ଷାପଟରେ ଉଦ୍ଧାର କରାଇଛନ୍ତି କଥାକାର । ସେହିପରି ଗ୍ରାମୀଣ ରାଜନୀତିର କଥା କହେ 'ରାହା ଜଗାଳୀ', 'ପ୍ରକ୍ସି', 'ସେଇ ଅନ୍ଧାରୀ କୋଣକୁ ଚାଲିଯା' ଆଦି ଗଳ୍ପ । ଏସବୁ ଗଳ୍ପରେ ଗ୍ରାମୀଣ ରାଜନୀତିକୁ ଦେଖାଇଲା ବେଳେ 'ଅନୁଭବ କାହିଁକି ଦାଢ଼ି ବଢ଼େଇଚି' ଓ 'ଶିଶୁ' ଗଳ୍ପରେ ଛାତ୍ର ରାଜନୀତି, 'ଆଁ', 'ଜନପଥ' ଭଳି ଗଳ୍ପରେ ସହରୀ ରାଜନୀତିକୁ ଅନୁଶୀଳନ କରିଛନ୍ତି ଅତି ଚମତ୍କାର ଢ଼ଙ୍ଗରେ କଥାକାର । ରାଜନୀତିରେ ଆଦର୍ଶ ଅନାଦର୍ଶର କଥା କୁହାଯାଇଛି । ଯେଉଁଠି କ୍ଷୟିଷ୍ଣୁ ଗାଣତାନ୍ତ୍ରିକ ମୂଲ୍ୟବୋଧକୁ ଆଧାରକରି ଗଳ୍ପର କଥାବସ୍ତୁ ଗତି କରିବା ସହିତ ଚରିତ୍ରମାନଙ୍କର ଭ୍ରଷ୍ଟାଚାରକୁ ଉନ୍ମୋଚନ କରାଯାଇଛି । ଗଳ୍ପ ମଧ୍ୟରେ ଦୂରାଚାରୀ ରାଜନେତାଙ୍କର ସ୍ୱାର୍ଥବାଦୀଗୁଣ, ଶୋଷଣ, ଅତ୍ୟାଚାରକୁ ନେଇ ମନୋରମ ଢ଼ଙ୍ଗରେ କଥାକାର ପରସି ଦେଇଛନ୍ତି ପାଠକଙ୍କୁ ।

ଓଡ଼ିଆ ଗଳ୍ପ ସାହିତ୍ୟରେ ସାମ୍ୟବାଦର ଯେଉଁରୂପ ସ୍ୱାଧୀନତାର ପୂର୍ବବର୍ତ୍ତୀ ଗଳ୍ପ ସାହିତ୍ୟରେ ପରିପ୍ରକାଶ ହୋଇଥିଲା ତାହା ସ୍ୱାଧୀନତାର ଉତ୍ତର କାଳରେ ଅନେକ ପରିବର୍ତ୍ତନ ସଙ୍ଗେ ସେଇ ସ୍ୱର ବେଶ୍ ବଳିଷ୍ଠ ହୋଇଛି । ବସ୍ତୁବାଦୀ ସଭ୍ୟତା ଯେତେ ପରିମାଣରେ ସାହିତ୍ୟିକମାନଙ୍କର ନୈରାଶ୍ୟଭାବ ପ୍ରକାଶ କରିଛି ସେହିପରି ସାମ୍ୟବାଦୀ ଭାବଧାରା ମଧ୍ୟ ପ୍ରକାଶ ପାଇଛି ।

"ଓଡ଼ିଆ ଗଳ୍ପ ସାହିତ୍ୟର କାଳିନ୍ଦୀଚରଣ, କାହ୍ନୁଚରଣ, ଗୋପୀନାଥ, ରାଜକିଶୋର ରାୟ, ରାଜକିଶୋର ପଟ୍ଟନାୟକ, ନିତ୍ୟାନନ୍ଦ ମହାପାତ୍ର, ଗୋଦାବରୀଶ ମହାପାତ୍ର, ଲକ୍ଷ୍ମୀଧର ନାୟକ, ସୁରେନ୍ଦ୍ର ମହାନ୍ତି, ମନୋଜ ଦାସ, ଅଖିଳ ମୋହନ ପଟ୍ଟନାୟକ, ଶାନ୍ତନୁ ଆଚାର୍ଯ୍ୟ, କୃଷ୍ଣ ପ୍ରସାଦ ମିଶ୍ର, ମହାପାତ୍ର ନୀଳମଣି ସାହୁ, ଅଚ୍ୟୁତାନନ୍ଦ ପତି, ବୀଣାପାଣି ମହାନ୍ତି ପ୍ରଭୃତି ଗଳ୍ପକାରମାନେ ବାସ୍ତବବାଦୀ ଦୃଷ୍ଟିକୋଣରୁ ଗଳ୍ପ ରଚନା କରିଅଛନ୍ତି । ମାତ୍ର ଏମାନଙ୍କ କେତେକ ମୁଷ୍ଟିମେୟ ଗଳ୍ପକୁ ଛାଡ଼ିଦେଲେ ଅନ୍ୟ ସବୁଥିରେ ପ୍ରଗତିବାଦୀ ଚିନ୍ତାଧାରା ଦେଖିବାକୁ ମିଳେ ନାହିଁ । ଏସବୁ ଗଳ୍ପରୁ ଆର୍ତ୍ତ ମାନବବାଦର ପରିଚୟ ମିଳିଥାଏ । ମଣିଷର ଦ୍ୱିଧାବ୍ୟକ୍ତିତ୍ୱ, ମଣିଷ ମନର ଅନ୍ଧକାର ସ୍ୱରୂପ, ଭିତର ମଣିଷର ଅବୋଧ ବିଭୀଷିକା ଏମାନଙ୍କ ଗଳ୍ପରେ ସୁନ୍ଦର ଭାବରେ ଚିତ୍ରିତ ମାତ୍ର ଶୋଷକ ଓ ଶୋଷିତର ସମାଧାନ ପାଇଁ କୌଣସି ଚିନ୍ତା ଏ ସବୁଥିରେ ପ୍ରାୟ ନାହିଁ । ହତାଶା, ନୈରାଶ୍ୟ, ବ୍ୟାଧି, ଦୁର୍ବଳ ସ୍ନାୟୁ ଓ ନିଉରୋସିସ୍ ଚର୍ଚ୍ଚା

ଏମାନଙ୍କ ଗଳ୍ପର ଅନ୍ୟତମ ବୈଶିଷ୍ଟ୍ୟ। ତେଣୁ ଏ ପ୍ରସଙ୍ଗରେ ଜଣେ ଆଧୁନିକ କବି ସୀତାକାନ୍ତ ମହାପାତ୍ରଙ୍କର ଉକ୍ତିକୁ ଉଦ୍ଧାର କରାଯାଇପାରେ। ସେ ଲେଖିଛନ୍ତି, "ହତାଶ ଓ ନୈରାଶ୍ୟ ଜୀବନରେ ଆସେ ସମସ୍ତଙ୍କର। କଳାକାରର ସମ୍ବେଦନଶୀଳ ମନରେ ହୁଏତ ଏହା ଆସେ ଅପ୍ରତ୍ୟାଶିତ ଭାବରେ, ଗଭୀର ଆଲୋଡ଼ନରେ। ମଣିଷ ଜୀବନ ବିଷୟରେ ନୈରାଶ୍ୟ ଆସିବା ପାପ ନୁହେଁ; ପାପ ହେଉଛି ଏହି ନୈରାଶ୍ୟରୁ ପଳାୟନ ପନ୍ଥା ଖୋଜିବା, ଜୀବନରୁ ଛାଟିପିଟି ହୋଇ ପଳେଇବା, ଅଶ୍ରୁକୁ ଏକ ବର୍ଜ୍ୟବସ୍ତୁ ବୋଲି ଭାବିବା, ଅନ୍ୟ ଜୀବନର ପରିକଳ୍ପନାରେ ବର୍ତ୍ତମାନର ସ୍ଥିତିକୁ ଅସ୍ୱୀକାର କରିବା।" ବାସ୍ତବିକ୍ ଏହା ହିଁ ହେଉଛି ଜଣେ ପ୍ରଗତିଶୀଳ ଶିଳ୍ପୀର ଅନ୍ତର୍ବାଣୀ। ଓଡ଼ିଆ ଗଳ୍ପ ସାହିତ୍ୟରେ ନୈରାଶ୍ୟ ଓ ଶୋଚନୀୟତା, ବ୍ୟଥା ଓ ବିଫଳତା, ପ୍ରେମ ଓ ମାନବିକତା, ସଂସ୍କୃତି ଓ ସଭ୍ୟତାର ସଙ୍କଟ କଥା ଚିତ୍ରିତ; ମାତ୍ର ସାମାଜିକ ତଥା ସାଂସ୍କୃତିକ ଜଡ଼ତାକୁ ଦୂର କରି ବୈପ୍ଳବିକ ଭାବରେ ଜନସମାଜକୁ ଉଦ୍‌ବୁଦ୍ଧ କରିବା ପାଇଁ ସେତେ ପର୍ଯ୍ୟାପ୍ତ ନୁହେଁ। ଅବଶ୍ୟ କେତେକ ଶିଳ୍ପୀଙ୍କ ଲେଖାରେ ଏହା ଦେଖିବାକୁ ମିଳେ। ସୁରେନ୍ଦ୍ର ମହାନ୍ତିଙ୍କ 'ବନ୍ଦୀ', 'ମହାନଗରୀରେ ରାତ୍ରି', 'ମଣିଷ ଓ ଅର୍ଥନୀତି', 'ସତର ନମ୍ବର ୱାର୍ଡ଼', 'ଭାରତ ଆବିଷ୍କାର', 'କାଳିମାଟି', 'ନୟନପୁର ଏକ୍‌ସପ୍ରେସ୍', 'ଦୁଇବନ୍ଧୁ', 'ରୁଟି ଓ ଚନ୍ଦ୍ର', 'ଭାଗାବଣ୍ଡ', 'ଘଇତାମାରିପାଟ', ବ୍ରହ୍ମାନନ୍ଦ ପଣ୍ଡାଙ୍କର 'ସାଧାରଣ ସତ୍ୟ', 'ଜ୍ୱାଳାକ୍ଷ', 'ସମ୍ମୁଖ ଯୋଗିନୀ', 'ବନ୍ଧୁଙ୍କ ରାଜନୀତି', 'ଘାତଚନ୍ଦ୍ର', ରାଜ କିଶୋର ପଟ୍ଟନାୟକଙ୍କର 'ଘାସ', ରାଜକିଶୋର ରାୟଙ୍କର 'ସ୍ୱେଚ୍ଛାନିଧନ' ଆଦି ଗଳ୍ପରେ ବାସ୍ତବବାଦର ପରିଚୟ ମିଳିବା ସଙ୍ଗେ ସଙ୍ଗେ ପ୍ରଗତିବାଦର ସ୍ୱାକ୍ଷର ରହିଚି।"[୫] ଏମାନଙ୍କବ୍ୟତିତ ମନୋଜ ଦାସ, ଅଚ୍ୟୁତାନନ୍ଦ ପତି, ଶାନ୍ତନୁ କୁମାର ଆଚାର୍ଯ୍ୟ, ପୂର୍ଣ୍ଣାନନ୍ଦ ଦାନୀ, ପ୍ରସନ୍ନ କୁମାର ପାଟଶାଣୀ, ହୁସେନରବି ଗାନ୍ଧୀ, ଜଗଦୀଶ ମହାନ୍ତି, ଅଧ୍ୟାପକ ବିଶ୍ୱରଞ୍ଜନ, କୃଷ୍ଣଚନ୍ଦ୍ର ବେହେରା, ସଦାଶିବ ଦାସ ଆଦିଙ୍କ ଗଳ୍ପରେ ବାସ୍ତବ ଜୀବନର ଚିତ୍ରଲିପି ସଙ୍ଗେ ପ୍ରଗତିବାଦୀ ଚିନ୍ତାଧାରାର ସ୍ୱର ଝଙ୍କୃତ। ଏମାନଙ୍କ ସମେତ କଥାକାର ରଜନୀକାନ୍ତ ମହାନ୍ତି ସଂପ୍ରତି ପୁଞ୍ଜିବାଦୀ ସମାଜର ନଗ୍ନ ସ୍ୱରୂପକୁ ଦେଖାଇବା ସଙ୍ଗେ ଚରିତ୍ର ମାଧ୍ୟମରେ ଏହାର ପ୍ରତିବାଦ କରିବା କ୍ଷେତ୍ରରେ କିଛି ଊଣା ନୁହନ୍ତି।

ଓଡ଼ିଆ ସାହିତ୍ୟରେ ପ୍ରଥମ କରି ସାମ୍ୟବାଦୀ ସ୍ୱର ଉଠାଇଥିବା ଗାଳ୍ପିକ ଭଗବତୀ ଚରଣଙ୍କ 'ଶିକାର' ଗଳ୍ପର ଘିନୁଆ, ସଦାଶିବ ଦାଶଙ୍କ 'ଉଦିଆ ଗମାଙ୍ଗ' ଗଳ୍ପର ଉଦିଆ, ଅଧ୍ୟାପକ ବିଶ୍ୱରଞ୍ଜନଙ୍କ 'ଦିୱାଲି' ଗଳ୍ପର ଅନୁଭବ ଏବଂ ଗାଳ୍ପିକ ରଜନୀକାନ୍ତ ମହାନ୍ତିଙ୍କ 'ନିଶୀଥ ସଙ୍ଗମ' ଗଳ୍ପର ରଣଜିତ, ଏମାନେ ଜଣେ ଜଣେ ବିଦ୍ରୋହୀ ଆତ୍ମା। ଏମାନଙ୍କ ଲକ୍ଷ୍ୟ ସମାନ ଓ ଶୋଷଣ ବିରୁଦ୍ଧରେ ସମସ୍ତେ ସ୍ୱର ଉତ୍ତଳନ କରୁଛନ୍ତି। ଏ ସମସ୍ତ ଚରିତ୍ର ସମଗୋତ୍ରୀୟ ମନେ ହେଲେ ମଧ୍ୟ ସେମାନଙ୍କ ପରିବେଶାନୁଯାୟୀ ସେମାନେ ନିଜ କର୍ମ କରିଛନ୍ତି। ଘିନୁଆ ଜଙ୍ଗଲି ମଣିଷ ହୋଇ ନିଜର ସ୍ୱାଧୀନତା ଓ ଅଧିକାରକୁ ବଞ୍ଚାଇ ରଖିବା

ପାଇଁ ଜମିଦାରୀ ଶୋଷଣର ପ୍ରତିକାର କଲାବେଳେ ସଦାଶିବ ଦାଶଙ୍କ 'ଉଦିଆ ଗମାଙ୍ଗ' ଗଳ୍ପରେ ବିଦ୍ରୋହୀ ଆତ୍ମା ଉଦିଆର ବିହାରୀ ମଦ ଦୋକାନୀର ମୁଣ୍ଡ ଫଟାଇ ରକ୍ତାକ୍ତ କରିଛି। କାରଣ ଉଦିଆ ଦେଖୁଛି ତେଇଶ ବର୍ଷର ସ୍ୱାଧୀନତା ପରେ ମଧ୍ୟ ମଣିଷକୁ ମଣିଷତ୍ୱ ହରାଇବାକୁ ପଡୁଛି। ଠିକ୍ ସେହିପରି ନଭେମ୍ବର ୧୯୭୯ ମସିହାରେ 'ସୌରଭ' ପତ୍ରିକାରେ 'ନିଶୀଥ ସଙ୍ଗମ' ଗଳ୍ପ ପ୍ରକାଶ ପାଏ ଶ୍ରୀ ରଜନୀକାନ୍ତ ମହାନ୍ତିଙ୍କର। ସ୍ୱାଧୀନତାର ଠିକ ତିନି ଦଶନ୍ଧି ଅତିବାହିତ ହୋଇଥିଲେ ମଧ୍ୟ ବସ୍ତୁବାଦୀ ସମାଜର ଚିକ୍‌ଣ ବାବୁ ଭାୟାଙ୍କର ଶୋଷଣ, ଅତ୍ୟାଚାରର ଚିତ୍ର ବେଶ୍ ପ୍ରସ୍ଫୁଟିତ ହୁଏ ଆଲୋଚ୍ୟ ଗଳ୍ପରେ। ଆଶାବାଦୀ ସାଧାରଣ ମଣିଷଙ୍କ ସ୍ୱାଧୀନତାର ସ୍ୱପ୍ନ ଭାଙ୍ଗି ଚୁରମାର ହୁଏ। ସାମ୍ପ୍ରତିକ ସମୟରେ ସ୍ୱେଚ୍ଛାଚାରୀ ବା ବୁର୍ଜୁଆ ଗୋଷ୍ଠୀଭାବରେ ଅର୍ଥାନ୍ୱେଷୀ ଚିକିତ୍ସକ, ଦୁର୍ନୀତିଗ୍ରସ୍ତ ଆରକ୍ଷୀ ତଥା ଗାଣତାନ୍ତ୍ରିକ ରାଷ୍ଟ୍ରରେ କଳୁଷିତ ରାଜନେତା ଏବଂ ରାଜନେତାଙ୍କର ବୋଲହାକ କରୁଥିବା କୁଜି ନେତାଙ୍କୁ ଆଲୋଚ୍ୟ ଗଳ୍ପରେ ଭର୍ତ୍ସନାକରି ଶ୍ରୀ ମହାନ୍ତି ସାମ୍ୟବାଦୀ ଆଦର୍ଶର କଥା ପ୍ରକ୍ଷାପନ କରିଛନ୍ତି। ଏତଦ୍‌ବ୍ୟତୀତ ଆଲୋଚ୍ୟ ଗଳ୍ପରେ ଯେଉଁ ବ୍ୟକ୍ତି ଭାଷଣ ମାଧ୍ୟମରେ ବା ଶବ୍ଦ ମାଧ୍ୟମରେ ଲୋଭ ଦେଖାଇ ମୋହଗ୍ରସ୍ତ କରୁଛି ଜନସାଧାରଣଙ୍କୁ, ସେହି ବ୍ୟକ୍ତିଙ୍କୁ ଗାଳ୍ପିକ ଶ୍ରୀ ମହାନ୍ତି ହତ୍ୟା କରାଇଛନ୍ତି ଜଣେ ଶିକ୍ଷିତ ବ୍ୟକ୍ତି ରଣଜିତ ହାତରେ। ଅନୁରୂପ ଭାବରେ ଗାଳ୍ପିକ ଅଧ୍ୟାପକ ବିଶ୍ୱରଞ୍ଜନଙ୍କ 'ଦିଓ୍ୱାଲି' ଗଳ୍ପର ଅନୁଭବ ମଧ୍ୟ ରଣଜିତ୍ ଭଳି ସିଧାସଳଖ ହତ୍ୟା କରି ନପାରିଲେ ମଧ୍ୟ ବକ୍ତା ଜଣଙ୍କ ଶରୀରରେ ଅଗ୍ନି ସଂଯୋଗ କରୁଛି।

'ଦିଓ୍ୱାଲି' ଗଳ୍ପରେ ନାୟକ ଅନୁଭବ ଜୀବନର ସ୍ୱାଦ ଚାଖିବା ପୂର୍ବରୁ ସେ ଅନୁଭବ କରୁଛି ବସ୍ତୁବାଦୀ ସମାଜର ଧନୀଶ୍ରେଣୀୟ ବ୍ୟକ୍ତିଙ୍କ ନାରକୀୟ ସ୍ୱାର୍ଥଯୁକ୍ତ କାଣ୍ଡ। ସେଥିପାଇଁ ସେ ଗାଳ୍ପିକ ରଜନୀକାନ୍ତ ମହାନ୍ତିଙ୍କ 'ନିଶୀଥସଙ୍ଗମ' ଗଳ୍ପର ରଣଜିତ୍ ଭଳି ପ୍ରହସନମୟ ବକ୍ତାଙ୍କର ବକ୍ତବ୍ୟକୁ ସବୁଦିନପାଇଁ ନିଆଁ ସଂଯୋଗ କରି ପାଉଁଶ କରି ଦେଇଛି। ଗଣତନ୍ତ୍ର ଅନୁଯାୟୀ ମଣିଷ ସବୁକିଛିର ହକ୍‌ଦାର ଅଥଚ ସାଧାରଣ ମଣିଷଙ୍କର ସ୍ଥିତି କେବଳ ଅସଙ୍ଗତ ଆଶାପୂର୍ଣ୍ଣ ବକ୍ତବ୍ୟ ଶୁଣିବା ସାଜୁଛି। ଏହାକୁ ଗ୍ରହଣ କରିପାରିନାହିଁ ଗଳ୍ପ ନାୟକ ଅନୁଭବ। ନିଜର ଅସହାୟତା ମଧ୍ୟରେ ସେ ସାହାସର ସହ ନିଆଁ ଲଗାଉଛି ବକ୍ତା ଜଣକ ଦେହରେ, କହି ପକାଉଛି, "ତେବେ ଏ ନିଆଁ ଏଇଠି ଲାଗୁ। ଏଇ ସଭାରେ। ଆପଣଙ୍କ ପାଖରେ।"[୬] ଏହା କହି ହଠାତ୍ ସେ ନିଜ ପକେଟରୁ ଦିଆସିଲି କାଠିଟି ବାହାର କରି ବକ୍ତାଙ୍କ ଧୋବ ଫରଫର ପରିଧେୟରେ ନିଆଁ ସଂଯୋଗ କରୁଛି।

ଆଲୋଚ୍ୟ ପ୍ରସଙ୍ଗରେ ସ୍ୱାଧୀନତୋତ୍ତର କାଳର ରାଜନୀତିକ ବିଭତ୍ସତାକୁ ଗାଳ୍ପିକ ଶଦାସିବ ଦାଶ 'ଉଦିଆ ଗମାଙ୍ଗ' ଗଳ୍ପରେ ଉଦିଆ ଚରିତ୍ରର ପ୍ରତିଶୋଧ ପରାୟଣ ଭାବଦେଇ ସାମ୍ୟବାଦର ଧ୍ୱଜା ଉଡ଼ାଇଲା ବେଳେ ଗାଳ୍ପିକ ଅଧ୍ୟାପକ ବିଶ୍ୱରଞ୍ଜନ ଓ କଥାକାର ରଜନୀକାନ୍ତ ମହାନ୍ତି ଉଭୟ ପ୍ରତୀକାତ୍ମକ ଭାବରେ ସଭା ସ୍ଥାନରେ ବକ୍ତା ଅର୍ଥାତ୍ ଶୋଷକ ଗୋଷ୍ଠୀକୁ ହତ୍ୟା

କରୁଛନ୍ତି । 'ନିଶୀଥ ସଙ୍ଗମ' ଓ 'ଦିଓ୍ୱାଲି' ଗଳ୍ପ ଉଭୟର ଚରିତ୍ର ନିଃସଙ୍ଗ, ଅସହାୟତା ମଧ୍ୟରେ ମିଥ୍ୟା ଲୋଭ ସଞ୍ଚାର କରୁଥିବା ବକ୍ତବ୍ୟକୁ ଘୃଣାକରି ସେହି ବକ୍ତବ୍ୟ ପୁନର୍ବାର ନ ଆସିବା ନିମନ୍ତେ ଗଳ୍ପ ନାୟକ ରଣଜିତ ବକ୍ତାକୁ ହତ୍ୟକଲାବେଳେ ଅନୁଭବ ବକ୍ତାର ଧୋବ ଫରଫର ପରିଧେୟରେ ନିଆଁ ଲଗାଇ ଦେଉଛି । କାରଣ ଶୋଷକ ଗୋଷ୍ଠୀର ଅବସାନ ନ ହେଲେ ନୂତନତା ଆସିବ ନାହିଁ; ସେଇ ଶୋଷଣ ପ୍ରବୃତ୍ତି ଭିନ୍ନ ରୂପ ନେଲେ ମଧ୍ୟ ତା'ର ଅବସାନ କରିବା ଲକ୍ଷ୍ୟ ଉଭୟ ଗଳ୍ପରେ ହୋଇଛି ସାର୍ଥକ ।

ସେହିପରି ମନୋଜ ଦାସଙ୍କ 'ସମୁଦ୍ରର କ୍ଷୁଧା', 'ନୂଆଦିନ', 'ଦେଶ ସେବକ' ଆଦି ଗଳ୍ପରେ ଗାଳ୍ପିକଙ୍କର ମାର୍କ୍ସବାଦୀ ଚିନ୍ତାଧାରା ଦେଖିବାକୁ ମିଳେ । 'ସମୁଦ୍ରର କ୍ଷୁଧା' ଗଳ୍ପରେ ପ୍ରତାପଶାଳୀ ଶୋଷକର ଉଗ୍ର ଯୌନ କାମନାବାସନାର ପ୍ରତିପକ୍ଷରେ ବିଦ୍ରୋହର ସ୍ୱର ଝଙ୍କୃତ ହୁଏ । ଅନୁରୂପଭାବେ ଶାନ୍ତନୁ କୁମାର ଆଚାର୍ଯ୍ୟଙ୍କ 'ଦୂର୍ବାର' 'ଆଜିର ଶ୍ରେଷ୍ଠ ଶିଶୁ', 'ନିଉଟ୍ରନ ବୋମା ବା ପ୍ରେମର ଔଷଧ' ଆଦି ଗଳ୍ପରେ ସାମ୍ୟବାଦର ପ୍ରଭାବ ପରିଲକ୍ଷିତ ହୁଏ । ପୂର୍ଣ୍ଣାନନ୍ଦ ଦାନୀଙ୍କ 'ହଳଦି କିଆରି', ପ୍ରସନ୍ନ କୁମାର ପାଟଶାଣୀଙ୍କ 'ଶବ', 'ସମ୍ବାଦ', 'ଦୁର୍ଘଟଣା', ହୁସେନ ରବି ଗାନ୍ଧୀଙ୍କ 'ଗଢ଼ିବା', ଅଖିଳ ମୋହନ ପଟ୍ଟନାୟକଙ୍କ 'ଋତୁଚକ୍ର', ପ୍ରତିଭା ରାୟଙ୍କ 'ଯଙ୍ଗ', ସଦାଶିବ ଦାସଙ୍କ 'ସମୁଦ୍ର ସ୍ନାନ', 'ସ୍ୱପ୍ନ ଦେଖୁଛି', ସଦାନନ୍ଦ ତ୍ରିପାଠୀଙ୍କ 'ଯେଉଁ ବାଟରେ', ଏତଦ୍‌ବ୍ୟତୀତ ଗାଳ୍ପିକ ରଜନୀକାନ୍ତ ମହାନ୍ତିଙ୍କ 'ଶତାବ୍ଦି ପୁରୁଷ', 'ଫକୀର ମୋହନୀୟ', 'ଅନ୍ଧାରକୁ ପାଦେ', 'ହଡ଼ିକାଠ', 'ନାରାଚ ଉବାଚ', 'ରାହାଜଗାଲୀ', 'ବିପ୍ଳବ' ଆଦି ଗଳ୍ପରେ ପୁଞ୍ଜିପତି ସମାଜର ନିଷ୍ପେଷିତ, ଶୋଷିତ, ଦଳିତ ଓ ନିଃସ୍ୱ ଶ୍ରମଜୀବୀମାନଙ୍କର ଦୁଃଖକୁ ବିଶ୍ଳେଷଣ କରିବା ସଙ୍ଗେ, ସେହି ଚରିତ୍ରମାନଙ୍କ ସ୍ୱରତ୍ତୋଳନ ଦ୍ୱାରା ଗାଳ୍ପିକମାନେ ସାମ୍ୟବାଦର ପ୍ରକାଶରେ ସ୍ୱକୀୟ ଜୀବନାଦର୍ଶର ପରିଚୟ ଦେଇଛନ୍ତି ।

ଏ ଅବସରରେ ଗାଳ୍ପିକ ରଜନୀକାନ୍ତ ମହାନ୍ତିଙ୍କ ଗଳ୍ପ କେବଳ ଶୋଷିତ ଓ ଶୋଷକର କଥା କହେ ନାହିଁ; କହେ ଶୋଷଣହୀନ ସମାଜ ଗଠନର କଥା । ଦିଏ ବଞ୍ଚିବା ପାଇଁ ପ୍ରେରଣା, ରହେ ଅବହେଳିତ ମଣିଷକୁ ବିଦ୍ରୋହୀ କରି ଗଢ଼ିବାର ସାମର୍ଥ୍ୟ । ଗାଁରୁ ସହର, ସହରରୁ ଡଙ୍ଗର ସମସ୍ତ ଶୋଷିତ ମଣିଷର ଅବ୍ୟକ୍ତ ବ୍ୟଥାକୁ ହୃଦୟଙ୍ଗମ କରିଛନ୍ତି କଥାକାର ଶ୍ରୀ ମହାନ୍ତି । ସେଥିପାଇଁ ତାଙ୍କ ଗଳ୍ପର ସମସ୍ତ ପରିବେଶରେ ଶୋଷକ ଶୋଷିତର ନିରୋଳା ବାସ୍ତବ ସତ୍ୟକୁ ସାମ୍ୟବାଦର ଧ୍ୱଜା ଉଡ଼ାଇ, ଚରିତ୍ରମାନଙ୍କୁ ନିଜ ସର୍ଜନରେ ଆକର୍ଷଣୀୟ ଢ଼ଙ୍ଗରେ ଗଢ଼ି ତୋଳିଛନ୍ତି । ପାଠକ ସେ ଗଳ୍ପ ପରିବେଶ ମଧ୍ୟକୁ ପ୍ରବେଶ କଲେ ପ୍ରତିହିଂସାର ଦେହ ଶିତେଇ ଉଠିବ, ରୁମ ଟାଙ୍କୁରି ଉଠିବ ଏବଂ ମାରିବ କି ମରିବ ପଣକୁ ଗ୍ରହଣ କରିନେବ । ସାମ୍ୟବାଦୀ ଗଳ୍ପମଧ୍ୟରେ ଆର୍ଥନୀତିକ, ସାମାଜିକ ଓ ରାଜନୀତିକ ସ୍ତରରେ ଶ୍ରେଣୀପାର୍ଥକ୍ୟ ସଙ୍ଗେ ସମ୍ପ୍ରତି ସମାଜର ବାସ୍ତବ ରୂପ ଦେଖାଇବାକୁ ଯାଇ ବୌଦ୍ଧିକ ଶ୍ରେଣୀ ପାର୍ଥକ୍ୟ ଏବଂ ସମସ୍ତ କର୍ମଜୀବୀ ବ୍ୟକ୍ତି ସତ୍ତାର ପାର୍ଥକ୍ୟ ଭଳି ବ୍ୟାପକ ଶ୍ରେଣୀ ସଂଘର୍ଷକୁ

ସ୍ୱକୀୟ ଢ଼ଙ୍ଗରେ ଉପସ୍ଥାପନ କରିଛନ୍ତି ଶ୍ରୀ ମହାନ୍ତି । ଏଥିରୁ ତାଙ୍କ ସାମ୍ୟବାଦୀ ଦର୍ଶନର ସ୍ୱାତନ୍ତ୍ର୍ୟକୁ ପାଠକ ହୃଦୟଙ୍ଗମ କରିପାରେ ।

ମଣିଷ ଜୀବିକା ଅର୍ଜନ ନିମନ୍ତେ ସହରାଭିମୁଖୀ ହେବା ଫଳରେ ଯୌଥ ପରିବାର କାଳକ୍ରମେ ଭାଙ୍ଗି ଏକକ ପରିବାରରେ ପରିଣତ ହୋଇଯାଇଛି । ମନୁଷ୍ୟ ଏକା ହେବାଦ୍ୱାରା ଏକାନ୍ତ ବ୍ୟକ୍ତିକୈନ୍ଦ୍ରିକ ଚିନ୍ତାଧାରା ତା' ଚେତନାରେ ବସା ବାନ୍ଧିଛି । ବସ୍ତୁବାଦୀ ସମାଜରେ ଆପଣା ସ୍ୱାର୍ଥକୁ ଚରିତାର୍ଥ କରିବା ନିମନ୍ତେ ମଣିଷ ଆଗଭର । କାରଣ ସମ୍ପ୍ରତି ପରିବେଶ ପରିସ୍ଥିତି ତାକୁ ବାଧ କରୁଛି ସ୍ୱାର୍ଥାନ୍ୱେଷୀ ହେବା ପାଇଁ; ଯଦ୍ଦ୍ୱାରା ମାନବ ହିଂସ୍ରକରେ ବିବର୍ତ୍ତିତ ହେଉଛି । ନିଜର ସ୍ୱାର୍ଥ କ୍ଷୁଣ୍ଣ ହେଲେ ପିଶାଚ କର୍ମ କରିବାକୁ ମଧ୍ୟ ପଛଉନାହିଁ । ଏହା ଦ୍ୱାରା ମଣିଷ ମଣିଷକୁ ଆଉ ବିଶ୍ୱାସ କରିପାରୁ ନାହିଁ । ଏଥି ନିମନ୍ତେ ଅସହାୟ ମଣିଷ ନିଜକୁ ଅସୁରକ୍ଷିତ ମନେ କରୁଛି । ଏପରି ଚିନ୍ତାଧାରାକୁ ଗଳ୍ପ ମଧ୍ୟରେ ବେଶ୍ ଆକର୍ଷଣୀୟ କରି ଶାନ୍ତନୁ କୁମାର ଆଚାର୍ଯ୍ୟ, ରାମଚନ୍ଦ୍ର ବେହେରା, ଗୌରହରି ଦାସ, କନ୍ହେଇଲାଲ ଦାସ, ଅଧ୍ୟାପକ ବିଶ୍ୱରଞ୍ଜନ, ସଦାନନ୍ଦ ତ୍ରିପାଠୀ ତଥା ଗାଳ୍ପିକ ରଜନୀକାନ୍ତ ମହାନ୍ତି ଆଦି ଗାଳ୍ପିକମାନେ ସ୍ୱକୀୟ ଢ଼ଙ୍ଗରେ ମଣିଷର ଅସହାୟତାବୋଧ, ନିଃସଙ୍ଗତାକୁ ଆଙ୍କିଛନ୍ତି ଗଳ୍ପର କାନଭାସ ମଧ୍ୟରେ ।

ଗୌରହରୀ ଦାସଙ୍କ 'ଅହଲ୍ୟାର ବାହାଘର', 'ଘର', 'ଛୁଆ ବାଆଜି', 'ମାଆ', 'ଦଂଶନ', 'ଖୋଳପା', 'ସୁନାହାର', 'ମଥୁରାର ମାନଚିତ୍ର' ଆଦି ଗଳ୍ପରେ ଚରିତ୍ରମାନଙ୍କର ଅସହାୟତାକୁ ପରଖି ହୋଇଯାଏ । 'ଅହଲ୍ୟାର ବାହାଘର' ଗଳ୍ପରେ ଅହଲ୍ୟାର ଅପରିପୂର୍ଣ୍ଣ ଆଶା ଆକାଂକ୍ଷାକୁ ବୁଝିହୁଏ । ବୟସ ବୃଦ୍ଧି ସଙ୍ଗେ ବିବାହ କରିବାର ଆଶା ଟିକକ ମନରେ ବସା ବାନ୍ଧିଥିଲେ ମଧ୍ୟ ଗଳ୍ପର ପରିଣତିରେ ଅସହାୟତାର ବୋଝକୁ ସେ ମୁଣ୍ଡାଇ ଚାଲେ । ପୁଣି ସେଇ ପୋଇଲି ହେଇଖଟିବା ବ୍ୟତୀତ ସଂସାର ବାନ୍ଧିବାର ଇଚ୍ଛା ଟିକକ ଚୁରମାର ହୋଇ ଭାଙ୍ଗିଯାଏ । 'ଛୁଆ ବାଆଜି' ଗଳ୍ପରେ ସନ୍ତାନ ନଥିବା ଦମ୍ପତ୍ତିଙ୍କର ପୁତ୍ର ଟୁଟୁଲ ବାର୍ଦ୍ଧକ୍ୟରେ ଜନ୍ମ ହେଲେ ମଧ୍ୟ ତାକୁ ବାବାଜି କରିଦିଆଯାଇଛି । ଗୋଟିଏ ପଟେ ବାପା ମା'ଙ୍କର ଅସହାୟତାବୋଧ ଓ ଅପରପକ୍ଷେ ଟୁଟୁଲ ଗୃହକୁ ପ୍ରତ୍ୟାବର୍ତ୍ତନ କରିବାର ଇଚ୍ଛା ଚରିତ୍ରମାନଙ୍କୁ ନିଃସଙ୍ଗ କରି ପକାଏ । ସେହିପରି 'ଦଂଶନ' ଗଳ୍ପରେ ମାଳବିକା, 'ଖୋଳପା' ଗଳ୍ପରେ ସଞ୍ଜୟ, 'ସୁନାହାର' ଗଳ୍ପରେ ରଘୁନାଥ, 'ମଥୁରାର ମାନଚିତ୍ର' ଗଳ୍ପରେ ଯଶୋଦା ପ୍ରଧାନ ଆଦି ଚରିତ୍ରମାନେ ଅସହାୟତା ମଧ୍ୟରେ ଗତି କରିଛନ୍ତି । ସେମାନଙ୍କ ପାଖରେ ଅଛି ସାହାସ, କିନ୍ତୁ ସେମାନେ ମାନସିକ ସ୍ତରରେ ଏକୁଟିଆ ଏକୁଟିଆ ମନେ କରିଛନ୍ତି । ନିଜକୁ ତଥା ନିଜ ପରିବାର ପ୍ରତି ଅସୁରକ୍ଷିତ ଭାବନା ପ୍ରକାଶ ପାଇଛି ଆଲୋଚିତ ଚରିତ୍ରମାନଙ୍କ ପାଖରେ ।

ସେହିପରି ଗାଳ୍ପିକ ବିଶ୍ୱରଞ୍ଜନଙ୍କ 'ଅନ୍ତର୍ଯାତ୍ରା', 'ସମୟର ମାନଚିତ୍ର', 'ଦିୱାଲି' ଆଦି

ଗଳ୍ପର ଚରିତ୍ରମାନଙ୍କ ପାଖରେ ନିଃସଙ୍ଗତା ପରିପ୍ରକାଶ ହୁଏ। ଗାଳ୍ପିକ 'ଅନ୍ତର୍ଯାତ୍ରା' ଗଳ୍ପରେ ମଣିଷର ହତାଶାବୋଧକୁ ପରିପ୍ରକାଶ କରିଛନ୍ତି ଅବିନାଶ ଚରିତ୍ର ମାଧ୍ୟମରେ। ଯେଉଁଠି ମଣିଷ ସବୁଥିରେ ମାଲିକହୋଇ ମଧ୍ୟ ଅସହାୟତାକୁ ଆପଣାଏ ନିର୍ଦ୍ୱନ୍ଦ୍ୱରେ। ଅସହାୟତା ଅନିଚ୍ଛା ସତ୍ତ୍ୱେ ମଧ୍ୟ ଧସାଇ ପଶେ ଗଳ୍ପନାୟକ ଅବିନାଶର ଅନ୍ତଃସତ୍ତାକୁ। ମଣିଷର ଅନ୍ତଃସତ୍ତାକୁ ଅନ୍ତର୍ଯାତ୍ରା କରି ଗାଳ୍ପିକ କହନ୍ତି, "ଆମ ଭିତରୁ କିଏ ପ୍ରକୃତରେ ଅସହାୟ ନୁହେଁ କହିଲେ ? ସାରାଜୀବନ ଆମର ଅସହାୟତାରେ କଟିଯାଏ।"(୭) ସେହିପରି 'ସମୟର ମାନଚିତ୍ର' ଗଳ୍ପର ଗଳ୍ପ ନାୟକର ପରିବେଶ ଓ ପରିସ୍ଥିତି ତାକୁ ଅସହାୟ ଓ ନିଃସଙ୍ଗ କରି ଗଢ଼ି ତୋଳିଛି। ଗଳ୍ପ ନାୟକ ପୁନର୍ବାର ଜୀବନ ଯାତ୍ରା ଆରମ୍ଭ କରିଥିଲେ ମଧ୍ୟ ସେଇ ନୂତନ ଜୀବନ ଯାତ୍ରାରେ ଆସିଛି ଅସହାୟତା। ଗାଳ୍ପିକ ଗଳ୍ପନାୟକର ଜୀବନକୁ ଶୁଖିଲାପତ୍ର ସଙ୍ଗେ ତୁଳନା କରି ଚରିତ୍ରର ନିଃସଙ୍ଗ ଜୀବନକୁ ପରିପ୍ରକାଶ କରିଛନ୍ତି। ସେହିପରି 'ଦିଓ୍ୱାଲି' ଗଳ୍ପରେ ଅନୁଭବର ବ୍ୟକ୍ତିତ୍ୱକୁ ଅସହାୟ ଓ ଅସୁରକ୍ଷିତ ଭାବନା ମଧ୍ୟରେ ଗାଳ୍ପିକ ଗଢ଼ି ତୋଳିଛନ୍ତି, କିନ୍ତୁ ପରିଣତିରେ ପ୍ରତିଶୋଧ ମନସ୍କ କରି ସାମ୍ୟବାଦର ଉଦ୍ରେକ କରିଛନ୍ତି।

ଗାଳ୍ପିକ ସଦାନନ୍ଦ ତ୍ରିପାଠୀଙ୍କ 'ତିନୋଟି ପାହାଚ', 'ଗୋଟିଏ ବ୍ୟାଧିର ପୃଷ୍ଠଭୂମି', 'ନିଜ ସହ ଭେଟ', 'ନିଜ ଦ୍ୱୀପରେ ନିଜେ', 'ଏକାକୀ ନଈଟିଏ' ଆଦିଗଳ୍ପରେ ଚରିତ୍ରମାନେ ଆତଙ୍କଜନକ ଭାବରେ ଖୁବ୍ ନିଃସଙ୍ଗ। ଗାଳ୍ପିକ ଶ୍ରୀ ସନାନନ୍ଦ ତ୍ରିପାଠୀ ଆଲୋଚିତ ଗଳ୍ପରେ ମଣିଷମାନଙ୍କର ଅସହାୟତାବୋଧ ତଥା ଏକଲାପଣକୁ ବ୍ୟଞ୍ଜିତକରି ସେମାନେ କିପରି ଗୋଟିଏ ଭୟଭୀତ ପରିବେଶ ଭିତରେ ଆତଯାତ ହେଉଛନ୍ତି ତାହାକୁ ବେଶ୍ ମନୋରମ ଭାବରେ ପ୍ରକାଶ କରିଛନ୍ତି। ଅବଶ୍ୟ ଶ୍ରୀ ତ୍ରିପାଠୀଙ୍କ ଆଲୋଚିତ ଗଳ୍ପର ନାୟକ ନାୟିକାମାନେ ତରୁଣ ତରୁଣୀ କିନ୍ତୁ ନିଜ ନିଜର ଅସହାୟତାକୁ ନେଇ ଖୁବ୍ ଭୟଭୀତ। ସେହିପରି ଶାନ୍ତନୁ ଆଚାର୍ଯ୍ୟଙ୍କ 'ରମା', ରାମଚନ୍ଦ୍ର ବେହେରାଙ୍କ 'ଭୂମିକା', ଦେବବ୍ରତ ମଦନରାୟଙ୍କ 'ଲୋଭ', ଦେବରାଜ ଲେଙ୍କାଙ୍କ 'ମଲା ମଣିଷର ଆଶା' ଆଦି ଗଳ୍ପରେ ଚରିତ୍ରମାନଙ୍କ ଅସହାୟତା ସେମାନଙ୍କ ଜୀବନର ସହଚର ହୋଇଛି। ଠିକ ସେହିପରି ଗାଳ୍ପିକ ରଜନୀକାନ୍ତ ମହାନ୍ତି ତାଙ୍କ ଗଳ୍ପ ପରିଧିରେ ଗ୍ରାମୀଣ ଚରିତ୍ର ହେଉ ବା ସହରୀ ଚରିତ୍ର, ତରୁଣ ଚରିତ୍ର ହେଉ ବା ବୃଦ୍ଧ ଚରିତ୍ର, ତରୁଣୀ ଚରିତ୍ର ହେଉ ବା ବୃଦ୍ଧା ଚରିତ୍ର, ଧନୀକ ଚରିତ୍ର ହେଉ ବା ଗରିବ ଚରିତ୍ର ପ୍ରତ୍ୟେକ ଚରିତ୍ର ବେଶ ଏକୁଟିଆ, ସନ୍ଦିଗ୍ଧ ଭାବରେ ନିଃସଙ୍ଗ ତଥା ଅସହାୟତା ମଧ୍ୟରେ ଦଳିଚକଟି ହୋଇଛନ୍ତି।

'ଶତୁରା' ଗଳ୍ପରେ ପରିବେଶ ଗ୍ରାମୀଣ ହେଲେ ମଧ୍ୟ ଶତୁରାର ଦୁଃଖପୂର୍ଣ୍ଣ ଓ ଯନ୍ତ୍ରଣାଦାୟକ ଅଭିଜ୍ଞତା ତାକୁ ଅସୁରକ୍ଷିତ ଭାବନା ମଧ୍ୟରେ ପକାଇଛି। ବିଶ୍ୱାସରେ ଅନ୍ଧ ହୋଇ ବଡ଼ ଭାଇ ସନ୍ତିଆକୁ ଆପଣାର କରିନେଲେ ମଧ୍ୟ ବଡ଼ ଭାଇର ଚକ୍ରାନ୍ତ ଜାଲରେ ଛନ୍ଦି ହୋଇଯାଏ ଶତୁରା। ସେହିପରି 'ପିମ୍ପୁଡ଼ି' ଗଳ୍ପରେ ଗଳ୍ପ ନାୟକର ନିଃସଙ୍ଗ ଜୀବନ ତଥା

ମୋହଭଙ୍ଗ ପରିଦୃଷ୍ଟ ହୁଏ। ଗାଳ୍ପିକ ବିଶ୍ୱରଞ୍ଜନଙ୍କ 'ସମୟର ମାନଚିତ୍ର' ଗଳ୍ପରେ ଅସହାୟ ଜୀବନକୁ ଶୁଖିଲା ପତ୍ର ସଙ୍ଗେ ତୁଳନା କଲାଭଳି ଗାଳ୍ପିକ ରଜନୀକାନ୍ତ ମହାନ୍ତି ମଧ୍ୟ ଅସହାୟ ଜୀବନକୁ ଶୁଖିଲାପତ୍ର ସଙ୍ଗେ ତୁଳନା କରିଛନ୍ତି ଆଲୋଚ୍ୟ 'ପିମ୍ପୁଡ଼ି' ଗଳ୍ପରେ। ଉକ୍ତ ଗଳ୍ପରେ ଶ୍ୱେତାଙ୍କ ସବୁକିଛି କରିବା ପାଇଁ ପ୍ରସ୍ତୁତ ଥିଲେ ମଧ୍ୟ ତା' ପରିବେଶ ତା'ର ପରିପନ୍ଥୀ, ତେଣୁ ତା'ର ନିଃସଙ୍ଗତା ଖୁବ ଉତ୍ପୀଡ଼କ ଏକ ଶୁଖିଲାପତ୍ରର ଜୀବନ ପରି। ଏତଦ୍‌ବ୍ୟତୀତ 'ଶତାଂଢ଼ି ପୁରୁଷ', 'ହଡିକାଠ, 'କୁହାନଳ', 'ଅଛୁଆଁ ଝିଅ', 'ସୁନା ଶିଆଳ', 'ଗେଣ୍ଡୁଆ', 'ନିଦ୍ରାମ୍ୟର', 'ଅକାଳ' ଆଦି ଗଳ୍ପରେ ଅସହାୟତାବୋଧର ଉପଲବ୍ଧି ହୁଏ। ଏ ସମସ୍ତ ଗଳ୍ପରେ ଚରିତ୍ରମାନେ ମାନସିକ ସ୍ତରରେ ଭାରି ଏକୁଟିଆ, ସେମାନେ ଅସହାୟ ଭାବରେ ଅନ୍ୟର ସାହାଯ୍ୟ ଲୋଡ଼ି ନାହାନ୍ତି। ସେମାନଙ୍କୁ ମଧ୍ୟ କେହି ସହଯୋଗ କରିବା ପାଇଁ ହାତ ବଢ଼ାଇ ନାହାନ୍ତି। ସେମାନେ ନିଜର ପରିବେଶ ମଧ୍ୟରେ ମାନସିକ ଅସନ୍ତୁଳନକୁ ନେଇ ପରିବାର ଚଳାଇବାକୁ ଇଚ୍ଛୁକ ଥିଲେ ମଧ୍ୟ ଆର୍ଥିକ ଅଭାବ ଯୋଗୁଁ ଆହୁରି ନିଃସଙ୍ଗ ହୋଇପଡ଼ିଛନ୍ତି। ଏପରିକି 'ଅକାଳ' ଗଳ୍ପରେ ଗଳ୍ପ ନାୟକ ଦନେଇ ହତାଶାବୋଧ ମଧ୍ୟରେ ନିଜ ସ୍ତ୍ରୀ ରଜନୀ ଏବଂ ନିଜ ପିଲାମାନଙ୍କୁ ଅଟାରେ ବିଷ ମିଶାଇ ରୁଟି ଖାଇବାକୁ ଦେଇ ନିଜ ସଂସାରର ଅବସାନ କରିବାକୁ ପଛାଇ ନାହିଁ। ଏସବୁ ଦୃଷ୍ଟିରୁ ହତାଶାବୋଧ, ନିଃସଙ୍ଗତା, ଏକାକୀତ୍ୱ ତଥା ଅସୁରକ୍ଷିତ ଭାବନା ଆଦି ଗଳ୍ପର ଭାବବଳୟରେ ଅତି ଚମତ୍କାର ଭାବରେ ଗାଳ୍ପିକ ରଜନୀକାନ୍ତ ମହାନ୍ତି ଆଙ୍କି ନିଜର ସ୍ୱାତନ୍ତ୍ର୍ୟ ବଜାୟ ରଖିଛନ୍ତି।

ଅତିଭୌତିକ ଘଟଣାକୁ ନେଇ ଗାଳ୍ପିକ ରଜନୀକାନ୍ତ ମହାନ୍ତିଙ୍କ ଘଟଣା ଉପସ୍ଥାପନାରେ ରହିଛି ସ୍ୱାତନ୍ତ୍ର୍ୟ। ଗାଳ୍ପିକ ରଜନୀକାନ୍ତ ମହାନ୍ତିଙ୍କ 'ଭୂତ' ଶୀର୍ଷକ ଗଳ୍ପ ଭଳି କଥାକାର ଗଣେଶ୍ୱର ମିଶ୍ରଙ୍କ ଲିଖିତ ୧୯୬୭ ମସିହାରେ ପ୍ରକାଶିତ 'ଭୂତ' ଗଳ୍ପଟିର ଭାବପକ୍ଷ ସମଗୋତ୍ରୀୟ। ଉଭୟ ଗଳ୍ପରେ ବାର୍ତ୍ତା ହେଉଛି ବିଶ୍ୱାସ ମଣିଷଗତ ବୁଦ୍ଧିଗତ ବ୍ୟପାର ନୁହେଁ, ହୃଦୟଗତ ବ୍ୟାପାର। ଏହା ଯେତେବେଳେ ବିବେକବୋଧକୁ ହତ୍ୟାକରେ ସେତେବେଳେ ତାହା ଅନ୍ଧବିଶ୍ୱାସରେ ପରିଣତ ହୁଏ। ଶ୍ରୀ ମହାନ୍ତିଙ୍କ ଗଳ୍ପର ଉଚ୍ଚଶିକ୍ଷିତ ଚରିତ୍ର ମଧ୍ୟରେ ଅନ୍ଧବିଶ୍ୱାସ ଜାଗିଉଠିଲା ବେଳେ ଗାଳ୍ପିକ ଗଣେଶ୍ୱର ମିଶ୍ରଙ୍କ 'ଭୂତ' ଗଳ୍ପର ଭୂତକୁ ଦେଖିଥିବା ଚରିତ୍ର ଜଣକ ଅର୍ଦ୍ଧଶିକ୍ଷିତ। ଶ୍ରୀ ମିଶ୍ରଙ୍କ ଗଳ୍ପର ସକାଳର ଗ୍ରାମୀଣ ପରିବେଶ ମଧ୍ୟରେ ଗୋଟିଏ କୂଅ ଚାରିପାଖରେ ଗାଁର ଅଶିକ୍ଷିତ ଓ ଅର୍ଦ୍ଧଶିକ୍ଷିତ ଚରିତ୍ରମାନେ ପୂର୍ବ ରାତ୍ରିରେ ମୋହରିର ଅନାମ ନାୟକଙ୍କ ସ୍ତ୍ରୀ ଗେହ୍ଲି ଦେଖିଥିବା ତ୍ରିପଣ୍ଡ କଳା, ଦାଢ଼ିଆ ଭୂତ ହାତରେ ଖଣ୍ଡେ ଅଖା ଓ ଅନ୍ୟହାତରେ ଭଙ୍ଗା ଖପରାଟିଏ ଥିଲା। ଏହାକୁ ନେଇ ଆଲୋଚନାର ସୁଅ ଛୁଟିଲାବେଳେ ସେ ପ୍ରସଙ୍ଗରେ ଅପ୍ରତ୍ୟାଶିତ ଭାବରେ ଭୂତ କବାଟ ଠକ୍ ଠକ୍ କରିବା, ମଶାଣିରେ ମଣିଷ ମୁଣ୍ଡ ଗଡ଼ିବା, ମଶାଣିରେ ଚିରୁଗୁଣୀମାନେ ନିଆଁ ଲଗେଇ କଅଁଳା ପିଲାକୁ ସେକିବା ଏହା ସଙ୍ଗେ ଠାକୁରାଣୀକୁ ଦେଖି ରକ୍ତବାନ୍ତି କରି ମରିବା ଭଳି ପ୍ରସଙ୍ଗ ଉପସ୍ଥାପନ

ହେଲା ବେଳେ ସକାଳ ଖରାବେଳରେ ରାତ୍ରିରେ ଗେହ୍ଲି ଦେଖିଥିବା ଚରିତ୍ରଟି ଉଭା ହେଉଛି। ଗାଳ୍ପିକ ଉପସ୍ଥାପନ କରୁଛନ୍ତି, "ଦିନ ଆଠଟାରେ ସମସ୍ତଙ୍କ ସାମନାରେ ଆସି ଠିଆ ହୋଇଗଲା ସେଇ ପୂର୍ବ ବର୍ଣ୍ଣିତ ତ୍ରିପଣ୍ଡ କଳା ଦାଢ଼ିଆ ଭୂତ। ସେ ଗୋଟିଏ ହାତରେ ଅଖା ଖଣ୍ଡେ ଓ ଅନ୍ୟ ହାତରେ ଭଙ୍ଗା ଖପରାଟିଏ ଧରିଥିଲା। ତା'ର ଦୁଇଟି କୋରଡ଼ପଣା ଆଖି ନିହାତି ଭୟଙ୍କର ଦିଶୁଥିଲା। ତାକୁ ଦେଖି କାହାରି ବାକ୍‌ସ୍ଫୁର୍ତ୍ତି ହୋଇନାହିଁ। ଯଦିଓ ସୂର୍ଯ୍ୟ ଆଲୁଅରେ ତାକୁ ରହିବାକୁ ମନା। ତଥାପି ସେ ସୂର୍ଯ୍ୟକୁ ପିଠିକରି କଳାଛାଇ ପରି ଠିଆ ହୋଇଥିଲା।"(୮) ଏଥିରୁ ଜଣାଯାଏ ଯେ ସେ ଭୂତ ନଥିଲା, ଥିଲା ପାଗଳଟିଏ।

ଗାଳ୍ପିକ ଗଣେଶ୍ୱର ମିଶ୍ର ଉକ୍ତ ଗଳ୍ପଟିର ଭାବପକ୍ଷକୁ ନାଟକୀୟ କରି ଅଧିକାଂଶ ସ୍ଥାନରେ ପାଠକକୁ ଭୌତିକ ପରିବେଶକୁ ଟାଣିନେଇ ଦ୍ୱନ୍ଦ୍ୱରେ ପକାଇଛନ୍ତି। କିନ୍ତୁ ପାଠକ ନିଶ୍ଚୟ ଆହ୍ଲାଦ ଲଭିବ ଗଳ୍ପଟି ପାଠ କରି। କାରଣ ପାଠକର ଚିନ୍ତା ଚେତନା ସେହି ଅଲୌକିକତାକୁ ଯେଉଁ ରୂପରେ ଗ୍ରହଣ କରିବ ସେ ତା'ର ଆତ୍ମତୃପ୍ତି ସେହିଭଳି ପାଇପାରିବ। କଥାକାର ରଜନୀକାନ୍ତ ମହାନ୍ତି ଗଳ୍ପର ପ୍ରଥମରୁ ଗ୍ରାମୀଣ ପରିବେଶ ମଧ୍ୟରେ ଅତିକଳ୍ପନାର ପୁଟ ଦେଇ 'ଭୂତ' ଗଳ୍ପଟିକୁ ଗତି କରାଇଛନ୍ତି। ସହରରେ ରହୁଥିବା ପଦାର୍ଥ ବିଜ୍ଞାନୀ ଅଭିଜିତଙ୍କ ସ୍ତ୍ରୀ ତଥା ଶରୀର ବିଜ୍ଞାନର ଅଧ୍ୟାପିକା ସୁପର୍ଣ୍ଣା, ପରମ୍ପରା ଲୋକ ବିଶ୍ୱାସକୁ ଗ୍ରହଣ ନ କରିଲେ ମଧ୍ୟ ତା' ମନରେ କଥାକାର ଆଚମ୍ବିତ ଭାବେ ବିଶ୍ୱାସ ଜନ୍ମାଇ ଦେଇଛନ୍ତି। ମଣିଷ ଯେତେ ଶିକ୍ଷିତ ହେଲେ ମଧ୍ୟ, ବିଜ୍ଞାନ ଯେତେ ଉନ୍ନତ ହେଲେ ମଧ୍ୟ ଅନ୍ଧ ବିଶ୍ୱାସରୁ ସେ କେବେ ଦୂରେଇ ଯାଇପାରେନା। ସ୍ୱାମୀ ଅଭିଜିତ ପାଖରୁ ଗାଁର ହଳୀ ଓ ବାଜ ଭିତରେ ମାଛ ଧରିବା ନିମନ୍ତେ ଯିବାକୁ କେନ୍ଦ୍ରକରି ରାତ୍ରିରେ ଭୂତ ବାଜ ରୂପରେ ହଳୀକୁ ସେ ଘରୁ ଡାକିବା, ରାସ୍ତାରେ ବାଜରୂପଧାରୀ ଭୂତ ହଳୀର କଥାରେ ହୁଁ ମାରିବା, ହଳୀ ଜାଣିପାରି ନିଜକୁ ରକ୍ଷା କରିବା ନିମନ୍ତେ ଲୁହା ଧରିବା ଇତ୍ୟାଦି ଅଧ୍ୟାପିକା ସୁପର୍ଣ୍ଣାପାଇଁ ଅନ୍ଧବିଶ୍ୱାସ ହୋଇଥିଲେ ମଧ୍ୟ ପରମୁହୂର୍ତ୍ତରେ ନିଜ ସ୍ୱାମୀ ସହ କଥୋପକଥନକୁ ନେଇ ସ୍ୱାମୀର ହୁଁ ମାରିବା ଶବ୍ଦରେ ସୁପର୍ଣ୍ଣା ଭୟଭୀତ ହେବା ଆଦି ଘଟଣାକୁ ଉର୍ଦ୍ଧ୍ୱମୁଖୀ କରେ। ଗାଳ୍ପିକ ଶ୍ରୀ ମହାନ୍ତି ପରମ୍ପରା ଓ ଆଧୁନିକତା ମଧ୍ୟରେ ଯେ ଯୁଗସୂତ୍ର ଅଛି ଓ ଏହା କାଳ କାଳକୁ ରହିବ, ତାହା ଅତି ଚମତ୍କାର ଭାବରେ ବର୍ଣ୍ଣନା କରିଛନ୍ତି ଆଲୋଚ୍ୟ ଗଳ୍ପରେ। ସେଥିପାଇଁ ଗଳ୍ପର ଭାବପକ୍ଷକୁ ପାଠକକୁ ଜ୍ଞାତକରାଇବାକୁ ଯାଇ ଗାଳ୍ପିକ ଅଭିଜିତ ଦ୍ୱାରା ତାଙ୍କ ସ୍ତ୍ରୀ ବା ଶିକ୍ଷିତ ସମାଜକୁ କହିଛନ୍ତି, "କୌଣସି ଯୁଗ ବିଶ୍ୱାସରୁ ମୁକ୍ତ ନୁହେଁ। କାରଣ ବିଶ୍ୱାସଟା ମସ୍ତିଷ୍କଗତ ବ୍ୟାପାର ନୁହେଁ, ହୃଦୟାଗତ ବ୍ୟାପାର କିନ୍ତୁ ସେ ବିଶ୍ୱାସ ଯେତେବେଳେ ମାନବିକବୋଧକୁ ହତ୍ୟା କରିବା ଆରମ୍ଭ କରେ, ତାହା ଅନ୍ଧବିଶ୍ୱାସରେ ପର୍ଯ୍ୟବସିତ ହୁଏ। ପୁତୁଲ ଜନ୍ମ ପରେ ମା' ଶାରଳାଙ୍କ ପାଖରେ ମାନସିକ ରଖି ମା'ଙ୍କ ପାଖକୁ ତମେ ତ ପୁଣି ଚିଠି ଲେଖିଥିଲ, ଶରୀର ବିଜ୍ଞାନର ଅଧ୍ୟାପିକା ହୋଇ ମଧ୍ୟ।"(୯) କାରଣ ମଣିଷ କେବେ ଅନ୍ଧବିଶ୍ୱାସରୁ ମୁକ୍ତ

ନୁହେଁ। ଯୁଗ ଯେତେ ପରିମାର୍ଜିତ ହେଲେ ମଧ୍ୟ, ମଣିଷ ଯେତେ ପ୍ରୟୋଗ ବିଜ୍ଞାନରେ ନିମଜିତ ହେଲେମଧ୍ୟ ଅନ୍ଧବିଶ୍ୱାସରୁ କାଳେ କାଳେ ସେ ମୁକ୍ତ ନୁହେଁ, ଏହି ବାର୍ତ୍ତା ରଖନ୍ତି କଥାକାର ଗଣେଶ୍ୱର ମିଶ୍ର ସଙ୍ଗେ କଥାକାର ଶ୍ରୀ ମହାନ୍ତି।

ଉତ୍ତର ଅଶୀ ଓଡ଼ିଶା ଗଳ୍ପ ସାହିତ୍ୟରେ ଶୈଳୀ କ୍ଷେତ୍ରରେ ପରାକାଷ୍ଠା ପ୍ରଦର୍ଶନ କରିଥିବା ଗାଳ୍ପିକ ଦେବ୍ରାଜ ଲେଙ୍କା, କଇଳାଶ ପଟ୍ଟନାୟକ, ଅଜୟ ସ୍ୱାଇଁ, ଭୀମ ପୃଷ୍ଟି, ମନୋଜ ପଣ୍ଡା, ସତ୍ୟପ୍ରିୟ ମହାଲିକ ଆଦିଙ୍କ ସଙ୍ଗେ କଥାକାର ରଜନୀକାନ୍ତ ମହାନ୍ତି ଅନ୍ୟ ଜଣେ ସଂଯୋଗ। ତାଙ୍କ ସୃଷ୍ଟିସମୂହର ଭାବବଳୟରେ ସ୍ୱାତନ୍ତ୍ର୍ୟ ଯେଉଁ ଭଳି ପରିପ୍ରକାଶ ପାଇଛି ସେହିଭଳି ଶୈଳୀ କ୍ଷେତ୍ରରେ ରହିଛି ଅନନ୍ୟତା। ସମକାଳରେ ଗଳ୍ପର ଆଙ୍ଗିକରେ କରାଯାଇଥିବା ପରୀକ୍ଷା ନିରୀକ୍ଷାର ପ୍ରଭାବ ଶ୍ରୀ ମହାନ୍ତିଙ୍କ ସୃଷ୍ଟି ବଳୟ ମଧ୍ୟରେ ହୋଇଛି ପ୍ରକାଶ। ଗାଳ୍ପିକ ରଜନୀକାନ୍ତ ମହାନ୍ତି ଉଭୟ ଭାବଗତ ଓ ରୂପଗତ ସ୍ୱାତନ୍ତ୍ର୍ୟରେ ଜଣେ ବେତାଜ ବାଦ୍‌ସାହା। ଶୈଳୀରେ ଶାବ୍ଦିକ ବୈଚିତ୍ର୍ୟ ଓ ଲୟାତ୍ମକ ଶବ୍ଦ ମଧ୍ୟରେ ବାକ୍ୟର ପ୍ରୟୋଗ ହେଉଛି ତାଙ୍କ ସ୍ୱାତନ୍ତ୍ର୍ୟ। ସେହିପରି ମାନବେତର ଚରିତ୍ରକୁ ନେଇ ମାନବୀୟ ଗୁଣାବଳୀର ପ୍ରକାଶ କରିବାରେ ଶ୍ରୀ ମହାନ୍ତି ଜଣେ ଅନନ୍ୟ ପ୍ରତିଭୂ। ପୂର୍ବାଲୋଚିତ ଭାଗବତ ସ୍ୱାତନ୍ତ୍ର୍ୟ ଭଳି ଏଠାରେ ରୂପଗତ ସ୍ୱାତନ୍ତ୍ର୍ୟକୁ ପରିପ୍ରକାଶ କରାଯାଇପାରେ।

ପ୍ରାଚୀନ ଗଳ୍ପଛାୟାରେ ଗଳ୍ପ ଲେଖୁଥିବା ଗାଳ୍ପିକ ମନୋଜ ଦାସ, କଇଳାଶ ପଟ୍ଟନାୟକ ଓ ଗାଳ୍ପିକ ରଜନୀକାନ୍ତ ମହାନ୍ତିଙ୍କ ଗଳ୍ପରେ ରହିଛି ସାଦୃଶ୍ୟ। ଏହି ତିନି ଗାଳ୍ପିକ ପଞ୍ଚତନ୍ତ୍ରର 'ବଗ ଓ କଙ୍କଡ଼ା କଥା'କୁ ନେଇ ସ୍ୱକୀୟ ଚିନ୍ତାଚେତନା ତଥା ଶୈଳୀରେ ଗଳ୍ପକୁ ନୂତନ ରୂପରେ ଓ ନବମୂଲ୍ୟରେ କରିଛନ୍ତି ପରିପ୍ରକାଶ। କଥାଶିଳ୍ପୀ ମନୋଜ ଦାସଙ୍କ 'ଅବଲୋକରା କାହାଣୀ' ପୁସ୍ତକର 'ବକ-କର୍କଟ ଉପାଖ୍ୟାନ, କଥାକାର କଇଳାଶ ପଟ୍ଟନାୟକଙ୍କ 'ବିନୋଦ ଦ୍ୱାଦଶ' ଗଳ୍ପ ପୁସ୍ତକର 'ବକ ଓ କର୍କଟ କଥା', ଗାଳ୍ପିକ ରଜନୀକାନ୍ତ ମହାନ୍ତିଙ୍କ 'ଅଠର ନିର୍ବାସନ ରୋଡ଼' ଗଳ୍ପପୁସ୍ତକରେ ସ୍ଥାନିତ 'କାଣ୍ଡିବଗ' ଗଳ୍ପତ୍ରୟ ପ୍ରାଚୀନ ଗଳ୍ପର ଛାୟାରେ ଲେଖାହୋଇଥିଲେ ମଧ୍ୟ କଥାବସ୍ତୁ, ଭାବବସ୍ତୁ ତଥା ଉପସ୍ଥାପନାର ସ୍ୱାତନ୍ତ୍ର୍ୟ ତିନି ଗାଳ୍ପିକଙ୍କୁ ଭିନ୍ନ ପରିଚୟ ପ୍ରଦାନକରେ।

କଥାଶିଳ୍ପୀ ମନୋଜ ଦାସଙ୍କ 'ବକ-କର୍କଟ ଉପାଖ୍ୟାନ' ଗଳ୍ପଟି ଅବୋଲକରା ଓ ସାଆନ୍ତଙ୍କ କଥୋପକଥନ ତଥା 'ପଞ୍ଚତନ୍ତ୍ର'ର 'ବଗ ଓ କଙ୍କଡ଼ା କଥା' ନିମନ୍ତେ ଅବୋଲକରାର ଜିଜ୍ଞାସାରୁ ଗଳ୍ପ ହୋଇଛି ପରିପ୍ରକାଶ। ଗଳ୍ପଟି ଗାଳ୍ପିକ ମନୋଜ ଦାସ 'ପଞ୍ଚତନ୍ତ୍ର'ର 'ବଗ ଓ କଙ୍କଡ଼ା' କଥାକୁ ଗଳ୍ପରେ ପ୍ରଥମରୁ ଉପସ୍ଥାପନ କରିଛନ୍ତି। ଉକ୍ତ ଗଳ୍ପରେ କଙ୍କଡ଼ା, ବଗର ଗ୍ରୀବାଦେଶରେ ରହି ନିଜ ଆତ୍ମୀୟଙ୍କର ମୃତ୍ୟୁ ଏବଂ ବଗର ସ୍ୱାର୍ଥପରତା ଗୁଣକୁ ଜାଣି ମଧ୍ୟ 'ପଞ୍ଚତନ୍ତ୍ର' ଗଳ୍ପରେ କଙ୍କଡ଼ା ବଗର ଗ୍ରୀବାକୁ ନିଜର ଦାଢୁଆ ଗୋଡ଼ରେ ଚାପି ମାରିଲା ଭଳି ମାରି ନାହିଁ। ଗଳ୍ପର ପରିଣତିରେ ଗାଳ୍ପିକ ଅତି ଚମତ୍କାର ଢ଼ଙ୍ଗରେ ଜନସାଧାରଣଙ୍କ ସମ୍ମୁଖରେ

ସାଧୁ ଓ ଶଠତା ମଧ୍ୟରେ ଅର୍ଥାତ୍ କଙ୍କଡ଼ା ଓ ବଗ ମଧ୍ୟରେ ଯୁଦ୍ଧ ଘଟାଇଛନ୍ତି। କାରଣ ସାମ୍ପ୍ରତିକ ସମୟରେ ସମସ୍ତ ମଣିଷ ସାଧୁ ନୁହନ୍ତି କି ଶଠ ମଧ୍ୟ ନୁହଁନ୍ତି। ତେଣୁ ବଗ ଓ କଙ୍କଡ଼ା ମଧ୍ୟରେ ଯୁଦ୍ଧ ହେଲାବେଳେ ଦଳେ ବଗକୁ ସମର୍ଥନ କରିଛନ୍ତି ଓ ଦଳେ କଙ୍କଡ଼ାକୁ ସମର୍ଥନ କରିଛନ୍ତି। ଏଠି ଦୁଇ ଗୋଷ୍ଠୀ ମଧ୍ୟରେ ସଂଘର୍ଷ ହୋଇଛି ଏବଂ ପରିଣତିରେ ଉଭୟ ବଗ ଓ କଙ୍କଡ଼ା, ଅର୍ଥାତ ଶଠତା ଓ ସାଧୁତାର ମୃତ୍ୟୁ ଘଟିଛି। କିନ୍ତୁ କଥାଶିଳ୍ପୀ ମନୋଜ ଦାସଙ୍କର ଗଳ୍ପଟି ନିରାଶାଧର୍ମୀ ମନେହୁଏ। ଭବିଷ୍ୟତରେ କୃତ୍ରିମ ଭାବେ ମଣିଷ ନିଶ୍ଚୟ ଗୋଟିଏ ଗୋଷ୍ଠୀକୁ ସମର୍ଥନ କରିବାରେ ସକ୍ଷମ ହେବ, ତେଣୁ ସାଆନ୍ତ ଚରିତ୍ରଦ୍ୱାରା ଅବୋଲକରାକୁ ବୁଝାଇବାକୁ ଯାଇ କହନ୍ତି, "ଭବିଷ୍ୟତରେ ମଣିଷ ଆହୁରି ଚତୁର ହେବ। ସେଦିନର ସେ ବାଜିଦାରମାନେ ବକ ବା କର୍କଟ ଭିତରୁ କାହାକୁ ଇଚ୍ଛା କରି ହାରିଯିବା ନିମନ୍ତେ ପ୍ରବର୍ତ୍ତାଇ ନଥିଲେ। ଦିନେ କିନ୍ତୁ ମଣିଷ ଦୁଇ ପକ୍ଷର ଖେଳାଳିଙ୍କ ଭିତରୁ ଗୋଟିଏ ପକ୍ଷକୁ ପ୍ରଭାବିତ କରି କୃତ୍ରିମ ଭାବରେ ସେ ପକ୍ଷ ହାରିବାର ବ୍ୟବସ୍ଥା ବି କରିବାରେ କ୍ଷମ ହେବ।"[୧୦] ଗାଳ୍ପିକ କଇଳାଶ ପଟ୍ଟନାୟକ 'ବଗ ଓ କର୍କଟ କଥା' ଗଳ୍ପଟିକୁ ଗାଳ୍ପିକ ମନୋଜ ଦାସଙ୍କ ଭଳି ଅବୋଲକରା ପ୍ରସଙ୍ଗ ଏବଂ ପଞ୍ଚତନ୍ତ୍ରର କାହାଣୀ ବଖାଣି ଗଳ୍ପକୁ ନୂଆ ରୂପ ଦେଲାଭଳି ଦେଇ ନାହାନ୍ତି। ସ୍ୱତନ୍ତ୍ର ଭାବରେ ଗଳ୍ପକୁ ଉପସ୍ଥାପନ କରିଛନ୍ତି କେବଳ।

କଇଳାଶ ପଟ୍ଟନାୟକଙ୍କ 'ବକ ଓ କର୍କଟ କଥା' ଗଳ୍ପଟି 'ପଞ୍ଚତନ୍ତ୍ର'ର କାହାଣୀ ସଙ୍ଗେ ସମାନ। 'ପଞ୍ଚତନ୍ତ୍ର'ରେ କଙ୍କଡ଼ା ବଗର ଗ୍ରୀବାକୁ ତା'ର ଦାଢୁଆ ଗୋଡ଼ରେ ଚାପି ମାରିଲା ଭଳି ଶ୍ରୀ ପଟ୍ଟନାୟକଙ୍କ ଗଳ୍ପରେ କଙ୍କଡ଼ା ମଧ୍ୟ ଶଠ ବଗର ଜୀବନ ନେଇଛି। କିନ୍ତୁ ଗଳ୍ପ ମଧ୍ୟରେ ରାଜନୀତିକ ଦୂରାଚାର, ରାଜ ନେତାଙ୍କ ବ୍ୟକ୍ତିସ୍ୱାର୍ଥ, ଲୁବ୍ଧକ ପୁଞ୍ଜିବାଦ ତଥା କଥାକାର ପଟ୍ଟନାୟକ ଗଳ୍ପ ମଧ୍ୟରେ ସମାଜରେ ସର୍ବହରା ଉପରେ କୌଶଳକ୍ରମେ ସାମନ୍ତବାଦର ଯେଉଁ ଅତ୍ୟାଚାର ଘଟୁଛି ତା'ର ଚିତ୍ର ସଙ୍ଗେ ସେଇ ଶୋଷକ ବିରୋଧରେ ସ୍ୱର ଉତ୍ତୋଳନ କରିଛନ୍ତି। ଗଳ୍ପରେ ବଗ ହେଉଛି ସାମନ୍ତବାଦର ପ୍ରତୀକ ଓ କଙ୍କଡ଼ା ସମେତ ସମସ୍ତ ଜଳଚରପ୍ରାଣୀ ହେଉଛନ୍ତି ସର୍ବହରାର ପ୍ରତୀକ। ଆଲୋଚିତ ଗଳ୍ପଟି ବୃହତ୍ତର ବାସ୍ତବତାର (Hyper Reality) କଥା କହେ। କାରଣ ସମ୍ପ୍ରତି ପ୍ରତ୍ୟେକ ମଣିଷ ସ୍ୱାର୍ଥବାଦୀ। ବ୍ୟକ୍ତିସ୍ୱାର୍ଥ ନିମନ୍ତେ ସର୍ବଦା ଚେଷ୍ଟିତ। ଆଲୋଚିତ ଗଳ୍ପରେ ଥାନାରେ ନାରୀ ଧର୍ଷଣର ଅଭିଯୋଗ ଯୋଗୁଁ ବଗ ସରକାରୀ ଚାକିରିରୁ ବହିଷ୍କୃତ ହେବା ପରେ ପୁଞ୍ଜିବିନିଯୋଗ କରି ଶିକ୍ଷାନୁଷ୍ଠାନ ପ୍ରତିଷ୍ଠାର ଲକ୍ଷ୍ୟକୁ ସାକାର କରିବା ନିମନ୍ତେ ହୋଇଛି ଶତଚେଷ୍ଟିତ। ସେଥିପାଇଁ ନିଜେ କୌଶଳକ୍ରମେ ସାଧୁ ସାଜି ଜଳଚର ପ୍ରାଣୀ ଅର୍ଥାତ୍ ସାଧାରଣ ଜନତାଙ୍କୁ ହଟାଇ ଭୌଗୋଳିକ ପରିବେଶ ଆପଣାହାତକୁ ନେବାକୁ ଚେଷ୍ଟା କରେ। ବଗର କୁକର୍ମ, ଶଠପଣ ଜଳଚର ପ୍ରାଣୀଙ୍କ ମୁଖିଆ କଙ୍କଡ଼ା ଜାଣି ମଧ୍ୟ ବଗର କୌଶଳରେ ହାର ମାନିଛି। କିନ୍ତୁ ଗଳ୍ପର ପରିଣତିରେ କଙ୍କଡ଼ା ପ୍ରତିଶୋଧ ପରାୟଣ ହୋଇ ନିଜର ମୁନିଆ ମୁନିଆ ଗୋଡ଼ରେ ବଗର

ତଣ୍ଟିକୁ ଚାପିଧରିଚି ଓ ବଗର ମୃତ୍ୟୁ ଘଟିଛି। ଚକ୍ରାନ୍ତଖୋର ମଣିଷର ମୃତ୍ୟୁ ଘଟିଛି। ବିସ୍ଥାପନରୁ କୌଣସି ପ୍ରକାରେ ନିରିହ ସାଧାରଣ ଜନତା ନିର୍ମମ ଦୁର୍ଦ୍ଦଶାରୁ ମୁକ୍ତି ପାଇଛନ୍ତି।

ଠିକ୍ ସେଇ କାହାଣୀକୁ ଆଧାରକରି ଗାଳ୍ପିକ ରଜନୀକାନ୍ତ ମହାନ୍ତିଙ୍କ 'କାଣ୍ଟିବଗ' ଗଳ୍ପଟି ରଚିତ। ଉକ୍ତ ଗଳ୍ପଟି ପୂର୍ବାଲୋଚିତ ଦୁଇ ଗଳ୍ପର ଭାବଧାରାର ସମକକ୍ଷ ନୁହେଁ, ଯଦ୍ୟପି କାହାଣୀର ପରିଣତି ଓ ଚରିତ୍ର ସମାନ। କିନ୍ତୁ ଚରିତ୍ର ମଧ୍ୟରେ ଘଟିଛି ବ୍ୟକ୍ତିତ୍ୱର ପରିବର୍ତ୍ତନ। ଗୋଟିଏ ଦୀର୍ଘ ଇତିହାସର ପରିସମାପ୍ତିର ଲକ୍ଷ୍ୟ। କଥାକାର କଇଳାଶ ପଟ୍ଟନାୟକଙ୍କ ପୂର୍ବାଲୋଚିତ ଗଳ୍ପ ଭଳି ଏଥିରେ କାହାଣୀ ବ୍ୟତିରେକ ଉପସ୍ଥାପିତ ପ୍ରସଙ୍ଗମାନ ବୃହତ୍ତର ବାସ୍ତବତାର (Hyper reality) କଥା କୁହନ୍ତି। କଥାଶିଳ୍ପୀ ମନୋଜ ଦାସଙ୍କ ଗଳ୍ପ ହେଉ, ଗାଳ୍ପିକ କଇଳାଶ ପଟ୍ଟନାୟକଙ୍କ ଗଳ୍ପ ହେଉ ବା ଗାଳ୍ପିକ ରଜନୀକାନ୍ତଙ୍କ ଗଳ୍ପ ହେଉ ପ୍ରତ୍ୟେକ ଗଳ୍ପର ଗଢ଼ଣ ସମାନ। ସବୁ ଗଳ୍ପରେ ବଗ ଏକ ଉପଭୋଗୀ ବୃତ୍ତିର, ବୁର୍ଜୁଆ ଗୋଷ୍ଠୀର ପ୍ରତୀକ ଓ କଙ୍କଡ଼ା ଏବଂ ଜଳଚର ପ୍ରାଣୀ ସର୍ବହରା ତଥା ଦଳିତମାନଙ୍କର ପ୍ରତୀକ। କିନ୍ତୁ ଗାଳ୍ପିକ ରଜନୀକାନ୍ତ ମହାନ୍ତି ବନ୍ଧୁଦ୍ରୋହୀ, କୃତଘ୍ନ, ବ୍ୟକ୍ତି ସ୍ୱାର୍ଥ ଆଦିକୁ ଲୁପ୍ତକରି ସୋହାର୍ଦ୍ଦ୍ୟପୂର୍ଣ୍ଣ ବାତାବରଣ ତଥା ସର୍ବୋପରି ବନ୍ଧୁତ୍ୱର ଜୟ ଜୟକାର କରିବାର ଲକ୍ଷ୍ୟ ମଧ୍ୟରେ ଗଳ୍ପର କଥାଭାଗକୁ ନେଇଛନ୍ତି। ଗଳ୍ପର ପରିଣତିରେ ବଗର ନିଃସ୍ୱାର୍ଥପରତା ଗୁଣମଧ ତାକୁ ମୃତ୍ୟୁମୁଖରେ ପକାଇଛି। ବଗ ନିଜ ଜାତି ଉପରେ ଲଦା ହୋଇଥିବା ବିଶ୍ୱାସ ଘାତକତାର ଅପବାଦ ଓ ପ୍ରବଞ୍ଚନାକୁ ସମାପ୍ତ କରିବାକୁ ବସିଲାବେଳେ କଙ୍କଡ଼ା ବଗର ପୂର୍ବ ଇତିହାସକୁ ସ୍ମରଣକରି ତା'ର ଗ୍ରୀବାକୁ ନିଜ ମୁନିଆ ନଖରେ ଚାପି ମାରି ଦେଇଛି। ତେଣୁ ଏଠାରେ ସେହି ଇତିହାସର ଅବସାନ ନ ହୋଇ ପ୍ରବଞ୍ଚନାର ଅନ୍ୟ ଏକ ପର୍ବ ଆରମ୍ଭ ହୋଇଛି। ପଞ୍ଚତନ୍ତ୍ରରେ ବଗର ଶଠତା ପାଖରେ ହାର ମାନିଥିବା ଜଳଚର ପ୍ରାଣୀର ଇତିହାସକୁ ଲୁପ୍ତ କରି ଏଠାରେ ବଗ ନୂତନ ଇତିହାସ ସୃଷ୍ଟି କରିବାକୁ ଚାହିଁଲେ ମଧ୍ୟ କଙ୍କଡ଼ାର କର୍ମ ଯୋଗୁଁ ଖାଦ୍ୟ ଓ ଖାଦକର ବନ୍ଧୁତା, ଜୀବନ ଓ ମରଣର ବନ୍ଧୁତା ମଧ୍ୟରେ ସନ୍ଦେହର ପ୍ରହେଳିକା ବୃଦ୍ଧିପାଇଛି। ତେଣୁ ଇତିହାସ ପରିବର୍ତ୍ତନ ନ ହୋଇ ଶୋଷଣ ଓ ପିଡ଼ନ ଜାରୀ ରହିଛି।

କଥାଶିଳ୍ପୀ ମନୋଜ ଦାସ, ଗାଳ୍ପିକ କଇଳାଶ ପଟ୍ଟନାୟକ ଓ କଥାକାର ରଜନୀକାନ୍ତ ମହାନ୍ତିଙ୍କ ଗଳ୍ପ ସ୍ୱ – ସ୍ୱ ସ୍ଥାନରେ ସ୍ୱାତନ୍ତ୍ର୍ୟ ଦାବିକରେ। ଗାଳ୍ପିକ ମନୋଜ ଦାସଙ୍କ ଗଳ୍ପରେ ସାଧୁ ଓ ଶଠତା ମଧ୍ୟରେ ତୁଳନା, ଗାଳ୍ପିକ କଇଳାଶ ପଟ୍ଟନାୟକଙ୍କ ଗଳ୍ପରେ ଶୋଷକ ଓ ଶୋଷିତ ମଧ୍ୟରେ ତାରତମ୍ୟ ଏବଂ ଗାଳ୍ପିକ ରଜନୀକାନ୍ତ ମହାନ୍ତିଙ୍କ ଗଳ୍ପରେ ଇତିହାସର ବିଲୁପ୍ତି ଓ ନୂତନ ଇତିହାସ ସୃଷ୍ଟିର ଲକ୍ଷ୍ୟ ଗଳ୍ପକୁ ଖୁବ୍ ଆକର୍ଷଣୀୟ କରେ। ସମସ୍ତଙ୍କ ଗଳ୍ପର ଉପସ୍ଥାପନା ଭିନ୍ନ ଧରଣର।

ସେହିପରି ଜାତିର ଇତିହାସ, ସାଂସ୍କୃତିକ ଐତିହ୍ୟ, କିମ୍ବଦନ୍ତୀ ଓ ପ୍ରାଚୀନ କାହାଣୀକୁ ନେଇ ଲେଖୁଥିବା କେତେ ଜଣ ପ୍ରମୁଖ ଗାଳ୍ପିକ ହେଲେ ମହାପାତ୍ର ନୀଳମଣି ସାହୁ, ଅଚ୍ୟୁତାନନ୍ଦ

ପତି, ଚୌଧୁରୀ ହେମକାନ୍ତ ମିଶ୍ର, ଉତ୍ତମ କୁମାର ପ୍ରଧାନ, ନିମାଇଁ ପଟ୍ଟନାୟକ, ରତ୍ନାକର ଚଇନି, ହୃଷୀକେଶ ପଣ୍ଡା, ବିଜୟ ପ୍ରସାଦ ମହାପାତ୍ର, ଗଣେଶ୍ୱର ମିଶ୍ର, ସତ୍ୟପ୍ରିୟ ମହାଳିକ ପ୍ରମୁଖ। ଏ ସମସ୍ତ ଗାଳ୍ପିକଙ୍କ ମାନବେତର ଚରିତ୍ର ତଥା ପ୍ରାଚୀନ କାହାଣୀକୁ ନେଇ ଲିଖିତ ଗଳ୍ପରେ ସମାଜରେ ଘଟୁଥିବା ସାମାଜିକ ସ୍ଥିତି, ରାଜନୀତିକ ଚିତ୍ର, ବ୍ୟକ୍ତି ମାନସିକତାର ଉତ୍ତରଣ ସର୍ବୋପରି ସାମାଜିକ ବାସ୍ତବତା ନିହିତ ରହିଛି। ସମସ୍ତ ଗାଳ୍ପିକ ନିଜ ନିଜ ଗଳ୍ପର ଭାବବଳୟ, ଉପସ୍ଥାପନ ଶୈଳୀ ଓ କଥାବସ୍ତୁର ଚୟନରେ ଶୈଳୀ ସ୍ୱତନ୍ତ୍ର। ସେଇ ପରିପ୍ରେକ୍ଷୀରେ ଗାଳ୍ପିକ ରଜନୀକାନ୍ତ ମହାନ୍ତିଙ୍କର ପୂର୍ବାଲୋଚିତ ଅନୁସରଣାତ୍ମକ ଗଳ୍ପ 'କାଣ୍ଟିବଗ'କୁ ଛାଡ଼ିଦେଲେ ଅନୁରଣନାତ୍ମକ ଗଳ୍ପ ସଂଖ୍ୟା ସ୍ୱଳ୍ପ। କିନ୍ତୁ ସମସ୍ତ ଗଳ୍ପ ଭାବଗତ ଓ ରୂପଗତ ଦୃଷ୍ଟିରୁ ଏକ ଅନ୍ୟଠାରୁ ପୃଥକ। 'କଷିକଡ' ଗଳ୍ପରେ ଜଳଚର ପ୍ରାଣୀଙ୍କ ଦ୍ୱାରା ଜୀବନ ସଂଗ୍ରାମର ବାର୍ତ୍ତା, 'ଜନ୍ମ' ଗଳ୍ପରେ ପ୍ରଜାପତି ଚରିତ୍ର ଦ୍ୱାରା ଜୀବନ ଯୁଝିବା ଓ ସଂଗ୍ରାମୀ ହେବା, 'ବଟୁ ଓ ଜୁହାରିଆ' ଗଳ୍ପରେ କୁକୁର ଜୁହାରିଆ ଚରିତ୍ର ଦ୍ୱାରା ମାନବ ଓ ପଶୁ ଚରିତ୍ର ମଧ୍ୟରେ ସମ୍ପର୍କର ଆବେଗ ପ୍ରବଣତା, 'ଆଦିମାତା' ଗଳ୍ପରେ ମଣିଷ ଦ୍ୱାରା ତିଆରି ରୋବଟ ଝୁମ୍ପା ଦ୍ୱାରା ମାନବୀୟ ସମ୍ବେଦନଶୀଳତା, 'ମୁଦ୍ରା' ଗଳ୍ପରେ ସଙ୍କର ଜାତୀୟ କୁକୁର ଟାଇଗର ଚରିତ୍ର ମାଧ୍ୟମରେ ବନ୍ଧନ ମୁକ୍ତ ସଂଘର୍ଷଜଡ଼ିତ ଜୀବନର ଆବଶ୍ୟକତା ଆଦି ମାନବେତର ଚରିତ୍ରଦ୍ୱାରା ପରିପ୍ରକାଶ କରିଛନ୍ତି ଗାଳ୍ପିକ ରଜନୀକାନ୍ତ ମହାନ୍ତି। କଥାକାର ମନୋଜ ଦାସ, ମହାପାତ୍ର ନୀଳମଣି ସାହୁ, ହୃଷୀକେଶ ପଣ୍ଡା, କଇଳାଶ ପଟ୍ଟନାୟକଙ୍କ ଭଳି ଗାଳ୍ପିକ ରଜନୀକାନ୍ତ ମହାନ୍ତି ପ୍ରାଚୀନ ଗଳ୍ପ ଛାୟାରେ ଅନୁସରଣ ଓ ଅନୁବର୍ତ୍ତନ ଗଳ୍ପ ଅଧିକ ଲେଖି ନାହାନ୍ତି ଅଥଚ ଏଠାରେ ଆଲୋଚିତ କେତୋଟି ଅନୁରଣନାତ୍ମକ ଗଳ୍ପ ଶ୍ରୀ ମହାନ୍ତିଙ୍କର ସର୍ଜନ ସ୍ୱାତନ୍ତ୍ର୍ୟର ପରିଚୟ ପ୍ରଦାନ କରେ।

ଗାଳ୍ପିକ ରଜନୀକାନ୍ତ ମହାନ୍ତିଙ୍କ ମାନବେତର ଚରିତ୍ର ଧର୍ମୀ ଗଳ୍ପଗୁଡ଼ିକର ଉପସ୍ଥାପନା, ସରଳ ଭାଷା, ପରିବେଶ ଚୟନ, ଚରିତ୍ର ଚୟନ ତଥା ଗଳ୍ପର ଭାବଗତ ଓ ରୂପଗତ ସ୍ୱାତନ୍ତ୍ର୍ୟ ଅନ୍ୟ ଗାଳ୍ପିକଙ୍କ ଭଳି ମାର୍ଜିତ ଓ ସ୍ୱତନ୍ତ୍ର।

ଉତ୍ତର ଅଶୀ କାଳରେ ଗାଳ୍ପିକମାନେ ଗଳ୍ପର ଚମତ୍କାରିତାକୁ ବୃଦ୍ଧି କରିବା ନିମନ୍ତେ ଗଳ୍ପାରମ୍ଭରେ କୌଣସି ଏକ ପ୍ରସିଦ୍ଧ ଉକ୍ତିଟିଏ ବା ଉକ୍ତିର ଅଂଶଟିକୁ ନେଇ ସେଇ ଉକ୍ତିର ଭାବାର୍ଥକୁ ଗଳ୍ପର ଭାବାର୍ଥ ସଙ୍ଗେ ସମକକ୍ଷ କରି ଅଭିବ୍ୟଞ୍ଜନା ସୃଷ୍ଟି କରନ୍ତି। ଏହାକୁ ପାଶ୍ଚାତ୍ୟ ସାହିତ୍ୟରେ 'Juxtaposition' କୁହାଯାଏ। ଏ ଧାରା ଉତ୍ତରଅଶୀ କାଳର ଓଡ଼ିଆ ଗଳ୍ପ ସାହିତ୍ୟରେ ବ୍ୟବହୃତ ହୋଇଛି ବୋଲି କୁହାଯାଇ ନ ପାରେ। କାରଣ ଓଡ଼ିଆ ଗଳ୍ପର ଉନ୍ମେଷ ପର୍ଯ୍ୟାୟରେ ଫକୀର ମୋହନ, ଚନ୍ଦ୍ରଶେଖର, ଦୟାନିଧି ଆଦି ପ୍ରମୁଖ ସ୍ରଷ୍ଟାମାନେ ମଧ୍ୟ 'Juxtaposition' ର ବ୍ୟବହାର କରିଛନ୍ତି। କିନ୍ତୁ ଉତ୍ତର ଅଶୀ କାଳୀନ ଗଳ୍ପ ସାହିତ୍ୟରେ ତାହାର ବ୍ୟବହାର ସଙ୍ଗେ ଗଳ୍ପର ଭାବଗତ ସ୍ୱାତନ୍ତ୍ର୍ୟ ଖୁବ୍ ନିଖୁଣ ଭାବରେ ସମତା ରକ୍ଷା

କରେ । ଯାହାକି ଗାଳ୍ପିକମାନେ ଯଥାରୀତି ପାଠକଙ୍କୁ ସମ୍ମୁଖୀକୃତ କରିବାକୁ ଚେଷ୍ଟା କରି ନୂତନତା ଆଣିବାକୁ ପ୍ରୟାସୀ ହୋଇଛନ୍ତି ।

ଏଠାରେ କଥାକାର ଜଗଦୀଶ ମହାନ୍ତି ଓ ଗାଳ୍ପିକ କଇଳାଶ ପଟ୍ଟନାୟକଙ୍କ ଗଳ୍ପର Juxtaposition ର ପ୍ରୟୋଗକୁ ଦେଖିପାରିବା । କଥାକାର ଜଗଦୀଶ ମହାନ୍ତି 'ଏ ଏକ ବିଷାଦ ଖେଳ' ଗଳ୍ପର ପ୍ରାରମ୍ଭରେ ବଙ୍ଗଳାର ବିଶିଷ୍ଟ ଜ୍ଞାନପୀଠ ବିଜେତା କବି ବିଷ୍ଣୁଦେବଙ୍କର ଏକ କବିତାଂଶକୁ ଅନୁବାଦ କରି ଗଳ୍ପର ଆରମ୍ଭରେ ରଖିଛନ୍ତି । ଯଥା :

"ଅତଏବ ଆଖି ଖୋଲି ଧୂସର ନେଡ଼ିରେ ବିଶ୍ୱବୀକ୍ଷା
ଚର୍ଚ୍ଚାକରେ ଧୈର୍ଯ୍ୟ ଧରି, ଏବଂ ଉତ୍ତୀର୍ଣ୍ଣ ବିବାଦରେ
ବର୍ଣ୍ଣାଢ଼୍ୟ ଆନନ୍ଦ ଶୁଣେ, ଅର୍ଦ୍ଧମୃତ ବିଧ୍ୱସ୍ତ ସହରେ
ଦାୟ ଶୁଝେ ଗ୍ଲାନିର ଆକାଶରେ ଗ୍ରାମା ଗ୍ରାମାନ୍ତରେ, ମାନବରଣର
ଆନନ୍ଦରେ ହିଁ, କିମ୍ବା ତା'ର ହିଁ ନାମାନ୍ତର ଇତିହାସ ଛୁଇଁର ବିଷାଦେ ।
ଟ୍ରାଜିକ୍ ଉଚ୍ଛ୍ୱାସେ, ତୀବ୍ର ଆବିଶ୍ୱାଭାଦାସୀ ଭାରତୀୟ ସଂଗୀତ ଯେମିତି ।"(୧୧)

ସେହିପରି ଗାଳ୍ପିକ କଇଳାଶ ପଟ୍ଟନାୟକ ଗଳ୍ପ ଲେଖାର ପ୍ରାରମ୍ଭ କାଳରେ ଅନେକ ଗଳ୍ପରେ ପ୍ରାଚୀନ ଓ ପାଶ୍ଚାତ୍ୟ ସାହିତ୍ୟର ବିଶେଷ ପଂକ୍ତିକୁ ଉପସ୍ଥାପନ କରି ଗଳ୍ପ ରଚନା କରିଛନ୍ତି, ଯଦ୍ଦ୍ୱାରା ପାଠକ ଗଳ୍ପପ୍ରତି ବିଶେଷ ଆକର୍ଷିତ ହୋଇଥାଏ । 'ବିଗ୍ରହ ବିହୀନ ଦେବାଳୟ', ଆଶ୍ଚର୍ଯ୍ୟ ପୃଥିବୀ, 'ମୃଗୟାରେ ରାଜପୁତ୍ର', 'ପ୍ରିୟତମ ଶତ୍ରୁ' ଆଦି ଗଳ୍ପରେ ଏହାର ଉପସ୍ଥାପନା ପରିଲକ୍ଷିତ । ଯଥା :

(୧) "ଗଲାଣିତ ଗଲା କଥାରେ ସଙ୍ଗାତ ।"(୧୨)

(୨) "ଏ ଦେହ ପାଇ ମହୀତଳେ
ହେଳେ ତରିବୁ ଭବଜଳେ ।"(୧୩)

(୩) "କୋଇଲି କେଶବ ଯେ ମଥୁରାକୁ ଗଲା
କାହା ବୋଲେ ଗଲାପୁତ୍ର ବାହୁଡ଼ି ନଇଲା ।"(୧୪)

ଉପର୍ଯ୍ୟୁକ୍ତ ତିନିଟି ଉଦାହରଣ ଯଥା – ପ୍ରଥମ ଉଦାହରଣରେ କବିସୂର୍ଯ୍ୟ ବଳଦେବ ରଥଙ୍କ 'କିଶୋର ଚନ୍ଦ୍ରାନନ୍ଦ ଚମ୍ପୂ'ର 'ଗ' ଗୀତର ପଂକ୍ତି, ଦ୍ୱିତୀୟ ଉଦାହରଣଟି ଜଗନ୍ନାଥ ଦାସଙ୍କ 'ଭାଗବତ' ଓ ତୃତୀୟ ଉଦାହରଣଟି ମାର୍କଣ୍ଡ ଦାସଙ୍କ 'କେଶବ କୋଇଲି'ରୁ ଉଦ୍ଧୃତ । ଯାହାକି ଗାଳ୍ପିକ କଇଳାଶ ପଟ୍ଟନାୟକ ଗଳ୍ପର ପ୍ରାରମ୍ଭରେ ଏପରି Juxtaposition ବ୍ୟବହାରକରି ପାଠକଙ୍କୁ ହୃଦବୋଦ୍ଧ କରିବାକୁ ଚେଷ୍ଟା କରିଛନ୍ତି । ଅଥଚ ଉତ୍ତର ଅଶୀକାଳରେ ଗଳ୍ପ ଲେଖୁଥିବା ଗାଳ୍ପିକ ରଜନୀକାନ୍ତ ମହାନ୍ତି ତାଙ୍କ ଗଳ୍ପରେ ପ୍ରାରମ୍ଭରେ ଏପରି Juxtaposition ର ବ୍ୟବହାର କରି ନଥିଲେ ମଧ୍ୟ ପ୍ରତ୍ୟେକ ଗଳ୍ପର ପ୍ରାରମ୍ଭିକ ସ୍ତରରେ ପ୍ରାକୃତିକ ଦୃଶ୍ୟ ଗୁଡ଼ିକୁ ଜୀବନ୍ତ କରି ଗଳ୍ପର କଥାଭାଗ ଓ ଭାବପକ୍ଷକୁ ପ୍ରବେଶ କରନ୍ତି । ଯାହାକୁ କି

ତାଙ୍କର ଗଳ୍ପର ପ୍ରାରମ୍ଭରେ ଏକ ପ୍ରକାର ପ୍ରକୃତି ବର୍ଣ୍ଣନାତ୍ମକ ସ୍ୱାତନ୍ତ୍ର୍ୟ ଭାବରେ ଗ୍ରହଣ କରିପାରିବା। ଏଠାରେ କିଛି ଦୃଷ୍ଟାନ୍ତ ନିଆଯାଇପାରେ।

(କ) "ପୋଖରୀରେ ପାଣି ବଢ଼ୁଚି। ନଈଧାରରୁ କେଉଁଠି ସୁ ସୁ, କେଉଁଠି କଳ କଳ, କେଉଁଠି ଗଦ୍ ଗଦ୍ ହେଇ ପାଣି ପଶୁଚି। କାହିଁ ଅମଳର ପୋଖରୀ। ଏବେ ଚଉତରା ହେଇ ବଡ଼ ହେଇଗଲାଣି। ଆଡ଼ି ପାଖାପାଖି ସନ୍ତରାବଣ, ଅମରୀ ବୁଦା। ତୁଠକୁ ଲାଗି ତାଳଗଛ। ଭରାପୋଖରୀ ପାଣିରେ ସମତୁଲ ହୋଇ ତା'ର ମୂଳ ବୁଡ଼ି ଗଲାଣି।"[୧୫]

କିମ୍ବା

(ଖ) "ଖସ୍ ଖସ୍ ଶବ୍ଦ କରି ପତ୍ରଟି ଭୂଇଁ ଉପରେ ଖସି ପଡ଼ିଲା। ଠିକ୍ ଶ୍ୱେତାଙ୍କର ଦେହକୁ ଲାଗି। ଶ୍ୱେତାଙ୍କ ଚମକି ପଡ଼ିଲାନି। ଆଶ୍ଚର୍ଯ୍ୟ ବି ହେଲାନି। କିନ୍ତୁ ଏ ଶୁଖିଲା ପତ୍ରଟି ତା' ମନର ନୀଳ ହ୍ରଦରେ ଯେ ଧଳା ନୌକାଟିଏ ଭସେଇ ଦେଇ ନ ଗଲା, ତା' ନୁହେଁ।"[୧୬]

କିମ୍ବା

(ଗ) "ଖରାଦିନ ତ, ସୂର୍ଯ୍ୟ ଉଠିଲା ଠୁଁ ଡ଼ର। ଛତା, ବରଫ, ପାଣି ବୋତଲ, ସୁତା ଲୁଗା ସମ୍ପର୍କରେ ତୁହାକୁ ତୁହା ସ୍ମରଣକୁ ଆସିଯାଉଛି। ଅଂଶୁଘାତ, ମୃତ୍ୟୁର ସମ୍ବାଦ ଖବର କାଗଜରେ କେଉଁ ନିଛାଟିଆ କୋଣରେ ପ୍ରକାଶ ପାଇଥିଲେ ବି, ଆଖି ସିଆଡ଼କୁ ଟାଣି ହେଇଯାଉଛି।"[୧୭]

ଉପର୍ଯ୍ୟୁକ୍ତ ତିନି ଉଦାହରଣରେ ଯଥା 'କ' ଉଦାହରଣରେ ପୁରୁଣା ପୋଖରୀ ତଥା ପୋଖରୀ ଆଡ଼ିର ବର୍ଣ୍ଣନା, 'ଖ' ଉଦାହରଣରେ ନିଃଶବ୍ଦ ସନ୍ଧ୍ୟାକାଳୀନ ଏକ ସହରର ନିଛାଟିଆ ସ୍ଥାନ ଓ 'ଗ' ଉଦାହରଣରେ ଖରାଦିନର ବର୍ଣ୍ଣନା ଜୀବନ୍ତ ଲାଗେ। ଏହି ପ୍ରକୃତି ବର୍ଣ୍ଣନା ମଧ୍ୟରେ ଯୁଗ୍ମ ଶବ୍ଦ, ଦ୍ୱୈତ ଶବ୍ଦ ଓ ଧ୍ୱନ୍ୟାତ୍ମକ ଶବ୍ଦ ବ୍ୟବହାର କରି ଗାଳ୍ପିକ ପରିବେଶ ମଧ୍ୟରେ ପ୍ରକୃତିର ଶବ୍ଦକୁ ନେଇ ପାଠକକୁ କର୍ଣ୍ଣପାତ କରାଇଛନ୍ତି। ଧ୍ୱନ୍ୟାତ୍ମକ ଶବ୍ଦ ପ୍ରୟୋଗ କରି ଶାବ୍ଦିକ ବୈଚିତ୍ର୍ୟ ପରିପ୍ରକାଶ ସଙ୍ଗେ ଲୟାତ୍ମକତା ସୃଷ୍ଟି କରିବା ନିମନ୍ତେ ଏ ସମୟରେ ଗାଳ୍ପିକମାନେ ଖୁବ୍ ସଚେତନ ଥିଲେ। ତେଣୁ ଏଠାରେ ସମସାମୟିକ ଲେଖକ ସଙ୍ଗେ ଗାଳ୍ପିକ ମାନଙ୍କ ଧ୍ୱନ୍ୟାତ୍ମକ ଶବ୍ଦ ପ୍ରୟୋଗର ସ୍ୱାତନ୍ତ୍ର୍ୟକୁ ଉଦ୍ଧାର କରିପାରିବା। ଯଥା-

(୧) ଦେବ୍ରାଜ ଲେଙ୍କା : "ବୋହୂର ଛାତି **ଚାଉଁକିନା** ହୋଇଗଲା। **ଦାଲୁକିନା** ଗୋଟିଏ ଅତଡ଼ ବୋହୂର ଛାତିରୁ ଖସି ପଡ଼ିଲା।"[୧୮]

(୨) କଇଳାଶ ପଟ୍ଟନାୟକ : "ଶର୍ମା ଯେତେବେଳେ ମିଥ୍ୟା କହି ନିଜର ସ୍ୱପ୍ନ ଜନିତ ବାସ୍ତବତାକୁ ଘୋଡ଼ାଇବାକୁ ପ୍ରୟାସ କରେ। ସେତେବେଳେ ସେଇ ପଶୁଟି **ଟହଟହ** ଆତ୍ମ ସନ୍ତୋଷରେ ହସେ।"[୧୯]

(୩) ଅଜୟ ସ୍ୱାଇଁ : "ତାଙ୍କ **ଡଗ ଡଗ** ଚାଲି ବେଳେ ବେଳେ ମତେ ମହାତ୍ମା ଗାନ୍ଧୀଙ୍କ ପରି ଲାଗେ।"[୨୦]

(୪) ଭୀମ ପୃଷ୍ଟି : "ଦେହରୁ ଚିପୁଡ଼ି ଯେପରି କିଏ ଶୋଷି ନେଇଛି ତାର ଯୌବନ ଅଥଚ ଆଖିରେ ବଞ୍ଚି ରହିବାର ବିଶ୍ୱାସବୋଧରେ **ଝଲମଲ**।"(୨୧)

(୫) ସତ୍ୟପ୍ରିୟ ମହାଲିକ : "ଭାନୁଦତ୍ତଙ୍କ କୁଶଳୀ ହାତର ସ୍ପର୍ଶରେ ଏ ମାଟି ଖଣ୍ଡିକ କେଡ଼େ **ଛନ୍‌ଛନ୍** ଲାଗୁଛି।"(୨୨)

(୬) ମନୋଜ ପଣ୍ଡା : "ପୋଲିସ ଓ ପ୍ରଶାସକ ସଭିଙ୍କ ଫୋନ ସବୁ **ଝଣେଇ ଝଣେଇ** ଯାଉଥିଲା।"(୨୩)

(୭) ରଜନୀକାନ୍ତ ମହାନ୍ତି : "କି ବ୍ୟସ୍ତ ସେମାନେ ସେମାନଙ୍କ ପାଖରେ ଶବ୍ଦ କି **ଛଳଛଳ**, କି ଗତିଶୀଳ।"(୨୪)

କିମ୍ବା

"ମନେ ମନେ ଏୟା କହି ପିତ୍ତଳ-ସମ୍ପ ଲଗା ଆଶାବାଡ଼ିଟାକୁ ପ୍ଲାଟ୍‌ଫର୍ମ ଉପରେ ବାଡେଇଲା କାଶିଆ ଅନ୍ଧ, **ଦାଉଁ ଦାଉଁ**।"(୨୫)

ଉକ୍ତ ଦୃଷ୍ଟାନ୍ତ ସମୂହରେ ଗାଳ୍ପିକ ରଜନୀକାନ୍ତ ମହାନ୍ତି ସମପର୍ଯ୍ୟାୟର ସମସ୍ତ ଗାଳ୍ପିକ ତାଙ୍କର ଭାବକୁ ଆକର୍ଷଣୀୟ କରିବା ନିମନ୍ତେ ଧ୍ୱନ୍ୟାତ୍ମକ ଶବ୍ଦର ପ୍ରୟୋଗ କଲା ଭଳି ଗାଳ୍ପିକ ରଜନୀକାନ୍ତ ମହାନ୍ତି ଧନ୍ୟାତ୍ମକ ଶବ୍ଦର ପ୍ରୟୋଗ କରିଛନ୍ତି ଏବଂ ବାକ୍ୟର ଶେଷରେ ସ୍ୱତନ୍ତ୍ର ଭାବରେ ଧ୍ୱନ୍ୟାତ୍ମକ ଶବ୍ଦ ପ୍ରୟୋଗ କରି ଚମତ୍କାରିତା ଆଣିବା ସହ ବାକ୍ୟରେ ଲୟାତ୍ମକତା ସୃଷ୍ଟି କରିଛନ୍ତି। ଏପରି ଧ୍ୱନ୍ୟାତ୍ମକ ଶବ୍ଦ ଗଳ୍ପ ମଧ୍ୟରେ ଗାଳ୍ପିକ ରଜନୀକାନ୍ତ ମହାନ୍ତି ବାରମ୍ବାର ବ୍ୟବହାର କରୁଥିବାରୁ ଏହାକୁ ତାଙ୍କର ଏକ ସ୍ୱାତନ୍ତ୍ର୍ୟ ଭାବରେ ଗ୍ରହଣ କରିପାରିବା।

ଶବ୍ଦ ଚୟନ କ୍ଷେତ୍ରରେ ଗାଳ୍ପିକ ରଜନୀକାନ୍ତଙ୍କ ସ୍ୱାତନ୍ତ୍ର୍ୟକୁ ବିଚାର କରାଯାଇପାରେ। ଏ ସମୟର ସାଧାରଣ ମଣିଷର ଭାଷା ଓ ମାନକ ଭାଷାର ପ୍ରୟୋଗ କରିବାରେ ଗାଳ୍ପିକମାନେ ସତ ଚେଷ୍ଟିତ। ଏଠାରେ କେତେକ ଗାଳ୍ପିକଙ୍କର ଉଦାହରଣ ନିଆଯାଇ କଥାକାର ରଜନୀକାନ୍ତ ମହାନ୍ତିଙ୍କର ସ୍ୱାତନ୍ତ୍ର୍ୟକୁ ତୁଳନା କରାଯାଇପାରେ।

(୧) ଅଜୟ ସ୍ୱାଇଁ : "ଥୋକେ ଅଛନ୍ତି, ଯେଉଁମାନେ ଜୀବନକୁ ବଡ଼ ସିରିୟସ ଭାବେ ନିଅନ୍ତି, ଆଉ ଥୋକେ ବଡ଼ ହସ, ଖୁସି, ଗମାତ୍‌ରେ ବିତେଇ ଦିଅନ୍ତି ଜୀବନ।"(୨୬)

(୨) ଦେବ୍ରାଜ ଲେଙ୍କା : "ଗାଁରେ କେବେ, କଦାଚନ ଚୋରି ବୋଲି କିଛି ନ ଥିଲା।"(୨୭)

(୩) ମନୋଜ କୁମାର ପଣ୍ଡା : "ବାଡ଼ି ଠେଙ୍ଗା ନିଆଁଖୁଣ୍ଟ। ଚଟୁ ଅନକା ଯାହା ପାଇଲେ ତହିଁରେ ପିଟୁଥିଲା।"(୨୮)

(୪) ଗାୟତ୍ରୀ ସରାଫ : "ତାପରେ – ଝର୍ନା ପାଣିର ଗାଧୁଆ।"(୨୯)

(୫) ରଜନୀକାନ୍ତ ମହାନ୍ତି : "ବଜାରକୁ ଯାଇଚି। ଅଟା ଆଣିତେ।"(୨୯)

କିମ୍ବା

"ମୁଁ ସାନ ଭଉଣୀକୁ ବସେଇ ଦେନି। ସନ୍ଦୀପୁକୁ ଆଖି ଖୋଲିବାକୁ କହିନି।"(୩୦)

ଉପର୍ଯ୍ୟୁକ୍ତ ଉଦାହରଣକୁ ଦେଖିଲେ ଗାଳ୍ପିକମାନେ ସ୍ୱତନ୍ତ୍ର ଭାବରେ ଶବ୍ଦ ପ୍ରୟୋଗ କରି ବିଚଳନ ସୃଷ୍ଟି କରିଛନ୍ତି ତ ପୁଣି ଆଞ୍ଚଳିକ ଶବ୍ଦ ପ୍ରୟୋଗ କରି ନିଜ ନିଜ ଅଞ୍ଚଳର ପାଠକକୁ ବୁଝିବାରେ ସରସ ସୁନ୍ଦର ଓ ସହଜଲବ୍ଧ କରାଇଛନ୍ତି। ଏହି ଆଞ୍ଚଳିକ ଭାଷା ଅନ୍ୟ ଅଞ୍ଚଳର ପାଠକ ପାଇଁ ଆଣି ଦେଇଛି ଚମତ୍କାରିତା ଓ ଆକାଂକ୍ଷା। ଗାଳ୍ପିକ ଶବ୍ଦ ପ୍ରୟୋଗର ସ୍ୱାତନ୍ତ୍ର୍ୟ ଯେ ସେ ବାଲେଶ୍ୱରୀ ଉପାନ୍ତ ଅଞ୍ଚଳର ଭାଷାକୁ ଗଳ୍ପର ଛତ୍ରେ ଛତ୍ରେ ପ୍ରୟୋଗ କରନ୍ତି। ଯଥା- ପାଖିଆ, କୁହେ, କହିଥିନି, ହରେଇମି, ରେଡ଼ିଅ, ନେଖ, ଉଷଦ, ଆଜିପା, ଭଦ୍ରଖ, ନହଡି, ନହ୍ଣୁ, ହେଇଯିମି, ପୁଲ ଇତ୍ୟାଦି ସେହିପରି ଶବ୍ଦ ନିର୍ମାଣରେ ମଧ୍ୟ ରହିଛି ଗାଳ୍ପିକଙ୍କର ବିଶେଷତା, ଯଥା- କୟେଦୀୟ, ଫର୍ମାଶୀଆ, ଜହ୍ନଲିଆ, ଭଦ୍ରଖିଆ, ହରିଶମୟ, ରୋଗୀମୟ, ଔଷଧମୟ, ଅଫିମିଆ, ବରଫେଇ, ରଙ୍ଗିଡ଼ିଆ, ବର୍ଷାଳିଆ ଇତ୍ୟାଦି। ଶ୍ରୀ ମହାନ୍ତିଙ୍କ ଶବ୍ଦ ନିର୍ମାଣକୁ ଅନୁଧ୍ୟାନ କଲେ ଦେଖାଯାଏ ଯେ ଗାଳ୍ପିକ ନିଜର ବକ୍ତବ୍ୟକୁ ଆକର୍ଷଣୀୟ କରିବାକୁ ଯାଇ ଶବ୍ଦ ପରେ ୟା, ଲିଆ, ଏଇ, ମୟ, ଭଳି ପ୍ରତ୍ୟେୟ ସଂଯୋଗ କରି ଶବ୍ଦ ନିର୍ମାଣ କରିଛନ୍ତି। ଏହାକୁ ଶ୍ରୀ ମହାନ୍ତିଙ୍କ ଶବ୍ଦ ଚୟନଗତ ବୈଶିଷ୍ଟ୍ୟ ଭାବରେ ଗ୍ରହଣ କରିପାରିବା।

ଉତ୍ତର ଅଶୀ କାଳର ଗାଳ୍ପିକମାନେ ଶବ୍ଦରେ ଶବ୍ଦ ସଂଯୋଗକରି ବାକ୍ୟ ଗଢ଼ଣରେ ଚମତ୍କାରିତା ଆଣନ୍ତି। ଗାଳ୍ପିକମାନେ କାବ୍ୟାତ୍ମକ ବାକ୍ୟ ଗଢ଼ିବା ପାଇଁ ସଚେତନ ଭାବରେ ବାକ୍ୟରେ ସମାନ୍ତରତା (Parallelism) ସୃଷ୍ଟି କରନ୍ତି। ଯାହାକି ପାଠକକୁ ପଢ଼ିବା ସମୟରେ ସେହି ବାକ୍ୟଗୁଡ଼ିକ ବିରକ୍ତିକର ଭାବ ପ୍ରକାଶ ନ କରି ଚକିତ କରେ ଓ ଆନନ୍ଦ ଦେଇଥାଏ। ତେଣୁ ଉତ୍ତରଅଶୀ କେତେଜଣ ଗାଳ୍ପିକଙ୍କ ଗଳ୍ପରେ ସମାନ୍ତରତା ପ୍ରୟୋଗ ସଙ୍ଗେ ଗାଳ୍ପିକ ରଜନୀକାନ୍ତ ମହାନ୍ତିଙ୍କ ବାକ୍ୟ ଗଢ଼ଣର ସ୍ୱାତନ୍ତ୍ର୍ୟକୁ ବିଚାର କରାଯାଇପାରେ। ଯଥା-

(୧) ଗାୟତ୍ରୀ ସରାଫ : "**ଧରମା** ହିଁ ଏ ଗପର ନାୟକ। **ଧରମା** ହିଁ ଏ ସଂସାରର ଏକ ଚିହ୍ନ। **ଧରମା** ଦେହରେ ବୋହିଯାଉଛି ସମୟର ଅଭିଶାପ।"[୩୨]

(୨) ଅଜୟ ସ୍ୱାଇଁ: "**ଛେଳି** ଘାସ ଖାଏ।
ଛେଳି ମେଁ ମେଁ ବୋବାଏ।
ଛେଳି ବେଳେ ବେଳେ ସମୁଦ୍ର ଆଡ଼କୁ ଦାର୍ଶନିକ ପରି ଅନାଏ।
ଛେଳି ଟଣା ହୋଇ କଂସେଇ ସାଙ୍ଗେ ଯାଏ।"[୩୩]

(୩) ଜଗଦୀଶ ମହାନ୍ତି : "**ଏତେ** ସୁନ୍ଦର ପୃଥିବୀ, **ଏତେ** ଆନନ୍ଦ ଉତ୍ସ, **ଏତେ** ଅନୁଭୂତିର ପ୍ରାଚୁର୍ଯ୍ୟ ତଥାପି ତୁମର ଇଚ୍ଛା ହୁଏନି ଗାଇବାକୁ 'ମରିତେ ଚଇନା ଆମି ସୁନ୍ଦର ଜଗତେ।'[୩୪]

(୪) ମନୋଜ କୁମାର ପଣ୍ଡା : "ଶୀତ ଋତୁକୁ **ପଚାର**। ଫୁଲର ପାଖୁଡାକୁ **ପଚାର**। କାକରକୁ **ପଚାର** କୁକୁଡ଼ାକୁ **ପଚାର**। ଘରକାନ୍ଥରେ ଲଟେଇଥିବା ଲୁହାକୁ **ପଚାର**।"[୩୫]

(୫) ରଜନୀକାନ୍ତ ମହାନ୍ତି : "**କାହିଁକି** ପୋଲିସ ଷ୍ଟେସନ୍ ପାଖରେ ଘଣ୍ଟା ଘଣ୍ଟା ଧରି ଛିଡ଼ା ହୋଇ ରହୁ ଯଦିଓ ଚୋର ନୁହେଁ। **କାହିଁକି** କଚେରୀ ଖାନାରେ ଏବେ ସମୟ ଟହଲୁ ଯଦିଓ ତୋ ଉପରେ କେହି ମୋକଦ୍ଦମା ଦାଏର କରିନି। **କାହିଁକି** ଡାକ୍ତରଖାନାର ମସିଆ ବେଞ୍ଚ ଉପରେ ଡାକ୍ତରଙ୍କ ଆଖିକୁ ନିରେଖି ଚାହୁଁ ଯଦିଓ ଥଣ୍ଡା ଜ୍ୱରରେ ସାମାନ୍ୟ ବଟିକାଟି ଖାଇବାକୁ ତୁ ଘୃଣାକରୁ। **କାହିଁକି** ନାରୀ ସଭା ସମିତିମାନଙ୍କୁ ଯାଇ ନାରୀମାନେ ସେମାନଙ୍କ ଛୋଟ ଛୋଟ ପିଲାମାନଙ୍କୁ ସାଙ୍ଗରେ ଆଣିଛନ୍ତି ନା ନାହିଁ ବୋଲି ଲକ୍ଷ୍ୟକରୁ।[୩୬]

କିମ୍ବା

"**ସବୁ** ଧର୍ମ ମୋ'ରି **ପାଇଁ**।
ସବୁ ଲେଖା ମୋ'ରି **ପାଇଁ**।
ସବୁ ନେତା ମୋ'ରି **ପାଇଁ**।
ସବୁ ଯୋଜନା ମୋ'ରି **ପାଇଁ**।
ସବୁ ନ୍ୟାୟ ମୋ'ରି **ପାଇଁ**।
ସବୁ ସଂଘର୍ଷ ମୋ'ରି **ପାଇଁ**।"[୩୭]

ଉପର୍ଯ୍ୟୁକ୍ତ ସମ୍ମୁଖୀକରଣ ଉଦାହରଣ ସମୂହକୁ ଲକ୍ଷ୍ୟକଲେ ଗାଳ୍ପିକମାନଙ୍କର ଆଦ୍ୟସମ୍ମୁଖୀକରଣ, ଅନ୍ତଃସମ୍ମୁଖୀକରଣ ଓ ଆଦ୍ୟାନ୍ତ ସମ୍ମୁଖୀକରଣର ପ୍ରୟୋଗ ଦେଖାଯାଏ। ଗାଳ୍ପିକ ଜଗଦୀଶ ମହାନ୍ତି, ଗାୟତ୍ରୀ ସରାଫ, ଅଜୟ ସ୍ୱାଇଁ, ମନୋଜ ପଣ୍ଡାଙ୍କ ପରି ଗାଳ୍ପିକ ରଜନୀକାନ୍ତ ମହାନ୍ତିଙ୍କ ଗଳ୍ପରେ ଆଦ୍ୟସମ୍ମୁଖୀକରଣ ଓ ଆଦ୍ୟ-ଅନ୍ତ ସମ୍ମୁଖୀକରଣ ବାକ୍ୟରେ ପ୍ରୟୋଗ କରି ଗଳ୍ପରେ ସମାନ୍ତରତା ସୃଷ୍ଟି କରିବାରେ ଗାଳ୍ପିକ ନିଜର ପାରଙ୍ଗମତା ଦେଖାଇଛନ୍ତି। କିନ୍ତୁ ବାକ୍ୟରେ ଶ୍ରୀ ମହାନ୍ତି ସମାନ୍ତରତା ଆଣନ୍ତି ଭାବକୁ ମଜଭୁତ୍ କରିବା ଲକ୍ଷ୍ୟରେ ଅଥଚ ଅନ୍ୟକେତେକ ଲେଖକ, ଯଥା - ଦେବ୍ରାଜ ଲେଙ୍କା, ମନୋଜ ପଣ୍ଡାଙ୍କ ଭଳି ଗଳ୍ପରେ ବିପଥନ ସୃଷ୍ଟି କରନ୍ତି ନାହିଁ। ବ୍ୟାକରଣ ନିୟମରୁ ସମ୍ପୂର୍ଣ୍ଣ ରୂପେ ବହିଷ୍କୃତ ହୋଇପାରି ନାହାନ୍ତି ଶ୍ରୀ ମହାନ୍ତି। ପାରମ୍ପରିକତା ସଙ୍ଗେ ନୂତନତା ସଂଯୋଗରେ ଗାଳ୍ପିକ ରଜନୀକାନ୍ତ ମହାନ୍ତିଙ୍କର ରହେ ସ୍ୱାତନ୍ତ୍ୟ।

ଗଳ୍ପରେ ଛୋଟ ଛୋଟ ବାକ୍ୟ ପ୍ରୟୋଗ କରନ୍ତି ଗାଳ୍ପିକ ଶ୍ରୀ ମହାନ୍ତି। ସେହି ବାକ୍ୟରେ ରୂପକଳ୍ପର ପ୍ରୟୋଗ ଆକର୍ଷଣୀୟ ଲାଗେ। ଏହାକୁ ଅସ୍ୱୀକାର କରାଯାଇ ନ ପାରେ। ଗାଳ୍ପିକ ଗାୟତ୍ରୀ ସରାଫ, କଇଳାଶ ପଟ୍ଟନାୟକ, ସଦାନନ୍ଦ ତ୍ରିପାଠୀ, ଅଜୟ ସ୍ୱାଇଁ, ଜ୍ୟୋତ୍ସ୍ନା ରାଉତରାୟ, ଭୀମ ପୃଷ୍ଟି, ପରେଶ ପଟ୍ଟନାୟକ, ହୃଷୀକେଶ ପଣ୍ଡା ଆଦି ଲେଖକମାନେ ଗଳ୍ପର ଗୋଟିଏ ଗୋଟିଏ ବାକ୍ୟରେ ରୂପକଳ୍ପ ପ୍ରୟୋଗ କରନ୍ତି, ଏହା ସତ୍ୟ; କିନ୍ତୁ ଗାଳ୍ପିକ ରଜନୀକାନ୍ତ ମହାନ୍ତି ଆକର୍ଷଣୀୟ ଭାବରେ ପ୍ରାୟତଃ ପ୍ରତ୍ୟେକ ବାକ୍ୟରେ ରୂପ କଳ୍ପର ପ୍ରୟୋଗ କରି ତତ୍‌କ୍ଷଣାତ୍ ପ୍ରକାଶିତ ଭାବବଳୟ ପାଖକୁ

ପାଠକକୁ ଟାଣି ନିଅନ୍ତି । ତେଣୁ ଗାଳ୍ପିକ ରଜନୀକାନ୍ତ ମହାନ୍ତିଙ୍କ ବର୍ଣ୍ଣନା ଅତିବାସ୍ତବ ଓ ଜୀବନ୍ତ ମନେହୁଏ । ଯେଉଁ ପାଠକ ଶ୍ରୀ ମହାନ୍ତିଙ୍କ ଗଳ୍ପ ପଠନ କରିବ ସେ ପ୍ରତ୍ୟେକ ବାକ୍ୟର ରୂପକଳ୍ପକୁ ମର୍ମେ ମର୍ମେ ଉପଲବ୍ଧି କରିବ । ଏଠାରେ କେତୋଟି ଉଦାହରଣ ନେଇପାରିବା -

(କ) "ମୋ ସହ ପ୍ରେମର ବାଡ଼ି ଖେଳ ଆରମ୍ଭ କରିବନି ତ ।"(୩୮)

(ଖ) "ଦେହରେ ଅଦାଲତୀ ମନ ବସା ବାନ୍ଧିଛି ।"(୩୯)

(ଗ) "ତୋ ବିଶ୍ୱାସର ଟିପଚିହ୍ନ ଯଦି ଥାଆନ୍ତି ।"(୪୦)

(ଘ) "ବିରକ୍ତିର ସ୍ୱାହାଟେ ମୁହଁରେ ବାନ୍ଧି ଫେରି ଯାଉଥିଲେ କର୍ତ୍ତା ଜଣକ ।"(୪୧)

(ଙ) "ବୟସର ଟିକି ଟିକି ନାଲି ରୁଞ୍ଜ ଶୁଖି ପାଉଁଶିଆ ।"(୪୨)

(ଚ) "ମୁଁ ଯେ ମହମ ଭଳି ଗୋଟାପଣେ ତରଳି ଯାଇଥିଲି ।"(୪୩)

ଉପର୍ଯ୍ୟୁକ୍ତ ଉଦାହରଣ ଭଳି ଗାଳ୍ପିକ ରଜନୀକାନ୍ତ ମହାନ୍ତି ପ୍ରତ୍ୟେକ ବାକ୍ୟକୁ ଆକର୍ଷଣୀୟ କରିଦିଅନ୍ତି ବର୍ଣ୍ଣନାର କାରିଗରୀରେ । ବାକ୍ୟରେ ରୂପକଳ୍ପ ପ୍ରୟୋଗ କରି ପାଠକକୁ ଗୋଟିଏ ଗୋଟିଏ ଚିତ୍ର ଦେଖାନ୍ତି ଶ୍ରୀ ମହାନ୍ତି । ସେହିପରି ସାଧାରଣ କଥାକୁ ନେଇ ଗୋଟିଏ ଗୋଟିଏ ଗଳ୍ପର ସୌଧନିର୍ମାଣରେ ଗାଳ୍ପିକ ଶ୍ରୀ ମହାନ୍ତି ସିଦ୍ଧହସ୍ତ । ଗଳ୍ପର କଥାଭାଗ ସାଧାରଣ ମନେହେଲେ ମଧ୍ୟ ବର୍ଣ୍ଣନାର ଅସାଧାରଣ ବୌଦ୍ଧିକତାର ପରିଭାଷା ଦେଖାଯାଏ । ଯେଉଁ କଥା, ଯେଉଁ ବିଷୟକୁ ନେଇ ଗୋଟିଏ ଗୋଟିଏ ଗଳ୍ପ ହେବାର ସମ୍ଭାବନା ନଥାଏ, କି କେହି ଲେଖକ ସେଭଳି କଥାକୁ ଗଳ୍ପର ରୂପ ଦିଅନ୍ତି ନାହିଁ ଅଥଚ ଗାଳ୍ପିକ ରଜନୀକାନ୍ତ ମହାନ୍ତି ସେହିଭଳି କଥାକୁ ନେଇ ଗଳ୍ପ ରଚନା କରି ଦାର୍ଶନିକତାର ପ୍ରଲେପ ମଧ୍ୟ ଛାଡ଼ି ଯାଆନ୍ତି ପାଠକ ପାଇଁ । ଏ ସମସ୍ତ ଦୃଷ୍ଟିକୋଣରୁ ଗାଳ୍ପିକ ଶ୍ରୀ ମହାନ୍ତିଙ୍କ ସୃଷ୍ଟି ସମୂହ ଉତ୍ତରଅଶୀ ଓଡ଼ିଆ ଗଳ୍ପ ସାହିତ୍ୟରେ ସ୍ୱତନ୍ତ୍ର ସ୍ଥାନ ଦାବି କରେ ।

୧୯୮୦ ମସିହା ପରବର୍ତ୍ତୀ ଗଳ୍ପ ସାହିତ୍ୟରେ ଭାବଗତ ଓ ରୂପଗତ ଉଭୟ ଦିଗରେ ପରିବର୍ତ୍ତନ ଘଟିଛି । ନୂଆ ରୂପରେ ଗାଳ୍ପିକମାନେ ନାନାବିଧ ବାସ୍ତବ ସତ୍ୟକୁ ଗଳ୍ପ ମଧ୍ୟରେ ପରିପ୍ରକାଶ କରିଛନ୍ତି । ମଣିଷର ଅନ୍ତଃସତ୍ତାରୁ ବାହ୍ୟସତ୍ତା ପର୍ଯ୍ୟନ୍ତ, ଗାଁରୁ ସହର ପର୍ଯ୍ୟନ୍ତ, ପୁଣି ସହରରୁ ଗାଁ ପର୍ଯ୍ୟନ୍ତ ସମସ୍ତ ବିଡ଼ମ୍ବନାକୁ ଗଳ୍ପ ସାହିତ୍ୟରେ ପରିପ୍ରକାଶ କରି ନୂତନତା ସୃଷ୍ଟି କରିଛନ୍ତି । ସେ ଦୃଷ୍ଟିରୁ ଆଲୋଚନାର ବିଷୟକୁ ପୁଙ୍ଖାନୁପୁଙ୍ଖ ପର୍ଯ୍ୟାଲୋଚନା କରି ସମକାଳୀନ ଗାଳ୍ପିକ ମାନଙ୍କ ଗଳ୍ପ ସଙ୍ଗେ ତୁଳନା କଲେ ଭାବଗତ ଓ ରୂପଗତ ସ୍ୱାତନ୍ତ୍ର୍ୟ ଦୃଷ୍ଟିରୁ ଗାଳ୍ପିକ ରଜନୀକାନ୍ତ ମହାନ୍ତିଙ୍କ ବୈଶିଷ୍ଟ୍ୟ ଅନୁଶୀଳନ କରାଯାଇ ପାରେ । ଯାହାକି ଉତ୍ତରଅଶୀ ଗଳ୍ପ ଧାରାରେ ଗାଳ୍ପିକ ରଜନୀକାନ୍ତ ମହାନ୍ତିଙ୍କୁ ଅନ୍ୟ ପ୍ରମୁଖ ଗାଳ୍ପିକମାନଙ୍କ ସଙ୍ଗେ ସମାନ୍ତରତା ରକ୍ଷାକରିବା ସହ ସ୍ୱକୀୟ ସ୍ୱତନ୍ତ୍ର ପରିଚୟ ସୃଷ୍ଟି କରାଏ ।

ପ୍ରାନ୍ତଟିକା :

(୧) ଶତପଥୀ, ପ୍ରତିଭା, ଉତ୍ତର ଆଧୁନିକ ଓଡ଼ିଆ କବିତା ଓ ଅନ୍ୟାନ୍ୟ ପ୍ରବନ୍ଧ, ଗ୍ରନ୍ଥ ମନ୍ଦିର, କଟକ-୨, ତୃତୀୟ ସଂସ୍କରଣ - ୨୦୧୪, ପୃଷ୍ଠା-୧୬।

(୨) ତ୍ରିପାଠୀ, ସଦାନନ୍ଦ, ଅନ୍ୟଜଣେ ସଦାନନ୍ଦ ତ୍ରିପାଠୀଙ୍କ ମୃତ୍ୟୁ ପରେ, (ତିନୋଟି ପାହାଚ), ଶ୍ରେଷ୍ଠଗଳ୍ପ ପ୍ରକାଶନୀ, ରାଉରକେଲା, ତୃତୀୟ ସଂସ୍କରଣ, ଡିସେମ୍ବର, ୨୦୧୭, ପୃଷ୍ଠା-୧୩।

(୩) ଅଧ୍ୟାପକ, ବିଶ୍ୱରଞ୍ଜନ, ଶ୍ରେଷ୍ଠ ଗଳ୍ପ, (ସମୟର ମାନଚିତ୍ର), ଟାଇମ୍ ପାସ, ଭୁବନେଶ୍ୱର, ପ୍ରଥମ ସଂସ୍କରଣ, ଡିସେମ୍ବର, ୨୦୧୬, ପୃଷ୍ଠା-୩୧ ।

(୪) ଦାସ, ସୁଲୋଚନା, ଓଡ଼ିଆ ସାହିତ୍ୟରେ ରାଜନୈତିକ ଚେତନା (ଦ୍ୱିତୀୟ ଭାଗ), ଆର୍ଯ୍ୟ ପ୍ରକାଶନ, କଟକ-୧୨, ପ୍ରକାଶ କାଳ, ୧୯୯୮, ପୃଷ୍ଠା - ୬୬୩।

(୫) ସାମଲ, ବୈଷ୍ଣବ ଚରଣ, ଓଡ଼ିଆ ଗଳ୍ପ; ଉନ୍ମେଷ ଓ ଉତ୍ତରଣ, ଫ୍ରେଣ୍ଡସ୍ ପବ୍ଲିଶର୍ସ, କଟକ-୨, ପରିବର୍ଦ୍ଧିତ ଦ୍ୱିତୀୟ ସଂସ୍କରଣ, ୨୦୧୫, ପୃଷ୍ଠା ୬୬-୬୭।

(୬) ଅଧ୍ୟାପକ ବିଶ୍ୱରଞ୍ଜନ, ଶ୍ରେଷ୍ଠ ଗଳ୍ପ, (ଦିଓ୍ୱାଲି), ପୃଷ୍ଠା-୪୭।

(୭) ତତ୍ରୈବ, (ଅନ୍ତଯାତ୍ରା), ପୃଷ୍ଠା-୦୫ ।

(୮) ମିଶ୍ର, ଗଣେଶ୍ୱର, ଶ୍ରେଷ୍ଠଗଳ୍ପ, (ଭୂତ), ଟାଇମ୍ ପାସ୍, ଭୁବନେଶ୍ୱର, ପ୍ରଥମ ସଂସ୍କରଣ, ଡିସେମ୍ବର ୨୦୧୪, ପୃଷ୍ଠା-୧୧ ।

(୯) ମହାନ୍ତି, ରଜନୀକାନ୍ତ, ମାଟିଆ ପୁଅ, (ଭୂତ), ବିଦ୍ୟାପୁରୀ, କଟକ-୨, ପ୍ରଥମ ପ୍ରକାଶ, ଦଶହରା ୧୯୮୯, ପୃଷ୍ଠା-୬୧ ।

(୧୦) ଦାସ, ମନୋଜ, ମନୋଜ ସୃଜନୀ ସମଗ୍ର (ତୃତୀୟ ଖଣ୍ଡ), (ବକ-କର୍କଟ ଉପାଖ୍ୟାନ), ଗ୍ରନ୍ଥ ମନ୍ଦିର, କଟକ-୨, ପ୍ରଥମ ସଂସ୍କରଣ, ୦୧.୦୧.୨୦୧୦, ପୃଷ୍ଠା-୨୧୦।

(୧୧) ମହାନ୍ତି, ଜଗଦୀଶ, ପ୍ରେମ ଅପ୍ରେମ, (ଏ ଏକ ବିଷାଦ ଖେଳ), ପ୍ରକାଶକ-ଟାଇମ୍ ପାସ୍, ଭୁବନେଶ୍ୱର, ଦ୍ୱିତୀୟ ସଂସ୍କରଣ, ୨୦୧୨, ପୃଷ୍ଠା-୩୭।

(୧୨) ପଟ୍ଟନାୟକ, କଇଳାଶ, ଏକଦା ଅନ୍ତରଙ୍ଗ, ଶଙ୍ଖନାଦ ପବ୍ଲିକେଶନ୍ସ, ମାର୍ଫତ୍-ନୀଳାଚଳ ପ୍ରକାଶନୀ, ଲିଙ୍କରୋଡ଼, କଟକ-୦୯, ପ୍ରଥମ ପ୍ରକାଶ ଗଣେଶ ଚତୁର୍ଥୀ, ୧୯୮୧, ପୃଷ୍ଠା-୦୪।

(୧୩) ତତ୍ରୈବ, ପୃଷ୍ଠା-୩୦।

(୧୪) ତତ୍ରୈବ, ପୃଷ୍ଠା-୩୨।

(୧୫) ମହାନ୍ତି, ରଜନୀକାନ୍ତ, ବହୁବଜାର, (କଷିକଉ), ଜେନିଥ୍ ପବ୍ଲିକେଶନସ୍, ଭଦ୍ରକ, ପ୍ରଥମ ପ୍ରକାଶ ଜୁଲାଇ, ୨୦୦୪, ପୃଷ୍ଠା-୧୧ ।

(୧୬) ମହାନ୍ତି, ରଜନୀକାନ୍ତ, ଶତାଂଢି ପୁରୁଷ, (ପିମ୍ପୁଡ଼ି), ଫ୍ରେଣ୍ଡସ୍ ପବ୍ଲିଶର୍ସ, କଟକ-୨, ପ୍ରଥମ ସଂସ୍କରଣ, ୧୯୮୧, ପୃଷ୍ଠା-୨୧ ।

(୧୭) ମହାନ୍ତି, ରଜନୀକାନ୍ତ, ଅଠର ନିର୍ବାସନ ରୋଡ, (ପାଦ), ପ୍ରକାଶକ-ପ୍ରବାହ, ଯାଜପୁର, ପ୍ରଥମ ପ୍ରକାଶ-୨୦୧୦, ପୃଷ୍ଠା-୨୧ ।

(୧୮) ଲେଙ୍କା, ଦେବ୍ରାଜ, ଗପ ମସିହା ୨୦୦୦, ଓଡ଼ିଶା ବୁକ୍ ଷ୍ଟୋର, କଟକ-୨, ପ୍ରଥମ ସଂସ୍କରଣ, ୨୦୦୦, ପୃଷ୍ଠା-୦୭ ।

(୧୯) ପଟ୍ଟନାୟକ, କଇଳାଶ, ଏକଦା ଅନ୍ତରଙ୍ଗ, ପୃଷ୍ଠା-୧୫ ।

(୨୦) ସ୍ୱାଇଁ, ଅଜୟ, ଶ୍ରେଷ୍ଠ ଗଳ୍ପ, (କଥକ), ଟାଇମ୍ ପାସ୍, ଭୁବନେଶ୍ୱର, ପ୍ରଥମ ସଂସ୍କରଣ, ଡିସେମ୍ବର, ୨୦୧୬, ପୃଷ୍ଠା-୧୩।

(୨୧) ପୃଷ୍ଟି, ଭୀମ, ଲଛମନିଆ,(ଲଛମନିଆ), ଡ୍ରିମ୍ସ, ଭୁବନେଶ୍ୱର, ପ୍ରକାଶନ-ପ୍ରଥମ ପ୍ରକାଶ - ୨୦୦୮, ପୃଷ୍ଠା-୦୬।

(୨୨) ମହାଲିକ, ସତ୍ୟପ୍ରିୟ, କଥାତନ୍ତ୍ର, (ଗଛ ଶିକାର), ଟାଇମ୍ପାସ୍, ଭୁବନେଶ୍ୱର, ପ୍ରଥମ ପ୍ରକାଶ - ୨୦୦୬, ପୃଷ୍ଠା - ୫୬।

(୨୩) ପଣ୍ଡା, ମନୋଜ କୁମାର, ହାଡ ବଗିଚା, ଦକ୍ଷ ବୁକ୍ସ, କଟକ, ଦ୍ୱିତୀୟ ମୁଦ୍ରଣ, ୨୦୧୫, ପୃଷ୍ଠା-୯୪।

(୨୪) ମହାନ୍ତି, ରଜନୀକାନ୍ତ, ଶତାଂଢି ପୁରୁଷ, (ପିମ୍ପୁଡ଼ି), ପୃଷ୍ଠା-୨୨।

(୨୫) ମହାନ୍ତି, ରଜନୀକାନ୍ତ, ରକ୍ତରାଣ, (ଅନ୍ଧ), ଆକାଂକ୍ଷା ପ୍ରକାଶନ, ଭଦ୍ରକ-୨୪, ପ୍ରଥମ ପ୍ରକାଶ - ଜୁନ୍, ୨୦୦୭, ପୃଷ୍ଠା-୪୦।

(୨୬) ସ୍ୱାଇଁ, ଅଜୟ, ଶ୍ରେଷ୍ଠ ଗଳ୍ପ, (ଦୁଃଖ), ୨୦୦୩, ପୃଷ୍ଠା-୫୯।

(୨୭) ଲେଙ୍କା, ଦେବ୍ରାଜ, ଗପ ମସିହା ୨୦୦୦, ପୃଷ୍ଠା-୦୧।

(୨୮) ପଣ୍ଡା, ମନୋଜ କୁମାର, ବର୍ଣ୍ଣ ବଗିଚା, ଦକ୍ଷ ବୁକ୍ସ, କଟକ, ଦ୍ୱିତୀୟ ମୁଦ୍ରଣ, ୨୦୧୫, ପୃଷ୍ଠା-୯୯।

(୨୯) ସରାଫ, ଗାୟତ୍ରୀ, ଶେଷ୍ଠ ଗଳ୍ପ, (କେହିତ ଜଣେ), ଟାଇମ୍ପାସ୍, ଭୁବନେଶ୍ୱର, ପ୍ରଥମ, ସଂସ୍କରଣ, ଡିସେମ୍ବର, ୨୦୧୬, ପୃଷ୍ଠା-୩୦।

(୩୦) ମହାନ୍ତି, ରଜନୀକାନ୍ତ, ଶତାଂଢି ପୁରୁଷ, (ଶତାଂଢି ପୁରୁଷ), ପୃଷ୍ଠା-୩୫।

(୩୧) ମହାନ୍ତି, ରଜନୀକାନ୍ତ, ମାଟିଆ ପୁଅ, (ନାରାଚ ଉବାଚ), ପୃଷ୍ଠା-୦୬।

(୩୨) ସରାଫ, ଗାୟତ୍ରୀ, ଶ୍ରେଷ୍ଠ ଗଳ୍ପ, (ଆଉ ଜଣେ ଝିଅର ବାପ), ପୃଷ୍ଠା-୪୪।

(୩୩) ସ୍ୱାଇଁ, ଅଜୟ, ଶ୍ରେଷ୍ଠ ଗଳ୍ପ, (ଛେଳି), ପୃଷ୍ଠା-୯୬।

(୩୪) ମହାନ୍ତି, ଜଗଦୀଶ, ପ୍ରେମ ଅପ୍ରେମ, ପ୍ରକାଶକ-ଟାଇମ୍ ପାସ୍, ଭୁବନେଶ୍ୱର, ଦ୍ୱିତୀୟ ସଂସ୍କରଣ-୨୦୧୨, ପୃଷ୍ଠା-୧୩୨।

(୩୫) ପଣ୍ଡା, ମନୋଜ, ହାଡ ବଗିଚା, ପୃଷ୍ଠା-୫୭ ।
(୩୬) ମହାନ୍ତି, ରଜନୀକାନ୍ତ, ଶତାଂଡି ପୁରୁଷ, (ନିଶୀଥ ସଙ୍ଗମ), ପୃଷ୍ଠା-୦୨ ।
(୩୭) ତତ୍ରୈବ, (ଶତାଂଡି ପୁରୁଷ), ପୃଷ୍ଠା-୩୯ ।
(୩୮) ତତ୍ରୈବ, (ଚନ୍ଦ୍ରଭାଗା), ପୃଷ୍ଠା-୬୧ ।
(୩୯) ତତ୍ରୈବ, (ମୋକଦ୍ଦମା), ପୃଷ୍ଠା-୭୧ ।
(୪୦) ମହାନ୍ତି, ରଜନୀକାନ୍ତ, ମାଟିଆ ପୁଅ, (ନାରାଚ ଉବାଚ), ପୃଷ୍ଠା-୧୮ ।
(୪୧) ମହାନ୍ତି, ରଜନୀକାନ୍ତ, ଆ ସାକ୍ଷୀ ଦେ, (ସ୍ୱପ୍ନମେଧ), ଆର୍ଯ୍ୟ ପ୍ରକାଶନ, କଟକ-୧୨, ପ୍ରଥମ ପ୍ରକାଶ-୧୯୯୯, ପୃଷ୍ଠା-୦୨ ।
(୪୨) ମହାନ୍ତି, ରଜନୀକାନ୍ତ, ଝିପିଝିପି ଅନ୍ଧାର, (ନଅଙ୍କ), ପ୍ରକାଶକ-ଅକ୍ଷର, କଟକ-୧୩, ପ୍ରଥମ ସଂସ୍କରଣ, ବସନ୍ତ ପଞ୍ଚମୀ, ୨୦୦୨, ପୃଷ୍ଠା-୫୭ ।
(୪୩) ମହାନ୍ତି, ରଜନୀକାନ୍ତ, ବହୁବଜାର, (ସ୍ୱପ୍ନରଙ୍ଗା), ପୃଷ୍ଠା-୨୭

ଉପସଂହାର

(CONCLUSION)

୧୯୮୦ ମସିହା ପରବର୍ତ୍ତୀ ଓଡ଼ିଆ ଗଳ୍ପର ନବୀନ ପ୍ରତିଭା ଏବଂ ସଂପ୍ରତି ଓଡ଼ିଆ କ୍ଷୁଦ୍ରଗଳ୍ପର ଦୀପ୍ତିମନ୍ତ ପ୍ରତିଭା ହେଉଛନ୍ତି ଗାଳ୍ପିକ ରଜନୀକାନ୍ତ ମହାନ୍ତି । ଓଡ଼ିଆ ଗଳ୍ପ ସାହିତ୍ୟରେ ଗାଳ୍ପିକ ରଜନୀକାନ୍ତ ମହାନ୍ତିଙ୍କ ଗଳ୍ପମାନସ ଅନୁଶୀଳନ କଲେ ମନେହୁଏ, ତାଙ୍କ ବିପୁଳକାୟ ଗଳ୍ପ ଜଗତ ମଧ୍ୟରେ ସତେ ଯେପରି ଗାଳ୍ପିକପ୍ରାଣଟି ଚଳଚଞ୍ଚଳ ଏବଂ ଆତ୍ମାନୁଭୂତିର ପରିପ୍ରକାଶରେ ବେଶ୍ ମୁଖର । ସ୍ୱାଧୀନତୋତ୍ତର ଓଡ଼ିଆ କ୍ଷୁଦ୍ରଗଳ୍ପ ଯେତିକି ବଳିଷ୍ଠ ହୋଇଥିଲା, ତାହା ଉତ୍ତରଅଶୀ କାଳରେ ନୂତନ ଦୃଷ୍ଟି ଓ ଦିଗନ୍ତ ସହିତ ଖୁବ୍ ସୁଦୂର ପ୍ରସାରୀ ଓ ବ୍ୟାପକ ହୋଇଛି । ନୂତନ ଚିନ୍ତା, ଚେତନା, ଭାବ, ଭାବନା, ଦୃଷ୍ଟି ଓ ଦର୍ଶନକୁ ନେଇ ସାମ୍ପ୍ରତିକ କ୍ଷୁଦ୍ରଗଳ୍ପ ଆଶା ଓ ସମ୍ଭାବନାର ମାର୍ଗ ମଧ୍ୟ ଉନ୍ମୋଚନ କରିଛି । ଫକୀରମୋହନଙ୍କ ଠାରୁ ଯେଉଁ ଗଳ୍ପ ପରମ୍ପରା ଉନ୍ମେଷ ଲଭି ନବ ପର୍ଯ୍ୟାୟରେ ସୁରେନ୍ଦ୍ର ମହାନ୍ତି, ମହାପାତ୍ର ନୀଳମଣି ସାହୁ, ମନୋଜ ଦାସ, ଶାନ୍ତନୁ କୁମାର ଆଚାର୍ଯ୍ୟ, କିଶୋରୀ ଚରଣ ଦାସ, ଅଖିଳ ମୋହନ ପଟ୍ଟନାୟକ, ବୀଣାପାଣି ମହାନ୍ତି, ଚନ୍ଦ୍ରଶେଖର ରଥ, ବ୍ରହ୍ମାନନ୍ଦ ପଣ୍ଡା, ରବି ପଟ୍ଟନାୟକ, ପୂର୍ଣ୍ଣାନନ୍ଦ ଦାନୀ, ବିଭୂତି ପଟ୍ଟନାୟକ, ଦେବ୍ରାଜ ଲେଙ୍କା, ପଦ୍ମଜ ପାଲ, ଅଧ୍ୟାପକ ବିଶ୍ୱରଂଜନ, ଜଗଦୀଶ ମହାନ୍ତି ଆଦିଙ୍କ ଦେଇ କଥାକାର ରଜନୀକାନ୍ତଙ୍କ ବେଳକୁ ସେହି ସାହିତ୍ୟ ବିକାଶର ଚରମ ବିନ୍ଦୁକୁ ସ୍ପର୍ଶ କରିବାରେ ସମର୍ଥ ହୋଇଛି । ବିବର୍ତ୍ତିତ ଦୃଷ୍ଟିଭଙ୍ଗୀ, ପ୍ରଚଳିତ ସାମାଜିକ ବ୍ୟବସ୍ଥା, କଳୁଷିତ ଗାଣତାନ୍ତ୍ରିକ ଶାସନବ୍ୟବସ୍ଥା, ଭୋଗବାଦୀ ରାଜନେତା, ଶଠତା, ପ୍ରତାରଣା, ସାମାଜିକ ମଣିଷର ଅନିର୍ଭୋଗ, ଆଧ୍ୟାତ୍ମିକ ଅସ୍ପୃହା ଓ ଜୀବନ ଯନ୍ତ୍ରଣାକୁ ଆଧାରକରି ଗଳ୍ପ ହୋଇଛି ଗତିମୁଖର । କଥାକାର ରଜନୀକାନ୍ତ ମହାନ୍ତି ଅଶୀ ଉତ୍ତର କାଳରେ ଜୀବନବାଦୀ ତଥା ମାନବବାଦୀ ଦୃଷ୍ଟିଭଙ୍ଗୀକୁ ଆଧାର କରି ଗ୍ରାମ୍ୟ ପଟ୍ଟଭୂମିରେ ମାନବିକ ସମସ୍ୟା, ସହରୀ ଜୀବନର ସାର ଶୂନ୍ୟତାକୁ ଗଳ୍ପ ମଧ୍ୟରେ ପରିପ୍ରକାଶ କରିଛନ୍ତି । ଶ୍ରୀ ମହାନ୍ତିଙ୍କ ଗଳ୍ପରେ ବଳୟ ଗ୍ରାମର ପୁଷ୍କରିଣୀ ଠାରୁ ସହରର ଚାକଚକ୍ୟ ତଥା ବଡ଼ ବଡ଼ ସହରରେ ଜୀବନ ବିତାଉଥିବା ମଣିଷଙ୍କ କଥା ନିହିତ । ତାଙ୍କ ଗଳ୍ପର ଭାବ ବଳୟ ପାଠକଙ୍କୁ ଅନେକ ସମ୍ଭାବନାରେ ଆକର୍ଷିତ କରିଛି ଓ ଗଳ୍ପର ଅନ୍ତଃସ୍ୱର ନାନା ଉପଲବ୍ଧି ଦେଇଛି । 'ଶତାଣ୍ଡି ପୁରୁଷ', 'ମାଟିଆ ପୁଅ', 'ଆ ସାକ୍ଷୀ ଦେ', 'ଝିପି ଝିପି ଅନ୍ଧାର', 'ବହୁବଜାର', 'ରକ୍ତ

ରାଣ', 'ଉଷାକାଳ', 'ଅଠର ନିର୍ବାସନ ରୋଡ', 'ହସ୍ତାକ୍ଷର' ଭଳି ଗଳ୍ପ ସଂକଳନକୁ ଅନୁଶୀଳନ କଲେ ଆମେ ଦେଖୁ ନୂଆ ଭାବ ଓ ଶୈଳୀ ସହ ଆବିର୍ଭୂତ ଜଣେ ଗାଳ୍ପିକ । ସେହିପରି ଶ୍ରୀ ମହାନ୍ତିଙ୍କର ଉପନ୍ୟାସ 'ଅବତାର', 'ଜାଂଗଲିକ', 'ପୁଷ୍ୟାନକ୍ଷତ୍ରର ଇତିବୃତ୍ତ', 'ମେଘବର୍ଣ୍ଣା', 'ଶିଶୁନ୍ ଏକ୍‌କା ଗରହାଜିର ଅଛି'ରେ ଜୀବନ ଯନ୍ତ୍ରଣାର ଜ୍ୱଳନ୍ତ ଆଲେଖ୍ୟ ସନ୍ନିବେଶିତ । କବିତା ପୁସ୍ତକ 'ମୋତେ ଛୁଁ'ରେ ମଧ୍ୟବିତ୍ତ ତଥା ଖଟିଖିଆ ଦୀନ ମଜୁରିଆଙ୍କ ଜୀବନବୋଧର ଅନୁଶୀଳନ, ଅଦ୍ଭୁତ ସଂଯୋଗର ପରିପ୍ରକାଶ ଏବଂ ପ୍ରବଂଧ ସଂକଳନ 'ସହସ୍ରଧାରା : ଓଡ଼ିଆ ସାହିତ୍ୟ ଚର୍ଚ୍ଚା'ରେ ପୁଙ୍ଖାନୁପୁଙ୍ଖ ଗବେଷଣାର ଆଭିମୁଖ୍ୟ ପରିପ୍ରକାଶ ହୁଏ । ଏହି ସବୁ ତଥ୍ୟକୁ ଲକ୍ଷ୍ୟକଲେ କଥାକାର ରଜନୀକାନ୍ତ ମହାନ୍ତିଙ୍କ ସାହିତ୍ୟ ବହୁ ଚରିତ୍ର ଅନୁଭୂତି ଓ ଗଭୀର ଜୀବନବୋଧରେ ମହିମାମଣ୍ଡିତ ଏବଂ ସଂପ୍ରସାରିତ ।

ଉପସ୍ଥାପିତ ଗଳ୍ପ ସଂକଳନ ସମୂହରେ କଥାକାର ରଜନୀକାନ୍ତ ମହାନ୍ତିଙ୍କ ଗଳ୍ପ ମାନସକୁ ପରିପକ୍ୱ ବୋଲି ଅଭିହିତ କରାଯାଇପାରେ । କଥାକାରଙ୍କ ଗଳ୍ପ ସଂକଳନ ଭିତରେ ଆମେ ଗାଳ୍ପିକଙ୍କ ବ୍ୟକ୍ତିସତ୍ତାଟିକୁ ଆବିଷ୍କାର କରୁ ଭିନ୍ନ ଏକ ଚେତନାରେ । କାରଣ ପ୍ରତ୍ୟେକ ଗଳ୍ପରେ ବିଷୟ ବିନ୍ୟାସ ଓ ଚାରିତ୍ରିକ ସ୍ୱତନ୍ତ୍ରତା ଗାଳ୍ପିକ ଜୀବନାନୁଭୂତି ସହିତ ଓତଃପ୍ରୋତଭାବେ ଜଡ଼ିତ ଏବଂ ଅନୁଭବସିଦ୍ଧ କଥାକାରିତାରେ ସଂଶ୍ଳିଷ୍ଟ । ସେ ତାଙ୍କର ଗଳ୍ପ ଗୁଡ଼ିକରେ ଜୀବନର ବିବିଧ ରୂପକୁ ପ୍ରକାଶ କରିଛନ୍ତି ଅନନ୍ୟ ଶୈଳୀରେ । କେତେକ ଗଳ୍ପରେ ନିମ୍ନ ମଧ୍ୟବିତ୍ତ ଜୀବନର ଯାବତୀୟ ସମସ୍ୟାର ଚିତ୍ରରେ ଭାରାକ୍ରାନ୍ତ ବ୍ୟକ୍ତି ମଣିଷର ଛବି ଥିବା ସ୍ଥଳେ ଆଉ କେଉଁଠି ଭ୍ରଷ୍ଟ ରାଜନୀତିକ ଛଳନା ଏବଂ ବିବିଧ ସାମାଜିକ ବିଚ୍ୟୁତିର ଚିତ୍ର ସହ ଗଳ୍ପଭାବ ବେଶ୍ ମର୍ମସ୍ପର୍ଶୀ ଓ ଜୀବନ୍ତ ।

ଗାଳ୍ପିକଙ୍କ ବହିର୍ଦୃଷ୍ଟି ଯେପରି ସୁଦୂରପ୍ରସାରୀ ଅନ୍ତଃଦୃଷ୍ଟି ସେହିପରି ଗଭୀରରୁ ଗଭୀରତର ଏ ସମସ୍ତ ଗଳ୍ପ ଭିତରେ । ତତ୍‌ସହିତ ମଣିଷର ସାମାଜିକ ସଂପର୍କ, ଆଦାନ ପ୍ରଦାନ, ଦଳିତ ସମସ୍ୟା, ସାହାସ ତଥା ସାଲିସର ଚିତ୍ର ମଧ୍ୟ ଉପଲବ୍ଧ । ଆଉ କେତେକ କ୍ଷେତ୍ରରେ ନିଃସଙ୍ଗ ମଣିଷର ଅନ୍ଧାରୀ ମନକଥା ଓ ଅନ୍ତର୍ମୁଖୀ ଭାବନାକୁ ପରିସ୍ଫୁଟ କରିବାରେ ଗଳ୍ପସବୁ ମୁଖର । ଏ ଧରଣର ଗଳ୍ପଗୁଡ଼ିକରେ ଏକାକୀ ମଣିଷଜଣକ ଜୀବନର ଆତ୍ମନେପଦୀ ଗାଇ ବୁଲିବାରେ ବ୍ୟସ୍ତ । କେତେବେଳେ ପ୍ରେମକୁ ନେଇ ତ କେତେବେଳେ ଦାରିଦ୍ର୍ୟଜନିତ ପଦାଘାତକୁ ନେଇ ଚେତନ ମନ ସହିତ ଅବଚେତନ ମନର ରହସ୍ୟକୁ ଉଦ୍‌ଘାଟନ କରିଛନ୍ତି ଗାଳ୍ପିକ । କ୍ଷୁଦ୍ର ମଧ୍ୟରେ ବିଶିଷ୍ଟତାର ପରିକଳ୍ପନା, ସସୀମ ଭିତରେ ଅସୀମର ଅନୁସନ୍ଧାନ ହେଉଛି ତାଙ୍କ ଗଳ୍ପର ବିସ୍ତୀର୍ଣ୍ଣ ପଟ୍ଟଭୂମି ଓ ପ୍ରାଣ । ଗଳ୍ପ ମଧ୍ୟରେ ନିମ୍ନବର୍ଗ, ମଧ୍ୟବିତ୍ତ ଶ୍ରେଣୀରୁ ଚରିତ୍ରମାନଙ୍କୁ ନେଇ ତଥା ତରୁଣ ପ୍ରେମିକମାନଙ୍କର ଅନ୍ତଃମନର ଅକୁହାକଥା, ଜୀବନର ଅଜ୍ଞାତ ଅସ୍ଥିର ଇତିବୃତ୍ତ, ବାସ୍ତବତା ଓ ସାମାଜିକ ଚଳଣିର ଯାବତୀୟ ହୀନମାନ୍ୟ ଭାବକୁ ରୂପଦେବାରେ ତାଙ୍କର ଶିଳ୍ପୀସୁଲଭ ବ୍ୟକ୍ତିତ୍ୱ ସହଜରେ ବାରି ହୋଇପଡ଼େ ବୈଚିତ୍ର୍ୟମୟ

କଥାର କାରିଗରୀରେ । ଈଶ୍ୱର, ଧର୍ମ, ରାଜନୀତି, ଅର୍ଥନୀତି, ଆତ୍ମୋନ୍ନତି, ଯୌନତା, ଜରା, ମରଣ ଇତ୍ୟାଦିର ତାଡ଼ନା ସହିତ ସତତ ବିବ୍ରତ ମଣିଷକୁ ସେ ସମ୍ମାନର ସହିତ ତାଙ୍କ ଗଳ୍ପର ସଂସାରରେ ବରଣ କରି ଆଣିଛନ୍ତି ଭିନ୍ନ ଏକ ପ୍ରେକ୍ଷାପଟ୍ଟରେ ।

ଗାଳ୍ପିକ ରଜନୀକାନ୍ତ ମହାନ୍ତି ସ୍ୱଳ୍ପ ହେଲେ ମଧ୍ୟ ପ୍ରାଚୀନ ଗଳ୍ପ ରୀତିରେ ଗଳ୍ପ ଲେଖି ଓଡ଼ିଆ ଗଳ୍ପକୁ ନୂତନତା ପ୍ରଦାନ କରିଛନ୍ତି । ମାନବେତର ଚରିତ୍ର ମାଧ୍ୟମରେ ନୂତନ ଢଙ୍ଗରେ ଗଳ୍ପ ପ୍ରକାଶ କରିଛନ୍ତି ଶ୍ରୀ ମହାନ୍ତି । ଚରିତ୍ରମାନେ ପଶୁ, ପକ୍ଷୀ ତଥା ଜଳଚର ପ୍ରାଣୀ ହେଲେ ମଧ୍ୟ ସେ ଚରିତ୍ର ମଧ୍ୟରେ ମଣିଷ ସୁଲଭ ଗୁଣାବାଳୀ ପରିପ୍ରକାଶ ହୁଏ । ଏହି ଚରିତ୍ର ଅବତାରଣାରେ ଗାଳ୍ପିକ ବ୍ୟକ୍ତି ଜୀବନର ଉପଲବ୍ଧି ତଥା ଅଭିଜ୍ଞତା ଓ ତା'ର ଜୀବନର ସତ୍ୟକୁ ଅତି ଗୁରୁତର ସହିତ ଦେଖିଛନ୍ତି । ଜୀବନର ମହତ୍ତ୍ୱ ସାଧନ ଲକ୍ଷ୍ୟରେ ତାଙ୍କ ଗଳ୍ପର ଚରିତ୍ରମାନେ ଏକ ନୈତିକ ଆଦର୍ଶ ପଛରେ ଥା'ନ୍ତି, ପୁଣି କେତେବେଳେ ଛିନ୍ନହସ୍ତ ହୋଇ ଜୀବନକୁ ଏକ ସୀମିତ ପରିସରରେ ଦେଖନ୍ତି ଅତ୍ୟନ୍ତ ନିଷ୍ଠୁର ଭାବରେ । ମଣିଷ ଜୀବନର ସ୍ୱାର୍ଥପରତା, ପରଶ୍ରୀକାତରତା, ଶଠତା, ନିର୍ଲଜତା, ମତାନ୍ଧତା ପ୍ରଭୃତି ଇତର ସ୍ୱାଭାବ ଗୁଡ଼ିକୁ ଶ୍ରୀ ମହାନ୍ତି ଯଥାର୍ଥ ଭାବରେ ଆଙ୍କିଛନ୍ତି ଗଳ୍ପର ପରିଧିରେ । ମଣିଷର ବିଚିତ୍ର ପ୍ରବୃତ୍ତି ଓ ରୁଦ୍ର ସୁନ୍ଦର ଜୀବନଚର୍ଯ୍ୟାକୁ ନେଇ ଗଳ୍ପ ସଂକଳନ ଗୁଡ଼ିକ ବେଶ୍ ସମୃଦ୍ଧ ।

କଥାକାର ରଜନୀକାନ୍ତଙ୍କ ଗଳ୍ପରେ ଥାଏ ବ୍ୟକ୍ତି ଚରିତ୍ରର ତୀକ୍ଷଣ ମନସ୍ତାତ୍ତ୍ୱିକ ଅନୁଶୀଳନ ସହ ତା'ର ମନଗହୀରର ବିବିଧ ପ୍ରତ୍ୟାଶାର ଅଧ୍ୟୟନ । ସେହିଭଳି ତା'ର ଚିରନ୍ତନ ପ୍ରବୃତ୍ତି ଯଥା : 'ପ୍ରେମ' ଓ 'ଯୌନାକାଂକ୍ଷାର' ବିବିଧ ସ୍ୱରୂପ ପରିପ୍ରକାଶ ହୁଏ ଏକ ସ୍ୱତନ୍ତ୍ର ପରିମିତି ଭିତରେ ।

ସାମାଜିକ, ରାଜନୀତିକ, ଆର୍ଥନୀତିକ ପୃଷ୍ଠଭୂମି ଉପରେ ବ୍ୟକ୍ତି ଚରିତ୍ର ଓ ମାନସିକତାର ବିବିଧତାକୁ ଭେଟିହୁଏ ଗଳ୍ପ ଗୁଡ଼ିକର ଛତ୍ରେ ଛତ୍ରେ । ସେହିଭଳି ଗଳ୍ପ ଚରିତ୍ରମାନଙ୍କର ତୀବ୍ର ଅସହାୟତା, ସନ୍ତ୍ରସ୍ତବୋଧର ଛବି, ମଧ୍ୟବିତ୍ତର ସୁଖଦୁଃଖକୁ ଛାତ୍ର, ଚାକିରିଆ ଦୀନ ମଜୁରିଆଙ୍କ ମଧ୍ୟରେ ପରିପ୍ରକାଶ କରନ୍ତି ଶ୍ରୀ ମହାନ୍ତି ।

ଅନେକ ସମୟରେ ଚରିତ୍ରମାନେ ମନେହେବେ ଅସ୍ତିତ୍ୱବାଦୀ ଭଳି ତ ବେଳେ ବେଳେ ମନେହେବେ ପ୍ରୋଟାଗୋନିଷ୍ଟ ଭଳି, ତେଣୁ ଅଦ୍ଭୂତ ଏକ ସମନ୍ୱୟ ପରିଲକ୍ଷିତ ହୋଇଥାଏ କଥାକାରଙ୍କ ଗଳ୍ପ ସମୂହ ଭିତରେ । ପ୍ରେମ- ପ୍ରତ୍ୟୟ-ଯୌନତା- ଅତିକଳ୍ପନା-ଅସ୍ତିତ୍ୱବାଦ-ମନସ୍ତାତ୍ତ୍ୱିକ ପରିଧି ଡେଇଁ କେତେବେଳେ ଚରିତ୍ରମାନେ ସାମାଜିକ ବାସ୍ତବବାଦୀ ତ ବେଳେବେଳେ ରାଜନୀତିକ ପୃଷ୍ଠଭୂମି ଉପରେ ପ୍ରଦର୍ଶିତ ହୋଇଥାନ୍ତି । ଏସବୁଥିରେ ଗାଳ୍ପିକଙ୍କର ସ୍ୱାତନ୍ତ୍ର୍ୟ ରହିଥାଏ । କାରଣ ଗ୍ରାମୀଣ ଚରିତ୍ର ହେଉ ବା ସହରୀ ମଣିଷ ହେଉ ସମସ୍ତଙ୍କୁ ଉପଯୁକ୍ତ ପରିବେଶ ପରିସ୍ଥିତି ଅନୁଯାୟୀ ସ୍ୱତନ୍ତ୍ର ଭାବରେ ଆଞ୍ଚଳିକ ଭାଷା, ମାନକ

ଓଡ଼ିଆ ଭାଷା ତଥା ପାତ୍ରୋପଯୋଗୀ ଭାଷାରେ ସ୍ୱକୀୟ ଗଳ୍ପକଳାରେ ପରିପ୍ରକାଶ କରି ପାଠକକୁ ବିଭୋର କରନ୍ତି କଥାକାର ।

ଗାଳ୍ପିକ ରଜନୀକାନ୍ତ ମହାନ୍ତିଙ୍କର ଗଳ୍ପର ପରିଧି ତେଣୁ ବହୁବର୍ଣ୍ଣା ବୋଲି କୁହାଯାଇପାରେ । କିପରି ତରୁଣ ପ୍ରେମିକା ପ୍ରେମିକ ମଧ୍ୟରେ ବିଚ୍ଛେଦ, ମିଳନ, ଆତ୍ମଗ୍ଳାନି ତଥା ପ୍ରେମିକ ନିଜର ଭବିଷ୍ୟତକୁ ନେଇ ପ୍ରେମିକର ଦୁର୍ବଳ ଅର୍ଥନୀତି ତଥା ଅସ୍ତିତ୍ୱକୁ ନେଇ ନିରାଶାବାଦୀ, ତାହା ବେଶ୍ ନିଛକ ଭାବେ ବର୍ଣ୍ଣିତ । ଗାଳ୍ପିକଙ୍କ ଗଳ୍ପରେ ପ୍ରଣୟ କ୍ଷେତ୍ରରେ ମୁଖ୍ୟତଃ ତର୍କଯୁକ୍ତ ସ୍ୱାର୍ଥନିହିତ ପ୍ରଣୟ ଦେଖାଯାଏ । ଗାଳ୍ପିକ ଶ୍ରୀ ମହାନ୍ତି ତାଙ୍କ ଗଳ୍ପରେ ପ୍ରଣୟ କ୍ଷେତ୍ରରେ ପୁରୁଷର ସପକ୍ଷବାଦୀ କିନ୍ତୁ ପ୍ରେମିକା ଶିକ୍ଷିତ ହୋଇଥିବାରୁ ତା'ର ଭବିଷ୍ୟତ ଜୀବନକୁ ରସସିକ୍ତ କରିବା ନିମନ୍ତେ ସତଚେଷ୍ଟା କଲାବେଳେ ତରୁଣ ପ୍ରେମିକର ଅପାରଗତାକୁ ନେଇ ତରୁଣୀ ପ୍ରେମିକା ପ୍ରେମରୁ ପ୍ରତ୍ୟାବର୍ତ୍ତନ କରେ । ପ୍ରେମ ରହେ ଅପୂର୍ଣ୍ଣ ଓ ପ୍ରେମିକ ବିଚ୍ଛେଦ ଯନ୍ତ୍ରଣାରେ ଦହଗଞ୍ଜ ହୁଏ । ଏହି ତରୁଣ ପ୍ରେମିକ ତଥା ଦାରିଦ୍ର୍ୟରେ ସନ୍ତୁଳିତ ହେଉଥିବା ନିମ୍ନ ମଧ୍ୟବିତ୍ତ ଓ ଉଚ୍ଚ ମଧ୍ୟବିତ୍ତ ଶ୍ରେଣୀର ଚରିତ୍ରର ଆତ୍ମସଂଘର୍ଷ ମଧ୍ୟରେ ଫ୍ରୟେଡୀୟ ମନୋବିଶ୍ଳେଷଣର ଭିତ୍ତିକୁ ସ୍ମରଣ କରାଯାଇପାରେ । କେଉଁଟା ଠିକ୍ କେଉଁଟା ଭୁଲ । କେଉଁ କର୍ମ ଚରିତ୍ରର ମାର୍ଗ ଦର୍ଶନ କରାଏ, ତାହା ସବୁ ଫ୍ରୟେଡୀୟ ମନବିଶ୍ଳେଷଣରେ ଉପଲବ୍ଧି କରିହୁଏ । ଦାରିଦ୍ର୍ୟର କଷଟି ପଥରରେ ଚରିତ୍ର ଗୋଟିଏ ପକ୍ଷେ କଷି ହେଲା ବେଳେ ଅନ୍ୟପଟେ ଧନୀ ଚରିତ୍ରମାନଙ୍କର ପାରିବାରିକ ସଂପର୍କର ଦୋଦୁଲ୍ୟମାନତା ପ୍ରକାଶ ପାଏ । ଯେଉଁଠାରେ କି ଚରିତ୍ରର କେନ୍ଦ୍ରଚ୍ୟୁତ ଅସ୍ତିତ୍ୱ ଅନ୍ୱେଷଣ ପ୍ରସଙ୍ଗକୁ ଅସ୍ତିତ୍ୱବାଦୀ ଦର୍ଶନର ଆଧାରରେ ଅନୁଶୀଳନ କରାଯାଇପାରେ । ସେ ବନ୍ଧୁ, ପରିଜନ, ନିଜର, ପର କିଛି ଦେଖେନା। କେବଳ ନିଜ ସ୍ଥିତିକୁ ଦେଖେ କିନ୍ତୁ ସେଥିରେ ବି ସେ ସଫଳ ହୋଇପାରେନା । ମଣିଷ ଦାରିଦ୍ର୍ୟରୁ କିପରି ଦୁର୍ନୀତି ଆଡ଼କୁ ମୁହାଉଛି, ଧନୀବ୍ୟକ୍ତି ମଧ୍ୟ ଅଧିକ ଲୋଭାତୁର ହୋଇ ଦୁର୍ନୀତି କରୁଛି ତାହା ମଧ୍ୟ ସୂକ୍ଷ୍ମ ବିଶ୍ଳେଷଣ କରିଛନ୍ତି ଗାଳ୍ପିକ ।

ପ୍ରାଚୀନ ଗଳ୍ପର ଛାୟାରେ ଲେଖାହୋଇଥିବା ଗଳ୍ପ ମଧ୍ୟରେ ମାନବତେର ତଥା ପଶୁ ପକ୍ଷୀ ଜଳଚର ପ୍ରାଣୀକୁ ଗ୍ରହଣ କରି ମାନବସୁଲଭ ଗୁଣାବଳୀକୁ ବିଶ୍ଳେଷଣ କରି ଶ୍ରୀ ମହାନ୍ତି ବାସ୍ତବ ସତ୍ୟକୁ ଉନ୍ମୋଚନ କରିଛନ୍ତି । ପ୍ରାଚୀନ ଗଳ୍ପର ଛାୟାରେ ରଚିତ ଗଳ୍ପ ମଧ୍ୟରେ ଅତିକଳ୍ପନା ସ୍ୱରୂପକୁ ଅବଲୋକନ କରାଯାଇପାରେ । ପ୍ରାଚୀନ କାହାଣୀରେ ଅତିକଳ୍ପନାର ସ୍ଥିତି ସ୍ୱଭାବିକ ଅଟେ, କିନ୍ତୁ ଆଧୁନିକ ଗଳ୍ପରେ ଅତିକଳ୍ପନା ଗଳ୍ପର ରୂପକୁ ପ୍ରଦାନ କରିଛି ନୂତନତା । ଶ୍ରୀ ମହାନ୍ତି ସ୍ୱଭାବିକ ଭାବରେ ଗଳ୍ପ ମଧ୍ୟରେ ଅତିକଳ୍ପନାର ପ୍ରୟୋଗକୁ ଖୁବ୍ ଆକର୍ଷଣୀୟ କରି ସାମ୍ପ୍ରତିକ ଭାବବଳୟରେ ନିଜର ସ୍ୱାତନ୍ତ୍ର୍ୟ ଜାହିର କରନ୍ତି ।

ଉପସ୍ଥାପନା ଏବଂ ଭାଷା ପ୍ରୟୋଗ ଦୃଷ୍ଟିରୁ କଥାକାର ରଜନୀକାନ୍ତ ମହାନ୍ତିଙ୍କ ଗଳ୍ପ ଗୁଡ଼ିକ ଏକ ସ୍ୱତନ୍ତ୍ର ମର୍ଯ୍ୟାଦା ଦାବି କରେ । ସ୍ୱଳ୍ପ ଶବ୍ଦ ଓ ଛୋଟ ଧାଡ଼ି, ଛୋଟ ଅନୁଚ୍ଛେଦ

ମଧ୍ୟରେ କାହାଣୀ ସଙ୍ଗେ ବୌଦ୍ଧିକ ବକ୍ତବ୍ୟ ରଖି ପାଠକକୁ ଭାବବସ୍ତୁ ବୁଝିବାରେ ସହଜ କରାଇବା ତଥା ପାଠକର ମାନସିକତାକୁ ଉଦ୍‌ବୋଧିତ କରିବା ଶ୍ରୀ ମହାନ୍ତିଙ୍କର ଏକ ସ୍ୱାତନ୍ତ୍ୟ । ସେହିପରି ଅନୁଚ୍ଛେଦ ମଧ୍ୟରେ ଚରିତ୍ରର ସଂଳାପ ପ୍ରୟୋଗର ଚମତ୍କାରିତା ପରିବେଶ ବର୍ଣ୍ଣନାରେ ପାଠକ ମାନସିକତାକୁ ଆକର୍ଷିତ କରିବା ତଥା ପ୍ରାକୃତିକ ପରିବେଶ ମଧ୍ୟରେ ପାଠକକୁ ଭିଜାଇବା, ଗଳ୍ପ ଉପସ୍ଥାପନା ବେଳେ ପରିଣତିରୁ ଆରମ୍ଭ କରି ପାଠକକୁ ଦ୍ୱନ୍ଦ୍ୱରେ ପକାଇ, ଉତ୍କଣ୍ଠା ସୃଷ୍ଟି କରିବା ଆଦି ଗୁଣ ଗାଳ୍ପିକ ଶ୍ରୀ ମହାନ୍ତିଙ୍କର ରହିଛି ।

ଭାଷା ଦୃଷ୍ଟିରୁ ଗାଳ୍ପିକ ରଜନୀକାନ୍ତ ମହାନ୍ତିଙ୍କ ଗଳ୍ପଗୁଡ଼ିକ ଏକ ସ୍ୱତନ୍ତ୍ର ମର୍ଯ୍ୟାଦା ଦାବି କରେ । ପ୍ରଚଳିତ ବାଲେଶ୍ୱରୀ ଲୋକମୁଖର ଭାଷା ସହିତ ଭାବାନୁସାରୀ ଭାଷାର ଅନୁକରଣ, ଜଟିଳତା ଛାଡ଼ି ସରଳତା ଉପରେ ଗୁରୁତ୍ୱ ଦେଇଛନ୍ତି ଗାଳ୍ପିକ । ଶବ୍ଦ ଚୟନରେ ଭାବ ସାନ୍ଦ୍ରତା, ଶବ୍ଦ ଗୁଡ଼ିକର ନିର୍ବାଚନ, ସେ ଗୁଡ଼ିକର ବ୍ୟଞ୍ଜନାତ୍ମକ ପରିପ୍ରକାଶ ତଥା ଭାବପ୍ରକାଶରେ ବ୍ୟଞ୍ଜନାତ୍ମକ ଶୈଳୀର ଅଭିବ୍ୟକ୍ତି, ବର୍ଣ୍ଣନାବିଳାସ ଅପେକ୍ଷା ଘଟଣା ଓ ସମସ୍ୟା ଉପରେ ଭାବର ଆରୋପ, ତଥା ଚରିତ୍ର ଚିତ୍ରଣରେ ଏକମୁଖୀନତା ଅପେକ୍ଷା ଚାରିତ୍ରିକ ସୌନ୍ଦର୍ଯ୍ୟ ନିମନ୍ତେ ଆବଶ୍ୟକୀୟ ଭାଷାଶୈଳୀ ଆଦି ଗଳ୍ପଗୁଡ଼ିକୁ ଭାବଗର୍ଭକ କରିପାରିଛି । ପ୍ରତୀକ, ଚିତ୍ରକଳ୍ପ ପ୍ରୟୋଗରେ ଗଳ୍ପ ଖୁବ୍ ଆକର୍ଷଣୀୟ ଦୃଶ୍ୟମାନ ହୋଇଛି ।

ସମଗ୍ର ଭାବେ ଏକଥା କୁହାଯାଇପାରେ କଥାକାର ରଜନୀକାନ୍ତ ମହାନ୍ତିଙ୍କ ଗଳ୍ପଜଗତ ନିଜର ବ୍ୟକ୍ତିସତ୍ତା ଦ୍ୱାରା ପ୍ରଭାବଶାଳୀ । ସେ ନିଜେ ଯେପରି ସରଳ, ନିଷ୍କପଟ, ଉଦାର, ସ୍ୱାଧୀନ, ସମ୍ବେଦନଶୀଳ, ଭାବୁକ, ଜଣେ ନିରୁତା ଭାବାବେଗସମ୍ପନ୍ନ ବ୍ୟକ୍ତିତ୍ୱ ଓ ସମାଜସେବୀ ଠିକ୍ ତାଙ୍କ ଗଳ୍ପଜଗତରେ ତାହାର ରୂପ ଓ ରୂପାନ୍ତର ପ୍ରକଟିତ । ପ୍ରତ୍ୟେକ ଚରିତ୍ର ନିଜ ଜୀବନର ମହନୀୟ ଗୁଣାବଳୀଦ୍ୱାରା ମହିମାନ୍ୱିତ ଓ ଚିରଭାସ୍ୱର । ସେମାନେ କଳ୍ପଲୋକର ଅଲୌକିକ ଚରିତ୍ର ନୁହଁନ୍ତି, ବରଂ ଆମ ପ୍ରାତ୍ୟହିକ ଜୀବନରେ ଆତଯାତ ମଣିଷ। ବିବିଧ ସମସ୍ୟା ଓ ସେଥିରୁ ମୁକୁଳିବାର ପ୍ରଚେଷ୍ଟାରେ ସଂଘର୍ଷ କରୁଥିବା ସାଧାରଣ ମଣିଷମାନେ ହିଁ ପ୍ରଦର୍ଶିତ । ସେ ଅବକ୍ଷୟୀ ସମାଜର ପ୍ରତିନିଧି ହୋଇପାରେ କିମ୍ବା ସୁସ୍ଥ ସମୁଜ୍ଜ୍ୱଳ ଭବିଷ୍ୟତର ସୁଯୋଗ୍ୟ ଦାୟାଦ ମଧ୍ୟ ହୋଇପାରେ । ଯା ଭିତରେ ରହିଛି ଅତୀତର ବିଷର୍ଣ୍ଣତା, ବର୍ତ୍ତମାନର ଗ୍ଲାନି, କ୍ଳାନ୍ତି ଓ ନୈରାଶ୍ୟ, ତା'ମଧ୍ୟରେ ସେ ବଞ୍ଚିବା ଶିଖିଛି ଏବଂ ଭବିଷ୍ୟତରେ ଆଶା, ସମ୍ଭାବନା ମଧ୍ୟରେ ନୂତନ ସକାଳର ଅପେକ୍ଷାମଧ୍ୟ କରିଛି । ତେଣୁ ପ୍ରତ୍ୟେକ ଚରିତ୍ର ନିଜ ନିଜ ଗୁଣାବଳୀ ଦ୍ୱାରା ଯେଉଁଭଳି ମହନୀୟ, ସମକାଳୀନ ସମାଜକୁ ସଚେତନ କରାଇବାରେ ମଧ୍ୟ ସେହିଭଳି ସମର୍ଥ । ପରିଶେଷରେ ଏତିକି କୁହାଯାଇପାରେ, କଥାକାର ରଜନୀକାନ୍ତ ମହାନ୍ତିଙ୍କ ଗଳ୍ପ ଓଡ଼ିଆ ଗଳ୍ପ ସାହିତ୍ୟ ଧାରାରେ ଏକ ସ୍ୱତନ୍ତ୍ର ପରିସରଭୁକ୍ତ । କଥାକାରଙ୍କ ଗଳ୍ପର ସ୍ୱାତନ୍ତ୍ୟ ପରବର୍ତ୍ତୀ ସମୟ ପାଇଁ ଅବଶ୍ୟ ଏକ ପ୍ରତିଶ୍ରୁତି ଓ ନୂତନ ସମ୍ଭାବନା ସୃଷ୍ଟିରେ ସହାୟକ ହେବ ଏଥିରେ ମୋର ଦୃଢ଼ ପ୍ରତ୍ୟୟ ରହିଛି ।

ଅନୁଷଙ୍ଗ ସୂଚୀ
(REFERENCE)

ସହାୟକ ଗ୍ରନ୍ଥସୂଚୀ :

୧) ଅଧ୍ୟାପକ, ବିଶ୍ୱରଞ୍ଜନ, ଶ୍ରେଷ୍ଠଗଳ୍ପ, ଟାଇମ୍ ପାସ୍, ଭୁବନେଶ୍ୱର, ପ୍ରଥମ ସଂସ୍କରଣ, ଡିସେମ୍ବର, ୨୦୧୬

୨) ଆଚାର୍ଯ୍ୟ, ବୃନ୍ଦାବନ, ଓଡ଼ିଆ ସାହିତ୍ୟର ସଂକ୍ଷିପ୍ତ ପରିଚୟ, ଗ୍ରନ୍ଥମନ୍ଦିର, କଟକ-୨, ପ୍ରକାଶ କାଳ, ୧୯୭୯ ।

୩) ଆଚାର୍ଯ୍ୟ, ଶାନ୍ତନୁ କୁମାର, ଶାନ୍ତନୁ ଆଚାର୍ଯ୍ୟଙ୍କ ରଚନା ସମସ୍ତ ପଚାଶ ବର୍ଷର ଗଳ୍ପ ଫସଲ (ଦ୍ୱିତୀୟ ଖଣ୍ଡ), ଗ୍ରନ୍ଥ ମନ୍ଦିର, କଟକ-୨, ପ୍ରଥମ ସଂସ୍କରଣ, ଅଗଷ୍ଟ, ୨୦୧୧ ।

୪) ଆଚାର୍ଯ୍ୟ, ଶାନ୍ତନୁ କୁମାର, ଶାନ୍ତନୁ ଆଚାର୍ଯ୍ୟଙ୍କ ଚରନା ସମଗ୍ର ପଚାଶ ବର୍ଷର ଗଳ୍ପ ଫସଲ (ପ୍ରଥମ ଖଣ୍ଡ) ଗ୍ରନ୍ଥ ମନ୍ଦିର କଟକ-୨, ପ୍ରଥମ ସଂସ୍କରଣ, ଅଗଷ୍ଟ,୨୦୦୪ ।

୫) ଓଡ଼ିଶା କଲଚରାଲ୍ ଫୋରମ୍, ଭୁବନେଶ୍ୱର (ସଂ), ଓଡ଼ିଶାର ସାଂସ୍କୃତିକ ଇତିହାସ, ଗ୍ରନ୍ଥ ମନ୍ଦିର, କଟକ-୨, ପରିମାର୍ଜିତ, ଚତୁର୍ଥ ସଂସ୍କରଣ, ୨୦୧୧ ।

୬) କବି, ଅସିତ, ଓଡ଼ିଆ ସାହିତ୍ୟ ସମାଲୋଚନାର ଇତିହାସ, ଫ୍ରେଣ୍ଡସ୍ ପବ୍ଲିଶର୍ସ, କଟକ-୨, ଦ୍ୱିତୀୟ ସଂସ୍କରଣ, ୨୦୧୩ ।

୭) କର, କୃଷ୍ଣଚନ୍ଦ୍ର (ସଂ), ତରୁଣ ଶବ୍ଦକୋଷ, ଗ୍ରନ୍ଥମନ୍ଦିର, କଟକ-୨, ପୁନଃମୁଦ୍ରଣ, ୨୦୧୨ ।

୮) କର, ବାଉରୀବନ୍ଧୁ, ଓଡ଼ିଆ ସାହିତ୍ୟର ଇତିହାସ, ଫ୍ରେଣ୍ଡସ୍ ପବ୍ଲିଶର୍ସ, କଟକ-୨, ଚତୁର୍ଥ ସଂଶୋଧିତ ଓ ପରିବର୍ଦ୍ଧିତ ସଂସ୍କରଣ, ୨୦୧୦ ।

୯) ଖୁଣ୍ଟିଆ, ବ୍ରହ୍ମାନନ୍ଦ, ସ୍ୱାଧୀନତା ପରବର୍ତ୍ତୀ ପ୍ରମୁଖ ଗଳ୍ପସ୍ରଷ୍ଟା, ପ୍ରକାଶକ-ନବଦିଗନ୍ତ, କଟକ-୨, ଦ୍ୱିତୀୟ ସଂସ୍କରଣ, ୨୦୧୭ ।

୧୦) ଗାଁଣ, ଅନାଦିଚରଣ, ସ୍ୱାଧୀନତା ପରବର୍ତ୍ତୀ ଓଡ଼ିଆ ସାହିତ୍ୟ, ପ୍ରାଚୀ ସାହିତ୍ୟ ପ୍ରତିଷ୍ଠାନ, କଟକ-୨, ପ୍ରଥମ ସଂସ୍କରଣ, ୨୦୧୭ ।

୧୧)	ଗାହାଣ, କପିଳେଶ୍ୱର, ଓଡ଼ିଆ କ୍ଷୁଦ୍ରଗଳ୍ପ : ସ୍ରଷ୍ଟା-ସହୃଦୟ, ଅଗ୍ରଦୂତ, କଟକ-୨, ପ୍ରଥମ ପ୍ରକାଶ, ୨୦୦୭।

୧୨)	ଗାହାଣ, କପିଳେଶ୍ୱର, ସୀମବଦ୍ଧତା ଓ ମୁକ୍ତିର ସ୍ୱପ୍ନ (ଓଡ଼ିଆ କ୍ଷୁଦ୍ରଗଳ୍ପ), ଅଗ୍ରଦୂତ, କଟକ-୨, ପ୍ରଥମ ପ୍ରକାଶ, ୧୯୯୪।

୧୩)	ଚନ୍ଦ୍ର ଶେଖର, ଅଭିନନ୍ଦନ ସମିତି (ସଂ), ପଥପ୍ରାନ୍ତେ ପଞ୍ଚସ୍ତରୀ, ଚାରୁବାଳା ରଥ, ଏନ୍-୧, ଏ/୩୨, ଆଇ.ଆର୍.ସି. ନୟାପାଲ୍ଲୀ, ଭୁବନେଶ୍ୱର-୧୫, ପ୍ରଥମ ପ୍ରକାଶ, ୨୦୦୩।

୧୪)	ଚାଟାର୍ଜୀ, ସୁବୋଧ କୁମାର, ଗବେଷଣା ପ୍ରବିଧି, ସଂପାଦନା ଓ ଅନୁବାଦ କଳା, ବିଦ୍ୟାପୁରୀ, କଟକ-୨, ତୃତୀୟ ମୁଦ୍ରଣ, ମଇ-୨୦୧୦।

୧୫)	ଚାନ୍ଦ, ଗୋବିନ୍ଦ ଚନ୍ଦ୍ର, ଓଡ଼ିଆ ସାହିତ୍ୟର ବିକାଶ ଓ ବିବର୍ତ୍ତନର ଝଙ୍କାର, ପ୍ରାଚୀ ସାହିତ୍ୟ ପ୍ରତିଷ୍ଠାନ, କଟକ-୨, ପ୍ରଥମ ପ୍ରକାଶ, ୨୦୦୦।

୧୬)	ତ୍ରିପାଠୀ, ସଦାନନ୍ଦ, ଅନ୍ୟ ଜଣେ ସଦାନନ୍ଦ ତ୍ରିପାଠୀଙ୍କ ମୃତ୍ୟୁ ପରେ, ଶ୍ରେଷ୍ଠ ପ୍ରକାଶନୀ, ରାଉରକେଲା, ତୃତୀୟ ସଂସ୍କରଣ : ଡିସେମ୍ବର, ୨୦୧୭।

୧୭)	ତ୍ରିପାଠୀ, ସଦାନନ୍ଦ, ପ୍ରେମଶୀଳାର ମୀନରାଶି, ଶ୍ରେଷ୍ଠ ଗଳ୍ପ ପ୍ରକାଶନୀ, ରାଉରକେଲା, ଦ୍ୱିତୀୟ ସଂସ୍କରଣ: ଡିସେମ୍ବର, ୨୦୧୭।

୧୮)	ତ୍ରିପାଠୀ, ସଦାନନ୍ଦ, ସବୁକିଛି ପୂର୍ବ ନିର୍ଦ୍ଧାରିତ, ଇଭେଣ୍ଟ୍, ଭୁବନେଶ୍ୱର, ତୃତୀୟ ସଂସ୍କରଣ, ୨୦୧୮।

୧୯)	ତ୍ରିପାଠୀ, ସନ୍ତୋଷ, ତୁଲ୍ୟକଳ୍ପ, ତୃପ୍ତି, ଭୁବନେଶ୍ୱର-୨, ୧ମ ପ୍ରକାଶ, ୨୦୧୪।

୨୦)	ତ୍ରିପାଠୀ, ସନ୍ତୋଷ, ବିଭାବନ-ବୈଚିତ୍ର୍ୟ, ତୃପ୍ତି, ଭୁବନେଶ୍ୱର-୨, ଦ୍ୱିତୀୟ ସଂସ୍କରଣ, ୨୦୧୩।

୨୧)	ଦାଶ, ଗଜେନ୍ଦ୍ର ନାଥ, ମହାନ୍ତି, ପଞ୍ଚାନନ (ସଂ), ଶୈଳୀ ବିଜ୍ଞାନ, ଯଶୋଦା ପ୍ରକାଶନୀ, ବ୍ରହ୍ମପୁର-୩, ଦ୍ୱିତୀୟ ପ୍ରକାଶ, ଅକ୍ଷୟ ତୃତୀୟା, ୨୦୦୦।

୨୨)	ଦାଶ, ଦାଶରଥୀ, ଆଧୁନିକ କାବ୍ୟ ଜିଜ୍ଞାସା, ଚିତ୍ରକଳ୍ପ, ଅଗ୍ରଦୂତ, କଟକ-୨, ପ୍ରକାଶ କାଳ, ୧୯୭୨।

୨୩)	ଦାଶ, ବେନହୁର, ଶ୍ରେଷ୍ଠଗଳ୍ପ, ଟାଇମ୍‌ପାସ୍, ଭୁବନେଶ୍ୱର, ପ୍ରଥମ ସଂସ୍କରଣ, ୩ ଅଗଷ୍ଟ, ୨୦୧୩।

୨୪)	ଦାଶ, ସୁରେଶ ଚନ୍ଦ୍ର, ସ୍ୱାଧୀନତା ପରବର୍ତ୍ତୀ ଓଡ଼ିଆ ଗଳ୍ପ ପ୍ରସଙ୍ଗ, ପ୍ରକାଶକ-ପ୍ରାଚୀ ସାହିତ୍ୟ ପ୍ରତିଷ୍ଠାନ, କଟକ-୨, ପ୍ରଥମ ପ୍ରକାଶ-୨୦୧୮।

୨୫)	ଦାଶ, ହେମନ୍ତ କୁମାର, ନାୟକ, ରଞ୍ଜିତା, ସ୍ୱାଇଁ, ପ୍ରସନ୍ନ କୁମାର (ସଂ), ସାମ୍ପ୍ରତିକ

ଓଡ଼ିଆ ସାହିତ୍ୟ, ସାରଳା ସାହିତ୍ୟ ସଂସଦ, କଟକ-୦୮ (ପରିବେଶକ) ଓଡ଼ିଶା ବୁକ୍ ଷ୍ଟୋର, କଟକ-୨, ପ୍ରଥମ ପ୍ରକାଶ, ୬ ଫେବୃୟାରୀ, ୨୦୦୬।

୨୬) ଦାନୀ, ପୂର୍ଣ୍ଣଚନ୍ଦ୍ର, ଓଡ଼ିଆ ଗଳ୍ପ ପ୍ରସଙ୍ଗ, ମେନକା ପ୍ରକାଶନୀ, ସମ୍ବଲପୁର-୧, ପ୍ରଥମ ପ୍ରକାଶ, ୧.୧.୮୯।

୨୭) ଦାସ, କିଶୋରୀ ଚରଣ, କଥା ସାହିତ୍ୟର କଳା ଓ କାରିଗରୀ, ଇଷ୍ଟର୍ଣ୍ଣ ମିଡିଆ ଲିଃ., ଭୁବନେଶ୍ୱର-୩, ପ୍ରଥମ ପ୍ରକାଶ : ମାର୍ଚ୍ଚ ୧୯୯୦।

୨୮) ଦାସ, କୁମୁଦ ଚନ୍ଦ୍ର, ପ୍ରଧାନ, ଜ୍ୟୋସ୍ନାମୟୀ, ଶରତ ଆକାଶ, ବିଜୟନୀ ପବ୍ଲିକେଶନ, ପ୍ରଥମ ପ୍ରକାଶ-କୁମାର ପୂର୍ଣ୍ଣିମା, ୨୦୧୦।

୨୯) ଦାସ, ଗୌରହରି, ଶ୍ରେଷ୍ଠଗଳ୍ପ, ଟାଇମ୍‌ପାସ୍, ଭୁବନେଶ୍ୱର, ପ୍ରଥମ ସଂସ୍କରଣ : ଡିସେମ୍ବର, ୨୦୧୬।

୩୦) ଦାସ, ଚିତ୍ତରଞ୍ଜନ, ଓଡ଼ିଆ ସାହିତ୍ୟର ସାଂସ୍କୃତିକ ବିକାଶ ଧାରା, ଓଡ଼ିଶା ରାଜ୍ୟ ପାଠ୍ୟ ପୁସ୍ତକ ପ୍ରଣୟ ଓ ପ୍ରକାଶନ ସଂସ୍ଥା, ଭୁବନେଶ୍ୱର, ପ୍ରଥମ ସଂସ୍କରଣ, ୧୯୮୧।

୩୧) ଦାସ, ଗଗେନ୍ କୁମାର, ସ୍ୱାତନ୍ତ୍ର୍ୟର ସଂଧାନରେ, ଅଗ୍ରଦୂତ, କଟକ-୨, ପ୍ରକାଶ କାଳ: ୨୦୧୨।

୩୨) ଦାସ, ବିରାଜ ମୋହନ, ଓଡ଼ିଆ କଥା ସାହିତ୍ୟର କେତୋଟି ଦିଗ, କଟକ ଷ୍ଟୁଡେଣ୍ଟସ୍ ଷ୍ଟୋର, କଟକ-୨,ପ୍ରଥମ ସଂସ୍କରଣ : ୧୯୯୨।

୩୩) ଦାସ, ବିରାଜ ମୋହନ, ଓଡ଼ିଆ କ୍ଷୁଦ୍ରଗଳ୍ପରେ ଅନୁନ୍ନତ ସଂପ୍ରଦାୟ, ଓଡ଼ିଶା ବୁକ୍ ଷ୍ଟୋର, କଟକ-୨, ପ୍ରକାଶ କାଳ, ଜାନୁଆରୀ, ୧୯୯୭।

୩୪) ଦାସ, ମନୋଜ, ମନୋଜ ସୃଜନୀ ସମଗ୍ର (ଚତୁର୍ଥ ଖଣ୍ଡ : ଗଳ୍ପ ବିଭାଗର ଦ୍ୱିତୀୟ ଖଣ୍ଡ) ଗ୍ରନ୍ଥ ମନ୍ଦିର, କଟକ-୨, ପ୍ରଥମ ସଂସ୍କରଣ, ଅଗଷ୍ଟ-୨୦୧୦।

୩୫) ଦାସ, ମନୋଜ, ମନୋଜ ସୃଜନୀ ସମଗ୍ର (ତୃତୀୟ ଖଣ୍ଡ: ଗଳ୍ପ ବିଭାଗର ପ୍ରଥମ ଖଣ୍ଡ) ଗ୍ରନ୍ଥ ମନ୍ଦିର, କଟକ-୨, ପ୍ରଥମ ପ୍ରକାଶ, ୨୦୧୦।

୩୬) ଦାସ, ମାନସୀ, ଶ୍ରେଷ୍ଠ ଗଳ୍ପ, ଟାଇମ୍ ପାସ୍, ଭୁବନେଶ୍ୱର, ପ୍ରଥମ ସଂସ୍କରଣ, ୨୦୧୬।

୩୭) ଦାସ, ରବୀନ୍ଦ୍ର କୁମାର, ଉତ୍ତର ଆଧୁନିକ ସମାଲୋଚନାବାଦର କାଠଗଡ଼ାରେ ଓଡ଼ିଆ ସାହିତ୍ୟ, ପ୍ରାଚୀ ସାହିତ୍ୟ ପ୍ରତିଷ୍ଠାନ, କଟକ-୨, ପ୍ରଥମ ସଂସ୍କରଣ, ୨୦୧୭।

୩୮) ଦାସ, ରବୀନ୍ଦ୍ର କୁମାର, ପ୍ରାୟୋଗିକ ଶୈଳୀ ବିଜ୍ଞାନ, ଚିନ୍ମୟ ପ୍ରକାଶନ, କଟକ-୨, ପ୍ରଥମ ପ୍ରକାଶ, ୨୦୧୨।

୩୯) ଦାସ, ରବୀନ୍ଦ୍ର କୁମାର, ଶୈଳୀ ବିଜ୍ଞାନର ଆଲୋକରେ ଫକୀରମୋହନଙ୍କ ଉପନ୍ୟାସ, ମୀରାମ୍ବିକା ପ୍ରକାଶନୀ, ବାଲେଶ୍ୱର, ପ୍ରଥମ ପ୍ରକାଶ-୨୦୦୮।

୪୦) ଦାସ, ସୁଲୋଚନା, ଓଡ଼ିଆ ସାହିତ୍ୟରେ ରାଜନୈତିକ ଚେତନା (ଦ୍ୱିତୀୟ ଭାଗ), ଆର୍ଯ୍ୟ ପ୍ରକାଶନ, କଟକ-୧୨, ପ୍ରକାଶ କାଳ :୧୯୯୮।

୪୧) ଦାସ, ହରପ୍ରାସଦ, ଆଧୁନିକତାର ସମକାଳ, ପ୍ରକାଶକ, ଜଗନ୍ନାଥ ରଥ, ପୁସ୍ତକ ପ୍ରକାଶକ ଓ ବିକ୍ରେତା, କଟକ-୨, ପ୍ରଥମ ସଂସ୍କରଣ, ୨୦୧୨।

୪୨) ଦାସ, କ୍ଷୀରୋଦ (ସଂ), ଗଳ୍ପର ଗାଁ, ସାହିତ୍ୟ ଶ୍ୱେତପଦ୍ମ, ଭୁବନେଶ୍ୱର, ପ୍ରଥମ ପ୍ରକାଶ, ୨୦୧୦।

୪୩) ଧର, ଅପର୍ଣ୍ଣା, ଗବେଷଣା ଧାରା ଓ ଅନୁବାଦ ସାହିତ୍ୟ, ସାରସ୍ୱତ ପୁସ୍ତକ ଭଣ୍ଡାର, ସମ୍ବଲପୁର, ପ୍ରକାଶ କାଳ...।

୪୪) ଧଳ, ଘନଶ୍ୟାମ, ଓଡ଼ିଆ ସାହିତ୍ୟ ସଂସ୍କୃତି ଓ ସମାଜ, ଲିପିକା, ନିଜଗଡ କରୁଖୀ, ପୁରୀ-୫୦, ପ୍ରକାଶନ-୨୦୦୬।

୪୫) ଧଳ, ବରେନ୍ଦ୍ର କୃଷ୍ଣ, ଶ୍ରେଷ୍ଠ ଗଳ୍ପ, ଟାଇମପାସ, ଭୁବନେଶ୍ୱର, ପ୍ରଥମ ସଂସ୍କରଣ, ଫେବୃୟାରୀ, ୨୦୧୧।

୪୬) ନାଏକ, ଅରୁଣ କୁମାର, ମନୋଜ ଦାସଙ୍କ କ୍ଷୁଦ୍ର ଗଳ୍ପର ଶିଳ୍ପରୀତି, ଜିଲ୍ଲା ଲେଖକ ପରିଷଦ, ବଲାଙ୍ଗୀର, ପ୍ରଥମ ପ୍ରକାଶ: ୧୫ ଅଗଷ୍ଟ ୨୦୧୫।

୪୭) ନାୟକ, ଉଦ୍ଧବ ଚରଣ, ଓଡ଼ିଶା ରାଜନୀତିରେ ଇତିହାସ (୧୯୩୬-୨୦୧୩), ଆମ ଓଡ଼ିଶା, ଭୁବନେଶ୍ୱର-୦୯, ପୁନର୍ମୁଦ୍ରଣ : ଜୁଲାଇ, ୨୦୧୭।

୪୮) ନାୟକ, ଶାନ୍ତନୁ କୁମାର ଓ ଦାଶ, ସସ୍ମିତା (ସଂ), ସାହିତ୍ୟ-ବିମର୍ଶ, ପ୍ରଜ୍ଞାନ ପବ୍ଲିକେଶନ୍‌ସ, ଜାରକା, ଯାଜପୁର, ପ୍ରଥମ ପ୍ରକାଶ ଜାନୁୟାରୀ ୨୦୧୮।

୪୯) ପଟ୍ଟନାୟକ, ଅଖିଳ ମୋହନ, ଅଖିଳାୟନ, ଆମ ଓଡ଼ିଶା, ଭୁବନେଶ୍ୱର-୧, ଦ୍ୱିତୀୟ ସଂସ୍କରଣ : ଡିସେମ୍ବର, ୨୦୧୬।

୫୦) ପଟ୍ଟନାୟକ, ଅମରେଶ, ଅନନ୍ତ ପଟ୍ଟନାୟକ ରଚନା ସମଗ୍ର - ଚତୁର୍ଥ ଭାଗ (ଗଳ୍ପ, ଆଧୁନିକ ଓ ପ୍ରବନ୍ଧ) ଆର୍ଯ୍ୟ ପ୍ରକାଶନୀ, କଟକ-୧୨, ପ୍ରଥମ ପ୍ରକାଶ, ୨୦୦୨।

୫୧) ପଟ୍ଟନାୟକ, କଇଳାଶ, ଏକଦା ଅନ୍ତରଙ୍ଗ, ଶଙ୍ଖନାଦ ପବ୍ଲିକେଶନ୍‌ସ, ମାର୍ଫତ୍- ନୀଳାଚଳ ପ୍ରକାଶନୀ, ଲିଙ୍କରୋଡ଼, କଟକ-୯, ପ୍ରଥମ ପ୍ରକାଶ, ଗଣେଶ ଚୁତର୍ଥୀ,୧୯୮୧।

୫୨) ପଟ୍ଟନାୟକ, କଇଳାଶ, ଏକାଠି ଏକାଏକା, କଟକ ଷ୍ଟୁଡେଣ୍ଟସ୍ ଷ୍ଟୋର, କଟକ-୨, ପ୍ରଥମ ପ୍ରକାଶନ,୧୯୯୦।

୫୩) ପଟ୍ଟନାୟକ, କଇଳାଶ, ଓଡ଼ିଆ ଉପନ୍ୟାସରେ ସମାଜତତ୍ତ୍ୱ, ବିଦ୍ୟାପୁରୀ, କଟକ-୨, ପ୍ରଥମ ପ୍ରକାଶନ, ଦୋଳପୂର୍ଣ୍ଣିମା, ମାର୍ଚ୍ଚ,୧୯୮୮।

୫୪) ପଟ୍ଟନାୟକ, କଇଳାଶ, ଗଳ୍ପ ବନାମ ଗଳ୍ପ, ଫ୍ରେଣ୍ଡସ୍ ପବ୍ଲିଶର୍ସ, କଟକ-୨, ପ୍ରଥମ ପ୍ରକାଶ, ୧୯୯୮।

୫୫) ପଟ୍ଟନାୟକ, କଇଳାଶ, ଦକ୍ଷିଣ ପବନ, ଫ୍ରେଣ୍ଡସ୍ ପବ୍ଲିଶର୍ସ, କଟକ-୨, ପ୍ରଥମ ପ୍ରକାଶ, ଶ୍ରୀଗୁଣ୍ଡିଚା, ୧୯୮୬।

୫୬) ପଟ୍ଟନାୟକ, କଇଳାଶ, ବିନୋଦ ଦ୍ୱାଦଶ, ଟାଇମପାସ୍, ୯୫୦ (ପି) ଏନ୍.କେ.ମାର୍ଗ, ବରମୁଣ୍ଡା, ଭୁବନେଶ୍ୱର, ପ୍ରଥମ ସଂସ୍କରଣ, ୨୦୧୩।

୫୭) ପଟ୍ଟନାୟକ, କଇଳାଶ, ମାୟା ମଣ୍ଡଳ, ଗ୍ରନ୍ଥମନ୍ଦିର, କଟକ-୨, ପ୍ରଥମ ସଂସ୍କରଣ: ଜୁଲାଇ ୨୦୧୧।

୫୮) ପଟ୍ଟନାୟକ, କଇଳାଶ, ଶବ୍ଦରେ ମୃଗୟା, କଟକ ଟ୍ରେଡିଂ କମ୍ପାନୀ, କଟକ-୨, ପ୍ରଥମ ପ୍ରକାଶ, ୨୦୦୩।

୫୯) ପଟ୍ଟନାୟକ, କଇଳାଶ, ଶୁଣ୍ ଅବୋଲକରା, ପ୍ରଜାତନ୍ତ୍ର ପ୍ରଚାର ସମିତି, କଟକ-୨, ପ୍ରଥମ ପ୍ରକାଶ,୧୯୯୪।

୬୦) ପଟ୍ଟନାୟକ, କଇଳାଶ, (ସଂ), ଫକୀର ମୋହନ ଗ୍ରନ୍ଥାବଳୀ ଗଳ୍ପମାଳା, ଫ୍ରେଣ୍ଡସ୍ ପବ୍ଲିଶର୍ସ, କଟକ-୨, ଚତୁର୍ଥ ସଂସ୍କରଣ, ୨୦୧୨।

୬୧) ପଟ୍ଟନାୟକ, କଇଳାଶ (ସଂ), ଫକୀର ମୋହନ ଦର୍ପଣ, ଫକୀର ମୋହନ ବିଶ୍ୱବିଦ୍ୟାଳୟ, ବାଲେଶ୍ୱର, ପ୍ରଥମ ପ୍ରକାଶ : ୨୦୦୭।

୬୨) ପଟ୍ଟନାୟକ, ଜିତେନ୍ଦ୍ର ନାରାୟଣ, ସାଂପ୍ରତିକ ପାଶ୍ଚାତ୍ୟ ସମାଲୋଚନା ତତ୍ତ୍ୱ, ବିଦ୍ୟାପୁରୀ, କଟକ-୨, ପ୍ରଥମ ପ୍ରକାଶ: ଫେବୃୟାରୀ, ୨୦୦୬।

୬୩) ପଟ୍ଟନାୟକ, ଦେବୀ ପ୍ରସନ୍ନ, ଓଡ଼ିଆ କଥା କଳ୍ପନାରେ ଉତ୍ତର ଆଧୁନିକତା ଓ ଅନ୍ୟାନ୍ୟ ପ୍ରବନ୍ଧ, ସତ୍ୟନାରାୟଣ ବୁକ୍‌ଷ୍ଟୋର, କଟକ-୨, ଦ୍ୱିତୀୟ ସଂସ୍କରଣ, ୨୦୧୭।

୬୪) ପଟ୍ଟନାୟକ, ଦେବୀ ପ୍ରସନ୍ନ ଓ ପ୍ରଧାନ କୃଷ୍ଣଚନ୍ଦ୍ର (ସଂ), ଉତ୍ତର-ଆଧୁନିକତା ଏକ ପରିଚିତ, ପ୍ରାଚୀ ସାହିତ୍ୟ ପ୍ରତିଷ୍ଠାନ, କଟକ-୨, ଦ୍ୱିତୀୟ ସଂସ୍କରଣ : ୨୦୧୬।

୬୫) ପଟ୍ଟନାୟକ, ବିଭୂତି, ଗଳ୍ପ ସମଗ୍ର (ଦ୍ୱିତୀୟ ଖଣ୍ଡ) କାହାଣୀ, କଟକ-୧୩, ୧ମ ସଂସ୍କରଣ, ୨୦୦୨।

୬୬) ପଟ୍ଟନାୟକ, ବିଭୂତି, ଗଳ୍ପ ସମଗ୍ର (ପ୍ରଥମ ଖଣ୍ଡ), କାହାଣୀ, କଟକ-୧୩, ୧ମ ପ୍ରକାଶ, ୨୦୦୬।

୬୭) ପଟ୍ଟନାୟକ, ବିଭୂତି, ପ୍ରେମ ଗଳ୍ପ, ପ୍ରାଚୀ ସାହିତ୍ୟ ପ୍ରତିଷ୍ଠାନ, କଟକ-୨, ଦ୍ୱିତୀୟ ସଂସ୍କୃତ:୨୦୧୩।

୬୮) ପଟ୍ଟନାୟକ, ବିଭୂତି, ଶ୍ରେଷ୍ଠ ଗଳ୍ପ, ଟାଇମପାସ୍, ପ୍ରଥମ ସଂସ୍କରଣ, ଡିସେମ୍ବର ୨୦୧୬।

୬୯) ପଟ୍ଟନାୟକ, ବିଭୂତି, ସାହିତ୍ୟର ସୂଚୀପତ୍ର, ନାଳନ୍ଦା, କଟକ-୨, ପରିମାର୍ଜିତ ଅଷ୍ଟମ ସଂସ୍କରଣ, ୨୦୧୦।

୭୦) ପଟ୍ଟନାୟକ, ରବି, ଗଳ୍ପ ସମଗ୍ର (ପ୍ରଥମ ଭାଗ), ପଶ୍ଚିମା ପବ୍ଲିକେଶନ, ଭୁବନେଶ୍ୱର-୧୨, ୧ମ ପ୍ରକାଶ, ୨୦୦୦।

୭୧) ପଣ୍ଡା, ଦୋଳଗୋବିନ୍ଦ, କାର୍ଲମାର୍କ୍ସ ଜୀବନ ଓ ଦର୍ଶନ, ନିଉ ଏଜ୍ ପବ୍ଲିକେଶନସ୍, କଟକ-୨, ପ୍ରଥମ ସଂସ୍କରଣ, ୨୦୦୯।

୭୨) ପଣ୍ଡା, ମନୋଜ କୁମାର, ବର୍ଣ୍ଣ ବଗିଚା, ଦକ୍ଷ ବୁକ୍ସ, କଟକ, ଦ୍ୱିତୀୟ ମୁଦ୍ରଣ, ୨୦୧୫।

୭୩) ପଣ୍ଡା, ମନୋଜ କୁମାର, ଶବ୍ଦ ଶସ୍ୟ, ଇଭେଣ୍ଟସ୍ ପବ୍ଲିକେଶନସ୍, ଭୁବନେଶ୍ୱର, ପ୍ରଥମ ସଂସ୍କରଣ, ୨୦୧୭।

୭୪) ପଣ୍ଡା, ମନୋଜ କୁମାର, ହାଡ ବଗିଚା, ଦକ୍ଷ ବୁକ୍ସ, କଟକ, ଦ୍ୱିତୀୟ ମୁଦ୍ରଣ, ୨୦୧୫।

୭୫) ପଣ୍ଡା, ରବି, ତ୍ରିପାଠୀ, ସୀତେଶ୍, ତରାଇ, ପିତାମ୍ବର (ସଂ), ଅଶୀ ଉତ୍ତର ଓଡ଼ିଆ ଗଳ୍ପ, ସାହିତ୍ୟ ପ୍ରତିଷ୍ଠାନ, କଟକ-୨, ପ୍ରଥମ ସଂସ୍କରଣ, ୨୦୦୭।

୭୬) ପଣ୍ଡା, ସୁରେନ୍ଦ୍ର, ବିଭୂତି ଭୂଷଣ, ସୃଷ୍ଟି ଓ ସମୀକ୍ଷା, ଏଥେନା ବୁକ୍ସ, ଭୁବନେଶ୍ୱର-୨, ପ୍ରଥମ ପ୍ରକାଶ, ୨୦୦୭।

୭୭) ପଣ୍ଡା, ହୃଷୀକେଶ, ସୁରେନ୍ଦ୍ର ମହାନ୍ତିଙ୍କ ଉପନ୍ୟାସରେ ଶିଳ୍ପବିଧି, ବହିଫହି, ଭୁବନେଶ୍ୱର-୧୫, ପ୍ରଥମ ପ୍ରକାଶ : ନଭେମ୍ବର, ୨୦୦୭।

୭୮) ପଣ୍ଡା, ହୃଷୀକେଶ, ହୃଷୀକେଶ ପଣ୍ଡାଙ୍କ ଗଳ୍ପ ସମଗ୍ର (ଦ୍ୱିତୀୟ ଭାଗ), ଫ୍ରେଣ୍ଡସ୍ ପବ୍ଲିଶର୍ସ, କଟକ-୨, ପ୍ରଥମ ସଂସ୍କରଣ : ୨୦୧୫।

୭୯) ପତି, ଅଚ୍ୟୁତାନନ୍ଦ, ଅଚ୍ୟୁତାନନ୍ଦ ପତିଙ୍କ ନିର୍ବାଚନ ଗଳ୍ପ, ଚିତ୍ରୋତ୍ପଳା ପବ୍ଲିକେଶନ୍ସ, କଟକ-୨।

୮୦) ପତି, ଅଚ୍ୟୁତାନନ୍ଦ, ଅଶୁଭ ପୁତ୍ରର କାହାଣୀ, ଅଗ୍ରଦୂତ, କଟକ-୨, ଦ୍ୱିତୀୟ ପ୍ରକାଶ, ୧୯୯୬।

୮୧) ପତି, ମଧୁସୂଦନ ଓ ମହାପାତ୍ର, ଅଶୋକ କୁମାର, ଆଧୁନିକ ଓଡ଼ିଆ କବିତାର

ଶୈଳୀ-ତାତ୍ତ୍ୱିକ ସମାଲୋଚନା, ଓଡ଼ିଶା ସାହିତ୍ୟ ଏକାଡେମୀ, ଭୁବନେଶ୍ୱର-୧୪, ପ୍ରଥମ ପ୍ରକାଶ, ୧୯୯୫ ।

୮୨) ପରିଛା, ପଟ୍ଟନାୟକ, ହର ପ୍ରସାଦ ଓ ସିଂହ, ବିଜୟାନନ୍ଦ (ସଂ), ପଚାଶ ବର୍ଷ : ଓଡ଼ିଆ ସାହିତ୍ୟ, ଓଡ଼ିଶା ସାହିତ୍ୟ ଏକାଡେମୀ, ଭୁବନେଶ୍ୱର-୧୪, ପ୍ରଥମ ସଂସ୍କରଣ : ୨୦୦୯ ।

୮୩) ପରିଡ଼ା, ଆଶୁତୋଷ କଳାତ୍ମକ ବାସ୍ତବତା : ଭିତ୍ତି ଓ ଅଂଗୀକାର, ସୁବର୍ଣ୍ଣଶ୍ରୀ ପ୍ରକାଶନୀ, ବାଲେଶ୍ୱର, ପ୍ରଥମ ସଂସ୍କରଣ : ୨୦୧୧ ।

୮୪) ପରିଡା, ପ୍ରକାଶ କୁମାର, କଥା-କଥାଗ୍ରନ୍ଥ-କଥାକାର, ଫ୍ରେଣ୍ଡସ୍ ପବ୍ଲିଶର୍ସ, କଟକ-୨, ପ୍ରଥମ ପ୍ରକାଶ, ୧୯୯୫ ।

୮୫) ପରିଡା, ପ୍ରକାଶ କୁମାର, କଥା ବିଚାର କଥା ଦୃଷ୍ଟି, ଏସ୍.ବି. ପବ୍ଲିକେଶନସ୍, କଟକ-୨, ପ୍ରଥମ ସଂସ୍କରଣ, ୧୯୯୮ ।

୮୬) ପରିଡା, ପ୍ରକାଶ କୁମାର, ଗଳ୍ପ ବିଚାର ବିମର୍ଶ, ବିଶ୍ୱ ବୁକ୍ସ, ବାଲୁ ବଜାର, କଟକ-୨, ପ୍ରଥମ ପ୍ରକାଶ, ୨୦୦୪ (ନୂଆବର୍ଷ) ।

୮୭) ପରିଡା, ସନତ୍ ଦାସ, ରବି ପଟ୍ଟନାୟକ ଗଳ୍ପ ମାନସ, ଆର୍ଯ୍ୟ ପ୍ରକାଶନ, କଟକ, ପ୍ରକାଶ, କାଳ, ୧୯୯୫ ।

୮୮) ପାଢ଼ୀ, କଳ୍ପନା, ରାମଚନ୍ଦ୍ର ବେହେରାଙ୍କ ଗଳ୍ପ ମାନସ, ବିଜୟନୀ ପବ୍ଲିକେଶନ୍ସ, କଟକ-୧୨, ପ୍ରଥମ ପ୍ରକାଶ, ୨୦୧୦ ।

୮୯) ପାଣିଗ୍ରାହୀ, କାଳିନ୍ଦୀଚରଣ, କାଳିନ୍ଦୀଚରଣ ଗଳ୍ପ ସମଗ୍ର, କଟକ ଷ୍ଟୁଡେଣ୍ଟସ୍ ଷ୍ଟୋର, କଟକ-୨, ଦ୍ୱିତୀୟ ସଂସ୍କରଣ: ୨୦୧୨ ।

୯୦) ପାଣିଗ୍ରାହୀ, ପବିତ୍ର, ଜଗତୀକରଣ ଓ ଓଡ଼ିଆ ଗଳ୍ପ, ଟାଇମ ପାସ୍, ଭୁବନେଶ୍ୱର, ପ୍ରକାଶ କାଳ, ୨୦୧୩।

୯୧) ପୃଷ୍ଟି, ଭୀମ, ପେଟ ଓ ପେଟତଳ, ସାରସ୍ ପବ୍ଲିକେଶନସ୍, ଭଦ୍ରକ, ପ୍ରଥମ ପ୍ରକାଶ, ୨୦୦୩।

୯୨) ପୃଷ୍ଟି, ଭୀମ, ପ୍ରଥମ ବହି, ବତୀଘର, ଯାଜପୁର-୨୪, ପ୍ରଥମ ପ୍ରକାଶ, ୨୦୦୧ ମସିହା ।

୯୩) ପୃଷ୍ଟି, ଭୀମ, ମାନନୀୟ ଶ୍ରୀଯୁକ୍ତ, ପ୍ରବାହ, ଯାଜପୁର-୭, ପ୍ରଥମ ସଂସ୍କରଣ : ଦଶହରା, ୨୦୧୭ ।

୯୪) ପୃଷ୍ଟି, ଭୀମ, ଲଛମନିଆ, ଡ୍ରିମ୍ସ, ଭୁବନେଶ୍ୱର, ପ୍ରଥମ ପ୍ରକାଶ, ୨୦୦୮ ।

୯୫) ପ୍ରଧାନ, କୃଷ୍ଣଚନ୍ଦ୍ର, ଓଡ଼ିଆ କଥା କଳ୍ପନାର ଦିଗ ଓ ଦିଗନ୍ତ, ସତ୍ୟନାରାୟଣ ବୁକ୍‌ଷ୍ଟୋର, କଟକ-୨, ପ୍ରଥମ ପ୍ରକାଶ,୨୦୧୦ ।

୯୬) ପ୍ରଧାନ, କୃଷ୍ଣଚନ୍ଦ୍ର ଓ ପଟ୍ଟନାୟକ, ଦେବୀ ପ୍ରସନ୍ନ, ବାରିକ, ପ୍ରଦୀପ୍ତ କୁମାର, ମନୋଜ କଳା କଳ୍ପନା, ବିଦ୍ୟାପୁରୀ, କଟକ-୨, ପ୍ରଥମ ପ୍ରକାଶ-ଫେବୃୟାରୀ, ୨୦୧୦।

୯୭) ପ୍ରଧାନ, କୃଷ୍ଣଚନ୍ଦ୍ର ଓ ରାଉତ, ନିର୍ମଳା କୁମାରୀ, ଗବେଷଣା ପ୍ରକରଣ ସମ୍ପାଦନା ଓ ଅନୁବାଦ, ପ୍ରବିଧି, ଜ୍ଞାନଯୁଗ ପବ୍ଲିକେଶନ୍ସ, ଭୁବନେଶ୍ୱର-୧୫, ନୂଆବର୍ଷ, ପରିବର୍ଦ୍ଧିତ ଓ ପରମାର୍ଜିତ ସଂସ୍କରଣ, ୨୦୧୦।

୯୮) ପ୍ରଧାନ କୃଷ୍ଣଚନ୍ଦ୍ର, ସାରସ୍ୱତ ବିଶ୍ୱ ବିଦ୍ୟାଳୟ ପ୍ରବନ୍ଧମାଳା, ସତ୍ୟନାରାୟଣ ବୁକ୍‌ଷ୍ଟୋର, କଟକ-୨, ନୂତନ ସଂସ୍କରଣ, ୨୦୧୫।

୯୯) ପ୍ରଧାନ, କୃଷ୍ଣଚନ୍ଦ୍ର (ସଂ) ପାଶ୍ଚାତ୍ୟ ସାହିତ୍ୟ ଓ ସମୀକ୍ଷା ତତ୍ତ୍ୱ, ପ୍ରାଚୀ ସାହିତ୍ୟ ପ୍ରତିଷ୍ଠାନ, କଟକ-୨, ପ୍ରଥମ ସଂସ୍କରଣ, ୨୦୧୪।

୧୦୦) ପ୍ରଧାନ, କୃଷ୍ଣଚନ୍ଦ୍ର, ହୋତା, ବ୍ରଜ କିଶୋର ଓ ପ୍ରଧାନ, ଭାସ୍କର, ସାରସ୍ୱତ ବ୍ୟବହାରିକ ଓଡ଼ିଆ ବ୍ୟାକରଣ, ସତ୍ୟନାରାୟଣ ବୁକ୍ ଷ୍ଟୋର, କଟକ-୨, ତୃତୀୟ ସଂସ୍କରଣ, ୨୦୧୪।

୧୦୧) ପ୍ରଧାନ, କୃଷ୍ଣଚନ୍ଦ୍ର, ଲୋକ ସାହିତ୍ୟ ତତ୍ତ୍ୱରୂପ ଓ କଳାରୂପ, ବିଦ୍ୟାରୂପୀ, କଟକ-୨, ଦ୍ୱିତୀୟ ମୁଦ୍ରଣ, ଜୁନ୍, ୨୦୧୧।

୧୦୨) ପ୍ରଧାନ, ମନୋରଞ୍ଜନ, ସାହିତ୍ୟ ଅନ୍ୱେଷା, ମିତା ବୁକ୍ସ୍, କଟକ-୯, ପ୍ରଥମ ପ୍ରକାଶ-୨୦୦୪।

୧୦୩) ପ୍ରଧାନ, ସବିତା, ଉପନ୍ୟାସ ଅବବୋଧ, ଅଗ୍ରଦୂତ, କଟକ, ପ୍ରକାଶ କାଳ, ୨୦୦୮।

୧୦୪) ପ୍ରଧାନ, ସବିତା, ଭାଷାଶୈଳୀ ଅବବୋଧ, ଅଗ୍ରଦୂତ, କଟକ-୨, ପ୍ରଥମ ପ୍ରକାଶ,୨୦୦୪।

୧୦୫) ବରାଳ, ଆଲୋକ, ଉପନ୍ୟାସ ଜିଜ୍ଞାସା, ବିଜୟିନୀ ପବ୍ଲିକେଶନ୍ସ, କଟକ-୧୨, ପ୍ରଥମ ପ୍ରକାଶନ : ଶ୍ରୀପଞ୍ଚମୀ, ୨୦୧୯।

୧୦୬) ବରାଳ, ଆଲୋକ ଓ ବାଗ, ସୁଶୀଳ (ସଂ), ଅଶୋକ ଅସରନ୍ତି, ଓଡ଼ିଶା ସାହିତ୍ୟ ଏକାଡେମୀ, ଭୁବନେଶ୍ୱର-୧୪, ପ୍ରଥମ ସଂସ୍କରଣ : ୨୦୧୨।

୧୦୭) ବରାଳ, ଆଲୋକ, ଓଡ଼ିଆ ସାହିତ୍ୟିକ ଛଦ୍ମ ନାଁର ଇତିହାସ, ଲେଖାଲେଖି, ଭୁବନେଶ୍ୱର, ପ୍ରଥମ ସଂସ୍କରଣ, ୨୦୧୬।

୧୦୮) ବାରିକ, କବିତା, ଶହେ ବର୍ଷର ଆଧୁନିକ ଓଡ଼ିଆ କ୍ଷୁଦ୍ରଗଳ୍ପ ଏକ ତାତ୍ତ୍ୱିକ ବିଶ୍ଳେଷଣ ୧୮୯୮-୧୯୯୮, ବିଦ୍ୟାପୁରୀ, କଟକ-୨, ପରିବର୍ଦ୍ଧିତ ଦ୍ୱିତୀୟ ସଂସ୍କରଣ, ଜୁନ୍-୨୦୧୪।

୧୦୯) ବାରିକ, ପ୍ରଦୀପ୍ତ କୁମାର, ସଚ୍ଚିଦାନନ୍ଦ ରାଉତରାୟଙ୍କ ଗଦ୍ୟ ସାହିତ୍ୟ, ବିଦ୍ୟାପୁରୀ, କଟକ-୨, ୧ମ ପ୍ରକାଶ, ୨୦୦୨।
୧୧୦) ବାରିକ, ବନଜବାସିନୀ, ଓଡ଼ିଆ ଗଳ୍ପରେ ନବଚେତନା (୧୯୭୫-୨୦୦୫), ଅଗ୍ରଦୂତ, କଟକ-୨, ପ୍ରଥମ ପ୍ରକାଶ: ୨୦୧୭।
୧୧୧) ବାରିକ, ସୈରୀନ୍ଦ୍ର, ଗଳ୍ପ ସଂପର୍କରେ, ନବୋଦୟ ପ୍ରକାଶନ, କଟକ-୨, ପ୍ରଥମ ସଂସ୍କରଣ : ରଥଯାତ୍ରା, ୨୦୧୩।
୧୧୨) ବାରିକ, ସୌରୀନ୍ଦ୍ର, ବାମନର ପାଦ, ଅଗ୍ରଦୂତ, କଟକ-୨, ପ୍ରଥମ ପ୍ରକାଶ :୧୯୯୧।
୧୧୩) ବିଶ୍ୱାଳ, କୃପାସିନ୍ଧୁ, କାନ୍ତକବି ଲକ୍ଷ୍ମୀକାନ୍ତ ମହାପାତ୍ରଙ୍କ ଗଳ୍ପ ସମଗ୍ର, ଚିନ୍ମୟ ପ୍ରକାଶନ, କଟକ-୨, ପ୍ରଥମ ସଂସ୍କରଣ, ୨୦୧୬।
୧୧୪) ବେହେରା, କୃଷ୍ଣଚରଣ, କଥାସାହିତ୍ୟ, ସାଥୀମହଲ, କଟକ-୧, ୨ୟ ସଂସ୍କରଣ, ୧୯୬୮।
୧୧୫) ବେହେରା, କୃଷ୍ଣଚରଣ, ପ୍ରସଙ୍ଗ : ଗଳ୍ପ-ଉପନ୍ୟାସ, ଫ୍ରେଣ୍ଡସ୍ ପବ୍ଲିଶର୍ସ, କଟକ-୨, ପ୍ରଥମ ପ୍ରକାଶ, ୧୯୮୧।
୧୧୬) ବେହେରା, କୃଷ୍ଣଚନ୍ଦ୍ର, ଶ୍ରେଷ୍ଠଗଳ୍ପ, ଟାଇମ୍‌ପାସ, ଭୁବନେଶ୍ୱର, ପ୍ରଥମ ସଂସ୍କରଣ : ଡିସେମ୍ବର, ୨୦୧୪।
୧୧୭) ବେହେରା, ଗୁରୁଚରଣ, ଅନେକ ଆଧୁନିକତା,, ଅଗ୍ରଦୂତ, କଟକ-୨, ପ୍ରଥମ ପ୍ରକାଶ, ୨୦୦୭।
୧୧୮) ବେହେରା, ବାଳକୃଷ୍ଣ, ଓଡ଼ିଆ ଉପନ୍ୟାସରେ ଅସ୍ତିତ୍ୱବାଦୀ ଚେତନା ଓ ଅନ୍ୟାନ୍ୟ ପ୍ରବନ୍ଧ, ପ୍ରାଚୀ ସାହିତ୍ୟ ପ୍ରତିଷ୍ଠାନ, କଟକ-୨, ପ୍ରଥମ ସଂସ୍କରଣ : ୨୦୦୮।
୧୧୯) ବେହେରା, ରାମଚନ୍ଦ୍ର, ଗୋପପୁର, ବିଦ୍ୟା ପ୍ରକାଶନ, କଟକ-୨, ପୁନଃପ୍ରକାଶ ୨୦୦୬।
୧୨୦) ବେହେରା, ରାମଚନ୍ଦ୍ର, ଶ୍ରେଷ୍ଠଗଳ୍ପ, ଟାଇମ୍ ପାସ୍, ଭୁବନେଶ୍ୱର, ପ୍ରଥମ ସଂସ୍କରଣ : ଡସେମ୍ବର ୨୦୧୬।
୧୨୧) ବେହେରା, କ୍ଷୀରୋଦ ଚନ୍ଦ୍ର, ଉପନିବେଶବାଦ ଓ ଓଡ଼ିଆ ଗଳ୍ପ, ଏଥେନା ବୁକ୍‌ସ, ଭୁବନେଶ୍ୱର, ପ୍ରଥମ ସଂସ୍କରଣ ; ଅକ୍ଷୟ ତୃତୀୟା, ୨୦୧୫।
୧୨୨) ବେହେରା, କ୍ଷୀରୋଦ ଚନ୍ଦ୍ର, ଏକବିଂଶ ଶତାବ୍ଦୀରେ ଓଡ଼ିଆ ଗଳ୍ପ : ପ୍ରତିଶ୍ରୁତି ଓ ସମ୍ଭାବନା, ପ୍ରକାଶିକା-ଶ୍ରୀମତୀ ବନାନୀ ବେହେରା, ରାଉରକେଲା-୦୬, ପ୍ରଥମ ପ୍ରକାଶ, ୨୦୦୩।

୧୨୩) ମହାନ୍ତି, ଜଗଦୀଶ-ପ୍ରେମ ଅପ୍ରେମ, ଟାଇମପାସ୍, ଭୁବନେଶ୍ୱର, ଦ୍ୱିତୀୟ ସଂସ୍କରଣ, ୨୦୧୨।

୧୨୪) ମହାନ୍ତି, ଜାନକୀବଲ୍ଲଭ, ମାନବବାଦୀ, କବି କାଳିନ୍ଦୀ ଚରଣ (କାଳିନ୍ଦୀ ଚରଣ ପରିକ୍ରମା) ୧୯୮୨, ଏକାମ୍ର ଥଏଟର୍ସ, ଭୁବନେଶ୍ୱର।

୧୨୫) ମହାନ୍ତି, ନଗେନ୍ଦ୍ର ନାଥ, ଓଡ଼ିଆ ଏବଂ ଓଡ଼ିଶାର ପତ୍ର ପତ୍ରିକା (ପରିଚୟ ୧୮୨୬-୨୦୦୬), ପଲ୍ଲୀବାଣୀ ପ୍ରକାଶନୀ, ଦିଲ୍ଲୀ: ପ୍ରଥମ ପ୍ରକାଶ - ୨୦୧୧।

୧୨୬) ମହାନ୍ତି, ପୂର୍ଣ୍ଣଚନ୍ଦ୍ର, ସାହିତ୍ୟର ସମ୍ବିଧାନ, ସାରସ୍ୱତ ପୁସ୍ତକ ଭଣ୍ଡାର, ସମ୍ବଲପୁର, ପ୍ରକାଶ କାଳ।

୧୨୭) ମହାନ୍ତି, ପ୍ରସନ୍ନ କୁମାର, ଓଡ଼ିଆ ସାହିତ୍ୟର ଇତିହାସ, ଆଦ୍ୟ ପ୍ରୟୋଗ, କଟକ ଷ୍ଟୁଡେଣ୍ଟସ୍ ଷ୍ଟୋର, କଟକ-୨, ପ୍ରଥମ ସଂସ୍କରଣ, ୨୦୦୭।

୧୨୮) ମହାନ୍ତି, ରଜନୀକାନ୍ତ, ଅଠର ନିର୍ବାସନ ରୋଡ, ପ୍ରବାହ, ଯାଜପୁର, ପ୍ରଥମ ପ୍ରକାଶ-୨୦୧୦।

୧୨୯) ମହାନ୍ତି, ରଜନୀକାନ୍ତ, ଅବତାର, ବୈଶାଖୀ ପବ୍ଲିକେଶନ୍ସ, ବ୍ରହ୍ମପୁର-୧, ପ୍ରକାଶ ସମୟ-ଜୁନ୍ ୧୯୭୫।

୧୩୦) ମହାନ୍ତି, ରଜନୀକାନ୍ତ, ଆ ସାକ୍ଷୀ ଦେ, ଆର୍ଯ୍ୟ ପ୍ରକାଶନ, କଟକ-୨, ପ୍ରଥମ ପ୍ରକାଶ, ୧୯୯୯।

୧୩୧) ମହାନ୍ତି, ରଜନୀକାନ୍ତ, ଉଷାକାଳ, ଶ୍ରୁତି ସମୀକ୍ଷା ପ୍ରକାଶନୀ, ଯାଜପୁର ଟାଉନ୍, ପ୍ରଥମ ସଂସ୍କରଣ: ମକର ସଂକ୍ରାନ୍ତି, ୨୦୦୮।

୧୩୨) ମହାନ୍ତି, ରଜନୀକାନ୍ତ, ଜାଙ୍ଗଲିକ, ସାରସ ବୁକ୍ସ, ରାଉରକେଲା-୧, ପ୍ରକାଶ କାଳ, ୨୦୦୦।

୧୩୩) ମହାନ୍ତି, ରଜନୀକାନ୍ତ, ଝିପିଝିପି ଅନ୍ଧାର, ଅକ୍ଷର, କଟକ-୧୩, ପ୍ରଥମ ସଂସ୍କରଣ-ବସନ୍ତ ପଞ୍ଚମୀ, ୨୦୦୨।

୧୩୪) ମହାନ୍ତି, ରଜନୀକାନ୍ତ, ପୁଷ୍ୟା ନକ୍ଷତ୍ରର ଇତିବୃତ୍ତ, ଚନ୍ଦ୍ରଭାଗା ପ୍ରକାଶନୀ, ବାଲେଶ୍ୱର-୩, ପ୍ରଥମ ସଂସ୍କରଣ, ୨୦୦୬।

୧୩୫) ମହାନ୍ତି, ରଜନୀକାନ୍ତ, ବହୁବଜାର, ଜେନିଥ୍ ପବ୍ଲିକେଶନ୍ସ, ଭଦ୍ରକ, ପ୍ରଥମ ପ୍ରକାଶ: ଜୁଲାଇ, ୨୦୦୪।

୧୩୬) ମହାନ୍ତି, ରଜନୀକାନ୍ତ, ମାଟିଆ ପୁଅ, ବିଦ୍ୟାପୁରୀ, କଟକ-୨, ପ୍ରଥମ ପ୍ରକାଶ : ଦଶହରା ୧୯୮୯।

୧୩୭) ମହାନ୍ତି, ରଜନୀକାନ୍ତ, ମେଘବର୍ଣ୍ଣା, ଦେବୀ ପ୍ରକାଶନୀ, ସୋର, ବାଲେଶ୍ୱର-୪୫, ପ୍ରଥମ ପ୍ରକାଶ: ଗର୍ଭଣା ସଂକ୍ରାନ୍ତି, ୨୦୦୪।

୧୩୮) ମହାନ୍ତି, ରଜନୀକାନ୍ତ, ମୋତେ ଛୁଁ, ବାଟୋଇ, ଭଦ୍ରକ-୮୧, ପ୍ରକାଶ କାଳ : ୨୦୧୪।

୧୩୯) ମହାନ୍ତି, ରଜନୀକାନ୍ତ, ରକ୍ତରାଣ, ଆକାଂକ୍ଷା, ଭଦ୍ରକ-୨୪, ପ୍ରଥମ ପ୍ରକାଶ: ଜୁନ, ୨୦୦୭।

୧୪୦) ମହାନ୍ତି, ରଜନୀକାନ୍ତ, ଶତାଂଡି ପୁରୁଷ, ଫ୍ରେଣ୍ଡସ୍ ପବ୍ଲିଶର୍ସ, କଟକ-୨, ପ୍ରଥମ ସଂସ୍କରଣ, ୧୯୮୧।

୧୪୧) ମହାନ୍ତି, ରଜନୀକାନ୍ତ, ଶିଶୁନ୍ ଏକ୍‌କା ଗରହାଜିର ଅଛି, ଇଭେଣ୍ଟ୍ ପବ୍ଲିକେଶନ୍, ଭୁବନେଶ୍ୱର-୭, ପ୍ରଥମ ସଂସ୍କରଣ ୨୦୨୧।

୧୪୨) ମହାନ୍ତି, ରଜନୀକାନ୍ତ, ସହସ୍ରଧାରା : ଓଡ଼ିଆ ସାହିତ୍ୟ ଚର୍ଚ୍ଚା, ସୁବର୍ଣ୍ଣଶ୍ରୀ ପ୍ରକାଶନୀ, ବାଲେଶ୍ୱର, ପ୍ରକାଶ କାଳ : ୨୦୧୭।

୧୪୩) ମହାନ୍ତି, ରଜନୀକାନ୍ତ, ହସ୍ତାକ୍ଷର, ଦି ବୁକ୍‌ସ, ପୁରୀ-୧୬, ପ୍ରଥମ ସଂସ୍କରଣ, ୨୦୧୭।

୧୪୪) ମହାନ୍ତି, ଶରତ କୁମାର, ଅସ୍ତିତ୍ୱବାଦର ମର୍ମକଥା, ଅଗ୍ରଦୂତ, କଟକ-୨, ତୃତୀୟ ସଂସ୍କରଣ : ୨୦୧୦।

୧୪୫) ମହାନ୍ତି, ଶରତ ଚନ୍ଦ୍ର, ମୁକ୍ତ ଚିନ୍ତନ, ଇଭେଣ୍ଟସ୍ ପବ୍ଲିକେଶନ୍‌ସ, ଭି.ଏସ୍.ଏସ୍.ନଗର, ଭୁବନେଶ୍ୱର, ପ୍ରଥମ ସଂସ୍କରଣ : ୨୦୧୭।

୧୪୬) ମହାନ୍ତି, ଶରତ ଚନ୍ଦ୍ର (ସଂ), ସାହିତ୍ୟିକ ରଜନୀକାନ୍ତ ମହାନ୍ତିଙ୍କ ସହ ସାମ୍ନାସାମ୍ନି, ଗାଁ ମଜଲିସ୍ ସାହିତ୍ୟ ସଂସଦ, ସୋର, ବାଲେଶ୍ୱର, ପ୍ରଥମ ପ୍ରକାଶ : ୨୦୧୪।

୧୪୭) ମହାନ୍ତି, ସୁରେନ୍ଦ୍ର, ଓଡ଼ିଆ ସାହିତ୍ୟର କ୍ରମବିକାଶ, ଅଗ୍ରଦୂତ, କଟକ-୨, ପ୍ରଥମ ପ୍ରକାଶ, ୧୯୭୮।

୧୪୮) ମହାନ୍ତି, ସୁରେନ୍ଦ୍ର, ସୁରେନ୍ଦ୍ର ବିଚିତ୍ରା, ଫ୍ରେଣ୍ଡସ୍ ପବ୍ଲିଶର୍ସ, କଟକ-୨, ତୃତୀୟ ପ୍ରକାଶ, ୧୯୯୬।

୧୪୯) ମହାପାତ୍ର, ଖଗେଶ୍ୱର, ପଟେଲ୍, ବିଶ୍ୱମ୍ଭର, କାବ୍ୟିକ ଭାଷା, କଟକ, ଷ୍ଟୁଡେଣ୍ଟସ୍ ଷ୍ଟୋର, କଟକ-୨, ଦ୍ୱିତୀୟ ସଂସ୍କରଣ : ଶାମ୍ବ ଦଶମୀ, ୨୦୦୮।

୧୫୦) ମହାପାତ୍ର, ଖଗେଶ୍ୱର, ସମାଲୋଚନାର ଦିଗ ଦିଗନ୍ତ, ଫ୍ରେଣ୍ଡସ୍ ପବ୍ଲିଶର୍ସ, କଟକ-୨, ଦ୍ୱିତୀୟ ସଂସ୍କରଣ, ୨୦୧୭।

୧୫୧) ମହାପାତ୍ର, ପ୍ରକାଶ, ଓଃ ପୁଂଜିୟାମା, ଇଭେଣ୍ଟସ୍ ପବ୍ଲିକେଶନସ୍, ଭୁବନେଶ୍ୱର, ଦ୍ୱିତୀୟ ସଂସ୍କରଣ, ୨୦୧୫।

୧୫୨) ମହାପାତ୍ର, ପ୍ରକାଶ, କୀଟ ଓ ଅନ୍ୟାନ୍ୟ ଗଳ୍ପ, ଇଭେଣ୍ଟସ୍, ଭୁବନେଶ୍ୱର-୦୭, ପଞ୍ଚମ ସଂସ୍କରଣ, ୨୦୧୬।

୧୫୩) ମହାପାତ୍ର, ପ୍ରକାଶ, ଘୋଡ ସବାର କଥା, ଇଭେଣ୍ଟସ୍ ପବ୍ଲିକେଶନସ୍, ଭୁବନେଶ୍ୱର, ତୃତୀୟ ସଂସ୍କରଣ, ୨୦୧୬।

୧୫୪) ମହାପାତ୍ର, ବବ୍ରୁବାହନ, ପରିବେଶ-ନାରୀବାଦ ଓ ହୃଷୀକେଶ ପଣ୍ଡାଙ୍କ କଥା ସମ୍ଭାର, ବିଜୟିନୀ ପବ୍ଲିକେଶନସ୍, କଟକ-୨।

୧୫୫) ମହାପାତ୍ର, ବିଜୟ ପ୍ରସାଦ, ଅନ୍ୟ ସ୍ରୋତର ଗଳ୍ପ, ଓଡ଼ିଶା ବୁକ୍ ଷ୍ଟୋର, କଟକ-୦୨, ପ୍ରଥମ ପ୍ରକାଶ, ୧୯୯୭।

୧୫୬) ମହାପାତ୍ର, ସୀତାକାନ୍ତ, ନିଃସଙ୍ଗ ମଣିଷ, ଓଡ଼ିଶା ଲେଖକ ସମବାୟ ସମିତି ଲିମିଟେଡ୍, ଭୁବନେଶ୍ୱର, ପ୍ରକାଶ କାଳ-୧୯୮୦।

୧୫୭) ମହାପାତ୍ର ସୀତାକାନ୍ତ (ସଂ) ଗୋପୀନାଥ ମହାନ୍ତିଙ୍କ କ୍ଷୁଦ୍ରଗଳ୍ପ, ନ୍ୟାସନାଲ୍ ବୁକ୍ ଟ୍ରଷ୍ଟ, ନୂଆଦିଲ୍ଲୀ-୧୬, ୧ମ ପ୍ରକାଶ, ୧୯୯୮।

୧୫୮) ମହାରଣା, ସୁରେନ୍ଦ୍ର କୁମାର, ଓଡ଼ିଆ ସାହିତ୍ୟରେ ଧର୍ମଧାରା, ବାଣୀରୂପା, ବାଙ୍କାବଜାର, କଟକ-୨, ପରିବର୍ଦ୍ଧିତ ମୁଦ୍ରଣ-୧୯୯୬।

୧୫୯) ମହାରଣା, ସୁରେନ୍ଦ୍ର କୁମାର, ଓଡ଼ିଶାର ଧର୍ମ ଓ ସାହିତ୍ୟରୁ କିଛି, ଫ୍ରେଣ୍ଡସ୍ ପବ୍ଲିଶର୍ସ, କଟକ-୨, ପ୍ରଥମ ସଂସ୍କରଣ, ୧୯୯୩।

୧୬୦) ମହାଲିକ, ସତ୍ୟପ୍ରିୟ, କଥାତଂତ୍ର, ଟାଇମ୍‌ପାସ, ଭୁବନେଶ୍ୱର, ପ୍ରଥମ ପ୍ରକାଶ : ୨୦୦୬।

୧୬୧) ମହାଲିକ, ସତ୍ୟପ୍ରିୟ, କୁହୁକ ଦର୍ପଣ, ଅଗ୍ରଦୂତ, କଟକ-୨, ପ୍ରଥମ ପ୍ରକାଶ : ୨୦୦୯।

୧୬୨) ମହାଲିକ, ସତ୍ୟପ୍ରିୟ (ସଂ), ରବି ପଟ୍ଟନାୟକଙ୍କ ଶ୍ରେଷ୍ଠ ଗଳ୍ପ, ନ୍ୟାସନାଲ୍ ବୁକ୍ ଟ୍ରଷ୍ଟ ଇଣ୍ଡିଆ, ପ୍ରଥମ ସଂସ୍କରଣ,୨୦୧୨।

୧୬୩) ମହାଲିକ ହରିହର ପ୍ରସାଦ, ମନ ଜଗତର ରହସ୍ୟ, ପ୍ରାଚୀ ପ୍ରକାଶନ, କଟକ-୨, ପ୍ରଥମ ସଂସ୍କରଣ, ୧୯୯୯।

୧୬୪) ମହୀନ୍ଦ୍ର, ବିଜୟ କୁମାର, ଓଡ଼ିଆ ଉପନ୍ୟାସରେ ରାଜନୈତିକ ଚେତନା, କୋଣାର୍କ ପବ୍ଲିକେଶନ୍, କଟକ, ପ୍ରକାଶ କାଳ-୧୯୯୨।

୧୬୫) ମିଶ୍ର, ଇନ୍ଦୁ, ସାହିତ୍ୟରେ ଆଧୁନିକତା, ନବଦିଗନ୍ତ, କଟକ-୨, ଦ୍ୱିତୀୟ ସଂସ୍କରଣ : ୨୦୧୪।

୧୬୬) ମିଶ୍ର, ଗଣେଶ୍ୱର, ଶ୍ରେଷ୍ଠଗଳ୍ପ, ଟାଇମ୍ ପାସ୍, ଭୁବନେଶ୍ୱର, ପ୍ରଥମ ସଂସ୍କରଣ : ଡିସେମ୍ବର, ୨୦୧୪।

୧୬୭) ମିଶ୍ର, ଗଣେଶ୍ୱର, (ସଂ) ସ୍ୱାଧୀନତା ପରବର୍ତ୍ତୀ ଓଡ଼ିଆ କ୍ଷୁଦ୍ରଗଳ୍ପ, ନ୍ୟାସନାଲ୍ ବୁକ୍ ଟ୍ରଷ୍ଟ ଇଣ୍ଡିଆ, ପ୍ରକାଶ କାଳ, ୨୦୦୭।

୧୬୮) ମିଶ୍ର, ଚିତ୍ତରଞ୍ଜନ, ସାମ୍ପ୍ରତିକ ପାଶ୍ଚାତ୍ୟ ସାହିତ୍ୟ ତତ୍ତ୍ୱ, ଗ୍ରନ୍ଥମନ୍ଦିର, କଟକ-୨, ଦ୍ୱିତୀୟ ମୁଦ୍ରଣ, ୨୦୧୩।
୧୬୯) ମିଶ୍ର, ତ୍ରିଲୋଚନ, ଭାରତୀୟ ସମାଜ ଏବଂ ସଂସ୍କୃତି, ଏଲିଗାଣ୍ଟ ପବ୍ଲିକେଶନସ୍, ଭୁବନେଶ୍ୱର-୨, ପରିମାର୍ଜିତ ଦ୍ୱିତୀୟ ସଂସ୍କରଣ-୨୦୦୪।
୧୭୦) ମିଶ୍ର, ଦୀନବନ୍ଧୁ, ସମାଲୋଚନା ତତ୍ତ୍ୱ, ନବୋଦୟ ପ୍ରକାଶନ, କଟକ-୨, ଦ୍ୱିତୀୟ ସଂସ୍କରଣ, ୨୦୧୪।
୧୭୧) ମିଶ୍ର, ପ୍ରବୋଧ କୁମାର, ପ୍ରଥମ ବିଶ୍ୱଯୁଦ୍ଧ, ଓଡ଼ିଶା ରାଜ୍ୟ ପାଠ୍ୟ ପୁସ୍ତକ ପ୍ରଣୟନ ଓ ପ୍ରକାଶନ ସଂସ୍ଥା, ଭୁବନେଶ୍ୱର, ପୁନଃ ପ୍ରକାଶନ-୧୯୯୭।
୧୭୨) ମିଶ୍ର, ଶ୍ରୀନିବାସ, ଆଧୁନିକ ଓଡ଼ିଆ ଗଦ୍ୟ ସାହିତ୍ୟ, ବିଦ୍ୟାପୁରୀ, କଟକ-୨, ତୃତୀୟ ମୁଦ୍ରଣ, ଡିସେମ୍ବର, ୨୦୧୦।
୧୭୩) ମେହେର, ମଣୀନ୍ଦ୍ର କୁମାର, ମନୋଜ ଦାସଙ୍କ ଗଳ୍ପରେ ମାନବ ଜୀବନ, ଗ୍ରନ୍ଥ ମନ୍ଦିର, କଟକ-୨, ପ୍ରଥମ ସଂସ୍କରଣ : ଫେବୃୟାରୀ, ୧୯୯୯।
୧୭୪) ରଥ, ପ୍ରଦୀପ କୁମାର, ଆଧୁନିକବାଦ-ଉତ୍ତର ଆଧୁନିକତାବାଦ : ଏକ ତାତ୍ତ୍ୱିକ ଅନୁଶୀଳନ, କ୍ଷଣପ୍ରଭା ପ୍ରକାଶନୀ, କଟକ, ପ୍ରଥମ ସଂସ୍କରଣ : ଡିସେମ୍ବର, ୨୦୧୩।
୧୭୫) ରଥ, ସନ୍ତୋଷ କୁମାର, ଓଡ଼ିଆ ଉପନ୍ୟାସର ଶିଳ୍ପରୀତି : ଫକୀର ମୋହନ, ଜିଲ୍ଲା ଲେଖକ ପରିଷଦ, ବଲାଙ୍ଗୀର, ପ୍ରଥମ ପ୍ରକାଶନ : ୨୮, ଫେବୃୟାରୀ, ୧୯୯୭।
୧୭୬) ରାଉତ, ଅନାଦିଚରଣ, ସ୍ୱାଧୀନତା ପରବର୍ତ୍ତୀ ଓଡ଼ିଆ କ୍ଷୁଦ୍ରଗଳ୍ପରେ ମାନବେତର ଚରିତ୍ର, ଓଡ଼ିଆ ଭାଷା ସାହିତ୍ୟ ଓ ସଂସ୍କୃତି ଗବେଷଣା ପ୍ରତିଷ୍ଠାନ, ୩୪୮/୨୯୩୭, କପିଳପଦା, ଭୁବନେଶ୍ୱର-୨, ପ୍ରଥମ ସଂସ୍କରଣ-୨୦୧୩।
୧୭୭) ରାୟ, ପ୍ରତିଭା, ପ୍ରତିଭା କଥାକଳ୍ପ, ଗ୍ରନ୍ଥାଳୟ, ଭୁବନେଶ୍ୱର-୦୯, ପ୍ରଥମ ସଂସ୍କରଣ, ୨୦୦୭।
୧୭୮) ଶତପଥୀ, ଦେବୀ ପ୍ରସାଦ (ସଂ), ଉତ୍ତର ଆଧୁନିକତା ବିଚାର ଓ ବିତର୍କ, ଅଗ୍ରଦୂତ, କଟକ-୨, ପ୍ରଥମ ପ୍ରକାଶ, ୨୦୧୫।
୧୭୯) ଶତପଥୀ, ନଟବର, ତୃତୀୟ ନେତ୍ର, ଫ୍ରେଣ୍ଡସ୍ ପବ୍ଲିଶର୍ସ, କଟକ-୦୨, ପ୍ରକାଶ କାଳ, ୨୦୦୭।
୧୮୦) ଶତପଥୀ, ନିତ୍ୟାନନ୍ଦ, ଗଳ୍ପ ଓ ଗାଳ୍ପିକ, ଓଡ଼ିଶା ବୁକ୍ ଷ୍ଟୋର, କଟକ-୨, ପ୍ରକାଶ କାଳ, ୧୯୮୬।

୧୮୧) ଶତପଥୀ, ନିତ୍ୟାନନ୍ଦ, ସବୁଜରୁ ସାଂପ୍ରତିକ, ଗ୍ରନ୍ଥ ମନ୍ଦିର, କଟକ-୨, ପରିମାର୍ଜିତ ପଞ୍ଚମ ସଂସ୍କରଣ, ଅଗଷ୍ଟ, ୨୦୧୧।
୧୮୨) ଶତପଥୀ, ପ୍ରତିଭା, ଉତ୍ତର ଆଧୁନିକ ଓଡ଼ିଆ କବିତା ଓ ଅନ୍ୟାନ୍ୟ ପ୍ରବନ୍ଧ, ଗ୍ରନ୍ଥ ମନ୍ଦିର, କଟକ-୨, ତୃତୀୟ ସଂସ୍କରଣ ୨୦୧୪।
୧୮୩) ଶତପଥୀ, ବିଜୟ କୁମାର, ଓଡ଼ିଆ ସାହିତ୍ୟରେ ପ୍ରଗତିବାଦୀ ଧାରା, ଓଡ଼ିଶା ବୁକ୍ ଷ୍ଟୋର, କଟକ-୨, ପ୍ରଥମ ପ୍ରକାଶ : ୧୯୯୫, ଜାନୁୟାରୀ ପହିଲା।
୧୮୪) ଷଡଙ୍ଗୀ, ନୃସିଂହ, ଫକୀର ମୋହନଙ୍କ ଗଳ୍ପଜଗତ ଶିଳ୍ପରୀତି, ଏସ୍.ବି.ପବ୍ଲିକେଶନସ୍, କଟକ-୨, ପ୍ରଥମ ପ୍ରକାଶ-୧୯୯୦।
୧୮୫) ଷଡଙ୍ଗୀ, ନୃସିଂହ, ସାହିତ୍ୟ : ଏକ ଆକଳନ, ଓଡ଼ିଶା ବୁକ୍ ଷ୍ଟୋର, କଟକ-୨, ପ୍ରଥମ ପ୍ରକାଶ, ୧୯୯୦।
୧୮୬) ସରାଫ, ଗାୟତ୍ରୀ, ନୀଳ ଜହ୍ନର ଜୁଇ, ପକ୍ଷୀଘର, ଖୋର୍ଦ୍ଧା, ପ୍ରଥମ ପ୍ରକାଶ, ୨୦୦୬।
୧୮୭) ସରାଫ, ଗାୟତ୍ରୀ, ଶ୍ରେଷ୍ଠ ଗଳ୍ପ, ଟାଇମପାସ୍, ଭୁବନେଶ୍ୱର, ପ୍ରଥମ ସଂସ୍କରଣ : ଡିସେମ୍ବର, ୨୦୧୬।
୧୮୮) ସାମନ୍ତରାୟ, ନଟବର, ଓଡ଼ିଆ ସାହିତ୍ୟର ଇତିହାସ, ପ୍ରକାଶକ-ନଟବର ସାମନ୍ତରାୟ, ବାଣୀ ଭବନ, ସାମନ୍ତରାପୁର, ଭୁବନେଶ୍ୱର-୨, ୨ୟ ସଂସ୍କରଣ-ଅକ୍ଟୋବର ୧୯୮୩।
୧୮୯) ସାମଲ, ପ୍ରୀତିଧାରା, ରମାକାନ୍ତ ରଥଙ୍କର କବିତାର ଭାଷା ଓ ରଚନା ଶୈଳୀ, ସାରସ୍ୱତ ସରଣୀର ଶାଶ୍ୱତ ସଂକେତ ବର୍ତ୍ତିକା ସାରସ୍ୱତ ସାହିତ୍ୟ ସାଂସ୍କୃତିକ ପରିଷଦ, ଦଶରଥପୁର, ଯାଜପୁର-୦୬।
୧୯୦) ସାମଲ, ବୈଷ୍ଣବ ଚରଣ, ଓଡ଼ିଆ ଗଳ୍ପ : ଉନ୍ମେଷ ଓ ଉତ୍ତରଣ, ଫ୍ରେଣ୍ଡସ୍ ପବ୍ଲିଶର୍ସ, କଟକ-୨, ପରିବର୍ଦ୍ଧିତ ଦ୍ୱିତୀୟ ସଂସ୍କରଣ : ୨୦୧୫।
୧୯୧) ସାମଲ, ବୈଷ୍ଣବ ଚରଣ, ଓଡ଼ିଆ କ୍ଷୁଦ୍ରଗଳ୍ପର ଇତିହାସ (୧ମଭାଗ), ବୁକ୍‌ସ୍ ଏଣ୍ଡ୍ ବୁକ୍‌ସ, କଟକ-୨, ପ୍ରଥମ ପ୍ରକାଶ : ଶ୍ରୀପଞ୍ଚମୀ ୧୯୯୦।
୧୯୨) ସାମଲ, ବୈଷ୍ଣବ, ଓଡ଼ିଆ କ୍ଷୁଦ୍ରଗଳ୍ପର ଇତିହାସ (୨ୟଭାଗ), ବୁକ୍‌ସ ଏଣ୍ଡ ବୁକ୍‌ସ, କଟକ-୨, ପ୍ରଥମ ପ୍ରକାଶ : ଗଣେଶ ଚତୁର୍ଥୀ, ୧୯୯୦।
୧୯୩) ସାମଲ, ବୈଷ୍ଣବ ଚରଣ, ଓଡ଼ିଆ ଗଳ୍ପ : ଗତି ଓ ପ୍ରକୃତି, ସାଥୀ ମହଲ, କଟକ-୨, ପରିବର୍ଦ୍ଧିତ ଓ ପାରିମାର୍ଜିତ ଦ୍ୱିତୀୟ ସଂସ୍କରଣ : ୧୯୯୧ ଦୋଳ ପୂର୍ଣ୍ଣିମା।
୧୯୪) ସାମଲ, ବୈଷ୍ଣବ ଚରଣ, ମାରୀଚ ମାୟା ଓ ଅନ୍ୟାନ୍ୟ ପ୍ରବନ୍ଧ, ସତ୍ୟବ୍ରତ ପ୍ରକାଶନୀ, କଟକ-୦୯, ପ୍ରଥମ ପ୍ରକାଶ, ୨୭ ଫେବୃୟାରୀ, ୨୦୧୪।

୧୯୫) ସାମଲ, ବୈଷ୍ଣବ ଚରଣ (ସଂ), ସ୍ୱାଧୀନତା ପରବର୍ତ୍ତୀ ଓଡ଼ିଆ ସାହିତ୍ୟର ଭୂମି ଓ ଭୂମିକା, ଓଡ଼ିଶା ବୁକ୍ ଷ୍ଟୋର, କଟକ-୨, ଦ୍ୱିତୀୟ ମୁଦ୍ରଣ : ୨୦୧୫।

୧୯୬) ସାମଲ, ବୈଷ୍ଣବ ଚରଣ, ସାହିତ୍ୟର ଗଠନ ରୀତି, ଫ୍ରେଣ୍ଡସ୍ ପବ୍ଲିଶର୍ସ, କଟକ-୨, ଦ୍ୱିତୀୟ ସଂସ୍କରଣ, ୨୦୧୩।

୧୯୭) ସାମଲ, ରଜକିଶୋର, ଗଞ୍ଜନାୟକ ବସନ୍ତ କୁମାର ଶତପଥୀ, ବିଜୟିନୀ ପବ୍ଲିକେଶନ୍ସ, କଟକ-୧୨, ପ୍ରଥମ ପ୍ରକାଶ : ୨୦୦୮।

୧୯୮) ସାରଳା ସାହିତ୍ୟ ସଂସଦ (ସଂ), ମହାପାତ୍ର ନୀଳମଣୀ ସାହୁ : ସୃଷ୍ଟି ମାନସ, ଓଡ଼ିଶା ବୁକ୍ ଷ୍ଟୋର, କଟକ-୨, ପ୍ରଥମ ପ୍ରକାଶ : ନଭେମ୍ବର, ୨୦୧୩।

୧୯୯) ସାରଳା ସାହିତ୍ୟ ସଂସଦ (ସଂ), ଯୁଗ ପୁରୁଷ ଫକୀର ମୋହନ, ଓଡ଼ିଶା ବୁକ୍ ଷ୍ଟୋର, କଟକ-୨, ପ୍ରଥମ ପ୍ରକାଶ, ମାଘ ସପ୍ତମୀ-୧୯୯୩।

୨୦୦) ସାହୁ, ଆଦିକନ୍ଦ, ଆଧୁନିକତା ଓ ଆଧୁନିକ ସାହିତ୍ୟ, ଅଗ୍ରଦୂତ, କଟକ-୦୨, ପ୍ରଥମ ପ୍ରକାଶ, ୨୦୧୫।

୨୦୧) ସାହୁ, ଆଦିକନ୍ଦ, କିର୍କେଗାର୍ଡ ଓ ସାହିତ୍ୟରେ ଅସ୍ତିତ୍ୱବାଦ, ଗ୍ରନ୍ଥମନ୍ଦିର, କଟକ-୨, ପ୍ରଥମ ସଂସ୍କରଣ, ଫେବୃୟାରୀ, ୨୦୦୧।

୨୦୨) ସାହୁ, ନାରାୟଣ ଓ ମାହାତୋ, ହଳଧର, ସ୍ୱାଧୀନତା ପରବର୍ତ୍ତୀ ଓଡ଼ିଆ ସାହିତ୍ୟ, ସତ୍ୟନାରାୟଣ ବୁକ୍ ଷ୍ଟୋର, କଟକ-୨, ପ୍ରଥମ ସଂସ୍କରଣ, ୨୦୧୬।

୨୦୩) ସାହୁ, ନାରାୟଣ, ଗଳ୍ପ : ସେ ଯୁଗ ଓ ଏ ଯୁଗର ଆଲୋଚନା, ସାହିତ୍ୟ ସଂଗ୍ରହ ପ୍ରକାଶନ, କଟକ-୨, ପ୍ରଥମ ସଂସ୍କରଣ, ୧୯୯୪।

୨୦୪) ସାହୁ, ନାରାୟଣ (ସଂ), ଗବେଷଣା ଅନୁବାଦ ସମ୍ପାଦନା, ସତ୍ୟନାରାୟଣ ବୁକ୍ ଷ୍ଟୋର, କଟକ-୨, ପ୍ରତମ ସଂସ୍କରଣ: ୨୦୧୮।

୨୦୫) ସାହୁ, ନୃସିଂହ ଚରଣ, ସ୍ୱାଧୀନତା ପରବର୍ତ୍ତୀ ଓଡ଼ିଆ ଉପନ୍ୟାସ, ଓଡ଼ିଶା ବୁକ୍ ଷ୍ଟୋର, ପ୍ରଥମ ସଂସ୍କରଣ, ୨୦୧୧।

୨୦୬) ସାହୁ, ବାସୁଦେବ, ଭାଷା ବିଜ୍ଞାନର ରୂପରେଖ, ଫ୍ରେଣ୍ଡସ୍ ପବ୍ଲିଶର୍ସ, କଟକ-୨, ନବମ ପୁନଃମୁଦ୍ରଣ, ୨୦୧୩।

୨୦୭) ସାହୁ, ବିଶ୍ୱନାଥ, ଶବ୍ଦ ବଗିଚା, (ମନୋଜ କୁମାର ପଂଡାଙ୍କ ଗଳ୍ପ : ଏକ ଶୈଳୀତାତ୍ତ୍ୱିକ ଅନୁଶୀଳନ) ଏଥେନା ବୁକ୍ସ୍, ଭୁବନେଶ୍ୱର, ପ୍ରଥମ ସଂସ୍କରଣ, ୨୦୧୮।

୨୦୮) ସାହୁ, ବିଷ୍ଣୁ, କାହାଣୀ ଓ କାଠଚଂପା, ବିଦ୍ୟାପୁରୀ, କଟକ-୨, ପ୍ରଥମ ପ୍ରକାଶ : ଡସେମ୍ବର, ୨୦୧୨।

୨୦୯) ସାହୁ, ବିଷ୍ଣୁ, ଜଣେ ସୁନ୍ଦରୀଙ୍କ ସଂପର୍କରେ, ଫ୍ରେଣ୍ଡସ୍, କଟକ-୨, ପ୍ରଥମ ସଂସ୍କରଣ, ୨୦୧୬।

୨୧୦) ସାହୁ, ବିଷ୍ଣୁ, ଜହ୍ନରାତିର ହୃଦୟ, ପ୍ରାଚୀ ସାହିତ୍ୟ ପ୍ରତିଷ୍ଠାନ, କଟକ-୨, ପ୍ରଥମ ସଂସ୍କରଣ, ୨୦୧୨।

୨୧୧) ସାହୁ, ବିଷ୍ଣୁ, ଦେହାଗ୍ନି, କାହାଣୀ, କଟକ-୧୩, ପ୍ରଥମ ପ୍ରକାଶ, ୨୦୧୫।

୨୧୨) ସାହୁ, ବିଷ୍ଣୁ, ଶେଷ ସନ୍ଧ୍ୟାର ସଂଗୀତ, ଓଡ଼ିଶା ବୁକ୍ ଷ୍ଟୋର, କଟକ-୨, ପ୍ରଥମ ମୁଦ୍ରଣ : ୨୦୦୮, ସରସ୍ୱତୀ ପୂଜା।

୨୧୩) ସାହୁ, ମହାପାତ୍ର, ନୀଳମଣି, ଗଳ୍ପ ସମଗ୍ର (ପ୍ରଥମ ଭାଗ), ପଶ୍ଚିମା ପବ୍ଲିକେଶନ୍ସ, ଭୁବନେଶ୍ୱର-୧, ୧ମ ପ୍ରକାଶ, ୨୦୧୧।

୨୧୪) ସାହୁ, ସରୋଜିନୀ, ତରଳି ଯାଉଥିବା ଦୁର୍ଗ, ଅଗ୍ରଦୂତ, କଟକ-୨, ପ୍ରଥମ ପ୍ରକାଶ : ୧୯୯୫।

୨୧୫) ସ୍ୱାଇଁ, ଅଜୟ, ଶ୍ରେଷ୍ଠଗଳ୍ପ, ଟାଇମ୍‌ପାସ୍, ଭୁବନେଶ୍ୱର, ପ୍ରଥମ ସଂସ୍କରଣ : ଡିସେମ୍ବର, ୨୦୧୬।

୨୧୬) ସ୍ୱାଇଁ, ରବି, ଶ୍ରେଷ୍ଠ ଗଳ୍ପ, ଟାଇମ୍‌ପାସ, ଭୁବନେଶ୍ୱର, ପ୍ରଥମ ସଂସ୍କରଣ : ମାର୍ଚ୍ଚ, ୨୦୧୬।

୨୧୭) ସିଂହ, ବିଜୟାନନ୍ଦ ଓ ସାହୁ, ନିରଞ୍ଜନ, ଶତାବ୍ଦୀର ଗଳ୍ପ ଶତକ (ଦ୍ୱିତୀୟ ସ୍ତବକ) ଓଡ଼ିଶା ବୁକ୍ ଷ୍ଟୋର, ପ୍ରଥମ ପ୍ରକାଶ,ଜାନୁୟାରୀ-୨୦୦୦।

୨୧୮) ସିଂହ, ବିଜୟାନନ୍ଦ ଓ ସାହୁ, ନରିଞ୍ଜନ (ସଂ), ଶତାବ୍ଦୀର ଗଳ୍ପ ଶତକ (ପ୍ରଥମ ସ୍ତବକ), ଓଡ଼ିଶା ବୁକ୍ ଷ୍ଟୋର, କଟକ-୨, ପ୍ରଥମ ପ୍ରକାଶ, ୧୯୯୯।

୨୧୯) ସିଂହ, ବିଜୟାନନ୍ଦ, ବୀଣାପାଣି ମହାନ୍ତିଙ୍କ ଶ୍ରେଷ୍ଠଗଳ୍ପ, ନ୍ୟାସନାଲ୍ ବୁକ୍ ଟ୍ରଷ୍ଟ, ଇଣ୍ଡିଆ, ପ୍ରଥମ ସଂସ୍କରଣ, ୨୦୧୪।

୨୨୦) ସିଂହ, ବିଜୟାନନ୍ଦ (ସଂ), ରାଜକିଶୋର ପଟ୍ଟନାୟକଙ୍କ ଶ୍ରେଷ୍ଠ ଗଳ୍ପ, ନ୍ୟାସନାଲ୍ ବୁକ୍ ଟ୍ରଷ୍ଟ, ଇଣ୍ଡିଆ, ପ୍ରକାଶ କାଳ, ୨୦୦୭।

୨୨୧) ସେନାପତି, ରବୀନ୍ଦ୍ର ମୋହନ, ଓଡ଼ିଶା ରାଜନୀତିରେ ଗଣତାନ୍ତ୍ରିକ ପରମ୍ପରା, ବିଦ୍ୟାଭାରତୀ, କଟକ-୨, ପ୍ରଥମ ପ୍ରକାଶ : ମାର୍ଚ୍ଚ, ୨୦୧୭।

୨୨୨) ଲେଙ୍କା, ଦେବ୍ରାଜ, ଗପ ମସିହା ୨୦୦୦, ଓଡ଼ିଶା ବୁକ୍ ଷ୍ଟୋର, କଟକ-୨, ପ୍ରଥମ ସଂସ୍କରଣ, ୨୦୦୦।

୨୨୩) ଲେଙ୍କା, ଶଇଳେନ୍ଦ୍ର, କଥାଶିଳ୍ପୀ ସୁରେନ୍ଦ୍ର ମହାନ୍ତି, ଓଡ଼ିଶା ସାହିତ୍ୟ ଏକାଡେମୀ, ଭୁବନେଶ୍ୱର ୧୪, ପ୍ରଥମ ପ୍ରକାଶ, ୧୯୯୭।

ସହାୟକ ଗ୍ରନ୍ଥସୂଚୀ (ଇଂରାଜୀ):

1) Abrams, M.H.and Geoffery Galt, Harpham, A Glossary of Literary Terms, CENGAGE, Printed in India Sixth Impression, 2014.
2) Abrams, M.H. and Geoffery Galt Harpham, a Hand book of Literary Terms, CENGAGE, Learning, Third India, Re-Print, 2009.
3) BALDICK, CHRIS, The Oxford Dictionary of Literary Terms, OXFORD University Press, Third Edition Published, 2008.
4) Kothari Cr, Garg Gaurav, Research Methodology methods and Techniques, New age internation (P) Limied Publishers, Third Edition, 2014.
5) MLA Hand Book for Writers of Research Papers, 7th ed., Affilliated East-West Press Pvt.Ltd. New Delhi-2009.
6) The New Encyclopaedia Britannica, Volume-09, MICROPAEDIA, Ready Reference, FOUNDED 1768, 15th Edition.
7) Waugh, Patricia, Literary Theory and Criticism, Oxford University Press, Third Impression, 2009.
8) Whitla, Willam, Teh English Hand Book A Guide to Literary Studies, Wily Blackwell A John Wiley & Sons, Ltd., Publication, Published 2010.

ଇଣ୍ଟରନେଟ୍ ଉତ୍ସ :

1) Definition of talking animal character in fiction. <https://en.wikipedia.org/wiki/talking_animals_infiction.
2) www.literary devices.net/style. <style-definition and examples of style Literary Devices>.
3) www.fredupage.Info....
4) http://thoughtcatalog.com/rania-naim/2006/02/th-7kinds-of-love-and-how-they-can-help-you-define-yours-according-to-the-ancient-greeks/.
5) http://timesofindia.indiatimes.com/life-style/relationships/love-sex/12-reasons- why-people-have-extramatital-affaris/arficleshow/47418028.cms.
6) http://youth.be/c-onZD4Kbas what is true love by Sandeep Maheswari.

ପତ୍ରପତ୍ରିକା ସୂଚୀ :

୧) ଅନୁପମ ଭାରତ (ପତ୍ର), ୧୮.୦୮.୨୦୧୭, (ସଂ) ପଣ୍ଡା, ରବୀନ୍ଦ୍ର କୁମାର ।
୨) ଆମରି ଗପ, ପୂଜା, ୨୦୦୬, ଭୁବନେଶ୍ୱର, (ସଂ) ରାୟ, ଅରବିନ୍ଦ ।

୩)	ଆମେମାନେ, ଜାନୁଆରୀ, ୧୯୯୯, ସୋର, ବାଲେଶ୍ୱର, (ସଂ) ଯାଯାବର।
୪)	ଇସ୍ତାହାର, ଜାନୁଆରୀ, ଏପ୍ରିଲ୍, ୨୦୧୦, ଭୁବନେଶ୍ୱର, (ସଂ) ଶତପଥୀ, ନିତ୍ୟାନନ୍ଦ।
୫)	କଥାକଥା କବିତା କବିତା, ପୂଜା, ୨୦୦୩, ଭୁବନେଶ୍ୱର, (ସଂ) ବେହେରା, ଅକ୍ଷୟ।
୬)	କାଦମ୍ବିନୀ, ଜୁଲାଇ, ୨୦୧୭, ସଂଖ୍ୟା, ଭୁବନେଶ୍ୱର-୨୧, (ସଂ), ସାମନ୍ତ, ଇତି।
୭)	ଝଙ୍କାର, ୩୬ଶ ବର୍ଷ-ଏକାଦଶ ସଂଖ୍ୟା, ଫେବୃୟାରୀ, ୧୯୮୬, କଟକ (ସଂ) ମହତାବ, ହରେକୃଷ୍ଣ।
୮)	ଝଙ୍କାର, ୬୦ତମ-୧୨ମ ସଂଖ୍ୟା, କଟକ, (ସଂ) ମହତାବ, ଭତୃହରୀ।
୯)	ତାରୁଣ୍ୟ, ୧ମ ସଂଖ୍ୟା, ୧୯୮୬ ମସିହା, ରାୟଗଡ଼ା (ସଂ) ପୃଷ୍ଟି, ସୁନୀଲ କୁମାର।
୧୦)	ଧ୍ୱନି ପ୍ରତିଧ୍ୱନି (ପତ୍ର), ୨ ଅଗଷ୍ଟ, ୨୦୦୧, ବାଲେଶ୍ୱର, (ସଂ) ପରିଡା, ସୃଷ୍ଟିଧର।
୧୧)	ଧ୍ୱନି ପ୍ରତିଧ୍ୱନି (ପତ୍ର), ୪ଜୁନ୍,୨୦୦୬ ରବିବାର (ସାପ୍ତାହିକ ପତ୍ରଚୟନ), (ସଂ) ପରିଡା, ସୃଷ୍ଟିଧର।
୧୨)	ଧ୍ୱନି ପ୍ରତିଧ୍ୱନି (ପତ୍ର), ୯ ଅଗଷ୍ଟ, ୨୦୦୧, ବାଲେଶ୍ୱର, (ସଂ) ପରିଡା, ସୃଷ୍ଟିଧର।
୧୩)	ଧ୍ୱନି ପ୍ରତିଧ୍ୱନି (ପତ୍ର), ମେ ୨୦୦୬ ରବିବାର (ସାପ୍ତାହିକ କୋଡପତ୍ର ଚୟନ), (ସଂ) ପରିଡା, ସୃଷ୍ଟିଧର।
୧୪)	ଧ୍ୱନି ପ୍ରତିଧ୍ୱନି (ପତ୍ର), ୨୮ ମେ, ୨୦୦୬, ରବିବାର) (ସାପ୍ତାହିକ କୋଡପତ୍ର ଚୟନ), (ସଂ) ପରିଡା, ସୃଷ୍ଟିଧର।
୧୫)	ନବଲିପି, ଜୁଲାଇ, ୧୯୯୦, ବିଦ୍ୟାପୁର, କଟକ (ସାହିତ୍ୟ ସଂସ୍କୃତି)।
୧୬)	ନବଲିପି, ଶାରଦୀୟ ବିଶେଷାଙ୍କ, ୨୦୧୮, ଭୁବନେଶ୍ୱର, (ମୁଖ୍ୟ ସମ୍ପାଦକ) ତ୍ରିପାଠୀ, ନୃସିଂହ।
୧୭)	ପ୍ରଜାତନ୍ତ୍ର (ପତ୍ର), ୨୮.୦୯.୧୯୯୭, ରବିବାର, କଟକ (ସଂ) ମହତାବ, ଭତୃହରି।
୧୮)	ପ୍ରତିବେଶୀ, ବର୍ଷ-୩୬, ସଂଖ୍ୟା-୧, ଅକ୍ଟୋବର-ଡିସେମ୍ବର, ୨୦୦୮ (ସଂ), ବାରିକ, ପିତାମ୍ବର।

୧୯) ବିଶେଷ ଖବର (ପତ୍ର), ୦୯.୦୫.୧୯୯୦ ମସିହା, ଭଦ୍ରକ (ସଂ)ନାୟକ ବର୍ମା, ଭଗବାନ।
୨୦) ମଲ୍ଲିକା, ଶାରଦୀୟ ୨୦୧୧, କଲିକତା, (ସଂ) ପଣ୍ଡା, ସୁଶାନ୍ତ କୁମାର।
୨୧) ଶଙ୍ଖବେଳ, ୨୦୦୬ ମସିହା, ସୋର, ବାଲେଶ୍ୱର, (ସଂ) ମହାପାତ୍ର, ଚନ୍ଦ୍ରମୋହନ।
୨୨) ସଚିତ୍ର, ବିଜୟା, ଜାନୁୟାରୀ, ୨୦୦୬, ଭୁବନେଶ୍ୱର, (ସଂ) ପୃଷ୍ଟି, ସୁନୀଲ୍ କୁମାର।
୨୩) ସହକାର, ମକର ସଂଖ୍ୟା, ଜାନୁୟାରୀ, ୨୦୧୭, (ମୁଖ୍ୟ ସମ୍ପାଦକ) ସାମଲ, ବୈଷ୍ଣବ ଚରଣ।
୨୪) ସୃଜନୀ, ପୂଜା, ୨୦୦୩, କୋଲକତା, (ସଂ) ଶ୍ଳୋକ, ହରିହର।
୨୫) ସୃଷ୍ଟି ଓ ସମୀକ୍ଷା (କ୍ଷୁଦ୍ରଗଳ୍ପ ବିଶେଷାଙ୍କ), ୨୦୧୦-୧୧, ଓଡ଼ିଆ ସାହିତ୍ୟ ସମାଜ, ଖ୍ରୀଷ୍ଟ ମହାବିଦ୍ୟାଳୟ, କଟକ (ସଂ), ଷଡଙ୍ଗୀ, କୃତ୍ତିବାସ।
୨୬) ସ୍ମରଣିକା, ଅଷ୍ଟାଦଶକୋତ୍ତର ଓଡ଼ିଆ କ୍ଷୁଦ୍ର ଗଳ୍ପରେ ସ୍ଥିତିବାଦୀ ଚେତନାର ସ୍ୱର, ବିଶ୍ୱ ବିଦ୍ୟାଳୟ ଅନୁଦାନ ଆୟୋଗ ଆନୁକୂଲ୍ୟରେ ଆୟୋଜିତ ଜାତୀୟ ସ୍ତରୀୟ ସଂପାନ ତା. ୨୭ ଓ ୨୮ ଜାନୁୟାରୀ, ୨୦୧୨, ଓଡ଼ିଆ ଭାଷା ଓ ସାହିତ୍ୟ ବିଭାଗ, ଦୀନକୃଷ୍ଣ ମହାବିଦ୍ୟାଳୟ, ଥାନସିମୁଳିଆ, କଳେଶ୍ୱର, ବାଲେଶ୍ୱର, ୮୪ (ସଂ) ଦାସ, ରାନୁ ଚରଣ।
୨୭) ସଂବର୍ଦ୍ଧକ, ତୃତୀୟ ସଂଖ୍ୟା, ମେ, ୧୯୮୩, (ସଂ) ମହାନ୍ତି, ଜଗଦୀଶ।

ପରିଶିଷ୍ଟ

(APPENDIX)

ଗାଳ୍ପିକ ରଜନୀକାନ୍ତ ମହାନ୍ତିଙ୍କ ସହ ମୋର ସୌଜନ୍ୟ ମୂଳକ ଏକ ସାକ୍ଷାତକାର

୧) ଆପଣଙ୍କ ବଂଶ ପରିଚୟ ସଂପର୍କରେ ସଂକ୍ଷିପ୍ତରେ ମତ ରଖିବେ ।

ଉତ୍ତର : ପ୍ରାୟ ୨୦୦ ବର୍ଷ ତଳେ ବାଲେଶ୍ୱର ଜିଲ୍ଲା ସୋର (ସଂପ୍ରତି ମୁନିସିପାଲିଟି) ଅନ୍ତର୍ଗତ ବାର୍‌ହାପୁର ଗ୍ରାମରୁ ସ୍ଥାନାଭାବରୁ ଛତ୍ରପତି ମହାନ୍ତି ନିକଟବର୍ତ୍ତୀ ଗ୍ରାମ କ୍ଷୀରକୋଣୀରେ ଜମି ଖରିଦକରି ବସବାସ କଲେ । ସେ ସାହିଟିର ନାଁ ଏବେବି ଖର୍ଦ୍ଦସାହି । ଛତ୍ରପତି ମହାନ୍ତିଙ୍କ ତିନିପୁତ୍ରଙ୍କ ମଧ୍ୟରୁ ଜ୍ୟେଷ୍ଟପୁତ୍ର ପରମାନନ୍ଦଙ୍କ ବଂଶଧର ହେଉଛି ଏଇ ଲେଖକ । ବାରାପୁରର ମୁରଲୀଧର ଠାକୁର ଏବେବି ଆମର କୂଳଦେବତା ରୂପେ ଆରାଧ୍ୟ ଓ ପୂଜା ପାଉଛନ୍ତି ।

ବଂଶାବଳୀ

ଛତ୍ରପତି ମହାନ୍ତି

ପରମାନନ୍ଦ

ସୁବଳାନନ୍ଦ

ଗୌରହରି

ଦୁର୍ଗାଚରଣ

ଭୁବନାନନ୍ଦ

ବିଶ୍ୱନାଥ

ରଜନୀକାନ୍ତ | ଅବନୀକାନ୍ତ | ନବିନୀକାନ୍ତ | ଅଶ୍ୱିନୀକୁମାର

୨) ଜନ୍ମଦାତ୍ରୀ ତଥା ଲାଳନ ପାଳନକର୍ତ୍ତା ଆପଣଙ୍କର ମାତା ପିତାଙ୍କ ସଂପର୍କରେ କିଛି ଆଦର୍ଶ ଓ ମୂଲ୍ୟବୋଧର କଥା କହିବେ ।

ଉତ୍ତର : ମାଆ ସ୍ୱର୍ଣ୍ଣଲତା ମହାନ୍ତି ଓ ବାପା ବିଶ୍ୱନାଥ ମହାନ୍ତିଙ୍କ ଜୀବନଚର୍ଯ୍ୟା, ଆଦର୍ଶ ଓ ମୂଲ୍ୟବୋଧ ହିଁ ମୋତେ ଗଢ଼ିଛି । ମାଆ ହେଉଛନ୍ତି କବି ଓ ଶିଳ୍ପୀ ଏବଂ ବାପା ହେଉଛନ୍ତି ଜଣେ ଆଦର୍ଶ ଶିକ୍ଷକ । ରୋଷେଇ ଶିଖିବତ, ପିଠାପଣା ଶିଖିବତ, ଫୁଲ ଓ ବାଲିରେ ଆର୍ଟ ଶିଖିବତ ସୁନିମାଁ (ମୁକ୍ତ ଏଇ ନାଁରେ ମାଆ ପରିଚିତ) ପାଖକୁ ଯାଅ । ଗାଁରେ ଝିଅ, ବୋହୂଙ୍କୁ ମାଆ ଓ ଶାଶୁମାନେ ପରାମର୍ଶ ଦେଉଥିଲେ । ଏଇଥିରୁ ମାଆଙ୍କ ବ୍ୟକ୍ତିତ୍ୱ ଓ କଳାନିପୁଣତାର ପରିଚୟ ମିଳେ । ବିବାହ ଗୀତି ଓ କବିତା ଲେଖୁଥିଲେ । ତାଙ୍କର ଏକ କବିତା ସଂକଳନ 'କାଂଶ ବାଂଶର ଗୀତ' ପ୍ରକାଶିତ ହୋଇଛି ।

ବାପା ବିଶ୍ୱନାଥ ମହାନ୍ତି ସୋର ଅଞ୍ଚଳରେ 'ବିଶୁ ମାଷ୍ଟର' ଭାବେ ପରିଚିତ । ଛାତ୍ରବତ୍ସଳ ଆଦର୍ଶ ଶିକ୍ଷକ ଭାବରେ ତାଙ୍କର ସୁନାମ ରହିଛି । ସମୟାନୁବର୍ତ୍ତିତା ତାଙ୍କର ଏକ ମହତ ଗୁଣ । ସ୍କୁଲରେ ସର୍ବପ୍ରଥମେ ସେ ହିଁ ପହଞ୍ଚୁ ଥିଲେ । ସେ ଖୁବ୍ ଡେଂଗା ଥିଲେ ଏବଂ ଚାଲି ଚାଲି ଯାଉଥିଲେ କେଦାରପୁର, ବାଣିସିଆ ଭଳି ଦୂର ସ୍ଥାନକୁ । କବିବର ରାଧାନାଥ ରାୟଙ୍କ ଦ୍ୱାରା ପ୍ରତିଷ୍ଠିତ କେଦାରପୁର ପ୍ରାଇମେରୀ ସ୍କୁଲରେ ୧୮ ବର୍ଷ ଶିକ୍ଷକତା କରିଥିଲେ । ରାଧାନାଥ ରାୟଙ୍କ ପୁତୁରା ଗିରିଶ ରାୟ ବାପାଙ୍କ ବଳିଷ୍ଠ ବଂଧୁ ଥିଲେ ଏବଂ ସେ ପରିବାର ସହ ବାପାଙ୍କର ବେଶ୍ ପରିଚୟ ଥିଲା । ତାଙ୍କ ପୁତ୍ର ଦିବେନ୍ଦୁ ମୋର ସହପାଠୀ ଥିଲା । ରାଧାନାଥ ରାୟଙ୍କ ଗୃହରେ ରହି ପଢ଼ିବାର ସୁଯୋଗ ମୋତେ ମିଳିଥିଲା ।

ଦାନବୀର ଉପେନ୍ଦ୍ରନାଥ ପ୍ରଧାନ ବାପାଙ୍କୁ ବାଣିସିଆ ସ୍କୁଲକୁ ବଦଳି କରି ନେଇ ଯାଇଥିଲେ ।

ବାପା ଭଲ ଅଭିନେତା ଥିଲେ ଏବଂ ଗାଁରେ ଗୋଟେ ଯାତ୍ରାଦଳ ଗଢ଼ିଥିଲେ ତାଙ୍କର ବଂଧୁ ନାଟ୍ୟାଚାର୍ଯ୍ୟ ରଘୁନାଥ ପଣ୍ଡାଙ୍କ ପ୍ରେରଣାରେ । ଗାଁରେ ନିଜସ୍ୱ ଲାଇବ୍ରେରୀଟିଏ କରିଥିଲେ, ମାଆଙ୍କ ସହଯୋଗରେ । ରବୀନ୍ଦ୍ରନାଥ ଟାଗୋରଙ୍କ 'ଗୀତାଞ୍ଜଳି'ର ମିନି ପକେଟବୁକ୍ ସଂସ୍କରଣ ଆମର ଥିଲା । ମୁଁ ପିଲାବେଳେ ପଢ଼ିଥିଲି ।

ସୋରକୁ ଯେତେବେଳେ ଜବାହାରଲାଲ ନେହେରୁ ଆସିଥିଲେ ବାପା ମୋତେ ସାଂଗରେ ନେଇ ଯାଇଥିଲେ ଏବଂ ହଜାର ହଜାର ଲୋକଙ୍କ ଗହଳି ଭିତରେ ମୁଁ ବେଶ୍ ଭଲ ଭାବରେ ତାଙ୍କୁ ଦେଖି ପାରିଥିଲି ।

ଆମ ଗାଁର ପ୍ରଫେସର ହରେଶ ମହାନ୍ତି (ପ୍ରସିଦ୍ଧ ଉପନ୍ୟାସକାର ଗୋପୀନାଥ ମହାନ୍ତିଙ୍କ ସମୁଦି)ଙ୍କ ପରେ ମୁଁ ସ୍କଲାରସିପ ପାଇଥିଲି । ପ୍ରଥମଥର ସ୍କଲାରସିପ ଅର୍ଥ ମୁଁ ବାପାଙ୍କୁ ଦେଲି । ସେ ମାଆଙ୍କ ସହ ପରାମର୍ଶ କଲେ ଏବଂ ତତ୍‌କ୍ଷଣାତ୍ ମୋତେ ସାଂଗରେ ନେଇଗଲେ ପାଖ ଗାଁ ଏକ୍‌ସାୟାକୁ । ସେଠି ଜଣେ ବଢ଼େଇ କାଠରେ ଚେୟାର, ଟେବୁଲ ତିଆରି କରି

ବିକ୍ରୟ କରୁଥିଲେ । ବାପା ତାଙ୍କ ପାଖରୁ ଗୋଟେ ଟେବୁଲ, ଗୋଟେ ଚେୟାର କିଣିଲେ, ମୁଣ୍ଡରେ ଟେବୁଲକୁ ରଖିଲେ, ତା' ଉପରେ ଚେୟାର ରଖିଲେ। ଆସିଲେ ଘରକୁ। ଏକଥା ଭୁଲିହେବକି ? ଆଗରୁ ମୁଁ ଅଖା ବା ସପ ପାରି ତା' ଉପରେ ବସି ପଢୁଥିଲି। ସେଦିନଠୁଁ ମୁଁ ଚେୟାରରେ ବସି ପଢ଼ିଲି ।

ସତ୍ୟାନନ୍ଦ ହାଇସ୍କୁଲ, ସୋରରେ ପଢ଼ିଲାବେଳେ ସ୍କୁଲ ମେଗାଜିନ 'ସୁରଭି'ରେ ଲେଖାଟିଏ ପ୍ରକାଶ ପାଇଁ ମୁଁ ମାଆଙ୍କୁ ଲେଖାଟିଏ ଲେଖିବାକୁ କହିଲାରୁ ସେ କହିଲେ "ଅନ୍ୟର ଲେଖା ନିଜ ନାଁରେ ପ୍ରକାଶକରି କେହି କେବେ ଲେଖକ ହୋଇନାହିଁ । ଯଦିବା ଅନ୍ୟଲେଖା ନିଜ ନାଁରେ ପ୍ରକାଶ କରି ଅନ୍ୟଆଗରେ ବାହାବା ନେଉ, ପରବର୍ତ୍ତୀ ସମୟରେ ତାହା ଗୋଟେ ଆତ୍ମଗ୍ଲାନିରେ ପରିଣତ ହେବ ।" ଯାକହି ସେ ଲେଖା ଦେବାକୁ ମୋତେ ମନାକଲେ । ସେଇଠି ହିଁ ମୋ ମନରେ ନିଜେ ଲେଖିବାର ଏକ ସକରାତ୍ମକ ଦୃଷ୍ଟିଭଂଗୀ ସୃଷ୍ଟି ହୋଇଥିଲା ।

ଏଇଭଳି ବାପା, ମାଆଙ୍କର ମୂଲ୍ୟବୋଧ ଓ ଦୃଷ୍ଟିଭଙ୍ଗୀ ମୋ ଉପରେ ପ୍ରଭାବ ପକାଇଥିଲା, ମୋର ସୃଜନଶୀଳତାକୁ ଜାଗରିତ କରିଥିବ ନିଃସନ୍ଦେହ ।

୩) ବାଲ୍ୟଶିକ୍ଷା ଠାରୁ ଆରମ୍ଭ କରି ଉଚ୍ଚ ଶିକ୍ଷାନୁଷ୍ଠାନରେ ନାମ, ଅନୁଷ୍ଠାନରେ କଟାଇଥିବା ସମୟ (ମସିହା) କ୍ରମାନ୍ୱୟରେ ଉପସ୍ଥାପନ କରିବେ । ଉକ୍ତ ଶିକ୍ଷାନୁଷ୍ଠାନରେ ଆପଣଙ୍କର ସ୍ଥିତି ତଥା ବନ୍ଧୁ, ଗୁରୁମାନଙ୍କ ଦ୍ୱାରା ପ୍ରଭାବିତ ହେଲାଭଳି କିଛି ସ୍ମୃତି ଆପଣଙ୍କ ପାଖରେ ନିହିତ ଅଛି କି ? ଯଦି ହଁ ତାହେଲେ ସେହି ସ୍ମୃତି ଗୁଡ଼ିକୁ ନିଶ୍ଚୟ କହିବେ ।

ଉତ୍ତର : କେଦାରପୁର ପ୍ରାଇମେରୀ ସ୍କୁଲରେ ୩ୟ ଶ୍ରେଣୀ ପରୀକ୍ଷାଦେଇ ଉତ୍ତୀର୍ଣ୍ଣ ହେଲା ପରେ ସତ୍ୟାନନ୍ଦ ହାଇସ୍କୁଲର ୪ର୍ଥ ଶ୍ରେଣୀରେ ନାଁ ଲେଖାଇଲି ଏବଂ ୧୯୬୭ ମସିହାରେ ମ୍ୟାଟ୍ରିକ ପାସକଲି । ଉପେନ୍ଦ୍ରନାଥ ମହାବିଦ୍ୟାଳୟ ସୋରରେ ଗୋଟେ ବର୍ଷ ପି.ୟୁ. ପଢ଼ିଲି । ଏଭଳି ଶିକ୍ଷାର ଗୁଣାତ୍ମକ ଅସାରତା ମୋତେ ଶିକ୍ଷାଠୁଁ ଦୂରେଇଦେଲା ଏବଂ କୌଣସି ଏକ ସେବା କାର୍ଯ୍ୟ ପାଇଁ ମୁଁ ସବୁବେଳେ ବ୍ୟାକୁଳ ରହୁଥିଲି । ମୁଁ ହାରାହାରି ଜୀବନଯାପନ କରିବା ପାଇଁ ଜନ୍ମ ନେଇଛି ବୋଲି କେବେବି ଭାବୁ ନଥିଲି । ମୋ ଦ୍ୱାରା କିଛି ସ୍ୱତନ୍ତ୍ର କାର୍ଯ୍ୟ ହେବ ବୋଲି ମୋର ସବୁବେଳେ ଏକ ଉପଲବ୍ଧି ରହିଆସିଥିଲା । ସେଇ ପରିପ୍ରେକ୍ଷୀରେ, ସେଇ ଦୃଷ୍ଟିଭଂଗୀର ତରାଜୁରେ ପାଠ ପଢ଼ିବା ଓ ଚାକିରି କରିବା ପ୍ରସଂଗମାନ ଖୁବ୍ ଗୌଣ ଦିଶୁଥିଲା, ଗୁରୁତ୍ୱହୀନ ମନେ ହେଉଥିଲା । ମୁଁ ସବୁବେଳେ କିଛି ଗୋଟେ ଖୋଜୁଥିଲି । (ଏ ପ୍ରସଙ୍ଗରେ ଅନ୍ୟ ଅନେକ ଅନୁଭୂତି ଜଡ଼ିତ ରହିଛି । ଯଥା 'ଏଗାର' ବର୍ଷ ବୟସରେ ଅଷ୍ଟାଦଶ ପୁରାଣ ପଢ଼ି ଶେଷ କରିବା, ଗାଁ ଶେଷ ମୁଣ୍ଡରେ କାଂଶବାଂଶ ନଈ ଧାର କଡ଼ରେ ଥିବା ମୂଷା ସାଆନ୍ତ ବରଗଛ ମୂଳରେ ବସି ଧ୍ୟାନସ୍ଥ ହେବା ପ୍ରଭୃତି) ଅଦୃଶ୍ୟ

ବ୍ୟକ୍ତିର ଇଂଗୀତରେ ସୁଯୋଗଟିଏ ଅନୁପ୍ରେରିତ ହୋଇ ଆସିଲା । ବିକଳାଙ୍ଗ କୁଷ୍ଠରୋଗୀଙ୍କ ସେବା ପାଇଁ ଆଜୀବନ ନିୟୋଜିତ ହୋଇ ରହିଲି । ୧୯୬୭ ମସିହାରେ ସତ୍ୟାନନ୍ଦ ହାଇସ୍କୁଲ ସୋରରେ ହାଇସ୍କୁଲ ପରୀକ୍ଷାରେ ଉତ୍ତୀର୍ଣ୍ଣ ହୋଇ ପ୍ରିୟୁନିଭରସିଟି ୧୯୬୭-୬୮ ଶିକ୍ଷାବର୍ଷରେ ଉପେନ୍ଦ୍ରନାଥ କଲେଜ ସୋରରେ ନାମ ଲେଖାଇଲି ।

ଗଞ୍ଜାମ ଜିଲ୍ଲା ହିଂଜିଳିକାଟୁରେ କାର୍ଯ୍ୟକରିବା ସମୟରେ ବନ୍ଧୁମାନଙ୍କ ପ୍ରେରଣାରେ ୧୯୭୫ ବ୍ରହ୍ମପୁର ୟୁନିଭରସିଟି ଅନୁସାରେ +୨ ପରୀକ୍ଷା ଦେଇ ଉତ୍ତୀର୍ଣ୍ଣ ହୋଇଥିଲି । ମୋ ସ୍ତ୍ରୀ ଶକୁନ୍ତଳାକୁ ଖୁସି କରିବାକୁ ଯାଇ ବି.ଏ (ଉତ୍କଳ ବିଶ୍ୱବିଦ୍ୟାଳୟ) ୧୯୯୨ ମସିହାରେ ଓ ଏମ୍.ଏ (ଇଂରାଜୀ) ଉତ୍କଳ ବିଶ୍ୱବିଦ୍ୟାଳୟରେ ୨୦୦୯ ମସିହାରେ ପାସକଲି । ଯେ ପାଠ ପଢ଼ିବାଦ୍ୱାରା ମୋର କୌଣସି ଜାଗତିକ ବା ଆର୍ଥିକ ଆହରଣ ହୋଇନାହିଁ । ପଢ଼ିବାଟା ଉଦ୍ଦେଶ୍ୟ ସଂଗତ ନଥିଲା । ମୋ ପରିବାର ଓ ବନ୍ଧୁମାନଙ୍କୁ ଖୁସି ଓ ଆନନ୍ଦ ଦେଇଛି । ମୋତେ ଦେଇଛି ସାହିତ୍ୟର ବହୁ ଚାରିତ୍ରିକ ଉପଲବ୍ଧିମାନ ।

ସତ୍ୟାନନ୍ଦ ହାଇସ୍କୁଲ ସୋରରେ ମୁଁ ସବୁ ଶିକ୍ଷକଙ୍କର ପ୍ରିୟଛାତ୍ର ଥିଲି, ଫୁଟବଲ ଖେଳାଳୀ ଓ ଲାଜକୁଳା ସ୍ୱଭାବର, ଚିନ୍ତନ ଓ ଅନ୍ତର୍ଭେଦୀ ପ୍ରକୃତିର ଛାତ୍ର ଭାବେ । ମହେନ୍ଦ୍ର ସାରଙ୍କ ଇଂରାଜୀ ଉଚ୍ଚାରଣ, ରଘୁନାଥ (ମହାନ୍ତି) ସାରଙ୍କର ସମାଜସେବା ମନୋଭାବ, ନାରାୟଣ (ମହାପାତ୍ର) ସାରଙ୍କର ଜ୍ଞାନ, ଦେବେନ୍ଦ୍ର ସାରଙ୍କର ସମୟାନୁବର୍ତ୍ତିତା ମୋତେ ପ୍ରଭାବିତ କରିଥିଲା । ଉପେନ୍ଦ୍ରନାଥ ମହାବିଦ୍ୟାଳୟ ସୋରରେ ପଢ଼ିଲା ବେଳେ ମହୀରଞ୍ଜନ ସାର, ଧରଣୀଧର ସାର, ଗୌରାଙ୍ଗ ସାର, ଅଜିତ୍ ସାରଙ୍କ ଜ୍ଞାନର ପ୍ରଭାବକୁ ଅସ୍ୱୀକାର କରିହେବ ନାହିଁ । ସପ୍ତମ ଶ୍ରେଣୀରେ ସ୍କଲାରସିପ୍ ପରୀକ୍ଷା ଦେଇସାରିଲାପରେ ପ୍ରଚୁର ସମୟ ମିଳିଥିଲା । ଏ ସମୟରେ ମୁଁ ଅଷ୍ଟାଦଶ ପୁରାଣ, ଅମର କୁମର, ଅନ୍ୟ ସଂହିତା ସମେତ ଅନେକ ବହି ପଢ଼ିଲି । ଦିନ ଦିନ ରାତିରାତି ପଢ଼ିଲି । ଏପରିକି ଶୋଇବା ସମୟରେ ଗାଉଥିଲି ଓ ପଢୁଥିଲି । କିଛି ବହି ପଢ଼ିବା ପାଇଁ ମୁଁ ପାଖ ଗାଁକୁ ଯାଇ ତାଙ୍କ ଘରେ ବସି ପଢ଼ିକରି ଆସିଚି, ଏମିତି ନିଶା । ମୋର ଏଇ ପୁରାଣ ପଢ଼ିବା ନିଶା ବାପା ଓ ମା'ଙ୍କୁ ଆଚମ୍ବିତ କଲା । ତା'ର ଅନ୍ୟଏକ କାରଣ ରହିଛି । ମୋର ଜନ୍ମପରେ ଆମ ଘରକୁ ଆସିଥିବା ଜଣେ ସାଧୁଙ୍କୁ ମୋତେ ଦେଖାଇ ଭବିଷ୍ୟତ କଥା ପଚାରିଲେ ମୋ ଜେଜେ । ସାଧୁ ଜଣକ ମୋତେ ଦେଖିସାରି ମନ୍ତବ୍ୟ କରିଥିଲେ- ଏ ପିଲାର ଭାଗ୍ୟରେ ପଚସ୍ତରୀ ଶତକଡ଼ା ସନ୍ନ୍ୟାସ ଯୋଗ ଓ ପଚିଶି ଶତକଡ଼ା ସଂସାର ଯୋଗ ରହିଛି । ଯଦିବା ସେ ସଂସାରୀ ହୋଇ ରହେ ସେ ପଦ୍ମପତ୍ରରେ ବା ସାରୁ ପତ୍ରରେ ଜଳଭଳି ରହିବ । ମହତ କାର୍ଯ୍ୟରେ ନାଁ କରିବ । ଏଥିପାଇଁ ବାପାମା'ଙ୍କ ମନରେ ସବୁବେଳେ ଗୋଟିଏ ଆଶଙ୍କା ରହିଥାଏ, କାଳେ ବଡ଼ପୁଅ ଘରଛାଡ଼ି ସନ୍ନ୍ୟାସ ହୋଇଯିବ କି ? ମୋର ରାତି ଦିନ ପୁରାଣ ପଢ଼ାକୁ ଲକ୍ଷ୍ୟକରି ବାପା ମାଆଙ୍କ ମନରେ ସେଇ ସଙ୍କା ଆହୁରି ଘନିଭୂତ ହେଲା । ସତ୍ୟାନନ୍ଦ

ହାଇସ୍କୁଲର ଦେବସାର (ଦେବେନ୍ଦ୍ର ମହାନ୍ତି) ବାପାଙ୍କର ବନ୍ଧୁ ଥିଲେ । ତାଙ୍କୁ ବାପା ଏ ବିଷୟ କହିଲେ । ଅଷ୍ଟମ ଶ୍ରେଣୀ କ୍ଲାସ ଆରମ୍ଭର ପ୍ରଥମ ଦିନ ଦେବସାର ପ୍ରଥମ ପରିୟଡ୍‌ରେ କ୍ଲାସ ରୁମ୍‌କୁ ଆସିଲେ କ୍ଲାସ୍ ଟିଚର ଭାବରେ । ଉପସ୍ଥାନ ନେଇ ସାରିଲାପରେ ମୁଁ ବସିଥିବା ବେଞ୍ଚ ଆଡ଼କୁ ଲକ୍ଷ୍ୟକରି କହିଲେ, "'ସନ୍ନ୍ୟାସୀ', ଏଠିକି ଆସ ।" ଆମେ ସବୁ ପରସ୍ପରକୁ ଅନେଇଲୁ । ଏଠି ସନ୍ନ୍ୟାସୀ ନାମଧରୀ ଛାତ୍ର କିଏ ଆସିଲା ? ଉଚ୍ଚତାରେ ମୁଁ ସାନ ଥିବାରୁ ଆଗ ଧାଡ଼ିରେ ବସୁଥିଲି । ମୁଁ ପଛକୁ ଅନାଇଲି । କାଳେ କିଏ ସନ୍ନ୍ୟାସୀ ନାମଧାରୀ ନୂଆଛାତ୍ର ଆସି ଯୋଗ ଦେଇଥିବେ । କିନ୍ତୁ ଦେବସାର ମୋ ଆଡ଼କୁ ଅଙ୍ଗୁଳି ଦେଖାଇ କହିଲେ ତୁମକୁ ଡାକୁଛି ଆସ । ମୁଁ ଦୋଦୋ ପାଞ୍ଚ ହୋଇ ତାଙ୍କ ପାଖକୁ ଗଲି । ସେ ପଚାରିଲେ, ଏତେ ବଡ଼ ଛୁଟିଟେ ମିଳିଲା, କ'ଣ କଲ ? ସବୁ ପୁରାଣ ମୁଁ ପଢ଼ି ଦେଲି, ମୁଁ କହିଲି ।

ତା' ବଦଳରେ ସ୍କୁଲ ପାଠ ପଢ଼ିଥିଲେ ଲାଭ ହୋଇଥାନ୍ତା । ଆଉ ସେ ପୁରାଣ ପଢ଼ିବନି । ସେ ବିଷୟ ସବୁ ପଢ଼ିବାର ସମୟ ତୁମର ଆସିନି, ହେଲା । କହିଲେ ସାର, ମୁଁ ଆସି ମୋ ସିଟ୍‌ରେ ବସିଲି । ତା' ପରଠୁଁ କେତେକ ସାଙ୍ଗମାନେ "ସନ୍ନ୍ୟାସୀ" ବୋଲି ଡାକିଲେ, କିଛି ଦିନ ପାଇଁ ।

ଉପେନ୍ଦ୍ରନାଥ କଲେଜ ସୋରରେ ପଢ଼ିଲା ବେଳେ, ବନ୍ୟାସମୟରେ, ଉତ୍ତର ବାଲେଶ୍ୱରରେ ରିଲିଫ୍ ବାଣ୍ଟିବାକୁ ଯାଇ ଗୋଟିଏ ଡଙ୍ଗାରୁ ମୁଁ ନଈକୁ ଖସି ପଡ଼ିଥିଲି ଏବଂ ପ୍ରସାନ୍ତ ମହାନ୍ତି ମୋତେ ଉଠାଇ ଆଣିଥିଲେ । ଏ ସବୁ ସ୍ମୃତି ସଦା ସଜଳ ଓ ପ୍ରେରଣା ଉଦ୍ରେକକାରୀ ।

୪) ଆପଣଙ୍କର ହେତୁ ହେବାଦିନରୁ ଏପରି କିଛି ଘଟଣା ଆପଣଙ୍କ ସଙ୍ଗେ ଘଟିଛି କି ? ଯାହା ଆଜିପର୍ଯ୍ୟନ୍ତ ଆପଣଙ୍କ ସ୍ମୃତିପଟ୍ଟରେ ଦୁଃଖ କିମ୍ବା ସୁଖ ହୋଇ ଲିପିବଦ୍ଧ ଅଛି। ତାହା ଆପଣଙ୍କ ସାହିତ୍ୟ ସର୍ଜନରେ ସ୍ଥାନ ପାଇଛି କି ପାଇନାହିଁ ? ଯଦି ପାଇଛି ତାହେଲେ କେଉଁଠି ଓ କିପରି ?

ଉତ୍ତର : ଏମିତି ଘଟଣା ଅନେକ । ପ୍ରେମ, ବିପ୍ଳବ, ବିଦ୍ରୋହ, ଛୁରାମାଡ଼ର ଭୟ, ଆତ୍ମଗୋପନ, ରାହାଜାନୀର ଶିକାର, ମିଡ଼ିଆରେ ଅପମାନ କରିବାର ଚକ୍ରାନ୍ତର ବାସ୍ତବତା, ତାହାସବୁ ଅନେକ ଆଦିଭୌତିକ ଓ ଆଧ୍ୟାତ୍ମିକ ଅନୁଭବର କଥା ରହିଛି । ତାହା ସବୁ ଗୋଟିଏ ଗୋଟିଏ ଉପନ୍ୟାସ ହେବ । ତେବେ କାଂଶବାଂଶ ନଈକୂଳରେ ମୂଷା ସାଆନ୍ତ ବରଗଛ ତଳେ ତପସ୍ୟାରତ ହୋଇ ମା'ଙ୍କୁ ଧବଳ ବସ୍ତ୍ର ପରିହିତା ବୀଣାପାଣି ସରସ୍ୱତୀ ରୂପରେ ଦେଖିବା, ଗୁହାରିଆ ସାହିକୁ ଯିବାପାଇଁ ଆଖୁବାଡ଼ି ଭିତରେ ପଶି ସଂଜଛୁଆଁ ସହରରେ ବିଶାଳ ଶରୀର ନିର୍ଦ୍ଦେଶରେ ଆଖୁବଣ ଭିତରୁ ନିରାପଦରେ ଫେରିବା, ୧୯୯୯ ମହାବାତ୍ୟା ପରେ ପରେ ଭଦ୍ରକରୁ ସୋର ଯିବା ବେଳେ ପାଣି ସୁଅରେ ପଶି ପଶି ଗଲାବେଳେ ହଠାତ ଛାତି ଯନ୍ତ୍ରଣାରେ ପଡ଼ି ଯାଉଁ ଯାଉଁ ତତକାଳ ଅତି ନିକଟରେ ଏକ ଘାସକୁଦ ଆବିଷ୍କାର କରି

ଆଶ୍ଚର୍ଯ୍ୟ ହୋଇ ତା' ଉପରେ ବିଶ୍ରାମ ନେବାର ଘଟଣାମାନ ମୋ ଜୀବନକୁ ପୁଷ୍କଳ କରିଛି । କେତେବେଳେ ଅନୁଭୂତି ମୋ ପାଇଁ ସୁରଭି ଆଣିଛି ତ କେତେବେଳେ ଆଣିଛି ଦଂଶନ ଓ ଚାବୁକର ଛାଟ ପ୍ରାୟ କର୍ଷଣ । ସବୁକୁ ମୁଁ ସମାନ ମାନ୍ୟପ୍ରଦାନ କରିଛି । ଉଦାସରେ ମ୍ରିୟମାଣ ହୋଇ ନାହିଁ କି ଲୋଭ ଜର୍ଜର ହୋଇ ନାହିଁ ।

'ସାକ୍ଷୀ ସାରଳା, ସାକ୍ଷୀ ଫକୀର ମୋହନ...', 'ବୃକ୍ଷରୂପୀ', 'ବୃଦ୍ଧ' 'ବହ୍ନି ପୁରୁଷ' ଗଳ୍ପ ଓ 'ମେଘବର୍ଣ୍ଣା' ଉପନ୍ୟାସରେ ଯେ କେହି ମୋତେ ଭେଟିପାରିବେ । ଏମିତି ତ ପ୍ରତ୍ୟେକ ଗଳ୍ପ / ଉପନ୍ୟାସ / କବିତାରେ ଲେଖକ / କବିଙ୍କ ସ୍ପର୍ଶକୁ ଅନୁଭବ କରିପାରିବ ଯେକୌଣସି ସମାଲୋଚକ ।

୫) ଦୀର୍ଘ ଜୀବନର ଚଲାପଥରେ ଆଦର୍ଶଭାବେ ଆପଣଙ୍କ ହୃଦୟ କାହାକୁ ଗ୍ରହଣ କରିଛି ? ତାଙ୍କ ସଂପର୍କରେ କିଛି ବକ୍ତବ୍ୟ ରଖିବେ । ଯଦି ଆପଣ କାହାରିକୁ ଆଦର୍ଶ ଭାବେ ଗ୍ରହଣ କରିନାହାନ୍ତି ତାହେଲେ କାହିଁକି ?

ଉତ୍ତର : ପ୍ରଥମରୁ କହିରଖେ, ମୁଁ ଜଣେ ବିଦ୍ରୋହୀ । ନିଜ ଜୀବନରେ ମୁଁ ଶଗଡ଼ଗୁଳାରେ କେବେ ବି ଚାଲି ନାହିଁ । ଜୀବନକୁ ନେଇ ମୋର ଦୃଷ୍ଟିଭଂଗୀ ହେଉଛି 'ଯେ ରାସ୍ତା ନୁହେଁ ଅନ୍ୟ ରାସ୍ତା' । ସାହିତ୍ୟରେ ବି ସେୟା । ପତ୍ରାକାରରେ ମନୋଜ ଦାସ ମୋତେ ଲେଖିଥିଲେ, ତା'ର ମର୍ମ ହେଉଛି ସ୍ୱାଭାବିକ ଭାବରେ ଆପଣ ନ ଲେଖି ଭିନ୍ନବାଗ ଓ ଭାବରେ ଲେଖିଥିବାରୁ ଅଧିକ ଯନ୍ତ୍ରଣା ପାଇଛନ୍ତି (pains of creativity) । ସ୍ୱର୍ଗମୟ ଅସନ୍ତୋଷ, ଜିଜ୍ଞାସା, ଅନ୍ୟକିଛି ହିଁ ମୋର ସଂପଦ । ତାହା ଜିରୋ ହୋଇପାରେ । ମନ ତୋହର ନିଜଗୁରୁ, ଉଦ୍ଧବ କେତେ ତୁ ପଚାରୁ – ଏହାକୁ ମୁଁ ମୋର ଆଦର୍ଶ ବୋଲି ଭାବିଛି । ଯା ସତ୍ତ୍ୱେ କେହି ଯଦି ପ୍ରଶ୍ନକରେ, ଆପଣଙ୍କ ମନଛଡ଼ା ଦ୍ୱିତୀୟ ସ୍ଥାନରେ କାହାକୁ ରଖିବେ ? ମୁଁ ବୁଦ୍ଧଙ୍କୁ ହିଁ ରଖିବି । ଗୌତମ ବୁଦ୍ଧ । କାରଣ ମୁଁ ତାଙ୍କୁ ଗ୍ରହଣ କରେ ଓ ବିରୋଧ ବି କରେ । ସଂଘମ ଶରଣମ୍ ଗଚ୍ଛାମି : ଅପରକୁ ଯୋଡ଼ିବା ପଣ ଅଛି। ଜୀବନର ମାଧ୍ୟମ ପଂଥା ଅନୁସରଣ : ତାହେଲେ ଘର ଛାଡ଼ିଲେ କାହିଁକି ? ଅନ୍ୟାର୍ଥରେ ଗୃହତ୍ୟାଗ କରିଥିଲେ, ସିଦ୍ଧିପ୍ରାପ୍ତ ହେଉ ନ ଥିଲେ ଯେ ନିଷ୍ପତି ଏକ ଅଲୌକିକ ବଳୟର ରୂପ ନେଇ ନ ଥାଆନ୍ତା । ତୃତୀୟ ସ୍ଥାନରେ ମାର୍କ୍ସଙ୍କୁ ରଖିବି । ସମ୍ପତ୍ତି (ବସ୍ତୁତଃ) ଯେଉଁ ଶକ୍ତି ସୃଷ୍ଟିକରେ, ତାହା ଅନ୍ୟକୁ ଭୟଭୀତ କରେ । ତେଣୁ ତା'ର ସୁଷମବଣ୍ଟନ ଏକ ଭୟହୀନ, ଉପଦ୍ରବହୀନ, କଷଣହୀନ ଜୀବନର ଆସ୍ଥା ପ୍ରଦାନ କରେ । ଏଇ ବିନ୍ଦୁରେ ହିଁ ମାର୍କ୍ସବାଦ ଓ ଅସ୍ତିତ୍ୱବାଦର ମିଳନ ଘଟିଚି ।

ଚତୁର୍ଥରେ ଆଦିଶଂକର । ଯିଏ ଭାରତୀୟ ଏକତ୍ୱ ଓ ଆଧ୍ୟାତ୍ମିକତାରେ ସୃଷ୍ଟି ସହ ମାୟାବାଦର ପ୍ରଚାର ଦ୍ୱାରା ଜୀବନକୁ ମହନୀୟ କରିବା ପ୍ରେରଣା ଦେଇଛନ୍ତି। ପଞ୍ଚମ ସ୍ଥାନରେ ରହିବେ ଗାନ୍ଧୀ । ଉଜ୍ଜ୍ୱଳ ଓ ଆଲୋକିତ ଜୀବନପାଇଁ ସତ୍ୟ ଓ ଅହିଂସାର ମାର୍ଗ ହିଁ

ପ୍ରକୃତ ଓ ପ୍ରକୃଷ୍ଟ ମାର୍ଗ । ବ୍ୟକ୍ତି ଜୀବନ, ପାରିବାରିକ ଜୀବନ ଓ ସମାଜ ଜୀବନ ପାଇଁ ଏ ମାର୍ଗ ଖୁଣ୍ଟ ସଦୃଶ । ଏସବୁ ସତ୍ତ୍ୱେ 'ମନ ତୋହର ନିଜଗୁରୁ' ମୋର ଆଦର୍ଶ । କାରଣ ମନକୁ ସ୍ୱଚ୍ଛ ଓ ସରଳ କରିବା ପାଇଁ ଏହାହିଁ କ୍ଷେତ୍ର ଦର୍ଶନ ।

୬) ଆପଣଙ୍କ କର୍ମମୟ ଜୀବନ ପ୍ରଥମେ କେଉଁଠୁଁ ଏବଂ କିପରି ଆରମ୍ଭ ହୋଇଥିଲା ? କାର୍ଯ୍ୟାନୁଷ୍ଠାନରେ ଯୋଗଦେବା ଦିନରୁ ଅବସରପ୍ରାପ୍ତ ସମୟଖଣ୍ଡ ମଧ୍ୟରେ ଆପଣ ସ୍ଥାନାନ୍ତରିତ ବା ବଦଳି ହୋଇଥିବା ସ୍ଥାନର ନାମ, ବଦଳି ହେବା ମସିହା ତଥା କର୍ମମୟ ଜୀବନର କିଛି ଅନୁଭୂତି କହିବେ ?

ଉତ୍ତର : କର୍ମମୟ ଜୀବନ ଆରମ୍ଭ ହୋଇଥିଲା 'ଡେନିସ୍ ସେଭ ଦି ଚିଲଡ୍ରେନ ଅର୍ଗାନାଇଜେସନ୍'ରୁ । କୁଷ୍ଠ ନିବାରଣ ସଂସ୍ଥା, ଆସ୍କା (ଗଂଜାମ)ରେ କୁଷ୍ଠ ସେବକ ଭାବରେ । ଏହା ଏକ W.H.O ସହ ମିଳିତ ଆର୍ନ୍ତଜାତୀୟ ସେବା ସଂଗଠନ । ଏହାର ମୁଖ୍ୟଥିଲେ ଜଣେ W.H.O. Leprologist ବା ବିଶ୍ୱ ସ୍ୱାସ୍ଥ୍ୟ ସଂଗଠନର ଜଣେ କୁଷ୍ଠରୋଗ ବିଷାରଦ । ସ୍ୱତଃପ୍ରବୃତ୍ତ ଭାବେ ମୁଁ ଏଇ କୁଷ୍ଠରୋଗୀ ସେବା ସଂସ୍ଥାରେ ଯୋଗଦେଇ ଏହାକୁ ଈଶ୍ୱରଙ୍କର ଆର୍ଶୀବାଦ ମଣିଥିଲି । ୧୯୬୯ ମସିହାରେ ମୁଁ ଯୋଗଦେଲି । ଏହି ସମୟରେ କୁଷ୍ଠରୋଗୀର ଛାଇ ଛୁଇଁବାକୁ ଲୋକେ ଭୟ ଓ ଘୃଣା କରୁଥିଲେ । ମୁଁ ସେସବୁକୁ ଖାତିର ନକରି ବିକଳାଙ୍ଗ କୁଷ୍ଠରୋଗୀଙ୍କୁ ବାହୁରେ ଉଠାଇ ନେଉଥିଲି । ଏହା ସେତେବେଳେ ଚାକିରି ହିଁ ନ ଥିଲା । ଥିଲା ମୋର ସେବା । ଯେଉଁମାନେ ସେବା ମନୋଭାବର ନୁହଁନ୍ତି ସେମାନଙ୍କୁ ସଂସ୍ଥା ଗ୍ରହଣ କରୁନଥିଲା ।

୧୯୬୯-୭୨ - ଡେନିସ୍ ସେଭ୍ ଦି ଚିଲଡ୍ରେନ ଅର୍ଗାନାଇଜେସନ ଲେପ୍ରୋସି କଣ୍ଟ୍ରୋଲ ପ୍ରୋଜେକ୍ଟ, ଆସ୍କା, ପୋଗିରୀ (ଆନ୍ଧ୍ରପ୍ରଦେଶ), ବ୍ରହ୍ମପୁର

୧୯୭୨-୧୯୭୬ - ହିଂଜିଳିକାଟୁ

୧୯୭୬-୧୯୭୭ - ସୁକିନ୍ଦା, ଯାଜପୁର

୧୯୭୭-୧୯୮୩ - ଯାଜପୁର ଟାଉନ ଏବଂ ୧୯୮୬-୮୫

୧୯୮୩-୧୯୮୭ - ଭଦ୍ରକ ଏବଂ ୧୯୯୫-୨୦୦୮ ଆନନ୍ଦପୁର ।

କର୍ମମୟ ଜୀବନର ଅନୁଭୂତି ବି ଅଜସ୍ର ଓ ଦୀର୍ଘ । କୁଷ୍ଠ ସେବକ ଭାବରେ ଯୋଗ ଦେଇଥିଲେ ବି ମୋର କାର୍ଯ୍ୟଥିଲା ବିଦେଶୀ ଓ ବିଦେଶିନୀମାନଙ୍କର ଇଂରାଜୀ ବକ୍ତୃତା ଓ ଭାଷଣକୁ ଓଡ଼ିଆରେ ଅନୁବାଦ କରି କହିବା । ସ୍କୁଲ, କଲେଜ ଆଦି ଅନୁଷ୍ଠାନ ମାନଙ୍କରେ ସଭାସମିତି କରି ଲୋକଙ୍କୁ ସଚେତନ କରାଇବା। ପରାମର୍ଶ ସମୟରେ ସେବକ ଭାବରେ ନିଯୁକ୍ତ ହୋଇ ବିକଳାଙ୍ଗ ରୋଗୀଙ୍କ ସେବାକଲି । ୧୯୭୨ରେ ଡେନିସ ସେଣ୍ଟର ଚାଲିଯିବା ପରେ ଉତ୍ପନ୍ନ ପରିସ୍ଥିତିକୁ ସମ୍ଭାଳିବା ପାଇଁ 'କୁଷ୍ଠ ସେବକ ସଂଘ' ଗଠନ କରାଗଲା ଏବଂ ମୋତେ ସଭାପତି କରି ଦିଆଗଲା ।

୧୯୭୨ରେ ସରକାରଙ୍କ ଅଧିନକୁ ଆସିଲାପରେ ମୁଁ ରାଜ୍ୟ କୁଷ୍ଠ ସେବକ ସଂଘର ସଭାପତି ଭାବରେ ନିର୍ବାଚିତ ହେଲି । ଉଭୟ କୁଷ୍ଠରୋଗୀ ଓ ସେବକମାନଙ୍କ ହିତପାଇଁ କାର୍ଯ୍ୟ କରିଥିଲି । ସେ ସବୁତ ଗୋଟିଏ ଗୋଟିଏ ପୁସ୍ତକ ହେବ, ଏଠି ବଖାଣିବା ସମ୍ଭବ ହେଉ ନାହିଁ ।

ସାରାରାଜ୍ୟରେ କୁଷ୍ଠ ବିକଳାଙ୍ଗମାନଙ୍କର ଚିକିତ୍ସା ଓ ସେବା ପ୍ରଦାନ ପାଇଁ ରାଜ୍ୟସ୍ତରୀୟ ରିସୋର୍ସ ପର୍ସନ୍ ମଣ୍ଡଳୀ ଗଠନ ହେଲା । ସେଥିରେ ମୁଁ ଜଣେ ସଦସ୍ୟ ଥିଲି ।

ଡେନିସ୍ ସେଣ୍ଟରରେ କର୍ମ କରୁଥିବା ସମୟରେ ମୁଁ ସେବକ ଭାବରେ ପ୍ରଥମ ସ୍ଥାନ ଅଧିକାର କରିଥିବା ସେବକ । ପରେ ପରେ ରାଜ୍ୟ ସରକାରଙ୍କ ସର୍ଭେରେ ମୋର ସ୍ଥାନ ଥିଲା ପ୍ରଥମ । ବିକଳାଙ୍ଗ ରୋଗୀର ସହାୟକ ପୁସ୍ତିକାକୁ ମୁଁ ହିଁ Draft କରିଥିଲି ।

DANLEP ସଂସ୍ଥା ରାଜ୍ୟର କୁଷ୍ଠ ଚିକିତ୍ସାର ଦାୟିତ୍ୱ ନେବାପରେ ମୋତେ ମନୋନିତ କରିଥିଲେ ଡେନମାର୍କ ଯିବାପାଇଁ। କିନ୍ତୁ, କୁଟନୀତିର ବଳୟ ଭିତରେ ସେ ପ୍ରସ୍ତାବ ଉଭାନ ହୋଇଗଲା । ୨୦୦୪ରେ ମୋତେ ଓଡ଼ିଶା ସରକାର ଶ୍ରେଷ୍ଠ ସେବକ ଭାବରେ ପୁରସ୍କୃତ କରିବା ପାଇଁ ଆପାତଃ ସ୍ଥିର କରିଥିଲେ । କିନ୍ତୁ ସେହି ବର୍ଷ ଓଡ଼ିଆ ସାହିତ୍ୟ ଏକାଡେମୀ ମୋତେ ଗଳ୍ପ ପୁସ୍ତକପାଇଁ ପୁରସ୍କାର ପ୍ରଦାନ କରିବାକୁ ନିଷ୍ପତ୍ତି ହେଲାରୁ ମୋତେ ଶ୍ରେଷ୍ଠ ସେବକ ପୁରସ୍କାର ଦିଆଗଲା ନାହିଁ । ମୋଟାମୋଟି କହିବାକୁ ଗଲେ (ଆତ୍ମ-ପ୍ରସଂଶା ନିନ୍ଦନୀୟ ବୋଲି ଜାଣିସୁଦ୍ଧା ଲେଖୁଛି, କାରଣ ଏକଥା ଆଉ କେହି କେବେବି ଲେଖିବେ ନାହିଁ) ମୋର ଚାକିରି ଅନ୍ୟମାନଙ୍କ ଭଳି ଏକ ରୋଜଗାରଧର୍ମୀ ଚାକିରି ଭଳି ନଥିଲା । କୁଷ୍ଠରୋଗୀଙ୍କ ସେବାରେ ମୋର ଜୀବନ ଉତ୍ସର୍ଗୀକୃତ ଥିଲା । ଏହା ସ୍ୱାସ୍ଥ୍ୟ ବିଭାଗର ମାଟି, ପାଣି, ପବନ କହିବ ।

୭) ଆପଣଙ୍କ ସାହିତ୍ୟ ସର୍ଜନ କ୍ଷେତ୍ରରେ ଆପଣଙ୍କ ଧର୍ମପତ୍ନୀଙ୍କର କିଛି ଅବଦାନ ଅଛି କି ନାହିଁ? ଯଦି ହଁ ତାହେଲେ କେଉଁଭଳି ? ପରମ୍ପରା, ସଂସ୍କାରକୁ ନେଇ ଆପଣଙ୍କ ପ୍ରତି ତଥା ପରିବାର ପ୍ରତି ତାଙ୍କର ନିଷ୍ଠା କେଉଁଭଳି । ଏତଦ୍ ବ୍ୟତିତ ଆପଣଙ୍କ ସନ୍ତାନମାନଙ୍କର ପରିଚୟ ନିଶ୍ଚିତ ଦେବେ ?

ଉତ୍ତର : ଧର୍ମପତ୍ନୀଙ୍କ ଅବଦାନ ଅତୁଳନୀୟ । ସେ ସଂସାର ସଂଭାଳି ନଥିଲେ ମୋ ଭଳି ଅର୍ଦ୍ଧେକ ସଂସାରୀ ଅର୍ଦ୍ଧେକ ଫକୀର ପକ୍ଷେ ସାହିତ୍ୟ ସୃଜନ ସଂଭବ ହୋଇ ନଥାନ୍ତା । ମୋର ଅର୍ଦ୍ଧେକ ଗଳ୍ପର ସେ ପ୍ରଥମ ପାଠକ । ଅନେକ ଗଳ୍ପ ବି ତାଙ୍କର ବଖାଣିଥିବା କାହାଣୀର ସ୍କେଚ । 'ଅକାଳ', 'ଆବିଷ୍କାର', 'ସମୁଦ୍ର' ଗଳ୍ପଗୁଡ଼ିକ ତାଙ୍କ ବର୍ଣ୍ଣିତ ଘଟଣା । ମୋର ପୂର୍ଣ୍ଣାଙ୍ଗ ପ୍ରକାଶିତ ଗଳ୍ପ 'ଶତୁରା' ମୋ ବିବାହ ପରେ ହିଁ ଲେଖାଯାଇଛି । କେବେ କେବେ ଅନ୍ୟକୌଣସି କର୍ମରେ ମଜି ରହିଥିଲେ, ସେ ମନେ ପକାଇ ଦିଅନ୍ତି ଖାତା, କଲମ ଡାକିଲାଣି ଆସ । କେବେ କେବେ ଲେଖାପଢ଼ା କାର୍ଯ୍ୟ କରୁ କରୁ ରାତି ୧:୩୦, ୨:୦୦ଟା ହୋଇଗଲେ

ସେ ଖାତାଗୁଡ଼ିକୁ ନେଇଯାଇ ଶୋଇପଡ଼ିବାକୁ କୁହନ୍ତି । ସେ ଦୃଷ୍ଟିରୁ ସେ ଦାୟିତ୍ୱବାନ୍ । ଝିଅ ଡାକ୍ତର (ହୋମିଓପାଥି), ବଡ଼ ପୁଅ ଇଂଜିନିୟର (B.Tech), ସାନପୁଅ M.B.A ଏମାନେ ନିଜ ନିଜ କ୍ଷେତ୍ରରେ ପ୍ରତିଷ୍ଠିତ ।

୮) ନିଜକୁ କୁଷ୍ଠରୋଗୀମାନଙ୍କ ସେବାରେ କାହିଁକି ସମ୍ପୂର୍ଣ୍ଣ ନିଯୋଗ କରିଦେଲେ ? ଆପଣ ଜଣେ ସୁଦକ୍ଷ ତଥା ଜ୍ଞାନୀ ମଣିଷ ଥିଲେ । ଶିକ୍ଷା ମଧ୍ୟ ଗ୍ରହଣ କରିଥିଲେ । ଚାହିଁଥିଲେ ସରକାରୀ ଚାକିରି କରିପାରିଥାନ୍ତେ । ଚାକିରି କରି ମଧ୍ୟ କୁଷ୍ଠରୋଗୀମାନଙ୍କୁ ସେବା କରିପାରିଥାନ୍ତେ । ଏ ସମ୍ପର୍କରେ କିଛି ବକ୍ତବ୍ୟ ରଖିବେ ।

ଉତ୍ତର : ଯାହାର ଜନ୍ମ ଯେଉଁଥିପାଇଁ (ଏହା ବିଜ୍ଞାନ ସମ୍ମତ) ସେ, ସେ ଆଡ଼କୁ ଢ଼ଳିବ । ଏବେ ମୁଁ ଭାବୁଛି, ମୁଁ ଯଦି କୁଷ୍ଠରୋଗୀଙ୍କ ସେବା କରି ନଥାନ୍ତି, ବ୍ରତ ବୋଲି ଗ୍ରହଣ କରି ନଥାନ୍ତି, ମୋ ଜୀବନର ଏକ ବଡ଼ ଅବସୋସ ରହିଯାଇଥାନ୍ତା । ସମାଜରେ, ସଂସାରରେ ସବୁଠୁ ବେଶୀ ପୀଡ଼ିତ, ଅସହାୟ ଦୁଃଖି ମଣିଷର ମୁଁ ସେବା କରିଛି, ସହାୟ ହୋଇଛି, ଯାଠୁ ବଳି ସନ୍ତୋଷ ଆଉ କ'ଣ ହେଇପାରିଥାନ୍ତା । ହଁ, ବ୍ୟାଙ୍କ ଚାକିରି, ଶିକ୍ଷକ ଚାକିରି ଆସିଛି, ତା'ସହ ପ୍ରଶ୍ନଟେ ବି ଆସିଛି । କିଛି ଅଧିକ ପଇସା ପାଇଁ ସେ ସେବାବ୍ରତକୁ ତୁମେ ଛାଡ଼ିଦେବ ? ସେତେବେଳେ ମୁଁ ଦୃଢ଼ ହୋଇଛି । ଏକ ଉତ୍ସାହିତ ପ୍ରେରଣା ମୋତେ ଉତ୍ତର ଦେଇଛି- ଯେଉଁ କାର୍ଯ୍ୟ ତୁମେ କରିଚାଲିଛ, ତାହା ହିଁ ତୁମର ଧର୍ମ, ସେଇଥି ପାଇଁ ହିଁ ତୁମେ ଅନୁପ୍ରେରିତ । ନା, ଯେ ସବୁ ମୋର ଐନ୍ଦ୍ରଜାଲିକ ଉପସ୍ଥାପନ ନୁହେଁ । ଏହା ସତ୍ୟ ।

କୁଷ୍ଠରୋଗୀମାନଙ୍କୁ ସମାଜର ମୂଳ ସ୍ରୋତକୁ ଫେରାଇ ଆଣିବା ପାଇଁ, ସେମାନଙ୍କ ପାରିବାରିକ ଜୀବନ ଓ ଉତ୍ସାହ ଦେବାପାଇଁ ଗଂଜାମ, ଯାଜପୁର ଓ ଭଦ୍ରକରେ ରୋଗୀମାନଙ୍କ ଦ୍ୱାରା ସଂଘ ପ୍ରତିଷ୍ଠା କରିବାରେ ସହାୟକ ହୋଇଛି ଏବଂ କିଛି ମାତ୍ରାରେ ସଫଳ ମଧ୍ୟ ହୋଇଛି ।

କୁଷ୍ଠରୋଗୀଙ୍କ ଜୀବନକୁ ନେଇ ମୋର ଦୁଇଟି ଗପ ଓ ଗୋଟେ ଉପନ୍ୟାସ ରହିଛି । ଲେଖିଥିଲେ ତ ଆହୁରି ଅନେକ ଗପ ହେବ, ସେମାନଙ୍କର ଜୀବନଯାତ୍ରାର ଚିତ୍ର ।

ନା, ଅନ୍ୟ ଚାକିରି କରି କୁଷ୍ଠରୋଗୀଙ୍କ ସେବା କରିବା ସଂଭବ ନୁହେଁ । ତାହା ଛଳନାତ୍ମକ ବା ସମବେଦନାଶ୍ରୟୀ ହୋଇଥାଆନ୍ତା, ଉତ୍ସର୍ଗୀକୃତ ହୋଇ ଥାଆନ୍ତା କି ? ଚାକିରି ଅଲଗା ଓ ସେବା ଅଲଗା, ଏହା ଅନାତ୍ମୀୟତା । ମୂଳକଥା ହେଲା ଅର୍ଥକ୍ଷମତା ଓ ବସ୍ତୁବାଦୀ ପ୍ରଗତି ପ୍ରତି ମୋର ତିଳାର୍ଦ୍ଧେ ଅନୁରକ୍ତି ରହିଲା ନାହିଁ । କାହିଁକି ରହିଲା ନାହିଁ ତା' ଉତ୍ତର କିଏ କହିବ ।

୯) ଆପଣଙ୍କ କର୍ମମୟ ଜୀବନର ସଂପୂର୍ଣ୍ଣ ସମୟ କୁଷ୍ଠରୋଗୀ ସେବାରେ କଟିଛି । ତତ୍‌ଜନୀତ ଅନୁଭୂତି ତଥା ସମକାଳୀନ ଓଡ଼ିଶାର ସ୍ୱାସ୍ଥ୍ୟବ୍ୟବସ୍ଥା ସଂପର୍କରେ କିଛି ବିବରଣୀ ରଖିବେ ।

ଉତ୍ତର : କୁଷ୍ଠରୋଗୀଙ୍କ ସେବା କେବଳ ଏକ ରୋଗୀ ସେବା ହିଁ ନୁହେଁ । ଅଂଧବିଶ୍ୱାସ, ଘୃଣା, ଭୟ, ପାରଂପାରିକ ଦୃଷ୍ଟିଭଂଗୀ ବିରୁଦ୍ଧରେ କୁଷ୍ଠ ସେବକଙ୍କୁ ଲଢ଼ିବାକୁ ପଡ଼େ । ପୂର୍ବ ଜନ୍ମର ଅଭିଶାପ, ପାପରୁ ଏହା ହୁଏ ବୋଲି ଧାରଣା ଲୋକଙ୍କର ବଦ୍ଧମୂଳ ଥିଲା । ଏହା ଏକ ସାମାଜିକବ୍ୟାଧି । କୁଷ୍ଠରୋଗୀ ଜଣେ ନିର୍ବାଚନ ଲଢ଼ିପାରିବ ନାହିଁ, ଅର୍ଥାତ୍ ତାକୁ ନାଗରିକ ଅଧିକାରରୁ ବି ବଂଚିତ କରାଯାଉଥିଲା । ଏଇ ଖୁବ୍ ନିକଟରେ ମାନ୍ୟବର ସୁପ୍ରିମକୋର୍ଟ ସେ ଆଇନକୁ ନାକଚ କରିଛନ୍ତି ମାତ୍ର ।

ଯେ ରୋଗର ବଡ଼ ସମସ୍ୟା ହେଲା, ରୋଗୀ ନିଜେ ହିଁ ନିଜକୁ ଘୃଣାକରେ । ସେ କ୍ଷେତ୍ରରେ ରୋଗୀକୁ କିପରି ସାହାଯ୍ୟ କରାଯାଇ ପାରିବ । ପ୍ରଥମ କାର୍ଯ୍ୟହେଲା ନୈରାଶ୍ୟରୁ ଆଶାବାଦ ଆଡ଼କୁ ରୋଗୀକୁ ମୁହାଁଇ ନେବାକୁ ପଡ଼ିବ । ଯିଏ ପ୍ରକୃତ ନିଷ୍ଠାପର ସେବକ ସେତ ରୋଗୀର ବାପା, ମା, ବଂଧୁ ହୋଇଯାଏ ।

ଶାଂବ କୁଷ୍ଠରୋଗରୁ ମୁକ୍ତି ପାଇବା ପାଇଁ ଅର୍କତୀର୍ଥ କୋଣାର୍କରେ ସୂର୍ଯ୍ୟପୂଜା କରିଥିଲେ । ପୁରାଣମାନଙ୍କରେ ଅନେକ କାହାଣୀ ଏଇ କୁଷ୍ଠରୋଗୀକୁ ନେଇ ଦେଖିବାକୁ ମିଳେ ।

କୋଣାର୍କ ସହ କୁଷ୍ଠରୋଗ ଜଡ଼ିତ । ଓଡ଼ିଶାର ଶ୍ରେଷ୍ଠ ଐତିହ୍ୟ । ଆମ ରାଜ୍ୟର ଜାତୀୟ ସଂଗୀତର କବି କାନ୍ତକବି ଲକ୍ଷ୍ମୀକାନ୍ତ, କବି ଦୀନକୃଷ୍ଣ ଓ ଅନ୍ୟ ଅନେକ ଏହି ରୋଗରେ ପିଡ଼ିତ ଥିଲେ । ଜଣେ କୁଷ୍ଠରୋଗୀ ବୋଲି ଚିହ୍ନିତ ହୋଇଗଲେ ସେ ଚିରକାଳ ନିଜକୁ ରୋଗୀ ବୋଲି ଭାବୁଥାଏ । ଏହା ହିଁ ସାଇକୋଲୋଜି । ଯଦିଓ ସେ ଔଷଧ ସେବନ କରି ରୋଗ ମୁକ୍ତ ହୋଇସାରିଥାଏ । ତଥାପି ବି ଲେପ୍ରୋସିଆରୁ ସେ ମୁକ୍ତ ହୁଏ ନାହିଁ । ଏହା ହିଁ ବାସ୍ତବତା । ଜଣେ ରୋଗମୁକ୍ତ କୁଷ୍ଠରୋଗୀ ସହ ଜଣେ କୁଷ୍ଠରୋଗ ବିଶେଷଜ୍ଞଙ୍କର ବ୍ୟବହାର ମଧ୍ୟ ସ୍ୱାଭାବିକ ନୁହେଁ, ଏବେବି ଏହା ଏକ ମନସ୍ତାତ୍ତ୍ୱିକ ସମସ୍ୟା ।

ଗୁରୁତ୍ୱପୂର୍ଣ୍ଣ ବିଷୟ / ଘଟଣା, ସାଧାରଣ ମଣିଷ ହାରାହାରି ଆୟୁଷ ଠାରୁ ବିକଳାଙ୍ଗ କୁଷ୍ଠରୋଗୀର ହାରାହାରି ଆୟୁଷ ଅଧିକ । ଏହା ଏଯାଏଁ ରହସ୍ୟ ମୟ ହୋଇ ରହିଛି । କୁଷ୍ଠରୋଗ ସମସ୍ୟା ନୁହେଁ, କୁଷ୍ଠରୋଗୀ ହିଁ ସମସ୍ୟା ।

ହଁ, ବିଂଶ ଶତାବ୍ଦୀର ସ୍ୱାସ୍ଥ୍ୟ ଓ ଚିକିତ୍ସା ବ୍ୟାବସ୍ଥାରେ ଏତକ ଲେଖିଲେ ଯଥେଷ୍ଟ ହେବ ଯେ, ରୋଗୀ ଓ ଚିକିତ୍ସକଙ୍କ ମଧ୍ୟରେ ସଂପର୍କ ଥିଲା । ବିଶ୍ୱାସ ଓ ନିର୍ଭରଶୀଳତାର ସଂପର୍କ । ଏବେ ଏକବିଂଶ ଶତାବ୍ଦୀରେ ରୋଗୀ ଓ ଚିକିତ୍ସକଙ୍କ ସଂପର୍କ ହୋଇଛି ଲଜିକାଲ ଓ ସନ୍ଦେହାବୃତ୍ତର ସଂପର୍କ । କିଣା ବିକାର ସଂପର୍କ । ଚିକିତ୍ସା କିଣିବା । ଯାର ବ୍ୟତିକ୍ରମ ମଧ୍ୟ ଅଛି ।

୧୦) ଆପଣ ବହୁ ସାହିତ୍ୟ ସଂଗଠନ ତଥା ସାହିତ୍ୟାନୁଷ୍ଠାନ ଏବଂ ସାମାଜିକ ଅନୁଷ୍ଠାନ ସହିତ ସଂପୃକ୍ତ ଅଛନ୍ତି । ତେଣୁ ଆପଣ ଜଣେ ସାହିତ୍ୟ ସଂଗଠନର ପ୍ରତିଷ୍ଠାତା, ସଭାପତି ତଥା ବହୁ ପତ୍ରିକାର ସଂପାଦକ ଅଟନ୍ତି, ତେଣୁ ସେହି ଅନୁଷ୍ଠାନର ପ୍ରତିଷ୍ଠା ତଥା ତା'ର ଆଭିମୁଖ୍ୟ ଏବଂ ଭବିଷ୍ୟତ ସଂପର୍କରେ ମତ ରଖିବେ ।

ଉତ୍ତର : ପ୍ରତିଟି ସାହିତ୍ୟ ଅନୁଷ୍ଠାନର ନିର୍ଦ୍ଦିଷ୍ଟ ଉଦ୍ଦେଶ୍ୟ ରହିଛି । ଭିତ୍ତିକୁ ନେଇ ତାହା ପରିଚାଳିତ ହୁଏ । ତେବେ ଅଳ୍ପବହୁତେ ପ୍ରତ୍ୟେକ ସାହିତ୍ୟ ଅନୁଷ୍ଠାନ ସାହିତ୍ୟର ପୂଜା, ପ୍ରସାର ଓ ପ୍ରଚାର ହିଁ କରିଥାଏ । ପରିଚାଳକର ଦୃଷ୍ଟିଭଂଗୀ ହିଁ ଅନୁଷ୍ଠାନକୁ ରୂପ ଦେଇଥାଏ । ତେବେ ଯେଉଁ ଯେଉଁ ଅନୁଷ୍ଠାନ ସହ ମୁଁ ସଂପୃକ୍ତ ସେଗୁଡ଼ିକ ଏବେ ବି ଜୀବନ୍ତ ଅଛି ଏବଂ ଗତିଶୀଳ । ତାହା ମୋ ପାଇଁ ଆନନ୍ଦର ବିଷୟ ।

୧୧) ଆପଣଙ୍କ ସାରସ୍ୱତ ଜୀବନର ସ୍ଫୁରଣ କିଭଳି ଘଟିଥିଲା । ସେ ସଂପର୍କରେ କିଛି ସ୍ମୃତି ଓ ଅନୁଭୂତି ଉଲ୍ଲେଖ କରିବେ କି ? ଆପଣଙ୍କ ସୃଜନ ସାଧନାପାଇଁ କିଏ ଏବଂ କିଭଳି ପ୍ରେରଣାଥିଲେ ତଥା କାହାକୁ ଆପଣ ନିଜ ସାଧନାର ଆଦର୍ଶଭାବେ ଗ୍ରହଣ କରିଛନ୍ତି ଏବଂ କାହିଁକି ?

ଉତ୍ତର : ପୂର୍ବରୁ ଲେଖିଛି । ସ୍କୁଲ ମାଗାଜିନ୍ 'ସୁରଭି' ପାଇଁ ଗୋଟିଏ ଲେଖିଦେବାକୁ ମାଆଙ୍କୁ କହିଲି । ସେ ମନାକଲେ । ଅନ୍ୟର ଲେଖାନେଇ ପ୍ରକାଶ କରିହୁଏ କିନ୍ତୁ ଲେଖକ ହେଇହୁଏ ନାହିଁ । ୟା କହିଲେ । ଏଣୁ ମୁଁ ନିଜେ ଗୋଟେ 'ଧଂଦା' ଲେଖିଲି (ଏବେ ଆଉ ତାହା ଲେଖାଯାଉ ନାହିଁ) । କିନ୍ତୁ ତାହା ପ୍ରକାଶ ପାଇଁ ମନୋନିତ ହେଲା ନାହିଁ, ମୁଁ ମୋ ଲେଖା ଜାରି ରଖିଲି । ମୋର ଦୃଢ଼ ବିଶ୍ୱାସ ଜଣେ ଚେଷ୍ଟାକରି ଲେଖକ ହୋଇପାରିବ କିନ୍ତୁ ସାହିତ୍ୟିକ ହୋଇପାରିବ ନାହିଁ । ତାହା ଜନ୍ମଗତ ଗୁଣ । କିନ୍ତୁ ନିରନ୍ତର ସାଧନାର ଆବଶ୍ୟକତା ରହିଛି । ମସ୍ତିଷ୍କର ସୃଜନକୋଷର ଶକ୍ତି ଉପରେ ନିର୍ଭର କରେ ସାହିତ୍ୟିକର ବଳୟ ଓ ଦିଗ୍‌ବଳୟ । ରାଧାନାଥ ରାୟଙ୍କ ଘରେ ରହି ପଢ଼ିବାର ସୁଯୋଗ ଯେ ମୋତେ ସାହିତ୍ୟ ପାଇଁ ଅନୁପ୍ରେରିତ କରିଛି, ତାହା ନିସନ୍ଦେହ ।

ମୁଁ କାହାକୁ ସାଧନାର ଆଦର୍ଶ ଭାବେ ଗ୍ରହଣ କରିନାହିଁ । ସାହିତ୍ୟର ଐତିହାସିକ ସ୍ରୋତ ମୋତେ ଯୋଡ଼ି ରଖେ, କେବଳ ମୋତେ କାହିଁକି ଆମ ସମସ୍ତଙ୍କୁ, ଏହା ମୁଁ ସ୍ୱୀକାର କରେ । କାଳନ୍ଦୀ, ଗୋପୀନାଥ, ଅଚ୍ୟୁତାନନ୍ଦ, ଭଗବତି, ସୁରେନ୍ଦ୍ର, ମନୋଜ, ଶାନ୍ତନୁ, ବିଭୂତି, ପ୍ରତିଭା, ରାମଚନ୍ଦ୍ର, ରବି, ଜଗଦୀଶ, ପ୍ରଫୁଲ, ପଦ୍ମଜଙ୍କ କଥାସାହିତ୍ୟକୁ ଗଭୀର ନିରୀକ୍ଷଣ କରିଛି । ବେଳେ ବେଳେ ଆଶ୍ଚର୍ଯ୍ୟ ବି ହୋଇଛି । ହରେକୃଷ୍ଣ ମହାତାବ, ଗୋଦାବରୀଶ, କାହ୍ନୁଚରଣ, ବୀଣାପାଣି, ଗୋବିନ୍ଦ ଦାସ, ଦେବ୍ରାଜଙ୍କୁ ପଢ଼ି ଉତ୍ସାହିତ ହୋଇଛି । ଏ ସବୁକଥା କଥାସାହିତ୍ୟର କଥା ।

୧୨) ପ୍ରାଚ୍ୟ ଓ ପାଶ୍ଚାତ୍ୟ ସାହିତ୍ୟିକମାନଙ୍କ ମଧ୍ୟରୁ କେଉଁ କେଉଁ ସାହିତ୍ୟକଙ୍କୁ ଆପଣ ଉଚ୍ଚ ଆସନରେ ବସାଇବେ ଏବଂ କାହିଁକି ? ଆପଣଙ୍କ ସାରସ୍ୱତ ସାହିତ୍ୟ ସାଧନା କୌଣସି ସାହିତ୍ୟିକଙ୍କ ଦ୍ୱାରା ପ୍ରଭାବିତ କି ଯଦି ହଁ ତାହେଲେ କିପରି ?

ଉତ୍ତର : ମିସିମା (ଜାପାନ), ଏଲିଅଟ୍, ଚିନୁଆ ଆଚ୍‌ବେ, କାଫକା, କାମ୍ୟୁ, ସାର୍ତ୍ରେ, ସେକସ୍‌ପିଅର, ବୋଦଲେୟାର, ରିଲ୍‌କେ, ଗର୍କି, ଟଲ୍‌ଷ୍ଟୟ, ହେମିଂୱେ, ମାକ୍ୱେଜ ନୋରିସ

ଲେସିଂ, ମଣ୍ଟେ, ଜ୍ୟାକ୍ ଲଣ୍ଡନ, ଅରୁଂଧତୀ ରାୟ, ଉଇଲଅମ ଗୋଲ୍ଡିଂ, ଡେରିଦା...ପ୍ରମୁଖ ଅନେକ ଅଛନ୍ତି । ଏମାନଙ୍କର ଇଂରାଜୀ ସାହିତ୍ୟ ଗୋଟେ ଗୋଟେ ସାହିତ୍ୟର ଜନ୍ମ ଓ ସାହିତ୍ୟ ସ୍ରୋତର ବାଂକ ବୁଲାଣି ।

ଭାରତୀୟ ସାହିତ୍ୟରେ ଫକୀର ମୋହନ, ପ୍ରେମଚାନ୍ଦ, ରବୀନ୍ଦ୍ରନାଥ, ଶରତ ଚନ୍ଦ୍ର, ତାରାଶଂକର, ଗୋପୀନାଥ, କାଳିନ୍ଦୀଚରଣ, ସୁରେନ୍ଦ୍ର ମହାନ୍ତି, ମନୋଜ ଦାସ, ଶାନ୍ତନୁ ଆଚାର୍ଯ୍ୟ, ଜୀବନାନନ୍ଦ ଦାସ, ପ୍ରମୁଖ ଅନେକ ଅଛନ୍ତି । ଗୋବିନ୍ଦ ଦାସଙ୍କ 'ଅମାବାସ୍ୟାର ଚନ୍ଦ୍ର'କୁ ୫/୬ ଥର ପଢ଼ିଥିଲି । ପ୍ରତିଭା ରାୟଙ୍କ 'ଯାଜ୍ଞସେନୀ' ଉପନ୍ୟାସ ମୋର ଅନ୍ୟତମ ପ୍ରିୟ ପୁସ୍ତକ । ଭଗବତୀ ଚରଣଙ୍କ 'ଶିକାର' ଗଳ୍ପ, ଗୋଦାବରିଶ ମହାପାତ୍ରଙ୍କ 'ମାଗୁଣିର ଶଗଡ଼', 'ନୀଳ ମଷ୍ଟ୍ରାଣୀ', ଅଖିଳ ମୋହନ ପଟ୍ଟନାୟକଙ୍କ 'ଝଡ଼ର ଈଗଲ...', ଜଗଦୀଶ ମହାନ୍ତିଙ୍କ 'ମେଫିଷ୍ଟୋଫେଲିସ' କନ୍‌ହେଇଲାଲ ଦାସଙ୍କ 'କୌଣସି ବିଗ୍ରହବିହୀନ ମନ୍ଦିର ସାମ୍ନାରେ ଲରୀଟେ ଅଟକିବାର ଦୃଶ୍ୟ', ଜ୍ୟୋତି ନନ୍ଦଙ୍କ 'ପ୍ରିୟଶତ୍ରୁ' ଉପନ୍ୟାସ, ରାମଚନ୍ଦ୍ର ବେହେରାଙ୍କ 'ଗୋପପୁର' ଗଳ୍ପ ସଂକଳନ ସାହିତ୍ୟିକ ଉଚ୍ଚତାର ଦାବୀରଖେ । ଏତଦ୍‌ବ୍ୟତୀତ 'ରାମାୟଣ', 'ମହାଭାରତ', କାଳିଦାସଙ୍କ 'ମେଘଦୂତ', ଜଗନ୍ନାଥ ଦାସଙ୍କ 'ଓଡ଼ିଆ ଭାଗବତ', ବଳରାମ ଦାସଙ୍କ 'ଲକ୍ଷ୍ମୀପୁରାଣ' ଏବଂ 'ଟୀକା ଗୋବିନ୍ଦ ଚନ୍ଦ୍ର' ମଧ୍ୟ ସାହିତ୍ୟିକ ଉତ୍କର୍ଷତାର ପ୍ରମାଣ ରଖେ ମୋ ପାଇଁ । ଏତଦ୍‌ଭିନ୍ନ ଅନେକ ଅନେକ କାବ୍ୟ, କବିତା, ନାଟକ, ପ୍ରବଂଧ, ଆଲୋଚନା ମଧ୍ୟ ରହିଛି । ଯାହାକୁ ସାହିତ୍ୟିକ ଉଚ୍ଚତାର ପରାକାଷ୍ଠ କୁହାଯାଇପାରେ ।

୧୩) 'ମାଛ' ଗଳ୍ପରେ ମାଛକୁ ପ୍ରତୀକ ରୂପେ ଗ୍ରହଣ କରିବା ପଛରେ ଲୁକ୍କାୟିତ କିଛି ରହସ୍ୟ ଅଛି କି ?

ଉତ୍ତର : 'ମାଛ' ଆମ ସଭ୍ୟତାର ଆଦି ସୃଜନ । ଅର୍ଥାତ୍ ପ୍ରଥମ ସୃଷ୍ଟି ଜୀବ । ଦଶାବତାର ହେଉଛି ଡାରଉଇନ୍‌ଙ୍କ ବିବର୍ତ୍ତନ ବାଦର ପୂର୍ବବର୍ତ୍ତୀ ଜ୍ଞାନ । ଏଠାରେ ଭାରତୀୟ ବିଜ୍ଞାନ ଦର୍ଶନର ଅସ୍ତିତ୍ୱକୁ ଚିତ୍ରିତ କରିଛି 'ମାଛ' ମାଧ୍ୟମରେ । କିନ୍ତୁ ଷ୍ଟୋରୀ ଲାଇନ ନିଜକଥା କହୁଛି ।

୧୪) ଆପଣ ସାହିତ୍ୟର ବିଭିନ୍ନ ବିଭାଗ ଯଥା- ନାଟକ, କବିତା, ଗଳ୍ପ, ଉପନ୍ୟାସ, ସମାଲୋଚନାତ୍ମକ ପ୍ରବନ୍ଧ ଲେଖାରେ ଲେଖନୀମୁନ ସ୍ପର୍ଶ କରିଛନ୍ତି । ତେଣୁ ଆପଣ ସ୍ପର୍ଶ କରିଥିବା ସମସ୍ତ ବିଭାଗର ସଂଜ୍ଞା ସ୍ୱରୂପ ତଥା ଅତୀତ, ବର୍ତ୍ତମାନ ଓ ଭବିଷ୍ୟତ ସଂପର୍କରେ ମତ ରଖିବେ ।

ଉତ୍ତର : ଏ ପ୍ରଶ୍ନର ଉତ୍ତର ଗୋଟେ ପୁଷ୍ଟିକର ପୁସ୍ତକ ରଚନା ହିଁ ହେବ । ମୌଳିକତଃ ଏ ସବୁ ସାହିତ୍ୟ ସୃଜନର ନିଜସ୍ୱ ପ୍ରକାଶ ଦୃଷ୍ଟି ଗୋଟେ ଗୋଟେ ଦିଗ୍‌ବଳୟକୁ ସଂଚରେ ଓ

ସେଇ ଶୃଙ୍ଖଳାରେ ତାହା ପ୍ରକାଶ ସକ୍ଷମ ହୁଏ । ସଂଭାବନା ଅଧିକ ପରିସ୍ଫୁଟ ହୁଏ । କେଉଁଟା ଗପରେ, କେଉଁଟା କବିତାରେ, କେଉଁଟା ଉପନ୍ୟାସରେ ବା ନାଟକ ବା ପ୍ରବଂଧରେ ।

ଏପରିକି ଯେଉଁମାନେ ସାହିତ୍ୟିକ ଓ ଚିତ୍ରଶିଳ୍ପୀ ଉଭୟ, ସେମାନଙ୍କ କ୍ଷେତ୍ରରେ କେବେ କେବେ ସୃଜନୀଆତ୍ମା ସାହିତ୍ୟରୁ ଚିତ୍ରଜଗତ ଆଡ଼କୁ ଲହରେଇ ଯାଇପାରେ, ଡେଇଁ ଯାଇପାରେ ଏବଂ ତାହା ଶବ୍ଦାଶ୍ରୟୀ ନ ହୋଇ ଚିତ୍ରାଶ୍ରୟୀ ହେବାର ଦିଗନ୍ତରେ ଜନ୍ମ ଲାଭ କରେ ।

କେବେ କେବେ ଏଇ ସୃଜନ ଉଦ୍‌ଗମ କେଉଁ ଅଜଣାଲୋକ (Unknown Zone) ରୁ ଝରିଆସିଲା ବେଳେ ମଝିରାସ୍ତାରେ ଅନ୍ୟକେଉଁ ଶିଳ୍ପୀର ସଶକ୍ତ ସୃଜନ ଆକାଂକ୍ଷାର ମାଧ୍ୟମ ବା ଆଣ୍ଠିନାଦ୍ୱାରା ବାଟଭାଙ୍ଗି ଚାଲିଯାଇପାରେ ।

ଆହୁରି ମଧ୍ୟ ଉଇଁ ଆସିଥିବା ସୃଜନ ଶକ୍ତିକୁ ଧାରଣକରି ସୃଜନତାକୁ ଲିପିକ୍ଷମ ନ କଲେ ସେଇଟି ଅନ୍ୟ କୌଣସି ଶିଳ୍ପୀ/କବି (ଗାଳ୍ପିକ, ଉପନ୍ୟାସିକ)ଙ୍କ ସୃଜନ ଜଗତକୁ ଗତିକରି ସେଠି ନିଜକୁ ଅଙ୍କିତ କରିନେଇପାରେ । ଏହା ସୃଜନାତ୍ମାର ସ୍ୱାଧୀନତା । ଏହା ଜଟିଳ ଓ ରହସ୍ୟମୟ ।

ଗୋଟେ ଗୋଟେ ଗପରେ କିଛି ଅଂଶ ଗଭୀର ବ୍ୟାକୁଳତାର ସ୍ୱପ୍ନରେ ଉଭାସିତ ହୋଇଥିବାର ଅନୁଭବୀ ମୁଁ ନିଜେ ।

ଯେଉଁ ରାଷ୍ଟ୍ର ବା ସମାଜ ସୃଜନାତ୍ମାର ଏଇ ନିଜସ୍ୱ ସ୍ୱାଧୀନତାକୁ ଜବରଦସ୍ତି ଅଙ୍କୁଶ ଲଗାଇ ପ୍ରତିରୋଧ କରେ, ସେ ରାଷ୍ଟ୍ର / ସମାଜ / ସଭ୍ୟତା ଆଲୋକିତ, ବିକଶିତ ହେବା ସଂଭବ ନୁହେଁ । ଏପରିକି ସେ ରାଷ୍ଟ୍ରରେ ପ୍ରକୃତି ବି ସ୍ୱାଭାବିକ / ସ୍ୱଚ୍ଛନ୍ଦ ହେବନାହିଁ । ସାଦା କଥାରେ କହିଲେ, ଭଲ ଫସଲ ବି ଅମଳ ହେବ ନାହିଁ । ସୃଜନ ଜଗତର ସୂକ୍ଷ୍ମତମ ପ୍ରକାଶ ସାହିତ୍ୟ (ଶବ୍ଦ ଶକ୍ତି)ରେ ଉଦୟ ହୁଏ । ଏହା ନିଉଟନୀୟ ମନେ ହେଲେ ହେଁ ବିଶ୍ୱ-ସଂକଳ୍ପର ସେତୁ ।

ଶବ୍‌ଦ ଅନ୍ତରାତ୍ମାରେ ଫୁଙ୍କିବା ହିଁ ସାହିତ୍ୟର ମୌଳିକ ସଂଜ୍ଞା ।

୧୫) ଆପଣଙ୍କ ଗଳ୍ପ ମାଧ୍ୟମରେ ପାଠକଙ୍କୁ କ'ଣ ବାର୍ତ୍ତା ଦେବାକୁ ଚାହାନ୍ତି ? ମୁଁ ଆଶାରଖେ ଆପଣ ସାମଗ୍ରିକ ବାର୍ତ୍ତା ଦେବାପରେ ଆପଣଙ୍କ ସ୍ୱର୍ଶୀ ପାଠକ ପାଇଁ ବାର୍ତ୍ତା ଉପସ୍ଥାପନ କରିବେ ।

ଉତ୍ତର : ସମସାମୟିକ ସମୟ, ଚରିତ୍ର, ସ୍ଥାନ ଓ ଭାଷା ହିଁ ସାହିତ୍ୟରେ ଅତୀତ, ବର୍ତ୍ତମାନ ଓ ଭବିଷ୍ୟତକୁ ଶକ୍ତଭାବରେ ବାଂଧି ରଖିପାରେ, ଏହା ମୋର ବିଶ୍ୱାସ । ସାହିତ୍ୟର ବାର୍ତ୍ତାହେଲା, ମାନବିକ ଅବବୋଧ, ସାମ୍ୟ, ମୈତ୍ରୀ ଓ ଶାନ୍ତିର ବାର୍ତ୍ତାକୁ ସବୁଗଳ୍ପ ବହନକରେ । ଆତ୍ମାକୁ ଉଛୁଳେଇବା ସଂଭବ ହେଲେ ପାଠକ ନିଜେ ଦିଗ ନିର୍ଣ୍ଣୟ କରିପାରିବ । ଲେଖକ ଲେଖେ ଗୋଟିଏ, ପାଠକ ଅନୁଭବ କରେ ଗୋଟିଏ । ଯେ ଆପ୍ତବାକ୍ୟ ସବୁବେଳେ ଜୀଅନ୍ତା ହୋଇ ରହିଛି ରହିବ ।

୧୬) ଆପଣଙ୍କ ଗଳ୍ପ ଗୁଡ଼ିକରେ କେଉଁ କେଉଁ ଭାବବସ୍ତୁ ନିହିତ ଅଛି ବୋଲି ଭାବୁଛନ୍ତି ? ତାହା କେଉଁ ଗଳ୍ପରେ କିପରି ଭାବରେ କହିବେ କି ?

ଉତ୍ତର : ଦାରିଦ୍ର୍ୟ, କଷଣ, ପୀଡ଼ନ, ଶୋଷଣର ବିରୋଧ, ଆଶାବାଦର ସଂଚାର, ପ୍ରେମର ନିରନ୍ତର ସଂପ୍ରସାରଣ, ଆତ୍ମାର ଅନ୍ୱେଷା, ଭୌତିକ, ଜାଗତିକ, ଆଧ୍ୟାତ୍ମିକ ଉତ୍ସାହର ପଲ୍ଲବନ, ସମଗ୍ର ଜୀବଜଗତ, ମନୁଷ୍ୟ ଓ ମାନବେତର ଜୀବ, ବୃକ୍ଷରାଜିର ଆତ୍ମୀୟ ସଖ୍ୟ, ଗ୍ରାମ ଓ ସହର ଜୀବନର ଆଲେଖ୍ୟ, ଅତୀତ-ବର୍ତ୍ତମାନ-ଭବିଷ୍ୟତର ଲିପିବଦ୍ଧ କରିବାର କ୍ଷମତା ପ୍ରଭୃତି ସକଳ ଅନୁଭବ ଓ ଅବବୋଧର ଉର୍ଜସ୍ୱଳ ଅଙ୍କନ ମୋ ଗଳ୍ପମାନଙ୍କରେ ଉପଲବ୍ଧ ହେବ, ମୋର ବିଶ୍ୱାସ ।

ପ୍ରତିଟି ଗଳ୍ପ ଗୋଟେ ନୂତନ ସୃଷ୍ଟି ଏବଂ ପ୍ରବହମାନତାର ଅଂଶ ବିଶେଷ । ଏହାକୁ ଆଲୋଚକମାନେ ଅଧିକ ଭାବରେ କ୍ଷୀପ୍ର କରିପାରିବେ ।

୧୭) 'ମାଟିଆ ପୁଅ' ଗଳ୍ପ ପୁସ୍ତକରେ ସ୍ଥାନିତ 'ରାହାଜଗାଲୀ'ର ନାମକରଣ କାହିଁକି ଏପରି ରଖିଛନ୍ତି ? ଉକ୍ତ ଗଳ୍ପର ପ୍ରାୟତଃ ପ୍ରତ୍ୟେକ ଅନୁଚ୍ଛେଦର ଶେଷରେ 'ମଣିଷର ମୁଣ୍ଡ ଉପରେ ଖଣ୍ଡା ଝୁଲୁଛି ହରବକତ' ବାକ୍ୟ ଲେଖିବାର ଶୈଳୀ ସ୍ୱକୀୟ ନା ଅନ୍ୟ କାହାଦ୍ୱାରା ପ୍ରଭାବିତ ହୋଇଛନ୍ତି । ଏପରି ଉପସ୍ଥାପନା କରିବାର କାରଣଟି କ'ଣ ହୋଇପାରେ ?

ଉତ୍ତର : 'ରାହାଜଗାଲୀ' ଗଳ୍ପରେ ରାହା ଅର୍ଥ ଜୀଇଁବା, ଜଗାଲୀ ଅର୍ଥ ତା'ର ଜଗୁଆଳ ସାଜିବା – ଜୀବନର ଜଗୁଆଳ, ସଭ୍ୟତା ଜଗୁଆଳ, ସଂସ୍କୃତିର ଜଗୁଆଳ, ଏସବୁର ଐକ୍ୟ ପ୍ରତିବିଂଧନ ହେଉଛି 'ରାହାଜଗାଲୀ' । 'ମଣିଷର ମୁଣ୍ଡ ଉପରେ ଖଣ୍ଡା ଝୁଲୁଛି ହରବକତ' ଏହା ରଜନୀକାନ୍ତଙ୍କ ବ୍ୟତୀତ ଆଉ କିଏ ଲେଖିପାରିବ ।

ନିରନ୍ତର ମଣିଷକୁ ପାଠକକୁ ନିଜର ସଂକଟ ଓ / ବା ନିଜର ଅଂଧାର, ଆଗେଇ ଆସୁଥିବା ବିପଦ ଓ ଭୟକୁ ସ୍ମରଣ କରାଇବା, ସଚେତନ କରାଇବାର-ଏହା ଏକ ଅଧିବକ୍ତବ୍ୟ ।

୧୮) 'ଶଙ୍ଖଧ୍ୱନି' ଗଳ୍ପଟି ଏକ ବୌଦ୍ଧିକ ଶ୍ରେଣୀର ଗଳ୍ପ । କାହାଣୀହିନତା ହେଲେ ମଧ୍ୟ ନୂତନ ପରୀକ୍ଷାଧର୍ମୀର ଅଭିନବ ପ୍ରୟାସ କହିଲେ ଅତ୍ୟୁକ୍ତି ହେବନାହିଁ । ଏ ଗଳ୍ପ ସଂପର୍କରେ ଆପଣଙ୍କ ମତ କ'ଣ ? ପ୍ରତିଦ୍ୱନ୍ଦ୍ୱିତା କ'ଣ ପ୍ରତ୍ୟେକ ମଣିଷର ଜୀବନ ? ସଂଗ୍ରାମ କାହିଁକି ଜୀବନ ହୋଇନପାରେ । ଉକ୍ତ ଗଳ୍ପରେ -ବାଦ ଓ -ବାଦର ସଂଗ୍ରାମର ଅଭିବ୍ୟକ୍ତିଟି କ'ଣ ?

ଉତ୍ତର : 'ଶଙ୍ଖଧ୍ୱନି' -ବାଦ ଓ -ବାଦର ସଂଘର୍ଷରୁ ଜନ୍ମ ନିଏ । ପ୍ରତିଟି ମଣିଷ, ଜୀବ ପ୍ରତିନିୟତ -ବାଦ (-ISM)ର ସଂଘର୍ଷରେ ବଂଚୁଥାଏ । ଏହାକୁ କେହି କେହି ଅସ୍ୱୀକାର କଲେ ବି ବାସ୍ତବରେ ଏହା ନିଜ ଭିତରେ ଘଟୁଥାଏ । "ମୁଁ ଏଇଠି ରହିବି, ଅର୍ଥାତ୍ ସେଠିକୁ

ଯିବି ନାହିଁ" ଯେ ଯେମିତି ଏଠି ସେଠି ଉଭୟକୁ ବୁଝାଏ, ସେମିତି -ବାଦ (-ISM)କୁ ଅସ୍ୱୀକାର କଲେବି ଇଜ୍‌ମ୍ ବା -ବାଦ କାହାକୁ ଛାଡ଼େ ନାହିଁ । ଏହା ଏକ ଭୌତିକ ବହୁସ୍ତରୀୟ ବିଷୟ ନୁହେଁ । ଏହା ନିଜେ ନିଜକୁ ଅତିକ୍ରମ କରୁଥିବା ଚେତନାଗତ ବିଷୟ । ପ୍ରତିଦ୍ୱନ୍ଦ୍ୱିତା କିଏ କରେ ନାହିଁ ? 'ଗତି ଅଛି'ର ଅର୍ଥ ହିଁ ପ୍ରତିଦ୍ୱନ୍ଦ୍ୱିତା । ଅତିକ୍ରମ କରିବା ହିଁ ଏଠି ମୁଖ୍ୟ ନୁହେଁ, ଅବତୀର୍ଣ୍ଣ ରହିବା ହିଁ ମୁଖ୍ୟ ।

"ମୁଁ ମୋ ଆଦର୍ଶରେ ଦୃଢ଼ ରହିବି ।" ଯାର ଅର୍ଥ ହେଲା, ମୋ ଆଦର୍ଶ ବାହାରେ ଅନ୍ୟ ଆଦର୍ଶ ଅଛି, ଯେଉଁଠିକୁ ମୁଁ ଯିବି ନାହିଁ ବା ତାକୁ ଗ୍ରହଣ କରିବି ନାହିଁ, ଏଇ ଭାବଟି ଅନ୍ୟ ଆଦର୍ଶର ଅସ୍ତିତ୍ୱକୁ ସ୍ୱୀକାର କରୁଛି । ନୁହେଁ କି ? ଏଇଠି କ'ଣ ପ୍ରତିଦ୍ୱନ୍ଦ୍ୱିତା ହେଉ ନାହିଁ ।

ତେବେ, -ବାଦ (-ISM)ର ଅହଂକାର ତାକୁ ଶେଷ କରିଦିଏ । ଯେ ଆଲୋଚନା ଭିନ୍ନ ପର୍ଯ୍ୟାୟର କଥା ।

ଗଳ୍ପରେ ଅଭିବ୍ୟକ୍ତିଟି ହେଲା କୌଣସି -ବାଦ (-ISM) ମରେ ନାହିଁ । ତାହା ସମାହିତ ହୋଇଯାଏ । ଅସ୍ତିତ୍ୱହୀନ ହୁଏ ନାହିଁ । ଯେ ଗଳ୍ପରେ ପ୍ରତିଦ୍ୱନ୍ଦ୍ୱିତାର ଅନାତ୍ମୀୟତା ସହ ତ୍ୟାଗର ସଂଘର୍ଷ ଘଟିଛି । ହବ୍‌ସ ଓ କୁରଦତ୍ତ ପ୍ରତିଦ୍ୱନ୍ଦ୍ୱିତାର ଦୁଇପାର୍ଶ୍ୱ ।

ଚନ୍ଦ୍ରପୃଷ୍ଠରେ ବୁଲି ଆସିଲେବି ଜ୍ୟୋତ୍ସ୍ନାର ପୁଲକରେ ଜଣେ ବିଭୋର ହେବ ନାହିଁ କି ? ପ୍ରେମରେ ଯେତେ ଲୋଜିକାଲ ହେଲେ ବି ଆବେଗ ଉଚ୍ଛନ୍ନ ହେବାରୁ ମୁକ୍ତ ହୋଇ ହେବକି ?

ସଂପର୍କ ଓ ସଂଘର୍ଷ ଉଭୟ ବିଦ୍ୟମାନ । ପ୍ରେମ ଓ ଯୁଦ୍ଧ - ଉଭୟ ହିଁ ସମଅଂଶୀଦାର ।

୧୯) ପ୍ରଥମ ଗଳ୍ପ ପୁସ୍ତକ 'ଷଠିଘର' ୧୯୭୮ ମସିହାରେ ପ୍ରକାଶ ପାଇଥିଲା । ଏହା ଏକ ଯୌଥ ଗଳ୍ପ ପୁସ୍ତକ । ଯେଉଁଥିରେ ଆପଣଙ୍କର ତିନିଟି ଗଳ୍ପ ସ୍ଥାନ ପାଇଛି । ଏପରି ପରିକଳ୍ପନା କ'ଣ ପାଇଁ ? ସାହିତ୍ୟ କ୍ଷେତ୍ରରେ ନୂତନତା କିଛି ଆଣିବା ପାଇଁ ନା ନିଜ ନାମରେ ପୁସ୍ତକଟେ ପ୍ରକାଶ କରିବାର ତରୁଣ ବାଳୁତ ଗୁଣ ଉଲ୍ଲସିତ କରିଥିଲା ।

ଉତ୍ତର : 'ଷଠିଘର' ପ୍ରକାଶ କରିବା ମୂଳରେ କିଛି ନୂତନତା ଆଣିବା ଓ ନୂତନତାକୁ ପ୍ରକାଶ କରିବାର ଲକ୍ଷ୍ୟ ଥିଲା । ପୁସ୍ତକଟେ କରିବାର ଅଭିଳାଷ ମଧ୍ୟ ଥିଲା । ପ୍ରକାଶକ ନ ମିଳିବାରୁ ଦୁଇଜଣ ନିଜ ଖର୍ଚ୍ଚରେ ଏହା ଛାପିଥିଲୁ । ଛଅଟି ଗପ ଥିବାରୁ ଏବଂ ପ୍ରଥମଗଳ୍ପ ସଂକଳନ ହୋଇଥିବାରୁ ଏହି ଦ୍ୱୈତ- ଉଦ୍ଦେଶ୍ୟରେ ପୂରଣ ଏହି ବହିଟିରେ ସମର୍ଥ ହେଲା 'ଷଠିଘର' ନା'ରେ ।

୨୦) 'ଚନ୍ଦ୍ରଭାଗା' ଗଳ୍ପରେ କୋମଳ ସ୍ନିଗ୍ଧ ଚନ୍ଦ୍ରକୁ କାହାର ପ୍ରତୀକ ଭାବେ ଗ୍ରହଣ କରିଛନ୍ତି ? ଏହାର ସ୍ପଷ୍ଟ ଧାରଣା ପ୍ରକାଶ କରିବେ କି ? ଉକ୍ତ ଗଳ୍ପଟି ପ୍ରଥମେ 'ପରିଚୟ'

ଶୀର୍ଷକରେ 'ସୌରଭ' ପ୍ରତ୍ରିକାରେ ୧୯୬୮ ବାର୍ଷିକ ସଂଖ୍ୟାରେ ପ୍ରକାଶ ପାଇଥିଲା, କିନ୍ତୁ ପରବର୍ତ୍ତୀ ସମୟରେ ଗଳ୍ପର ଶୀର୍ଷକ ପରିବର୍ତ୍ତନ କରିବା ପଛରେ କାରଣଟି କ'ଣ ?

ଉତ୍ତର : ରାଧାନାଥ ରାୟଙ୍କ 'ଚନ୍ଦ୍ରଭାଗା' କାବ୍ୟ ସହ ଏହାର ନାମ ସଂପର୍କିତ ମାତ୍ର । ଅବବୋଧଟି ଭିନ୍ନ । ଗଳ୍ପଟିକୁ 'ଗଳ୍ପ- ନାହିଁ'ରେ ଶେଷ କରାଯାଇଛି । 'ଚନ୍ଦ୍ରଭାଗା' ବିଦିତାର ଅର୍ନ୍ତବୋଧୀ ରୂପ । ବିଦିତା ଗଳ୍ପର ଚରିତ୍ର, ମୁଖ୍ୟ ଚରିତ୍ର । 'ପରିଚୟ' ଶୀର୍ଷକ ଦେବାରେ ବି ସମସ୍ୟା ନଥିଲା । କିନ୍ତୁ 'ଚନ୍ଦ୍ରଭାଗା' ନାମକରଣରେ ଗଳ୍ପର ପ୍ରମୁଖ ଉତ୍ସାହଟି ତୀରିତ ହୋଇପାରିଲା ବୋଲି ବିଶ୍ୱାସ ।

୨୧) ଆପଣ ପ୍ରତ୍ୟେକ ଗଳ୍ପ ପୁସ୍ତକର 'ନାମକରଣ' ସଂପର୍କରେ କିଛି ବକ୍ତବ୍ୟ ଦେବେ ।

ଉତ୍ତର : ଗଳ୍ପ ପୁସ୍ତକର ନାମ କରଣ ପ୍ରାୟତଃ ପୁସ୍ତକରେ ଥିବା ଗଳ୍ପ ଗୁଡ଼ିକର ସାମଗ୍ରିକ ଅର୍ନ୍ତବୋଧକୁ ନେଇ କରାଯାଇଛି । 'ଶତାଂଡି ପୁରୁଷ', 'ଅଠର ନିର୍ବାସନ ରୋଡ' ସଂକଳନ ଦୁଇଟି ପ୍ରମୁଖ ଗଳ୍ପର ନାମ କରଣରେ ନାମିତ ହୋଇଛି ।

୨୨) ଆପଣଙ୍କ ଗଳ୍ପ ମଧ୍ୟରେ ସାମ୍ୟବାଦର ଝଲକ ଦେଖିବାକୁ ମିଳେ ? ତେଣୁ ଆପଣଙ୍କ ଦୃଷ୍ଟିରେ ସାମ୍ୟବାଦର ସ୍ୱରୂପ ତଥା ଓଡ଼ିଶାରେ ସାମ୍ୟବାଦର ପ୍ରଭାବ ପ୍ରସଙ୍ଗରେ କିଛି ମତ ରଖିବେ ?

ଉତ୍ତର : ପୃଥିବୀରେ କୌଣସି ସାହିତ୍ୟ ସାମଗ୍ରିକ ଭାବରେ ସାମ୍ୟବାଦକୁ ଛାଡ଼ି ଲେଖାଯାଇ ନାହିଁ । କେଉଁଠି ଏହା ସ୍ୱପ୍ନିଳ, କେଉଁଠି ଏହା ବାସ୍ତବ । କେଉଁଠି ଉଗ୍ର, କେଉଁଠି ନମ୍ର । ଶରତ ଚନ୍ଦ୍ରଙ୍କ 'ଦେବଦାସ', ଗୋବିନ୍ଦ ଦାସଙ୍କ 'ଅମାବାସ୍ୟାର ଚନ୍ଦ୍ର' ପାଠକକୁ କେଉଁଠି ପହଁଚାଏ । 'ସାମ୍ୟବାଦ'କୁ କେବଳ ଏକ ଆର୍ଥିକ-ସାମାଜିକ ଭିତ୍ତିଭୂମିରେ ଦେଖିବାର ସମୟ ଅତିକ୍ରାନ୍ତ ହୋଇସାରିଛି । ସାମ୍ୟବାଦର ଆସ୍ପୃହା ପ୍ରେମ ଓ ଆଧ୍ୟାତ୍ମିକତାର ସରଣୀରେ ବି ଜ୍ୱଳନ୍ତ । ଅରବିନ୍ଦଙ୍କ ଅତି ମାନସ ତତ୍ତ୍ୱର ଗଭୀର ବିଶ୍ଳେଷଣ ସେଇଠି ପହଁଚାଏ ।

ଏକ ହାରାହାରି ଓ ସ୍ଥୁଳ ସାମ୍ୟବାଦକୁ ଚିହ୍ନିଲେ ତା'ର ଅପମାନ ହେବ ।

ଜଣେ ଉପାସିଆ ଗରିବ ଲୋକଟେ ଚାହେଁ ମୁଁ ଦିଓଳି ଖାଇବାକୁ ପାଏ, ଲୁଗା ଖଣ୍ଡେ ପାଏ ବା ଘରଟେ ପାଏ । ଗୋଟେ ଚଢ଼େଇ, ଗୋଟେ ଜୀବ ବି ସେୟା ଚାହେଁ । ସେତକ ନ ମିଳିଲେ ଯେଉଁ ପ୍ରତିକ୍ରିୟା, ଯେଉଁ ଚିନ୍ତନ ସୃଷ୍ଟିହୁଏ, ତାହା ଜୀବ ଓ ମଣିଷ ଭିତରେ ଥିବା ଏକ ପ୍ରାକୃତିକ ଓ ସ୍ୱାଭାବିକ ଉପାଦାନ ।

'ଶତାଂଡି ପୁରୁଷ', ବହ୍ନିପୁରୁଷ' ଗଳ୍ପ ଏହାର ଉଦାହରଣ ହୋଇପାରେ ।

୨୩) ରାଜନୀତିକ ଚେତନା ଆପଣଙ୍କ ଗଳ୍ପରେ ଭରପୂର । ତେଣୁ ଓଡ଼ିଶାର ଅତୀତ, ବର୍ତ୍ତମାନ ଓ ଭବିଷ୍ୟତ ରାଜନୀତିକୁ ଲକ୍ଷ୍ୟ କରି ଆପଣ କିଛି ବକ୍ତବ୍ୟ ରଖିବେ ।

ଉତ୍ତର : ରାଜନୈତିକ ଚେତନାଟି ମଣିଷର କି ? ମଣିଷ ତା'ର ବ୍ୟବହାରକାରୀ ମାତ୍ର । ବଡ଼ ବଡ଼ ଗଛରେ ଲତା ମାଡ଼େ । ସେଇ ପରାଂଗପୃଷ୍ଟ ଲତାକୁ ସଂଭାଳିବା ପାଇଁ ବଡ଼ ବଡ଼ ଗଛର ଶକ୍ତିଥାଏ । ଯେତେବେଳେ ଲତାର ଶକ୍ତି ବଡ଼ ଗଛର ଶକ୍ତିଠୁ ଅଧିକ ହୁଏ, ସେ କୌଣସି ଉପାୟରେ ତାକୁ ମାରିବାକୁ ଚେଷ୍ଟାକରେ । ଯଦି ବଡ଼ ଗଛଟି ମରେ ତା'ସହ ପରାଂଗପୃଷ୍ଟ ଲତାଟି ବି ମରେ । କାରଣ ସେ ପରାଂଗ ପୃଷ୍ଟ ଲତା । ଏହା ହିଁ ରାଜନୀତି ଓ ତା'ର ପରିଣତି । ବଂଚିବା ଓ ବଂଚାଇବା : ଯେ ଉଭୟଙ୍କୁ ଛାଡ଼ି ଜୀବ ଜଗତ ତିଷ୍ଠି ପାରିନାହିଁ, କିନ୍ତୁ ଏହା ସାହିତ୍ୟର କାର୍ଯ୍ୟ ନୁହେଁ । ସାହିତ୍ୟ ଅଧିକତର ସୌନ୍ଦର୍ଯ୍ୟ, ଅଧିକତର ଜୀବନଭୋଗ ଓ ତତ୍ତ୍ୱର ନିକଟବର୍ତ୍ତୀ । ମୋ ଗପମାନଙ୍କରେ ଚଟୁଳ ଓ ସ୍ଥୁଳ ରାଜନୀତି ଅଛି ବୋଲି ମୁଁ ଭାବୁନାହିଁ । ତାହା ଉଚ୍ଚାଂଶ ସାହିତ୍ୟ ସୃଷ୍ଟିରେ ବାଧାଦିଏ । ସୃଜନଶୀଳତା ରାଜନୀତି ଠୁଁ କେତେ ଉର୍ଦ୍ଧ୍ୱରେ, ତାହା ଆମ୍ଭାର କଥା ।

ଭାରତରେ, ପ୍ରକାରାନ୍ତରେ ଓଡ଼ିଶାରେ ବାଲ୍ମୀକି ଓ ବ୍ୟାସଦେବଙ୍କ କଳ୍ପିତ ରାଜନୀତିର ଧାରା ଏବେ ବି ଚଳନ୍ତିକା । ମାର୍କସ୍‌ଙ୍କ ରାଜନୀତିକ ଦୃଷ୍ଟିଭଙ୍ଗୀ ଏକ ପ୍ରଶ୍ନ ଚିହ୍ନରେ ଛିଡ଼ା ହୋଇଛି । ସେ ପ୍ରଶ୍ନ ଚିହ୍ନଟି ନିରନ୍ତର ଉଜାଗର ଅଛି ଓ ଜାଗ୍ରତ କରୁଛି ।

୨୪) ଅଦ୍ୟାବଧି ଆପଣଙ୍କୁ ସମ୍ମାନିତ କରିଥିବା ଅନୁଷ୍ଠାନ ସଂପର୍କିତ ଏକ ବିବରଣୀ ଉଲ୍ଲେଖ କରିବେ ।

ଉତ୍ତର : ଓଡ଼ିଶା ସାହିତ୍ୟ ଏକାଡେମୀ ସମେତ ପ୍ରାୟ ତିରିଶଟି ଅନୁଷ୍ଠାନ ମୋତେ ଓଡ଼ିଶାରେ ସମ୍ମାନିତ କରିଛନ୍ତି । କିଛି ଅନୁଷ୍ଠାନ ଏବେ ମୋତେ ସମ୍ମାନିତ କରିବାକୁ ଚାହିଁବାରୁ ମୁଁ କେତେକଙ୍କୁ ନମ୍ରତାର ସହ ନାହିଁ କରିଛି ଏବଂ ତରୁଣପିଢ଼ିଙ୍କୁ ସମ୍ମାନିତ କରିବାର ସମୟ ଆସିଯାଇଛି ବୋଲି କହିଛି ।

୨୫) 'ଆକ୍ରାନ୍ତ ବାଦ' ସଂପର୍କରେ କିଛି କହିବେ ।

ଉତ୍ତର : 'ଆକ୍ରାନ୍ତ ବାଦ'ଟି ହେଉଛି ଏକ ଦାର୍ଶନିକ ବିଚରଣ । ୧୯୭୩ ମସିହାରେ ମୁଁ ତାକୁ ଲେଖିବାକୁ ଆରମ୍ଭ କରିଥିଲି । ଏଯାଏ ତାକୁ ମୁଁ ଶେଷ କରିପାରି ନାହିଁ । ସ୍ୱାସ୍ଥ୍ୟଗତ କାରଣରୁ ଏଥିରେ ଉଦ୍ୟମ ନାହିଁ । ମୁଁ କିଛି କିଛି 'ଦର୍ଶନ'କୁ ପଢ଼ିଲି । ଅନୁଭବ କଲି । ମୋତେ କୌଣସି ସନ୍ତୁଷ୍ଟି ଆସିଲା ନାହିଁ । ସେଇ ଅସନ୍ତୋଷର କାରଣ ଓ ନିଦାନ ଖୋଜୁ ଖୋଜୁ ମୁଁ ଆକ୍ରାନ୍ତ ବାଦ ପାଖରେ ପହିଂଚିଗଲି । ତାହାବି ଅପହଂଚର ପର୍ଯ୍ୟାୟରେ । ମଣିଷର ମୁହୂର୍ତ୍ତଟିକୁ ସେ ତା'ର ବୋଲି ଭାବେ, କିନ୍ତୁ ପ୍ରକୃତରେ ତାହା ଅନ୍ୟ ଅନେକଙ୍କର ସଂପୃକ୍ତି, ଆକ୍ରାନ୍ତବାଦର ଏହା ଏକ ଉପଲବ୍ଧି । ଅନ୍ୟ ଅନେକ ଉପଲବ୍ଧି ସହ ।

■

BLACK EAGLE BOOKS

www.blackeaglebooks.org
info@blackeaglebooks.org

Black Eagle Books, an independent publisher, was founded as a nonprofit organization in April, 2019. It is our mission to connect and engage the Indian diaspora and the world at large with the best of works of world literature published on a collaborative platform, with special emphasis on foregrounding Contemporary Classics and New Writing.

www.ingramcontent.com/pod-product-compliance
Lightning Source LLC
Chambersburg PA
CBHW020516080526
44583CB00013B/612